K U B A
WOJE

KUBA WOJEWÓDZKI

NIEAUTORYZOWANA AUTOBIOGRAFIA

WIELKA LITERA

Opracowanie graficzne okładki i środka
Andrzej Wąsik andu.pl

Zdjęcia na okładce
I strona okładki *Andrzej Dragan*
IV strona okładki *Wojciech Kurczewski*

Redakcja
Ewa Nosarzewska

Korekta
Teresa Zielińska

Wielka Litera Sp. z o.o.
ul. Kosiarzy 37/53
02-953 Warszawa

Skład i łamanie
TYPO

Druk i oprawa
ABEDIK

Oprawa twarda
ISBN 978-83-8032-287-5

Oprawa miękka
ISBN 978-83-8032-288-2

Pamięci mojej Mamy,
która na szczęście już tego nie przeczyta

Są

sztuki teatralne

tak **złe**,

że publiczność

wygwizduje

nawet szatniarzy.

„Jestem jeszcze zbyt młody i zbyt mało znaczę, by pisać pamiętniki. Piszę o ludziach, których znałem i których kochałem". Uwielbiam to zdanie z *Pięknych dwudziestoletnich* Marka Hłaski. A więc – jak typowy Polak na wczasach *all inclusive*, zwanych przez rodzimych poliglotów *ol ekskjuzmi* – kradnę z bufetu to, co mi się podoba. Podobnie jak wszystkie następne – „Życie, które mi dano, jest tylko opowieścią, ale to, jak ją opowiem, jest już tylko moją sprawą". A więc, mówiąc szczerze, jestem pomyłką. Błędem adresowym. Kosmicznym spamem. Źle doręczoną przesyłką. To ostatnie to chyba najtrafniejsze zdanie w całej mojej historii. Jestem żywym dowodem na brak jakiejkolwiek wyższej inteligencji, która sprawuje nad nami pieczę. Jestem w związku z tym ateistą – wierzę tylko w reinkarnację, a więc w swoim testamencie wszystko zapisałem sobie. Jesteście ciekawi dlaczego?

Czarek Pazura opowiadał mi swego czasu, jak zmagał się z jakąś rolą w teatrze, której nie potrafił zagrać. I wtedy reżyser Bogusław Schaeffer powiedział mu tak: „Kojarzysz facetów, którzy ścigają się na sto metrów? Pada strzał z pistoletu startowego i wszyscy biegną do przodu. To ty się tak poczuj. Ale jak pada strzał, to się odwracasz i spierdalasz do tyłu". Tak się czuję, gdy opisuję swoje życie. Czuję, że to i moje motto.

Choć pod tym względem zawsze najcelniejszy w określeniu tego, jak chciałem żyć (i chyba jak w dalszym ciągu żyję), jest ten dialog ze Staszkiem Tymem:

– Stanisław, mam pytanie, które cię po prostu rozłoży na łopatki.

– Proszę bardzo.

– Na twoje wysportowane osiemdziesięcioletnie łopatki.

– Proszę bardzo, kładź mnie.

– Stanisław Tym: jak żyć?

– Ha! Dobre – odpowiada Prezes Miś.

– Dobre? – upewniam się w swej niebanalnej inteligencji.

– Dobre.

– No to jak?

– No, w poprzek.

Wolność słowa, wolność myśli, wolność własnych błędów zawsze pojmowałem także jako prawo do spoglądania ukosem na to, co święte, zdefiniowane, uporządkowane, normalne lub przynajmniej blisko normy. Spoglądania w poprzek. Ta opowieść będzie zatem trochę inna.

Pisanie autobiografii kojarzy mi się trochę z agresją. Zmuszamy odbiorcę do patrzenia na świat naszymi oczami. A nikt tego nie lubi. Dlatego już zawczasu przepraszam wszystkich fanów, wrażliwców oraz zwykłych przyzwoitych ludzi.

Czytałem kiedyś listę przedmiotów znalezionych przez lekarzy w odbytach pacjentów. Czego tam nie było! Okazuje się, że fantazja ludzka w tej ciasnej materii nie ma granic. A więc: tłuczek od moździerza do przypraw, pióro wieczne, żarówka i – mój zdecydowany faworyt – ubijaczka do piany. Nie chciałbym, aby wkrótce tę listę wzbogaciło moje prozatorskie spełnienie. A ono wcale nie musi być ciekawe, zabawne, potrzebne.

Wracając do Hłaski. Podobnie jak on, kocham wszystkich ludzi. Ale niektórych nie teraz. Urodziłem się jako nikt specjalny, a umrę jako pan z telewizji. Nie nazwałbym tego szumnym dokonaniem.

Kariera autora **talk-show** jest jak kariera prostytutki. Najpierw robisz to **dla przyjemności**, potem dla przyjemności **innych**, a w końcu **dla kasy**.

Pamiętam taką rozmowę z Wojtkiem Jagielskim, słynnym Wampirem z wieczoru z nim samym, u mnie na kanapie.

– Bo ty jesteś trochę takim nestorem, nie?

Wojtek na to:

– Chyba matuzalemem.

Ja brnę, żeby docenić jego pionierskie dokonania:

– Byłeś pierwszy w Polsce, który sprofanował gatunek talk-show.

A on na to:

– Ale ty twórczo go rozwinąłeś i poszedłeś nawet dalej w tym spieprzeniu talk-show.

I tak się wzajemnie komplementowaliśmy, jak dwie dworcowe dziwki, licytujące się, która ma ładniejszy wrzód weneryczny. Ale nie ma się co chwalić ani czym. Pisząc swoje życie, mam wrażenie, że na początku swej biografii nakłamałem, fatum w CV i przyjęli mnie do roboty, o której nie mam pojęcia.

Ale zacznijmy od początku. Jak mawiał mój ulubiony komentator sportowy: „Łączymy się z magnetowidem".

Aha. Jeszcze jedna wskazówka techniczna!

Nie do końca wiem, czy jest to literatura do czytania na trzeźwo. Świat po pijaku zawsze ma jakieś drugie dno, a na trzeźwo widzimy samo dno. Może z moimi wspomnieniami jest jak z piosenkami disco polo?

Zagadnąłem kiedyś przecudnego Zenka Martyniuka, cesarza muzyki biesiadnej:

– Podobno żeby wasze teksty zrozumieć, to trzeba się napić. Bo to jest piosenka biesiadna i trzeba przy niej garować. Jak to jest?

A on na to:

– Jeśli chodzi o wódeczkę, to na pewno się przydaje do zrozumienia wszystkiego.

Właściwie nie wiadomo, kiedy w człowieku zaczyna się starość. Czy wtedy, kiedy po zioło, zamiast do dilera, idzie się do Herbapolu? Kiedy kupuje się w sex shopie gumową lalkę, nalewa do niej wody i zaczyna używać jako termoforu? A może kiedy kupując prezerwatywy w aptece, słyszy się od ekspedientki, zwanej nie wiedzieć czemu „panią magister", urocze słowa: „Rozumiem, że zapakować na prezent?". A może w sytuacji, kiedy połowa oddawanego moczu idzie do analizy.

Jestem w wieku pomiędzy założycielem McDonald'sa a wynalazcą coca-coli. Jeden miał pięćdziesiąt dwa, a drugi pięćdziesiąt pięć lat.

Własna biografia jest trochę jak własna wersja historii. Jest legendą, co do której kształtu wszyscy się zgodzili. Rozpieprzmy to.

Mam pięćdziesiąt pięć lat. To nieźle jak na faceta w moim wieku.

Kiedyś, ze dwadzieścia lat temu, podczas gorącego lata, widziałem napis na zakładzie kamieniarskim: „Wielka letnia promocja. Nagrobek nawet 30 procent taniej". To był pierwszy moment, kiedy pomyślałem o śmierci. Że trzeba być tak sprytnym i jeszcze zrobić na niej biznes. Widocznie autor tego komercyjnego przesłania wyszedł ze słusznego zresztą założenia, że istnieją tak oszczędne i frasobliwe finansowo jednostki, które gotowe są poświęcić się, umrzeć wcześniej, w letnie przedpołudnie, byle tylko obniżyć koszty życia.

Potem było tylko „tu i teraz".

Nie jestem w stanie obiektywnie opisać swojego życia. Przecież nawet w pełni księżyca widzimy zaledwie jego połowę. A mnie się wydaje, że ja widzę jeszcze mniejszą część siebie. Uważam, że jestem typem, który nie zasługuje na autobiografię, bo takie powinny być puentą życia istotnego i znaczącego.

Kiedyś Krzysiek Varga napisał słowa, które w moim usilnym trwaniu w niebyciu literatem były silnym orężem:

„Boże uchowaj, żebym kiedykolwiek napisał autobiografię, takiego zagrożenia zresztą całe życie nie odczuwam, jestem dziś bardziej niż pewien, że na taką erupcję żenady jak pisanie autobiografii nigdy się nie zdecyduję". Varga jest genialnym kronikarzem mentalnych powikłań losów naszego pokolenia i jego uchowanie zawsze trzymałem w głowie jako ostrzeżenie.

Podobno nie ma większej zachęty do pisania niż obietnica sławy i hajsu, co w dużej mierze prowadzi do przyrostu grafomanów na każdy metr kwadratowy parkietów showbiznesu. Ja bardzo przepraszam, ale mój niezrozumiały pęd do pisania zrodził się bez udziału tych dwóch czynników, gdyż i sławy, i hajsu mam już po korek. Nie spodziewam się okrzyków i laudacji, że rzecz jest godna Homera, czy choćby tylko Bukowskiego. Apokaliptyczny zalew biografii, autobiografii oraz wywiadów rzek, szturmujących zapchane witryny i nie zawsze zapchane mózgi, stwarza okazję do zanurkowania w to samo szambo lub – przy odrobinie szczęścia – do wycelowania lekko obok.

Nie wiem, kto to kupi i do kogo trafię.

Zmysłowa ciągle Ewa Kasprzyk zaszczyciła mnie kiedyś w programie swoją osobą.

Zagajam do niej:

– Właściwie jest jedno zdanie, które chciałbym, aby było kanwą tej rozmowy. To jest zdanie, które chyba stanowi najpełniejsze *credo* twojej działalności artystycznej. A brzmi ono: „Hrabinę zagram i kurwę udźwignę".

Ewa na to, krótko i entuzjastycznie:

– O tak.

Ja mam zatem podobne w tej książce ambicje.

Jest takie stare rosyjskie przysłowie: „Jeśli się obudziłeś w poniedziałek i nie masz kaca, to znaczy, że jest środa".

Jeżeli dzień po wydaniu niniejszych wymazów intelektu i pamięci nie będę miał kaca, to znaczy, że będzie środa.

Sam pozbawiam siebie jakże nobliwego argumentu, którym mogłem bez umiaru szafować w swoim programie: „Zobaczcie! A patrzcie czujnie! Tak właśnie wygląda człowiek, który nie napisał książki". (Tu oczywiście powinny pojawić się śmiech oraz oklaski).

Zawsze uważałem, że tak zwani celebryci to ludzie, którzy więcej potrafią napisać, aniżeli zrozumieć. Zwykle towarzyszy im proste równanie specyficznej logiki tej branży: „Im krótsza kariera, tym dłuższa biografia". W przypadku niektórych pań równie słusznie prezentuje się zasada: „Im krótsza kariera, tym dłuższy dekolt".

Pamiętam przerażającą rozmowę o nie mniej przerażającej książce Kasi Cichopek.

– „Masz ładne nogi, eksponuj je jak najczęściej". Odkrywcze.

Kasia na to:

– Tak, a przeczytaj dalej.

– „Lubisz swój biust, pokochaj bluzki z głębokim dekoltem". To jest trochę myśl z cyklu: „Jesteś spragniony, napij się".

– Zdziwiłbyś się...

– Nie, Kasia, chodzi mi o to, czy to nie jest trochę tak...
Bo ja przeczytałem tę książkę solidnie... Albo kobiety traktujesz jak idiotki, albo jak kobieta rodzi dziecko, to przy
okazji wypada też jej mózg.

Korzystając z okazji, jaką jest jakże dosadna reforma
sądownictwa, powinniśmy wprowadzić następujące orze-
czenie. Każdy autor-celebryta powinien mieć obowiązek
osobistego przeczytania swojej książki na głos. Co zresztą
mogłoby mieć także inny wymiar praktyczny. Taki czyta-
jący na głos „literat" zyskiwałby automatycznie odbiorcę
w swej dostojnej postaci. Bo z tym bywa różnie.

Michał Piróg, mój ulubiony prozaik i eseista, tak rozmi-
łował się w pisaniu, że czytelnik całkowicie przestał mu być
potrzebny.

Lodowiec na Antarktydzie składa się podobno w trzech
procentach z moczu pingwinów. Polska literatura dwudziestego pierwszego wieku składa się w trzech procentach z gówna celebrytów. Ale, ale. Skoro już jesteśmy przy
liczbach. Ponad siedemdziesiąt procent Polaków nie czyta
w ogóle książek. Co ciekawe, ponad siedemdziesiąt procent
Polaków cierpi na choroby przyzębia, a także siedemdziesiąt procent zakażonych Polaków nie wie, że jest nosicielem
wirusa HIV. I jednocześnie siedemdziesiąt procent Polaków jest zadowolonych ze swojego życia. Jak tu nie kochać
tego kraju i zamieszkującego go ludu?

Hamulcem trzymającym mnie z dala od komputera,
który w swych gościnnych wnętrzach ma przestrzeń na
każdy nielimitowany bełkot, była w końcu zwykła ludzka
przyzwoitość. Ot, dobre zdanie.

Ciągle w głowie mam konwersację z Dorotą Wellman.

– Wchodzisz do księgarni. Widzisz książki Ibisza, Cichopek, Richardson, Marczuk-Pazury, Kingi Rusin, Michała Piróga. Kogo kupujesz?

Dorota stanowczo:

– Żadnej z tych nie kupię.

– Dlaczego?

– Bo nie lubię pieprzenia o niczym.

Ja z tym jakże mądrym i jakże grubiańskim stwierdzeniem pozwolę sobie się nie zgodzić.

Uważam, że z ignorancji, próżności, głupoty i ze zwykłej niekompetencji rodzą się czasami dzieła, na które nigdy nie zdobyłby się normalny człowiek. A to się czasem dla jaj przydaje. Bo wtedy w sposób radosny okazuje się, że nie wyszła naturze próba ukształtowania na Ziemi stworzenia myślącego. I czuję się wyjątkowy. Szczerze mówiąc, nie chciałbym też napisać bestsellera, bo to specyficzny rodzaj książek i świetne urządzenie. Wiadomo, jakie książki kupować, i wtedy nie trzeba ich czytać.

Ale wracając na chwilę do Doroty. To równa babka, bardzo dbająca o czytelność i zauważalność swojej równości w mediach. Ostra, pryncypialna i nieopieprzająca się, jak jej się coś nie podoba. I jest w tym prawdziwa. Bywa surowa i krytyczna wobec innych, mam więc prawo być surowy wobec niej. Dorota nie lubi pieprzenia o niczym. Trudno. Odrzuca tym samym radosną specjalizację wielu naszych wspólnych kolegów z pracy. Ale czy nie jest zjawiskiem lekko ocierającym się o pieprzenie o niczym wymyślenie książki pod szlachetnym tytułem *Jak być przyzwoitym człowiekiem*, wysłanie kilkunastu pytań do kilkunastu osób typu Robert Biedroń, Abelard Giza, Jadwiga Staniszkis, Mariusz Szczygieł czy też ja, obciążenie ich napisaniem, co sądzą o tym jakże przyzwoitym problemie, następnie wydanie z tego autorskiej pozycji. Bez spotkania przyzwoitą twarzą w przyzwoitą twarz. Bez konfrontacji myśli, spostrzeżeń czy postaw. Bez pokazania, że to jest dla mnie osobiście ważne. Wybaczcie, ale to jest pieprzenie o niczym tylko z wielkiej litery. I z jeszcze większego ego. Nie kupuję tego, dlatego też nie wziąłem udziału w tym tanim przedsięwzięciu dalekim od mojego rozumienia przyzwoitości. Abelard wziął i do dziś ma kaca.

Wiele lat temu natknąłem się w księgarni na dwie pozycje. Biografię Franza Kafki i biografię Davida Beckhama. Z pewną taką trwogą myślę, że w tym momencie mój czytelnik popada w zadumę i po stoczeniu ze sobą brutalnej walki wewnętrznej przyznaje się sam przed sobą, że nie wie, kim był ten pierwszy. Otóż biografia małego Żyda z odstającymi uszami o kruczym spojrzeniu miała 567 stron, a biografia pana od fryzur i goli – 404. Z pierwszym łączy mnie pogląd, że po śmierci dzieła wielu należałoby spalić na popiół, a z drugim fakt, że podobno dobrze wyglądam w bieliźnie. Ale wracając do książek. Te dwie historie życia dzielą zaledwie 163 strony. *Koszmar rozumu* od *Davida Beckhama o sobie* dzielą zaledwie 82 zadrukowane kartki. Jedna z tych książek reklamowana była jako „osobista opowieść o niezwykłym życiu, o przekonaniach, ambicjach, sympatiach, lękach, a przede wszystkim o poczuciu własnej tożsamości". I zgadnijcie teraz: o kim mowa? No żeż kurwa! O futboliście, który podobno popularnością prześcignął Madonnę, Presleya oraz panią księżnę Dianę (co w jej przypadku jest o tyle bolesne, że nagły zgon powyższej nastąpił właśnie w trakcie ściągania się z paparazzim).

Człowiek rodzi się jako wielki znak zapytania. I pan „o sobie" jest dla mnie stale takim pytaniem, na które absolutnie nie pragnę poznać odpowiedzi. Jest plakatem. A Kafka jest mitem. Wolę Kafkę na tle upadku Austro-Węgier od pana „o sobie" na tle swojej małżonki, która w przeciwieństwie do męża ciągle błąka się w bojaźliwym poszukiwaniu własnej tożsamości.

Przyjrzyjmy się słowom obu bohaterów.

Kafka w jednym z listów, z 7 października 1914 roku: „Piszę inaczej niż mówię, mówię inaczej niż myślę, myślę inaczej niż powinienem i tak dalej do najgłębszej ciemności". Minorowa tonacja przyglądania się własnym bebechom. Pan „o sobie" pisze: „Zawsze wierzyłem, że jeśli chcesz osiągnąć coś wyjątkowego w życiu, musisz pracować, pracować i później pracować jeszcze więcej". Rozsądne, merytoryczne, poważne i brzmiące jak wykład motywacyjny Łukasza Jakóbiaka prosto z jego dwudziestu metrów kwadratowych błyskotliwości. Oto ciekawe derby. Podróż po mapie wyrafinowanego rozumu kontra dryblujący sklepikarz.

Mój dramat polega na tym, że nie jestem ani jednym, ani drugim. Choć behawioralnie bliżej mi do Franza. Mało kto wie, że był zaręczony z dwiema kobietami, flirtował z trzecią, a wszystko powoli zamieniał w farsę. Z mego punktu widzenia – ideał.

I tak oto co roku obchodziłem rocznicę podjęcia twardej decyzji o nieprzechodzeniu do świata literatury. Aż do teraz.

Kiedyś Tomasz Stańko powiedział mi:

– Miałem takie życie. Nie do końca wiem, kim jestem.

Oto dobra puenta, nawet na sam początek. Pomijając fakt, że mistrz trąbki wyznał mi także, że jeden z terapeutów stwierdził kiedyś, że Stańko nadaje się na dziesięć lat leczenia klinicznego, bez gwarancji sukcesu. Brzmi znajomo...

W ciekawej (choć mocno narcystycznej) biografii-wywiadzie *Bono o Bono* autor zadaje wokaliście zespołu U2 dziwne pytanie: „Czy budzisz się czasami, zupełnie nie pamiętając, że jesteś Bono z U2?". Dobre pytanie. Podobne zadałem kiedyś Andrzejowi Sewerynowi: „Czy śnisz po polsku, czy po francusku?". Odpowiedział mi celnie: „Śnię o tym, żeby spotykać tylko zdolnych dziennikarzy".

Niestety pan Bono, kaznodzieja niezrażony minoderią pytania, odpowiada: „Owszem. Przez większość dni naprawdę nie myślę o tym, że jestem w zespole. Myślę o tym, że jestem ojcem, mężem, przyjacielem". Specyficzny gość. Jakby wyprany w perwollu z poczucia humoru (na własny temat). Gdyby go dziennikarz z klęcznika zapytał: „A nie uwiera cię, panie, ta aureola świetlista nad głową?", odpowiedziałby pewnie, że o niej nie myśli, bo myśli o tym, że jest ojcem, mężem, przyjacielem, a dopiero po południu o tym, że jest świętym.

Możecie mi wierzyć lub nie, ale ja codziennie myślę, że jestem czyimś chłopakiem, przyjacielem, kumplem, a czasem po prostu znajomym. I czasami trzeba mi przypominać, że jestem autorem talk-show. Tak jest wygodniej. I normalniej.

Czasami myślę, że im więcej się teraz czyta książek, tym silniejsze odnosi się wrażenie, że analfabetom nie dzieje się krzywda. Bo świat oszalał.

Generalnie już po tym, co napisałem, sam widzę, że nie wiem, jak dokładnie pisać, ale przede wszystkim – co. Choć pomogła mi w tej materii Beata Tyszkiewicz, która wpadła do mnie onegdaj promować swą biografię.

– Pani Beato, parę weryfikacji, bo to jest biografia.

– Tak, ale tu nie ma prawdy w ogóle.

– To znaczy co? To jest fikcja?

– Wie pan, cała prawda jest nietaktowna i nudna. Jeżeli ktoś panu zacznie opowiadać dowcip albo sen czy zacznie opowiadać film, który widział, no to jest nie do wytrzymania. I życie jest podobnie nudne, jeśli się mówi całą prawdę, więc z tego trzeba było coś wyciąć, co, powiedzmy, jest bardziej interesujące w życiu...

Jest jedna tajemnicza, ale jakże ważna osoba, która była moim natchnieniem bardziej niż wszyscy. Nie zgadniecie kto to. Kelner z mojej ulubionej knajpy w Gdyni – Aleja 40. Młody chłopak o biblijnym imieniu Mateusz, co nie oznacza nic innego, jak tylko „dar od Boga". Bo to właśnie on najczęściej pytał mnie: „I co? Skończone? I co? Napisane? I co? Kiedy premiera?".

Paradoksalnie to jemu najbardziej zawdzięczacie ten narcystyczny wytwór.

A, byłbym zapomniał. Był jeszcze Janusz Głowacki, który czasami czytywał mnie w „Polityce". Któregoś razu zagaja do mnie: „Czemu ty nie piszesz dłuższych form? Byłbyś niezły". To był moment, w którym mogłem umrzeć. Legendarny Głowa wypatrzył u mnie okruch talentu. Poczułem się prawie literatem, prawie spełnionym, gotowy odstawić swe zwłoki na Aleję Zasłużonych cmentarza Powązkowskiego. I spocząć snem spełnionego geniusza obok Stanisława Dygata, Marka Hłaski i blisko Edmunda Niziurskiego.

Chociaż prawdę mówiąc, gdybym mógł decydować o miejscu i czasie, to ściągnąłbym swe niecne zakończenie od Jerzego Gruzy, który wyznał swego czasu: „Chciałbym umrzeć w żeńskim akademiku".

„Fajne są te twoje złośliwostki – prawił Janusz. – Dokładasz parę zdań i masz już komentarz. Dokładasz parę więcej i jest felieton. A dobry felieton to już kilka zdań ciekawej literatury – zachęcał. – Tylko pamiętaj, w momencie gdy będzie ci się przyjemnie pisało, to szybko przestań. Bo to najlepszy wstęp do grafomanii. Pisanie musi męczyć, musi dokuczać. Nie powinno być łatwe". No i łatwe nie było. Zajęło mi równe sześć lat, bo co tylko zaczęło mi się pisanie podobać, to przypominałem sobie jego słowa i szybko przestawałem. A nie określał, jak długie powinny być przerwy.

Moje pisanie w „Polityce" w ogóle budzi skrajne emocje. Mariusz Treliński wyznał mi kiedyś, że ta rubryka ma dla niego mroczne emocje i jest w niej coś przewlekle niemoralnego. Ładnie to nazwał. Jakby budował kanwę nowej opery. Andrzej Stasiuk był mniej wykwintny. „Na dziesięć żartów wychodzi ci jeden. I wtedy szczam po nogach" – ujawnił niedbale z miną bezkompromisowego drwala.

Moja przyszłość od pierwszych dni nie miała twarzy. Albo mówiąc bardziej współcześnie: miała twarz pewnej wdowy smoleńskiej – co jakiś czas inną.

Jestem niczym zaproszenie na Facebooku od osoby, której się nie zna. Trochę ciekawostką, a trochę intruzem. Generalnie każdy, kto się urodził, wie, że lepiej się urodzić niż się nie urodzić, bo urodziny są dobre dla zdrowia. Amerykańscy naukowcy już dawno odkryli, że kto obchodzi więcej urodzin, ten żyje dłużej. Jak mawiała moja babcia Ania, gdy się narodziłem, szatan musiał westchnąć siarczyście: „O kurwa, nadchodzi konkurencja". A przecież człowiek nie wie, gdzie się urodzi.

Pewien facet, sprzedając fiata brava 1.4, w ogłoszeniu napisał: „Nie sprzedaję Żydom, do Sosnowca oraz kibicom Wibratora Włoszczowa". Automobil zupełnie nie wiedział, gdzie ma się podziać, no może poza małymi wyjątkami.

I tak też się stało ze mną tego upalnego lata.

1963. Dla polskiej muzyki to był ważny rok. Przyszli wtedy na świat Kazik Staszewski, Muniek Staszczyk czy poseł Paweł Kukiz. No i także ja. Kolejny tak ważny, a i tragiczny rok zdarzył się dopiero dwadzieścia jeden lat później. Na świat przyszedł Justin Bieber, a miesiąc później zabił się Kurt Cobain, co trudno uznać za wydarzenie bez związku z poprzednim.

Pamiętam pierwsze zdanie tyleż nudnej, co opasłej biografii Lecha Wałęsy, zatytułowanej powabnie *Droga do prawdy*. Brzmiało ono: „Zastanawiam się czasem, dlaczego moje losy tak a nie inaczej się potoczyły". Otóż ja się nie zastanawiam.

To nie los mnie skrzywdził, to ja skrzywdziłem jego. Miałem być bowiem dziewczynką. Na początku oczywiście. Potem zostałbym pewnie kobietą, choć jak siebie znam, to nigdy nic nie wiadomo. Podobno chłopcy rozwijają się do piątego roku życia, a później tylko już rosną. Mógłbym być pierwszą reprezentantką płci drugiej obdarzoną tym brzemieniem. Dziś trochę nawet żałuję, że tak się nie stało, bo jako kobieta mógłbym zweryfikować plotki, że Żebrowski w łóżku to istny Thorgal, Adamczyk, prawdziwy oralny Chopin, i to bez kaszlu, a Gąssowski w pełni swych walorów zasługuje na te kłopotliwe rumieńce, gdy wspominają go nasze wspólne koleżanki. No ale, gdyby babcia miała koła, byłaby tramwajem. Niestety moi rodzice złożyli zapotrzebowanie na dziewczynkę, a potem wyszło jak w telezakupach. Towar przyszedł, ale nie ten. Oszukałem przeznaczenie, jak w filmie pod tym samym tytułem. Tyle że po mnie tatuś z mamusią już nie dokręcili kolejnych części. Podobno mój ojciec chciał dać ogłoszenie w prasie lokalnej, że zamieni syna, co miał być córką, na córkę, która miała być synem, ale matka wyperswadowała mu ten pomysł. Co nie przeszkadzało jej płakać rzewnie, niczym koreańska spikerka telewizyjna ogłaszająca śmierć Kim Dzong Ila.

Miałem mieć na imię **Kasia**. Coś między rozpaczą, margaryną, słynną stygmatyczką a późniejszą córką premiera.

Podobno każdy płód jest płci żeńskiej. No, przynajmniej do czterdziestego piątego dnia życia płodowego wszyscy jesteśmy kobietami. I u mnie to się skończyło. Tym razem jednak matka natura, zapewne nie wiedząc, co czyni, stanęła po męskiej stronie.

Taka krótka wymiana z Marią Peszek:

– Twój burdel w głowie, jakkolwiek to nazwiemy, jest domem mojego Pana.

Marysia na to:

– Przeprowadzasz się?

Dziś mam wrażenie, że częściowo zostałem lokatorem. Nie tylko Marysinego burdelu.

Było lato stulecia. We Wrocławiu właśnie barykadowano miasto przed czarną ospą, która, jak pokazywały liczne znaki w postaci efektownej wysypki, była już w środku, na rynku. Nie wszyscy wiedzą, że możemy się pochwalić jedną z ostatnich i jedną z największych epidemii tak zwanej ospy prawdziwej w Europie. Przywiózł ją do Polski wracający z Indii oficer Służby (*nomen omen*) Bezpieczeństwa, pan Bonifacy Jedynak. Ja zawsze lubiłem zjawiać się w najgorętszym momencie i tak też mi zostało na później.

Janusz Głowacki, pijąc ze mną czterdzieści kilka lat później tak zwanego brudzia w mieszkaniu niejakiego Fogelmana, ostrzegał mnie, że jak zmajstruję coś niegodziwego, to wypijemy „cofańca" i znów, jak niegdyś, będziemy na „pan".

Wszyscy wtedy czekali, kiedy mój ojciec zaproponuje coś takiego matce, kobiecie z dopiero co obkurczającą się macicą. Ale nie zaproponował. Urodziłem się Polakiem upośledzonym.

Wiele lat później Piotrek Rogucki z zespołu Coma powiedział mi: „Nigdy nie dostałem w ryj za kibicowanie, bo nigdy nikomu nie kibicowałem".

Ze mną było podobnie. Nie byłem kibicem. Byłem za nikim. Wszystko mi było jedno, kto komu co strzela. Nawet na boisku, gdy graliśmy w piłkę, zawsze krzyczałem, żeby do mnie nie podawali. Ilekroć otrzymywałem piłkę, jak najszybciej starałem się ją oddawać, by nie ponosić zbytniej odpowiedzialności za jej losy, pod które podczepione były losy moich dziesięciu niezwykle zawziętych kolegów.

Zawsze bałem się biografii, która układa się w prosty schemat. W przedszkolu marzy się o szkole. W szkole marzy się o studiach. Na studiach marzy się o pracy. A jak dostaje się już tę marną pracę, to się zachodzi w głowę, co tak nie pasowało w tym przedszkolu. Któż, będąc już dorosłym, nie wspomina z rozrzewnieniem, jak to w liceum miało się tylko jeden dylemat: czy całą kasę przepierdolić na alkohol, czy może na fajki, a w okresie studenckim wchodziło się na wyższy poziom podobnych dylematów: wstać z łóżka na obiad czy może na kolację.

Jestem też, generalnie rzecz ujmując, nieudacznikiem. Nigdy nie ułożyłem kostki Rubika, a mistrzowi Europy i świata Marcinowi Kowalczykowi zajmuje to ponoć 5,6 sekundy. Jak tańczę, to ludzie dzwonią pod numer 112, a jak śpiewam, to już im się nawet nie chce nigdzie dzwonić. Mylą mi się powstania narodowe, nie wiem, jak działa leasing, a różnicę pomiędzy netto a brutto pojąłem dopiero dobrze po trzydziestce. Rozpadam się na wycieńczone kawałki, gdy słucham The Sound of Silence Simona i jego kamrata Garfunkela. Jestem sentymentalny, niecierpliwy i nigdy nie porzuciłem masturbacji. Nigdy nie zostanę modelką plus size ani nawet blogerką modową. Nie potrafię sprawnie odpowiedzieć na pytanie: „Którą postacią z Gwiezdnych wojen chciałbyś być?". Cały pakiet tak zwanego kryzysu wieku średniego zrealizowałem już przed trzydziestką. Zawsze zresztą uważałem, że ów kryzys wieku średniego to dla faceta taki moment, w którym średnio zaczynają ci się podobać kobiety w pewnym wieku. Reszta to wymysł nieudaczników i mściwych redaktorek pism kobiecych. Ciężko im zrozumieć, że jak siwy facet w wieku lat

sześćdziesięciu kupuje harleya, to nie dlatego, żé skurczył
mu się penis oraz niezmiernie wzrósł apetyt na szesnasto-
letnie dziewice, tylko po prostu wreszcie na niego uzbierał.
Kurwa, to przecież takie proste.

Bywam najbardziej leniwym pracoholikiem na tej pla-
necie. Kiedyś przeczytałem, że Bill Gates miał powiedzieć
takie słowa: „Zawsze zatrudnię leniwą osobę do pracy. Bo
leń znajdzie nieskomplikowany sposób na jej wykonanie".
I tak twórca Microsoftu zdefiniował moją zawodową przyszłość. Od dzieciństwa przerażała mnie wizja seksu z kobietą czterdziestoletnią. Raz tylko przeczytałem, że może
takowy być super. W Biblii. W Księdze Hioba.

Związki damsko-męskie dzielę na dwa rodzaje. Te, w których to ona bez jego wiedzy przegląda jego telefon, oraz te,
w których to on bez jej wiedzy przegląda jej telefon. Jeśli
w ogóle są jakieś inne, to na bank działają bez telefonów.

Ja generalnie jestem od lat stały w uczuciach, tylko kobiety się zmieniają. Mój ideał relacji to mityczni Romeo
i Julia, wymyśleni w głowie autora, który nie wiadomo nawet, czy istniał. Znali się i kochali pięć dni, a następnie pozabijali. Żyć nie umierać.

Nie wierzę w sztuczną inteligencję, bo jak patrzę na
kondycję ludzkości, to w ogóle przestaję wierzyć w jakąkolwiek inteligencję. Nie przeraża mnie wizja buntu maszyn,
choć jeśli takowy się zdarzy, to chcę być blisko fabryki wibratorów. Jako ateista nie mam specjalnie pozażyciowych
planów. Zarówno tu, jak i tam będę zawsze kierował się
zasadą: „Jezus nadchodzi. Udawaj, że jesteś zajęty". Wiem
tylko jedno: tuż przed śmiercią przejdę na islam. Nie
chcę, żeby przynależne mi siedemdziesiąt dwie dziewice

nieuchronnie się zmarnowały w czekaniu, aż przyjdę. Jeśli to nie wypali, to na bank pójdę do piekła. Zresztą w niebie nikogo nie znam. A w drodze do tego drugiego jest jeszcze okazja, aby nieźle zaszaleć.

Najkrótsza i najskuteczniejsza modlitwa, jaką znam brzmi: pierdolić to.

Generalnie uważam, że jestem dobrym człowiekiem, a jak mężczyzna jest dobrym człowiekiem, to nieważne, jakiego koloru jest jego bentley. Jak widzę swoje zdjęcia z młodości, to przypominają mi się szkolne fotografie Eminema. Niewinny cherubinek z loczkami o uśmiechu zagubionego chłopca z pielgrzymki. A potem nadeszły zmiany, czyli tak zwana dojrzałość. Choć, nie ma co ukrywać, od blisko dwudziestu lat najczęstszym sformułowaniem, jakie słyszę, jest: „za stary". Zawsze byłem gówniarzem o szczurzym pyszczku, a tu nagle zasuszony emeryt. Zgubiłem gdzieś środek życia.

To swoisty fenomen polskiej współczesności.

Kiedyś Kasia Nosowska śpiewała numer zatytułowany *Dorosłość jako początek umierania*. Ale na początku zwracam ci, czytelniku, uwagę na coś innego. Prawie zawsze nazywamy ją Kasią, a nie Katarzyną, tak jakbyśmy chcieli zgubić te wszystkie lata, kiedy to z Kasi zamieniła się właśnie w Katarzynę. Z rockowej małolaty w pełnokrwistą wokalistkę o głosie przypominającym czasem tęgie, czarne diwy plujące mielonym szkłem. Jakbyśmy chcieli oszukać czas. Zabrać mu formę przeszłą, akceptować tylko teraźniejszą, a z lękiem podchodzić do przyszłej.

Nie ukrywajmy tego, co będzie częstym motywem tej książki: żyjemy w dziwnym kraju w dziwnych czasach.

W kraju, w którym w każdej chwili jesteś za stary. Dla wszystkich. Na wszystko. Kiedyś, jak byłeś za młody, to byłeś za głupi. Dziś jesteś za głupi, bo się zestarzałeś.

Taka wymiana z Dorotą Wellman swego czasu:

– Starzejesz się? – pyta okrutnie Dorota.

– Starzeję się – odpowiadam szczerze i z bólem.

– Z godnością?

– Nie.

– Ale cierpisz z tego powodu?

– A co to jest „godne starzenie"?

– No normalnie. Starzejesz się, to jest naturalny proces... Nie naciągasz sobie, nie prostujesz czoła, nie przesuwasz włosów i nie robisz z siebie młodzieniaszka, który ma... A nie, ty tak robisz akurat, bo masz coraz młodsze narzeczone.

– Ale nie, to w ogóle nie odmładza, one chcą seksu codziennie. To raczej mnie zabija. Ale chyba wolę taki wariant. Takie zabójstwo miłym łukiem omija starość.

W walce o stałą młodość nie wchodzimy w dojrzałość, tylko w karykaturalność. Bo ciągle nam się wydaje, że twarz naciągnięta na czaszkę, trzeszcząca jak pasek rozrządu będzie gwarantem nieprzemijania ducha. Pod tymi karykaturalnymi obrazami fikcyjnej młodości czają się ogłupiałe przemijaniem panie. Panowie niestety coraz częściej też. Jeśli motorem twoich działań jest radość z działania, to starość przychodzi później albo w ogóle idzie do sąsiada. Chociaż z tymi motorami bywa różnie.

Najdowcipniejszy krajowy kabareciarz Robert Górski razu jednego został przeze mnie zapytany: „Czy jest prawdziwe zdanie: «Na początku działalności Kabaretu Moralnego Niepokoju głównym celem działań była libacja po występie»?". Spec od *Ucha Prezesa* bez zastanowienia wypalił: „Oczywiście, to jest motor wszystkich naszych działań. I chyba nie tylko naszych".

Pierwszy raz o tym, że jestem za stary, usłyszałem od producentów programu *Halo!Gramy* w Polsacie. A byłem przed trzydziestką. Następnie swoją brawurową starością opanowałem ten show na kilka lat. Potem ten sam wyrok padł z ust dyrektora telewizyjnej Jedynki, ale o nim krążyły pogłoski, że interesuje go tylko kadra *Roweru Błażeja*. A ja miałem koło trzydziestki i dupę zorientowaną całkowicie na inne zadania.

Dziś słyszę to codziennie. Za stary na telewizję, na takie ciuchy, na taką dziewczynę, na taki wygląd, na takie zachowanie, taki samochód, styl. Za stary na wszystko. Za wszystko. Za stary nawet na to, żeby być stary, bo powinien być już nieżywy.

Janusz Gajos wypowiedział się tymi słowy w podobnej kwestii:

– To jest pewien rodzaj stopniowania popularności. Kiedyś podchodziły do mnie piękne młode dziewczyny, ja wtedy bardzo chętnie się podpisywałem. Potem zaczęły podchodzić dziewczyny, które mówiły: „Moja mamusia bardzo pana ceni". A teraz podchodzą i mówią: „Babcia pana uwielbia, gdyby pan mógł...".

– Ty, Janusz, na ostatnim nagraniu *Idola* podeszła do mnie pani i powiedziała: „Moja babcia pana uwielbia".

– No widzisz, już się zaczyna!

– To już?!

– Ale to niepostrzeżenie. Nawet tego nie zauważysz, bo to idzie tak niby żartem, niby mimochodem, aż przyjdzie.

– Nie!

– Nie?

– Ja się nie zgodzę na starość!

– Ja też nie!

– No to żółwik!

Dla wielu metrykalnych krytyków w swej seksualności jestem skrzyżowaniem misia koali z kangurem. Zasypiam w trakcie skoku na partnerkę. Młodzież mnie nie chce, bo w sposób straszny przypominam im, że w wielu przypadkach są starsi ode mnie. Bo ton tej szowinistycznej dyskusji nadają właśnie oni, bezkompromisowe dzieci internetu. Matki i ojcowie chrzestni współczesnego hejtu, nienawidzący każdego, kto się urodził przed nimi. Bo przypominamy im, że też muszą ruszyć dupę, aby zaznaczyć swoje miejsce na ziemi. Oni codziennie chętnie zadadzą ci to brutalne pytanie: „Czy jesteś gotów na nagłe zmiany w swoim życiu? Nie? To dobrze, bo już jesteś za stary! Idź sobie i umrzyj". A jak jeszcze, nie daj Boże, jesteś starszy od ich starych, a zachowujesz się tak, jak ich starzy nigdy by się nie zachowali, to już jest, bracie, mogiła. W ciągu ostatnich dziesięciu lat chyba tylko raz usłyszałem, że jestem za młody – od Małgosi Leitner, przemysłowej menedżerki Joanny Krupy, kiedyś modelki, dziś właścicielki agencji modelek, z którą chciałem umówić się na randkę. Uwielbiam ją za to wyznanie do dziś.

Cenię sobie bardzo to, co napisał Andrzej Stasiuk w *Podróży*: „Każdy żyje w wieczności i mierzy ją swoją miarką". A więc *fuck off*.

Od kilku lat odnoszę wrażenie, że dzisiejsza młodość bardzo szybko nadaje się na paraolimpiadę, bo szybko traci sprawność.

Kiedyś z redaktorem Piotrem Najsztubem starliśmy się w dyskusji na temat dojrzałości. On lansował tezę, że dojrzałość to jest stałe wygaszanie, a ja, że jego teza to czyste pierdolenie. Bo uważam, że młodość jest jedynym dobrem godnym posiadania i należy o nią walczyć. W młodości najgorsze jest pierwsze pięćdziesiąt lat, ale potem masz już z górki. Wiem, co piszę, bo powoli zaczynam mieć już z tej górki właśnie.

Z Markiem Kondratem wymieniliśmy na ten temat stosowne uwagi:

– Ja mam w tej chwili pięćdziesiąt lat.

– Gratuluję. Piękny wiek, proszę pana. Pamiętam.

– Pamiętasz jeszcze?

– Pamiętam.

Jaka szkoda, że tak krótki jest czas pomiędzy tym, gdy jest się za młodym, a tym, kiedy jest się za starym. Bo strażnikiem młodości stają się normy społeczne narzucane przez mieszczańskie społeczeństwo z korzeniami w folwarku. Nie będzie Niemiec pluł mi w twarz, nie będzie czas pozbawiał mnie jaj, nie będzie społeczeństwo dyrygentem moich wyborów. Nie będzie brak masowej fantazji patroszył moich magazynów z moją własną fantazją. Zawsze uważałem, że starość nie jest może dla mięczaków, ale młodość na bank nie jest dla idiotów. Niestety, obie kategorie wiekowe coraz wyraźniej zaludniane są przez wyżej wymienionych osobników. Bo zapominają, że młodość to wybór. To nie stan kalendarza, tylko stan ducha. Dojrzałość nie jest egzekucją młodości. Tak jak starość nie musi być kastracją radości. Myślę, że starość to totalna nuda, a na takie rzeczy po prostu szkoda tracić czas.

**Piękną dyskusję miałem
z Krzysztofem Kowalewskim:**

– Bardzo dobrze pan wygląda – zaczynam.

– Dziękuję. Ja nigdy tak nie wyglądałem.
Tam na górze mnie malowali.

– Ale nie, chodzi o to, że pan jest taki świeży...
Jezu, czy to będzie nietakt, jak zapytam, ile pan
ma lat? Tak mniej więcej?

– Nie mniej więcej, tylko dokładnie
siedemdziesiąt siedem.

– Ja pierdzielę!

– Ja też!

„Ludzkość po trzydziestce wkracza w potworność" –
pisał mistrz Witold Gombrowicz. Zaczyna szukać granic
swojej młodości, czasu, by zmienić swoje życie i myślenie
na potworny *level expert*, czyli dorosłość. A młodość nie ma
granic. Aby jej nie utracić, wystarczy fundować sobie stałą
powtórkę z rozrywki swoich szaleństw. Bo szaleństwem
jest odwaga, brawura, bezkompromisowość oraz uczciwość
wobec własnych marzeń i ideałów. W programie *Kuba Wojewódzki* wdaliśmy się kiedyś z Muńkiem w taką sentymen-
talną wymianę:

– Nam się udało zachować coś strasznie pięknego, taką...
Muniek na to:

– Głupotę.
Ja brnę dalej:

– Nie. Taką niefrasobliwość, taki debilizm dziecięcy,
taką naiwność.

A on na to znienacka:

– No, bo to jest bardzo fajne.

Nieprawdaż? Prawdaż. To jest fajne. Mam ponad pięćdziesiąt lat, a nie robię w swoim życiu niczego, powtarzam: NICZEGO, na co bym nie miał ochoty.

Chociaż dobrze pamiętam pogawędkę z Marcinem Prokopem:

– Prokopie, jesteś telewizyjną dziwką.

On na to:

– Bywam.

Ja na to:

– Ja też.

Możecie mi pozazdrościć. Jestem królem głupiej, ambicjonerskiej dumy i dobrze mi z tym. Nie idę na bolesne kompromisy, nie prowadzę programów, których nie obejrzałbym bez mdłości, nie kumpluję się z ludźmi, z którymi warto albo wypada. Mówię prosto w twarz, kogo lubię, a kogo nie. Nie zarabiam pieniędzy jak chałturnik, gwałcąc swój entuzjazm do wszystkiego. Jak śpiewał Kazik Staszewski: „Idę tam, gdzie idę, nie idę, gdzie nie idę, idę tam, gdzie lubię, nie idę, gdzie nie lubię".

Jestem szczęściarzem. I choć zakamarki mej sławy bywają trudne do zaakceptowania, trwam w swym zadowoleniu. A bywa czasem trudno.

Taka rozmowa z Andrzejem Sewerynem:

– Czy pan mnie kiedykolwiek na oczy widział?

Andrzej na to:

– Proszę pana, widziałem pana na premierze *Miłość ci wszystko wybaczy* w Teatrze Polonia, kiedy pan jako jedyna osoba na widowni pił coca-colę i jadł sandwicza.

Zawsze będę powtarzał i do znudzenia przypominał słowa, które wytyczyły moją ponadpółwieczną obecność tu i teraz. Jestem zbyt młody, aby być stary.

Niestety, przeczytałem to, co napisałem przed chwilą, z wyraźnym odczuciem, że zaczynam przynudzać jak przeterminowany emeryt-moralista.

Powrócę zatem do wątku narodzin.

Podobno rodzice kochali mnie prawie od samego początku. Podobno czekali na nagłą śmierć łóżeczkową, ale ich rozczarowałem. Za fakt spadnięcia z wagi szpitalnej nie mogę ich obwiniać, bo, jak pokazały późniejsze losy Madzi z Sosnowca, dzieci czasem wymykają się rodzicom spod kontroli. Kiedy ojciec odebrał mamę ze szpitala, tak byli zaaferowani tym, że wracają do domu, że dopiero na ostatnich światłach przypomnieli sobie, że zostałem w poczekalni. No, ale trudno mieć im za złe, że nie pamiętali o czymś, czego nie chcieli. Po kilku dniach od mojego przyjścia na świat ojciec popadł w niezrozumiały dla wszystkich zachwyt i entuzjazm. Podobny do tego, który opanował Polaków po zremisowanym meczu z Rosjanami na Euro 2012. Jak wieść rodzinna niesie, był to w prostej linii efekt tego, że wytrzeźwiał. Miał bowiem człowiek ten typową słowiańską zaletę sprowadzającą się do słów: „Można się bawić bez alkoholu, ale po co się męczyć?". Pierwsze słowa, które skierował pod moim adresem, gdy wziął mnie na ręce, brzmiały: „Oto, do czego zdolny jest człowiek!". Do dziś nie wiem, czy mówił o mnie, czy o sobie. Chyba podejrzewał, że w wyścigu na naczelnego kabotyna rodziny będę stanowił dla niego duże zagrożenie. To tak, jakby Maciej Stuhr pokonał Jerzego Stuhra w castingu do roli Jerzego Stuhra.

Matka moja, Maria, to porządna kobieta była. Może trochę mało odważna życiowo, ale może być też tak, że cały zapas odwagi zużyła, rodząc taką kreaturę jak ja. Może przeczuwała, że wkrótce jej podstawowym zajęciem będzie wstydzenie się za syna.

I tu muszę przyznać, że miałem jednak jakieś szczęście. Marek Raczkowski opowiadał mi kiedyś, iż jest święcie przekonany, że w wieku niemowlęcym jego matka próbowała go kilkukrotnie zgładzić, na wszelkie chałupnicze sposoby. Jak widać, z marnym skutkiem.

Ojciec był z imienia Bogusław. Bogusław najbardziej lubił przemawiać. Urodziny, imieniny, okazje, braki okazji – on popadał w patos i słowotok. Miał dobre zadatki na prequel polskiego papieża. Przemawiał prawie zawsze *ex cathedra*, a każda z jego wypowiedzi nosiła znamiona nieomylności. Przynajmniej w momencie jej wygłaszania. Stąd mam w głowie refleksję, że można w życiu mówić największe idiotyzmy, byle tylko nie uroczystym tonem. Ilekroć ktoś zaczyna przy mnie przemawiać patetycznie, mam ochotę przyrządzić popcorn i oddać się dźwiękowemu spektaklowi.

Pamiętam też ojca zamarłego. Nie umarłego, tylko zamarłego. To różnica, bo w przeciwieństwie do stanu pierwszego, ten następny jest przejściowy i mocno okolicznościowy.

Był rok 1978, mistrzostwa świata w Argentynie. 14 czerwca, stadion w Rosario. Gramy z gospodarzami i karnego strzela Kazimierz Deyna. Boski Kazio. Latający Kazik. Strzela, piłka odrywa się od murawy, mój ojciec odrywa się od fotela. Piłka wpada prosto w ręce bramkarza, a mój ojciec wręcz przeciwnie. Zatrzymał się w czasie i przestrzeni. Jak nieznana z imienia żona Lota czy pani Joanna Burzyńska, z zawodu obrończyni krzyża z Krakowskiego Przedmieścia parę lat później. Ojciec skamieniały utknął pomiędzy stanem euforii a stanem niezrozumienia Kaziowego czynu. Był żywym pomnikiem zdumienia. Do szatni jasnego umysłu powrócił dopiero nad ranem. Było to jednak mniej kłopotliwe zachowanie, aniżeli pomysł na sprawiedliwe werdykty na piłkarskim boisku mojego późniejszego kolegi Arkadiusza. Arkadiusz, ilekroć oglądał mecz, który niechybnie musieliśmy przegrać, miał zwyczaj wydzwaniania na komisariat i zgłaszania popełnienia przestępstwa przez sędziego głównego spotkania.

Zjawiłem się pomiędzy rocznicami powstania warszawskiego a zrzucenia bomby na Hiroszimę.

Zresztą w Polsce trudno się nie urodzić pomiędzy jakimiś rocznicami. Nawet jak człowiek się zaprze, to i tak mu historia doklei jakąś tragedię, rozstrzelanie czy pogrom. Chociaż najłatwiej się u nas wstrzelić w okoliczność kościelną. Właściwie każdy dzień ma jakąś świętą bohaterkę lub bohatera. A jak zabraknie powyższych, to się daty dopycha cudem, objawieniem albo wniebowstąpieniem. Moja babcia ze strony ojca stosowała zresztą taki kalendarz: informowała nas, że wyjeżdża w dniu świętego Józefa Oblubieńca, a wraca zaraz na świętego Wojciecha biskupa i męczennika. Kiedyś nawet ja stosowałem tę metodę. I tak swój pierwszy seks miałem w dniu świętego Brunona Bonifacego z Kwerfurtu biskupa i męczennika. A pierwszy grupowy w Międzynarodowy Dzień Pamięci Żołnierzy Wyklętych.

Urodziłem się w Polsce, czyli tutaj, u nas. W krainie stworzonej przypadkowo przez zwichniętego emocjonalnie poetę grafomana. Skaleczonej narodowo-katolickim fatum, z którego od pokoleń nie możemy się wyzwolić. To fatum wywraca u nas wszystko do góry nogami. Kpi z chrześcijaństwa i zamienia nas w centralny szpital psychiatryczny Europy Środkowej i Wschodniej. W ojczyźnie cierpiącej, cytując księdza Tischnera, na wyobraźnię schorowaną, rozpiętej pomiędzy makami spod Monte Cassino, wierzbami płaczącymi, kwiatami polskimi Tuwima a brzozą dybiącą na zbyt nisko lecące samoloty.

Generalnie ojczyzna jest dość biologicznie bujna, jak widać z opisu. Jeden ze znanych polskich pisarzy opowiadał mi kiedyś, że po suto zakrapianej spirytualiami nocy obudził się bez sił i władzy w nogach, centralnie pośrodku kwietnego klombu w parku Ujazdowskim. Z trudem podniósł głowę i wyszeptał ni to do siebie, ni to do Stwórcy: „Jeszcze nigdy alkoholizm nie był tak piękny".

Ja tak myślę o Polsce.

Jesteśmy narodem, który wytrzeźwiał. Z ideału europejskości, z postępu, nowoczesności, aspiracji i doganiania świata. Łączy się to z małym kacem, ale husaria nie takim rzeczom dawała radę. Jesteśmy jak dżdżownica rozcięta przez pług historii na dwie połówki, które w żaden dostępny duszy sposób nie chcą się ze sobą dogadać. Jesteśmy samotnym narodem, który czując się kundlem Europy, zgrywa **bulteriera.** Mało tego, ten bulterier jest zabrany przymusowo ze schroniska historii i w związku z zaistniałym faktem nie wie, czy kąsać wszystkich naokoło, czy może kopulować z każdą napotkaną nogą. Boimy się prawdy o nas, bo ona przynosi historie ściągnięte z piedestału dziejów. Bo mitologizujemy siebie i swoje dzieje. Najchętniej konsumujemy je w formie historycznego półfabrykatu typu *Korona królów*, gdzie Matysiakowie z mieczami zamieniają średniowiecze w *M jak miłość*. Boimy się trudnych pytań o nas samych, a więc najchętniej przyswajamy dogmaty. Polak, katolik, patriota, ocalił tylu Żydów, ilu się dało. A jakby się dało, to chętnie ocaliłby więcej.

Duża część z nas to pseudokibole pseudopatriotyzmu stojący na straży pseudowielkości. Nawet nasz nacjonalizm jest pseudo. Bardziej operetkowy niż skuteczny czy groźny. Jest najlepszym dowodem zarażenia narodowego ego chorobą pod wezwaniem nieistotności. Dobra zmiana wyciągnęła z nas wszystkie wstydliwe sekrety, które ukrywaliśmy pod europejskimi aspiracjami. Prawica u nas jest jak te słynne urodziny Hitlera w lesie. Wszystko to niby takie poważne, a pachnie nieudaną operetką.

My nie mieszkamy w normalnym kraju. Mieszkamy w mesjanistycznym i symbolicznym muzeum cierpienia. Jesteśmy zdziwaczałą resztką Europy. Co najbardziej bolesne, nie ma na razie planu, aby ktokolwiek był w stanie zaproponować alternatywną wersję polskości. Dosyć romantycznego pieprzenia. Potrzebna jest nowa wizja, nowy mit. Oparty na wolności, na wolnym człowieku, oświeconym i otwartym. Wyzwolonym z zabobonu, szukającym religii opartej na wiedzy, samodoskonaleniu się, samokształceniu, a nie na pacierzu i dawaniu na tacę. Dosyć terapii narodowej opartej na przekonaniu o wyjątkowości. Stan normalności nam najzwyczajniej w świecie wystarczy.

Jeszcze wtedy nie wiedziałem, że akcja mojej biografii dziać się będzie w Polsce, czyli nigdzie, jak pisał Alfred Jarry w *Ubu Królu*. W trollandzie nieczynnym z powodu awarii narodowej duszy. Nie wiedziałem, że już jestem zwichnięty historycznie katyńskim lasem, rozbiorami, rubieżami oraz przedmurzami. Kompleksami tkwiącymi w morderczym uścisku z pogardliwą megalomanią. Z obrazem czaszek toczących się przez płonące łąki krwi, z pospolitym chamstwem i dresem toczącym się w autach na gaz. Bo to my, pogromcy imperium osmańskiego, okupanci Moskwy, wpatrujący się z autoerotycznym patriotyzmem w Matejkowskie *Hołd pruski* i *Bitwę pod Grunwaldem* i niemogący sobie poradzić z własną współczesną nieistotnością. Przecież z woli boskiej jesteśmy wyjątkowi, Jezus dał się ukrzyżować głównie w naszej sprawie, a i obroniliśmy cywilizację w 1683 roku przed islamem, a w 1920 przed bolszewizmem. A za Beaty Szydło to przede wszystkim – od europedałów po afrouchodźców. I co z tego zostało? Disco polo i wąsy. Etos, patos i bigos. Emocjonalność tak wyrazista, że ewidentnie kolidująca z myśleniem.

Kiedyś po marihuanie wymyśliłem taki żart. Rozmawia ojciec hemoroid ze swoim synem, małym hemoroidem. „Zobacz, synu – tutaj wykonuje teatralny gest na całą dupę. – Kiedyś to wszystko będzie twoje".

Taki mam stosunek do naszego nowo odzyskanego patriotyzmu.

W Bostonie (na własne oczy widziałem) jest pomnik worka ziemniaków.

Polacy. Czujmy się docenieni!

Piszę te słowa w momencie dla Polski tradycyjnie szczególnym. U nas nie może być po prostu normalnie. Albo moment jest szczególny, albo chwila wyjątkowa, albo dzieją się rzeczy historyczne. Zero stabilizacji plus historyczne rozwolnienie.

Naprzeciw siebie stanęły w ustawce ostatecznej dwie Polski. Bezmyślna i bezradna.

A jak już wiele lat temu pisała Hannah Arendt, z bezmyślności rodzi się najgorsze zło. Niewiedza to władza. Zło rodzi się także w sytuacji, gdy większość ludzi używa głowy nie do myślenia, lecz do potakiwania.

Dialog mój z Tymem:

– Słuchaj, a co się stało z nami, Polakami? Masz jakąś refleksję, uwagę, spostrzeżenie? Stanisław, twoja perspektywa to jest osiemdziesiąt lat. Osiemdziesiąt lat polskiej historii. Co się takiego wydarzyło, że jesteśmy w tak humorystyczno-absurdalnym miejscu naszej historii?

Staszek na to:

– Słuchaj, zawsze trzeba brać pod uwagę taki element. Oczywiście ja tutaj przesadzam, to nie jest dokładnie tak, ale zawsze trzeba brać pod uwagę, że będzie nie to, czego się spodziewamy. I plany mamy takie, i wszystkie możliwości ich realizacji. Tymczasem się okazuje, że nagle dogaduje się grupa analfabetów, która nie umie czytać na przykład. I oni nagle na przykład wygrywają wybory. Takie rzeczy się zdarzają na świecie.

– Ale dlaczego nam?!

– A u nas to chyba nie są analfabeci.

– A kto?

– To jest gorsza odmiana takich, co to umieją czytać, a w ogóle nie czytają.

Mamy rewolucję karykaturalnego satrapy, który bardzo chce być Józefem Piłsudskim, a którego z Marszałkiem łączą tylko zwłoki na Wawelu.

Genialny strateg i ukochany przywódca, podczas narodzin którego ptaki mówiły ludzkim głosem, zjednoczył naród w strachu i chamówie. W miejsce nowego polskiego oświecenia wprowadził stare plebejskie zaciemnienie. Kolejny to dowód, że bardzo mały człowiek może rzucać bardzo duży cień. Patriotycznym planem minimum znów stały się słowa: „Nie będzie Niemiec pluł nam w twarz", a co do reszty, to się jeszcze zobaczy. A kulturowym zapleczem przygnębiający Jerzy Zelnik i żywcem wyjęta z Sopockiej Nocy Kabaretowej Katarzyna Łaniewska.

Populizm zatriumfował złudzeniem, że każdy może być politykiem. A to nie jest nauka, tylko sztuka. A artystów tam, po prawej stronie rozumu, gwałtowny deficyt jest.

Zemsta jest podstawowym motorem każdej rewolucji. Nawet tej aksamitnej, która – uwaga, cytuję marszałka sejmu – chce tylko „odszczurzyć Polskę".

I tak skarlała rewolucja skarlałego lidera pchnęła nas w czasy, gdy coraz trudniej ukryć, że zaczynamy być gotowi na przemoc. Wobec siebie. Czekamy tylko na pierwszy gwizdek, pierwszą pochodnię lub kamień rzucony w niewłaściwą witrynę.

Rozmowa z Jackiem Braciakiem, którego uwielbiam i szanuję:

– Jacku, żyjemy w kraju, w którym pomiędzy gejem, pedofilem a zjadaczem kupy jest cienka granica.

Braciak na to:

– Tak jak cienka granica jest między „ty" a „ty chuju".

Bez politycznej kultury naród staje się dzieckiem, które bawi się ogniem i w każdej chwili może podpalić własny dom. Żeby było chociaż z kim robić kontrrewolucję. Z epicko plebejskim wizerunkiem herosa Antoniego Macierewicza, rodem z *Dantona* Andrzeja Wajdy i *Obłędu* Jerzego Krzysztonia, nie wygra frywolny uśmiech Roberta Biedronia. Nie mam co do tego złudzeń. Brak tu politycznego ciężaru oraz zwykłej, swojskiej aberracji. Krzysztoń prosto z psychiatryka pisał: „Rzeczywistość to nie sztuka, powszednieje, choćby była makabrą". Oni tej makabry potrafią pisać kolejne zadowalające naród scenariusze.

Wiele lat później Marysia Peszek powie u mnie w programie: „Ja nie mam wątpliwości, że wolałabym przeżyć niż zginąć za ojczyznę". Ona doszła do tego później, ja w świadomości bycia w tej bolesnej mniejszości tkwiłem już w dzieciństwie. Tego jednak nie wiedziałem wówczas, bo to było jeszcze przed szkołą. Ale i tak, jak znam życie, nie wiedziałem tego i po szkole, tylko miałem ściągę.

Czasy podobno były ciekawe.

1963. Na świecie był to rok pierwszy beatlemanii. To wtedy czwórka chłopaków zamknęła się w studiu nagraniowym na dziesięć godzin i nagrała *Please, Please Me*. Płytę, po której już nic nie było takie samo. Dziesięć godzin. Dziś tyle czasu potrzebuje Edyta Górniak, żeby dojechać do studia.

Po raz pierwszy przed mikrofonami radiowej Trójki zasiadł Piotr Kaczkowski. Wielki mag radia. Ileż pokoleń radiowców rujnowało swoje kariery, próbując „lecieć Kaczorem", czyli naśladować ten jego leniwy, cedzący słowa *flow*.

To niesamowite, jak facet potrafił opowiadać muzykę. Opowiadać koncerty. Opisywać dźwięki. Niczym David Copperfield, powodował, że nagle budziliśmy się w innym wymiarze z biletem na koncert grupy Yes w ręku. Kiedyś, podczas moich pierwszych dni pracy w Trójce, przyszedł do studia i powiedział: „Witaj, nazywam się Piotr Kaczkowski i cieszę się, że pracujemy razem". To było moje prywatne pasowanie na radiowca. Co tu ukrywać, w kategoriach jakościowych mocno przedwczesne. A fakt, że radiowy guru podchodzi do mnie, nikczemnego insekta eteru, i przedstawia się z imienia i nazwiska, budził we mnie jeszcze większy zachwyt. To tak, jakby Jezus ze Świebodzina zszedł z cokołu (trzydzieści trzy metry) i pukając do drzwi mieszkańców, zagajał: „Cześć, to ja, Jezus. Jesteśmy sąsiadami, stoję sobie tutaj, obok Lidla".

W tym samym roku zamknięto ostatecznie słynne więzienie federalne na wyspie Alcatraz, co z perspektywy Polski Ludowej wydawało się dziwne, ale i ekscentryczne, bo mierzone tęsknotą krajowej rodziny za własnym lokum. Nawet jednopokojowym, z kiblem w rogu salonu.

Z dzieciństwa niewiele pamiętam, ale nie z powodu urazów czy głodu, tylko na skutek tak zwanego szczęśliwego dzieciństwa, które wyparłem, bo musiało być strasznie nudne.

Wiem to na pewno i mam na to nawet żywego świadka (to oczywiście zależy od tempa drukarni) w postaci babci, że od najmłodszych lat chciałem być hitlerowcem. Nie wiem, skąd mi się to wzięło. Uważałem ich za schludnych, kulturalnych ludzi, którzy lubią przesuwać granice. Prawdopodobnie odpowiedzialność za to ponosi kanoniczny serial mojego dzieciństwa, czyli *Stawka większa niż życie*. To dzięki niej okazało się, że Niemcy mogą być fajni, zabawni i dystyngowani. Moimi idolami w tamtym okresie byli Hermann Brunner, „Zając" Wolf, pułkownik Kraft czy niejaki Puschke. Tak się z nimi zżyłem, że Helmut Kloss, stryj Hansa Klossa, automatycznie stał się moim stryjem i za nic nie mogłem wybaczyć rodzicom, że nie chcą go zaprosić do nas na Wigilię. Kiedy po wielu latach poznałem Stanisława Mikulskiego, nigdy nie przyjąłem do wiadomości, że jest Polakiem. Mało tego, uznałem, że jego bycie Polakiem to zdrada naszej sprawy. Bo on powinien być z zawodu Niemcem, gdyż najlepiej mu to wychodziło.

Dla mojego pokolenia w ramach relacji dobrosąsiedzkich Hans Kloss zrobił więcej niż Helmut Kohl, Tadeusz Mazowiecki i msza w Krzyżowej razem wzięci.

Gdy był gościem mojego programu, a pretekstem niestety okazał się film, którego scenariusz mógłby napisać średnio rozgarnięty ochroniarz Urzędu Skarbowego, mianowicie *Stawka większa niż śmierć*, byłem święcie przekonany, że zagada do mnie powszechnie znanym szyfrem: „Ładna pogoda", a ja mu dumnie odpowiem: „Tak, o tej porze w zeszłym roku padał deszcz". I znowu wszystko stanie się jasne, że przysyła go tajemnicza Centrala. Niestety tak się nie stało. Mało tego, pan Stanisław (Boże, jak to imię fatalnie brzmi) przyszedł w tureckim swetrze i w żaden sposób nie starał się, jak przystało na J-23, znowu nadawać. Już wtedy apelowałem głośno, że nowa ustawa krajobrazowa powinna zawierać jeden niedyskutowalny zapis: „Stanisław Mikulski bez niemieckiego munduru nie będzie akceptowany w żadnym ze znanych polskich krajobrazów". Niestety nie zdążyłem. Centrala wezwała swego agenta do siebie na dobre...

To mnie kręciło wtedy, a zostało do dziś. Znalezienie własnej definicji rzeczy do cna zdefiniowanych. Miałem też inne pragnienia.

Podobał mi się Azja Tuhajbejowicz na palu oraz Nel, ale bez Stasia.

To były moje pierwsze kręgi kulturowe oraz punkty odniesienia. Azja miał od dzieciństwa twarz Daniela Olbrychskiego, co utrudniało mi w późniejszych latach zrozumienie, że martwy Azja buduje z kumplami fabrykę w Łodzi, i to bez pieniędzy. Zawsze uważałem, że umieszczanie mężczyźnie ociosanej belki w kroczu tylko za to, że wpadła mu w oko (w jedno, bo drugiego już nie miał) żona innego, to gruba przesada i symptom złych manier.

Najmniej akceptowała jednak te okupacyjne ciągoty rodzina. Babcia Anna szczególnie oprotestowywała moje nazistowskie pragnienia, a wiedziała, co robi, bo pochowała dwóch mężów. I to za ich zgodą. Obaj co prawda umarli po wojnie, ale tendencja wówczas była taka, że i tak za wszystko odpowiadają Niemcy.

Nel z kolei była moim pierwszym doświadczeniem erotycznym w kinie. A dokładnie masturbacyjnym. Zapałałem do niej tak silnym uczuciem, że na film w *Pustyni i w puszczy* do kina W-Z chadzaliśmy z moim ówczesnym kolegą Piotrem O. wielokrotnie – i jak to się elegancko mówi: z „biblijnym zamiarem utraty nasienia". Ja zwykle trafiałem na ten moment, gdy mała Angielka w malignie wykrzykiwała rozpaczliwie: „Stasiu! Stasiu!". Koszmar. Do dziś, gdy słyszę na ulicy, jak ktoś woła to imię, to miewam erekcję. Choć co tu ukrywać, coraz rzadziej. Piotr z kolei zwykle dochodził po mnie, co już wtedy dawało mi poczucie, że mam silne cechy przywódcze. A wszystko to w rytm muzyki zespołu Dwa Plus Jeden, który śpiewał coś o „wyciąganiu spod kołdry mgieł".

To tyle o wpływie Sienkiewicza na mój rozwój umysłowy.

Odbyłem kiedyś krótką pogawędkę o tym przyjemnym temacie z dyżurnym kaznodzieją Polski Tomaszem Terlikowskim, specjalistą od grzechów wszelakich.

– A masturbacja? Pytam cię, bo ja jestem praktykującym masturbantem i to mówię szczerze.

Tomasz na to:

– A wiesz, jak chcesz się spowiadać, to nie u mnie.

Już jako dorosły mężczyzna przeczytałem gdzieś informację, że aby masturbacja była megaprzyjemna, trzeba robić trzytygodniowe przerwy. Nikogo nie muszę zapewniać chyba, że znam tę teorię tylko z teorii. Ale samogwałt okazuje się tematem fascynujących męskich pogawędek, bez względu na wiek i światopogląd.

Wojciech Cejrowski odwiedził mnie swego czasu.

– Zszokowałeś mnie, gdy wyznałeś, że nie lubisz otworzyć „Playboya".

– Płaska kobieta z papieru, nawet jeżeli bardzo piękna, rozłożona przy śniadaniu, to jest nie ten kontekst.

– Dla mnie jest.

– Oduczasz swojego ptaszka prawidłowych odruchów.

– Ja oduczam swojego ptaszka prawidłowych odruchów??? Nie! Ja właśnie pasę swojego ptaszka! Pasę go!

– Jeśli twój ptaszek ma być przyuczony do konsumpcji papierowej baby w gazecie albo do masturbacji, to rzeczywiście go pasiesz.

– Jak oglądam *Bitwę pod Grunwaldem*, to ona też jest płaska, a pasę swoją wyobraźnię!

Widzę Ulryka von Jungensztajna i tego drugiego z krzyżem.

Zabawny był fakt, że po zdobyciu w sobie tylko znany sposób adresu młodej aktorki w Łodzi, która ku memu przerażeniu prywatnie nazywała się całkowicie inaczej, napisałem do niej list.

Monika Rosca, bo takie miała miano, była ode mnie starsza o dwa lata i była z ojca Rumuna. Postanowiłem nie brać sobie tego do swego narodowego serca i w długim wylewnym eseju do mej wybranki zaproponowałem wspólne życie oraz niestety przyznałem się do tego, co mi z nią w kinie wychodzi najlepiej. Ewidentnie nie chcąc naszej rodzącej się relacji zaczynać od potwierdzania nieprawdy. Niestety, widocznie list się gdzieś zawieruszył, bo do dziś nie dostałem odpowiedzi. Choć jeśli mam być szczery, to jeszcze w liceum z nadzieją zaglądałem do skrzynki pocztowej. Podobno piętnastoletnie dziewczynki nienawidzą mężczyzn i wszystkich by chętnie wymordowały, żeby dwa lata później rozglądać się, czy któryś nie ocalał. Widocznie moja sienkiewiczowska narzeczona jeszcze do tego etapu nie dotarła.

Wiele lat później, będąc na niedzielnym spacerze w Żelazowej Woli, zobaczyłem plakat informujący, że Nel będzie grała Chopina. Uznałem, że mam prawo do zadania pytania, dlaczego nie odpowiedziała na moje wyznanie, i w przerwie koncertu złożyłem reklamację. Spojrzała na mnie takim wzrokiem, jakim prawdopodobnie minister Gliński oglądałby spektakl *Golgota Picnic*. Postanowiłem zdobyć ją obojętnością i od tamtej pory się nie odzywam.

Byłem żywym dzieckiem. Co zapewne świadczy o tym, że rodzice mnie zaakceptowali.

Nie pamiętam wiele z Koszalina, bo każda późniejsza, co tu ukrywać, sporadyczna wizyta w tym mieście upewniała mnie, że nie ma tam nic do zapamiętania. W Koszalinie urodziło się później kilku znanych osobników, między innymi Robert Kozyra, słynny wynalazca kija w dupie, ale to tylko potwierdza moją teorię, że to miasto nie ma szczęścia do ludzi. Co do Kozyry, to mam jeszcze jedną teorię. Jestem pewien, że urodził się jako bliźniak. Z własną figurą woskową, która występuje za niego we wszystkich programach telewizyjnych. Dlatego wypada tak przekonująco.

Naprzeciwko naszego domu stał koszaliński ratusz. Budynek znany jest z tego, że stoi na miejscu poprzedniego ratusza, a poprzedni na miejscu poprzedniego, a ten z kolei zajął miejsce tego, co był przed nim. I tak do sześciu ratuszy w tył. To chyba z tego patrzenia na ratusz wzięły się moje potrzeby, żeby mieć wpływ na ludzi.

Jest podobno takie schorzenie o dziwacznej nazwie „obiektoseksualizm", które oznacza nic innego jak pociąg do budynków lub przedmiotów. Można się zakochać w barbakanie, barierce lub stodole dziadka. 17 czerwca 1979 roku dwudziestopięcioletnia mieszkanka Szwecji Eija-Riitta Eklöf wzięła ślub z murem berlińskim, który kręcił ją od dawna, i to z obu stron. To nie jest żart. Od tamtej pory kobiecina nazywała się Eija-Riitta Eklöf-Berliner-Mauer. Niestety, szczęśliwe pożycie trwało tylko dziesięć lat, bo nadeszła złowieszcza noc 9 listopada 1989 roku, kiedy tłum pijanych Germańców zniszczył jej małżonka, czyniąc z niej wdowę jak się patrzy. Mój brat Tomasz twierdził, iż lepiej, że godzinami patrzyłem na tę stronę, bo z drugiej był widok na śmietnik, w którym w rytm tamburynów spółkowali

Romowie, a to mogło zdeterminować zarówno moje losy, jak i mój rozwój w całkowicie innym kierunku.

Nie wiem, co by było ze mną oraz ludźmi później, gdyby pewnego dnia nie przyjechał meblowóz i nie zabrał nas do Warszawy. Miasta, w którym wszędzie były i slumsy, i centrum. Tak to przynajmniej wyglądało w mojej nieletniej łepetynie. Razem z meblami w środku czułem, że zbliżam się do największej przygody mojego życia – bo wiedziałem, że taka jest mi pisana. We wróżby przestałem wierzyć dużo później, po tym jak zdechł mi pies Gustaw i po dokonaniu aktu kremacji czworonoga zachciało mi się ochłodzić napojem Tymbark, gdzie pod kapslem znalazłem przesłanie: „Teraz twoja kolej".

Podobno najlepszy zespół wszech czasów, czyli The Beatles, w swoich piosenkach użył słowa LOVE aż 613 razy. Przypadek? Nie sądzę. Już w momencie, kiedy oni się kończyli, a ja dopiero się zaczynałem jako mężczyzna, czyli w roku 1970, wiedziałem, że to istotna wiadomość.

Jestem dzieckiem szczęścia. To już wiem na pewno. Po tylu latach zdiagnozowałem, że ono było moim największym sojusznikiem. W słynnych niby to sfałszowanych wyborach samorządowych w 2014 roku miał miejsce zabawny przypadek. We wsi Moskorzew był tylko jeden kandydat na wójta, niejaki Klimek Jarosław. I Klimek Jarosław miał pecha, bo przegrał. Nie został wybrany. I to mnie upewniło w moim jakże słusznym przekonaniu: los mnie nie wybrał na Klimka.

Od roku 1970 moim naczelnym hasłem życiowym było tajemnicze słowo „sex".

Kiedyś kolega z „Gazety Wyborczej" opowiadał mi, że w Korei Północnej w każdym pomieszczeniu wisi obraz ukochanego przywódcy, a obok obraz drugiego ukochanego przywódcy, który parę lat temu zamienił się w ukochanego denata.

Ja miałem tak samo. Tylko w każdym pomieszczeniu mojej wyobraźni wisiał obraz z gołymi babami. Do dziś pamiętam, jak w szóstej klasie podstawówki pani od historii wezwała mnie do odpowiedzi. Nie miała, ta poczciwa i świadoma historycznie kobiecina o przedziwnej muskulaturze Marit Bjørgen, pojęcia, że zamiast frontów pierwszej wojny światowej ja w swojej wyobraźni zwiedzałem kobiecość Bo Derek. To była taka pani, co jak grała w filmie, to była tragedia. Ale jak grała i się rozbierała, to była tragedia antyczna.

Kiedyś Janusz Palikot powiedział mi, że jego praca magisterska nosiła tytuł „Transcendentalna jedność apercepcji u Kanta". I tak mniej więcej brzmiało dla mnie to tragiczne pytanie tego tragicznego dnia. „Wojewódzki – wypaliła. – Kiedy po raz pierwszy użyto gazów bojowych?". A ja zamarłem. Bo właśnie tuż pod blatem ławki, tam gdzie czaił się schowek na tornister, dorastał mój fantastyczny, młodzieńczy wzwód. Majestatyczny, dumny i nie do odwołania. I jak tu wstać? Jak się wyprostować? Jak myśleć, kiedy niezbędna do procesu kumacji krew powędrowała w zupełnie inne rejony? Zgodnie z efektem motyla ta sytuacja mogła zapobiec w przyszłości wybuchowi wojny nuklearnej, więc postanowiłem wstać. Czy ktokolwiek z was wyprostował się w szkolnej klasie z pełną erekcją w spodniach? Nie sądzę. Jest taka dość odważna teoria pewnego francuskiego filozofa, że małpy potrafią mówić, tylko tego nie robią, żeby uniknąć pracy. Ja tamtego dnia sięgnąłem owego ideału. Stałem i on stał, i obaj milczeliśmy jak grób. Ale z pewnością były tego faktu i dobre strony.

Ryszard Kalisz oświecił mnie pewnego dnia stwierdzeniem:

– Ale jak się mężczyzna podnieci, to zawsze mu dobrze robi na twarz.

– Co widać po panu!

– Ja wbrew pozorom... Mówię „wbrew pozorom", bo jestem przecież gruby...

– Pan nie jest gruby, pan jest po prostu zawiesisty w sobie.

– Ja jestem dosyć sprawny...

– We wszystkim?

– W niektórych rzeczach.

Skoro już jesteśmy przy grobie, to dzięki Bogu jestem ateistą i domniemywam, że na tym przystanku zakończą się moje odwiedziny na urodzinach życia. Uważam, że bycie w tym kraju ateistą to akt odwagi i suwerennego myślenia. My po śmierci nie zjeżdżamy do zajezdni o nazwie „życie wieczne". My chcemy użyć życia za życia.

Ciekawą polemikę miałem onegdaj z Marcinem Różalskim:

Różalski:

– Zło i dobro to pojęcia względne.

Ja:

– Ja jestem ateistą, a ty?

– Poganinem, czytaj: szatanistą, bo ja jestem szatanistą, tak.

– Ale czekaj, czy ty jesteś satanistą, który wierzy w szatana, czy w magię?

– Nie ma szatana.

– No jak?

– Co to znaczy dla ciebie szatan?

– Ja nie wiem, ja jestem ateistą, więc ja nie wierzę ani w Boga, ani w aniołki, ani w szatana.

I wtedy Różal zaczyna koncert:

– Słuchaj. Jest burza? Burza jest. Wiesz, co może zrobić burza, jak pierdolnie piorun? Uderzy w sensie?

– Tak. Widziałem.

– Wiesz, co zrobiło tsunami ostatnio gdzieś tam?

– Widziałem.

– Co zrobił wiatr?

– Widziałem.

– To są żywioły, w które się wierzy. Kiedyś, kiedyś, w pradawnych czasach, gdy wierzyłeś w żywioły, wierzyłeś w coś, a nie w wyimaginowanego pana z brodą, czyli wierząc w coś, a nie w tamto, już jesteś satanistą... Poganizm. W prostej linii szatanizm. A jeżeli im to pasuje, że jestem satanistą, mogę być satanistą, mogę być nawet, kurwa, Wodnikiem Szuwarkiem.

Co tu ukrywać, przekonał mnie. Jestem Wodnikiem Szuwarkiem.

Gdybym był katolikiem, to dziękowałbym Bogu za ateistów i heretyków. Bo herezja to nic innego, jak tylko inny rodzaj wolności myślenia. Ateizm refleksyjny, a taki, wydaje mi się, uprawiam, nie jest gwałtem na tradycji czy obyczaju, jest poszukiwaniem własnej drogi. Nigdy nie byłem chórzystą, szczególnie takim, który mocno fałszuje. Mam duszę solisty. Wiele lat temu wymyśliłem sobie własne motto życiowe i mocno się go trzymam. A brzmi ono: „Chcę być

jednoosobową subkulturą". I jestem bez wątpienia jednooso-
bowy, a co z resztą, to zobaczymy, jak umrę. Oni w *Faktach*
o dziewiętnastej zawsze tak ładnie mówią o pracownikach.
Wtedy się dowiem.

Zawsze najprawdziwsze było dla mnie zdanie: „Jeśli Bóg
jest, to dlaczego go nie ma".

Religia jest albo dla tchórzy, słabeuszy, albo dla ludzi
niepotrafiących mocno, ale samodzielnie trzymać steru
własnego sumienia. Wiara coraz częściej kojarzy mi się
z oddawaniem czci szakalom przez osły. Kościół jest jak
McDonald – przede wszystkim liczy klientów. Jakość obsługi schodzi na dalszy plan.

Uwielbiam słowa Wojtka Kuczoka, podobnie jak ja wy-
branego przez Pana Boga na ateistę: „Kibolizacja patriotyzmu idzie w Polsce pod rękę z kibolizacją wyznania. Dość
spojrzeć na doroczną jasnogórską pielgrzymkę szalikow-
ców. Przypomniało mi się, że języczkiem u wagi, który
przed laty spowodował moje odejście od religii, był nieule-
czalny brak dystansu i poczucia humoru wiernych. Jeśli
Bóg katolików jest tak drętwy jak jego wyznawcy, to może
lepiej, żeby nie istniał". Piękne.

Polecam wam Kuczoka. Jest bolesny, ale precyzyjny, jak
chirurg gmerający przy prostacie. Lubię jego publicystykę,
czy też felietony. To taki rodzaj pisania, że ma się ochotę
na skutek zaznajomienia z lekturą wziąć sporą dawkę elek-
trowstrząsów, żeby zapomnieć i nie skomleć ze wstydu bycia Polakiem.

Uczestniczyłem kilka lat temu w pogrzebie bliskiej mi
Ani Przybylskiej. Była dla mnie kimś więcej niż kumplem

i czymś mniej niż miłością. Tabun ciekawskich wyległ na ulice Gdyni, bo wreszcie coś się w mieście zadziało. Cele-brycka zadyma z trumną w tle. Sytuacja z cyklu: „Przysze-dłem na pogrzeb dziadka, ale dziadek też przyszedł".

To było moje najgorsze kilka godzin w tym mieście, w całym moim życiu. Paparazzi, hałaśliwe komentarze, kto z kim przyjechał, z jakiego serialu, podglądacze czy-jegoś nieszczęścia i – żeby być też uczciwym – zwyczajni, zasmuceni fani. Ksiądz w kościele mówił z zaangażowa-niem sprzedawcy mebli z salonu Agata Meble. O jednej z najcudowniejszych istot, jakie znałem, wygłaszał fraze-sy rodem z Wikipedii. Padały slogany o tym, że „Bóg jest łaskawy i sprawiedliwy". To największe kłamstwo, jakie słyszałem od dwóch tysięcy lat. Tylko bezlitosny egoista potrafi zabrać młodą matkę trójce dzieciaków. Ale to nie wszystko. W trakcie mszy poświęconej zmarłej osobie kościół nie zajmuje się tym, kto odszedł, nie zajmuje się jej rodziną i bólem. Kościół zajmuje się sobą. Swoim pie-przonym ewangelicznym narcyzmem. Jak padły słowa: „Przeprośmy za nasze grzechy", to aż zacisnąłem pięści z bezradności. A kiedy wy przeprosicie za swoje – za obłudę, pedofilię, zachłanność i bizantyjski styl życia? Kiedy ten wasz Bóg przeprosi rodzinę Ani, że gdy ona odchodziła, On zajmował się doglądaniem budowy ko-lejnej świątyni? Niech przeprosi Jarka, że zabrał matkę jego dzieci.

Uwielbiam ten patetyczny ton, kiedy prasa prawico-wa reaguje na każde moje wywołanie Kościoła do tablicy. Miotając argumenty od taty prokuratora bolszewika, co, jak wiadomo, pozbawiło mnie jakichkolwiek moralnych azymutów, zwykłej kompetencji czy kwalifikacji do czego-kolwiek. Konikiem niektórych księży są dzieci albo brzydkie filmy z nimi. I też nie mają do tego kwalifikacji, a jednak ich ciągnie. Ja mam podobnie.

Szymon Hołownia zawsze mi powtarzał, że Kościół to nie jacyś ONI, Kościół to podobno my wszyscy. Czy tego chcemy, czy nie. Mogę oczywiście czepiać się środowiska listonoszy czy wulkanizatorów, badać u nich odsetek pedofilii, ale oni nie odmieniają słowa „miłość" przez wszystkie przypadki. Dla mnie dzisiejszy Kościół ma wysmaganą dominikańskim słońcem twarz pana byłego arcybiskupa Wesołowskiego.

Wiara, chrześcijaństwo to są zbyt poważne sprawy, oczywiście dla wierzących, żeby je zostawiać wyłącznie Kościołowi. Dlatego z miłości do bliźniego zabieram głos w tej sprawie. Przytulam ich swoją troską. Kościół ma strukturę monarchiczną i takiego też oczekuje od wiernych posłuchu. W dwudziestym pierwszym wieku. Jest też dostarczycielem absurdalnych sytuacji rodem z *Monty Pythona*. Byle ksiądz, byle biskup potrafi poświęcić okręt wojenny, superfortecę czy inny pojazd do masowego zabijania katolików, a ma problem z prezerwatywą. To, co ostatnio wyprawiają w Polsce, to absolutny obyczajowy zaduch i uzurpowanie sobie prawa do gmerania nam w duszach bez znieczulenia. Zapędy cenzuralne. Tłumienie wolności słowa, pakowanie się z drogimi czarnymi butami na porodówkę, do nauki i naszego portfela. Kościół przestał być narzędziem Chrystusa, a stał się narzędziem chytrusa.

Często wspominam słowa mego serdecznego kumpla Maćka Kaczmarskiego, towarzysza wielu wypraw off-roadowych, wypowiadane za każdym razem gdy zagląda do jakiegokolwiek kościoła w Polsce: „I pomyśleć, że zaczynali od stajenki". To zresztą na jego katamaranie, zacumowanym u wybrzeży Czarnogóry, pisałem ostatnie wersy tego zwalistego cymelium. Bardzo mu za to dziękuję.

Skompromitowaną moralnie organizacją, której jedynym spoiwem jest lęk maluczkich tkwiących w bezrefleksyjnie uniżonych pozach. Z pozycji kolan nie zmieni się ani świata, ani własnych horyzontów. Czasami mam wrażenie, że gdyby to od Polaków zależała ewolucja, to **chodzilibyśmy wyłącznie na kolanach.** Gdy się obserwuje tę pokrętną instytucję, to podobnie jak z propagandową metodologią PiS-u, można wywnioskować prostą rzecz – ze strachu, jaki przeżywa społeczeństwo, można całkiem przyjemnie żyć. Trzeba tylko stale o nim mówić. W kupie nawet bać się jest raźniej.

Przepraszam za kibolsko-moralizujący ton, ale nikt wam nie obiecywał, że ta książka to będzie wielka literatura.

Z Wróżbitą Maciejem zaliczyłem taką małą wymianę myśli w stosownym temacie:

– A byłeś u komunii?

Maciej:

– Byłem.

– I co? Brałeś ten opłatek i pomyślałeś: „Wymyślę swoją religię"?

– Nie. Pomyślałem wtedy, że przy odrobinie szczęścia każdy może być Jezusem.

Tak, moi drodzy, im człowiek jest bogatszy w osądy, tym uboższy w przesądy.

Może kiedyś, z nudów albo ze zwykłej ciekawości, co to za facet, zacząłbym wierzyć w Boga, ale odstrasza mnie ogromna liczba zdemoralizowanych pośredników.

Głupio mi o tym mówić, ale równie niezręczny był pogrzeb Tomka Stańki. Widocznie nikt tego nie uzgadniał, nie korelował, ale tabun urzędników, z wysłannikiem ministra kultury na czele, którzy beznamiętnie odczytywali zasługi Tomasza z Wikipedii, był nieznośnym incydentem na pożegnaniu największego punkowca jazzu. Odmieniali Tomaszowe zasługi z taką pasją, jakby pobierali opłatę klimatyczną od zgromadzonych. Koszmar. Nie mnie sądzić i ferować wyroki, ale znając Stańkę, wyszedłby z imprezy znudzony administracyjnym tonem przemówień. Gdy pojawił się Tomasz Tłuczkiewicz i powiedział: „Dziś serca nam płoną...", nie było nikogo, kto łzy zatrzymałby dla siebie.

Błagam. Niech na moim pogrzebie przemówi ktoś, kto mnie znał. Na obecność panów z jakiegokolwiek ministerstwa nie liczę.

Byłem chłopcem nieśmiałym. Chociaż słowo „nieśmiały" jest dziś słowem niebezpiecznym. Zbyt miękkim. Nie ma w nim narodowej dumy i nic z żołnierza wyklętego. „Nieśmiały" to jest preludium do słowa „pierdoła". A to już jest konkrecik. W swoim czasie zagadnąłem najpogodniejszego z satyryków Artura Andrusa:

– Tak szczerze, Artur. Trochę mi wyglądasz tak, jak ja wyglądałem, kiedy byłem dzieckiem. Przyznaj się. Niech to będzie twoja chwila prawdy. Miałeś kiedyś opinię pierdoły, jak byłeś dzieckiem?

– Dlaczego „jak byłem dzieckiem"? – odpowiada mój gość. – Dalej mam opinię pierdoły.

W stosunku do dziewczynek miałem energię i swobodę czytelnika, który próbuje pożyczyć ze szkolnej biblioteki podręcznik 150 *technik samogwałtu*. Byłem niespieszny i speszony. Od najmłodszych lat nie pragnąłem małżeństwa. Zawsze uważałem, że jak mężczyzna jest nieszczęśliwy, to szuka żony. A jak jest szczęśliwy, to żona szuka jego.

Pierwszą kobietą, którą zobaczyłem nagą, była Basia, córka dozorcy. Jedna z licznych córek dozorcy, ale jedyna, z którą można było negocjować oglądanie dróg rodnych. Takie miała hobby. Najpierw ogłaszała konkurs pod frywolnym hasłem: „Kto mnie złapie", a następnie w rogu piaskownicy wprowadzała najszybszego w arkana swej nieletniej kobiecości. To był mój pierwszy raz, kiedy pomyślałem o tym, że bycie sportowcem ma jednak i dobre strony. Ale to było na długo, zanim zobaczyłem pierwszy wywiad z Ireną Szewińską.

Wszystko to na ulicy Górczewskiej na Woli. To niesamowite, ale ta Górczewska śni mi się do dziś. I to nie w kontekście organów Basi, ale w kwestii cofnięcia awansu społecznego i powrotu do robotniczej dzielnicy. Ot, takie klasowe lęki śródmiejskiego nuworysza.

Miejscem magicznym, a niedostępnym dzisiejszym dzieciakom, był trzepak. Taki stalowy Facebook tamtych czasów. Tam się zawierało nowe znajomości i lajkowało po twarzach.

Na trzepaku poznałem moją pierwszą dziewczynę, Teresę P. Imię miała mało dziewczęce, ale za to resztę bardzo.

Miała liczne siostry oraz ojca z wyraźnym apetytem na twarzy, aby tę rodzinę powiększać. Tata ów zbierał znaczki pocztowe i nim się zorientowałem, wszystkie moje znaczki były jego. Czyli zbierał i moje.

Teresa to moje pierwsze romantyczne wspomnienie z dzieciństwa. Spotkaliśmy się wiele lat później w Warszawie, miała już kochającego męża w Anglii i o parę dni za długi pobyt, żeby go nie wykorzystać.

Teresa była piękna, wysportowana i jak najbardziej pierwsza. Z jej urodą dawałem sobie radę, z wysportowaniem nie bardzo. Bo jak to mawiał mój ulubiony komentator sportowy: „Nigeryjczycy są bardziej szybsi od Bułgarów" – i ja w tym wyścigu byłem Bułgarem niestety. Ilekroć organizowała zawody w bieganiu i ku mej rozpaczy wyprzedzała mnie, ja zawsze znajdowałem formalny powód, by biegi odwołać i na szybko dokonać korekt regulaminu. Co zresztą weszło mi w krew tak dalece, że do dziś pamiętam, jak nauczycielka wpisała mi uwagę po szkolnej olimpiadzie: „W czasie wyścigów międzyklasowych z rozmysłem biegł wolno, by, jak twierdzi, zyskać na czasie".

Rodzina przypomina mi czasami jeszcze dziewczynę o imieniu Marzena. Podobno była moją dziewczyną w pierwszej klasie podstawówki. Musiała być naprawdę ostra jazda, skoro pamiętają ją moi starzy, a ja nie.

Kiedyś, jeszcze jako seksualny młodzik, przeczytałem biologiczne dane, że samice pand są w nastroju do seksu tylko dwa lub trzy dni w ciągu roku. „To i tak lepiej niż twoja matka" – zażartował swawolnie tatuś, gdy przybyłem do niego, by zmniejszyć deficyt wiedzy. Po tej wstrząsającej lekturze postanowiłem całe swoje dorosłe życie przeznaczyć na poszukiwanie kobiet zdecydowanie innych niż te przesympatyczne, choć wieczne pijane miśki. Dzięki czemu jestem dziś tym, kim jestem.

Zagajam onegdaj do Marysi Peszek:

– Tworzysz muzykę dla skurwiałych artystycznie spierdoleńców.

Marysia:

– Dobre, nie? Zabawne. Tygodnik... To znaczy to jest wpis z pisma katolickiego. Jesteś dumny, że jesteś skurwiałym artystycznie spierdoleńcem, który lubi moją muzykę?

– Jestem dumny, że jestem artystycznie skurwiałym spierdoleńcem.

Mieszkaliśmy wtedy w bloku przy ulicy Górczewskiej na Woli. Blok miał zawartość ludzką godną pióra Hrabala. Twarze i typy osobnicze niczym z ulotek centrum psychiatrycznego Synapsis.

Na parterze mieszkała Dorotka, moja koleżanka z klasy, wraz z rodzicami i siostrą mamy, bliźniaczo podobną do tejże. Podobno to prowadziło do zabawnych perturbacji z tatą Dorotki, ale może to po prostu plotki i źli ludzie gadali. Dorotka błysnęła tym, że w piątej klasie na imprezie urodzinowej walnęła pełny striptiz na stole krytym fornirem. Na zebraniu rodziców w szkole próbowano później rozwikłać motywy piątoklasistki, ale z marnym skutkiem. Od tej pory na jej urodziny chciał się załapać każdy.

Obok nich mieszkała Marzena, zdrajczyni. Nie była zbyt lotna, a to podobno na skutek tego, że gdy była mała, tatuś często ją podrzucał, ale nie zawsze łapał. Ot, taki poczciwy człowiek z gatunku tych, co wiele lat później machali w *Familiadzie*. Pech chciał, że rodzice posłali ją do klasy pierwszej B, a następnie po kilku tygodniach, z sobie tylko znanych powodów, przenieśli do pierwszej A. Od tej pory zyskała nowych kolegów i przydomek „zdrajczyni". Wlókł się za nią podobno do studiów. Nasza klasa nie rozmawiała z nią aż do matury. Taka była u nas klasowa lojalność. Rekord ustanowił jednak mój podstawówkowy kompan Piotr, zwany Peterem, który spotkał ją gdzieś w okolicach naszej czterdziestki. Podeszła w galerii handlowej rozpromieniona z pytaniem, czy ją poznaje, a on tylko syknął pogardliwie: „Zdrrrrrajczyni". I poszedł. Niby dla jaj, a jakie piękne.

Na pierwszym piętrze mieszkał Jacek. Był nieprzyzwoicie gruby, co szybko podzieliło nasz blok na fanów i oponentów Jackowej tuszy. Plotki mówiły, że jak w nocy spadał z łóżka, to z obu stron naraz. Miał dziwne hobby. Rozpuszczał w wodzie klej do tapet, a następnie brał do ust i pluł nim w muchy. Potem zastygał ze wzrokiem sadysty, patrząc, jak zastygają one. To, obok jedzenia, wypełniało mu całe dnie. Wszyscy twierdzili, że był to akt odwetu na świecie za nieudaną próbę podjęcia życia seksualnego. Podobno podczas tak zwanej inicjacji usłyszał od wybranki swego serca: „Kogo masz zamiar tym uszczęśliwić?". „Siebie" – wyszeptał speszony właściciel niedużego elementu, ale jego głosu nikt nie słyszał, gdyż, jak pisał poeta, jego wybranka „ozdobiła swą cielesnością horyzont oddalenia".

Na drugim niejaki Mastalerz. Był tak brzydki, że jego rodzona matka, wołając go przez okno, unikała wymieniania syna z imienia i nazwiska, bo taki ogarniał ją wstyd, że powiła monstrum. Miał oblicze, które nadawało się do prezentacji tylko w kodowanym Polsacie, ale to dopiero za parę lat. Sucha twarz chytrego wiejskiego listonosza z rozbieganymi oczkami. On pierwszy w naszym bloku wykradał ojcu kluczyki do samochodu i odbywał przejażdżki po podwórku. Jego wartburg, arcydzieło motosztuki germańskiej, miał tak skonstruowany wskaźnik paliwa, że jak delikwent skręcał w lewo, to pokazywał, że jest więcej paliwa. Mastalerz zabierał wtedy koleżanki na przejażdżki i jeździł z nimi w kółko po rondzie, krzycząc z rozkoszy i trwając w wierze, że nigdy nie skończy mu się paliwo.

Dalej Komorniccy, czyli „trójkąty". Pseudonim ten pasował do nich z geometryczną precyzją, bo wszyscy jak jeden mąż, od matki, po ojca i całe potomstwo, mieli trójkątne twarze. Ojciec bardziej równoboczny, ale cała reszta poszła już tylko w równoramienne. Gdy wychodzili na spacer, wyglądali jak podręcznik otwarty na twierdzeniu Pitagorasa.

Była też gruba Kasia, co się całe życie świetnie uczyła, czemu dała namacalny dowód, dość sprawnie zachodząc w ciążę ze Zbyszkiem, przestępcą z ulicy Żytniej.

Zbyszek był tak brzydki i pozbawiony manier, że świnie wstydziłyby się z nim jeść. Spotkanie z nim było jak klikanie w niebezpieczne linki. Wielką niewiadomą. Co rok na pytanie roznamiętnionych niespodziewanymi prezentami kumpli, co on znalazł pod choinką, niezmiennie odpowiadał: „Podłogę". Zasłynął brawurową odwagą podczas pierwszej komisji wojskowej, gdy blady jak ściana łapiduch kazał mu wypiąć pośladki, a następnie zagaił, czy Zbyszek pali. „A co, jeszcze się dymi?" – zaciekawił się poborowy. On nawet w wieku dojrzałym miał kłopoty ze zrozumieniem prawa oraz świata. Dla niego termin *vacatio legis* oznaczał niepuszczającą się pannę, a *corpus delicti* laskę o delikatnej budowie ciała. Prymuska-żona powiła mu bliźniaki, które edukacyjnie wdały się w mamę. Szybko nauczyły się ignorowania poszczególnych zapisów Dekalogu. Ich popisowy numer to rozpalanie nocą ogniska w piwnicy, a następnie ostrzeganie mieszkańców przed pożarem. Gdy zaspani lokatorzy w szale ratowania życia i mienia opuszczali swe lokale, bracia podobni zawłaszczali ich medaliki i czasomierze. Niestety po jednym z wyskoków łupy poróżniły ich do tego stopnia, że ten o minutę starszy wbił świeżo zwędzony tomahawk w czerep juniora, tym samym rozwiązując sprawnie działający tandem. Następnie w więzieniu zrobił karierę wokalną, pisząc utwór *Mydło lubi zabawę*, co dawało całej jego familii bezpieczne poczucie, że nie jest tam samotny. Nie będę wam opisywał swego dziwnego odczucia, kiedy wiele lat później usłyszałem utwór o tym samym tytule w wykonaniu dziecięcej grupy pod złowrogą nazwą Fasolki.

Była też Hania, co kochała konie. Miała w domu tylko książki o koniach, a w programie telewizyjnym zaznaczała tylko filmy, w których występowały konie, ze szczególnym uwzględnieniem seansów *Bonanzy*. Niestety, miała pecha, bo jej pasja tak mocno wryła się w biografię, że potrącił ją samochód. Dwustukonny.

Wyżej, nad Hanią, mieszkał samotny Olo, który codziennie witał słoneczko dziarskim zawołaniem: „Nie szukam drugiej połówki, wyciągam ją z lodówki". I tym samym swoje wypady na randki ograniczał do kilku kroków w kierunku automatu chłodniczego Szron. Złośliwcy z podwórka gnębili samotnego Ola niestosownymi żartami, że z takim hasłem to spokojnie mógłby podjąć pracę w zakładzie pogrzebowym. Ale on niestrudzony obejmował kolejne towarzyszki życia za szyjki i wprowadzał do organizmu. Nie lubił wokół siebie tłoku niczym Onufry Zagłoba. I tak też odszedł, zawiadamiając o tym końcowym akcie współlokatorów zauważalną zmianą gęstości powietrza na tak zwanej klatce schodowej. Bo miał on jeszcze jedną ważną cechę. Kochał życie, bez względu na jego formę biologiczną. Jak sam mawiał, nigdy nie zabiłby ani pluskwy, ani pająka, bo dla niego byłoby to jak zabić współlokatora. A psa kupił tylko dlatego, że nie lubił się schylać, jak mu pożywienie spadało na podłogę. Taki był.

I tak piętro po piętrze. Czy w takim towarzystwie mogłem rozwijać się prawidłowo?

Olaf Lubaszenko, najsłynniejszy Polak z syndromem efektu jo-jo, obwoził mnie kiedyś po zakamarkach Wrocławia, pokazując, gdzie się urodził i gdzie wychował. Naszą wycieczkę zamknął smutnym stwierdzeniem: „I czy ja mogę być normalny?".

Tuż przed szkołą moją biografię dobrze spuentował incydent, który, jak się za chwilę okaże, właściwie odczytany, był zwiastunem nadchodzącej pożogi. Warte podkreślenia jest to, że byłem dzieckiem oczytanym. Czytającym dużo, intensywnie, a czasami kilka książek na raz.

Bajeczne były poranki, kiedy zaopatrzony w butelkę świeżo objawionej w PRL-u coca-coli plus pięć pączków od pana Bliklego dawałem nura w świat nieskończonej łaski wyobraźni. Nienackiego i Niziurskiego załatwiłem jeszcze przed ósmym rokiem życia. *Akademię Pana*

Kleksa odrzucałem jako przejaw infantylnej magii, banalnego okultyzmu i uciekania od wartości chrześcijańskich jako takich albo jakich takich.

Wtedy wypływałem na szerokie stepy Dzikiego Zachodu z niejakim Karolem Mayem, zresztą Niemcem. Jak widać, naród ten okupować nas musi bez względu na formę okupacji. Nawet jeśli jest to niewinna wyobraźnia małego Jakuba. Wtedy jeszcze nie wiedziałem, że filmowy Winnetou jest co prawda Francuzem, ale Francja to kraj, który ma długą granicę z Niemcami, więc aktor jest trochę i Niemcem, co prawdopodobnie zgwałciłoby mą wrażliwość i to ze szczególnym okrucieństwem. Nie wszyscy wiedzą, że Niemiec Karol po raz pierwszy zobaczył na swe germańskie oczy kraj zwany USA dopiero w 1908 roku, już po napisaniu swoich dzieł o Dzikim Zachodzie. Taki to jest naród kłamliwy i plugawy.

Otóż po wnikliwym przeczytaniu przygód Winnetou postanowiłem poznać jegomościa osobiście. Pan Apacz Winnetou, jak przystało na Apacza, musiał mieszkać z innymi osobnikami tegoż pochodzenia, a moja młodzieńcza wyobraźnia podpowiedziała mi, że najszybciej na Dziki Zachód będzie przez Żoliborz. Korzystając z nieuwagi mamy, spakowałem w chlebak latarkę, finkę oraz książkę *Winnetou. Czerwonoskóry gentleman.* Autobusem linii 122 dojechałem do placu Wilsona, czy też Komuny Paryskiej, a może dziś już placu imienia Lecha Kaczyńskiego oraz jego żony. Podróż oczywiście odbyłem bez ważnego biletu, ale po pierwsze, od przyjaciela Winnetou nie wypada pobierać biletu, a po drugie, Karol May odkrył swój talent literacki w więzieniu, więc i ja mogłem iść w tym kierunku. Tam, na placu, postanowiłem szukać ścieżek do indiańskiej wioski. W tomie pierwszym swych przygód Winnetou stwierdza: „Będąc młodym, nie zastanawiałem się wówczas nad tym, że dopiero życie jest właściwym i prawdziwym uniwersytetem, na którym uczniowie są pytani co dzień i co godzina". Bez względu na nudę i upierdliwość tej myśli, też się nad niczym nie zastanawiałem, z wyjątkiem myśli, jak tu zostać czerwonoskórym. Pech chciał, że wypatrzył mnie w trakcie transferu do Stanów Zjednoczonych *via* ulica Krasińskiego w stolicy Polski kolega rodziców rozmawiający akurat w budce telefonicznej. Zawiesił na chwilę rozmowę, podszedł do mnie i zapytał idiotycznie: „A ty, Kubuś, co tu robisz sam?". Nie będę się przecież kopał z koniem, tak pewnie pomyślałem wtedy albo tak mi się wydaje, choć koń tam, gdzie szedłem, akurat by się przydał. Postanowiłem być prawdomówny, jak przyjaciel Old Shatterhanda. „Idę do Indian, proszę pana" – odpowiedziałem zgodnie z prawdą. „Aaaaaaaaaaaaaa – wydobyło się z paszczy przyjaciela rodziny. – To poczekaj chwilę, chętnie do ciebie dołączę. Tylko skończę rozmowę". Dobra, pomyślałem. Zawsze we dwójkę raźniej będzie upolować sarnę i upiec ją na ognisku gdzieś w okolicach Bielan. Tak mi się wydaje, że pomyślałem. On gdzieś jeszcze zadzwonił, pogadał chwilę i biorąc mnie za rękę, ruszył ze mną do Eldorado. Niestety facet okazał się zdrajcą, jak ten goguś Pierre Brice grający mego idola w niemieckim kinie. Pierre Winnetou wyciągnął indiańskie nogi w wieku 86 lat, co najlepiej świadczy o tym, że nigdy nie był prawdziwym Indianinem. Bo ci żyją dłużej, a przynajmniej tyle, ile chcą, a następnie idą do krainy wiecznych łowów, a nie na cmentarz. Koleżka rodziców, jak się później okazało, zdradził im nasz podróżniczy plan, a ci w trwodze i panice zawitali w rejon Kępy Potockiej, która była smutnym kresem w moim dążeniu do zmiany ojczyzny. Do znajomego rodziców obiecałem nie odzywać się do końca życia, prawdopodobnie jego życia, lecz niestety szybko zapomniałem, który to był, więc przez pomyłkę dane słowo, co niegodne Indianina, mogłem złamać.

O czym nam mówi ta historia? O tym, że rzeczywistość dla niektórych jest za mało panoramiczna. I wolą swoją. Takim byłem dzieckiem.

Tuż przed szkołą zostałem nie wiedzieć czemu posłany na dwa tygodnie do przedszkola adaptacyjnego. Do dziś nie wiem, kto wpadł na ten haniebny pomysł, ale jeśli miał na celu sprawdzić, kim jestem, to sprawdził.

To trochę tak, jak mi opowiadał aktor Mikołaj Roznerski: „Jak odróżnić krowę od byka? Wystarczy wydoić i sprawdzić, **które będzie się uśmiechało w trakcie**".

Taka mnie naszła analogia. Może rodzice w podobny sposób chcieli sprawdzić, jakie mam skłonności. I sprawdzili. Do dziś to pamiętam, bo była to pierwsza tak silna potrzeba dokonania czegoś absolutnie zbędnego.

Otóż pierwszego dnia wspólnych zajęć, kiedy to panie przedszkolanki kazały mi jedną ręką podrzucać piłeczkę, a drugą ją łapać, z czego pewnie wysnuwały wnioski, czy zasiada przed nimi kolejny noblista, podpadł mi nie wiedzieć czemu kolega Maciuś. Maciuś mnie wkurwiał wkurwieniem sześciolatka, niewinnym, abstrakcyjnym i lekko bezradnym. Grymasił, popłakiwał i tęsknił za starymi. Na dodatek wyglądał jak nieudany efekt specjalny z *Hobbita*. Z takimi predyspozycjami w więzieniu nie wytrzymałby tygodnia. Wyglądał na przyszłego lizusa, a nie na gościa, który za kilka lat będzie znał na pamięć wszystkie pseudonimy aktorek porno. Postanowiłem go wyciąć z przedszkola adaptacyjnego, tak jak ruscy wycinają katalizatory. Bez odwołania. Zafundować mu przedszkolną falę. Niech wie zawczasu, że życie to ból. Nie liczyłem się z konsekwencjami, bo wierzyłem, że świat mnie zrozumie i przyklaśnie projektowi eliminacji jednostek wkurwiających. Mama opowiadała mi, że kolega z pracy, terapeuta, trafił onegdaj na pacjentkę, która z dramatyzmem w głosie wyznała podczas sesji: „Mój mąż mnie zdradza. I to od dnia ślubu!". A terapeuta na to: „No dobrze. Ale w czym problem?". Na takie zrozumienie świata liczyłem. W tak zwanej sali zabaw wyfasowałem z kompletu drewnianych klocków klocek rozmiarów największych, przycelowałem w Maciusiową łepetynę i rzuciłem. Zanim klocek dotarł do celu, kucnąłem i wróciłem do wspólnej zabawy z innymi dzieciakami. O tym, że misja zakończyła się sukcesem, dowiedziałem się za sprawą głuchego dźwięku, jaki wynika ze spotkania średniej wielkości drewnianego kloca z łbem pierdoły. Rozpętało się piekło, bo jakiś nielojalny gnój zakapował mnie u personelu. Zostałem postawiony w kącie, a moja mama wezwana do placówki przedszkolnej. Wtedy, stojąc w kącie, poprzysiągłem sobie zemstę. Zemstę na wszystkich. Co było dalej, już wiecie...

Chodziłem do szkoły podstawowej imienia pana Komarowa, co miał pecha i spadł na ziemię razem ze swoim statkiem kosmicznym Sojuz 1. Podobno tuż przed śmiercią krzyczał: „Zabiliście mnie, dranie", co wyłapały amerykańskie stacje nasłuchowe w Turcji, ale tego nam nie przekazano. Dzielny Władimir miał rację, bo wysłano go w gwiazdy w pojeździe z blisko dwustoma usterkami, ale myśmy się wtedy o tym nie uczyli.

Szkoła była dziwna i moim zdaniem też z usterkami. Trochę w myśl zasady: „Połowę życia zabiera ci szkoła, a połowę rodzice". Suma zer zgromadzonych w jednym miejscu potrafi dać groźną liczbę. To odnośnie zarówno do nauczycieli, jak i do nas, uczniów.

Wydarzeniem przykrym, spontanicznym, ale też wielce symbolicznym było to, co wykonałem na jednej z pierwszych lekcji. Trudno to wyjaśnić. Podobno grecki hymn ma 158 zwrotek, w których wyjaśniona jest miłość Greków do antycznego kraju. Pewnie mnie też zajęłoby to podobną liczbę zwrotek, co razem z refrenami otarłoby się o trylogię. Powiem zatem krótko: zsikałem się na lekcji niestety nieznanego mi przedmiotu. Tak bardzo wstydziłem się pójść do toalety, a właściwie podnieść rękę i zapytać nauczyciela o pozwolenie, że zamiast podnieść rękę, swobodnie podniosłem nogę, rozsunąłem co trzeba i nasikałem pod ławkę. Strumieniem silnym, acz dyskretnym. Koszmar. Na domiar złego, aby zataić miejsce swego występku, by nie powiedzieć: „ustępku", pamiętam, że na żółtą plamę uryny położyłem tak zwaną bibułę z zeszytu pierwszoklasisty. Ta nasiąkła płynem, zdobiąc parkiet intensywną słoneczną żółcią. Piękny widok.

To są takie momenty w życiu, o których w programie opowiadał mi Janusz Gajos: „Człowiek nie wie, gdzie kończy się stół, a zaczyna kosmos". Miałem to samo. Nie wiedziałem, gdzie kończy się klasa, a zaczyna toaleta. I sam do dziś zadaję sobie pytanie, czy było to jakże wymowne olanie szkoły, czy akt niewinnej chłopięcej nieśmiałości.

Był kiedyś w latach dziewięćdziesiątych taki popularny program telewizyjny zatytułowany *Śmiechu warte*. Nie wiem, czy awansowałbym swym happeningiem do ścisłego finału show, ale na pewno wzbudziłbym zainteresowanie jury. Nie da się tego niestety powiedzieć o pedagogach. W *Mam talent* nie wzbudziliby nawet litości Małgosi Foremniak, a to jest naprawdę duża sztuka. Wyczesane towarzystwo.

À propos słowa „wyczesane" i tak zwanej nowoczesnej polszczyzny. Zapytałem pewnego dnia Krzysztofa Zanussiego, reżysera błogosławionego, czy zna współczesny język polski. Odpowiedział, że do pewnego stopnia zna. Co w takim razie znaczy słowo „wyczesany"? A on na to: „No to tylko znam przy koniach... Bo wie pan, z końmi czasami mam do czynienia. Dobrze wyczesany koń to znaczy taki, który...". Zabroniłem mu kontynuować. Podobnie było ze słowem „kminić". „Rozumie pan słowo «kminić»? Rozumie pan, kmini?". Reżyser resztką sił: „Jak pan mówi «rozumiem», to ja rozumiem, jak pan mówi «kmini», to nie rozumiem". Oto powód, dla którego Zanussi nigdy nie zostanie Vegą.

Pani od języka polskiego otwierała podręcznik od języka polskiego i w języku polskim odczytywała nam jego polską treść. Od słowa do słowa. Jak ktoś inny napisał. Taka była przekonana, że to wystarczy. Jak się później okazało, była to dosyć powszechna metoda pedagogiczna tamtych czasów. Była piękna taką urodą nieoczywistą jak z opowieści typu „chłopiec do dziewczyny":

– Mówił ci dziś ktoś, że jesteś piękna?

Ona na to:

– Nie.

On:

– Może jutro się poszczęści.

Człowiek, który uczył rosyjskiego, ciągnął za sobą welon formaliny, nosił mole po kieszeniach i kazał śpiewać. Wyglądał, jakby codziennie był gotowy do własnego pochówku. Każdą lekcję zaczynał od zaśpiewania piosenki o tym, że właśnie zaczyna się lekcja języka rosyjskiego. Był Rosjaninem, więc nie poszukiwaliśmy w jego działaniach logiki. To między innymi dzięki silnemu współczuciu dla tego staruszka postanowiłem nie przyswajać sobie jego mowy ojczystej, wiedząc, że mogę ją okrutnie skrzywdzić swym nastawieniem. I tak rosyjski został pierwszym i nie ostatnim językiem obcym, którego nie opanowałem w miarę przyzwoicie. O szczegółach opowiem wam później. O specyficznej przydatności tego faktu miałem się najdobitniej przekonać, odwiedzając wiele lat później elegancką Brukselę, w której czarny pan taksówkarz z Afryki zapytał mnie bardzo niedoskonałą angielszczyzną, czy chcę rozmawiać po niemiecku, niderlandzku czy francusku. Po czym dodał, że on uprzedza mnie od razu, że tak żeby zrozumieć, to on zna tylko rosyjski. Można?

Nauczyciel od WF-u, o urodzie nieco bardziej wyprostowanego Stephena Hawkinga, wszystkich niećwiczących angażował do rozplątywania starych siatek z bramek i robienia z nich sznurka. Ot, taki mały zakład prząśniczy na zapleczu sali. Gwarancją oceny dostatecznej z kultury fizycznej była odpowiednia ilość odzyskanej, jak mawiał magister kultury fizycznej, „substancji ciągłej". Bez pocenia się i przywdziewania kusych spodenek. Gdy liczba rozsupłujących to, co poplątane, znacznie przewyższyła liczbę turlających piłkę lekarską, z jego procederu zostały nici.

Mnie zresztą lubił, bo kiedyś całkowicie przypadkowo trafiłem w jego czuły punkt. Po prostu stwierdziłem, że ulubionym sportem Palestyńczyków jest kamienowanie izraelskich żołnierzy. Jako etatowy wyznawca idei, że Żydzi są albo podli, albo sprytni, z uśmiechem przepychał mnie do następnej klasy. Miał jeszcze jedną dosyć popularną wśród kadry pedagogicznej tamtego czasu cechę. Uważał, że abstynent to człowiek niepociągający, a on bardzo chciał być lubiany.

Pan od biologii miał pseudonim „Plemnik" i patrząc na niego, aż trudno było dać wiarę, że powstał z najzwinniejszego plemnika swego ojca. Po stanie jego uzębienia widać było, że lubił twarde narkotyki. Lubił też zmuszać nas do myślenia. Na przykład mówił: „Czy wiecie, że u kobiet podczas okresu kurczy się środkowy palec u dłoni? Nikt nie wie dlaczego. Pomyślcie o tym". I tłum bezmyślnych głów starał się myślowo rozsupłać ten fenomen. Albo z innej beczki zagajał: „Przeciętny człowiek pierdzi szesnaście razy dziennie. Pomyślcie o tym". No i my, spinając pośladki, myśleliśmy.

Już wtedy opatentowałem niezwykłą umiejętność unikania niepotrzebnego stresu generowanego przez tak zwane odpytywanie.

Kiedy tylko padało na lekcji moje nazwisko, wstawałem i niczym piłkarz Fàbregas po udawanym faulu chowałem twarz w dłoniach, cierpiąc. To powinien być Oscar za najlepszą pierwszoplanową rolę kobiecą. Nie było nauczyciela, który by się na to nie nabrał. Już wtedy czułem, że mój talent w tej zgrzebnej instytucji ewidentnie się marnuje. Potem opatentowałem sposób jeszcze bardziej wyrazisty. Nazywałem to „hamowaniem silnikiem". Po prostu bez względu na to, o co byłem pytany, mówiłem wszystko, co tylko wiedziałem o życiu. Wszystko. Totalne odłączenie napędu od silnika. Czyli języka od umysłu. Robiło to tak piorunujące wrażenie na pedagogach, że zwykle przez pierwszy kwadrans wytrzeszczali oczy, a następnie puszczali mnie wolno.

Moim popisowym numerem, godnym miana monodramu, były pytania z lektur. Jak powszechnie wiadomo, szkoła powszechna nie błyszczała fantazją literacką i kazała nam rozwijać wyobraźnię na podstawie tak fascynujących dzieł jak *Łysek z pokładu Idy*, *Siłaczka* czy romantycznie zatytułowana *Nasza szkapa*. Zatopiony ze swym młodzieńczym głodem w całkowicie innych pozycjach, w których prym wiodła Michalina Wisłocka i jej bogato ilustrowany podręcznik, zwykle nie znajdowałem czasu na zapoznanie się z zapewne atrakcyjną zawartością książki o koniu, co pracował w śląskiej kopalni, podejmując tę zgubną dla siebie decyzję zapewne pod nie mniej zgubnym wpływem metanu. Ja zapoznawałem się ze spisem treści dzieła, który, jak wymyślił jakiś nieroztropny literat, zwykle wieńczy całość, i w związku z nader rozwiniętą tak zwaną wyobraźnią kreatywną oraz kontrolą poznawczą, zapytany o refleksje wynikające ze znajomości treści, wypływałem na tak zwane szerokie wody interpretacji. I tak weźmy klasyczną lekturę o niedostosowanym głupku zatytułowaną dość nobliwie *Ten obcy*. Spis treści przynosi wystarczająco pojemne hasła: 1. Obcy się zjawia, 2. We dwoje, 3. Odrzucona pomoc, 4. Rana krwawi, 5. Radość i cień, 6. Wyprawa na rowerach, 7. Napaść, 8. Zaskoczeni – i tym podobne kamienie milowe w kierunku literackiego Nobla. I ja pytany o szczegóły przeplatałem frazy niczym Miles Davis w najlepszym okresie. „Pojawienie się naszego wyobcowanego (stąd też tytuł książki) bohatera było zaskoczeniem zarówno dla niego, jak i jego nowych przyjaciół. Momentem przełomowym w tej nowo rodzącej się przyjaźni była wspólna wyprawa na rowerach, co jak wiemy, służy zdrowiu oraz ludzkiemu zbliżeniu. Niestety napaść o tyle niespodziewana, co całkowicie haniebna i niegodna żadnej klasyfikacji moralnej, tylko upewniła naszego wyobcowanego bohatera, że życie przeplata swe smaki od radości po cierń. Bo on wiedział od początku książki, że gdyby odrzucił pomoc swoich nowych przyjaciół z rowerami, na których potem jeździli już wszyscy, to miałby później mniej kłopotów". Oklaski i kurtyna. A jak mawiał klasyk, wyobraźnia jest ważniejsza od wiedzy, więc ja postawiłem na tę pierwszą. Nie było nauczyciela, który by tego nie łyknął. Wystarczyło mówić tak gęsto, żeby nie dawać mu szansy na wątpliwości tudzież dodatkowe pytania.

Zawsze lubiłem swobodę w konwersacji oraz pewną nutkę dowolności. **Kiedyś odwiedził mnie Tomasz Lis, znany znienawidzony już prawie nie-Polak. Mówię do Tomka:**

– Chciałem z tobą porozmawiać o dwóch bardzo ważnych rzeczach. O tym, o czym w tym programie rozmawiamy, chociaż nie wszyscy to rozumieją. O ojczyźnie i o dupach. Możesz wybrać, co wolisz.

– Ale... do rozmowy? – dopytuje mój interlokutor.

– Tak, do rozmowy. Ojczyzna czy dupy?

Lis bez wahania wybiera:

– Ojczyzna.

Ja na to:

– Fajne mamy dupy w ojczyźnie, nieprawdaż?

To samo dotyczyło historii. Wystarczy nauczyć się co drugiego króla w *Poczcie królów polskich*, ewentualnie co trzeciego powstania śląskiego i jesteś, bracie, gotów do batalii ze światem. Pan Zdunek, magister historii i autor córki nimfomanki, wyrywa cię znienacka do odpowiedzi o drastycznym oczekiwaniu: „Jak wyglądała polityka zagraniczna Bolesława Pobożnego?", a ty na luziku, z nonszalancją Bogusława Wołoszańskiego, który ma w małym paluszku wszystkie sensacje każdego wieku, odpowiadasz: „On jak on, ale jego poprzednik Bolesław Wstydliwy! Ten to dopiero lubił dołożyć do pieca...". I swobodnie dryfujesz, kreśląc tło i wyznaczając nową jakość w interpretacji dziejów.

Nie ma co ukrywać, że podobne zabiegi stosowane przez cały okres szkolny mogą się okazać ryzykowne, do którego to wniosku zresztą doprowadziło mnie spotkanie z Danusią, koleżanką z podstawówki, parę lat później. Stwierdziła, że pali tylko, cytuję: „woże mentol", czyli vogue'i mentolowe, a lody to zawsze „Grykejn". Chyba sami wiecie jakie.

Choć i w tym przebił mnie kiedyś Xawery Żuławski, opowiadając, że gdy zapytał w sklepie spożywczym, czy jest rukola, pani ekspedientka z troską odparła: „Niestety, jest tylko cola light".

Z tak zwanej szkoły podstawowej, która moim zdaniem nie wyposażyła mnie nawet w wiedzę przedpodstawową, pamiętam jeszcze epizod, który do dziś interpretuję jako dowód swego podskórnego, intuicyjnego antykomunizmu.

Otóż chyba w klasie piątej pojawiło się widmo obowiązkowej nauki języka naszego ówczesnego okupanta. Najwyraźniej moja młodzieńcza, pełna dorodnej fantazji głowa uznała, że każdy dodatkowy przedmiot jest ewidentną egzekucją na mej młodości, i uznałem, że ominę go przewybornym trikiem. Po prostu przestałem pojawiać się na zajęciach języka rosyjskiego. Ustaliłem sam ze sobą, że będę odwiedzał je rzadko, ale za to regularnie. Proste, a urokliwie przemyślne. Wszyscy szli na ruska, a ja szedłem na spacer do wolnego świata.

Pamiętam jak ciocia Celina, siostra mej babci, po kilku imieninowych kieliszkach podsumowała mój ówczesny celujący życiorys. „Z Kubusia będzie wielki artysta kiedyś. Co prawda jeszcze nie gra, nie maluje, nawet nie rzeźbi, ale już jest wystarczająco pierdolnięty". I chyba była to prawdziwa diagnoza.

Niestety wtedy też ukształtowało się we mnie niezłomne podejście do każdego języka obcego, bo jak później miała pokazać historia, uczyłem się ich kilku, a efekty były podobne do tych z rosyjskiego.

Kiedyś na jakiejś brawurowej imprezie moje koleżanki zaczęły bawić się we frapującą grę pod tytułem „Opisz swoje cycki tytułem filmu". Wygrała ta, która rzuciła tytuł

Ktokolwiek widział, ktokolwiek wie. I taki też jest mój stan znajomości języków zagranicznych w wieku 55 lat.

Ale wracając do szkoły. Dochodziły mnie melancholijne opowieści moich kolegów, że za edukację bolszewicką miał odpowiadać jegomość o nazwisku Moryc. Później rozniosła się po placówce złowroga wiadomość, że Moryc to może być także jego imię. Do dziś nie rozwikłałem tej ambarasującej tajemnicy. Moryc był dziarskim staruszkiem, który nie wiadomo czemu każdą lekcję zaczynał od zalecania gimnastyki ruchowej powierzonej mu młodzieży. Ażeby dopełnić koszmaru tego obrazu, kazał jej w tym samym czasie wykonywać utwór ze słowami mniej więcej: „Naczynajetsa urok ruskawa jazykaaaa", co ni mniej, ni więcej znaczyło tyle, że właśnie oto zaczynamy lekcję języka rosyjskiego. Piorunująca konsekwencja intelektualna na poziomie kucyka. Potem przechodził do repertuaru bardziej patriotycznego i intonował: „My z krasnymi fłaszkami idiom guliat"... Reszty nie pamiętam, ale było to coś pomiędzy wczesnym Norbim a późnym, sprężystym w słowach Wiśniewskim. Pan od języka wschodniego niestety powoli popadał we wszystkie symptomy wieku starczego, zwanego też bardziej dyplomatycznie wiekiem sędziwym. Podstawowym był zauważalny spadek zdolności adaptacyjnych w wymiarze biologicznym i psychospołecznym. Mówiąc językiem zrozumiałym dla każdego przeciętnego pseudokibica: Moryc nie kumał, gdzie jest i co robi. Jest taki termin medyczny zwany „starczą nadkwaśnością" i nasz pedagog miał jej w nadmiarze. Potrafił tygodniami przerabiać te same teksty i wypracowania, za nic mając uwagi dziatwy, że to już było. Moryc jak każdy staruszek był nieufny i złośliwy i jak ktoś mu podpadł, to tak długo odpytywał delikwenta, aż trafił na coś, czego tamten z języka Dostojewskiego i Turgieniewa nie wiedział, i zaduszał go z satysfakcją swymi kościstymi dłońmi. Mało tego. Jak ktoś się wybitnie rwał do odpowiedzi, to nasz dziadzio ostentacyjnie go lekceważył, by w finale nonszalancko zagaić wyrafinowanym pytaniem: „A ty co?". Jak delikwent zdążył się wytłumaczyć, że chciał odpowiedzieć, bo przypadkowo zna odpowiedź, to nasz pedagog z piekła rodem miał w zwyczaju mawiać: „Jak wiesz, to *charaszo*. Usiądź zatem cicho i poczekaj, aż ci przejdzie". Lubił też opowiadać o sobie i swej leninowskiej rodzinie. Były to powieści pozbawione logiki, za to z nadmiarem trwogi. Mawiał na przykład: „Wiele zawdzięczam swoim rodzicom. Zwłaszcza mamie i tacie". Albo: „Mój kolega Pasza z Leningradu mówi do mnie: Moryc, ty wpadnij do mnie dziś wieczorem, nikogo nie będzie. No i ja wpadałem. I rzeczywiście nikogo nie było". Przechwalał się, że w młodości był mistrzem w dyscyplinie zwanej dziarsko „pionierball", a była to ich własna wersja siatkówki. Wymyślili to w latach trzydziestych na fali socjalistycznego wymyślania świata na nowo. Zasadniczą cechą tej gry, odróżniającą ją od tradycyjnej siatkówki, było to, że piłkę można złapać w ręce. Najważniejsze, zdaniem naszego mentora, było to, że w tej dyscyplinie nie było przegranych. Bo jak komuś źle szło, to brał piłkę we własne ręce, a wraz z nią losy meczu, i zwiewał z boiska. Tym samym nikt nie przegrywał. Mówi się, że Rosja to nie kraj, tylko stan umysłu. Moryc był tego dowodem.

Niestety mój niecny proceder zaniżania frekwencji został po kilku miesiącach wytropiony zarówno przez dyrekcję, jak i moich rodziców, przez co zostałem zmuszony do złożenia uroczystego ślubowania, że podejmę naukę języka Wschodu. Jednak osobnik o nicku Moryc do tego stopnia był nieetyczny oraz łachudrowaty, że kiedy się dowiedział, że zasilę jego bełkoczące cyrylicą stado – umarł. Nagle. Z dnia na dzień. Mówi się, że Rosjanie to naród gościnny i otwarty, rozśpiewany i chętny do wspólnego wykonywania dumki na dwa głosy, a miał to wszystko w dupie i zamienił swe ciało pedagogiczne w ciało martwe.

Dopełnieniem mego pecha było to, że następczynią Moryca została caryca Katarzyna II. Przynajmniej mentalnie. Miała na nazwisko pani Nowak, a słowo „pani" piszę z lękiem i szacunkiem tym lękiem wywołanym. Bo to trochę jakbym się bał, że ją urażę i ona tym urażeniem przywołana powróci do mojej biografii i mnie zdradziecko napadnie.

Była tak brutalnym i ciemnym doświadczeniem, że do dziś nie pamiętam jej imienia. Wyparłem je ze strachu. Nowak była oprawczynią i sadystką. Nie powinna być pedagogiem, tylko jednoosobowym plutonem egzekucyjnym. Jedyne miejsce, gdzie powinna przejść w swoim życiu, to spam.

Jest taka anegdota: na cmentarzu spotykają się dwie panie w woalkach. Jedna pyta drugą: „Pani też wdowa?". A tamta odpowiada: „Nie, po prostu brzydka jestem". I tą drugą była pedagog Nowak. Moje pierwsze z nią spotkanie było niczym bitwa pod Olszynką Grochowską. Wszystkim tumanom historycznym przypomnę – to była najbardziej krwawa potyczka powstania listopadowego.

Specyfiką ostatnich klas szkoły podstawowej jest rytuał jarania papierosów w kiblu. Taka tradycja wystawiania swych nieletnich organizmów na dubeltowe działanie smrodu. Zachowywana była przy tym pewna elegancja oraz hierarchia. Koledzy z klas siódmych oraz ósmych jarali i zaciągali się substancjami smolistymi, a my, kadra młodsza, robiliśmy za widownię oraz ochronę. Niestety relaksujące i uduchowione konwersacje przy nikotynie były często przerywane przez niezapowiedziane inspekcje naszych bakałarzy. Jeśli jakiś małolat zbytnio zasłuchał się w interlokucje starszych kolegów lub przysnął otumaniony machorkowym ciągiem, taki najazd mógł być rzeczywiście nagły i niespodziewany. I tak właśnie poznałem radziecką namiestniczkę w naszej szkole, czyli właśnie lady Nowak. Wpadła do toalety jak grzechotnik i pierwsza osobą, którą napotkała na swej drodze, byłem ja. „Nu, mam ja was – zasyczała przez zęby. – Dawaj ty mnie swoje nazwisko”. Jako człowiek młody jeszcze umysłem oraz ciałem już wyznawałem zasadę, że w życiu nie należy mieć problemów, tylko przygody, więc wypaliłem bez namysłu: „Konrad Wallenrod”. Są rzeczy na ziemi, które podobno nie śniły się filozofom. Olimpiada w Soczi, intelekt Beaty Mazurek czy kariera Norbiego. Nowak była jedną z nich. Wyjęła swój pedagogiczny kajet i zapisała, zapewne cyrylicą, moje dane osobowe. Potem przez kilka dni z tak zwanego pokoju nauczycielskiego dochodził zgodny rechot koleżanek i kolegów nauczycieli, że Nowak przyszła i zadenuncjowała niejakiego „Wallenroda Konrada”, który stał na czatach, osłaniając palących nikczemników.

Kojarzycie taką dziwną sytuację w operze, że facet trafiony nożem zamiast krwawić i paść trupem, zaczyna śpiewać? To byłem ja. Szykowało się moje libretto łabędziego śpiewu. W ten sposób, jednym literackim żartem, wykopałem sobie pachnący świeżą ziemią grób.

Jako że moja absencja na lekcjach sięgała kilku miesięcy, w żaden sposób nie przyswoiłem pisania sowieckich liter, zwanych bukwami. A naród rosyjski w słowniku wykazał fantazję nie mniejszą niż w alkoholu i powymyślał wszystko po swojemu. Zaczyna się zmyłkowo podobnie do naszego, ludzkiego: A, potem jest B i nagle, nie wiadomo dlaczego, ktoś jebnął niczym z krążownika Aurora i jako trzecią literę wstawił W, a żeby było prościej, tę literę W pisało się jak nasze polskie B. I tego już wybaczyć im nie mogłem. Tak jak nie wybacza się im rozbiorów, 17 września, Katynia, no i ostatnio Smoleńska. A co. Mało tego: litery pisane są w pokrętny sposób, inne od liter drukowanych, więc trudno to pojąć zmęczonym umysłem piątoklasisty.

Chcąc nadrobić zaległości, pożyczyłem od mojego kolegi Artura K., prymusa klasowego, zeszyt i jąłem przepisywać te bukwy połączone w wyrazy, a te dalej poukładane w zdania. Nie miałem pojęcia, co piszę, odtwarzałem po prostu bolszewicką fantazję zwaną, nie wiedzieć czemu, grażdanką.

Kiedy zawitałem na lekcję, pani Nowak, widząc, że ma na sali tortur kogoś nowego, wezwała mnie do tablicy. Nie byłem przyzwyczajony do takiego klimatu zarządzania strachem rodem z *Jednego dnia Iwana Denisowicza*. Jak tylko otworzyła tak zwany dziennik i zaczęła mruczeć pod nosem: „Nuuu da, nuu da" (co podobno w ichniejszym narzeczu znaczy: „No tak, no tak"), miałem przed oczami podstępnych Sowietów, którzy z takimi samymi słowami majstrują przy silnikach samolotu Sikorskiego. A więc kiedy ona powtarzała tę swoją mantrę, w klasie dwadzieścia parę młodych organizmów przestawało oddychać. Było jak w *Jeden z dziesięciu*, kiedy Tadeusz Sznuk zadaje pytanie, na które nikt nie zna odpowiedzi. Zapadała taka cisza, że można było usłyszeć, jak patron szkoły, pułkownik Władimir Komarow, dwukrotny bohater Związku Radzieckiego, poci się ze strachu w kapsule swojego statku. Kiedy wreszcie padało nazwisko wybrańca, który za chwilę miał być poddany syberyjskim torturom, reszta klasy łapała oddech jak tonący, któremu udało się wychylić głowę z kipieli.

Na jej zajęciach nie chodziło się do odpowiedzi. Na jej zajęciach szło się na egzekucję na warszawską cytadelę. Podobno planem carycy Katarzyny było to, by – cytuję: „Polskę zgnębić na zawsze". Planem pani Nowak było to samo, tylko na młodszej części populacji.

Usłyszałem zatem swoje nazwisko. Wymawiała to specyficznie: „naźwisko". „Naźwisko Wojewódzki" – słyszę. Klasa więc zaczyna konsumować powietrze. Oni już wiedzą, że ten dół dziś nie został wykopany dla nich. Przestają odmawiać różaniec oraz popuszczać nerwowo mocz. Ja wstaję i idę. Jeśli chodzi o przedmiot nauczania, czyli język rosyjski, to ja nawet nie wiem, czego nie wiem. Jestem językowo czysty jak prześcieradło księdza. Nerwowo żuję gumę. Moja oprawczyni to zauważa. Bierze ode mnie zeszyt, otwiera go, widzi szereg bezkształtnych sowieckich liter, których bezład i niedoskonałość są jawnym atakiem na Związek Radziecki. Drze mój zeszyt na dwie połowy. Każe mi następnie wypluć gumę na ziemię, przydeptać butem, a potem podnieść i znowu włożyć do ust. W klasie cisza jak po egzekucji rotmistrza Pileckiego. Powoli, z blazą charakterystyczną dla Johna Wayne'a, podnoszę gumę z podłogi i patrząc

Dzierżyńskiemu w spódnicy prosto w oczy, powoli wrzucam do kosza na śmieci. Następnie odwracam się na pięcie i wychodzę z klasy. Kumacie siłę symboliczną zdarzenia? To tak, jakbym sam, jednoosobowo, opuścił Układ Warszawski.

Oczywiście w moim życiu pojawili się „kumple z podstawówki". Najbardziej wierna odmiana kumpli.

Nie wiem czemu, ale od najmłodszych lat bałem się słowa „przyjaciel" i chyba nikogo tak nie nazywałem. **Przyjaciele** są jak gwiazdy na niebie albo **hemoroidy**. Nawet jak tracisz z nimi kontakt, to jednak czujesz, że **oni gdzieś są i pamiętają o tobie.** Ja byłem zawsze zbyt skromny, żeby zmuszać innych do myślenia o sobie.

Z kilkoma kumplami mam kontakt do dziś, co ewidentnie skłania mnie do działań cenzorskich. Piotr, Artur, Darek, Maciek i Darek, ale inny.

Był też Wiesio. Chłopiec o twarzy nietypowej, bo oczy miał rozstawione tak daleko, że wyglądało to, jakby się ze sobą pokłóciły. Miał tak nieokreśloną stylistykę twarzy, że gdyby położyć go w oknie życia, to do dziś nikt by go stamtąd nie zabrał. Matka Wiesia zawodowo zajmowała się tym, że grała w totka, i zawsze wiedzieliśmy, kiedy trafiała trójkę. Wiesio miał wtedy na twarzy szarość typową dla człowieka śpiącego na klatce schodowej bez piżamy. Trafiona mama świętowała z kolegami z pracy trafienie. Wiesio był emigrantem z Nowej Huty i słynął z tego, iż uparcie twierdził, że Kraków to nic innego jak nowohucka starówka. Trzydzieści lat później poznałem modelkę, która uparcie twierdziła, że wuwuzela to kraj w Ameryce Południowej, a Posejdon to bóg surferów.

Tata Wiesia chwilowo był nieobecny, gdyż, jak to pisał Süskind w *Pachnidle*: „Nie minęło wiele czasu, a Grenouille stał się specjalistą w dziedzinie destylacji". Był to pan o prostej metodologii życiowej. Jego *credo* można porównać do słynnego cytatu z *Drogówki* Wojtka Smarzowskiego: „Jebłem ci, to ci jebłem. Nie drąż". Niestety sąsiedzi wyczuli tatowe pismo nosem i donieśli na eksperymentatora, i teraz Wiesio musiał odrabiać lekcje sam. Łącznie z chemią, w której tak praktycznie mieszał jego opiekun. Jak sam mówił wtedy rodzinie: „Chwilowo zjeżdżam do zajezdni". Podobno wiele lat później ojciec starał się opatentować możliwość otrzymywania oleju napędowego ze słomy, ale mu kumple wyperswadowali, że to się nie przyjmie ze względu na historycznie uwarunkowane zapotrzebowanie wkładania surowca do obuwia.

Pamiętam kłopotliwe zabiegi pedagogów, gdy nadchodził czas wywiadówki. Nauczycielka pytała chłopaka o odcieniu twarzy lamperii w zakładzie karnym: „A od ciebie kto będzie?". On milczał jak Irena Iłłakowiczowa na przesłuchaniach. „Ojciec?" – nienawistnie brnęła. On milczał. „Matka?". Wtedy zatroskane oblicze ucznia błysnęło jasnością i z dumą zaproponował: „Matkę mogę przynieść".

Taki był ten Wiesio.

Gdy patrzę na nich z perspektywy, myślę jak o pogodnych idiotach. Jeden zbierał maskotki, drugi szklane kulki, a trzeci wybrał najgorzej.

On się dobrze uczył. Niestety los posadził mnie w pierwszej klasie obok tego ostatniego. Plan, by kopiować od niego wszystko jak leci, opłacił się tylko na początku szkoły.

Później, przy takim procederze, nawet nauczyciel w szkole podstawowej, zwanej czasami powszechną, zorientuje się, że ktoś robi z niego głupka.

Już wtedy po pierwszych doświadczeniach z pedagogami byłem wyznawcą odważnej tezy, że dla nauczycieli WF-u, polityków prawicy i idiotów należałoby wymyślić jakiś trudniejszy sposób rozmnażania.

Była w tej szkole także moja pierwsza fantazja seksualna, oczywiście na miarę zarówno mego wieku, jak i tragizmu patrona. Miała na imię *nomen omen* Katarzyna i była córką szkolnej woźnej. Jak widać, moją biografię erotyczną kształtowało głównie potomstwo osób zawodowo zajmujących się sprzątaniem, co pewnie też nie było bez wpływu na to, kim jestem dziś.

Fascynacja dotyczyła nie tylko mnie. Amatorów na nią było wielu.

Katarzyna była niczym dziewczyna z plakatu „Bravo Girl". Miała rozwiane włosy i w podobnym stanie uzębienie. Ale to nam nie przeszkadzało. Jej obraz dręczył nas zarówno po szkole, jak i na lekcjach. Niestety, dotkliwe, a i zauważalne było to również podczas wuefu. Podławkowe wypadki na historii to jedno, ale każdy, kto próbował skakać przez kozła z nieporadnie ukrytą w zielonych spodenkach młodzieńczą erekcją, wie, o czym mówię. Gdyby ten kozioł mógł mówić... Beknęlibyśmy za to wszyscy. Dlatego też byłem liderem w produkcji powrozu dla wuefisty rodem z pasmanterii.

Szkoła ośmioklasowa wmurowała się kamieniem węgielnym w moją biografię przede wszystkim z jednego powodu. Tak zwanego pierwszego razu.

Miała na imię Anna, siedziała kilka ławek dalej i ku memu przerażeniu miała już doświadczenie i ciągłą ochotę. Była ciekawą postacią również intelektualnie. Potrafiła na przykład wyznać: „Dziewięćdziesiąt procent z nas na pewno umrze". Niestety nigdy nie sprecyzowała, gdzie podzieje się pominięte dziesięć procent. Albo zagajała promiennie: „Jak umrę, to chciałabym zostawić po sobie zwłoki tak piękne, żeby chciało się z nimi rozmawiać".

Radosne dziewczę.

Sam nie wiem, jak to się stało, ale pojechaliśmy po lekcjach do niej na Sadybę. Nigdy wcześniej ani nigdy później tam nie byłem. Ani w niej, ani u niej. Jak znam siebie, to w celu podreperowania swego nikczemnego wyglądu chłystka oraz dodatkowo w celach marketingowych udawałem seksualnego Kaligulę. Czysta rozpacz. Do dziś pamiętam jej pytanie: „Pewnie byś chciał, żebym koło ciebie usiadła?". Mowa. To tak, jakbyś bezrobotnemu z Bronksu zadał pytanie: „Masz może ochotę na hamburgera i frytki do tego?". „Tak!!!" – pomyślałem oczywiście, ale nie zdołałem wydusić z siebie nawet pół rzeczownika z czasownikiem.

Całość trwała dobre, wyrafinowane półtorej minuty. Dziewięćdziesiąt sekund i nagle wszyscy moi koledzy stali się tacy dziecinni w tym swoim nieokiełznanym samogwałcie. W tym konwulsyjnym kartkowaniu po kiblach poślinionego „Playboya". W tych niekontrolowanych erekcjach. Bo oto naprzeciwko nich stanął prawdziwy mężczyzna. Stał w czarnych skarpetkach i w dumnym poczuciu posiadania dziewięćdziesięciosekundowego doświadczenia z kobietami. Byłem Billem Gatesem *ars amandi*. Niczym Jurij Gagarin. On wystartował w kosmos jako porucznik, a wylądował jako major. Jego historyczny lot trwał niecałe dwie godziny. Mój – niecałe dwie minuty. Mogłem krzyczeć, mogłem nauczać, mogłem wrócić do domu i popatrzeć na wszystko jak facet. Był rok 1977, według kalendarza chińskiego – rok węża. Czyli jak najbardziej w temacie. Sex Pistols wyrzygali się właśnie na fornirowany blat wszechobecnej muzyki disco, Bob Marley majstruje *Exodus*, album obwołany przez magazyn „Time", najlepszym muzycznym dziełem człowieka dwudziestego wieku, a ja zaliczam swą pierwszą wyprawę wewnątrzpochwową.

Kasia Wilk miała w swoim dorobku numer *Pierwszy raz*. Śpiewała tam: „Modlę się, kiedy wstanie i sprawi cud dla ciebie". Nie wiem, o czym to było, ale tak było u mnie. Wstał i sprawił cud. Dla mnie. Aniu, dzięki.

Zbyszek Cybulski miał czasem wspominać, że kiedyś obudził się pijany w łóżku obok Brigitte Bardot. Nie pamiętając, czy do czegoś doszło, czy też nie. Rozpoznanie utrudniał też fakt, że jedyną częścią garderoby, jakiej nie miał na sobie, były buty.

Moim największym łóżkowym koszmarem było obudzenie się w Sopocie obok Ani Męczyńskiej i Sławka Blaszewskiego. W jednym łóżku. Oboje są dziś znanymi stylistami, jednak nie można było wówczas powiedzieć czegokolwiek stylowego o ich garderobie.

Sławomir miał na sobie garnitur ewidentnie zwinięty z planu *Ojca chrzestnego* i nonszalancko opuszczone spodnie aż do efektownych lakierek. Pomiędzy kolanami a pępkiem nie stwierdziłem obecności żadnej powszechnie znanej formy odzieży. Ania była odziana tylko w tuszę, a w tej materii był to jej rekordowy wynik. I ja pośrodku.

To trochę jak z tym pytaniem: „Jakbyś miał wybrać pomiędzy milionem dolarów a całkowitym pokojem na świecie, to jakie auto byś sobie kupił?". Ja tego ranka modliłem się w duszy, by z tej sytuacji wyjść tylko z twarzą.

Żeby nieco podreperować mój wizerunek całkowitego lingwistycznego tumana, warto wspomnieć moją historyczną inicjatywę, aby w klasie piątej zapisać się na nieobowiązkowy język niemiecki. Zresztą nie ma co podkreślać, że nieobowiązkowy, bo jaki miał być język kolesi, którzy świergolili w tym właśnie narzeczu, gdy wyjmowali oczy Jurandowi ze Spychowa. Tym podłym systemem znaków posługiwał się nauczyciel Scholzchen, gdy wymierzał karę cielesną dzieciątkom z Wrześni. W tej podłej mowie wykrzykiwał łachudrowate oznaki satysfakcji niejaki Gerd Müller, strzelając na mundialu w 1974 roku faszystowskiego gola w meczu Polska–Niemcy. Wychodząc z założenia: „chcesz zniszczyć wroga, musisz go najprzód poznać" (nie wiem, czy istnieje słowo „najprzód" w języku polskim. W niemieckim istnieje na bank, w tym języku istnieje wszystko), przystąpiłem do nauki germańskiego.

Pani od mowy narodowo-socjalistycznej była miła, młoda i bardzo przejmująca się społecznie. Minę miała wiecznie zatroskaną, jakby codzienne zmagania z życiem zaczynała od rozstrzygania dylematu, co lepiej mieć: wewnętrzny krwotok czy połamane kości. Gdy zobaczyła, że zimą popylam w letnim obuwiu sportowym zwanym dalej trampkami, zadała mi pełne trwogi pytanie, czy mam jakąkolwiek opiekę w domu. Niby Niemka, a jaka wrażliwa. W swej pseudobawarskiej, przepojonej luksusem głowie nie przyjmowała do wiadomości faktu, że żyjemy w czasach, w których rarytas gumowany biały, produkowany przez firmę Stomil, jest dla młodego człowieka tak atrakcyjny, że nosi się go wtedy, gdy jest dostępny na rynku, a nie wtedy, gdy pozwala na to pogoda.

Byłem pierwszym nieuświadomionym trendsetterem oraz influencerem modowym PRL-u. Pierwszy raz usłyszałem, że się dobrze ubieram, w pierwszej klasie liceum ogólnokształcącego o profilu humanistycznym. Wdałem się w erotyczny wrestling ze swoją koleżanką, gdy nagle jej opiekunowie wrócili wcześniej z kina, w którym polsko-sowiecka kooperacja dokonała rytualnego mordu na dziele Lema, wydając z siebie *Test pilota Pirxa*. Pomiędzy włożeniem klucza w zamek a przywróceniem na siebie kompletu garderoby minęło chyba dwanaście sekund. I wtedy ona powiedziała: „Dobrze się ubierasz". Niemka najpewniej kombinowała inaczej. Pewnie gdybym zamarzł gdzieś na linii szkoła–dom, biorąc bohatersko przykład z jej kumpli spod Stalingradu, toby mi pierwsza te trampki zdjęła.

Szkoda że nikt mi nie wytłumaczył, na czym polega nauczanie języków innych od tego, co go już wcześniej znałem. Byłem święcie przekonany, że jak pilnie uczęszczam na zajęcia i powtarzam to, co pani nam kazała, to jest to w prostej drodze sposób do przyswojenia języka erefenu. Gdy tylko z zajęć wychodziłem, język ten wychodził mi jednak z głowy. Niestety owocowało to sytuacjami bliskimi operetce, która, jak wiadomo, posiada dialogi mówione oraz komediową akcję. U mnie mniej było tego pierwszego, co nadrabiałem drugim. Gdy tylko nauczycielka zadawała mi jakieś pytanie po niemiecku, a nie wiadomo dlaczego w tym języku prowadzone były całe zajęcia, ja popadałem w zadumę, wydobywając z siebie tylko monotonne „yyyyyyyyyyyyyyyy". Gdy taka odpowiedź jej nie satysfakcjonowała i przerywając mi brutalnie, zadawała pytanie pomocnicze, ja wchodziłem na dużo wyższe obroty, zamieniając dyskretne „yyyyyyy" w świadome i pewne „YYYYYYYYYYYY". To było arcydzieło. Moje prawie niemieckie *pianissimo* zamieniało się w dumne germańskie *fortissimo*. Rzecz moim zdaniem godna docenienia i nagrody. Może nie od razu Krzyż Walecznych, ale Krzyż Żelazny to na bank. Po niemiecku – *auf der Bank*.

Efekt jest taki, że do dziś pamiętam tylko fragment piosenki brzmiący: *Weiß weiß weiß sind alle meine Kleider*, co podobno znaczy, że wszystkie moje sukienki są białe. Fraza zasługująca na chwilę zadumy.

Ciekawym elementem mej biografii psychiatryczno-seksualnej była wyprowadzka z dzielnej ceglanej robotniczej Woli na plac Na Rozdrożu w samym centrum centrum. To było gdzieś koło piątej albo szóstej klasy. Niestety odnalezienie w pamięci precyzyjnych dat jest zadaniem niewykonalnym, gdyż szkoła, jak więzienie, stawała się dla mnie mglistym wspomnieniem miejsca kaźni, tracenia czasu oraz obcowania z ludźmi bez wyobraźni. Kogoś, kto siedzi w pierdlu osiem lat, nie pyta się: „Co robiłeś dwa lata temu w czwartek?". Wiadomo, co robił. Albo gwałcił, albo był gwałcony.

Na skutek awansu cywilizacyjnego, jakim był transfer do Śródmieścia, trafiłem do szkoły imienia jakiegoś pana, co nauczał innych dawno. To był szok innego rodzaju. I nie chodzi mi o patrona, który nigdy nie wystartował ani się efektownie nie spierdolił jak mój poprzedni.

Od pierwszego dnia posadzono mnie koło Jacka, który miał dziwny zwyczaj i na cały głos oznajmiał klasie: „Zdobyłem brąz". Co oznaczało ni mniej, ni więcej fakt, że pan Jacek zesrał się w spodnie. Miał urodę oraz intelekt gościa, który kradnie koszyki w Biedronce i następnie chce za nie okup. Znacie takich jegomościów, co to idą do McDonalda i proszą o frytki. Kiedy zaczadzony wyziewami oleju sprzedawca pyta: „Duże czy małe?", to taki delikwent odpowiada: „Pan da trochę tych i trochę tych". W skrócie: idiota. Na każdej lekcji, zamiast zajmować się nauką, rysował na blacie ławki statek pod pełnymi żaglami. Za każdym razem taki sam. Był debilem z wiatrem w żaglach. Po kilku miesiącach cała szkoła była pokryta jego flotyllą. Gdy wzywano go na tak zwany dywanik i zadawano jakże konieczne w takowej sytuacji pytanie, czemu, do kurwy nędzy, to robi, odpowiadał, że ma rodzinę nad morzem. Tylko tyle. Spotkałem go kiedyś po latach. Zapytałem ogólnie, co robi, bojąc się, że mi zaraz pierdolnie jednostkę pływającą na czole. „A nic takiego – wyznał zbolały. – W urzędzie pracy powiedzieli mi, że nie ma ofert dla człowieka z moim wyglądem".

Ale nie o tym miała być opowieść.

Otóż wyobraźcie sobie, że 1 września idę do swojej nowej szkoły, do chyba szóstej nowej klasy, i dowiaduję się, że ma być to szósta A. A ja całe życie byłem w klasie B, a ci, co byli w klasach A, byli zbędni jak opłata klimatyczna w Zakopanem. Odwróciłem się więc na pięcie i opuściłem jakże niegościnny budynek placówki szkolnej.

Mówi się, że jedni chcą w pracy zostać kierownikami, inni dyrektorami, a pozostali po prostu chcą zostać. Mnie to nie dotyczyło. Ja chciałem dołączyć do swoich. Moje poglądy na poważne sprawy ewoluują jak radzieckie samochody. Czytaj: nie zmieniają się. I dzień po dostąpiłem tego przywileju – dołączyłem do właściwej klasy szóstej B.

2 września był dniem historycznym. A właściwie jest dniem historycznym. Mało kto wie, ale 2 września 1939 roku miał miejsce wypad polskich żołnierzy w kierunku Wschowy i opanowanie wsi Geyersdorf, co łączyło się z przekroczeniem granicy niemieckiej. Czyli można śmiało stwierdzić, że zaatakowaliśmy zbrojnie i zwycięsko Germańców w odpowiedzi na ich haniebny atak. Tak było też ze mną 2 września. Pokonałem wroga przemyślnym planem odwrotu i ataku z flanki.

Pani zwana wychowawczynią już pierwszego dnia mojej obecności na gościnnych parkietach mojej nowej *alma mater* zasygnalizowała, że będą tu realizowane scenariusze rodem z mojej ulubionej na wieki wieków powieści, czyli *Lotu nad kukułczym gniazdem*. Tam pada kluczowe dla całej mojej biografii zdanie wygłoszone przez Randle'a Patricka McMurphy'ego: „Człowiek traci grunt pod nogami, kiedy traci ochotę do śmiechu". I to jest cała prawda i zawsze prawda.

Gdy tylko wszedłem do klasy, pani wychowawczyni ostrzegła mnie, że naprzeciwko naszej szkoły swoje zbrodnicze lokum posiada nikt inny, jak tylko gwałtowny ekshibicjonista, i żebym pod żadnym pozorem nie dał się zwabić do okna. Bo jegomość podobno wychodził na balkon w typowej dla tego rodzaju hobbystów garderobie, czyli w płaszczu, machał przyjaźnie do dziatwy, coby zbliżyła się do parapetu, i wtedy znienacka zrzucał okrycie i jak to określa gwara więzienna, zaczynał grać na puzonie. Czyli masturbować się z zapałem pierwszego koncertmistrza.

Szkolny dzwonek na przerwę miał nęcić go jak śpiew syren Odyseusza. Odyseusz kazał swym żeglarzom zalepić uszy woskiem, żeby nie odczuwali masowej podniety, lecz nie dało się tego samego zrobić ze szkolną chmarą. Przez co te dwa podmioty – szkoła i zbok – żyły w przedziwnej symbiozie przez kolejne roczniki.

Nie tracąc oddechu, zaraz po literackiej przypowieści o sąsiedzkim bezwstydniku pani pedagog wyznała, że jest komunistką i zbytniej swawoli światopoglądowej tolerować nie będzie. Mówiła to z miną Wandy Wasilewskiej, co rzadko u nas jest podkreślane – dumnej chrześnicy Józefa Piłsudzkiego.

Z obu humoresek mnie do gustu bardziej przypadła ta pierwsza. Widocznie już wtedy bliżej mi było do dewianta niż rewolucjonisty.

W nowej szkole radziłem sobie dość dobrze. Moje najczęstsze pytanie do nauczyciela brzmiało: „Proszę pani, ile trzeba wiedzieć na dwójkę?".

Ważnym elementem mojego rozwoju behawioralno-
-autoerotycznego była koleżanka klasowa Izabella K. Izabella była opromieniona sławą córki oficera Wojska Polskiego, co dziś ewidentnie sławy nie gwarantuje, ale wówczas owszem. Nie wiem, w jakim wywiadzie pan tatuś pracował, ale często wyjeżdżał za tak zwaną granicę oraz spełniał zachcianki córki. Jedną z nich była prawdziwa małpka, którą tatuś wywiadowca przytaszczył z afrykańskiego kraju do mieszkania przy placu Konstytucji.

Socrealistyczni spece od bolszewickiego *empire* chcieli plac uczynić dyżurną witryną nowej architektury. Pełno tam robotniczych posągów w stylu Michała Anioła, tyle że z młotkiem i obcęgami zamiast mglistego zadumania w oczach. A na koniec jeszcze wyszło, że im nie wyszło, bo symetryczny plac okazał się niesymetryczny. Ile osób z tej okazji rozstrzelano, nie wie nikt.

Ale miało być o małpce. Tata przywiózł małpkę, Iza małpkę przyniosła do szkoły, małpka pokąsała wszystkich w zasięgu działania agresywnej małpki. Piękny czas. Przybyli panowie z instytutu chorób importowanych, odziani w galowe stroje jak na powitanie przybyszów z obcej planety. Aresztowali biedną kapucynkę, fundując jej kwarantannę na koszt nowej ludowej ojczyzny, a nam kazano rozejść się do domów w oczekiwaniu na symptomy odmałpiej wścieklizny. Nikt nie wiedział wówczas, że małpa po osiągnięciu dojrzałości płciowej staje się agresywna i za wszelką cenę chce zdominować innych domowników. I tak rozeszliśmy się na ekstra wakacje, wyglądając zapowiedzianych objawów martwicowego zapalenia mózgu oraz rdzenia kręgowego. Tym samym Izabella stała się sławna oraz lubiana przez innych, bo w tym wieku człowiek woli gorączkę krwotoczną od regularnego chodzenia do szkoły.

Ale nie tylko tym zwierzęcym epizodem Izabella wryła się w moją biografię. Nie wiem, czy na skutek zbyt długiego obcowania z człekokształtnym koczkodanem moja miła koleżanka wybrała mnie na chłopaka, którego nauczy właściwego zachowania podczas pocałunku z kobietą. Oczywiście sama siebie obsadziła w roli kobiety. Co to był za czas.

Kiedy tylko zaczynała się przerwa między lekcjami, czyli ten czas w szkole, który przynosił jakąkolwiek pożyteczną naukę, siadaliśmy z Izą na parapecie i wszczynaliśmy kurs. Według Wikipedii, która przecież wie wszystko, bo jest sumą ludzkiej mądrości, pocałunek to akt polegający na kontakcie ust z ciałem innej osoby lub przedmiotem. A więc ja całowałem się z ciałem innej osoby, natomiast moja ówczesna chwilowa partnerka całowała się z przedmiotem. Nie ma co ukrywać, że moje wcześniejsze próby dłuższego całowania się z kobietami zakończyły się fiaskiem, a te udane sprowadziły się do dwuelementowego zbioru – mama plus babcia. Z czego babcia pachniała inaczej, więc szybko zarzuciłem flirt. Nie wiem, czy byłem słabym uczniem, czy może celowo opóźniałem efekty edukacji, ale proceder ciągnął się tygodniami.

Nie ukrywam, że to był dla mnie trudny czas, nie byłem zbyt wyrywny do jakiejkolwiek nauki, a nauczyciele stawiali mi oceny niedostateczne głównie na zachętę.

Piotr Bałtroczyk wiele lat później opowie mi taki mały literacki żart:

– Mój ideał kobiety? Taka do dwustu złotych.

Mój ówczesny ideał kobiety to była właśnie ona. Izabella. Taka od przerwy do przerwy. Pomimo iż w klasie ósmej zwykle nie jest się człowiekiem nazbyt rozbrykanym seksualnie, to Izabella przeczyła tym doniesieniom. Potrafiła zagaić z brutalnością zawodowca: „Prawdziwy pirat to i przez Morze Czerwone przepłynie". Chodziło oczywiście o bezpieczny seks w trakcie okresu, najpopularniejszego wówczas środka antykoncepcyjnego. Albo: „Pamiętaj, mój mały, kobiecy orgazm ma pięć form: relaksacyjna – ach, ach, ach. Afirmująca – tak, tak, tak. Regionalno-geograficzna – tu, tu, dokładnie, tu. Dewocyjna – mój Boże, Matko

Boska. Oraz Kryminalna – zajebię cię, jeśli przestaniesz to robić". Słuchałem porad mądrzejszej koleżanki i było mi przykro, że całą jej praktykę znam tylko z teorii.

W większym kłopocie tkwili jednakże moi koledzy. Dla nich był to spektakl przekraczający wszystkie dotychczasowe dokonania masturbacyjne. Bo na ich oczach dwójka klasowych towarzyszy odgrywała najzwyklejszego pornola. Tak to widzieli.

To były te dni, kiedy czułem, że wprawdzie Boga tradycyjnie i w dalszym ciągu nie ma, ale potencjalny palec Boży ewidentnie wskazał moją osobę. A jednocześnie moim kamratom ten sam palec Boży objawił się pod postacią tego środkowego, najdłuższego.

My z Izabellą rytualnie co przerwa wymienialiśmy mój niedotleniony testosteron na jej mocno skondensowaną oksytocynę. Jeśli obecny rekord Guinnessa w całowaniu wynosi 58 godzin i 36 minut, to my już wtedy byliśmy lepsi. Gdy masz te kilkanaście lat i pospolitego wzwodu dostajesz na widok okładki *Sztuki kochania*, takie intensywne zaplatanie języka z językiem drugiej osoby i na dodatek płci przeciwnej czyni cię zwycięzcą swych najśmielszych eskapad seksualnych, oczywiście we własnej wyobraźni. Jeśli całowanie się uruchamia 29 mięśni twarzy, to ja spokojnie dobijałem do uruchamiania mięśni zdecydowanie oddalonych od twarzy.

To był wówczas czas ważnych dla mnie życiowych decyzji. Moi koledzy zapisywali się na karate, boks, judo i inne okazje, żeby się homoseksualnie poprzytulać. Ja zapisałem się gdzie indziej. Już wtedy byłem zdania, że seks jest o wiele zdrowszy niż przemoc.

Kilka lat temu spotkałem Izabellę w restauracji U Kucharzy. Z tego, co pamiętam, wyznała mi, że nie posiada ani małżonka na stałe, ani stałego potomstwa. Straszna strata. Kobieta z takim potencjałem praktyczno-pedagogicznym nie powinna pozostawać bez sparingpartnera oraz widowni.

Gdzieś w tym momencie, chociaż w skrytości serca i ducha czuję, że było to dużo, dużo wcześniej, narodziło się moje dobre samopoczucie w stosunku do siebie samego. **Niektórzy** nazywają to **miłością własną**, a ja bym to nazwał **nadmierną akceptacją siebie**. I nie mąciły jej nawet takie doświadczenia jak kiedyś wyznanie Patrycji Markowskiej:

– Chyba najgorszy dzień w życiu mojego ojca, tak to sobie wyobrażam, to jak mówię: tato, to twój przyszły zięć. I wtedy wchodzi Kuba Wojewódzki. Ja myślę, że on by się wtedy powiesił.

Z Patrycją to w ogóle jest ciekawa historia. Uwielbiam ją i ona o tym wie. Nasz romans był mentalny, nie fizyczny, i przesunięty w czasie. Gdy ona była gotowa, ja spotykałem się z kimś innym, przez co nie byłem gotowy. Gdy z kolei ja byłem gotowy, to ona spotykała się z kimś innym i w związku z tym, a także faktem pierwszych tygodni ciąży, jej gotowość też była mniejsza. Dzięki temu Grzegorz Markowski żyje i ma się świetnie. Mam nawet takie momenty, że czuję się współtwórcą zespołu Perfect.

Pamiętaj, Grzegorz, komu to zawdzięczasz.

Klasa piąta z kolei uwypukliła mój potencjał socjopatyczny. Nie wiedzieć czemu oraz nie bardzo wiadomo jakimi metodami, mój ówczesny przyjaciel Piotr Olejniczak zaraził mnie wizją, że wyjazd na tak zwane kolonie letnie to jest zjawisko w kategorii *cool*. Podobno w USA żyje blisko osiemdziesiąt osób które mają na imię WOW, czyli nasze swojskie ŁAŁ. I tak też o tych koloniach opowiadał Piotr. Mnie wówczas kolonie i obozy kojarzyły się z przymusowym wyjazdem trudnej młodzieży, której nie chcą na wspólnych wakacjach rodzice. Coś pomiędzy zesłaniem a porzuceniem. Oczami wyobraźni widziałem patologiczną grupę, która pomiędzy robieniem sobie sznytów a wąchaniem kleju stolarskiego czci szatana. A wszystko to pod dowództwem harcerza o twarzy żywcem wyjętej z reklamy rajstop Adrian.

Już pierwszego dnia po przyjeździe przeżyłem szok cywilizacyjny, bo obudzono nas skoro świt i w piżamach wygoniono na boisko celem odbycia ćwiczeń ruchowych. Normalnie czwarta, dotychczas nieznana część *Archipelagu GUŁag*. Jako że ja dobrze ułożonym chłopcem byłem tylko raz, w łonie matki, postanowiłem zmienić ten stan rzeczy i bojkotowałem boiskowe pidżama party. Miałem kiedyś koleżankę, która regularnie spotykała siostrę swego faceta chodzącą w bieliźnie po jego mieszkaniu. Dopiero podczas ceremonii ich ślubu dowiedziała się, że nigdy nie miał siostry. Zbojkotowała resztę imprezy. Rozpaczliwie szukając analogii, ja postanowiłem zbojkotować osoby, które postanowiły zmusić mnie do tak nielogicznych i mało higienicznych działań.

Na początku nie wstawałem na ćwiczenia. Potem nie wstawałem na śniadanie. Następnie nie wstawałem na obiad. Potem zdałem sobie sprawę, że nikt nie zauważa mojego ostentacyjnego niewstawania, więc spakowałem walizkę rodziców i postanowiłem wrócić do domu. Pamiętam, że przekupiłem kolegę z łóżka obok wszystkimi pieniędzmi, jakie mi zostawili rodzice na czarną godzinę, żeby mówił tym, co mnie nie szukają, że jestem w toalecie. Taki miałem chytry plan. Kierując się instrukcjami zaczerpniętymi ze wszystkich książek, których nie powinienem był czytać, pod pretekstem zdobywania sprawności kuchcika wyłudziłem od pań w kuchni surowego ziemniaka oraz proszek do pieczenia. Wedle więziennych ekspertów tamtego okresu miało mi to zapewnić przewlekły stan chorobowy. Cichaczem opuściłem gościnne progi szkoły podstawowej w Przygodzicach, bo tam działa się akcja dramatu, i udałem się do miejscowego ośrodka zdrowia. W swej próżnej łepetynie ubzdurałem sobie, że karetką do stolicy będzie najszybciej. I wtedy zaczyna się komedia pomyłek na wiele lat przed scenariuszem znakomitego skądinąd filmu *Konsul* z Piotrem Fronczewskim. Po dotarciu do siedziby łapiduchów mój nieletni organizm zapadł w specyficzny rodzaj śpiączki. Pamiętam tylko śmierdzącą wczorajszymi zwłokami poczekalnię, za okienkiem panią o fioletowych włosach, a następie śnieżenie, zanik fonii i obrazu. Obudziłem się w Szpitalu Ministerstwa Spraw Wewnętrznych w Warszawie. I nie była to bilokacja w najlepszym stylu ojca Pio. Był to efekt ducha tamtych czasów. Pan ordynator, który ze mną rozmawiał, wykonywał dziwne nieskoordynowane ruchy, jakby mu kot do butów nasikał. Wielki biały tancerz próbował wydobyć ze mnie informacje na temat opiekunów oraz prawdziwości wątpliwości. Był świadom ówczesnej piramidy żywieniowej i wiedział, że jak coś spieprzy ze mną, to jego wpieprzą więksi od niego. Więc chwilowo to on przyjął posadę Czerwonego Kapturka, a ja złego wilka. Wydobył ze mnie tylko prośbę o wykonanie jednego telefonu. I po kilku minutach zdyszani, jakby ich gonił komornik, wpadli na stosowny oddział moi rodzice. Cięcie.

Co było wcześniej? Otóż w kolonijnym pociągu wiozącym nas w nieznane wpadaliśmy co chwila na nowe pomysły gier towarzyskich. Najatrakcyjniejsza okazała się ta, kiedy to podczas postoju przez okno w nocy macha się latarką w kierunku lokomotywy i ta zaczyna ruszać ze stacji. A pasażerowie z tobołami jeszcze na peronie, więc panika rodem z planu *Pianisty* Polańskiego gotowa. Bardzo nas to wówczas bawiło. Jako prowodyr za karę zostałem posadzony sam w dusznym kantorku kierownika pociągu. Jedynymi towarzyszami były źle ukrywany aromat śliwowicy łąckiej oraz moja walizka od rodziców. Nudząc się śmiertelnie, ze skórzanego etui, w którym za plastikiem tkwiła karteczka z miejscem na dane właściciela, wyjąłem ów papierek i jak tylko mogłem najpiękniej, wykaligrafowałem: „Edward Gierek, Warszawa, ulica Belwederska 10 m. 61". Taki miałem na ten czas pomysł. Nikomu nie muszę przypominać, że ten pan, urodzony we wsi Porąbka, pełnił od 20 grudnia 1970 roku zaszczytną funkcję I sekretarza KC PZPR, czyli był, przekładając na język zrozumiały dla współczesnych, takim Jarosławem Kaczyńskim. I czytając fakty, choć bez mojej obecności przy nich, prawdopodobnie tak było.

Powiatowy aktyw medyczny znalazł na ławce przychodni kompletnie pozbawionego poczucia rzeczywistości młokosa, schludnie ubranego, który na walizce miał takie, a nie inne dane. I prawdopodobnie koordynując działania z podstawową organizacją partyjną rzeczonej miejscowości, postanowiono odholować mnie do rodziców. Wiadomo było, że I sekretarz rzeczywiście posiada trzech synów, ale nikt nie wiedział, w jakim wieku. No i się prawdopodobnie załapałem, albo na syna, albo na wnuka. Efekt był doskonały i godny poświęceń. Już nigdy więcej nie pojechałem na kolonie.

Rodzice nie dziwili się moim wyczynom, bo jak to się w sporcie powiada: „Trening czyni mistrza".

W siódmej klasie szkoły podstawowej już zdradzałem symptomy, żeby być jak podmiejski pociąg – mocno opóźniony. Ówczesne młodzieńcze lektury, które pochłaniałem kilogramami, działały na mój nieskładny umysł jak dopalacze. Postanowiłem żyć biografią pełniejszą i ciekawszą. Potrafiłem udać się na pocztę i wysłać do siebie depeszę z jakże inspirującą treścią: „Wszystko w porządku". Omega. Cóż to były za emocje. Pani w okienku patrzyła na mnie jak przeciętny Chorwat na Miloševicia, a ja z kamienną miną trwałem w rozboju. Reakcja moich starych była podobna. Nie wiedzieli, czy potrzebny jest egzorcysta, psychiatra, komisarz ludowy, czy paczka czipsów. Piękne jest to, że nie postanowili złamać mi kręgosłupa tylko żyli w lęku i poczuciu wiecznego eksperymentu, że oto ich pociecha kręci właśnie z własnego życia alternatywne zakończenie *Gwiezdnych wojen*.

Podstawówkę przebyłem w miarę bezboleśnie, choć nawet dziś pamiętam, że z ówczesnym stanem wiedzy byłem czymś pomiędzy stawonogiem a dróżnikiem.

Kiedyś, wiele lat później, Tomasz Stańko powiedział mi:

– Ja się nigdy nigdzie nie spieszyłem. Lenistwo zawsze było moim mottem.

Jak się później okazało, ja właśnie wchodziłem w ten okres życia.

Do liceum imienia Tadeusza Czackiego wysłali mnie rodzice z nowym tornistrem i wyraźną rozpaczą. Prócz liceum imienia Stefana Batorego, była to szkoła położona najbliżej mego domu, niestety z opinią wymagającej. To, że była to sława jak najbardziej prawdziwa, potwierdziła moja sześcioletnia obecność w tej placówce edukacyjnej. Mało kto wie, że słowo „gimnazjum" oznacza w języku greckim miejsce, gdzie ćwiczy się nago. Jak miały pokazać nadchodzące lata, postanowiłem powrócić do tej zacnej antycznej tradycji.

Wszyscy tak zwani znani Polacy uczęszczający do Czackiego realizowali tradycyjny, czteroletni program edukacji. Byli to: Wojciech Mann, Stefan Kisielewski, Jan Twardowski czy Andrzej Olechowski. Ja postanowiłem to zmienić. Szkoła, jak wiadomo, potrafi rozwijać wszystkie zdolności ucznia, w moim przypadku najintensywniej rozwinęła głupotę.

Pierwszą klasę powtarzałem z powodu punk rocka. Czasy były burzliwe. W podziemiu szalały Tilt, Kryzys, T. Love, Kult. Ja też, pomimo wyglądu maminsynka (Jan Borysewicz wiele lat później stwierdzi, że jestem posiadaczem „oazowego imidżu"), postanowiłem włączyć się w nurt. Wyglądałem jak uciekinier z *Plastusiowego pamiętnika*, ale zrobiłem sobie kolczyk w lewym uchu, co wówczas było aktem niekonwencjonalnym i odważnym. Co prawda pani Zdunek od geografii skwitowała mój nowy imidż słowami: „Nie wiedziałam, że mamy w szkole homoseksualistów", ale to nie była jedyna rzecz, o której nie wiedziała ta pani. Nie wiedziała na przykład, że moherowy sweter włożony na gołe ciało uwypukla jej kształty na tyle czytelnie, że męska część klasy wychodziła z sali z mokrymi plamami na spodniach. Tyle im zostawało po lekcjach geografii. Była to popularność zasłużenie wilgotna i zostawiająca trwały ślad.

Z popularnością bywa różnie. Taka pogawędka z jeszcze wtedy prezydentem Bronisławem Komorowskim.

Jeszcze prezydent:

– A pan widział kiedyś, jak wygląda taka sytuacja, gdy się idzie w takim tłumie? Z przodu dziennikarze, kamery, z tyłu też grupa ludzi. I nic się nie widzi.

Pan prowadzący:

– Pan mnie nie docenia! Ja też jestem człowiekiem popularnym i ja w tłumie też często chodzę.

Jeszcze prezydent:

– No to następnym razem niech pan ze mną idzie.

Pan prowadzący:

– A swoją drogą jestem ciekaw, który z nas rozdałby więcej autografów.

Była też siedemdziesięcioletnia nauczycielka łaciny, już wtedy tak stara, że dziś nie pamiętam jej nazwiska. Miała sklerozę tak zaawansowaną, że potrafiła przepytać jednego ucznia, podziękować innemu i całkowicie komuś następnemu wystawić ocenę. W labiryncie jej pokrętnej logiki trudno było się odnaleźć, więc ja postanowiłem się tam zagubić. Kiedy obchodziła swoje jubileuszowe urodziny, ja z moim kolegą Grzegorzem P. wstaliśmy i uroczyście oświadczyliśmy, że mamy dla niej piosenkę. Gdy rozpromieniona solenizantka poprosiła o jej wykonanie, my z pasją i werwą szturmowców wykonaliśmy utwór *Nic nie może przecież wiecznie trwać*. Od tamtej pory nie zapytała nas już nigdy o nic. Raz tylko odgrażała się po jakiejś pyskówce ze mną, że zadzwoni do moich rodziców. Zadałem jej wtedy proste, logiczne pytanie: „Czy moi rodzice dzwonią do pani i zwierzają się ze swoich problemów w pracy?".

Była osobą z poprzedniej epoki, co owocowało tym, że miała wyśrubowane normy higieniczne. Niestety także wobec nas. To taki typ człowieka, który myje śmieci przed wyrzuceniem. Bez względu na porę roku każdą lekcję zaczynała od otwierania okien w rytm narzekania, że uczy przybyszów z Trzeciego Świata, a przynajmniej lokatorów slumsów w Bombaju.

Z okazji 1 kwietnia postanowiliśmy zrobić jej brutalną niespodziankę. Każdy z nas, a była to klasa zasobna w trzydziestu kilku troglodytów, miał przynieść z domu jakiś zapomniany dezodorant, nieużywane wykwintne perfumy babci tudzież inny niepokojący zapach. Postanowiliśmy zabić ją stężeniem kwiatowości powietrza. To były czasy perfum o sentymentalnej nazwie Być Może, dezodorantu Brutal i wody kwiatowej Lotos. Takim kwasem musztardowym pachniały wiejskie wesela, niedzielne msze i teatralne *foyer*. My postanowiliśmy zmajstrować z tego bojowy środek trujący, za nic mając konwencję o zakazie broni chemicznej czy protokół genewski. Rozpyliliśmy nasz figlarny cyjanowodór po klasie, zamknęliśmy szczelnie okna i zapadliśmy w tęskne oczekiwanie, w której minucie w asyście wymiotów, drgawek i krztuszenia obumrze umysł naszej pani pedagog. I nie zgadniecie. Ona niczym Aurora, rzymska bogini poranka, przenika do naszej klasy, zasiada przy stole i jak gdyby nigdy nic sprawdza listę obecności, totalnie lekceważąc nasz czynnik rażący. Po kilku minutach w sali dały się słyszeć jęki nieudolnie powstrzymywanego wymiotu, czyli zwykłego pawia. Gdy rozejrzałem się po klasie, moim oczom ukazała się powszechna niedyspozycja z obietnicą rychłego zgonu. Pierwsza zemdlała Anka Czajka, dziewczę dość słusznej budowy, czyli z rachunku chemicznego wynika, że takie, które zatrutego powietrza zassało do organizmu najwięcej. Runęła na ziemię niczym meteoryt tunguski w tajgę. Pani kazała kolegom wynieść przyszłą denatkę z klasy i dotargać do pokoju pielęgniarek. Na błagalne pytanie jednej z uczestniczek zamachu: „Pani profesor, czy możemy uchylić okno?", rzekła rozpromieniona: „Taka miła niespodzianka, jak wiosna. Wszystkie klasy robiły mi niestosowne żarty, a wy? Miło. Jak w parku. Nie psujmy tego". Niestety Małgosia Grabowska z całkowitym brakiem zrozumienia odniosła się do uduchowionego apelu nauczycielki i posłała w jej stronę nagły wyrzut treści pokarmowej na zewnątrz, z żołądka przez przełyk i jamę ustną. To było jak sygnał dla całej reszty. Kaszląc i charcząc, cała klasa rzuciła się do okien, już przeczuwając rodzaj gwałtownej śmierci, która miała nastąpić za chwilę na skutek niedostatecznego zaopatrzenia tkanek w tlen. Na szczęście przeżyli wszyscy. Ona niestety też. Do czasu.

Żeby jednak nie było. W szkole byłem raczej miłym chłopcem i raz nawet otrzymałem od koleżanek tytuł klasowego gentlemana, co najlepiej poinformowało mnie, że czas się zmienić. **O tym, że potrafię być miły bez względu na okoliczności, dobrze świadczyło moje spotkanie** z Jackiem Kurskim, naczelnym trubadurem „dobrej zmiany" w randze prezesa TVP.

> – Jacku, pokaż swoją ludzką twarz.
> Zobacz, ja cię tu pokazuję jak
> człowieka, nie atakuję cię...
> Prezes:
> – Fajny jesteś.
> Ja:
> – Rzadko mówię, że jesteś łotrem,
> najemnikiem, bulterierem,
> gangsterem, wszą, uczniem
> Goebbelsa.

Po niej nastał niejaki Żaba (w nazwisku miał coś z żaby, więc tak go nazywaliśmy). Miał prostą filozofię życiową, został nauczycielem w szkole, więc uznał, że od dziś jego życie może być tylko albo nędzne, albo marne. No i wybrał wariant pierwszy, zaczął żyć zgodnie ze swoją zasadą: „Piję tylko trzy razy do roku – w sylwestra, w swoje imieniny oraz kiedy się da". A dawało się często. Jako klasa uwielbialiśmy patrzeć, jak alkoholowy szkwał znosi go, piszącego po tablicy coraz bardziej w prawo i coraz mocniej w dół. Uznając najwyraźniej, że warto być nauczycielem wymagającym, zaczął od nas wymagać, co zaowocowało tym, że osiemdziesiąt procent klasy za nic nie skumało mowy Liwiusza Andronikusa. Gdyby to wszystko miało miejsce dziś, patronem naszej klasy byłby bez wątpienia periodyk „Świat Alkoholi".

Dał mi spokój przypadkowo, a i cena była niemała. Spotkaliśmy się na manifestacji pogrzebowej zamordowanego przez panów milicjantów księdza Popiełuszki. Podszedł do mnie bez słowa, uścisnął rękę i w milczeniu odszedł. Wtedy odebrałem to jako gest jedności, co do którego wartości nie miałem wątpliwości (niezły rym, co nieeee?). To są te chore momenty, kiedy my, Polacy z chorymi duszami, bywamy razem. Podobno później został świadkiem Jehowy i zrobił majątek na patencie polegającym na umiejętności jednoczesnego dzwonienia do kilku domofonów naraz.

Ale zmieńmy temat na przyjemniejszy.

Widzieliście może kiedyś klucz wiolinowy napisany przez Beethovena i klucz wiolinowy napisany na przykład przez Debussy'ego? Jeden był nonszalancki, wyluzowany i bez napinki, a drugi staranny, czytelny i wyraźny. Moja muzyka miała być jak ten klucz pierwszy.

Razem z moim kolegą Gutkiem założyliśmy zespół o nazwie Impuls. Gutek szybko w moich oczach zyskał szlify punkowca, bo już na inaugurację pierwszej klasy przyszedł schludnie ubrany i totalnie pijany. Pewnie uszłoby mu to płazem, gdyby nie zwymiotował na sztandar szkoły. Został więc z tego powodu wyrzucony i zatrudniony u nas jako wokalista i gitarzysta. To, co wydobywał z siebie na próbach, jako żywo przypominało dźwięk towarzyszący jego treści żołądkowej parkującej na podłodze sali gimnastycznej w dniu pierwszym, ale to tylko dodawało nam splendoru. Zresztą losy przeróżnej maści wokalistów pokazywały, że nigdy nie wiadomo, co jest komu pisane oraz czego chce tak zwany odbiorca.

Przed laty gościłem niejakiego Sławomira Świerzyńskiego, wokalistę legendarnej supergrupy Bayer Full. I Sławek opowiadał:

– Dwa razy nie wybrali mnie do parlamentu.

– Zdziwiłem się – mówię – bo masz swój konkretny elektorat.

– Nie – kontynuuje pan Bayer Full. – Bo moja publiczność chce, żebym śpiewał. I koniec. I nie mam zamiaru zmieniać tego faktu.

Redaktor prowadzący, czyli ja, na to:

– Widocznie ludzie nie chcieli, żeby Cugowski śpiewał, bo jego wybrali.

Liceum to czas pierwszego kontaktu z marihuaną. Sam nie wiem, czy najpierw usłyszałem słynny numer Brygady Kryzys zatytułowany swojsko *Ganja*, w którym Tomek Lipiński z nieskrępowaną radością nawoływał w refrenie: „Ganja, ganja, ganja, sooo goooood", czy najpierw spróbowałem własnoręcznie. Oczywiście angażując do tego procesu także inne organy.

Z maryśką lub, jak kto woli, idąc za Oddziałem Zamkniętym, andzią pomieszkujemy od lat. Raz widujemy się częściej, raz zaciągamy się sobą rzadziej. Pełna barwna symbioza. Moim zdaniem nigdy nieprzekraczająca granicy toksycznego pożycia.

Chociaż pamiętam rozmowę z Maćkiem Maleńczukiem:

– Maćku, jesteś skoncentrowany, jesteś trzeźwy? Brałeś coś dzisiaj?

Maciek na to:

– Niestety nie.

– To tak jak ja.

– To możemy porozmawiać jak nienormalny z nienormalnym.

– Czy ja wyglądam na narkomana?

Maciek:

– Niestety tak.

Jak widać po tej konwersacji, trudno zdiagnozować, jak to jest naprawdę.

Najpiękniej o własnych doświadczeniach z marihuaną opowiedział mi Krzysztof Kowalewski.

– Możemy rozmawiać szczerze? Panie Krzysztofie, pan jest jednym z nielicznych przedstawicieli swojego pokolenia, czyli pokolenia ludzi w średnim wieku, który się przyznaje oficjalnie, w biografii, że jara trawę.

– No tak właściwie to raz w życiu to nie jest jaranie. A co?

– Pan się zaciągał?

– Owszem, nawet miałem pewne wrażenia z tego powodu. No tak, no w przedpokoju otworzyła się podłoga i była przepaść... A ja byłem właśnie w drodze do ubikacji, więc wróciłem do towarzystwa, powiedziałem, że nie mogę tam dojść, bo jest przepaść, a oni mówią do mnie: to sikaj do przepaści.

Po papierosy nigdy nie sięgnąłem, bo już w młodości wujek lekarz powiedział mi, że palenie fajek przez kobiety niszczy w ich organizmie elastynę, co powoduje obwisanie piersi. A że za bardzo wziąłem to sobie do serca i równie bardzo nie chciałem mieć obwisłych piersi, to wujkowa opowieść działała na mnie jak straszak aż do wieku średniego.

Moją pierwszą licealną miłością była białogłowa o jakże słowiańskim imieniu Ina.

Tak, Ina. Nie Janina czy jakoś tak. Jej ojciec nosił dumnie imię Telesfor, więc nie miałem już odwagi pytać o źródła inspiracji w dobieraniu sobie nazw. Ina wpadła mi w oko, bo była w momencie wpadania mi w oko niezwykle podobna do ówczesnej gwiazdy niepokornego rocka, czyli nikogo innego jak Izabeli Trojanowskiej. Nasz niewinny romans przypieczętowaliśmy wspólnym wyjazdem na wakacje pod namiot o *nomen omen* obiecującej nazwie Amor. Dwuosobowy z tropikiem.

Historia tego wyjazdu to też dowód na to, że mój rozwój psychoruchowy przebiegał z dala od tradycyjnych faz. Otóż w pierwszej klasie liceum wpadłem z kolegami na pomysł, aby powołać własną organizację harcerską. Ta, którą zastaliśmy na świecie, była drętwa, siedziała w tak zwanych harcówkach i bawiła się w gry godne defektywnej młodzieży. Najbardziej wzburzali nas druhowie o chromych twarzach trzydziestoletnich niemowlaków i takowych też umysłach. Ganiali się po lesie, robili pokarm z wody deszczowej, a potem obdarzali się sprawnościami komandosa-kuchcika. I te ich mundurki skrzatów. Ostatni krzyk mody z czasów Austro-Węgier. Oni się modnie ubierali, a my krzyczeliśmy.

Pamiętam taki dialog z salonu Empik. Przychodzi ojciec z córką i pyta sprzedawcy z etykietką „sprzedawca": „Czy jest *Krótki film o zabijaniu*?". Tamten troskliwie pochyla się nad komputerem, by po dłuższej chwili odpowiedzieć: „Niestety wszystkie filmy mają mniej więcej półtorej godziny".

Druhowie też mieli tak skalibrowany mental. Mój kolega z liceum miał taką złotą myśl: „Człowiek wymiotuje tylko po to, aby zrobić miejsce na następne drinki". Wychodząc z podobnego założenia i bazując na praktyce człowieka doświadczonego, opuściliśmy szybko swawolne ZHP, aby inni mogli bez krępacji do niego dołączyć. I powołaliśmy swoje własne niezależne ZHP. Niezależny Związek, a reszta już taka sama. Było nas pięciu. Marcin (nie wiem, co dziś się z nim dzieje), Piotr (podobno jest wychowawcą w więzieniu), Grzegorz (gruba ryba w Warcie) i ja. Kandydatem dochodzącym był także Robert (dziś wielka szycha w TNT), ale raziło nas to, że jest zbyt przystojny, bez względu na warunki noclegu zawsze dobrze uczesany, oraz fakt, że miał większe powodzenie niż my czterej razem wzięci.

Są faceci, którzy **do seksu kupują kadzidła**, a są i tacy, co **kupują chloroform**. Niestety co najmniej dwóch z nas realizowało w tamtym czasie model drugi.

Czesław Mozil ma w tej materii spore doświadczenie. Zagadnąłem go swego czasu:

– Ty nawet do harcerstwa poszedłeś, żeby zaliczać dziewczyny, powiedziałeś mi to kiedyś!

Czesio na to:

– No, no! Nie „zaliczać", a „spotykać"! Ale się udawało i jedno, i drugie.

Zrobiliśmy sobie u grawera przy ulicy Polnej stosowne emblematy, wciskając mu kit, że to Nadwiślański Związek Harcerstwa Polskiego. Na zestawie kolegi z dzieciństwa o mocno opozycyjnej nazwie „Mały drukarz" wydrukowaliśmy kilka *Kwestionariuszy druha na obóz* i daliśmy je naszym starym do wypełnienia. Rodzice, dumni, że ich pociechy tak gładko wtopiły się w zieloną społeczność, kwity wypełnili, przekazali nam pieniążki celem uregulowania kosztów obozu i byliśmy wolni.

Niestety, jak to śpiewa pan Perfect: „Poróżniła nas, za jej Poli Raksy twarz każdy by się zabić dał". Jak się okazało na miejscu, tylko ja przybyłem z własną druhną do towarzystwa, a moi koledzy już nie. Owszem, dołączyła do nas Asia, nasza klasowa piękność o fryzurze i kształtach Diany Ross, ale jak się tylko zorientowała, że aż trzech moich wyposzczonych kolegów będzie kolędować do jej sromu, szybko nominowała się do opuszczenia namiotu Wielkiego Brata. I zrobiło się niezręcznie. Ja z Iną do namiotu, a koledzy przed swymi namiotami zastygali niczym prequel *Brokeback Mountain*. Odgłosy amorów, które dochodziły z Amora, musiały być dla nich tak zgubne, że którejś nocy po ich wigwamach zostały tylko zgniłe połacie trawy. Czytałem kiedyś teorię, że odgłosy jedzenia hamują nadmierny apetyt. Odgłosy pieprzenia, jak wykazały moje własne badania terenowe, niestety nie.

Po spenetrowaniu tego i tamtego oraz mazurskich szlaków udaliśmy się z moją połowicą na legendarny camping do Chałup, czyli na Hel. Możecie mi wierzyć lub nie, ale to był najlepszy czas w historii tamtego miejsca. Lato 1981 roku. Lato wolności. W radiu na przemian Perfect i Iza Trojanowska. Kraj kipiał i Chałupy kipiały – tylko inaczej. Choć też kontrrewolucyjnie. To nie była już tylko plaża nudystów. To był cały camping nudystów. Mało tego, nudyści zaczęli kolonizować miasteczko niczym Vasco da Gama Indie. Wszyscy chodzili nago wszędzie. A ja miałem wtedy osiemnaście lat i w tych okolicznościach roznegliżowanej przyrody całkowicie utraciłem kontrolę nad swym wzwodem. Wyrwał się

111

władzy jak NSZZ „Solidarność" i zgłosił swoje własne postulaty. Jednym z nich była nieskrępowana i nieograniczona niczym wolność. I tak też się stało. W kolejce po rybę, do toalety, do myjni, na deptaku. Był ze mną wszędzie.

Czytam właśnie to, co napisałem. Gdybym był własnym seksuologiem, to w tym momencie lektury popadłbym w alkoholizm.

Ale skończyłem na wzwodzie. Ciężko jest udawać człowieka bez wzwodu, mając go nieustannie. Podchodzisz do pani, co smaży ryby, i zagajasz życzliwie: „Halibut jest świeży czy poleci pani flądrę może?", a on w tym samym momencie wychyla się zza lady, jakby chciał uciąć sobie małą pogawędkę. Koszmar, powiadam wam, przeżyłem to. Jak mawiała Monica Levinsky: „Z palca sobie tego nie wyssałam". Chałupy wtedy to była mekka najprzeróżniejszych okazów i typów spod różnych gwiazd. Poznaliśmy na przykład chłopaków, którzy na plaży podrywali tylko najmniej opalone dziewczyny. Na moje pytanie dlaczego, odpowiadali: „To zwiększa nasze szanse, bo te blade mają przed sobą najwięcej urlopu".

Kiedy opadły emocje, zresztą nie tylko one, mój stosunek do Iny zmienił się radykalnie. Zmieniła fryzurę i tym samym przestała być podobna do mojej fantazji seksualnej. A ponieważ stara prawda, że „kobiety to może potrafią udawać orgazm, ale my, mężczyźni, potrafimy udawać całe związki", ja postanowiłem być inny i zakończyłem tę znajomość. Po latach dowiedziałem się, że Ina handluje bronią i prowadzi zajęcia ze strzelania. Pewnie dlatego, że przez cały nasz wspólny wakacyjny pobyt ja też trzymałem ją na muszce.

Pięknym podsumowaniem naszej działalności nieharcerskiej był biwak pod Otwockiem, na który udaliśmy się pod koniec liceum. Podczas nocnej biesiady spisaliśmy swoje marzenia na kartce. Nasze rojenia i chimery, kim będziemy za dziesięć lat. Typowe sentymentalne halucynacje ludzi wchodzących niechętnie w tak zwane dorosłe życie. Włożyliśmy je do butelki i zakopaliśmy razem z drugą butelką wódki, obiecując sobie, że wypijemy ją, gdy to wszystko osiągniemy.

Gdy przybyliśmy tam w komplecie po upływie stosownego czasu, z trudem odnaleźliśmy górę, a na niej nasze butelkowe memuary. Dużym zaskoczeniem był brak półlitrówki, a w naszej flaszce był kawałek gazety „Życie Warszawy" z uczciwą adnotacją znalazcy: „Ambitne z was pedały. A wódkę wypiłem".

Trudno mi dziś znaleźć racjonalne powody, które doprowadziły do powtarzania przeze mnie klasy pierwszej liceum ogólnokształcącego.

Miałem co prawda siedem ocen niedostatecznych na tak zwany koniec roku, ale po pierwsze – na świadectwie było dużo więcej przedmiotów niż te siedem, a po drugie – do prawdziwego końca roku było jeszcze wiele miesięcy. Po trzecie – większość nauczycieli to byli ludzie, którzy mnie nie fascynowali, wyglądali i mieli mental, jakby ich starzy stracili dziewictwo z kosmitami. A to zniechęca do nauki. Więcej grzechów nie pamiętam. Po prostu szkoła była skocznią, a ja nie byłem jeszcze Kamilem Stochem i musiałem popracować nad formą i wyjściem z progu. I uczciwie rzecz nazywając, umożliwiono mi to przez dodatkowe kilka sezonów.

Czasy mijały wówczas pod jakże znaczącym logiem „Solidarności", co przełożyło się także na nasze szkolnictwo. W drugiej klasie do mojej klasy dołączyła ponad połowa mojej poprzedniej klasy. I znowu byliśmy razem. Taki poziom trzymało nasze liceum. Jest taka stara zasada podróży samochodem. Kierowca wybiera muzykę, a reszta się nie wpierdala. I tak było podczas naszej podróży edukacyjnej. Nauczyciele dobrali nam muzykę, a my jej nie chcieliśmy słuchać, więc gromadnie chcieliśmy zmienić i dyrygenta, i kierowcę. A w takich warunkach trudno o miłość do wiedzy. Z tą miłością to generalnie bywa różnie.

Pytam swego czasu Jacka Kurskiego:

– Kochasz Kaczyńskiego?

Kurski:

– To może za dużo powiedziane, ale dałbym się pociąć za premiera.

Ja na to jakże rezolutnie do publiczności:

– Ma ktoś nóż?

Po powtórzeniu klasy pierwszej szedłem jak burza aż do klasy trzeciej. Tym razem nie zdałem przez miłość.

Miała na imię Kalina, długie nogi, blond włosy, świadectwo z samymi piątkami i opinię niedostępnej. Imię miała nieco bolszewickie, ale moi niedoszli teściowie zarzekali się, że to nie w hołdzie dla Armii Czerwonej, tylko Kaliny Jędrusik.

Zostaliśmy najdziwniejszą parą w szkole. Wszyscy się zastanawiali, co ta wzorowa uczennica robi z takim profesjonalnym kretynem. Warto dodać, że były to jeszcze czasy, kiedy drugorocznymi zostawali głównie przyszli przestępcy, kandydaci na kiboli tudzież kieszonkowców. Kalina była tak uporządkowana, że zawsze pomiędzy arytmetyką a geometrią potrafiła w swoim dzienniczku znaleźć czas na spółkowanie. Była totalną seksualną analfabetką. Przeczytałem gdzieś, że w Kolumbii istnieje specyficzna społeczność, której tradycją jest odbycie stosunku z osłem (co podobno w dłuższej perspektywie ma pozytywny wpływ na długość członka). Tak właśnie się wtedy czułem. Wybaczcie radykalność sądów, ale to był dopiero akt pierwszy naszej seksualnej historii. Na drugi musimy poczekać dobre dwadzieścia lat, gdy przypomniała sobie o mnie i zasypała sprośnymi esemesami i filmami, w których obok niej główną rolę odgrywały wibrator oraz dwie butelki wina. À propos wibratorów, to temat ten pojawił się także w moim programie. Przyniósł go ze sobą Janusz Palikot.

Ja zaczynam:

– Janusz, teraz tak poważnie. Trochę popytałem, bo nawet nie wiesz, że mamy paru wspólnych znajomych, nie tylko politycznych. I oni wszyscy mówią dwa słowa: jedni mówią „świr", drudzy mówią „oszołom". Co wolisz?

Palikot na to:

– Jeżeli chodzi o ten wibrator...

Ja:

– Oj, nie teraz! Jeszcze za mało się znamy!

Wróćmy więc do początków. Na klatce schodowej szkoły przy ulicy Armii Ludowej, bez specjalnego szacunku dla jej licznych bohaterów, nauczałem szkolną prymuskę, że pocałunek nie kończy się na wyciągnięciu języka i trwaniu przy tym, aż obeschnie. „Nie bardzo wiem co robić" – szeptała. „Musi być na to jakiś algorytm" – na bank pytała

w swojej głowie samą siebie, jak typowa prymuska na bez-
dechu. „Jest, kurwa, Euklidesa i Luhna" – myślałem oparty
o drzwi piwnicy.

Dopadał mnie wtedy dylemat serbskiego żołnierza:
najpierw zgwałcić czy najpierw zabić? Już wtedy przeczuwałem, że szkoła w jej wydaniu to pokarm wyłącznie dla
rozumu, a ciało niestety mocno zostaje w tyle. Co niesamowite, chwilę później przeczytałem, że gdy kobieta jest
podniecona seksualnie, jej piersi rosną o dwadzieścia pięć
procent. Z moich wnikliwych obserwacji wynikało, że ona
nigdy przy mnie nie doznała podniecenia.

Zadzwoniono do mnie kiedyś z miesięcznika „Glamour" – to taka bardzo ważna gazeta wyzwolonych kobiet – i powiedziano mi, że przeciętna polska kobieta potrzebuje jedenastu minut, żeby się podniecić. No żeż kurwa
mać. To jest prawie cały *Teleexpress*, to jest prawie cała
prognoza pogody po *Faktach*, sport i jeszcze kawałek programu *Uwaga*. W jedenaście minut to Challenger mógłby
wejść na orbitę okołoziemską i tam eksplodować. I dopiero
wtedy przeciętna polska kobieta jest podniecona?! Zadzwoniono do mnie z tym pytaniem, co ja sądzę i co ja robię, kiedy moja kobieta po jedenastu minutach osiąga podniecenie.
Znalazłem się wtedy w kropce, nie znając odpowiedzi na to
arcyciekawe pytanie, bo ja w takiej sytuacji po dziewięciu
minutach już śpię.

Razu jednego Daria Ładocha, przesympatyczna i koloro-
wa pani od gotowania, wyznała mi, że dla niej jedzenie jest
jak seks. Przyznałem jej rację, twierdząc, że czasami nawet pasztet smakuje znakomicie. Nie chciała kontynuować
konwersacji.

Chociaż zasadniczo kobiety, bez względu na wiek, nie boją się zbytnio tego słowa. Magda Gessler w przypływie rewolucyjnego humoru zagadnęła mnie fachowo:

– A ty jak myślisz, ile może stać pasztet?

Ja na to:

– Nie mam pojęcia.

Madzia z charakterystycznym, międzylokowym chichotem:

– Czasami nawet całą dyskotekę.

Pasztet jest jakimś językowym fenomenem. Jest rzeczownikiem rodzaju męskiego, a zwykle bywa używany w kontekstach raczej damskich. Powinien pasztet zostać wpisany przez feministki (bo to one często mierzą się z terminem oznaczającym potrawę z kilku gatunków duszonego lub gotowanego mięsa i podrobów, które się mieli i zwykle zapieka) na listę słów wyklętych i zakazanych.

Pewnego razu zasiadła u mnie Ola Kwaśniewska, moja bolszewicka przyjaciółka, i rozpocząłem dialog:

– Przestudiowałem internet, co ludzie na twój temat piszą. Wiesz, jaki jest najczęściej stosowany epitet?

Ola:

– Ostatnio „odmóżdżona wywłoka". Dobre, co?

– Co jeszcze? – dopytuję.

– „Cwana karierowiczka".

– Więcej! – podkręcam ten autoroast.

– Ktoś ostatnio widział mnie na basenie i napisał, że „pływam jak szczęka teściowej".

– No dobra, wiesz, co piszą najczęściej? Piszą, że jesteś pasztetem.

– O, pasztet! – uradowała się moja rozmówczyni. – Tak, tak, wpadłabym na to. Przepraszam!

– Dlaczego pasztet i dlaczego przepraszasz?

– Bo ja jestem bardzo niefotogeniczna. Jak patrzę na siebie w telewizji albo na zdjęciach, to sama tak mówię: „Ale pasztet!".

Niestety miłość do Kaliny tak pochłonęła mnie emocjonalnie oraz czasowo, że z mego kalendarza wypadł obowiązek nauczania. Ze złamanym sercem i czterema niedostatecznymi wylądowałem ponownie w klasie trzeciej. Co miłe, na otarcie łez tata kupił mi perkusję, bym mógł utopić swój smutek w muzyce. Było to może mało pedagogiczne, ale za to bardzo punkowe zachowanie.

Ksiądz Jan Twardowski (który był moim kolegą ze szkoły, tyle że w roku 1935) wspominał liceum Czackiego słowami swego nauczyciela: „Klasa chodzi po klasie i nie zwraca uwagi na moje uwagi". Podpisuję się pod tym.

Liceum to był czas, kiedy chciałem zostać aktorem dramatycznym. Ciągnęło mnie kino oraz występowanie przed płatną publicznością. Oczywiście to nie ja miałem im płacić za obecność, tylko oni za moją. Nie znałem jeszcze wtedy zagrożeń, jakie niesie za sobą zawód aktora.

Jacek Braciak zasłynął ongiś taką konwersacją w moim programie.

Ja:

– Oglądałeś kiedyś *Na dobre i na złe* albo *Na Wspólnej*?

Jacek na to:

– Nawet grałem. Ja we wszystkim grałem.

– W *Plebanii* też grałeś?

– Tak. Mów mi „szmato serialowa".

Pamiętam swój pierwszy występ w szkole podstawowej, na tak zwanym dniu otwartym. Była to inna, bardziej dyskretna nazwa czegoś, co za kilka lat będzie spędzało sen z mych powiek, czyli tak zwanej wywiadówki. Wywiadówka polegała na tym, że jeden z moich opiekunów prawnych, zwanych dalej rodzicem, udawał się do szkoły z poczuciem, że ma syna sprawnego na ciele i umyśle, a wracał z gwarancją, że zamieszkuje pod jednym dachem z ciemnym odmieńcem o IQ mniejszym niż numer buta. Kiedy jednak byłem bardzo mały oraz wzbudzałem litość u nauczycieli, rzadko otrzymywałem oceny niedostateczne. Zawdzięczałem to wyglądowi cherubinka oraz krótkiej reakcji słownej na sygnał, że coś mi grozi. Mawiałem wtedy do nauczyciela: „Okej, jutro przyjdę z ojcem". To działało przynajmniej tak, jakby mój tatuś miał na imię Pershing albo inny Masa. Ale było o czymś innym.

Chyba była to druga klasa szkoły powszechnej. Zanim rodzice dowiedzą się, że ich pociechy to wytrawne osły, pani wychowawczyni przygotowała część artystyczną. Mnie przypadł w udziale wiersz o Gagarinie.

Każdy wie, kto zacz. 12 kwietnia 1961 roku w hełmie z dużym napisem „CCCP" na czole pan Jurij dał się wystrzelić w kosmos na 108 minut. Nieliczni jednak wiedzą, że lotnik spietrał się w końcowej fazie lotu i rzucił w eter absolutnie niesocjalistyczne słowa: „Palę się, żegnajcie towarzysze". Nikt z radzieckich kamratów mu nie wytłumaczył, że tarcie żaroodpornego poszycia statku kosmicznego o atmosferę i towarzyszące temu płomienie to kosmicznie standardowa sytuacja. I tak niby major, a dupy dał.

Ja podczas mego pierwszego lotu w kierunku bycia gwiazdą postanowiłem być skrajnie inny w odruchach.

Z takim zapałem zacząłem recytować wiersz o dzielnym Rosjaninie, że ze wzruszenia popłynęły mi łzy – tak się sobie podobałem. Im bardziej płynęły mi łzy, tym wyżej podnosiłem głowę, żeby licznie zgromadzona publiczność nie dostrzegła prawdy, że sam dla siebie jestem najlepszym recenzentem swego geniuszu. Czułem się jak Wiktor Woroszylski recytujący swój epokowy wiersz: „To w jej bitwach, zmaganiach, trudach rosła kadra – mądra i mężna. Ona powołała Bieruta, by pod Jego wodzą zwyciężać". W „New York Timesie" znalazłem kiedyś notatkę o lekarce, która jednym ruchem skalpela zabiła pacjenta oraz dwie asystujące jej pielęgniarki. Wtedy, gdy tak recytowałem, efekty były prawdopodobnie podobne.

Wówczas jeszcze nie znałem hasła, które za kilka lat oświetli moją drogę artystyczną, a które artystycznie brzmiało: jebać system.

Dziś, gdyby IPN się uparł, mogliby mnie za ten wiersz internować gdzieś w Klewkach i to bez Wi-Fi.

À propos systemu to ze znanym raperem Sobotą gawędziliśmy sobie swego czasu:

– O czym opowiadasz ludziom na swoich płytach?

– No generalnie o tym, co widzę, i o swoim życiu, no nie?

– To znaczy? Bo mówisz: „Wszystkie moje teksty oparte są na moim życiu", a jednocześnie śpiewasz tak: „Jebać miłość, za damski chuj, jebać mi się chce, niech mi ktoś, kurwa, powie, czy mi się jebać chce". Widzę, że twoje życie jest barwne.

– No lubię jebać, no. Najbardziej system.

Wiele lat później otarłem się o szczątki kariery amanta filmowego, grając, jak to się literacko mówi, „jako sam siebie" w komedii Andrzeja Saramonowicza *Testosteron*, a następnie, również grając „jako sam siebie", grałem swymi pośladkami, stojąc obok równie gołych Tomasza Kota i Marcina Dorocińskiego w komedii Andrzeja Saramonowicza *Idealny facet dla mojej dziewczyny*.

Moją życiową chlubą jest wpis na temat tego zacnego produktu filmowego w Wikipedii, gdzie wyraźnie stoi: „Kuba Wojewódzki jako aktor porno". Przynajmniej dwa słowa z tej informacji są prawdziwe. Niestety następne komedie Andrzeja nie nadawały się już ani do grania, ani tym bardziej do oglądania, więc zakończyliśmy współpracę naszego wirtuozerskiego duetu. Saramonowicz przestał na szczęście robić filmy, ale cały czas, gdy rano wstaje i ma poranną erekcję, to jestem pewien, że to dlatego, że ma świadomość, że on to on. Tak właśnie reaguje sam na siebie.

Zabawnie wspominam scenę z Magdą Boczarską i Piotrkiem Adamczykiem w *Testosteronie*. Para głównych bohaterów poznaje się u mnie w programie na kanapie. Adamczyk wciela się w postać niejakiego Kornela, speca od ornitologii. Bez uzgodnienia zapowiedziałem bohatera Piotra jako „papieża polskiej ornitologii". Miło było patrzeć, jak papież/Chopin walczy z własnym zakłopotaniem aktora pomnika. Co ważne, ten dubel znalazł się w filmie. To był najbardziej nietrzeźwy plan, na jakim byłem, zaczynający swoją pracę od codziennego trzeźwienia jednego z głównych aktorów. „Pić trzeba umić" – jak mawiają branżowi klasycy.

Z Aloszą Awdiejewem poruszyłem swego czasu ten piękny temat:

– Alosza, porozmawiajmy o alkoholu. Nie wiedzieć czemu funkcjonujesz jako fachowiec. Ile potrafisz wytrzymać bez alkoholu, szczerze?

Alosza szczerze:

– Nie próbowałem nigdy zbyt długo.

– A jak sobie radzicie wy, Rosjanie, z tak zwanym kacem?

– Nie zauważamy.

– A powiedz mi, co dzisiaj piją Rosjanie?

– Wszystko.

– I co? Można sobie miło rozmawiać bez alkoholu?

Miałem jeszcze draczny epizod z polskim Edem Woodem, czyli Patrykiem Vegą. Patryk szykował się do komediowego wejścia na duży ekran i zapałał potrzebą zatrudnienia mojej osoby „we filmie". Dzieło miało nazywać się *Ciacho* i być komedią kryminalną w doborowym towarzystwie. Nie jednak postać Vegi, nie jedna z głównych ról męskich, nie honorarium czy obecność Kota, Karolaka czy Stenki miały być dla mnie magnesem. Był nim nieokreślony związek z jedną z aktorek, która miała grać tam główną rolę. Ona mnie do tego namawiała, a moje wszystkie organy namawiały mnie do niej. Dziwny czas.

Umówiłem się z Patrykiem na śniadanie, podczas którego zamówił pięć jajek na miękko, trzy butelki wody mineralnej oraz kolejne trzy coca-coli. Była to jego dieta,

z perspektywy czasu łatwa do zdiagnozowania jako nie-
działająca. Oprócz sprytnej kultury żywieniowej reżyser
miał też sprytny plan przekonania mnie do swego zrywa-
jącego boki narodu *opus magnum*. Podarował mi tylko te
fragmenty scenariusza, w których była moja postać, przez
co nie miałem wglądu w strzelistą całość.

Przygotowania do roli były jeszcze draczniejsze. Kolega Vega postanowił wprowadzić mnie do komediowej roli
metodą Stanisławskiego skrzyżowaną w autorskim miksie
z metodą Bergmana.

Nie uwierzycie. Siadam przed nim, mam próbować jakiś głupkowaty epizod z Joanną Liszowską, zwaną przez
nas z Figurem „Liszą", a on zaczyna: „Pokaż mi swój ból.
Pokaż mi swoje emocje. Co czułeś, jak zmarł twój ojciec?
Przywołajmy to". Prawdę mówiąc, zdębiałem. Szaman
przed meczem Polska–Senegal był dla mnie bardziej zrozumiały niż psychodrama Vegi. Potem kazał mi grzebać
pod sufitem przy żyrandolu, a wspomniana Lisza grzebała
coś przy moim rozporku. No żeż kurwa, Antygona połączo-
na z karuzelą. Plusem tej niezrozumiałej żadnym dostęp-
nym umysłem sytuacji było poznanie przeuroczych braci
Zdrójkowskich, którzy, o zgrozo, mieli grać moich synów.

Każdy kolejny dzień budził moje wątpliwości, traci-
łem orientację, co jest środkiem, co jest celem, a co będzie ewidentnym pawiem. W sukurs przyszedł mi twórca
Vega, który podarował mi na tydzień przed zdjęciami cały
scenariusz. To mi bardzo pomogło. Dotarłem do jednej
z pierwszych scen, gdzie przyszła narzeczona ma wydobyć z odbytu Tomka Karolaka pierścionek zaręczynowy dla
niej, schowany tam w ramach niespodzianki. Maciek Stuhr

powiedział mi kiedyś, że jego zdaniem większość krajowych, współczesnych scenariuszy filmowych można bez skrępowania odczytać jako mowę pożegnalną na dowolnie wybranym pogrzebie. Ten dokładnie był taki. Spierdoliłem, gdzie pieprz rośnie.

Kiedy film osiąga sukces, wtedy jest to interes. Kiedy nie ma sukcesu, staje się sztuką. Film Vegi osiągnął nie lada sukces. Tomasz Kot uciekł w góry i wpadł w depresję, a Marta Żmuda-Trzebiatowska nie wychodziła przez miesiąc ani z łóżka, ani z piżamy. Paweł Małaszyński zaczął komponować jeszcze smutniejsze piosenki. Taki to był piękny film.

Mogłem później zrobić karierę międzynarodową, występując w filmie *Prawdziwe zbrodnie* razem z Jimem Carreyem i Charlotte Gainsbourg. Film kręcono w Krakowie i producenci szukali jakiegoś popularnego dziennikarza, który by zagrał – uwaga! – popularnego dziennikarza w rozmowie z Carreyem. Ktoś wytypował mnie i ja mu się nie dziwię. Spodziewałem się kontraktu, własnego campera, własnego krzesła na planie, gwiazdorskich warunków na miarę moich gwiazdorskich fochów, a tu nic. Zadzwoniła pani, wysłała mailem listę dialogową po angielsku i zaproponowała stawkę. Dwa tysiące złotych. Tak. Dwa tysiące złotych, czyli dwa razy po tysiaku. Odmówiłem, gdyż zasadniczo unikam pracy za upokarzające pieniądze. Nie odmówili Agata Kulesza, Kasia Warnke czy Piotrek Stramowski.

Film okazał się klapą na całym świecie. Janek Nowicki zawsze mi powtarzał: „Prawdziwego aktora poznaje się nie tylko po tym, co zagrał, ale także po tym, czego nie zagrał".

À propos niezagrania w czymś, to miałem wspaniałą konwersację z mamą Roberta Lewandowskiego na jego 30. urodzinach. Pani mama zagaja: „Dzieciaku, jak ja bym do ciebie przyszła, to bym cię zniszczyła". Ja na to radośnie: „Zróbmy to". Mama rezolutnie: „Co ludzie powiedzą? Najpierw Ania, potem Robert, następnie oni razem, teraz matka, a potem pies". „Macie psa?" – reaguje błyskawicznie zainteresowany perspektywą nowego gościa. „Na szczęście nie" – ripostuje mama.

Można ładnie nie wystąpić? Można.

Ze światem filmu łączę też swoje najbardziej ekstatyczne doznanie towarzyskie. Było to w domu prawnika od cudów prawnych, Loni Fogelmana, który pełni w Warszawie funkcję Jacka Nicholsona. I towarzyską, i erotyczną. Otóż stoimy na tarasie okazałego apartamentu Loni w niebagatelnym składzie – Janusz Głowacki, Marek Kondrat, Jurek Skolimowski i ja. Palimy jointa i deliberujemy o kompulsywnych motywach twórczości Tarantina. A za chwilę miał do nas dołączyć Roman Polański. Moja babcia zawsze błagalnie powtarzała, żebym w życiu uważał i nie wpadł w złe towarzystwo. Tego dnia poczułem, że wziąłem sobie jej błagania do serca.

Swój debiutancki kontakt z telewizją zaliczyłem, uwaga, blisko pięćdziesiąt lat temu, a więc stajecie oko w oko z historią mediów.

Pewnego dnia w szkole podstawowej, w której byłem wówczas pierwszy raz w pierwszej klasie (co jak się później okazało, nie było u mnie normą), pojawił się miły pan milicjant o trądziku tak wyrazistym, że spokojnie można by go było czytać brajlem. I już widzę Joachima Brudzińskiego, jak za to wyznanie skazuje mnie na Twitterze na ciężkie roboty. Pan miły zapowiedział, że Komenda Główna Milicji Obywatelskiej pobudowała miasteczko ruchu drogowego i potrzebuje dzieci z rowerkami, które by zagrały w filmie instruktażowym dla Telewizji Polskiej. Zresztą innej wtedy nie było, bo Zygmunt Solorz nie zaczął jeszcze nawet kramarzyć trabantami z NRD. I ja się oczywiście zgłosiłem, bo wyczułem swoją szansę. Co ciekawe, z mojej klasy byłem jedynym ochotnikiem, ale nie od dziś wiadomo, że niekochane dzieci tulą misie, a te kochane szukają awantur.

Kilka dni później grupa śmiałków spotkała się w rzeczonym miasteczku, gdzieś koło pałacu Mostowskich i zaczęła się jazda. Kamery stały na każdym skrzyżowaniu, a my mieliśmy jeździć zgodnie z przepisami ruchu drogowego. Grupa kurdupli wyglądających jak uciekinierzy z tortu weselnego oczywiście dostosowała się do tych faszystowskich reguł, a ja tradycyjnie swoje. Tatuś przywiózł mi z delegacji rower, który miał z tyłu grubszą oponę i krótki szeroki błotnik, więc wyglądałem jak żużlowiec i tak też się czułem. Niestety tak też się zachowywałem komunikacyjnie. Próbowałem stawać na jednym kole, hamowałem gwałtownie przed pasami, zajeżdżałem drogę gówniarzom. Generalnie byłem sobą za parę lat i w innym pojeździe. Trudno jest ulżyć obciążonemu genetycznie potrzebą koncertowego zwracania na siebie uwagi. Moja duma doganiała wówczas moje rowerowe brewerie.

Dwa tygodnie później z całą rodziną zasiedliśmy przed czarno-białym odbiornikiem telewizyjnym model Stadion, aby gremialnie obejrzeć moje dokonania torowe. Film trwał dobre trzydzieści minut i jakiś telewizyjny Czang Kaj-szek wykastrował mnie z całego materiału. Po moich saltach i korkociągach nie zostało ani śladu. Tak bardzo TVP od początku się mnie bała. Tak bardzo wierzyli, że pociągnę za sobą młodzież i zagrożę systemowi. Tak bardzo bali się mojego efektownego hamowania pedałami. Skądinąd słowa „hamowanie pedałami" dziś brzmią jak nazwa dobrego prawicowego programu. Pomyślałem sobie wtedy: „Sława za życia i sława po śmierci to czasem za dużo. Trzeba umieć poprzestać na jednej". I postanowiłem być sławny dopiero za chwilę.

Niestety moje inklinacje artystyczne przyjęły postać nie tyle nieprzewidywalną, ile wręcz karykaturalną. Dzięki mojej koleżance Izabelli Kittel poznałem lidera Republiki Grzegorza Ciechowskiego. Grzegorz ze swoim zespołem był wtedy na fali wznoszącej, nie tylko koncertowo czy repertuarowo, ale też mentalnie. Dzięki niemu poznawaliśmy nowe muzyczne lądy takich brzmień jak XTC, Televison czy Talking Heads, sięgaliśmy do Kurta Vonneguta czy George'a Orwella. Był rockowym intelektualistą, których dziś szukać ze świecą i bez świecy nadaremno.

Pamiętam, jak wiele lat później zostaliśmy kolegami i robiłem z nim jeden z wielu wywiadów. „Jakiej muzyki nigdy nie chciałbyś usłyszeć na swoim pogrzebie?" – zagajam jak zwykle taktownie. Grzegorz popadł w zadumę i po chwili wyznaje: „Właściwie to chyba tylko techno. Mnie by to już nie przeszkadzało, ale wyobrażasz sobie ten podrygujący tłum?".

Zmarł nagle miesiąc później.

Mnie jako dopiero kandydata na intelektualistę urzekła fryzura Grzegorza i wywołałem u siebie taką samą. To było coś pomiędzy nową falą a nadchodzącym wówczas stylem poppersów. Długa, falowana grzywka opadająca beztrosko na czoło i oczy. Taka trochę strzelista Bogumiła Wander. Efekt był niestety całkowicie odmienny od zamierzonego. Po prostu faceci zaczęli brać mnie za dziewczynę. Przyjmowało to formy nierzadko karykaturalne.

Pamiętam, jak siedzimy z moim bratem na dancingu, w radosnym oczekiwaniu na striptiz, a tu nagle sunie do mnie lekko podchmielony adonis i zagaja z chwiejącą gracją: „Przeprrraszam, czy mogę panią prosić do tańca?". No żeż kurwa mać oraz inne takie same pozostałe. Wziąłem duży oddech i nadając memu głosowi ton pomiędzy Rysiem Rynkowskim a Joem Cockerem, wypaliłem: „Z pijanymi nie tańczę!". Mój pierwszy w życiu podrywacz odpłynął na swoje wody terytorialne krokiem nader szybkim. Krok nader szybki to taki, kiedy gasisz światło w pokoju i jesteś w łóżku, zanim zrobi się ciemno. I tamten wtedy tak miał.

Parę tygodni później miała miejsce sytuacja gorsza i wielce przytłaczająca.

Podczas bankietu w klubie nocnym hotelu Gdynia przywiało do mnie obywatela Republiki Turcji, zwanego pospolicie Turkiem. Pan Turek miał błyszczące oczy, co najgorsza wielką niewiadomą było, czy na skutek spożycia napojów wyskokowych, czy na skutek gwałtownego zauroczenia miłosnego. Podszedł do mnie, siedzącego na krześle i zatopionego w istotnej konwersacji z miejscowymi kobietami lekkich obyczajów. Wyznał, że zawsze marzył o słowiańskiej małżonce i nie przyjmując odmowy, porwał mnie do tańca. Taniec nieznanego stylu wyglądał tak, że Turek tańczył wspaniale, ciągnąc za sobą krzesło, a mnie na owym meblu. Z tego co pamiętam, po chwili prowadziło krzesło, a mój azjatycki wybranek świętował zaręczyny rozłożystą solówką.

Jaki wniosek należy wysnuć z tej radosnej historii? Prosty. **Trudno być atrakcyjną kobietą. Lepiej być średnio atrakcyjnym, ale w miarę trzeźwym w myśleniu facetem.**

Ania Dereszowska:

– Seksapil to nie jest powierzchowność, ja ci to już kiedyś powiedziałam. Jesteś megainteresującym facetem.

– Ale brzydkim bardzo?

– Nie bardzo... Ale co tu dużo mówić, no...

– No dobra. Od jednego do siedmiu?

– Nie jesteś modelem. Aczkolwiek gdybym miała wybierać między tobą a jakimś megaprzystojnym facetem, który ma pusto we łbie, to z pewnością poszłabym do łóżka z tobą.

Na pewno w tak zwanym międzyczasie zadawałeś sobie, czytelniku, uzasadnione pytanie, co taki młokos porabiał na dancingu. Odpowiedź jest wymowna.

Wtedy dancing był moim żywiołem. Ojciec mój, Bogusław, posiadał przyjaciela Józefa, który w trudnych czasach PRL-u pełnił manifestacyjną funkcję tak zwanego ajenta. Jako że twór, jakim była ludowa ojczyzna, nie zakładał własności nadmiernie prywatnej, wymyślił postać ajenta. Była to osoba prowadząca działalność gospodarczą na zasadzie dzierżawienia placówki handlowej, usługowej lub coś w tym rodzaju. No i Józef prowadził działalność gastronomiczno-rozrywkową na Mazurach, nad morzem i gdzie się tylko dało, a jej elementem był także striptiz. Jako przejaw owej działalności usługowej oczywiście. Były to przeważnie hotele z restauracjami oraz programem artystycznym. I o ile dancingowych szansonistów szybko zamieniłbym w posiłek dla trzody chlewnej, tak zwanych magików wyciąłbym jak minister Szyszko lasy, to panie striptizerki zyskały szybko moją uwagę i szacunek.

To był fenomen tamtych czasów. Podobno striptiz zadomowił się w naszej ojczyźnie po wydarzeniach 1956 roku. Odwilżowy chaos oraz osłabienie władzy zaowocowało licznymi nadziejami, w tym gołymi babami w lokalach. Podobno i w tym byliśmy pierwsi w bloku wschodnim. Śmiało można powiedzieć, że obnażona publicznie dupa rozpoczęła powolny, lecz nieuchronny demontaż systemu.

Do dziś pamiętam, jak w 1972 roku na łamach „Życia Warszawy" pojawiło się ogłoszenie: „Stołeczne Przedsiębiorstwo Imprez Estradowych zatrudni w charakterze striptizerek panie o dobrej prezencji, utanecznione, w wieku do 22 lat". Zainteresowanie przerosło oczekiwania organizatorów tego castingu. Pojawiło się ponad tysiąc kandydatek, co zabawne, niektórym towarzyszyli mężowie, a innym matki. Sporo było zrywających w ostatniej chwili tarcze z rękawa zwykłych uczennic. Taki był w ówczesnych paniach cug do obnażania się. Moralność socjalistyczna poszła się jebać.

No i ja z bratem, wyzwoleni spod kurateli bawiących się rodziców, staliśmy się stałą publicznością dla striptizu. Co roku w wakacje dostawaliśmy abonament i miejsca w pierwszym rzędzie na taneczną lekcję anatomii. Zawodniczki bywały różne. Mówi się czasami, choć po cichu, że kobieta po czterdziestce to już pomnik przyrody. Niestety zdarzały się i takie. Pamiętam, jak gospodarz przekonywał moich starych, że rozbieranie w rytm muzyki musi być, bo ludzie wtedy zeżrą wszystko. Nasypiesz im na talerze otręby, zalejesz nawozem sztucznym z fosforem, a oni, po ciemku wpatrzeni w zdejmowaną garderobę, pochłoną składniki niczym strawę bez glutenu. Panie się pozbawiały odzienia, a my niczym jury w *Tańcu z gwiazdami* ocenialiśmy ich walory. Już wtedy budziła się u mnie pasja bycia jurorem. Byliśmy niczym (niegdysiejszy) Trybunał Konstytucyjny, wydawaliśmy wyroki ostateczne i niepodważalne.

W tamtych czasach środowisko striptizerek było nieliczne, choć pracowite, i śmiało mogę powiedzieć, że do czasów liceum znałem je osobiście. Spokojnie podczas sekcji zwłok poznałbym każdą po kształcie biustu. W ich profesji jest jednak coś nieuchronnie absurdalnego: zaprzeczenie logiki dziejów. Kobieta uwodzi cię tańcem, aresztuje twoją wyobraźnię i obezwładnia, rozbiera się i następnie wychodzi. Za grosz w tym logiki i zwykłej racjonalnej ekonomii. Często ukrywały się pod zabawnymi pseudonimami: Mirafiori, Sasza Diament czy Sally Minetta. Pamiętam ich złote myśli, którymi mnie karmiły. Na przykład: „Kto rano wstaje, tego nikt nie zaprosił na imprezę wczoraj". Albo: „Pamiętaj, Kubuś, z rzucaniem używek jest jak z rzucaniem faceta. Często się wraca po pijaku". Ciekawe branżowe refleksje. Moje koleżanki z dzieciństwa.

Miałem opinię klasowego wesołka, która prawdopodobnie za zamkniętymi drzwiami pokoju nauczycielskiego zmieniała się w opinię szkolnego głupka. Zawsze bardziej ceniłem sobie śmiech moich klasowych kolegów i koleżanek niż tak zwane postępy w nauce. To, jak pokazała późniejsza historia, raczej się opłaciło.

Swego czasu zawitał do mojego show Adam Michnik, co tu ukrywać, postać historyczna. I zaczynamy konwersację:

– Panie Adamie, pan nie występuje zbyt często w telewizji.

Adam na to:

– Ja nie lubię telewizji, to prawda, ale pana lubię.

– Naprawdę? – kokieteryjnie nie dowierzam.

– Wie pan, pan reprezentuje Polskę uśmiechniętą i to ja lubię. Dlatego, że ja tak sobie czasem myślę, że Polska ma w sobie potencjał mroku, smutku, kompleksu. I ma w sobie potencjał autoironii, żartu, radości, nadziei – i pan jest z tej drugiej Polski.

Możecie sobie myśleć o Michniku, co chcecie, ale dla mnie to była jedna z najważniejszych opinii w moim życiu.

Do dziś pamiętam swój występ, gdy pani od geografii zapytała, co to są gleby zwane czarnoziemami. „To stare cmentarze murzyńskie" – odparowałem.

Już wtedy miałem niezłe zadatki na idiotę i rasistę.

Zapytałem kiedyś bez specjalnych ogródek Krystynę Jandę.
    – Pani Krystyno, czy ja jestem idiotą?
Odpowiedziała jak zawsze z klasą:
    – Czy pan jest idiotą? Tylko
na pierwszy rzut oka.

Z czego wynika, że od dawna wymagam baczniejszej obserwacji.

Nigdy nie rozumiałem konieczności stałego, regularnego uczenia się. Stałe i regularne odrabianie lekcji było jak regularny stolec pojawiający się na komendę. Nie do ogarnięcia.

Pamiętam, jak po drodze ze szkoły wyłożyłem tę moją filozofię Tomkowi Passendorferowi, synowi słynnego reżysera. Zgodził się ze mną, ale już nigdy nie podszedł do mnie na przerwie. No ale jego ojciec zrobił słynny film *Kierunek Berlin*, więc może było mu po prostu wstyd.

Najlepszym dowodem mojej filmowej pasji była połówka plakatu *King Konga* wisząca w moim pokoju. Udało się nam go zorganizować z moim ówczesnym kolegą Markiem, który – nie zgadniecie – był synem dozorcy. Była to wersja filmu wyprodukowana przez Dino de Laurentiisa, pamiętam dokładnie, bo ów plakat miałem przed oczami kilka lat. Dół małpy, bo głowa była u Marka, i tego Dino. Grała tam, choć trudno w to uwierzyć, Jessica Lange. Scena, gdy przerośnięta małpa kąpie ją pod wodospadem, tę Lange, często pojawiała się pod mymi nieletnimi powiekami. W wiadomej nieletniej sytuacji.

Pamiętam, że potrafiłem pójść do kina sześć razy na ten sam film (o *W pustyni i w puszczy* już wspominałem), na przykład o Abbie, szwedzkim zespole, co dawał zamorskiemu krajowi dochód porównywalny z Volvo i Ikeą razem wziętymi. Co prawda państwo mieli nazwiska całkowicie niezapamiętywalne, niczym zawodnicy kombinacji norweskiej, ale panie, szczególnie jedna, miały walory jak najbardziej pamiętne.

Po raz pierwszy odkryłem wtedy, że kino powinno być dostępne także w wersji pisanej brajlem, jak przyciski w windzie. Zaczytywałbym się w pośladkach tej drugiej.

Generalnie z wesołkowaniem trzeba uważać i znać swoje granice. To oczywiście wersja oficjalna, bo nieoficjalnie uważam zupełnie inaczej.

Z mistrzem dubbingu Jarkiem Boberkiem dawno temu konwersowaliśmy w podobnej kwestii:

– Zdarzyło ci się kiedyś zamawiać taksówkę głosem Kaczora Donalda?

Jarek na to:

– Oczywiście.

– I co?

– Nie przyjechała.

– A głosem księcia Juliana?

– Zadzwoniłem kiedyś do banku jako Julian.

– I co – dopytuję. – Dali Julianowi kredyt?

– Nie, przyjechała straż miejska.

Zawsze chciałem być rozpoznawalny. Nie do końca wiem, czy popularny, ale na pewno rozpoznawalny. W popularności czai się coś tandetnego. Coś plebejskiego. Gdzieś czają się brzydki oddech i zniszczone buty masowego gustu. A ja nie lubię masowego gustu. Z tą rozpoznawalnością też bywa różnie.

Kiedyś moim gościem była Janina Paradowska, znakomita dziennikarka tygodnika „Polityka", chciałoby się dumnie powiedzieć: „w przyszłości moja koleżanka z redakcji".

Siada na kanapie i ja zagajam:

– Pani Janino, takie pierwsze pytanie na początek, takie bezczelne nawet trochę, mogę?

– No proszę bardzo, w końcu po to tu jestem – pięknie zaprasza pierwsza dama publicystyki.

– Pani mnie kojarzy trochę?

Ona na to:

– Ostatni raz pilnował mi pan samochodu na placu Trzech Krzyży, siedząc w kawiarni.

Genialna. Postawiła mnie do pionu, mimo że siedziałem.

Zastanawiałem się po wielokroć, skąd się to wzięło. I chyba wiem.

Gdzieś koło piątej klasy podstawówki wybraliśmy się z moimi ziomkami (choć to pojęcie przyszło na świat jakieś czterdzieści lat później) na film z panem Louisem de Funè-sem, który nas wówczas nad wyraz bawił. To taki dziadek o urodzie uśmiechniętego prezesa Kaczyńskiego. Czyli dosyć rzadkiej.

Chodzenie z ziomkami do kina zakładało pewną specyficzną hierarchię czynności kinowych. Najpierw wchłania się wszystko, co się przyniosło do zjedzenia, a następnie to, co do popicia. Potem na oparciu krzesła z rzędu poprzedniego informuje się następne pokolenia, o wizycie w tej placówce kulturalnej, ryjąc skromne „Kuba tu był". Jak starczyło zapału oraz narzędzi, to w grę wchodziła jeszcze data. Następnie grało się w przeróżne gry i zabawy towarzyskie typu głuchy telefon, „akustyczny kutas", ewentualnie „czy jest na sali lekarz".

„Akustyczny kutas" był naszym patentem i jestem z niego bardzo dumny. Zasady gry w „kutasa" były czytelne.

Szło się do miejsca publicznego typu kino, sklep czy kościół i wygrywał ten, który najgłośniej powie słowo „kutas". Śmiało mogę wyznać, że w „kutasie" miałem czarny pas. Dopiero po wyczerpaniu własnego repertuaru zwracało się uwagę na repertuar wyświetlany na ekranie.

I tak, bawiąc się niezrównanie naszą kreatywnością, zwróciłem uwagę, że siedzący z nami w ostatnim rzędzie (a jakże, w ostatnim siadali tylko twardziele, ewentualnie osobniki osłabione darem dalekowidztwa) młody chłopiec bawi się świetnie jako widz podglądacz, który nie gapi się na ekran, tylko na mnie. Zapytał mnie w pewnym momencie swojsko: „Pewnie myślisz, że jestem dziewczynką?". Wiele lat później na takie pytanie w kinie, w mroku i na dodatek w pełnym wrażeń niefilmowych ostatnim rzędzie, zareagowałbym pewnie ucieczką, ale wtedy mnie to zaintrygowało. Trochę jak w tej historii, którą opowiadała mi babcia: „Zobaczysz, jak trochę dorośniesz, to będą cię zaczepiać różni panowie, będą proponować seks i narkotyki. Uważaj". No i ja w tym uważaniu czekam do dziś – i nic.

Ale wracając do chłopca-dziewczynki. Od słowa do słowa, okazało się, że był odtwórcą roli filmowej niewysikanego Jacusia, synka milicjanta na motorze, w kultowym obrazie *Nie lubię poniedziałków*. Spodobała mi się jego swoboda, łatwość nawiązywania kontaktów i zauważalna pewność siebie. Nie ukrywajmy. I to po jednym występie ekranowym.

Pomyślałem wtedy sobie: „Ja też tak chcę". Mało tego: „Ja też tak mogę". I ruszyłem do natarcia jak jurny dzięcioł. (Widziałem kiedyś taką regionalną reklamę czegoś na potencję o nazwie Jurny Dzięcioł. Małym druczkiem było napisane: „Jak zażyjesz, będziesz pukał jak wariat").

Kolejnym ważnym ogniwem mego udawanego rozwoju w kierunku nieudawanej rozpoznawalności była Agata Siecińska. Wam, nastoletnie kmioty, nic to nazwisko nie mówi, ale ona była pierwszą seksbombą kina harcerskiego lat siedemdziesiątych. Jej największa i niemalże jedyna rola to postać Karioki w kultowym serialu *Stawiam na Tolka Banana*. To było takie gangstersko-harcerskie kino z czasów łobuzów i dobrych milicjantów. Ona grała tę niedobrą, co staje się dobra pod wpływem Banana. Brzmi trochę jak opis pornosa, ale taka była z grubsza fabuła. Kochały się w niej wszystkie roczniki od 1960 wzwyż. A ja wylądowałem z nią na zajęciach z tak zwanego malarstwa, na które zapisałem się osobiście, gdyż wówczas czułem zew koloru i faktury. Agata, dziś znana artystka, pokazywała mi, jak używać pędzla, jak dobrać pędzel, a finalnie jak pędzel czyścić, a za nami stał tłum rozerotyzowanych przyszłych malarzy i z trudem ukrywał własne pędzle w nogawicach. Była w niej taka siła, taki niewymuszony magnetyzm, a także zwykły kobiecy wdzięk, że zapragnąłem tego samego. Może z wyjątkiem tego wdzięku.

Ciekawe, że długo nie myślałem, że to może zaowocować pieniędzmi i tak zwanymi fanami. Choć w naszym kraju raczej powinienem napisać: fanami i tak zwanymi pieniędzmi.

Z fanami to bywa zresztą różnie. Janek Nowicki opowiadał mi kiedyś, jak siedzą z Janem Fryczem w garderobie po spektaklu, a pod drzwiami słychać szelesty i chichoty. Frycz na to do Nowickiego: „Fanki do ciebie przyszły". Nowicki z rezygnacją: „To bardziej do ciebie. Moje już tylko kaszlą".

Koniec.

Raz dostałem nagrodę tak zwanego Wiktora, przyznawaną przez Akademię Wiktorów, czyli laureatów poprzednich edycji Wiktorów. Dla mnie za dużo Wiktora w Wiktorze. Wolę być oglądany niż nagradzany. Nie wiem, jak było to motywowane, bo nie miałem okazji być na gali wręczenia tych zaszczytnych nagród. Mój kolega juror Robert Kozyra dostał kilka Wiktorów lub Telekamer czy innych Fryderyków. A jednocześnie powszechna jest opinia, że jego praca za stołem w *Mam talent* była lotna jak szafa trzydrzwiowa z wielkim lustrem weneckim.

To dziwna schizofrenia i rozdźwięk.
Kogo **lubimy oglądać**, a **kogo lubimy**.

Wiktory stoją w mieszkaniu Urbana, Kwaśniewskiego czy Marcinkiewicza. To najlepsza rekomendacja, żeby Wiktora nie wpuszczać do siebie na chatę.

Ukoronowaniem mojego medialnego istnienia stał się syndrom medialnej huby. Jazdy na gapę na poczet mej tak zwanej medialności znacznej liczby jegomościów, którzy przyczepiając się do mojego nazwiska, windowali swoje z mielizny zapomnienia. Znam tę tendencję i ze źle ukrywaną skromnością przyznam, że jestem z niej dumny. Choć jednocześnie mnie śmieszy i zastanawia.

Od kilku lat mam nawet kilku notorycznych recenzentów mojego żałosnego istnienia. Wyraźnie aktywnym komentatorem tego, kim jestem, bywa niejaki Tede, dosyć pokaźnych rozmiarów gość, będący jakiś czas temu równie pokaźnych rozmiarów gwiazdą hip-hopu.

Próbowaliśmy go raz zaprosić do mojego programu, ale odmówił. Ludzka rzecz. Ja gdybym był nim, to też bym odmówił przyjścia do mnie. Zobaczyłem go kiedyś, jak pocił się pod ciężarem smutnoegzystencjalnych pytań u Grzegorza Miecugowa w TVN24. To było jego Waterloo, podczas którego słynny okrzyk: „Gwardia umiera, ale się nie poddaje" był jak najbardziej prawdziwy. Tede walczył z pokręconą umysłowością Miecugowa, nie czując, że już w pierwszych minutach został otoczony i pobity. Dziennikarz pytał go, czym jest dla niego Polska i patriotyzm, za nic mając powszechne informacje, że on jest specem raczej od pękniętych jeży, gibonów oraz fejmu. Miało być „Wielkie Joł", a wyszło „małe wow".

Nigdy nie zamieniłem z facetem ani jednego zdania, co mu nie przeszkadza snuć fal niekończących się wspomnień na temat tego, jak to go nie poznałem na stacji benzynowej, odwróciłem głowę albo minąłem bez uśmiechu na ulicy, gdy on był na tejże ulicy. Ot, mały chłopiec w wielkich portkach z ukruszonym ego.

Jak donieśli mi jego zaufani współpracownicy, mama Jacka, bo tak chyba ma na imię mój fan, zabroniła mu wizyty u mnie, a on mamę swoją kocha. Kiedyś gdzieś w Polsce widziałem takie ogłoszenie: „Parafia Rzymskokatolicka. Przedsiębiorstwo Wielobranżowe Świętej Rodziny". I oni z mamą tak podobno działają. Jacek pyskuje do mikrofonu: „Dobra, pierdolę, olewam to, idę, a ty, eee, opanuj drganie łydek, Dzidek", a mama oblicza mu VAT.

Nie znam go, ale lubię. Sprawia wrażenie, że chciałby sprawiać wrażenie, że ma wszystko w dupie, a ja lubię taką prostą filozofię. Ma poczucie humoru, lubi dziwne fury, a poznane dogłębnie laski liczy nonszalancko jak Państwowa Komisja Wyborcza głosy. Czasami myślę, że istnieje taka kategoria ludzi, którym ewolucja powinna zafundować pośladki ułożone poziomo. Wtedy biliby sobie brawo za każdym razem przy schodzeniu po schodach. I on mi wygląda na takiego człowieka, w czym, nie ukrywajmy, jest podobny do mnie. Tede, jak sam mówi, nie pała do mnie sympatią, co jest jego osobistym prawem... do popełniania błędów.

Ukoronowaniem naszej specyficznej randki w ciemno był numer, który podobno zadedykował mojej osobie: „Erotoman, trochę narkoman, niegłupi chłopak, śpi na milionach". Co tu ukrywać – nie trafił tylko z jednym.

Kolejnym z takich jegomościów jest muzyk Tymon Tymański, podający się dość wylewnie za mojego kumpla, wręcz przyjaciela. Byłoby dla mnie przedmiotem znacznej zgryzoty poczucie, że przy nagranych ponad trzydziestu płytach i dość wyrazistej pozycji w swoim nurcie na rozgłos mogę liczyć tylko w przypadku wypowiedzi na temat jakiegoś cymbała. Czyli mnie. A tak się dzieje w jego przypadku. Tymon z gracją tygodnika „Party" opowiada o moich przyjaciołach, pieniądzach, sławie i jej braku, karierze i jej końcu. Gdybym był brutalny, stwierdziłbym grubiańsko, że beze mnie Tymona medialnie nie ma, bo kogo interesuje jego płytki buddyzm, dosyć wioskowe już karate czy zakurzone płyty. Więc żeruje na mnie jak PiS na Smoleńsku. Widocznie każdy ma takiego pasożyta, na jakiego zasłużył.

Kilka razy podsłuchałem Tymona w audycji *Poranne kakao* w Rock Radiu. I zacznę z drugiej strony.

Lubię radiowe przegięcie. Lubię brawurowych dziennikarzy, takich, którzy potrafią podejść do konającego uczestnika walk ulicznych i zapytać: „Witam serdecznie, jak się panu podobały dzisiejsze zamieszki?". Niestety Tymon w radiu jest jak jego ulubiony temat: penis. Przegięty wiecznie w jedną stronę.

Przyjmę na klatę wszystkie zarzuty dotyczące mojej radiowej metody, ale nikt mi nie zarzuci, że wszędzie doklejam wspólny mianownik wszechrzeczy w postaci penisa. Mój muzyczny przyjaciel w eterze jest jak meduza. W dziewięćdziesięciu ośmiu procentach składa się z wody. Leje ją, przelewa, wylewa, dolewa, i tak w kółko. Mamy formę, a trwają rozpaczliwe walki o treść. Wygłasza sądy, diagnozy oraz laudacje, jakby był jedynym prelegentem na zjeździe wiejskich głupków. A ja lubię inteligentne poczucie humoru. Najbardziej własne.

Takie jak na przykład podczas miłej konwersacji z Hubertem Urbańskim właśnie pozbawionym pracy w TVN-ie.

– Zastanawiałem się, czy to jest przejaw sarkazmu, który lubię, czy to już przejaw frustracji, kiedy powiedziałeś: „Nie widzę dla siebie zadań w stacji. Przecież nie będę gościem, który chodzi po mieszkaniu w białej rękawiczce i sprawdza, czy półki są z kurzu wytarte".

Hubert na to:

– To powiedziałem.

Ja na to:

– O kim ty myślisz? Co masz do Radka?

Ale żeby nie było. Uważam Tymona za piekielnie zdolnego animatora. Nie wiem, czy jest wielkim muzykiem, ale jest specem od muzycznego fermentu. Świetnie miesza style i nasącza muzykę poczuciem humoru. Jest kabotynem, ale – tak jak ja – z powołania, nie z przypadku. Gdybym oceniał go w kategoriach muzycznych, byłby dla mnie postacią historyczną. A w kategoriach walki o sławę jest postacią histeryczną. Tymon jest typowym gamoniem z undergroundu, któremu znudziła się zabawa w piwnicy. Chce sławy, bo wie, że na nią zasługuje. Ale chce i boi się. Jest najlepiej zamaskowanym celebrytą ostatnich lat. Czuje się jak przyjezdny z Reymontowic do rodziny z Warszawy. Taszczy ze sobą smród i kompleksy alternatywy, a chciałby być chłopcem z plakatu. Tacy są najsmutniejsi i najśmieszniejsi zarazem. A przecież jego *Kury*, *Polovirus* czy pierwsza płyta *Miłości* już zapewniają mu miejsce na olimpie. Tylko nikt o tym nie wie i co najgorsze, nigdzie nie ma z tego zdjęć.

W naszej ostatniej rozmowie na korytarzu Agory, gdzie Tymon rozdawał swoją płytę, zawyrokował mi z miną Kasandry: „Kończysz się". Ja mu, z przyjaźni oczywiście, życzę, żeby on się kiedyś tak zaczął, jak ja się dzisiaj kończę.

Widziałem kiedyś w lokalnej prasie takie ogłoszenie kliniki medycyny estetycznej: „Ładne uszy dla dziecka. Większy penis dla taty". Polecam to dziś z przyjaźni Tymonowi. Uszy może odpuścić.

Mariusz Jakus, aktor z dość charakterystycznym obliczem, opowiadał mi kiedyś, że kumple zabierali go często na imprezy, bo miał być ich „licencją na ruchanie". Ja, w pewnym sensie, to samo zapewniam Tymonowi.

Czasami mam wrażenie, że prawdziwą sławę gwarantują nam hejterzy. Nienawistnicy nawet po medialnej śmierci utrzymają nas przy życiu, żeby móc pracowicie, w cieniu swych klawiatur, bezcześcić nasze zwłoki. To dzięki nim stajemy się nieśmiertelni. Na pohybel ZUS-owi.

Parę miesięcy temu na Facebooku ktoś napisał do mnie przyjazną wiadomość, w której wyznał, że mnie podziwia i zawsze chciał być taki jak ja. Ktoś, kto ukrywał się pod tajemniczym nickiem Milf Hunter Anal Tornado. Dziś jestem pewien, że to był Tymon.

Ale wróćmy do liceum, gdzie zastała mnie pierwsza wojna narodowa.

Stan wojenny oswoiłem na swój sposób. Od kiedy emo generał postanowił dać narodowi do myślenia dużą liczbą czołgów na ulicach, wiedziałem, że najgorszym wyjściem będzie emigracja w powagę.

Jaruzelski to dla mnie mocno literacka postać. Nadaje się na bohatera tragicznej i piekielnie nudnej powieści, bo podobno do końca był całkowitym abstynentem. Lubiłem jego przemówienia – powinny być nagrywane na CD i sprzedawane na stoisku z etykietką „ciężkie brzmienia". Miał charyzmę drugorzędnego pracownika ZUS-u i nie większe osiągnięcia. Był najnudniejszym dyktatorem w historii świata. Nie powinniśmy go rozliczać za to, czy stan wojenny nas ocalił, czy pogrążył w nietrwaniu. Powinniśmy go ukarać za tę pieprzoną sołdacką nudę.

Andrzej Stasiuk powiedział mi, że polityków trzeba sobie wyobrażać na golasa. Od razu jest lepiej.

Kiedy spróbuję sobie wyobrazić generała Wojciecha nago, to mi nie wychodzi. Mam wrażenie, że pod mundurem to on miał kolejny mundur. Jeszcze bardziej sztywny i wyprasowany. Czasami zastanawiam się, czy nie był sekretnym ojcem Roberta Kozyry. Obaj prezentowali przed kamerami ten sam wdzięk i lekkość. Żeby jednak w historii panowała równowaga, uwielbiam jego córkę Monikę.

Cytując raz jeszcze Stasiuka, tym razem z *Próby biografii intelektualnej*. Andrzej wspomina pobyt w pierdlu, kiedy wprowadzono stan wojenny. „Siedzieliśmy jak myszy pod miotłą. Nastrój był podniosły. Dopiero pod wieczór zrozumieliśmy, że to tylko wojna z narodem. Dosyć nam ulżyło. Nie czuliśmy się zanadto narodem, więc sprawa nas jakby mniej dotyczyła". Święte słowa, bo pomimo że ja jeszcze siedziałem w szkole, a nie w więzieniu, odczucie miałem podobne. Ojczyzna stała się na długie lata pasem startowym dla wszelkiej maści oszołomów, strażników socjalistycznej czystości i kanibali postępu. Wtedy rodziła się moja polityczna świadomość na styku dwóch epok, że w dyktaturze wolno głupcom rządzić, w demokracji wolno głupcom głosować. I czasem trudno pojąć, co jest gorsze.

Najlepszym odwetem za dialog ze społeczeństwem za pomocą broni był humor.

Działalność polityczna zawsze była u mnie sklejona z poczuciem absurdu i umowności wszystkiego. Na wieczorne patrole ZOMO znalazłem uniwersalny znieczulacz, który był przepustką lepszą od legitymacji z sierpem i tym drugim. Ilekroć mnie zatrzymywali celem kontroli, ja rozpoczynałem recytowanie słowami: „Panowie, a znacie to z wczorajszego *Dziennika Telewizyjnego*? «Pędzi pociąg historii, błyska stulecie-semafor. Rewolucji nie trzeba glorii, nie trzeba szumnych metafor. Potrzebny jest Maszynista, którym jest On: towarzysz, wódz, komunista – Stalin – słowo jak dzwon»". To oczywiście mój ulubiony alkoholik Władysław Broniewski. Wsiowe chłopaki, wcielone do oddziałów ratujących ojczyznę przed narodem, głupieli. Nie wiedzieli, czy jestem prowokatorem, czy agitatorem. Czy mnie pałować, czy mi czapkować. Prymitywne głowy, nawet te z hełmami na czerepach, mają jednak jakąś pokorę i szacunek dla sztuki wyższej, więc zwykle puszczali mnie wolno. Raz nawet chcieli mi zhandlować psa, z którym byli. „Te, student – zagaili przyjaźnie – psa chcesz?". „A po co mi taki pies" – odpowiedziałem, ledwo maskując drżenie głosu. „Będzie cię chronił przed takimi jak my" – wypalił ten z brawurowo ocalałą jedynką w uzębieniu. Zarechotali zgodnie, zgrzytając magazynkami od kałasznikowów. „Jak go tydzień przegłodzisz, to ci ulotki z dupy wyrwie" – sprzedawał mi instrukcję obsługi psa pan mundurowy. Okazało się, że szkolą te bestie na wyszukiwanie zapachu specyficznej farby z podziemnego powielacza. Jankowi Gutenbergowi przydarzył się historyczny pretekst, by przewrócić się w grobie. Psa nie nabyłem, życie ocaliłem, a obrońcy ojczyzny pożegnali mnie życzliwym: „A teraz spierdalaj do siebie i żebyśmy cię tu nie widzieli", co miało w sobie pewien paradoks, bo ja byłem u siebie na Krakowskim Przedmieściu, a oni ewidentnie byli przyjezdni.

Wiele lat później Maciek Stuhr opowiadał mi podobną historię, jaka przytrafiła mu się w Krakowie. Otóż wracając nocą z teatru, napotkał w ciemnej uliczce kilku jegomościów, co to już mieli kupca na jego zegarek i okulary. I on, nie czekając na ciosy oraz zbędne negocjacje, zaczął recytować, bodajże Beniowskiego, poemat rytmiczny. Nie wiem, którą pieśń wybrał, ale napastnicy zgłupieli i obeszli go szerokim łukiem. Tak silny jest w narodzie respekt dla liryki.

Maciek to dla mnie postać ważna, choć on sam o tym nie wie.

George Bernard Shaw powiedział kiedyś, że w życiu niewiasty można rozróżnić siedem okresów: niemowlę, dziewczynka, dziewczyna, młoda kobieta, młoda kobieta, młoda kobieta i młoda kobieta. Z tej sentencji wysnuć można dość oczywisty wniosek. W życiu Maćka Stuhra można rozróżnić siedem okresów: niemowlę, chłopiec, chłopak, młody Stuhr, młody Stuhr, młody Stuhr i młody Stuhr.

A początków nie miał łatwych. Jego ojciec chrzestny, Jan Nowicki, opowiadał mi, że Maciej był wyjątkowo jak na dziecko brzydkim chłopcem. Z licznych reakcji moich licznych koleżanek na Macieja dziś wysnuwam wniosek, że mu to przeszło. Nigdy nie złapałem go na seksistowskich komentarzach czy zachowaniach. Nawet w tej dziedzinie, musiał być prymusem. Ma w sobie jakąś skromność, która w czasach natarcia Instaporno staje się towarem ekskluzywnym. I co tu ukrywać rzadkim.

À propos pewnego razu odwiedził mnie Jurek Owsiak.

– Mam do ciebie pytanie, które jest chyba dobrym początkiem naszej rozmowy. Jaka piosenka albo tytuł jakiej piosenki najlepiej opisuje twoje życie?

– W ogóle?

– Myślałeś kiedyś o tym? Bo na przykład ja ci mogę powiedzieć, tytuł jakiej opisuje moje życie: Tomasz Niecik *4 osiemnastki*.

– Ty wiesz co... Mi teraz zadałeś pytanie! Patrz, siedzę tak w tej muzie... Ty wiesz, że ja bym musiał chyba wrócić do czegoś takiego, czego w ogóle wy nie pamiętacie kompletnie. Pamiętasz, jak Czerwone Gitary śpiewały *Nie zadzieraj nosa*?

– Tak.

Jurek już stanowczo:

– Nie zadzieraj nosa.

Ja:

– Nie rób takiej miny.

Było kilku aktorów, którym po roku 1989 rzeczywistość filmowa włamała się do historii prywatnej i zatarła granicę prawdy i fikcji. Pierwszym był Bogusław Linda w *Psach*, a ostatnim właśnie Maciej Stuhr w *Pokłosiu*.

Na naszych oczach z aktora stawał się ambasadorem sprawy, która przypominała nam, jak równo mamy poukładane historyczne trupy w szafie. A tego nikt nie lubi. I jednemu z najsympatyczniejszych młodych ludzi w krajowym filmie zrobiono coś na miarę pogromu. Dołączając do tego życie rodzinne. Pracowaliśmy wtedy razem w Esce Rock, prowadząc wspólnie poranki. Klasa, z jaką unikał odwetu, czy nawet zwykłej pyskówki, musiała robić wrażenie. Brukowce chciały go sprowadzić do swego poziomu, a on się nie dał. Codziennie w radiu jadł pączka i pił red bulla ze stacji benzynowej. Czasami ja też jadłem pączka, bo to dobry kolega jest. Maciek boleśnie doświadczył faktu, że w tym kraju nie można być jednocześnie i pieszczochem widzów, i ich wyrzutem sumienia. Na naszych/moich oczach, w dość skrajnych warunkach, wobec propozycji, by „wypieprzał z kraju", „młody Stuhr" stawał się „starym Stuhrem". Bezczelnością byłoby porównywać się do Maćka. No bo on młody, zdolny, a nie dość że zdolny, to jeszcze wszechstronnie utalentowany, a poza tym z dobrej rodziny. No i ma Złoty Krzyż Zasługi. A jako że ze mnie niemal wzór bezczelności, to się porównam.

Obaj jesteśmy bardzo rozrywkowymi chłopcami i obaj mamy niezwykłą skłonność do samotności. Obaj jesteśmy bardzo towarzyscy, ale i obaj bardzo wyraźnie stawiamy słupy graniczne naszej prywatności. Obaj mamy poczucie dumy wynikające z tego, kim jesteśmy – z czego on ma prawo mieć większe. Obaj mamy chyba problem braku zgody na wchodzenie z butami do naszego dyskretnego świata. A to jest jakiś rodzaj wewnętrznej zgody. Z Anią Lewandowską swego czasu dyskutujemy:

– Nie męczy cię to, że was opisują, prześladują, przeinaczają. Czy ciebie to bawi? Czy ciebie to nie dotyczy, bo wyjeżdżacie do Niemiec i wiesz... żelazna kurtyna?

– Wiesz co? Dwa lata temu jeszcze bym ci odpowiedziała zupełnie inaczej. Natomiast my na to się zgodziliśmy w jakiś sposób, tak.

– Ale co to znaczy „zgodziliście się"?

– Jest to związane z naszą pracą, z naszym zawodem.

– Z waszymi zawodami.

– Z naszymi zawodami, z naszą pozycją jako *power couple*.

– *Power couple!*
– Czyli Wielka Trójka.

Maciej jest przyzwoity, dobrze ułożony, ma kindersztubę. Jego poczucie humoru jest eleganckie, literackie i z umiarem. Co on przez blisko rok robił przy takim degeneracie jak ja, do dziś jest to dla mnie zagadką. Ma szacunek dla ludzi ze swojego środowiska. Kiedy na antenie radiowej zażartowałem, że Julia Pietrucha to najlepszy przykład, że nazwisko bywa stanem umysłu, on żachnął się i mocno zdystansował. Dla niego ona była koleżanką po fachu, dla mnie dziwną kobietą, która za szczyt ambicji wzięła sobie, aby przekonać mnie, że mnie nie lubi. Nie mając zielonego, a więc zgodnego z nazwiskiem, pojęcia, że ja kompletnie nie wiem, kim ona jest.

Obu nas ciągnie do ludzi, ale odrzuca od tłumu. Obaj unikamy ludzi, którzy karmią świat nienawiścią. Jest w nas radość na zewnątrz i sentymentalny smutek w środku. U niego to rozumiem, bo całe życie ściga się ze zdolniejszym ojcem, ale dlaczego mam to ja? On grał w filmach, gdzie walono gruchę do jogurtu, a jego stary, pomimo że rektor, jeździł po ekranie zamknięty w czajniku. Siebie warte towarzystwo.

Mój program, zatytułowany nieprzypadkowo *Kuba Wojewódzki*, powołałem do życia z wielu powodów, ale jednym z nich była chęć poznania ludzi wartych poznania. I możecie mi nie wierzyć, ale jednym z pierwszych był właśnie Maciej Stuhr. On nosi w sobie jakiś wymarzony wzorzec dobrego kumpla. Sam nie wiem, czy przez role, które grał, szczególnie w *Chłopaki nie płaczą*, czy przez to, jaki jest naprawdę. Bo z tym to nigdy nie wiadomo. Ja też już nie wiem, które moje ja jest prawdziwe. To medialne czy to, jak mawia moja koleżanka Ania Czartoryska, w cywilu.

Kinowy Maciek to kompan idealny. Od wspólnego skręta, fajnych lasek, bystrych puent, życiowych poślizgów czy romantycznych eskapad. Najgorsze jest jednak to, że jak mu się chce, to w życiu potrafi być taki sam. Ma niezwykły dar obdarzania swoich celuloidowych bohaterów niezwykłym ciepłem. Pewien jestem, że gdy zagra Andersa Breivika, norweskiego świra-kilera z wyspy Utøya, a zagra, bo do złudzenia go przypomina, widzowie wyjdą z kina pełni sympatii i współczucia dla narodowca-snajpera.

Niestety wadą, która go trawi, jest bezdyskusyjny heteroseksualizm.

Wyznał mi kiedyś, że na jednym z dużych festiwali zaczął się do niego umizgiwać Pewien Znany Światowy Reżyser. No mówię wam, duże nazwisko, z dużymi dochodami. Na początku było delikatne, niby przypadkowe muśnięcie rączki. Stuhr, jak na nielotnego heteryka przystało, zalotów nie odczytał. Znany Reżyser postanowił odrobinę docisnąć swoje zamiary i poszedł za naszym bohaterem do toalety, po czym zaatakował go zdradziecko od tyłu w trakcie procesu oddawania moczu. Maciej spanikowany odskoczył i jak przystało na krakowskiego inteligenta, zaczął się misternie tłumaczyć: „Słuchaj, chyba mnie źle odczytałeś. Nie jestem gejem". Znany Reżyser odpowiada zgrabnie i podstępnie: „Ja też nie. Chodź do mego pokoju". Znany Polski Aktor przyparty do pisuaru naświetla szersze tło: „Słuchaj, przepraszam cię, ale ja mam żonę". Tamten na spokojnie: „Nie szkodzi. Ja też mam".

W tej kłopotliwej dla niektórych materii pamiętam dialog u mnie Piotrka Roguckiego i Roberta Biedronia.

Rogucki:

– Pan jest gejem, wszystko okej, ale większość polityków to kompletne cioty.

Biedroń na to:

– Zgadzam się.

Myślę, że Maciek skutecznie zagrał już wszystkie odmiany młodego Stuhra i teraz będzie wypełniał tę aktorską przestrzeń pomiędzy młodym Stuhrem a starym Stuhrem. Złośliwcy mawiają: „Życie zacina się po czterdziestce". Maciej, to znaczy, że teraz będzie jeszcze gorzej.

Niestety, czasy celebryckie, które nastały w polskim szoł-biznesie, gubią gdzieś takich ludzi jak Maciek. Nie ma bowiem jasnych kryteriów sukcesu, jest za to spora liczba kretynów bez sukcesu. No dobra. Ja tu o Maćku, a czas powrócić do Maćków Chełmickich. To taka metafora dla bardziej oczytanych.

Czasy były znerwicowane politycznie i historycznie. Podręczniki pisały się na naszych oczach i czasem mieliśmy tego dosyć. Jak mawiają lekarze: „Nieudana operacja to przynajmniej połowa udanej sekcji". Coś z tego ducha operowania na otwartym sercu społeczeństwa przenosiło się do naszej szkoły. Jako że liceum mieliśmy napakowane nabzdyczonymi opozycjonistami z opornikami w klapach, postanowiłem z moim kolegą Markusem wyjść naprzeciw ich niepodległościowym cierpieniom. Marek był rastafarianinem, co demonstrował uczesaniem, błędnym okiem oraz pielęgnacją ogródka z roślinnością sprzyjającą dziwnym pomysłom. Powołaliśmy do życia organizację o nazwie KRÜK. Przez umlaut, dla podkreślenia słowiańskiej rangi tego całkowicie nonsensownego projektu. Podczas lekcji polskiego, gdzie nasza nauczycielka tradycyjnie odczytywała kolejnemu pokoleniu to, co w podręczniku napisał ktoś nauczający przed nią, my napisaliśmy statut organizacji. Roiło się tam od bzdur i niedorzeczności typu: „Kruk krukowi oka nie wydziobie", „Kruk *muss sein*", ewentualnie „Kto nie jest krukiem, niekoniecznie musi być wroną" i tym podobnych. Chodziło o to, by wstrzelić się ze swym programem w pragnienia wszystkich niepełnosprawnych wiedzowo i światopoglądowo. Tak znieczulaliśmy się na grozę komuny, ale i powstańczą powagę i narodowy szyk naszych kumpli. Robiliśmy coś po nic. Dla zgrywy. Byliśmy Raskolnikowami swoich czasów, którzy ostrą siekierę zamienili na tępą satyrę. Obie strony faszerowały się górnolotnymi apelami, odezwami i groźbami, więc staraliśmy się być lekarstwem, dwuosobową odtrutką na doraźność. Do statutu naszej bojówki dołączyliśmy kodeks etyczny. Był nie mniej wirtuozerski. Na przykład punkty: „Pod żadnym pozorem dwóch członków organizacji nie może iść pod jednym parasolem". Albo: „Podczas jazdy samochodem postój na odlanie się zarządza członek organizacji z najsłabszym pęcherzem". Końcowy zapis był najmocniejszy: „Członek naszej grupy nigdy, ale to nigdy nie zrobi sobie pedicure". Aby jeszcze bardziej zatrwożyć belfrów, wieczorową porą na asfaltowym boisku szkoły wymalowaliśmy pędzlami te cztery święte dla nas litery. Białą farbą. Wyglądało to pięknie i groźnie. Oczywiście nie muszę nikomu tłumaczyć, że w naszej działalności wspomagaliśmy się trochę, jak to pisał Kaliber 44, niejaką marią, ale nie tak, żeby zatracić kreatywność.

Tu nutka powagi. Z pewnymi rzeczami trzeba uważać i dlatego przytoczę najbardziej światłą dyskusję, jaką przeprowadziłem kiedyś z Titusem, zapiewajłą z Acid Drinkers:

– Titus, ty ufasz tym ludziom, którzy cię słuchają, ale ty potrafisz powiedzieć w wywiadzie: „Narkotyki są dla ludzi, tylko nie dla wszystkich, ale dla ludzi". I to już jest... mało śmieszne.

On na to:

– Jakby narkotyki wymyśliły kozy, woły, kurde, delfiny albo coś takiego, to byłyby to rzeczy dla delfinów, kóz itd. Skoro wymyślili to ludzie, to wymyślili to dla innych ludzi. Z tego co wiem, to owczarek alzacki nie wali koksu na przykład, nie? A, kurde, małpa, która się buja na gałęzi, nie kurzy haszu. Chyba że nic o tym nie wiem. Czyli jednak dragi są dla ludzi. Ale nie dla małolatów, nie dla głupków, nie dla kogoś pozbawionego wyobraźni itd. Jeśli ktoś rąbie ile wlezie, cztery dychy ma na to siano i chce to przewalić, proszę bardzo, ale jeśli ja widzę małolatów zaćpanych itd., kurwa mać, to nie jest dobra zabawa. Za cholerę nie jest to dobra zabawa.

Wracam do historii. Następnego dnia w szkole zawrzało jak w noc świętego Bartłomieja. Zwołano apel i rozpoczęto poszukiwania winnych nawoływania do obalenia ustroju socjalistycznego siłą. Jako że dla mnie i Markusa akcja była typowym happeningiem, wyprzedzającym o lata świetlne działania Pawła Althamera, nie czuliśmy specjalnie powagi podjętych działań. Ot, nasza wersja Biura Poszukiwań Surrealistycznych. Niestety w klasach zapachniało nastrojem łapanki i duchotą gościnnie acz nagle otwartego milicyjnego radiowozu. Dyrektor, zdobywający szlify alkoholika, niczym wystraszony aparatczyk pienił się, że kontrrewolucji na swoim terenie tolerował nie będzie. Nie od dziś było wiadomo, że polska wódka jest najlepsza, ale polski pijak najgorszy. Nasz tajemny napis rozszyfrował jako Komitet Rozbicia Ustroju Komunistycznego, co obudziło w nim ojca Torquemadę. Gdyby miał w swoim gabinecie więcej książek niż partyjnych medali i dyplomów, istniałaby szansa na negocjacje dotyczące sztuki ludowej czy generalnie formy i kondycji metafory. Niestety na kilometr pachniało od niego mundurem funkcjonariusza pokornie cofającego koło historii, więc postanowiliśmy z moim kontrrewolucyjnym kolegą nie ujawniać się, a resztę aktywności naszej niczemu i nikomu niesłużącej organizacji chwilowo sprowadzić do jeszcze większego podziemia. Duch inteligencji urzędniczej nie ogarnął naszej konwencji, zniżając ją do poziomu swoich lęków i nerwic.

Wspominam często taki dialog z Marią Peszek:

– Zastanawia mnie, czy miewasz takie sny, które są rodzajem pokuty za to, co robisz?

Maria:

– A myślisz, że niezbędna jest pokuta za wyrażanie jasno swoich poglądów?

Ja:

– W Polsce tak.

Podobnie było wiele lat później przy aferze z Ukrainkami i radiem Eska Rock. Ale nie uprzedzajmy wypadków.

Zaskakującym dystansem do świata i rzeczy zaskakiwał nas wtedy tak zwany pan od PO, czyli przysposobienia obronnego. To był taki przedmiot szykujący nas do wojny, czyli idealny na tamte czasy. Miewał pan S. wtedy takie przemyślenia: „Jak tak się przyglądam krajowi, to myślę sobie, że wcześniej było chujowo, teraz jest chujowo i jutro też będzie chujowo. Stabilizacja czyli". Tak się żyło w ojczyźnie po roku 1981, kiedy zapadła ona na wirusowe zapalenie wątroby.

Już wtedy zdradzałem istotne cechy chłopca myślącego w poprzek. Wbrew. W odwrotną stronę. Pamiętam licealną dyskusję na temat Armii Krajowej i powstania warszawskiego, które próbowano udrapować na jednoznaczny pomnik chwały, honoru i dumy narodowej. Mój dziadek opowiadał mi o mało znanym fakcie, kiedy to podczas powstania w getcie przedstawiciele ŻOB-u nie uzyskali od AK planów warszawskiej sieci kanalizacyjnej ani też żadnej innej pomocy, gdy pojawiła się sprawa wyprowadzenia ich z płonącej rzezi. Opowiedziałem o tym w klasie. Klasa odpowiedziała mi ciszą, a nauczyciel gromkim: „Wyjdź z klasy". Patriotyczny kanał. Nigdy nie godziłem się na traktowanie historii jak maskotki do zatykania indywidualnego myślenia. Do dziś uważam, że spiżowy etos Polski Walczącej ma problemy z amnezją i autocenzurą. Dominują raczej mitologiczne laurki lub naiwne pogadankowe instalacje typu Szymon Majewski w mundurku harcerza w Dzień dobry TVN.

Ważnym elementem mego rozwoju osobniczego czasu burzy i naporu była muzyka. Ale nie ta, której słuchałem, tylko ta, którą grałem i której czasem nie chcieli słuchać inni. Cudowną rzeczą jest grać na jakimś instrumencie, lecz o wiele cudowniejszą zarówno dla autora, jak i odbiorców jest umieć grać na tym instrumencie. Ja w tamtych czasach poprzestałem na pierwszej wersji. Zostałem raptownym perkusistą.

Bezpośrednim impulsem do zostania rockmanem był utwór grupy Kryzys zatytułowany *Święty szczyt*. Pamiętam nawet okoliczności, w jakich go poznałem. Ogród siostry mojej mamy, miejscowość Gardna Wielka, lato. Audycja *Lato z radiem*. W zlewie tego radiowego wywaru z Filipinek, Alibabek i Homo Homini to było jak przytulenie przez księdza. Niespodziewane, bolesne i zauważalne. „Oto święty szczyt. Jestem tutaj z nim. Patrzę stąd na Babilon..." – wyśpiewywał lekko kogucim falsetem jakiś nieznany mi chłystek. Do tego bas, gitara i bębny, jak z przesłuchań do zespołu Fasolki. Proste, rewolucyjne, autentyczne i z nutą mesjanizmu. Bez pierdolenia, ile jest słońca w całym mieście, popatrz!

Zespół Impuls rozpadł się z powodu zmian światopoglądowych u jednego z gitarzystów.

Któregoś dnia Jacek K., człowiek o twarzy schorowanego śledzia, wyszedł ze szkoły jako etatowy punkowiec, ale wrócił jako nowo konsekrowany poppers. Miało to swoje konsekwencje zarówno w stroju, jak i skłonnościach. Od tej pory jego motto nie tyle zamykało się w haśle *no future*, ile w praktyce jak najczęstszego zamykania się z koleżankami w pokoju. Postanowił zostać seksoholikiem i zaczął zbierać do pudełka po zapałkach włosy łonowe swoich zdobyczy. Nazwał się „nieposkromionym łowcą szpar". Co ciekawe, ze szparą to ja mam całkowicie inne skojarzenia. Gościłem kiedyś Tomasza Karolaka, z którym odbyłem zagadkową konwersację.

Karolak:

– Jeden z aktorów powiedział mi, że pewnie matka dawała mi za dużo cukierków ciągutków.

Ja:

– I dlatego masz taką szparę? A twoja córka też ma taką szparę?

– Ma! Ma!

– I twój syn, jak będziesz go miał, to też?

– Jak będę go miał, to pewnie też będzie miał. Chociaż nie wiem.

– Czyli jesteś takim troszeczkę szerzycielem...

Tomek:

– Szpar!

Ja, kończąc:

– „Szerzyciel szpar", ładnie na wizytówce. Moim gościem jest Szerzyciel Szpar!

Do dziś pamiętam słowa, które Jacek rzucił nam na pożegnanie. Cytuję z pamięci: „Pierdolcie się, amatorzy".

W związku ze zmianą kadrową zespół przyjął groźną nazwę System i stał się jeszcze bardziej bezkompromisowy, głównie na skutek braku umiejętności. Po kilku koncertach na terenie pobliskich szkół szybko zyskaliśmy opinię załogi groźnej, gdyż bardzo twórczej. W istocie grającej pod różnymi tytułami te same kawałki, tyle że wolniej, bo dość szybko się męczyłem.

Jak człowiek walczy z systemem, to nie ma czasu na kompozycje, kiedy ideologiczny front czeka. Mieliśmy prostą zasadę: „Jeśli nie możemy być sławni, to przynajmniej będziemy głośni". Ważne było to, by było nas słychać. Głupota, nie od dziś to wyznaję, ma jednak pewien urok. I my wtedy z niego korzystaliśmy, ile sił.

Pamiętam, że jeden numer miał refren: „Czas miłości, czas nienawiści". Zwrotka na skutek braku pomysłu brzmiała podobnie, by nie powiedzieć tak samo. Więcej tekstów niestety nie ocaliłem od zapomnienia. Zapotrzebowanie na postawy nonkonformistyczne w szkole było jednak tak gwałtowne, że młodzież przepisywała sobie ten tekst i czciła jak relikwie ofiarnie złożone w zeszytach od fizyki. Byliśmy Wojaczkami naszego pokolenia, nawet o tym nie wiedząc. Bliska była nam postawa Sida Viciousa, który potraktował łańcuchem od roweru dziennikarza NME za to, że śmiał skrytykować jego macierzysty band. Byliśmy na to gotowi. Lecz żaden skurwiel o nas nie napisał. Ani wtedy, ani w ogóle. Podobno kiedy zespół Arctic Monkeys zaczynał tworzyć, żaden z nich nie potrafił grać na instrumentach. My dotarliśmy w tym stanie praktycznie do końca kariery.

Wiele lat później zapytałem Zygmunta Staszczyka, naczelnego zapiewajłę grupy T. Love:

– Czy gdybyś dziś mógł wyjść ze swojej tożsamości i aktualnego czasu i zrobiłbyś casting na wokalistę, to przyjąłbyś siebie?

Muniek na to:

– No co ty. Nigdy w życiu.

Jak widać, w rock and rollu nie liczą się przeszłe czy przyszłe umiejętności, tylko czas teraźniejszy.

Istotnym atutem posiadania zespołu była łatwość w nawiązywaniu kontaktów z podatnymi na rockowe wzruszenia koleżankami. Ja zawsze, niby dla niepoznaki, niby nic, targałem ze sobą po szkolnych korytarzach jakiś werbelek czy talerz od perkusji. To był magiczny bilet do rychłych namiętności. Ze zblazowaną miną, zerżniętą z plakatów The Who, płynąłem szkolnym korytarzem, od niechcenia odpowiadając na pytania: „Co to, próba?", „Kiedy koncercik?", ewentualnie bardziej naiwne: „O, nagrywacie coś?". A ja po prostu taszczyłem werbel. Resztę pozostawiałem rozpasanej wyobraźni moich licealnych koleżanek. One w swych procesorach marzeń już widziały mnie na rockowym olimpie otoczonego wymiocinami luksusu.

Jak ci się, facet, wydaje, że wyrwanie laski na pożyczone ferrari, wakacje ol ekskluzif na wyspie Rodos czy też ekstrazestaw sushi, to jest wyczyn, to ja ci szybko odpowiadam. Babki, bez względu na wiek, najlepiej podrywa się na ich wyobrażenie na nasz temat.

Skonfigurowałem sobie drugie, bardziej rockowe ja i dawałem mu miłe zajęcie. A werbel to znikoma inwestycja generująca maksymalne zyski.

Ile razy słyszałem: „Kuuuuuba, kiedy zaprosisz mnie na próbę?". No i ja dawałem się przekonać i zapraszałem. Nigdy później żadna nie chciała już przyjść ponownie. Nasza muzyka była dla naszych podrywów tym samym, co Yoko Ono dla Beatlesów. Tragedią. Nawet to, że niektórzy z nas wyglądali jak z castingu do *Władcy Pierścieni* czy w ogóle uciekinierzy z powieści Tolkiena, nie brukało naszych wizerunków tak bardzo, jak to marne granie.

Dlatego dobrze sobie radziliśmy z popularnością, ale bez popularnych umiejętności ani popularnych przebojów. Nasz wokalista bardzo późno zrozumiał, że w śpiewaniu chodzi o to, aby widz miał przyjemność, a nie obrażenia. Próbowaliśmy też podbić świat z wokalistkami. Właściwie cały nasz zespół był jednym wielkim castingiem. Niestety już wtedy przychodziły koleżanki, które były łase na sławę, ale trudno było znaleźć chętnych na ich wątpliwy dar wokalny.

Manuela o urodzie miss ziemniaka ze stanu Idaho śpiewała z miną i emocjami kobiety wyjmującej pranie z pralki. Kasia wyglądała jak heroinistka żywcem wyjęta z rewii transwestytów. Monika mamrotała do mikrofonu w dziwnym narzeczu przypominającym sekretny język delfinów. Mało tego: twierdząc, że tak na ostatniej płycie śpiewa lider The Cure.

Wyrzucaliśmy je co tydzień i co tydzień przyjmowaliśmy nowe, które często były napadane przez te poprzednie. Jak punk rock, to punk rock. Rock and roll bez awantur jest jak chrześcijaństwo bez piekła. Są nierozłączne. Ale brakowało nam gwiazdy, lidera, czyli krótko: kogoś takiego jak ja, tylko drugiego. Albo inaczej: takiego jak Titus, lider Acid Drinkers. Mój ulubiony wzorzec rockowej gwiazdy.

Pamiętam dwa pierwsze zdania z jego pierwszej wizyty u mnie.
Ja:
– Można już?
Titus:
– Napierdalaj, Kubuś, ile wlezie.

160

Drugim zagrożeniem obok braku talentu był drugi zespół. Starszych kolegów, którzy umieli grać, a na domiar złego rzeczywiście byli starsi. I tak jak nasza kariera muzyczna rozwijała się w tempie przesuwającego się lodowca, oni niestety powoli stawali na linii frontu zatytułowanego „sukces". Na gitarze grywał u nich Andrzej Zeńczewski, późniejszy lider DAAB-u, kumpel Muńka ze Szwagra Kolaski i przez jakiś czas zadowolony dzierżawca Anity Lipnickiej.

W biografii Jimiego Hendrixa *Pokój pełen luster* znalazłem wiadomość, że boski Jimi zabierał swoją gitarę nawet do kina, nie mogąc skazywać jej na dwie godziny rozłąki. Niestety przy ówczesnym standardzie kin branie ze sobą mojego instrumentu rodziłoby praktyczne problemy. Ale miłość kwitła.

Próby mieliśmy wtedy w damskiej szatni przy sali gimnastycznej. Miejsce przesiąknięte wszystkim tym, co znane, nieznane, a przede wszystkim zakazane.

Janusz Panasewicz nie ukrywał nigdy przede mną, że wokalistą został głównie po to, by wyrywać tak zwane dupy. W roli tych ostatnich oczywiście panie.

To były pierwsze erotyczne dożynki w moim życiu. Owszem, zdarzały się też dziwne przypadki. Na przykład Jola. Interesowało ją zbieranie glinianych garnuszków i higieniczna logistyka. Ilekroć przychodziła do mnie, uważnie sprawdzała, czy moja szczoteczka do zębów znajduje się w odległości nie mniejszej niż dwa metry od kibla, bo w przeciwnym razie, jak twierdziła, atakują ją bakterie kałowe. „Jeśli tego nie przestrzegasz, do twoich ust dostają się bakterie, które wyfrunęły zarówno z twojego stolca, jak i reszty domowników" – mawiała. Taką miała dziewczyna pasję. Zaskakiwała mnie swoją wiedzą o życiu. Ni stąd, ni zowąd zagajała: „Mężczyzna goli tylko twarz, a kobieta wszystko oprócz twarzy. To mocno niesprawiedliwe". Zapadaliśmy wtedy w milczącą zadumę na temat nieludzkiej niesprawiedliwości, a ja zastanawiałem się, jaki dziwaczny lokator musi zasiedlać jej mózgoczaszkę.

Nasza znajomość nie przetrwała długo. Generalnie przyjąłem wtedy, że dziewczęta to rzeczywiście tylko wersja demo prawdziwych kobiet, więc nie należy martwić się ich usterkowością.

Miłością do muzyki zaraził mnie mój o dwa lata starszy brat Tomasz.

Był ekscentrycznym starszym bratem. Tygodniami ślęczał nad sklejeniem z miliona papierowych części modelu aeroplanu typu Halifax z bombami, by potem polać go benzyną i sycić się aktem zniszczenia. Podobny proceder zrealizował także w swoim dorosłym życiu, tyle że w miejsce samolotu wstawił własną biografię. Lubił też kupować w sklepiku z rybkami kilku różnych przedstawicieli jakiegoś gatunku, by następnie wystawiać ich w słoiczkach na mróz, przyjmując zakłady, który szybciej powędruje do rybiego nieba. Ale uczył się dobrze, koncentrując tym samym zapał pedagogiczny rodziców na mojej osobie. A ja miałem wtedy prostą filozofię. Umysł jest jak spadochron. Nie działa, kiedy nie jest otwarty. Niestety mój otwierał się przeważnie nie na te rzeczy, co potrzeba. Na przykład w wieku lat szesnastu byłem już ścigany za handel bronią. I to nie białą, tylko najprawdziwszą, prawie palną.

Z pobytu w Czechosłowacji, czyli kraju, którego już dziś nie ma, przywiozłem pistolet pneumatyczny, który po przekroczeniu granicy ze sportowej zabawki przeistoczył się w broń mogącą służyć do czynów zabronionych. Gdy znudziłem się swym morderczym narzędziem zakupionym u braci piwnych, zbyłem je u taksówkarza z miejscowości Chojnice w celu jak najbardziej pacyfistycznym. Chodziło o ostateczny argument przy rozliczaniu opłaty za przebytą trasę, szczególnie u pacjentów wiozących na tylnym siedzeniu liczną ilość spożytych promili. Przebitka była tak duża, że nie szukając bardziej społecznie akceptowalnego zajęcia, udałem się do gościnnej czeskiej Pragi na występy jako oficjalny już handlarz bronią.

Widzieliście film *Pan życia i śmierci* z magicznym Nicolasem Cage'em? Byłem nim, zanim on był tym gościem z filmu. Przywiozłem dwie walizki pneumatycznych rewolwerów, a napchałem ich tyle, że spokojnie mógłbym obalić rząd w jakimś spokojnym afrykańskim kraju. Niestety organy ścigania wytropiły u pana taryfiarza mój śmiercionośny produkt i rozpoczęły się aresztowania. Pechowo zawodnik ten całkowicie pozbawiony był lojalności do swoich partnerów biznesowych i na pierwszym przesłuchaniu ujawnił dane dostawcy. Mój ojciec zyskał pierwsze siwe włosy, a matka dowód, że dziecko Rosemary niekoniecznie musi występować wyłącznie na srebrnym ekranie.

Teraz pole minowe, czyli rodzina. Pisanie o rodzinie to jak dawanie ogłoszenia: „Sprzedam szalik kibica. Mało zakrwawiony". Niby nic, a jednak zdradza co nieco o autorze.

Moja mama ma siostrę R., która jeszcze w liceum śmiało mogłaby wystartować w konkursie na najbardziej zgorzkniałą zawodniczkę w średnim wieku. Głupio wyszła za mąż i w związku z tym głupim faktem postanowiła zemścić się za to na całym świecie. Podobno zaraz po ślubie chciała się rozwieść, bo oblubieniec poukrywał przed nią chorobowe to i owo, ale uznała, że przyjemniej będzie dopierdalać wszystkim za to, że tego nie zrobiła. I tak też przez całe życie czyniła. Jak mawiają daltoniści: „Życie jest jak tęcza. Raz białe, raz czarne". Ona postawiła tylko na ten drugi kolor. R. znana jest w familii z tego, że najbardziej irytuje ją to, co innym sprawia przyjemność. Jak ktoś wskakiwał w nowy samochód, urozmaicał swój nudny żywot kolorowym radzieckim telewizorem tudzież majstrował sobie u krawca nowy kożuch, wtedy R. zaczynała cierpieć na bezsenność. Ze złości, że ten świat jest tak źle skonstruowany. Jednoosobowa elektrownia szczytowo-pompowa złej energii. Po jakimś czasie powiła córkę M., która twórczo rozwinęła dzieło matki. Szybko sięgnęła statusu lokalnej megalomanki w prowincjonalnym makijażu. Moja ciocia i moja siostra cioteczna. Duet *noir*. Przy nich Franz Kafka to klasowy wesołek. Od lat mają mnie za pasożyta, narkomana i nieistotną formę rodzinnego istnienia.

Z tym narkomanem to w ogóle ciekawa historia jest.
Taki dialog z Andrzejem Stasiukiem:
– Andrzej, to ty powiedziałeś: „Uważam, że wszyscy w telewizji jadą albo na amfie, albo na koksie". Dorota Wellman też? Zubilewicz też? Anita Werner też?
Stasiuk:

– Przepraszam. A wyjąłeś to z kontekstu? No wyjąłeś to z kontekstu.

Ja:

– Nie, z nosa to wyjąłem.

On:

– Z kontekstu... To było tak, że leżysz w hotelu i włączasz telewizor, bo czasami włączasz w hotelu telewizor i jest siódma rano, a oni wszyscy wyglądają w tych takich porannych programach, jakby już jechali, wiesz... A poza tym czytaj metafory, no. Przecież nie chodzi o to, że jadą na konkretnej działce, bo sobie kupili nielegalnie. Tu chodzi o pewien rodzaj mentalu, który telewizja i popkultura generuje.

Ja:

– A jaki to jest mental?

I tu następuje najinteligentniejsza wymiana myśli, jaka miała miejsce w moim programie od lat.

Zacytuję dokładnie i z podziałem na role:

AS: Taki... szybki.

KW: Płytki?

AS: Szybki!

KW: Płytki.

AS: Szybki!

KW: Płytki

AS: Szybki!

KW: Płytki!

AS: I płytki.

Potem, tak tylko przez chwilę, czułem, że da mi w ryj, co zresztą byłoby zaszczytem. Niestety zaszczytu nie dostąpiłem.

Uwielbiam takie dialogi, których sensem jest nieporozumienie. Czyli porozumienie przez nieporozumienie. Jak w tej anegdocie. Wychodzi mężczyzna od lekarza i pyta: „Przepraszam, pan powiedział, że mam twarz arystokraty?". „Nie, że ma pan raka prostaty".

Osobnym przypadkiem godnym opisania i współczucia jest partner R. i ojciec M. Wujek Zdzichu, od którego imienia wywodzi się rodzinna inwektywa: „Jesteś jak Zdzichu", czyli raczej ogarniasz powoli i z pewną niedbałością. Z. był wykwalifikowanym lekarzem, zapewne cenionym przez pacjentów, którzy przeżyli. Niestety uznanie, którym go darzono, kończyło się, gdy wracał do domu. Tam stanowił dziesiątkę w tarczy strzeleckiej zarówno współmałżonki, jak i swojej pociechy. Jedna mściła się za to, że jest nieszczęśliwa, a druga za to, że druga jest nieszczęśliwa. Istne familijne bingo. Jest takie pytanie filozoficzne: „Co jest ważniejsze: alkohol czy milcząca partnerka?". Zdzichu nie zaznał w swoim żywocie ani jednego, ani drugiego. Z trzecim też było kiepsko. Na seks z wybranką musiał czekać jak przeciętny Polak na rezonans magnetyczny. Dziesięć lat z poślizgiem.

Przynajmniej raz musieli to zrobić. Bo dowód pożycia zamieszkał z nimi i zatruł mu życie na równi z matką. Niestety miał chłop pecha, bo natura obdarzyła go także potrzebą naprawiania świata. A naprawiaczem był nieustraszonym. W rodzinie krążyła opowieść o tym, że jak ktoś leżał obłożnie chory, to wystarczyło wezwać Z. Nie jako lekarza. Zasiadał na krawędzi łóżka i zaczynał opowieści o naprawianiu świata. Co on by usprawnił, a co jest niewystarczająco sprawne. Po takiej prelekcji pacjent wstawał uleczony, niczym trędowaty zagadnięty przez Jezusa. Do legend przekazywanych w rodzinie należały też podróże samochodowe z Z. w roli szofera.

To nie był jego żywioł. Podobno na drodze każdy z nas odnajduje w sobie skurwiela. Otóż Z. nie odnajdywał. Był tym jednym jedynym, który takowej skłonności nie przejawiał. Z. po prostu chciał przebyć odcinek pomiędzy punktami A i B skutecznie, bez pozostawiania ofiar ani na drodze, ani w limuzynie. A to nie było proste. Z. miał bowiem pewną zdrowotną przypadłość, która nawiedzała go znienacka, rzadko, ale jednak. I wtedy z szoferowania nici. A automobil w pędzie, a familia na pokładzie. Dzięki temu podróże z Z. trwały wieczność i, cytując Owsiaka, jeden dzień dłużej. Miałem do niego słabość. Chyba nie odpowiadał mi ten zbiorowy lincz. Ale nie wiem, czy potrafiłem to dostatecznie głośno wyrazić. Teraz jest dobra okazja. Sorry, wujku Zdzichu. Nie byłeś wcale jak Zdzichu.

Do kompletu był wujek M., brat mojej mamy. Agresywny i konfliktowy facet na co dzień schowany pod maską śmieszka. Bardzo lubił być w centrum zainteresowania, nie bardzo zważając, że centrum tego nie chce, szczególnie kiedy mijały lata, a jego repertuar bycia wesołym wujkiem się nie wyczerpywał. Spłodził dwie córki, czyli moje siostry cioteczne, co zaowocowało tym, że dom zamienił się w kobiece koszary. Robił im falę i organizował inne żołnierskie gry i zabawy, które moje dwie przecudne siostrzyczki miały zmuszać do myślenia. I udało mu się. Tak gdzieś od ósmego roku życia dziewczyny intensywnie myślały, jak spierdolić z domu.

Wujek trefniś też miał pretensje do świata i rodziny. Ja w młodości chciałem być testerem zabawek erotycznych i w jakiś sposób zrealizowałem swoje marzenie. Nie wiem, kim chciał być M., ale odnoszę wrażenie, że całym swoim życiem udowadniał, że nie chciał być tym, kim jest. Mało tego: nie chciał, żeby inni byli tymi, kim są, szczególnie jeśli wiodło im się lepiej. Znacie taki film *Sierpień w hrabstwie Osage*? Braciszek mojej mamy był żywcem wyjęty z tej familijnej historii, spokojnej jak Sanepid w agencji towarzyskiej. Jego ulubionym zajęciem było wszczynanie zadym na rodzinnych zlotach. Tak go wspominam z dzieciństwa. Nie pamiętam, jaką miał szarżę w armii ludowej, ale w tej grze doszedł do poziomu generała broni.

Jak sami widzicie, to familia skąpana w destylacie rywalizacji i silnej niechęci do siebie nawzajem. Dziś trudno mi sobie przypomnieć czas, w którym moim marzeniem nie było oderwanie się od nich jak Katalonia od Hiszpanii. Ich wzajemne relacje, uprzejmości czy życzenia świąteczne były naciągane jak legginsy na Adele.

Mój ojciec też w tej konkurencji miał rodzinną szansę na awans do Ligi Mistrzów. Szczególnie z bratem Marianem, dumną ozdobą miejscowości Lublin. O Marianie w momentach nasyconych poprawnością polityczną mawiano „dziwak" lub „ekscentryk". W chwilach prawdy „pojeb" lub „świr". Marian miał dwie pasje. Demaskowanie nieścisłości w Biblii oraz prowadzenie wojen podjazdowych z sąsiadami. Na obu polach nie miał jakichś spektakularnych osiągnięć, choć czuć było, że motywację ma wielką.

W Stanach Zjednoczonych są podobno fundamentaliści biblijni, którzy przyjmują, że w Piśmie nawet błędy ortograficzne są objawione i jeśli rzeczywistość nie jest zgodna z Biblią, to tym gorzej dla rzeczywistości. Nasz lubelski demaskator miał problem z tym, że skoro ludzkość pochodzi od jednej pary, to mamy tutaj do czynienia z dość ekstremalną i masową formą kazirodztwa. I w związku z tym wuj czuł jakiś niepokój. Uważał też, że jest tam za dużo przepisów kulinarnych i żydowskiej kamasutry. Kiedy Marian doszedł do wniosku, że już w drugim rozdziale Pisma podany jest alternatywny opis świata, za żadne skarby świata niekompatybilny z pierwszym, wtedy uznał, że spisek żydowski ma większy zasięg, niż nam się wszystkim wydaje. No cóż. Żydzi są narodem wybranym, a myśmy nie mieli tego komfortu, by sobie stryjka wybierać.

Kiedy byłem w liceum i akurat miałem kolejną fazę, aby podpierać się naukowo wszystkim, co ateistyczne, wyłożyłem Marianowi swoje wątpliwości w zdaniu dość pokrętnym i złożonym, lecz dla mnie oczywistym: „Bóg umarł na krzyżu i złożył ofiarę samemu sobie, żeby przebłagać samego siebie za grzechy ludzi, których sam stworzył i o których od początku wiedział, że będą grzeszyli. Czy znajdujesz w tym, wuju, jakiś sens?". I stała się jasność, która przeistoczyła się w ciemność. Brat ojca spojrzał na mnie oczami bohaterki *Pięćdziesięciu twarzy Greya* i zaniemówił. I od tej pory wszystkim żyło się lżej.

Prowadził też szereg wojen w ramach swej klatki schodowej. Tutaj miał najwięcej do powiedzenia, więc były u Mariana wojny siedmioletnie, wojny trzydziestoletnie i jeśliby się nie wyprowadził, zapewne zdarzyłaby się i wojna stuletnia. O wszystko. Z tymi, co mieli srające psy, prowadził wojnę partyzancką, z własnymi córkami, a mymi stryjecznymi siostrami, zimną wojnę. Z małżonką, chytrą i podstępną kierowniczką sklepu mięsnego, wojnę zastępczą. Gdy nie znajdował porozumienia ze swymi pociechami, wyłączał im prąd i ogrzewanie. Wtedy konflikt lokalny łączył z wojną zimną i manewrową. Gdy zginęło mu mleko spod drzwi, rozpoczynał wojnę pozycyjną, tak gdzieś od czwartej rano. Gdy ktoś Mariana lekceważył, wszczynał wojnę prewencyjną podjętą w celu uprzedzenia ataku przeciwnika. Bo Marianowy umysł świat postrzegał trochę na zasadach PlayStation. „Ja kontra reszta". Zawsze dręczyło mnie pytanie, jak on sam wytrzymuje ze sobą i czy to w ogóle jest możliwe, że on sam siebie nie wkurwia? A taki stan jest przecież możliwy.

Swego czasu zagadnąłem o to Krystynę Jandę:

– Czy nie wkurwia pani sama siebie czasami?

Janda na to:

– O! Bez przerwy!

Marian był krawcem męskim o twarzy nierozgarniętego suma.

Słowo „suma" było dla niego zresztą kluczowe. Suma musiała się zgadzać. Z dzieciństwa wspominam wujka rybę, jak zadeklarował na łonie rodziny, że jego wkładem w moją i brata komunię świętą będzie uszycie dwóch garniturów z powierzonej mu tkaniny wełnianej. Marian słowa dotrzymał, garnitury uszył, niestety ujawniając przy tym swą ciekawą skłonność. Otóż nie liczył się z rodziną, a liczył się tylko z tym, co dało się policzyć. Różnica pomiędzy prostytutką a politykiem polega na tym, że prostytutka przestanie się dymać, jak skończy ci się kasa. Marian ewidentnie był w naszej rodzinie politykiem. Typem faceta, którego gdybyś zapytał, czy umrze za ojczyznę, odpowie: „Wolałbym zabić". Pamiętam, jak siedzieliśmy skuleni ze strachu z moim bratem w przedziale pociągu relacji Warszawa–Lublin, gdy nasza mama, Maria, w szale biegała po dworcu, aby rozmienić dwadzieścia złotych. Bo Marian, krawiec męski bez serca, zażyczył sobie zaliczkę na guziki do wspomnianej odzieży. Kumacie takiego gościa? Wtedy byłem bardzo młody i przejmujący się. Kiedy uncle z Lublina wypływał na mętne wody perory, że oto dla niego najważniejsza jest rodzina, tylko zakłopotaną miną dawałem do zrozumienia, że, mówiąc krótko, pierdoli.

Dziś, po latach, idioci mnie nie wkurwiają, tylko rozśmieszają. Szczytem Marianowej aberracji był moment, w którym mój brat wylądował na pierwszym roku studiów w Lublinie. Nie pamiętam, na jakim kierunku, zresztą idę o zakład, że on też nie pamięta. Jak to w rodzinie, moi rodzice zwrócili się z zapytaniem do brata ojca, czy udzieli Tomkowi schronienia. Trzeba wam wiedzieć, że to nie był już Marian z klatki schodowej. Gdy przegrał wszystkie wojny, wojowniczy stryjek postawił na obrzeżach Lublina dom wielkości Kapitolu. Zamieszkał tam ze swoją małżonką, tą samą obrotną kierowniczką sklepu mięsnego, a resztę pomieszczeń wynajmował studentom. Mojemu bratu wynajął pokój w piwnicy. I tak odyseja rodzinna zakończyła się wydymaniem Odyseusza.

Z sentymentem wspominam mamę mojego ojca. Babcia mieszkała w Lublinie u obłąkanego stryja, więc widywaliśmy ją rzadko, bo w ramach ofensywnej wojny domowej synek nie dawał jej kasy na zbędne wycieczki. Kiedyś przyjechała bez uprzedzenia. Ojciec w pracy, mama w sklepie, a mój brat w szkole. Ja, lat pięć, zostałem na straży siedziby naszej podstawowej jednostki gospodarczej, czyli naszego mieszkania. Babcia, zdumiona tak niską frekwencją, wchodzi do środka i słyszy ode mnie: „To babcia nic nie wie? Tata w szpitalu, mama w szpitalu, a całości dramatu dopełnia fakt, że brat także w szpitalu". I w tym momencie zaczyna się dramat właściwy. Kobiecina z tobołkami w jesionce z nutrii zasiada do książki telefonicznej i zaczyna wydzwaniać po stołecznych szpitalach. Ja konsekwentnie budując osobę dramatu, nie byłem w stanie podać przyczyny całego nieszczęścia, tłumacząc się szokiem oraz nikczemnym wiekiem. Babcia dzwoni i pyta: „Rodzina, trzy osoby, z wypadku, tu mi wnuczek podpowiada, że stan ciężki albo wręcz beznadziejny". A tam nic. Panie w centrali nic nie słyszały o familijnym seppuku. To babina wydzwania dalej: „Może zatrucie gazem, czadem, dwutlenkiem". Ja obok z wypiekami na twarzy podpowiadam coraz bardziej krwiste scenariusze. W końcu kartkowało się pod nieobecność rodziców *Medycynę sądową dla prawników*. Tam był cały katalog wyrafinowanych przypadków. Urwanie głowy przez sieczkarnię, pan trącony śmigłem samolotu czy też delikwent po dwutygodniowym pobycie na dnie matki naszych rzek, Wisły.

Do dziś próbuję zrozumieć, co wtedy siedziało mi w głowie. Potrzeba emocji, manipulacji, może chwilowej władzy. Lubiłem szokować, a rzeczywistość dawała mi do tej zabawy niezbędne instrumenty i okoliczności. Ot, taki przykład nieletniego chłopca, co to podąża za dziwnym głosem swego serca, ale nie zawsze dopuszcza do tej zabawy mózg.

Finał rodzinnej tragedii był banalny. Mama, gdy tylko zakończyła shopping, powróciła ze sprawunkami do domu, a teściowa przywitała ją słowami: „Jezus Maria, już cię wypuścili?". Do dziś pamiętam, jak siedząc przy wieczornej herbacie, już w komplecie i bez specjalnych obrażeń, dyskutowali o czymś szeptem. Patrząc w moją stronę z niepokojem i troską.

Cholera, z perspektywy czasu myślę, że więcej było w tym niepokoju. Babcia nie raz mówiła mi później, że z taką fantazją trudno mi będzie znaleźć żonę. I tu się z nią zgadzam, gdyż uważam, że żenią się zwykle ci bez żadnej fantazji. Ale może miała na myśli też inne zagrożenia.

Dawno temu, w czasach swej świetności, odwiedził mnie Andrzej Lepper, wicepremier:

– Mam żonę, dwie córki, Małgosię, Renię, i syna Tomasza.

– Czy Renia to na cześć koleżanki z klubu?

– No ja wiedziałem, co pan ma na myśli. Ale moja córka Renia w tym roku skończy dziewiętnaście lat.

– Moje narzeczone zazwyczaj mają dziewiętnaście lat!

– No jaki zbereźnik!

– Niech pan sobie wyobrazi: Renata Lepper-Wojewódzka.

– No nie, nie, nie. To już bym chyba nie wytrzymał i uśpiłbym od razu.

– Córkę???

– Córkę!

Ale żeby nie było, że moje rodzinne środowisko zasiedlone jest tylko przez jednostki mroczne, egoistyczne i szlachetnie patologiczne. Już Charles Bukowski, mój ulubiony literacki mroczny rycerz, pisał w *Kobietach*: „Łatwo się pisze tylko o dziwkach. Pisanie o wartościowej kobiecie to już nie taka prosta sprawa". Cała moja pozytywna część rodziny niech potraktuje to jako komplement.

Licealnych pedagogów wspominam jako ludzi dość pokracznych i ograniczonych. Nie było fantasty, który by zrozumiał, że zgraja idiotów chce się na nowo nauczyć i czytać, i pisać, tylko trzeba w nich rozpalić pasję. Nauczyciele byli chałturnikami. Chorążymi przeciętności. Jak masz szesnaście lat, to musisz mieć pasterza, który ma jaja w oczach... To wymaganie trudne do wytłumaczenia.

Po latach mój redakcyjny kolega z „Polityki", Jan Hartman napisze: „Szkolnictwo w obecnym kształcie jest dziewiętnastowiecznym przeżytkiem. Kulturowym i politycznym. Jeśli działa do dziś, to tylko mocą biurokratycznej inercji i obezwładniającej hipokryzji. Pojęcia, z jakimi wypuszcza się naszą młodzież w świat, mają się tak do współczesnego stanu ducha, jak siedemnastowieczne scholastyczne gimnazja jezuickie do życia umysłowego w kręgach Galileusza i Kartezjusza". Jak to czytam, mam wrażenie, że kiblował obok mnie w ławce.

Pani Wlaźniak, od angielskiego, lubiła nas, a my ją, bo razem lubiliśmy Beatlesów. Zawsze, kiedy słyszę *I Want to Hold Your Hand*, przypomina mi się, gdy pisała ten tytuł kredą na tablicy, a przy *want* jej pośladki wpadały w dygot. Tłumaczyliśmy razem piosenki, co było najlepszym spoiwem jej zapału z naszym analfabetyzmem. Kiedy próbowała wydobyć ze mnie jakiekolwiek zdanie w języku aliantów, które wypowiedziane w londyńskim sklepie nie wywołałoby salwy śmiechu u personelu, a efektów nie było słychać, to zawsze dawała mi ostatnią szansę. Prosiła, abym powiedział z pamięci jakikolwiek utwór Beatlesów. A to potrafiłem. I tak wyglądał schemat mojego nauczania. Ona do mnie z pytaniem: „Mowa zależna i niezależna", a ja jej: „*A love like ours could never die, as long as I have you near me*". I zasłużony dostateczny lądował w tak zwanym dzienniku. Ona zagaja z nienacka: „Różnica pomiędzy Present Continuous a Present Perfect Continuous", a ja, nie wiedząc całkowicie, o co ona w ogóle mnie pyta, aksamitnym głosem zaczynam: „*Yesterday, all my troubles seemed so far away, now it looks as though they're here to stay, oh, I believe in yesterday*". I brytyjski gentleman jak malowany.

Drugim i chyba ostatnim pedagogiem godnym zapamiętania była pani Cieślikowska. Opromieniona sławą temperamentnej polonistki oraz podejrzeniami, że syn leczy się wenerycznie. Jedno z tych stwierdzeń okazało się prawdą.

Ona potrafiła zarazić literaturą. Czytała nam jakiś wiersz, siadając na swym stole, co już na owe czasy było zachowaniem niekonwencjonalnym, i wyciągając dłoń przed siebie, zaciskała palce, jakby wyciskała sok z niewidzialnego owocu. „Czujecie to?" – pytała. A my, najoględniej mówiąc, posługując się językiem drogówki, zaliczaliśmy małą stłuczkę z powyższym tekstem. Bo zaraz pojawiało się także najbardziej wkurwiające pytanie świata.

Znacie takie pytania? Jest ich kilka. Na przykład: „Jesteś pewny, że nie będzie z tego dziecka?", „Co robimy w weekend?", ewentualnie: „Nie wiesz, którędy jechać?". Kurwa mać. Facet zawsze jest pewien, że nie będzie dziecka, bo inaczej nie czerpałby przyjemności z okoliczności. A co potem przynosi życie, to już inna sprawa. Facet nigdy nie wie, co będzie robił w weekend, bo nigdy nie wiadomo, który kumpel zadzwoni. My często nawet po weekendzie nie wiemy, co robiliśmy w weekend. Często dowiadujemy się tego z mediów społecznościowych. Mój kolega radiowy Piotr Kędzierski został raz zapytany, co robił w sylwestra. Odpowiedział niezmieszany: „Sam chciałbym wiedzieć. Pamiętam tylko toasty".

À propos toastów, to Alosza Awdiejew zaskoczył mnie onegdaj wyznaniem w temacie.

– Macie jakieś niezwykłe toasty teraz? To znaczy ja ciebie cały czas pytam jako przedstawiciela Rosji, no wiadomo, jesteś tu, jesteś już nasz, ale sporo wiesz – zagajam fachowca.

– Najlepszy toast... Ale on jest nieprzyzwoity.

– Proszę bardzo. Joanna, pozwolisz na nieprzyzwoity toast? – zwracam się do siedzącej obok i widzącej pierwszy i ostatni raz na swe piękne oczy zjawisko, jakim jest Alosza, Joanny Krupy.

Joanna krótko:

– *Sure.*

– Za nas z wami i na chuj z nimi.

I ostatnie wkurwiające pytanie. Facet zawsze wie, którędy jechać, czasami po prostu wybiera bardziej złożoną kombinację dróg.

Jak pisze często przeze mnie cytowany tutaj Stasiuk: „Podróżuje się po to, żeby było trudno, niewygodnie. Mentalnie ciężko". Nauczcie się tego, kobiety.

Wracając do klasy. Pani od wiersza zadawała zbrodnicze pytanie: „Co poeta chciał powiedzieć?". A skąd ja mam wiedzieć, co on chciał powiedzieć? Jak dorosły mężczyzna ma coś do powiedzenia, to mówi i już. Bo jest poważny, zrównoważony i chce być dobrze zrozumiany. A jak facet nie żyje od kilku stuleci, to ja nie aspiruję do miana tego, który odgadnie, co on chciał powiedzieć, a nie powiedział. Albo powiedział, tylko że inaczej. To jest gwałt na każdej poezji. Pokoleniowa dyscyplina w rozumieniu, co on chciał. I nie chodzi mi tu o literacką legendę, jakoby Wisława Szymborska nie zdała matury z interpretacji własnego wiersza, bo maturalny klucz wiedział lepiej. Opowiedział mi o tym jej sekretarz, Michał Rusinek. Przypomniał mi też prawdziwy już epizod, kiedy na maturze pojawiła się interpretacja felietonu Jerzego Sosnowskiego *Sztuka jako schody ruchome*. Jedna z gazet poprosiła go o interpretację własnego tekstu i była ona odmienna od tego, co wiedzieli panie i panowie z kuratorium. Kuriozatorium raczej. Słowem, Sosnowski nie zdałby matury z własnego tekstu, bo ktoś go zrozumiał inaczej. Bo myśl, czy to w poezji, felietonie, czy wyrażona w pośpiechu na ścianie kibla Dworca Wschodniego, jest ulotna. Płochliwa i wieloznaczna. I kara śmierci każdemu, kto ją ogranicza i zamyka we frazes. Spłaszcza, ściąga ku ziemi i daje sobie tym samym prawo nieomylności. Ja chcę odnajdywać to po swojemu. I szkoła powinna być miejscem, gdzie uczy się może dyscypliny zachowań, ale na pewno nie dyscypliny myślenia na komendę, pod kreskę. Dlatego uważam, że nauczyciel to zawód finezyjny, często wykonywany przez jednostki gruntownie nielotne.

Z Magdą Cielecką odbyłem kiedyś światłą konwersację. Czy to prawda, że wielka literatura, wielka sztuka jest zawsze albo o miłości, albo o śmierci? I doszliśmy do wspólnego zdania, że to prawda. A najlepszym tego przykładem jest arcyniepospolity film Oliviera Stone'a *Urodzeni mordercy*. Jeden z najpiękniejszych portretów nieszablonowej miłości romantycznej w otoczeniu powszechnego obłędu. W moim kameralnym rozumieniu literatury duet Mickeya i Mallory Knoxów targany jest namiętnościami i szaleństwem, przy którym dwudziestotrzyletni student prawa Rodion Raskolnikow jest złożony jak kompozycje Norbiego.

Zdanie matury po sześciu latach dokowania w szkole było kolejnym cudem nad Wisłą. Szczególnie że do końca nie rozróżniałem dobrze Wernyhory i Wallenroda od strażnika Teksasu. Nie zastosowałem jednak wariantu oskrzydlającego ani osłaniającego, tylko typowy dla siebie wariant ściągający. Byłem bowiem konsekwentnym samoukiem, czyli regularnie sam nie uczyłem się niczego. Wszystko, co się dało, przepisałem na ściągi. W zakładzie karnym byłbym arcymistrzem grypsu. Kto wie, może ta umiejętność jeszcze się przyda. Gdybym miał w głowie wszystko to, co mieściły kilometry moich ściąg, dziś zapraszałbym na kawę Zygmunta Baumana.

Przedłużony czas pobierania nauki w liceum nigdy nie był dla mnie specjalną traumą. A przeszło mi całkowicie, gdy swego czasu odwiedzili mnie Janusz Korwin-Mikke i Piotr Głowacki.

– Panie Januszu, pan brał udział we wszystkich kampaniach prezydenckich.

– No właśnie! I wiem, dlaczego pan mnie zaprosił z panem Piotrem Głowackim.

– Dlaczego?

– Bo pan Piotr Głowacki, podobnie jak ja, chyba pięć razy zdawał do szkoły teatralnej i dopiero za piątym razem zdał; ja też dopiero za piątym razem zostanę prezydentem Polski.

Ja na to:

– Trudno!

Nie wiedzieć czemu zdawanie matury, najważniejszego podobno w dotychczasowym życiu egzaminu, odbywa się w sali gimnastycznej. Kojarzonej z całkiem innym wysiłkiem niż ten płynący od głowy, pachnącej wczorajszym potem i starymi podkoszulkami kilku pokoleń licealnych atletów. Jak mawiał Dariusz Szpakowski: „Stadion w Dortmundzie wypełniony po ostatnie miejsce, chociaż widzimy jeszcze kilka wolnych miejsc". Tak było i u nas. Tłok, ścisk, pot i bełkot. W takiej też logice upłynął mój egzamin. Zawsze uważałem, że matura jest zbędna, bo i tak, gdy będę dorosły, nie będzie pracy.

W celu zabezpieczenia sobie tyłów zakradłem się w nocy do szkoły i większość dat, cyfr, złóż, surowców czy różnic pomiędzy *Dziadami* a *Chłopami* zapisałem na spodzie szkolnych ławek. Wiedziałem, że to się przyda, choć zapewne po raz kolejny obudzi w moich nauczycielach trwogę obcowania z paranoikiem. Rzeczywiście wielokrotne padanie na podłogę w udawanym akcie rozpaczy spowodowanym własną niemocą mogło wyglądać niezrozumiale. Zwłaszcza że co chwila padałem przed inną ławką, bo nie mogłem znaleźć daty żadnego powstania. Figury, którymi przecinałem powietrze, miały powrócić dopiero w przyszłości, w programie *You Can Dance*.

Aby zapamiętać streszczenie *Granicy*, mozolnie wyryte na bebechach szkolnego osprzętu, wiłem się w akcie chwilowej epilepsji dobre dziesięć minut. Co ciekawe, zmęczeni moją obecnością pedagodzy skrupulatnie stawiali na udawanie, że mnie nie widać. Zawsze stosowałem tę zasadę w szkole. Żeby uniknąć nieporozumienia, najlepiej się nie porozumiewać. Podczas matury tak zwanej ustnej niestety zgodnie z zasadą żelaznej logiki trzeba było używać ust. Mój wewnętrzny głos był jak adwokat Chrisa Browna, tego, co za ładne kilkanaście lat pobije w akcie bezgranicznej miłości swą wybrankę Rihannę. Otóż, kiedy Chris zaczął coś bełkotać w sądzie, próbując się usprawiedliwić z menelskiego wybryku, jego prawnik wyszeptał: „Ja nie tańczę, ty nie mówisz". Trudno to zrozumieć, ale się udało.

Ktoś kiedyś obliczył, że w słynnej sadze *Zmierzch* główni bohaterowie poświęcają dwadzieścia pięć minut na gapienie się na siebie bez słowa. Tak wyglądała moja matura ustna. Komisja zadawała mi pytanie, a ja z otwartymi ustami spoglądałem na nich, jak mawiała moja babcia, „niczym Niemiec z okopów". A i tak nie przebiłem mojej klasowej koleżanki, która poproszona na tak zwanym angielskim o dokładne opisanie swego stroju, wybełkotała po kilku minutach zadumy: „*Made in China*". I tak podwójne dno, i ławki, i losu, oraz symulowanie padaczki i stuporu dysocjacyjnego zapewniło mi dojrzałość. Ale nie ukrywajmy. Matura w pewnym sensie dość specyficznie zaniża oczekiwania. Jak paraolimpiada. Wtedy wszyscy czują się wygrani.

W życiu każdej wybitnej jednostki pojawić się musi wcześniej czy później termin „pierwsza diagnoza psychiatryczna". U mnie ten doniosły fakt miał miejsce na zakończenie sześcioletniego pobytu w liceum ogólnokształcącym. Wówczas już zdałem sobie sprawę, że najważniejszą częścią mego ciała jest ego. Potem są mózg i penis w różnej kolejności, w zależności od okazji. Bez względu na to, co działo się ze mną na zewnątrz, bez względu na to, ile lat byłem w liceum, moje wewnętrzne ja od dawna było na studiach i szykowało się do doktoratu. To mi pomogło przetrwać wiele życiowych burz.

Ego ważna rzecz. Rozmawiałem razu pewnego o tym z Arturem Borucem:

– Ty masz ego, nie? Ego, kolego.

– Do czego zmierzasz, powiedz mi.

– Ewidentnie z całej tej rozmowy wynika, że masz charakter, że jesteś trudny, bo charakterny, albo charakterny, bo trudny.

Boruc na to:

– Aha.

– To był komplement chyba – dodaje Sara, siedząca obok małżonka Boruca.

– Artur jest trudny? – pytam ją.

– Artur ma ciężki charakter, oczywiście, że tak.

I wtedy ciężki charakter się odzywa i prawi:

– Wiesz, ja staram się przez całe swoje życie, nie wiem... Nie pierdolić głupot, tak, przynajmniej. Okazuje się, że

181

przychodząc tutaj, troszkę, nie wiem, zboczyłem z tej drogi, którą sobie obrałem.

Piękne.

Pewnego dnia w szkole pojawił się gruby pan z jeszcze grubszą teczką i wyszło na jaw, że za pomocą pana będą nas badać na umysł, żeby przewidzieć, co czeka ludową ojczyznę za kilka lat. Czyli inaczej mówiąc: dokąd ją mogą takie młotki jak my zawieść. Pan energię miał niebywałą, jakby chciał dokonać zaraz inwazji na Francję, i bez ogródek wyjawił, że dzięki temu testowi wyłowi spomiędzy nas jednostki wybitne oraz uporczywych debili. Niestety sam okazał się jednym z tych bardziej drugich, bo oświadczył, że wielosetstronicowy test będziemy wypełniać po zajęciach lekcyjnych. A moją podstawową zasadą w szkole, zaraz po zasadzie pomijania zajęć, było pomijanie zajęć pozalekcyjnych. *Ulisses*, jak powszechnie wiadomo, w zależności od wydania, liczy pomiędzy 800 a 1000 stron, i taki był też ten test, i podobnie jak dzieło Joyce'a akcja miała rozegrać się w ciągu jednego dnia. Przy każdym pytaniu były trzy odpowiedzi, a pytano nas o rzeczy na poziomie: „Kiedy skończy się *Moda na sukces*?", „Andrzej, jak ci na imię?" tudzież: „Czy chłopcy mają okres?" albo: „Kto zgasił światło?". Ja swój wypełniłem w piętnaście minut moją ulubioną metodą naukową „na chybił trafił". I pech chciał, że chyba w większości odpowiedzi chybiłem, bo po dwóch tygodniach wezwano mnie wraz z mamusią do poradni, gdzie zapadł wyrok: „Proste prace budowlane".

Daję wam słowo. Jakiś psychologiczny tuman moją odpowiedź na pytanie: „Jakiego koloru jest czerwony maluch?" –

„Biały" potraktował ze śmiertelną powagą. Gdy nie mniej poważnie próbowałem się ratować i zasugerować, że może ktoś nie do końca serio mógł podejść do tego psychiatrycznego *opus magnum*, usłyszałem: „Uwzględniamy to w naszych badaniach. Nie zmienia to jednak diagnozy. Jest pan upośledzony".

Żyję z tym piętnem do dziś. Może właśnie to wyczuł Piotr Najsztub, gość drugiego odcinka mojego programu, bo wyznał:

– No ma pan zadatki na takiego aktora trzeciego planu. Ale ja bym radził to porzucić. Ja myślę, że w panu jest jakaś siła, ale pan sam jej jeszcze nigdy nie widział. Nie dał pan jej dojść do głosu, ponieważ tak wiele pan wie o tym interesie, który się nazywa show-biznes, że siłą rzeczy ta wiedza panem steruje.

Dziennikarstwo studiowałem dziewięć lat. Nie dlatego, że taki był cykl, ale dlatego, że wybrałem indywidualny tok studiów, tyle że nikt o tym nie wiedział. Postanowiłem indywidualnie zachować to dla siebie. Dziś każdemu, kto chce startować na dziennikarstwo, z miejsca wypisałbym pigułkę „dzień po". Żeby szybko zapomniał o tym, co się stało.

Polecę wam jedną kluczową myśl: „Bezużyteczną rzeczą jest uczyć się, lecz nie myśleć. A niebezpieczną rzeczą myśleć i nie uczyć się". Z mojego roku karierę zrobił chyba tylko Paweł Dunin-Wąsowicz, znany szerzej jako odkrywca talentu Doroty Masłowskiej, zwany w trakcie akademickiej nauki Paulem Pavikiem. Chyba nie muszę tłumaczyć, jaka czynność wylewnie zaciążyła na genezie tego nobilitującego pseudonimu.

Dziennikarstwo, a przynajmniej jego studiowanie, daje ci poczucie grania istotnej roli w dramacie pod tytułem *Rzeczywistość*. Wydaje ci się, że stajesz się jej narratorem, opowiadaczem oraz w przypadku co bardziej myślącej jednostki, także i tłumaczem. A to gówno prawda. Studia dziennikarskie to nie jest nawet szkoła zawodowa. Studia dziennikarskie uczą ludzi w kierunku: „Człowiek, który wie to, czego nie wie, żeby być dziennikarzem". Kiedy ja zaczynałem studia, a także w trakcie dziennikarstwo było uważane za służbę publiczną poddaną ostrym rygorom moralnym. Pojęcia etyki czy rzetelności były pojęciami warsztatowymi. Dziś są pojęciami nieobecnymi. Jeden z moich przewodników po tym świecie, Ryszard Kapuściński, powiedział kiedyś: „Misyjność zawodu skończyła się, kiedy ludzie biznesu spostrzegli, że informacja jest towarem, na którym można zarobić". Święte słowa, panie Ryszardzie.

Dziś byle dupek z dostępem do komputera wie, że informacja jest towarem, a podrasowana informacja spełniająca nie tyle wymogi prawdy, ile bardziej wymogi oczekiwań czytelnika, jest towarem doskonałym. To oni wykończyli tę profesję. Teraz nie ma dziennikarzy. Są pracownicy mediów, podpisywacze zdjęć, młotkowi od contentu. Kiedyś ekskluzywna profesja, dziś staje się zajęciem masowym, w którym obowiązują słowa-klucze, jak w hip-hopie.

Wiecie, jakie są najpopularniejsze słowa w polskim hip-hopie? Otóż są to w kolejności zasiadania na pudle: 1. Hajs. 2. Ziomek. 3. Zajawka. Na czwartym jakże ważny, choć najwyraźniej niedoceniony: Koks. Przy użyciu tych czterech uduchowionych słów można napisać dziś epopeję hip-hopową, wielowątkową niczym *Rodzina Palliserów*, do znalezienia w księgarniach na półce „Proza rodzinna".

Te cztery słowa to potencjalnie całkiem niezła autobiografia. Te cztery słowa to kawał historii Polski. Tymi słowami można by opowiedzieć życie i twórczość Tadeusza Rydzyka. Wtedy chyba jednak bez słowa „koks".

Oczywiście zdarzają się w hip-hopie artyści wyjątkowo rozbuchani literacko, którzy świetnie sobie radzą bez tej kluczowej czwórki. Znalazłem na przykład taki efekt artystyczny pochodzący z tej sfery: „Kręć mi dupą, kręć mi dupą, kręć mi dupą, kręć". Ładne, czytelne, no i przede wszystkim odpowiadające na fundamentalne, już omawiane pytanie: „Co artysta miał na myśli?". Jeśli takowa tu w ogóle zaznaczyła swój pobyt.

Tak dziś mniej więcej pracują dziennikarze serwisów internetowych i prasy kobieco-plotkarskiej.

W dalszej części tej pozycji literackiej o kręceniu dupą podmiot liryczny nawija: „Co się dzieje z moją sąsiadką? Kręci dupą jak betoniarką". Współcześni dziennikarze sfery tak zwanej popkultury robią to samo, tylko z głowami. Kręcą nimi jak betoniarką.

Pierwsza podstawowa zasada kreatywnego dziennikarstwa w moim rankingu ważności brzmi: „Miej własny punkt widzenia". Druga: „Idź na wojnę myśli – wszystkich ze wszystkimi". Trzecia: „Naucz się zadawać pytania, których nie zadałby nikt inny".

Przypomina mi się rozmowa z Marcinem Gortatem.

– A weź dłoń. Pokaż dłoń...

Tu Marcin przykłada swoją pokaźną prawicę do mojej.

– Jezus Maria! Przepraszam, że ci to powiem. Ja bym chciał zobaczyć, jak ty uprawiasz autoerotyzm, po prostu.

Do redakcji „Magazynu Muzycznego" udałem się od razu, kilka minut po tym, jak zostałem dziennikarzem. Czyli po otrzymaniu w dziekanacie legitymacji Wydziału Dziennikarstwa Uniwersytetu Warszawskiego ze stosowną pieczątką, że ten na zdjęciu to ja. Do tego trzeba jeszcze dołożyć kilka minut drogi, jaka dzieliła ulicę Nowy Świat od Kredytowej. To była odległość od moich marzeń do ich realizacji. Był rok 1987. Redakcję wspominam z sentymentem i lekko cynicznym rozrzewnieniem, tak jak się wspomina swój pierwszy oddział psychiatryczny. Była ona na drugim miejscu po redakcji miesięcznika „Non Stop", którym dyrygowali Wojciech Mann i Roman Rogowiecki. A chciałem po prostu zostać czeladnikiem rock and rolla. Niestety jedno spotkanie z redaktorem Rogowieckim dało mi do myślenia. Mianowicie, że on wcale nie myśli, żebym ja tam był potrzebny. Lata późniejszej współpracy z tak zwanym Ro Ro pokazały mi dobitnie, że kolega Roman generalnie nikogo nie potrzebował do współpracy. Wynikało to z tego, że pierwszym hobby Romana było kolekcjonowanie znamion przekonania, że inni są zbędni. I sumiennie dzień po dniu uzupełniał swą kolekcję braku wątpliwości. Roman był jak film *Kevin sam w domu* w Polsacie na święta Bożego Narodzenia. Ten gość mógł oglądać siebie codziennie, z wyraźnym zadowoleniem, że to znowu on. Roman rozsiewał wokół siebie narcystyczny aromat kumpla zespołu Metallica oraz posiadacza angielskiego akcentu rodem ze stanu Minnesota.

Ale trzymając się choć przez chwilę chronologii. Zblazowany Ro Ro był najsilniejszym sygnałem, że zwykłą ludzką przyzwoitość zastanę wyłącznie w redakcji „Magazynu Muzycznego". Było to wówczas mocno pokraczne pismo rock and rollowe, a esencją pokraczności było to, że nosiło w nazwie dodatek „Jazz". A to słowo w żaden sposób nie rymowało się z punkowymi czasami. Pasowało do nich jak Barabasz do Jezusa.

Trzon redakcji stanowili uprzejmi panowie dobrze po kryzysie wieku średniego, a wszyscy sprawiali wrażenie, że ich ostatnią fantazją muzyczną była komanda Led Zeppelin. Podczas zebrań panowała pełna kurtuazji zgodność, że wszystko, co w muzyce najlepsze, już miało miejsce i my teraz niczym archeolodzy objawimy wam o tym dobrą nowinę na stary temat. Pachniało kurzem, rockowymi molami i rupieciarnią starego gustu. Obecności rock and rolla nie stwierdzonoby nawet pod największym teleskopem świata z chilijskiej pustyni Atacama, z którego można obejrzeć, jak na Jowiszu wyciskają pryszcze. Zgromadzeniem tym zarządzał Marian Butrym, jak później pokazała historia, mój pierwszy w życiu redaktor naczelny. Był figlarnym sybarytą o dużym poczuciu humoru i wyraźnym, choć błędnym przekonaniu, że młodzież nie jest dla niego zagrożeniem. Była to rzadka wówczas cecha, gdyż większość tak zwanych starszych kolegów wychodziła ze słusznego dla nich założenia, że świat nie jest instytucją zajmującą się spełnianiem twoich życzeń, a my ci to uzmysłowimy najlepiej. Takie są wilcze zasady rynku w promującym konkurencję zawodzie, jakim jest dziennikarstwo. Wtedy jeszcze tego nie wiedziałem. Ale na szczęście trwało to krótko.

Istnieją teorie, że siedem procent mężczyzn ma członka odchylonego w prawo. Reszta to mańkuci. Te siedem procent to ludzie szoł-biznesu. Ludzie, którzy czują w sobie potrzebę bycia innymi. Niestety czasami brakuje im na tę inność pomysłu. Redaktor Marian przyjął nas życzliwie. Piszę „nas", bo towarzyszył mi człowiek-pasożyt Arkadiusz, późniejszy dyrektor Warner Bros w Polsce, co najlepiej ilustruje poziom kadr zarządzających w epoce dzikiej transformacji. Arkadiusz był niezdolnym oportunistą w typie Jana Piszczyka, syna krawca damskiego.

Teoria rodzicielska głosi, że dzieci dzielimy na te, które przynosi bocian, i na te, które znaleziono w kapuście. Arkadiusza na bank znaleziono w kapuście. I jak znam życie, właśnie tę kapustę kradł. Był bowiem koleżką, który podpierdalał pomysły, tytuły, idee innych, bo mu jakoś tak w głowie wychodziło, że skoro jego są chujowe, to tak będzie lepiej. Prawdziwy tragizm jego losów najpełniej oddaje fakt, że w swoim czasie był kawalerem niejakiej Agnieszki Jastrzębskiej, co już samo w sobie godne jest krwawego libretta *Toski* Pucciniego. Dziś podobno żyje z hodowli koni. Mam nadzieję, że wszystkie kobyły są jego i ma na to niepodrobiony papier.

Redaktor Butrym już na pierwszym redakcyjnym zebraniu powierzył nam obowiązek (łamane przez zaszczyt) napisania tekstów do najbliższego numeru pisma. To miał być mój pierwszy raz. Oczywiście mój prawdziwy pierwszy raz miał miejsce, gdy miałem dwanaście lat. I tylko żałuję, że byłem przy tym sam.

Mnie przypadł w udziale zaszczyt zrecenzowania konkursu muzycznego, który odbywał się corocznie w gustownym, choć pachnącym źle ulokowanymi szczynami klubie warszawskiej FSO, a za nazwę miał „Rock dla pokoju".

W niedzielny ranek, zaopatrzony w wałówkę, litrową butelkę coli oraz aktualną narzeczoną Beatę R., udałem się tramwajem w miejsce walk o pokój. W 1988 roku w polskiej muzyce rockowej kipiało. Swoje płyty wydają Deuter, Armia, Kora i Püdelsi, Moskwa, T. Love, Kult z genialnym albumem *Spokojnie* czy Dezerter. A w budynku Fabryki Samochodów Osobowych na Żeraniu grano jak w Kołobrzegu. Wiejski heavy metal, powiatowe Dire Straits czy inne całkowicie zbędne, ale jakże bezpieczne dźwięki. Jakiś żerański selekcjoner postanowił dostosować jakość prezentowanej na zakładzie muzyki do jakości czterokołowych produktów, które codziennie schodziły z taśmy tego przedsiębiorstwa. „Jeśli takie granie na instrumentach ma być gwarancją pokoju, to ja wolę nalot dywanowy" – pomyślałem sobie wówczas, robiąc stosowne notatki. Co zabawne, wtedy po raz pierwszy przecięły się moje drogi z Piotrkiem Łukaszewskim, wówczas gitarzystą gminno-sołeckiego zespołu o wszystko mówiącej nazwie Angelika. Ciężko było podczas tych występów udawać orgazm. Szczególnie jak się widziało niekłamane orgazmy gitarzystów porywających się na dwudziestoczterogodzinne solówki, omiatając w tym samym czasie włosami niechlujne kąty żerańskiej sceny. Ale tacy to potrafią udawać orgazm nawet podczas masturbacji.

Jak przystało na sumiennego dziennikarza w terenie, gruntownie zapoznałem się z ofertą literacko-muzyczną młodzieńców będących zdecydowanie za pokojem i przystąpiłem do pisania strzelistego reportażu.

Czas był trudny i ryzykowny. Teksty z „Magazynu" wędrowały do cenzury na Mysią, a dopiero później do drukarni. Taki był wówczas obrót wolną myślą. Miałem do wyboru narazić się Podstawowej Organizacji Partyjnej Zakładów na Żeraniu, a szczególnie jej młodzieżowej przybudówce ZSMP, przyznać się do wspierania militarystycznej polityki odwetowców z Bonn oraz ich popleczników z NATO, czyli nie opowiedzieć się za pokojem, i w końcu mieć koncertowo przejebane u kilkunastu kapel na starcie bez wątpienia błyskotliwej kariery, albo pochwalić te wszystkie łajzy przebrane za rockmanów, wystawić wybitną laurkę organizatorom, a na dodatek przyczynić się do niebombardowania ojczyzny przez bombowce startujące za moment z Monachium. Wybrałem wariant konfrontacyjny. Raz się żyje, zaplanowałem. „Za odwagę trzeba płacić. Strach jest za darmo". To motto powoli stawało się jednym z moich podstawowych w życiu. Napisałem reportaż o tym, jak trudno mi napisać reportaż, gdy się ma do czynienia z czymś, co literalnie można nazwać gównem, na dodatek bez idei, czyli najgorszym rodzajem gówna.

Dziełu memu nadałem zatem adekwatny tytuł *Kupa w pokoju* i oddałem w ręce historii. Redaktor Marian wpadł w zachwyt, cenzorzy nie dostrzegli rewanżystowskich tonów i w ten sposób zostałem redaktorem z dorobkiem.

Pierwszy wywiad prasowy zrobiłem natomiast z człowiekiem, który był najważniejszą figurą na szachownicy mych muzycznych poszukiwań. Porównanie jak z *Kalendarza gospodyń wiejskich*, ale ma swoje uzasadnienie w przeszłości oraz przyszłości powyższego tekstu.

Robert Brylewski. Szokiem i niezrozumiałym gestem losu jest to, że dziś mogę o nim pisać już tylko w czasie przeszłym. Odszedł tuż przed 4 czerwca 2018 roku. Symboliczne i bez patosu paradoksalne. Tuż przed nieweryfikowalnym świętem wolności, w jego wigilię, odchodzi jeden z najbardziej wolnych ludzi, jakich znałem. Jego zespół Kryzys był aktem założycielskim nowej, lepszej reszty mojego życia.

Jest taka stara zasada w relacjach damsko-
-męskich: „Jeśli facet pamięta **kolor twoich oczu** po pierwszej randce, to znaczy, że masz **małe cycki**".

Transponując te wyszukane refleksje na moją biografię, jeśli kontakt z czyjąś muzyką powoduje, że zapominasz o wszystkim, co słyszałeś do tej pory, to znaczy, że masz za mało wiatru w głowie. I dzięki Robertowi chciałem się przewietrzyć. Był pierwszym polskim muzykiem, z którym zrobiłem wywiad do „Magazynu Muzycznego".

Do dziś pamiętam koncert grupy Kryzys na stołecznym Torwarze, od lat robiącym za postsowiecką Carnegie Hall. Grali wówczas jako support, uwaga, grupy Perfect, której ówczesne piosenki, bardzo przepraszam, ale zrobiły na mnie wrażenie kompozycji z tej samej szuflady, z której wyjmowali natchnienie Skaldowie. Zresztą najlepszą recenzją gwiazdy wieczoru było to, że po koncercie Kryzysu połowa sali uznała, że nie ma pragnienia na wysłuchanie, jak Grzegorz Markowski będzie opowiadał historie swojego życia napisane przez życie kogoś innego.

Był wtedy rok 1980 i zanim Perfect stał się legendą, otarł się o kicz i tandetę.

Robert Brylewski był zapowiedzią czegoś nowego, autentycznego oraz inteligentnie zbuntowanego. Na scenach kraju grasowały muzyczne zombie pod sztandarem Muzyka Młodej Generacji, a on stał z boku, na marginesie. I nagle dzięki niemu ten margines stał się najatrakcyjniejszy. To było coś pozasystemowego, pozamedialnego, pozabranżowego. Dzięki niemu muzyka nabrała wyraźnego wymiaru symbolicznego, pokoleniowego, wolnościowego. W moim rankingu stał się centralną postacią kultury niezależnej tamtego czasu. Ojcem założycielem zbiorowego myślenia inaczej. Był człowiekiem wprowadzającym ferment, obdarzonym niezwykłą muzyczną intuicją. Był panem od dźwięku, który nie miał sobie równych. Jego droga od Kryzysu, przez Brygadę Kryzys, Izrael, Armię, po Falarka czy Maxa i Kelnera była moją drogą. Była drogą wielu nie tylko z mojego pokolenia. Przyszedł z odsieczą, ratował od tandety, nieprawdy i miałkości. I nigdy nie wybaczę sobie, światu, środowisku, że tak ważny dla kultury człowiek koniec swego życia przeżył w niedostatku.

Kiedyś odwiedzam go w mieszkaniu na Pańskiej, wprowadza mnie do środka i widzę, że gra z ojcem w szachy. Przeprasza mnie, mówiąc: „Usiądź na chwilę, tylko dokończymy partię". Byłem oszołomiony. Nie spodziewałem się strzykawek, dziwek, ścieżek białego szaleństwa, ale nie spodziewałem się też takiej kultury. Zawsze będę go tak wspominał.

Pamiętam jego wizytę w moim programie.

– Mówią o tobie „ojciec chrzestny punk rocka".

Robert:

– Mówią.

– Mówią o tobie „wujek reggae".

– Mówią.

– Mówią „legenda".

– Mówią.

– Co jeszcze mówią? – pytam.

– Niektórzy „ciotka" mówią – ripostuje Brylu. – „Ciotka polskiej alternatywy".

– To co, Robert, pora umierać?

Dziś wstydzę się tych słów.

Słowa pożegnania Roberta wygłoszone na jego pogrzebie przez Tomka Lipińskiego należałoby wyryć na kamiennych tablicach i pokazać ludziom. Żeby zobaczyli, czym jest przyjaźń, jedność i wspólnota. I że można komuś wznieść pomnik bez patosu i pustych słów.

„Magazyn Muzyczny" był lekko groteskową redakcją. Był izbą pamięci narodowej rocka lat siedemdziesiątych. Selekcja materiałów do ewentualnego druku przypominała selekcję w nocnej izbie przyjęć jakiegoś powiatowego szpitala. Przyjmowano tylko stare i sprawdzone przypadki chorób lub urazów, a wszystko, co nowe lub nieznane, odsyłano do poczekalni.

Pierwszym zwiastunem nowego i młodego byli tam Paweł Sito i Jacek Demkiewicz. Sito był wtedy młodą gwiazdą dziennikarstwa, opromieniony wpływami w Rozgłośni Harcerskiej oraz kilkoma zastępstwami w Liście Przebojów Programu III, co czyniło go wówczas postacią opiniotwórczą. Paweł odznaczył się także opinią, że jeśli po imprezie jakiegoś zespołu zostawał alkohol, to znaczyło, że w zespole dzieje się źle. I podobno Paweł dbał o to, żeby działo się lepiej i nic nie zostawało. Jacek z kolei toczył swoje życie pomiędzy Iron Maiden, Whitesnake a Iron Maiden. Nosił długie włosy jak ci z Iron Maiden oraz buty sportowe podobne do tych, które nosili ci z Iron Maiden. Jeśli chodzi o ten band, był Gandalfem Szarym. Wiedział wszystko wstecz oraz do przodu.

Byli też dziarscy chłopcy, czyli kolektyw starszeństwa. Wiesław Królikowski sprawiał wrażenie jednostki, która gdyby tylko mogła, to swojej córce nadałaby imiona Robert oraz Plant. A sam chętnie z bierzmowania zostałby Robertem Plantem Królikowskim. Cierpiał ten jegomość na rodzaj nieszczęśliwej miłości do zespołu Led Zeppelin i chętnie podejmował się napisania o każdym, pod warunkiem że będzie to Led Zeppelin. Chłopaki z zespołu Moskwa, świecącego wówczas triumfy tria z Łodzi, opowiedzieli mi kiedyś, że pierwszym pytaniem, które zadał im redaktor Wiesław podczas wywiadu, było: „Czy w waszej muzyce znajdujecie inspiracje Led Zeppelin?". Taki to był pan. Gdyby tylko mógł, powołałby w IPN-ie specjalną komórkę, która by śledziła wpływy Led Zeppelin na chrzest Polski, zabory, bitwę pod Szydłowcem oraz cenę masła. Pierwszy album, zatytułowany ku ekstazie redaktora Led Zeppelin I, Londyńczycy nagrali podobno w ciągu 36 godzin. Tyle samo czasu dziennie Wiesław poświęcał na rozmyślania o swoich pupilach. Jak to robił, pozostaje już jego wielką tajemnicą. Gdyby to ode mnie zależało, dałbym mojemu starszemu koledze z redakcji stypendium, żeby mógł tropić życie Led Zeppelin przed Led Zeppelin oraz po Led Zeppelin. Bo kto jak kto, ale on zrobiłby to najlepiej. Miał i pewnie do dziś ma czarny pas w Led Zeppelin.

Kiedyś przeczytałem, że 15 milionów Amerykanów chce być pochowanych z telefonem komórkowym, co najlepiej pokazuje, że co jak co, ale teleinformatyczną kulturę wysoką to oni mają w małym paluszku. Idąc tym tropem, WK chciałby być pochowany z podwójnym albumem składankowym LZ oraz pryzmą papieru, żeby pomimo mroku móc nakreślić kilka nowych refleksji na nienowy temat. A następnie przez dołączony telefon przedyktować je sekretarce. Grupa istniała zaledwie dwanaście lat, a w takich ludziach jak on istnieć będzie zawsze, bez względu na fakt niezmiennego nieistnienia grupy. Do dziś uważam, że artykuły pod tytułem „10 rzeczy, których nie wiecie o Led Zeppelin" są nam potrzebne jak głuchoniememu złota rybka, ale niestety nic na to nie poradzę. Klątwa Wieśkopodobnych fanatyków *Schodów do nieba* trwa. Jedyne rockandrollowe zachowanie Wiesława, jakie pamiętam z tamtych czasów, to recenzja pierwszego koncertu megagrupy Papa Dance, którą napisał, z mozołem analizując niezwykłą chemię zespołu z widzami oraz jej randkowanie stylistyczne z aktualnymi nurtami w popmuzyce. Rockandrollowe było to, że nie poszedł na ten koncert, bo nie trawił wrzeszczących dzieciaków.

Byli też Wiesław Weiss i Jerzy A. Rzewuski. Absolutne muzykologiczne robokopy. Obaj nie wyglądali na przesadnych rockandrollowców. Jurek miał oblicze surowego, choć uczciwego szefa urzędu skarbowego, a Wiesiek z tym swoim nieśmiertelnym wąsem generalnie nie miał oblicza innego niż każdy człowiek z wąsem. Obaj byli życzliwi wobec młodzieży dokonującej inwazji na ich azyl, ale była to taka życzliwość, z jaką Niemki patrzyły na niegwałcących je sowieckich sołdatów. Takie pomieszanie wdzięczności z odrobiną pretensji. Obu szanuję do dziś i choć nigdy nie zyskali jakichś wielkich laurów należących się za ich wiedzę o muzyce i jej kształtowaniu, uważam, że bez nich polskie dziennikarstwo muzyczne byłoby kulawe jak Michał Figurski po wylewie.

Pamiętam jeszcze Adama Halbera, który zamiast do redakcji piszącej o rocku, bryłą pasował bardziej do redakcji piszącej o drzwiach otwartych we wszystkich stołecznych restauracjach. Był jowialny, pogodny, a horyzont jego zainteresowań muzycznych nie przekraczał chyba linii wyznaczonej przez braci Osmond i The Animals. Po jego śmierci w 2015 roku córka Małgorzata wyznała na swoim blogu, że Adam kazał, by na jego grobie napisano: „Było super". Publicznie doceniał moje pióro, więc – nie tylko dlatego – będę go dobrze wspominał.

Napisy na grobach to w ogóle jest ciekawa sprawa. Adam Hanuszkiewicz, wielki demiurg wszech sztuk, kazał wyryć na swoim grobie: „Umarł Hanuszkiewicz. Nudno będzie w teatrze".

Personą z innego wymiaru był filozof, performer, czarodziej Merlin i pierwszy rastafarianin PRL-u w jednym, czyli Sławek Gołaszewski. Miał twarz jak niedokończony tatuaż, trochę jak z bajki, a trochę jak z baśni. Sławek tak pisał o muzyce, że mało kto to kumał, ale wszyscy czuli się tym uduchowieni. Był wędrowcem, który wkraczał na taki poziom spekulacji, odniesień i wyobraźni, że Teatr Źródeł Jerzego Grotowskiego to przy tym przygody pszczółki Mai i tego grubasa pierdoły Gucia. Sławka się nie czytało, jego się albo odbierało, albo nie. Tak jak jego obecność. Pachniał paczulą i marihuaną. Był wielkim nauczycielem. Grał dziwne dźwięki na klarnecie z Kulturą i Izraelem. Został naczelnym ideologiem grupy Armia, dzięki czemu przez jej przekaz przebijały już takie tematy jak postmodernizm, świadomość głębokiej ekologii czy New Age. Zaproponowałem mu później pracę w audycji *Brum*, którą współtworzyłem w radiowej Trójce. Sławek miał codziennie czytać jedno zdanie z powieści Edwarda Redlińskiego *Konopielka*. W ramach *Codziennego Teatru Radiowego Magazynu Brum*. Miał luz i kontemplacyjny dystans i zrobił to wspaniale

Jestem dumny, że go znałem.

Nie mniejsza duma rozpiera mnie, gdy wspominam Tomka Beksińskiego. Ten to dopiero był magik. Na każdym redakcyjnym zebraniu ceny płyt i ceny biletów na koncerty przeliczał na liczbę hamburgerów w McDonaldzie. Czemu to robił? Do dziś nie wiem, ale tak miał. Komicznie demoniczna postać. Kiedy przychodził i zdejmował swoją czarną pelerynę Nosferatu, spod niej wyłaniał się łysawy cherubinek o buzi przerośniętego bobasa-maturzysty. Wyglądał jak samica ćmy księżycowej w ponad naturalnym rozmiarze. Lubił być skrajnym cynikiem, co było przebraniem, tak samo jak ta peleryna. Raczył mnie często opowieściami z dzieciństwa. Na przykład jak to babcia zabrała go do kościoła, a on pod koszulą miał odwrócony krzyż na łańcuchu. I z niecierpliwością oglądał się za siebie, kiedy zacznie się gotować woda święcona.

Podobno przeciętny człowiek zakochuje się cztery razy w życiu. Tomek, jako że przeciętny nie bywał, zakochiwał się prawdopodobnie dużo częściej. W aktorkach, piosenkarkach, postaciach z filmu, plakatu i piosenek. Lubił mieć idealny punkt odniesienia, żeby się nieidealnie odnosić do kobiecej rzeczywistości na ziemi. I odnosił się brutalnie. Był idealnym kandydatem na pełnoetatowego mizogina. Czasem miałem wrażenie, że jego idealna kobieta powinna być jak przychodnia – czysta, ogólnodostępna i bezpłatna. Czynna 24 godziny. Nie powinna też się odzywać i dotykać jego płyt. Najlepiej jakby była nimfomanką na telefon, ale z własnym mieszkaniem. Takie skrzyżowanie Sharon Stone, Margaret Thatcher i wszystkich partnerek 007, ale raczej z filmu niemego. Tomek był twórcą dziwacznej teorii, którą wykładał mi na raty, gdy wracaliśmy razem z redakcji w kierunku Krakowskiego Przedmieścia. Mawiał: „Jeśli ktoś mówi, że przestał rozumieć kobiety, to znaczy, że właśnie zaczął je rozumieć". Potem wchodził w głębsze wymiary. „Kuba, jak kobieta nie mówi, to znaczy, że analizuje". „Co?" – naiwnie pytałem. „To, co powiedziała wcześniej, ale nie miała czasu zrozumieć". Taki był smakosz z niego. Małżeństwo było dla niego połączeniem firmy cateringowej z firmą sprzątającą i myślał o nim z dużo mniejszą sympatią niż o Holokauście.

Nie od dziś wiadomo, że marzenia bywają **masturbacją wyobraźni** i trzeba w tym mieć umiar.

On go nie miał. Nie tolerował polskiej muzyki oraz polskiego kina. Uważał je za kulturowo zbyteczne. Nasza muzyka była według Tomka miałka, a kino nudne jak muzułmańskie porno. Jego największą krajową muzyczną miłość podrzuciłem mu podstępnie. Mojej ówczesnej koleżance Anji Orthodox, mrocznej liderce nie mniej grobowego zespołu Closterkeller, bardzo zależało na opinii jej ponurego guru, czyli Tomka właśnie. Wręczyłem mu więc debiutancką płytę zespołu ze słowami: „Muzyka w klimacie karawaniarskim, tak jak lubisz. Tylko sam wiesz, polski rock. Jakieś to takie nieskładne, mizerne, a i w swojej trupiości nikczemne". Tomek wyznał, że przez uprzejmość się zapozna. I tak zaczął się jego artystyczny romans z Anją, *nomen omen*, aż po grób. Został jej asystentem literackim i nadwornym tłumaczem zastygłych w śmiertelnej udręce tekstów na angielski. Myślę, że się w niej lekko podkochiwał... Szkoda, że jednostronnie, bo wtedy wszystko mogło potoczyć się inaczej.

W *Magazynie* poznałem też Piotra Majewskiego, którego poznanie zmieniło wektory mojego życia zawodowego. Z wlekącej się jak pacjent na amputację kolejki na Kasprowy przesiadłem się do pendolino. Piotr był synem Czesława Majewskiego. W tamtych czasach i tamtego właśnie Czesława Majewskiego. To jego ojciec co miesiąc występował jako pianista Pan Czesio w Kabarecie Olgi Lipińskiej ze swoją kultową frazą: „Mam grać?". Piotr był fanem jazzu i w owych czasach autorem popularnego cyklu *Krajowa Scena Młodzieżowa* w Programie III Polskiego Radia. Do dziś pamiętam jego kilkukrotne zapytanie – całkowicie inne od pytania jego ojca: „Dlaczego tak mało piszesz?". Rozumiecie to? Facet na pierwszym roku studiów, pracujący trzeci miesiąc w redakcji, słyszy od swego starszego kolegi: „Dlaczego tak mało piszesz?". Było to porównywalne z tym, co kilka lat późnej usłyszałem od ponętnej prowadzącej program *Lalamido*, zaraz po akcie wzajemnego udostępnienia sobie swych organizmów. Rzekła wtedy: „O, widzę, że ten pan ciągle niestrudzony". Zarówno ja, jak i ten pan przyjęliśmy to z radością.

Piotr był pierwszym dziennikarzem, który uwierzył we mnie jako w dziennikarza. Zobaczył we mnie takowego. Następnie rzeczywistość przyspieszyła i wsiadłem do międzykontynentalnej rakiety balistycznej pod jakże pożądanym do dziś kryptonimem „Kariera". Wcześniej, dzięki inicjatywnie założenia w redakcji komórki młodzieżowej, osiągnęliśmy z Pawłem Sito właściwy poziom zadowolenia z tego, co przynosi rock and roll, a co przynoszą okolice rock and rolla. Tym samym wylądowałem dzięki niemu w Rozgłośni Harcerskiej, jedynej wówczas prawdziwie alternatywnej stacji od Karpat po ostatnie boje Helu. Jak głosiła legenda, była to jedyna stacja radiowa w bloku państw socjalistycznych działająca poza strukturami radiowo-telewizyjnymi. Zaczynali tam swe epickie kariery Piotr Kaczkowski, Wojciech Mann czy Jurek Owsiak, a więc szybko uznałem, że jeśli gdzieś mam znaleźć furtkę do historii, to tylko tam.

Pierwszy wywiad radiowy do Rozgłośni Harcerskiej jako etatowy nieharcerz, by nie powiedzieć: etatowy antyharcerz, zrobiłem z Leszkiem Janerką przy okazji jego pierwszego solowego koncertu w warszawskim klubie Riviera Remont. Co ciekawe, po blisko dwudziestu latach zarówno on, jak i ja pamiętaliśmy to spotkanie.

W celu zapisania głosu artysty dostałem od radia magnetofon przypominający radiostację partyzanta Bartka ze *Stawki większej niż życie*. Był wielki, trudny w obsłudze i był zdecydowanie węgierski. Mikrofon miał na teleskopie, niczym wędka do łowienia rekinów. Z takim ekwipunkiem ciężko było zgrywać radiowca z doświadczeniem. Leszek wykazał się daleko idącą tolerancją i nawet na moje niezwykle podchwytliwe pytanie, co dziś wieczorem zagra na koncercie, odpowiedział z cierpliwością Gandhiego.

Podobno muzyka, której słuchasz w wieku dojrzewania, głęboko zakorzenia się w twoim mózgu i pozostaje tam z tobą do końca życia. Chciałbym za dwadzieścia lat spotkać dzisiejszego fana Gosi Andrzejewicz. Mógłby się w złożoności świata poczuć jak facet po amputacji rąk. Niezręcznie.

Drugim równie pełnym galopującej erudycji wywiadem było moje spotkanie z fenomenem tamtych dni, czyli zespołem Sztywny Pal Azji. To takie połączenie Kelly Family z harcerskim klimatem płonącego ogniska i szumiejących kniej. Panowie wyglądali jak etatowi członkowie PSL-u tudzież etatowi testerzy karmy dla zwierząt, ale czasy wówczas były inne i żeby dotrzeć do mas, nie trzeba było być wielobiegunową seksualnie Conchitą Wurst. A im się to udało. Hity *Wieża radości* czy *Zakopane, Zakopane* nuciła wówczas cała Polska. Do dziś gdy słyszę słowa: „Nie gniewaj się na mnie Polsko, nie gniewaj się, Ja naprawdę bardzo kocham cię, naprawdę kocham cię", to mam dreszcze wielkości dziur w skarpetach posła Ryszarda Czarneckiego. Jak przystało na dziennikarską gwiazdę śmierci, zarobiłem z nimi demaskatorską pogawędkę na schodach pachnącego uryną niedożywionych studentów studenckiego klubu Stodoła. Po emisji dwóch moich autorskich materiałów osiągnąłem taki poziom spełnienia i intelektualnego poznawczego dopalenia, że Piotr Majewski zaproponował mi transfer do Programu III Polskiego Radia. Tak, tak, moi drodzy. Po dwóch moim zdaniem średnich wywiadach zaliczyłem awans do ekstraklasy.

Kiedyś na licealnej potańcówce, w trakcie mego tańca, podeszła do mnie jakaś dziewczyna i z pełną powagą zapytała: „Czy ty tańczysz, czy dajesz nam jakieś znaki?".
Tak oceniam swój ówczesny poziom radiowca.

W moim subiektywnym odczuciu obie moje radiowe eskapady nadawały się wyłącznie do tego, by mieć je w radosnej pogardzie, a z radiowym warsztatem miały tyle samo wspólnego co Tomek Karolak z Wiedźminem.

Pracę w radiowej Trójce wspominam tak samo jak pierwszą miłość – z rozrzewnieniem i dyskretną mgiełką nieobiektywizmu. Przeżyłem tam nuklearny romans z dziennikarką, która uważała, że dzień bez seksu jest dniem straconym. Nie była niebiańsko piękna, ale za to Stwórca wynagrodził ten deficyt, obdarzając nadmiarem ochoty na współżycie. I ja z tego nadmiaru korzystałem. Od pokoju redakcyjnego magazynu „Brum" począwszy, a na tajemniczym drzewostanie na obrębach miasta stołecznego skończywszy. Była niczym żywa, cielesna emanacja hasła producenta serków Turek: „Przyjemność to nasza specjalność".

Podczas koncertów, które nazywały się Brum Top, a które prowadziłem z redaktorem Tomkiem Żądą, wyjechaliśmy do Trójmiasta. Jak się później okazało, rejonu, z którego pochodziło najwięcej moich perwersyjnych wspomnień. To, co ta dziewczyna wyprawiała ze mną w małym pokoiku nadmorskiego hotelu, to było tsunami przewiezione w słoiku. Do dziś pamiętam medalik z wizerunkiem Pani Matki Boskiej fruwający rytmicznie pomiędzy jej młodymi piersiami. Nie wiem, co na to powiedzieliby ojcowie Kościoła. Ja byłem zachwycony. Widywałem ją później chyba w newsach Polsatu. Później w TVN24. Jakiekolwiek informacje o kondycji miasta i świata sprzedawała, u mnie zawsze jej widok na ekranie kończył się erekcją. Ona Kosowo, ja erekcja. Ona Timor Wschodni, ja erekcja. Wzwód na pilota. Wyszła za mąż za korespondenta Polskiego Radia w Moskwie, powiła mu dwie piękne córki, a ja dalej zostałem z mym sterczącym wspomnieniem.

Ale odchodząc na moment od wilgotnych pornowspomnień na rzecz wspomnień bardziej merytorycznych, czyli wracając do mojego dźwiękowego debiutu w ramach audycji *Krajowa Scena Młodzieżowa*.

Trójka to było elitarne miejsce. Taka radiowa agencja towarzyska dla najciekawszych okazów. Luksusowy klub z wewnętrznym metajęzykiem, metazwyczajami i metasamouwielbieniem. Tam prawie każdy, czy to pracujący na antenie, czy gościu na portierni o mazowiecko-wędliniarskiej twarzy i w mundurze leśniczego, czy pracownik księgowości, onanizowali się faktem tam bycia. Dziwne, ale wciągające. Trójka miała wtedy najlepsze najgorsze realizatorki świata. Jedna w typie szerokoekranowej MILF, a druga w stylu pokurczonego przez własne zgorzknienie trolla. Obie diwy radiowej konsolety posiadły wiedzę tajemną, jak powinna brzmieć audycja radiowa, ale obie równie niechętnie dzieliły się nią z nowymi współpracownikami. Obie były wredne, męczące i upierdliwe i Bóg mi świadkiem (taki zwrot zwyczajowy, gdy buduje się dramaturgię wypowiedzi) obie kilkukrotnie niemal doprowadzały mnie do dylematu, czy akceptować je po cichu, tak jak się akceptuje raka wątroby, czy może powiedzieć im: „Walcie się, pomarszczone pokemony, odchodzę, by swym talentem zatruwać życie bardziej życzliwym". Wytrwałem. Ale mając dziś opinię taką, jaką mam, czyli mieszaną, choć słyszałem życzliwe diagnozy, że jak dłużej stoję na jakiejś ulicy, to wokół spadają ceny gruntów, to w imię gorzkiego smaku tamtych upokorzeń i złośliwości, które pamiętam do dziś, życzę wam takiej opieki w NFZ-ecie, jaką wy otoczyłyście mnie. (Drugiej to już nie dotyczy, bo odwaliła kitę. Niech jej ziemia wilgotną będzie).

Piotr Majewski nie lubił najwyraźniej pracować sam. Widocznie wychodził ze słusznego zresztą założenia, że jeden bezużyteczny mężczyzna to wstyd, dwóch to kancelaria adwokacka, a trzech to już rząd. Sprowadził więc mnie. Plan był tyle brawurowy, ile podstępny, bo po jednej wspólnie poprowadzonej audycji mój protektor, mecenas oraz życzliwy starszy kolega zwinął się w długą podróż poślubną. I zostałem sam. Aaaa, przepraszam, sam, otoczony przez dwie matrony, którym w momencie, gdy ich matkom odeszły wody, to im odeszła życzliwość dla bliźniego.

Po kilku miesiącach naszej żarliwej współpracy dyrekcja Programu III wpadła na pomysł, że należy wyjść w kierunku młodzieży szerszym frontem, i wraz z Piotrem dostaliśmy polecenie utworzenia frontu. Miał on mieć postać codziennej audycji od godziny 15.00 do 16.00, kiedy to startował koronny program Trójki zatytułowany podchwytliwie *Zapraszamy do Trójki*.

Pamiętam pewien wywiad z właścicielem kilkunastu agencji towarzyskich, który opowiadał o swoim sukcesie takimi słowami: „Zaczynaliśmy bardzo skromnie. Ja, żona, teściowa...". Z nami było podobnie. Cytując kultową pieśń Perfectu: „Było nas trzech...", czyli tylko Piotr i ja. Musieliśmy zwołać kolektyw, który byłby kompetentny, zwarty ideologicznie, niewytarty w postreżimowych mediach, a na dodatek autentyczny dla młodzieżowego słuchacza. Piotr wymyślił Jurka Owsiaka, świra poznanego przez nas w Rozgłośni Harcerskiej. Ja rzuciłem propozycję Piotrka Klatta, lidera Róż Europy. Był to mój koleżka nieposiadający w żadnym stopniu predyspozycji, aby być rockowym wokalistą, co mu się niewątpliwie marzyło, ale posiadający wyraziste anarchizujące poglądy, na tyle, by zostać politykiem lub radiowcem, co mu się nie marzyło. Odziedziczyliśmy też Tomka Żądę, poczciwego dziennikarza programu telewizyjnego *LUZ*, którego charyzma redaktorska sprowadzała się do faktu bycia serdecznym. Tomek był gościem z cyklu „Mama mówi: «Synu, chciałabym poznać twoją dziewczynę». A on na to: «Ja też»". Piotr dołożył jeszcze Adama Romanowskiego, trochę dziennikarza, a trochę muzyka, sprawiającego wrażenie jegomościa, który może poprowadzić wszystko, nawet wybory miss Stalingradu, a ja Tomka Lipińskiego, Kelnera (lidera zespołu Deuter) i Roberta Brylewskiego. Szybko staliśmy się, całkowicie nie wiedzieć czemu, główną atrakcją Programu III. Może dlatego, że audycja była lekko dzika, adorowała bliźnich swoim pierdoleniem, bez trójkowego napuszenia i udawania specjalistów od bycia specjalistami.

Mam w głowie taki dialog z dzieciństwa, jak przyjeżdża aktywista partyjny do rolników z radomskiego i pyta: „Jak żniwa?". Rolnicy na to: „Chujowo". On niezłomnie zagaja: „Nie upiększajcie, mówcie, jak jest".

Podobnie było z nami. Wystarczająco chujowo, żeby każdy znalazł coś dla siebie. Ot, grupa świrów, zapaleńców, którzy postanowili udowodnić światu, że polska muzyka rockowa jest najlepsza z najlepszych. To wymagało odwagi i samozaparcia. Ale odwagi przede wszystkim. A co to jest odwaga w takiej sytuacji? To tak, jakby pójść do lasu, w którym gwałcą ze szczególnym okrucieństwem, i śpiewać do utraty tchu piosenkę turystyczną: „Przygoda, przygoda, każdej chwili szkoda". Z dzisiejszej perspektywy oceniam, że połowa ówczesnych zespołów nie powinna się była wstydzić swoich umiejętności, bo nie miała czego.

Czasy muzycznie były odmienne od dzisiejszych. Na *Liście Przebojów* u Marka Niedźwieckiego hulała *Opowieść zimowa* Armii czy *Pokój z kulą w głowie* Proletaryatu. Polska muzyka rockowa przeżywała swój najlepszy czas. Rządziła. Rock był rockiem, rock był popem, a nawet czasami rock był jazzem. Rock był tempem i tętnem tamtych dni. Szybko staliśmy się centralną dyspozyturą rockowego życia w kraju. Jego nerwem. Wszystkie najważniejsze nowości miały premiery u nas, najważniejsze głosy i głowy (a to nie zawsze przecież idzie w parze) przychodziły do nas na wywiady, a audycja w swym nieszczególnym paśmie słuchalnością pobiła flagową *Listę Przebojów* Trójki. Na korytarzach trójkowej Izby Pamięci Wyłącznie o Nas Samych zaczęły się pojawiać zakazane mordy oraz nie mniej podejrzane ryje krajowych tuzów rocka. Odessaliśmy gości prawie wszystkim pozostałym programom. U nas mówili, co chcieli, bez konieczności poprawności stylistycznej, odpowiedniej dykcji oraz innych takich. Dopełnieniem naszej nieoczekiwanej wybitności była nagroda dla najlepszej audycji radiowej, którą dostaliśmy w roku 1992 na festiwalu w Sopocie. To była dziwna edycja tej imprezy. Z jednej strony w eliminacjach wystartował Kazik z podobno hip-hopowym numerem *Spalam się*, a z drugiej strony takie potworki jak Kabaret OTTO czy słowiańska dwuosobowa reinkarnacja Johna Lennona, która na potrzeby Rzeczpospolitej przyjęła imię Universe. Festiwal powinien mieć, jak podpowiada nazwa, atmosferę festiwalową, a tę udało się osiągnąć, w mojej opinii, dopiero podczas ogłaszania punktacji. Kabaret OTTO zajął 22. miejsce, otrzymując od światowego jury... zero punktów za strzelisty utwór o tytule nomen omen *Faux-pas*. A żeby było weselej, supergrupa składająca się, jak się później okazało, z jednego samobójcy i jednego przywiązanego do życia, czyli duet Universe, zajął równie doskonałe 22. miejsce, zdobywając w światowej opinii muzykologicznej okrągłą liczbę o punktów. Co równie ciekawe, zawodowy opozycjonista oraz alternatywny guru Kazik Staszewski w ogóle nie wszedł do finału, zajmując w eliminacjach 25. miejsce. Takie to były czasy, że na wieki wieków idol Kazik przegrał nawet z niezgrabnymi panami OTTO. Jedyne, co ich połączyło, to dosyć wyrównana walka o konkretne o punktów, zakończona zresztą nie lada sukcesem.

Działo się. Jako że podczas całego festiwalu byłem zajęty okupowaniem wielkoformatowego biustu niejakiej Beaty, której nieostrożni rodzice wybrali się na rejs po Bałtyku, nie przypuszczając, że w tym samym czasie ktoś wybierze się w rejs po falach ciała ich pociechy, to nie przykładałem specjalnej uwagi do stroju i nastroju w Operze Leśnej. Zresztą sama nazwa obiektu dawała mi od wielu lat jednoznaczny sygnał, że z dobrą rozrywką to my jesteśmy głęboko w lesie. Beata była mistrzynią w robieniu sernika na zimno oraz innych rzeczy już zdecydowanie na ciepło. Miała biust, który mnie, jak to kiedyś wymyślił wieszcz Adaś, śmieszył, tumanił i przestraszał. Kiedy moja ówczesna oblubienica kładła się na plecach, jej piersi przyjmowały w mojej głowie postać dwóch lądowisk dla helikopterów Black Hawk. Zmieniały swą postać, masa przechodziła w energię i całkowicie zasłaniała właścicielkę, skrywającą się pod owymi lądowiskami. Tym samym mało pamiętam jej urodę jako taką.

To była sytuacja, którą werbalnie przeżyłem kiedyś w dyskusji z Dorotą Wellman.

Zapytałem ją (bo wiem, że naród zasługuje na taką wiedzę), czy w seksie jest czynna, czy już tylko bierna, a ona na to wypaliła: „Gdybym cię wzięła między nogi, to byś zaginął".

Dziwny to był czas. Kiedy wręczano nam nagrodę, a mistrzem tego niezasłużonego ceremoniału był Marek Niedźwiecki, ja koncentrowałem się tylko na jednym: jak nie zaliczyć wirtuozerskiego rittbergera na szklanej podłodze sceny festiwalowej. Nabyłem bowiem uprzednio w jednym z kopenhaskich sklepów obuwie w stylu kowbojki, które swym rozmachem lokowało mnie pomiędzy zespołem Leningrad Cowboys a czeskim sobowtórem Johna Wayne'a (ten ostatni do zobaczenia w Pradze w miejscu o wszystko mówiącej nazwie Zabavni Park). Przez co ruchy miałem swobodne acz nieskoordynowane, jak Stefan Niesiołowski w najlepszym okresie.

Przypomina mi się w tym momencie stare stwierdzenie, często powtarzane przez Zbigniewa Hołdysa, że „człowiek, który nie musiał sypiać na dworcach, nigdy nie będzie prawdziwym rockmanem". Ja byłem wówczas rockmanem salonowym, zamieszkałym z dala od gościnnych placówek PKP, i na domiar złego lubiłem odziewać się schludnie. Na scenie pojawiliśmy się w komplecie. Przed mikrofonem na oczach całej Polski Jurek w ciągu 30 sekund zużył cały dany mu przez cywilizację zasób słów. Piotrek Majewski, jak przystało na świeżo upieczonego małżonka, publicznie ratował swoje małżeństwo, co repertuarowo lokowało go blisko kabaretu OTTO, a ja, zamiast szukania stosownych słów dziękczynnych, szukałem równowagi. Koszmar. Jakiś debil, scenograficzny Conan Barbarzyńca, wybudował na deskach opery lodowisko i czekał na ostateczny balet. No i go dostał. Jest taki straszny dowcip z epoki Państwa Islamskiego: „Gdzie poszedł terrorysta po eksplozji?". Odpowiedź: „Wszędzie". Moje ciało miało podobnie. Szło w dowolnie wybranych kierunkach, lekceważąc centralny układ nerwowy potencjalnego właściciela.

Mike Tyson powiedział mi kiedyś, że prawdziwą wolnością jest nieposiadanie niczego. Jestem dziś zatem człowiekiem wolnym, gdyż nie posiadam innych wspomnień tej szacownej imprezy. Jednym z wyznaczników postępu w naszym ziemniaczanym kraju jest konsekwentna zasada, że jak jest dobrze, to należy to modelowo spierdolić.

I od tej nagrody rozpoczął się cykl rozgrywania naszej audycji. Przez nas samych, a także przez pomnikowych kolegów, których brąz i mosiądz wybitności nie pozwalał na tolerowanie w Radiowym Sanktuarium Przemyślanego

Słowa oraz Stosownego Dźwięku takiej bandy jak my. Muzyka była wtedy w medialnej cenie. Stacje i programy zaczęły licytować się na otwartość na nowe i drące ryja zjawisko. Każdy chciał być rockandrollowo postępowy, bo to jakby udowodniało podążanie za duchem zmian politycznych w kraju. Jak to się mówi, lepiej wyciągać syna z więzienia niż córkę z krzaków. Dyrektorzy, prezesi, sekretarze, sekretarki i dysponenci wyciągali zniszczone kowbojki, przetarte ramoneski i udawali idiotów. Mnożyły się propozycje audycji i programów o polskiej muzyce, bo nikt nie chciał zostać w tyle. I tak Jurek Owsiak wraz z Walterem Chełstowskim zaczęli robić w TVP *Kręciołę*. Piotrek Klatt wraz z Jarkiem Janiszewskim, liderem surrealistyczno-salcesonowej grupy Bielizna – *Rock Noc* w TVP2, Tomek Żąda prezentował młodych i zdolnych w dziwacznym magazynie o jakże niezobowiązującej nazwie *Luz* (TVP1), a ja z Piotrem Majewskim robiliśmy program *Rockandroller* dla TVP1.

Byliśmy korporacjami zgiełku, nowej prawdy i nowej energii. **Niestety emocjonalnie robiło się zimno jak w odbycie niedźwiedzia polarnego.** Nie wiem, czy zżerała nas rywalizacja, walka o strefy wpływów, czy może zbiorowa megalomania wielkości fabryki E. Wedel, ale zanikał gdzieś duch pracy zespołowej.

We wspomnianej już książce *Bono o Bono* lider U2 wypowiada wiekopomne słowa: „Każdy muzyk rockowy ma w sercu dziurę wielkości swego ego".

I tak zaczynało być z nami. Ze wspólnej audycji stawaliśmy się archipelagiem oddzielnych, rywalizujących wysp.

Kiedyś drugiego męża mojej babci zapytałem, a miał już sporo po osiemdziesiątce, czy jest jeszcze aktywny seksualnie. „Jestem – wyznał. – Tylko mi trzeba o tym przypominać".

I tak też stało się z nami. Byliśmy kumplami, tylko należało nam o tym co jakiś czas przypominać. Gdy zaczynaliśmy pracę, często, gdy jeden prowadził audycję, reszta sekundowała mu, żeby się nie przewrócił przywalony nadmiarem własnych talentów. To było partnerskie i fajne. Później podsłuchiwaliśmy się tylko w samochodach czy domach, a na koniec każdy każdego miał w dupie. Stawaliśmy się potencjalnymi gwiazdami programu *Trudne sprawy*, który najwyraźniej pojawił się w Polsacie zbyt późno. Mnie w tym czasie zabiła nadgorliwość. Miałem świadomość, że dzierżymy w swych drżących dłoniach radiowego Świętego Graala i chciałem to ponieść w naród jak kaganek oświaty. Jak najdalej i jak najpełniej. Dogadałem się z Markiem Sierockim, kultowym prezenterem *Teleexpressu*, że w zarządzanym przez niego periodyku „Bravo" będziemy publikować naszą listę przebojów. Podobnie było z gazetą o pionierskiej nazwie „Sztandar Młodych". W wytwórni Arston, którego katalogiem zarządzałem, wydaliśmy podwójną składankę *Brum Top 1993*. Potem rzuciłem pomysł wydawania gazety muzycznej o takim samym tytule i na koniec zrobiłem chyba największe świństwo – zostałem dyrektorem festiwalu w Jarocinie w 1993 roku.

Wcześniej jarocińskim bastionem zarządzali Jurek Owsiak i Walter Chełstowski. Doszło do totalnego konfliktu interesów. Na to wszystko nałożyła się atmosfera budowana przez ludzi spoza audycji. Jak powszechnie wiadomo, połowa Polski nie może znieść drugiej połowy i nie ma takiego, który by na to cokolwiek poradził. A Trójka z takiego nielubienia najwyraźniej nie była zwolniona. Nasza słuchalność, opiniotwórczość, zaangażowanie w inne media zaczęło rodzić w posttransformacyjnych mózgach typowe polskie myśli. Czy to aby nie za dużo? Czy to aby wszystko jest czyste? Czyż nie mamy do czynienia z grupą lobbystów w krótkich spodenkach, którzy dostali za dużo władzy, a w efekcie za dużo kasy? Nie od dziś wiadomo, że w naszym kraju sukces to sport ekstremalny.

Nastrojów nie poprawiała sytuacja na parkingu przed Trójką. Stał tam fiat 126p Marka Niedźwiedzkiego, volkswagen garbus Piotra Kaczkowskiego, chyba škoda Henryka Sytnera (to taki pan od kolarstwa, co cały rok namawiał cyklistów, by jechali za nim) i mój czerwony jak poglądy generała Kiszczaka volkswagen corrado. To musiało boleć i musiało rodzić bolesne myśli. Docierały do nas bulgoczące wzdęciami zawistników insynuacje, sugestie, że jesteśmy skorumpowani, że działamy na zlecenie firm fonograficznych. Ot, takie melancholijne, tradycyjne rodzime mądrości na temat innych produkowane przez ludzi żadnych, skrzywionych przez swe pokraczne życiorysy i niezrealizowane marzenia. Trójka, która wydała mi się enklawą innego świata, okazała się mentalnie tak samo peryferyjna jak cała okolica. Jako autorzy mocno wyzwoleni, niejednokrotnie kpiliśmy z tego typu zarzutów. Z Klattem przygotowaliśmy nawet cennik własnych usług. Wywiad z artystą – tyle a tyle, wywiad z artystą plus piosenka – tyle a tyle, wywiad z artystą plus piosenka plus informacja, że oboje są zajebiści jak George Clooney – tyle a tyle plus tyle a tyle. Mówiąc językiem dziś już mało młodzieżowym: robiliśmy sobie jaja. Mój kolega Cyprian K.

mawiał zawsze: „Nie pożądaj żony bliźniego swego, bo wkurwia tak samo jak twoja". Transponując to na naszą sytuację: „Nie pożądaj zbytniej sławy i chwały, bo się twoi starsi koledzy wkurwią". I się wkurwili. Ktoś w te żarty uwierzył i w swej obsesyjnej łepetynie nadał im status prawdy absolutnej. W ten sposób nasz szemrany biedabiznes został publicznie zalegalizowany. W roku 1993, w którym muzycy często nie mieli kasy na nowe struny, pożyczali sobie wzmacniacze i nocowali w studiu, kiedy nagrywali płytę, ktoś wymyślił, że jesteśmy przez nich opłacani. Wyobrażam sobie Roberta Materę z Dezertera, jak przychodzi do mnie i zagaja szeptem: „Kubuś, zagraj nasz nowy numer *Przemoc rodzi przemoc* i masz tutaj tysiaka, który zarobiłem, reprezentując bezkompromisowy stosunek do kompromisów".

Zgubiła nas pycha, nadmiar entuzjazmu i przekonanie, że nasza bezinteresowność obroni nas przed moralną szkaradnością świata. Stało się inaczej. Jak to pisał Jakub Żulczyk w powieści *Zrób mi jakąś krzywdę*: „Jest w tym coś piekielnie polskiego".

Wiele, wiele lat później na mojej sofie zasiadł Marek Niedźwiecki, mój kolega sprzed lat. Byłem ciekaw, jak mnie pamiętają w Trójce. Oto zapis konwersacji:

– Kiedyś byliśmy kolegami z tego samego radia. Pamiętasz mnie jeszcze? Miałeś dobre zdanie o mnie czy nie? Teraz możesz powiedzieć szczerze.

Marek:

– Słuchałem *Brumu* i to było okej. Jeden problem jest. Wziąłeś z taśmoteki parę taśm, których nigdy nie oddałeś.

– Ja to zrobiłem?

– Tak.

– Marek, ale to było w 1992 roku!

– Ale nadal ich nie ma!

– Ale jest przedawnienie! Dwadzieścia lat! Jakie to były tytuły? Róże Europy?

– Róże Europy.

– Chłopcy z Placu Broni?

– Chłopcy z Placu Broni.

– I Sztywny Pal Azji?

– I Republika!

– Aaaaaa, Republikę to mogłem wziąć...

Jako się rzekło, w tak zwanym międzyczasie wraz z kolegą z liceum Tomkiem Dąbrowskim powołałem do życia magazyn „Brum" w formie miesięcznika. Pismo miało być w prostej linii organem prasowym naszej audycji. Trybuną rockowego ludu. Głównymi autorami mieli być moi redakcyjni koledzy, a resztę chciałem wypełnić pozyskanymi dziwakami z łapanki. Celowo piszę „dziwacy", bo moim wewnętrznym mottem było pragnienie, ażeby było nienormalnie, bo miałem w pamięci zbytnią normalność „Magazynu Muzycznego", gdzie banał i przewidywalność były tak intensywne, że aż szczypały w oczy.

Pamiętam, jak zwierzyłem się jednemu ze swoich byłych kolegów z „MM", a wówczas podporze miesięcznika „Tylko Rock", że planuję wydawać nowe pismo muzyczne. Spojrzał na mnie spojrzeniem Alfreda Nobla, który właśnie odkrył dynamit, i zapytał: „Ale po co? Przecież taka gazeta już jest". Takie było myślenie w ojczyźnie postmonopolu robotniczo-chłopskiego.

Podczas praktyk dziennikarskich w świętej pamięci gazecie codziennej „Życie Warszawy" moi tymczasowi koledzy opowiedzieli mi taką historię. Do działu nekrologów zgłosił się miły, świeżo owdowiały jegomość z zamiarem zamówienia nekrologu małżonki, która zmarła śmiercią nagłą, choć oczekiwaną. Pani w okienku poinformowała świeżo debiutującego wdowca, że w ramach promocji i otwartości na klienta, który właśnie walnął w kalendarz, nekrologi do pięciu słów gratis. Pan zamówił krótki wpis: „Zmarła Barbara Kalinowska". Na sugestię redaktorki, że ma jeszcze do dyspozycji dwa wyrazy i jeśli chce, może coś dodać, szybko rzucił bez zastanowienia: „Proszę dopisać: «Sprzedam opla»".

Właśnie takich dziennikarzy szukałem. Takich ludzi. Znających potęgę słowa i stosownej okazji. Udało się. Rafał Księżyk, dziś człowiek orkiestra. Dziś autor takich pozycji jak *Kryzys w Babilonie*, *Desperado* o Tomku Stańce czy *Nieprzysiadalność*, a wtedy jegomość, który szedł do baru mlecznego z trzema złotymi, najadał się do syta i w momencie opuszczenia miejsca konsumpcji w portfelu potrafił mieć dwa złote i siedemdziesiąt groszy. Jak to robił, do dziś nie wiem. Może trafiał na momenty cudownego rozmnożenia chleba. Jezus podobno robił to sam, a że Księżyk był z Częstochowy, to mógł mieć chody u autorów Ewangelii. W najlepszym okresie naszej współpracy żywił się witaminami, nikotyną oraz wodą z kranu. Taki specyficzny triathlon. Był człowiekiem nader oszczędnym. Istniało w redakcji mocne przypuszczenie, że gdyby zapadł na śmiertelną chorobę i potrzebował zadzwonić do lekarza, to wykręciłby numer pogotowia i poprosił, żeby do niego oddzwonili. Rafał potrafił znaleźć norweski zespół alternatywnego rocka, mieszkający w szałasie na zlodowaciałym klifie, o którego istnieniu wiedziały wyłącznie rodziny muzyków, i opisać jego stylistyczną ewolucję. Pomimo że grali na soplach i wydali na razie jeden singiel w wytwórni, o której istnieniu nie wiedzieli nawet jej założyciele. Taki był z niego oryginał.

Ale to dzięki niemu dochodziło czasem do wielkich demaskacji na krajowej scenie muzycznej. Wielkich demaskacji i wielkich kompromitacji. Warto nadmienić, że byliśmy redakcją poszukującą. Chcieliśmy pisać o tym, co nieopisane. Dotrzeć do tych, do których nie dotarł nikt przed nami. Dzięki temu na nasze łamy trafiały nader często zespoły nieodkryte, które własnoręcznie odkrywaliśmy, a których po nas już nikt nie chciał odkrywać. Im było dziwniej, tym było smaczniej. I tak na jakimś przeglądzie odkryliśmy bezkompromisowy zespół z nie mniej bezkompromisowego Kraśnika o nazwie Death Proof. Z opisu na singlu wydanym przez firmę Death Alley wynikało, że tworzą go Death and Mysticism – wokal i gitara, The Death of Cool – bas oraz Death Race – bębny. Rafał w sobie tylko znany sposób zdobył telefon do lidera tego martwego stowarzyszenia i zadzwonił z prośbą o wywiad. Telefon po drugiej stronie odbiera miły damski głos: „Tak, słucham". Dziwne jak na portiernię piekła, ale Księżyk brnie dalej: „Dzień dobry, nazywam się tak i tak oraz dzwonię stąd i stamtąd. Czy zastałem może pana Death and Mysticism?". A miły głos z Kraśnika odpowiadał: „Niestety Pawełek wyszedł teraz z pieskiem. Tutaj jego mama. Czy mam coś przekazać?".

Adaś Kowalczyk był z Ostrołęki i to właściwie tłumaczyło wszystko. Miasto jest ośrodkiem folkloru kurpiowskiego oraz przemysłu celulozowo-papierniczego. I to znajdowało swoje dziwaczne odzwierciedlenie w niepokojącej postaci Adasia. Adaś był platonicznym kochankiem Oddziału Zamkniętego oraz człowiekiem gotowym 24 godziny na dobę robić wywiady z Jankiem Borysewiczem.

Janek to żywy pomnik rock and rolla made in Poland. Liczba jego zawałów przegrywa chyba tylko z liczbą jego odwyków. Jest smakoszem przebojów, alkoholi, życia, kobiet i innych rzeczy, które potajemnie można kupić po nocy. Kolega Kowalczyk odwiedził wywiadowczo Janka w jego świeżo wybudowanej i wypolerowanej stołecznej willi. Muzyk najpierw oprowadził dziennikarza po swoim mauzoleum, a następnie stanowczo namawiał, żeby ten dał się przewieźć jego nowym, nie mniej wyfroterowanym automobilem. Gdy Adaś, głównie ze względu na stan jasności Jankowego umysłu, odmówił, lider Lady Pank zaprowadził go do wielkiej jak grobowiec Bieruta na warszawskich Powązkach marmurowej łazienki i rzucił: „To się, kurwa, przynajmniej wykąp".

Taki to był pan, ten nasz Adaś. Na dodatek nosił dziwaczną fryzurę, coś pomiędzy bocianim gniazdem, a zdjęciem paszportowym homara. Uwielbiałem go za entuzjazm i fakt, że mówił tak głośno, że jak kupował bilet na dworcu w Ostrołęce, to my wiedzieliśmy, że zaraz będzie. Adasiowi przydarzały się ciekawe historie, które zwykle występują na linii gwiazda rocka–normalny człowiek.

Kiedyś, gdy pierwszy raz robił wywiad z uwielbianym przez siebie zespołem metalowo-cyrkowym Acid Drinkers, na zakończenie wytwornej dyskusji poprosił muzyków o autografy. Może mało rockandrollowe zachowanie, lecz z pewnością świadczące o wysokim stopniu uznania. Titus podpisał się na Adasiowej kartce, Litza podobnie, a perkusista Ślimak zwymiotował na nią. Według redakcyjnej legendy, dziennikarz do dziś trzyma ją w pudełku z pamiątkami.

Adaś był pierwszym człowiekiem, który został świadkiem tak zwanego klaptraka, czyli efektu dźwiękowego, który nader często pojawiał się na płytach Acid Drinkers. Mechanizm był banalnie prosty. Dwaj muzycy stukają się w studiu fiutami, a realizator to rejestruje i umieszcza na płycie. Śmiało można to nazwać chujowym efektem. No i nasz bohater widział to na własne oczy i uszy. Wrócił odmieniony.

Kocham go jak lekko niepokojącego brata.

Tomasz Hajto opowiadał mi, że najsilniejsze kontakty w polskiej reprezentacji narodowej utrzymuje z tak zwaną grupą bankietową. Na jej czele podobno nieoficjalnie stoi niejaki Sławomir Peszko. Według Hajty Peszko alkohole dzieli na dwie grupy. Żadne tam wódki, nalewki, wina, miody czy whisky. On dzieli alkohol na ten, który jest, oraz ten, który trzeba dokupić.

U nas w redakcji też była grupa bankietowa, która co miesiąc stawała naprzeciw niezwyciężonej grupy bankietowej, w skład której wchodzili muzycy rockowi. Trzon naszej ekipy stanowili Adaś, Artur i Wojtek. Debiutem Adama był wyjazd kolejowy do Torunia na spotkanie z liderem Kobranocki, niejakim Kobrą. Nasz wysłannik Toruń odnalazł, w mieście odnalazł nawet miejsce zamieszkania Kobry, który okazał się człowiekiem tak gościnnym, że ugościł go własnoręcznie pędzonym bimbrem. W drodze powrotnej upojony wysłannik „Brumu" owszem, odnalazł dworzec, a na dworcu skład kolejowy. Zasiadł zmęczony w przedziale i zasnął snem sprawiedliwego. Gdy obudził się po odliczonych dwóch godzinach i w pośpiechu zaczął organizować swoje wysiadanie, okazało się, że skład jest już na stacji. Na stacji Toruń Główny. W ramach ekspozycji Muzeum Kolejnictwa.

Artur Podgórski, dziś szycha w redakcji „Polityki", pojawił się nagle i zasilił nas silnym pragnieniem wkładania punkowego kija w nerwowe tematy społeczne. Do dziś pamiętam jego reportaż o skinach, w którym porównywał ich rytuały do rytuałów orangutanów. Dawno w redakcji nie baliśmy się rewizyty bohaterów jak wtedy.

Artur był normalny w dla nas niepojęty nienormalny sposób. Miał bowiem małżonkę. W naszym teamie mocno promowana była wówczas informacja, że Adolf Hitler żył sobie szczęśliwie 56 lat, a zabił się nieprzypadkowo dzień po ślubie. Co budziło w nas uzasadnione obawy, że któregoś dnia Artur nie odda tekstu na czas. Słynna była jego wyprawa na spotkanie zespołu KSU i jego krwiożerczego lidera, niejakiego Siczki. Artur wsiadł do pociągu i zaginął. To bardzo dobre i adekwatne słowo – zaginął. Było to w rejonie pomiędzy Ustrzykami Dolnymi a Górnymi, bo tam właśnie grasowała grupa drwali punkowców o najdłuższym chyba stażu w kraju. Okazało się, że po alkoholowym pobrataniu z muzykami Artur tak skutecznie wgryzł się w temat miejscowych zwyczajów, że totalnie nieprzytomny obudził się w miejscowości Stary Sambor. Na Ukrainie.

Do jasności umysłu powrócił dopiero w kolejnej miejscowości Sambor. Nadal na Ukrainie.

Okazało się, że gościnni Ustrzyczanie wsadzili go w pociąg właściwy, tylko jadący w niewłaściwą stronę.

Była też Anita Bartosik, kobieta petarda, moja ówczesna dziewczyna. Anita robiła monumentalne wywiady z polskimi wokalistkami, drastycznie osobiste i oddawane do druku po drastycznym przekroczeniu wszystkich możliwych terminów.

W USA zabroniono sprzedaży popularnego smakołyku Kinder Niespodzianka, bo rezolutni Jankesi zjadali je razem z zawartością. Anita robiła takie właśnie rozmowy. Ludzie łykali je jednym tchem. Wielki talent do dyskretnego portretowania tego, co skrzętnie przez gwiazdy ukrywane.

Mieliśmy też swego osobistego Jezusa, czyli Wojtka Ładę, który wskutek totalnego zawstydzenia postacią swego starszego brata Tomasza zmienił nazwisko na Wysocki. Wyglądał jak Jezus czekający na casting do zespołu Slayer. Był wiernym heavymetalowcem i widocznie na skutek bombardowania umysłu tak brutalną muzyką jego imidż stopniowo, choć nieuchronnie odjeżdżał od Jezusa w kierunku Rasputina.

Podobno istnieje szesnaście typowych modeli osobowości ludzkiej. Jak tak wspominam go dziś, to wydaje mi się, że on był numerem siedemnaście. Nigdy wcześniej nie spotkałem tak cichego, dyskretnego, by nie powiedzieć: nieśmiałego faceta, który by słuchał tak głośnej, nachalnej i perwersyjnej muzyki.

Znacie ten wyjątkowy moment, kiedy siedzicie w publicznej toalecie i ktoś wchodzi do kabiny obok. Dlaczego wtedy próbujemy być tak bardzo cicho? Wojtek był facetem, który zawsze był tak bardzo cicho. Siedział prawdopodobnie cicho (choć jego rozedrgany umysł pewnie toczył szaleńczy bój o zrozumienie wydarzeń) w momencie, gdy jeden z najważniejszych zespołów blackmetalowych w kraju, w ramach przeprowadzanego wywiadu, wywiózł go do lasu, kazał się rozebrać do przysłowiowego rosołu i wręczywszy włócznie, zachęcał do pojęcia ich twórczości. Sami zresztą uczynili to samo. Grupa mężczyzn w sile wieku wypasała swe organizmy w zagajniku, odziana jedynie we włócznie, bo chciała rozchylić Wojtkowe wrota percepcji. Znając kulturę oraz taktowność naszego dziennikarza, prawdopodobnie cały czas miał w głowie podejrzenie, że zielona gęstwina oraz dzidy miały być tylko przykrywką oraz przygrywką do rozchylania czegoś całkowicie innego. Do gwałtu zbiorowego. Którego centralną postacią byłby oczywiście jego niewinny prasowy odbyt.

Taki to był kolektyw. Do dziś pamiętam redakcyjną legendę, jak to Wojtek z Adasiem przeprowadzali wywiad z Korą z okazji wydania płyty Manaamu *Wieje*. Wojtek miał pecha, bo Kora tego dnia włożyła koronkową bluzkę i uznała, że to w zakresie garderoby wystarczy. Wystarczyło, by kolegę Wysockiego wylogować z wywiadu. Nie zadał żadnego pytania, tylko patrzył i palił papierosa za papierosem. Aż mu w pewnym momencie Kamil Sipowicz przyniósł paczkę fajek mentolowych, bo istniało wysoce prawdopodobne ryzyko, że na skutek odpłynięcia krwi z mózgu w wiadomym kierunku Wojciech zejdzie śmiertelnie na najszybciej wyhodowanego, wypasionego raka płuc.

Korę poznałem jeszcze jako bardzo młody aspirant na punkowca. Miała w sobie surowość i magnetyzm. Mieliśmy wspólną salę prób w warszawskim klubie Riviera Remont. Pamiętam, jak kiedyś poklepała mnie po ramieniu i powiedziała: „Ja już nie zrobię rewolucji. Ale ty, dzieciaku, możesz. Unikaj tylko tandety i banału". Zapamiętam te słowa do końca życia. A rewolucję zrobiła nieodwracalną.

Wywiady z nią były świetne, bo były niebezpieczne. Była ostra, ale i swawolna. Kiedy nagrała płytę *Łóżko*, zadałem jej pytanie: „Jeśli miałabyś umrzeć w łóżku, to kogo chciałabyś widzieć obok?". Bez względu na obecność Kamila, który siedział w reżyserce, wypaliła: „Jeśli umrzeć w łóżku, to tylko z Fiodorem Dostojewskim". Taka była.

Kiedy na jej pogrzebie przemówił Wojtek Mann, bezwolnie pociekły mi łzy. Jakbym stracił kogoś bardzo bliskiego.

Ale wracając do naszego Wojtka. Przeczuwaliśmy gromadnie, że taka dwubiegunowość musi go zaprowadzić albo do wyrafinowanej pedofili i okradania dzieci podczas komunii świętej, albo do wybitnej kariery. Wylądował pośrodku. Napisał dwie niezłe książki i wygląda jak religijny ekstremista na emeryturze.

Byliśmy redakcją frywolną. Postanowiłem zbudować całkiem inny model zbiorowego działania niż ten, którego doświadczałem wcześniej. U mnie wszyscy byli zawodowcami i każdy się znał na tym, o czym pisał. Namaściłem bandę nowych autorytetów i kazałem im siać zamęt. Nigdy nie miałem takiej wiedzy jak Księżyc, takiego silnego łba jak Wysocki i takiego dzikiego entuzjazmu jak Kowalczyk. Postanowiłem być mądry ich mądrością. Do tego doszły jeszcze inne postacie. Wypełzali z zakamarków maniacy najróżniejszych stylistyk, estetyk i gatunków. Mieliśmy tabun współpracowników, którzy pisali o muzyce, której poza nimi nie znał nikt. Przeżywałem przeciążenie poznawcze. Ale nie ma się czego wstydzić. Ciągle znam ludzi, dla których David Hasselhoff to nazwa obozu koncentracyjnego. W tak zwanej szacie graficznej też postanowiliśmy na alternatywną nowoczesność. Gazeta jest do czytania, ale powinna być też do oglądania. Czytanie powinno być poznaniem, ale też wyzwaniem. I nasi graficy to zilustrowali. Byliśmy najbardziej wymyślną graficznie propozycją stąd do elektrowni Fukushima. Podobnie też wybuchową. Zaczęliśmy od pisania wyłącznie o polskich artystach, by w połowie swej kadencji zejść na pozycje kosmopolityczne. Na początku lat dziewięćdziesiątych krajowa muzyka rockowa była fenomenem. Po kilku latach stała się codziennością. Jak to mawia Robert Biedroń: „Optymista zawsze ma przy sobie prezerwatywę. Pesymista wazelinę". Postanowiliśmy nie dochodzić do pozycji pesymistów i zaczęliśmy adorację fanów muzyki świata.

Pamiętam też nasze wewnętrzne dychawiczne rankingi redagowane według totalnie surrealistycznych kryteriów. Na przykład kryterium „Najbardziej chytry artysta podczas realizacji wywiadu". Chodziło o wykonawcę, który był tak fantazyjnie gościnny lub ewentualnie tak niewypowiedzianie leniwy, że na wywiad zapraszał do domu. Głupio to wyznać, ale w tej kategorii przez lata liderem był lider Kultu, Kazik Staszewski. Podczas kilkugodzinnych posiedzeń syn Taty Kazika potrafił nie zaproponować przepytującemu go pismakowi nawet szklanki wody. A bywało, że podejmował takowych w kuchni, gdzie zwykle zawsze zachęcająco o swojej zawartości mruczy lodówka. Nosiło to znamiona alternatywnej perwersji.

Kazimierz nie jest zresztą mistrzem słowa mówionego. Podziwiam go i szanuję za słowo pisane i godziwy wkład w leksykon krajowej muzyki, ale nie polecam nikomu męczarni dziennikarskiej z nim pogawędki. Wtedy krzepki rockman staje się inwalidą słowa oraz istnieniem cierpiącym na zanik umiejętności logicznego łączenia zdań, z trudem dobierającym słowa, epatującym z rozmachem wtrętami typu „aaaaaaaaaa" lub „yyyyyyyyy", lub nie mniej szałowym „eeeeeeeee". Koszmar. Jego przerywniki były tak barwne, liczne i tak wymyślnie obecne, że podczas wywiadu powinny mieć własną garderobę. Jak to się mawia w takich sytuacjach: „Lepszy zły kochanek niż dobry impotent". Dawaliśmy radę obrabiać te oralne niedoskonałości legendy. Dla mnie to nie była szokująca nowość.

Kiedy robiliśmy z Piotrkiem Majewskim magazyn *Rockandroller*, odwiedziliśmy Kazika w studiu nagraniowym, celem zrobienia wywiadu ustnego. Piotr słynął wtedy ze zdań wielokrotnie złożonych z imiesłowowymi równoważnikami zdań oraz licznymi pobocznymi dygresjami. Blisko mu było do zdania, które opublikowali w 1921 roku Antoni Słonimski i Julian Tuwim, a które składało się z 36 części składowych i 335 wyrazów. Piotr takie zdania układał na miejscu, z głowy, i zakończone pytajnikiem kierował do pytanego. Taką strategię zastosował wobec Kazika. Piotr zagaił coś w stylu: „Czy jesteś w stanie spojrzeć na swoją twórczość w kategoriach socjologicznych, żeby móc opowiedzieć na swoim przykładzie nie tylko o tym, co dzieje się u ciebie, ale spojrzeć na to w szerszym kontekście dziania się w kraju, co wtedy pozwoli nam odpowiedzieć na pytanie, czy coś, co kiedyś zyskiwało miano literatury alternatywnej, dziś może zostać śmiało uznane za mainstream, czym bez wątpienia można zamknąć usta krytykom twierdzącym, że wyśpiewujecie hasła, banały i frazesy bez głębszego zapoznania się z ich bez wątpienia bogatym kontekstem znaczeniowym?". Zapadła cisza i po chwili Kazik wypalił: „To znaczy że co?". Umysł Staszewskiego utknął prawdopodobnie gdzieś na pierwszym lotnym finiszu pytania, jeszcze przed premią górską. W tym kontekście nie dziwię się, że niezmordowanie nie chce być moim gościem w programie. Obaj moglibyśmy tego nie przeżyć. Żeby jednak nie było, że się czepiam. Kazik mówi merytorycznie mądrze, tylko formalnie boleśnie.

Największą zasługą miesięcznika „Brum" było moim zdaniem uczczenie kilku moim zdaniem nieuczczonych stosownie wykonawców, kilku zespołów i kilku moich kolegów poprzez fakt umieszczenia ich na okładce periodyku. Dziś to rutyna, banał i standard. Dziś to nawet chyba obciach. Dziś sukcesem jest nie być na okładce. Taki paradoks. To tak, jakby chytra baba z Radomia zamieszkała w Sosnowcu. Nie wiadomo już, co jest co oraz kto jest kim. Odwrócenie wektorów normalności.

Wtedy to było coś. W kiosku na witrynie leżał „Twój Styl" z jakąś wytworną i zapewne szaleńczo zdolną panią. Obok „Pani" też z panią, a u nas Jędrzej Kodymowski – też na marginesie fan licznych pań.

Jędrzej był na co dzień dyspozytorem psychodelicznego zespołu z Gdyni o wszystko mówiącej nazwie Apteka.

Dziennikarze obawiali się rozmów ze swawolnym Jędrkiem, bo nigdy nie było wiadomo, czy wysunie ciekawą tezę, czy może wysunie nie mniej intrygującego penisa. Jędrzej słynął z tego, że w pewnym momencie kariery lubił bawić się w chowanego ze swymi kolegami z zespołu. Jak tylko wydawał płytę i zgarniał zaliczkę, natychmiast zaczynał zabawę. I chował się tak skutecznie, że do nagrania kolejnej płyty długogrającej musiał znajdować nowych współtowarzyszy. Uwielbiałem go. Dla mnie posiadanie na okładce takiego outsidera jak Kodym było zaszczytem.

Miał poglądy jasne jak spojrzenie dziewicy i tak mu też zostało. „To, że ktoś się przypieprza do Kaczorów, bo myśli, że przyjdą lepsi, jest bez sensu. Nie ma się co czarować. Lepszych nie będzie. Ani gorszych. Wszyscy są tak samo chujowi". Tak prawił w roku 2007. Jak widać, do licznych zalet można mu dopisać także wirtuozerię w przewidywaniu politycznej pogody.

Był postacią tajemniczą oraz niewątpliwie intrygującą. W latach dziewięćdziesiątych potrafił rozbijać się po stolicy najnowszymi modelami lotusa czy rovera w mało dyskretnym kolorze złota. Sam byłem świadkiem, jak jadąc mostem Poniatowskiego z okrzykiem: „Szczęśliwi czasu nie liczą", zdjął z ręki złotego rolexa i umiejscowił go w odmętach Wisły.

O Kodymie i jego kamratach krążyły różne zawiesiste legendy. Najsłynniejsza była ta.

Kiedyś, przemierzając busem ojczyznę wzdłuż i wszerz, nocą, na jednej z podrzędnych dróg Polski powiatowej natknęli się na pijanego rowerzystę, który regenerował siły, ucinając sobie drzemkę, przykryty rowerem niemal na środku szosy. Ostro hamujący bus z muzykami przy akompaniamencie stosownych do okazji przekleństw ledwo śmiałka ominął. Panowie nie zastanawiając się długo, zapakowali nieprzytomnego jegomościa razem z jego stalowym wehikułem do limuzyny i po przewiezieniu blisko dwieście kilometrów dalej życzliwie ułożyli na poboczu. Do końca trasy snuli radosne hipotezy, co też sobie pomyśli na temat swoich brawurowych możliwości cyklistycznych po alko ów świeżo zmartwychwstały nieznajomy.

Równie mile wspominam okładkę z legendarnym zespołem Acid Drinkers. Miała być to okładka świąteczna, dlatego też pożyczyliśmy stosowne stroje Świętych Mikołajów, zakupiliśmy nieżywego karpia sztuk jeden i udaliśmy się na sesję. Sesja przebywała w tradycyjnie dla muzyków tej grupy miłej alkoholowej atmosferze. Najpierw Titus i Litza podarli stroje Mikołajów, z których zostały strzępy. Następnie przecięli na dwie równe połowy Bogu ducha winnego karpia i wysmarowali się jego wnętrznościami. Po czym składając go niezbyt dokładnie w całość, zaczęli pozować. To był rarytas, jakim nie mógł poszczycić się nawet kultowy magazyn „Rolling Stone". Jeszcze nigdy symbole świąt Bożego Narodzenia nie zostały tak pięknie i literacko zbeszczeszczone. Byliśmy z siebie dumni. Nie pamiętam, czy ktoś rzygał. Pamiętam, to wtedy Titus powiedział do mnie historyczne słowa: „Nigdy się nie ożenię!". Stwierdził stanowczo. „Czemu?" – pytam naiwnie. – Myślisz, że nie spotkasz na swej drodze właściwej kobiety?". A on na to: „Nie, nie dlatego. Nie chcę organizować wesela. Wtedy trzeba się z obcymi dzielić swoją wódką".

A teraz z innej beczki. Już wtedy w moim nikczemnym katalogu erotycznych przypadków powstał podzbiór całkowicie nieracjonalny, jednak jak bardziej namacalny. Kobiet, które bez najmniejszej aktywności wzniecały u mnie nierówny rozdział krwi.

Najlepszym tego przykładem była i jest Y. Niegdyś niepokorna gwiazda Big Brothera. Nasz romans był jak trasa wyścigu pokoju. Długi, kręty, z przerwami, ale i lotnymi premiami. Nawet po wielu miesiącach braku kontaktu, kiedy dzwoniła, mój penis reagował jak antena teleskopowa. Fenomen, którego nie potrafię wyjaśnić. Oby trwał po wieki wieków. Amen. A jako że zawsze uważałem, że najdziwniejszym ze zboczeń seksualnych jest zachowywanie wstrzemięźliwości, toteż z tego stanu rzeczy korzystałem.

Wiele lat później mój mentor i duchowy przyjaciel Jan Nowicki powie mi słowa pełne otuchy. „Gdy masz lat sześćdziesiąt, pierdolisz jak oszalały, bo boisz się, że to są twoje ostatnie lata. Gdy masz lat siedemdziesiąt, pierdolisz jak oszalały, bo wiesz, że to są twoje ostatnie lata". Wziąłem sobie tę przemyślaną radę, także i do serca.

Kiedyś, jadąc jedną z sopockich ulic, zobaczyłem taki oto billboard. Blond pani z mocno rozkraczonymi nogami, a obok hasło: „Masz mokro? Centrum technik osuszania. Ulica Chylońska". Niestety, panowie, nie pamiętam numeru. Ktoś, kto robi takie reklamy, wyznaje mocno uproszczoną teorię, że mężczyzna ma tylko jeden nerw wzrokowy, który zaczyna się w siatkówce, a kończy w penisie.

Panią z ulicy Chylońskiej wspominam nieprzypadkowo, bo w życiu każdego szanującego się erotomana winna pojawić się nimfomanka. Moją była Wioletta z Wilanowa. To dzięki niej królewski Wilanów na wiele miesięcy zamienił się w nasz seksualny Hogwart. Nie pamiętam, jak znalazła się w naszym towarzystwie, ale pamiętam, że miała w oczach to coś, co w naszym ówczesnym wieku miało wartość największą. Nie była pięknością, nie mogłaby pracować jako sobowtór Rihanny. Była to uroda z szeroko pojmowanej średniej. Bliżej Hanny Gronkiewicz-Waltz niż *Top Model*. Wioletta miała rodziców na dorobku, nie pamiętam, czy mieli goździki pod folią, wtryskarki w garażu czy coś równie cywilizacyjnie istotnego. Pewne jest jedno: oni pracowali pełną parą, a ich osamotniona córka nieustępliwie zamieniała ich dom w miejsce naszych schadzek. Ale tylko do godzin popołudniowych.

Kiedyś w Rosji mieszkańcom Pietrozawodska ukazał się Jezus w postaci zalanej deszczem dziury w jezdni. Poruszeni tubylcy uznali to za cud i gromadnie modlili się do dziury w drodze. My swój równie mokry otwór traktowaliśmy równie serio, tyle że z dala od ulicy.

Wioletta kochała seks. Na organizowanych przez siebie imprezach stosowała metodę pucharową, trochę wyprzedzającą późniejszy rozwój wypadków w serialu *Moda na sukces*, czyli: każdy z każdym. Nie ma co ukrywać, jej gościnność od razu przypadła nam do gustu. Pierwszy odkrył to mój licealny kamrat Bartek M., na co dzień fan kontrabasu, perwersji i Witkiewicza. Po prostu w trakcie przyjęcia wziął gospodynię, przełożył sobie przez ramię i opuścił pomieszczenie. I to by było na tyle. Wrócił po dwudziestu minutach z miną strażnika miejskiego stawiającego nowy fotoradar. Był szczęśliwy.

Wiola nie stwarzała problemów, a miała też inne zalety. Wiola seks konsumowała w milczeniu. Klauzula milczenia obowiązywała ją przed, w trakcie i po odbytym zbliżeniu. Czasami wydawała z siebie dźwięki, jakby ktoś dusił sowę, ale trudno było uznać to za pochwałę *ars amandi* aktualnego kochanka. Raz na ceremonii seksualnej z gospodynią nakrył mnie jej starszy brat. Nie był tak gościnny jak siostra, wtargnął do jej pokoju z miną gościa, który właśnie zastrzelił całą swoją rodzinę i otworzył drzwi listonoszowi. „Wiola, kończymy zabawę" – zaordynował, zapalając światło. Był to jeden z najbardziej bestialskich czynów, jakie ktokolwiek kiedykolwiek popełnił na moim organizmie.

Wioletta była kobietą niespodzianką. Raz, podczas nocy sylwestrowej, zaprosiła mnie podstępnie do pokoju pełnego antycznych rupieci, roznamiętniła, po czym w trakcie zbliżenia zasnęła. Po raz pierwszy w moim życiu zaliczyłem figurę Ziemkiewicza, czyli seks na Niemca. Dziwne uczucie. Trochę na lewo od autoerotyzmu, a trochę na prawo od nekrofilii.

Pewnego dnia niestety wszystko zamarło. W szkole gruchnęła katastroficzna wiadomość, że Wiola ma chłopaka. No takiego kurewstwa to żaden z nas nie przewidział. Na początku patrzyliśmy na niego jak rosyjscy separatyści na krymskiego patriotę, ale chłopiec okazał się bardzo miły i bardzo nieświadomy, że w monogamii jego luba nie weszła na *level expert*. Było pewne, że Wiola z jednym użytkownikiem długo nie wytrzyma. Pewne jak *Last Christmas* przed świętami.

Tak zwani amerykańscy naukowcy stwierdzili kiedyś, że inteligentni mężczyźni rzadziej zdradzają swoje partnerki. Z czego wnioskuję, że połowę życia musiałem być idiotą.

Nie wiem, jakim brakiem inteligencji musiał się wykazywać adorator naszej ulubienicy, ale kiedyś bez najmniejszych wątpliwości wyznał mi, że cieszy go, iż towarzystwo Wioli przyjęło go tak serdecznie. A chłopcy to się do niego wszyscy uśmiechają. Nie czuł, nieszczęsny, że to nie był uśmiech, tylko zwyczajny, jaskiniowy chichot. Wiola w objęciach nieświadomego adoratora odpłynęła w mglistą dal, pozostawiając nas sam na sam z kosmicznymi wręcz wspomnieniami. Czasami spotykałem na mieście kolegów z innego liceum jadących za dnia w kierunku Wilanowa z tajemniczym uśmiechem i zauważalną erekcją, z czego wysnuwałem prosty wniosek, że nasza Lolita znowu zmieniła szkołę. Wieść gimnazjalna niosła taką plotkę, że gdyby Wiola urodziła dziecko każdemu chłopakowi, z którym spała, Wilanów byłby dziś Sudanem.

Wiola była dziewczyną, która rozpoczęła w moim życiu dość intensywny okres, który można zilustrować szyldem, który widziałem u pewnego lakiernika – „Pokrywam wszystko". Śniła mi się tak gdzieś do drugiego roku studiów, z czego wynika, że była istotnym rozdziałem w moim duchowym rozwoju.

Sny erotyczne są ważne, a rozmowy **o nich jeszcze ciekawsze**. Zapytałem kiedyś prezydenta Komorowskiego:

– Jakie pan ma sny? Nie śniła się panu Magdalena Ogórek? Czy pan nie może powiedzieć?

– Nie mogę powiedzieć.

– Aaaa, rozumiem. Ale to był sen dwójkowy czy było więcej kandydatów?

– Nie, nie, nie! Tego typu snów nie mam w wymiarze zbiorowym.

Kuba:

– Panie prezydencie, to było najbardziej kulturalne, dyplomatyczne określenie gruppen sexu, jakie słyszałem: „Nie mam snów w wymiarze zbiorowym".

W trakcie pracy w radiowej Trójce doznałem wzniosłego uczucia flirtu z początkującym kapitalizmem. Pierwszym tego aktem była funkcja dyrektora artystycznego polsko--amerykańskiej firmy fonograficznej Arston, której istnienie już w tym tekście odnotowałem. Jej cielesną krajową reprezentacją był niejaki kolega Marek, którego wspominam głównie ze względu na wiecznie wilgotne dłonie.

Znacie taką przypadłość? Gdybym się miał jeszcze raz urodzić i Stwórca zadałby mi pytanie: „Jakubie, w przyszłym życiu wolisz być ładny czy mądry?", na bank bym zasugerował, że bardzo nie chciałbym mieć wilgotnych dłoni.

Miałem kiedyś kolegę, który na pytanie: „Ile potrafisz zrobić pompek?" – odpowiadał zdecydowanie: „Wszystkie".

Zadawaliście sobie kiedyś zatem inne pytanie. Jak zadać pytanie komuś, kto ma wiecznie mokre dłonie? „Cześć, czemu masz takie wilgotne dłonie? To twój pomysł czy może umowa o dzieło w Miejskim Przedsiębiorstwie Wodociągów?". A może prościej: „Część, czemu to robisz?". Ale chyba jegomość o literackim nazwisku nie czynił tego specjalnie. To jakby garbatemu zaproponować, aby raz na zawsze odrzucił tę narośl. Albo odbyć przyjemną familijną konwersację, jakiej świadkiem był w dzieciństwie mój kolega Jacek Turski. Matka zapytała go kiedyś z nieukrywaną złością: „Jacusiu, czemu nie możesz być jak twój brat?". I tutaj zdumiony Jacuś rozrabiaka zadumał się w młodzieńczej łepetynie i po szybkim rozpoznaniu rzeczywistości wypalił: „Ale ja nie mam brata". „No właśnie" – odparła mama. No generalnie niezręczność jakaś występuje w tej kwestii. A problem jest duży i namacalny, rzec by można. Bo idąc na spotkanie, a w moim przypadku do pracy, nie myślisz o tym, co będziesz robił, czy nawet o tym, czego nie będziesz robił, tylko o tym, jak uniknąć podawania ręki temu od tych dłoni. I kombinujesz. Wchodząc, machasz dłonią, że cześć, cześć, przyspieszasz kroku i lecisz do swego pokoju, by skryć się za suchym biurkiem, a on i tak cię znajduje z tymi kapiącymi rękami, w których mogłaby spokojnie założyć rodzinę amazońska żaba błotna. Przyjście do pracy oznacza przywitanie się, a po całym dniu pojawia się problem wyjścia, czyli pożegnania. A gościu z porą deszczową wypisaną na dłoni niestety był miły i chętny do podawania. Dziś pewnie w związku z tą umiejętnością cząstkowego okresowego zwilżania organizmu zrobiliby o nim materiał do Uwagi albo Kulis sławy. Ale wtedy to był realny problem. Bo co ja mu jakiś nowy pomysł, nowy zespół do wydania, to on mi chlupocącą piątkę chce przybijać. Niby pot ludzki jest wszędzie taki sam, podobnie jak krew – ta sama jest i w sercu, i w dupie, ale jakoś ciężko było to zaakceptować.

Kiedy jako pierwsi w kraju wydaliśmy na winylu kultowy album Guns N' Roses Apetite for Destruction, gratulacjom ze strony mojego partnera nie było końca. Doszło więc do tego, że nasza wilgotna relacja rozpadła się na dwie połowy. Jego mokrą i moją suchą. Tym samym słynny szlagier Natalii Kukulskiej o tym, że „niewidzialna dłoń ochroni

mnie od złego w czarny dzień", w moim przypadku nie zadziałał.

Mało kto wie, ale w swoje życiowe dossier mogę wpi-
sach też zawód reżyser i scenarzysta. Tu widzę zdziwienie
ludzi tak wielkie, że swobodnie mogliby zgasić świeczkę
brwiami.

**Tak, tak, moi drodzy, tak wygląda z bliska
kariera człowieka, który nie znał swego
miejsca i uczynił z tego atut.**

Sprawa była prosta. Robiliśmy z Piotrem Majewskim
omawiany już program w TVP1 o szumnej nazwie *Rockandroller* i nie mieliśmy czym ilustrować brawurowych wywiadów z muzykami. Przypomnijmy, jest rok 1990, czyli
dla was czasy Mojżesza, Miriam i góry Nebo.

Pierwszym teledyskiem, jaki zrobiłem, był obrazek do
utworu grupy IRA zatytułowanego przyjemnie *Mój dom.*

Scenariusz był prosty. Oni występują na scenie warszawskiego klubu Riviera Remont, a ja to filmuję. Przyzna-
cie, koncept godny *Laterna magica* Bergmana. Fenomenem
tamtych czasów było to, że jako zdolny filmowiec amator
pracowałem w ramach standardów TVP, które miały w sobie logikę rzucania ryżem na pogrzebie.

Okazało się, że do realizacji moich niepokornych wizji
byli wyznaczani panowie operatorzy nie według rankingu talentu, predyspozycji czy lat, ale według rozdzielnika.
Co owocowało często tym, że na planie meldował się pan
w wieku mocno przedemerytalnym, z widoczną nadwagą
ogólną, z którą co prawda żyje na ziemi ponad 1,4 miliarda
ludzi, to jednak w tym przypadku jest to okoliczność mało

sprzyjająca. Dżentelmeni byli, najdelikatniej mówiąc, mocno konserwatywni i najchętniej pracowali dla *Teleexpressu*, gdzie stawiali kamerę, naciskali „play" i zapadali w sen zimowy. Każde działanie nietypowe, nieostrość, dziwny skos czy gwałtowny szwenk były dla nich zdradą stanu i wyprawą w optyczną prostytucję. Na planie toczyłem zatem walkę z własną wyobraźnią, temperamentem muzyków, letargiem operatora i sprawnością ogólną tak zwanych kierowników produkcji.

Zanim trafiłem na Anię Starczewską, dziewczynę, z którą robiłem już potem wszystko (w zakresie produkcji telewizyjnej oczywiście), bywało różnie. Kierownicy produkcji byli często starej daty i lubili świętować co popadło. Przyjazd na plan, to po kielichu. Przyjazd zespołu, który miał przyjechać, to po kielichu. Rozpoczęcie zdjęć, to po kielichu. Przerwa w zdjęciach, to po kielichu. Przerwa w piciu po kielichu, to po kielichu. Byli świetnymi kierownikami produkcji swych uzależnień. Apetyt na gorzałę miewali tak wielki, że można by na niego zaciągnąć kredyt hipoteczny. Mieli takie powiedzenie: „Jaka jest ulubiona flaszka kierowników produkcji?". „Następna". Byli mu niesłychanie wierni.

Ale wróćmy do teledysku grupy IRA.

Wcześniej zakumplowałem się z jej menedżerem Pawłem Z., więc negocjacje nie trwały długo. Oni przyjechali z miejscowości Radom, przywieźli swoje graty – czytaj: wzmacniacze, perkusję, gitary – a ja przy pomocy opryskliwego otyłego operatora to sfilmowałem. Pamiętam, z jakim pietyzmem i troską muzycy odnosili się do Artura Gadowskiego, pseudonim Gadziu. Gadziu posiedzi w aucie, żeby się nie zaziębić. Gadziu szuka szalika, żeby się nie zaziębić. Gadziu unika przeciągu, żeby się nie zaziębić. Gadziu zaraz przyjdzie, tylko musi sprawdzić, czy się nie zaziębił. Na szczęście zaziębienie tego dnia nie miało Gadzia na swej liście strateń i Gadziu zaszczycił nas swoją niezaziębioną osobą. Potem okazał się fajnym człowiekiem i dobrym kumplem, ale wówczas miałem wrażenie, że panowie wykradli primabalerinę Teatru Bolszoj, która zaraz odwali *Jezioro łabędzie*, a następnie odwali kitę w wyniku przeziębienia.

Drugim moim spełnieniem był teledysk do utworu grupy Proletaryat *Pokój z kulą w głowie*. Scenariusz postanowiłem nieco doszlifować i tym razem oni występowali na scenie klubu Riviera Remont, a ja to filmowałem przy pomocy operatora – a jakże – z nadmiernym nagromadzeniem tkanki tłuszczowej. Jeśli podobieństwo do poprzedniego wydaje wam się zbliżone, to nie jest to prawda obiektywna. Utwór był inny, a i zespół z Pabianic. I co najważniejsze, kierownik produkcji trafił na godnego przeciwnika. Był to Kacper, basista Proletaryatu, uśmiechnięty jegomość o fryzurze Erykah Badu. Jego pierwsze słowa, gdy mnie zobaczył, brzmiały: „To co, dziś pijemy?". Jak się okazało, było to jego ulubione powitanie, którym raczył mnie od tej pory już zawsze. Kacper zmierzył się z kierownikiem produkcji i pokonał go w drugiej tercji na jego własnym lodowisku poprzez nokaut techniczny. Podobno obcowanie z utalentowanymi ludźmi przedłuża życie o piętnaście minut. Tego dnia basista z Pabianic skrócił życie pracownika z Woronicza o dobry tydzień.

Z teledyskiem *Pokój z kulą w głowie* łączy się jeszcze jedna zabawna historia rozrywkowo ewangelizująca. Wówczas w programie 1 TVP popularny był program *Koncert życzeń*, coś pomiędzy *Rolnik szuka żony* a apelem poległych. Ludzie wysyłali do telewizji życzenia dla swoich bliskich, uiszczali stosowną opłatę i warowali co niedziela na półkotapczanach, żeby to, co wysłali i za co zapłacili, usłyszeć z odbiornika. Radosne strofy dla dziadka, nauczycielki lub proboszcza zazwyczaj inkrustowane były stosownym utworem słowno-muzycznym. Pech chciał, że akurat wtedy Donata – takie imię, trochę brzmi jak imię potrąconego samochodem pudla – kierowniczka produkcji tej muzycznej opery mydlanej zwróciła się do mnie o pomoc, bo brakowało jej rodzimych szlagierów. Dałem jej taśmę z teledyskami, mówiąc rezolutnie: „Wybierz sobie coś dla swego elektoratu". Niestety kierowniczka zlekceważyła mój apel i na montażu wręczyła taśmę swym współpracownikom ze słowami – Bierzcie jak leci. No i wzięli jak leciało. Efekt był piorunujący na niebie jak i na ziemi. Z anteny posypały się lukrowane słowa wdzięczności dla księdza proboszcza z miasta Przysucha, wyrazy uznania, oddania i skrajnego mentalnego feudalizmu a okrasą dla nich był właśnie teledysk Proletaryatu pod jakże modlitewnym tytułem *Pokój z kulą w głowie*.

Jak już wspominałem, tamte czasy na Woronicza były mocno alkoholowe, co nie zawsze było czuć, ale często było widać. I teraz też było widać. Kierowniczka przez wiele tygodni chodziła smutna jak jajko sadzone w Wielkanoc. A w życiu trzeba umieć zmierzyć się z własnymi i słabościami, i talentami. Byłem razu pewnego na imprezie ze Sławomirem Peszko, znanym jako Slavomir Atmosverowicz. Choć znam i takich, którzy twierdzą, że Sławomir to nie imię. Sławomir to zjarany Zbyszek. Ale pomińmy takie hamletyzowanie. Stoimy w kółeczku, prowadzimy panel dyskusyjny na stosownym poziomie, sącząc drinki, gdy nagle w nasz intelektualny spokój wpada jakieś babsko i krzyczy: „A więc to prawda. Pan naprawdę pije wódkę!". A Sławomir spokojnym głosem zawodowca odpowiada: „To nie jest cała prawda, szanowna pani. Piję także wino oraz whisky".

Później bywało różnie. Najweselszy epizod zaliczyłem podczas pracy nad teledyskiem zespołu Wilki do gigantycznego, jak się później okazało, przeboju *Eli lama sabachtani*. Słowa te znaczą podobno w jakimś aktualnie rzadko używanym języku „Panie, czemuś mnie opuścił" i to powinno być motto tej produkcji.

Ilekroć przywołuję te wspomnienia, dochodzę do wniosku, że mam co wspominać, ale ewidentnie nie mam co tego opowiadać dzieciom. No chyba że chciałbym, by zostały gwałcicielami, ewentualnie paniami z dziekanatu. Z Robertem Gawlińskim jesteśmy przyjaciółmi od lat, co już wtedy przełożyło się na swawolną atmosferę planu zdjęciowego. Grupa przyjechała busem, a zima była sroga tamtej zimy, więc postanowiliśmy wyjść jej naprzeciw uzbrojeni w pokaźny zapas zioła. Szybko doszliśmy do wniosku, że życie jest zbyt krótkie, żeby je tracić na marznięcie w automobilu, więc postanowiliśmy zmajstrować wieczorek zapoznawczy z zawartością fajki. Jak postanowiliśmy, tak zrobiliśmy. Kurzyliśmy w środku, a gdy plan był gotów, zabierałem oddzielnie poszczególnych muzyków i realizowaliśmy wizję.

Najpierw nagrałem Roberta, potem gitarzystę, basistę, a na końcu perkusistę. Tak mi się przynajmniej wydawało.

Dopiero przy przeglądaniu materiałów okazało się, że kolejność była inna. Robert, Mikis, Marek, Mikis. Dwa razy nagraliśmy gitarzystę i ani razu perkusisty. Co ciekawe, Marcin Szyszko, dziś niestety świętej pamięci, w żaden sposób nie upominał się o swoją kolej. Podobnie jak gitarzysta nie miał pretensji, że znowu robi to samo.

Taka jest właśnie siła marihuany. Ludzie nie czepiają się z byle powodu. Z alkoholem jeszcze nikt nie wygrał, niektórzy zremisowali, a z marią, jak widać na załączonym przykładzie, można sięgać po najwyższe laury.

Marcin Szyszko, pokrzywdzony na planie przez okrutny los perkusista Wilków, był postacią szczególną. Mówi się, że możliwości organizmu są ograniczone. Jego życie i twórczość polegały na tym, aby próbować szukać granicy. Używki to fajna rzecz (oho, mamy niebezpieczne zdanie), ale fajnie, jak używa się ich nie tylko z apetytem, ale i z umiarem. (Sam kiedyś pod wpływem maryśki zapytałem moją mamę, czy jest dziewicą – i gdzie tu umiar?).

Każdy człowiek wychodzący na scenę powinien znać kilka pojęć: spektakl, widowisko, honorarium, brutto, netto. Marcin zdawał się być egzemplarzem, który znał tylko jedno pojęcie: zabawa. I analizowaniu powyższego poświęcił całe swoje życie. Skutecznie. Jego życie to było jedno wielkie samobójstwo popełniane na raty.

Pamiętam, jak jechaliśmy na krótką trasę koncertową *Warszawa Gdańska* z Heyem, Różami Europy, IRĄ i Wilkami. Jechaliśmy jednym autobusem, który, co tu ukrywać, ze względu na zawartość mógł śmiało zostać aresztowany tudzież jednogłośnie skierowany na parking do Monaru. Koncerty prowadziłem z Tomkiem Żądą, wspomnianym koleżką z Programu III Polskiego Radia. Tomek był, jaki był, a to wystarczyło, by Szyszko wziął go na celownik jak messerschmitt moją babcię w 1939 roku. Co chwilę podchodził do nas i groził Żądzie, że jak tamten tylko zaśnie, to on mu zaaplikuje takie dragi, że uporządkowany Tomasz będzie musiał zatrudnić firmę porządkową, aby wrócić do ładu i składu. Oczywiście wszyscy wiedzieli, że kolega Szyszko, jak to się literacko mówi, stroi sobie żarty. Wszyscy, z wyjątkiem Tomasza. Cały autobus przyjmował zakłady, na jaką gwiazdę Marcin wyśle mego redakcyjnego kolegę.

Niestety pozwolić perkusiście Wilków organizować zabawę innym, to jak pozwolić Michaelowi Jacksonowi urządzać park rozrywki dla dzieci. Rzecz widowiskowa, ale ryzykowna. Do dziś mam w uszach roztrzęsiony głos Tomasza: „Kuba, pilnuj, żebym nie zasnął!". W akcie kumpelskiej lojalności dopilnowałem Tomaszowego niespania i dzięki temu do dziś nie wiem, jak jego organizm zareagowałby na nieludzkie przeciążenia Szyszkowych medykamentów. Swoją drogą, miałem kiedyś psa, któremu często śniło się, że biegał. Tej nocy Tomasz zachowywał się podobnie.

Ale wracając do teledysku. Tu scenariuszowo postanowiłem nie iść już *Ulicą Sezamkową*, tylko dać nura w metafizykę.

Obraz do muzyki Wilków miał być moim subiektywnym rozwinięciem magicznego kadru z okładki płyty *Enigmatic* Czesława Niemena. I chyba nigdy nikomu tego jeszcze nie mówiłem. Był rok 1970, kiedy pojawiła się najlepsza polska płyta rockowa od czasów Ziemowita Reformatora (862–892). Jak opowiadał sam Niemen, impulsem do jej powstania miała być jego rozmowa z Wojciechem Młynarskim w czasie festiwalu w Sopocie w 1968 roku. Młynarski miał powiedzieć: „Gdybyś tak skrobnął muzykę do wiersza Norwida *Bema pamięci żałobny rapsod,* to byłoby dopiero coś". I Czesław skrobnął. Z Namysłowskim, Bartkowskim czy Urbaniakiem na pokładzie. Skrobnął tak, że słuchając jej, czuję większą dumę z bycia Polakiem niż podczas najbardziej płomiennego przemówienia pani Szydło. Przeczytałem, co napisałem. To chyba nie jest argument.

Najzabawniejsze jest to, że utwór *Eli lama sabachtani* stał się hitem totalnym i mój klip nie stanął temu na przeszkodzie. To były czasy *Muzycznej Jedynki,* plebiscytu Programu 1 TVP, który co miesiąc układał prezentowane piosenki w ranking. Wilki wygrywały kilka miesięcy z rzędu i dostaliśmy z Robertem sygnał, że powinniśmy pójść na galę.

Takie były u nas wtedy czasy, że na taką galę mogliśmy pójść tylko w nastrojach spiritualnych. Zażartowałem przed wyjściem, że Gaweł powinien wzorem Run-DMC powiesić sobie budzik na szyi, wtedy byłby progresywny w tak zwanym imidżu. Nie doceniłem fantazji mego kompana. Kiedy poszedł na scenę, aby odebrać nagrodę za przebój miesiąca, wyciągnął spod koszuli wielki budzik, włączył dzwonek i do prowadzącego całe to żenujące party Romka Rogowieckiego rzekł: „Twój czas już minął". Byliśmy wtedy z siebie bardzo dumni.

Na bankiecie po imprezie zabłąkaliśmy się alkoholowo z Grzesiem Skawińskim, znanym i lubianym panem od przebojów. Jak głosi znane powiedzenie: „Pijąc, trzeba znać swoją miarę, bo można wypić za mało", więc w środku nocy, aby nie popełnić tego błędu, cała nasza trójka udała się do mieszkania Gawlińskich. Wiadomo, wszędzie dobrze, ale w domu żona. Monika, wtedy w zaawansowanej już ciąży, spała, a my rozdzieliliśmy pomiędzy siebie zadania. Skawiński miał sprawdzić, czy małżonka śpi snem sprawiedliwych, a my z Robertem oczekiwaliśmy na niego w kuchni. Nagle do naszych uszu dobiegł straszliwie chrapliwy głos kobiecy: „Jezus Maria, Kombi!". Okazało się, że Grzegorz w całym swym łysym acz wypolerowanym jestestwie nachylił się nad połowicą gospodarza, aby sprawdzić, czy aby nie udaje. Ta, nagle wyrwana ze snu, zobaczyła nad sobą prawdziwą twarz *Słodkiego, miłego życia*. To mogło przestraszyć.

Lubiłem ten czas. Z Gawłem do dziś łączy nas to, że reprezentujemy typ mało atletyczny, mamy zaniki mięśniowe, lecz wykazujemy niezwykłą żywotność spożywczą.

Co do typu mało sportowego, to swego czasu Leszek Blanik zadał mi niezwykle świńskie pytanie:

— Słuchaj, Kuba, czy ty kiedykolwiek
w ogóle wykonywałeś jakiekolwiek
ćwiczenia gimnastyczne?
Ja na to odpowiadam bojowo:
— Oczywiście. Przysiady, pady.
— To nie są typowe ćwiczenia gimnastyczne —
słyszę w odpowiedzi. — Mówię o
przewrocie w przód, przewrocie w tył.
Ja:
— Przewroty to tylko po spotkaniach
z Borysem Szycem.

Grześkowi Skawińskiemu też zmajstrowałem teledysk. I to było chyba największe logistyczne wyzwanie tamtego czasu. Do budynku Politechniki Warszawskiej, w którym nocą mieliśmy realizować nasze wizualne *opus magnum*, przyjechał... tylko operator z kamerą. Całe dwie ciężarówki sprzętu, wskutek działań domu publicznego na Woronicza, udały się pod sobie tylko wskazany adres i wzorem bohaterów z Roswell zniknęły w tajemniczych okolicznościach. Czyli sytuacja z cyklu: „Czy jest na sali proktolog, bo jesteśmy w dupie". Dodatkowy problem stwarzał fakt, że Grzegorz to przyzwoity pan i jakoś w tej sytuacji nie chciał się poddać terapii, ani alkoholowej, ani marihuaninowej. Na szczęście nie poddał się też chwilowemu nastrojowi amatorki i grozy. W życiu trzeba umieć dokonywać szybkich zmian. Jak to mawiał mój kolega Józek: „Szybko poradnik *Techniki podrywu* zamieniam na poradnik *Jak szybko wyleczyć syfilis*". I tak też się stało.

Razem z moim długoletnim operatorem Tomkiem Samosionkiem znaleźliśmy gdzieś w przepastnych korytarzach politechniki wózek do przewożenia makulatury czy innego rodzaju obornika. Tym samym poczuliśmy się jak George Lucas na planie *Gwiezdnych wojen*. On na efekty w 1977 roku wydał 5 milionów dolarów, my piętnaście lat później mieliśmy je za darmo. W filmie *Wilk z Wall Street* słowo *fuck* pada podobno 506 razy. U nas na planie pobiliśmy ten rekord, który w tamtym momencie był zresztą dopiero pieśnią przyszłości.

Balladę Grzegorza zatytułowaną uroczo *Raz na całe życie* postanowiłem nakręcić w stylu łączącym Kafkowskie zagubienie z romantycznymi wątkami Aleksandra

243

Dumasa, czyli sprowadzając to na grunt gruntu, Skawiński miał więc błąkać się korytarzami z gitarą i wzrokiem D'Artagnana, a my z Tomkiem i kamerą za nim na tym wózku. Koncept godny Oscara w kategorii najlepszy film nieanglojęzycznego.

Wózek, jak przystało na pojazd parkujący pomiędzy studentami politechniki, co prawda posiadał cztery koła, ale moim zdaniem każde było od innego wózka. Efekt optyczny uzyskiwaliśmy więc na poziomie napadu padaczkowego połączonego z drgawkami startującego białoruskiego promu kosmicznego. Postanowiłem wypowiedzieć posłuszeństwo klasykom kina i operatorskiej poprawności. Zadrwić z koturnowego Felliniego czy dyżurnych motywów cierpienia i samotności Bergmana. Zrobiłem film pokazujący, że bywają warunki naprawdę tak ciężkie, że nie da się zrobić filmu. I dołączyłem do tego liryczno-gitarowe frazy Skawińskiego. W refrenie tej swojej nie najgorszej zresztą piosenki autor śpiewał: „Pokochaj mnie, raz na całe życie". I ja wtedy też zrozumiałem, raz na całe życie, że do nakręcenia dobrego epickiego filmu kamera i gówniany wózek to za mało.

Miałem jeszcze przyjemność nakręcić pierwszy chyba teledysk grupy Hey.

„Teledysk" to oczywiście skrót formalny. Nazywanie tego, co wtedy robiłem, teledyskami to jak pomylić skoliozę z płaskostopiem. Była to grupa grzecznych młokosów ze Szczecina z zalęknioną i dosyć ekscentryczną panią na wokalu. Nazywała się Kasia Nosowska i swym językiem ciała zdawała się mówić: „Przepraszam, ja tutaj jestem przypadkiem tylko na chwilę, zaraz wracam PKS-em do technikum odzieżowego, gdzie moje miejsce".

Nagrywali właśnie swoją pierwszą płytę i do zilustrowania przenikliwego wywiadu z Kasią potrzebowałem jakiegoś obrazka. Zrobiliśmy etiudę o pracy w studio, a że w trakcie rozmów o tej piosence dosyć często pojawiało się słowo *dreams*, tak też nazwałem ten numer. I tak też zostało, pomimo całkowicie innych planów grupy.

Pamiętam też swoje pierwsze, wcześniejsze spotkanie z Kasią w Trójce, w audycji *Brum*. Oni wygrali wtedy Jarocin, stawali się grunge'ową gwiazdą i w trakcie nagrywania płyty odwiedzili mnie w studiu. Przyszli z menedżerką o posturze i wdzięku starego Indianina. Nosowska stanęła na tle wieszaka z ubraniami i na moje oko, niczym kameleon, zaczęła upodobniać się do koloru odzieży za nią. Taka to wtedy była dziewczyna. Sprawiała wrażenie, że chce się zdematerializować i pozostać w takim stanie do końca swoich dni, niezaczepiana przez nikogo.

Nie był to wtedy mój ideał kobiety, gustowałem raczej w nimfomankach niemowach z własnym polem konopi, jednak w Kasi był jakiś magnetyzm. I pozostał w niej do dziś. Znam ją dwadzieścia pięć lat i dam głowę, że połowę tego czasu Kasia poświęciła na zastanawianie się, czy to wszystko, co dzieje się wokół niej, nie jest przypadkiem, chwilowym zbiegiem okoliczności. Zawsze miała w sobie surowego krytyka, który jej mówił: „Tłumy na koncercie? Pewnie przyszli na kogoś innego. Nie świruj. Jesteś nikim i to też nikim z przypadku". Cenię jej stałe poszukiwanie spełnienia. Wyznała mi swego czasu:

– Bo ja mam ciągle apetyt, że chciałabym ostatecznie, przed tym momentem, kiedy zrzucę powłokę cielesną, po prostu rozwijać się i skakać trochę wyżej. A takie sformułowania, że jestem taka fajna, są niczym stempel pod ostatnią stroną, że tak powiem, umowy.

Ja:

– Naprawdę tak to widzisz, że to, że jesteś fajna, to jest zamknięcie czegoś, uniemożliwienie dalszego rozwoju?

– Na szczęście nie posiadam tego zestawu cech, który pozwala się rozleniwić w obliczu komplementu.

Dziwnie dobierała sobie partnerów. Pod tym względem logika kobiet i mężczyzn jest całkowicie odmienna. Męska logika jest słuszna, a kobieca ciekawa. Kiedy ją poznałem, była związana z Grzegorzem Porowskim, wokalistą bodaj zespołu Dum Dum czy jakoś tak, że dwa podobne słowa po sobie. Jegomość o mocnym głosie i nikczemnym wzroście, który podczas kłótni z nią potrafił walić głową w stalową furtkę ogrodzenia studia nagrań w Izabelinie. Sprawiał wrażenie typowego faceta. Powinien posadzić drzewo i na nim zamieszkać. Potem był lider Kobranocki, Andrzej Kraiński, wspomniany już Kobra. Tego nie mogli zrozumieć nawet ci, co wydawać się mogło, rozumieją wszystko. Następnie jakiś młokos rastaman, który pracował w księgarni Centrum Sztuki Współczesnej i tak się skutecznie zaczytywał w tych współczesnych pozycjach, że Nosowska urodziła mu syna.

Dziś, jak sama twierdzi, jest szczęśliwa i nawet kiedyś powiedziała mi, że chyba podoba się mężczyznom, co zresztą szybko sama osobiście zdementowała.

Uwielbiam ją. Jest tym okazem osoby publicznej, która pielęgnuje w sobie normalność, bo to jej pozwala uniknąć nienormalności.

Pięknie o tym opowiadała mi Anna Dymna:

– Ja jestem takim normalnym człowiekiem. Ja nie mam niestety nic (chyba niestety, bo może byłoby mi łatwiej) z takiej gwiazdy, co to lubi okładki. Ja nie lubię tego. I mnie ratuje takie zwyczajne życie. Nawet się czasem za to nie lubię. Ale mnie ratuje to i jest mi potrzebne jak tlen, że ja sobie w domu tak normalnie posprzątam, wymyję podłogę, okna...

Kochałem atmosferę planu filmowego. Owocowała ona sytuacjami rodem z filmów braci Cohen. Nigdy nie było wiadomo, co będzie dalej. Janusz Głowacki opowiadał mi dawno temu o spotkaniu z menelem spod sklepu w okolicach ulicy Bednarskiej, gdzie mieszkał. Janusz, nie menel. Podchodzi do niego pan menel i zagaja: „Panie Januszu, pan da piontaka, to powiem panu złotą myśl". Janusz, tradycyjnie ciekawy czyichś myśli, wysupłuje stosowną zapłatę i uiszcza. Menel zaczyna: „Życie jest jak długi, żelazny most...". I nagle urywa. Głowacki docieka: „Ale dlaczego?". A pan menel odpowiada: „A tego to ja, kurwa, nie wiem!".

Kręciliśmy teledysk do piosenki z kolejnej nowej płyty Urszuli. Była wtedy związana ze Staszkiem Zybowskim, świetnym, szybkim gitarzystą i jeszcze lepszym i szybkim kompanem do wszystkiego. Grał w Budce Suflera, współpracował z Grzesiem Ciechowskim i generalnie, gdyby istniała opłata skarbowa od gitarowej wirtuozerii, poszedłby z torbami.

Mieliśmy nocne zdjęcia w jakimś olbrzymim składzie złomu. Gdy nagrywaliśmy partie Urszuli, powstrzymując uciekające ciepło z organizmów wyrafinowaną whisky, Staszek rzucił, że poczeka na swoją kolej i położy się spać w zardzewiałej syrence za rogiem. Nie byłoby nic wyjątkowego w tej muzycznej historii, gdyby nie to, że za rogiem stało kilkaset zardzewiałych syrenek i to jedna na drugiej. Wielkie cmentarzysko wstydliwego wyrobu autopodobnego z okrutnych czasów. Do dziś niewyjaśnioną tajemnicą syrenki był fakt, że silnik potrafił kręcić napędem w drugą stronę. Dochodziło czasem do takich sytuacji podczas ruszania. Co ciekawe, jedyną oznaką tego technicznego *qui pro quo* była wskazówka ładowania, która odchylała się w drugą stronę. Podobno w żadnym innym samochodzie świata nie było to możliwe. Polak potrafi.

No więc Staszek zaopatrzony w to i tamto zaginął wówczas niczym w Trójkącie Bermudzkim. Znalazł się dopiero sam, nad ranem, kiedy pościel z gumowych dywaników modelu 102 przestała zapewniać mu komfort snu.

Najpełniejszym scenariuszowo i fabularnie był klip do piosenki Roberta Janowskiego pod złowieszczym tytułem *Nadejdą sny*.

Robert był wówczas opromieniony sławą *Metra*, które było prawdopodobnie przez wiele lat popularniejsze od metra, którego tunele kopano i kopano w Warszawie bez większych skutków. Miał status młodzieżowego półboga. Robert rozpoczął karierę solową w 1994 roku albumem pod kokieteryjnym tytułem przypominającym retoryczne zapytanie dilera dragów: *Co mogę dać*. Już pierwszy singiel o *Murach Jerycha* zawojował plebiscyt *Muzyczna Jedynka*, wówczas najpoważniejszą arenę artystycznych konfrontacji. Piosenka utrzymywała się w notowaniu przez osiem miesięcy. Osiem miesięcy! Tyle potrzeba, aby zmodernizować linię kolejową, wybudować dom (oczywiście częściowo z kredytu), a u dziecka, żeby zaczęło się raczkowanie i ząbkowanie. Wówczas Janowski był ewidentnym Allahem polskiej piosenki. Jego fani mogli wysadzić w powietrze każdą listę przebojów. Teledysk do *Murów Jerycha* powalał rozmachem wizualnej koncepcji. Robert spacerujący we mgle nałożony na obraz Roberta na tle ceglanego muru, także we mgle. Czuć mglisty zarys scenariusza. Gdybym kiedykolwiek napisał list do Świętego Mikołaja z prośbą o jakikolwiek talent, akurat taką umiejętność obrazowania słowem bym pominął. W związku z tym postanowiłem zrobić artyście teledysk strzelisty i z rozmachem. Godny jego popularności i gwarantujący chwilową nietykalność ze strony fanatycznych fanów.

Najmilej wspominam nocne zdjęcia w Łazienkach Królewskich w Warszawie. Zaczęliśmy późno w nocy, a finałem dzieła filmowego miał być imponujący wyjazd kamery na podnośniku ponad linię parku odsłaniający nieznośne piękno stołecznego świtu. Ależ ładnie to napisałem. Byłem wówczas chwalebnym posiadaczem auta, wspomnianego wcześniej volkswagena corrado 16V, co już samo w sobie było zachętą do przeprowadzenia własnych testów rakietowych na spowitych w mroku parkowych alejkach. Czas pomiędzy jednym a drugim ujęciem wypełnialiśmy sobie z Robertem rajdowymi odcinkami specjalnymi, niszcząc spokój historycznego miejsca. Kto z was miał możliwość nocnego driftowania po wybiegach spacerowych letniej rezydencji króla Stanisława Augusta? Jak później wykazało śledztwo, zgodnie z nazwą parku, zgotowaliśmy niezłą łaźnię miejscowej zwierzynie. Okazało się, że całe to parkowe bractwo od osiemnastego wieku nie zaznało podobnych nocnych brewerii. Można je było porównać tylko do wysadzenia w 1940 roku powietrze pomnika Chopina przez inny rodzaj okupanta. Nazajutrz po naszych uczynkach rodem z prequelu *Szybkich i wściekłych* ogólna wściekłość zapanowała wśród pracowników parku. Okazało się, że wyjątkowi mieszkańcy Łazienek, jakimi są wędrujące swobodnie i dumnie pawie, zeszły śmiertelnie na skutek jakiegoś gwałtownego nocnego przestrachu. Mało tego: ich opiekunowie nie mogli się doliczyć także dzięciołów pstrych większych, sikorek bogatek oraz dwóch legionów wiewiórek. Okazało się, że pawie królewskie są ptakami wytrzymałymi, a nawet dość hałaśliwymi, ale w tej konkurencji pokonaliśmy je poprzez klasyczny, doprawiony spalinami *knock out*. Reszta towarzystwa po prostu rozpierzchła się ze strachu, obalając mit kryjący się pod powszechnie znanym powiedzeniem: „Nie drzyj się, nie jesteś w lesie". Okazuje się, że w lesie też nie można, bo mieszkańcy reagują śmiertelnie serio.

W 2000 roku pracowałem przy czymś, co ewidentnie niektórym wywróciło „wrota percepcji". Mój wieloletni kumpel Arek Jakubik napisał musical *Jeździec burzy* o Jimie Morrisonie i The Doors. Jestem dumny, że byłem częścią tego wydarzenia. I choć Jacek Cieślak napisał, że było „tanio i niesmacznie", dla nas było to coś wyjątkowego. Nasz rachunek sumienia wobec starej miłości. Nikt wtedy nie wiedział, że *Jeździec* będzie obecny na deskach przez następne 17 lat. A co do Cieślaka, to podobnie napisał o spektaklu *Zagraj to jeszcze raz, Sam* tylko dlatego, że nie dostał zaproszenia na premierę. Wywalił w „Rzeczypospolitej" dwustronicowy paszkwil na celebrycki teatr, bo się nie najadł na bankiecie. A tym samym dwustronicowy nekrolog dla swej rzetelności.

Musical Jakubika zaczynał się przewrotnie, bo spotkaniem autora z... Jimem Morrisonem, który odwiedzał swój grób na paryskim cmentarzu Père-Lachaise. Okazało się, że pan Jim wcale nie umarł, tylko wziął sobie wolne od bluesa, węży, whisky i rock and rolla.

Główną rolę grał znakomicie niezwykle podobny do oryginału Marcin Rychcik. W rolę Van Morrisona wcielali się na przemian Mundek Staszczyk i Piotr Bukartyk. Teksty psychodelicznego poety dosyć zgrabnie przetłumaczył Krzysiek Jaryczewski. Nie mniej psychodeliczny z nie mniej psychodelicznym życiorysem. Tłumaczenie The Doors musi być uznane za świętokradztwo i bardzo nas to wtedy cieszyło. Nigdy tego nie mówiłem, ale przez kilka tygodni trwały negocjacje, których byłem inicjatorem, aby Morrisona zagrał Robert Gawliński, nigdy nieukrywający swych mrocznych fascynacji pierwowzorem. Niestety nie udało się. A mogło być ciekawie.

To był intrygujący czas, jak się miało później okazać, czas odpalania pierwszych fajerwerków kilku niezwykłych późniejszych karier. Balowaliśmy u Arka Jakubika piękni i młodzi w towarzystwie Roberta Gonery, Roberta Więckiewicza, Renaty Dancewicz, Rafała Maćkowiaka, Wojtka Smarzowskiego i wielu, wielu innych. I my z Wojtkiem Smarzowskim mieliśmy odpowiadać za oprawę wizualną spektaklu. Mieliśmy zrobić coś, co przypominałoby zaginione teledyski Morrisona i jego kamratów. Budżety były nikczemne, ale fantazja bezgraniczna.

Możecie mi wierzyć lub nie, ale przy pomocy operatora, zaangażowaniu Rychcika–Morrisona, ciemności i zwykłej latarki udało nam się zrobić coś tak wizualnie narkotycznego, że jeszcze przez wiele miesięcy widzowie pytali nas, skąd mamy tyle unikatowych dokumentów o królu jaszczurze. Bo dwaj główni bohaterowie zlali się w jedno. Było dziko i mrocznie. Ale dziko i mrocznie na naszych warunkach.

To był ważny czas.

Fantastycznie wspominam swoją przygodę z programem *Halo!Gramy*. Chociaż gdybym był uczciwy i nieskromny, mógłbym szybko zauważyć, że to programowi *Halo!Gramy* przytrafiła się przygoda ze mną.

Grupa świrów artystów, trochę anarchistów, a trochę kapitalistów na dorobku, postanowiła zrobić w Polsacie program artystyczno-rozrywkowy. Żeby było jeszcze ciekawiej, jednym z twórców był Paweł Szanajca, malarz, fotografik, mistrz syntezy sztuk, a co najważniejsze – saksofonista z pierwszych płyt Kultu. Żeby było jeszcze bardziej rozrywkowo, to postanowili go zrobić dla Polsatu. Stacja mieściła się wtedy przy alei Stanów Zjednoczonych i to chyba była jedyna cecha łącząca ją z show-biznesem na jakimkolwiek poziomie.

Stacja Zygmunta Solorza-Żaka była wówczas destylatem wszelkiej międzynarodowej tandety, nie wyłączając naszej krajowej. Dominowała kinematografia brazylijska, twórczość kolumbijska oraz krajowa cepeliada disco polo. Polski gust narodowy zamknięty w rozrywce. Całości katastrofalnego jarmarku dopełniał właściciel przemierzający korytarze w szeleszczącym ortalionowym dresie z reklamówką w ręku. Nie wiem, skąd się wzięli twórcy *Halo!Gramy*, bo dołączyłem do nich w momencie, w którym dotarło już do nich, że do historii tą drogą nie przejdą. Jak to mawiał Lec: „Czasami chwilą geniuszu jest moment poznania swego beztalencia". Czy jakoś tak, bo cytuję z głowy.

Mieli już grupę współpracowników o charyzmie granulatora trocin. Mówili, występowali, oceniali, propagowali i sięgali poziomem sympatii tak mniej więcej straży miejskiej. Ich etatowym didżejem był niejaki Marek Horczyczak, dziś etatowa pogodynka Polsatu. Marek ma kubaturę meblościanki, posiada w karate taki stopień wtajemniczenia, że potrafi pobić przeciwnika jego własną końcówką jelita grubego. Niestety osobowościowo Marek przypominał tysiącletniego żółwia, który miał obsługiwać call center. Innych okazów nie pamiętam, ale widocznie niewiele było do zapamiętania. Kilku panów i kilka pań o urodzie raczej beznadziejnej.

Wpadłem do programu, żeby zareklamować swój miesięcznik „Brum" i głupio się przyznać, zrobiłem tam taką zadymę, że wywalili wszystkich, a przyjęli mnie. Bezceremonialnie. W ten sposób emitowany w godzinach popołudniowych na żywo program *Halo!Gramy* po kilku tygodniach emisji stał się największym hitem stacji.

W wyrafinowanej scenografii, przypominającej wielką żółtą słuchawkę telefoniczną, w krzykliwych kolorach rodem z agencji towarzyskiej, zasiadałem na godzinę i ucinając sobie pogawędki a to z gościem, a to z dzwoniącymi do nas widzami, rozdawałem prezenty, dary, mirrę i kadzidło. Totalny obłęd, jakiego nie było w innych mediach.

W myśl starej dewizy Charliego Chaplina, że ci, którzy rozśmieszają ludzi, cenniejsi są od tych, co każą im płakać, postanowiłem stworzyć program doskonały. Miał być połączeniem humoru, chaosu, pańskiego gestu, muzyki alternatywnej i niespotykanych nigdzie indziej gości. Od Liroya, przez Edytę Bartosiewicz, po grupę Dezerter. Wszystko miało być skąpane w oparach absurdu. Ktoś się do mnie dodzwonił – dostawał dyskografię Slayera. Mówił, że mnie widzi w telewizji właśnie w tym momencie – dostawał rolki. Odpowiadał na pytanie: „Kto jest dziś mym gościem?", a nie było to trudne, bo gość siedział obok mnie i mojej mega *yellow* słuchawki – dostawał rower. Pytałem, jaki jest mój numer telefonu, pod który gość dzwoni, i jak gość z drugiej strony tego numeru był na tyle rezolutny, żeby go podać, czyli inaczej mówiąc, miał IQ wyższe niż numer kierunkowy do stolicy, potrafił wygrać skuter.

Było totalnie. Miało być inaczej niż zwykle i w dobrym tempie. Tak, żeby narobić ludziom apetytu na emocje, ale nigdy ich do końca nie zaspokoić.

Przy tym programie 500+ to jałmużna i marny napiwek. Byliśmy centralną dyspozytornią dobrego nastroju, ciekawej muzyki i rozdawnictwa bez żadnych wymagań. Czysta zabawa. Całość miała wyglądać jak jakaś karkołomna gra na komputerze starej generacji. Oglądali to wszyscy, w związku z tym dodzwonić się chcieli też wszyscy.

Kiedyś moim gościem był Paweł Kukiz. Dzwoni pierwszy widz, witam go i mówię, że moim gościem jest Kukiz i czy tamten go zna. I nagle słyszę: „O tak. *Cookie*. Ciasteczkowy Potwór. Bardzo lubię go oglądać. Tak jak całą *Ulicę Sezamkową*".

Podczas wizyty Kazika Staszewskiego, który promował swoje pierwsze hip-hopowe dokonania, wymyśliłem judaszowy pomysł, żeby Kazik rapował statut PZPR-u. Program był na żywo, więc nie bardzo mógł odmówić. Historyczne wykonanie komunistycznej prozy alternatywnej. Puściliśmy mu jakiś prosty bit i artysta odleciał. „Idea, której służy Polska Zjednoczona Partia Robotnicza, to idea komunizmu. W niej ucieleśnia się przyszłość świata. Jest to idea, której zwycięstwo uwolni ludzkość od niepewności jutra, od strachu przed wojnami, od nędzy i poniżenia, położy kres panowaniu wyzyskiwaczy nad ludem pracującym, panowaniu narodów silniejszych nad słabszymi. Tylko komunizm może zapewnić materialny i duchowy rozkwit ludzkości...". Żeby nie było, tekst oryginalny. Perełka literatury humorystyczno-fantastycznej. Dziś brzmi jak deklaracja programowa Prawa i Sprawiedliwości. Szkoda, że was przy tym nie było. Staszewski tego dnia zabrzmiał jak rymujący Władimir Wysocki. To było ryzykowne posunięcie. Mówiąc językiem kierowców, wokalista wjechał na późne pomarańczowe. Ale wybrnął genialnie. Co ważne, dowiedzieliśmy się, że lider Kultu właśnie na dniach zrobił swoje pierwsze prawo jazdy. Wręczyliśmy mu wielką tablicę z napisem TIR, żeby współuczestnicy ruchu nie tyle go szanowali, ile się go bali.

Wtedy wszyscy jeszcze mieli dystans i poczucie humoru. Brak dystansu i humoru pojawiły się później. Dziś trudno to sobie wyobrazić, ale Edyta Górniak też kiedyś miała luz i dystans do siebie. Taka sytuacja na przykład w programie *Kuba Wojewódzki*:

– Ja, tak prawdę mówiąc, strasznie
chciałem się z tobą spotkać, żeby zapytać,
czy tobie, i naprawdę to jest pytanie, akurat
w tym momencie jestem dziennikarzem
muzycznym, czy tobie chce się jeszcze
śpiewać? Bo my wszyscy, kurde, czekamy,
aż ty zaśpiewasz, a ty jesteś jurorem
w jednym programie, w drugim programie.
Uciekasz od tego, co lubisz?
– Co ci zaśpiewać, Kuba? No,
na życzenie.
– Byle nie hymn Polski, bo znam słowa
i... melodię też. Widzowie również.
A ona na to:
– Ja bardzo chętnie zaśpiewałabym
hymn, ale ja się dopiero uczę,
o czym to jest.

Dochodziło też do sytuacji zabawnych inaczej, pole-
gających na tym, że w Polsacie, co tu ukrywać, nie było
za dużo programów, do których mogliby przyjść artyści.
I operatorzy oraz realizacja mieli własne dość swojskie
standardy.

Odwiedził mnie onegdaj Stanisław Soyka ze swoją płytą.
Stanisław był zawsze arystokratą dźwięku, pieśni i manier.
Zaczynamy program, zapytuję Staszka w wyrafinowanym
stylu, co go skłoniło, aby zaprosić jako tekściarza na swą
nową płytę nikogo innego jak Williama Szekspira, bo to
z jego sonetami nagrał album. Staszek zaczyna odpowiadać różne natchnione historie, gdy nagle słyszę szept zza

kamery: „Panie Soyka, musisz pan zdjąć tę koszulę, bo się źle kluczuje na blue boxie...".

Takie były wówczas czasy i obyczaje.

Kulminacją naszego nieprzewidzianego w żadnym planie biznesowym sukcesu był konkurs, który ogłosiliśmy wspólnie z Pocztą Polską. Pytanie było pretekstowe, generalnie chodziło o to, aby się policzyć i poznać z innej strony. Jak znam swoją kreatywność, to brzmiało ono mniej więcej tak: „Jak Bóg stworzył świat, to jego pierwsze słowa brzmiały: «Upsss», czy może «Jezuuu, nie». Swoją myśl przelej na papier i zamknij w dzieło sztuki". Jedna z producentek mocno oponowała, bo chciała konkurs czysty światopoglądowo, a ja lubiłem eksperymentować z nastrojami tłumu. Chciałoby się powiedzieć „narodu", ale coraz częściej mam wrażenie, że to po prostu tłum tłoczących się obok siebie, obcych sobie ludzi. Zresztą z tą producentką przestaliśmy się liczyć od czasu, gdy wyznała nam (w tajemnicy, więc mówię o tym tylko wam), że musi zmienić psychoterapeutę, bo ten ostatni wyznał po roku spotkań, że na jej miejscu to by się powiesił.

Przesyłki od widzów miały przychodzić albo na adres Poczty Głównej w Warszawie albo nasz. Kiedy zbliżał się finał rywalizacji, na redakcję spłynął blady strach. Jeden z reżyserów popadł w jeszcze większy łopot niż zazwyczaj, a zazwyczaj i tak było nieźle, gdyż był to człowiek z cyklu „Ja nie nadużywam alkoholu. Piję tyle, ile potrzebuję. Po prostu potrzeby mam spore".

Do naszej redakcji spłynęło kilkanaście paczek i kopert, na podstawie tajemnej zawartości których miałem zrobić program na żywo. Czułem się jak Adam Nawałka przed mundialem w Rosji. Byłem przygotowany, ale nie miałem czym grać. Czuliśmy, że nadchodzi bolesne „sprawdzam", które dobierze nam się do zakrystii. Na godzinę przed programem przyjechała ciężarówka z Poczty Polskiej i przywiozła tonę przesyłek. Nie przesadzam. To był korespondencyjny Mount Everest ostemplowany znaczkami. Wysypali to u nas w studiu, sięgając sklepienia. Mówi się, że chłopcy mają swój dzień raz w roku, a prawdziwi faceci, kiedy chcą. I to był mój dzień w tamtym roku.

Ten odcinek *Halo!Gramy* zapamiętali wszyscy. Na zakończenie programu dałem nura w tę stertę pachnącą ludzką męczarnią i tanim klejem. Co ciekawe, główną nagrodę w postaci skutera wygrał jakiś dzieciak z tak zwanej Polski D. Na ceremonię wręczenia nagrody przyjechała cała rodzina autem model Żuk, który był wyłożony sianem. Żeby im wygodnie było w trakcie tułaczki z kresów samych kresów, no i coby motocykla nie porysować, bo już mieli na niego kupca. Tacy widzowie. Już wtedy, jak widać, mocno kształtowała się wyraźnie zdefiniowana w guście i etykiecie widownia Polsatu.

Nasza telewizyjna epopeja trwała chyba trzy lata, a zakończyła się dosyć niespodziewanie. Kiedy udałem się na zasłużony wypoczynek, redakcja postanowiła zagęścić profesjonalizm szeregów i zatrudniła do nowego jakościowego skoku w przyszłość kilka świeżych osób. Wśród nich niejakiego „Makaka", Piotra Szarłackiego, radiowca kultowego, którego kultowość polegała na tym, że on tak o sobie myślał.

Jest taki popularny przesąd, że jak się podejdzie w nocy do lustra i trzykrotnie wyszepcze: „Demonie, przyjdź", to wtedy właśnie przychodzi Makak. Makak był wielką zblazowaną gwiazdą rocka, która przypadkowo została pracownikiem radia, a tak w ogóle to lada dzień powinien dostać angaż w Red Hot Chili Peppers. Był pozerem o imidżu męskiej Lady Gagi bez makijażu i w moim skromnym mniemaniu przyszłym podopiecznym najbliższej jednostki odwykowej. On nastał i zaczął się rządzić, więc ja, mając alergię na takich przebierańców, postanowiłem się ewakuować. Po miesiącu program spadł z anteny. Byłem tradycyjnie z siebie dumny, bez najmniejszego powodu.

A teraz z innej beczki. Teatralnej. Michał Żebrowski miał trochę opinię buca. Dobra, zapomnijmy o „trochę". Był bucem. Zakochanym w sobie, etatowym klakierem siebie samego w pierwszym rzędzie samouwielbienia. Człowiekiem swego własnego codziennego renesansu. Ale był bucem obronnym. Taką przyjął postawę wobec świata, który mu nie pasował do jego świata. Jego prawo.

Kiedyś zapowiadając go w programie, powiedziałem: „Na ziemi są podobno dwie rzeczy widoczne gołym okiem z kosmosu. Chiński mur i ego Michała Żebrowskiego". Jego ego rzeczywiście można znaleźć na Google Maps i pozwiedzać sobie z każdej strony. Jest tak wielkie, że ma osobny adres i księgę wieczystą. Ale też Michał ma ku temu powody, nazwijmy go zatem bucem zawodowym, profesjonalnym. Uczeń Holoubka i Zapasiewicza sam stał się Zapasolubkiem i uniósł w autoakceptacji zbyt wysoko. Zresztą gdybym w jego wieku zaliczył tyle kobiet, to też pewnie zamieniłbym swe ego w zeppelina. Nie wspominając o Izabelli Scorupco, co jest tylko wisienką na wspomnianym sterowcu. Lub, jak mawia mój przyjaciel Czesław Mozil: „Wiśniówką na torcie".

Nasze wcześniejsze kontakty były wyłącznie zawodowe, to znaczy ja robiłem z nim wywiad do jakiegoś pisma, a on profesjonalnie mi go udzielał, by następnie podczas autoryzacji napisać go profesjonalnie i samodzielnie i to w moim mieszkaniu. W tym samym czasie odbierał telefony od swej aktualnej narzeczonej, którą w akompaniamencie słów mocno męskich informował, że aktualnie autoryzuje i pierdoły mu nie w głowie. Wielokrotnie zapraszałem go do swego programu, ale on zawsze z powagą Wiedźmina i dostojeństwem Skrzetuskiego posyłał mnie won.

Kiedy więc pewnego zimowego dnia usłyszałem jego tubalny głos w telefonie, byłem pewien, że dzwoni tylko po to, by powiedzieć mi, że w najbliższym sezonie też do mnie nie przyjdzie. Okazało się coś całkowicie odmiennego. Michał otwiera teatr i zaczyna od spektaklu Woody'ego Allena *Zagraj to jeszcze raz, Sam*. „Mam cię, patetyczny knocie – pomyślałem. – Teraz będziesz chciał zareklamować swe sceniczne posługi u mnie w programie, a ja w całej swej złośliwości ci w tym pomogę".

Okazało się, że jest o wiele, wiele gorzej. Żebrowski w swej niezidentyfikowanego pochodzenia intuicji przeczuwał, że zawsze chciałem być aktorem. Bo chciałem. Niestety nasza sąsiadka z placu Na Rozdrożu, Zofia Mrozowska, wielka aktorka i pedagożka, prognozowała mi rolę halabardnika, ewentualnie aktora grającego kroki za sceną. Dostałem natomiast propozycję zagrania głównej roli, czyli Allana Feliksa w jednym z najbardziej znanych tekstów samonienawidzącego się Żyda z Manhattanu.

W swych niesprecyzowanych, z logicznego czy jakiego-kolwiek trzymającego się zdrowego rozsądku punktu widzenia, marzeniach często widziałem siebie w roli prosto z Allenowskiej wyobraźni. Był on jedynym dramaturgiem, któremu mógłbym oddać w posiadanie swój sceniczny los. No i spełniło się. Najlepszy to znak, by nie marzyć głupio, bo zatroskane przeznaczenie bierze sobie czasem nasze biadolenie do serca i wrzuca nas w samo jądro kłopotów.

Michał zostawił mnie sam na sam ze scenariuszem, historycznym wyzwaniem, strachem i wielkim apetytem. Zawsze uważałem, że najlepszym sposobem pozbywania się dzikich pokus jest uleganie im. I uległem.

Gdybym dziś chciał policzyć momenty zwątpienia, że moja postać na scenie to ewidentny dowód braku ogarnięcia, samokrytyki czy najzwyklejszego zdrowego rozsądku, to były ich setki. Do tego dochodziło przeczucie, że teatralny widz na taką personę jak ja może zareagować nietuzinkowo. Nie od dziś wiadomo, że czeska nazwa teatru – *divadlo* – musi mieć jakieś sensowne uzasadnienie.

Swój bój z wątpliwościami postanowiłem zatuszować wiedzą wyniesioną z niebanalnych karier i życiorysów. Wojciech Pszoniak opowiadał mi, że zagrał we francuskim teatrze, nie znając żadnego istotnego słowa w danym języku. Mało tego: wystąpił u boku samego Gerarda Depardieu, za nic nie kumając, o co temu drugiemu chodzi w jego przepastnych monologach. Czyli można. Na moje proste pytanie, jak się czuł, odpowiedział plastycznie: „Srałem ze strachu".

To samo Andrzej Chyra. Obarczył mnie historią wcielenia się w Stanleya Kowalskiego w *Tramwaju zwanym pożądaniem*, obok Isabelli Huppert, przy nikczemnie niskim poziomie języka Moliera. I też dał radę. Może dlatego, że wcielał się w brutalnego polaczka, prostaczka, a od takich nie oczekujemy frazy Dantona.

Mój przebieg myślowy był nieskomplikowany. Oni są aktorami, nie znali języka i dali radę. Ja nie jestem aktorem, ale znam język. Czyli rachunek podobny. Dam radę. Logiczne jak życie seksualne Krystyny Pawłowicz.

Wiem, że wcześniej tę rolę miał dostać mój kolega, prawdziwy aktor, Wojtek Mecwaldowski, ale dlaczego nie dostał, tego nie wie nikt z nim włącznie.

Dziś Michał jest innym człowiekiem, innym Michałem, przy jakimś delikatnym nagięciu słowa „wyluzowany" to bym stwierdził, że jest wyluzowanym Michałem. Podobno człowieka można najlepiej poznać i ocenić po tym, jak on tańczy. Widziałem, jak on tańczy. Wykonywał ruchy, jakby porządkował piwnicę albo układał weki na półkach. To było piękne. Po wielu latach spięcia Michał się rozpiął i to był szok. To tak, jakby Tadeuszowi Sznukowi skończyły się pytania w *Jednym z dziesięciu*. Zostaliśmy kumplami, nasze partnerki też się zakumplowały, a w naszą relację wstąpiła wspaniała normalność. Lubię go i cenię za to, co zrobił. Nie tylko dla mnie.

Jest dobrym człowiekiem.

Scenariusza zacząłem się uczyć na plażach Tel Awiwu w towarzystwie długonogiej Natalii. Uwielbiałem, jak tabuny lokalsów mlaskały za nią oczami na piaskowych deptakach stolicy Izraela. Za każdym razem gdy szła na spacer ze słuchawkami w uszach i w miniaturowym bikini, wracała z plikiem wizytówek od plażowych adonisów. Potem, rozmiękczeni syjonistycznymi trunkami, dzwoniliśmy pod telefony adoratorów, wymyślając im we wszystkich językach świata. Bardzo mnie to wtedy bawiło.

Poznałem ją, kiedy wróciła z azjatyckiego kontraktu, który odbywa wiele słowiańskich modelek. Ja od pierwszego wejrzenia zafascynowałem się nią jako typowym dzikim dzieckiem, ona, co zabawne, była święcie przekonana, że potrzebuję ją na widownię swego programu. I negocjując swe nastawiania, wybraliśmy się na sylwestra do Izraela.

Natalia będzie moją miłością już zawsze. Samodzielna, piękna, zagubiona, z ojcem kryminalistą i tabunem rodzeństwa. Uciekła z małej miejscowości, by w stolicy zmajstrować swe małe szczęście. Niestety trafiła na mnie.

Natalię uwielbiali wszyscy moi sąsiedzi płci męskiej, bo bez skrępowania i ograniczeń lubiła przeżywać akustycznie nasze miłosne uniesienia. Nic tak nie podnosi poziomu ego mężczyzny jak tęskny wzrok współlokatorów w windzie okraszony pytaniem: „Chyba wczoraj nigdzie nie wychodziłeś?".

Natalia to był mój prywatny adres Pana Boga. Piękna, dobra i ufająca. A facetom nie można ufać. Jak ci kobieta zaufa, to aż cię korci, aby sprawdzić, jak bardzo. I sprawdzasz.

Straszna jest siła słabości. Oto triumf wiedzy o facetach. Każdy z nas jest chujem, ale nie każdy ma okazję, aby to udowodnić. Wracaliśmy do siebie kilka razy, aby po raz kolejny i bolesny przekonać się, że w byciu stałym jestem niestały. Coś jak bohaterowie czarno-białego *Manhattanu* Allena. Potrzebowałem sprawdzić, czy rzeczywiście to, co mam, jest najlepsze.

Ze wszystkich dziewczyn, z którymi byłem, jej przyszłe szczęście, rodzinę, męża chyba odczuję najboleśniej. Czasem podglądam ją na Facebooku, ale ona złośliwie mało o sobie pisze. Niestety, wiele lat później, uskrzydlona kilkoma głębszymi, zaczaiła się na moją ostatnią dziewczynę w klubie Syreni Śpiew i korzystając z mojej nieobecności, zrecenzowała mnie boleśnie.

Wyszło jej, że jestem egoistycznym, narcystycznym, toksycznym bawidamkiem i że trzeba na mnie uważać. Pomimo młodego wieku, późnej pory i wchłonięcia sporej ilości procentów była to analiza złożona, wnikliwa i wielce prawdziwa. Zawsze uważałem, że umiem oprzeć się wszystkiemu z wyjątkiem pokusy i biografia Natalii silnie to niestety odnotowała.

Każdy mój związek trwał do czasu, gdy wypływał na, jakby to opisał Paulo Coelho, „burzliwe wody obojętności".

Ja jestem fanem tylko początku relacji. Każda idealna relacja powinna się zaczynać i na tym kończyć. Wtedy jest pięknie, a ludzie są szczęśliwi. Nic tak nie inspiruje miłości jak ciekawość. Gdy przestajesz być ciekaw drugiej osoby, stajesz się nudnym sfinksem, którego zwiedzili już wszyscy, a dzieci nawet nie mają ochoty na zdjęcie. Pojawia się śmiertelna nuda cowieczornej seksualnej egzekucji.

A przecież Marek Hłasko już dawno odkrył mroczne tajemnice pokrętnej męskiej natury. Stwierdził stwierdzeniem fachowym: „Mężczyźni są jak dzieci. Tylko kurwy i wódka".

Ale jeśli chodzi o teatr... Po dwóch tygodniach zamorskich igraszek, imprez i odkrywania uroków kolejnego

Paryża Wschodu, jak bywa nazywany Tel Awiw, wróciłem do Warszawy z nieźle opanowanymi czterema pierwszymi zdaniami komedii. Wypadło po dwa zdania na tydzień. I jak tu nie być antysemitą.

Żenia Korin jest mordercą. Reżyser nadworny Teatru 6. piętro uważa, że aktor w próbach to aktor, którego jedynym powołaniem jest próbowanie. Czas wolny to czas stracony. Czasem zastanawiałem się, czy Korin nie zdobywał swoich menedżerskich szlifów w miejscach, o których tak barwnie pisał Sołżenicyn.

Syberyjski rygor i dyscyplina dość szybko pokazały mi, że są szanse na pozostanie drewnianym aktorem w czasie ekspresowym. Jak tu mówić nieswoim głosem, nieswoje kwestie z nieswojej historii oraz tym bardziej w nieswoim odzieniu. Obok Małgosia Socha, żywa torpeda seksapilu, Ania Cieślak, kobieta o oczach zepsutego dziecka, Daniel Olbrychski, reinkarnacja wszystkiego, co w aktorstwie wielkie i podniosłe, oraz Michał Żebrowski, facet, który wykonywał utwory o blasku, co uda kobiece odsłania. I ja. Przypadkowy bohater. Zagubiony gość z krainy wybujałych aspiracji.

Praca z Danielem Olbrychskim była dla mnie jak romans z Marilyn Monroe. Jest trochę przesiąknięty starym duchem starej szkoły w stylu Adama Hanuszkiewicza, który miał zwyczaj mawiać: „Zaczynamy próbę. Wszystkie światła na mnie!". Mimo że znaliśmy się od dawna, był jedynym aktorem, który swą decyzję o angażu do tego przedstawienia uzależnił od efektu pierwszych prób. Mogło być groźnie. Pierwsza próba czytana. Ja ostre zapalenie oskrzeli, gorączka, ciemne okulary i słowa tekstu wymieszane z wyrzucaną wydzieliną odkrztuszną. Już w myślach żegnam się z moim teatralnym debiutem, gdy naglę słyszę, jak Daniel scenicznym szeptem informuje Żebrowskiego: „Będzie znakomity". Nagle mój kaszel suchy i męczący stał się powabny i radosny. Robimy to.

Olbrychski jest magikiem i tajemnicą, której nie odkryła żadna dotychczasowa biografia. Opowiedział mi kiedyś, jak jechali kabrioletem z Marylą Rodowicz z Warszawy do Kazimierza nad Wisłą. Nie byłoby w tej przejażdżce nic niezwykłego, gdyby nie fakt, że Daniel siedział na oparciu i prowadził auto stopami. Jak sam mawia: „Dorastanie jest obowiązkowe. Dojrzewanie niekoniecznie".

Swego czasu przed przedstawieniem Daniel opowiada mi o przyjaźni z Kirkiem Douglasem, znanym najbardziej z tego, że jest ojcem Michaela Douglasa. Nienadająca się do publikacji historia kończy się stwierdzeniem: „No i na koniec podarował mi siodło". Ja na to: „Eeee, koloryzujesz". Następnego dnia Daniel przychodzi do teatru z siodłem, a na siodle stosowna dedykacja.

Innym razem wspomina znajomość z Toshiro Mifune. Historia kończy się stwierdzeniem: „A na koniec podarował mi samurajski miecz". Ja na to: „Eeee, koloryzujesz". Następnego dnia Daniel przybywa do teatru z wielkim samurajskim mieczem.

Następnym razem debatujemy o kobietach i rozmarzony Daniel wzdycha i prawi: „Na koniec podarowała mi siebie całą". Bałem się cokolwiek powiedzieć, bo na bank następnego dnia nie przyszedłby sam.

Kocham go jak ojca.

À propos ojca. Ojcem bywa wspaniałym, ale i krytycznym. Kiedyś jego syn Rafał odgrażał się w tabloidach, że odpali taką bombę, że legenda starego runie w gruzach jak wiadukt w Genui. Widziałem, że Danielowi jest przykro, więc zagajam dyskretnie, że Rafał, którego zresztą znam niemal od dziecka, to pewnie zdolny chłopak, musi tylko odnaleźć to, w czym jest najlepszy. A Azja Tuhajbejowicz na to: „Widzisz. Jak się natura w jednym pokoleniu mocno napracuje, to w następnym często odpoczywa".

Mistrz.

Starzy mistrzowie potrafią zaskoczyć w każdej sytuacji. Dnia jednego wchodzę do swojej garderoby, a tam Piotr Fronczewski w slipkach, przy otwartym oknie, robi przysiady. „Witaj Piotr – zagajam jak niby nigdy nic. – Co porabiasz?". Jak sami widzicie, zagajam inteligentnie aż strach. „A nic takiego – odpowiada nieco speszony Piotr. – Tak się rozgrzewam". Jako że obaj jesteśmy ludźmi teatru, to składam mu propozycję nie do odrzucenia: „A mógłbyś to robić gdzie indziej, bo ja zaraz mam spektakl?". „Oczywiście, przepraszam" – słyszę i Piotr zaczyna się pakować. Nie chcąc mu przeszkadzać w tej krępującej czynności, idę do garderoby dziewczyn, a tam Małgosia Socha siedzi w jakimś stroju dziwnym, a i fryzurze niezbyt z epoki sztuki Woody'ego Allena. „Co jest? – pytam. – Zmieniają nam nagle kostiumy?". „Nie – odpowiada Gosia. – Dziś gramy *Edukację Rity*".

Koniec. Kurtyna. Żenada.

Anię Cieślak uwielbiam. Idealna kandydatka na odtwórczynię roli Matki Boskiej. Niespecjalnie musiałaby się uczyć tekstu. Dyżurny dobry człowiek w moim otoczeniu.

Człowiek ze specyficznego trójmiasta. Urodzona w Szczecinie, wychowana w Krakowie, żyjąca w Warszawie. Ania to taki człowiek, że jak zapukasz do niej nocą z informacją, że zaraz będzie koniec świata, to posadzi cię, zrobi herbatę i poprosi o opowiedzenie twojej historii. Ma wielkie, zdziwione oczy i choć świat czasem zaskakuje ją pozytywnie, to jej zdziwienie nie maleje. Po obejrzeniu filmu z Maćkiem Zakościelnym i Anią postanowiłem zostać wybrankiem Ani.

Skorzystałem z okazji, że była moim gościem w programie, i rozpocząłem ofensywę. Pamiętam, że dostałem wtedy od niej duży zegar dworcowy w intencji stałego posiadania dużej ilości czasu dla siebie, więc korzystając z okazji, że czas jest po mojej stronie, ruszyłem do akcji. Wszystko poszło znakomicie, Ania właśnie rozstała się z własnym narzeczonym, co w wersji oficjalnej wyglądało tak, że narzeczony rozstał się właśnie z Anią. Moja wybranka wyznała, że czuje do mnie miłe ciepło, co ja oczywiście w swej głowie rozpisałem na szereg przyszłych lubieżnych obrazków. Niestety, w tak zwanym międzyczasie były oblubieniec zmienił zdanie, jak zobaczył nasze wspólne zdjęcie w jakimś serwisie plotkarskim. I wróciło mu jeszcze szybciej to, co powoli odchodziło. I z naszego widowiskowego romansu zostało tylko preludium. Ale było warto. Dziś jesteśmy przyjaciółmi lepszymi, niż wtedy bylibyśmy kochankami. Potem Ania związała się na chwilę z Czesławem Mozilem, ale trzeba pamiętać, że ona pochodzi z rodziny porucznika 007 Borewicza i musi mieć skłonności do kontaktów z elementem przestępczym.

Swoją rolę w teatrze postanowiłem opanować, tak jak opanowuję każdą rolę w swoim życiu. Wysłuchać wszystkich rad tych, którzy wiedzą lepiej, i zrobić to po swojemu.

Jak to się mówi mądrze: „Trudno, słup telegraficzny nie pojmie idei telegrafu". Głupio się przyznać, ale mój proces stawania się aktorem (choć jak to mi zawsze mówiła Olga Bołądź: „Ja nie gram, tylko występuję") polegał na odchodzeniu od wszystkiego, co mi zalecał reżyser. Wybacz, Żeniu. Miałem wrażenie, że on nie do końca ufa tekstowi Allena i stara się go ozdobić ornamentyką, którą zdefiniowałbym jako „fredrowską". Przerysowany strój, gest, ruch sceniczny i makijaż niczym u Rudolfa Valentino. Czyli drapanie się tam, gdzie nie swędzi. I to z mocnym przytupem. Zero depresji, znaku rozpoznawczego autora.

Janusz Gajos powiedział mi kiedyś, że aktorstwo to jest coś, czego nie widać. Tu było widać aż nadto. Rozpocząłem dyskretny proces dewastacji i sabotażu planu reżysera. Moim zdaniem – z powodzeniem. Tym samym doszedłem do własnej definicji własnego aktorstwa, a brzmi ona tak: „To wielka sztuka grać tak, jak trzeba, nie wiedząc o tym".

Polecam wam tę sztukę, choć gramy ją już siedem lat. Z każdym miesiącem więcej jest tam mojej inwencji niż pomysłów autora. To gruby nietakt, ale świetna zabawa.

Ciekawą rzeczą jest fakt, że z podobnym pomysłem obsadowym wyszedł do mnie, kilka tygodni od rozpoczęcia naszych tajnych prób, Wojtek Malajkat, dyrektor Teatru Syrena. Widocznie rola u Allena była mi pisana.

H. była dziewczyną z tak zwanego dobrego domu. Michał Żebrowski często powtarzał mi, że dom ma być porządny, a nie dobry, ale nigdy nie sprecyzował różnicy. Mama H. była dla mojego pokolenia symbolem, niczym powstanie warszawskie czy reduta Ordona. Po prostu oznajmiła zakończenie komunizmu i to w telewizji, w porze największej oglądalności. Zrobiła to tak zalotnie, a zarazem skromnie, że komunizm nie miał wyjścia i się zakończył. Tata jest aktorem, który najstarszym Polakom mignął w filmie *Akcja pod Arsenałem*, by następnie brawurowo przejść do historii krajowym *love story* pod utajnionym tytułem *Con amore*. Perfekcja losu w budowaniu perwersyjnych scenariuszy polegała na tym, że H. poznałem na imprezie pożegnalnej Ani Muchy przed jej wyjazdem do Stanów. Była piękna, piegowata i niezwykle zmysłowa. Usta, usta, usta, a potem reszta H. O tym, że jest to dziewczyna z fantazją, dowiedziałem się z jej pierwszych słów, które do mnie wypowiedziała. „Co wieczór sypiam z panem" – rzekła. Po sprecyzowaniu okoliczności tego niecodziennego acz zachęcającego wyznania okazało się, że H. sypia w koszulce z moją podobizną, którą dostała od swej mamy.

Mama, po zakończeniu mojego romansu z jej córką, dość boleśnie podsumowała mnie w felietonie w „Wysokich Obcasach", więc nie będę prowokował losu po raz drugi i będzie wyłącznie dobrze i z szacunkiem. H. to fantastyczna dziewczyna i fantastyczny człowiek. Nie wiem co prawda, czy po takim wyznaniu Kazia Szczuka mnie nie ustrzeli z lufy feminizmu. Jej dziadkiem był niejaki Jan Parandowski, po którym odziedziczyła niezwykły dar pisania fraszek i limeryków, którymi za pomocą esemesów pasła moją nienasyconą wyobraźnię.

H. miała pecha do facetów, a apogeum jej pechowości było poznanie mnie. Wcześniej zadawała się z dyżurnym kaznodzieją TVN-u, więc sami rozumiecie, drodzy czytelnicy, że spadła z niebios na samo dno czyśćca. Czyli do mnie. Nigdy wcześniej nie przejąłem dziewczyny po prawie księdzu i już wiem, że to dobry kierunek. Następnie urodziła ładne dziecko i związała się z chłopcem o urodzie fiata multipli, ale to już nie moja wina.

Z kolei Anita. Najmądrzejsza kobieta, jaką znałem. Jedynym namacalnym dowodem czasami i znienacka nawiedzającej ją głupoty był związek ze mną. Poznałem ją, gdy pracowałem w Trójce, a ona przywiozła do mnie na wywiad zespół Ziyo. Lider tej grupy, Jurek Durał, miał dwie niezwykłe cechy. Połączył zaśpiew góralski z zaśpiewem irlandzkim niejakiego Bono. Drugą cechą było to, że on chyba o tym nie wiedział i z dnia na dzień stawał się coraz bardziej tym Bono.

A. miała córkę Anikę i obie pokochały mnie od pierwszego wejrzenia. Z wzajemnością. Ta mniejsza okazała to efektownym opluciem mnie, nadgryzieniem koszulki oraz obrzuceniem mego auta kamieniami. **Faceci tacy jak ja nie powinni zadawać się z dobrymi kobietami, gdyż zawsze będą chcieli sprawdzić, jak pojemne są granice ich dobra.**

Największym kurestwem, jakie wyrządziłem A., było chwilowe związanie się z I., ówczesną prowadzącą kultowy program *Lalamido*. Była piękna, młoda, zmysłowa i chętna do przygód. Jak tylko zobaczyła, że do Trójmiasta przyjechałem kabrioletem, to szybko zaordynowała, że zdejmiemy dach i razem wrócimy do stolicy. Potem okazało się, że inne rzeczy też zdejmuje chętnie, nawet bez wychodzenia z domu oraz konieczności wracania gdziekolwiek. Na pierwszej randce nagrałem jej potajemnie nowy tekst na sekretarkę w domowym telefonie i z miną wędkarza patrzyłem, jak jej dotychczasowy wybranek, niczym świeżo zabrany ziemi robal, wije się w próbach dodzwonienia się. Nasz niezwykły chrzest seksualny odbył się w Domu Turysty Piast w Kazimierzu nad Wisłą. Jak się nad ranem okazało, moja oblubienica nie przyznała się, że jest w zaawansowanej fazie okresu, i nasze miłosne łoże oraz niektóre partie mojego organizmu wyglądały niczym czerwono-biała makatka zgrabnie wycięta z rzezi Charlesa Mansona przy Cielo Drive.

M. miała przydomek aktorki landrynkowej. Pisano o niej, że jest ozdobą wszelakich seriali i przy tym pozostanie. Ustawicznie i namolnie narzucany wizerunek kopciuszka, który z małej, zagubionej na mapie miejscowości zarządzanej przez ojca dyktatora wkroczył na salony sławy. To mógł być związek modelowy, bo wszystko wskazywało na to, że nie było falstartu żadnego z biorących w nim udziału zawodników. Od pierwszej rozmowy telefonicznej, którą, jak się potem okazało, odbywała w towarzystwie zawodowo zazdrosnego narzeczonego, czułem, że namiętność szturmuje już drzwi. Wyznała mi kiedyś, że jeszcze w czasach mojej kariery w programie *Halo!Gramy*, pasowała mnie na męża w towarzystwie koleżanek z drugiej B.

Połączył nas Houellebecq i jego *Cząstki elementarne*. Ja tę książkę uważam za moją lekko kiczowatą alternatywną autobiografię, a ona była fanką tej wizji.

Po latach człowiek dopiero wie, że nic tak nie boli jak stracona głowa. A ja głowę straciłem. Był tylko jeden mały roztańczony problem. Jak śpiewa jeden z moich ulubionych tekściarzy, „Grabarz" Grabowski: „My się kiepsko dzieli przez trzy".

Na początku randkowanie według kalendarza narzeczonego może uchodzić za radosną grę w chowanego, niestety wcześniej czy później nawet najbardziej zakochany narzeczony zrozumie, że ktoś robi z niego durnia. I nas ten scenariusz nie ominął. Jakiś przedsiębiorczy kelner z restauracji, w której odbywaliśmy nasze schadzki, zameldował o tym tak zwanym paparazzim. Panowie zjawili się licznie i niczym u-booty polujące na transport broni na Atlantyku ustrzelili naszą intymność. Wtedy też narodziła się zasada podstawowa romansowania z kobietą zajętą. Ten, co ją zajmuje, nie odpuszcza w sytuacji, gdy ktoś chce zająć jego miejsce. Zazdrosny partner, cytując klasyka, nie liczy godzin ni lat, by tylko nie pozostawiać swej oblubienicy bez nadzoru. Nasza relacja stawała się coraz bardziej relacją z monitoringiem, więc siłą rzeczy straciła dynamikę. Niestety coraz intensywniej też kiełkowała mi w głowie natarczywa myśl, że M. ma taki właśnie autorski patent na emocje w związku. Związek drugi obok związku pierwszego, obfitujący we wszystko, co jest deficytowe w tym pierwszym (czyli w mojej historii – drugim). Jak ktoś się pogubił, to niech przeczyta to zdanie jeszcze raz. Jedni chadzają na siłownię, inni na jogę, a jeszcze inni flirtują. Szczególnie że życie aktora to życie w stałej delegacji, więc okazja jest. My z M. po miesiącach schadzek niczym cichociemni weszliśmy w tak zwany martwy sezon relacji. Ona nie potrafiła zostawić jego, on jej, a ja nie potrafiłem opuścić obojga. Pozostał po nas wywiad, którego udzieliła magazynowi *Twój Styl* pod moją wizerunkową kuratelą. Był tak sprytnie stuningowany, zarówno intelektualnie, jak i światopoglądowo, że od razu wszyscy się zorientowali, że nie jest jej autorstwa.

Piękne kobiety często żyją niepięknym życiem. Ale to już nie nasza wina. M. borykała się jeszcze z mistrzem piruetu kilka lat, niestety kiedy dojrzała do iluminacji, że kolega niespecjalnie rokuje na bezpieczną przyszłość, byliśmy już dla siebie zwykłymi znajomymi z niezwykłą przeszłością. Dziś już wiem, że była wówczas zawodową egoistką. Nawet jak dzwoniła do mnie z planu filmu, żeby zapytać, co u mnie, to natychmiast wpadała w monolog, że jej dzisiejsze sceny to ewidentnie wykonała tak, że już szykuje półkę na polskie Orły. No ale aktorki tak mają. Bez względu na to, jaki podpiszą kontrakt, w swoim mniemaniu zawsze grają rolę pierwszoplanową. Także w życiu. A jako że ja jestem mocno podobny, to uznałem, że związek ten nie jest podobny do niczego. Dziś jest świetną żoną, matką i co najważniejsze, przestała być landrynką.

K. pracowała w radiu o tej samej nazwie co radio, w którym pracowałem i ja, i ewidentnie nie była przewodniczącą klubu radykalnego celibatu. Wspominając tę historię, warto ponownie zaznaczyć, że moim zdaniem najbardziej dziwacznym i niezrozumiałym ze wszystkich zboczeń jest zachowanie wstrzemięźliwości, dlatego też cieszyło mnie spotkanie z osobą o podobnych poglądach.

Miała wyraźne atrybuty zewnętrzne, przez co stała się ulubionym tematem naszych porannych, radiowych fantazji. Jak mawiają harnasie: radość idzie z gór. I ona nam ją dawała.

Natura była dla niej hojniejsza niż coraz częściej i w coraz to liczniejszych przypadkach zastępujący ją chirurg plastyczny. Pomimo brutalnie porannej pory krew potrafi wędrować żywo i nie zawsze w te regiony, w które byśmy sobie tego życzyli. Jak to pisała kiedyś Joanna Chmielewska: „Szósta rano to jest godzina do niczego. Zbyt późna do udoju krów, zbyt wczesna do udoju architektów". Jednak my walczyliśmy. Nasze studia oddzielała dźwiękoszczelna szyba, niestety nie potrafiła oddzielić naszych z Michałem Figurskim spojrzeń od jej rozległych walorów.

Kiedy podczas jednej z audycji trafiłem na artykuł, w którym podano, że wpatrywanie się w kobiece piersi radykalnie podnosi kondycję zdrowotną, uświadomiłem sobie, że oto zbliżam się nieuchronnie do nieśmiertelności. Nawet mając w pamięci słynną wędkarską maksymę, że z dużymi piersiami jest jak z rybą w wodzie – wydaje się wielka, dopóki jej nie złapiesz – nie rezygnowałem z zacumowania swych pikantnych wyobrażeń w porcie rzeczywistości.

I stało się. Nasze radiowe głosy połączyły się w jeden wspólny pozaradiowy jęk. Choć z tym wspólnym jękiem to bywa różnie.

Pamiętam pogawędkę w stosownym temacie z Magdą Boczarską:

– Jest taka teoria, że pesymista wierzy, że wszystkie kobiety udają orgazmy, a optymista wie to na pewno. To znaczy, że tak naprawdę my jesteśmy fatalnymi graczami, że trochę strzelamy do własnej bramki.

Magda:

– Istnieje coś takiego jak fantazja. I tego wam bardzo często brakuje.

– Mężczyznom? – dopytuję, żeby dokładnie wiedzieć, czyja to wina.

– Oczywiście.

– Pogadajmy o tym. Jakie najważniejsze błędy, jeżeli chodzi o brak fantazji, popełniają mężczyźni w łóżku?

– Dlaczego mężczyznom brakuje fantazji? Ja ci powiem, dlaczego. Dlatego, że u was orgazm przychodzi, ot tak, szast-prast, a jeżeli chodzi o kobietę, trzeba się nad tym trochę namęczyć. Ta weryfikacja nie następuje od razu. Jesteście dużo prostsi w obsłudze, w oprogramowaniu i też przez to zadajecie sobie mniej trudu.

Na co ja, tradycyjnie celnie:

– Co ty mówisz? To ja mam chyba stary software w takim razie.

K. była kobietą świadomą tego, czego powinien być świadomy jej partner. Podobno pracowała kiedyś w węgierskim audiotele czy sekstelefonie, co zapewniło jej stosowne szlify. Jej lapidarne esemesy: „Muszę cię mieć dzisiaj", ewidentnie dogadywały się z moją teorią prywatnej własności i posiadania. Była jak erotyczny sklep samoobsługowy. Sama dokonywała zakupów stosownych urządzeń oraz substancji niezbędnych do udanego spółkowania. To, co dla wielu facetów staje się skrywanym katalogiem mrocznej perwery, ona oferowała w menu podstawowym.

Jak powszechnie wiadomo, bywają okresy w życiu mężczyzny, że składa się on głównie z członka, a ona miała świetne wyczucie męskiego kalendarza. Sama o sobie mawiała, że od dziecka była zepsutą dziewczynką, a później jej się jeszcze pogorszyło.

Nasze randki miały precyzyjny, choć niezbyt skomplikowany porządek dnia. Ona wchodziła do mnie, a ja wchodziłem w nią. Z czasem staraliśmy się jeszcze bardziej zagęścić tę sekwencję zdarzeń. Niestety po wielu miesiącach erotycznego triatlonu: „wejście, penetracja, wyjście", wpadł jej do głowy najgorszy ze złych pomysłów. Chciała się u mnie zadomowić. A główna zasada udanego romansu brzmi: „Co romans złączył, to łatwo spierdolić".

Erotycznie rozbudzone kobiety to **ideał**.

Erotycznie rozbudzone kobiety z potrzebą rodziny to **koszmar**.

Drogie panie, wyzbądźcie się tego! Choć to chyba pragnienie nierealne. To tak, jakbym bezdomnego poprosił, żeby spróbował choć przez chwilę nie być bezdomnym.

Pamiętam jej wysoce patetyczne orędzie na zakończenie wspólnego eldorado. „Ja wniosłam do tej relacji seks i nadzieję, ty – tylko seks. Zabieram więc swój". I zabrała. Nie było nawet ostatniego, pożegnalnego last minet. Szkoda. Potem urodziła dziecko i wyszła za mąż albo to samo w innej kolejności. Poszła na dno mojej pamięci obciążona cudownymi wspomnieniami tego, co jej ciążyło na co dzień.

Wrócę jeszcze na chwilę do Y., jednej z bohaterek *Big Brothera*. Nie wiem, w której minucie znajomości wyznała mi, że z nieudawaną przyjemnością zasiadłaby mi na twarzy. Moim zdaniem była to pierwsza tercja, czyli interwał prosty o wielkości trzech lub czterech półtonów. Czyli raczej szybko. Poznaliśmy się podczas finałów trzeciego *Idola*. Przyprowadził ją Robert Leszczyński. Pasowany wtedy własnoręcznie, czy czego on tam do pasowania używał, na stanowisko zwane Barbie Killer. Y. miała się tak do Barbie jak Hogwart do agencji towarzyskiej. Miała kolorowe plany wobec mnie oraz nie mniej kolorowy deseń w postaci tatuażu na plecach, zaczynający się około szyi, a kończący tam, gdzie jak pokazał los, przyszło mi spędzić w przyszłości sporo czasu.

Była dziewczyną zepsutą w najlepszym tego słowa znaczeniu. Wiedziała, po co natura dała nam dość wyrafinowane organizmy, i nie interesowało jej tylko, jak to pisał poeta, by nurzać w sobie swe różnice. Ona sama chciała być różnicą.

Była moim najgorętszym zimnym doświadczeniem. Szklane wibratory w całej gamie rozmiarów trzymała w lodówce.

Co zabawne, czasami odbywałem weekendowe sekswypady z opcją *all inclusive* do Gdańska, gdzie mieszkała. Czasem w samolocie wpadałem na Donalda Tuska, który był świeżo po przegranych wyborach prezydenckich, więc nastroje mieliśmy dość odmienne. On mi opowiadał, jak w polityce dostał w dupę, a ja myślami byłem tylko przy tej dupie.

Wcześniej miała narzeczonego kulturystę o urodzie żółwia wykluwającego się z jajka. Co ciekawe, potrafiła stworzyć bardzo zgrany duet z człowiekiem, który na siłowni podnosił co najwyżej tylko swoją złotą kartę.

Dziś ma cudowną córkę i tę samą erotyczną temperaturę. I tylko czasami żałuję, że ta pierwsza nie jest moja. Z tego, co mi ostatnio powiedziała, to ona też żałuje.

T. była trochę modelką, trochę hostessą, trochę gospodynią, a ponadto była bardzo profesjonalnie zepsuta. W najdoskonalszym tego słowa zepsuciu. Takie dziewczyny są realne tylko w najbardziej brawurowych snach zatwardziałych onanistów. Kobieta seksualny koncert życzeń. Twoje dzikie perwersje to jej pakiet startowy. Kiedy przyprowadziła do mojego mieszkania I., która też pełniła biblijną posługę wodzianki, wiedziałem już, że jest prawdziwą chrześcijanką miłującą miłowanie. W trójcy – zgodnie z pierwowzorem.

Dla wielu mężczyzn gra wstępna jest jak czekanie, aż olej w silniku się rozgrzeje, by móc z pełnym impetem nacisnąć pedał gazu. Ta dziewczyna żyła z tak dociśniętym pedałem. Jak sama mówiła: „Odpinam wrotki i jestem w rakiecie".

Czasami dzwoniła do mnie w nocy, wtedy rakieta ewidentnie włączała taryfę nocną. W międzyczasie T miewała jakichś kawalerów, przeważnie celebrytów wagi lekkośredniej, ale zawsze w przerwie pomiędzy wybrankami chętnie umawialiśmy się na prywatne derby.

Czasem jak jej podpasował jakiś zgrabnie umięśniony gość mojego programu, to bez specjalnej dyplomacji pisała mu swój numer telefonu na torbie z prezentem. Ci, którzy potrafili rozszyfrować tę seksualną enigmę, wiedzieli, że w erotycznym raju istnieją miejscówki z dopiskiem *first class*.

W szczytowym momencie znajomości potrafiliśmy zjechać do mnie do chaty z dwóch różnych imprez, wymienić stosowne uwagi o jakości stołecznego życia nocnego, odbyć skrupulatny stosunek i powrócić do stęsknionego towarzystwa. Ideał.

Ktoś kiedyś policzył, że przeciętna kobieta wypowiada ponad siedem tysięcy słów dziennie. T. potrafiła powiedzieć dwa albo trzy i już, bracie, wiedziałeś, że reszta to tylko puste gadanie. Najzwyklejszy domowy chomik potrafi podobno kopulować 75 razy na dobę. Ona musiała mieć chomika w drzewie genealogicznym. O jej fenomenie najlepiej świadczy fakt, że podczas rytualnego spotkania na koniec sezonu mojego programu, okraszonego już nowymi wodziankami, zawsze wspominaliśmy T.

Słyszałem kiedyś o mieszkance Brazylii, która chcąc otruć swego chłopaka, wysmarowała sobie waginę trucizną. Jest w tym coś diabelskiego i ostatecznego. Tak też wspominam T.

O. jest aktorką niepokorną. Gra w tym, co chce, a jak nie chce, to czasem też zagra i to zawsze dobrze. Zadzwoniłem do niej, tak jak w przypadku M., aby ją zaprosić do programu. Właśnie na ekrany eleganckim sportowym truchtem wbiegał jej najnowszy film o eterycznym tytule *Skrzydlate świnie*, więc była okazja, aby odbyć mały kanapowy sparing.

Już pierwsza rozmowa przebiegała dość intymnie, by nie powiedzieć: zaczepnie. Potem dała mi swój drugi numer, więc intymnie i zaczepnie było także pod drugim numerem. Od pierwszego spotkania nadała mi przydomek

„kwiaciarka", bo jej zdaniem taki miałem poziom umiejętności romantycznej konwersacji z kobietą.

Pierwszy raz spotkaliśmy się na urodzinach Krzysia Materny. Do dziś pamiętam jego toast na cześć gości. Przy stole zasiadali Piotrek Adamczyk, Maciek Stuhr, Madzia Cielecka czy Ania Czartoryska, a gospodarz wypala: „Czujcie się wybrani. Zaprosiłem tylko tych, których toleruję". Piękne.

Była łobuzem i freakiem. Poharatana rodzina, mama we Włoszech, tata w rozsypce i siostra we Wrocławiu. O. co prawda twierdzi, że to, co było między nami, to był romans, ja jednak nazwałbym to relacją. Nuklearną relacją. Teoretycy seksualni twierdzą, że wielu mężczyzn nie kocha się z kobietami, tymi rzeczywistymi. Oni kochają się z własnym wyobrażeniem tychże kobiet. Z ich fantazją na ich temat. Czyli poniekąd uprawiają masturbację, tyle że z udziałem widza.

O. nie dawała na takie praktyki miejsca. Kiedyś powiedziała mi, że w seksie i teatrze nie uznaje granic. Do dziś żałuję, że nie było mi dane doświadczyć tego w pełnej krasie. A jako że teatr jest miejscem, gdzie aktorzy kolejno wchodzą i znikają, to i nasza jednoaktówka szybko się skończyła. Szkoda.

Pamiętam, jak u mnie uczyła się roli do jakiegoś niskobudżetowego filmu o Smoleńsku. Tak, tak, drogi czytelniku, moje mieszkanie było miejscem prób do pierwszego filmu o tej strasznej tragedii. O. miała grać stewardesę, która po kłótni z partnerem jedzie na lotnisko i wsiada do feralnego tupolewa. W rolę partnera wcielałem się ja. Parę chwil przed stworzeniem szlagieru *Po trupach do celu*. Jestem błaznem losu.

A co do filmu, to nawet nie wiem, czy go ukończyli.

W kategorii życiowej wariacji na własny temat była to dla mnie partnerka idealna. Miała niesamowity dar zarażania i wymieniania się energią. Myślę, że to ją ratuje w filmach Patryka Vegi, którego jest jedną z ulubionych aktorek. Nie wypada komiksowo, tylko prawdziwie. Czuć jej wkurw.

Ale z tą energią to też bywa różnie.

Edyta Górniak u mnie na sofie:

– Czy ty wierzysz w ogóle w miłość, że ty możesz być z jakimś mężczyzną dłużej niż parę lat? Tak szczerze, bo mi się wydaje, że ty jesteś typem zjadaczki energii i potem nagle patrzysz i mówisz: „Wypierdalać".

Edzia:

– Bardzo się mylisz.

– Ale wiesz, że robisz takie wrażenie.

Ona konsekwentnie:

– Ja dokarmiam wszystkich facetów swoją energią. Jest dokładnie odwrotnie.

No, ale stosując język filmu *Skrzydlate świnie*, który nas z O. niejako połączył: nie awansowaliśmy do kolejnej rundy.

Miło wspominam kilka randek z Anią W. Siostrą dziwnie skoligaconą z Malwiną W., która nosi podobne, choć lekko zmodyfikowane nazwisko. Ania była swego czasu gościem mego programu, co tu ukrywać, opromienionym lokalną sławą kilku namiętnych romansów.

Najciekawiej na tym programie i naszym spotkaniu wyszedł Borys Szyc, aktor nietuzinkowy. Otóż Ania spoczywa swym wypracowanym ciałem na mej kanapie, a Borys z aktualną wybranką, niejaką Śróbką czy Śrutką, u siebie przed telewizorem. Mój gość opowiada o swym pełnokrwistym życiu zmysłowym, gdy nagle rzeczona Śróbka zagaduje swego oblubieńca: „Znasz ją?". Szyc na to: „Skąd! Pierwszy raz ją widzę na oczy!". Po chwili z odbiornika telewizyjnego w kolorze słychać konwersację: „A jak wyglądał twój związek z Borysem Szycem?". Ania na to: „To trwało zaledwie kilka tygodni. Był wieloraki seksualnie, ale też zróżnicowany pod względem awantur". Koniec ujęcia. Śróbka wyrzuca Szyca z jego własnego domu.

Ania była miłą dziewczyną. Rozgadaną i silnie broniącą swych nie zawsze silnych racji. Ale miało to swój urok. Trochę było mi jej żal, gdy razem z Piotrkiem Kędzierskim w ramach audycji *Książę i żebrak* zadzwoniliśmy do niej z propozycją poprowadzenia wieczoru autorskiego Charlesa Bukowskiego. Zgodziła się bez wahania.

Mieliśmy iść wspólnie na urodziny do Gosi Sochy, ale nie poszliśmy. Co w konsekwencji zaowocowało tym, że już nigdzie nie poszliśmy razem.

Fajną dziewczyną, z totalnie wypaczonym przez media wizerunkiem, była Natalia, pełniąca funkcję wokalistki, aktorki oraz córki taty milionera. To ostatnie chyba wychodziło jej wtedy w życiu najlepiej. Tradycyjnie poznaliśmy się u mnie w programie, co wywołało wielką ciekawość wzajemną i nie mniejszego kalibru namiętność. Była drobna i ciepła, a gdy chciała, zmieniała się w drapieżnika. A lubiła chcieć. Lubiła też chcieć być gwiazdą, przez co zafundowała sobie nieszablonowy falstart wielkiej trasy koncertowej. Natalia nagrała płytę, tata płytę długogrającą wydał i zasponsorował triumfalny tour z dużą ilością sprzętu oraz współpracowników, za to z ani jednym przebojem. Publiczność na trasie niestety dorównywała liczebnie ilości przebojów. Było mi jej bardzo żal. I jakoś tak pogrążeni w tym żalu zaczęliśmy żyć oddzielnie.

Kasia też miała pecha do mediów, bo jej pojawienie się i objawienie szybko przez płaskich nienawistników zostało odebrane jako przejaw złego prowadzenia się. Była spontanicznym i dzikim dzieciakiem, który do Warszawy przywiózł maniery rodem z innych zagranicznych miast, co w prostej linii powinno prowadzić do kulturowej tragedii. Kasia lubiła ludzi i nie wstydziła się tego okazywać. Przede mną związana była z aktorem Kubą W., więc z racji dosyć podobnych inicjałów znaczna część plotkarskich analfabetów nie wiedziała, kto jest z kim. Największym afrodyzjakiem w postaci Kasi był głos. Coś pomiędzy Amandą Lear a Borysem Godunowem. Taki głos w sytuacji namiętnej powoduje biseksualne bodźce, więc tym samym do zmysłowej orgii dołącza Dawid Bowie. Była pogubiona w wybraniu wektora swojej kariery. Trochę aktorka, modelka, prezenterka, piosenkarka. I to słowo „trochę" wisiało na tymi wyborami jak listopadowy cień. Prezenterkę z głowy wybił jej niezawodny w takich sytuacjach Krzysztof Ibisz. Nina Terentiew sparowała ich na jakimś polsatowskim koncercie w ramach szlifowania umiejętności Kasi. Wyglądała wtedy jak rzymska bogini Angerona. Wszystkim niezorientowanym przypomnę, że była to bogini milczenia. Także lęku i cierpienia. Krzysztof złotousty tak się napędził w swych kwiecistych peroracjach, że swą partnerkę dopuścił do głosu dopiero w garderobie, tym samym kończąc jej plany na stosowne zajęcie estradowe.

Kasia była też moją fanką, czego najlepszym przejawem było czytanie na głos w towarzystwie mojej rubryki w „Polityce". Najczęściej w trakcie ekstatycznych, jak to się młodzieżowo mówi, melanży. Podziwiałem ją za to, że ona podziwiała mnie. Jak tu nie kochać kogoś takiego. Poza wszystkim miała świetne pośladki.

Była też Julia, lat 19.

Właściwie to poprzednie zdanie broni się samo, więc nie trzeba dopisywać więcej. Była subtelna i płochliwa. Jesteśmy w dobrej relacji do dziś.

Już wówczas zaobserwowałem u siebie pewne syndromy mężczyzny, o których opowiadał mi swego czasu Jan Englert. Historia była literacko obfita, więc opowiem ją swymi słowami. Jest taki czas w życiu każdego faceta, że stosując metaforę lotniczą, nadlatuje na cel, zrzuca bomby i odlatuje spełniony. Potem jest czas, gdy dokładniej wybiera cele, a i ładunek zrzuca bardziej dokładnie. Aż wreszcie przychodzi moment, że nadlatuje na cel, krąży, krąży, przygląda się i zastanawia, czy w ogóle wceluje, a następnie odlatuje. Otóż ja chciałem tym samym powiedzieć, że jeszcze tak nie mam. Z tym krążeniem i krążeniem...

Na randce byłem też z cudownym dzieciakiem niecudownego serialu *Klan*. Kiedy słynna Bożenka zawitała do mnie na pogawędkę, to tak nam się jakoś miło gawędziło, a potem dość zmysłowo żegnało, że postanowiliśmy zainicjować skontaktowanie bez kamer. Nie krążyło jeszcze nad nią fatum *femme fatale,* ale można było dostrzec już wtedy pączkujące uroki tego określenia.

Kobieta ukryta w dziecku z całą świadomością kobiecości. Jej kobiecość przyspieszała w trzy sekundy do setki. Ktoś, kto się tak rusza, musi mieć świadomość konsekwencji tego ruszania. Zabawny jest fakt, że po pierwszej

części słynnej sagi *Jurassic Park* w USA zarzucano Spiel-
bergowi, że naprawdę zabił dinozaura, domagając się
stosownej kary do tego zbrodniczego czynu. Po pierwszej
randce z Agnieszką trudno było mi uwierzyć, że w serialu
gra dziecko...

O wszystkich dziewczynach, miłościach, związkach czy
flirtach nawiązanych analogowo nie jestem w stanie tu napisać, bo to nie o tym ma być ten literacki wybryk.

Zostawię sobie jeszcze coś na drugą część, czy jak to się
obecnie mówi – drugi sezon.

O możliwościach Facebooka poinformował mnie mój koleżka mniejszy, Czesław Mozil. Bez mrugnięcia okiem stwierdził, że FB jest jak agencja towarzyska albo nawet lepiej.

Nie będę ukrywał, że ze sporym niepokojem, ale też
znacznym cyfrowym opóźnieniem postanowiłem tę tech-
nikę zweryfikować.

I tak w mojej sypialni zagościła Magdalena. Pochodziła
z miejscowości o komiksowej nazwie Wąbrzeźno, co wcale
nie ujmowało jej temperamentu. Magdalena była dziewczyną, która uważała, że jedynym grzechem jest głupota.
Wszystko pozostałe jest dozwolone. Nie będę ukrywał,
że dość szybko dostosowałem mój świat wartości do jej
świata. Była grzesznicą doby mediów społecznościowych.
Jak się później okazało, sztywne łącze łączyło ją nie tylko
ze mną, lecz także z najpopularniejszym ówcześnie prezenterem Polsatu. Ale jak powszechnie wiadomo, zepsute
kobiety mają skłonność do sięgania po gwiazdy z różnych
galaktyk.

Co zabawne, po wielu miesiącach Jarek Janiszewski, lider kultowej Bielizny, wyznał mi, że podczas trójmiejskiej libacji kolega Nergal wyznał mu, że, cytuję: „donasza dziewczyny po Wojewódzkim". Z góry przepraszam za to niezgrabne sformułowanie. Niedawno przeczytałem, że lider The Rolling Stones, Mick Jagger, miał w swoim życiu blisko cztery tysiące kobiet, a i nie tylko. Od Carli Bruni po Madonnę. I jak tu być dumnym z tego, co osiągnąłem, szukając prawdziwej miłości?

Ania Przybylska była dla mnie ważna. Kiedyś podczas jakiejś kameralnej libacji wyznała: „Gdybyśmy oboje byli mężczyznami, to bylibyśmy najlepszymi kumplami. Ale niestety los tak chciał, że tylko ja jestem mężczyzną". I wybuchła śmiechem.

Była mistrzynią transformacji. Na przykład potrafiliśmy jednego dnia balować do rana na Open'erze w oparach substancji znanych nam tylko z opracowań Timothy'ego Leary'ego, a następnego dnia Ania jechała do czeskiej Pragi na plan nowej reklamy L'Orealu i wyglądała, jakby od tygodnia leżakowała w żłobku.

Poznaliśmy się dawno temu, kiedy z moim wspólnikiem produkowaliśmy dla TVP2 teleturniej filmowy o wyrafinowanej nazwie *Pół żartem, pół serial*. Odcinki o serialu *Złotopolscy* prowadziła właśnie Ania z przesympatycznym Pawłem Wawrzeckim. Jak sama wyznała, był to dla niej trudny czas, bo świrowała gwiazdę. W trakcie nagrania potrafiła zażyczyć sobie nagle ciasteczka o nazwie wuzetka. Gdy my sobie tylko znanym sposobem ściągaliśmy żądany wyrób cukierniczy na plan, Ania z wydętymi policzkami grymasiła: „A jednak nie. To powinna być napoleonka". A ubrana była w mundur policjantki i wywracała przy tym oczami, trudno więc było znaleźć na planie kogoś, kto tego dnia nie chciał być ciastkarzem.

Uwodziła wszystkich tym, że nie uwodziła zupełnie nikogo. Przez lata wygrywała plebiscyty na najbardziej seksowną Polkę właśnie tym, że jej seksapil był mimochodem. Budził u niej spore zdziwienie. Kochałem jej dystans do siebie. Potrafiła ni stąd, ni zowąd wyciągnąć przed siebie ręce i wyznać: „Zobacz, jak ja wyglądam. To są dłonie kretynki". Jej partner, Jarek Bieniuk, zwykł konstatować: „Najseksowniejsza Polka? Szkoda, że cię nie widzieli rano!". A ja miałem kiedyś przyjemność zobaczenia Ani rano i był to widok spektakularny.

Przyjechałem do Sopotu na castingi do programu *Mam talent*. A jako że mam wyjątkowy talent do przyjemnego spędzania czasu, umówiliśmy się z Anią i małżonką jednego z braci Żewłakowów, niestety nie pomnę którego, na małe wieczorne konwersacje przy płynach. Postanowiliśmy zacumować w barku hotelu Haffner, żeby swą wieczorną obecnością w mieście nie niepokoić narodu. Jako że mniej niż jeden procent światowych zasobów wody to woda pitna, postanowiliśmy wypić coś bardziej dostępnego. Ania piła szampana, ja żubrówkę z sokiem jabłkowym, a żona nie wiadomo którego Żewłakowa piła to, co zwykle pija w takich okolicznościach. Głupio mi, bo nie pamiętam nawet imienia żony nie wiadomo którego Żewłakowa, ale generalnie to nie jest w życiu najważniejsze. Niektórzy wiedzą, że Myszka Miki pierwotnie miała mieć na imię Mortimer i to podobno małżonka Walta Disneya namówiła go na zmianę tego niezrozumiałego imienia. Z żoną nie wiadomo którego Żewłakowa mogło być przecież podobnie. Około godziny trzeciej nad ranem front naszej walki z jasnością umysłu się załamał. Ania drzemała na barze, małżonka nie wiadomo kogo tłumaczyła mi, że partnerki piłkarzy najpierw robią sobie cycki, potem robią sobie twarze, a następnie dochodzą do oczywistego wniosku, że nie mają już nic więcej do roboty. Przytłoczony tym nadmiarem wiedzy spakowałem dziewczyny do taksówki, odesłałem do domów, a siebie odesłałem do pokoju w mruczące objęcia minibaru. O godzinie piątej trzydzieści obudziło mnie walenie do hotelowych drzwi. Ktoś nacierał na nie impetem rozjuszonego zawodnika MMA. Okazało się, że koleżanka Przybylska pojechała do chaty, zdrzemnęła się i po osiągnięciu wystarczającego poziomu odprężenia zapragnęła dalej okupować Sopot.

Oto prawdziwy kumpel. Jak tylko znajdzie chwilę wolnego czasu, zawsze spędzi go z tobą. Pamiętam szok barmanów ze SPATiF-u, jak wpadliśmy tam na przysłowiową poranną lufę. Zamówiliśmy po kieliszku, a oni kazali wziąć jeszcze dwa, bo inaczej wpierdol. Tak ją tam lubili.

Była fenomenem międzynarodowym.

Wybraliśmy się w 2004 roku do Chicago na premierę filmu, w którym grała z Kasią Bujakiewicz i (uwaga, fanfary) Michałem Figurskim. Z tym, że one grały, a on występował. Dzieło nazywało się *RH+*, zostało sfinansowane przez naszego kumpla dewelopera z Chicago i było cudownym fiaskiem totalnym. Fabuła była prosta. Grupa młodzieży z Polski lubi balować razem, gdy nagle ktoś im po kolei wycina narządy wewnętrzne. Całość okrasił swoim talentem scenariuszowym i reżyserskim Jarek Żamojda.

Film miał być z gatunku thriller, a jedyny strach, jaki nas wówczas opanował, to taki, że ten reżyser jeszcze może coś nakręcić. Dialogi były tak grubo ciosane, jakby je osobiście wystrugał ubogi stolarz Dżepetto wkurwiony na Pinokia. Wygłaszane przez Michała kwestie brzmiały jak pierwsze zajęcia kolesia po wylewie u logopedy. Koszmar.

Kiedy po bankiecie wydanym na cześć dzieła wróciliśmy gromadnie do hotelu, okazało się, że Ania zgubiła kartę--klucz do pokoju, w którym mieszkała ze swoją mamą. Wtedy wpadliśmy z Michałem na pomysł, żeby włamać się do hotelowej restauracji, pobrać z niej stosowne narzędzia i sforsować oporne drzwi. A co, niech się dzieje.

Ja lubię ryzyko. Na przykład jak jadę windą, to nie trzymam się poręczy. Niech będzie ostro i do krwi.

Po zabraniu kilku noży udaliśmy się na miejsce przestępstwa. Niestety, majstrując przy magnetycznym zamku w luksusowym hotelu w centrum Chicago, nie przewidzieliśmy jednego. Że spanikowana tajemniczymi szmerami lady Przybylska starsza, w obawie przed zbiorowym gwałtem dokonanym przez Afroamerykanów, zadzwoni po wsparcie. I tak też się stało. Mama Ani wezwała gliny. Twarde, bezkompromisowe amerykańskie gliny. No i się zaczęło. Oni wypadli z windy z gnatami w rękach. Bujakiewicz w śmiech, Figur z nożem do krojenia steków, ja z nożem do patroszenia ryb i Ania śpiąca boso pod gaśnicą. Oto ambasadorowie kraju na obczyźnie.

Gdyby nie wdzięk i fenomen Ani, którą wyrwały ze śpiączki nasze międzynarodowe pogawędki, pewnie skończylibyśmy w pierdlu. A tak ona, przy użyciu najczęściej słów *listen, mister* i *Poland*, wytłumaczyła amerykańskim służbistom słowiańską zaradność. Gdy jeszcze w odryglowanych od wewnątrz drzwiach stanęła Krystyna Przybylska we fryzurze, której nie powstydziłoby się żadne tornado świata, Amerykanie się poddali. To było ich drugie Pearl Harbour. Zbombardowaliśmy ich naszą fantazją.

Kochała Jarka. Była z niego dumna, lubiła się chwalić tym, co aktualnie czyta lub co powiedział. Zawsze go lubiłem. Mógłby wystąpić w ciemno jako striptizer na każdym wieczorze panieńskim i zgarnąłby kupę szmalu. Polubiłem go w momencie, gdy zaprosiłem ich kiedyś razem do mojego programu, a on odpowiedział mi z tym swoim uśmiechem Alaina Delona: „Nie chce mi się". Szczerość, jakiej w show-biznesie nie uświadczysz.

Kiedyś zapytałem ją, dlaczego tak wcześnie wyszła za mąż i to za swego pierwszego oblubieńca. No bo na zdrowy rozum, jak bardzo trzeba nienawidzić życia, żeby brać ślub w wieku dwudziestu lat. Szukałam ojca, wyznała. Ciągle go szukam. Nie chcę cię martwić, ale też odgrywasz trochę taką rolę. Nie zmartwiła mnie.

Była kumplem na dobre i na złe. Grała w różnych szmirach, bo czuła, że też musi utrzymywać stale powiększającą się rodzinę. Miała w sobie męskie poczucie kumpelskiej lojalności. Gdybym do niej zadzwonił i zaproponował wspólne zakopanie czyjegoś ciała, wiem, że bez słowa ubrałaby najbardziej eleganckie kalosze, żeby denat czuł się doceniony. Była wariatką.

Wracaliśmy kiedyś wspólnie samolotem z Gdańska do Warszawy. My z Agnieszką i Małgosią skacowani po castingach do *Mam talent*, Małgosia skacowana rozkminianem, co właściwie mówiła uczestnikom, Prokop skacowany naszymi wspólnymi nocnymi biesiadami, Hołownia skacowany koniecznością przebywania z grzesznikami, Ania skacowana castingami na matkę roku, wtedy jeszcze dwójki dzieci. Mnie przypadła rola opiekunki, wtedy kilkuletniej Oliwii, która pomimo nikczemniej metryki była już żywym okazem przebudzenia mocy damskiej linii Przybylskich.

To jest taki rodzaj dziecka, na które chętnie dasz 500 złotych, a nawet i 1000, byle tylko posiedziało w miejscu, milcząc. Lot do stolicy trwa może 40 minut, z kołowaniem i lądowaniem. Wtedy po raz pierwszy zrozumiałem, jaką trzeba wykazywać bezbrzeżną wyobraźnię, aby zająć czymś dziecko.

Minutówka naszego lotu wyglądała mniej więcej tak. Wytłumaczenie, że trzeba zapiąć pasy, pomimo że są niemodne i w żaden sposób kolorystycznie oraz fasonem nie pasują do jej dzisiejszej kreacji – 3 minuty. Poinformowanie, że otworzenie drzwi wejściowych w trakcie lotu grozi nagłym i dosyć chaotycznym wyjściem na zewnątrz współpasażerów podróży – 3 minuty. Wymyślona przeze mnie zabawa – kto szybciej wypełni torebkę na wymiociny, plując do niej płynem produkowanym przez gruczoły ślinowe – 3 minuty. Druzgocące zwycięstwo pierworodnej Bieniuka.

Skądinąd to ciekawe zagadnienie. Dlaczego natura wyposażyła gówniarzy w tak sakramencki zapas śliny.

Kolejna zabawa. Kto się szybciej wysmaruje na twarzy czekoladą z batonika prince polo – 2 minuty. Zwycięstwo

Oliwii przez nokaut techniczny. Lanie leżącemu w przejściu sześcioletniemu potworowi wody mineralnej prosto do ust z wysokości półtora metra – 2 minuty. Cała mamusia. Próba poinformowania siedzących przed nami Bogu ducha winnych podróżnych, że chyba zaraz się rozbijemy, bo coś iskrzy w silniku – 3 minuty. Plus dodatkowa premia – 2 minuty na krótką awanturę.

Podsumujmy. Wychodzi razem niespełna 20 długich minut, a ty, bracie, czujesz, jak skronie szroni ci elegancka siwizna, a wrzody na zaniedbanym żołądku wołają: nadchodzimy! Nagle eureka. Wpadam na pomysł ostatniej szansy, wołam podejrzliwie patrzącą na nas stewardessę i pytam, czy można pokazać dziecku luk bagażowy, informując, że odmowa grozi katastrofą w ruchu powietrznym, zwaną lapidarnie zamachem. Miła pani postawiona w sytuacji: żyć albo nie żyć za chwilę, starając się zachować normy komunikacyjne obowiązujące podczas wymiany myśli z sześciolatką, wyznała, że na końcu samolotu jest coś takiego, co może nam pokazać. „Tu jest dziób samolotu, taki pyszczek – zagajała lotnie do Oliwii. – A tu mamy koniec samolotu, taki kuperek. I tu trzymamy swoje rzeczy" – stwierdzała z powagą konesera – 3 minuty.

Pokazywanie źle spakowanych walizek jest dla dziecka tak frapujące jak zmuszenie go do patrzenia na schnącą ścianę. Wychodzimy i wracamy do reszty uczestników wspólnej awiacji. Nagle chluba rodu Przybylskich-Bieniuków na cały głos wypala: „Mamo, mamo, byliśmy z Kubą w dupie!". Baczne i dosyć brutalnie oceniające mnie spojrzenia wszystkich – 30 minut.

Siedzieliśmy u mnie w mieszkaniu na Powiślu, tradycyjnie dywagując o tym, że w kobiecej głowie znaleźć można wszystko na raz: zespół pieśni i tańca, kalafiora, wielki zderzacz hadronów czy województwo warmińskie, gdy Ani zachciało się palić. A była głęboka noc, jak to pisał Tadeusz Gajcy, „koral światła się zniżał". Zadzwoniłem więc do zaprzyjaźnionej korporacji taxi, czy mogą kupić i podrzucić fajki oraz przy okazji coś do picia z bujnego świata alkoholi. Mogli. Schodzę na dół i dyskretnie odbieram towar. Wszystko dyskretnie i ostrożnie. (Nie lubiliśmy spotykać się na mieście, bo w dobie tych organizmów żywiących się odchodami innych organizmów, zwanych potocznie paparazzi, nie chcieliśmy narażać się na niepotrzebne plotki). Nie przewidziałem, że w tym samym czasie moi sąsiedzi też, jak to się literacko zagaja, nie zasypiają gruszek w popiele. Moja sąsiadka, wdowa po popularnym aktorze, właśnie zamawiała Hani Banaszak w ten sam sposób butelki prosecco, a znany futbolista Legii Warszawa Jakub K. inne trunki wyskokowe. Gdy po dwóch godzinach równie dyskretnie zamówiłem jej taksówkę, ona zeszła na dół i po chwili rozradowana dzwoni do mnie: „Słuchaj, ten pan twierdzi, że tutaj gdzieś musi być niezła melina, bo cały szoł-biznes tu ciągnie". Okazało się, że trafiła na tego samego misia, który dostarczał wszystkim stosowne zapasy. Jak widać, umiejętność zacierania śladów to u nas była chujnia z grzybnią, jak mawiał klasyk kina.

Wiele nas łączyło. Stosunek do małżeństwa przede wszystkim. „Macie przejebane z nami – mawiała. – Wy, faceci, w małżeństwie macie dwa wyjścia. Albo macie rację, albo jesteście szczęśliwi. Pamiętaj, Kubik – bo tak mnie nazywała – **wszystkie kobiety są takie same, tylko inaczej się malują**". Ja lubiłem w niej łobuza. Ona, jak sama wyznała, lubiła mój mózg. Rozmowa z nią u mnie w programie zawsze stawiała na baczność nie tylko moje szare komórki. Na przykład taka konwersacja:

– Ale powiedz szczerze. Wyobraź sobie: jest zagłada, budzisz się, jesteś wolna i przypadkowo ja bym przyjechał i się oświadczył. Wyszłabyś za mnie?

Ania na to, patrząc bezczelnie w kamerę:

– Jarku, to jest apel do ciebie. Otóż... tak.

Ja zaliczam pomroczność jasną oraz zatrzymanie dopływu krwi do mózgu i wydobywam z siebie pełne niewiary:

– Naprawdę?

Ona na to:

– Zakochana jestem w tobie absolutnie. Przede wszystkim w twoim mózgu. Kawałek niego co wieczór tak possać.

Mnie stać tylko na lakoniczne:

– Oj tak.

A ona dalej:

– Ja bym go sobie moczyła w szklaneczce.

Trzeba było mieć charakter, żeby powiedzieć coś takiego publicznie.

Opinię publiczną zresztą postawiła na baczność, wyznając w moim programie:

– Kobiece narządy na starość ciemnieją. Trochę jak szynka parmeńska.

Nie znam nikogo, kto mógłby ją zastąpić...

Chociaż z tą fascynacją męskim intelektem to teorie są różne.

Do Magdy Cieleckiej zagadnąłem pewnego razu:

– Tak szczerze, powiedz mi, jak koleżanka młodsza trochę starszemu koledze. Czy naprawdę kręci was u nas intelekt, umysł, wrażliwość czy tylko łupu-cupu?

Ona na to:

– A co? Tak, kobiety mówią, że tylko intelekt? Kłamią.

Byliśmy umówieni na kolejną wizytę Ani w moim programie. Nagranie miało być rano, chyba około dziewiątej rano. Niestety, poprzedniego dnia wieczorem jakiś portal, gazeta czy inny nadawca treści nieistotnych organizował wręczanie swoich nagród. Pamiętam dokładnie, że miało to miejsce w klubie Lokomotywa, który miał wewnętrzną urodę fabryki Karola Borowieckiego nazajutrz po pożarze. Tak gdzieś koło godziny ósmej rano odbieram telefon od nieznanego numeru.

Dzwonił Jarek Bieniuk, który zdanie: „Mam nadzieję, że cię nie obudziłem?" – wymawiał z lekkością Andrzeja Gołoty, moim zdaniem dobre dziesięć minut. Kiedy wyznałem, że nie śpię, czego najlepszym dowodem jest trwająca rozmowa, powiedział zdecydowane: „Aha" – i połączył mnie z Anią. Ta z kolei wyznała, że bardzo mnie przeprasza, ale wczoraj poszli na jakąś imprezę i zanim zdążyła się zorientować, to jest jutro, czyli dziś, a oni ciągle tam są, czego prostą konsekwencją jest to, że nie pojawi się u mnie na kanapie.

Zawsze uważałem, że żyjemy w kraju, w którym dekalog uczy nas wyłącznie tego, że „nie" z czasownikami pisze się osobno. A dekalog szoł-biznesu uzupełnił mi się w tym momencie o kolejną ważną rubrykę. Że nie ma w nim takiej przyjaźni, która czasami nie dawałaby dupy. Ale zawsze już będzie mi brakować jej swawolnej lekkości, w której przemycała swoje małe komunikaty.

Zagaduję ją u siebie:

– A ty masz taki zwrot, którego używasz dla określenia TEJ części męskiego ciała?

Anka:

– Siusiak. Ja mam syna trzyletniego.

– Ale masz też męża trzydziestoletniego – zauważam rezolutnie.

– Ale jak się rodzą dzieci, to mąż idzie na drugi plan – słyszę.

– To co mu mówisz? „Siusiak do rezerwy"? Nie chce mi się wierzyć, że mówisz „siusiak" w sytuacji intymnej.

– Ja, Kuba, już tak dawno nie mówiłam. Jak on w tej Łodzi, a ja w tej Gdyni, to co ja mogę mówić?

Wtedy ja, jak przystało na bystrzaka, zwracam się do Michała Piróga, który był drugim gościem:

– Pirogu, pomożemy? Ty bierzesz piłkarza, ja biorę żonę.

Gdy odeszła, w poniedziałkowej audycji w Rock Radiu, którą prowadziłem z Kędziorem, zadedykowałem jej utwór grupy Breakout zatytułowany *Co się stało kwiatom*. Prosty, surowy, sugestywny i niewytarty banałem. I daję wam uroczyste słowo honoru, że po raz pierwszy w życiu, po raz pierwszy w radiu załamał mi się głos... Byłem bezradny wobec miliona słów, które kłębiły mi się w głowie. Bezsensu nie da się opowiedzieć. Powiedziałem tylko:

– Dziś początek trochę nietypowy... – i skończyła mi się odwaga. Skończyła niekończąca się nigdy radiowa brawura. Uratował mnie Piotr, mówiąc:

– Właściwie nie wiadomo, co powiedzieć.

Kurwa, ależ te proste słowa doskonale opisują mój stan, kiedy o niej myślę.

Nie wiadomo, co powiedzieć...

U Renulki najbardziej uwiodły mnie oczy. A oczy to jest poważna sprawa. A precyzyjnie rzecz nazywając, nawet dwie sprawy.

Taką twórczą wymianę w tym temacie odbyłem z Andrzejem Grabowskim, gdy po raz drugi odwiedził mój program.

– Wyrobiłeś się medialnie. Jak byłeś ostatnio, to tak tylko siedziałeś i miałeś oczy, jak to pisał Szwejk, jak kot srający w sieczkę.

Andrzej na to:

– To nieprawda. Ja mam oczy, jak mówił Andrzej Sikorowski, jak dwie dziury wyszczane w śniegu. A to jest różnica.

Tyle o oczach. A Renulka prosiła, aby o niej nie pisać.

Generalnie jak patrzę po latach na swoje życie towarzysko-uczuciowe, to ma ono postać bajkową. Ale to bajka jest nietypowa. Taka z cyklu: „Za wieloma, górami, za wieloma morzami żył sobie książę. Piękny i ciągle młody. Pewnego dnia poznał piękną królewnę. Ale nic z tego nie wyszło, bo okazał się tępym chujem".

Koniec bajki.

Idol w moim życiu pojawił się przypadkiem. Pamiętam, że zadzwonił do mnie Paweł Jóźwicki, ówczesny szef artystyczny firmy BMG, i zapytał, czy nie reprezentowałbym jego kompanii w jakimś konkursie wokalnym w Polsacie. Bał się, że typowa, grillująca w bezzębnym uśmiechu i szeleszczącym dresie widownia tej stacji, dopuszczona do głosowania esemesami, wytypuje coś niewypowiedzianie koszmarnego.

Wtedy jeszcze nie wiedział, że pomimo mojej obecności jego fatalne proroctwo stanie się ciałem. A dokładnie ciałem i głosem Ali Janosz. Na szczęście jej kariera kosztowała mnie zaledwie kilka tygodni estetycznego kaca. Ją samą blisko dziesięć lat poidolowego odwyku.

Godny zapamiętania był casting, chyba pierwszy w moim życiu, kiedy to szef firmy FremantleMedia Piotr Radzymiński oraz reżyser *Idola* Wojciech Iwański przyglądali mi się łakomie z minami Cezarego Mończyka.

– Garbaty nie jest – dumnie zdiagnozował pierwszy.

– I nie sepleni – z wyraźnym znawstwem tematu dodał drugi.

I tak dostałem tę robotę. Robotę, w której decyzja tych dwóch facetów była dla mojego dotychczasowego życia tym, czym dla wybuchowych braci Dżohara i Tamerlana maraton w Bostonie. Ona zmieniła wszystko. Akurat uwikłany byłem w kilkuletni związek z Izą, w którym podstawową zasadą było to, że zdradzamy się obydwoje, z tym że ja zdradzałem dyskretniej.

Żeby uściślić, tę zasadę tak naprawdę poznaliśmy dopiero na mecie wspólnego bytowania, pomimo że kiełkujące rogi swędziały mnie już kilkukrotnie.

To była filmowa znajomość. Bo jak wiemy, filmy bywają różne. Poznaliśmy się w samolocie czarterowym lecącym do Afryki. Moja ówczesna partnerka spokojnie drzemała na moim ramieniu, a we mnie drzemały demoniczne myśli, jak tu uwieść stewardesę.

Mając w głowie słynną myśl Sztaudyngera: „Pomimo najszybszych samolotów do wczoraj nie ma już powrotu", przystąpiłem do dzieła podniebnego podrywu. Najpierw wyrywałem na spragnionego. Następnie na głodnego. Potem na czytelnika prasy międzynarodowej i na brak papieru w kiblu. Na koniec na speca od awiacji, aerodynamiki, dynamiki i materiałoznawstwa. Byłem protoplastą eksperta przyszłej komisji smoleńskiej. A potem twardo wylądowaliśmy.

Co zabawne, melodramatyczne, a więc jednak filmowe, po kilku tygodniach spotkałem ją pod swoim blokiem na Ursynowie.

Mieszkała kilka pięter nad nami i właśnie rozstawała się z chłopakiem. Jak się później okazało, z tym rozstawaniem się to trochę przesadziła, bo mój sąsiad z góry nic o tym nie wiedział, dopóki się nie dowiedział. Ale to był jej *modus operandi*, którego i ja miałem po wielu miesiącach stać się głównym bohaterem.

To był taki typ kobiety, którą można zdefiniować fragmentem piłkarskiego monologu Dariusza Szpakowskiego: „Żurawski...! Szuka Jelenia...!".

Tym razem trafiło na mnie.

Pochodziła z miejscowości pod Poznaniem, która słynie z tego, że nazywa się tak jak produkowany w niej keczup. W okolicach Poznania, jak i w samym mieście ludzie słyną z tego, że oszczędzają na wszystkim, więc jej rodzice postanowili oszczędzić na miłości do dzieci.

Jej brat od dzieciństwa marzył o PlayStation, a kiedy jej nie dostał w prezencie na piętnaste urodziny, postanowił zapaść się w schizofrenię. I tak też uczynił. Został pierwszym znanym w regionie schizofrenikiem z wyboru, z syndromem PSX.

Ona sama była typowym produktem deficytu miłości.

Tata miał dość swobodny zwyczaj opuszczania domu na kilka tygodni, by po baletowych szaleństwach erotycznego tournée, powróciwszy na swoje miejsce, usłyszeć od współmałżonki miażdżące konsekwencją pytanie: „Zjesz z nami obiad?".

A Izabela te liberalne normy przyjęła. Była jak miłosny złodziejaszek. Nie wierzyła, że zasługuje na miłość, więc po kieszeniach miała poupychane mniejsze lub większe flirciki, które trzymała na wypadek jakiejś katastrofy. A że życie z taką kreaturą jak ja było katastrofą, więc dziewczynisko opychało się nimi jak cukierkami.

Gdy napisałem jej fikcyjne *curriculum vitae*, gdzie wkomponowałem ją w co drugie moje medialne przedsięwzięcie, dostała pracę przy produkcji drugiej edycji rodzinnego programu *Big Brother*, w którego estetyce i standardzie musiała poczuć się jak w domu. No i rozwinęła skrzydła przez produkcję, redakcję, zatrzymując się dopiero na prezenterze *Faktów*. Ja po cichu i z wrodzoną kulturą dyskrecji miłosnej korporacji odwzajemniłem się jej równoległym romansem z dwiema prezenterkami MTV.

Jedną wciągnąłem nawet późnej do współprowadzenia *Idola*, bo zawsze uważałem, że miłość nie karmi się tylko słowami Pana Jezusa, a czasem warto załatwić parę Judaszowych srebrników. Była najszybszą dziewczyną, jaką znałem. Po prostu zapytała: „Nie masz ochoty na dobry seks?", tak jakby pytała: „Mam w domu twaróg, chcesz trochę?".

Lubiła lateks i przesadę. Potrafiliśmy tak intensywnie nadużyć marihuany w zabytkowym volvo Staszka S., że policjantom, którzy zatrzymali nas do kontroli na placu Trzech Krzyży, wręczyliśmy owoce, budyń i grę *Call of Duty*, a nasz kierowca przedstawił się jako Disco Panda. Funkcjonariusze wystękali tylko wstydliwie „proszę jechać", za nic mając naszą hojność.

Drugą tak wciągnęło MTV, że dziś jest tej firmy światową szychą, drżącą gdzieś w jakimś szklanym gabinecie, by jej dorastająca córka nigdy nie dowiedziała się o grzesznych wyskokach mamusi.

Co zabawne, jeden z kochanków mojej swawolnej narzeczonej został potem mężem mojej ówczesnej kochanki, ojcem jej dziecka, a dziś jest moim kumplem z TVN, zimnym okiem fachowca obmacującym *Dzień dobry TVN*. Spokojnie można było z tej łamigłówki zmajstrować przynajmniej jeden odcinek kultowego serialu *Dynastia*.

To był chyba pierwszy raz, gdy dojrzałem do bolesnej konstatacji, że to miasto jest dla mnie zbyt ciasne.

Potem, gdy się okazało, że z Żebrowskim mieliśmy dwie te same dziewczyny, na szczęście w różnym czasie, wiedziałem już, że to prawda.

Czasami w tym zwierzęcym amoku człowiek zatęsknił za kimś przyzwoitym, wstrzemięźliwym, o organach trudnych do zdobycia jak Bursztynowa Komnata. Ale wystarczyło, że nastał wieczór i głupie myśli wracały do koszar.

Idol, jak już pisałem, był przypadkiem. Był nie tyle efektem brawurowego planu, ile rozpaczliwą walką o nieprzesiąknięcie polsatowskim standardem „Kiepskiej" telewizji.

Przed wyjazdem na pierwszy casting do Poznania zrobiłem u siebie na Rozbrat imprezę co najmniej w takiej tonacji, jakbym udawał się z kolejnym kontyngentem do Afganistanu. O poziomie rozwibrowania towarzystwa najlepiej świadczy fakt, że nad ranem samotnie udałem się na odpoczynek, prosząc tych, co zdecydowali się u mnie zameldować na dłużej, aby nie urządzili mi tu powtórki z Kartaginy.

Rankiem w kuchni znalazłem gumową głowę Godzilli, szpadę Zorro, dobrą setkę nierozpakowanych prezerwatyw oraz na ekranie telewizora plazmowego gigantyczny odcisk równie niemałych pośladków. Widać było gołym okiem, że spontaniczność wkroczyła na party zaraz po zapadnięciu w letarg gospodarza.

Imprezy, jak wiemy, dzielimy na te, które się pamięta, i na te, z których się pamięta, że się nic nie pamięta. I ta ewidentnie była tą drugą. W poczuciu bezradności spakowałem te dary i udałem się na nagranie pierwszego odcinka *Idola*.

Zawsze lubiłem media. Czerwona lampka studia radiowego czy kamery telewizyjnej automatycznie powoduje, że w mojej głowie endorfiny wraz z najbardziej chorymi myślami zaczynają imprezę. Ktoś kiedyś powiedział o Jacku Nicholsonie, że jest zdecydowanie bardziej swobodny przed kamerą niż w życiu prywatnym. Bardzo wszystkich przepraszam, ale miałem podobnie.

Największym sukcesem idola była Ania. I to nie Ania Dąbrowska, która nagrała jedną piosenkę w trzydziestu sześciu wersjach na czterech już chyba płytach. Ale Ania Mucha. Symbol wszystkiego, co najlepsze w tym, co pomiędzy mężczyzną a kobietą może być piękne. W roli mężczyzny oczywiście ja.

Znałem ją z filmu *Młode wilki 1/2* i trudno było jej nie zapamiętać. Znałem ją z filmu *Panna Nikt*, który był tak straszny, że trudno było o nim zapomnieć. Znam ją ze wspólnego życia i nigdy nie zapomnę. Dziś jest matką, żoną i partnerką, ale dla mnie będzie zawsze dwudziestoczteroletnim dzieciakiem w skarpetkach w łosie i żakiecie ukradzionym Margaret Thatcher.

Poznaliśmy się na balkonie Szkoły Muzycznej w Gdańsku, czyli co tu ukrywać, Romeo i Julia na swą pełną westchnień i romantycznego bełkotu scenę na balkonie musieli czekać dużo dłużej. My od niespodziewanej schadzki zaczęliśmy nasz wspólny szekspirowski los.

Ania rozmawiała akurat z Jackiem Cyganem, jednym z najlepszych ludzi na świecie, jakich w ogóle znam. To znaczy jeszcze wtedy o tym nie wiedziałem, ale w końcu nic tak mężczyzn nie zbliża jak nocne Polaków debaty, kiedy poznają zakamarki polskiej duszy, zakamarki sztuki toastów i nie mniej trudne poranne zakamarki polskiej mowy. Jak zwykł mawiać Andrzej Sapkowski: „Rzyga się tak samo po Est Est jak po jabcoku". I to mi Jacek płynnie tłumaczył.

Jacek to postać z innego wymiaru poezji. Z wykształcenia cybernetyk, z powołania szlachcic ducha i ciała. Jego największym grzechem wobec świata jest to, że nie ma dzieci. Tacy ludzie jak on powinni być objęci specjalnym programem Poezja+ i powinni płodzić piękno i zamyślenie. Tomek Stańko powiedział mi kiedyś, że uznaje tylko jedną władzę. Władzę piękna i dobra. Myślę, że Mister Gitan może się pod tym podpisać.

Pamiętam jego słowa po pierwszych nagraniach *Idola*. Podszedł do mnie i oznajmił: „Kariery to my raczej nie zrobimy. Ale możemy zrobić furorę".

Trochę miał rację.

Uwielbiam jego poczucie humoru. Takie na przykład. Rozmawia ze sobą dwóch tekściarzy o koledze, także autorze tekstów, który wyskoczył przez okno. „Miał jakiś motyw?" – zagaja pierwszy. „Nie – odpowiada drugi. – Spadał w milczeniu".

Jacek mnie zna i dobrze wyczuwa. Zawsze pisze mi nieporównywalne z nikim, niezwykłe dedykacje w swoich książkach. On pierwszy nazwał mój świat, cytując Agnieszkę Osiecką: „Do pełni szczęścia, brakuje mi tylko nieszczęśliwej miłości".

Zaryzykuję mocne wyznanie. Gdyby świat składał się wyłącznie z Cyganów, nie byłoby wojen. A wszędzie byłyby winiarnie.

Z tego, co wspólnie z Anią pamiętamy, moje wtargnięcie na balkon było jednoczesne ze zniknięciem Jacka z ich wspólnej konwersacji. To było jedno z tych magicznych zdarzeń w moim życiu, w którym czułem, że pijany los zawiadowca wprowadza na mój tor poważny skład.

Podobno mężczyźnie wystarczy zaledwie 8,2 sekundy, żeby zakochać się w kobiecie. Tego dnia szedłem na rekord życia.

Ania była zaprzeczeniem wszystkiego, co było w kobietach tamtego czasu. I co najważniejsze, była chyba pierwszą osobą, która nie przyjęła pracy w *Idolu*. Później chwalił się tym dość zachłannie Tymon Tymański, ale on lubi się chwalić szczególnie tym, czego nie zrobił, bo to, co zrobił, już mało kogo obchodzi.

Jej kandydaturę zgłosił chyba Maciek Rock, mieli wtedy wspólne zdjęcia próbne, jednak Ania stwierdziła, że program jest hałaśliwy, miałki i nie dla niej. Co najzabawniejsze, to była prawda. I o niej, i o tym programie.

Była miła, taktowna, kulturalna, rezolutna, grała u Wajdy i Spielberga, na deser zagrała u Lubaszenki i stanęła przed dylematem wypalonej młodzieżowej gwiazdy, która zagrała u wszystkich. Co dalej zrobić z własnym życiem, do końca którego zostało jeszcze tyle, tyle czasu.

Była wtedy związana z przystojnym młodym biznesmenem Tomkiem, by wkrótce zamienić go na nieprzystojnego życiowego anarchistę o żydowskim imieniu.

Od czasu spotkania z nią zaczął się w moim życiu niepokojący, ale głównie innych, etap zainteresowania coraz młodszymi partnerkami. Z Markiem Kondratem, którego traktuję trochę jak ojca chrzestnego, dyskutowaliśmy na ten temat:

– My mamy dziewczyny w podobnym wieku, znaczy, ty masz żonę.

– Ja wiem, to dosyć niespodziewane, ale to nie jest absolutnie żaden powód do zmartwienia, że komuś się to wydaje niestosowne. Ta niestosowność, że tak powiem, w takim wydaniu jest owocem nadmiernego zainteresowania życiem innych ludzi, ja bym tak powiedział.

– Ale żyjemy w czasach porno-medialności – błyskotliwie zauważam.

– No, coś takiego, ale ja myślę, że jeżeli mamy szczęśliwe życie, to jest to powód do radości przede wszystkim, a wszystkim tym, którzy mają inne zdanie na ten temat, sugeruję, żeby się zajęli własnym życiem, bo być może ono jest jeszcze coś warte.

Największym atutem Ani okazało się to, że była zdecydowanie dojrzalsza ode mnie. Pomimo znaczącej różnicy wieku, dochodzącej do pół wieku. Wychowywana samotnie przez świetną matkę, stała się małą kobietą, nie mając o tym pojęcia. Szybko zapadliśmy sobie w serca, szybko zamieszkaliśmy razem i szybko wyjechaliśmy na wspólne święta i sylwestra do Tajlandii, gdzie Muszka wcinała zapiekane muchy, grillowane karaluchy i szarańczę na parze. Świerszczy jeść nie miała serca, bo kochała muzykę.

Kocham te sposoby, w jaki kobiety wprowadzają się do mężczyzn, nie zawsze informując o tym głównego lokatora. Nazywam to aksamitną kolonizacją. Kolonizacja, jak powszechnie wiadomo, bywa samorzutna, kierowana, a także planowana. Najpierw pojawia się szczoteczka do zębów. Potem dezodorant. W następnym rzucie kolonizator zostawia majteczki i inne bieliźniane imponderabillia. Tam coś rzuci, tu coś podrzuci i już jest. Mieszka i okupuje. Uwielbiam to.

Pomimo nikczemnego wieku stała na zawodowym rozdrożu. Prowadziła programy kulturalne w TVP, gdzie wkładano na nią dziwne ciuchy i kazano mówić dziwne rzeczy. Była na to za mądra. Dostała audycję w Radiostacji, gdzie rozmawiała ze słuchaczami, a to było radio takie, gdzie słuchacze chcieli słuchać, a nie rozmawiać. Ciekawy, ale i trudny czas.

Co najzabawniejsze, w ogóle nie myślała o aktorstwie.

Zaproponowałem jej, że zadzwonię do Ilony Łepkowskiej, która pisała wówczas nabierającą rozpędu sagę *M jak miłość*, z pytaniem, czy może znalazłaby coś dla Ani. Tak dla rozpędu i chwilowego zajęcia. Zgodziła się. Nigdy nie przypuszczałem, że z takim potencjałem wsiąknie w to na zawsze. Moja wina.

Byliśmy małą, piekielnie ciepłą rodziną. Dwuosobową rodziną znajdującą ubaw w ganianiu się wokół kuchni niczym osobniki z mózgowym mankamentem. Chcąc familię wesoło powiększyć, zafundowaliśmy sobie kota, któremu nadałem łaskawie imię Zmarek. Geneza była prosta. Przywieźliśmy go z Marek. Pokochał nas od razu, ale miłością inną. Defekował w nocy tylko na moją część łóżka, dając mi wyraźnie do zrozumienia, że w jego kocim łbie zajmuję znakomite drugie miejsce na podium ważności.

Przeżyliśmy czas nadzwyczajny. Przemierzyliśmy razem jeepem Afrykę i mini cooperem najbardziej zapadłe winnice Włoch. Naszego sąsiada Tomasza Stańkę poznała, wychodząc nago na balkon w momencie, gdy on ćwiczył frazy na swoim. W 2004 roku wydał kanoniczny album *Suspended Night*. Myślę, że ta chwila odbiła się na drapieżnym liryzmie tej niezwykłej płyty.

Gdy się rozstawaliśmy, Ania wyruszyła w podróż po Azji, a następnie wyjechała do Nowego Jorku na studia aktorskie u Lee Strasberga. Pewnie dlatego czasami się różnimy w ocenie długości naszego związku.

Kiedy po powrocie z USA była gościem w moim programie, zaśpiewała przy akompaniamencie Igora na fortepianie utwór *Cry Me a River*, przepiękną balladę napisaną przez Arthura Hamiltona w 1953 roku. Jeśli ktoś nie pamięta tego utworu, chętnie przypomnę.

„Teraz mówisz, że jesteś samotny, przepłakałeś długą noc, cóż, możesz wypłakać mi rzekę łez, ja wypłakałam rzekę po tobie, prawie doprowadziłeś mnie do szaleństwa...".

W pewnym momencie głos jej się załamał i popłynęły łzy. Pękło mi serce.

Dziś mogę napisać jej najszczersze słowa.

Byłaś moim **najpiękniejszym dopełnieniem.**

Ale wróćmy do tego, co było wcześniej.

Mnie wówczas w życiu asystowała K., uosobienie kobiecości z rozkładówek eleganckich magazynów, gdzie kobiety elegancko się pozbawia odzieży. K. była jak CNN. Jej życie to był katalog egzotycznych uciech dla najwybredniejszych smakoszy.

Kiedyś, podczas lotu na transatlantyckiej trasie, przeczytałem dość zagadkową instrukcję mówiącą o tym, że jeśli podczas lotu ktoś umiera, to jego ciało przenoszone jest na puste miejsce w pierwszej klasie.

A ona tak miała i to bez zgonu. Była kobietą luksusową, w której kochali się nawet moi kumple geje. Ci bardziej hetero, kiedy im ją przedstawiałem, wydawali odgłosy zbliżone do wirowania pralki. Jakieś urywane słowa, pokręcone zdania i rozdarte sensy. Bez względu na wieśniacki tuning tego zdania mogę stwierdzić z całą stanowczością: była chyba pierwszą seksbombą w moim życiu.

Jeździła mercedesem tak dużym, że mógłbym w nim urządzić kręgielnię. Miała burzę blond loków i czarny pas w kamasutrze. Zakochałem się w niej, kiedy w akcie dezaprobaty dla manier swego wkrótce już byłego partnera wypisała mu obcasem swe imię na masce lśniącej jak czoło Mike'a Tysona carrery 4S. Była przy tym dumna i wyniosła. To taki typ kobiety, która wolontariuszom, którzy zaczepiliby ją na ulicy, informując, że prowadzą akcję dokarmiania małych dzieci, odpowiedziałaby: „Dziękuję, nie jestem głodna".

K. potrafiła się bawić, a ja potrafiłem dotrzymać jej kroku.

Imprezy z nią zwykle powodowały, że człowiek budził się na tak zwanego Jezusa, czyli po trzech dniach. Można się jeszcze budzić na proboszcza – z trójką dzieci w łóżku. Ale tę rozrywkę zostawiłem sobie na później, kiedy w moim programie nastała epoka tak zwanych wodzianek, dziewczyn, które gościom przynosiły wodę, a niektóre mnie przynosiły trochę więcej.

Naszym ulubionym zajęciem, skoro już jesteśmy przy kroku, było zaszywanie się w toalecie podczas przerw reklamowych programu *Idol* i odbywanie tam szybkich sesji godnych świeżych kochanków.

Kiedyś Franciszek Starowieyski powiedział mi, że jedzenie to seks dla starszych ludzi.

My wpieprzaliśmy się nawzajem, bez względu na metrykę. Wtedy była dla mnie wzorcem kobiecości. Nieujarzmionej i bezkresnej. Do dziś nie pojmuję, jak taka kobieta mogła związać się z takim facetem jak ja.

Ale wracając do *Idola*, który był przypadkowym przypadkiem. Ania odmówiła pracy przy tym formacie, ale załapała się w tym jakże obszernym castingu na partnerkę mojego życia.

Nic nie zwiastowało aż takiej zadymy. To nie o Ani. Teraz będzie o *Idolu.*

Przyjechaliśmy do Poznania, do jakiegoś marnego hotelu. Nikt specjalnie nie celebrował naszego nadejścia, nie czekał z fanfarami, nie prowadził kołczingu, co jutro robimy i dlaczego to jest ważne. Z pozostałymi jurorami poznaliśmy się kilka dni wcześniej w siedzibie firmy Fremantle, przy ulicy Wołodyjowskiego, zwanej przez nas później leśniczówką. Ostatni remont został tam przeprowadzony prawdopodobnie tuż przed wypadkami grudniowymi w 1970 roku, a aranżer przestrzeni musiał mieć leśną obsesję. Wszystko bowiem było wybite lakierowanym drewnem w kolorze ciepłego jasnego brązu o temperaturze porannego pawia miłośnika budyniu.

Wtedy to poznałem Jacka Cygana i Elę Zapendowską. Ze świętej, choć mocno rozrywkowej pamięci Robertem Leszczyńskim byliśmy kumplami już od lat.

Jacek miał być specem od interpretacji, zrozumienia tekstu i wrażeń artystycznych, Elunia w okularach przypominających soczewki aparatury kina IMAX od brutalnej laryngologii, trafiania w dźwięk i ogarniania tematu tonacji, Leszczu od charyzmy, a ja od ogólnych szans w szoł-biznesie.

W swych nieprzeniknionych umysłach producenci zakładali, że Robert to będzie ten zły z branżowego Mordoru, pani Ela o wdzięku przeciętnej strzelaniny w amerykańskiej szkole dossie się do aorty uczestników, przegryzając ją na śniadanie, a my z Jackiem odprawimy kulturalną elegię, czyli utwór liryczny o treści poważnej, nad resztkami. No wyszło, jak wyszło.

Idol dał mi dwójkę niezwykłych przyjaciół. Elunię Zapendowską i Jacka Cygana. Doświadczeni, mądrzy, wyluzowani i lubiący wypić. Ale lubiący wypić inaczej niż inni lubiący wypić.

Z Borysem Szycem miałem kiedyś taką rozmowę w programie:

– Nie pijesz?

Borys:

– Piję dużo wody ostatnio.

– Jeszcze raz przypomnę pytanie. Czy pan mnie słyszy? – podkręcam konieczność konkretnej psychodramy.

– Zawsze jak do ciebie przyjdę, to ty mnie o picie pytasz.

Ja na to:

– Bo pamiętam parę naszych spotkań. Kilka może. Dokładnie jedno. Kiedy nie piliśmy.

– Na Wilczej się spotkaliśmy. Ty byłeś przesłuchiwany i ja. Za pobicie.

Uwielbiam go. Jego talent aktorski ma tylko jednego rywala. Borysa skłonność do autodestrukcji.

Dla mnie rolą Albercika w *Symetrii* już zapisał się w historii polskiego kina, a postacią Silnego w *Wojnie polsko-ruskiej* spowodował, że wielu aktorów na jego tle wypada dramaturgicznie jak panowie, co to przyszli wycenić panele podłogowe.

Z Elunią często wracaliśmy z castingów moim samochodem. Nikt mnie w życiu nigdy tak nie stawiał do pionu, nie tracąc poziomu, tak przyjaźnie nie recenzował jak ona.

To były nasze nadgodziny u terapeutów, w których rolę wcielaliśmy się z ogromnym zaangażowaniem. Do dziś pamiętam jej piękne zdanie: „Żaden mężczyzna nie jest zainteresowany kobietą taką, jaka ona jest, ale taką, jaką ją sobie wyobraża".

Jezu, jak bardzo ona miała rację. Dziękuję Ci, Elu.

Tę radę już zresztą wpisałem w ten tekst i swoje życie.

Kilka dni przed pierwszym castingiem spotkałem się z dwoma facetami, którzy moim zdaniem obok Izy Klain najbardziej wpłynęli na gangrenowaty obraz tego formatu w naszym kraju. Reżyser Bo Martin i montażysta Marek Lamprecht.

Nikt wtedy nie odmieniał przez wszystkie przypadki (tak się zwykle mówi, chociaż prawdę mówiąc, nie mam pojęcia, ile jest przypadków i czy odmienianie przez wszystkie ma sens) magicznego nazwiska amerykańskiego turbobuca Simona Cowella, z którego, zdaniem wielu ekspertów od mediów, zerżnąłem swoją medialną postać i do którego miałem być nadmiernie podobny. To ostatnie to osąd Roberta Kozyry, mojego ulubionego człowieka całkowicie niepodobnego do nikogo, w związku z czym cywilizacja jest spokojniejsza w swym rozwoju.

W kultowej w tamtych czasach knajpie Szpilka na placu Trzech Krzyży moich dwóch towarzyszy przyszłej zbrodni, poinformowało mnie, że jurorzy mogą wszystko, a najlepszym dowodem jest to, że brytyjski juror Peter Waterman w geście akustycznej rozpaczy włożył okulary do szklanki. Nie wiedziałem, czy dobrze słyszę.

– Włożył okulary do szklanki? – pytam. – Rozumiem, że okulary uczestnika?

– Nie – słyszę.

No żeż kurwa mać, myślę. Pewnie były to okulary członka rodziny uczestnika, matki, ojca, brata lub siostry mającej rodzeństwo z innego ojca lub matki, ewentualnie babci dogorywającej na stalowym wózku inwalidzkim.

– Nie – słyszę. – Swoje okulary włożył. Rozumiesz? Ale czad.

Wtedy zrozumiałem, że o swój udział w tym widowisku zabawowym mogę być spokojny. Poprzeczka przez aliantów nie została postawiona zbyt wysoko.

Dobrze pamiętam pierwszego chłopaka, który otworzył casting i tym samym otworzył burzliwą historię tego programu w Polsce oraz w moim życiu. Przeciętny koleżka, ubrany w brązowy sweter w okularach pożyczonych od Krzysztofa Zanussiego. Idealny młodszy referent działu ewidencji. Niezauważalny i nieistotny. Zaśpiewał Presleya. Jak ktoś taki stara się dźwigać Elvisa, to boli. I trudno się do tego przyzwyczaić. Trzeba by sprzedać województwo warmińsko-mazurskie, żeby z kogoś takiego zrobić naprawdę kogoś. Niestety moi koledzy, trochę wiedzeni osobistą kulturą, a trochę standardowymi nawykami z telewizji, grzecznie, kulturalnie i merytorycznie próbowali wyperswadować dziwakowi karierę w show-biznesie. Ja, trochę skacowany, trochę znudzony i trochę czujący, że biorę udział w jakiejś dziwnej zgrywie, wypaliłem mu zdanie: „Wokalista Mötley Crüe powiedział kiedyś, że mógłby wypić wodę, w której kąpała się Sigourney Weaver. Jak myślisz, czy w Polsce jest ktoś, kto wypiłby z przyjemnością wodę, w której ty się kąpałeś?". Zapadła cisza. Wcześniej w telewizji obowiązywała zasada, że gość, bez względu na umiejętności, był traktowany jak jeden z trzech tenorów, a recenzje były umiarkowane i przesycone duchem życzliwej kurtuazji. Tu nastała zmiana.

Drugi kandydat reprezentował podobny poziom, nadmiernie dowodzący, że jest rzadkim w naturze skrzyżowaniem człowieka i kozy. Ja przypomniałem sobie to, co opowiadał mi całkiem niedawno mój kolega Jacek Borcuch, który wtedy akurat skończył film pod tytułem *Kallafiorr*. Jacek wysłał swoje bezdyskusyjnie epickie oraz mocno pionierskie dzieło do Krzysztofa Zanussiego, znanego znajomego papieża, Boga, wszystkich świętych oraz własnej małżonki. Krzysztof-reżyser z obrazem się zapoznał i wyznał Borcuchowi centralnie i miłosiernie: „Pan mnie obrzygał swoim filmem". Ja ten zacny oraz merytorycznie pojemny termin zapożyczyłem i poczęstowałem nim uczestnika *Idola*.

Ostatnim uczestnikiem pierwszego dnia pierwszego castingu był dwu metrowy łysol Jakub Rutnicki. Byliśmy już trochę zmęczeni, trochę zniechęceni narodową głuchotą i trochę spragnieni siebie gdzie indziej i przy innym stole. No i wchodzi Kuba. Mówi, że zaśpiewa chyba *Wehikuł czasu* zespołu Dżem. Jest sympatyczny, uśmiechnięty i pełen optymizmu. Siedział cały dzień i czekał na swoją życiową szansę. I ją dostał, i dalej się uśmiechał. Więc ja mu ten uśmiech chciałem z uśmiechniętej gęby zabrać i przypomniałem sobie, że mam w plecaku wielką gumową głowę Godzilli. I wyszedłem naprzeciw jego oczekiwaniom na życiową szansę. Powiedziałem, że jak zaśpiewa ten numer włożywszy głowę Godzilli, to po pierwsze, przepuścimy go dalej, a po drugie, przestanie się tak głupio cieszyć. Zaśpiewał.

Nie wiem jak, bo niewiele było słychać. Ale chyba musiało być dobrze, bo dotarł do finału. Potem na szczęście przestał śpiewać i został politykiem PO. Jesteśmy kumplami do dziś.

Ale wtedy wyglądało to na telewizyjne pastwienie się w lateksowym kostiumie potwora.

I tak **moje chamstwo** stało się **telewizyjną dyscypliną olimpijską.**

Teraz będzie dygresja, bo książka bez dygresji jest nudna jak polski film, gdyż mało się dzieje na drugim planie.

Lubię i cenię Krzysztofa Zanussiego. Stwórca, tworząc Krzysztofa, miał pełną świadomość, że tworzy prototyp, który nigdy nie wejdzie do seryjnej produkcji. Cenię go za trzy rzeczy.

Film *Barwy ochronne*, w którym brawurowo cyniczny Zapasiewicz jest godnym aktorskim rywalem najinteligentniejszych ról Roberta De Niro. Film *Kontrakt*, który jest specyficzną komedią in vitro (oho, wymyśliłem nowy gatunek) o zgniliźnie elit. Oraz epizod w arcydoskonałym *Amatorze* Krzysztofa Kieślowskiego, w którym Zanussi z wielką gracją oraz nieudawanym wdziękiem graniczącym z uwielbieniem wciela się w postać Krzysztofa Zanussiego.

Zanussi chyba nie ma dzieci, choć jak powszechnie wiadomo, temat dzieci jest w tym przypadku ryzykowny. Myślę, że jego potomkowi byłoby ciężko sprostać rygoryzmowi moralno-estetycznemu swego ojca. Tomasz Terlikowski mógłby być synem takiego ojca, choć zapewne i on byłby łajany za zbytnią swawolę w myśleniu. Przeczytałem to zdanie i tak się przestraszyłem, że kończę ten wątek.

Ale zostając przy Krzysztofie. Był kiedyś gościem mego programu, w którym sparowałem go przemyślnie z niejakim Bolcem, bardzo sprawnie rozrywkowym hip--hopowcem z Krakowa. Znakiem rozpoznawczym pana Bolca, bo tak zwracał się do niego reżyser Zanussi, był brak zahamowań w używkach i brak jedynki w uzębieniu. Poza tym miał wdzięk, odwagę i gadane. Zostawił po sobie mocno niedocenioną płytę o proroczym tytule *Żeby było miło* i jak przystało na zdolnego rapera, ktoś nie zrozumiał do końca przesłania jego albumu i Bolec został zamordowany. Niestety ostatecznie przez siebie samego. Widocznie bał się konkurencji z wyższej półki i konkurenta wyeliminował.

Otóż siedzimy sobie na eleganckich skórzanych kanapach mojego programu i reżyser Krzysztof zagaja do mnie:

– Panie Kubo. Wraz z mą małżonką Elżbietą Grocholską-Zanussi organizujemy takie obiady czwartkowe, na które zapraszamy intelektualistów, dostojników, bywa nawet ksiądz prymas...

I tu reżyser Krzysztof, który jak powszechnie wiadomo obchodził Boże Narodzenie na długo przed Chrystusem, nie zdążył wyfasować w moim kierunku zaproszenia, gdy nagle Bolec wypalił:

– O, to super. A gdzie mieszkasz?

Dystyngowany reżyser Krzysztof był do tego stopnia dystyngowany, że żaden z dystyngowanych mięśni jego twarzy nie drgnął i nie skierował swej mimiki w kierunku wyrażenia skrajnego obrzydzenia.

Taki to jest miły pan.

A Bolca szkoda.

Później, kiedy zacząłem jeździć po świecie, daleko od kraju, spotykałem różnych ludzi światowego filmu. I w Argentynie, i w Brazylii pytano mnie o reżysera, którego oni na własne potrzeby nazywali „Biała Marynarka". „Co słychać u «Białej Marynarki»? Żyje jeszcze?". „No z takim apetytem na zabawę to on długo nie pociągnie" – złowieszczo prognozowali. Nie wiedziałem, kogo mieli na myśli. „Biała Marynarka? – pytam. – Dlaczego tak go nazywacie?". „A bo on zawsze ubrany cały na biało, totalnie nawalony tańczył na stołach". Taki był rozrywkowy i wykwintny zarazem.

Okazało się, że myśleli o Krzysztofie. Ale może to tylko złe zagraniczne języki, zazdrosne o to, że Zanussi ma osobisty numer faksu Jezusa.

Wracamy do *Idola* po raz kolejny.

Mało kto wie, a prawdę mówiąc, mam świadomość, że wie o tym zaledwie kilka osób, że po pierwszym secie pierwszego odcinka *Idola* jeden z jego producentów, Cezary Brzozowski, dziś mój serdeczny kolega, wyraził potrzebę usunięcia mnie siłą z wizji, gdyż takiego poziomu zezwierzęcenia nikt z widzów nie dźwignie. Podzielił się swymi obawami z resztą kolektywu, na szczęście nie znajdując stosownego zrozumienia dla swej jakże humanitarnej misji.

Moja ogólna refleksja odnośnie do takich programów jak *Idol* jest prosta, acz brutalna.

Tylko pierwsza edycja tak zacnego widowiska jest prawdziwa i czysta w intencjach.

Można kombinować, nazywać rzeczy inaczej, interpretować oraz reinterpretować to, co interpretowaliśmy wcześniej.

Jest taki termin fachowy, który nazywa się „pocałunek Posejdona". Występuje on w momencie, kiedy delikwent spoczywa na tak zwanej desce ustępowej, oddaje rurom kanalizacyjnym, co im należne, i jego czcigodne pośladki ochlapie woda z kibla. Niby banalna przypadłość, ale nazwa szlachetna.

I tak było z *Idolem*. Kto nie rozumie, ręka do góry!

Pierwsze edycje takich programów są szczere, spontaniczne i niewykalkulowane. Później wizja sławy zanęca tych, którzy po prostu chcą medialnie zaistnieć. Bez względu na umiejętności. Esencją takich widowisk są skrajności. Są ci zdolni i ci zdolni do wszystkiego.

Pierwsza edycja wymiotła z zakamarków miast i sołectw, domów kultury oraz oddziałów intensywnej opieki psychiatrycznej jednostki zdeterminowane w wokalnej samorealizacji. Nie wiedzieli, dokąd idą i jakie będą tego konsekwencje.

Esencją *Idola*, który w swą „misję" miał wpisane poszukiwanie nowych gwiazd estrady, nie była wysoka rozrywka na poziomie tenora z Sosnowca, tylko wieczorna zabawa dla widza.

Pierwszym poziomem byliśmy my – pionierzy trollowania na długo, zanim ktoś wymyślił ten termin – a na drugim tak zwani kosmici, którzy wybrali się na swą pierwszą randkę z telewizją z powagą i natchnieniem sędziów Sądu Najwyższego.

Byliśmy pionierami telewizyjnego sado-maso, tworząc totalną kontrę dla programów typu *Szansa na sukces*, gdzie Wojtek Mann z gracją Isadory Duncan nawet totalnie akustycznie zamroczonych informował, że wszystko może się zdarzyć, gdy głowa pełna marzeń, jak śpiewała pani Lipnic-ka. My byliśmy rzeźnikami w *prime time*.

Jest taka teoria, że osobie potrzebującej nie daje się ryby, tylko wędkę, żeby sobie twórczo połowiła. My, odnosząc się do tej metafory, takiemu delikwentowi lepiliśmy buci-ki z betonu, dając jednocześnie stosowną wskazówkę co do głębokości akwenu.

Siłą *Idola* byli właśnie ci kosmici. Ale w tym okresie ich inwazja przybrała na sile.

Mówiąc krótko: obłęd zapukał drżącą ręką w gościnne drzwi Polsatu. Był to chyba pierwszy tego rodzaju program, który wysłał takim ludziom sygnał – zapraszamy. Oczywi-ście odebrany na ich dziwacznej astralnej częstotliwości. Ja lubię ludzi świadomych swego talentu, ale jeszcze bardziej nieświadomych swego talentu. Oba typy bywają zabawne.

Grzegorz Krychowiak rozmawiał ze mną na ten temat.

Ja zaczynam:

– Sam mówisz: Ronaldo to praca, Messi to talent. A ty?

Grzegorz:

– Przede wszystkim praca.

– No, a ile masz talentu?

– Ja uważam, że nie mam go wystarczająco, nawet żeby grać w Sevilli, uważam...

– *What the fuck are you talking about!* Po hiszpańsku powiedziałem! No, co ty mówisz?

– Ja uważam, że to, gdzie jestem, zawdzięczam wyłącz-nie ciężkiej pracy.

Idol był formatem globalnym, który opanował telewi-zje w ponad stu krajach, od Armenii, przez Islandię, po

Wietnam. I tym samym globalne było ocieplenie stosunków na dotychczas zablokowanej linii pierdolnięci–telewizja.

Przybyły hektary nowo narodzonych Michaelów Jacksonów, którym zwykle starczyło czasu tylko na liźnięcie pierwszego kroku tańca zwanego *moonwalk*, a resztę nadrabiali fryzurą z górnej półki fryzur dziwnych. Legiony pań, które poczuły zew bycia nową wokalistką święcącego wówczas może już nie tak wielkie triumfy zespołu Varius Manx, które nadały znanej piosence o ptaku zupełnie nowy rytm, a przy okazji sens, śpiewając: „Widzałaaaamorła cień". Pani, która wykonała inny szlagier tej komandy – *Księżycową piosenkę*, w tekście „Pościel jeszcze pachnie ogniem naszych ciaaaał" osiągnęła erotyczną brawurę pracownika składającego podanie o deputat węglowy.

Była pani z eleganckim, choć nieregularnym ombré na głowie, która postanowiła zatrwożyć nas nową interpretacją piosenki Edyty Geppert *Kocham cię życie*. I dotrzymała słowa. A dokładnie trzech. Bo tylko tyle zapamiętała z pierwowzoru. „Kocham cię życie", zaczęła i dalszej treści szukała na dłoni, gdzie jakże sprytnie ukryła ciąg dalszy. Niestety ukryła go także przed sobą, bo nie dała rady doczytać, co też zdarzyło się dalej w tej pompatycznej pieśni.

Chłopiec o wizerunku samotnego borsuka umiłował nie wiedzieć czemu piosenki Jacka Stachurskiego, które niestety, pomimo licznych prób, nie zapałały nową miłością do roztańczonego jegomościa. Był sezonową ikoną tego programu. Fryzura na zaginionego czeskiego piłkarza, pełen umiaru wąsik, grzywka à la Jaga Hupało na 1000 lat przed narodzinami Jagi i o cztery numery za duży sweter produkcji tureckiej prząśniczki, pod którym swobodnie ukryć by można samobieżne działo piechoty. Jego wersja *Urodziłem się po to, żeby grać* ewidentnie zawierała co najmniej dwa kłamstwa. Na dodatek ruszał się, jakby zjadł chomika, który to przeżył i harcował sobie poza kołowrotkiem w jego gościnnym organizmie.

Gościu śpiewający szlagier *Turystyczna piosenka* o choreografii rażonego prądem z sieci średniego napięcia dziś pewnie byłby znanym influencerem i sieciowym tuzem. Wtedy raczej większość widzów starała się mu w swoich głowach wypisać receptę na stosowne leki wyciszające.

Kultowe *Dary losu* wykonywane przez osobnika o twarzy cierpiącego chłopca, który ze swą cmentarną interpretacją tego dość optymistycznego utworu jeździł z castingu na casting, dziś miałyby miliony odtworzeń, a Ryszard Rynkowski proporcjonalnie tyle samo powodów do samobójstwa. Był fenomenem, bo za każdym wykonaniem obdzierał tę pieśń z radości, a energię miał zdecydowanie nieodnawialną. Więcej ikry miała moja babunia i to nawet dwa dni po kremacji.

Pamiętam, z jaką cierpliwością Jacek Cygan tłumaczył zabójcy swojej piosenki intencje autora (czyli swoje): „Ta piosenka ma wzbudzać w ludziach pozytywne emocje. Że jest coś naprawdę ważnego na tym świecie. A ty tak zaciemniasz ten utwór. Robi się tak smutno. Ponurością wieje ze wszystkich kątów". Cierpliwie i z pełnym miłosierdziem wykładał delikwentowi jego defekty.

Wyobrażam sobie, jakby w komisji zasiadywał Rysio Peja i jakiś szukający wrażeń ostatecznych uczestnik podjąłby się skalania jego wiekopomnego szlagieru podtytułem

Reprezentuję biedę. Rychu mógłby podjąć polemikę w mniej wysublimowany sposób.

Wykonawca słów wysłuchał, potem nie posłuchał i znowu wrócił. I tak wracał na każdym castingu, bo jak wyznał Maćkowi Rockowi: „Ktoś kiedyś powiedział: «125 razy padasz, wstajesz, otrząsasz się i idziesz dalej». Przy 126 razie się uda". Jemu chyba się udało, bo zniknął.

Głośno było o koledze Piotrze, który oznajmił nam, że jest artystą, następnie odczytał po swojemu numer Erykah Badu, okraszony tańcem, z którego nie bardzo wiadomo było, czy on tańczy, czy może woła o ratunek. Następnie nie zgodził się z opinią jury. Stwierdził, że jesteśmy perfidni i chamscy, stanowimy bandę błaznów, którzy się nie nadają. Dostał za to oklaski, prawdopodobnie jedyne w swoim życiu. Wrócił do swej miejscowości, w której został pobity za złą reklamę regionu.

A ja mu tylko powiedziałem, że nie można kazać latać ptakom, które są wypchane.

Media jednoznacznie uznały mnie za faszystę.

Ten program nauczył mnie, że występ wokalny może być wielką tajemnicą dziwnego życia. Że nie ma barier estetycznych i psychologicznych. Że wielkie emocjonalne lokomotywy, typu *Show Must Go On*, można wykonywać z miną i zaangażowaniem jegomościa, który przyszedł naprawić cieknący kran. A jakieś harcerskie koszmarki, oazowe przytupy i szantowy bełkot z namiętną dynamiką prymusów z Al-Kaidy.

Ludzie bywają różni. Jedni wierzą w Świętego Mikołaja, inni w Spider-Mana. Ale ten rodzaj uczestników popełniał największy błąd. Oni niestety uwierzyli w siebie. I to był ich moment historyczny. Na swej drodze do światła sukcesu spotkali nas, którzy im uświadamiali, że choinka, z której się urwali, powinna jednak stać wyłącznie w ich domu.

Nigdy się nie zgodzę z opinią, że robiliśmy (a szczególnie ja robiłem) z ludzi idiotów.

Przypomina mi się wizyta u mnie Adama Michnika. Taki dialog:

– Wiem, że były plotki w „Gazecie Wyborczej", że cały zespół panu odradzał wizytę w moim programie.

On na to:

– Cały zespół to przesada, ale oczywiście byli tacy, co powiedzieli, że pan ze mnie zrobi idiotę. Na co ja powiedziałem, że ze mnie nie trzeba robić idioty, ja po prostu wystąpię wreszcie w swojej naturalnej formie.

Idol stał się niekwestionowanym hitem.

Wtargnął do domów Polaków i został tematem dyskusji przy niedzielnej mizerii. Kto co powiedział, kto co wykonał, kogo znowu obraził Wojewódzki.

Moim znakiem rozpoznawczym były tak zwane cięte riposty, cytaty oraz złote myśli. Z miejsca tabuny umiarkowanie roztropnych pismaków postawiły tezę, że wszystko mam napisane wcześniej i dyktowane przez rezolutnego suflera do ucha albo że kopiuję Simona Cowella, który wówczas w Polsce gwiazdą nie był, co nie zmienia faktu, że mogłem go uprzejmie naśladować.

W swej ulotnej miłości własnej wyznam to publicznie po raz pierwszy. A podczas tak zwanego *World Idola* w UK miałem okazję przerobić to empirycznie. Uwaga! Simon Cowell to przy mnie literacki cienias. CIENIAS. Jest postacią światowego formatu, milionerem, telewizyjnym kreatorem, ma bugattiego veyrona i bujne owłosienie na klatce z piersiami. Nie ma natomiast poczucia humoru i krztyny dystansu. Dystansu do siebie ma jeszcze mniej niż dystansu w ogóle, a abstrakcyjne poczucie żartu jest dla niego zrozumiałe jak dla nas zrozumiały jest brexit.

Obserwowałem go podczas wspólnej pracy nad nagraniem świątecznego odcinka będącego rywalizacją laureatów poszczególnych krajowych edycji. Wszystko było ustawione pod panów Simona Cowella i tego drugiego Watermana. Jestem obywatelem nikczemnego państwa o nieistotnej pozycji w tak zwanym świecie, ale to nie powstrzymuje mnie przed prywatną megalomanią.

Najpierw trzymali mnie w garderobie o fakturze ścian bliskiej piętom Cejrowskiego. Odwiedził mnie jegomość o miękkich ruchach i zapytał, w co będę ubrany, bo Simon będzie miał na sobie kaszmirowy sweterek w kolorze porannego latte i on chce wiedzieć, czy ja mu nie będę dźwięczał. Przyznałem z całą otwartością, że będę, bo taki mam plan. Spojrzał na mnie tak, jak się zwykle patrzy na szarańczę, i odszedł miękko, kołysząc swą brytyjską godnością.

Potem nastała dama w wieku pamiętającym pierwsze potyczki wojny stuletniej i powiedziała, że przyszła mnie przyprószyć. Nie wiedziałem, czy miała na myśli własne prochy czy puder, ale okazało się jednak, że termin kremacji miała wyznaczony na później. Przyprószyła mnie pudrem o zapachu martwej foki. Była godzina jedenasta przed południem. Start nagrania o dwudziestej.

I tak sobie spoczywałem dumnie w stolicy Albionu, w studiu, w którym kręcili filmy Hitchcocka, zamknięty w izolatce, obciążony piętnem tego, który będzie niekorzystnie interferował z wdziękiem Cowella.

Wtedy narodziło się we mnie postanowienie, że zostanę grzybem atomowym, który zaznaczy swoje zlekceważone istnienie. Posadzono mnie pomiędzy reprezentantem Kanady a reprezentantem jakiegoś kraju arabskiego.

Atmosfera była napięta jak bielizna na Ryszardzie Kaliszu. Nikt się nami nie interesował, a wszystkie środki oraz cała uwaga były skierowane na to, by połysk Simona miał tego dnia blask niepokalany.

Zapytałem pana z kraju arabskiego lub jak kto woli, z rejonu Zatoki Perskiej, czy nie chce kupić reprezentantki Polski, bo u nas jej nie doceniają. Popatrzył na mnie jak na gadającego gryzonia i poprosił o przeniesienie w inne miejsce.

Pana z Kanady zagadnąłem równie przyjaźnie, no bo jak inaczej rozmawiać z przybyszem z kraju, w którym zawsze jest zimno i wszyscy muszą grać w hokeja. „Podobno tragedią waszego kraju jest, że mogliście mieć francuską kuchnię, brytyjską kulturę i amerykańską technologię, a skończyliście, mając brytyjską kuchnię, amerykańską kulturę i francuską technologię". Powiedział do mnie coś po francusku, ale minę miał przy tym taką jak straż miejska przy użyciu paralizatora, więc wyczułem, że z przyjaźni nici.

Całą uwagę skoncentrowałem więc na uczestnikach oraz na tym, żeby wkurwić Simona Cowella. Nikt nie miał odwagi, polotu lub po prostu najzwyklejszego pomysłu, żeby mu nasikać do basenu, więc Polska jak zwykle w historii została osamotniona.

Podczas nagrania mój słynny brytyjski kolega kilkukrotnie zwracał się do sali słowami: „Niech ten idiota się zamknie" lub „Weźcie stąd tego kretyna". Byłem z siebie taki dumny. To było jak nasza walka w 1939 roku.

Mój kolega zwykł mawiać: „Polska jest jak autobus. Jeden kieruje, a reszta się trzęsie". Ja wtedy chciałem uzyskać podobny efekt i śmiało mogę napisać, że uzyskałem.

Narcystycznemu i irytującemu reprezentantowi gospodarzy Willowi Youngowi powiedziałem, że teraz rozumiem, dlaczego Bóg zesłał im mgłę – żeby nie było widać takich palantów jak on. Reprezentantowi Francji, że to, co pokazał, wyglądało i brzmiało jak pornol w wersji karaoke, a wysłannikowi Kanady, że jego śpiew brzmiał jak negocjacje z górą lodową w celu nakręcenia *Titanica 2*. Kurtowi Nielsenowi, który całość wygrał, wyznałem, że gdyby tak wyglądał, jak śpiewa, byłby połączeniem Sharon Stone i Margaret Thatcher. Tak mu się to spodobało, że kilka tygodni później przyjechał do mojego programu, gdzie jak przystało na dobrego gospodarza i patriotę przywitałem go chlebem, wódką i nauczyłem mówić: „Edzia Górniak to fajna dupcia". Był szczęśliwy.

Nie wiem, co wycięli z moich wypowiedzi, ale kiedy w Boże Narodzenie program wyemitowano na całym świecie, w kraju okrzyknięto mnie idiotą. Nie zrobiło to na mnie żadnego wrażenia, gdyż byłem do takich nominacji przyzwyczajony. Ale żeby uniknąć nadmiernego ryzyka, wyjechałem z Anią Muchą na wakacje do Maroka, gdzie medialni siepacze nie byli w stanie trącić mnie swym niezadowoleniem.

Później zadzwonili do mnie nawet z jakiegoś holenderskiego talk-show z propozycją wywiadu, ale postanowiłem być telewizyjną dziwką wyłącznie na własnym terytorium.

Zresztą gdy zagadnąłem miłego pana, który do mnie zadzwonił, czy płacą w towarze, to zacząłem wyczuwać w jego głosie subtelną nutkę wahania.

Zapytałem kiedyś Tomka Stańkę:

– Co jest lepsze, z twego doświadczenia: lepiej zapalić jointa czy lepiej wypić sobie kieliszek wódki?

Tomek na to:

– Ja myślę, że najlepiej zrobić to razem.

Wtedy, na wrogiej brytyjskiej ziemi, posłuchałem jego sugestii. W związku z czym reszta pobytu minęła dosyć pogodnie.

Nie wiem, czy wiecie, ale podobno, gdyby człowiek pierdział nieprzerwanie przez sześć lat i dziewięć miesięcy, to wytworzyłby osobiście energię równą bombie atomowej.

Ja miałem takie wrażenie, siedząc w jury *Idola*.

Eksplodowaliśmy czymś tak nowym, dzikim i na swój sposób ekstremalnym, dla wielu recenzentów stanowiliśmy brakujące ogniwo pomiędzy zwierzęciem a człowiekiem, że nie sposób było tego prześcignąć. Wejście level wyżej musiałoby doprowadzić do publicznych egzekucji, dekapitacji, cudzołóstwa, rozczłonkowywania ciał i rytualnego okaleczania. A tego w Polsacie nikt nie chciał, no może z wyjątkiem działu reklamy.

Po dwóch edycjach *Idola* uznałem, że czas na ewakuację.

Zawsze uważałem, że cynizm to po prostu udana próba zobaczenia świata takim, jakim on jest w rzeczywistości. Tak jak na drodze jest akcja „Stop wariatom drogowym", tak my powiedzieliśmy publicznie: „Stop wariatom muzycznym, amatorom i pojebom".

Janusz Głowacki wyznał mi kiedyś taką myśl, że gdy społeczeństwo nie chce już czytać swych literatów, to składa im hołdy. Bo tak jest szybciej i łatwiej. I nasza czwórka miała podobnie. Nikt nas już nie słuchał, a widownia była podzielona: albo nas wielbiąca jako realizatorów ich ukrytych potrzeb publicznego sado-maso, albo agresywnie odrzucająca jako wzorzec chama tradycyjnego.

Zabawa się skończyła. Zaczęły się dożynki.

Dziś trudno w to uwierzyć, ale do drugiej edycji programu zgłaszali się ludzie, dla których zaszczytem było to, jak się ich kunsztownie zjebało i odprawiło na margines życia scenicznego. Totalne odwrócenie sensów i celów. To tak jak w tym powiedzeniu, że w zależności od regionu Polski, jak się powie dziewczynie: „Odpierdol się", to jedna się obrazi, a druga się elegancko ubierze. I tak było też z nami. Ludzie chcieli być namaszczeni brutalnym wyrafinowaniem przez naszą czwórkę. Dziwne? Nie, proste jak droga w Rosji. Wtedy w rytm panującego już ducha czasów zaczynała obowiązywać zasada: im gorzej, tym lepiej. Dla nich nasze znęcanie się automatycznie stawało się innym rodzajem zarządzania. Ich karierą i potrzebą sławy. A ta stawała się towarem coraz cenniejszym. Czy wiecie, że do tradycyjnej triady polskich marzeń – rodzina, zdrowie, praca – dołącza coraz wyraźniej, bo coraz wyraźniej widać to w diagnozach społecznych, jeden ważny element: potrzeba sławy.

Dostrzeżenia. Choćby chwilowego i choćby przez przypadek. I tak ja komuś mówię: „Śpiewasz tak, jakby cię rodzice znaleźli w delfinarium. Widać, że talent odwiedza cię rzadko, ale za to wpada na krótko. Otworzyłeś wokalne wrota piekieł. Wyjdź nimi z powrotem". A delikwent się cieszy, bo wie, że to będzie w telewizji. Tak się rodziło uzależnienie od popularności.

Kiedy wychodziliśmy z Elunią, Jackiem i Robertem na przerwę, uczestnicy bili nam brawo. A najbardziej ci, których koncertowo i ozdobnie wypunktowaliśmy. Chore.

Z dwóch pierwszych edycji pamiętam jeszcze dwie osoby, które utkwiły mi w sercu. Na chwilę, bo jestem sentymentalny krótkoterminowo. Pierwszą z nich był cherubinek z pokaźną anemią niejaki Paweł Nowak. Jego *Imię deszczu* w akompaniamencie Adama Sztaby było, uwaga, dużo lepsze niż w wydaniu Piaska. Już pierwsze słowa: „Proszę nie mów, muszę odejść" wprowadzają galopujące mustangi dreszczy na moje plecy i pozostawiają tam niemal do końca. On nie wykonuje utworu i nie śpiewa piosenki. On skleja słowa prawdziwą rozpaczą. Piękne. Ale żeby nie było zbyt podniośle. Resztę występów, pomimo iż dotarł do finału, spierdolił koncertowo. I jeszcze pyskował Eluni że nie fałszuje. A fałszował jak anemiczny pies.

Drugą była Gosia Kunc i jej interpretacja *Little Wing*. Drobna dziewczyneczka z wielkim talentem i gigantycznym zapasem ciszy w duszy. Przyjechała z mamą o imidżu damskiej wersji generała Jaruzelskiego, ale widocznie cisza Małgosi potrzebowała cerbera. Boże, jak ona to zaśpiewała.

Parafrazując oryginał: przechadzała się pośród chmur, szybując z wiatrem. Hendrix opowiadał, że napisał ten numer na cześć swojej dziewczyny. „Little Wing była słodką dziewczyną, która odmieniła moje życie, a ja, idiota, nie potrafiłem tego docenić" – wyznał swego czasu. Może my, idioci, nie potrafiliśmy docenić Małgosi. Może w tym pełnym zgiełku i hałasu widowisku nie miała się do czego przytulić. Posłuchajcie jej, jest na YouTubie. Zasługuje na to. Leć dalej, skrzydlata istoto... Pozdrawiam cię, dziewczyno, gdziekolwiek teraz jesteś.

Na swoje miejsce namaściłem Marcina Prokopa, którego znałem z miesięcznika „Machina" oraz lokalnego dystryktu MTV. Lubiłem go, bo już wtedy wyrastał ponad wszystkie poziomy i to nie tylko pod względem wzrostu. Miał osobowość, którą cenię, rozpiętą pomiędzy kaftanem bezpieczeństwa a ewidentną potrzebą samozapłonu.

Widziałem swego czasu taki napis na zniszczonym pojeździe pomocy drogowej: „Ciągnie lepiej niż Sasha Grey". I tak miał Marcin ze wszystkim, w co wchodził. Ciągnął lepiej niż inni.

Prokop to oryginał zlepiony ze skrajności. Swojej małżonce z Chicago oświadczył się esemesem o wyszukanej treści: „Gdyby twój amerykański samochód chciał zaparkować w polskim garażu, to oznajmiam, że miejsce jest wolne". No i ona wykupiła ten abonament.

Marcin chciał być gwiazdą rocka, chciał pisać wiersze, a jak sam przyznaje, bywa mentalnym sześćdziesięcioletnim starcem, ma naturę księgowego, no i największy zarzut, jaki do siebie ma, to, że zarabia za dużo i to są próżniacze pieniądze płacone nie za talent, a wyłącznie za popularność.

Pisałem coś wcześniej o kaftanie bezpieczeństwa? To jest właśnie ten moment na stosowne wdzianko. Prokop jest chałturnikiem, który ładnie nazywa się facetem do wynajęcia. Prowadzi bale, otwarcia, zamknięcia, obchody i festyny. To jest jego wybór i jego estetyka. Jest najlepiej chyba monetyzującym swoją popularność facetem z branży. Ale od czasu do czasu musi pierdnąć swojskim populizmem, że te srebrniki to mu nie dźwięczą uczciwie. Można odnieść wrażenie, że dla spokoju ducha tłumu raz do roku chciałby być tak biedny, żeby mu sikorki wieszały słoninę na balkonie.

Jest przytomny w rozumieniu umowności świata, w którym ciągle jesteśmy obsadzani.

Powiedział mi kiedyś: „Jeśli ktoś z ludzi telewizji serio traktuje siebie jako idola, to ja mu współczuję". A ja mu na to: „Niestety większość". Jak ktoś tego nie widzi, to nie patrzy, tylko się gapi.

Pamiętajcie, że wszystko, co słyszymy o szoł-bizie, jest opinią, a nie faktem. Wszystko, co widzimy, jest waszą perspektywą, a nie prawdą. Zapamiętajcie słowa starca. Moja pomyłka co do Marcina sprowadzała się do faktu, że ja go mentalnie umieszczałem po rebeliancko-alternatywnej stronie branży, a on siebie raczej po stronie bufetu i księgowości. I długo mi zajęło zrozumienie, że to jest jego problem, a nie mój. Przy nim większość gadających głów z telewizji śniadaniowych jest błyskotliwa jak dach kryty papą – i to trzeba uznać, a nie fakt, że Marcin w nienagannie wypastowanych lakierkach co weekend bawi się w wodzireja na babilońskich salonach. Bóg nas z tego rozliczy, a wcześniej skarbówka. W przypadku tego zdania to ja wierzę w nieuchronność spotkania tylko z jednym z wymienionych podmiotów.

Myślę, że realnym problemem Marcina jest to, że ciągle czuje potrzebę, a może przymus tłumaczenia się z tego, gdzie jest i kim jest. Mnie to przeszło już w dzieciństwie. A on nawija: „Jako gwiazda nadal jestem normalnym chłopakiem z sąsiedztwa, a nie figurą woskową. Uprawiam antylans. Jeżdżę gorszym samochodem niż mógłbym i noszę stare ubrania, które mi wiszą na dupie. Jestem permanentnie nieogolony i mam włosy, nad którymi dawno przestałem panować. Nigdy w życiu nie byłem u kosmetyczki. [Zgroza!] A najgorsze mam garnitury – podobno kompletnie niemodne, bo niewystarczająco wytaliowane. Niektórzy styliści proponują mi swoje usługi za darmo, z litości. Poza tym mieszkam w bloku, chodzę do sklepu po bułki".

No sami przyznajcie. Jest naprawdę dobry w tym, żeby samemu z generała degradować się na starszego sierżanta popkultury. Ja się wywodzę z tradycji, że nie jest wstydem zarabiać uczciwie duże pieniądze, nawet jeśli one są, uczciwie rzecz nazywając, zbyt duże. Ale staram się tak żyć, żeby mi to nie przeszkadzało.

Mój kolega wyższy tkwi w rozkroku pomiędzy satysfakcją z tego, że talent jest jego pracodawcą, a umizgami do płaskiego populizmu, pospolitej zazdrości i zwykłego nieudacznictwa autorów serwisów plotkarskich, którzy wystroją w szaty wroga publicznego każdego, kto jest barwniejszy i zdolniejszy od nich. Czyli każdego.

Bieda to stan umysłu. Dosyć popularny pomiędzy Helem a Karpatami. „Jestem jak musująca pomarańczowa pastylka, która wrzucona do szklanki o dowolnym kształcie wypełnia ją swoją barwą" – jak zwykle barwnie opowiada o swoich życiowych, medialnych wyborach. I nauczyłem się to akceptować, nie mylić z szanować. Parafrazując jego zacny limeryk: ja jestem musującą pomarańczową pastylką, której nie wrzucam do dowolnej szklanki. I tyle.

Marcin, wiem, że będziesz czytał te słowa, bo to w końcu jest o tobie. Sprzedam ci radę, która rozwiąże twoje dylematy i związane z finansami hamletyzowanie. Najlepszym sposobem na pozbycie się stresu w życiu jest bycie bogatym i atrakcyjnym.

Zamurowało mnie i nie ukrywam, byłem w szoku poznawczym, kiedy dowiedziałem się, że Marcin Prokop, gdy tylko ruszył *Idol* z jego udziałem, widziany był w tym samym stroju, w którym segregował śpiewających ludzi, jako prowadzący imprezę w Carrefourze czy równie czymś istotnym dla cywilizacji. Reasumując: postawiłem na świetnego faceta, który okazał się małym buchalterem, ale i wielką gwiazdą telewizyjną. Czyli w sumie się opłacało. No i w związku z tym, że to ja załatwiałem mu tę robotę, to nigdy w życiu nie uda mu się wykreślić mnie z własnej biografii.

Ciekawa była historia ze składem jury trzeciej edycji *Idola*, w której powiększono krąg zainteresowanych katowaniem ludzi do pięciu osób.

Otóż produkcja z firmy Fremantle wymyśliła, że skoro zmieniamy i odświeżamy skład o Marcina, to można by jeszcze bardziej przewietrzyć magazyn. I przewietrzyli Roberta Leszczyńskiego, niech mu ziemia w Alei Zasłużonych lekką będzie, bo sam podpisywałem petycję, żeby tam spoczął.

Po deportowaniu Roberta podjęto słuszną zresztą decyzję, że facetem, który nosi insygnia gwiazdy totalnej, na razie lekko zmatowiałe, jest krakowski awanturnik Maciej Maleńczuk. I tak powstało nowe kombo do zezłomowania paru karier i utrącenia nierealnych aspiracji. Nie doceniono jednak przywiązania Roberta do roli jurora wyklętego, która nawet jeśli nie zapewniła mu największego splendoru w Polsacie, to procentowała na trasach, gdzie sprawował obowiązki DJ-a znanego jako Barbie Killer. Tam mój nieżywy kolega, Waleczne Serce, Zepsuta Wątroba, siał erotyczne spustoszenie wśród swych nieletnich entuzjastek.

Robert zadzwonił do właściciela stacji Zygmunta Piotra i wyraził rozżalenie, że jego status w związku z programem *Idol* zasługuje przynajmniej na notkę „To skomplikowane". Czyli historycznie rzecz nazywając, pożalił się, że czuje się jak Henryk Wujec, który w 1990 roku dostał od Lecha Wałęsy faks o treści: „Czuj się odwołany". I kolega Zygmunt Piotr, nielubiący tracić czasu na pierdoły, które nie przynoszą milionowych zysków, zadzwonił, gdzie trzeba, i Leszcza przywrócił. I tak Brytyjczycy dowiedzieli się, że kraj Polska tradycyjnie dokonuje zmian w tym, co powinno być niezmienne, i teraz będzie jurorów pięciu, a wy czujcie się powiadomieni.

Leszcza wspominam z sympatią, ale bez sentymentu. Nigdy nie byliśmy bliskimi kolegami. Wyznał mi kiedyś w tak zwanym stanie baśniowym, że wkurwiało go to, jak pielgrzymował z gramofonami po kraju i wszędzie go witali: „O, pan Robert Leszczyński. Znakomicie. Niech pan powie, jaki naprawdę jest Kuba Wojewódzki".

Nie potrafił skapitalizować lawiny fejmu, która spadła na naszą czwórkę. Pierwszym nieoświeconym ruchem, jaki wykonał, była reklama samochodu hyundai getz. No na rzemienne sandały Jezusa! Albo reklamujemy samochody, albo hyundaia. Mało tego: tekst reklamy był srogi i absolutnie dyskwalifikujący. Auto, brzydkie jak sumienie posła Stanisława Pięty, Robert reklamował autorytetem surowego jurora i słowami: „Hyundai to marzenie. Marzenie o stylu".

Reklamowanie brzydkich samochodów powinno być lepiej płatne niż reklamowanie samochodów pięknych. Tak jak molestowanie kobiet mniej atrakcyjnych powinno być karane łagodniej. To żart oczywiście – robię taki przypis, bo może się tu zabłąkać jakiś umysł niesprawny podchorążego z serwisu plotkarskiego, który nie rozumie ironii, a metafora to dla niego pojęcie zbyt antyczne.

Jak to zwykle bywa z pomysłami z daleka od głowy, musiały być ofiary. Robert stracił pracę w „Gazecie Wyborczej", dziennikarze dokopali się, że w ogóle nie ma prawa jazdy, a dla wielu osób jego buńczuczne i pyszne deklaracje o niezależności były zabawne jak Rafał Brzozowski w *Kole fortuny*. Na domiar złego z puli możliwości telewizyjnych, które roztoczył przed nami Polsat, on zdecydował się robić program muzyczny, w którym krzyczał na ludzi, czego powinni słuchać. „Mop Man", tak nazywał się ten opiniotwórczy magazyn, który wędrował po ramówce stacji jak Alicja po Krainie Czarów. Aż zmarł śmiercią naturalną, wyprzedzając o kilkanaście lat swego autora. Szkoda.

Po drugim albo trzecim odcinku *Idola* nastał pierwszy czas w moim życiu, kiedy poczułem się jak Lionel Messi, Ronaldo i Robert Lewandowski w jednym. W przypadku Roberta moje porównanie nie dotyczy jego wyczynów na ostatnim mundialu.

Zadzwonili do mnie zewsząd, składając propozycję transferu, od TVP po RMF.

Jest taki bardzo słaby żart: „Co zrobił Sobieski po wstąpieniu na tron? Usiadł". Trochę wczesna *Familiada*, ale co tam.

Ja w tamtych dniach też usiadłem parę razy. Miałem trzydzieści osiem lat i poczucie, że słowa „sukces" i „sława" wypływają zewsząd, jak topielec. Chociaż sława i kariera to rzeczy trudne i subiektywne.

Zagościł u mnie pewnego razu reżyser Jerzy Skolimowski.

Zagaduję go z wrodzoną dociekliwością:

– Zrobił ktoś z polskich aktorów karierę w Hollywood? Słyszałeś o czymś takim?

– No tak.

– Kto? – dopytuję. I słyszę bez nuty zwątpienia:

– Ja.

– I ktoś jeszcze?

– Nie.

Ktoś kiedyś policzył, jakie są najpopularniejsze słowa w komentarzach na jakże znanym serwisie Pornhub. I tu zaskoczenie. Najpopularniejsze słowa to *love*, *hot*, a dopiero na trzecim miejscu znalazło się wyczekiwane i dobrze leżące na ustach *fuck*. Już pomijam fakt, że słowo *girl* znalazło się dopiero na miejscu dziewiątym. „Koniec cywilizacji białego człowieka", jak mawiał klasyk Pięta Stanisław, znany podrywacz pielgrzymkowy.

W tamtym momencie głównym słowem, którego używałem do komentowania nagłego przebudzenia mojej rynkowej mocy, było bez wątpienia to z pozycji numer trzy.

Najciekawsze wydawały mi się dwie oferty. Współwłaściciela Studia A, Macieja Strzembosza, odpowiedzialnego za słynny wieczorny talk-show Alicji Resich-Modlińskiej o zaskakującej nazwie *Wieczór z Alicją*, oraz Piotra Radzymińskiego, szefa firmy Fremantle, która jako się rzekło produkowała dla Polsatu *Idola*.

Alicję uwielbiam i szanuję, gdy z nią rozmawiam, mam wrażenie, że to od niej królowa Elżbieta II, zwana na co dzień Elżbietą Aleksandrą Marią, pobierała lekcje manier oraz dobrego stylu. Jestem pewien, że gdy w domu Alicji ktoś rzuci, jak najbardziej przypadkowo oraz wielce okazjonalnie, swojskie „kurwa mać", to zapada ambarasująca cisza, otwiera się okna i wietrzy salon z plebejskich warunków atmosferycznych.

Gdy rozmawiała w swoim programie z gośćmi, ona była uprzejma, goście byli uprzejmi, aura była pełna uprzejmości, czyli jak to pisał Chuck Palahniuk w *Dzienniku*: każdy był pogrążony w swej osobistej śpiączce.

Nie o takie rozmowy mi chodziło. W dodatku gdy podczas jednego ze wstępnych spotkań Maciej wyznał mi, że ma pełną kontrolę nad pytaniami pani Alicji oraz że jeśli mi się wydaje, że autorem moich pytań będę ja sam (bo to w końcu ja je zadaję), to jak to się ładnie mówi: popełniam mylny błąd. I to był koniec naszej współpracy.

Dla mnie **natchnienie wymaga choroby, ka- lectwa, szaleństwa**, a nie pana, który będzie mi mówił, co myślę.

Miałem w sobie jakąś brutalnie pewną myśl, że jeśli lu- dzie poszukują na rynku mediów mesjasza w talk-show, to będą żądać wysokiej jakości popierdolenia, a nie szkółki niedzielnej.

I tak dogadałem się z Piotrem, przesympatycznym mi- siem odzianym wyłącznie w koszulki, których plamy infor- mowały nas regularnie, jakie było jego tygodniowe menu.

Piotr kupił mnie tym, że zanim mnie zapytał, jaki mam pomysł, to detalicznie wybadał, ile chcę za odcinek netto. Ja wiedziałem jedno. Zostaliśmy wychowani na telewizji, która wpaja nam, że wszyscy kiedyś zostaniemy milione- rami, gwiazdami rocka i filmu, postaciami z własnej bajki. A nie zostaniemy. Szoł-biznes jest wielką katastrofą, która tylko czeka, żeby się przydarzyć, i dlatego nadchodzę. Bo nią będę ja. Kupił to.

Ciekawym efektem sukcesu *Idola* było moje powołanie do barw RMF FM.

RMF miał swojego Zinedine'a Zidane'a w postaci twórcy stacji, Stanisława Tyczyńskiego.

Stanisław Tyczyński moim zdaniem ma PESEL no- towany na Saturnie i z tamtych też rejonów osobowość. Zasłynął tym, że każdego roku w sylwestra próbował do- brać się do mikrofonów własnej stacji, aby wykrzyczeć, że wszyscy politycy to kurwy i komuniści, a szczególnie ko- muniści. Ale może to tylko stara krakowska legenda miej- ska. Pan właściciel (i jak wieść niesie antykomunista, nie

339

tylko noworoczny) spotykał się ze mną osobiście kilka razy, twierdząc, że szuka kogoś w typie Moniki Olejnik, tylko z większym genem bulteriera oraz Benny'ego Hilla. Żeby tych kurwów komunistów najpierw ośmieszyć, a dopiero potem wgryźć się w ich aortę.

Było w nim coś przerażającego i radosnego zarazem.

Oto siedział przede mną radiowy Pol Pot i żądał podpisania kontraktu najemnika. Ustaliliśmy, że dobrze byłoby wykalibrować nasze cele, mój rozrywkowy i jego anihilacyjny, i zrobić coś na kształt demo.

Zrobiłem dwa wywiady. Z ówczesnym rzecznikiem rządu niejakim Michałem Toberem i wicepremierem Jarosławem Kalinowskim. Według mnie poszło mi arcydoskonale. Tobera zapytałem, czy to prawda, że oficerowie BOR-u wyprowadzają jego psa, kiedy rzecznik Tober nie może, co było na tamten moment moją sekretną wiedzą. Oraz chciałem dopytać, czy nie ma takiego historycznego wrażenia, że wysługiwanie się młodym człowiekiem farbowanej lewicy jest trochę jak dawanie dupy przez Nadieżdę Krupską Leninowi. Wicepremiera z PSL-u zagadnąłem, czy garnitury szyje w tym samym salonie co Witos, bo mają taki sam współczesny sznyt, oraz czy to miłe uczucie być w Polsce wieśniakiem.

Tyczyński wywalił mnie na zbity pysk, ale nie osobiście. Też wieśniackie zachowanie. A zrobił to przez człowieka o nazwisku *nomen omen* Sołtys.

Michał Figurski zjawił się w moim życiu niespodziewanie, a co stanowi o pewnej symetryczności losu, zniknął z niego jak najbardziej spodziewanie. Nasze wspólne losy przypominają tory kolejowe po trzęsieniu ziemi. Nie były popękane, ale dziwnie spaczone.

Obaj byliśmy jurorami podczas pierwszego festiwalu Top Trendy w Polsacie. Ja oczywiście w swoim mniemaniu uosabiałem Top, jemu pozostawała funkcja bycia Trendy. Wiele lat później, gdy nasza współpraca radiowa dogorywała, często przypominałem mu sparafrazowany cytat z Johna Lennona na temat Yoko Ono. Jesteś, facet, najbardziej znanym nieznanym dziennikarzem radiowym w kraju...

Jego mama jest Rosjanką, a mój ojciec, jak powszechnie wiadomo, był bolszewickim prokuratorem, który każdy dzień zaczynał od egzekucji na Łubiance. To zbliża ludzi.

Nie znałem gościa wcześniej. Podobno pracował we wszystkich warszawskich stacjach radiowych, bo pracował w radiu od dziecka. Podobno tłumaczył też lub dubbingował pornosy. Zrezygnował, bo podobno płacili mu od przetłumaczonego słowa, a każdy, kto zna reguły tego gatunku, wie, że nie bywają to historie przegadane. Dostawał wypłatę przypominającą datę chrztu Polski, więc zdecydowanie za mało, żeby w życiu odtworzyć choć jedną filmową scenę. Ukoronowaniem jego kariery była lista przebojów RMF-u, ale w czasach, gdy stacja ta nie należała jeszcze do odwetowców z Bauera. Zapowiadał tam piosenki, nadając swemu głosowi ton anioła Gabriela zapowiadającego zwiastowanie.

Kocham te radiowe tubalne barwy, w których niejednokrotnie czuć, że cały intelektualny wysiłek idzie w dźwięk. Zupełnie tak jak chłopcy z prowincjonalnych miasteczek tuningują swoje obniżone seaty, zakładając na wydech rurę kanalizacyjną o rdzeniu spienionym, by budzić podziw u lokalnych dziewic.

Podobnie jest z tymi basami w eterze. Reszta komórek jest już zbyt przetrzebiona i wycieńczona, aby generować myśl. I wtedy zapowiada się pogodę albo odczytuje godzinę.

Jan Nowicki, mój wielokrotnie tu przytaczany przewodnik po meandrach rzeczy trudnych i skomplikowanych, powiedział kiedyś o Michale, że rzadko spotyka się ludzi o takim kapitale serdeczności. I to prawda. Serdecznie się zaprzyjaźniliśmy, by po kilku latach serdecznie się na sobie zawieść. Trzeba mu oddać jedno: ma człowiek intuicję do ludzi. Postawił na mnie i zaprosił do wspólnej radiowej współpracy, która wywróciła i jego losy. Nie byłbym uczciwy, gdybym zatarł emocje, jakie łączyły się z pierwszymi latami naszej radiowej eskapady.

Przywołam tu raz jeszcze nasz frywolny wypad do Chicago na premierę filmu, który w obłędnym pragnieniu stania się Goldwynem lub przynajmniej Mayerem sponsorował nasz bogaty rodak, deweloper przybyły do USA z Białegostoku. Michał jeszcze zanim skrzydlata maszyna sięgnęła granic, już bałamucił jakąś emigrantkę, co zaowocowało wspólnymi wypadami do wychodka na papierosa. Później swój rosyjski celownik wykierował w stronę słynnej wtedy młodej aktorki z serialu *Na dobre i na złe*. Zakończczony ustrzeleniem.

Nie było w tym specjalnej logiki, bo był już szczęśliwie żonaty, ale szukanie w jego życiu logiki to jak szukanie kukułek w *Locie nad kukułczym gniazdem*.

Figur to znakomity materiał na kumpla. Albo gitarzystę zespołu punkowego. Otwarty, pozytywny, jowialny, życzliwy. Lubił wypić jak anestezjolog – do utraty przytomności.

Trochę moim zdaniem za mało czytał, ale może wszystko, co ważne, zdążył przeczytać przed zawarciem ze mną znajomości.

Pamiętam, jak kiedyś odwiedziłem go w chacie, w której w największym pokoju stał wielki stół bilardowy. Na ściance była półka z książkami, a na niej stała tylko jedna książka. *Lord Jim*, pomyślałem naiwnie. Okazało się, że trafiłem blisko. Tą książką były *Zasady gry w snookera*.

Ale może czytanie to dziś już trochę przereklamowane jest.

Swego czasu prowokowałem słynnego syna ulicy Peję:

– Ale tak szczerze: czego nie przeczytałeś w swoim życiu? Ja na przykład *Dziadów* nie czytałem. Wiem, o czym to jest, o biednych mężczyznach, ale... nie czytałem.

– Których *Dziadów* nie czytałeś? – rezolutnie ripostuje Ryszard. – Tam jest kilka części, wiesz. Tak jak *Rocky*.

Nie lepszy był Maciek Stuhr, którego zagadnąłem przyjaźnie:

– A ty czytałeś na przykład *Przedwiośnie*?

A on na to:

– Nie, ale grałem w *Przedwiośniu*.

Ale wracając do Michała. Niestety ma też, jak prawie każdy z nas, w mózgoczaszce małą piwniczkę do przechowywania rzeczy niewygodnych. Małości, zawiści i niezdrowej rywalizacji.

Po latach doszło do kolizji naszych filozofii bycia w zawodzie.

Ja lubię pogodne niezadowolenie, które nie pozwala spocząć na laurach z zapiętymi pasami bezpieczeństwa, i wieczne poszukiwanie. On chyba nie. Stracił ciekawość świata, choć miał go codziennie opisywać.

Pamiętam, jak kiedyś z Kamilem Olszewskim, naszym wydawcą, podłożyliśmy mu stare wydanie brukowego „Faktu", które on z zapałem kartkował i cytował na antenie, nie notując dosyć przykrego faktu, że wiadomości są przedawnione.

Kiedy się z nim rozstawałem, czułem ewidentnie, że jemu już nie chce się szukać. On już znalazł, okopał się i trwa. Ma ambicjonerski stosunek do własnych słabości. Zakłamuje swoje marzenia i pragnienia. Ilekroć go wywalą z telewizji, od razu wciąga na transparent hasło, że nigdy nie chciał tam pracować. Jeśli tylko zaproszą go na casting, jest gotów poprowadzić program o wulkanizacji w lokalnej telewizji Barcin.

Ma jednak świetne poczucie humoru. Jest brawurowy i łobuzerski. Pod hasłem rock and roll przemyca największe absurdy i niedorzeczności niespotykane wcześniej na radiowej antenie.

Jeśli miarą człowieka jest to, jak traktuje zwierzęta, to my paśliśmy tkwiące w nas bestie do nieludzkich rozmiarów. Byliśmy jak Masters i Johnson w USA pod koniec lat pięćdziesiątych. Postanowiliśmy zmierzyć to, co nie było wcześniej zmierzone. Granice swojej i ludzkiej przyzwoitości. Zajrzeć tam, gdzie wcześniej nikt nie zaglądał. Masters i Johnson obserwowali w sumie około jedenastu tysięcy orgazmów doznanych przez 694 osoby. My chcieliśmy robić ze słuchaczami to samo, tylko za pośrednictwem radia. Duet amerykańskich badaczy jako pierwszy opisał kobietę od strony pochwy. Dzięki wyposażonemu w kamerę wibratorowi z pleksi, zwanemu Odyseuszem (urządzenie skojarzyło im się z jednookim cyklopem, którego grecki bohater spotkał na swojej drodze), dokonali pierwszego takiego kroku w kroku. My chcieliśmy zrobić to samo, wykorzystując też inne fragmenty ludzkiej konstrukcji.

Organizując pewnego poranka wielce niebezpieczną wyprawę speleologiczno-dźwiękową do wnętrza głowy Edyty Herbuś sięgnęliśmy tego właśnie ideału.

W ramach wymyślonego przez nas *Teatru Polskiego Radia Eska Rock* zafundowaliśmy odbiorcom słuchowisko oscylujące pomiędzy *Wyprawą do wnętrza Ziemi* a *Frankensteinem*.

Poprzez płat czołowy tancerki, zdejmując dekiel czoła, dostaliśmy się do wnętrza jej mózgoczaszki. A wszystko to inkrustowane odpowiednimi efektami, dźwiękami i tłem. Michał zszedł do środka jej głowy, gdzie panował straszny przeciąg, a i echo było potworne. Wylądował sam w mroku i refleksyjnym odludziu, a ja zostałem na zewnątrz na czatach, podając mu stosowne narzędzia. Gdy udał się w kierunku pnia mózgu, warunki były już zbliżone do tych na K2. Wszystko było jakby zamarznięte i zastygłe, tak że uniemożliwiało dalszą wyprawę. Ale udało się. W końcu napotkał jakąś myśl. Okazało się, że to chwilowa myśl Edyty o Gustawie Holoubku. Krótka i jakaś taka niewyraźna. Wędrując dalej w zawiei bezmyślności i mroku pustki napotkaliśmy też chwilową myśl o Chopinie, ale grał nierówno i strasznie kasłał.

Pierwszą wyraźną refleksją było wspomnienie reklamy środka owadobójczego, w której tancerka tańcem zabijała zdumioną sytuacją stonkę. Przygnieciony lawiną tej myśli

Figur o mały włos nie przypłacił wyprawy życiem lub kalectwem. Zabawa jak w przedszkolu. Tylko nie na oczach wychowawczyni, a w uszach tysięcy takich samych wariatów jak my.

Największym komplementem, jaki nas spotykał, były wyznania przypadkowo spotkanych kierowców, którzy mówili, że pomimo dojechania do celu podróży czekali w samochodzie do momentu, aż nasz telefon, słuchowisko tudzież inna radiowa eskapada dojdzie do końca.

Do czego zdolny jest człowiek postawiony w sytuacji skrajnie niedorzecznej – to pytanie było celem naszych doświadczeń. W trakcie *Idola* wymyślałem sobie moje nowe życiowe medialne credo: „Jak daleko można posunąć się za daleko". Tutaj zyskiwało ono całkowicie nowy wymiar... Trudno mi dziś przypomnieć sobie najlepsze, czyli z waszej perspektywy najgorsze, nasze występy. Byliśmy w absurdzie i szukaniu przesady wydajni jak chiński komputer z Allegro. Zresztą jest tego na niedorzeczne tony na YouTubie.

Pamiętam audycję, która powstała zainspirowana masowymi sprzeciwami internautów wobec przyjęcia przepisów określonych w słynnym i niechlubnym dokumencie ACTA. Był nie mniej słynny rok 2012, kiedy to według Nostradamusa, Majów oraz prawdopodobnie paru innych oszołomów miał nastać zaplanowany koniec świata. W związku z tym nie obawialiśmy się specjalnie konsekwencji. Postanowiliśmy zabawić się w słynnych hakerów z grupy Anonymous i zablokować stronę internetową gminy Gnojno w powiecie buskim, która to gmina ma czterystu siedemdziesięciu mieszkańców. Zadzwoniliśmy do urzędu gminy, podając się za terrorystów sieciowych z miejscowości Tuczempy, i zapowiedzieliśmy, że zaraz zhakujemy ich stronę i co oni na to. Pani z urzędu wyznała, że nie jest zadowolona, ale też nie okazała należytego wobec naszej determinacji strachu. Nasza duma została urażona, więc poprosiliśmy słuchaczy, aby masowo wchodzili na tę stronę. Gdy zaczynaliśmy audycję, były tam obecne dwie lokalne gnojeńskie dusze. Gdy kończyliśmy audycję, tłok się zrobił kilkudziesięciotysięczny i strona, jak obiecywaliśmy, padła. W międzyczasie (podobno takie słowo w języku polskim funkcjonuje, ale w zupełnie innym znaczeniu) wystosowaliśmy nasze postulaty. Obiecywaliśmy nie wyłączać ich witryny, jeśli: 1. Tybet będzie wolny. 2. Sklep w miejscowości będzie czynny dłużej. 3. Pozbędą się Mongoła Bilguna z TVN-u.

Michał kazał im jeszcze oddać krzyż, ale ten postulat w naszej audycji pojawiał się dosyć często, bez względu na okazję. Sprawa stała się słynna na całą Polskę, a sekretarz gminy Gnojno Piotr Bębas na dwa dni został celebrytą. Mało tego, był na tyle wyluzowany, że nie kazał nas ścigać stosownym instytucjom.

Największym naszym hitem była piosenka improwizowana w rytmie hip-hopu zatytułowana *Po trupach do celu*. Wszystko wzięło się ze snu Michała. Przyszedł rano do radia i wyjawił, że przyśniła mu się fraza „Po trupach do celu". Jak mawia klasyk: „Jak ktoś ma pecha, to i w dupie palec złamie". Naszym pechem było to, że zwrot ten idealnie przystawał do posmoleńskiej napierdalanki. Ale o tym za chwilę.

Miło wspominam też audycję, w której niesieni chlubnymi dokonaniami fanów kibolingu na krajowych stadionach zadzwoniliśmy do siedziby UEFA w Nyon w Szwajcarii z propozycją zmiany hymnu PZPN. Naszą kandydaturą była pieśń, która najlepiej oddawała nastrój wokół piłki nożnej tamtego czasu i brzmiała: „PZPN, PZPN, jebać, jebać PZPN". Pani ze Szwajcarii skrupulatnie i z należytym szacunkiem dla emisariuszy dobrej sprawy wysłuchała nowego hymnu i zanotowała, cedząc poszczególne słowa: „Jebacz, jebacz, pezetpeen". Zapytała nas dociekliwie, co znaczą te trudne słowa. Odpowiedzieliśmy jej, że: „wyklęty powstań ludu ziemi". Była bardzo przejęta. Obiecała oddzwonić.

Michał miał problem z byciem drugim. Tym drugim, tym od Wojewódzkiego. Mann nigdy nie był tym drugim od Materny i odwrotnie i Michał też tak chciał. Nikt nie różnicuje braci Cohen, który brzydszy, a który zdolniejszy. I Michał też tak chciał. I to było najgłupsze chcenie w jego zawodowej karierze, bo zaczął się ścigać i to nie bardzo wiadomo, czy ze mną, czy z przyrostem naturalnym własnych problemów.

Nie potrafił sobie wybaczyć, że nie jest liderem w tym duecie. To moja diagnoza.

Przyjaźń i wspólna praca to dość intymny i ryzykowny duet. Gen rywalizacji na moment zanika, by za chwilę wrócić ze swym najbardziej rumianym obliczem.

Są ludzie, którzy po wejściu do zatłoczonego autobusu próbują powoli dotrzeć do kasownika, by skasować bilet, a są i tacy, którzy proszą, aby wyrwać kasownik i im podać.

No dobra, przesadziłem, pewnie takich nie ma. Ale Michał taki był.

Pod koniec współpracy byliśmy w takich stosunkach, w jakich według biografów pozostają dziś Mick Jagger

348

i Keith Richards. Ten sam zespół, ten sam występ, ta sama zabawa, ale oddzielne garderoby. Także mentalne.

Wszyscy zastanawiali się, co okrutnego zrobiłem Michałowi po słynnej aferze z paniami z Ukrainy. A może raczej – czego nie zrobiłem. Oceniano moją lojalność, wierność oraz męskie oddanie. Nie mając pojęcia o tym, jak zaawansowany w tych wszystkich cechach był mój partner. Ilu złośliwych, gorzkich czy wręcz nieuczciwych wywiadów udzielił. Ile razy kpił z faktu, że nie mam rodziny, a on ma i kocha, i jest dobrym tatą, i tam, gdzie ja wożę siedemsetkonny silnik, to on wozi swoją córkę do przedszkola. Ładne.

Nikt nie zadał sobie pytania, gdzie byłby dziś, gdyby nie rozpoczął współpracy ze mną.

No dobra. Z perspektywy tego, co mu się przytrafiło, to może jednak nie powinienem zadawać tego pytania. I zważywszy, że zaczął prowadzić poranek w Antyradiu w towarzystwie osoby, której poczucie humoru i dystans do świata są jakości i wielkości przeciętnego posiłku w publicznym szpitalu, to w ogóle jest pytanie bez sensu.

Podobno życie składa się tylko w dziesięciu procentach z tego, co ci się przytrafiło, a w dziewięćdziesięciu procentach z tego, co z tym robisz.

Michał swoje życie prywatne spierdolił koncertowo. A dziś robi to także z życiem zawodowym.

Ja nie wiem, kim on dziś jest (co nie jest też moją największą bolączką). Problem w tym, że i on tego nie wie. Facet, który w uśpiony spokój polskiego mieszczucha strzelał rakietami, dziś suszy kapiszony w marnym towarzystwie.

Pamiętacie słynny cytat z filmu *Wielki Szu*, kiedy Grażyna Szapołowska zwraca się do swego byłego męża, granego koncertowo przez Jana Nowickiego, który właśnie opuścił gościnne więzienne lokum? „Obcięli ci pióra razem z jajami".

Przepraszam za dosłowność, ale coś jest na rzeczy z tymi jajami. Stary radiowy punkowiec po przejściach zasiadł w radiowym poranku z poduszkową babcią show-biznesu, która niczym jej prowincjonalne odpowiedniki siedzi całymi dniami w oknie i komentuje życie innych. Taka typowa osiedlowa baza danych.

Karolina Korwin-Piotrowska. Kobieta, która uwielbia cytować siebie oraz skrupulatnie opisywać swe pozostałe zdolności. Gdyby miała poczucie humoru na własny temat, miałaby ubaw do końca życia. Niestety i w tej materii notujemy u niej deficyt. Dziennikarka o guście odzieżowym porównywalnym z gustem Kim Dzong Una i o urodzie, która już raczej nikogo nie rozprasza, własnoręcznie mianowała się prokuratorem generalnym, Piłatem oraz administratorem popkultury.

Ale tak to już bywa z życiem, że jak człowiek nie przeżyje swojego, to bardzo przeżywa cudze. Powołując się na klauzulę sumienia, odmawiam sobie wątpliwej przyjemności dalszego opisywania swoich na jej temat refleksji.

Wracając jeszcze do Michała. Mój ulubiony cytat z filmu *Brudny Harry* brzmi: „Jak nagi facet goni kobietę z nożem rzeźnickim i erekcją, to zakładam, że nie zbiera na Czerwony Krzyż". On dobrze ilustruje ryzyko wpisane we współpracę.

Jeśli dwóch facetów przed mikrofonami goni polską nerwicę, śmieszność, kompleksy i wstydliwe pudrowane narodowe pryszcze z ironią, uśmiechem i wyraźną erekcją zadowolenia, to nie zakładam, że za chwilę dostaną Order Uśmiechu. Dostaną raczej medialny wpierdol, bo konsekwentnie dzień w dzień następują komuś na odcisk. I tak się stało. Byliśmy pierwszymi dziennikarzami wyklętymi. Dosłownie. Dostaliśmy nawet Hienę Roku, takiego Wiktora dla upośledzonych. Ale nie ukrywajmy. Słuchali nas wszyscy. Od Jacka Żakowskiego po profesjonalnych meneli spod sklepów. U tych drugich zresztą zyskiwaliśmy spore fory.

Kiedyś na Powiślu wracam wieczorem do domu i słyszę głos o takiej barwie, jakby ktoś ciągnął sanki latem po chodniku: „Te, cwelu, kurwa, daj drobne". Odwracam się, oni dostrzegają, że to ja, i raptownie zmieniają tonację: „Przepraszamy, redaktorze. Czy mógłby nas pan dofinansować?".

Mężczyzną stajesz się także wtedy, gdy uświadamiasz sobie w pewnym wieku, że prezerwatywa bywa w życiu potrzebna bardziej i częściej niż bilet miesięczny.

Prezerwatywa to ważna rzecz. **Przez jej brak straciliśmy Freddiego Mercury'ego i zyskaliśmy Justina Biebera.**

Mężczyzną stajesz się także wtedy, kiedy na klatę przyjmujesz uderzenie, które odwzajemnia ci prowokowany przez ciebie codziennie los. Nie wiem, czy mój radiowy kompan zdał ten egzamin. Słynna sprawa z Ukrainkami stała się nie tylko testem naszej relacji, ale i testem relacji zdrowy rozsądek–Polacy.

Euro 2012. Idzie nam jak zawsze. Ale też jak zawsze wszyscy wiemy, że powinno iść lepiej, bo to my, Polacy. Naród wytypowany do wygrywania, z wentylem balona megalomanii w gębie. Wygrywają Polacy. Przegrywają jacyś oni.

Po jednym z meczów Ukrainy, której na mistrzostwach Europy wiedzie się zdecydowanie lepiej niż nam, zaczynamy z Michałem komentować sprawę. Komentować ją tak, jak komentuje cały internet. Jak komentują ją wszyscy w prywatnych rozmowach.

Erupcji podobnego wyziewu nienawiści doświadczyliśmy po mundialu 2018. Wszyscy ulegliśmy zbiorowej iluzji, sycąc się magią naszych piłkarzy jako herosów popkultury. Każde nasze zwycięstwo miało nam i nie tylko nam potwierdzać naszą lepszość. Tymczasem wszystko ujawniło naszą gorszość. I trzeba znaleźć winnego i rzucić na niego nasz święty gniew. My dajemy naszym żartobliwym rozważaniom twarze. Twarze naszych bohaterów, bo audycja ma charakter wcieleniowy. Wcieliliśmy się w niej w dwóch typowych Polaków meneli, trochę jak z Kabaretu Moralnego Niepokoju. Nazywamy ich nawet Misiura i Martenka. Ich oczami patrzyliśmy na świat. Przejaskrawiając, szydząc, nie tolerując, eliminując. Słuchowisko kabaretowe, a więc jakiś rodzaj sztuki radiowej. Sztuka od zawsze służyła za platformę wyobraźni, na której można sobie radzić w kontrolowanej formie z mrocznymi, nieciekawymi, a czasami niebezpiecznymi emocjami. Przyglądać się im, dotykać, targać, poniewierać. Sztuka została wymyślona właśnie po to, aby naruszać granice, eksperymentować, budzić. Grzeczna sztuka staje się kiczem. Dworskim popierdywaniem.

A czasy myśli brukowej, tępej myśli tłumu to nie są dobre czasy dla sztuki, która będąc specyficznym rodzajem komunikacji społecznej, coraz mocniej musi wchodzić w polityczny dyskurs.

To musi skończyć się katastrofą. Szczególnie jeśli trubadurami tej katastrofy są radiowi celebryci, zadowoleni z siebie i na dodatek z wyraźnymi liberalnymi poglądami. Idealny materiał na zamęt umysłowy, a następnie publiczny lincz.

I tak też się stało. Staliśmy się ofiarami konwencji, narodowego wkurwu i banalizacji nienawiści jako jedynego skutecznego sposobu znalezienia czytelnika.

Razu jednego opowiadałem o tym Czesławowi Mozilowi:

– Zamknąłeś w jakiejś metaforze, w jakimś przewrotnym tekście, swoją trudną, dla ciebie jasną miłość do Polski, która dla wielu ludzi jest prostym szlagwortem: „Nienawidzę cię, Polsko".

Czesław na to:

– Tak.

– Czy ty nie miałeś zielonego pojęcia, że to nie jest czas na metaforę? Tu się nie czyta poezji. Tu się czyta nagłówki brukowców. Nie wiedziałeś o tym?

Czesław na to:

– Nie.

Podobnie było z naszym największym hitem *Po trupach do celu*, podtytuł: *Każdy chce leżeć na Wawelu*. Nie mogę o sobie powiedzieć, że nie płakałem po Smoleńsku. Bo nie byłaby to prawda. Taki to był czas, że nawet najbardziej ortodoksyjny cynik jechał na hamulcu ręcznym i zadumany ściągał kaszkiet ze łba. Niestety cyniczni mężowie stanu szybko zaczęli przerabiać ten nastrój w pogrzebowy program polityczny. Zaczęli monetyzować cierpienie i szybko wprowadzać kalkulacje, ile poparcia można zarobić na każdej trumnie. To było obrzydliwe. Był czas pogrzebu, był czas żałoby. My postanowiliśmy rozpocząć stypę. Oswoić rzeczywistość demonstrowaniem dystansu. Trochę jak w tym dowcipie z 11 września: „Przestańmy drwić z zamachów 11 września, tam zginął mój wujek. Był strażakiem? Nie, pilotem".

Największy wróg Polski od tysiącleci, Donald Tusk, opowiadał mi kiedyś w samolocie do Gdańska, że na Kaszubach nieodłącznym elementem stypy jest alkohol. Zgodnie z ludowym powiedzeniem: „Na smutki napijmy się wódki".

Mariusz Kałamaga twierdził, że w jego rejonie, na Śląsku, na stypach tańczono i śpiewano okazjonalne pieśni, a dom zmarłego ozdabiano zielonymi gałązkami. Gdziekolwiek jednak impreza ta by się odbyła, zawsze miała jeden cel. Zjednoczenie się i okazanie wzajemnego wsparcia.

No i my przystroiliśmy się z Miśkiem zdobnie i postanowiliśmy wesprzeć wszystkich za pomocą pieśni. A zaczęło się rzeczywiście od jego snu, w którym objawiła mu się fraza „po trupach do celu" i kiedy się obudził, zrozumiał, że to nie jest sen, tylko znaczący element naszej rzeczywistości. Tekst napisaliśmy na przysłowiowym kolanie (choć od czasu choroby Prezesa to słowo należy chyba pisać wyłącznie z dużej litery). Powstał w kilka minut i taki też miał być jego cel. Spontaniczne działanie obliczone na celowe bezczeszczenie.

Tekst nie był zbyt nachalnym nawiązaniem do Słowackiego, ale jak naród w potrzebie, to nie będzie poeta zbyt długo kopał się z weną. Rymy wcale nie częstochowskie, śmiało można powiedzieć, że one nawet przez Częstochowę nie przejeżdżały. Zresztą oryginał też nie grzeszył specjalnym natchnieniem. *Yeah nigger, I'm still fuckin with ya* et cetera. Nasz wydawca Kamil Olszewski skombinował intro z numeru *Still D.R.E.* Dr. Dre i Snoop Dogga i weszliśmy do studia, w którym już zresztą byliśmy.

Jeden z największych rockowych killerów, numer *You Really Got Me*, co ciekawe skomponowany przez Raya Daviesa na pianinie własnych rodziców, swój efekt brudnego brzemienia zawdzięcza temu, że brat Raya, Dave, lat siedemnaście, pociął żyletką membranę głośnika.

My pocięliśmy żyletką święty spokój. Wszyscy narzekali na granie trumnami w polityczne szachy, ale nikt nic nie zrobił. My zrobiliśmy. Efekt był wspaniały. Nasz przebój był wszędzie. Od *Faktów*, *Wiadomości*, przez *Teleexpress*, po wszystkie lokalne dyskoteki w kraju. To było nasze *Please, Please Me*, nasz *Heartbreak Hotel*. To było nasze *Powiedz Ich Troje*. Pierwszy wielki przebój, a zarazem ostatni. Historia rocka nie zna zbyt wielu takich sytuacji. Polska tradycyjnie podzieliła się na obozy. Tych, którzy chcieli nas zlikwidować po prostu, tych, którzy chcieli nas wysłuchać, a dopiero potem zlikwidować, oraz na tych, którzy chcieli nas zlikwidować, a dopiero potem wysłuchać.

Widziałem kiedyś na YouTubie film kolesia, który wypija butelkę coli w sekundę. Naprawdę. Tyle samo czasu zajęło Coca-Coli zerwanie współpracy z nami. Piękny czas, który pięknie podsumował Marek Raczkowski: „Cieszę się, że w ogóle jesteś. Ktoś taki jak ty jest bardzo potrzebny. Czasami wywołujesz różne kontrowersje, które zmuszają ludzi do jakiegoś myślenia. Ja ciebie najbardziej lubię za piosenkę *Po trupach do celu*. To było twoje największe osiągnięcie, po prostu arcydzieło. To po prostu jest coś, co ja tak pokochałem, że już nikt mi złego słowa o tobie nie powie".

Pamiętam dzień, kiedy po długim okresie niewidzenia się, niesłyszenia i generalnie okresie na nie spotkaliśmy się z Michałem w miejscu, które na dłuższy czas stało się miejscem naszych sekretnych randek. W sądzie. Był połową siebie. Półtuszą dawnego Michała. Mściwy los, który tak często prowokowaliśmy, nadepnął go nader boleśnie. Po utracie pracy w Esce Rock, utracił też monopol na własną rodzinę. Czyli inaczej mówiąc, nasz (no może teraz już bardziej mój) kolega z TVP Dariusz G., opisując zagadnienie językiem młodzieżowym, zaczął używać jego konsoli. Czyli podpierdolił mu małżonkę. Według starego porzekadła „prawdziwy mężczyzna powinien postawić dom, posadzić drzewo i spłodzić syna". Michałowi to się prawie udało, co jednak doprowadziło go do pasowania na życiowego bankruta. Wolę chińską wersję tego przysłowia. Tam każdy mężczyzna musi zrobić T-shirt, dżinsy i podróbkę nike'ów. Wtedy jest synonimem żółtego szczęścia.

Na sali rozpraw Michał odczytał swoje oświadczenie z kartki, bo jak mi później wyjawił: „Bał się, że znowu coś palnie", a co tu ukrywać, sąd był na wyciągnięcie ręki. Mnie niestety naszła ochota na przekomarzanie się z wymiarem sprawiedliwości, który dziarsko reprezentowała trzydziestoparoletnia niewiasta. Ale jak mówi stare wietnamskie przysłowie: „Pies, który szczeka, jest niedogotowany". Wyraźnie nie odczuwałem jeszcze stęchłego zapachu wieloosobowej celi w ZK Łowicz. Podczas naszej krótkiej korytarzowej rozmowy skazańców *in spe* Michał minę miał taką jak ja, kiedy po raz pierwszy w Kambodży spróbowałem ich lokalnego przysmaku, czyli smażonego pająka. Nie była to mina Horatio Nelsona pod słońcem Trafalgaru.

Pamiętam taki tytuł ze strony TVN24 z owego czasu: „Wyszła na balkon, zapomniała, że go nie ma. Spadła z 4. piętra". Tak wtedy zachowywał się Figur.

Po stopniu wzajemnej serdeczności i życzliwości doszedłem do szybkiego wniosku, że nic tak nie zbliża mężczyzn jak perspektywa wspólnej pryczy albo rzeczywistość wspólnej pryczy współmałżonki z innym. Do końca swoich medialnych dni będę miał świadomość, że w radiu byliśmy jednym wspólnym organizmem. Byliśmy jednym głosem z dwoma głowami. Tacy zawodowi partnerzy zdarzają się rzadko. W porównaniu ze współpracą z nim wszyscy wielcy DJ-e eteru brzmieli jak dźwięk suszarki do włosów. To był chłopak do radiowej zadymy na sto dwadzieścia trzy procent. Niczym frekwencja w sewastopolskim referendum. I za to, co było wspólne, zuchwałe, łobuzerskie czy po prostu zawodowo gówniarskie, bardzo mu dziękuję.

W ogóle nie chce mi się pisać o Jarocinie.

Jest coś tak stęchłego, dętego i martyrologicznego w narracji ludzi z mojego pokolenia na temat tego średnio wesołego miasteczka, że jak to mawia jedna z moich nieletnich koleżanek: „Ten temat mnie nie zwilża".

Nigdy w życiu, nawet w czasach największej popularności jarocińskiego festiwalu nie znajdowałem estetycznego sensu w konsumowaniu muzyki w kurzu, smrodzie potu, kreskówkowej anarchii i zapiekanek. Byłem tam tylko trzy razy i za każdym miałem wrażenie, że odwiedzam mauzoleum Lenina. To było jak muzyczna paraolimpiada. Niezbyt okazałe umiejętności wzniesione na wyżyny przez szczytny rewolucyjny cel. Rezerwat wolności z niewolnikami w środku. Reglamentacja możliwości wykrzyczenia kilku antysystemowych banałów owiana aurą prawdziwego buntu.

Podjechałem tam dwukrotnie jako juror i raz jako dyrektor. Oto ścieżka prawidłowego rozwoju zawodowego. Pewnie gdybym pojechał jeszcze raz, zostałbym syndykiem masy upadłościowej. Jarocin, którym dowodziłem w 1993 roku, wsławił się największym budżetem i nie mniej wielką bijatyką polsko-polską. Chciałem, aby było to polskie Roskilde, niestety problem polegał na tym, że mało kto wiedział, gdzie to jest, a już prawie nikt nie potrafił wymówić tej nazwy prawidłowo.

Najzabawniejsze jest to, że mój program, ten o nazwie *Kuba Wojewódzki*, był ze mną od zawsze. „Zawsze", czyli tak mniej więcej liceum. Choć w podstawówce kształtowała się już jego wersja *light*. Co prawda zarówno kompetentni pedagodzy, jak i bardziej lotni koledzy widzieli mnie wówczas raczej na posadzie klauna w cyrku, ale co tam. W końcu nie bardzo się pomylili. Zamiast czerwonego nosa zacząłem sobie doklejać czerwone samochody.

To nie jest tak, że ja lubię się wygłupiać. Ja nie potrafię tego nie robić. To słabe, żenujące i występujące u mnie codziennie. „Lubię mówić o niczym, to jedyna rzecz, na której się znam" – mawiał ten, którego skazali na dwa lata ciężkich robót za praktyki homoseksualne. I ja niestety mogę się pod tym z całą świadomością podpisać. Pod cytatem – nie praktykami.

Chociaż czasem z błahych tematów i rozmów o niczym wyłaniał się całkiem ciekawy wątek historyczny. Tak było podczas wizyt Agnieszki Holland.

– Wie pan, problem polega na tym, że widz nie oczekuje w przypadku pornosa żadnej komplikacji stylistycznej – zagaja fachowo.

– A skąd pani wie?

– No bo tak, było parę ambitniejszych pornosów i przepadły. Widz, że tak to ujmę, nie skończył.

– To znaczy pornosy to są jedyne dobre filmy, bo zawsze się dobrze kończą... Widziała pani kiedyś pornosa, w którym ktoś umiera? – kontynuuję jako znawca gatunku.

– Tak.

– Naprawdę są takie pornosy?

– Są też takie pornosy.

– Ale jak to? Że umiera w trakcie?

– Wie pan, teraz, ponieważ rynek pornosów się bardzo tak spłaszczył. Uwiądł, bym powiedziała...

Ja radośnie:

– No właśnie, pogadajmy wreszcie o czymś ciekawym.

Pani reżyser Holland kontynuuje:

– Tak, rynek pornosów się spłaszczył, ale kiedyś pornosy były filmami kinowymi, nie wiem, czy pan pamięta, i nawet w dużych kinach to grali... Ja na przykład pierwszy raz poszłam na pornosa do kina w Rotterdamie. To był jeden z moich pierwszych wyjazdów na Zachód i z Krzyśkiem Kieślowskim poszliśmy sobie. Ciekawe doświadczenie.

Ja na koniec, jak zwykle rezolutnie:

– Chyba mu się nie podobało, bo nakręcił kiedyś film *Bez końca*.

A ona na to:

– Ale nakręcił też obraz pod tytułem *Czerwony*.

Wracając do *Kuby Wojewódzkiego*. Plan był prosty: zrobić talk-show, który będzie jak **transmisja z celi śmierci**. Drastyczny, bezlitosny, nieznający pardonu oraz okoliczności łagodzących. Zakończony egzekucją gościa.

Mieliśmy go robić rok. Nie dlatego, że nie mieliśmy pomysłu na następne lata, tylko dlatego, że istniało duże prawdopodobieństwo, że po roku już nikt do nas nie będzie chciał przychodzić.

Szoł-biznes to świat umowny i my chcieliśmy w te umowę włożyć swoje bezlitosne trzy grosze. Nigdy nie zakładałem, że będziemy zauważalnym aranżerem rzeczywistości. Że otworzymy polityczną karierę Pawła Kukiza (nieprzypadkowo). Że wyraźnie przyczynimy się do zwichnięcia kariery politycznej Bronisława Komorowskiego (przypadkowo) i że zarazimy gangsta rapera z Kielc karierą polityczną.

Pozwólcie, że przypomnę historyczny dialog.

– Masz wzrost, który pretenduje cię do kariery politycznej.

Piotr Liroy Marzec na to:

– Hmmmmm. Tak. W sumie tak, masz rację.

– I co?

I tak, jak ja powiedziałem w 2006 roku, tak on uczynił parę lat później.

Pierwszym reżyserem mojego programu był niejaki Paweł Nowicki, jegomość o bardzo dużym doświadczeniu w reżyserowaniu telenowel w Kolumbii. Nic nie mam do Kolumbii, a szczególnie nic nie mam do ludzi, którzy przywiozą coś z Kolumbii. Niestety, jedyną rzeczą, którą przywiózł ów jegomość, była jego megalomania. I obdarzył nas nią w całej, importowanej okazałości. Nie lubię ludzi, którzy cały czas mają rację, bo to zmniejsza moją szansę na posiadanie mojej własnej racji. Jak powszechnie wiadomo, Kolumbia tak gdzieś od lat sześćdziesiątych ogarnięta była wojną domową i panu reżyserowi udało się tę cząstkę swojej drugiej ojczyzny odtworzyć u nas w studiu. W Kolumbii ponad pięć tysięcy ludzi uznawanych jest za zaginionych, my dość szybko postaraliśmy się, żeby do tej cyfry dopisać jeszcze jedno nazwisko.

Program, jak już wcześniej wspomniałem, zaproponował mi Piotr Radzymiński, szef filmy Fremantle, który urzeczony chaosem, jaki wprowadziłem w *Idolu*, pierwszy zwietrzył we mnie biznes. Pierwszy odcinek nakręciliśmy ze składem godnym miana telewizyjnego *dream teamu*. Kapitan Nemo, taki facet w berecie, który dziś pewnie uchodziłby za internetowego dziwaka w stylu Gracjana Rostockiego, a wtedy uchodził za gwiazdę. Drugim gościem była Wanda Kwietniewska, wokalistka grupy Wanda i Banda, przesympatyczna i obdarzona nieprzeciętnie wyrafinowanym złym gustem, a trzecim Krzysztof „Kasa" Kasowski, jak zwykle, bo nikt inny nie chciał.

Wtedy jeszcze nie wiedziałem, że każdy szanujący się producent telewizyjny zawsze ma w swoim kajecie listę takich gości, co to nigdy nie odmawiają. Przyjdą wszędzie i zawsze, czy to jest program o granulatorach trocin, bolesnych miesiączkach, chodnikowych sprzątaczach gum do żucia czy problemie głodu i niedożywienia. Oni zawsze chętnie wpadną, dodadzą coś od siebie, zadumają się nad złożonością świata, ewentualnie pokiwają się na studyjnych kanapach niczym dziecko cierpiące na chorobę sierocą. Do takiej listy dopisali się na przestrzeni lat tacy wielcy Polacy jak Grażyna Wolszczak, Odeta Moro-Figurska, Michał Milowicz, Michał Piróg, Anna Samusionek, Edyta Herbuś i właśnie wspomniany wyżej Krzysztof „Kasa" Kasowski.

To miał być odcinek demo, a wyszła z tego niezła demolka. I nie chodzi tu o mój stosunek do gości, bo jaki można mieć stosunek do kogoś, kogo się uważa za totalny branżowy plankton lub jak to mówił u mnie swego czasu Jan Peszek: „jednodniowe insekty".

Talk-show ma charakter rozmowy umownej. To wariacja na temat rozmowy i ja postanowiłem rozpocząć swoją podróż do chaosu od zaatakowania strefy komfortu moich gości.

Panu Nemo zadałem pytanie, jak często ma myśli samobójcze, bo ja przy poziomie jego produkcji muzycznej to bym miał zaraz po przebudzeniu. Dodałem też życzliwie, że gdy przygotowując się do tego programu, posłuchałem paru jego nagrań, był to pierwszy moment w moim życiu, kiedy zazdrościłem martwym.

„À propos martwych. To jest z nami ciągle jeszcze żywa Wanda Kwietniewska" – zagaiłem przyjaźnie.

Żeby nie było, prywatnie bardzo lubię Wandę, jest bystrą i pyskatą dziewczyną, która sprawiała takie wrażenie, jakby gustu muzycznego uczyła się korespondencyjnie i niestety znaczna część korespondencji zaginęła.

Wanda zaśpiewała gdzieś w czasach Bolesława Szczo-drego dwa szlagiery: *Nie będę Julią* oraz *Hi-Fi Superstar*, a potem głupio się przyznać – było tylko gorzej.

W późniejszych czasach największym sukcesem Wandy było to, że rzuciła wyzwanie menopauzie i zdecydowanie wygrała, gdyż ją przeżyła. „Na świecie jest wiele niespra-wiedliwości" – zaczynam podstępnie, Wanda to łyka i coś mówi o głodzie i wojnach. Ja jej przerywam i kontynuuję: „Na świecie jest wiele niesprawiedliwości. Twoja kariera jest jedną z nich".

Kasa z kolei zawsze wyglądał mi na kozaka z cyklu „ale wczoraj był melanż, piliśmy colę i jedliśmy czipsy do pół-nocy". Taki zwariowany wariat, ale bez szaleństwa. Mówiąc lekko ginekologicznie: śmierdział mi męską pipą.

O takich jednostkach zwyczajowo się mawia, że mają pięćdziesięcioprocentową szansę na karierę. On jej chce, a ona jego nie.

Z mojego punktu widzenia pan Kasa jest wykonawcą skrajnie zbędnym, czego domyślają się chyba już wszyscy, ale czego on sam nie potrafi przyjąć do wiadomości. Kiedyś nagrał kilka piosenek-żartów i najgorszym żartem było to, że (zupełnie jak niektórzy uczestnicy *Idola*) uwierzył w sie-bie. I straszy do dziś.

Kasie zadałem takie łechcące jego ego zapytanie: czy nie myślał o karierze na Zachodzie, która mogłaby się udać, tylko że musiałby zmienić nazwisko. On biedny, niczym w widowisku *Trudne sprawy*, zaczął rozkminiać, co by było, gdyby tak było. Na serio. Dopiero jak rzuciłem swoją propozycję: „Mógłbyś się nazywać po angielsku, na przy-kład Nobody. Kris Nobody. To by ludziom na Zachodzie dało do zrozumienia, jak ci idzie na Wschodzie". Potem zadałem mu pytanie uzupełniające: gdyby mógł mieć jakikolwiek talent, to co to by było? I konwersację obaj mogliśmy uznać za wyczerpaną.

Na zakończenie zapytałem jeszcze pana Nemo, czy jest prawdą, że miał dać kiedyś charytatywny koncert na rzecz chorych dzieci, ale dzieci poprosiły, żeby nie przyjeżdżał. Rozpętało się piekło. Konwencja miała być trochę taka jak u Jerry'ego Springera, czyli najpierw coś, co wygląda na dyskusję, a potem coś, co już nie wygląda, tylko jest najpospolitszą nawalanką, w której swój czynny udział bierze widownia.

Przyszedł komplet. Ci, co mnie lubili, i ci, co mnie nie lubili wcale. Ci, co mnie lubili i chcieli zobaczyć, i ci, co mnie nie lubili i chcieli zobaczyć, jak umieram. Pasjonaci, wariaci, pobudzeni i pojebani. Gdybyśmy nie mieli ochrony, wdarliby się nam na scenę. Krzyczeli, przerywali, wygrażali, wymieniali miejsca pracy mojej matki i podważali ewidentnie ojcostwo mojego ojca.

Byłem w raju, gdyż z zamiłowania jestem zadymiarzem. Im ja bardziej dokręcałem śrubę coraz bardziej zamkniętym w sobie gościom, tym szybciej wybrańcy humanizmu z widowni chcieli wysłać mnie pod namiot tlenowy. Ktoś nawet chciał mnie opluć. Kiedyś lider punkowego zespołu TZN Xenna opowiadał mi, że podczas koncertu został opluty przez gościa, który stał pod sceną. Zygzak, bo tak się nazywa wokalista, koncert przerwał i zagaja z ciekawością: „Stary, co ty odpierdalasz?", a tamten z nieukrywanym podziwem odpowiada: „Nie wiedziałem, jak to wyrazić. To mój wyraz szacunku". Tak więc nigdy nic do końca nie wiadomo, co i jak, to i tamto.

Gdy zapytałem Kasę, czy to prawda, że atakuje fotoreporterów, którzy nie robią mu zdjęć, temperatura wrzenia stała się faktem.

Eksperyment się powiódł, udało nam się wydestylować czystą nienawiść bez zbędnego laboratorium. To był mój eksperyment więzienny w świetle jupiterów. „Mówcie mi Zimbardo" – szeptałem pod nosem uradowany.

Oddaliśmy kasetę z nagraniem do stacji. Polsat był przerażony. Z przecieków i nie do końca tajnych informacji dowiedzieliśmy się, że zdaniem włodarzy coś takiego jak to, co zrobiłem, powinno spocząć w ultratajnym archiwum NASA. I żeby nikt nie miał do tego dostępu.

Byliśmy w kropce. Mnie się marzył taki program, po którym, gdybym jako autor się położył w oknie życia, to ewidentnie nikt by mnie nie zabrał. Miało być ostro i boleśnie.

Piotr Fajks, jeden z akuszerów mojego talk-show, wtedy pełniący zaszczytną funkcję dyrektora programowego, bardzo naciskał na nazwę *Kuba Rozpruwacz*. Ja chciałem, aby program nazywał się tak jak ja, *Kuba Wojewódzki*, gdyż od dzieciństwa tak się nazywam. Poza wszystkim co to za „rozpruwacz", gdy zabiera mu się narzędzia rozpruwania. Macie tu faceta, który po każdym orgazmie, nieważne czy swoim, czy własnej partnerki, bije sobie brawo – wykorzystajcie to, argumentowałem na spotkaniach. Niech program ze mną będzie jak klikanie w niebezpieczne linki. Niech po dwóch sezonach ktoś wręczy mi sądowy zakaz zbliżania się do mikrofonu i kamery. Kurwa. Ja nie dostałem tej roboty z urzędu pracy, tylko taki mam temperament. Wykorzystajmy to. Wojtek Jagielski w swych rozmowach robi się już tak nudny, że nawet bezdomni spieprzają do domów. Mnie nie zależy na długoletniej karierze, ale na wzniecaniu ognia. **Nie każcie mi się dymić, kiedy ja się chcę spalać**.

Przekonałem ich.

Stacja powiedziała słowa, które zapamiętałem na długo. „Róbcie, co chcecie".

Postanowiliśmy odrobinę złagodzić kurs i nie wprowadzać programu ostatecznego zlikwidowania kwestii gości. Inaczej: likwidowania gości.

W pierwszym odcinku, który trafił na tak zwaną antenę: postanowiłem dać szansę rewanżu wszystkim tym, którym zalazłem za skórę w *Idolu*. Czyli prawie wszystkim. Zaprosiliśmy ich do ciekawej zabawy polegającej na odwróceniu ról. Teraz to ja miałem śpiewać, a oni mieli być jurorami. Zgodzili się nieliczni. Są różne formy niewolnictwa. Praca, kredyt, głupie rodzeństwo, małżeństwo. Taką formą może być trauma publicznego wstydu.

Przybyli zatem nieliczni i na dodatek starali się być dla mnie mili. To się chyba w terroryzmie nazywa syndrom sztokholmski.

Ja wykonałem a capella *Do Ani* Kultu (wiadomo dlaczego i wiadomo dla kogo), a te pokraki uznały, że im się podobało. Cholera, może rzeczywiście było w tym coś?

I tak to się zaczęło.

Wiecie, na czym polega problem polskich autorów talk-show? Oni chcą być podobni. Oni mają swoich faworytów za wielką wodą i oni teraz będą nimi tutaj. Dorośli ludzie przy swoich tokszołowych idolach zamieniają się w bezkrytycznie rozhisteryzowane fanki Honoraty Skarbek.

Piotrek Kędzierski, kiedy szykowaliśmy demo jego programu, chciał się nawet ubrać tak samo jak ten Fallon czy ten Kimmel. Za nic mając moje sugestie, że widz nie zasiądzie przed ekranem wiedziony zagraniczną legendą: ej, chodźcie, zobaczymy dziś wieczorem tego, co się tak samo ubiera jak tamten.

Już Boy-Żeleński pisał, że nic się tak nie powtarza, jak ekscentryczność i oryginalność.

Oryginalność to sztuka obejrzenia wszystkiego, co mnie inspiruje, i zapomnienia o tym. Wymyślenia siebie na nowo. W wersji dogmatycznie oryginalnej. Ja tak zrobiłem i nikt mi nie udowodni, że jestem podobny do kogokolwiek. I tu skromnie postanowiłem to nazwać moim małym sukcesem.

Misiek Koterski wyznał mi swego czasu:

– Mogę ci od razu odpowiedzieć, na kim się wzorowałem zawsze?

– No?

– Na tobie!

– I co?

– I taka klapa!

Talk-show to zabawa w rozmowę. To gadka z atrakcjami. Jak to ładnie zdefiniował Woody Allen: „Sytuacja, w której dwie osoby nie mają sobie zupełnie nic do powiedzenia, używając do tego wielkiej liczby słów". Bo takie rozmawianie to konwencja, to wariacja na temat rozmowy, której ciężar gatunkowy leży w lekkości. Taka jest prawda.

Niestety w naszym kraju, otępiałym od nieczytania, niesłuchania, zamulenia tabloidami i prześladowanym przez najgorszy nowotwór informacyjny, czyli tak zwane serwisy plotkarskie, czytanie ironii, metafory lub abstrakcyjnego dowcipu notowane jest w stanach niskich. Polakowi trzeba często powiedzieć powoli i podając terminy: „Uwaga, zaraz będzie żart". „Uwaga, to jest kabaret, facet przebrany za babę. To raczej śmieszne. Wypada się śmiać".

Tutaj jest trochę trudniej. Rozmowę trzeba umieć konstruktywnie zdemolować. Nie bać się komunikacji na różnych levelach. Jednym daj powód do rechotu, innym do refleksyjnego he, he, he.

Na przykład taka pocieszna konwersacja z przeuroczym Ryszardem Kaliszem:

– Ja zawsze zazdroszczę, tak wiesz, facetom, którzy dużo jedzą i są szczupli. Bo ja mało jem i jestem gruby – składa zażalenie Ryszard.

Ja na to okiem ornitologa i fachowca odpowiadam:

– Ale ty podobno jesz jak wróbelek, a wróbelek zawsze jada tyle, ile waży.

Kalisz jest fenomenem całkowicie niezrozumiałym przez facetów.

Otóż Kalisz działa jak planeta, która przyciąga inne planety, ale wyłącznie płci przeciwnej. I nie boi się nawet takich wyzwań. Pytam go, jak na planetę o solidnej kubaturze przystało:

– Brałeś kiedyś viagrę?

On na to:

– Słuchaj, to jest piekielnie trudne pytanie i każdy mężczyzna, który mówi, że nie brał, kłamie.

Ciekawe, co na to Tomasz Terlikowski. U mnie wyznał, że nigdy nie brał. Nawet do ręki.

Nie należy się bać gościa i jego prywatnej strefy kibica, którą ze sobą przytachał. Nie można się dać przecwelić jego blaskiem.

Pamiętam oburzenie mediów zajmujących się sportem, gdy pięściarskiemu mistrzowi Jerzemu Kulejowi zadałem pytanie, czy miał kiedyś podczas walki atak biegunki lub czy zdarzało się, że podczas zwarcia na ringu rywal całował go po szyi.

Wiecie, dlaczego zadałem takie pytania? Bo nikt nigdy wcześniej ich nie zadał. Bo nie wypadało, bo mistrz, bo telewizja. Gówno prawda.

W Polsce talk-show traktuje się jak gatunek inteligencki i nobliwy. Telewizyjne spotkanie z ciekawym człowiekiem. Rzygać się chce.

Zabawa na poziomie nie musi oznaczać zabawy na wysokim poziomie intelektualnym. Szczególnie w przypadku gości, u których liczba promili we krwi bywa wyższa od współczynnika inteligencji. Jerry Springer, klasyk telewizyjnych rzezi, mawiał: „Czasami intelekt przeszkadza się bawić".

Rozmowa musi być jak spacer po polu minowym. Co chwilę musi wybuchać ładunek o nowej sile rażenia. Oprah Winfrey, taka czarna Irena Szewińska amerykańskiego talk-show, wyznała kiedyś: „Jeśli w studiu nikogo nie zabijesz, nie licz na publiczność". Springer, mistrz walk KSW, w trakcie programu nie ukrywał nigdy prawdy o gustach widza masowego: „Mąż zdradzający żonę z sąsiadką to standard. W programie musisz mieć męża zdradzającego żonę z sąsiadem. Najlepiej czarnym i na wózku inwalidzkim". Już słyszę te intelektualne głosy oburzenia owrzodziałych od swej miałkości intelektualistów. Jak tak można? Klasyk gatunku Jay Leno często mawiał: „Jak nie możesz zrobić w studiu rzeczy wielkiej, zrób przynajmniej rzecz głośną".

Goście wiedzą, że talk-show to program opiniotwórczy i wieczorna enuncjacja jutro rano zagości na pierwszych stronach gazet i witryn internetowych. Dlatego Jan Rokita chętnie i bez specjalnego zakłopotania wypalił, że chętnie dałby po ryju Leszkowi Millerowi, Jan Nowicki stwierdził, że ojciec Mateusz, czyli Artur Żmijewski, nie ma jaj, a jego dystans do siebie odjechał dawno na rowerze księdza, a Doda pokazała prosto do kamery swój wzgórek Wenery, na którym majestatycznie wytatuowane były litery RM, czyli inicjały ówczesnego partnera Radosława Majdana. Pewnie napisała to, żeby futbolista łatwiej mógł trafić.

Skądinąd zabawnie wyglądałby Rokita, krakowski myśliciel i humanista, którego jest w stanie pobić średniej wagi i takowej też urody niemiecka stewardesa, w zwarciu z Sokratesem z Żyrardowa, jak go malowniczo określił kiedyś Janusz Palikot. Byłoby na bank liczenie. Jan liczyłby do pełnego nokautu, a Leszek do emerytury.

Słynne stwierdzenie PIS-owskiego spin doktora Adama Bielana, że IV RP obalili Wojewódzki z Majewskim, pokazuje, że nawet z pozycji rozrywki można aktywnie uczestniczyć w rzeczywistości. Na poziomie brawurowych dowcipów wujka Mariana na imieninach, jak to często bywało u Szymka, albo na poziomie grubej przesady, jak zdarzało się u mnie.

Dobry autor talk-show to postać, która z pogawędki potrafi uczynić happening, w którym zaczyna brać udział coraz więcej osób. Pamiętajmy jednak, że według kanonu gatunku talk-show to strefa eksterytorialna. Wolna od mieszczańskiej przyzwoitości, poprawności politycznej, estetycznej, religijnej, obyczajowej. Bezpruderyjna i karmiąca się żywiołem wolności. Bo **przeginanie pały uważam za takie samo prawo obywatelskie jak udział w wyborach**.

Kiedyś Piotr Najsztub zarzucił mi, że zbyt często mieszam słowo „cycki" ze słowem „ojczyzna". Odpowiedziałem mu, że chcę mieć bliski kontakt z obiema tymi namiętnościami, chcę, żeby były wielkie i dumne. Bo tak między innymi rozumiem wolność, nie tylko słowa, w mediach. Inni goście już dawno zrozumieli konwencję i świetnie się w niej odnaleźli.

Przychodzą do mnie Paweł Małaszyński i Piotr Rogucki. Siadają na kanapie i Rogucki zagaja:

– To co. Dupa, cycki?

Paweł dodaje:

– Od czego zaczynamy?

Niestety w czasach dyktatury umysłu zaciemnionego, w czasach triumfu niewiedzy i dzikich instynktów, potrzeby linczowania każdego, kto ma w sobie jakąś inność, taka zabawa może być ryzykowna. Serwisy internetowe każdy żart, zabawę słowem, absurd czy chwilowe rekonfigurowanie stereotypów zaraz zamienią w agresję, obrazę moralności, deklarację światopoglądową.

To nie jest kraj swobodnej myśli. To jest kraj radosnego oczekiwania na brukowy lincz. U nas tylko zła wiadomość to dobra wiadomość. Klikają się tylko katastrofy, więc każdy musi być katastrofą, bo inaczej się nie opłaca. Wyłącza się mózg i zapala instynkt komercyjnego zabijania. Słowem, komentarzem, obelgą i pomówieniem.

Mnie się parę razy udało uaktywnić rodzimego cyberkołtuna.

O bestialskim pojedynku pomiędzy Kazią Szczuką a prezenterką Radia Maryja Madzią Buczek, specjalistką od podwórkowych kółek różańcowych, dyskutowała cała Polska. Mało kto wie, ale to wciąż jeden z moich najdroższych dialogów w mediach, jeśli w ogóle nie najdroższy. Polsat za kilka luźnych i żartobliwych refleksji na temat DJ-ki toruńskiej rozgłośni, o której nikt wcześniej nie słyszał, a mało kto widział, musiał wybecalować 500 tysięcy złotych. To tylko uwypukliło moją dewizę unikania wszystkiego, co podobno religijne, w myśl zasady: „Jezus nadchodzi. Udawaj, że jesteś zajęty".

Podobnie było ze słynnym wkładaniem flag w kupę.

Marek Raczkowski wyznał w Tok FM, że słyszał o takiej akcji w małej i schludnej Szwajcarii, gdzie takimi właśnie plakietami z flagą Helwetów w kupie nie mniej helweckiego psa walczono z zasrywaniem kraju. Podczas wizyty u mnie w programie i jego, i aktora Stelmaszyka ten śmierdzący temat ożył. Nikomu nie trzeba przypominać, że w polskich miastach psy walą kupy w tempie bramek Cristiano Ronaldo, a chodniki wyglądają jak obrus po świątecznej kolacji z bimbrem i ćwikłą. Zaimprowizowałem happening z przygotowaną syntetycznie artystyczną psią kupą i małymi flagami. Panowie, wiedzieni innym kalibrem postrzegania i flagi, i patriotyzmu, flagi w niczego niewinnej kupie umieścili. Ja byłem tylko kustoszem całego, mocno symbolicznego zamieszania.

Dla mnie było to działanie dziennikarsko-publicystyczne, tyle że dla umysłów otwartych nie na przestrzał. A może przesadzam z tym dziennikarstwem.

Swego czasu miałem taki dialog z Mikiem Tysonem:

– Ty jesteś wojownikiem. Ja jestem dziennikarzem.

A Mike na to:

– Ja jestem wojownikiem. Ty jesteś komikiem.

No i gówno wpadło w narodowy wentylator. Niewiele są warte nasze uczucia patriotyczne, skoro może je urazić taka instalacja.

Jak bowiem powszechnie wiadomo, miejsce flagi jest na ołtarzu, a jedyna prawidłowa wobec niej postawa jest klęcząca. Wolność artystyczna, a podkreślam: obaj panowie są artystami, nie istnieje. Czytanie metafory wymaga myślenia. Nasza nadęta wersja patriotyzmu wymaga tylko krwi i cierpienia. Reszta jest zbyteczna.

Nikomu nie przeszkadza łączenie polskich barw narodowych z krzyżem celtyckim, falangą czy swastyką. Widocznie takie mieszanie ich z błotem jest bardziej strawne, niż gdy do narodu i jego patriotycznego wzdęcia podejdzie się z humorem.

Zawsze mi się wydawało, że w tym zwykłym, ludzkim patriotyzmie obowiązkiem jest także dbanie o naszą przestrzeń, czyli między innymi o likwidowanie tych kup. Gówno prawda, powiem metaforycznie. Znowu zabuliliśmy za happening 500 tysięcy, czyli razem będzie już milion. A to nie jest moje ostatnie słowo! Sprawa trafiła nawet do Sądu Najwyższego, który wyrok utrzymał w mocy. Widocznie psie kupy na ulicach to nasza racja stanu i dobro narodowe.

W programie *Kuba Wojewódzki* uwielbiam rozmowy na każdym levelu.

Uważam, że przetrwałem ponad szesnaście lat także z tego powodu, że nie przesadzam czasami z własną inteligencją i niejednokrotnie nie maskuję własnej głupoty.

Moja ulubiona dziennikarka Marzena Rogalska często powtarza: „Ludzie mnie lubią, bo nikogo nie udaję". A ja wolę powiedzieć: „Ludzie mnie nie lubią, bo nie wiedzą, czy udaję, czy nie".

Z Popkiem, królem Albanii, ucięliśmy sobie na ten temat krótką konwersację:

– Paweł, mówisz o sobie, że jesteś inteligentnym debilem.

On na to:

– Tak.

– No, nie przyznawaj się tak szybko!

– Nie, nie, nie. Jak patrzę na ciebie... Troszkę przypominasz króla Albanii, czyli mnie. Jak na ciebie patrzę, to mi się wydaje, że tylko inteligentna osoba może udawać debila w telewizji...

Trafił swój na swego.

Ale cenię rozmówców, którzy wnoszą inteligentny humor czytelny dla wszystkich. Tak było na przykład z Danielem Passentem.

– Chciałem panu podziękować za artykuł przed wyborami, który pan napisał, że kto chce głosować na PiS, powinien poradzić się lekarza lub skontaktować z pielęgniarką, już nie pamiętam, jak to było dokładnie.

Zaczyna Passent:

– Dokładnie było „z farmaceutą".

Odpowiadam:

– Naprawdę?

On:

– Tak, tak.

– Dlaczego się to panu podobało? – dociekam.

– Bo wie pan, koło naszej apteki zauważyłem pewien ruch.

Cieszę się, że u mnie obok wszędobylskiego heheszkowania pojawiają się też wątki refleksyjne i czasem autobiograficznie bolesne. Tak było na przykład z Piotrkiem Roguckim. Półaktorem, półrockmanem, a w całości geniuszem.

Zagadnąłem go, czy nie boi się, że jego aktorski wizerunek spycha go trochę w okolice wizerunku chłopka roztropka. On na to:

– Kiedyś przyszliśmy do naszego pana od matematyki z grupą ludzi, po zakończeniu szkoły podstawowej. Sytuacja wyglądała tak: on już uczył w liceum, był naszym guru przez podstawówkę, było nas trzech i on mówi tak: „Ty, Michał, będziesz, kurczę, biznesmenem". Do drugiego mówi: „Będziesz naukowcem, matematyka to jest twój żywioł, to jest twój świat". Popatrzył na mnie i mówi: „A ty, kurwa, Rogucki, jesteś taka zwykła polska pyra".

Dla kontrastu. Jedna z wizyt Edyty Górniak.

Pytam ją:

– Dlaczego umieściłaś w internecie zdjęcie swego syna umorusanego kupą? Dla ludzi jesteś czystym mitem. Mitem Kopciuszka, królową ludzkich serc.

Edyta na to:

– Mam to w dupie.

Czasami jakością w widowisku, jaką jest niekontrolowana pogaducha, staje się balansowanie na krawędzi.

Odbyłem onegdaj dosyć ciekawą konsultację z Tomkiem Jachimkiem na temat jego nietuzinkowego uzębienia. Zagajam przyjaźnie acz dociekliwie:

– Jak często zagląda do ciebie Wróżka Zębuszka?

Jachimek:

– A czemu pytasz?

– Bo mam wrażenie, że codziennie coś ci zostawia, ale nie do kompletu. Co ty na to?

A Tomasz nie bez wdzięku odnosi się do zagadnienia:

– Jestem tu od dwunastu minut i od dwunastu minut żałuję, że przyszedłem.

Świetni są goście współpracujący, czyli tacy, którzy konwencję rozumieją i potrafią przyjąć *a vista* nową rolę. Tak było podczas wizyty Krzyśka Materny i Ani Wyszkoni, wówczas wokalistki grupy Łzy.

Ania była tak stremowana i zdenerwowana moją wcześniejszą pogawędką z Materną, że gdy sama zasiadła na kanapie, zaniemówiła. Nie ukrywam, że potrafię być szybkim i w miarę błyskotliwym rozmówcą. Potrafię zamknąć szufladę na klucz tak szybko, żeby klucz schować do środka. Potrafię zrobić jajecznicę z kleju i starej tapety, ale jak w talk-show siada przed tobą gość, który nie mówi, to nie wiesz, czy go przewinąć, upudrować, adoptować, czy jak to mówi Jack Nicholson w *Locie nad kukułczym gniazdem*: „Nie wiadomo, czy się zesrać, czy nakręcić zegarek".

I wtedy wpadamy z Krzysztofem na świetny plan. Ania nie potrafi odpowiedzieć na żadne pytanie, to my dostosujemy pytanie do tego, co wypłoszona wokalistka zdoła z siebie wykrzesać. I zaczynamy.

Krzysiek:

– Niech pani coś powie.

Ona:

– Przyszłam tutaj, aby promować nową płytę.

Ja:

– Aniu, dlaczego i po co tutaj przyszłaś?

Ona:

– Zawsze marzyłam, żeby usiąść u ciebie na kanapie, ale nie wiedziałam, że to takie trudne.

Krzysiek:

– Czy miała pani jakieś marzenia związane z programem Kuby?

Ona:

– To jest naprawdę fajna płyta.

Ja:

– Aniu, powiedz nam coś o płycie.

I tak nam mijał miło czas.

Moim zdaniem, chcąc być dziś w telewizji, trzeba pielęgnować w sobie tajemnicę. Niejednoznaczność. Mądrze się reglamentować. Wysyłać czasami fałszywe znaki i mylić tropy.

Marek Koterski powiedział mi swego czasu mądre słowa, których nie chciał przyswoić jego pierworodny Misiek: „Szoł-biznes – prawił Koterski senior – to nie jest wyścig. To jest maraton. Trzeba umieć rozłożyć siły. Niektórzy zachowują się tak, jakby wierzyli, że tych sił im starczy tylko na kilka pierwszych kilometrów".

Lubię prowokacje, chociaż to słowo wyprane jest dziś z treści i wypchane wiórami. Staniało i straciło artystyczny sznyt. Lubię sam siebie czynić przedmiotem prowokacji. W satyrze jest jak w tenisie. Celuje się w linię. Czasami niestety musisz przestrzelić. Gdy wszyscy na około grają asekuracyjnie, jest to gwarancją nudy. A twoje wyskoki są gwarancją społecznego szafotu. Skandal, zadyma, szok, jak już ustaliliśmy, to słowa wyblakłe, ale też niedefiniujące kalibru pomysłu. A z tym bywa różnie.

Gdy na mojej kanapie zasiadła niezapomniana Marysia Czubaszek i zaczęła sypać niezastąpionymi myślami w stylu: „Wszystkie kobiety są piękne, tylko nie po wszystkich to widać" lub „My nie mamy nastrojów. My mamy hormony", w pewnym momencie zapytała, czy może palić w trakcie rozmowy. Zgodziłem się, bo znałem jej upodobania. Mało tego, przygotowaliśmy się na taki obrót sprawy, umieszczając pod jej kanapą koncertową maszynę do robienia dymu. Efekt przerósł nasze najśmielsze oczekiwania. Pani Maria zaczyna kopcić peta, wypuszcza dym, a wokół robi się gęsto i biało. Ona nie zdając sobie sprawy z podstępu, spokojnym głosem oznajmia: „Muszę się znów przerzucić na te z filtrem".

Nie inaczej z zaskoczeniem było podczas pierwszej u mnie wizyty Marcina Prokopa. Umówiłem się z widownią, że na jego wejście brawo będzie bił tylko jeden widz, taki o mało przejrzystym spojrzeniu, na dodatek odziany w dres. Po chwili, co wynikało z mojego podstępnego planu, gdy tylko zacząłem rozmowę z moim gościem, publiczność zaczęła dyskretnie opuszczać studio. Nie wiem, czy pamiętacie jego minę? Taką samą miała moja babcia, gdy postanowiła jeszcze za życia zamówić sobie trumnę i trafiła na szyld „Zakład Pogrzebowy – Dariusz Wyrucha".

Zabawa z miękkim mobbingiem może przyjąć też bardziej technologiczny wymiar. Gościli u mnie na sofach Michał Figurski, opromieniony pierwszym skandalem, gdy w radiu RMF FM zagrał hymn Polski na pośladkach, własnych niestety, oraz Darek Kordek, aktor, który się kolorowo zaczął, a tak jakoś bezbarwnie, bez wyrazu skończył. Korzystając z okazji, że Michał miał na sobie skórzaną kurtkę, której błękitny kolor zwężał źrenice w obrębie dzielnicy, postanowiliśmy Darka podnieść na zawodowym duchu. Tak ustawiliśmy kolor na monitorze w studiu, że Figur był kolorowy, a Darek lekko bezbarwny. Taki jakby z koloru wyprany. I nagle ja zagajam: „Stary, co się z tobą dzieje? Jakiś taki zrobiłeś się nijaki, mało wyrazisty dosyć. Spójrz sam w monitor. I Darek patrzy, i widzi, co widać. Jego dotychczasowa mina gaśnie jak Popek po spotkaniu z Pudzianem. Zaczyna mamrotać pod nosem: „No rzeczywiście. Muszę się za siebie wziąć. Chyba będę chory".

Koniec żartów.

Polska lubi się co jakiś czas stać jedną wielką komisją Macierewicza i ferować wyroki ostateczne. Tak było z tak zwaną aferą ukraińską, tak było z flagami w stolcu psa. Lubimy takie obrzędowe definiowanie naszego narodowego „my". Najchętniej przez wspólnego wroga – dobrze, żeby był popularny, bo wtedy siniaki na jego duszy bardziej smakują. Polacy, jak się w jakiejś sprawie nakręcą, to zgodnym chórem powtarzają najbardziej jednostronne idiotyzmy. Kiedyś świat objaśniali filozofowie, mędrcy, dziś zawodowi nienawistnicy z tabloidów. Ale dla spójnej satysfakcji narodu widocznie i oni są potrzebni.

Jak mi to kiedyś pięknie powiedział Franciszek Staro-wieyski: „Uzasadnieniem życia kundla jest cudza łydka".

Gdyby redaktorzy „Super Expressu" opowiadali nam dziś świat dosłownie, to *Lot nad kukułczym gniazdem* jest chamską kpiną z chorych psychicznie, a komedia *Sami swoi* brutalną napaścią na Zabużan siłą i gwałtem przeniesionych na Ziemie Odzyskane.

W Polsce, jak pisał Lec: „Ciasnota umysłowa się rozszerza". A ja ciągle uważam, że istnienie w mediach takich kretynów jak ja najlepiej świadczy, że demokracja wciąż działa. Że działa wolność słowa i potwierdza się jej czasem bolesna logika. Problem polega na tym, że uważam, iż sensem mojej obecności w mediach jest ciągłe chodzenie po krawędzi. Moja kariera to od lat wiszenie nad przepaścią. Wybaczcie, ale świat mi się podoba wyłącznie z takiej perspektywy. Tak jest na przykład z moim domniemanym homoseksualizmem.

Wszystko zaczęło się ode mnie i od mojego programu. Mentalnie Polska jest czasami jak wielkie więzienie. A w więzieniu słowo „pedał" jest na topie słów poniżających. Jesteś cwelem, można tobą pomiatać, poniżać, można z tobą zrobić wszystko. Część społeczeństwa ma ten sam odruch. A we mnie nie ma na to zgody. I zacząłem, bo lubię przewrotność, nawet na krawędzi autodestrukcji, czynić sugestie, że się jeszcze orientacyjnie waham. Że mnie ciągnie do Słupska. Że może jednak jestem waginosceptykiem. Taki *coming out* na pół gwizdka. Nie trzeba być prorokiem, żeby wiedzieć, że to chwyci. A jak na wizji wymieniliśmy radosne pocałunki z Borysem Szycem czy Bartkiem Gelnerem oraz flirtowaliśmy werbalnie, by nie powiedzieć: oralnie, z Robertem Biedroniem, wszystko było jasne. Szczególnie dla tych, którzy wszystkich myślących inaczej muszą sobie usystematyzować według katalogu – Żyd, pedał, lewak.

Biedroń to świetny gość. Taki dialog na przykład.

Ja:

– Kiedy ostatni raz miałeś naprawdę kobietę?

On:

– W jakim sensie?

– W czytelni, kuźwa – ironizuję.

On:

– Byłem ostatnio! „Cała Polska czyta dzieciom" czy coś takiego, czytałem bajki dla dzieci.

– Jaką bajkę czytałeś?

– Z *Tango jest nas troje*.

– Przepraszam?

– Z *Tango jest nas troje*. O dwóch pingwinach samcach, które wychowywały wspólnie potomstwo.

– Ty nawet bajki gejowskie wozisz ze sobą?

– Nie wożę, czytam. Dzieciom.

– A *Sierotkę Marysię* czytałeś?

– Nie interesują mnie kobiety, nawet w tym sensie.

– Naprawdę? Rozumiem, że *W pustyni i w puszczy* czytałeś tylko te dialogi, które wygłasza Staś, a Nel tylko kartkowałeś?

To taki mały *crash test* polskiej tolerancji. Przy retoryce Wojtka Cejrowskiego czy Krystyny Pawłowicz to niewinny plac zabaw. Uwielbiam ten pojęciowy zamęt, jaki czasami widzę w internecie.

Na przykład: „Wojewódzki, nie dość że zdeklarowany gej, to jeszcze pedofil, bo woli młode dziewczynki". To chyba jakaś pseudokatolicka obsesja i lęki. Może czasami wyparcie. Może lęk przed własnymi myślami i pokusami. A ja lubię rozmawiać z gejami, bo mają rzadki luz i poczucie humoru.

Zagaduję kiedyś Tomka Jacykowa:

– Tomek, wyobraź sobie, że możesz uprawiać seks z Aleksandrą Kwaśniewską, Jolantą Kwaśniewską, Aleksandrem Kwaśniewskim. Kogo wybierasz? Mała beza, duża beza i Filipińczyk.

Jacyków na to:

– Nikogo. Chodzę głodny.

Kiedyś mój kolega gej powiedział mi: „Oglądam gejowskie filmy porno, widzę silne, napakowane karki z tatuażami. Oglądam manifestacje narodowców, a tam silne, napakowane karki z tatuażami...". Kto więc wie, jak jest naprawdę?

U nas mam wrażenie, że nawet zwrot „wyjść na tym jak Zabłocki na mydle" ma gejowski podtekst.

À propos podtekstów, to razu jednego gościł u mnie Tomasz Kot. Jak zawsze genialny i jak zawsze w wysokiej nie tylko gabarytowo formie. Zagaduję go, czy ma przyjaciół w świecie filmu.

Kot odpowiada:

– Z Maćkiem sobie esemesy piszemy.

Ja:

– Z Maćkiem Stuhrem?

Kot:

– Tak.

– Jakie na przykład?

– Bo Maciek jest jedynym powodem, dla którego ja w ogóle kupuję gazety. Jak widzę wywiad z nim albo coś, to od razu kupuję.

Ja na to:

– W „Przekroju" ostatnio był bardzo dobry.

– O, to po „Przekroju", tak właśnie... Ja za każdym razem mu piszę takiego esemesa: „Bardzo ci dziękuję za twoją dyskrecję. Kolejny raz nie wspomniałeś o mnie. Świadczy to o twojej dużej klasie". I tak to trwa. I po „Przekroju" napisałem mu: „Wiem, że kiedy mówiłeś o Warlikowskim, myślałeś o mnie. Powstrzymałeś się i za to ci dziękuję". A on mi odpisał: „Jak jeszcze raz przeczytasz wywiad ze mną, to cię zajebię".

Kiedy po okresie eksperymentów z reżyserami i formułą nastał czas mojego bliskiego kamrata z liceum ogólnokształcącego i wspólnika z „Brumu" Tomasza Dąbrowskiego, jak to zwykle skrupulatnie odnotowywał Dariusz Szpakowski: „Poprzeczka została podniesiona na wyższą wysokość, to znaczy wyżej". I od razu zrobiło się lepiej.

Mój program miał kilka momentów zwrotnych. Opowiem wam o trzech.

Dla mnie, człowieka kłótliwego, niecierpliwego i ewidentnie histerycznego, fakt robienia czegoś blisko siedemnaście lat zakrawa na życiowy cymes klasy premium. Ja po prostu szybko się nudzę. Jak Sławomir Peszko bez miłej atmosfery. Trochę jak w tej historii: „Stefan przestał brać narkotyki. Stefan przestał pić alkohol. Stefan rzucił palenie.

Stefan porzucił złe towarzystwo. Stefana zabiła nuda". To ja tak mam. Musi się dziać, a najlepiej szybko zmieniać.

Momentem przełomowym w pierwszym sezonie mojego programu była pierwsza u mnie wizyta Edyty Górniak. Nie było łatwo. Artystka miała wypocić premierowo swój nowy numer, ale zapomniała z domu swego ulubionego mikrofonu wysadzanego brylantami czy czymś podobnym, a do innego nie chciała oddać głosu. No to jedzie kierowca do domu Edzi po mikrofon umajony błyskotkami, żeby nie zbliżała ust do byle czego. Kierowca kołata do sanktuarium, we wskazanym miejscu znajduje różne przedmioty przypominające mikrofon, ale o całkowicie innym przeznaczeniu i zażywane z całkiem innej strony. Ona niewzruszona tłumaczy, gdzie leży to niepowtarzalne wokalne dildo. Jest. Publiczność czeka, mikrofon jedzie, zaczynamy z opóźnieniem. Siadamy na kanapach, ona zdejmuje swe sportowe obuwie i zaczyna mi świecić stopami à la Pocahontas. A ja jestem najbardziej znanym i notowanym, obok Szymka Majewskiego, krajowym fetyszystą stóp. Robi się zatem swobodnie i swawolnie. Zaproponowałem jej grę w stylu *Koła fortuny*, na którym to kole wypisaliśmy różne nazwiska oraz epizody z obfitego życia mego gościa. No i ona tym kołem zaczyna kręcić, ale to nie wszystko. Po kręceniu zaczyna mówić i czuć, że nie kręci. To był pierwszy erotyczny *coming out* po 1989 roku. Przy tym Frytka, dziś błogosławiona między podobnymi niewiastami, szturmująca waginą jacuzzi w *Big Brotherze*, to mały pryszcz. Tu mamy pornola duchowego, a tam pornola typowego.

I tak dowiadujemy się, że jej były partner Piotr Gembarowski podsłuchiwał ją w domu za pomocą wymyślnej automatycznej sekretarki. I gdy ona płakała, to on za chwilę dzwonił i pytał o nastrój, bo coś wyczuwa, że może być smutna. Gdy ona się z kimś kłóciła, to za chwilę dzwonił i pytał, jak nastrój, bo on wyczuwa w powietrzu gniew i napalm. Gdy uprawiała autoerotyzm, to dzwonił, że zaraz będzie. Taki sprytny spec od starych technologii. Dziś podobno pracuje w wywiadzie.

Dowiedzieliśmy się, że Robert Kozyra potrzebował jej do zaistnienia na kilku okładkach oraz używał jako siatki maskującej ponoć jakąś wielką tajemnicę. A Piotruś Kraśko był porządny, ale trochę nudny, i nie chciał seksu w samochodzie. A Kordek Darek, choć planowali ślub, to pożyczał od niej kasę i nie oddawał i ona postanowiła oddać go innej.

Mój program ma godzinę czasu antenowego, czyli tak mniej więcej 45 minut netto czasu mojego, i daję wam słowo: po raz pierwszy czułem, że zaczyna mi go brakować.

Co ciekawe, drugim gościem miał być słynny specjalista od bycia specjalistą, czyli Piotr T. wraz z wilczurem o jakże przerażającym imieniu Baby. Piotr T. jest obecnie ścigany za rozpowszechnianie dziecięcej pornografii, więc zajmowanie się dalej Tymochowiczem uważam za zbędne. Zresztą zbędny jest generalnie człowiek, który z Andrzeja Leppera zrobił politycznego Justina Biebera. To też był jakiś rodzaj pornografii. Poprosiłem zatem Piotra, żeby sobie poszedł, co przy moim ówczesnym wizerunku pierwszego chama Rzeczypospolitej nie zostało zbyt surowo ocenione.

I w ten sposób zrobiliśmy pierwszy monograficzny odcinek z Edytą Górniak, który wstrząsnął wszystkimi, ze szczególnym uwzględnieniem jej byłych. Działo się. Mówili o nas wszyscy.

Kolejnym programem przełomowym był odcinek z Janem Rokitą i Agnieszką Rylik.

Rokita był wtedy najgorętszym nazwiskiem w mediach. Jest rok 2003 i słynna komisja śledcza do zbadania tak zwanej afery Rywina, czyli próby odpowiedzenia na pytanie, kto kogo i za ile przy okazji, gdy ten z tamtym. Była to pierwsza komisja śledcza, której obrady na żywo transmitowała telewizja, i Janek był w niej moim odpowiednikiem z *Idola*. Błyszczał, nękał i zdobywał laury. O wywiad z nim zabiegali wszyscy, czyli respekt przed szeryfem Janem, premierem z Krakowa. Był wtedy postrzegany jako człowiek tak wielu talentów, że potrzebowano by przewodnika, żeby ten opowiedział o wszystkich wyczerpująco. I jakimś dziwnym zbiegiem dziwnych okoliczności człowiek, którego pół Polski tytułowało „panie śledczy", wylądował u mnie na kanapie, gdzie od razu zagościła konwencja – per Jasiu, per Kubusiu. Trzeba umieć negocjować ze światem warunki swego istnienia i ja wtedy poczułem, że to potrafię i że to działa. Wciągnąłem Rokitę na swój teren i zaprosiłem do zabawy. Podobnie było z Joanną Senyszyn, szalenie barwną posłanką SLD o barwie głosu pomiędzy Tiną Turner a zepsutą klimatyzacją.

Zagajam do niej:

– Z Jankiem Rokitą jestem na „ty" i chciałem pani to zaproponować, gdyż jesteśmy prawie w tym samym wieku.

Pani Joanna na to bardzo literacko:

– Eeeee, to miłe.

Więc ja naciskam:

– Joaśka, zgadzasz się?

Ona:

– No dobrze, tak.

Ja:

– Buzi?

Ona, całując mnie:

– Bądź moim Puchatkiem, ja będę twoim Krzysiem.

To samo było z Rokitą. Ludzie ze zdumienia przecierali oczy. Licytowaliśmy się, kto na jakiej okładce był, kto już zaliczył „Życie na gorąco", a kto „Rewię". Ale żeby nie było, że nie było tylko o niczym. Wrzucam temat polityczny:

– Śni ci się czasem szafa Lesiaka?

– Nie, nie. Śnią mi się czasem piękne kobiety, ale szafa Lesiaka nigdy mi się nie śni.

– Piękne kobiety, powiadasz. A pamiętasz jakieś nazwiska?

– Słuchaj, różne. Ale najczęściej taka piękna blondynka, cudowna zupełnie, z *Pierwszego miliona*. Jak ona się nazywała?

– Agnieszka Włodarczyk – rzucam ze znajomością tematu.

I co słyszę?

– Ooooooo, uuuuuu, ta właśnie.

– Naprawdę śni ci się Agniecha? – nie dowierzam.

– Czasami.

Wtedy wyciągam „Playboya" z Włodarczyk na rozkładówce i pokazuję Rokicie w całej rozkładówkowej okazałości. I co robi krakowski konserwatysta?

– Chciałbym ją kiedyś spotkać – wzdycha rozmarzony.

I wtedy ostatecznie zrozumiałem, że to jest mój świat, moje reguły i gość do tego świata zaproszony może przekroczyć swoje granice. A to ciągle uważam za swojego programu największy sukces. Mało tego: sam może siebie zaskoczyć. Zobaczyć i pokazać na nowo. I to ciągle działa.

Trzeba też wierzyć w swój pomysł na program i rozmowę. Czasem bezczelnie.

Taka gadka z Robertem Lewandowskim:

– Nie ma co ukrywać, jestem sportowcem, zdarzają się słabsze mecze. To nie jest tak, że ja w każdym meczu będę strzelał po kilka bramek, będę taką przysłowiową maszyną. Masz idealne wszystkie programy?

Ja na to bez ogródek:

– Tak.

Lewy:

– Twoim zdaniem.

Trzecim punktem zwrotnym programu *Kuba Wojewódzki* był moment przejścia do stacji TVN. Jak mi to wtedy wyjaśnił Edward Miszczak: „Mamy w stacji hasło: «Koniec grzecznej telewizji», a nie mamy niegrzecznego programu". To mnie zachęciło, ale nie przekonało. TVN podchodził do nas już wcześniej, zapraszając do rozmowy, ja jednak czułem po prostu zwykłą staromodną i zanikającą w świecie lojalność do słonecznej stacji Zygmunta Piotra.

Po raz pierwszy opowiem, dlaczego mi przeszło.

Pieniądze, jak powszechnie wiadomo, **szczęścia nie dają**, ale ja należę do osób, które wolą być **nieszczęśliwe w ferrari niż na rowerze**.

I źle się czułem, kiedy każda rozmowa o stawkach za mój show musiała być wyświęcona na samej górze wieżowca Polsatu, ale co ważne, nie był to program przez nich produkowany. Widząc, jaki zyskujemy status i jak w górę wędrują słupki oglądalności, wypuszczam się na rozmowy z naszym partnerem z firmy Fremantle, a on mi mówi, że decyduje góra. A ja, jak powszechnie wiadomo, nie wierzę w żadną inteligentną „górę". No i moja niewiara zyskała kolejny racjonalny i co najgorsze – policzalny dowód. Bo Zygmunt Piotr nie był szalonym skarbnikiem i swoje korzyści majątkowe dobrze liczył, a moich nie chciał uznać. A cenić się trzeba. Opowiedział mi o tym nawet Wróżbita Maciej, człowiek, który nie tylko wie, co było, ale też wie, co będzie i to za ile.

Maciej zaczyna:

– Po pierwsze, jestem drogim wróżbitą.

Ja na to, czując, co się świeci:

– Oj, drogim... Stary, ja znalazłem cenę i było drogo.

– Jestem bardzo drogim wróżbitą.

– 15 minut u ciebie kosztuje...?

– 150 złotych.

– 30 minut?

– 300 złotych.

Wtedy ja merytorycznie:

– To jest drożej niż u prostytutki! Znaczy... tak słyszałem.

Dobiła nas jego czcigodna ingerencja w scenariusz koncertu Trendy, który od początku istnienia festiwalu Top Trendy obsługiwaliśmy scenariuszowo z moim wspólnikiem Tomkiem Dąbrowskim. Ja na domiar złego robiłem także za konferansjera. A to z Kayah, a to z Bogusiem

Kaczyńskim, a to sam ze sobą, czyli w moim ulubionym duecie. I na dwa dni przed kolejnym festiwalem, w 2006 roku, właściciel postanowił zmienić co nieco w naszym przemyślnym scenariuszu. A czas był nerwowy i rozedrgany, gdyż ster dzierżyła ekipa IV RP, co było ewidentnym preludium do dzisiejszej „dobrej zmiany". I korekta scenariuszowa była drobna, ale zauważalna, gdyż poinformowano nas, że ten scenariusz nie przejdzie. I tak imiona Zygmunta Piotra stały się najlepszym dowodem, że nieszczęścia chodzą parami. Zresztą opinia o właścicielu stacji już wówczas była taka, że brał nadgodziny na warsztatach kumplowania się ze wszystkimi kolorami politycznymi i ewidentnie nie chciał tego zmieniać.

Dziś jestem mu wdzięczny za wszystko – za tolerancję wobec mojej osoby na swojej antenie, za odwagę trzymania mnie u siebie mimo kontrowersji, za kilka fajnych kolacji, podczas których wypowiedział w sumie może cztery zdania, patrząc w tak zwanym międzyczasie na zegarek warty tyle, ile cała moja rodzina zarobi dwa pokolenia w przód. Ale warto było.

Edward Miszczak miał albo nosa, albo dobrych zauszników i zadzwonił po raz kolejny, tym razem trafiając na dobry moment. Usłyszałem słowa, o jakich marzy chyba każda postać telewizyjna: „Chcę pana u nas. Proszę podać warunki". Jak to się mówi: „Raz się wygrywa, a raz się wygrywa jeszcze bardziej". Tak więc jestem tu, gdzie jestem.

Do pierwszego programu w TVN-ie zaprosiłem Annę Muchę – status: aktorka, emigrantka zarobkowa, moja była narzeczona, oraz Olę Kwaśniewską – status: córka byłego prezydenta, wkrótce emigrantka zarobkowa.

Poniosło mnie, za co po latach przepraszam. Oli, pijącej wodę na kanapie, rzuciłem od niechcenia: „Chlejesz jak twój stary w Charkowie". A było to nieeleganckie oraz nieetyczne. Nie miałem bowiem dowodów na to, że tata chlał. Miałem tylko na to, że się chwiał.

A po amerykańskiej, importowanej nadwadze Ani oprowadzałem widzów ze wskazówką w ręce, pokazując, co gdzie przybyło. Koszmar, który się opłacił. Pierwszy odcinek w nowej stacji obejrzało prawie pięć milionów widzów. Warto było.

Warto też wspomnieć o zdarzeniach, które nigdy nie ujrzały światła dziennego, choć wcale nie są wstydliwe. Parafrazując Janka Nowickiego: dobrego autora talk--show poznaje się nie tylko po gościach, którzy go odwiedzili, ale także po takich, którzy go nie odwiedzili. A tu było parę zaskoczeń. Pierwsze – Roman Polański. Poznał nas Lejb Fogelmann i umożliwił kontakt telefoniczny z reżyserem. W kraju akurat robiło się gorąco na temat tej starej sprawy z tamtą panią, dzieckiem nawet, i Polański unikał odwiedzania podnieconej ojczyzny. W rozmowie telefonicznej wyznał mi, że on owszem bardzo chętnie, programu nigdy nie widział, mnie widział raz, ale coś słyszał i to coś nie było bardzo złe. Ale miał dwa warunki. Kręcimy u niego w Paryżu i nie gadamy o tej starej sprawie z tamtą panią, dzieckiem prawie. A jako że ja jestem megaloman i narcyz, warunki mistrza odrzuciłem i tym samym nasza prawdopodobnie historyczna debata nie doszła do skutku.

Dalej było jeszcze ciekawiej. Oczywiście jeśli chodzi o gości. Uwaga! Tadeusz Rydzyk. Odezwał się do mnie jeden z muzyków Kapeli Znad Baryczy, to jest zespół grający współczesny folk miejski oparty na gwarze Wielkopolski Południowej i brzmieniu Kresów Wschodnich. Nagrali oni w 2008 roku piosenkę, przepraszam, utwór (piosenki to sobie może nagrywać Norbi), specjalnie na XVI Pielgrzymkę Rodziny Radia Maryja na Jasną Górę. To jest takie wzniesienie, które widać za dnia, jak jest jasno. To informacja dla niewierzących i słabych z geografii. Dzieło było wzniosłe i szybko stało się nieformalnym hymnem RMF RM. Tekst był znakomity – „Dziś tylko Radia Maryja mogę słuchać i oglądam tylko Telewizję Trwam. Bo tylko Ojcu Rydzykowi mogę ufać, po Janie Pawle tylko on został nam. Radio Maryja póki my żyjemy, nie zginie nigdy, choć ma złego wroga. Za Ojcem Rydzykiem rodziną staniemy, za jego dziełem stoi Matka Boga".

Jak widać, kompozycja literacko doniosła, pełna wiary, z rymem może mało prekursorskim, ale za to czytelnym i nie miałkim. I pan ten z kapeli doznał ekumenicznego olśnienia, że należy Polaków łączyć i symbolem tego uniwersalnego wybaczenia będzie wizyta Ojca Tadeusza w moim studiu. Zaczęły się sekretne pertraktacje na temat warunków, terminu, tematyki, publiczności, obecności wodzianki, obecności stroju na wodziance i innych nie mniej uduchowionych rzeczy. TVN wpadł w zachwyt. Nie wiem, czy dział reklamy wpadł w zachwyt, bo co tu reklamować przy takim ascecie. Na bank firmy motoryzacyjne i przelewy bankowe dla emerytów. Niestety sprawa się rypła na skutek nieprzewidywania przeze mnie, że medialnie jestem postrzegany, jakby tu rzec, komplementarnie, i to, co robię w radiu i piszę w „Polityce", też mogło mieć wpływ na ojcowskie wahania. A głośno było ówczas o tym, że najjaśniejszy z Tadeuszów mieszka w willi i rozbija się maybachem. Ja skomentowałem, że to kłamstwo i pomówienia oraz najzwyklejsza ludzka podłość. Tadeusz bowiem mieszka w maybachu, a rozbija się willą. No i ojciec naprawdę odjechał. A dokładnie rzecz precyzując, nigdy nie przyjechał. Szkoda.

Po czarnym Tadeuszu kolejnym gościem, którego nie miałem, choć mogłem, była nie mniej czarna Metallica. Tak, tak, moi drodzy. Dokładnie ta. Panowie James i Lars mieli udzielić jednego wywiadu telewizyjnego i z wielu propozycji wybrali mój program. Poinformowała nas o tym radosnym fakcie firma bodajże Universal i ujawniła, że panowie czekają w Chorzowie w swojej garderobie na stadionie. A jako że nie jestem panem, a tym bardziej panią na posyłki z *Dzień Dobry TVN*, to odpowiedziałem taktownie, że talk-show to jest takie miejsce, gdzie przychodzą goście, a nie takie miejsce, gdzie goście nie przychodzą. Prosto, logicznie i literacko. No i nie przyszli. I tak mój program skończył się na *Kill'Em All*.

Mógł za to odwiedzić nas niejaki pan Slash, legendarny gitarzysta nie mniej epokowego zespołu Guns N' Roses. Podczas jego koncertu w Polsce doszło do porozumienia i najdziwniej ubrany gitarzysta świata miał zasiąść u mnie na wykwintnej kanapie. Nie wszyscy wiedzą, że matka Slasha, a dokładnie Saula Hudsona, była projektantką kostiumów między innymi dla Davida Bowiego. Widocznie to czego nie łyknął Bowie, donaszał jej synalek. I tak mu już zostało. Niestety wizyta jegomościa w cylindrze, 15. miejsca w rankingu gitarzystów hevymetalowych wszech czasów, nie doszła do skutku, bo nasza stacja matka, uznała, że nie jest on wielką gwiazdą, czyli jak to mawiają dziś nastolatki – nie zwilża ich. No i nie zwilżył. Żałuję.

Nie mniej wesoło było podczas wizyt krajowych przedstawicieli rozrywki. Leon Niemczyk. Człowiek legenda. Aktor legenda i amant to już prawie jak dwie legendy.

Podczas pierwszej wizyty, jeszcze w Polsacie, Leon wtargnął przed nagraniem do mojej garderoby i oświadczył: „Dziecko, ja znam standardy światowe i wiem jak to jest. Masz może kieliszki?". I wyciągnął zza marynarki okazałe pół litra. Kieliszków nie miałem, ale alkoholu ubyło. Do dziś pamiętam jego dobre rady z frontu małżeńskiego. A ten, co tu ukrywać, znał dokładnie. „Mężczyzna powinien mieć swoje zdanie. I w milczeniu się go trzymać" – nauczał. A ja nauki odbierałem, radząc sobie bez kieliszka. **„Pamiętaj: kobiety mają być kochane. A nie zrozumiane"** – snuł rekolekcje i korepetycje w jednym. Był mistrzem życia i królem filmu. Zagrał w ponad czterystu polskich filmach. Nie miał obciachu grać w epizodach. Rzucił mi od niechcenia: „Z rolami w filmach jest jak z seksem. Mogą być i epizody". A wszystko to miało miejsce w garderobie. Szkoda.

Zabawne, że alkoholem zostawionym przez Leona dodawała sobie animuszu podczas swej pierwszej u mnie wizyty Małgosia Kożuchowska. Tak bardzo jej smakował trunek „króla sedesów" (*Chłopaki nie płaczą*), że w programie usilnie próbowała pokazać mi, jak odbywają się skoki spadochronowe w tandemie. Piękny to był czas.

O tym, że Tomasz Raczek jest gejem, mówili przez lata wszyscy z wyjątkiem zainteresowanego. To pewne jak astma u Justyny Kowalczyk, mawiali. Tomasz nie mawiał nic. Nie tylko dlatego zaprosiłem go do swego programu. Chciałem uhonorować jego postać, kulturę słowa oraz wszelakie dokonania łącznie z byciem redaktorem „Playboya", co musiało mu doskwierać w dwójnasób. Tomasz długo odmawiał, pewnie w obawie, że zafunduję mu przymusowy *coming out* na oczach całej Polski. W końcu się zgodził. Ja przesiąknięty jego lękiem, że bezpardonowo będę mu zaglądał w końcowy otwór przewodu pokarmowego, postanowiłem zmajstrować mu niespodziankę i w ogóle nie poruszyłem tego tematu. On przekonany, że innego tematu nie będzie, przygotował swój homoseksualny benefis i przywdział koszulkę z napisem „Jestem gejem", którą ukrył pod koszulą. A jako że rozmowa nie ciążyła w kierunku tematów odbytniczych, Tomasz stracił okazję na spektakularną zmianę masowej percepcji. Opowiedział mi o tym dopiero w garderobie. I tak ojczyzna straciła ciepłego newsa.

Nie mniej ciekawie było z dyrygentem Jerzym Maksymiukiem. Półgeniuszem i półszaleńcem. Mistrz batuty przybył do nas namiętnie namówiony przez Bogusława Kaczyńskiego, którego brawurowa wizyta na kanapach odbiła się szerokim echem, także w świecie fraków i dystyngowanych manier. Jerzy, jak przystało na geniusza, zaklepał termin z dużym wyprzedzeniem i po wielu tygodniach przybył wraz ze swoją fryzurą à la wczesny Kryszak.

Nic nie zwiastowało tragedii. Kompozytor ze swadą opowiadał, jak to nocą wspinał się po rynnach do żeńskich akademików, by tam szukać natchnienia i inspiracji. Jak sam wykupił cały nakład własnej płyty, bo nie podobało mu się brzmienie trąbek. „Na dzisiejsze pieniądze to by było ze dwa miliony" – wyznał. W pewnym momencie stwierdził, że z każdego tępego pnia można zrobić chórzystę, więc zaproponowałem mu eksperyment. Czy będzie w stanie zrobić chórzystów z mojej widowni? Maksymiuk przyklasnął pomysłowi niczym Rubik sobie i zapytał mnie o libretto. „Po polsku czy po włosku?" – profesjonalnie zagaiłem. Miało być w języku ojczystym. „Okej, rzuciłem. Niech to będą jakże polskie słowa: mam to w dupie!".

Dyrygent, pianista, kompozytor wziął się raźno do dzieła i zaczął dyrygować publicznością. Mówcie co chcecie, ale po kilku minutach ze swojskich słów mej niewyszukanej partytury i tabunu widzów uczynił chór. Który lekko, z wyczuciem frazy oraz ciężaru gatunkowego treści, zaśpiewał dupę z podziałem na głosy. To było piękne.

Niestety po chwili nastąpiło coś dziwnego. Mistrz wrócił na kanapę i zapadł się w sobie. Moja pierwsza myśl była taka, że przygniotło go spotkanie z barbarzyńcami i ich namiestnikiem, czyli mną, lecz prawda okazała się bardziej bolesna. Całkiem niedawno zmarła mu żona, jego pierwsza nauczycielka gry na fortepianie. A on, światowiec i zawodowiec, wie, co to znaczy termin i umowa. I chciał się wywiązać. Próbował i nie dał rady. Chwała mu za to.

Nigdy nie wyemitowaliśmy tego programu.

Cudowny był Krzysztof Kolberger, aktor, postać, wrażliwiec, w którym kochali się wszyscy bez względu na płeć. Namawiałem go do wizyty przez kilka lat. Zawsze odpowiadał: „Kubuś, jeszcze nie jestem gotów". Co mogłem począć na takie *dictum*.

Dzwoniłem za rok. A on na to: „Wiesz, tak szczerze, to obecnie chyba jestem jeszcze mniej gotowy niż rok temu. Wybacz. Tak się jakoś porobiło". To ja na to: „Spokojnie, Krzysztof, zadzwonię za rok". On z tym swoim urokiem wszystkiego na to: „Ale masz świadomość, że mi się to może pogłębić".

Było w nim coś tak szlachetnego, coś tak magicznego, że wystarczały mi te nasze coroczne rozmowy o gotowości. Niezwykła postać.

Skoro już jesteśmy przy nieobecnych. Ewa Sałacka. Kobieta przez duże K. Świetna kumpela, łobuz, smakosz życia. Tuż przed wizytą u mnie dzwoni i mówi: „Obejrzeliśmy z Witkiem (jej ówczesny mąż) wszystkie twoje programy. Wiem, jakie pytania zadajesz najczęściej!". Ja nieco zdumiony zapytuje uprzejmie: „I co w związku z tym?". A Ewa stwierdza: „Ano to, że jak cię, kurwa, znam, to przy twojej złośliwości nie zadasz mi żadnego z nich!".

Nieobecny był także u mnie, nieobecny już generalnie, generał Petelicki. Co było zadaniem godnym jego szarży i dokonań, bo przyszedł, ale nie uczestniczył. Jak nasi w finałach mundialu. Generał brygady Sławomir Jan Petelicki, oficer wywiadu, twórca GROM-u, dał się przekonać do wizyty u człowieka, który w wojsku miał kategorię D. Czyli w sytuacji konfliktu wojennego natychmiast zostaje dezerterem.

Jak on pięknie wyglądał. Zaszczycił nas swoją dumną postacią w galowym mundurze, co przyjęło postać jednoosobowej defilady z jakiejś grubej narodowej okazji. Wyglądał tak, że gdyby wybuchła wojna, to on przeciwnika by nie pokonał, tylko zawstydził, że jest źle ubrany w tych swoich okopach. Pech chciał, że tego samego dnia moim gościem była śpiewaczka dziecięca Majka Jeżowska, przesympatyczna i rozgadana. Akurat jej się zebrało na wspominki, że jadąc onegdaj samochodem na trasie Warszawa–Gdańsk liczyła facetów szczających przy drodze. I wyszła jej ilość moczowo znacząca. Niestety te fundamentalne refleksje nie umknęły uwadze generała pomnika. Zasłuchał się przez chwilę i wraz ze słowami: „Co ta szansonistka pierdoli", wycofał się na z góry upatrzone pozycje. Czyli opuścił pole bitwy.

Poszedł sobie.

Miałem też swego czasu jednego jedynego w całej historii programu *Kuba Wojewódzki* gościa, który postanowił uczynić ze swej okrągłej postaci postać sabotażysty.

Niejaki Rudi Szubert, od pewnego momentu znany też jako Schuberth. Pozytywny ten jegomość był legendą kabaretu TEY oraz symbolem tego, że na jednym przeboju można zbudować niejedno życie sceniczne. Kiedy mnie odwiedził, świętował sukces jako prowadzący dosyć popularnego programu pod rozśpiewanym tytułem *Śpiewające fortepiany*.

Niestety miał pecha, bo naszą rozmowę zacząłem od drażliwego zapytania, czy kiedykolwiek miał włosy, czy może natura uczyniła go tak gładko kulistym od zarania Rudiego. No i on wtedy z powagą Mateusza Morawieckiego, zwiastującego kolejne cuda na niebie oraz ziemi, wyznał, że jako młody chłopak miał zaszczyt odrabiać wojsko w stoczni i tam obdarowali go kaskiem ochronnym z okazałym, jak się później wydało, zapasem grzybicy. I rzeczona grzybica uczyniła spustoszenie na łepetynie zarośniętego jeszcze

Rudiego. Co mocno przeżył, a ja ten jego goły czubek potarłem jak lampę Aladyna i wyskoczyły złe wspomnienia. I Rudiemu odeszła ochota do żartów i przekomarzanek. I zamknął się w sobie i na każde moje kunsztowne pytanie odpowiadał: „Tak" lub „Nie". Tylko chwilami wspinając się na jakże wymyślne: „No próbuj, próbuj".

Próbowałem. Do dziś zastanawiam się, komu wyrządził większą krzywdę.

Każdy szanujący się autor programu cyklicznego musi zaliczyć spotkanie z kimś, kto nie ma zielonego pojęcia, kim jest szanujący się autor programu cyklicznego. Na mnie to spadło w roku 2003 wraz z drobną, choć żywotną postacią Janusza Korwin-Mikkego, dożywotniego kandydata na prezydenta kraju. W trakcie przenikliwej debaty wyszło na jaw, że kolega Janusz nie ma zielonego pojęcia, kim jest Michał Wiśniewski, poeta, pieśniarz oraz pierwsza szafiarka kraju, w tamtym czasie popularniejszy od Jezusa. Wyraziłem zdumienie. Na co kilkukrotny prawie prezydent: „Wiśniewski, Wiśniewski. Co się pan tak dziwisz. Ja pana pierwszy raz widzę na oczy".

Urzekła mnie jego historia. Beze mnie. Dziś jesteśmy kolegami na Instagramie.

Cenię gości kreatywnych. A kreatywność w talk-show potrafi być tak przewrotna, że czasami owocuje... milczeniem. Ale jakże twórczym. Siedzą u mnie na kanapach Bogusław Linda i Marcin Dorociński. Wszyscy jesteśmy aktorami, więc siłą rzeczy rozmawiamy również o aktorskim warsztacie. Nagle Bogusław rzuca magiczny termin: grać pauzą.

„Większość swoich postaci filmowych zbudowałem na prostym patencie. Grałem pauzą. Pauza daje szlachetność. Czyni bohatera tajemniczym, niejednoznacznym. Pauza jest trudna, ale opłacalna". I co robi cała nasza trójka? Zaczynamy w programie grać pauzą. Z początku nieśmiałą, płochliwą, z czasem dojrzałą, wymowną i wyrafinowaną. To był odcinek, w którym padło najmniej słów, żartów i bon motów. Ich miejsce wypełniła teatralna pauza.

Pomimo nikczemnej liczby słów oglądalność była większa niż zwykle. Nie ma to jak inteligentnie milczeć na zadany temat.

Najbardziej jednak cenię gości z artystyczną nonszalancją dotyczącą ich wizerunku.

Nieodżałowany mistrz Franciszek Starowieyski. Zapytuję go rzeczowo: „Rozmawia pan czasami z własnym penisem?". On tubalnym głosem szlachetki awanturnika odpowiada: „Oczywiście". „I co pan mu najczęściej mówi?". Na to on: „Pan tu nie stał".

Od blisko siedemnastu lat robimy ten program z tą samą ekipą i największym pytaniem jest to, jak oni ze mną wytrzymują. Płacimy fatalnie, nie dbamy o nich, a na dodatek tworzymy okropną atmosferę.

Kasia. Z wykształcenia kulturoznawca, co już jest pierwszym szokiem. Dziewczyna o aparycji najatrakcyjniejszej nauczycielki w szkole z ładnymi nauczycielkami. Z alternatywą posiadająca kontakt poprzez małżonka-dźwiękowca onegdaj takich tuzów jak Armia czy Izrael.

Kasia, spokojna i taktowna, zasłynęła kiedyś aktem wandalizmu biurowego, gdy poleciłem jej odwołanie gościa, który był już w pociągu do nas. Tym gościem był człowiek o pradawnym polskim nazwisku Schimscheiner, który, co tu ukrywać, pojawiał się u nas zawsze, gdy nie było szans na nikogo innego. Tomasz, przesympatyczny człowiek, słynie z tego, że jak się go szuka w Google'u, to pada wynik: „ale po co", oraz że w filmach głównie gra role pod tytułem „jako". Jako górnik, jako lekarz, jako ginekolog. Ogólnie jako aktor jako taki. Kasia „aktora jako takiego" odwołała, następnie wróciła do biura i w akcie odreagowania przewróciła szafę ścienną.

Ania. Mój firmowy psychoterapeuta. Zresztą z wykształcenia psycholog. Ania ma tak dobry kontakt z ludźmi, że pracuje przy programach *Mam talent* i *Azja Express*. O jednych dba, żeby się dobrze czuli, a o drugich, żeby się nie pozabijali. Ma tak daleko afirmujący stosunek do ludzi i świata, że nosi wszystko, co jej Agnieszka Chylińska zrobi na drutach. A często są to rzeczy świadczące o tym, że Bóg w momencie ich powstawania zajęty był czymś innym. Coś pomiędzy strojem dla czapli a płaskowyżem w Peru. Jej najpiękniejszą historią u nas był fakt udania się na dokumentację do reżysera Andrzeja Żuławskiego i wywarcia na nim takiego wrażenia, że pozostała tam kilka lat. Stając się jego muzą i natchnieniem zdecydowanie bardziej efektywnym niż później koleżanka Rosati. Ta z *Nocnika*.

Filip. Nasz kierownik produkcji, z wykształcenia reżyser. Posłuchajcie tego: Filip jest prawicowcem, kibolem Legii Warszawa, praktykującym rugbistą, ojcem syna-bramkarza, który zaczyna robić międzynarodową karierę. Mało tego, współprodukował legendarny program *Iron Majdan* i dalej pracuje z nami. Bo my mamy tolerancję dla ludzkiej niedoskonałości. „Filo", bo tak na niego mówimy, potrafi spaść z piętrowego łóżka, połamać sobie wszystko i następnego dnia zagrać w meczu rugby. Jego koledzy śpiewają o nim piosenkę na melodię *No Woman, No Cry* – *No Filo, No Fight*. Taki to zawzięty zawodnik. Uwielbiam go. Wiem, że jak do niego zadzwonię w czwartek w nocy i powiem, że potrzebuję na piątek żaglującą zakonnicę, która ma dwie lewe nogi, to on to załatwi.

No i wreszcie Nowy.

Leszek Biolik opowiadał mi kiedyś, że do Republiki trafił w 1991 roku i nagrał z nimi siedem albumów. I zawsze miał ksywkę „Nowy".

I tak jest u nas z Kubą. Kuba dołączył jako ostatni i tak mu zostało, że jest „Nowy". Kuba jest z wykształcenia dziennikarzem, prowadzi obok pracy u nas dwa zespoły: The Bartenders i Cała Góra Barwinków i w przypadku tego drugiego jego główna aktywność sprowadza się do tłumaczenia, że zespół nie nazywa się Cała Góra Barwników tudzież Cała Kura Barwników, tylko inaczej. Kuba jest kibolem muzyki ska i jej praktykującym propagatorem. W naszej firmie ma najlepsze kontakty z gwiazdami disco polo oraz gwiazdami naszej kadry. Taka wąska specjalizacja. To dzięki niemu mieliśmy i Milika, i Martyniuka. Jest sumienny i przejmujący się, więc tym bardziej ja poczuwam się do nieposiadania tych cech u siebie.

Jest też Tomek, ciekawa historia. W liceum kolega mojego brata, przyjaciel prawie, po studiach kolega mój, przyjaciel prawie. Od dwudziestu pięciu lat pracujemy razem i nie rżniemy się na kasę. To w branży rzadkość. Tomek jest szarą eminencją naszego programu, więc aby jego szarości nie brukać, zakończę swą na jego temat wypowiedź.

Dziewczyną, która dba o to, abym co tydzień wyglądał jak zbieg z uroczystej komunii świętej, jest Olga. Nasza programowa Marilyn Monroe. Kocha modę, a najlepszym pomnikiem tej miłości jest ona sama. Nie muszę z nią rozmawiać, żeby wyglądać jak laureat konkursu na najlepiej ubranego prawie Polaka. Zna mój gust i naprawia gustu brak. Z tymi konkursami jest trochę jak z wyborami w Rosji. Są laureaci, ale tak naprawdę nie wiadomo, kto wygrał. Pamiętam, jak zadzwonili do mnie kiedyś z „Glamour" i „Playboya". Miły głos oświadczył, że w rankingu na najlepiej ubranego wygrałem właśnie ja i moje ubrania i gala jest wtedy i wtedy, i z kim wtedy a wtedy przyjdę. Ja na to, że mi miło, ale raczej nie bywam i proszę przysłać mi medal pocztą. Miłe głosy upewniły się, czy na pewno nie zaszczycę, i podziękowały. Kiedy ogłoszono wyniki, nie było mnie wśród laureatów. Bo zasada jest prosta. Wygrywają ci, którzy współpracują. Jak w PZPR-ze i IV RP.

Muzykę podczas programu podgrywa Igor, przesympatyczny facet, o którym ciągle krążą plotki, że się ożenił z jakąś wokalistką, tylko nikt nie wie z jaką. Jest zdolny, taktowny, gra na akordeonie i pisze piękną muzykę filmową. Niestety na razie do nieistniejących filmów. Obok niego stoi jakaś ruchliwa pani i też gra. Mało o niej wiem.

Jest jeszcze Alicja, zwana „Alisono", sprawiająca wrażenie greckiej bogini, która przypłynęła tu przed laty i to nie na pontonie, ale na pokładzie eleganckiego statku pasażerskiego. Alicja zajmuje się moją twarzą i coraz częściej dochodzą do mnie jej słowa: „To już nie jest make up. To pełna charakteryzacja".

I Daniello, czyli Daniel, ale ja do niego zwracam się Daniello, a on do mnie Parysie. To on już od lat jest twórcą na mojej głowie czegoś, co Ewa Błachnio nazwała „Archiwum X polskiego fryzjerstwa".

No i Gustaw, nasz kierownik planu, inspicjent i dobry duch. To on właściwie prowadzi mój program w studiu, zanim pojawię się ja. Program bez Gustawa jest niepełny i nigdy mu tego nie powiedziałem – teraz jest świetna okazja. I jest jeszcze wiele, wiele osób, którym dziękuję, że trwają przy mnie pomimo mej przestępczej lucyferowatości.

A teraz będzie zdanie, w które nikt mi nie uwierzy, więc można raczej przestać czytać dalej...

Jednak jeśli, szanowny czytelniku, zostałeś, to piszę. Nigdy nie chciałem być tak zwaną gwiazdą w Polsce. Zresztą dziś coraz trudniej ustalić już nie to, kto jest gwiazdą, ale to, kto nią nie jest.

Wspominam w tej materii krótką wymianę zdań z Maćkiem Stuhrem:

– Mnie rozpoznali kiedyś w Afryce.

Maciej na to:

– Wyłącznie. Ale jako kogo?

No czyż nie pyszne?

W Polsce mojej młodości zacnie było być człowiekiem zdolnym. Wtedy poprzez swoje dokonania zyskiwało się uznanie, a potem coś w rodzaju sławy.

Dziś zaczyna się od **sławy**,
rzadko przychodzi **uznanie,**
a na **dokonania** to już raczej brakuje czasu.

Głównie poprzez tracenie życia na tak zwanych ściankach w pożyczonych ciuchach, z pożyczonymi minami i myślami.

Jak to ładnie ujął sir Laurence Olivier: „Był czas, gdy aktorki chciały zostać gwiazdami, teraz mamy coraz więcej gwiazd, które chciałyby zostać aktorkami". Brooke Shields, podobno aktorka, której rola w *Błękitnej lagunie* zwiększyła odsetek chłopców uprawiających masturbację nawet na Antarktydzie, powiedziała kiedyś: „Palenie zabija. A kiedy coś cię zabija, wtedy odbiera ci bardzo ważną część twojego życia". Brawurowe i bezkompromisowe. Przekładając to na język naszej szoł-biznesowej narracji, można powiedzieć: „Bycie gwiazdą zabija. A kiedy coś cię zabija, to odbiera ci ochotę do robienia czegokolwiek z sensem, bo już nie musisz". Bo u nas obecnie zostaje się gwiazdą raz na zawsze. Kolorowe magazyny, kolorowi redaktorzy magazynów, kolorowe anonimowe trolle z serwisów internetowych będą dbali, żeby utrzymać cię przy życiu, ale tylko po to, by cię regularnie obsrywać niechęcią oraz wnikliwą diagnozą twej nikczemności. I tak w kółko na karuzeli wzajemnych zależności.

Zbyszek Wodecki u mnie:

– Można wyjść z gorzały, można wyjść z narkotyków, ale z głodu popularności jest bardzo ciężko wyjść.

Ja:

– Ale to jest teraz biograficzna opowieść o tej gorzale i narkotykach?

– Tak. Ja wszystkiego próbowałem, jak każdy normalny człowiek.

– Dziękuję ci za definicję normalnego człowieka!

Mamy gigantyczny popyt na gwiazdy i prawie całkowity brak podaży.

Gdyby Edyta Herbuś zatrzasnęła się na tydzień w toi toiu, to z hukiem upadłoby kilka gazet.

W materii gwiazdorskiej najbardziej podoba mi się scena z landrynkowego, choć niezapomnianego filmu *Pretty Woman*. Tam gwiazdy na chodniku przy Hollywood Boulevard wyznaczają rewiry prostytutek. Jakie to pięknie symboliczne. I mocno aktualne.

Lubię siebie i mam papiery na to, dlaczego tak jest. Lubię ludzi, którzy potrafią siebie doceniać, ale nie w ten sposób, że lajkują swoje wpisy na Instagramie.

Rozmowa z Robertem Lewandowskim:

– Robert, wolisz o piłce nożnej czy wolisz o życiu?

– Wiesz co? O piłce nożnej to mniej.

– To ja cię zapytam o życie. Wyobraź sobie trójkąt: Messi–Ronaldo–Lewandowski. Taki życiowy trójkąt.

Robert na to:

– Zaczyna się. Przecież oni nie zawsze są piłkarzami. Wracają do domu.

– Powiedz mi, na którym miejscu stawiasz siebie? Tylko tak serio.

– Wyjeżdżając kiedyś z Polski, miałem taki kompleks trochę chyba takiego typowego Polaka, że skoro jestem z Polski, to mogę być gorszy. Ale im dłużej grałem, im dłużej byłem za granicą, tym częściej myślałem, że dlaczego ja, Polak, mam się czuć gorszy, jeśli mogę osiągać to samo, a nawet też inne rzeczy, których nie osiągnął nikt wcześniej. Wydaje mi się, że moja pewność siebie też wzrosła. Jeśli mam takie pytanie: Messi, Ronaldo... Okej, to są wybitni piłkarze, ja się cieszę, że gram w tym samym czasie co oni... No bo to zdarza się pewnie raz na sto lat.

Ja tu tradycyjnie i kompetentnie dodaję:

– To znaczy u nas, w naszym kraju, zdarzyło się po raz pierwszy. To znaczy może za Chrobrego był taki piłkarz, ale...

– Ale chodzi mi o to, że ja się cieszę, że mogę grać w ich czasach.

– Aha.

– Bo to też pokazuje, na jakim poziomie jestem.

– Czyli na pierwszym miejscu stawiasz siebie, dobrze zrozumiałem?

– A czemu nie?

– Naprawdę?

– No.

– Wiesz co, jesteś bezczelny.

Bycie gwiazdą w Polsce jest trochę jak bycie najzdrowszym pacjentem w psychiatryku. Wszyscy ci się przyglądają trochę z podziwem, trochę z zazdrością, ale przede wszystkim z podejrzliwością. Wiedzą, że też jesteś popierdolony, tylko jakoś tak inaczej, ciekawiej jakby trochę. Ale jak się zbytnio oderwiesz od stada, to już ono cię przypilnuje, żebyś nie fikał. Tu jest Polska, każdy ma obowiązek być taki sam.

Pamiętacie Randle'a Patricka McMurphy'ego z *Lotu nad kukułczym gniazdem*? „Jeśli pan nie chce przyjąć lekarstwa doustnie, będziemy je musieli zaaplikować w inny sposób. Nie sądzę jednak, by się to panu spodobało". Tako rzekł ideał kobiety każdego masochisty, siostra Ratched.

Tak u nas działają media. Jeśli nie chcesz przyjąć do wiadomości, że jesteś zerem, które na domiar złego się kończy, będziemy cię musieli poinformować o tym w inny sposób. Czyli dobierzemy ci się do dupy... Jesteśmy ciągle prowincjonalnym krajem i gwiazdorstwo ma taki lekko folwarczny urok. Kiedyś gwiazda to było ciało niebieskie, dziś przeważnie jest to ciało silikonowe, w swej nieskrępowanej niewiedzy, dosadnie zielone, z coraz dziwniejszym wyrazem twarzy, jakby zadziwionym poranną konfrontacją z sobą samym. Jak powszechnie wiadomo, gwiazdy nie mogą być widoczne bez ciemności, a tej u nas niestety nie brakuje. Także po stronie czytelnika. I nie ma co ukrywać, raczej tworzy je to smutne tło niż coraz bardziej wątpliwy blask osobisty.

Rozmowa z Marcinem Gortatem też przekonała mnie, że nie opłaca się być wielką gwiazdą:

– Jak na ciebie reagują sprzedawcy w sklepie, gdy wchodzisz kupić sobie, nie wiem, T-shirt?

Marcin odpowiada:

– Nie ma rabatów!

– Tak mówią?

– Zazwyczaj.

Największym sukcesem krajowej współczesności ostatnich lat jest sprawne korzystanie z wolnego rynku. Także wolnego rynku nienawiści, niechęci, małostkowości czy najzwyklejszej ludzkiej zazdrości.

Krystyna Janda opowiadała mi kiedyś:

– Mam takiego pana, którego zatrudniam, który likwiduje co rano hejty.

– Jezus Maria, to on pracuje 24 godziny na dobę u pani.

– Nie, tylko rano, likwiduje po całym dniu.

– Ale jak można panią hejtować? Jakie są hejty?

– „Ty komunistyczna kurwo, spierdalaj z tego kraju".

– Ktoś tak napisał?!

– A ja mówię na to: „kurwa" rozumiem, ale „komunistyczna"?

Miłość części Polaków do tak zwanych gwiazd nie jest ślepa, jest po prostu upośledzona. Jeśli byłeś/byłaś, drogi/droga czytelniku/czytelniczko, w swojej klasie najgrubszym, najgłupszym, obsypanym trądzikiem dziwakiem, to nie towarzyszył ci tłum kibiców. Kiedy jesteś osobą publiczną, ciągniesz za sobą welon kolędników, którzy bardzo chętnie, z wielką starannością codziennie przypomną ci o twojej ohydzie.

Można odnieść wrażenie, że rozwój ruchu celebrytów zaowocował odwrotnością znanego porzekadła: „Gdy spada gwiazda, pomyśl jakieś marzenie". U nas marzeniem jest, by gwiazda spadła. Co oczywiście tak przekornym i wspak myślącym jednostkom jak ja dostarczy tylko motywacji do trwania.

Do tego dochodzą coraz bardziej zauważalne różnice finansowe, a co tu ukrywać, niektórym ciężko jest sobie poradzić z dobrobytem innych. I tu też mamy narastający klincz. Jest bowiem tylko jedna grupa ludzi, która myśli więcej o pieniądzach niż ci, którzy je mają. Ci, którzy ich nie mają. I zrobią wiele, aby twoje posiadanie było jak najbardziej bolesne.

Pudelek, Plotek i reszta to nic innego jak mentalność PiS-u w wersji pop. Przebierańcy bez charyzmy i polotu. Zawsze uważałem, że największą krzywdę tym wszystkim nienawistnikom robisz tylko w jednym przypadku. Gdy trwasz.

No i tkwię w tym trwaniu lub trwam w tym tkwieniu, cytując mistrza Sapkowskiego: „Na pohybel skurwysynom". „Nie chcę iść do nieba, w piekle można spotkać ciekawszych ludzi" – tak miał powiedzieć tuż przed śmiercią niezapomniany Farinelli rocka, Freddie Mercury.

Ja też chyba gdzie indziej szukam towarzystwa. Choć uczciwie muszę powiedzieć, że nie żałuję żadnej znajomości z szoł-biznesu, bo nawet te najbardziej fałszywe i narcystyczne mordy mnie czegoś nauczyły. Szacunku do siebie. A po latach doszedłem do jedynego słusznego wniosku, że jedyne zło, jakie prasa może wyrządzić człowiekowi, to wydrukować wiadomość o jego śmierci.

Mój najbliższy przyjaciel Piotr Ziarkowski jest spoza tego środowiska. I dlatego jest dla mnie tak ważny. Dba o to, abym chodził po ziemi, ale nie tracił skrzydeł. Trzeba mieć wokół siebie takich ludzi.

Inną sprawą jest fakt, że niektóre rozmowy w moim programie uświadamiały mi, że nie ogarniałem wszystkiego tak, jak mogłem.

Na przykład taka sobie pogawędka znów z Edytą Górniak:

– Zawsze mi się podobałaś, tylko po prostu...

– Tylko? – prowokacyjnie pyta artystka. – Nie było okazji.

– A miałaś chociaż raz w życiu, tak szczerze, taki kaprys, żeby mieć ze mną romans? Nie wiem, użyć mnie, potem wyrzucić, kopnąć z łóżka, powiedzieć: „Idź, znudziłeś mi się, wracaj tym swoim ferrari do swego samczego świata".

I co słyszę?

– Miałam.

Jak żyć, panie premierze? Chociaż to pytanie w kontekście Mateusza Morawieckiego traci swój rozrywkowy charakter. Bo on sam ewidentnie ma z tym problem.

Nigdy mi się w głowie nie mieściło, że wokół tak wielu nikczemnie niezdolnych, aroganckich i zakochanych w sobie bęcwałów z umysłowością szybką jak sanki w maju może powstać prawdziwy, realny przemysł. Fabryka codziennych relacji z życia samotnych nieudaczników potrafiących perfekcyjnie udawać zdolnych i szczęśliwych. Ale jak to mawia mój kolega, zdeklarowany i wyzwolony gej: „Jak się coś nie mieści w głowie, to trzeba mieć to w dupie". Co też z perwersyjną przyjemnością czynię.

Z Darkiem Krupą, zdolnym gitarzystą, byłym mężem Edyty Górniak, obecnie przebywającym w zakładzie karnym, onegdaj zadęliśmy w tej kwestii:

– Ja nie lubię show-biznesu, ja uważam siebie za jednoosobową subkulturę na krawędzi polskiego show-biznesu. Zastanawia mnie: co ty tutaj robisz? Przecież to są wilki, a ty taki wrażliwy.

Darek zdumiony:

– Kuba, no ale ty nie lubisz show-biznesu?

– Nie lubię.

– Przecież jesteś królem show-biznesu.

– Spokojnie. Król może gardzić swoimi poddanymi.

Moje gwiazdorstwo *à rebours* jest tradycyjnie po polsku dwubiegunowe. Co innego mówi ulica, co innego wytworne towarzystwo w sieci.

Kiedyś Krzysztof Materna podał mi swoją definicję przywileju bycia gwiazdą. To, jego zdaniem, ten niezwykły moment, kiedy na ulicy uśmiechają się do ciebie obcy ludzie. W naszym kraju obyczaj, przyznajmy, dość unikatowy i egzotyczny. I takich chwil doświadczyłem co niemiara. Co nie zmienia faktu, że ciągle tkwi w mojej głowie podejrzenie, że ten miło uśmiechający się jegomość na ulicy Jana Pawła Numer Dwa za chwilę wyjmie smartfona i podzieli się z cyberświatem informacją, że właśnie minął tego pedała z TVN-u. Bo hipokryzja, nazywana salonowo podwójnym standardem, to nasza choroba narodowa. To nasza grypa hiszpanka. **Wirusowe zapalenie dusz**. Mając niskie mniemanie o sobie, mamy niskie mniemanie o sobie jako społeczeństwo, pasiemy w sobie tego wewnętrznego krytyka, który nienawidzi wszystkich. Lepszych, bo są lepsi, gorszych, bo są gorsi, a takich samych, że nie są ani jednymi, ani drugimi. Jesteśmy championami dwulicowości. Nie dajemy sobie rady z dobrobytem innych.

Jurek Owsiak był w swoim czasie moim gościem i o tym właśnie rozmawialiśmy.

Ja:

– Wiesz, ilu ja znam taksówkarzy, którzy czasami wiozą mnie przez Wilanów i mówią tak: „Widzi pan? Ten, ten, ten – wszystko Owsiaka!"?

Jurek na to:

– A to ja jechałem z taksówkarzem, który mi to mówił! Jest noc, siedzimy i tak jedziemy, jedziemy, ja tam podaję adres, taka rozmowa (nie poznał mnie), mówi: „Widzi pan? I ten domek, albo ten, albo ten jest Owsiaka. Panie, że też, kuźwa nie ma nad tym kontroli!". I jak już dojechaliśmy do samego punktu mówię: „Bardzo panu dziękuję". „Pan Jurek?". „Tak, ja tu właśnie mieszkam". „Wie pan, ludzie tak pierdolą od rzeczy".

Dziś z nostalgią wspominam, kiedy w pierwszym sezonie programu *Idol* udałem się z ówczesną moją narzeczoną do popularnego sushi baru przy ulicy Moliera. Kiedy tylko weszliśmy, czteroosobowa rodzina w trybie niezwłocznym przechodzącym w raptowny uiściła rachunek i obdarzając mnie nienawistnym spojrzeniem, ustami swojej głowy wysyczała: „Nie będziemy konsumować tam, gdzie jada TEN". W roli tytułowej oczywiście ja sam. To było piękne, szczere i uczciwe. Dziś pewnie skrupulatnie pobraliby autografy, zainscenizowali rytualne selfie („selfiaka", jak mawia Agata Młynarska), a dopiero później uiścili należną opłatę w nietolerancji. „Coś w Polsce pękło, coś się skończyło", jak prawił klasyczny już tytuł.

Jak mnie ktoś zapyta, co ma wspólnego gwiazdorstwo z hipokryzją, odpowiem znamienitą w czerstwości anegdotą Karola Strasburgera z *Familiady*: „Co ma wspólnego łyżka z jesienią? Je się nią". To tyle.

Bycie popularnym to dwuznaczna sytuacja. Ładnie to kiedyś opowiedział u mnie Adam Michnik.

Zagajam go pytaniem z takiej właśnie półki:

– Myśli pan, że jestem popularniejszy niż Jarosław Kaczyński?

On:

– Jest taka hipoteza, przy której ja bym się upierał.

– Że?

– Że pan jest bardziej popularny niż Jarosław Kaczyński. Ale muszę panu powiedzieć, że to jest najbardziej wątpliwy komplement, jaki o panu można powiedzieć.

Odjedźmy na chwilę od tego tematu.

Właściwie to sam nie wiem, dlaczego zostałem tak namiętnym użytkownikiem aut. Do dwudziestego chyba roku życia jedyną formą zainteresowania motoryzacją było przyglądanie się, jak mój starszy brat poleruje i nabłyszcza nasz familijny dobytek.

Auto nieodzownie kojarzy mi się z emocją, a pomimo licznych prób nie potrafiłem wykrzesać emocji, spoglądając na nasze fiaty, łady czy trabanta. Ten ostatni to prawdziwa lukstorpeda. Ktoś kiedyś widział napis na opakowaniu stroju Supermana dla dzieci: „Włożenie tego kostiumu nie umożliwia latania". Ten automobil powinien mieć podobną etykietkę: „Uruchomienie tego pojazdu nie zapewni ci jazdy". To była limitowana edycja samochodu. Ewidentnie jego producent w kraju o dumnej nazwie NRD, czytaj: „nerd", nie chciał przekroczyć żadnego limitu przy jego produkcji i ewidentnie mu się udało. Trabant to samochód obciach. Podobno znane były przypadki, że jak ktoś kogoś na ulicy potrącił trabantem, to delikwent pomimo licznych ran, uciekał z miejsca wypadku. Bo mu było wstyd przed milicją i łapiduchami z pogotowia. W tym właśnie pojeździe zaliczyłem moją pierwszą kafkowską refleksję. O metafizyce przemijaniu i mrocznej niepewności.

Było to na trasie Grójec–Warszawa, na której mój ojciec, kierowca mało wyczynowy, pomimo zaśnieżonej drogi odwalał rekord toru. No i w pewnym momencie, w otoczeniu zaśnieżonych jabłkowych sadów, naszym tekturowym wehikułem zaczęło rzucać jak Adamem Hofmanem po Madrycie. Czyli stary zaliczył swój debiutancki poślizg. Mama, jak to matka, asystowała mu w tej upiornej chwili, łapiąc za rękaw z okrzykiem: „Bogdan, zrób coś". Bardzo logiczne kobiece zachowanie.

Polskie drogi to też nie jest lunapark. Co drugi kierowca śmiało mógłby mieć na zderzaku naklejkę z hasłem: „Uważaj na idiotę, który za mną jedzie". I papcio niestety dołączył do tej wesołej gromadki, naciskając pedał gazu niczym w adaptacji *Szybkich i wściekłych*. Bogdan, jak sam później wyznał, ledwo uchodząc z życiem w papierowym automobilu, przypomniał sobie, czego go uczyli na kompletach na prawo jazdy. I tak też uczynił, ratując całą familię przed transformacją w lokalnych zombie. Wyprowadził bolid ze śmiertelnego poślizgu, a ja, wcześniej pożegnawszy się z życiem i podążając już w kierunku ciemności, mogłem schłodzić procesor.

Mieliście w życiu taki moment, kiedy wasze przeznaczenie rysowało się w postaci swojskiego przydrożnego rowu, przytulnie usłanego śniegiem? Ja miałem. Mało tego: rydwan tatusia był tak rozchybotany, że ja swoją młodą wyobraźnią byłem w rowie jeszcze przed nim. To dziwne uczucie. Taki mały prywatny Paryż–Dakar, tylko na krótszej trasie Grójec–Wieczność.

Wiele lat później przeczytam wywiad z Billem Gatesem, który spróbował wody wyprodukowanej z kupy. Miał mieszane uczucia. Ja podczas szarży ojca też. To było moje małe wprowadzenie do filmu *Oszukać przeznaczenie*. Taki prequel.

Moim pierwszym autem, które dostałem od rodziców, była łada 1300 o kolorze wodnistej, musztardowej kupy niemowlaka. Podobno z kupy niemowlaka można sporo wyczytać. Co innego mówi smółka, co innego kupa zielona, a jeszcze inną historię ciągnie za sobą tak zwana naprawdę luźna kupa.

> Sporo powyższej wiedzy uzupełni mi po latach Sebastian Karpiel-Bułecka, świeżo upieczony ojciec srającego noworodka.
> „Kupa staje się wyznacznikiem twego nastroju – rzecze mój góralski kolega.
> – Dobra kupa, dobry nastrój. Słaba kupa, słaby nastrój. Generalnie przesrane".

I tak było z tą ładą. Trudno w to dzisiaj uwierzyć, ale wówczas to był samochód z tak zwanej górnej półki. Na talon. Samo posiadanie pieniędzy nie wystarczyło. Trzeba było jeszcze mieć dojście do kogoś, kto gwarantował ci bumagę na odjazd. Czyli inny samochód. Dwuletni radziecki automobil zwany w swojej bohaterskiej ojczyźnie żyguli 1300. Dokładnie jakby dzielni konstruktorzy przeczuwali, jakie czynności będą w nim miały miejsce najczęściej. Przyspieszenie mego musztardowego mustanga od zera do setki powinno zająć według producenta 18 sekund, a moim zdaniem trwało tydzień. Co, jak sami wiecie, nawet w tamtych czasach nie stanowiło pomocnej siły w wyrywaniu dziewcząt na motoryzacyjny luksus.

ZSRR był krajem 55 razy większym od PRL-u, a więc przeciętny posiadacz łady miał tam i miejsce, i czas, aby się skutecznie rozpędzić. Auto miało cudowną plastikową tapicerkę, dla niepoznaki tylko udającą skórę. To się chyba w języku fachowców nazywało derma. W odcieniu brązowych upławów. Komfort i luksus. Zimą kurewsko zimno w dupę, za to latem kurewsko gorąco. Podczas jednej z romantycznych randek złamałem oparcie przedniego siedzenia. Moja koleżanka ze studiów podczas konsumowania orgazmu zyskiwała potencjał Roberta Burnejki i oparcie w tym starciu przegrało. Niestety tak zwany autoryzowany serwis w postaci pana z palnikiem acetylenowo-tlenowym zaproponował mi tylko jedno rozwiązanie serwisowe: spawanie. „Może się trochę tapicerka okopcić, ale spaw nie puści" – zapewniał mnie pan mistrz z obsługi klienta. Postanowiłem kontynuować swoją podróż życia w wersji z siedzeniem wiecznie rozłożonym.

Prędkość maksymalna bolidu powinna sięgać astronomicznych wartości 145 kilometrów na godzinę. Niestety zdarzało się to rzadko. No ale dobry marynarz to i po Morzu Martwym popłynie, więc zdarzały się rekordy. To niebywałe, że naród, który wydał z siebie dwudziestu siedmiu noblistów, zmajstrował takie kuriozum. Przy 130 kilometrach na godzinę limuzyna wpadała w drgawki niczym kapsuła statku kosmicznego Sojuz. W języku medyków to się nazywa drżenie samoistne. Następnie pojawiała się pląsawica polekowa, by w finale przejść do tak zwanej rzucawki. Auto zaczynało żyć własnym życiem bez względu na to, co wdusiłeś, na co nadepnąłeś lub co urwałeś. *Deus ex machina*. Poza wszystkim przeciekał korek do baku z paliwem.

A więc ustalenie średniego zużycia benzyny było raczej nie-wykonalne bez względu na kryteria diagnostyczne.

Podobno zapach benzyny działa na tę część mózgu, któ-ra jest odpowiedzialna za przyjemność. Może dlatego ciągle mam z tym autem kilka miłych wspomnień. Zresztą nie tylko ja tak mam. Tomek Ciachorowski wyznał mi, że bar-dzo lubi zapach spalin, butaprenu, farby olejnej i benzyny. Ma więc nade mną fantazyjną przewagę.

Generalnie jednak ktoś, kto spłodził takie monstrum jak łada, nie mógł w efekcie wygrać wyścigu zbrojeń.

Po niej był używany ford escort zakupiony w Mławie. Nie chcę być posądzony o rasizm, ale sprzedać samochód o dziesięć lat starszy jako dziesięć lat młodszy to naprawdę spory talent. Jakiś motoryzacyjny Don Wasyl tak skutecz-nie wykaligrafował kartę pojazdu, że omsknął się o de-kadę. Tradycja podobno zakazuje Romom jakiegokolwiek kontaktu z przedstawicielami prawa, więc jako człowiek wychowany w szacunku dla cudzej tradycji dostosowałem się do niej i nie zawiadomiłem stosownych organów. A że w Mławie urodził się Grzegorz Skawiński, dożywotni lider zespołu Kombi, to wybaczam tamtejszym mechanikom małą obsuwę w czasie.

Odbyłem tym fordem zielony metallic swoją pierwszą motoryzacyjną podróż zagraniczną do Danii. Z Pawłem Zaissem i Piotrkiem Łukaszewskim, ówczesnym liderem zespołu IRA. Wtedy to, znudzeni spokojem i niezmienno-ścią pejzaży niemieckich autostrad, wymyśliliśmy typowo polską zabawę. Może się w nią bawić dowolna liczba osób znajdujących się czasowo w samochodzie. Zaopatrujemy się w sporych kształtów kawałki kartonu i na jednej stronie piszemy „Żyd", a na drugiej „nie Żyd". I w zależności od tego, czy to my wyprzedzaliśmy, czy nas wyprzedzano, stanowiliśmy prawo o stosownej przynależności etnicznej uczestników ruchu kołowego. Po prostu pokazywaliśmy w oknie własny werdykt. Duża uciecha dla obu stron. Mijający nas ludzie uśmiechali się życzliwie, a niektórzy to nawet machali. Ci bardziej spontaniczni pokazywali kciuki do góry. My im mały komunikacyjny pogrom, a oni uciecha. My kartonowe prześladowanko, a oni uśmiechy. To było dla nas nowe doświadczenie wobec rodzimego antysyjonizmu.

Podobno Adolf Hitler przyznał kiedyś wysoki rangą medal mężczyźnie, który opowiedział mu zabawny dowcip. My chyba wtedy sobie też.

Następny był golf II GTI. Właściwie kupiłem go wyłącznie dla tych trzech liter. No i jeszcze miał 16V. Zabawne, że w ogóle nie wiedziałem, co to znaczy. Wystarczy, że brzmiało groźnie. Nabyłem go w Białymstoku, a więc znowu blisko kolorowych jarmarków.

Tym razem jednak zakres szkód był o niebo mniejszy. Zaledwie cztery łyse opony oraz wspomaganie w takim stanie, że ostre zakręty pokonywałem, gimnastykując jednocześnie pośladki. Miałem wtedy poczucie, że jestem posiadaczem najszybszego samochodu w kraju i jak się dobrze w niedzielę rozpędzę, to przyjadę jeszcze w sobotę pod wieczór. 139 koni pod maską dawało mi poczucie bycia Emersonem Fittipaldim. No i ten szybkościomierz wyskalowany do 260 kilometrów na godzinę. Jakiś radosny Germaniec zagalopował się o dobre 60 kilometrów. Jeżdżąc nim, byłem niczym pomnik Cristiano Ronaldo w Funchal.

Miałem spiżową erekcję. Atutem golfa II była solidna maska. Sprawdziłem kiedyś z koleżanką w Lasku Bielańskim. I to wcale nie w wypadku samochodowym.

Następny to wspominany już volkswagen corrado G60. To już była klasa światowa. Gdy przekraczałem 140 kilometrów na godzinę, samoistnie zamykał się szyberdach. Jak przekraczałem 120, automatycznie wysuwał się tylny spojler. W związku z tym całymi dniami jeździłem z tymi prędkościami po mieście, imponując swoim koleżankom potencjałem technologicznym mojego nowego wehikułu. Był też pierwszym samochodem, który dosyć wyraźnie nie spodobał się tylko mnie. A działo się to na Ursynowie, gdzie stacjonowałem czasowo u swej aktualnej dziewczyny. Dwóch jegomościów nocną porą próbowało sforsować w moim wehikule uchwyt na skrzynię biegów. To były takie czasy, że z przestępcami nie walczyło się wysublimowaną techniką, tylko kowalskim rozmachem. Udawałeś się, bratku, do stosownego zakładu z sektora metalurgicznego, a tam pan majster przewiercał ci wał korbowy, skrzynię biegów oraz generalnie poczucie estetyki i instalował tytanową blokadę wielkości kowadła. To się chyba nazywało multi lock. Działanie tego urządzenia było niesłychanie proste. Złodziej zaglądał przez okno, widział w aucie pomiędzy przednimi siedzeniami mechanizm wyglądający jak urządzenie do obróbki skrawaniem i znesmaczony rezygnował ze złodziejskiego procederu. Niestety ja trafiłem na pracowników o niskim poziomie smaku, którzy po sforsowaniu drzwi próbowali piłą do wycinania puszczy uciąć mi drążek zmiany biegów. Obudzony niepokojącym szuraniem udałem się na balkon, z którego poinformowałem obu przyszłych posiadaczy mojego volkswagena, że stosowne posiłki zostały wezwane i że zaraz poznam ich twarze. Z opryszkami często bywa tak, że podążają za głosem swego złodziejskiego serca, ale nie zawsze biorąc ze sobą szarą substancję mózgu. Ci na przykład pracowali bez kamuflażu. Oni w odpowiedzi na moje postulaty wyznali, że podpalą mi mieszkanie. Ot, typowa wymiana uprzejmości. Biznes to biznes. Od razu zrobiło mi się ich żal. A może byli z patologicznej rodziny? A może byli tak biedni, że mieli studniówkę w Biedronce? A może mieli umysły zdezelowane jak sprzęt ogrodowy? Zabawne było to, że gdy przyjechała policja, to zapytałem ich, czy – uwaga – zdejmą odciski palców z miejsca przestępstwa. A co! Oglądało się Kojaka, Kolombo i Borewicza w młodości. Czasami jednak bywa tak, że na swej drodze życiowej spotykasz osoby, których nie należy wkurwiać. I ja akurat miałem to szczęście. Bo to byli oni. Funkcjonariusze. Rzucili wiązankę, w której pomiędzy słowami powszechnie uznanymi za obraźliwe pojawiły się określenia: statystyki, wykrywalność i zjebać. Z tych komunikatów, które zrozumiałem, skleciłem logiczną w sumie wypowiedź, że odcisków nie zdejmą.

Następnie opel calibra. Po raz pierwszy padłem ofiarą czegoś, co będzie mi towarzyszyło od tej pory przez resztę życia. Potrzeby zmiany dla samej zmiany. Opla nabyłem w Białymstoku, co po raz kolejny dawało mi poczucie, że tamten rejon szybciej oswoił się z kapitalizmem, nawet jeśli oznaczało to wprowadzanie do obrotu nie zawsze swojego mienia. Co zabawne, już podczas drogi powrotnej do domu zrozumiałem, że auto, przypominające odwłok srebrnego żuka w trakcie defekacji, nie wzbudza moich wielkich namiętności. Żuk gnojowy nie spędził ze mną wiele czasu, nie miałem nawet potrzeby, aby go u siebie zameldować, a czym kończyło się jeżdżenie po stolicy na blachach z Białegostoku, wie każdy z Białegostoku jeżdżący po stolicy. Lusterka boczne, znaczki i antenę zmieniałem w trybie rotacji stałej. Już wtedy czułem się jak uczestnik rolniczego marszu gwieździstego na Warszawę. Byłem bojkotowany bez względu na intencję. Ale widocznie stołeczny wieśniak, który przyjechał wcześniej, nie znosił konkurencji stołecznego wieśniaka, który zjechał później. Zawsze zresztą mawiałem, że gdyby w naszym mieście wieśniacy mogli świecić, stolica w nocy wyglądałaby jak Las Vegas.

Auto, jak powszechnie wiadomo, jest dla mężczyzny przedłużeniem tego i owego. W tym przypadku przedłużenie nie działało. Co nie przeszkadzało mu, temu oplu, stać się kultowym obiektem wiejskiego tuningu na najbliższe dekady. Można go było podrasować wszystkim. Kawałkiem rynny, starą papą, eternitem czy odpadami z sieci wodociągowej, dzięki czemu coraz bardziej wyglądał jak bolid, ku chwale swych szczerbatych właścicieli.

Po niemieckim doświadczeniu nadszedł jedyny w moim życiu moment zmiany na produkt japoński. To tak, jakbym z messerschmitta przesiadł się na wibrator. Toyota MR2. Zwana przez moich przyjaciół Barbie carem lub autem mineciarskim. Wśród tak zwanych specjalistów auto miało ksywkę „little ferrari", co ewidentnie świadczyło o urojeniach autora tego komplementu. Auto było małe, jeździło bokiem, miało zdejmowany szklany dach, którego obecność wprowadzała prostą zależność: im mocniej świeciło słońce, tym szybciej jeździł właściciel. Co zapewne przyczyniało się do zwiększenia śmiertelnych zejść posiadaczy MR2 w piękne słoneczne dni. Silnik był z tyłu, ale auto czasem jeździło, jakby go w ogóle nie było. Do tych uskrzydlających informacji dołączył stołeczny serwis Toyoty, który powiedział mi, że mogą mi tylko albo zmienić olej, albo znaczek. Bo tych aut nie serwisują. I w istocie posiadanie MR2 w sytuacji krytycznej podnosiło jej krytyczność o level wyżej.

Kiedy w drodze na festiwal w Węgorzewie, gdzie pełniłem, jak zwykle w życiu, rolę jurora, złapałem gumę, problemy zaczęły się mnożyć jak rodzina Terlikowskich.

Najpierw się okazało, że lewarek do podnoszenia auta owszem jest, ale można nim podnieść wyłącznie inne auto. Klucze do kół są idealne, ale do całkiem innych kół, a dojazdowe koło skryte w czeluściach bagażnika konsekwentnie pasuje do całkiem innego rydwanu. Podróże kształcą, ale głównie wykształconych.

Potem był VW golf III V6. Zwykle stawałem się właścicielem aut, których oznaczenia czytało się dłużej, niż trwał czas ich zakupu. Do dziś jestem ignorantem, który na hasło „widlasta ósemka" czy „rzędowa szóstka" reaguje skromnym zdziwieniem. Bo brzmi to dla mnie do dziś, jak przegląd protezy zębowej u stomatologa.

Golf V6 był sprawny i nudny jak pracownik Bundestagu. Fenomenem tamtych czasów było to, że jak kupowałeś, bracie, auto z drugiej ręki, to miałeś pewność, że ta pierwsza ręka zabierze ze sobą radioodtwarzacz. Tak też było i w tym przypadku. Na środku deski rozdzielczej ziała wielka dziura, będąca wspomnieniem czegoś, co było tu wcześniej. I grało. Bardzo możliwe, że pierwsza ręka wymontowała to i tamto także z innej części wehikułu, ale na szczęście nie rzucało się to tak nachalnie w oczy. Pamiętam, jak z ówczesną dziewczyną z programu *Lalamido* pojechaliśmy do Koszalina, gdzie odbywał się przegląd zespołów muzycznych. A ja, jak powszechnie wiadomo, od bierzmowania mam na drugie imię Juror. Pomimo braku radioodbiornika nasza podróż nie odbywała się przy akompaniamencie nudy i widłowej szóstki, bo dziewczę było uzdolnione muzycznie i wyśpiewało mi całą serię przebojów z musicalu *Metro*. Pamiętam, jak zapalała mi się co chwila kontrolka temperatury silnika, tak jakby mój niemiecki kumpel wiedział, co kryją wieloznaczne słowa: „Wybudujemy wieżę, wieżę, wieżę". Festiwal wygrali chyba chłopcy z Blenders, a drudzy byli panowie z Myslovitz. Albo odwrotnie. Pani I. dbała, bym nie koncentrował się zbytnio na nutach.

Właściwie nie wiem, dlaczego go kupiłem. To trochę jak zadać sobie pytanie, czy zdarzyło mi się pójść do łóżka z brzydką kobietą. Nie pamiętam. Pamiętam tylko, że się przy takich budziłem.

Następnym wehikułem był mój awans do środowisk dresiarsko-cinkciarsko-badylarskich. Czyli zielone bmw serii 3 kupione w stołecznym autokomisie. Czyli już nie na wschodniej rubieży, specjalizującej się w tym, że nawet barkę potrafili stuningować na opla.

Właściciel był gościem z cyklu „żart na każdą okazję". Do mojej koleżanki, z którą akurat przyszedłem oglądać auta, powiedział: „Może powiem coś krótko o sobie. 30 centymetrów". Po tych grzecznościowych uwagach wyjechałem swoim pierwszym w życiu bmw. Czasy były wtedy trudne, wzdęcie godnościowo-rozliczeniowe w narodzie spore, co przejawiało się nienawistnymi spojrzeniami przechodniów i innych kierowców. A ważne jest to, że z twarzy wyglądałem wtedy jak nieco wyrośnięty uczestnik programu *Mali Giganci*. Pamiętam, jak odwiedziłem tym samochodem rodzinę swojej ówczesnej wybranki w Częstochowie. Jak powszechnie wiadomo, światem rządzi miłość. A niektórzy w swej miłości najbardziej kochają pieniądze. Mama A. nabrała do mnie biznesowego szacunku oraz finansowego respektu z szybkością Greka opróżniającego bankomat w roku 2016. Maszyna miała jednak jedną wadę. Ilekroć coś chciałem naprawić w profesjonalnym serwisie, dowiadywałem się, że poprzedni właściciel prawdopodobnie naprawiał to we własnym warsztacie na tak zwaną własną rękę. A ta ręka nie była ręką Michała Anioła. Jak w styczniu otworzyłem kiedyś szyberdach, to gdzieś koło sierpnia sprzedałem auto dalej, dalej z otwartym. Częstochowa okazała się jednak miastem przyjaznym motoryzacyjnej przygodzie i następne czarne bmw 2.0 coupé zakupiłem właśnie w świętym mieście. To była maszyna, na widok której kobiety robią się mokre i to nie tylko w Wielkanoc. Niestety było to bmw i było czarne. Podobno rekin wyczuwa kroplę krwi w oceanie z odległości pięciu kilometrów. W tamtych czasach dresiarze kryminaliści tak samo wyczuwali na odległość czarne beemki. To był przedmiot marzeń ich twarzoczaszek. Po co wówczas kupowało się czarne bmw? Po to, aby nigdy nie być samemu. Jeśli u gangsterów istniałaby w tamtym czasie klauzula sumienia pod tytułem „nie kradnij czarnych modeli BMW", to byliby oni kompletnie bezrobotni.

Do dziś pamiętam, jak przemieszczali się za mną stołeczni sprzedawcy cudzych samochodów, próbując złapać

mnie na momencie nieuwagi. Nie byli trudni do zdemasko-
wania. Mieli po dwa abonamenty na siłownię i dresy z napisem „Polska" na sobie, prawdopodobnie po to, żeby rabo-
wany nieszczęśnik nie miał mylnego poczucia, że grabi go
obcy kapitał. Jak mi kiedyś wyznał jeden z nich, oszczędzili
mnie, bo automobil nie miał skóry na siedzeniach, a w ich
świecie, jak powszechnie wiadomo, bmw bez skóry jest jak
Boże Narodzenie bez pisanek. Czułem się w tym aucie jak
Tupac Shakur, oczywiście przed 1996 rokiem, kiedy to podczas wieczornej przejażdżki w Las Vegas kilkoma kulami
zdjęto z niego odpowiedzialność za respektowanie przepisów komunikacyjnych. Co ciekawe, kilka lat później jego
bmw 750 IL zostało sprzedane za 1,5 miliona dolarów. Co
ważne, z wyraźnie zaznaczonymi dziurami po kulach.

Kolejny zakup to pierwsze bmw kupione u warszawskiego dilera, niejakiego Smorawińskiego. Jak powszechnie wiadomo, jestem człowiekiem leniwym acz pragma-
tycznym, więc wszedłem do salonu, pokazałem na trójkę
bordo metallic, która stała tam dumnie, poprosiłem o rachunek i wyszedłem. Zawsze chciałem tak zrobić, gdyż bywam wieśniakiem. Zrobić wrażenie. Jak mawia mój kolega: „Co mówi huragan do palmy kokosowej? To nie będzie
zwykłe dmuchanie". Ja chciałem, aby to nie były zwykłe
zakupy. Kolor był kontrowersyjny. Wyglądał jak nieudana
reinkarnacja ognistej czerwieni. Jak czerwony nietolerują-
cy laktozy.

Szybko zdałem sobie sprawę, że z samochodami jest jak
z kobietami. **Gdy mężczyźnie źle, szuka kobiety.
Gdy jest mu już dobrze, szuka następnej**. Sam
nie pamiętam, kiedy wpadłem w cykl dobrej zmiany, czyli

zmieniania dla zmieniania. To hobby kosztowne, ale wielce przyjemne. Polecam każdemu. To moment, w którym przeglądanie pism motoryzacyjnych przestaje być podobne do przeglądania magazynu „Playboy", a robi się podobne do przeglądania ofert agencji towarzyskich. W zależności od tego, jaką linię lubisz, jaki ma stawić opór powietrzu i w którym miejscu ma mieć wypukłość, a gdzie stosowne wgłębienie, to taki model wybierasz. Brzmi okropnie szowinistycznie? Trudno. To moje dwie największe namiętności w życiu i mogę swe odczucia do nich mieszać dowolnie.

Co mi dawały samochody? Siłę? Nie sadzę. Nie jestem zbyt atletyczny. Fizyczność mam taką, że nawet worek treningowy potrafiłby mnie pobić. Sztukowanie ego? Mylny błąd, jak mawiają znawcy mowy ojczystej. Ego mam takie, że powinno zajmować osobne mieszkanie. Stereotypowa diagnoza z brakiem stosownego metrażu na odcinku penisa? Nie mnie sądzić, ale mam licznych świadków, że to ślepa uliczka. Odpowiedź dałem chyba sam sobie, gdy zakupiłem limonkowe lamborghini aventador. Uwielbiam, jak na mnie patrzą, i wkurwia mnie, gdy się na mnie gapią. Oto cząstka prawdy.

Tym samym nastał czas moich bliższych kontaktów z bawarskim koncernem motoryzacyjnym założonym przez panów Gustava Ottona i Karla Rappa. Podobno obaj zaczynali od majstrowania w lotnictwie, co czasem, używając ich dzisiejszych produktów, dawało się odczuć. Po kolei w moim garażu stawały bmw 3.0 coupé ze skrzynią SMG, co mentalnie automatycznie kroiło dla mnie azbestowy garniturek Michaela Schumachera. Po chwili prawdziwa torpeda, którą odkupił ode mnie Piotrek Gąsowski, czyli bmw M3 power. Przyśpieszenie miała takie, że czułeś się, bracie, jakbyś pakował głowę do piekarnika. Tak wzrastało ci ciśnienie. Zmyślny Germaniec wpakował tam jednostkę o 3 litrach pojemności i z niezwykłym potencjałem 360 koni mechanicznych. Trasę Warszawa–Katowice pokonywałem na dwóch bakach i jednym uśmiechu kretyna. Było to moje pierwsze auto, w którym silnik przenosił minimalne drgania na kierownicę. Wtedy wydawało mi się to potrzebne i profesjonalne. Był wibratorem, który wprowadzałem do swojej chłopięcej wyobraźni. Czułem się jak pilot promu kosmicznego Discovery. Zabawna podczas jazdy tym wehikułem była świadomość, że w części serii koledzy z Bawarii przy produkcji panewek korbowodowych użyli wadliwego materiału, co przy szczęśliwym zbiegu okoliczności prowadziło do eksplozji silnika. Najwyraźniej naród niemiecki tak ma, że cokolwiek robi, to w finale musi skończyć się eksplozją. Poczucie tego co nieuchronne powodowało, że użytkownik starał się wszędzie dojechać szybciej, czyli *per saldo* przyczyniało się do popularności tego modelu. Niestety wkrótce jakiś pomysłowy fryc usunął tę radosną przypadłość i auto straciło na atrakcyjności.

Kiedyś ktoś nazwał bmw M power pogromcą porsche i uroczyście zaświadczam, że nie łgał. Jakiś czas później, kiedy już najwyraźniej uznałem, że jedno auto w garażu jest jak tort weselny bez wesela, nabyłem automobil bmw X6. Chyba jako pierwszy w Warszawie.

Okazało się, że BMW Polska zamówiło dla swego szefa jeden z pierwszych modeli, ku memu przerażeniu ponownie burgund metallic, czyli w kolorze gwałtownego pawia miłośnika wiśniówki. Auto przyjechało, a prezes wyjechał.

To był dziwny koncept. Nadmuchane coupé o wyglądzie Adele skaczącej ze sceny w tłum fanów. Miał szatański pięciolitrowy silnik V8 korespondujący z wyobraźnią kierowcy za pomocą 407 koni. Było w nim wszystko. Masaż foteli, wyświetlacz na szybie, domykanie drzwi. Generalnie przewodnik po sztuce współczesnego motoryzacyjnego hedonizmu. Gdyby czymś takim dysponował Wehrmacht we wrześniu 1939 roku, moja babcia sama dałaby się zgwałcić. Jeździło 250 kilometrów na godzinę i miało w sobie coś z napakowanego sterydami osiłka. Mile je wspominam, bo wielokrotnie pokonywałem nim trasę na Mazury w towarzystwie Julii, która w tym samym roku zdawała maturę. Był to więc dla naszej trójki ciekawy egzamin z dojrzałości.

Wcześniej był jeszcze range rover sport, który nabyłem tylko dlatego, że jeżdżenie porsche 911 GT3 po mieście jest jak rozmowa ze Stefanem Niesiołowskim. Pełne gwałtownych spadków, wstrząsów i uniesień. Trzeba to sobie dawkować.

To było jeszcze przed zakupem tej legendy przez bollywoodzkich macherów, ale auto sprawiało wrażenie, że już wie, że jest wystawione do adopcji. Był to jeden z najmniej seksownych samochodów, jakie miałem. Odnosiłem wrażenie, że zepsuł się, zanim go jeszcze odebrałem. Mało tego: zepsuł się, zanim go wyprodukowali. Był czarny, a tapicerkę miał w kolorze najlepszych dni Andrzeja Leppera. Potrafił płatać takie figle, że jak wrzucałem bieg do przodu, to on z nieznanych mi bliżej powodów wybierał inny kierunek. Natomiast wrzucenie biegu wstecznego powodowało, że lusterka odwracały się do góry, pokazując mi niebo. Prawdopodobne miejsce, gdzie wcześniej czy później znajdzie się każdy użytkownik tego wehikułu. Dającym do myślenia faktem jest to, że gdy odkupił go ode mnie mój wspólnik, samochód jeździł i działał jak natchniony. Do dziś range rovery wyglądają jak skrzyżowanie Lichenia z Disneylandem.

Kiedyś spotkałem w takim aucie Piotra Rubika. Wyglądał, jakby prowadził Bibliotekę Watykańską. Największą tajną zaletą tego auta jest prosty fakt, że spokojnie mieści się w nim trumna dorosłego człowieka. Kiedyś zostałem poproszony o podwiezienie tego nietypowego pasażera i głupio mi było odmówić, bo rozumiem, że jak ktoś chce podrzucić gdzieś trumnę, to znaczy, że ktoś gdzieś na nią czeka. Bez zbędnej zwłoki, chciałoby się dodać.

À propos trumien, to was zaskoczę.
Rozmawiałem o tym gadżecie
z Robertem Lewandowskim:
– Ile jest prawdy w tym, że miałeś
propozycję produkcji trumien
dla Rosji?
Lewy z rezygnacją w głosie:
– Niestety dużo.
– Bo jeśli to prawda, to mam dla ciebie
petardę-hasło, wymyśliłem w tej chwili,
poczekaj: „Okienko transferowe niebo,
tylko trumny od Lewandowskiego".

Z Rubikiem łączą nas liczne przygody motoryzacyjne.
Kiedyś na trasie Warszawa–Katowice usiadła mi na ogonie atrakcyjna blondynka w bmw 6. To był interesujący eksperyment BMW epoki Chrisa Bangle'a. Samochód,

który się ciekawie zaczynał, a fatalnie kończył. Jakby zapał projektanta utknął gdzieś w okolicy bocznych lusterek, a projekt dokończył jego najmniej zdolny praktykant. Klapa bagażnika była majestatyczna i przysadzista niczym nagrobek Marszałka na Wawelu.

No więc ja w porsche 911 S, a ona w tej beemce z wyraźną chęcią zamiany pozycji. Jak każdy kierowca w tym kraju, byłem zaopatrzony w odpowiednią frazeologię, że ten, który jedzie wolniej od nas, to ciota, a ten, który nas wyprzedza, to pedał. Ale to była jakaś mściwa blondyna, której jakiś bezmyślny sponsor-tatulek użyczył bezlitosnej maszyny do wkurwiania innych użytkowników ruchu. A więc widzę ją w lusterku wstecznym, jak się zbliża, to ja się oddalam. Ona znowu się zbliża, widzę jej blond pukle, to ja znowu dociskam swoje cacko ze Stuttgartu. Ja mam 355 KM, a ona 272. Ja mam umiejętności i przewagę, a ona tę typową dla kobiet chęć, żeby było tak, jak ona chce. To był morderczy pojedynek gdzieś od zjazdu do Radomska aż do przedmieść Katowic. Wszystkich, którzy tego dnia stracili bliskich, serdecznie przepraszam.

Mike Tyson powiedział mi kiedyś, że prawdziwą wolnością jest nieposiadanie niczego. I ja tego dnia osiągnąłem ten stan. Nie miałem zahamowań, nie miałem skrupułów, nie miałem obaw o prawo jazdy. Byłem wolny. Aż do momentu, kiedy w granicach miasta Katowice okazało się, że ta bezlitosna blondyna to nikt inny jak Piotr Rubik we własnej blond osobie. Nie wiedząc jeszcze, że to wkrótce będzie modne, klaskał mi przez parę minut.

Rubik motoryzacyjny to w ogóle ciekawy przypadek. Wyznał mi kiedyś, że dokładnie spisuje numery rejestracyjne wszystkich samochodów, które zajechały mu drogę, ewentualnie których posiadacze nie wyrazili zachwytu nad umiejętnościami szosowymi autora *Tu es Petrus*. Ciekawe.

Pierwsze porsche 911 to był sprowadzony ze Szwajcarii zielony bolid model 993 z sześcioletnim *curriculum vitae*. Piękny, przyczajony, o wnętrzu komfortem przypominającym wypasionego volkswagena polo. Czysta adrenalina na czterech kołach. Silnik bez zbędnych ozdobników. Tylne błotniki niczym biodra Arethy Franklin. Był ostatnim modelem z silnikiem chłodzonym powietrzem. Dzieło sztuki. Można było w nim rozmawiać, o ile dobrze znało się rozmówcę i z ruchu warg i gestów dało się wyczytać intencje. O jego niezwykłym powodzeniu w nowej ojczyźnie świadczyły setki tłustych śladów nosa, jakie codziennie znajdowałem na bocznych szybach. Miał w sobie coś zadziornego i peszącego zarazem. To ostatnia 911, która miała w sobie coś bezkompromisowego. Nawet kiedy kilka lat później jeździłem superszybkim GT3 RS, czułem się jak w lunaparku.

Porsche zadomowiło się u mnie na dłużej. Ferdynand skonstruował bowiem nie auto, tylko marzenie. Wiele marzeń. I spełnienie jednego automatycznie dawało ci ochotę na branie się za bary z następnym. To auto jest jak Marilyn Monroe i John Wayne w jednym. Ono jest bohaterem z plakatów dzieciństwa. To o nim miałeś mokre sny, oczywiście zaraz po Marilyn. Były więc po kolei: porsche carrera S, porsche GT3, porsche GT3 RS, a pomiędzy nimi cayenne turbo, cayenne S i cayenne GTS.

Porsche 911 jest moim rówieśnikiem, bo powstało w analogicznym 1963 roku. Niestety karierę zrobiło większą i szybszą. Carrera S towarzyszyła mi podczas relacji z Anią Muchą i była w prostej linii efektem kontraktu reklamowego z siecią telefonii komórkowej Era. Gdy tylko dostałem zaliczkę, a nigdy nie ukrywałem, że cenię się bardziej od swej realnej wartości, udałem się do wówczas małego kantorka nad salonem Volkswagena przy ulicy Połczyńskiej i zamówiłem pierwszy bolid prosto od krawca ze Stuttgartu.

Najbardziej wspominam naszą wyprawę na koncert U2 do Chorzowa. Wtedy trasą katowicką jechała karawana samochodów z upojonymi fanami irlandzkich kaznodziejów. Co jakiś czas zrównywał się z nami samochód na stołecznych blachach, w którym jeden z pasażerów zamiast siedzieć na dupie, obnażał ją i przytykał do okna. Jako że okno było z naszej strony, zaczęliśmy odbierać ten znak jako skierowany do nas. Zatopiliśmy się w dyskusji, o co może mu chodzić. Czy mamy go pocałować w dupę, czy może on ma nas w dupie, a może chciał zasugerować, że moje rozmowy w programie są o dupie. Trudno było odgadnąć, bo komunikat, choć czytelny, pozbawiony był komponentu werbalnego. Co my stawaliśmy w korku, to on swoje. „Może pijany w cztery dupy" – analitycznie zagaja moja współpasażerka. „A może twoje popisy w *M jak miłość* należy o kant dupy potłuc" – próbowałem odsuwać od siebie podejrzenie. „A może razem wyglądamy jak pół dupy zza krzaka" – ripostowała Mucha. Spodobała mi się ta inteligencka igraszka, więc odparowałem. „Pewnie pijany w cztery dupy i próbuje to przekazać światu". „Ale czemu robi nam koło dupy" – sprytnie zagaduje mój pilot. „I to od dupy strony" – podbijam emocjonalnie zażalenie. W końcu zabraliśmy dupę w troki i ryzykując życie oraz zdrowie, oddaliłem się od bladego problemu. Do dziś nie mam pojęcia, o co mu chodziło. Ale nawet jeśli był w tym jakiś personalnie oceniający mesydż, to nie traktuję tego osobiście.

Porsche GT3 zaraził mnie Leszek Kuzaj. O Leszku chodziły legendy, że uznaje tylko dwa położenia pedału gazu. W spoczynku i do dechy. Kiedy jechałem z nim po raz pierwszy, nie chciało mi się wierzyć, że ten facet zadebiutował w mistrzostwach świata fiatem 126p. Sprawiał wrażenie oblatywacza promów kosmicznych. W trakcie jednego z wyjazdów na tor wyścigowy w Poznaniu, gdzie uczyliśmy się, jak właściwie użytkować auta z mocą 435 KM, Lechu przewiózł mnie właśnie GT3.

Dla amatora zabrzmi to absurdalnie, ale przy GT3 zwykłe 911 S to karawan ze zwłokami otyłego pasażera na pokładzie. To auto, którego przyśpieszenie depiluje kobietom nogi. Ma torowe DNA bez względu na to, że przy niektórych modelach ferrari czy lamborghini wygląda jak Łysek z pokładu Idy. Niestety flirtując z Brigitte Bardot, ciągle masz ochotę na Marilyn Monroe. I tak jest też z samochodami. Kiedy mój kolega Adam Niesłuchowski zakupił bestię pod tytułem GT3 RS, wiedziałem już, że nadszedł czas na zdradę.

Spotkaliśmy się w Kazimierzu nad Wisłą na cyklicznej imprezie Porsche. Wtedy był to najmodniejszy samochód wśród medialnych ludzi sukcesu. Jeździli nim: Bogusław Linda, Czarek Pazura, Piotr Gąssowski, Hubert Urbański, Tomek Kammel, Robert Chojnacki, Doda i oczywiście ja. Jako drugi po Maryli Rodowicz pionier marki.

To było ciekawe spotkanie w hotelu Król Kazimierz. Mój żonaty, a przy okazji zamożny kolega z Katowic przyjechał ze studentką, z którą flirtowałem, prowadząc zajęcia z dziennikarstwa na jednej z tamtejszych uczelni. A wyjechał z nią znany polski aktor, który namówił ją do tej jakościowej zamiany podczas nocnej debaty w jego pokoju. Takie są niespodziewane bonusy posiadania automobilu marki Porsche – siła perswazji, ale i od tego są wyjątki.

Pamiętam, wtedy Bogusław Linda opowiadał mi, że zakupił urządzenie do latania, składające się z silnika zakładanego na plecy i śmigła do niego przytwierdzonego. Zapraszał do wspólnego latania. A jako że jestem człowiekiem z cyklu „co ty wiesz o lataniu", do dziś nie skorzystałem z zaproszenia.

Skorzystałem za to z zaproszenia do nabycia nowego GT3 RS. Radykalnego auta torowego, z plastikową szybą, bez klamek i ze stalową klatką w środku. Cały ten wyczynowy blichtr najlepiej skomentowała moja mama, Maria, zaglądając przez okno do wnętrza i pytając: „Po co wozisz ze sobą rower?".

To auto przyczyniło się do mojego pierwszego zatrzymania prawa jazdy przez stosowny organ. Jak już wcześniej wspomniałem, prowadziłem zajęcia z praktyk dziennikarskich na uczelni prywatnej w Katowicach. I o ile zimą przemieszczałem się PKP, biorąc udział w milionie sytuacji godnych Hrabala, o tyle wiosną i latem jeździłem słynną gierkówką.

Zajęcia zaczynałem o dziesiątej rano, a ze stolicy wyjeżdżałem przed ósmą. I jak się powszechnie mówi, „zdanżałem". Pomarańczowy szerszeń spokojnie wkręcał się na 9000 obrotów, generując bez zadyszki smakowite 312 kilometrów na godzinę na liczniku. Był wyśmienitą maszynką do golenia konkurencji na szosie. Wszystkich, którzy pamiętają mnie z tamtego czasu, serdecznie za nic nie przepraszam. To był zenitalny okres mego drogowego wieśniactwa.

Eskimosi podobno znają sto określeń na śnieg. Ja w tym czasie odkrywałem 99 nowych określeń na zapierdalanie. To, że przeżyłem tamte lata, to nie pierwszy ateistyczny niespłacony dług w moim życiu. Byłem Harrym Potterem gierkówki. Czarowałem, znikałem i pojawiałem się znienacka. Ja i moja maszyna byliśmy dwuosobowym zombie z biegunką spalin. Niestety jakiś nikczemnik bez fantazji postawił na tej samej trasie fotoradary w liczbie wystarczającej, aby storpedować moje rakietowe plany. W ciągu trzech miesięcy zarobiłem... 63 punkty. Bez zatrzymywania się.

Pierwsze ferrari kupiłem jeszcze w Niemczech, za co serdecznie przepraszam wszystkich cierpiących obecnie na godnościowe wzdęcia patriotyczne. Nigdy nie miałem ani czasu, ani motywacji, żeby samochód odbierać w fabryce. A ferrari, podobnie jak porsche, taki tryb proponują. Jak idziesz do agencji towarzyskiej, to nie umawiasz się z dziewczyną na depilacji czy waginoplastyce. Konsumujesz już gotowy produkt. Z takiego założenia wtedy wychodziłem.

Podobno istnieje w damskiej kulturze fizycznej takie pojęcie jak „trener pośladków". Skądinąd musi być to miłe zajęcie. Patrzeć, jak dojrzewają owoce twoich wysiłków, dwa na raz, po jednym z każdej strony. Miałem kiedyś kolegę, który twierdził, że damskie pośladki muszą być stosowne, żeby można było na nich postawić piwo, ewentualnie oprzeć rower.

Piszę o tym tylko dlatego, że ferrari jest męskim odpowiednikiem trenera pośladków. W tym samochodzie dochodzi do specyficznych wyładowań w mózgu. Nie wiesz, co będziesz robił za dwa lata, ale wiesz, co będziesz robił za 30 sekund. Będziesz, bracie, zapierdalał. Bo mieć ferrari i nie zapierdalać, to jak zapytać sześciolatka: „Masz już sześć lat i ciągle jesteś singlem?" – trochę bez sensu.

490 rasowych włoskich rumaków opakowanych w orkiestrowo zestrojone V8 dawało ci prędkość do setki w 4 sekundy. To łatwo sobie policzyć, ile się działo po sekundach 30. I wtedy zaczynało się spinanie pośladków. To tak bezczelne auto, że jeżdżąc nim, sam masz, bracie, ochotę zadzwonić pod 112 i zawiadomić, że zaraz będziesz przejeżdżał tu i tu i raczej niech wszyscy się pochowają w kwaterunku. Pośladki spięte w rozpędzonym F430 puszczają dopiero dobre trzy kwadranse po jego opuszczeniu.

Mało kto wie, że takim samochodem poruszał się kiedyś człowiek, który ze smakiem i dobrym gustem szarpie się od lat jak niedźwiedź z turystą. Donald Trump ujeżdżał czerwone F430, które dziesięć lat później zostało sprzedane na aukcji za 270 tysięcy dolarów. Sporo jak za samochód, którym jeździł populista na dopalaczach.

Mówi się często: „Są samochody sportowe i jest ferrari". I jest w tym dużo prawdy.

Styliści świętej pamięci Battisty Pinnifariny tak bardzo skoncentrowali się jednak na futurystycznej bryle bolidu, że całkowicie polegli na detalach. Pokrętło regulujące siłę nawiewu powietrza w kabinie zostało mi w ręku już pierwszego dnia. Pomyślałem sobie, że nie będę wywoływał odwetowego ducha roszczeń i nie zadzwonię ani do salonu w Berlinie, ani do serwisu. I jak postanowiłem, tak zrobiłem. Nie zadzwoniłem. Skorzystałem z polskiego przedstawicielstwa tej jakże eleganckiej firmy, które nosiło swojską nazwę „klej superglue". Zadziałało tak, że następny użytkownik prędzej oderwie szkielet auta od tego pokrętła niż samo pokrętło.

Podobnie było z akumulatorem. Egzemplarz, który posiadłem, miał akumulator, który wyładowywał się z powodu wszystkiego. Od samego odpalania. Jak odpaliłeś auto, to chyba w zamiarze sprytnego konstruktora nigdy już nie powinieneś był go wyłączać. A jak to robiłeś, spadała na ciebie kara. Od słuchania radia. Jeśli radiem można było nazwać to, co ukryli tam w środku. Jak wiemy, włoska muzyka powoduje impotencję, tak więc szefostwo koncernu postanowiło nabyć odbiorniki w Lidlu. Słuchając ich, miałeś, bracie, okazję pojąć, co miał na myśli twój dziadek, gdy opowiadał o zagłuszaniu Radia Wolna Europa. Zresztą słuchanie muzyki w ferrari to głupota. Tam się słucha gangu silnika. Podobnie słuchanie muzyki w lamborghini to zbrodnia.

Ale wracając do czegoś, co nosi dumną nazwę ogniwa kwasowo-ołowiowego. Odpalanie radia i klimatyzacji było ryzykowne jak wczasy w Egipcie, gdyż siadał akumulator. Najczęstszym zaś powodem zanikania ładowania w akumulatorze był sam fakt posiadania tego akumulatora.

Wojtek Fibak opowiadał mi, że posiadaczy ferrari w Monako łatwo poznać. Do garaży dojeżdżają skuterami, taszcząc na drugim miejscu naładowany akumulator. Czyli sprytny plan fabryki w Maranello był prosty. Kupując u nich furę, miałeś w pakiecie skuter, jeszcze o tym nie wiedząc. Pomysł godny Mussoliniego. Parafrazując Clarksona, chciałoby się powiedzieć: „Jak Włosi pieprzą ferrari, to po co komu Włochy?".

Niezrażony nielicznymi wadami F430 postanowiłem głębiej wejść w rodzinę dziadka Enzo i zakupiłem luksusowy model 599 Fiorano HGTE. Do końca użytkowania nie rozszyfrowałem tych czterech liter, ale generalnie w homofonicznym kraju grzebanie koło czterech liter może budzić podejrzenia. Panowie z Maranello chełpili się, że w tym modelu, podobnie jak w poprzednim 612 scaglietti, zastosowano technologie rodem z Formuły 1. Nie byłem jedynym właścicielem 599, który snuł domysły, czy aby jedynym rozwiązaniem z F1 był fakt pominięcia w tym pojeździe hamulców. Taki koncept. 620 KM grających równo w zgranym repertuarze silnika V12 pozwalało rozpędzić to auto w 3,7 sekundy i następnie, jak w *Familiadzie*, należy się tylko uśmiechać, bo nie wiadomo, co powiedzieć.

Ten samochód nie hamował. W kraju, w którym rokrocznie zima zaskakiwała drogowców, pojawił się wynalazek, który zaskakiwał jeszcze bardziej wszystkich drogowców, a możliwe, że i samą zimę. Rozpędzone 1700 kilogramów, które trudno zatrzymać. 599 było wielką luksusową zblazowaną gwiazdą, która nie zamierzała stawać. Mało tego: jak na tylnonapędówkę przystało, w momencie rozpędzania, siedząc gdzieś z tyłu tego auta, czułeś, jak długa maska i koła pod nią szukają swego miejsca na ziemi. Koszmar.

Jeśli my jesteśmy rzeczywiście z Marsa, a kobiety z Wenus, to ten wynalazek był z Merkurego, bo on podobno charakteryzuje się najmniejszym przyciąganiem grawitacyjnym w znanym nam kosmosie. Fiorano chciało brykać i odlatywać w kierunku całkowicie nieuzgadnianym z pasażerami. Powinno trafić do muzeum wynalazków do działu „Gilotyna, krzesło elektryczne oraz inne urządzenia zapewniające pozbycie się drugiego człowieka". Sprzedałem je z poczuciem ulgi, dając sobie tym samym szansę na dłuższe życie.

Z lamborghini jest tak jak w historii o mężczyźnie, który jest jak King Kong. Żyje sobie spokojnie do czasu, gdy pozna kobietę. Mężczyzna żyje sobie spokojnie do momentu, gdy wsiądzie do lamborghini. To auto to maszyna czasu. To afrodyzjak. To wniosek urlopowy od dotychczasowego życia. Maszyna z wyraźnym hasłem „Houston, już dziś wiemy, że będziemy mieli problemy".

Pierwszego lambo nigdy nie zapomnisz. Podobnie **jak pierwszej żony**. Człowiek posiadający taki samochód jest dumny i wyniosły do czasu, gdy spotka na drodze innego posiadacza takiego samego samochodu (co samo w sobie jest kurestwem) albo gorzej – spotka kogoś takiego jak Mike Tyson.

Uciąłem sobie z nim kiedyś pogawędkę o autach.

Bestia mówi:

– Najlepszy jest aston martin. To mój numer 1.

– Mój numer 1 to lamborghini.

Wtrąca się siedząca obok Patrycja Kazadi:

– Pomarańczowe.

Na to Tyson:

– Miałem takie, jak byłem dzieciakiem.

Nokaut techniczny w pierwszej rundzie.

Głupio się przyznać, ale miałem już trzy zbliżone do siebie modele lambo. Pierwszy to klasyczny aventador w całej swej kosmicznej i triumfalnej krasie. Jest takie powiedzenie: „A myślałeś kiedyś, żeby rzucić wszystko i wyjechać w Bieszczady?". Ono jest już nieaktualne. Jego zmiennikiem powinno być powiedzenie: „A myślałeś kiedyś, żeby rzucić wszystko i kupić lamborghini?". Ten bolid jest jak wrzucenie zdjęcia ponętnych pośladków na instagramowy profil. Zewsząd sypią się lajki. Sprawia wrażenie uciekiniera z planu *Gwiezdnych wojen*. 740 koni powoduje, że masz ochotę wzorem bohaterów sagi skoczyć w nadprzestrzeń.

Na odbiór auta, niestety ciągle zakupywanego u Niemców, co czyni mnie obok Tuska drugim ulubionym Niemcem w kraju, umówiłem się pod Warszawą. Bałem się bowiem zamieszek i rozruchów, jakie niezwłocznie pojawią się, gdy będą mi go rozpakowywać pod domem. I nie myliłem się.

W dobie mediów społecznościowych, szybszych od najgwałtowniejszej biegunki, dowiedziałem się, że w stolicy pojawił się pomarańczowy aventador, zanim jeszcze przyjechałem do domu.

To auto nie jeździ. Ono rzeźbi powietrze. W nim jesteś pępkiem motoryzacyjnego świata. Jest dowodem na inteligentne życie w kosmosie, które czasem wysyła nam takie pocztówki ze swego świata. Aventador peszy. Wsiadając do niego, czujesz pokorę i smak bezwiednie przełykanej śliny. Parkowanie nim w garażu przypomina wprowadzanie wściekłego byka do windy. Wiedzą o tym wszyscy sąsiedzi. Słyszą cię. Znają twój rozkład dnia i nocy. Tym samochodem nie pojedziesz na dyskretną randkę. On spowoduje, że z randki nici, bo nikt inny nie jest ci już potrzebny.

Robert Lewandowski wyjawił mi swego czasu, że próbował przekonać się do tego samochodu. „Jest szybki, to fakt, ale ma inny problem. Stojąc na światłach, nie wiesz, jakie jest światło. Nie wiesz i nigdy się nie dowiesz, bo ze środka nic nie widać".

Ja rozwiązałem ten problem inaczej. Dla mnie zawsze było zielone.

Kiedyś na ulicach Warszawy pojawił się aventador pokryty czarnym chromem. Szybko pojawiła się interpretacja tego pokaźnego dość świętokradztwa przechodzącego łagodnym łukiem w buractwo. To po to, abyś przeglądając się w nim, zobaczył, jak bardzo jesteś biedny.

Problem ze sportowymi samochodami polega niestety na tym, że uwielbiasz nimi jeździć, ale jeździć nie powinieneś, jeśli chcesz, żeby ktoś nie jeździł po tobie. Kto zrozumiał, ręka do góry.

Otóż specyfika klientów samochodów klasy „ukryty mikropenis z drugiej ręki" jest taka, że oni nie chcą samochodów z przebiegiem. Są tak przebiegli, że za mniejsze pieniądze chcieliby kupić używane nieużywane auto. Które ktoś najwyraźniej kupił tylko z intencją odsprzedania im po dwóch latach nieježdżenia, a jedynie posiadania. To typ ludzi, którym Syria się myli z Sosnowcem. Więc jak jeździsz za dużo, to wiesz, że weźmiesz za mało. I trzeba nad tym czuwać, co jest wykonalne, podobnie jak czuwanie podczas wspólnej kąpieli z aligatorem. Samochody są bowiem jak kobiety. Im młodsze, tym droższe.

Sprzedałem więc po dwóch latach auto pomarańczowe i nabyłem srebrne w wersji roadster. Trzeba wiedzieć, że w Polsce posiadanie dobrego samochodu jest społecznie naganne i krzywdzące innych. Bo tutaj szczęście jest policzalne. Jak ty masz, to znaczy, że podpierdoliłeś innemu. W kraju głupawego fałszywego egalitaryzmu twój komfort życia odbierany jest jako element pozbawienia komfortu życia innej rodziny. A jak twój samochód na dodatek jest jeszcze cabrio, to tak, jakbyś obrabował co najmniej dwie rodziny i twoim opiekunem powinien być patrol policyjny z paralizatorem. Jako że rodzimi zawistnicy to grupa silnie trzymająca władzę na ulicach, jeżdżąc samochodem ze zdjętym dachem, szybko dowiadujesz się od mijanych przechodniów czegoś zarówno o pochodzeniu twoim, jak i twojej matki, oraz o tym, jakie jej postępowanie na ulicy doprowadziło do twego poczęcia. O ojcu nie wspominają zwykle, bo wiadomo, że nieznany.

Tak więc na 20 tysiącach kilometrów zrobionych aventadorem roadster tak gdzieś trzy kilometry przejechałem z otwartym dachem.

Auto to dzięki swej mocy, wadze i napędowi na cztery koła jest autem, w którym generalnie trudno doczekać wieku emerytalnego. To auto dla zawodowych samobójców. Sobiesław Zasada na pytanie pewnej kobiety: „Z jaką maksymalną prędkością można przejechać zakręt?", miał odpowiedzieć: „Z każdą". To auto było taką samą odpowiedzią.

Najbardziej spektakularny wyczyn spotkał mnie w trzecim avku o kolorze zielonego flamastra fluorescencyjnego. Wydarzenie to znane jest z mediów jako „zajście pod Grudziądzem".

Pewnego letniego, tkwiącego w wakacyjnym bezruchu poranka wracałem sam z Trójmiasta do Warszawy w godzinach mocno porannych. Autostrada pusta, a więc tylko zezowaty flegmatyk po lobotomii nie pozwoliłby sobie na odrobinę brawury. Przy 316 kilometrach na godzinę zobaczyłem w lusterku małe niebieskie światełko. Wstydliwie migające gdzieś na autostradowym horyzoncie. Pierwsze skojarzenie było oczywiste. Nadlatuje karawana kamikadze z BOR-u i jakiś pierwszy sekretarz Polskiego Zjednoczonego Prawa i Sprawiedliwości. Ale nie. To policyjny opel vectra walczył z przyspieszeniem ziemskim oraz całym swym oplowskim niedostatkiem.

Zwykle jak mnie zatrzymuje drogówka z jakże rozkosznym pytaniem: „Czy wie pan, jaki jest powód zatrzymania?", odpowiadałem: „Wiem. Dziura budżetowa". Teraz przeczuwałem, że zakres naszej konwersacji może być odrobinę szerszy.

Pierwszą moją reakcją była swawolna myśl: „A co tam, poczekam na nich w domu". Ale później obywatelskie poczucie obowiązku wygrało i uruchomiłem procedurę zwalniającą.

Kiedyś popularne były quizo-pytania: „Kogo najchętniej wysłałbyś na bezludną wyspę?". Otóż ja bym najchętniej wysłał patrol drogówki. Żeby nie mieli już komu zadawać tych niedorzecznych pytań: „I jak to będzie, panie Jakubie? Za co dziś płacimy?", ewentualnie najbardziej pełnego literackich niuansów arcydzieła sztuki pytanej: „Jaki tutaj był znak?". To byłby odwet za te wszystkie pytania bez sensownej odpowiedzi.

Grudziądz jednak okazał się dla mnie rejonem życzliwym. Nie wszyscy wiedzą, że w Grudziądzu znajduje się budynek, w którym jest najstarsza winda w Grudziądzu. A więc miasto potencjał ma i kompleksów nie powinno przejawiać. Tak też było.

Dwóch miłych panów funkcjonariuszy w miłej i pełnej niewymuszonej uprzejmości konwersacji pouczyło mnie co do prędkości, a następnie zaproponowało wspólne foty. Przystałem na propozycję z chęcią, bo byli nad wyraz mili i wykazywali dużo zrozumienia dla mojej szosowej swawoli. Co ważne, zapytałem ich, czy rodzinne zdjęcie na pamiątkę mogę wrzucić na swoje social media, coby poinformować naród, że do władzy nic nie mam. Nie mieli z tym problemu. Niestety do czasu. Wspólne selfie okazało się hitem mojego Instagrama, którego, jak się wkrótce okazało, nieprzejednanym fanem okazał się też Błaszczak Mariusz, z zawodu minister. Połączenie zła i niekompetencji. Policjanci stracili pracę, a ja dostałem mandat, bo... celebrytom nie wolno więcej. Jak powszechnie wiadomo, więcej wolno tylko politykom.

Na pięćdziesiąte piąte urodziny fundnąłem sobie nowy model Bentleya Continentala GT w kolorze metalicznych maków spod Monte Cassino. Środek przypomina sypialnię kardynała Dziwisza, ale człowiek na starość robi się wygodny.

Gdy mi się śpieszy, siadam za kierownicą nowego porsche GT2 RS. Nie lubię takich porównań, ale to jest soczysty skurwysyn. Lambo jest samochodem sportowym, a GT2 jest samochodem wyścigowym, który lubi o tym przypominać właścicielowi. Przed użyciem skonsultuj się ze spowiednikiem lub najbliższą kostnicą. Auto, które na dużo pozwala, ale też wiele nie wybacza. Pierwszego dnia zauważyłem, że jak zbyt mocno wchodzę w zakręt, to lekko mi nosi dupę. Przypominam niezorientowanym: 700 KM wyłącznie na tył. Podzieliłem się swym ważkim spostrzeżeniem z Krzyśkiem Hołowczycem. Powiedział mi, żebym się nie martwił. Jego zdaniem mam obecnie najlepszy wyścigowy samochód świata i jak kiedykolwiek poczuję, że zarzuca mi tył, to znaczy, że nie żyję.

Polecam wyłącznie pierdolniętym.

Więcej grzechów nie pamiętam.

Mało kto wie, że skład programu *Mam talent* powstawał w locie. Lot ten odbywał się w sanktuarium Edwarda Miszczaka, czyli u niego w gabinecie. Nie bardzo paliłem się do tego programu. Po *Idolu* został mi w głowie niesmak po konieczności wyrafinowanego rozstrzeliwania ludzi. Bo zarówno media, jak i publiczność oczekują od ciebie kolejnej, jeszcze doskonalszej formy okrucieństwa. A mnie się już nie chciało.

Uwielbiam zabawę słowem, mam skłonność do bon motów, ale wydawanie z siebie zwrotów: „Brzmisz jak zepsuty klimatyzator" czy „Nuty to nie worki kartofli", po prostu mnie już nie bawiło.

Idealny świat mediów zawsze był dla mnie podróżą, a nie poszukiwaniem jednego miejsca. Właśnie miało się okazać, że teraz będzie inaczej. Są takie rzeczy w życiu, które kurewsko złośliwie nie chcą się skończyć. W moim przypadku jest to zawodowe jurorowanie. Ale w końcu każdy nowy program to świetna okazja, aby zacząć wszystko od nowa. No to zacząłem.

Moją naturalną kandydatką obok Agnieszki Chylińskiej była Ania Przybylska. Wtedy oddelegowana na ziemię

turecką w celu bycia Matką Polką i żoną futbolisty na obczyźnie.

**Tak jak Michael Jackson był uzależniony
od leków przeciwbólowych, ja jestem
uzależniony od dobrego towarzystwa.**

Niestety po skalkulowaniu kosztów cotygodniowych wypraw, tureckich opiekunek dla nietureckich dzieci oraz nie
mniej sceptycznej postawy obrońcy Antalyasporu, czyli Jarka Bieniuka, okno transferowe dla Ani zostało zamknięte.

Siedząc na parapecie w gabinecie Edwarda, wyszukiwa-
liśmy w dobrych wspomnieniach kandydatów na jurorskie
dopełnienie. Fenomenem Macieja Stuhra jest to, że jego
nazwisko pojawia się w takich okazjach zawsze. I on nie
mniej często, czyli prawie zawsze, z wrodzonym taktem
odmawia. Tak też było tego popołudnia. Na pewno nikt nie
proponował Tymona Tymańskiego. Wspominam o tym celowo, bo kolega Tymon lubi mitologizować swoje męstwo
w odmawianiu każdemu i wszystkim jednocześnie. Nam
nie odmówił, bo nikt o nim nie pomyślał.

Nie pamiętam jednak, kto pomyślał i wymyślił Gosię Foremniak.

Była wtedy gwiazdą *Na dobre i na złe* i jako doktor Zosia
na oczach sześciu milionów ludzi nie brała łapówek i stawiała trafne diagnozy. No i nikt przez nią nie umierał. Czyli
idealny typ dla nas. Jej agentką była wtedy Lucyna Kobie-
rzycka, słynąca z tego, że zawsze mówi „nie", czasem jednak zapyta: „Za ile?", ale zaraz znowu wraca do ulubionego
„nie". Tym razem jednak była na tak. W ten sposób do naszej dwójki dołączyła osoba, która w kategorii spirytualnego
odjazdu ewidentnie zasiedlała jeden z pierścieni Saturna.

Uwielbiam, jak Małgorzata opowiada o życiu i sztuce. U mnie swego czasu prawiła tak:

– Powiem szczerze, **seks w polskim filmie...** kompletnie... o tak powiem: „Mnie w ogóle nie staje", za przeproszeniem. Jeżeli widzę sceny erotyczne w polskim kinie, jak również sceny miłosne, ja po prostu... Nie wierzę. **Mam brak wzwodu i wiary.**

Zabawne jest to, że kiedy okazało się, że Agnieszka Chylińska jest strzałem w dziesiątkę, że osobowością jednym mlaśnięciem zjada telewizyjne gwiazdy na śniadanie, to lista osób, które ją odkryły dla jurorowania, wydłużała się w nieskończoność. Nie będę się do tej listy dopisywał, bo i tak wszyscy wiedzą, że to byłem ja.

Nigdy w jury programu *X Factor* nie czułem się tak dobrze jak w programie *Mam talent*. Agnieszka Chylińska to jeden z najlepszych kompanów telewizyjnych, jacy mi się trafili. Choć nie będę ukrywał, że pierwsze dni castingów były dla niej trudne. Wzięła mnie na zaplecze teatru, w którym wspólnie przepytywaliśmy ludzi z talentu, i z miną Rudolfa Hessa zakomunikowała: „Za bardzo cwaniakujesz". Potem było już dużo lepiej. Kilka lat później sama wytłumaczyła mi, że miała poczucie, iż lider może być tylko jeden. A każdy z nas oczywiście stawiał na siebie.

Pamiętam wspaniałą zabawę, niejednokrotnie kosztem zdolnych ludzi, których najmniejszym przejawem talentu było wytypowanie nas na swych sędziów. Nie brakowało też, jak to mawia Tomasz Kot, kretynów na żetony. To znowu oni stanowili o biesiadnej swojskości tego programu. Siedzieliśmy z Agnieszką na obu końcach stołu i graliśmy we wspaniałego debla. Mało kto ma takiego telewizyjnego czuja. Ona zaczyna zdanie tam, gdzie kończy ktoś inny, czując, prawdziwie oczywiście, że się zagalopował.

Klasycznym dialogiem z programu *Mam talent* było spotkanie z Kamilem Bednarkiem, nikomu nieznanym młokosem, uczniem lat 19, który chciał zostać zawodowym żołnierzem. Co dla mnie było dodatkowo ważne, wykonał utwór... Kurta Nilsena, mojego idolowego ziomka z Danii, w magicznej, leniwie konopnej wersji reggae.

Po jego występie teatr oszalał, co nieczęsto zdarza się w teatrach, szczególnie jak występuje Katarzyna Skrzynecka. Ludzie skandują: „Kamil, Kamil", zupełnie jak po odejściu Durczoka z *Faktów*.

– Widzę, że cały autobus z Monaru przyjechał – zaczynam. – Człowieku, jesteś niezwykły. Masz taką barwę głosu, że nawet na bezludnej wyspie miałbyś komplet widzów. Nie wiem, co tu się stało, nie wiem, co oni robili przed twoim występem w toalecie, a może ktoś dosypał do klimatyzacji marihuany, ale ja jestem na wielkie zielone „tak".

– Miałeś w tym głosie wszystko – dodaje Agnieszka. – Woda, piasek, palmy, męskość. Byłeś tak męski, że czułam tę twoją męskość. Kamil, Kamil, Kamil, żebyś ty wiedział, gdzie ty byłeś we mnie tym swoim głosem...

Ja dorzucam:

– To niesamowite, bo we mnie też tam był.

– Naprawdę chcesz zostać żołnierzem? – pyta Agnieszka.

– Tak – odpowiada Kamil.

– No trudno – dodaję ja z wrodzonym wdziękiem. – Będziemy mieli ujaraną armię. Wiesz, jak ciężko w czołgu zrobić skręta?

Bednarek z trudem zachowuje powagę.

My się rozkręcamy.

– Postawmy sprawę jasno, Kamil, czy ty masz problem z narkotykami? – pytam.

Ten skręca (dobre słowo w tym kontekście) się ze śmiechu.

– Rozumiem, że nie masz. Dzwonisz i od razu masz towar.

Sala nie wierzy w to, co słyszy, zarykując się niepoprawnym rykiem.

– Pamiętaj, mój mały – finiszuję. – Narkotykom trzeba mówić nie. Tylko wtedy można zbić cenę.

Na koniec dodaję:

– Życzę ci, żebyś pamiętał, że tu byłeś.

Bednarek dostaje trzy razy tak i startuje w interkosmos sukcesu.

Ktoś powie, że nasza konwersacja była niemerytoryczna i demoralizująca. I niech sobie tak mówi, bo ja jestem za tym, żeby każdy mówił, co chce, jeśli tylko się trochę zna.

Byli kiedyś moimi gośćmi Małgorzata Walewska i Muniek.

Zagaduję Walewską:

– Luciano Pavarotti wyznał kiedyś, że podczas śpiewu wchodzi na takie tony, że ma stałą erekcję. Myślisz, że to prawda?

Małgosia zdecydowanie:

– Tak.

Muniek na to:

– To jest możliwe? Podaj mi ten ton.

Co z tego poszło w telewizji, tego nie wiem, gdyż od lat cierpię na specyficzną przypadłość. Nie cierpię oglądać siebie w telewizji.

Najbardziej jednak drażniła mnie cenzura wewnątrz-programowa.

Kiedyś młodemu śpiewakowi o wyglądzie rozbudzonego seksualnie Stanisława Moniuszki powiedziałem: „Słuchanie ciebie jest jak rozsmarowywanie miodu po brzuchu Moniki Bellucci". Reżyser chciał mi to wyciąć jako stwierdzenie nieakuratne. Już wolałem, jak uczestnicy sami borykali się z tym, czym ich sumiennie obdarzyłem.

W *Idolu* była uczestniczka o talencie i temperamencie ewidentnie predestynującym ją do bycia recepcjonistką w hotelu dla psów. Mówię jej: „Dziewczyno, tu jest show--biznes, wojna rakietowa wszystkich ze wszystkimi. Tu trzeba zapierdalać jak pershing na wysokości lamperii". Gdy po opuszczeniu pokoju przesłuchań Maciek Rock zagadnął ją, jak było, ta wyznała światle: „Nie wiem. Pan Kuba mówił coś o jakimś lamparcie".

Wytrzymałem trzy edycje w programie, który bił rekordy sobotniej oglądalności, sięgając siedmiomiliono-wej widowni. Chcecie znać powód rezygnacji? Był prosty. Znudziło mi się branie udziału w jarmarku. Cyrkowcy, zjadacze bigosu na czas, tabuny dzieci z szarfami, kulturyści z drążkiem i bez drążka, akrobaci ślizgający się po zasłonach i mój największy koszmar – iluzjoniści. Panowie, którzy z kapelusza wyciągali kolejny kapelusz. Część występów wyglądała jak poranna joga w domu emeryta, dzieci bujające się w miejscu jak nawalony miś panda, emeryci zombie recytujący z pamięci *Czterech pancernych*, w końcu tancerze przeróżnych schorzeń wijący się po scenie, jakby zakosztowali trujących jagód. Czy też soliści baletu ponętni w ruchu jak pomnik Lincolna. Jak mawiał nieodżałowany

Janusz Głowacki: „Tak się bawią ludzie, kiedy kończy się alkohol". Nie wiadomo, czy niektórym potrzebny był juror, kurator czy może telefon pod 112. Coraz mocniej czułem, że mnie to po prostu nie dotyczy.

Ale drugi powód był bardziej złożony. Uważam, że zarabiałem za mało, wobec masowego sukcesu *Mam talent*. Ciekawe było to, że gdy poinformowałem osobiście obie swe partnerki o moim exodusie, obie wyznały, że też rezygnują. Było mi miło, ale byłem też zbyt dużym chłopcem, aby uznać pyszałkowato, że to prawda. Bycie jurorem w rozpędzonym formacie to zbyt kusząca posadka, aby z niej rezygnować w imię niezrozumiałych, ale jakże polskich gestów.

Jest stara zasada piramidy żywieniowej w show-biznesie. Jak nie zjesz tego, co ci dają, to zaraz podpłynie większa i bardziej żarłoczna ryba i zje cię razem z pokarmem. To warto pamiętać.

Jednego razu wspominaliśmy wspólną pracę w *Mam talent* z Agnieszką Chylińską. Wyznała wtedy:

– Dla mnie *Mam talent* ma jakby dwa oblicza. Jedno to oblicze oficjalne, a drugie to są rozmowy o seksie z kolegą Kubą. To jest po prostu max.

Ja na to:

– O tak. **W teorii jestem zajebisty.**

Był jeszcze aspekt emocjonalny. Totalny zjazd emocjonalny po kolejnych odcinkach finałowych. Opowiadał mi o tym kiedyś Janusz Gajos:

– Kuba, Teatr Wielki, sala Moniuszki na blisko dwa tysiące miejsc. Ci ludzie magnetyzują cię swoją obecnością, jesteś dla nich w tym momencie centralnym punktem ich emocjonalnego wszechświata. Potem oklaski, podziw, uznanie i... cisza. Samotność wędrówki do domu. Często samotny dom. To wytrzymują nieliczni.

Coś z tych wspomnień Janusza odzywało się u mnie po programach na żywo. Na zakończenie odcinka ja rzucam: „To co, sukces warto świętować" i słyszę: Agnieszka wraca do rodziny, Prokop do żony, Foremka do dzieci, Hołownia do Boga, a ja do siebie. A czas miałem wtedy taki, że stałe związki stale nie mieściły mi się w głowie. I nie tylko w niej.

Wsiadałem do swojego pretensjonalnego samochodu i jechałem na miasto szukać wrażeń. Niestety często skutecznie.

Leszek Możdżer nakreślił kiedyś podobne emocje u mnie w programie:

– Jest to olbrzymie doznanie, ale powiem ci szczerze, że im większa publiczność, tym większa samotność na scenie. Czujesz to? Rozumiesz?

Ja na to:

– Mam to samo. W ogóle my, artyści, zauważyłeś, wracamy po takim wielkim spektaklu do domu i zostajemy sam na sam ze swoim geniuszem. Zabawne jest to, że to w ogóle nie jest zabawne.

X Factor nie miał magnetycznego jury. Przynajmniej do czasu pojawienia się Ewy Farnej. Piszę o tym ze smutkiem, ale i świadomością tej oceny, która towarzyszyła mi od początku.

Kiedyś Czesław Mozil opowiadał mi historię, jak to pracował na budowie w Danii i był świadkiem, że jeden z robotników prawie obciął sobie piłą mechaniczną palec u dłoni. Przyszła pani doktor, aby palec przyszyć, ale szybko skonstatowała, że szybciej i taniej będzie go do końca obciąć. I będzie wtedy łatwiej pracować, i nie będzie mu ten dyndający fragment przeszkadzał.

I ja tak widziałem jury *X Factora*. Ja to ta piła, Czesio to ta pani doktor, a Majka to ten palec. Za Chylińską i Foremniak przemawiały sukcesy, rozpoznawalność i konkretna droga zawodowa. A za Mają Sablewską i Czesławem... Podobno Maja miała profesjonalny casting sprawdzający jej predyspozycje do bycia jurorem. Podobno ten casting wypadł dobrze. Jedynym problemem było jednak dotarcie do kogoś, kto go zrobił, i obejrzenie zapisu wideo. A nie ma co ukrywać, próbowało wielu. Nie pamiętam, kiedy poznałem Sablewską, bo co tu ukrywać, nie była osobą zapamiętywalną. Ot, piętaszek Dody z wizytówką menedżera. Podobno poznaliśmy się w Kazimierzu Dolnym na imprezie Klubu Porsche, na którym koncert Dody był niespodzianką. Był wtedy Bogusław Linda czy Robert Chojnacki, istnieje więc duża szansa, że osobowość Mai się nie przebiła. Głupcy, jak powszechnie wiadomo, dzielą się na dyletantów i fachowców. Maja była stanem przejściowym. Długo skrywała się pod szyldem fachowca, aby w pełnej krasie programu *X Factor* pokazać swe drugie oblicze.

Właściwie nie potrafię świadomie opisać stanu zniesmaczenia jej postacią w tym programie. To wyglądało tak, jakby Maja miała własne pole grawitacyjnie, które przyciągało tylko nieliczne myśli, a wśród tych nielicznych te najbardziej bystre też nie miały w sobie gwałtownego połysku oryginalności. Uwielbiam ludzi błyskotliwych oraz takich, którzy z towarzystwa ludzi błyskotliwych potrafią korzystać.

W przeszłości odwiedzili mnie Ewa Kasprzyk i Tomasz Stańko.

Stańko opowiada:

– Uwielbiam, jak ludzie masowo kochają się przy mojej muzyce.

– Czyli poniekąd robisz muzykę dla jednego wielkiego domu publicznego? – swobodnie podłapuję temat.

– To w zasadzie był główny powód robienia mojej muzyki.

Ja:

– Żeby ludzie...

On:

– Nawet ja sam.

– No co ty, traktujesz własną muzykę jak viagrę?

– Łatwiej się puszcza niż połyka.

I tu wtrąca się Ewa:

– To prawda. Najłatwiej się puszcza przy Stańce.

Maja swoje przemyślenia na temat uczestników zawarła w dwóch jakże pojemnych refleksjach. Refleksja pierwsza: „Coś w tobie jest". Refleksja druga: „Podobało mi się". Znając niektórych hip-hopowców, na podstawie tego libretta potrafiliby stworzyć niejedną operę, lecz w przypadku wielogodzinnych castingów repertuar Mai zaczynał coraz mniej zaskakiwać. Wszystkich, z wyjątkiem samej autorki. Mało tego. Ten niezwykle wyrównany i wysoki poziom prozatorsko-krytyczny bez problemu utrzymywała przez całą edycję. Prawdopodobnie przeciętnie rozwinięty Polak jest bardziej kreatywny literacko, kiedy porządkuje piwnicę.

Wielu uczestnikom widowiska zadawałem wówczas moje ulubione pytanie: „Czy wolisz być zdolny czy sławny?". Moja ówczesna koleżanka ze składu jurorskiego udzieliła na nie odpowiedzi dosyć szybko i bez zbędnych słów.

Problemem *Idola* było niepokojące, ale i przepojone dreszczem ryzykownego oczekiwania pytanie: „Co powie Kuba?". Problemem *Mam talent* było dubeltowe zapytanie: „Co jeszcze wykręcą Chylińska z Wojewódzkim?" oraz pytanie dodatkowe: „Kto zrozumie dziś Foremniak?". Miażdżącym pytaniem w *X Factorze* było: „Czy Maja coś dziś w ogóle powie?".

Jest takie uniwersalne, choć retoryczne pytanie właściciela Facebooka, Marka Zuckerberga: „A myślałeś kiedyś, żeby rzucić wszystko i kupić sobie Bieszczady?". Niestety w naszym przypadku istniały realne przesłanki, aby wątpić zarówno w myślenie, jak i w Bieszczady.

Była to najbardziej spektakularnie przestrzelona kandydatka na jurora w historii polskich mediów, do której posadzenia tam nikt nie chciał się później przyznać. Tak jak nikt nie potrafił zrozumieć, dlaczego ona myli Jamiroquaia z Jerrym Maguire'em oraz odważnie twierdzi, że Cole Porter to duet dwóch kompozytorów. We mnie coś pękło, kiedy zobaczyłem, że przed kolejnymi przesłuchaniami koleżanka rzeczoznawca całą swoją energię i zaangażowanie inwestuje w strój oraz odpowiednio do tego stroju dobrane jubilerskie instrumentarium. Kolczyki, pierścionki, nakładki, zakładki, zaślepki oraz końcówki mocy. Ot, Sablewskiej sposób na modę, tylko w złych dekoracjach.

Ukoronowaniem jej opiniotwórczej kompetencji był występ Michała Szpaka wykonującego legendarny *Sen o Warszawie* w rytm pląsów świadczących o zainfekowaniu pierwszym stadium świńskiej grypy.

Wychodzi facet, no dobra, wychodzi wykonawca, który jest kreacją kompletną. Styl, ubiór, dodatki, fryzura i pełna świadomość tego, co chce osiągnąć. Wygląda jak skrzyżowanie człowieka i witryny sklepu jubilerskiego. Co robi Maja? Każe mu się przebrać, rozebrać i rozbroić z biżuterii. Szpakowi, który urodził się w trwałej pionowej i z rubinami na palcach. Dziwne i niezrozumiałe zachowanie. Jak kobieca depilacja w grudniu. Jakby Maja uznała, że w tej ogromnej sali domu pieśni i tańca było miejsce na jedną primabalerinę, i to miała być ona.

Pamiętam historyczne spotkanie w jednej z telewizji śniadaniowych Jolanty Rutowicz, posiadaczki pluszowego jednorożca oraz umysłu nowego typu, a także Przemka Salety zaraz po oddaniu nerki swojej córce. Jolanta, marszcząc czoło, przysłuchuje się dramatycznej opowieści chirurgicznej Przemka. Nagle po rozluźnieniu na jej twarzy widać, że w bębnie maszyny losującej znalazła się myśl. I nasza bohaterka zagaja: „I jak ty teraz żyjesz z tą jedną wątrobą?". Tak wtedy widziałem Sablewską.

Po wstępnym etapie castingów udaliśmy się z delegacją – Wojciech Iwański, reżyser widowiska, Piotr Radzymiński, producent, oraz ja, naczelny ancymon, do Edwarda Miszczaka, dyrektora programowego TVN-u. W naszej obszernej petycji znajdował się tylko jeden postulat: wypierdolić Majkę Sablewską z programu. Edek wypierdolił nas z gabinetu. Do dziś pamiętam słowa producentki

Kasi Szałańskiej, z którą zrobiłem wszystkie możliwe talent show dostępne na prawo od Australii. Powiedziała: „Nie martw się, Kubuś. Pokażemy ją w niedzielnym *prime time* i zostanie gwiazdą". A gwiazdy, jak powszechnie wiadomo, mogą pierdolić do woli. Później jurorka została objęta programem ochrony świadków, przydzielono jej licznych korepetytorów z Sandrą Walter na czele, którzy przed odcinkami na żywo mieli napisać Mai na kartce to, co sobie Maja pomyśli w trakcie programu. I tak też było. Występował zawodnik X z repertuarem Y, a nasza fachura odczytywała to, czego by prawdopodobnie nie pomyślała, gdyby inni nie zrobili tego za nią. A to wszystko jeszcze z wdziękiem bułgarskiego mechanika samochodowego. Koszmar. Talent show bez talentu i z mocno okrojonym show.

Dla mnie było jasne – wolę do końca życia pić wyłącznie deszczówkę, niż zasiadać koło kogoś takiego. Po finale powiedziałem jasno: albo ona albo ja. Co było dalej, już wiecie.

Gościłem kiedyś u siebie z okazji premiery filmu *Jesteś Bogiem* chłopaków z Paktofoniki.

Zadałem im pytanie:

– Jakie to uczucie być dla takiej dużej grupy ludzi Bogiem? **To znaczy ja wiem, ja wiem...**

Ważne podkreślenia jest to, że wraz z totalną demaskacją Mai jako jurora bez właściwości narastały lawinowo jej arogancja i poczucie wyjątkowości. Naprawdę umysły ludzi show-biznesu działają jakby inaczej. Wraz ze wzrostem rozpoznawalności automatycznie przybywa im IQ oraz poczucia własnej wyjątkowości. Kobieta, której chihuahua myli się z Massachusetts zaczyna stroić fochy. Wydaje się jej, że posiada tak wielki talent, że można go znaleźć na mapie Polski.

Podczas obrad ustalamy, że jeden z jej ulubieńców nie wejdzie do finału. Standardowo i zgodnie z regulaminem widowiska. Maja stwierdza, że w takim razie to ona rezygnuje z programu. Wojtek Iwański, reżyser, siła spokoju, branżowy Tadeusz Mazowiecki, wybucha. Pojawiają się słowa „gówniara", „kaprysy", „odpierdoliło". Choć to ostatnie to może było „odbiło", a mnie się tylko tak utrwaliło to „odpierdoliło". Wojtek dostał takiego wkurwu, że można było nim przez kilkanaście minut doładowywać telefony.

Inny przypadek. Przed finałami każdy juror dostaje przyznanych mu przez producentów podopiecznych. Ja dostaję solistów 16–24, wiadomo dlaczego. Czesław dostaje solistów 25+, a Maja zespoły. Jej reakcja? Maja znika. Odmawia współpracy. Zamyka się w hotelowym pokoju. Wydzwania po nocy do Miszczaka. Odprawia rytuał niezadowolenia. Po jakimś czasie przypomniała sobie, że nie jest Edytą Górniak i wrócił jej rozum. Wróć. Wrócił jej rozsądek. Wróć. I po jakimś czasie wróciła.

Co najbardziej zabawne, X Factora Maja zaczynała jako menedżerka Dody, Edyty Górniak i piosenkarki oraz przyszłej żony, czyli Mariny. Skończyła jako solistka z pustą ławką. Ciekawa ścieżka rozwoju biznesowego.

Nie wiem, jakimi metodami próbowała sprawować władzę jako menedżerka, ale do dziś pamiętam pełen trwogi głos Edyty Górniak, która dzwoni do mnie i pyta: „Możesz rozmawiać?". „Mogę". „Gdzie jesteś?". „W samochodzie, który znajduje się na Żoliborzu". „To proszę cię, zjedź na bok i stań, bo to, co ci powiem, może wywołać u ciebie wstrząs".

Typowa Edzia, myślę. U niej życie musi wyglądać jak EKG osiemdziesięcioletniego ćpuna zawałowca. Albo depresja, albo rozpędzony bolid ferrari z pełną mocą wbija się w trybunę honorową świętego spokoju innych. Jako że nie planowałem tego dnia żadnych wstrząsów, zjechałem i stanąłem na krawędzi jezdni. I nagle słyszę: „Maja jest satanistką. Stosuje kabałę, rzuca uroki i jeździ na szkolenia specjalistyczne z doktryny kabalistycznej do światowego centrum rzucania uroków znajdującego się w Kalifornii. A największym dowodem na to, że mam rację, jest obecność czerwonej nitki na jej ręce". Nie żartuję. Tak to mniej więcej brzmiało. Cenię Edytę, mam do niej słabość, ale ewidentnie ma zamocowany w mózgoczaszce próg zwalniający dla niektórych myśli. I tego dnia on zadziałał ze zdwojoną mocą.

Wracając do Majki. Dziś ją nawet lubię. Myślę, że idealnie wymierzyła swoją przestrzeń w mediach. Zajmuje się rozbieraniem ludzi, przebieraniem, podstawianiem, nabieraniem i Bóg jeden wie czym jeszcze. Kiedy ją poznałem, była intrygującą tajemnicą przykrytą wyrafinowanymi tatuażami i nutką niedopowiedzenia. Ciekawiło mnie to. Otarliśmy się nawet o nieśmiały romans. Potem było już tylko gorzej. I bez tajemnicy.

Czesław jest natomiast samoładującą się baterią niewyczerpanej energii. On był największym wykrzyknikiem *X Factora*, choć dla wielu widzów stanowił raczej znak zapytania, bo często nie rozumieli Czesławowych wypraw na jakże niebezpieczne terytorium języka polskiego. Z uśmiechem można w życiu zajść daleko. Z uśmiechem i talentem można zajść, gdzie się chce. I on jest tego najlepszym przykładem. Uwielbiam jego rozkojarzenie niezrozumiałą polskością.

Pytam go kiedyś w radiu, kiedy prowadziliśmy razem *Zwolnienie z WF-u* w Esce Rock:

– Czesław, pamiętasz, kto powiedział słynne słowa: „Jam jest milion, bo za miliony kocham i cierpię katusze"?

A Czesio na to:

– No pewnie. Jan Kulczyk.

Tomasz Hajto zasłynął „truskawką na torcie". Czesław był pierwszy.

Kiedy gadaliśmy o tym, czy powinien, czy nie powinien brać fuchy w *X Factorze*, nagle zapytał mnie z charakterystyczną dla siebie składnią:

– No, ale sam wiesz, ja nie wiem, czy ja nie będę taką wiśniówką na torcie.

Nie znam nikogo, kto by nie lubił Czesława, co powinno nas dziwić, bo trudno się lubi kogoś, czyja liczba kochanek to kwota trzycyfrowa.

Ma w sobie imperatyw dyżurnego dobrego człowieka, pomimo iż jest uzależniony od alkoholu i pornografii. Zna osobiście większość Polek oraz Dunek, a puentą jego niskiego żywota był romans z panią lat pięćdziesiąt pięć. Czyli wysoko dwucyfrową. Jak sam mi powiedział: „Lubię wyłącznie kobiety, które niczego ode mnie nie oczekują". Na moje stwierdzenie, że takie kobiety, które niczego nie oczekują, to muszą być martwe kobiety, stwierdził: „Takie są jeszcze lepsze. Bo nie wymagają w ogóle, żebym był".

Jest mistrzem świata w stawianiu spraw na głowie, będąc jednocześnie przekonanym, że absolutnie stabilnie stoją na własnych nogach.

Kocham go za to, że słynna filmowa odzywka, głównie w obrazach policyjnych: „Masz prawo zachować milczenie", ewidentnie nie jest jego życiową maksymą. Umie się zmienić i przyznać do wcześniejszych błędów. Dziś przykładny mąż, kto wie, może wkrótce ojciec, potrafił kiedyś wypalić: „Miałem taki okres, że traktowałem kobiety jak przystanki autobusowe. Wyspać się, zwymiotować i iść dalej. Ale to już podła przeszłość".

Czesław nie bał się nigdy wyznań, dowodząc jednocześnie, że boi się wyzwań: „Wolałbym mieć przypadkowe dziecko z przyjaciółką niż z partnerką" – powiedział mi w programie. Na pytanie, czy nie obawia się, że jego pociecha zostanie zainfekowana genem patologii, alkoholizmu i pornografii, z rozbrajającą szczerością oświadczył: „Byle mi za szybko nie zaczął mówić na ty. Albo Czesiu. Na Czesia trzeba zasłużyć". Pamiętajcie, on w jasełkach grał kiedyś syna Heroda, a potem samego Heroda, a mama urodziła go na koncercie Andrzeja Rosiewicza. Swoje przeżył.

Będę go wspominał do końca życia z uśmiechem i podziwem. Nigdy wcześniej nie poznałem człowieka, który by znał na pamięć tyle adresów stron porno w sieci co on. Szacunek.

Ale żeby nie było tylko pajacowania i heheszków. Zrobiłem z nim kiedyś wywiad do „Polityki". Zaskoczył nie tylko mnie. Mówił refleksyjnie i mądrze.

Zadałem mu pytanie, w jaką Polskę wierzy. Powiedział:

„Ja wierzę w tę Polskę, o której mi kiedyś opowiadała mama. Że chałwę mamy dlatego, że mieliśmy kiedyś granicę z Turcją. Dlatego też pijemy turecką kawę. Pierogi czy gołąbki przywędrowały do nas razem z Tatarami. Kołduny z Litwinami. Kiedyś bardziej otwartym miejscem, takim eldorado multi-kulti, była właśnie Polska. I w taką Polskę chcę wierzyć. Przywiozłem mojej mamie biografię Nergala. Przeczytała w dwa dni i mówi: «Jaki to jest inteligentny, miły, wrażliwy człowiek. Chciałoby się powiedzieć: prawdziwy chrześcijanin».

I to jest sedno sprawy. Moda na bycie otwartym i szczerym. Ona dopiero do Polski nadchodzi. Podczas koncertów często mawiam do publiczności: «Chłopaki, przyznawajcie się do swoich błędów. Laski na to lecą». To nie jest jeszcze u nas popularne, ale przysięgam, że się przyjmie. To dobrze widać na przykład w teatrze, jak komuś zadzwoni w trakcie spektaklu komórka. W Danii taka osoba wyjmuje telefon, wyłącza, przeprasza najbliżej siedzących i ogląda dalej. W Polsce taka osoba udaje, że to nie jej telefon dzwoni".

Nie pamiętam zbyt wiele osób z *X Factora*, które byłyby warte mego koneserskiego zapamiętania. Sensem tego programu, legitymacją jego sensu istnienia, jest tylko jedno nazwisko: Dawid Podsiadło. Niepokojący geniusz, dziś lat 25. Jezus podobno mawiał często, że jego królestwo jest nie z tego świata. Otóż widzę tu niejaką analogię. Podsiadło też nie jest z tego świata. To jak myśli, jak śpiewa, jak świętuje sukces i jak celebruje swoją popularność. Jest najszlachetniejszym odmieńcem, jakiego znam. Twierdzi, że jego życie jest zasadniczo smutne, boi się pająków i płacze, kiedy je widzi, był fanem Boney M. i śpiewał ich szlagiery przed lustrem, a w sieci ogląda na przemian porno i polskich youtuberów. Kocham go. Jest jak Ewa Farna – bez wieku. Mogę z nim rozmawiać godzinami i nie czuję, jak nikczemnie jest młody. Zresztą to on sam powiedział mi kiedyś w programie:

– Obaj jesteśmy przed sześćdziesiątką.

Kiedyś zagadnąłem go o marzenia i zmroził mnie:

– Marzę o przytulance z Ryanem Goslingiem albo o gruppen seksie z całą obsadą serialu *Przyjaciele*.

Przestałem go po tym wyznaniu pytać o cokolwiek.

Ale mam nieodparte wrażenie, że gdyby nagrał własną sekstaśmę i umieściłby ją w sieci, to na ekranie obejrzelibyśmy Dawida jak... gra na PlayStation.

Wyznał mi kiedyś, że pierwsze pismo erotyczne znalazł w rzece z kolegami i zrobiło na nim duże wrażenie. Do tego stopnia, że do dziś pamięta tytuł artykułu, który go pochłonął: „Buju, buju na twardym chuju". Jest podobno taki stary arabski zwyczaj, że nie można zjadać mięsa owcy, z którą wcześniej uprawiało się seks. Ja mam tak z nim. Jest poniekąd moim, co tu ukrywać, mocno nietypowym dzieckiem.

Pamiętam Tatianę Okupnik, którą lubię za umiejętne operowanie pośladkami i życiowy luz, a która miała wtedy najwyraźniej czas ostrego poszukiwania konkretnego partnera. A ja lubię sobie czasem poflirtować w telewizji, bo to dobrze wygląda na ekranie. A człowiek roboty nie nosi do domu.

Zanim zdesperowany zadzwoniłem do Tatiany, wykonałem prywatne rozmowy z Moniką Brodką, Patrycją Markowską, Kasią Nosowską, Anitą Lipnicką i pewnie jeszcze kimś dalej, kto trochę śpiewa i trochę myśli. Niestety wszystkie reagowały tak, jakby miały występować w telezakupach Mango. Każda bała się posądzeń o tępienie młodej konkurencji, każda miała obawy, że występ w prime timeowym show może ukraść im życie pozabranżowe. A tego nie chciały. I tak zostaliśmy z Tatianą, dziewczyną o głosie duszonej papugi, która może poszczycić się historyczną rolą bycia supportem Rolling Stonesów podczas ich drugiego koncertu w Warszawie.

Nikt nie potrafił zrozumieć, dlaczego właśnie ona. Jedyną sensowną opinię przedstawił znany jazzman fotograf Marek Karewicz, który wyznał mi, że **podobno Tatiana** potrafi zrobić z pośladkami to samo co Mick Jagger z ustami. **Ale tylko hipotetycznie.**

Wszyscy, wysuwając tę lekko desperacką kandydaturę, zapomnieliśmy o jej mrocznym epizodzie, który nazywał się *Gwiazdy tańczą na lodzie*. Telewizyjne monstrum, które spadło na widzów TVP jak pijany kominiarz z dachu. Szału nie było. Tatiana jednak wniosła do programu życie, seksapil, właściwe rozumienie telewizji oraz dużo większy zasób słów niż jej poprzedniczka, którą w pojedynku na elokwencję biła nawet moja automatyczna sekretarka.

Nie wiem, jakie cechy powinien mieć dobry juror. Czy ma być bezczelny, miły, wygadany, pierdolnięty czy fachowy.

Jest taka zagadka: „Co to jest? Ma osiem nóg i jedno oko". Kto zgadnie? Odpowiedź jest prosta: „Dwa krzesła i pół ryby".

Tak mniej więcej widzę opisywanie doskonałego jurora, którego fucha, w przeróżnych programach przez ponad dekadę, była jedną z najlepszych w kraju. Ja skończyłem swoją przygodę z poniewieraniem i robieniem ludziom afrontu na kwocie 80 tysięcy za odcinek. Można się przyzwyczaić.

Muszę jednak wspomnieć epizod z osobą, która najlepiej ilustruje historię, że w szoł-biznesie obok talentu, szczęścia i pracowitości warto mieć jeszcze nieco przytomności.

W mojej grupie była dziewczyna. Ada Szulc. Głos anioła, umysł fryzjera, biust z kina panoramicznego i wrażliwość pensjonarki z zapomnianego bieszczadzkiego sołectwa.

Pierwszą edycję wygrał człowiek ukrywający się pod pseudonimem Gienek Loska, ale to był jeszcze ten czas, gdy moi krajanie chcieli przyjmować uchodźców. Gienek był dość niedbały, jeśli chodzi o wizerunek i wypowiedzi, ze względu na poprawność polityczną powiem, że u wielu osób budził wrażenie brudnego, czyli, jak to się poprawnie nazywa, higienicznie wątpliwego. Był spawaczem z Białorusi i swym repertuarem wzniecił typowe dla widza, niemerytoryczne uczucia. Ludzie wrażliwi na historie prześladowanych spawaczy ze Wschodu postanowili zespawać Gienka z sukcesem scenicznym w wolnym kraju. I tak oto Gienek wygrał, co tak bardzo go wzruszyło, że po krótkim czasie wyznał, że X Factor spieprzył mu życie, czuje się chujowo, bo wszystko się zmieniło. A on dalej chciałby pierdzieć na rogu ulicy swoje rzewne piosenki prosto z serca.

Gienek wygrał, Szpak, na którego naród jeszcze nie był przygotowany, zajął miejsce drugie, a Ada trzecie. Jest taki stary branżowy żart: „Z jakiej płyty znana jest Magdalena Steczkowska?". Odpowiedź: „Z płyty lotniska Okęcie".

Nie chciałem takiego losu dla Ady, nie chciałem, żeby utopiono ją w jajecznicy, jak męczącą Alę Janosz. Postanowiłem zabawić się w producenta. To po stronie tej nieforemnej małolaty leżało najlepsze wykonanie pierwszej edycji programu. Gdy walnęła Fields of Gold Stinga, nie było w kraju człowieka, który by nie powiedział pod nosem z profesjonalnym znawstwem tematu: „Playback". A ona śpiewała na żywo jak natchniona.

Postanowiłem namówić ją na płytę z coverami. Zgodziła się. Wybrałem dwanaście mocnych killerów z właściwą, pokoleniową już reputacją. Zgodziła się. Zadzwoniłem do Leszka Możdżera, Edyty Górniak, Adama Sztaby, żeby wystąpili gościnnie. Zgodzili się. Zadzwoniłem do Leszka Czarneckiego, pierwszego wówczas w rankingu najbogatszych osób w Polsce, czy nie wsparłby jej finansowo. Zgodził się. Zadzwoniłem do obrotnej menedżerki. Zgodziła się. Mało tego: załatwiła, że piosenka Ady będzie tematem przewodnim we właśnie powstającym filmie *Big love*.

Ada nie przyjechała na plan teledysku. Ada nie miała czasu, bo właśnie grała na otwarciu sklepu ogólnobranżowego w Przasnyszu. Ada nie miała czasu na próby, bo zarabiała kasę, kolędując z chałturami po lokalnych bazarach z trzodą chlewną. Ada nie ma czasu na nic istotnego, bo aktualnie zmniejsza nos, istotną część własnej twarzy. Oscar za najlepszą rolę dwudziestoplanową. Ada miała także starszego narzeczonego, który będąc starszy i Ady zgłodniały, eksploatował ją tak, że straciła i czas, i głos. I tak zakończyła się moja przygoda z ambitnym projektem z kimś, kto obrócił swoją karierę w żart, którego by nawet sam Karol Strasburger nie opowiedział. Na domiar złego, kilka lat późnej Ada nagrała płytę z tak zwanym DJ-em Adamusem, najbardziej zbędną postacią każdego szoł-biznesu bez względu na kontynent i planetę. Była to produkcja historyczna. Jako pierwsi na świecie mieli większe zwroty niż nakład. Dziwne decyzje i dziwne ruchy. W przypadku takich egzemplarzy to nawet Google nie wie, o co chodzi.

Najciekawszą, choć najmniej chętnie oglądaną edycją X *Factora* była ta, w której zasiadła moja dziecięca miłość – Ewa Farna. Pytałem Ewę, czy mogę napisać w tej haniebnej książce o tym, co nas łączyło, i powiedziała, że tak. Od razu mówię: do niczego nie doszło, choć emocje i nastawienie były. Za pierwszym razem była u mnie jako dziecko, za drugim prawie jako kobieta, choć podobno jeszcze dziewica, a za trzecim to już strach powiedzieć.

W Polsce uważana jest za piosenkarkę dla dzieci, a w Czechach za seksbombę. I ja mam ewidentnie czeski punkt widzenia. Coś nas do siebie pchało, ale jednocześnie oboje wiedzieliśmy, że to absurdalne nie tylko ze względu na różnicę wieku. Potrafiliśmy jeździć taksówką nocą po Warszawie i wymyślać po czesku przez okno przypadkowym przechodniom. Potrafiliśmy godzinami przegadywać temat, o którym Ryszard Riedel śpiewał „samotność to taka straszna trwoga". Kiedyś zaprosiła mnie do siebie i tuż przed spotkaniem wysłała zdjęcie: wino, świece i płyta *Polska* Leszka Możdżera, o której razem mówiliśmy, że jest idealna do patriotycznych stosunków płciowych.

Nie pojechałem, nie tylko dlatego, że się bałem. Uwielbiam ją i szanuję. Mam wrażenie, że dłużej jest na scenie niż w ogóle żyje. Jest ode mnie młodsza o wojnę trzydziestoletnią, a dojrzałością i zrozumieniem świata nokautuje dużo starsze koleżanki. Dziś ma męża i dlatego możemy spotykać się już spokojnie. Bo ma także zasady. Jesteśmy dziś na takim etapie, że z uśmiechem wspominamy, na jakim etapie mogliśmy być, ale nie byliśmy.

Trochę jak z opowieści mojego kolegi, który zapytał swego ojca: „Tato, jaką najgłupszą rzecz zrobiłeś z miłości?". A tato odpowiedział niezłomnie: „Ciebie".

Na podobnej zasadzie uwielbiam Olę Hamkało. A może mi się tylko wydaje, że te przypadki są podobne?

Z Magdą Boczarską poznaliśmy się na planie *Testosteronu* i pewnie też ta substancja przyczyniła się do tego, że szybko umówiliśmy się na randkę. Dopiero po latach Magda wyznała mi, że ona nie wiedziała, że to była randka, ale jeśli była, to teraz żałuje, że nie wiedziała. Bo ona myślała, że idziemy po prostu na ciastko. Kocham ją za to.

Za *Małymi Gigantami* przemawiał jeden argument, który przekonał mnie do tego projektu, i w najmniejszym stopniu argument ten nie przypominał nawet średnio rozgarniętego dzieciaka.

To była obecność Agnieszki Chylińskiej.

Często mam wrażenie, że bez względu na format, formułę i tematykę programu my, występując razem, bawimy się najlepiej. Jesteśmy samowystarczalni. Teraz nasza dwójka, która najczęściej słyszała w szkole: „Bardzo dobrze, siadaj, pała", miała oceniać swoich przyszłych kumpli z branży. Raj dla sadystów i mścicieli.

Zawsze miałem taką filozofię, że dobrze jest polować zawczasu na zdolne dzieciaki, bo w ten sposób likviduję sobie potencjalną konkurencję.

Inni niech się rozpychają na scenach i ekranach, jak podczas promocji karpia w Lidlu, ja dostałem szansę, aby ułatwić sobie życie w białych rękawiczkach.

Dużym atutem programu *Mali Giganci* byli – uwaga – rodzice. Ludzie o właściwych priorytetach dla swoich milusińskich. Najpierw sukces, potem szkoła. I nieważne, że sami niezupełnie posiadają stosowną wiedzę, by odpowiedzieć właściwie na pytanie, czy mówi się „włączam" czy „włanczam". Ważne jest to, że ich biznesplanem jest ich dziecko. Przepustką do lepszego życia z odsetek od zasmarkanego talentu.

Z Agnieszką Chylińską w moim życiu jest trochę jak z Anką Przybylską.

Jest nie do zastąpienia.

Gdyby to ode mnie zależało, nazwałbym jej imieniem jedno z lotnisk w kraju. Taka jest ważna i taka odlotowa. (Jezu, czy ktoś używa jeszcze tego słowa?). Jak mawia mój koleżka Piotr Kędzierski: „To coś więcej niż przyjaźń i nieco mniej niż miłość". A może totalnie was i siebie okłamuję? Kto wie.

Dopełnieniem naszego duetu w *Małych Gigantach* miała być Bujakiewicz Katarzyna, twarz batonów zbożowych Bakalandu. Kiedyś nasz trójkąt Bujakiewicz–Przybylska–Wojewódzki był tak skuteczny, że spokojnie Trójkąt Bermudzki mógłby udać się na wcześniejszą emeryturę.

Kupiła mnie onegdaj, wiele lat temu, stwierdzeniem, że jak tak się będę ociągał z poważnym życiem, to na moim ślubie ludzie nie będą rzucali ryżem, tylko witaminami. I jak się okazało, ma w sobie coś z Wróżbity Macieja. Przy czym on ma większy efekt jo-jo.

Kasia jest prywatnie świetną dziewuchą, która wie, gdzie leżą najsłodsze konfitury, a na dodatek nosi w sobie tsunami. Niestety, gdy staje lub zasiada przed kamerą, wiatr gwałtownie ustaje, robi się flauta, a następnie tak zwana cofka. Kasia zmienia się w jejmość staruszkę matronę, która prawi i naucza. Na dodatek jej komunikacja z dziećmi została opanowana przez system operacyjny typowego egzaltowanego bachora płci damskiej. I dialogi wyglądały mniej więcej tak:

– Lubisz filmy z wróżkami?

Dziecko płci damskiej, czyli prototyp kobiety:

– Lubię.

Kasia:

– Ojej, ja też lubię, bardzo lubię i moja córeczka lubi i tak sobie siedzimy, lubimy i oglądamy. Ojej, ojej, ojej.

Typowe w tym rodzaju porozumienia jest odmienianie przez wszystko, przez co można odmienić, słowa „ojej". Wielokrotnie i w każdym momencie.

– Twój ulubiony film – zapytuje jurorka.

Dziecko, demo kobiety, odpowiada:

– *Kraina lodu.*

I rusza lawina:

– Ojej, mój też. Ojej, a znasz tę piosenkę, ojej, *Mam tę moc*, ojej, ojejku. Moja córeczka to uwielbia. Tak sobie czasem, ojej, siedzimy i razem śpiewamy, ojej, ojej.

Gdyby od tych swoich „ojej, ojej" miała zapłacić podatek dochodowy, zostałaby bankrutem.

Zawsze twierdziłem, że niewrażliwy juror jest jak zezowaty kat. Może narobić więcej szkód niż pożytku. Niestety juror egzaltowany jest wcześniej czy później nie do strawienia.

Charlie Chaplin stał się bogaty, grając biednych. Ja stałem się bogaty, grając kompetentnych. I nie lubię, jak mi ktoś w tej pracy psuje miłą atmosferę.

Istotą programu *Mali Giganci* było to, że jest to program o dzieciach dla dorosłych i trzeba się w nim komunikować na poziomie przynajmniej średnio rozgarniętego słuchacza kursu przygotowującego do zawodu kontrolera zapachów odbytu. A jako że zawsze uważałem, że osią, motorem napędowym, istotą każdej opowieści, narracji czy historii jest konflikt, więc ten konflikt stworzyliśmy. Nie chcąc powtarzać sytuacji z Mają z *X Factora*, czyli wchodzenia w otwarty konflikt, postanowiliśmy z Agnieszką nie zauważać zbytnio obecności jurorki odzianej w falbanki.

Najbardziej zmarnowanym dniem jest dzień bez śmiechu i postanowiliśmy z tego nie rezygnować. Potwornym ograniczeniem podczas pracy z dziećmi jest narzucanie sobie kagańca przyzwoitości oraz odpowiedzialnego słowa.

Dla mnie i Agnieszki to był koszmar. Uczysz się dyplomacji na bazie cytatów z Disneya oraz *Ulicy Sezamkowej*. Trzeba się pilnować, bo wiesz, że inni nie przestali cię pilnować i zaraz cię wezmą na celownik.

Zawsze uważałem, że dzieci to są dorośli, tylko mniejsi, i nie należy ich traktować jak idiotów. Choć stanowczo zabronione jest używanie na przykład słowa „zajebisty".

Wyobrażacie sobie świat pozbawiony tego słowa? Równie dobrze mogli mnie i Agnieszce zabronić używać czasowników i połowy rzeczowników. A przydawki tylko w weekendy. Koszmar.

Kiedy byłem małym chłopcem, rodzice zapisali mnie na karate, bo chciałem, oraz na taniec, bo oni chcieli.

Czasami mi się ruchy myliły. I tak bywało podczas tego programu.

Uwielbiałem potyczki słowne z dzieciakami:

– Dlaczego nie masz jedynek – pytam sześcioletniego skrzata.

– Bo ja dużo recytuję – słyszę w odpowiedzi.

– Aha – konstatuję. – Zjadłeś zęby na recytacji.

Albo:

– Jaka jest twoja ulubiona postać historyczna?

Chwila zadumy na nieletnim czole i odpowiedź:

– Kuba Wojewódzki.

Małe mózgi generują czasami wielkie myśli. I zaskakują celnym dowcipem.

– Skąd pochodzisz?

– Z Radomia.

– To ostatnio bardzo popularne miasto.

– Tak, niedługo będziemy mieć dostęp do morza.

Albo dziewczynka ze skrzypcami:

– Jak często ćwiczysz na skrzypcach?

– Codziennie.

– A jak długo?

– Co trzy dni.

– Co to jest rozwód?

– Rozwój mózgu.

– A podryw?

– To taka sytuacja, kiedy chłopak ma dziewczynę, a chciałby mieć jeszcze jedną.

Duży poziom wiedzy przydatnej życiowo.
– Gdzie się najlepiej zarabia?
– W bankomacie.

Także niezwykła samoświadomość.
– Urodziłem się w styczniu. W lecie, jak są wakacje.

– Kim chcesz zostać, jak dorośniesz?
– Chciałam leczyć zwierzęta, ale mi potem kuzynka powiedziała, że trzeba gdzieś wkładać ręce.

Bywają też zagrożeniem dla najbliższej rodziny:
– Co tata lubi robić w wolnym czasie?
– Rozbiera się na same gacie i gra na telefonie.

– Jak tata zwraca się do mamy?
– Aaaanka, nie przesadzaj, noooo.

Bywają też zapowiedzią naszego końca:
– Chcesz zostać gwiazdą TVN?
– Tak.
– Po moim trupie.
– To już niedługo.

Lubiłem to, ale nie tęsknię za tym programem. Bywały sytuacje surrealistyczne i pokazujące, że kontrola każdego słowa jest niezbędna.

Po jakimś występie powiedziałem nieletniemu tancerzowi, że od dziś to nie on mieszka z rodzicami, tylko rodzice mieszkają u niego. Bo jest wielki. Jaki był efekt? Po tygodniu wdarła się do mej garderoby zdesperowana mama, twierdząc, że Maciuś poprosił ich, razem z tatusiem, żeby się od niego wyprowadzili. Bo mu blokują rozwój.

Podobnie było z innym, któremu od niechcenia rzuciłem:

– Możesz śmiało przestać chodzić do przedszkola. Teraz to przedszkole powinno przyjść do ciebie.

No i rokujący geniusz zażądał wspomnianej usługi.

W jednym z odcinków zadałem chłopcu pytanie:

– Masz dwanaście lat i nadal jesteś singlem?

Po tygodniu podszedł do mnie w przerwie i szelmowsko mrugając, wyznał:

– Tamten status już nieaktualny.

Jak kiedyś zostanę ojcem, to to będzie koszmar. Dla obu stron.

Dzieci w telewizji mają w sobie coś z punk rocka. To jest błysk, szok, feeria barw i nieprzewidywalnych zdarzeń, a potem całość popada w autoparodię, za którą stoją sprytni i wyrachowani menedżerowie. Rodzice.

Udział w tym programie podobno mocno ocieplił mój wizerunek, ale prawdę mówiąc, mam to w dupie. Nigdy nie kalkulowałem, czy udział w jakimś zacnym widowisku jest dla mnie korzystny wizerunkowo, czy nie. Interesowało mnie to, czy będę się dobrze bawił. A ryzyko bywa czasem duże.

Wizyta Bronisława Prezydenta Komorowskiego w moim programie, tuż przed drugą turą wyborów, zakończyła się takim wyznaniem z mojej strony:

– Zastanawiam się, kto na tym spotkaniu zyska, a kto straci. Czy pana zacznie popierać młodzież, a mnie zaczną oglądać myśliwi? Czy będzie odwrotnie: nasze elektoraty wymieszają się i dostaną obłędu?

Wracając do Agnieszki. Oboje mamy w sobie coś totalnie niepasującego do naszego bycia publicznego. Jakiś rodzaj smutku i odklejenia. Ścigania się z własnymi marzeniami bez szans na zwycięstwo. Pomimo tego, co mamy. Przyznała mi się kiedyś, że w prowadzonym prawie od zawsze dzienniku napisała dawno dawno temu: „Panie Boże, spraw, proszę, abym przed maturą została słynną piosenkarką, bo nie chcę zdawać matury. I ktoś tego wysłuchał".

Co ciekawe, ja miałem podobnie, i to też na długo przed maturą. W szkole podstawowej, jak tylko wracałem po lekcjach do domu, a czasami wracałem jeszcze w trakcie lekcji, to włączałem sobie głośno piosenki Beatlesów, przebierałem się w garniturek od pierwszej komunii, brałem w ręce pałeczki i udawałem, że gram na perkusji. Byłem swoją własną wersją Ringo Starra, marzącą o tym, żeby życie, które mnie czeka, było jak pole truskawkowe. Kolorowe i dorodne. I też się udało. Ale wracając do A.

Przyświeca nam niewyartykułowana, ale zauważalna Tuwimowa filozofia: „Żyj tak, aby gdy kiedyś umrzesz, wszystkim, którzy cię znają, zrobiło się nudno".

Oboje chyba jesteśmy dziwni. I nie chodzi mi o dziwność w stylu faceta, który w swoim portfelu nosi zdjęcie własnego portfela.

Agnieszka jest siłaczem. No, może ze względu na poprawność polityczną powinienem napisać „siłaczką". Ale nie taką z Żeromskiego, zaplątaną w tyfus, biedę, idealizm oraz głodnych chłopów. Jest najsilniejszą kobietą, jaką poznałem w kategorii „podnoszenie życiowych ciężarów dowolną techniką". Rwaniem, podrzutem, freestyle'em.

Uwielbiam, jak opowiada o brutalnym zderzeniu roli gwiazdy i matki. W moim programie zaserwowała taki oto monolog:

– Nie powiem do syna, który ma, rozumiesz, biegunkę, leży i o trzeciej ryczy: „Stary, jestem gwiazdą, hardcorówą i nie możesz ryczeć, bo ja muszę jutro wstać". Nie mogę. Ja muszę podejść, powiedzieć: „Syneczku, kochany, co tam, no dobrze". No obsrał mnie, no trudno, tak, nie powiem przecież: „O Boże! To jest Gianfranco Ferrè!". Kurwa, wiesz, o co chodzi. No nie powiem tak.

No, kurwa, rozumiem. Nigdy tak nie powie. I za to ją kocham.

Agnieszka jest dominatorem i chyba natura nie wymyśliła ani ludzi, ani okoliczności, którzy mogliby dotrzymać jej towarzystwa, jednocześnie dotrzymując kroku.

Jej pierwszego męża Krzysztofa lubili wszyscy, ale nie wiem, czy wszyscy chcieliby mieć takiego męża. Kiedyś konwersację z nim porównałem do gry w squasha. Tam walisz z całej siły w gumową piłkę, a ona wraca do ciebie, niesiona impetem odbicia. Podczas rozmowy z Krisem miałeś wrażenie, że piłka grzęźnie w ścianie. Nie potrafię tego lepiej wytłumaczyć. I prawdopodobnie w każdej normalnej familii otrzymałby złoty medal olimpijski w robieniu dobrego wrażenia, ale u nas spadł z podium. Myślę, że miał być dla niej bezpiecznym portem normalności, a stał się bezpiecznym portem nudności.

Każdy może się pomylić. Znam takich, którzy mylą lewą i prawą rękę i wpadają w popłoch, kiedy trzeba policzyć własne palce.

Sama powiedziała mi o tym inaczej: „Pogrzebałam związek z Krisem, bo najważniejszy był zespół, kariera, bycie w mediach, bycie głosem w sprawie. Ja tym żyłam".

Teraz Agnieszka ma Marka, troje dzieci, temperament taki, że spokojnie mogłaby sama zagrać i Alibabę, i czterdziestu rozbójników, oraz pozycję nie do podważenia. Więcej pisać nie chcę, bo nie jestem upoważniony. Gdybym ujawnił cząstkę naszych rozmów, świat był eksplodował, a nikt tego nie chce.

Pewne jest jedno – z poszukiwaniem szczęścia w życiu jest jak z poszukiwaniem Złotego Pociągu. Nie ściemniali ci, że jest, a najbardziej wkurwia cię to, że wiesz, że to kłamstwo. No i nie wiesz dokładnie, gdzie szukać. Oboje zresztą jesteśmy wiecznie zdumieni tym gdzie jesteśmy i jak jesteśmy. „Chciałam być czarną nietoperzycą, która umrze w wieku dwudziestu siedmiu lat" – wyznała mi swego czasu – „A jestem czterdziestoletnią matką trójki dzieci".

Lubię jej płyty i nigdy nie mam odwagi pytać, ile jest w tym dokumentu z jej życia. Po wysłuchaniu ostatniej, *Pink Punk*, pomyślałem sobie, że jeśli tymi nagraniami wskazuje człowieka, któremu każe wypierdalać ze swojego życia, to jest to... ona sama.

Właściwie całe życie zastanawiam się, jakie mam poglądy. Bo gdyby przejrzeć media, poszukując w nich szkiców do nakreślenia obrazu mego światopoglądu, to **jestem**

potencjalnym gwałcicielem, lewakiem, zaburzoną schedą po komunizmie, szowinistą, seksistą, mizoginem (to w duecie z Tomkiem Adamkiem, choć głowy nie dam sobie uciąć, że on kuma w swej poobijanej głowie, o co chodzi w tym słowie).

Generalnie uważam, że Polska jest krajem przemocy wobec kobiet.

Jest Disneylandem szowinizmu.

Jest tylko jedna kobieta, którą Polacy katolicy szanują. To Matka Boska. Może dlatego, że to jest relacja w jedną stronę. Ona się nie czepia, nie robi awantur, nie wydaje za dużo na ciuchy, a tylko sobie czasami popłacze z obrazu.

Jestem na lewo od prawicy i na prawo od lewicy.

Mój sukces w życiu polega chyba na tym, że nie znam swego miejsca. I nie lubię, jak ktoś mi je wyznacza. W imię ideologii, religii czy własnych przekonań. Sporo jak na jednego faceta.

Jestem wolnościowcem. Nie lubię ograniczeń, zakazów i stowarzyszeń ludzi ubierających się i myślących podobnie. Tacy ludzie jak ja są jak misie panda. Zagrożonym gatunkiem. Ponieważ same są dla siebie zagrożeniem.

Trudno dziś użyć do nakreślenia swych politycznych poglądów jakichkolwiek terminów z politycznej myśli dwudziestego wieku. Bo one już nic nie znaczą. Są jak fasady nieistniejących budynków.

Dostaję alergii, jak ktoś mówi, że reprezentuje „konserwatywny system wartości". Dla mnie to jednoznaczne: bije żonę, Dekalog traktuje jak katalog mebli IKEA, czyli wybiera to, co dla niego wygodne, chodzi na mszę i na stadion co niedziela, dlatego mylą mu się czasami godowe zachowania adekwatne dla obu miejsc, a słowa „Bóg", „honor" i „ojczyzna" odmienia przez przypadki tak często, jak słowa „frytki", „parówki" i „piwo".

Kocham w ich ustach słowo „tradycja". Ono jest jak stara zakurzona i sękata pałka dziadka do motywowania chłopów pańszczyźnianych wyjęta z gabloty klasowej izby pamięci.

Słowo „prawica" działa na mnie równie kojąco jak słowo „napalm".

Pamiętam, jak kiedyś w moim programie Ela Zapendowska powiedziała Jackowi Kurskiemu:

– Jak ja nienawidzę tej prawicy.

Jeszcze w czasach wspólnego jurorowania w *Idolu* obiecałem się słuchać Eluni. Więc i w tym posłuchałem.

Ich wspomnianą przed chwilą triadą „Bóg–honor–ojczyzna" wypełniają każdą przestrzeń wątpliwości czy konieczności suwerennego myślenia. A może po prostu krytycznego? Te trzy słowa to jeden z największych blefów popkultury katolickiej pomiędzy Bałtykiem a Karpatami. Większy chyba nawet od słynnych trojaczków „wolność–równość–braterstwo".

Bóg wyklucza nienawiść.

Honor wyklucza **kłamstwo.**

A pojęcie „ojczyzna" wyklucza pogardę dla inaczej myślących współobywateli. Bo ta ojczyzna to także, kurwa, oni. A nie panowie Dmowski czy Piłsudski.

Jestem liberałem z wrażliwością społeczną, idealistą, a czasami zawziętym kapitalistą z dziewiętnastego wieku. Uważam, że rynek to rywalizacja. Czasami brutalna i segregująca nas na tych bardziej i mniej skutecznych.

Jestem trudny do zdefiniowania nawet sam dla siebie i we wszystkim tym nie widzę sprzeczności. W końcu konserwę turystyczną można zjeść, nie będąc turystą. Nie uważam, że aborcja w czwartym tygodniu ciąży jest zabójstwem, bo wtedy musiałbym uważać, że USG w dwunastym to pornografia dziecięca.

Jak Kościół wypowiada się o in vitro, to słyszę język zabłąkany gdzieś pomiędzy Toruniem, średniowieczem, licheńskimi golgotami i słowami „PIN" i „zielony" w miejsce słów „Bóg zapłać".

Los, historia, bezmyślność i brak edukacji zrobiły z nas religijny skansen. Katolicki aquapark skrzyżowany ze skutkami stresu pourazowego i syndromem sztokholmskim. Klepiemy te zdrowaśki, bo klepała matka, babka i pradziadek. I nie ma specjalnego powodu, żeby nie klepać dalej. A wszystko to dzieje się w kraju, w którym gdyby Jezus zmartwychwstał, to ZUS kazałby mu wracać, skąd przyszedł.

Uważam, że jedynym prawdziwym hasłem dla Kościoła jest to: „Wszędzie dobrze, gdzie nas nie ma".

W wieku pięćdziesięciu pięciu lat doszedłem do wniosku, że politycy nie kandydują, żeby walczyć z przywilejami i korupcją, tylko kandydują, żeby w tym właśnie uczestniczyć.

Lepiej późno niż później. Ostatnim moim gestem w kierunku sceny politycznej był współudział we wskrzeszeniu Pawła Kukiza. Kukiz mnie nabrał, a gdybym był bardziej dociekliwy, to bym napisał, że to ja nabrałem się na Kukiza. Pomimo że reprezentuje spryt komornika czającego się na cudzy ciągnik.

Uwierzyłem Kukizowi w plan anarchii. Awantury. Wywalenie sceny politycznej do góry nogami. Ostatni akt mej chłopięcej naiwności, że jak się chce, to można. To tak, jakbym nagłym przyrostem zręczności i wygimnastykowania sam siebie wyruchał w dupę.

Nie byłem w tym osamotniony. Mało tego, przez kilka tygodni byłem wręcz bohaterem. Po sławetnej wizycie Pawła w moim programie, kiedy podpisałem mu swoje poparcie dla okręgów jednomandatowych, warszawska ulica uśmiechała się do mnie jakby promienniej. Nawet policjanci mnie zaczepiali, gratulując odwagi i nonkonformizmu. Kukiz był dla mnie jak wietrzenie starego antykwariatu. Miał być przeciągiem pomiędzy popadającą w autoparodię Platformą a nadchodzącą brunatną hordą PiS-u. Sam okazał się hordą, tylko mniejszego kalibru.

Dziś jestem zmęczony polskością w polityce i polityką polskości.

Jest jeden człowiek, który rozwiązał najwięcej problemów dwudziestego wieku, a i pewnie okaże się pomocny także w dwudziestym pierwszym. Nazywał się Kałasznikow. Ja nie mam jego siły rażenia, więc ze smutkiem dochodzę do następującej konstatacji: jeśli chce się demokracji, to trzeba się pogodzić z odrobiną nieudolności, ignorancji i bełkotu.

We wszystkich dziedzinach życia wymagana jest dziś fachowa wiedza. Czy kopiesz doły, piłkę czy tworzysz aplikacje.

Jedyni dziś amatorzy to politycy.

Chciałem zaznaczyć z całą stanowczością, że już podczas kampanii prezydenckiej mówiłem o panu prezydencie naszej, najjaśniejszej, Andrzeju Dudzie: „Duda wygląda na nieszczęśnika, który jak otworzy lodówkę, to się zaziębi. A jak pojedzie do Rosji, to, kurna, spadnie na niego meteoryt, bo jest pechowcem".

To, co wyczuł po dwóch latach Robert Górski w *Uchu Prezesa*, ja wyczułem jeszcze w blokach startowych. Widocznie ktoś tu musi robić za proroka i znowu padło na mnie.

Rosyjski mundial okazał się świetną terapią wstrząsową dla wszystkich, którzy uważają, że wysłanie tam piłkarzy miało pokazać naszą lepszość od innych. A pokazało gorszość. I dlatego spotkał ich lincz i symboliczne obdarcie z koszulek reprezentantów narodu. Stali się reprezentantami obcego kapitału i chciwości własnych małżonek. Staliśmy się narodowym zbiegowiskiem wokół atrakcji narodowego jarmarku i godnościowej familiady. Umysł przegrał i zszedł do szatni.

Żyjemy w kłamstwie i iluzji produkowanych przez śmiesznych ludzi dla głupich ludzi. Polityka już zawsze będzie dla mnie potyczką ludzi małych z nikczemnymi. A w półfinale chamsko sprytnych z mściwymi. Oddelegowaliśmy nasze marzenia na partie, które są kumulacją naszych kompleksów. Obsesyjnym kompulsywno-katolickim zombie.

Zamykam swój patriotyzm szumnych deklaracji, podniosłych słów i publicznych okrzyków w mniejszy kaliber zaangażowania. I nikt mnie już z niego nie wyciągnie.

Gdy był u mnie Janusz Palikot, rozmawialiśmy tak:

– A ja cię teraz zapytam jako polski patriota. Ty masz prawdopodobnie tę samą genezę mentalną, którą ja miałem: megaromantyczne wychowanie i potem nagle Mrożek,

Gombrowicz, Hłasko. To próba znalezienia człowieka w Polaku. Bo Polak to jeden wielki sztandar narodowy. A teraz powiedz mi, jak Janusz Palikot, mając takie możliwości, taką fantazję, taką odwagę, taki kredyt, chce załatwić ojca Rydzyka? No bo czas załatwić tę sprawę. Nie myślałeś, żeby wynająć jakichś ludzi?

Palikot na to:

– Tadeusz Rydzyk jest diabłem. On robi tyle zła w Polsce w przebraniu jak mało kto. Kropla czy wibrator drąży skałę. Krok po kroku i wykończymy Rydzyka.

Nie wiem, ile wibratorów na to poszło, ale wyszło słabo.

Nie chce mi się już, jak Maciek Stuhr, Magda Cielecka czy Maja Ostaszewska, służyć jako etatowy przykład oderwanej, świeckiej i zdradzieckiej elity, której jedyną aktywnością jest podlewanie ognia wojny ojczyźnianej benzyną własnych racji.

Ci, co myślą podobnie, znają ich argumenty na pamięć. Ci, co myślą inaczej, nigdy nie pomyślą jak oni.

Masa chce, żeby jej schlebiać, żeby ją rozpieszczać socjalem i kadzić historią. Nie nadaję się na mentalnego uczestnika takich wyborów.

Generalnie żyjemy w dziwnych czasach. Lot w kosmos odbywa się coraz szybciej, dziewczyny podrywa coraz szybciej, a jazda do pracy przebiega coraz wolniej.

Podobało mi się to, co swego czasu powiedziała mi Krystyna Janda:

– Chcę spokojnie patrzeć na to, jaka jest ta wiosna, chcę spokojnie patrzeć na dzieci. Dlaczego mam rano wstawać i się martwić? Zasypiać i się martwić? Cały dzień chodzić, jakby mi się coś stało?

Ja mówię:

– Boże, co mi jest? Aaa, to Polska!

A teraz o poczuciu humoru. To trudny i poważny temat. Moja babcia zawsze mawiała: „Nie żartuj nigdy, synku, z głupszymi od siebie". Ale jak to zrobić, babuniu, kiedy ewidentnie idioci mają przewagę liczebną?

Humor to mój odgromnik. Znieczulacz na smutek, powtarzalność i banalność świata.

Zawsze uważałem, że idioci i geniusze są zwolnieni z obowiązku rozumienia dowcipów. Ale wciąż pozostaje tak zwany zwykły człowiek.

U nas zatarła się granica pomiędzy ironią a obrazą. Żartem a publicystyką. Wygłupem a ideową deklaracją. Świat humoru nie jest czarno-biały, ale w ostatnich latach nadaje mu się wyraźne barwy klubowe.

Uważam, że jako naród jesteśmy hipokrytami humoru. Prywatnie chętnie opowiadamy sobie najbardziej zajadłe szowinistyczne dowcipy, ale z perwersyjnym oburzeniem reagujemy, gdy usłyszymy podobne w przestrzeni publicznej. Albo gorzej. Wydaje nam się, że takie usłyszeliśmy. Uwielbiam te stanowcze i protekcjonalne stwierdzenia etatowych fachowców od czyjegoś poziomu humoru: „To ma być śmieszne?".

Żałosne. Bo humor to jest to, co nas śmieszy. A jak nas coś nie śmieszy, to automatycznie przestaje być humorem i staje się faszystowską napaścią na Polskę.

Moja pogawędka z Tomkiem Adamkiem i jej medialne konsekwencje były tego najlepszym przykładem.

Grupa obrońców praw kobiet, wybaczcie mi określenie, wyłączyła mózgi i ruszyła z polowaniem na czarownice. Poszła na tandetną łatwiznę, wychodząc z prostego założenia, że dobry wróg to medialny wróg. Jak już kogoś transferować za burtę społecznego porządku, to musi być to gracz z dobrym nazwiskiem na koszulce.

Żyjemy w kraju gęstniejącym od przemocy wobec kobiet. W kraju, gdzie od Bogdana Chazana po Rafała Ziemkiewicza kwitnie retoryka wykluczania i pogardy. Ale fajniej wyrazić oburzenie, wiedząc, że cel jest atrakcyjny i rozpoznawalny dla mas. Niestety ciągle w takich meczach obsadzany jestem w roli napastnika.

Dorota Wellman wyznała kiedyś:

– Media to dziwny świat. **Czasami trzeba z siebie robić idiotę, żeby dogonić widza.**

Jak się przyglądam telewizji, to coraz więcej prawdziwych idiotów robi dużą karierę.

Nadchodzą ciekawe i konkurencyjne czasy. Chciałem jeszcze dodać, że mam dystans do siebie na poziomie mocno zaawansowanym, ale to już chyba nieprawda jest.

Na ostatnim Open'erze, na koncercie niejakiego Post Malone'a, stał za mną chłopiec, lat może 14,5, i patrzył na mnie nietrzeźwymi kasztanowymi oczami osła.

Po dobrej godzinie gapienia się stuknął mnie w ramię i powiedział: „Stary, mordo. Bardzo cię szanuję. No, w chuj cię szanuję". Odpowiedziałem mu uprzejmie, że nie reaguję na słowo „mordo" i czy nie pomylił mnie z kimś innym.

Pytanie było chyba zbyt trudne i złożone. Nie rozmawialiśmy już ze sobą do końca koncertu.

To mi przypomniało pierwszą wizytę u mnie Karola Strasburgera, którego szanuję i uwielbiam.

– Ale, Karol... Naprawdę mogę mówić Karol?

– No a jak?

– A to nie jest tak, że wyjdziemy ze studia, a ty powiesz: „Nie znam pana"?

– To zależy, jak będzie rozmowa wyglądała. Jak będziesz nieprzyjemny, to przejdziemy na pan.

– Karol, bądźmy na „pan".

Zbliżając się do finału tej przygnębiającej opowieści o sobie, przypomnę jeszcze raz jedną z wizyt Muńka Staszczyka u mnie w programie. Powiedział:

– A ja ci powiem tak. Byłeś kiedyś taki bardziej, wiesz... intelektualny. A teraz jesteś już taki... tylko i wyłącznie śmieszny.

No ładny bilans.

Najważniejsze to wiedzieć, w którym miejscu postawić kropkę. No i celnie spuentować ponad pięćdziesiąt lat pobytu.

Jak to mawiają nieodzowni w takich sytuacjach komentatorzy sportowi: „Mój mecz z życiem zakończył się zwycięstwem gości 3:3". A dla podsumowania mojej, przepraszam za słowo, kariery zawodowej użyję słów aktora Roberta Downeya Jr. „Nic nie wiem o aktorstwie. Jestem tylko niewiarygodnie utalentowanym oszustem". I ja mam tak samo. I to nie tylko w aktorstwie.

Tytułem puenty fragment rozmowy z Jackiem Ponie-
działkiem.

Ja:

– Tytułem puenty...

Poniedziałek:

– Nie, nie puentujmy jeszcze.

Ja:

– Dosyć zboczeń w telewizji.

Poniedziałek:

– Zmieńmy temat. Porozmawiajmy jeszcze o czymś.

– Ale o czym?

– O kobietach, o pogodzie, o winie, o aktorstwie, o teatrze, o polityce...

– A tam! Spada mi oglądalność! Pokaż dupę! Szybko!

Albo bardziej literacko. Tak bowiem często kończył ze
mną rozmowy telefoniczne mój mistrz życia, Jan Nowicki:

– No to sobie pogadaliśmy,
a teraz spierdalaj.

Czego i wam życzę!

Czwartek, 12 lipca 2012, godz. 00:16
Niedziela, 15 lipca 2018, godz. 17:50

The Blue Cross

Between the silver ribbon of morning and the green glittering ribbon of sea, the boat touched Harwich and let loose a swarm of folk like flies, among whom the man we must follow was by no means conspicuous – nor wished to be. There was nothing notable about him, except a slight contrast between the holiday gaiety of his clothes and the official gravity of his face. His clothes included a slight, pale grey jacket, a white waistcoat, and a silver straw hat with a grey-blue ribbon. His lean face was dark by contrast, and ended in a curt black beard that looked Spanish and suggested an Elizabethan ruff. He was smoking a cigarette with the seriousness of an idler. There was nothing about him to indicate the fact that the grey jacket covered a loaded revolver, that the white waistcoat covered a police card, or that the straw hat covered one of the most powerful intellects in Europe. For this was Valentin himself, the head of the Paris police and the most famous investigator of the world; and he was coming from Brussels to London to make the greatest arrest of the century.

Flambeau was in England. The police of three countries had tracked the great criminal at last from Ghent to Brussels, from Brussels to the Hook of Holland; and it was conjectured that he would take some advantage of the unfamiliarity and confusion of the Eucharistic Congress, then taking place in London. Probably he would travel as some minor clerk or secretary connected with it; but, of course, Valentin could not be certain; nobody could be certain about Flambeau.

It is many years now since this colossus of crime suddenly ceased keeping the world in a turmoil; and when he ceased, as they said after the death of Roland, there was a great quiet upon the earth. But in his best days (I mean, of course, his worst) Flambeau was a figure as statuesque and international as the Kaiser. Almost every morning the daily paper announced that he had escaped the consequences of one extraordinary crime by committing another. He was a Gascon of gigantic stature and bodily daring; and the wildest tales were told of his outbursts of athletic humour; how he turned the *juge d'instruction* upside down and stood him on his head, 'to clear his mind'; how he ran down the Rue de Rivoli with a policeman under each arm. It is due to him to say that his fantastic physical strength was generally employed in such bloodless though undignified scenes; his real crimes were chiefly those of ingenious and wholesale robbery. But each of his

thefts was almost a new sin, and would make a story by itself. It was he who ran the great Tyrolean Dairy Company in London, with no dairies, no cows, no carts, no milk, but with some thousand subscribers. These he served by the simple operation of moving the little milk cans outside people's doors to the doors of his own customers. It was he who had kept up an unaccountable and close correspondence with a young lady whose whole letter-bag was intercepted, by the extraordinary trick of photographing his messages infinitesimally small upon the slides of a microscope. A sweeping simplicity, however, marked many of his experiments. It is said that he once repainted all the numbers in a street in the dead of night merely to divert one traveller into a trap. It is quite certain that he invented a portable pillar-box, which he put up at corners in quiet suburbs on the chance of strangers dropping postal orders into it. Lastly, he was known to be a startling acrobat; despite his huge figure, he could leap like a grasshopper and melt into the tree-tops like a monkey. Hence the great Valentin, when he set out to find Flambeau, was perfectly aware that his adventures would not end when he had found him.

But how was he to find him? On this the great Valentin's ideas were still in process of settlement.

There was one thing which Flambeau, with all his dexterity of disguise, could not cover, and that was his singular height. If Valentin's quick eye had caught a tall apple-woman, a tall grenadier, or even a tolerably tall duchess, he might have arrested them on the spot. But all along his train there was nobody that could be a disguised Flambeau, any more than a cat could be a disguised giraffe. About the people on the boat he had already satisfied himself; and the people picked up at Harwich or on the journey limited themselves with certainty to six. There was a short railway official travelling up to the terminus, three fairly short market gardeners picked up two stations afterwards, one very short widow lady going up from a small Essex town, and a very short Roman Catholic priest going up from a small Essex village. When it came to the last case, Valentin gave it up and almost laughed. The little priest was so much the essence of those Eastern flats; he had a face as round and dull as a Norfolk dumpling; he had eyes as empty as the North Sea; he had several brown-paper parcels, which he was quite incapable of collecting. The Eucharistic Congress had doubtless sucked out of their local stagnation many such creatures, blind and helpless, like moles disinterred. Valentin was a sceptic in the severe style of France, and could have no love for priests. But he could have pity for them, and this one might have provoked pity in anybody. He had a large, shabby umbrella, which constantly fell on the floor. He did not

seem to know which was the right end of his return ticket. He explained with a moon-calf simplicity to everybody in the carriage that he had to be careful, because he had something made of real silver 'with blue stones' in one of his brown-paper parcels. His quaint blending of Essex flatness with saintly simplicity continuously amused the Frenchman till the priest arrived (somehow) at Tottenham with all his parcels, and came back for his umbrella. When he did the last, Valentin even had the good nature to warn him not to take care of the silver by telling everybody about it. But to whomever he talked, Valentin kept his eye open for someone else; he looked out steadily for anyone, rich or poor, male or female, who was well up to six feet; for Flambeau was four inches above it.

He alighted at Liverpool Street, however, quite conscientiously secure that he had not missed the criminal so far. He then went to Scotland Yard to regularise his position and arrange for help in case of need; he then lit another cigarette and went for a long stroll in the streets of London. As he was walking in the streets and squares beyond Victoria, he paused suddenly and stood. It was a quaint, quiet square, very typical of London, full of an accidental stillness. The tall, flat houses round looked at once prosperous and uninhabited; the square of shrubbery in the centre looked as deserted as a green Pacific islet. One of the four sides was much higher than the rest, like a dais; and the line of this side was broken by one of London's admirable accidents – a restaurant that looked as if it had strayed from Soho. It was an unreasonably attractive object, with dwarf plants in pots and long, striped blinds of lemon yellow and white. It stood specially high above the street, and in the usual patchwork way of London, a flight of steps from the street ran up to meet the front door almost as a fire-escape might run up to a first-floor window. Valentin stood and smoked in front of the yellow-white blinds and considered them long.

The most incredible thing about miracles is that they happen. A few clouds in heaven do come together into the staring shape of one human eye. A tree does stand up in the landscape of a doubtful journey in the exact and elaborate shape of a note of interrogation. I have seen both these things myself within the last few days. Nelson does die in the instant of victory; and a man named Williams does quite accidentally murder a man named Williamson; it sounds like a sort of infanticide. In short, there is in life an element of elfin coincidence which people reckoning on the prosaic may perpetually miss. As it has been well expressed in the paradox of Poe, wisdom should reckon on the unforeseen.

Aristide Valentin was unfathomably French; and the French

intelligence is intelligence specially and solely. He was not 'a thinking machine'; for that is a brainless phrase of modern fatalism and materialism. A machine only is a machine because it cannot think. But he was a thinking man, and a plain man at the same time. All his wonderful successes, that looked like conjuring, had been gained by plodding logic, by clear and commonplace French thought. The French electrify the world not by starting any paradox, they electrify it by carrying out a truism. They carry a truism so far – as in the French Revolution. But exactly because Valentin understood reason, he understood the limits of reason. Only a man who knows nothing of motors talks of motoring without petrol; only a man who knows nothing of reason talks of reasoning without strong, undisputed first principles. Here he had no strong first principles. Flambeau had been missed at Harwich; and if he was in London at all, he might be anything from a tall tramp on Wimbledon Common to a tall toast-master at the Hotel Metropole. In such a naked state of nescience, Valentin had a view and a method of his own.

In such cases he reckoned on the unforeseen. In such cases, when he could not follow the train of the reasonable, he coldly and carefully followed the train of the unreasonable. Instead of going to the right places – banks, police stations, rendezvous – he systematically went to the wrong places; knocked at every empty house, turned down every cul de sac, went up every lane blocked with rubbish, went round every crescent that led him uselessly out of the way. He defended this crazy course quite logically. He said that if one had a clue this was the worst way; but if one had no clue at all it was the best, because there was just the chance that any oddity that caught the eye of the pursuer might be the same that had caught the eye of the pursued. Somewhere a man must begin, and it had better be just where another man might stop. Something about that flight of steps up to the shop, something about the quietude and quaintness of the restaurant, roused all the detective's rare romantic fancy and made him resolve to strike at random. He went up the steps, and sitting down at a table by the window, asked for a cup of black coffee.

It was halfway through the morning, and he had not breakfasted; the slight litter of other breakfasts stood about on the table to remind him of his hunger; and adding a poached egg to his order, he proceeded musingly to shake some white sugar into his coffee, thinking all the time about Flambeau. He remembered how Flambeau had escaped, once by a pair of nail scissors, and once by a house on fire; once by having to pay for an unstamped letter, and once by getting people to look through a telescope at a comet that might destroy the world. He

thought his detective brain as good as the criminal's, which was true. But he fully realised the disadvantage. 'The criminal is the creative artist; the detective only the critic,' he said with a sour smile, and lifted his coffee cup to his lips slowly, and put it down very quickly. He had put salt in it.

He looked at the vessel from which the silvery powder had come; it was certainly a sugar-basin; as unmistakably meant for sugar as a champagne-bottle for champagne. He wondered why they should keep salt in it. He looked to see if there were any more orthodox vessels. Yes; there were two salt-cellars quite full. Perhaps there was some speciality in the condiment in the salt-cellars. He tasted it; it was sugar. Then he looked round at the restaurant with a refreshed air of interest, to see if there were any other traces of that singular artistic taste which puts the sugar in the salt-cellars and the salt in the sugar-basin. Except for an odd splash of some dark fluid on one of the white-papered walls, the whole place appeared neat, cheerful and ordinary. He rang the bell for the waiter.

When that official hurried up, fuzzy-haired and somewhat blear-eyed at that early hour, the detective (who was not without an appreciation of the simpler forms of humour) asked him to taste the sugar and see if it was up to the high reputation of the hotel. The result was that the waiter yawned suddenly and woke up.

'Do you play this delicate joke on your customers every morning?' enquired Valentin. 'Does changing the salt and sugar never pall on you as a jest?'

The waiter, when this irony grew clearer, stammeringly assured him that the establishment had certainly no such intention; it must be a most curious mistake. He picked up the sugar-basin and looked at it; he picked up the salt-cellar and looked at that, his face growing more and more bewildered. At last he abruptly excused himself, and hurrying away, returned in a few seconds with the proprietor. The proprietor also examined the sugar-basin and then the salt-cellar; the proprietor also looked bewildered.

Suddenly the waiter seemed to grow inarticulate with a rush of words.

'I zink,' he stuttered eagerly, 'I zink it is those two clergymen.'

'What two clergymen?'

'The two clergymen,' said the waiter, 'that threw soup at the wall.'

'Threw soup at the wall?' repeated Valentin, feeling sure this must be some singular Italian metaphor.

'Yes, yes,' said the attendant excitedly, and pointed at the dark splash on the white paper; 'threw it over there on the wall.'

Valentin looked his query at the proprietor, who came to his rescue with fuller reports.

'Yes, sir,' he said, 'it's quite true, though I don't suppose it has anything to do with the sugar and salt. Two clergymen came in and drank soup here very early, as soon as the shutters were taken down. They were both very quiet, respectable people; one of them paid the bill and went out; the other, who seemed a slower coach altogether, was some minutes longer getting his things together. But he went at last. Only, the instant before he stepped into the street he deliberately picked up his cup, which he had only half emptied, and threw the soup slap on the wall. I was in the back room myself, and so was the waiter; so I could only rush out in time to find the wall splashed and the shop empty. It didn't do any particular damage, but it was confounded cheek; and I tried to catch the men in the street. They were too far off though; I only noticed they went round the next corner into Carstairs Street.'

The detective was on his feet, hat settled and stick in hand. He had already decided that in the universal darkness of his mind he could only follow the first odd finger that pointed; and this finger was odd enough. Paying his bill and clashing the glass doors behind him, he was soon swinging round into the other street.

It was fortunate that even in such fevered moments his eye was cool and quick. Something in a shop-front went by him like a mere flash; yet he went back to look at it. The shop was a popular greengrocer and fruiterer's, an array of goods set out in the open air and plainly ticketed with their names and prices. In the two most prominent compartments were two heaps, of oranges and of nuts respectively. On the heap of nuts lay a scrap of cardboard, on which was written in bold, blue chalk, 'Best tangerine oranges, two a penny.' On the oranges was the equally clear and exact description, 'Finest Brazil nuts, 4d. a lb.' M. Valentin looked at these two placards and fancied he had met this highly subtle form of humour before, and that somewhat recently. He drew the attention of the red-faced fruiterer, who was looking rather sullenly up and down the street, to this inaccuracy in his advertisements. The fruiterer said nothing, but sharply put each card into its proper place. The detective, leaning elegantly on his walking-cane, continued to scrutinise the shop. At last he said, 'Pray excuse my apparent irrelevance, my good sir, but I should like to ask you a question in experimental psychology and the association of ideas.'

The red-faced shopman regarded him with an eye of menace; but he continued gaily, swinging his cane. 'Why,' he pursued, 'why are two tickets wrongly placed in a greengrocer's shop like a shovel hat that has come to London for a holiday? Or, in case I do not make myself clear,

what is the mystical association which connects the idea of nuts marked as oranges with the idea of two clergymen, one tall and the other short?'

The eyes of the tradesman stood out of his head like a snail's; he really seemed for an instant likely to fling himself upon the stranger. At last he stammered angrily: 'I don't know what you 'ave to do with it, but if you're one of their friends, you can tell 'em from me that I'll knock their silly 'eads off, parsons or no parsons, if they upset my apples again.'

'Indeed?' asked the detective, with great sympathy. 'Did they upset your apples?'

'One of 'em did,' said the heated shopman; 'rolled 'em all over the street. I'd 'ave caught the fool but for havin' to pick 'em up.'

'Which way did these parsons go?' asked Valentin.

'Up that second road on the left-hand side, and then across the square,' said the other promptly.

'Thanks,' replied Valentin, and vanished like a fairy. On the other side of the second square he found a policeman, and said: 'This is urgent, constable; have you seen two clergymen in shovel hats?'

The policeman began to chuckle heavily. 'I 'ave, sir; and if you arst me, one of 'em was drunk. He stood in the middle of the road that bewildered that –'

'Which way did they go?' snapped Valentin.

'They took one of them yellow buses over there,' answered the man; 'them that go to Hampstead.'

Valentin produced his official card and said very rapidly: 'Call up two of your men to come with me in pursuit,' and crossed the road with such contagious energy that the ponderous policeman was moved to almost agile obedience. In a minute and a half the French detective was joined on the opposite pavement by an inspector and a man in plain clothes.

'Well, sir,' began the former, with smiling importance, 'and what may – ?'

Valentin pointed suddenly with his cane. 'I'll tell you on the top of that omnibus,' he said, and was darting and dodging across the tangle of the traffic. When all three sank panting on the top seats of the yellow vehicle, the inspector said: 'We could go four times as quick in a taxi.'

'Quite true,' replied their leader placidly, 'if we only had an idea of where we were going.'

'Well, where are you going?' asked the other, staring.

Valentin smoked frowningly for a few seconds; then, removing his cigarette, he said: 'If you know what a man's doing, get in front of him; but if you want to guess what he's doing, keep behind him. Stray when he strays; stop when he stops; travel as slowly as he. Then you may see

what he saw and may act as he acted. All we can do is to keep our eyes skinned for a queer thing.'

'What sort of queer thing do you mean?' asked the inspector.

'Any sort of queer thing,' answered Valentin, and relapsed into obstinate silence.

The yellow omnibus crawled up the northern roads for what seemed like hours on end; the great detective would not explain further, and perhaps his assistants felt a silent and growing doubt of his errand. Perhaps, also, they felt a silent and growing desire for lunch, for the hours crept long past the normal luncheon hour, and the long roads of the North London suburbs seemed to shoot out into length after length like an infernal telescope. It was one of those journeys on which a man perpetually feels that now at last he must have come to the end of the universe, and then finds he has only come to the beginning of Tufnell Park. London died away in draggled taverns and dreary scrubs, and then was unaccountably born again in blazing high streets and blatant hotels. It was like passing through thirteen separate vulgar cities all just touching each other. But though the winter twilight was already threatening the road ahead of them, the Parisian detective still sat silent and watchful, eyeing the frontage of the streets that slid by on either side. By the time they had left Camden Town behind, the policemen were nearly asleep; at least, they gave something like a jump as Valentin leapt erect, struck a hand on each man's shoulder, and shouted to the driver to stop.

They tumbled down the steps into the road without realising why they had been dislodged; when they looked round for enlightenment they found Valentin triumphantly pointing his finger towards a window on the left side of the road. It was a large window, forming part of the long facade of a gilt and palatial public-house; it was the part reserved for respectable dining, and labelled 'Restaurant'. This window, like all the rest along the frontage of the hotel, was of frosted and figured glass; but in the middle of it was a big, black smash, like a star in the ice.

'Our cue at last,' cried Valentin, waving his stick; 'the place with the broken window.'

'What window? What cue?' asked his principal assistant. 'Why, what proof is there that this has anything to do with them?'

Valentin almost broke his bamboo stick with rage.

'Proof!' he cried. 'Good God! the man is looking for proof! Why, of course, the chances are twenty to one that it has nothing to do with them. But what else can we do? Don't you see we must either follow one wild possibility or else go home to bed?' He banged his way into the restaurant, followed by his companions, and they were soon seated at

a late luncheon at a little table, and looked at the star of smashed glass from the inside. Not that it was very informative to them even then.

'Got your window broken, I see,' said Valentin to the waiter as he paid the bill.

'Yes, sir,' answered the attendant, bending busily over the change, to which Valentin silently added an enormous tip. The waiter straightened himself with mild but unmistakable animation.

'Ah, yes, sir,' he said. 'Very odd thing, that, sir.'

'Indeed? Tell us about it,' said the detective with careless curiosity.

'Well, two gents in black came in,' said the waiter; 'two of those foreign parsons that are running about. They had a cheap and quiet little lunch, and one of them paid for it and went out. The other was just going out to join him when I looked at my change again and found he'd paid me more than three times too much. "Here," I says to the chap who was nearly out of the door, "you've paid too much." "Oh," he says, very cool, "have we?" "Yes," I says, and picks up the bill to show him. Well, that was a knock-out.'

'What do you mean?' asked his interlocutor.

'Well, I'd have sworn on seven Bibles that I'd put 4s. on that bill. But now I saw I'd put 14s., as plain as paint.'

'Well?' cried Valentin, moving slowly, but with burning eyes, 'and then?'

'The parson at the door he says all serene, "Sorry to confuse your accounts, but it'll pay for the window." "What window?" I says. "The one I'm going to break," he says, and smashed that blessed pane with his umbrella.'

All three enquirers made an exclamation; and the inspector said under his breath, 'Are we after escaped lunatics?' The waiter went on with some relish for the ridiculous story: 'I was so knocked silly for a second, I couldn't do anything. The man marched out of the place and joined his friend just round the corner. Then they went so quick up Bullock Street that I couldn't catch them, though I ran round the bars to do it.'

'Bullock Street,' said the detective, and shot up that thoroughfare as quickly as the strange couple he pursued.

Their journey now took them through bare brick ways like tunnels; streets with few lights and even with few windows; streets that seemed built out of the blank backs of everything and everywhere. Dusk was deepening, and it was not easy even for the London policemen to guess in what exact direction they were treading. The inspector, however, was pretty certain that they would eventually strike some part of Hampstead Heath. Abruptly one bulging gas-lit window broke the blue twilight

like a bull's-eye lantern; and Valentin stopped an instant before a little garish sweetstuff shop. After an instant's hesitation he went in; he stood amid the gaudy colours of the confectionery with entire gravity and bought thirteen chocolate cigars with a certain care. He was clearly preparing an opening; but he did not need one.

An angular, elderly young woman in the shop had regarded his elegant appearance with a merely automatic inquiry; but when she saw the door behind him blocked with the blue uniform of the inspector, her eyes seemed to wake up.

'Oh,' she said, 'if you've come about that parcel, I've sent it off already.'

'Parcel?' repeated Valentin; and it was his turn to look inquiring.

'I mean the parcel the gentleman left – the clergyman gentleman.'

'For goodness' sake,' said Valentin, leaning forward with his first real confession of eagerness, 'for Heaven's sake tell us what happened exactly.'

'Well,' said the woman a little doubtfully, 'the clergymen came in about half an hour ago and bought some peppermints and talked a bit, and then went off towards the Heath. But a second after, one of them runs back into the shop and says, "Have I left a parcel!" Well, I looked everywhere and couldn't see one; so he says, "Never mind; but if it should turn up, please post it to this address," and he left me the address and a shilling for my trouble. And sure enough, though I thought I'd looked everywhere, I found he'd left a brown-paper parcel, so I posted it to the place he said. I can't remember the address now; it was somewhere in Westminster. But as the thing seemed so important, I thought perhaps the police had come about it.'

'So they have,' said Valentin shortly. 'Is Hampstead Heath near here?'

'Straight on for fifteen minutes,' said the woman, 'and you'll come right out on the open.' Valentin sprang out of the shop and began to run. The other detectives followed him at a reluctant trot.

The street they threaded was so narrow and shut in by shadows that when they came out unexpectedly into the void common and vast sky they were startled to find the evening still so light and clear. A perfect dome of peacock-green sank into gold amid the blackening trees and the dark violet distances. The glowing green tint was just deep enough to pick out in points of crystal one or two stars. All that was left of the daylight lay in a golden glitter across the edge of Hampstead and that popular hollow which is called the Vale of Health. The holiday makers who roam this region had not wholly dispersed; a few couples sat shapelessly on benches; and here and there a distant girl still shrieked in one of the swings. The glory of heaven deepened and darkened around the sublime vulgarity of man; and standing on the slope and looking across the valley, Valentin beheld the thing which he sought.

Among the black and breaking groups in that distance was one especially black which did not break – a group of two figures clerically clad. Though they seemed as small as insects, Valentin could see that one of them was much smaller than the other. Though the other had a student's stoop and an inconspicuous manner, he could see that the man was well over six feet high. He shut his teeth and went forward, whirling his stick impatiently. By the time he had substantially diminished the distance and magnified the two black figures as in a vast microscope, he had perceived something else; something which startled him, and yet which he had somehow expected. Whoever was the tall priest, there could be no doubt about the identity of the short one. It was his friend of the Harwich train, the stumpy little *curé* of Essex whom he had warned about his brown-paper parcels.

Now, so far as this went, everything fitted in finally and rationally enough. Valentin had learned by his inquiries that morning that a Father Brown from Essex was bringing up a silver cross with sapphires, a relic of considerable value, to show some of the foreign priests at the congress. This undoubtedly was the 'silver with blue stones'; and Father Brown undoubtedly was the little greenhorn in the train. Now there was nothing wonderful about the fact that what Valentin had found out Flambeau had also found out; Flambeau found out everything. Also there was nothing wonderful in the fact that when Flambeau heard of a sapphire cross he should try to steal it; that was the most natural thing in all natural history. And most certainly there was nothing wonderful about the fact that Flambeau should have it all his own way with such a silly sheep as the man with the umbrella and the parcels. He was the sort of man whom anybody could lead on a string to the North Pole; it was not surprising that an actor like Flambeau, dressed as another priest, could lead him to Hampstead Heath. So far the crime seemed clear enough; and while the detective pitied the priest for his helplessness, he almost despised Flambeau for condescending to so gullible a victim. But when Valentin thought of all that had happened in between, of all that had led him to his triumph, he racked his brains for the smallest rhyme or reason in it. What had the stealing of a blue-and-silver cross from a priest from Essex to do with chucking soup at wallpaper? What had it to do with calling nuts oranges, or with paying for windows first and breaking them afterwards? He had come to the end of his chase; yet somehow he had missed the middle of it. When he failed (which was seldom), he had usually grasped the clue, but nevertheless missed the criminal. Here he had grasped the criminal, but still he could not grasp the clue.

The two figures that they followed were crawling like black flies across the huge green contour of a hill. They were evidently sunk in conversation, and perhaps did not notice where they were going; but they were certainly going to the wilder and more silent heights of the Heath. As their pursuers gained on them, the latter had to use the undignified attitudes of the deer-stalker, to crouch behind clumps of trees and even to crawl prostrate in deep grass. By these ungainly ingenuities the hunters even came close enough to the quarry to hear the murmur of the discussion, but no word could be distinguished except the word 'reason' recurring frequently in a high and almost childish voice. Once over an abrupt dip of land and a dense tangle of thickets, the detectives actually lost the two figures they were following. They did not find the trail again for an agonising ten minutes, and then it led round the brow of a great dome of hill overlooking an amphitheatre of rich and desolate sunset scenery. Under a tree in this commanding yet neglected spot was an old ramshackle wooden seat. On this seat sat the two priests still in serious speech together. The gorgeous green and gold still clung to the darkening horizon; but the dome above was turning slowly from peacock-green to peacock-blue, and the stars detached themselves more and more like solid jewels. Mutely motioning to his followers, Valentin contrived to creep up behind the big branching tree, and, standing there in deathly silence, heard the words of the strange priests for the first time.

After he had listened for a minute and a half, he was gripped by a devilish doubt. Perhaps he had dragged the two English policemen to the wastes of a nocturnal heath on an errand no saner than seeking figs on its thistles. For the two priests were talking exactly like priests, piously, with learning and leisure, about the most aerial enigmas of theology. The little Essex priest spoke the more simply, with his round face turned to the strengthening stars; the other talked with his head bowed, as if he were not even worthy to look at them. But no more innocently clerical conversation could have been heard in any white Italian cloister or black Spanish cathedral.

The first he heard was the tail of one of Father Brown's sentences, which ended: '. . . what they really meant in the Middle Ages by the heavens being incorruptible.'

The taller priest nodded his bowed head and said: 'Ah, yes, these modern infidels appeal to their reason; but who can look at those millions of worlds and not feel that there may well be wonderful universes above us where reason is utterly unreasonable?'

'No,' said the other priest; 'reason is always reasonable, even in the last limbo, in the lost borderland of things. I know that people charge

the Church with lowering reason, but it is just the other way. Alone on earth, the Church makes reason really supreme. Alone on earth, the Church affirms that God himself is bound by reason.'

The other priest raised his austere face to the spangled sky and said: 'Yet who knows if in that infinite universe – ?'

'Only infinite physically,' said the little priest, turning sharply in his seat, 'not infinite in the sense of escaping from the laws of truth.'

Valentin behind his tree was tearing his fingernails with silent fury. He seemed almost to hear the sniggers of the English detectives whom he had brought so far on a fantastic guess only to listen to the metaphysical gossip of two mild old parsons. In his impatience he lost the equally elaborate answer of the tall cleric, and when he listened again it was again Father Brown who was speaking: 'Reason and justice grip the remotest and the loneliest star. Look at those stars. Don't they look as if they were single diamonds and sapphires? Well, you can imagine any mad botany or geology you please. Think of forests of adamant with leaves of brilliants. Think the moon is a blue moon, a single elephantine sapphire. But don't fancy that all that frantic astronomy would make the smallest difference to the reason and justice of conduct. On plains of opal, under cliffs cut out of pearl, you would still find a notice-board, "Thou shalt not steal."'

Valentin was just in the act of rising from his rigid and crouching attitude and creeping away as softly as might be, felled by the one great folly of his life. But something in the very silence of the tall priest made him stop until the latter spoke. When at last he did speak, he said simply, his head bowed and his hands on his knees: 'Well, I think that other worlds may perhaps rise higher than our reason. The mystery of heaven is unfathomable, and I for one can only bow my head.'

Then, with brow yet bent and without changing by the faintest shade his attitude or voice, he added: 'Just hand over that sapphire cross of yours, will you? We're all alone here, and I could pull you to pieces like a straw doll.'

The utterly unaltered voice and attitude added a strange violence to that shocking change of speech. But the guarder of the relic only seemed to turn his head by the smallest section of the compass. He seemed still to have a somewhat foolish face turned to the stars. Perhaps he had not understood. Or, perhaps, he had understood and sat rigid with terror.

'Yes,' said the tall priest, in the same low voice and in the same still posture, 'yes, I am Flambeau.'

Then, after a pause, he said: 'Come, will you give me that cross?'

'No,' said the other, and the monosyllable had an odd sound.

Flambeau suddenly flung off all his pontifical pretensions. The great robber leaned back in his seat and laughed low but long.

'No,' he cried, 'you won't give it me, you proud prelate. You won't give it me, you little celibate simpleton. Shall I tell you why you won't give it me? Because I've got it already in my own breast-pocket.'

The small man from Essex turned what seemed to be a dazed face in the dusk, and said, with the timid eagerness of 'The Private Secretary':

'Are – are you sure?'

Flambeau yelled with delight.

'Really, you're as good as a three-act farce,' he cried. 'Yes, you turnip, I am quite sure. I had the sense to make a duplicate of the right parcel, and now, my friend, you've got the duplicate and I've got the jewels. An old dodge, Father Brown – a very old dodge.'

'Yes,' said Father Brown, and passed his hand through his hair with the same strange vagueness of manner. 'Yes, I've heard of it before.'

The colossus of crime leaned over to the little rustic priest with a sort of sudden interest.

'You have heard of it?' he asked. 'Where have you heard of it?'

'Well, I mustn't tell you his name, of course,' said the little man simply. 'He was a penitent, you know. He had lived prosperously for about twenty years entirely on duplicate brown paper parcels. And so, you see, when I began to suspect you, I thought of this poor chap's way of doing it at once.'

'Began to suspect me?' repeated the outlaw with increased intensity. 'Did you really have the gumption to suspect me just because I brought you up to this bare part of the heath?'

'No, no,' said Brown with an air of apology. 'You see, I suspected you when we first met. It's that little bulge up the sleeve where you people have the spiked bracelet.'

'How in Tartarus,' cried Flambeau, 'did you ever hear of the spiked bracelet?'

'Oh, one's little flock, you know!' said Father Brown, arching his eyebrows rather blankly. 'When I was a curate in Hartlepool, there were three of them with spiked bracelets. So, as I suspected you from the first, don't you see, I made sure that the cross should go safe, anyhow. I'm afraid I watched you, you know. So at last I saw you change the parcels. Then, don't you see, I changed them back again. And then I left the right one behind.'

'Left it behind?' repeated Flambeau, and for the first time there was another note in his voice beside his triumph.

'Well, it was like this,' said the little priest, speaking in the same unaffected way. 'I went back to that sweet-shop and asked if I'd left a

parcel, and gave them a particular address if it turned up. Well, I knew I hadn't; but when I went away again I did. So, instead of running after me with that valuable parcel, they have sent it flying to a friend of mine in Westminster.' Then he added rather sadly: 'I learnt that, too, from a poor fellow in Hartlepool. He used to do it with handbags he stole at railway stations, but he's in a monastery now. Oh, one gets to know, you know,' he added, rubbing his head again with the same sort of desperate apology. 'We can't help being priests. People come and tell us these things.'

Flambeau tore a brown-paper parcel out of his inner pocket and rent it in pieces. There was nothing but paper and sticks of lead inside it. He sprang to his feet with a gigantic gesture, and cried: 'I don't believe you. I don't believe a bumpkin like you could manage all that. I believe you've still got the stuff on you, and if you don't give it up – why, we're all alone, and I'll take it by force!'

'No,' said Father Brown simply, and stood up also, 'you won't take it by force. First, because I really haven't still got it. And, second, because we are not alone.'

Flambeau stopped in his stride forward.

'Behind that tree,' said Father Brown, pointing, 'are two strong policemen and the greatest detective alive. How did they come here, do you ask? Why, I brought them, of course! How did I do it? Why, I'll tell you if you like! Lord bless you, we have to know twenty such things when we work among the criminal classes! Well, I wasn't sure you were a thief, and it would never do to make a scandal against one of our own clergy. So I just tested you to see if anything would make you show yourself. A man generally makes a small scene if he finds salt in his coffee; if he doesn't, he has some reason for keeping quiet. I changed the salt and sugar, and *you* kept quiet. A man generally objects if his bill is three times too big. If he pays it, he has some motive for passing unnoticed. I altered your bill, and *you* paid it.'

The world seemed waiting for Flambeau to leap like a tiger. But he was held back as by a spell; he was stunned with the utmost curiosity.

'Well,' went on Father Brown, with lumbering lucidity, 'as you wouldn't leave any tracks for the police, of course somebody had to. At every place we went to, I took care to do something that would get us talked about for the rest of the day. I didn't do much harm – a splashed wall, spilt apples, a broken window; but I saved the cross, as the cross will always be saved. It is at Westminster by now. I rather wonder you didn't stop it with the Donkey's Whistle.'

'With the what?' asked Flambeau.

'I'm glad you've never heard of it,' said the priest, making a face. 'It's

a foul thing. I'm sure you're too good a man for a Whistler. I couldn't have countered it even with the Spots myself; I'm not strong enough in the legs.'

'What on earth are you talking about?' asked the other.

'Well, I did think you'd know the Spots,' said Father Brown, agreeably surprised. 'Oh, you can't have gone so very wrong yet!'

'How in blazes do you know all these horrors?' cried Flambeau.

The shadow of a smile crossed the round, simple face of his clerical opponent.

'Oh, by being a celibate simpleton, I suppose,' he said. 'Has it never struck you that a man who does next to nothing but hear men's real sins is not likely to be wholly unaware of human evil? But, as a matter of fact, another part of my trade, too, made me sure you weren't a priest.'

'What?' asked the thief, almost gaping.

'You attacked reason,' said Father Brown. 'It's bad theology.'

And even as he turned away to collect his property, the three policemen came out from under the twilight trees. Flambeau was an artist and a sportsman. He stepped back and swept Valentin a great bow.

'Do not bow to me, *mon ami*,' said Valentin with silver clearness. 'Let us both bow to our master.'

And they both stood an instant uncovered while the little Essex priest blinked about for his umbrella.

The Secret Garden

Aristide Valentin, Chief of the Paris Police, was late for his dinner, and some of his guests began to arrive before him. These were, however, reassured by his confidential servant, Ivan, the old man with a scar, and a face almost as grey as his moustaches, who always sat at a table in the entrance hall – a hall hung with weapons. Valentin's house was perhaps as peculiar and celebrated as its master. It was an old house, with high walls and tall poplars almost overhanging the Seine; but the oddity – and perhaps the police value – of its architecture was this: that there was no ultimate exit at all except through this front door, which was guarded by Ivan and the armoury. The garden was large and elaborate, and there were many exits from the house into the garden. But there was no exit from the garden into the world outside; all round it ran a tall, smooth, unscalable wall with special spikes at the top; no bad garden, perhaps, for a man to reflect in whom some hundred criminals had sworn to kill.

As Ivan explained to the guests, their host had telephoned that he was detained for ten minutes. He was, in truth, making some last arrangements about executions and such ugly things; and though these duties were rootedly repulsive to him, he always performed them with precision. Ruthless in the pursuit of criminals, he was very mild about their punishment. Since he had been supreme over French – and largely over European – police methods, his great influence had been honourably used for the mitigation of sentences and the purification of prisons. He was one of the great humanitarian French freethinkers; and the only thing wrong with them is that they make mercy even colder than justice.

When Valentin arrived he was already dressed in black clothes and the red rosette – an elegant figure, his dark beard already streaked with grey. He went straight through his house to his study, which opened on the grounds behind. The garden door of it was open, and after he had carefully locked his box in its official place, he stood for a few seconds at the open door looking out upon the garden. A sharp moon was fighting with the flying rags and tatters of a storm, and Valentin regarded it with a wistfulness unusual in such scientific natures as his. Perhaps such scientific natures have some psychic prevision of the most tremendous problem of their lives. From any such occult mood, at least, he quickly recovered, for he knew he was late, and that his

guests had already begun to arrive. A glance at his drawing-room when he entered it was enough to make certain that his principal guest was not there, at any rate. He saw all the other pillars of the little party; he saw Lord Galloway, the English Ambassador – a choleric old man with a russet face like an apple, wearing the blue ribbon of the Garter. He saw Lady Galloway, slim and threadlike, with silver hair and a face sensitive and superior. He saw her daughter, Lady Margaret Graham, a pale and pretty girl with an elfish face and copper-coloured hair. He saw the Duchess of Mont St Michel, black-eyed and opulent, and with her her two daughters, black-eyed and opulent also. He saw Dr Simon, a typical French scientist, with glasses, a pointed brown beard, and a forehead barred with those parallel wrinkles which are the penalty of superciliousness, since they come through constantly elevating the eyebrows. He saw Father Brown, of Cobhole, in Essex, whom he had recently met in England. He saw – perhaps with more interest than any of these – a tall man in uniform, who had bowed to the Galloways without receiving any very hearty acknowledgment, and who now advanced alone to pay his respects to his host. This was Commandant O'Brien, of the French Foreign Legion. He was a slim yet somewhat swaggering figure, clean-shaven, dark-haired, and blue-eyed, and, as seemed natural in an officer of that famous regiment of victorious failures and successful suicides, he had an air at once dashing and melancholy. He was by birth an Irish gentleman, and in boyhood had known the Galloways – especially Margaret Graham. He had left his country after some crash of debts, and now expressed his complete freedom from British etiquette by swinging about in uniform, sabre and spurs. When he bowed to the Ambassador's family, Lord and Lady Galloway bent stiffly, and Lady Margaret looked away.

But for whatever old causes such people might be interested in each other, their distinguished host was not specially interested in them. No one of them at least was in his eyes the guest of the evening. Valentin was expecting, for special reasons, a man of world-wide fame, whose friendship he had secured during some of his great detective tours and triumphs in the United States. He was expecting Julius K. Brayne, that multi-millionaire whose colossal and even crushing endowments of small religions have occasioned so much easy sport and easier solemnity for the American and English papers. Nobody could quite make out whether Mr Brayne was an atheist or a Mormon or a Christian Scientist; but he was ready to pour money into any intellectual vessel, so long as it was an untried vessel. One of his hobbies was to wait for the American Shakespeare – a hobby more patient than angling. He admired Walt Whitman, but thought that Luke P. Tanner, of Paris, Pa., was more

'progressive' than Whitman any day. He liked anything that he thought 'progressive'. He thought Valentin 'progressive', thereby doing him a grave injustice.

The solid appearance of Julius K. Brayne in the room was as decisive as a dinner bell. He had this great quality, which very few of us can claim, that his presence was as big as his absence. He was a huge fellow, as fat as he was tall, clad in complete evening black, without so much relief as a watch-chain or a ring. His hair was white and well brushed back like a German's; his face was red, fierce and cherubic, with one dark tuft under the lower lip that threw up that otherwise infantile visage with an effect theatrical and even Mephistophelean. Not long, however, did that salon merely stare at the celebrated American; his lateness had already become a domestic problem, and he was sent with all speed into the dining-room with Lady Galloway on his arm.

Except on one point the Galloways were genial and casual enough. So long as Lady Margaret did not take the arm of that adventurer O'Brien, her father was quite satisfied; and she had not done so, she had decorously gone in with Dr Simon. Nevertheless, old Lord Galloway was restless and almost rude. He was diplomatic enough during dinner, but when, over the cigars, three of the younger men – Simon the doctor, Brown the priest, and the detrimental O'Brien, the exile in a foreign uniform – all melted away to mix with the ladies or smoke in the conservatory, then the English diplomatist grew very undiplomatic indeed. He was stung every sixty seconds with the thought that the scamp O'Brien might be signalling to Margaret somehow; he did not attempt to imagine how. He was left over the coffee with Brayne, the hoary Yankee who believed in all religions, and Valentin, the grizzled Frenchman who believed in none. They could argue with each other, but neither could appeal to him. After a time this 'progressive' logomachy had reached a crisis of tedium; Lord Galloway got up also and sought the drawing-room. He lost his way in long passages for some six or eight minutes: till he heard the high-pitched, didactic voice of the doctor, and then the dull voice of the priest, followed by general laughter. They also, he thought with a curse, were probably arguing about 'science and religion'. But the instant he opened the salon door he saw only one thing – he saw what was not there. He saw that Commandant O'Brien was absent, and that Lady Margaret was absent too.

Rising impatiently from the drawing-room, as he had from the dining-room, he stamped along the passage once more. His notion of protecting his daughter from the Irish-Algerian n'er-do-weel had become something central and even mad in his mind. As he went towards the back of the house, where was Valentin's study, he was

surprised to meet his daughter, who swept past with a white, scornful face, which was a second enigma. If she had been with O'Brien, where was O'Brien! If she had not been with O'Brien, where had she been? With a sort of senile and passionate suspicion he groped his way to the dark back parts of the mansion, and eventually found a servants' entrance that opened on to the garden. The moon with her scimitar had now ripped up and rolled away all the storm-wrack. The argent light lit up all four corners of the garden. A tall figure in blue was striding across the lawn towards the study door; a glint of moonlit silver on his facings picked him out as Commandant O'Brien.

He vanished through the french windows into the house, leaving Lord Galloway in an indescribable temper, at once virulent and vague. The blue-and-silver garden, like a scene in a theatre, seemed to taunt him with all that tyrannic tenderness against which his worldly authority was at war. The length and grace of the Irishman's stride enraged him as if he were a rival instead of a father; the moonlight maddened him. He was trapped as if by magic into a garden of troubadours, a Watteau fairyland; and, willing to shake off such amorous imbecilities by speech, he stepped briskly after his enemy. As he did so he tripped over some tree or stone in the grass; looked down at it first with irritation and then a second time with curiosity. The next instant the moon and the tall poplars looked at an unusual sight – an elderly English diplomatist running hard and crying or bellowing as he ran.

His hoarse shouts brought a pale face to the study door, the beaming glasses and worried brow of Dr Simon, who heard the nobleman's first clear words. Lord Galloway was crying: 'A corpse in the grass – a blood-stained corpse.' O'Brien at last had gone utterly out of his mind.

'We must tell Valentin at once,' said the doctor, when the other had brokenly described all that he had dared to examine. 'It is fortunate that he is here'; and even as he spoke the great detective entered the study, attracted by the cry. It was almost amusing to note his typical transformation; he had come with the common concern of a host and a gentleman, fearing that some guest or servant was ill. When he was told the gory fact, he turned with all his gravity instantly bright and businesslike; for this, however abrupt and awful, was his business.

'Strange, gentlemen,' he said as they hurried out into the garden, 'that I should have hunted mysteries all over the earth, and now one comes and settles in my own backyard. But where is the place?' They crossed the lawn less easily, as a slight mist had begun to rise from the river; but under the guidance of the shaken Galloway they found the body sunken in deep grass – the body of a very tall and broad-shouldered man. He lay face downwards, so they could only see that his

big shoulders were clad in black cloth, and that his big head was bald, except for a wisp or two of brown hair that clung to his skull like wet seaweed. A scarlet serpent of blood crawled from under his fallen face.

'At least,' said Simon, with a deep and singular intonation, 'he is none of our party.'

'Examine him, doctor,' cried Valentin rather sharply. 'He may not be dead.'

The doctor bent down. 'He is not quite cold, but I am afraid he is dead enough,' he answered. 'Just help me to lift him up.'

They lifted him carefully an inch from the ground, and all doubts as to his being really dead were settled at once and frightfully. The head fell away. It had been entirely sundered from the body; whoever had cut his throat had managed to sever the neck as well. Even Valentin was slightly shocked. 'He must have been as strong as a gorilla,' he muttered.

Not without a shiver, though he was used to anatomical abortions, Dr Simon lifted the head. It was slightly slashed about the neck and jaw, but the face was substantially unhurt. It was a ponderous, yellow face, at once sunken and swollen, with a hawk-like nose and heavy lids – a face of a wicked Roman emperor, with, perhaps, a distant touch of a Chinese emperor. All present seemed to look at it with the coldest eye of ignorance. Nothing else could be noted about the man except that, as they had lifted his body, they had seen underneath it the white gleam of a shirt-front defaced with a red gleam of blood. As Dr Simon said, the man had never been of their party. But he might very well have been trying to join it, for he had come dressed for such an occasion.

Valentin went down on his hands and knees and examined with his closest professional attention the grass and ground for some twenty yards round the body, in which he was assisted less skilfully by the doctor, and quite vaguely by the English lord. Nothing rewarded their grovellings except a few twigs, snapped or chopped into very small lengths, which Valentin lifted for an instant's examination and then tossed away.

'Twigs,' he said gravely; 'twigs, and a total stranger with his head cut off; that is all there is on this lawn.'

There was an almost creepy stillness, and then the unnerved Galloway called out sharply: 'Who's that! Who's that over there by the garden wall!'

A small figure with a foolishly large head drew waveringly near them in the moonlit haze; looked for an instant like a goblin, but turned out to be the harmless little priest whom they had left in the drawing-room.

'I say,' he said meekly, 'there are no gates to this garden, do you know.'

Valentin's black brows had come together somewhat crossly, as they did on principle at the sight of the cassock. But he was far too just

a man to deny the relevance of the remark. 'You are right,' he said. 'Before we find out how he came to be killed, we may have to find out how he came to be here. Now listen to me, gentlemen. If it can be done without prejudice to my position and duty, we shall all agree that certain distinguished names might well be kept out of this. There are ladies, gentlemen, and there is a foreign ambassador. If we must mark it down as a crime, then it must be followed up as a crime. But till then I can use my own discretion. I am the head of the police; I am so public that I can afford to be private. Please Heaven, I will clear every one of my own guests before I call in my men to look for anybody else. Gentlemen, upon your honour, you will none of you leave the house till tomorrow at noon; there are bedrooms for all. Simon, I think you know where to find my man, Ivan, in the front hall; he is a confidential man. Tell him to leave another servant on guard and come to me at once. Lord Galloway, you are certainly the best person to tell the ladies what has happened, and prevent a panic. They also must stay. Father Brown and I will remain with the body.'

When this spirit of the captain spoke in Valentin he was obeyed like a bugle. Dr Simon went through to the armoury and routed out Ivan, the public detective's private detective. Galloway went to the drawing-room and told the terrible news tactfully enough, so that by the time the company assembled there the ladies were already startled and already soothed. Meanwhile the good priest and the good atheist stood at the head and foot of the dead man motionless in the moonlight, like symbolic statues of their two philosophies of death.

Ivan, the confidential man with the scar and the moustaches, came out of the house like a cannon ball, and came racing across the lawn to Valentin like a dog to his master. His livid face was quite lively with the glow of this domestic detective story, and it was with almost unpleasant eagerness that he asked his master's permission to examine the remains.

'Yes; look, if you like, Ivan,' said Valentin, 'but don't be long. We must go in and thrash this out in the house.'

Ivan lifted the head, and then almost let it drop.

'Why,' he gasped, 'it's – no, it isn't; it can't be. Do you know this man, sir?'

'No,' said Valentin indifferently; 'we had better go inside.'

Between them they carried the corpse to a sofa in the study, and then all made their way to the drawing-room.

The detective sat down at a desk quietly, and even without hesitation; but his eye was the iron eye of a judge at assize. He made a few rapid notes upon paper in front of him, and then said shortly: 'Is everybody here?'

'Not Mr Brayne,' said the Duchess of Mont St Michel, looking round.

'No,' said Lord Galloway in a hoarse, harsh voice. 'And not Mr Neil O'Brien, I fancy. I saw that gentleman walking in the garden when the corpse was still warm.'

'Ivan,' said the detective, 'go and fetch Commandant O'Brien and Mr Brayne. Mr Brayne, I know, is finishing a cigar in the dining-room; Commandant O'Brien, I think, is walking up and down the conservatory. I am not sure.'

The faithful attendant flashed from the room, and before anyone could stir or speak Valentin went on with the same soldierly swiftness of exposition.

'Everyone here knows that a dead man has been found in the garden, his head cut clean from his body. Dr Simon, you have examined it. Do you think that to cut a man's throat like that would need great force? Or, perhaps, only a very sharp knife?'

'I should say that it could not be done with a knife at all,' said the pale doctor.

'Have you any thought,' resumed Valentin, 'of a tool with which it could be done?'

'Speaking within modern probabilities, I really haven't,' said the doctor, arching his painful brows. 'It's not easy to hack a neck through even clumsily, and this was a very clean cut. It could be done with a battle-axe or an old headsman's axe, or an old two-handed sword.'

'But, good heavens!' cried the Duchess, almost in hysterics, 'there aren't any two-handed swords and battle-axes round here.'

Valentin was still busy with the paper in front of him. 'Tell me,' he said, still writing rapidly, 'could it have been done with a long French cavalry sabre?'

A low knocking came at the door, which, for some unreasonable reason, curdled everyone's blood like the knocking in *Macbeth*. Amid that frozen silence Dr Simon managed to say: 'A sabre – yes, I suppose it could.'

'Thank you,' said Valentin. 'Come in, Ivan.'

The confidential Ivan opened the door and ushered in Commandant Neil O'Brien, whom he had found at last pacing the garden again.

The Irish officer stood up disordered and defiant on the threshold. 'What do you want with me?' he cried.

'Please sit down,' said Valentin in pleasant, level tones. 'Why, you aren't wearing your sword. Where is it?'

'I left it on the library table,' said O'Brien, his brogue deepening in his disturbed mood. 'It was a nuisance, it was getting –'

'Ivan,' said Valentin, 'please go and get the Commandant's sword

from the library.' Then, as the servant vanished, 'Lord Galloway says he saw you leaving the garden just before he found the corpse. What were you doing in the garden?'

The Commandant flung himself recklessly into a chair. 'Oh,' he cried in pure Irish, 'admirin' the moon. Communing with Nature, me bhoy.'

A heavy silence sank and endured, and at the end of it came again that trivial and terrible knocking. Ivan reappeared, carrying an empty steel scabbard. 'This is all I can find,' he said.

'Put it on the table,' said Valentin, without looking up.

There was an inhuman silence in the room, like that sea of inhuman silence round the dock of the condemned murderer. The Duchess's weak exclamations had long ago died away. Lord Galloway's swollen hatred was satisfied and even sobered. The voice that came was quite unexpected.

'I think I can tell you,' cried Lady Margaret, in that clear, quivering voice with which a courageous woman speaks publicly. 'I can tell you what Mr O'Brien was doing in the garden, since he is bound to silence. He was asking me to marry him. I refused; I said in my family circumstances I could give him nothing but my respect. He was a little angry at that; he did not seem to think much of my respect. I wonder,' she added, with rather a wan smile, 'if he will care at all for it now. For I offer it him now. I will swear anywhere that he never did a thing like this.'

Lord Galloway had edged up to his daughter, and was intimidating her in what he imagined to be an undertone. 'Hold your tongue, Maggie,' he said in a thunderous whisper. 'Why should you shield the fellow? Where's his sword? Where's his confounded cavalry –'

He stopped because of the singular stare with which his daughter was regarding him, a look that was indeed a lurid magnet for the whole group.

'You old fool!' she said in a low voice without pretence of piety, 'what do you suppose you are trying to prove? I tell you this man was innocent while with me. But if he wasn't innocent, he was still with me. If he murdered a man in the garden, who was it who must have seen – who must at least have known? Do you hate Neil so much as to put your own daughter –'

Lady Galloway screamed. Everyone else sat tingling at the touch of those satanic tragedies that have been between lovers before now. They saw the proud, white face of the Scotch aristocrat and her lover, the Irish adventurer, like old portraits in a dark house. The long silence was full of formless historical memories of murdered husbands and poisonous paramours.

In the centre of this morbid silence an innocent voice said: 'Was it a very long cigar?'

The change of thought was so sharp that they had to look round to see who had spoken.

'I mean,' said little Father Brown, from the corner of the room, 'I mean that cigar Mr Brayne is finishing. It seems nearly as long as a walking-stick.'

Despite the irrelevance there was assent as well as irritation in Valentin's face as he lifted his head.

'Quite right,' he remarked sharply. 'Ivan, go and see about Mr Brayne again, and bring him here at once.'

The instant the factotum had closed the door, Valentin addressed the girl with an entirely new earnestness.

'Lady Margaret,' he said, 'we all feel, I am sure, both gratitude and admiration for your act in rising above your lower dignity and explaining the Commandant's conduct. But there is a hiatus still. Lord Galloway, I understand, met you passing from the study to the drawing-room, and it was only some minutes afterwards that he found the garden and the Commandant still walking there.'

'You have to remember,' replied Margaret, with a faint irony in her voice, 'that I had just refused him, so we should scarcely have come back arm in arm. He is a gentleman, anyhow; and he loitered behind – and so got charged with murder.'

'In those few moments,' said Valentin gravely, 'he might really –'

The knock came again, and Ivan put in his scarred face.

'Beg pardon, sir,' he said, 'but Mr Brayne has left the house.'

'Left!' cried Valentin, and rose for the first time to his feet.

'Gone. Scooted. Evaporated,' replied Ivan in humorous French. 'His hat and coat are gone, too, and I'll tell you something to cap it all. I ran outside the house to find any traces of him, and I found one, and a big trace, too.'

'What do you mean?' asked Valentin.

'I'll show you,' said his servant, and reappeared with a flashing naked cavalry sabre, streaked with blood about the point and edge. Everyone in the room eyed it as if it were a thunderbolt; but the experienced Ivan went on quite quietly: 'I found this,' he said, 'flung among the bushes fifty yards up the road to Paris. In other words, I found it just where your respectable Mr Brayne threw it when he ran away.'

There was again a silence, but of a new sort. Valentin took the sabre, examined it, reflected with unaffected concentration of thought, and then turned a respectful face to O'Brien. 'Commandant,' he said, 'we trust you will always produce this weapon if it is wanted for police

examination. Meanwhile,' he added, slapping the steel back in the ringing scabbard, 'let me return you your sword.'

At the military symbolism of the action the audience could hardly refrain from applause.

For Neil O'Brien, indeed, that gesture was the turning-point of existence. By the time he was wandering in the mysterious garden again in the colours of the morning the tragic futility of his ordinary mien had fallen from him; he was a man with many reasons for happiness. Lord Galloway was a gentleman, and had offered him an apology. Lady Margaret was something better than a lady, a woman at least, and had perhaps given him something better than an apology, as they drifted among the old flowerbeds before breakfast. The whole company was more light-hearted and humane, for though the riddle of the death remained, the load of suspicion was lifted off them all, and sent flying off to Paris with the strange millionaire – a man they hardly knew. The devil was cast out of the house – he had cast himself out.

Still, the riddle remained; and when O'Brien threw himself on a garden seat beside Dr Simon, that keenly scientific person at once resumed it. He did not get much talk out of O'Brien, whose thoughts were on pleasanter things.

'I can't say it interests me much,' said the Irishman frankly, 'especially as it seems pretty plain now. Apparently Brayne hated this stranger for some reason; lured him into the garden, and killed him with my sword. Then he fled to the city, tossing the sword away as he went. By the way, Ivan tells me the dead man had a Yankee dollar in his pocket. So he was a countryman of Brayne's, and that seems to clinch it. I don't see any difficulties about the business.'

'There are five colossal difficulties,' said the doctor quietly; 'like high walls within walls. Don't mistake me. I don't doubt that Brayne did it; his flight, I fancy, proves that. But as to how he did it. First difficulty: Why should a man kill another man with a great hulking sabre, when he can almost kill him with a pocket knife and put it back in his pocket? Second difficulty: Why was there no noise or outcry? Does a man commonly see another come up waving a scimitar and offer no remarks? Third difficulty: A servant watched the front door all the evening; and a rat cannot get into Valentin's garden anywhere. How did the dead man get into the garden? Fourth difficulty: Given the same conditions, how did Brayne get out of the garden?'

'And the fifth,' said Neil, with eyes fixed on the English priest who was coming slowly up the path.

'Is a trifle, I suppose,' said the doctor, 'but I think an odd one. When I first saw how the head had been slashed, I supposed the assassin had

struck more than once. But on examination I found many cuts across the truncated section; in other words, they were struck *after* the head was off. Did Brayne hate his foe so fiendishly that he stood sabring his body in the moonlight?'

'Horrible!' said O'Brien, and shuddered.

The little priest, Brown, had arrived while they were talking, and had waited, with characteristic shyness, till they had finished. Then he said awkwardly: 'I say, I'm sorry to interrupt. But I was sent to tell you the news!'

'News?' repeated Simon, and stared at him rather painfully through his glasses.

'Yes, I'm sorry,' said Father Brown mildly. 'There's been another murder, you know.'

Both men on the seat sprang up, leaving it rocking.

'And, what's stranger still,' continued the priest, with his dull eye on the rhododendrons, 'it's the same disgusting sort; it's another beheading. They found the second head actually bleeding into the river, a few yards along Brayne's road to Paris; so they suppose that he –'

'Great Heaven!' cried O'Brien. 'Is Brayne a monomaniac?'

'There are American vendettas,' said the priest impassively. Then he added: 'They want you to come to the library and see it.'

Commandant O'Brien followed the others towards the inquest, feeling decidedly sick. As a soldier, he loathed all this secretive carnage; where were these extravagant amputations going to stop? First one head was hacked off, and then another; in this case (he told himself bitterly) it was not true that two heads were better than one. As he crossed the study he almost staggered at a shocking coincidence. Upon Valentin's table lay the coloured picture of yet a third bleeding head; and it was the head of Valentin himself. A second glance showed him it was only a Nationalist paper, called *The Guillotine*, which every week showed one of its political opponents with rolling eyes and writhing features just after execution; for Valentin was an anti-clerical of some note. But O'Brien was an Irishman, with a kind of chastity even in his sins; and his gorge rose against that great brutality of the intellect which belongs only to France. He felt Paris as a whole, from the grotesques on the Gothic churches to the gross caricatures in the newspapers. He remembered the gigantic jests of the Revolution. He saw the whole city as one ugly energy, from the sanguinary sketch lying on Valentin's table up to where, above a mountain and forest of gargoyles, the great devil grins on Notre Dame.

The library was long, low, and dark; what light entered it shot from

under low blinds and had still some of the ruddy tinge of morning. Valentin and his servant Ivan were waiting for them at the upper end of a long, slightly sloping desk, on which lay the mortal remains, looking enormous in the twilight. The big black figure and yellow face of the man found in the garden confronted them essentially unchanged. The second head, which had been fished from among the river reeds that morning, lay streaming and dripping beside it; Valentin's men were still seeking to recover the rest of this second corpse, which was supposed to be afloat. Father Brown, who did not seem to share O'Brien's sensibilities in the least, went up to the second head and examined it with his blinking care. It was little more than a mop of wet white hair, fringed with silver fire in the red and level morning light; the face, which seemed of an ugly, empurpled and perhaps criminal type, had been much battered against trees or stones as it tossed in the water.

'Good morning, Commandant O'Brien,' said Valentin, with quiet cordiality. 'You have heard of Brayne's last experiment in butchery, I suppose?'

Father Brown was still bending over the head with white hair, and he said, without looking up: 'I suppose it is quite certain that Brayne cut off this head, too.'

'Well, it seems common sense,' said Valentin, with his hands in his pockets. 'Killed in the same way as the other. Found within a few yards of the other. And sliced by the same weapon which we know he carried away.'

'Yes, yes; I know,' replied Father Brown submissively. 'Yet, you know, I doubt whether Brayne could have cut off this head.'

'Why not?' enquired Dr Simon, with a rational stare.

'Well, doctor,' said the priest, looking up blinking, 'can a man cut off his own head? I don't know.'

O'Brien felt an insane universe crashing about his ears; but the doctor sprang forward with impetuous practicality and pushed back the wet white hair.

'Oh, there's no doubt it's Brayne,' said the priest quietly. 'He had exactly that chip in the left ear.'

The detective, who had been regarding the priest with steady and glittering eyes, opened his clenched mouth and said sharply: 'You seem to know a lot about him, Father Brown.'

'I do,' said the little man simply. 'I've been about with him for some weeks. He was thinking of joining our church.'

The star of the fanatic sprang into Valentin's eyes; he strode towards the priest with clenched hands. 'And, perhaps,' he cried, with a blasting

sneer, 'perhaps he was also thinking of leaving all his money to your church.'

'Perhaps he was,' said Brown stolidly; 'it is possible.'

'In that case,' cried Valentin, with a dreadful smile, 'you may indeed know a great deal about him. About his life and about his –'

Commandant O'Brien laid a hand on Valentin's arm. 'Drop that slanderous rubbish, Valentin,' he said, 'or there may be more swords yet.'

But Valentin (under the steady, humble gaze of the priest) had already recovered himself. 'Well,' he said shortly, 'people's private opinions can wait. You gentlemen are still bound by your promise to stay; you must enforce it on yourselves – and on each other. Ivan here will tell you anything more you want to know; I must get to business and write to the authorities. We can't keep this quiet any longer. I shall be writing in my study if there is any more news.'

'Is there any more news, Ivan?' asked Dr Simon, as the chief of police strode out of the room.

'Only one more thing, I think, sir,' said Ivan, wrinkling up his grey old face, 'but that's important, too, in its way. There's that old buffer you found on the lawn,' and he pointed without pretence of reverence at the big black body with the yellow head. 'We've found out who he is, anyhow.'

'Indeed!' cried the astonished doctor, 'and who is he?'

'His name was Arnold Becker,' said the under-detective, 'though he went by many aliases. He was a wandering sort of scamp, and is known to have been in America; so that was where Brayne got his knife into him. We didn't have much to do with him ourselves, for he worked mostly in Germany. We've communicated, of course, with the German police. But, oddly enough, there was a twin brother of his, named Louis Becker, whom we had a great deal to do with. In fact, we found it necessary to guillotine him only yesterday. Well, it's a rum thing, gentlemen, but when I saw that fellow flat on the lawn I had the greatest jump of my life. If I hadn't seen Louis Becker guillotined with my own eyes, I'd have sworn it was Louis Becker lying there in the grass. Then, of course, I remembered his twin brother in Germany, and following up the clue –'

The explanatory Ivan stopped, for the excellent reason that nobody was listening to him. The Commandant and the doctor were both staring at Father Brown, who had sprung stiffly to his feet, and was holding his temples tight like a man in sudden and violent pain.

'Stop, stop, stop!' he cried; 'stop talking a minute, for I see half. Will God give me strength? Will my brain make the one jump and see all?

Heaven help me! I used to be fairly good at thinking. I could paraphrase any page in Aquinas once. Will my head split – or will it see? I see half – I only see half.'

He buried his head in his hands, and stood in a sort of rigid torture of thought or prayer, while the other three could only go on staring at this last prodigy of their wild twelve hours.

When Father Brown's hands fell they showed a face quite fresh and serious, like a child's. He heaved a huge sigh, and said: 'Let us get this said and done with as quickly as possible. Look here, this will be the quickest way to convince you all of the truth.' He turned to the doctor. 'Dr Simon,' he said, 'you have a strong head-piece, and I heard you this morning asking the five hardest questions about this business. Well, if you will ask them again, I will answer them.'

Simon's pince-nez dropped from his nose in his doubt and wonder, but he answered at once. 'Well, the first question, you know, is why a man should kill another with a clumsy sabre at all when a man can kill with a bodkin?'

'A man cannot behead with a bodkin,' said Brown calmly, 'and for this murder beheading was absolutely necessary.'

'Why?' asked O'Brien, with interest.

'And the next question?' asked Father Brown.

'Well, why didn't the man cry out or anything?' asked the doctor; 'sabres in gardens are certainly unusual.'

'Twigs,' said the priest gloomily, and turned to the window which looked on the scene of death. 'No one saw the point of the twigs. Why should they lie on that lawn (look at it) so far from any tree? They were not snapped off; they were chopped off. The murderer occupied his enemy with some tricks with the sabre, showing how he could cut a branch in mid-air, or what-not. Then, while his enemy bent down to see the result, a silent slash, and the head fell.'

'Well,' said the doctor slowly, 'that seems plausible enough. But my next two questions will stump anyone.'

The priest still stood looking critically out of the window and waited.

'You know how all the garden was sealed up like an airtight chamber,' went on the doctor. 'Well, how did the strange man get into the garden?'

Without turning round, the little priest answered: 'There never was any strange man in the garden.'

There was a silence, and then a sudden cackle of almost childish laughter relieved the strain. The absurdity of Brown's remark moved Ivan to open taunts.

'Oh!' he cried; 'then we didn't lug a great fat corpse on to a sofa last night? He hadn't got into the garden, I suppose?'

'Got into the garden?' repeated Brown reflectively. 'No, not entirely.'

'Hang it all,' cried Simon, 'a man gets into a garden, or he doesn't.'

'Not necessarily,' said the priest, with a faint smile. 'What is the next question, doctor?'

'I fancy you're ill,' exclaimed Dr Simon sharply; 'but I'll ask the next question if you like. How did Brayne get out of the garden?'

'He didn't get out of the garden,' said the priest, still looking out of the window.

'Didn't get out of the garden?' exploded Simon.

'Not completely,' said Father Brown.

Simon shook his fists in a frenzy of French logic. 'A man gets out of a garden, or he doesn't,' he cried.

'Not always,' said Father Brown.

Dr Simon sprang to his feet impatiently. 'I have no time to spare on such senseless talk,' he cried angrily. 'If you can't understand a man being on one side of a wall or the other, I won't trouble you further.'

'Doctor,' said the cleric very gently, 'we have always got on very pleasantly together. If only for the sake of old friendship, stop and tell me your fifth question.'

The impatient Simon sank into a chair by the door and said briefly: 'The head and shoulders were cut about in a queer way. It seemed to be done after death.'

'Yes,' said the motionless priest, 'it was done so as to make you assume exactly the one simple falsehood that you did assume. It was done to make you take for granted that the head belonged to the body.'

The borderland of the brain, where all the monsters are made, moved horribly in the Gaelic O'Brien. He felt the chaotic presence of all the horse-men and fish-women that man's unnatural fancy has begotten. A voice older than his first fathers seemed saying in his ear: 'Keep out of the monstrous garden where grows the tree with double fruit. Avoid the evil garden where died the man with two heads.' Yet, while these shameful symbolic shapes passed across the ancient mirror of his Irish soul, his Frenchified intellect was quite alert, and was watching the odd priest as closely and incredulously as all the rest.

Father Brown had turned round at last, and stood against the window, with his face in dense shadow; but even in that shadow they could see it was pale as ashes. Nevertheless, he spoke quite sensibly, as if there were no Gaelic souls on earth.

'Gentlemen,' he said, 'you did not find the strange body of Becker in the garden. You did not find any strange body in the garden. In face of Dr Simon's rationalism, I still affirm that Becker was only partly present.

Look here!' (pointing to the black bulk of the mysterious corpse); 'you never saw that man in your lives. Did you ever see this man?'

He rapidly rolled away the bald, yellow head of the unknown, and put in its place the white-maned head beside it. And there, complete, unified, unmistakable, lay Julius K. Brayne.

'The murderer,' went on Brown quietly, 'hacked off his enemy's head and flung the sword far over the wall. But he was too clever to fling the sword only. He flung the *head* over the wall also. Then he had only to clap on another head to the corpse, and (as he insisted on a private inquest) you all imagined a totally new man.'

'Clap on another head!' said O'Brien staring. 'What other head? Heads don't grow on garden bushes, do they?'

'No,' said Father Brown huskily, and looking at his boots; 'there is only one place where they grow. They grow in the basket of the guillotine, beside which the chief of police, Aristide Valentin, was standing not an hour before the murder. Oh, my friends, hear me a minute more before you tear me in pieces. Valentin is an honest man, if being mad for an arguable cause is honesty. But did you never see in that cold, grey eye of his that he is mad! He would do anything, *anything*, to break what he calls the superstition of the Cross. He has fought for it and starved for it, and now he has murdered for it. Brayne's crazy millions had hitherto been scattered among so many sects that they did little to alter the balance of things. But Valentin heard a whisper that Brayne, like so many scatter-brained sceptics, was drifting to us; and that was quite a different thing. Brayne would pour supplies into the impoverished and pugnacious Church of France; he would support six Nationalist newspapers like *The Guillotine*. The battle was already balanced on a point, and the fanatic took flame at the risk. He resolved to destroy the millionaire, and he did it as one would expect the greatest of detectives to commit his only crime. He abstracted the severed head of Becker on some criminological excuse, and took it home in his official box. He had that last argument with Brayne, that Lord Galloway did not hear the end of; that failing, he led him out into the sealed garden, talked about swordsmanship, used twigs and a sabre for illustration, and –'

Ivan of the Scar sprang up. 'You lunatic,' he yelled; 'you'll go to my master now, if I take you by –'

'Why, I was going there,' said Brown heavily; 'I must ask him to confess, and all that.'

Driving the unhappy Brown before them like a hostage or sacrifice, they rushed together into the sudden stillness of Valentin's study.

The great detective sat at his desk apparently too occupied to hear their turbulent entrance. They paused a moment, and then something

in the look of that upright and elegant back made the doctor run forward suddenly. A touch and a glance showed him that there was a small box of pills at Valentin's elbow, and that Valentin was dead in his chair; and on the blind face of the suicide was more than the pride of Cato.

The Queer Feet

If you meet a member of that select club, 'The Twelve True Fishermen', entering the Vernon Hotel for the annual club dinner, you will observe, as he takes off his overcoat, that his evening coat is green and not black. If (supposing that you have the star-defying audacity to address such a being) you ask him why, he will probably answer that he does it to avoid being mistaken for a waiter. You will then retire crushed. But you will leave behind you a mystery as yet unsolved and a tale worth telling.

If (to pursue the same vein of improbable conjecture) you were to meet a mild, hard-working little priest, named Father Brown, and were to ask him what he thought was the most singular luck of his life, he would probably reply that upon the whole his best stroke was at the Vernon Hotel, where he had averted a crime and, perhaps, saved a soul, merely by listening to a few footsteps in a passage. He is perhaps a little proud of this wild and wonderful guess of his, and it is possible that he might refer to it. But since it is immeasurably unlikely that you will ever rise high enough in the social world to find 'The Twelve True Fishermen', or that you will ever sink low enough among slums and criminals to find Father Brown, I fear you will never hear the story at all unless you hear it from me.

The Vernon Hotel at which The Twelve True Fishermen held their annual dinners was an institution such as can only exist in an oligarchical society which has almost gone mad on good manners. It was that topsy-turvy product – an 'exclusive' commercial enterprise. That is, it was a thing which paid not by attracting people, but actually by turning people away. In the heart of a plutocracy tradesmen become cunning enough to be more fastidious than their customers. They positively create difficulties so that their wealthy and weary clients may spend money and diplomacy in overcoming them. If there were a fashionable hotel in London which no man could enter who was under six foot, society would meekly make up parties of six-foot men to dine in it. If there were an expensive restaurant which by a mere caprice of its proprietor was only open on Thursday afternoon, it would be crowded on Thursday afternoon. The Vernon Hotel stood, as if by accident, in the corner of a square in Belgravia. It was a small hotel; and a very inconvenient one. But its very inconveniences were considered as walls protecting a particular class. One inconvenience, in particular, was

held to be of vital importance: the fact that practically only twenty-four people could dine in the place at once. The only big dinner table was the celebrated terrace table, which stood open to the air on a sort of veranda overlooking one of the most exquisite old gardens in London. Thus it happened that even the twenty-four seats at this table could only be enjoyed in warm weather; and this making the enjoyment yet more difficult made it yet more desired. The existing owner of the hotel was a Jew named Lever; and he made nearly a million out of it, by making it difficult to get into. Of course he combined with this limitation in the scope of his enterprise the most careful polish in its performance. The wines and cooking were really as good as any in Europe, and the demeanour of the attendants exactly mirrored the fixed mood of the English upper class. The proprietor knew all his waiters like the fingers on his hand; there were only fifteen of them all told. It was much easier to become a Member of Parliament than to become a waiter in that hotel. Each waiter was trained in terrible silence and smoothness, as if he were a gentleman's servant. And, indeed, there was generally at least one waiter to every gentleman who dined.

The club of The Twelve True Fishermen would not have consented to dine anywhere but in such a place, for it insisted on a luxurious privacy; and would have been quite upset by the mere thought that any other club was even dining in the same building. On the occasion of their annual dinner the Fishermen were in the habit of exposing all their treasures, as if they were in a private house, especially the celebrated set of fish knives and forks which were, as it were, the insignia of the society, each being exquisitely wrought in silver in the form of a fish, and each loaded at the hilt with one large pearl. These were always laid out for the fish course, and the fish course was always the most magnificent in that magnificent repast. The society had a vast number of ceremonies and observances, but it had no history and no object; that was where it was so very aristocratic. You did not have to be anything in order to be one of the Twelve Fishers; unless you were already a certain sort of person, you never even heard of them. It had been in existence twelve years. Its president was Mr Audley. Its vice-president was the Duke of Chester.

If I have in any degree conveyed the atmosphere of this appalling hotel, the reader may feel a natural wonder as to how I came to know anything about it, and may even speculate as to how so ordinary a person as my friend Father Brown came to find himself in that golden galley. As far as that is concerned, my story is simple, or even vulgar. There is in the world a very aged rioter and demagogue who breaks into the most refined retreats with the dreadful information that all

men are brothers, and wherever this leveller went on his pale horse it was Father Brown's trade to follow. One of the waiters, an Italian, had been struck down with a paralytic stroke that afternoon; and his Jewish employer, marvelling mildly at such superstitions, had consented to send for the nearest Popish priest. With what the waiter confessed to Father Brown we are not concerned, for the excellent reason that that cleric kept it to himself; but apparently it involved him in writing out a note or statement for the conveying of some message or the righting of some wrong. Father Brown, therefore, with a meek impudence which he would have shown equally in Buckingham Palace, asked to be provided with a room and writing materials. Mr Lever was torn in two. He was a kind man, and had also that bad imitation of kindness, the dislike of any difficulty or scene. At the same time the presence of one unusual stranger in his hotel that evening was like a speck of dirt on something just cleaned. There was never any borderland or anteroom in the Vernon Hotel, no people waiting in the hall, no customers coming in on chance. There were fifteen waiters. There were twelve guests. It would be as startling to find a new guest in the hotel that night as to find a new brother taking breakfast or tea in one's own family. Moreover, the priest's appearance was second-rate and his clothes muddy; a mere glimpse of him afar off might precipitate a crisis in the club. Mr Lever at last hit on a plan to cover, since he might not obliterate, the disgrace. When you enter (as you never will) the Vernon Hotel, you pass down a short passage decorated with a few dingy but important pictures, and come to the main vestibule and lounge which opens on your right into passages leading to the public rooms, and on your left to a similar passage pointing to the kitchens and offices of the hotel. Immediately on your left hand is the corner of a glass office, which abuts upon the lounge – a house within a house, so to speak, like the old hotel bar which probably once occupied its place.

In this office sat the representative of the proprietor (nobody in this place ever appeared in person if he could help it), and just beyond the office, on the way to the servants' quarters, was the gentlemen's cloak room, the last boundary of the gentlemen's domain. But between the office and the cloak room was a small private room without other outlet, sometimes used by the proprietor for delicate and important matters, such as lending a duke a thousand pounds or declining to lend him sixpence. It is a mark of the magnificent tolerance of Mr Lever that he permitted this holy place to be for about half an hour profaned by a mere priest, scribbling away on a piece of paper. The story which Father Brown was writing down was very likely a much better story than this one, only it will never be known. I can merely state that it was very

nearly as long, and that the last two or three paragraphs of it were the least exciting and absorbing.

For it was by the time that he had reached these that the priest began a little to allow his thoughts to wander and his animal senses, which were commonly keen, to awaken. The time of darkness and dinner was drawing on; his own forgotten little room was without a light, and perhaps the gathering gloom, as occasionally happens, sharpened the sense of sound. As Father Brown wrote the last and least essential part of his document, he caught himself writing to the rhythm of a recurrent noise outside, just as one sometimes thinks to the tune of a railway train. When he became conscious of the thing he found what it was: only the ordinary patter of feet passing the door, which in an hotel was no very unlikely matter. Nevertheless, he stared at the darkened ceiling, and listened to the sound. After he had listened for a few seconds dreamily, he got to his feet and listened intently, with his head a little on one side. Then he sat down again and buried his brow in his hands, now not merely listening, but listening and thinking also.

The footsteps outside at any given moment were such as one might hear in any hotel; and yet, taken as a whole, there was something very strange about them. There were no other footsteps. It was always a very silent house, for the few familiar guests went at once to their own apartments, and the well-trained waiters were told to be almost invisible until they were wanted. One could not conceive any place where there was less reason to apprehend anything irregular. But these footsteps were so odd that one could not decide to call them regular or irregular. Father Brown followed them with his finger on the edge of the table, like a man trying to learn a tune on the piano.

First, there came a long rush of rapid little steps, such as a light man might make in winning a walking race. At a certain point they stopped and changed to a sort of slow, swinging stamp, numbering not a quarter of the steps, but occupying about the same time. The moment the last echoing stamp had died away would come again the run or ripple of light, hurrying feet, and then again the thud of the heavier walking. It was certainly the same pair of boots, partly because (as has been said) there were no other boots about, and partly because they had a small but unmistakable creak in them. Father Brown had the kind of head that cannot help asking questions; and on this apparently trivial question his head almost split. He had seen men run in order to jump. He had seen men run in order to slide. But why on earth should a man run in order to walk? Or, again, why should he walk in order to run? Yet no other description would cover the antics of this invisible pair of legs. The man was either walking very fast down one-half of the corridor

in order to walk very slow down the other half; or he was walking very slow at one end to have the rapture of walking fast at the other. Neither suggestion seemed to make much sense. His brain was growing darker and darker, like his room.

Yet, as he began to think steadily, the very blackness of his cell seemed to make his thoughts more vivid; he began to see as in a kind of vision the fantastic feet capering along the corridor in unnatural or symbolic attitudes. Was it a heathen religious dance? Or some entirely new kind of scientific exercise? Father Brown began to ask himself with more exactness what the steps suggested. Taking the slow step first: it certainly was not the step of the proprietor. Men of his type walk with a rapid waddle, or they sit still. It could not be any servant or messenger waiting for directions. It did not sound like it. The poorer orders (in an oligarchy) sometimes lurch about when they are slightly drunk, but generally, and especially in such gorgeous scenes, they stand or sit in constrained attitudes. No; that heavy yet springy step, with a kind of careless emphasis, not specially noisy, yet not caring what noise it made, belonged to only one of the animals of this earth. It was a gentleman of western Europe, and probably one who had never worked for his living.

Just as he came to this solid certainty, the step changed to the quicker one, and ran past the door as feverishly as a rat. The listener remarked that though this step was much swifter it was also much more noiseless, almost as if the man were walking on tiptoe. Yet it was not associated in his mind with secrecy, but with something else – something that he could not remember. He was maddened by one of those half-memories that make a man feel half-witted. Surely he had heard that strange, swift walking somewhere. Suddenly he sprang to his feet with a new idea in his head, and walked to the door. His room had no direct outlet on the passage, but let on one side into the glass office, and on the other into the cloak room beyond. He tried the door into the office, and found it locked. Then he looked at the window, now a square pane full of purple cloud cleft by livid sunset, and for an instant he smelt evil as a dog smells rats.

The rational part of him (whether the wiser or not) regained its supremacy. He remembered that the proprietor had told him that he should lock the door, and would come later to release him. He told himself that twenty things he had not thought of might explain the eccentric sounds outside; he reminded himself that there was just enough light left to finish his own proper work. Bringing his paper to the window so as to catch the last stormy evening light, he resolutely plunged once more into the almost completed record. He had written for about twenty minutes, bending closer and closer to his paper in the

lessening light; then suddenly he sat upright. He had heard the strange feet once more.

This time they had a third oddity. Previously the unknown man had walked, with levity indeed and lightning quickness, but he had walked. This time he ran. One could hear the swift, soft, bounding steps coming along the corridor, like the pads of a fleeing and leaping panther. Whoever was coming was a very strong, active man, in still yet tearing excitement. Yet, when the sound had swept up to the office like a sort of whispering whirlwind, it suddenly changed again to the old slow, swaggering stamp.

Father Brown flung down his paper, and, knowing the office door to be locked, went at once into the cloak room on the other side. The attendant of this place was temporarily absent, probably because the only guests were at dinner and his office was a sinecure. After groping through a grey forest of overcoats, he found that the dim cloak room opened on the lighted corridor in the form of a sort of counter or half-door, like most of the counters across which we have all handed umbrellas and received tickets. There was a light immediately above the semicircular arch of this opening. It threw little illumination on Father Brown himself, who seemed a mere dark outline against the dim sunset window behind him. But it threw an almost theatrical light on the man who stood outside the cloak room in the corridor.

He was an elegant man in very plain evening dress; tall, but with an air of not taking up much room; one felt that he could have slid along like a shadow where many smaller men would have been obvious and obstructive. His face, now flung back in the lamplight, was swarthy and vivacious, the face of a foreigner. His figure was good, his manners good-humoured and confident; a critic could only say that his black coat was a shade below his figure and manners, and even bulged and bagged in an odd way. The moment he caught sight of Brown's black silhouette against the sunset, he tossed down a scrap of paper with a number and called out with amiable authority: 'I want my hat and coat, please; I find I have to go away at once.'

Father Brown took the paper without a word, and obediently went to look for the coat; it was not the first menial work he had done in his life. He brought it and laid it on the counter; meanwhile, the strange gentleman who had been feeling in his waistcoat pocket, said laughing: 'I haven't got any silver; you can keep this.' And he threw down half a sovereign, and caught up his coat.

Father Brown's figure remained quite dark and still; but in that instant he had lost his head. His head was always most valuable when he had lost it. In such moments he put two and two together and made

four million. Often the Catholic Church (which is wedded to common sense) did not approve of it. Often he did not approve of it himself. But it was real inspiration – important at rare crises – when whosoever shall lose his head the same shall save it.

'I think, sir,' he said civilly, 'that you have some silver in your pocket.'

The tall gentleman stared. 'Hang it,' he cried, 'if I choose to give you gold, why should you complain?'

'Because silver is sometimes more valuable than gold,' said the priest mildly; 'that is, in large quantities.'

The stranger looked at him curiously. Then he looked still more curiously up the passage towards the main entrance. Then he looked back at Brown again, and then he looked very carefully at the window beyond Brown's head, still coloured with the afterglow of the storm. Then he seemed to make up his mind. He put one hand on the counter, vaulted over as easily as an acrobat and towered above the priest, putting one tremendous hand upon his collar.

'Stand still,' he said, in a hacking whisper. 'I don't want to threaten you, but –'

'I do want to threaten you,' said Father Brown, in a voice like a rolling drum, 'I want to threaten you with the worm that dieth not, and the fire that is not quenched.'

'You're a rum sort of cloak-room clerk,' said the other.

'I am a priest, Monsieur Flambeau,' said Brown, 'and I am ready to hear your confession.'

The other stood gasping for a few moments, and then staggered back into a chair.

The first two courses of the dinner of The Twelve True Fishermen had proceeded with placid success. I do not possess a copy of the menu; and if I did it would not convey anything to anybody. It was written in a sort of super-French employed by cooks, but quite unintelligible to Frenchmen. There was a tradition in the club that the *hors d'oeuvres* should be various and manifold to the point of madness. They were taken seriously because they were avowedly useless extras, like the whole dinner and the whole club. There was also a tradition that the soup course should be light and unpretending – a sort of simple and austere vigil for the feast of fish that was to come. The talk was that strange, slight talk which governs the British Empire, which governs it in secret, and yet would scarcely enlighten an ordinary Englishman even if he could overhear it. Cabinet ministers on both sides were alluded to by their Christian names with a sort of bored benignity. The Radical Chancellor of the Exchequer, whom the whole Tory

party was supposed to be cursing for his extortions, was praised for his minor poetry, or his saddle in the hunting field. The Tory leader, whom all Liberals were supposed to hate as a tyrant, was discussed and, on the whole, praised – as a Liberal. It seemed somehow that politicians were very important. And yet, anything seemed important about them except their politics. Mr Audley, the chairman, was an amiable, elderly man who still wore Gladstone collars; he was a kind of symbol of all that phantasmal and yet fixed society. He had never done anything – not even anything wrong. He was not fast; he was not even particularly rich. He was simply in the thing; and there was an end of it. No party could ignore him, and if he had wished to be in the Cabinet he certainly would have been put there. The Duke of Chester, the vice-president, was a young and rising politician. That is to say, he was a pleasant youth, with flat, fair hair and a freckled face, with moderate intelligence and enormous estates. In public his appearances were always successful and his principle was simple enough. When he thought of a joke he made it, and was called brilliant. When he could not think of a joke he said that this was no time for trifling, and was called able. In private, in a club of his own class, he was simply quite pleasantly frank and silly, like a schoolboy. Mr Audley, never having been in politics, treated them a little more seriously. Sometimes he even embarrassed the company by phrases suggesting that there was some difference between a Liberal and a Conservative. He himself was a Conservative, even in private life. He had a roll of grey hair over the back of his collar, like certain old-fashioned statesmen, and seen from behind he looked like the man the empire wants. Seen from the front he looked like a mild, self-indulgent bachelor, with rooms in the Albany – which he was.

As has been remarked, there were twenty-four seats at the terrace table, and only twelve members of the club. Thus they could occupy the terrace in the most luxurious style of all, being ranged along the inner side of the table, with no one opposite, commanding an uninterrupted view of the garden, the colours of which were still vivid, though evening was closing in somewhat luridly for the time of year. The chairman sat in the centre of the line, and the vice-president at the right-hand end of it. When the twelve guests first trooped into their seats it was the custom (for some unknown reason) for all the fifteen waiters to stand lining the wall like troops presenting arms to the king, while the fat proprietor stood and bowed to the club with radiant surprise, as if he had never heard of them before. But before the first chink of knife and fork this army of retainers had vanished, only the one or two required to collect and distribute the plates darting about in deathly silence. Mr Lever, the proprietor, of course had disappeared in convulsions of courtesy

long before. It would be exaggerative, indeed irreverent, to say that he ever positively appeared again. But when the important course, the fish course, was being brought on, there was – how shall I put it? – a vivid shadow, a projection of his personality, which told that he was hovering near. The sacred fish course consisted (to the eyes of the vulgar) in a sort of monstrous pudding, about the size and shape of a wedding cake, in which some considerable number of interesting fishes had finally lost the shapes which God had given to them. The Twelve True Fishermen took up their celebrated fish knives and fish forks, and approached it as gravely as if every inch of the pudding cost as much as the silver fork it was eaten with. So it did, for all I know. This course was dealt with in eager and devouring silence; and it was only when his plate was nearly empty that the young duke made the ritual remark: 'They can't do this anywhere but here.'

'Nowhere,' said Mr Audley, in a deep bass voice, turning to the speaker and nodding his venerable head a number of times. 'Nowhere, assuredly, except here. It was represented to me that at the Café Anglais –'

Here he was interrupted and even agitated for a moment by the removal of his plate, but he recaptured the valuable thread of his thoughts. 'It was represented to me that the same could be done at the Café Anglais. Nothing like it, sir,' he said, shaking his head ruthlessly, like a hanging judge. 'Nothing like it.'

'Overrated place,' said a certain Colonel Pound, speaking (by the look of him) for the first time for some months.

'Oh, I don't know,' said the Duke of Chester, who was an optimist, 'it's jolly good for some things. You can't beat it at –'

A waiter came swiftly along the room, and then stopped dead. His stoppage was as silent as his tread; but all those vague and kindly gentlemen were so used to the utter smoothness of the unseen machinery which surrounded and supported their lives, that a waiter doing anything unexpected was a start and a jar. They felt as you and I would feel if the inanimate world disobeyed – if a chair ran away from us.

The waiter stood staring a few seconds, while there deepened on every face at table a strange shame which is wholly the product of our time. It is the combination of modern humanitarianism with the horrible modern abyss between the souls of the rich and poor. A genuine historic aristocrat would have thrown things at the waiter, beginning with empty bottles, and very probably ending with money. A genuine democrat would have asked him, with comrade-like clearness of speech, what the devil he was doing. But these modern plutocrats could not bear a poor man near to them, either as a slave or as a friend.

That something had gone wrong with the servants was merely a dull, hot embarrassment. They did not want to be brutal, and they dreaded the need to be benevolent. They wanted the thing, whatever it was, to be over. It was over. The waiter, after standing for some seconds rigid, like a cataleptic, turned round and ran madly out of the room.

When he reappeared in the room, or rather in the doorway, it was in company with another waiter, with whom he whispered and gesticulated with southern fierceness. Then the first waiter went away, leaving the second waiter, and reappeared with a third waiter. By the time a fourth waiter had joined this hurried synod, Mr Audley felt it necessary to break the silence in the interests of Tact. He used a very loud cough, instead of a presidential hammer, and said: 'Splendid work young Moocher's doing in Burmah. Now, no other nation in the world could have –'

A fifth waiter had sped towards him like an arrow, and was whispering in his ear: 'So sorry. Important! Might the proprietor speak to you?'

The chairman turned in disorder, and with a dazed stare saw Mr Lever coming towards them with his lumbering quickness. The gait of the good proprietor was indeed his usual gait, but his face was by no means usual. Generally it was a genial copper-brown; now it was a sickly yellow.

'You will pardon me, Mr Audley,' he said, with asthmatic breathlessness. 'I have great apprehensions. Your fish-plates, they are cleared away with the knife and fork on them!'

'Well, I hope so,' said the chairman, with some warmth.

'You see him?' panted the excited hotel keeper; 'you see the waiter who took them away? You know him?'

'Know the waiter?' answered Mr Audley indignantly. 'Certainly not!'

Mr Lever opened his hands with a gesture of agony. 'I never send him,' he said. 'I know not when or why he come. I send my waiter to take away the plates, and he find them already away.'

Mr Audley still looked rather too bewildered to be really the man the empire wants; none of the company could say anything except the man of wood – Colonel Pound – who seemed galvanised into an unnatural life. He rose rigidly from his chair, leaving all the rest sitting, screwed his eyeglass into his eye, and spoke in a raucous undertone as if he had half-forgotten how to speak. 'Do you mean,' he said, 'that somebody has stolen our silver fish service?'

The proprietor repeated the open-handed gesture with even greater helplessness and in a flash all the men at the table were on their feet.

'Are all your waiters here?' demanded the colonel, in his low, harsh accent.

'Yes; they're all here. I noticed it myself,' cried the young duke, pushing his boyish face into the inmost ring. 'Always count 'em as I come in; they look so queer standing up against the wall.'

'But surely one cannot exactly remember,' began Mr Audley, with heavy hesitation.

'I remember exactly, I tell you,' cried the duke excitedly. 'There never have been more than fifteen waiters at this place, and there were no more than fifteen tonight, I'll swear; no more and no less.'

The proprietor turned upon him, quaking in a kind of palsy of surprise. 'You say – you say,' he stammered, 'that you see all my fifteen waiters?'

'As usual,' assented the duke. 'What is the matter with that!'

'Nothing,' said Lever, with a deepening accent, 'only you did not. For one of zem is dead upstairs.'

There was a shocking stillness for an instant in that room. It may be (so supernatural is the word death) that each of those idle men looked for a second at his soul, and saw it as a small dried pea. One of them – the duke, I think – even said with the idiotic kindness of wealth: 'Is there anything we can do?'

'He has had a priest,' said the Jew, not untouched.

Then, as to the clang of doom, they awoke to their own position. For a few weird seconds they had really felt as if the fifteenth waiter might be the ghost of the dead man upstairs. They had been dumb under that oppression, for ghosts were to them an embarrassment, like beggars. But the remembrance of the silver broke the spell of the miraculous; broke it abruptly and with a brutal reaction. The colonel flung over his chair and strode to the door. 'If there was a fifteenth man here, friends,' he said, 'that fifteenth fellow was a thief. Down at once to the front and back doors and secure everything; then we'll talk. The twenty-four pearls of the club are worth recovering.'

Mr Audley seemed at first to hesitate about whether it was gentlemanly to be in such a hurry about anything; but, seeing the duke dash down the stairs with youthful energy, he followed with a more mature motion.

At the same instant a sixth waiter ran into the room, and declared that he had found the pile of fish plates on a sideboard, with no trace of the silver.

The crowd of diners and attendants that tumbled helter-skelter down the passages divided into two groups. Most of the Fishermen followed the proprietor to the front room to demand news of any exit. Colonel Pound, with the chairman, the vice-president, and one or two others darted down the corridor leading to the servants' quarters, as the more

likely line of escape. As they did so they passed the dim alcove or cavern of the cloak room, and saw a short, black-coated figure, presumably an attendant, standing a little way back in the shadow of it.

'Hallo, there!' called out the duke. 'Have you seen anyone pass?'

The short figure did not answer the question directly, but merely said: 'Perhaps I have got what you are looking for, gentlemen.'

They paused, wavering and wondering, while he quietly went to the back of the cloak room, and came back with both hands full of shining silver, which he laid out on the counter as calmly as a salesman. It took the form of a dozen quaintly shaped forks and knives.

'You – you –' began the colonel, quite thrown off his balance at last. Then he peered into the dim little room and saw two things: first, that the short, black-clad man was dressed like a clergyman; and, second, that the window of the room behind him was burst, as if someone had passed violently through. 'Valuable things to deposit in a cloak room, aren't they?' remarked the clergyman, with cheerful composure.

'Did – did you steal those things?' stammered Mr Audley, with staring eyes.

'If I did,' said the cleric pleasantly, 'at least I am bringing them back again.'

'But you didn't,' said Colonel Pound, still staring at the broken window.

'To make a clean breast of it, I didn't,' said the other, with some humour. And he seated himself quite gravely on a stool. 'But you know who did,' said the colonel.

'I don't know his real name,' said the priest placidly, 'but I know something of his fighting weight, and a great deal about his spiritual difficulties. I formed the physical estimate when he was trying to throttle me, and the moral estimate when he repented.'

'Oh, I say – repented!' cried young Chester, with a sort of crow of laughter.

Father Brown got to his feet, putting his hands behind him. 'Odd, isn't it,' he said, 'that a thief and a vagabond should repent, when so many who are rich and secure remain hard and frivolous, and without fruit for God or man? But there, if you will excuse me, you trespass a little upon my province. If you doubt the penitence as a practical fact, there are your knives and forks. You are The Twelve True Fishers, and there are all your silver fish. But He has made me a fisher of men.'

'Did you catch this man?' asked the colonel, frowning.

Father Brown looked him full in his frowning face. 'Yes,' he said, 'I caught him, with an unseen hook and an invisible line which is long

enough to let him wander to the ends of the world, and still to bring him back with a twitch upon the thread.'

There was a long silence. All the other men present drifted away to carry the recovered silver to their comrades, or to consult the proprietor about the queer condition of affairs. But the grim-faced colonel still sat sideways on the counter, swinging his long, lank legs and biting his dark moustache.

At last he said quietly to the priest: 'He must have been a clever fellow, but I think I know a cleverer.'

'He was a clever fellow,' answered the other, 'but I am not quite sure of what other you mean.'

'I mean you,' said the colonel, with a short laugh. 'I don't want to get the fellow jailed; make yourself easy about that. But I'd give a good many silver forks to know exactly how you fell into this affair, and how you got the stuff out of him. I reckon you're the most up-to-date devil of the present company.'

Father Brown seemed rather to like the saturnine candour of the soldier. 'Well,' he said, smiling, 'I mustn't tell you anything of the man's identity, or his own story, of course; but there's no particular reason why I shouldn't tell you of the mere outside facts which I found out for myself.'

He hopped over the barrier with unexpected activity, and sat beside Colonel Pound, kicking his short legs like a little boy on a gate. He began to tell the story as easily as if he were telling it to an old friend by a Christmas fire.

'You see, colonel,' he said, 'I was shut up in that small room there doing some writing, when I heard a pair of feet in this passage doing a dance that was as queer as the dance of death. First came quick, funny little steps, like a man walking on tiptoe for a wager; then came slow, careless, creaking steps, as of a big man walking about with a cigar. But they were both made by the same feet, I swear, and they came in rotation; first the run and then the walk, and then the run again. I wondered at first idly and then wildly why a man should act these two parts at once. One walk I knew; it was just like yours, colonel. It was the walk of a well-fed gentleman waiting for something, who strolls about rather because he is physically alert than because he is mentally impatient. I knew that I knew the other walk, too, but I could not remember what it was. What wild creature had I met on my travels that tore along on tiptoe in that extraordinary style? Then I heard a clink of plates somewhere; and the answer stood up as plain as St Peter's. It was the walk of a waiter – that walk with the body slanted forward, the eyes looking down, the ball of the toe spurning away the ground, the coat

tails and napkin flying. Then I thought for a minute and a half more. And I believe I saw the manner of the crime, as clearly as if I were going to commit it.'

Colonel Pound looked at him keenly, but the speaker's mild grey eyes were fixed upon the ceiling with almost empty wistfulness.

'A crime,' he said slowly, 'is like any other work of art. Don't look surprised; crimes are by no means the only works of art that come from an infernal workshop. But every work of art, divine or diabolic, has one indispensable mark – I mean, that the centre of it is simple, however much the fulfilment may be complicated. Thus, in *Hamlet*, let us say, the grotesqueness of the grave-digger, the flowers of the mad girl, the fantastic finery of Osric, the pallor of the ghost and the grin of the skull are all oddities in a sort of tangled wreath round one plain tragic figure of a man in black. Well, this also,' he said, getting slowly down from his seat with a smile, 'this also is the plain tragedy of a man in black. Yes,' he went on, seeing the colonel look up in some wonder, 'the whole of this tale turns on a black coat. In this, as in *Hamlet*, there are the rococo excrescences – yourselves, let us say. There is the dead waiter, who was there when he could not be there. There is the invisible hand that swept your table clear of silver and melted into air. But every clever crime is founded ultimately on some one quite simple fact – some fact that is not itself mysterious. The mystification comes in covering it up, in leading men's thoughts away from it. This large and subtle and (in the ordinary course) most profitable crime, was built on the plain fact that a gentleman's evening dress is the same as a waiter's. All the rest was acting, and thundering good acting, too.'

'Still,' said the colonel, getting up and frowning at his boots, 'I am not sure that I understand.'

'Colonel,' said Father Brown, 'I tell you that this archangel of impudence who stole your forks walked up and down this passage twenty times in the blaze of all the lamps, in the glare of all the eyes. He did not go and hide in dim corners where suspicion might have searched for him. He kept constantly on the move in the lighted corridors, and everywhere that he went he seemed to be there by right. Don't ask me what he was like; you have seen him yourself six or seven times tonight. You were waiting with all the other grand people in the reception room at the end of the passage there, with the terrace just beyond. Whenever he came among you gentlemen, he came in the lightning style of a waiter, with bent head, flapping napkin and flying feet. He shot out on to the terrace, did something to the tablecloth, and shot back again towards the office and the waiters' quarters. By the time he had come under the eye of the office clerk and the waiters he had become another

man in every inch of his body, in every instinctive gesture. He strolled among the servants with the absentminded insolence which they have all seen in their patrons. It was no new thing to them that a swell from the dinner party should pace all parts of the house like an animal at the Zoo; they know that nothing marks the Smart Set more than a habit of walking where one chooses. When he was magnificently weary of walking down that particular passage he would wheel round and pace back past the office; in the shadow of the arch just beyond he was altered as by a blast of magic, and went hurrying forward again among the Twelve Fishermen, an obsequious attendant. Why should the gentlemen look at a chance waiter? Why should the waiters suspect a first-rate walking gentleman? Once or twice he played the coolest tricks. In the proprietor's private quarters he called out breezily for a syphon of soda water, saying he was thirsty. He said genially that he would carry it himself, and he did; he carried it quickly and correctly through the thick of you, a waiter with an obvious errand. Of course, it could not have been kept up long, but it only had to be kept up till the end of the fish course.

'His worst moment was when the waiters stood in a row; but even then he contrived to lean against the wall just round the corner in such a way that for that important instant the waiters thought him a gentleman, while the gentlemen thought him a waiter. The rest went like winking. If any waiter caught him away from the table, that waiter caught a languid aristocrat. He had only to time himself two minutes before the fish was cleared, become a swift servant, and clear it himself. He put the plates down on a sideboard, stuffed the silver in his breast pocket, giving it a bulgy look, and ran like a hare (I heard him coming) till he came to the cloak room. There he had only to be a plutocrat again – a plutocrat called away suddenly on business. He had only to give his ticket to the cloak-room attendant, and go out again elegantly as he had come in. Only – only I happened to be the cloak-room attendant.'

'What did you do to him?' cried the colonel, with unusual intensity. 'What did he tell you?'

'I beg your pardon,' said the priest immovably, 'that is where the story ends.'

'And the interesting story begins,' muttered Pound. 'I think I understand his professional trick. But I don't seem to have got hold of yours.'

'I must be going,' said Father Brown.

They walked together along the passage to the entrance hall, where they saw the fresh, freckled face of the Duke of Chester, who was bounding buoyantly along towards them.

'Come along, Pound,' he cried breathlessly. 'I've been looking for

you everywhere. The dinner's going again in spanking style, and old Audley has got to make a speech in honour of the forks being saved. We want to start some new ceremony, don't you know, to commemorate the occasion. I say, you really got the goods back, what do you suggest?'

'Why,' said the colonel, eyeing him with a certain sardonic approval, 'I should suggest that henceforward we wear green coats, instead of black. One never knows what mistakes may arise when one looks so like a waiter.'

'Oh, hang it all!' said the young man, 'a gentleman never looks like a waiter.'

'Nor a waiter like a gentleman, I suppose,' said Colonel Pound, with the same lowering laughter on his face. 'Reverend sir, your friend must have been very smart to act the gentleman.'

Father Brown buttoned up his commonplace overcoat to the neck, for the night was stormy, and took his commonplace umbrella from the stand.

'Yes,' he said; 'it must be very hard work to be a gentleman; but, do you know, I have sometimes thought that it may be almost as laborious to be a waiter.'

And saying 'Good evening,' he pushed open the heavy doors of that palace of pleasures. The golden gates closed behind him, and he went at a brisk walk through the damp, dark streets in search of a penny omnibus.

The Flying Stars

'The most beautiful crime I ever committed,' Flambeau would say in his highly moral old age, 'was also, by a singular coincidence, my last. It was committed at Christmas. As an artist I had always attempted to provide crimes suitable to the special season or landscapes in which I found myself, choosing this or that terrace or garden for a catastrophe, as if for a statuary group. Thus squires should be swindled in long rooms panelled with oak; while Jews, on the other hand, should rather find themselves unexpectedly penniless among the lights and screens of the Café Riche. Thus, in England, if I wished to relieve a dean of his riches (which is not so easy as you might suppose), I wished to frame him, if I make myself clear, in the green lawns and grey towers of some cathedral town. Similarly, in France, when I had got money out of a rich and wicked peasant (which is almost impossible), it gratified me to get his indignant head relieved against a grey line of clipped poplars, and those solemn plains of Gaul over which broods the mighty spirit of Millet.

'Well, my last crime was a Christmas crime, a cheery, cosy, English middle-class crime; a crime of Charles Dickens. I did it in a good old middle-class house near Putney, a house with a crescent of carriage drive, a house with a stable by the side of it, a house with the name on the two outer gates, a house with a monkey tree. Enough, you know the species. I really think my imitation of Dickens's style was dexterous and literary. It seems almost a pity I repented the same evening.'

Flambeau would then proceed to tell the story from the inside; and even from the inside it was odd. Seen from the outside it was perfectly incomprehensible, and it is from the outside that the stranger must study it. From this standpoint the drama may be said to have begun when the front doors of the house with the stable opened on the garden with the monkey tree, and a young girl came out with bread to feed the birds on the afternoon of Boxing Day. She had a pretty face, with brave brown eyes; but her figure was beyond conjecture, for she was so wrapped up in brown furs that it was hard to say which was hair and which was fur. But for the attractive face she might have been a small toddling bear.

The winter afternoon was reddening towards evening, and already a ruby light was rolled over the bloomless beds, filling them, as it were, with the ghosts of the dead roses. On one side of the house stood the

stable, on the other an alley or cloister of laurels led to the larger garden behind. The young lady, having scattered bread for the birds (for the fourth or fifth time that day, because the dog ate it), passed unobtrusively down the lane of laurels and into a glimmering plantation of evergreens behind. Here she gave an exclamation of wonder, real or ritual, and looking up at the high garden wall above her, beheld it fantastically bestridden by a somewhat fantastic figure.

'Oh, don't jump, Mr Crook,' she called out in some alarm; 'it's much too high.'

The individual riding the party wall like an aerial horse was a tall, angular young man, with dark hair sticking up like a hair brush, intelligent and even distinguished lineaments, but a sallow and almost alien complexion. This showed the more plainly because he wore an aggressive red tie, the only part of his costume of which he seemed to take any care. Perhaps it was a symbol. He took no notice of the girl's alarmed adjuration, but leapt like a grasshopper to the ground beside her, where he might very well have broken his legs.

'I think I was meant to be a burglar,' he said placidly, 'and I have no doubt I should have been if I hadn't happened to be born in that nice house next door. I can't see any harm in it, anyhow.'

'How can you say such things!' she remonstrated.

'Well,' said the young man, 'if you're born on the wrong side of the wall, I can't see that it's wrong to climb over it.'

'I never know what you will say or do next,' she said.

'I don't often know myself,' replied Mr Crook; 'but then I am on the right side of the wall now.'

'And which is the right side of the wall?' asked the young lady, smiling.

'Whichever side you are on,' said the young man named Crook.

As they went together through the laurels towards the front garden a motor horn sounded thrice, coming nearer and nearer, and a car of splendid speed, great elegance, and a pale green colour swept up to the front doors like a bird and stood throbbing.

'Hullo, hullo!' said the young man with the red tie, 'here's somebody born on the right side, anyhow. I didn't know, Miss Adams, that your Santa Claus was so modern as this.'

'Oh, that's my godfather, Sir Leopold Fischer. He always comes on Boxing Day.'

Then, after an innocent pause, which unconsciously betrayed some lack of enthusiasm, Ruby Adams added: 'He is very kind.'

John Crook, journalist, had heard of that eminent City magnate; and it was not his fault if the City magnate had not heard of him; for in certain

articles in *The Clarion* or *The New Age* Sir Leopold had been dealt with austerely. But he said nothing and grimly watched the unloading of the motor-car, which was rather a long process. A large, neat chauffeur in green got out from the front, and a small, neat manservant in grey got out from the back, and between them they deposited Sir Leopold on the doorstep and began to unpack him, like some very carefully protected parcel. Rugs enough to stock a bazaar, furs of all the beasts of the forest, and scarves of all the colours of the rainbow were unwrapped one by one, till they revealed something resembling the human form; the form of a friendly, but foreign-looking old gentleman, with a grey goat-like beard and a beaming smile, who rubbed his big fur gloves together.

Long before this revelation was complete the two big doors of the porch had opened in the middle, and Colonel Adams (father of the furry young lady) had come out himself to invite his eminent guest inside. He was a tall, sunburnt, and very silent man, who wore a red smoking-cap like a fez, making him look like one of the English Sirdars or Pashas in Egypt. With him was his brother-in-law, lately come from Canada, a big and rather boisterous young gentleman-farmer, with a yellow beard, by name James Blount. With him also was the more insignificant figure of the priest from the neighbouring Roman Church; for the colonel's late wife had been a Catholic, and the children, as is common in such cases, had been trained to follow her. Everything seemed undistinguished about the priest, even down to his name, which was Brown; yet the colonel had always found something companionable about him, and frequently asked him to such family gatherings.

In the large entrance hall of the house there was ample room even for Sir Leopold and the removal of his wraps. Porch and vestibule, indeed, were unduly large in proportion to the house, and formed, as it were, a big room with the front door at one end, and the bottom of the staircase at the other. In front of the large hall fire, over which hung the colonel's sword, the process was completed and the company, including the saturnine Crook, presented to Sir Leopold Fischer. That venerable financier, however, still seemed struggling with portions of his well-lined attire, and at length produced from a very interior tail-coat pocket, a black oval case which he radiantly explained to be his Christmas present for his god-daughter. With an unaffected vainglory that had something disarming about it he held out the case before them all; it flew open at a touch and half-blinded them. It was just as if a crystal fountain had spurted in their eyes. In a nest of orange velvet lay like three eggs, three white and vivid diamonds that seemed to set the very air on fire all round them. Fischer stood beaming benevolently

and drinking deep of the astonishment and ecstasy of the girl, the grim admiration and gruff thanks of the colonel, the wonder of the whole group.

'I'll put 'em back now, my dear,' said Fischer, returning the case to the tails of his coat. 'I had to be careful of 'em coming down. They're the three great African diamonds called "The Flying Stars", because they've been stolen so often. All the big criminals are on the track; but even the rough men about in the streets and hotels could hardly have kept their hands off them. I might have lost them on the road here. It was quite possible.'

'Quite natural, I should say,' growled the man in the red tie. 'I shouldn't blame 'em if they had taken 'em. When they ask for bread, and you don't even give them a stone, I think they might take the stone for themselves.'

'I won't have you talking like that,' cried the girl, who was in a curious glow. 'You've only talked like that since you became a horrid what's-his-name. You know what I mean. What do you call a man who wants to embrace the chimney-sweep?'

'A saint,' said Father Brown.

'I think,' said Sir Leopold, with a supercilious smile, 'that Ruby means a Socialist.'

'A Radical does not mean a man who lives on radishes,' remarked Crook, with some impatience; 'and a Conservative does not mean a man who preserves jam. Neither, I assure you, does a Socialist mean a man who desires a social evening with the chimney-sweep. A Socialist means a man who wants all the chimneys swept and all the chimney-sweeps paid for it.'

'But who won't allow you,' put in the priest in a low voice, 'to own your own soot.'

Crook looked at him with an eye of interest and even respect. 'Does one want to own soot?' he asked.

'One might,' answered Brown, with speculation in his eye. 'I've heard that gardeners use it. And I once made six children happy at Christmas when the conjuror didn't come, entirely with soot – applied externally.'

'Oh, splendid,' cried Ruby. 'Oh, I wish you'd do it to this company.'

The boisterous Canadian, Mr Blount, was lifting his loud voice in applause, and the astonished financier his (in some considerable deprecation), when a knock sounded at the double front doors. The priest opened them, and they showed again the front garden of evergreens, monkey tree and all, now gathering gloom against a gorgeous violet sunset. The scene thus framed was so coloured and quaint, like

a back scene in a play, that they forgot a moment the insignificant figure standing in the door. He was dusty-looking and in a frayed coat, evidently a common messenger. 'Any of you gentlemen Mr Blount?' he asked, and held forward a letter doubtfully. Mr Blount started, and stopped in his shout of assent. Ripping up the envelope with evident astonishment he read it; his face clouded a little, and then cleared, and he turned to his brother-in-law and host.

'I'm sick at being such a nuisance, colonel,' he said, with the cheery colonial conventions; 'but would it upset you if an old acquaintance called on me here tonight on business? In point of fact it's Florian, that famous French acrobat and comic actor; I knew him years ago out West (he was a French-Canadian by birth), and he seems to have business for me, though I hardly guess what.'

'Of course, of course,' replied the colonel carelessly. 'My dear chap, any friend of yours. No doubt he will prove an acquisition.'

'He'll black his face, if that's what you mean,' cried Blount, laughing. 'I don't doubt he'd black everyone else's eyes. I don't care; I'm not refined. I like the jolly old pantomime where a man sits on his top hat.'

'Not on mine, please,' said Sir Leopold Fischer, with dignity.

'Well, well,' observed Crook, airily, 'don't let's quarrel. There are lower jokes than sitting on a top hat.'

Dislike of the red-tied youth, born of his predatory opinions and evident intimacy with the pretty godchild, led Fischer to say, in his most sarcastic, magisterial manner: 'No doubt you have found something much lower than sitting on a top hat. What is it, pray?'

'Letting a top hat sit on you, for instance,' said the Socialist.

'Now, now, now,' cried the Canadian farmer with his barbarian benevolence, 'don't let's spoil a jolly evening. What I say is, let's do something for the company tonight. Not blacking faces or sitting on hats, if you don't like those – but something of the sort. Why couldn't we have a proper old English pantomime – clown, columbine, and so on. I saw one when I left England at twelve years old, and it's blazed in my brain like a bonfire ever since. I came back to the old country only last year, and I find the thing's extinct. Nothing but a lot of snivelling fairy plays. I want a hot poker and a policeman made into sausages, and they give me princesses moralising by moonlight, Blue Birds, or something. Blue Beard's more in my line, and him I like best when he turned into the pantaloon.'

'I'm all for making a policeman into sausages,' said John Crook. 'It's a better definition of Socialism than some recently given. But surely the get-up would be too big a business.'

'Not a scrap,' cried Blount, quite carried away. 'A harlequinade's the

quickest thing we can do, for two reasons. First, one can gag to any degree; and, second, all the objects are household things – tables and towel-horses and washing baskets, and things like that.'

'That's true,' admitted Crook, nodding eagerly and walking about. 'But I'm afraid I can't have my policeman's uniform? Haven't killed a policeman lately.'

Blount frowned thoughtfully a space, and then smote his thigh. 'Yes, we can!' he cried. 'I've got Florian's address here, and he knows every costumier in London. I'll phone him to bring a police dress when he comes.' And he went bounding away to the telephone.

'Oh, it's glorious, godfather,' cried Ruby, almost dancing. 'I'll be columbine and you shall be pantaloon.'

The millionaire held himself stiff with a sort of heathen solemnity. 'I think, my dear,' he said, 'you must get someone else for pantaloon.'

'I will be pantaloon, if you like,' said Colonel Adams, taking his cigar out of his mouth, and speaking for the first and last time.

'You ought to have a statue,' cried the Canadian, as he came back, radiant, from the telephone. 'There, we are all fitted. Mr Crook shall be clown; he's a journalist and knows all the oldest jokes. I can be harlequin, that only wants long legs and jumping about. My friend Florian 'phones he's bringing the police costume; he's changing on the way. We can act it in this very hall, the audience sitting on those broad stairs opposite, one row above another. These front doors can be the back scene, either open or shut. Shut, you see an English interior. Open, a moonlit garden. It all goes by magic.' And snatching a chance piece of billiard chalk from his pocket, he ran it across the hall floor, halfway between the front door and the staircase, to mark the line of the footlights.

How even such a banquet of bosh was got ready in the time remained a riddle. But they went at it with that mixture of recklessness and industry that lives when youth is in a house; and youth was in that house that night, though not all may have isolated the two faces and hearts from which it flamed. As always happens, the invention grew wilder and wilder through the very tameness of the bourgeois conventions from which it had to create. The columbine looked charming in an outstanding skirt that strangely resembled the large lampshade in the drawing-room. The clown and pantaloon made themselves white with flour from the cook, and red with rouge from some other domestic, who remained (like all true Christian benefactors) anonymous. The harlequin, already clad in silver paper out of cigar boxes, was, with difficulty, prevented from smashing the old Victorian lustre chandeliers, that he might cover himself with resplendent crystals. In fact he would certainly have done

so, had not Ruby unearthed some old pantomime paste jewels she had worn at a fancy dress party as the Queen of Diamonds. Indeed, her uncle, James Blount, was getting almost out of hand in his excitement; he was like a schoolboy. He put a paper donkey's head unexpectedly on Father Brown, who bore it patiently, and even found some private manner of moving his ears. He even essayed to put the paper donkey's tail to the coat-tails of Sir Leopold Fischer. This, however, was frowned down. 'Uncle is too absurd,' cried Ruby to Crook, round whose shoulders she had seriously placed a string of sausages. 'Why is he so wild?'

'He is harlequin to your columbine,' said Crook. 'I am only the clown who makes the old jokes.'

'I wish you were the harlequin,' she said, and left the string of sausages swinging.

Father Brown, though he knew every detail done behind the scenes, and had even evoked applause by his transformation of a pillow into a pantomime baby, went round to the front and sat among the audience with all the solemn expectation of a child at his first matinee. The spectators were few, relations, one or two local friends, and the servants; Sir Leopold sat in the front seat, his full and still fur-collared figure largely obscuring the view of the little cleric behind him; but it has never been settled by artistic authorities whether the cleric lost much. The pantomime was utterly chaotic, yet not contemptible; there ran through it a rage of improvisation which came chiefly from Crook the clown. Commonly he was a clever man, and he was inspired tonight with a wild omniscience, a folly wiser than the world, that which comes to a young man who has seen for an instant a particular expression on a particular face. He was supposed to be the clown, but he was really almost everything else, the author (so far as there was an author), the prompter, the scene-painter, the scene-shifter, and, above all, the orchestra. At abrupt intervals in the outrageous performance he would hurl himself in full costume at the piano and bang out some popular music equally absurd and appropriate.

The climax of this, as of all else, was the moment when the two front doors at the back of the scene flew open, showing the lovely moonlit garden, but showing more prominently the famous professional guest; the great Florian, dressed up as a policeman. The clown at the piano played the constabulary chorus in the *Pirates of Penzance*, but it was drowned in the deafening applause, for every gesture of the great comic actor was an admirable though restrained version of the carriage and manner of the police. The harlequin leapt upon him and hit him over the helmet; the pianist playing 'Where did you get that hat?' he faced about in admirably simulated astonishment, and then the leaping

harlequin hit him again (the pianist suggesting a few bars of 'Then we had another one'). Then the harlequin rushed right into the arms of the policeman and fell on top of him, amid a roar of applause. Then it was that the strange actor gave that celebrated imitation of a dead man, of which the fame still lingers round Putney. It was almost impossible to believe that a living person could appear so limp.

The athletic harlequin swung him about like a sack or twisted or tossed him like an Indian club; all the time to the most maddeningly ludicrous tunes from the piano. When the harlequin heaved the comic constable heavily off the floor the clown played 'I arise from dreams of thee'. When he shuffled him across his back, 'With my bundle on my shoulder', and when the harlequin finally let fall the policeman with a most convincing thud, the lunatic at the instrument struck into a jingling measure with some words which are still believed to have been, 'I sent a letter to my love and on the way I dropped it.'

At about this limit of mental anarchy Father Brown's view was obscured altogether; for the City magnate in front of him rose to his full height and thrust his hands savagely into all his pockets. Then he sat down nervously, still fumbling, and then stood up again. For an instant it seemed seriously likely that he would stride across the footlights; then he turned a glare at the clown playing the piano; and then he burst in silence out of the room.

The priest had only watched for a few more minutes the absurd but not inelegant dance of the amateur harlequin over his splendidly unconscious foe. With real though rude art, the harlequin danced slowly backwards out of the door into the garden, which was full of moonlight and stillness. The vamped dress of silver paper and paste, which had been too glaring in the footlights, looked more and more magical and silvery as it danced away under a brilliant moon. The audience was closing in with a cataract of applause, when Brown felt his arm abruptly touched, and he was asked in a whisper to come into the colonel's study.

He followed his summoner with increasing doubt, which was not dispelled by a solemn comicality in the scene of the study. There sat Colonel Adams, still unaffectedly dressed as a pantaloon, with the knobbed whalebone nodding above his brow, but with his poor old eyes sad enough to have sobered a Saturnalia. Sir Leopold Fischer was leaning against the mantelpiece and heaving with all the importance of panic.

'This is a very painful matter, Father Brown,' said Adams. 'The truth is, those diamonds we all saw this afternoon seem to have vanished from my friend's tail-coat pocket. And as you –'

'As I,' supplemented Father Brown, with a broad grin, 'was sitting just behind him –'

'Nothing of the sort shall be suggested,' said Colonel Adams, with a firm look at Fischer, which rather implied that some such thing had been suggested. 'I only ask you to give me the assistance that any gentleman might give.'

'Which is turning out his pockets,' said Father Brown, and proceeded to do so, displaying seven and sixpence, a return ticket, a small silver crucifix, a small breviary, and a stick of chocolate.

The colonel looked at him long, and then said, 'Do you know, I should like to see the inside of your head more than the inside of your pockets. My daughter is one of your people, I know; well, she has lately –' and he stopped.

'She has lately,' cried out old Fischer, 'opened her father's house to a cut-throat Socialist, who says openly he would steal anything from a richer man. This is the end of it. Here is the richer man – and none the richer.'

'If you want the inside of my head you can have it,' said Brown rather wearily. 'What it's worth you can say afterwards. But the first thing I find in that disused pocket is this: that men who mean to steal diamonds don't talk Socialism. They are more likely,' he added demurely, 'to denounce it.'

Both the others shifted sharply and the priest went on: 'You see, we know these people, more or less. That Socialist would no more steal a diamond than a Pyramid. We ought to look at once to the one man we don't know. The fellow acting the policeman – Florian. Where is he exactly at this minute, I wonder.'

The pantaloon sprang erect and strode out of the room. An interlude ensued, during which the millionaire stared at the priest, and the priest at his breviary; then the pantaloon returned and said, with staccato gravity, 'The policeman is still lying on the stage. The curtain has gone up and down six times; he is still lying there.'

Father Brown dropped his book and stood staring with a look of blank mental ruin. Very slowly a light began to creep in his grey eyes, and then he made the scarcely obvious answer.

'Please forgive me, colonel, but when did your wife die?'

'Wife!' replied the staring soldier, 'she died this year two months. Her brother James arrived just a week too late to see her.'

The little priest bounded like a rabbit shot. 'Come on!' he cried in quite unusual excitement. 'Come on! We've got to go and look at that policeman!'

They rushed on to the now curtained stage, breaking rudely past the

columbine and clown (who seemed whispering quite contentedly), and Father Brown bent over the prostrate comic policeman.

'Chloroform,' he said as he rose; 'I only guessed it just now.'

There was a startled stillness, and then the colonel said slowly, 'Please say seriously what all this means.'

Father Brown suddenly shouted with laughter, then stopped, and only struggled with it for instants during the rest of his speech. 'Gentlemen,' he gasped, 'there's not much time to talk. I must run after the criminal. But this great French actor who played the policeman – this clever corpse the harlequin waltzed with and dandled and threw about – he was –' His voice again failed him, and he turned his back to run.

'He was?' called Fischer inquiringly.

'A real policeman,' said Father Brown, and ran away into the dark.

There were hollows and bowers at the extreme end of that leafy garden, in which the laurels and other immortal shrubs showed against sapphire sky and silver moon, even in that midwinter, warm colours as of the south. The green gaiety of the waving laurels, the rich purple indigo of the night, the moon like a monstrous crystal, make an almost irresponsible romantic picture; and among the top branches of the garden trees a strange figure is climbing, who looks not so much romantic as impossible. He sparkles from head to heel, as if clad in ten million moons; the real moon catches him at every movement and sets a new inch of him on fire. But he swings, flashing and successful, from the short tree in this garden to the tall, rambling tree in the other, and only stops there because a shade has slid under the smaller tree and has unmistakably called up to him.

'Well, Flambeau,' says the voice, 'you really look like a Flying Star; but that always means a Falling Star at last.'

The silver, sparkling figure above seems to lean forward in the laurels and, confident of escape, listens to the little figure below.

'You never did anything better, Flambeau. It was clever to come from Canada (with a Paris ticket, I suppose) just a week after Mrs Adams died, when no one was in a mood to ask questions. It was cleverer to have marked down the Flying Stars and the very day of Fischer's coming. But there's no cleverness, but mere genius, in what followed. Stealing the stones, I suppose, was nothing to you. You could have done it by sleight of hand in a hundred other ways besides that pretence of putting a paper donkey's tail to Fischer's coat. But in the rest you eclipsed yourself.'

The silvery figure among the green leaves seems to linger as if hypnotised, though his escape is easy behind him; he is staring at the man below.

'Oh, yes,' says the man below, 'I know all about it. I know you not only forced the pantomime, but put it to a double use. You were going to steal the stones quietly; news came by an accomplice that you were already suspected, and a capable police officer was coming to rout you up that very night. A common thief would have been thankful for the warning and fled; but you are a poet. You already had the clever notion of hiding the jewels in a blaze of false stage jewellery. Now, you saw that if the dress were a harlequin's the appearance of a policeman would be quite in keeping. The worthy officer started from Putney police station to find you, and walked into the queerest trap ever set in this world. When the front door opened he walked straight on to the stage of a Christmas pantomime, where he could be kicked, clubbed, stunned and drugged by the dancing harlequin, amid roars of laughter from all the most respectable people in Putney. Oh, you will never do anything better. And now, by the way, you might give me back those diamonds.'

The green branch on which the glittering figure swung, rustled as if in astonishment; but the voice went on: 'I want you to give them back, Flambeau, and I want you to give up this life. There is still youth and honour and humour in you; don't fancy they will last in that trade. Men may keep a sort of level of good, but no man has ever been able to keep on one level of evil. That road goes down and down. The kind man drinks and turns cruel; the frank man kills and lies about it. Many a man I've known started like you to be an honest outlaw, a merry robber of the rich, and ended stamped into slime. Maurice Blum started out as an anarchist of principle, a father of the poor; he ended a greasy spy and tale-bearer that both sides used and despised. Harry Burke started his free money movement sincerely enough; now he's sponging on a half-starved sister for endless brandies and sodas. Lord Amber went into wild society in a sort of chivalry; now he's paying blackmail to the lowest vultures in London. Captain Barillon was the great gentleman-apache before your time; he died in a madhouse, screaming with fear of the "narks" and receivers that had betrayed him and hunted him down. I know the woods look very free behind you, Flambeau; I know that in a flash you could melt into them like a monkey. But some day you will be an old grey monkey, Flambeau. You will sit up in your free forest cold at heart and close to death, and the tree-tops will be very bare.'

Everything continued still, as if the small man below held the other in the tree in some long invisible leash; and he went on: 'Your downward steps have begun. You used to boast of doing nothing mean, but you are doing something mean tonight. You are leaving suspicion on an honest boy with a good deal against him already; you are separating him from

the woman he loves and who loves him. But you will do meaner things than that before you die.'

Three flashing diamonds fell from the tree to the turf. The small man stooped to pick them up, and when he looked up again the green cage of the tree was emptied of its silver bird.

The restoration of the gems (accidentally picked up by Father Brown, of all people) ended the evening in uproarious triumph; and Sir Leopold, in his height of good humour, even told the priest that though he himself had broader views, he could respect those whose creed required them to be cloistered and ignorant of this world.

The Invisible Man

In the cool blue twilight of two steep streets in Camden Town, the shop at the corner, a confectioner's, glowed like the butt of a cigar. One should rather say, perhaps, like the butt of a firework, for the light was of many colours and some complexity, broken up by many mirrors and dancing on many gilt and gaily-coloured cakes and sweetmeats. Against this one fiery glass were glued the noses of many guttersnipes, for the chocolates were all wrapped in those red and gold and green metallic colours which are almost better than chocolate itself; and the huge white wedding-cake in the window was somehow at once remote and satisfying, just as if the whole North Pole were good to eat. Such rainbow provocations could naturally collect the youth of the neighbourhood up to the ages of ten or twelve. But this corner was also attractive to youth at a later stage; and a young man, not less than twenty-four, was staring into the same shop window. To him, also, the shop was of fiery charm, but this attraction was not wholly to be explained by chocolates; which, however, he was far from despising.

He was a tall, burly, redhaired young man, with a resolute face but a listless manner. He carried under his arm a flat, grey portfolio of black-and-white sketches, which he had sold with more or less success to publishers ever since his uncle (who was an admiral) had disinherited him for Socialism, because of a lecture which he had delivered against that economic theory. His name was John Turnbull Angus.

Entering at last, he walked through the confectioner's shop to the back room, which was a sort of pastry-cook restaurant, merely raising his hat to the young lady who was serving there. She was a dark, elegant, alert girl in black, with a high colour and very quick, dark eyes; and after the ordinary interval she followed him into the inner room to take his order.

His order was evidently a usual one. 'I want, please,' he said with precision, 'one halfpenny bun and a small cup of black coffee.' An instant before the girl could turn away he added, 'Also, I want you to marry me.'

The young lady of the shop stiffened suddenly and said, 'Those are jokes I don't allow.'

The redhaired young man lifted grey eyes of an unexpected gravity.

'Really and truly,' he said, 'it's as serious – as serious as the halfpenny bun. It is expensive, like the bun; one pays for it. It is indigestible, like the bun. It hurts.'

The dark young lady had never taken her dark eyes off him, but seemed to be studying him with almost tragic exactitude. At the end of her scrutiny she had something like the shadow of a smile, and she sat down in a chair.

'Don't you think,' observed Angus, absently, 'that it's rather cruel to eat these halfpenny buns? They might grow up into penny buns. I shall give up these brutal sports when we are married.'

The dark young lady rose from her chair and walked to the window, evidently in a state of strong but not unsympathetic cogitation. When at last she swung round again with an air of resolution she was bewildered to observe that the young man was carefully laying out on the table various objects from the shop-window. They included a pyramid of highly coloured sweets, several plates of sandwiches, and the two decanters containing that mysterious port and sherry which are peculiar to pastry-cooks. In the middle of this neat arrangement he had carefully let down the enormous load of white sugared cake which had been the huge ornament of the window.

'What on earth are you doing?' she asked.

'Duty, my dear Laura,' he began.

'Oh, for the Lord's sake, stop a minute,' she cried, 'and don't talk to me in that way. I mean, what is all that?'

'A ceremonial meal, Miss Hope.'

'And what is that?' she asked impatiently, pointing to the mountain of sugar.

'The wedding-cake, Mrs Angus,' he said.

The girl marched to that article, removed it with some clatter, and put it back in the shop window; she then returned, and, putting her elegant elbows on the table, regarded the young man not unfavourably but with considerable exasperation.

'You don't give me any time to think,' she said.

'I'm not such a fool,' he answered; 'that's my Christian humility.'

She was still looking at him; but she had grown considerably graver behind the smile.

'Mr Angus,' she said steadily, 'before there is a minute more of this nonsense I must tell you something about myself as shortly as I can.'

'Delighted,' replied Angus gravely. 'You might tell me something about myself, too, while you are about it.'

'Oh, do hold your tongue and listen,' she said. 'It's nothing that I'm ashamed of, and it isn't even anything that I'm specially sorry about.

But what would you say if there were something that is no business of mine and yet is my nightmare?'

'In that case,' said the man seriously, 'I should suggest that you bring back the cake.'

'Well, you must listen to the story first,' said Laura, persistently. 'To begin with, I must tell you that my father owned the inn called the Red Fish at Ludbury, and I used to serve people in the bar.'

'I have often wondered,' he said, 'why there was a kind of a Christian air about this one confectioner's shop.'

'Ludbury is a sleepy, grassy little hole in the Eastern Counties, and the only kind of people who ever came to the Red Fish were occasional commercial travellers, and for the rest, the most awful people you can see, only you've never seen them. I mean little, loungy men, who had just enough to live on and had nothing to do but lean about in bar-rooms and bet on horses, in bad clothes that were just too good for them. Even these wretched young rotters were not very common at our house; but there were two of them that were a lot too common – common in every sort of way. They both lived on money of their own, and were wearisomely idle and over-dressed. But yet I was a bit sorry for them, because I half believe they slunk into our little empty bar because each of them had a slight deformity; the sort of thing that some yokels laugh at. It wasn't exactly a deformity either; it was more an oddity. One of them was a surprisingly small man, something like a dwarf, or at least like a jockey. He was not at all jockeyish to look at, though; he had a round black head and a well-trimmed black beard, bright eyes like a bird's; he jingled money in his pockets; he jangled a great gold watch chain; and he never turned up except dressed just too much like a gentleman to be one. He was no fool though, though a futile idler; he was curiously clever at all kinds of things that couldn't be the slightest use; a sort of impromptu conjuring; making fifteen matches set fire to each other like a regular firework; or cutting a banana or some such thing into a dancing doll. His name was Isidore Smythe; and I can see him still, with his little dark face, just coming up to the counter, making a jumping kangaroo out of five cigars.

'The other fellow was more silent and more ordinary; but somehow he alarmed me much more than poor little Smythe. He was very tall and slight, and light-haired; his nose had a high bridge, and he might almost have been handsome in a spectral sort of way; but he had one of the most appalling squints I have ever seen or heard of. When he looked straight at you, you didn't know where you were yourself, let alone what he was looking at. I fancy this sort of disfigurement embittered the poor chap a little; for while Smythe was ready to show off his monkey tricks

anywhere, James Welkin (that was the squinting man's name) never did anything except soak in our bar parlour, and go for great walks by himself in the flat, grey country all round. All the same, I think Smythe, too, was a little sensitive about being so small, though he carried it off more smartly. And so it was that I was really puzzled, as well as startled, and very sorry, when they both offered to marry me in the same week.

'Well, I did what I've since thought was perhaps a silly thing. But, after all, these freaks were my friends in a way; and I had a horror of their thinking I refused them for the real reason, which was that they were so impossibly ugly. So I made up some gas of another sort, about never meaning to marry anyone who hadn't carved his way in the world. I said it was a point of principle with me not to live on money that was just inherited like theirs. Two days after I had talked in this well-meaning sort of way, the whole trouble began. The first thing I heard was that both of them had gone off to seek their fortunes, as if they were in some silly fairy tale.

'Well, I've never seen either of them from that day to this. But I've had two letters from the little man called Smythe, and really they were rather exciting.'

'Ever heard of the other man?' asked Angus.

'No, he never wrote,' said the girl, after an instant's hesitation. 'Smythe's first letter was simply to say that he had started out walking with Welkin to London; but Welkin was such a good walker that the little man dropped out of it, and took a rest by the roadside. He happened to be picked up by some travelling show, and, partly because he was nearly a dwarf, and partly because he was really a clever little wretch, he got on quite well in the show business, and was soon sent up to the Aquarium, to do some tricks that I forget. That was his first letter. His second was much more of a startler, and I only got it last week.'

The man called Angus emptied his coffee-cup and regarded her with mild and patient eyes. Her own mouth took a slight twist of laughter as she resumed, 'I suppose you've seen on the hoardings all about this "Smythe's Silent Service"? Or you must be the only person that hasn't. Oh, I don't know much about it, it's some clockwork invention for doing all the housework by machinery. You know the sort of thing: "Press a Button – A Butler who Never Drinks". "Turn a Handle – Ten Housemaids who Never Flirt". You must have seen the advertisements. Well, whatever these machines are, they are making pots of money; and they are making it all for that little imp whom I knew down in Ludbury. I can't help feeling pleased the poor little chap has fallen on his feet; but the plain fact is, I'm in terror of his

turning up any minute and telling me he's carved his way in the world – as he certainly has.'

'And the other man?' repeated Angus with a sort of obstinate quietude.

Laura Hope got to her feet suddenly. 'My friend,' she said, 'I think you are a witch. Yes, you are quite right. I have not seen a line of the other man's writing; and I have no more notion than the dead of what or where he is. But it is of him that I am frightened. It is he who is all about my path. It is he who has half driven me mad. Indeed, I think he has driven me mad; for I have felt him where he could not have been, and I have heard his voice when he could not have spoken.'

'Well, my dear,' said the young man, cheerfully, 'if he were Satan himself, he is done for now you have told somebody. One goes mad all alone, old girl. But when was it you fancied you felt and heard our squinting friend?'

'I heard James Welkin laugh as plainly as I hear you speak,' said the girl, steadily. 'There was nobody there, for I stood just outside the shop at the corner, and could see down both streets at once. I had forgotten how he laughed, though his laugh was as odd as his squint. I had not thought of him for nearly a year. But it's a solemn truth that a few seconds later the first letter came from his rival.'

'Did you ever make the spectre speak or squeak, or anything?' asked Angus, with some interest.

Laura suddenly shuddered, and then said, with an unshaken voice, 'Yes. Just when I had finished reading the second letter from Isidore Smythe announcing his success. Just then, I heard Welkin say, "He shan't have you, though." It was quite plain, as if he were in the room. It is awful, I think I must be mad.'

'If you really were mad,' said the young man, 'you would think you must be sane. But certainly there seems to me to be something a little rum about this unseen gentleman. Two heads are better than one – I spare you allusions to any other organs and really, if you would allow me, as a sturdy, practical man, to bring back the wedding-cake out of the window –'

Even as he spoke, there was a sort of steely shriek in the street outside, and a small motor, driven at devilish speed, shot up to the door of the shop and stuck there. In the same flash of time a small man in a shiny top hat stood stamping in the outer room.

Angus, who had hitherto maintained hilarious ease from motives of mental hygiene, revealed the strain of his soul by striding abruptly out of the inner room and confronting the newcomer. A glance at him was quite sufficient to confirm the savage guesswork of a man in love. This

very dapper but dwarfish figure, with the spike of black beard carried insolently forward, the clever unrestful eyes, the neat but very nervous fingers, could be none other than the man just described to him: Isidore Smythe, who made dolls out of banana skins and matchboxes; Isidore Smythe, who made millions out of undrinking butlers and unflirting housemaids of metal. For a moment the two men, instinctively understanding each other's air of possession, looked at each other with that curious cold generosity which is the soul of rivalry.

Mr Smythe, however, made no allusion to the ultimate ground of their antagonism, but said simply and explosively, 'Has Miss Hope seen that thing on the window?'

'On the window?' repeated the staring Angus.

'There's no time to explain other things,' said the small millionaire shortly. 'There's some tomfoolery going on here that has to be investigated.'

He pointed his polished walking-stick at the window, recently depleted by the bridal preparations of Mr Angus; and that gentleman was astonished to see along the front of the glass a long strip of paper pasted, which had certainly not been on the window when he looked through it some time before. Following the energetic Smythe outside into the street, he found that some yard and a half of stamp-paper had been carefully gummed along the glass outside, and on this was written in straggly characters, 'If you marry Smythe, he will die.'

'Laura,' said Angus, putting his big red head into the shop, 'you're not mad.'

'It's the writing of that fellow Welkin,' said Smythe gruffly. 'I haven't seen him for years, but he's always bothering me. Five times in the last fortnight he's had threatening letters left at my flat, and I can't even find out who leaves them, let alone if it is Welkin himself. The porter of the flats swears that no suspicious characters have been seen, and here he has pasted up a sort of dado on a public shop-window, while the people in the shop –'

'Quite so,' said Angus modestly, 'while the people in the shop were having tea. Well, sir, I can assure you I appreciate your common sense in dealing so directly with the matter. We can talk about other things afterwards. The fellow cannot be very far off yet, for I swear there was no paper there when I went last to the window, ten or fifteen minutes ago. On the other hand, he's too far off to be chased, as we don't even know the direction. If you'll take my advice, Mr Smythe, you'll put this at once in the hands of some energetic inquiry man, private rather than public. I know an extremely clever fellow, who has set up in business five minutes from here in your car. His name's Flambeau, and though

his youth was a bit stormy, he's a strictly honest man now, and his brains are worth money. He lives in Lucknow Mansions, Hampstead.'

'That is odd,' said the little man, arching his black eyebrows. 'I live, myself, in Himylaya Mansions, round the corner. Perhaps you might care to come with me; I can go to my rooms and sort out these queer Welkin documents, while you run round and get your friend the detective.'

'You are very good,' said Angus politely. 'Well, the sooner we act the better.'

Both men, with a queer kind of impromptu fairness, took the same sort of formal farewell of the lady, and both jumped into the brisk little car. As Smythe took the handles and they turned the great corner of the street, Angus was amused to see a gigantesque poster of 'Smythe's Silent Service', with a picture of a huge headless iron doll, carrying a saucepan with the legend, 'A Cook Who is Never Cross'.

'I use them in my own flat,' said the little black-bearded man, laughing, 'partly for advertisements, and partly for real convenience. Honestly, and all above board, those big clockwork dolls of mine do bring your coals or claret or a timetable quicker than any live servants I've ever known, if you know which knob to press. But I'll never deny, between ourselves, that such servants have their disadvantages, too.'

'Indeed?' said Angus; 'is there something they can't do?'

'Yes,' replied Smythe coolly; 'they can't tell me who left those threatening letters at my flat.'

The man's motor was small and swift like himself; in fact, like his domestic service, it was of his own invention. If he was an advertising quack, he was one who believed in his own wares. The sense of something tiny and flying was accentuated as they swept up long white curves of road in the dead but open daylight of evening. Soon the white curves came sharper and dizzier; they were upon ascending spirals, as they say in the modern religions. For, indeed, they were cresting a corner of London which is almost as precipitous as Edinburgh, if not quite so picturesque. Terrace rose above terrace, and the special tower of flats they sought, rose above them all to almost Egyptian height, gilt by the level sunset. The change, as they turned the corner and entered the crescent known as Himylaya Mansions, was as abrupt as the opening of a window; for they found that pile of flats sitting above London as above a green sea of slate. Opposite to the mansions, on the other side of the gravel crescent, was a bushy enclosure more like a steep hedge or dyke than a garden, and some way below that ran a strip of artificial water, a sort of canal, like the moat of that embowered fortress. As the car swept round the crescent it passed, at one corner, the

stray stall of a man selling chestnuts; and right away at the other end of the curve, Angus could see a dim blue policeman walking slowly. These were the only human shapes in that high suburban solitude; but he had an irrational sense that they expressed the speechless poetry of London. He felt as if they were figures in a story.

The little car shot up to the right house like a bullet, and shot out its owner like a bomb shell. He was immediately inquiring of a tall commissionaire in shining braid, and a short porter in shirt sleeves, whether anybody or anything had been seeking his apartments. He was assured that nobody and nothing had passed these officials since his last inquiries; whereupon he and the slightly bewildered Angus were shot up in the lift like a rocket, till they reached the top floor.

'Just come in for a minute,' said the breathless Smythe. 'I want to show you those Welkin letters. Then you might run round the corner and fetch your friend.' He pressed a button concealed in the wall, and the door opened of itself.

It opened on a long, commodious anteroom, of which the only arresting features, ordinarily speaking, were the rows of tall half-human mechanical figures that stood up on both sides like tailors' dummies. Like tailors' dummies they were headless; and like tailors' dummies they had a handsome unnecessary humpiness in the shoulders, and a pigeon-breasted protuberance of chest; but barring this, they were not much more like a human figure than any automatic machine at a station that is about the human height. They had two great hooks like arms, for carrying trays; and they were painted pea-green, or vermilion, or black for convenience of distinction; in every other way they were only automatic machines and nobody would have looked twice at them. On this occasion, at least, nobody did. For between the two rows of these domestic dummies lay something more interesting than most of the mechanics of the world. It was a white, tattered scrap of paper scrawled with red ink; and the agile inventor had snatched it up almost as soon as the door flew open. He handed it to Angus without a word. The red ink on it actually was not dry, and the message ran, 'If you have been to see her today, I shall kill you.'

There was a short silence, and then Isidore Smythe said quietly, 'Would you like a little whiskey? I rather feel as if I should.'

'Thank you; I should like a little Flambeau,' said Angus, gloomily. 'This business seems to me to be getting rather grave. I'm going round at once to fetch him.'

'Right you are,' said the other, with admirable cheerfulness. 'Bring him round here as quick as you can.'

But as Angus closed the front door behind him he saw Smythe push

back a button, and one of the clockwork images glided from its place and slid along a groove in the floor carrying a tray with syphon and decanter. There did seem something a trifle weird about leaving the little man alone among those dead servants, who were coming to life as the door closed.

Six steps down from Smythe's landing the man in shirt sleeves was doing something with a pail. Angus stopped to extract a promise, fortified with a prospective bribe, that he would remain in that place until the return with the detective, and would keep count of any kind of stranger coming up those stairs. Dashing down to the front hall he then laid similar charges of vigilance on the commissionaire at the front door, from whom he learned the simplifying circumstances that there was no back door. Not content with this, he captured the floating policeman and induced him to stand opposite the entrance and watch it; and finally paused an instant for a pennyworth of chestnuts, and an inquiry as to the probable length of the merchant's stay in the neighbourhood.

The chestnut seller, turning up the collar of his coat, told him he should probably be moving shortly, as he thought it was going to snow. Indeed, the evening was growing grey and bitter, but Angus, with all his eloquence, proceeded to nail the chestnut man to his post.

'Keep yourself warm on your own chestnuts,' he said earnestly. 'Eat up your whole stock; I'll make it worth your while. I'll give you a sovereign if you'll wait here till I come back, and then tell me whether any man, woman, or child has gone into that house where the commissionaire is standing.'

He then walked away smartly, with a last look at the besieged tower.

'I've made a ring round that room, anyhow,' he said. 'They can't all four of them be Mr Welkin's accomplices.'

Lucknow Mansions were, so to speak, on a lower platform of that hill of houses, of which Himylaya Mansions might be called the peak. Mr Flambeau's semi-official flat was on the ground floor, and presented in every way a marked contrast to the American machinery and cold hotel-like luxury of the flat of the Silent Service. Flambeau, who was a friend of Angus, received him in a rococo artistic den behind his office, of which the ornaments were sabres, harquebuses, Eastern curiosities, flasks of Italian wine, savage cooking-pots, a plumy Persian cat, and a small dusty-looking Roman Catholic priest, who looked particularly out of place.

'This is my friend Father Brown,' said Flambeau. 'I've often wanted you to meet him. Splendid weather, this; a little cold for Southerners like me.'

'Yes, I think it will keep clear,' said Angus, sitting down on a violet-striped Eastern ottoman.

'No,' said the priest quietly, 'it has begun to snow.'

And, indeed, as he spoke, the first few flakes, foreseen by the man of chestnuts, began to drift across the darkening windowpane.

'Well,' said Angus heavily. 'I'm afraid I've come on business, and rather jumpy business at that. The fact is, Flambeau, within a stone's throw of your house is a fellow who badly wants your help; he's perpetually being haunted and threatened by an invisible enemy – a scoundrel whom nobody has even seen.' As Angus proceeded to tell the whole tale of Smythe and Welkin, beginning with Laura's story, and going on with his own, the supernatural laugh at the corner of two empty streets, the strange distinct words spoken in an empty room, Flambeau grew more and more vividly concerned, and the little priest seemed to be left out of it, like a piece of furniture. When it came to the scribbled stamp-paper pasted on the window, Flambeau rose, seeming to fill the room with his huge shoulders.

'If you don't mind,' he said, 'I think you had better tell me the rest on the nearest road to this man's house. It strikes me, somehow, that there is no time to be lost.'

'Delighted,' said Angus, rising also, 'though he's safe enough for the present, for I've set four men to watch the only hole to his burrow.'

They turned out into the street, the small priest trundling after them with the docility of a small dog. He merely said, in a cheerful way, like one making conversation, 'How quick the snow gets thick on the ground.'

As they threaded the steep side streets already powdered with silver, Angus finished his story; and by the time they reached the crescent with the towering flats, he had leisure to turn his attention to the four sentinels. The chestnut seller, both before and after receiving a sovereign, swore stubbornly that he had watched the door and seen no visitor enter. The policeman was even more emphatic. He said he had had experience of crooks of all kinds, in top hats and in rags; he wasn't so green as to expect suspicious characters to look suspicious; he looked out for anybody, and, so help him, there had been nobody. And when all three men gathered round the gilded commissionaire, who still stood smiling astride of the porch, the verdict was more final still.

'I've got a right to ask any man, duke or dustman, what he wants in these flats,' said the genial and gold-laced giant, 'and I'll swear there's been nobody to ask since this gentleman went away.'

The unimportant Father Brown, who stood back, looking modestly at the pavement, here ventured to say meekly, 'Has nobody been up and

down stairs, then, since the snow began to fall? It began while we were all round at Flambeau's.'

'Nobody's been in here, sir, you can take it from me,' said the official, with beaming authority.

'Then I wonder what that is?' said the priest, and stared at the ground blankly like a fish.

The others all looked down also; and Flambeau used a fierce exclamation and a French gesture. For it was unquestionably true that down the middle of the entrance guarded by the man in gold lace, actually between the arrogant, stretched legs of that colossus, ran a stringy pattern of grey footprints stamped upon the white snow.

'God!' cried Angus involuntarily, 'the Invisible Man!'

Without another word he turned and dashed up the stairs, with Flambeau following; but Father Brown still stood looking about him in the snow-clad street as if he had lost interest in his query.

Flambeau was plainly in a mood to break down the door with his big shoulders; but the Scotchman, with more reason, if less intuition, fumbled about on the frame of the door till he found the invisible button; and the door swung slowly open.

It showed substantially the same serried interior; the hall had grown darker, though it was still struck here and there with the last crimson shafts of sunset, and one or two of the headless machines had been moved from their places for this or that purpose, and stood here and there about the twilit place. The green and red of their coats were all darkened in the dusk; and their likeness to human shapes slightly increased by their very shapelessness. But in the middle of them all, exactly where the paper with the red ink had lain, there lay something that looked like red ink spilt out of its bottle. But it was not red ink.

With a French combination of reason and violence Flambeau simply said 'Murder!' and, plunging into the flat, had explored every corner and cupboard of it in five minutes. But if he expected to find a corpse he found none. Isidore Smythe was not in the place, either dead or alive. After the most tearing search the two men met each other in the outer hall, with streaming faces and staring eyes. 'My friend,' said Flambeau, talking French in his excitement, 'not only is your murderer invisible, but he makes invisible also the murdered man.'

Angus looked round at the dim room full of dummies, and in some Celtic corner of his Scotch soul a shudder started. One of the life-size dolls stood immediately overshadowing the blood stain, summoned, perhaps, by the slain man an instant before he fell. One of the high-shouldered hooks that served the thing for arms, was a little lifted, and Angus had suddenly the horrid fancy that poor Smythe's own iron child

had struck him down. Matter had rebelled, and these machines had killed their master. But even so, what had they done with him?

'Eaten him?' said the nightmare at his ear; and he sickened for an instant at the idea of rent, human remains absorbed and crushed into all that acephalous clockwork.

He recovered his mental health by an emphatic effort, and said to Flambeau, 'Well, there it is. The poor fellow has evaporated like a cloud and left a red streak on the floor. The tale does not belong to this world.'

'There is only one thing to be done,' said Flambeau, 'whether it belongs to this world or the other. I must go down and talk to my friend.'

They descended, passing the man with the pail, who again asseverated that he had let no intruder pass, down to the commissionaire and the hovering chestnut man, who rigidly reasserted their own watchfulness. But when Angus looked round for his fourth confirmation he could not see it, and called out with some nervousness, 'Where is the policeman?'

'I beg your pardon,' said Father Brown; 'that is my fault. I just sent him down the road to investigate something – that I just thought worth investigating.'

'Well, we want him back pretty soon,' said Angus abruptly, 'for the wretched man upstairs has not only been murdered, but wiped out.'

'How?' asked the priest.

'Father,' said Flambeau, after a pause, 'upon my soul I believe it is more in your department than mine. No friend or foe has entered the house, but Smythe is gone, as if stolen by the fairies. If that is not supernatural, I –'

As he spoke they were all checked by an unusual sight; the big blue policeman came round the corner of the crescent, running. He came straight up to Brown.

'You're right, sir,' he panted, 'they've just found poor Mr Smythe's body in the canal down below.'

Angus put his hand wildly to his head. 'Did he run down and drown himself?' he asked.

'He never came down, I'll swear,' said the constable, 'and he wasn't drowned either, for he died of a great stab over the heart.'

'And yet you saw no one enter?' said Flambeau in a grave voice.

'Let us walk down the road a little,' said the priest.

As they reached the other end of the crescent he observed abruptly, 'Stupid of me! I forgot to ask the policeman something. I wonder if they found a light brown sack.'

'Why a light brown sack?' asked Angus, astonished.

'Because if it was any other coloured sack, the case must begin over

again,' said Father Brown; 'but if it was a light brown sack, why, the case is finished.'

'I am pleased to hear it,' said Angus with hearty irony. 'It hasn't begun, so far as I am concerned.'

'You must tell us all about it,' said Flambeau with a strange heavy simplicity, like a child.

Unconsciously they were walking with quickening steps down the long sweep of road on the other side of the high crescent, Father Brown leading briskly, though in silence. At last he said with an almost touching vagueness, 'Well, I'm afraid you'll think it so prosy. We always begin at the abstract end of things, and you can't begin this story anywhere else.

'Have you ever noticed this – that people never answer what you say? They answer what you mean – or what they think you mean. Suppose one lady says to another in a country house, "Is anybody staying with you?" the lady doesn't answer "Yes; the butler, the three footmen, the parlourmaid, and so on," though the parlourmaid may be in the room, or the butler behind her chair. She says "There is nobody staying with us," meaning nobody of the sort you mean. But suppose a doctor inquiring into an epidemic asks, "Who is staying in the house?" then the lady will remember the butler, the parlourmaid, and the rest. All language is used like that; you never get a question answered literally, even when you get it answered truly. When those four quite honest men said that no man had gone into the Mansions, they did not really mean that no man had gone into them. They meant no man whom they could suspect of being your man. A man did go into the house, and did come out of it, but they never noticed him.'

'An invisible man?' enquired Angus, raising his red eyebrows. 'A mentally invisible man,' said Father Brown.

A minute or two after he resumed in the same unassuming voice, like a man thinking his way. 'Of course you can't think of such a man, until you do think of him. That's where his cleverness comes in. But I came to think of him through two or three little things in the tale Mr Angus told us. First, there was the fact that this Welkin went for long walks. And then there was the vast lot of stamp paper on the window. And then, most of all, there were the two things the young lady said – things that couldn't be true. Don't get annoyed,' he added hastily, noting a sudden movement of the Scotchman's head; 'she thought they were true. A person can't be quite alone in a street a second before she receives a letter. She can't be quite alone in a street when she starts reading a letter just received. There must be somebody pretty near her; he must be mentally invisible.'

'Why must there be somebody near her?' asked Angus.

'Because,' said Father Brown, 'barring carrier-pigeons, somebody must have brought her the letter.'

'Do you really mean to say,' asked Flambeau, with energy, 'that Welkin carried his rival's letters to his lady?'

'Yes,' said the priest. 'Welkin carried his rival's letters to his lady. You see, he had to.'

'Oh, I can't stand much more of this,' exploded Flambeau. 'Who is this fellow? What does he look like? What is the usual get-up of a mentally invisible man?'

'He is dressed rather handsomely in red, blue and gold,' replied the priest promptly with precision, 'and in this striking, and even showy, costume he entered Himylaya Mansions under eight human eyes; he killed Smythe in cold blood, and came down into the street again carrying the dead body in his arms –'

'Reverend sir,' cried Angus, standing still, 'are you raving mad, or am I?'

'You are not mad,' said Brown, 'only a little unobservant. You have not noticed such a man as this, for example.'

He took three quick strides forward, and put his hand on the shoulder of an ordinary passing postman who had bustled by them unnoticed under the shade of the trees.

'Nobody ever notices postmen somehow,' he said thoughtfully; 'yet they have passions like other men, and even carry large bags where a small corpse can be stowed quite easily.'

The postman, instead of turning naturally, had ducked and tumbled against the garden fence. He was a lean fair-bearded man of very ordinary appearance, but as he turned an alarmed face over his shoulder, all three men were fixed with an almost fiendish squint.

Flambeau went back to his sabres, purple rugs and Persian cat, having many things to attend to. John Turnbull Angus went back to the lady at the shop, with whom that imprudent young man contrives to be extremely comfortable. But Father Brown walked those snow-covered hills under the stars for many hours with a murderer, and what they said to each other will never be known.

The Honour of Israel Gow

A stormy evening of olive and silver was closing in, as Father Brown, wrapped in a grey Scotch plaid, came to the end of a grey Scotch valley and beheld the strange castle of Glengyle. It stopped one end of the glen or hollow like a blind alley; and it looked like the end of the world. Rising in steep roofs and spires of seagreen slate in the manner of the old French-Scotch chateaux, it reminded an Englishman of the sinister steeple-hats of witches in fairy tales; and the pine woods that rocked round the green turrets looked, by comparison, as black as numberless flocks of ravens. This note of a dreamy, almost a sleepy devilry, was no mere fancy from the landscape. For there did rest on the place one of those clouds of pride and madness and mysterious sorrow which lie more heavily on the noble houses of Scotland than on any other of the children of men. For Scotland has a double dose of the poison called heredity; the sense of blood in the aristocrat, and the sense of doom in the Calvinist.

The priest had snatched a day from his business at Glasgow to meet his friend Flambeau, the amateur detective, who was at Glengyle Castle with another more formal officer investigating the life and death of the late Earl of Glengyle. That mysterious person was the last representative of a race whose valour, insanity, and violent cunning had made them terrible even among the sinister nobility of their nation in the sixteenth century. None were deeper in that labyrinthine ambition, in chamber within chamber of that palace of lies that was built up around Mary Queen of Scots.

The rhyme in the countryside attested the motive and the result of their machinations candidly:

> As green sap to the simmer trees
> Is red gold to the Ogilvies.

For many centuries there had never been a decent lord in Glengyle Castle; and with the Victorian era one would have thought that all eccentricities were exhausted. The last Glengyle, however, satisfied his tribal tradition by doing the only thing that was left for him to do; he disappeared. I do not mean that he went abroad; by all accounts he was still in the castle, if he was anywhere. But though his name was in the church register and the big red Peerage, nobody ever saw him under the sun.

If anyone saw him it was a solitary manservant, something between a groom and a gardener. He was so deaf that the more businesslike assumed him to be dumb; while the more penetrating declared him to be half-witted. A gaunt, redhaired labourer, with a dogged jaw and chin, but quite blank blue eyes, he went by the name of Israel Gow, and was the one silent servant on that deserted estate. But the energy with which he dug potatoes, and the regularity with which he disappeared into the kitchen gave people an impression that he was providing for the meals of a superior, and that the strange earl was still concealed in the castle. If society needed any further proof that he was there, the servant persistently asserted that he was not at home. One morning the provost and the minister (for the Glengyles were Presbyterian) were summoned to the castle. There they found that the gardener, groom and cook had added to his many professions that of an undertaker, and had nailed up his noble master in a coffin. With how much or how little further inquiry this odd fact was passed, did not as yet very plainly appear; for the thing had never been legally investigated till Flambeau had gone north two or three days before. By then the body of Lord Glengyle (if it was the body) had lain for some time in the little churchyard on the hill.

As Father Brown passed through the dim garden and came under the shadow of the chateau, the clouds were thick and the whole air damp and thundery. Against the last stripe of the green-gold sunset he saw a black human silhouette; a man in a chimney-pot hat, with a big spade over his shoulder. The combination was queerly suggestive of a sexton; but when Brown remembered the deaf servant who dug potatoes, he thought it natural enough. He knew something of the Scotch peasant; he knew the respectability which might well feel it necessary to wear 'blacks' for an official inquiry; he knew also the economy that would not lose an hour's digging for that. Even the man's start and suspicious stare as the priest went by were consonant enough with the vigilance and jealousy of such a type.

The great door was opened by Flambeau himself, who had with him a lean man with iron-grey hair and papers in his hand: Inspector Craven from Scotland Yard. The entrance hall was mostly stripped and empty; but the pale, sneering faces of one or two of the wicked Ogilvies looked down out of black periwigs and blackening canvas.

Following them into an inner room, Father Brown found that the allies had been seated at a long oak table, of which their end was covered with scribbled papers, flanked with whisky and cigars. Through the whole of its remaining length it was occupied by detached objects arranged at intervals; objects about as inexplicable

as any objects could be. One looked like a small heap of glittering broken glass. Another looked like a high heap of brown dust. A third appeared to be a plain stick of wood.

'You seem to have a sort of geological museum here,' he said, as he sat down, jerking his head briefly in the direction of the brown dust and the crystalline fragments.

'Not a geological museum,' replied Flambeau; 'say a psychological museum.'

'Oh, for the Lord's sake,' cried the police detective laughing, 'don't let's begin with such long words.'

'Don't you know what psychology means?' asked Flambeau with friendly surprise. 'Psychology means being off your chump.'

'Still I hardly follow,' replied the official.

'Well,' said Flambeau, with decision, 'I mean that we've only found out one thing about Lord Glengyle. He was a maniac.'

The black silhouette of Gow with his top hat and spade passed the window, dimly outlined against the darkening sky. Father Brown stared passively at it and answered: 'I can understand there must have been something odd about the man, or he wouldn't have buried himself alive – nor been in such a hurry to bury himself dead. But what makes you think it was lunacy?'

'Well,' said Flambeau, 'you just listen to the list of things Mr Craven has found in the house.'

'We must get a candle,' said Craven, suddenly. 'A storm is getting up, and it's too dark to read.'

'Have you found any candles,' asked Brown smiling, 'among your oddities?'

Flambeau raised a grave face, and fixed his dark eyes on his friend. 'That is curious, too,' he said. 'Twenty-five candles, and not a trace of a candlestick.'

In the rapidly darkening room and rapidly rising wind, Brown went along the table to where a bundle of wax candles lay among the other scrappy exhibits. As he did so he bent accidentally over the heap of red-brown dust; and a sharp sneeze cracked the silence.

'Hullo!' he said, 'snuff!'

He took one of the candles, lit it carefully, came back and stuck it in the neck of the whisky bottle. The unrestful night air, blowing through the crazy window, waved the long flame like a banner. And on every side of the castle they could hear the miles and miles of black pine wood seething like a black sea around a rock.

'I will read the inventory,' began Craven gravely, picking up one of the papers, 'the inventory of what we found loose and unexplained in

the castle. You are to understand that the place generally was dismantled and neglected; but one or two rooms had plainly been inhabited in a simple but not squalid style by somebody; somebody who was not the servant Gow. The list is as follows: First item. A very considerable hoard of precious stones, nearly all diamonds, and all of them loose, without any setting whatever. Of course, it is natural that the Ogilvies should have family jewels; but those are exactly the jewels that are almost always set in particular articles of ornament. The Ogilvies would seem to have kept theirs loose in their pockets, like coppers.

'Second item. Heaps and heaps of loose snuff, not kept in a horn, or even a pouch, but lying in heaps on the mantelpieces, on the sideboard, on the piano, anywhere. It looks as if the old gentleman would not take the trouble to look in a pocket or lift a lid.

'Third item. Here and there about the house curious little heaps of minute pieces of metal, some like steel springs and some in the form of microscopic wheels. As if they had gutted some mechanical toy.

'Fourth item. The wax candles, which have to be stuck in bottle necks because there is nothing else to stick them in. Now I wish you to note how very much queerer all this is than anything we anticipated. For the central riddle we are prepared; we have all seen at a glance that there was something wrong about the last earl. We have come here to find out whether he really lived here, whether he really died here, whether that red-haired scarecrow who did his burying had anything to do with his dying. But suppose the worst in all this, the most lurid or melodramatic solution you like. Suppose the servant really killed the master, or suppose the master isn't really dead, or suppose the master is dressed up as the servant, or suppose the servant is buried for the master; invent what Wilkie Collins' tragedy you like, and you still have not explained a candle without a candlestick, or why an elderly gentleman of good family should habitually spill snuff on the piano. The core of the tale we could imagine; it is the fringes that are mysterious. By no stretch of fancy can the human mind connect together snuff and diamonds and wax and loose clockwork.'

'I think I see the connection,' said the priest. 'This Glengyle was mad against the French Revolution. He was an enthusiast for the *ancien régime*, and was trying to re-enact literally the family life of the last Bourbons. He had snuff because it was the eighteenth century luxury; wax candles, because they were the eighteenth century lighting; the mechanical bits of iron represent the locksmith hobby of Louis XVI; the diamonds are for the Diamond Necklace of Marie Antoinette.'

Both the other men were staring at him with round eyes. 'What a perfectly extraordinary notion!' cried Flambeau. 'Do you really think that is the truth?'

'I am perfectly sure it isn't,' answered Father Brown, 'only you said that nobody could connect snuff and diamonds and clockwork and candles. I give you that connection off-hand. The real truth, I am very sure, lies deeper.'

He paused a moment and listened to the wailing of the wind in the turrets. Then he said, 'The late Earl of Glengyle was a thief. He lived a second and darker life as a desperate housebreaker. He did not have any candlesticks because he only used these candles cut short in the little lantern he carried. The snuff he employed as the fiercest French criminals have used pepper: to fling it suddenly in dense masses in the face of a captor or pursuer. But the final proof is in the curious coincidence of the diamonds and the small steel wheels. Surely that makes everything plain to you? Diamonds and small steel wheels are the only two instruments with which you can cut out a pane of glass.'

The bough of a broken pine tree lashed heavily in the blast against the windowpane behind them, as if in parody of a burglar, but they did not turn round. Their eyes were fastened on Father Brown.

'Diamonds and small wheels,' repeated Craven ruminating. 'Is that all that makes you think it the true explanation?'

'I don't think it the true explanation,' replied the priest placidly; 'but you said that nobody could connect the four things. The true tale, of course, is something much more humdrum. Glengyle had found, or thought he had found, precious stones on his estate. Somebody had bamboozled him with those loose brilliants, saying they were found in the castle caverns. The little wheels are some diamond-cutting affair. He had to do the thing very roughly and in a small way, with the help of a few shepherds or rude fellows on these hills. Snuff is the one great luxury of such Scotch shepherds; it's the one thing with which you can bribe them. They didn't have candlesticks because they didn't want them; they held the candles in their hands when they explored the caves.'

'Is that all?' asked Flambeau after a long pause. 'Have we got to the dull truth at last?'

'Oh, no,' said Father Brown.

As the wind died in the most distant pine woods with a long hoot as of mockery Father Brown, with an utterly impassive face, went on: 'I only suggested that because you said one could not plausibly connect snuff with clockwork or candles with bright stones. Ten false philosophies will fit the universe; ten false theories will fit Glengyle Castle. But we want the real explanation of the castle and the universe. But are there no other exhibits?'

Craven laughed, and Flambeau rose smiling to his feet and strolled down the long table.

'Items five, six, seven, etc.,' he said, 'and certainly more varied than instructive. A curious collection, not of lead pencils, but of the lead out of lead pencils. A senseless stick of bamboo, with the top rather splintered. It might be the instrument of the crime. Only, there isn't any crime. The only other things are a few old missals and little Catholic pictures, which the Ogilvies kept, I suppose, from the Middle Ages – their family pride being stronger than their Puritanism. We only put them in the museum because they seem curiously cut about and defaced.'

The heady tempest without drove a dreadful wrack of clouds across Glengyle and threw the long room into darkness as Father Brown picked up the little illuminated pages to examine them. He spoke before the drift of darkness had passed; but it was the voice of an utterly new man.

'Mr Craven,' said he, talking like a man ten years younger, 'you have got a legal warrant, haven't you, to go up and examine that grave? The sooner we do it the better, and get to the bottom of this horrible affair. If I were you I should start now.'

'Now,' repeated the astonished detective, 'and why now?'

'Because this is serious,' answered Brown; 'this is not spilt snuff or loose pebbles, that might be there for a hundred reasons. There is only one reason I know of for this being done; and the reason goes down to the roots of the world. These religious pictures are not just dirtied or torn or scrawled over, which might be done in idleness or bigotry, by children or by Protestants. These have been treated very carefully – and very queerly. In every place where the great ornamented name of God comes in the old illuminations it has been elaborately taken out. The only other thing that has been removed is the halo round the head of the Child Jesus. Therefore, I say, let us get our warrant and our spade and our hatchet, and go up and break open that coffin.'

'What do you mean?' demanded the London officer.

'I mean,' answered the little priest, and his voice seemed to rise slightly in the roar of the gale. 'I mean that the great devil of the universe may be sitting on the top tower of this castle at this moment, as big as a hundred elephants, and roaring like the Apocalypse. There is black magic somewhere at the bottom of this.'

'Black magic,' repeated Flambeau in a low voice, for he was too enlightened a man not to know of such things; 'but what can these other things mean?'

'Oh, something damnable, I suppose,' replied Brown impatiently. 'How should I know? How can I guess all their mazes down below? Perhaps you can make a torture out of snuff and bamboo. Perhaps lunatics lust after wax and steel filings. Perhaps there is a maddening

drug made of lead pencils! Our shortest cut to the mystery is up the hill to the grave.'

His comrades hardly knew that they had obeyed and followed him till a blast of the night wind nearly flung them on their faces in the garden. Nevertheless they had obeyed him like automata; for Craven found a hatchet in his hand, and the warrant in his pocket; Flambeau was carrying the heavy spade of the strange gardener; Father Brown was carrying the little gilt book from which had been torn the name of God.

The path up the hill to the churchyard was crooked but short; only under that stress of wind it seemed laborious and long. Far as the eye could see, farther and farther as they mounted the slope, were seas beyond seas of pines, now all aslope one way under the wind. And that universal gesture seemed as vain as it was vast, as vain as if that wind were whistling about some unpeopled and purposeless planet. Through all that infinite growth of grey-blue forests sang, shrill and high, that ancient sorrow that is in the heart of all heathen things. One could fancy that the voices from the underworld of unfathomable foliage were cries of the lost and wandering pagan gods: gods who had gone roaming in that irrational forest, and who will never find their way back to heaven.

'You see,' said Father Brown in low but easy tone, 'Scotch people before Scotland existed were a curious lot. In fact, they're a curious lot still. But in the prehistoric times I fancy they really worshipped demons. That,' he added genially, 'is why they jumped at the Puritan theology.'

'My friend,' said Flambeau, turning in a kind of fury, 'what does all that snuff mean?'

'My friend,' replied Brown, with equal seriousness, 'there is one mark of all genuine religions: materialism. Now, devil-worship is a perfectly genuine religion.'

They had come up on the grassy scalp of the hill, one of the few bald spots that stood clear of the crashing and roaring pine forest. A mean enclosure, partly timber and partly wire, rattled in the tempest to tell them the border of the graveyard. But by the time Inspector Craven had come to the corner of the grave, and Flambeau had planted his spade point downwards and leaned on it, they were both almost as shaken as the shaky wood and wire. At the foot of the grave grew great tall thistles, grey and silver in their decay. Once or twice, when a ball of thistledown broke under the breeze and flew past him, Craven jumped slightly as if it had been an arrow.

Flambeau drove the blade of his spade through the whistling grass into the wet clay below. Then he seemed to stop and lean on it as on a staff.

'Go on,' said the priest very gently. 'We are only trying to find the truth. What are you afraid of?'

'I am afraid of finding it,' said Flambeau.

The London detective spoke suddenly in a high crowing voice that was meant to be conversational and cheery. 'I wonder why he really did hide himself like that. Something nasty, I suppose; was he a leper?'

'Something worse than that,' said Flambeau.

'And what do you imagine,' asked the other, 'would be worse than a leper?'

'I don't imagine it,' said Flambeau.

He dug for some dreadful minutes in silence, and then said in a choked voice, 'I'm afraid of his not being the right shape.'

'Nor was that piece of paper, you know,' said Father Brown quietly, 'and we survived even that piece of paper.'

Flambeau dug on with a blind energy. But the tempest had shouldered away the choking grey clouds that clung to the hills like smoke and revealed grey fields of faint starlight before he cleared the shape of a rude timber coffin, and somehow tipped it up upon the turf. Craven stepped forward with his axe; a thistle-top touched him, and he flinched. Then he took a firmer stride, and hacked and wrenched with an energy like Flambeau's till the lid was torn off, and all that was there lay glimmering in the grey starlight.

'Bones,' said Craven; and then he added, 'but it is a man,' as if that were something unexpected.

'Is he,' asked Flambeau in a voice that went oddly up and down, 'is he all right?'

'Seems so,' said the officer huskily, bending over the obscure and decaying skeleton in the box. 'Wait a minute.'

A vast heave went over Flambeau's huge figure. 'And now I come to think of it,' he cried, 'why in the name of madness shouldn't he be all right? What is it gets hold of a man on these cursed cold mountains? I think it's the black, brainless repetition; all these forests, and over all an ancient horror of unconsciousness. It's like the dream of an atheist. Pine trees and more pine trees and millions more pine trees –'

'God!' cried the man by the coffin, 'but he hasn't got a head.'

While the others stood rigid the priest, for the first time, showed a leap of startled concern.

'No head!' he repeated. 'No head?' as if he had almost expected some other deficiency.

Half-witted visions of a headless baby born to Glengyle, of a headless youth hiding himself in the castle, of a headless man pacing those

ancient halls or that gorgeous garden, passed in panorama through their minds. But even in that stiffened instant the tale took no root in them and seemed to have no reason in it. They stood listening to the loud woods and the shrieking sky quite foolishly, like exhausted animals. Thought seemed to be something enormous that had suddenly slipped out of their grasp.

'There are three headless men,' said Father Brown, 'standing round this open grave.'

The pale detective from London opened his mouth to speak, and left it open like a yokel, while a long scream of wind tore the sky; then he looked at the axe in his hands as if it did not belong to him, and dropped it.

'Father,' said Flambeau in that infantile and heavy voice he used very seldom, 'what are we to do?'

His friend's reply came with the pent promptitude of a gun going off.

'Sleep!' cried Father Brown. 'Sleep. We have come to the end of the ways. Do you know what sleep is? Do you know that every man who sleeps believes in God? It is a sacrament; for it is an act of faith and it is a food. And we need a sacrament, if only a natural one. Something has fallen on us that falls very seldom on men; perhaps the worst thing that can fall on them.'

Craven's parted lips came together to say, 'What do you mean?'

The priest had turned his face to the castle as he answered: 'We have found the truth; and the truth makes no sense.'

He went down the path in front of them with a plunging and reckless step very rare with him, and when they reached the castle again he threw himself upon sleep with the simplicity of a dog.

Despite his mystic praise of slumber, Father Brown was up earlier than anyone else except the silent gardener; and was found smoking a big pipe and watching that expert at his speechless labours in the kitchen garden. Towards daybreak the rocking storm had ended in roaring rains, and the day came with a curious freshness. The gardener seemed even to have been conversing, but at sight of the detectives he planted his spade sullenly in a bed and, saying something about his breakfast, shifted along the lines of cabbages and shut himself in the kitchen. 'He's a valuable man, that,' said Father Brown. 'He does the potatoes amazingly. Still,' he added, with a dispassionate charity, 'he has his faults; which of us hasn't? He doesn't dig this bank quite regularly. There, for instance,' and he stamped suddenly on one spot. 'I'm really very doubtful about that potato.'

'And why?' asked Craven, amused with the little man's hobby.

'I'm doubtful about it,' said the other, 'because old Gow was doubtful

about it himself. He put his spade in methodically in every place but just this. There must be a mighty fine potato just here.'

Flambeau pulled up the spade and impetuously drove it into the place. He turned up, under a load of soil, something that did not look like a potato, but rather like a monstrous, over-domed mushroom. But it struck the spade with a cold click; it rolled over like a ball, and grinned up at them.

'The Earl of Glengyle,' said Brown sadly, and looked down heavily at the skull.

Then, after a momentary meditation, he plucked the spade from Flambeau, and, saying 'We must hide it again,' clamped the skull down in the earth. Then he leaned his little body and huge head on the great handle of the spade, that stood up stiffly in the earth, and his eyes were empty and his forehead full of wrinkles. 'If one could only conceive,' he muttered, 'the meaning of this last monstrosity.' And leaning on the large spade handle, he buried his brows in his hands, as men do in church.

All the corners of the sky were brightening into blue and silver; the birds were chattering in the tiny garden trees; so loud it seemed as if the trees themselves were talking. But the three men were silent enough.

'Well, I give it all up,' said Flambeau at last boisterously. 'My brain and this world don't fit each other; and there's an end of it. Snuff, spoilt Prayer Books, and the insides of musical boxes – what –'

Brown threw up his bothered brow and rapped on the spade handle with an intolerance quite unusual with him. 'Oh, tut, tut, tut, tut, tut!' he cried. 'All that is as plain as a pikestaff. I understood the snuff and clockwork, and so on, when I first opened my eyes this morning. And since then I've had it out with old Gow, the gardener, who is neither so deaf nor so stupid as he pretends. There's nothing amiss about the loose items. I was wrong about the torn mass-book, too; there's no harm in that. But it's this last business. Desecrating graves and stealing dead men's heads – surely there's harm in that? Surely there's black magic still in that? That doesn't fit in to the quite simple story of the snuff and the candles.' And, striding about again, he smoked moodily.

'My friend,' said Flambeau, with a grim humour, 'you must be careful with me and remember I was once a criminal. The great advantage of that estate was that I always made up the story myself, and acted it as quick as I chose. This detective business of waiting about is too much for my French impatience. All my life, for good or evil, I have done things at the instant; I always fought duels the next morning; I always paid bills on the nail; I never even put off a visit to the dentist –'

Father Brown's pipe fell out of his mouth and broke into three pieces on the gravel path. He stood rolling his eyes, the exact picture of an

idiot. 'Lord, what a turnip I am!' he kept saying. 'Lord, what a turnip!' Then, in a somewhat groggy kind of way, he began to laugh.

'The dentist!' he repeated. 'Six hours in the spiritual abyss, and all because I never thought of the dentist! Such a simple, such a beautiful and peaceful thought! Friends, we have passed a night in hell; but now the sun is risen, the birds are singing, and the radiant form of the dentist consoles the world.'

'I will get some sense out of this,' cried Flambeau, striding forward, 'if I use the tortures of the Inquisition.'

Father Brown repressed what appeared to be a momentary disposition to dance on the now sunlit lawn and cried quite piteously, like a child, 'Oh, let me be silly a little. You don't know how unhappy I have been. And now I know that there has been no deep sin in this business at all. Only a little lunacy, perhaps – and who minds that?'

He spun round once more, then faced them with gravity.

'This is not a story of crime,' he said; 'rather it is the story of a strange and crooked honesty. We are dealing with the one man on earth, perhaps, who has taken no more than his due. It is a study in the savage living logic that has been the religion of this race.

'That old local rhyme about the house of Glengyle –

> As green sap to the simmer trees
> Is red gold to the Ogilvies –

was literal as well as metaphorical. It did not merely mean that the Glengyles sought for wealth; it was also true that they literally gathered gold; they had a huge collection of ornaments and utensils in that metal. They were, in fact, misers whose mania took that turn. In the light of that fact, run through all the things we found in the castle. Diamonds without their gold rings; candles without their gold candlesticks; snuff without the gold snuff-boxes; pencil-leads without the gold pencil-cases; a walking stick without its gold top; clockwork without the gold clocks – or rather watches. And, mad as it sounds, because the halos and the name of God in the old missals were of real gold; these also were taken away.'

The garden seemed to brighten, the grass to grow gayer in the strengthening sun, as the crazy truth was told. Flambeau lit a cigarette as his friend went on.

'Were taken away,' continued Father Brown; 'were taken away – but not stolen. Thieves would never have left this mystery. Thieves would have taken the gold snuff-boxes, snuff and all; the gold pencil-cases, lead and all. We have to deal with a man with a peculiar conscience,

but certainly a conscience. I found that mad moralist this morning in the kitchen garden yonder, and I heard the whole story.

'The late Archibald Ogilvie was the nearest approach to a good man ever born at Glengyle. But his bitter virtue took the turn of the misanthrope; he moped over the dishonesty of his ancestors, from which, somehow, he generalised a dishonesty of all men. More especially he distrusted philanthropy or free-giving; and he swore if he could find one man who took his exact rights he should have all the gold of Glengyle. Having delivered this defiance to humanity he shut himself up, without the smallest expectation of its being answered. One day, however, a deaf and seemingly senseless lad from a distant village brought him a belated telegram; and Glengyle, in his acrid pleasantry, gave him a new farthing. At least he thought he had done so, but when he turned over his change he found the new farthing still there and a sovereign gone. The accident offered him vistas of sneering speculation. Either way, the boy would show the greasy greed of the species. Either he would vanish, a thief stealing a coin; or he would sneak back with it virtuously, a snob seeking a reward. In the middle of that night Lord Glengyle was knocked up out of his bed – for he lived alone – and forced to open the door to the deaf idiot. The idiot brought with him, not the sovereign, but exactly nineteen shillings and eleven-pence three-farthings in change.

'Then the wild exactitude of this action took hold of the mad lord's brain like fire. He swore he was Diogenes, that had long sought an honest man, and at last had found one. He made a new will, which I have seen. He took the literal youth into his huge, neglected house, and trained him up as his solitary servant and – after an odd manner – his heir. And whatever that queer creature understands, he understood absolutely his lord's two fixed ideas: first, that the letter of right is everything; and second, that he himself was to have the gold of Glengyle. So far, that is all; and that is simple. He has stripped the house of gold, and taken not a grain that was not gold; not so much as a grain of snuff. He lifted the gold leaf off an old illumination, fully satisfied that he left the rest unspoilt. All that I understood; but I could not understand this skull business. I was really uneasy about that human head buried among the potatoes. It distressed me – till Flambeau said the word.

'It will be all right. He will put the skull back in the grave, when he has taken the gold out of the tooth.'

And, indeed, when Flambeau crossed the hill that morning, he saw that strange being, the just miser, digging at the desecrated grave, the plaid round his throat thrashing out in the mountain wind; the sober top hat on his head.

The Wrong Shape

Certain of the great roads going north out of London continue far into the country a sort of attenuated and interrupted spectre of a street, with great gaps in the building, but preserving the line. Here will be a group of shops, followed by a fenced field or paddock, and then a famous public-house, and then perhaps a market garden or a nursery garden, and then one large private house, and then another field and another inn, and so on. If anyone walks along one of these roads he will pass a house which will probably catch his eye, though he may not be able to explain its attraction. It is a long, low house, running parallel with the road, painted mostly white and pale green, with a veranda and sun-blinds, and porches capped with those quaint sort of cupolas like wooden umbrellas that one sees in some old-fashioned houses. In fact, it is an old-fashioned house, very English and very suburban in the good old wealthy Clapham sense. And yet the house has a look of having been built chiefly for the hot weather. Looking at its white paint and sun-blinds one thinks vaguely of pugarees and even of palm trees. I cannot trace the feeling to its root; perhaps the place was built by an Anglo-Indian.

Anyone passing this house, I say, would be namelessly fascinated by it; would feel that it was a place about which some story was to be told. And he would have been right, as you shall shortly hear. For this is the story – the story of the strange things that did really happen in it in the Whitsuntide of the year 18—:

Anyone passing the house on the Thursday before Whit Sunday at about half-past four p.m. would have seen the front door open, and Father Brown, of the small church of St Mungo, come out smoking a large pipe in company with a very tall French friend of his called Flambeau, who was smoking a very small cigarette. These persons may or may not be of interest to the reader, but the truth is that they were not the only interesting things that were displayed when the front door of the white-and-green house was opened. There are further peculiarities about this house, which must be described to start with, not only that the reader may understand this tragic tale, but also that he may realise what it was that the opening of the door revealed.

The whole house was built upon the plan of a T, but a T with a very long cross piece and a very short tail piece. The long cross piece was the frontage that ran along in face of the street, with the front

door in the middle; it was two storeys high, and contained nearly all the important rooms. The short tail piece, which ran out at the back immediately opposite the front door, was one storey high, and consisted only of two long rooms, the one leading into the other. The first of these two rooms was the study in which the celebrated Mr Quinton wrote his wild Oriental poems and romances. The farther room was a glass conservatory full of tropical blossoms of quite unique and almost monstrous beauty, and on such afternoons as these glowing with gorgeous sunlight. Thus when the hall door was open, many a passer-by literally stopped to stare and gasp; for he looked down a perspective of rich apartments to something really like a transformation scene in a fairy play: purple clouds and golden suns and crimson stars that were at once scorchingly vivid and yet transparent and far away.

Leonard Quinton, the poet, had himself most carefully arranged this effect; and it is doubtful whether he so perfectly expressed his personality in any of his poems. For he was a man who drank and bathed in colours, who indulged his lust for colour somewhat to the neglect of form – even of good form. This it was that had turned his genius so wholly to eastern art and imagery; to those bewildering carpets or blinding embroideries in which all the colours seem fallen into a fortunate chaos, having nothing to typify or to teach. He had attempted, not perhaps with complete artistic success, but with acknowledged imagination and invention, to compose epics and love stories reflecting the riot of violent and even cruel colour; tales of tropical heavens of burning gold or blood-red copper; of eastern heroes who rode with twelve-turbaned mitres upon elephants painted purple or peacock green; of gigantic jewels that a hundred negroes could not carry, but which burned with ancient and strange-hued fires.

In short (to put the matter from the more common point of view), he dealt much in eastern heavens, rather worse than most western hells; in eastern monarchs, whom we might possibly call maniacs; and in eastern jewels which a Bond Street jeweller (if the hundred staggering negroes brought them into his shop) might possibly not regard as genuine. Quinton was a genius, if a morbid one; and even his morbidity appeared more in his life than in his work. In temperament he was weak and waspish, and his health had suffered heavily from oriental experiments with opium. His wife – a handsome, hard-working, and, indeed, over-worked woman – objected to the opium, but objected much more to a live Indian hermit in white and yellow robes, whom her husband insisted on entertaining for months together, a Virgil to guide his spirit through the heavens and the hells of the east.

It was out of this artistic household that Father Brown and his friend

stepped on to the doorstep; and to judge from their faces, they stepped out of it with much relief. Flambeau had known Quinton in wild student days in Paris, and they had renewed the acquaintance for a weekend; but apart from Flambeau's more responsible developments of late, he did not get on well with the poet now. Choking oneself with opium and writing little erotic verses on vellum was not his notion of how a gentleman should go to the devil. As the two paused on the doorstep, before taking a turn in the garden, the front garden gate was thrown open with violence, and a young man with a billycock hat on the back of his head tumbled up the steps in his eagerness. He was a dissipated-looking youth with a gorgeous red necktie all awry, as if he had slept in it, and he kept fidgeting and lashing about with one of those little jointed canes.

'I say,' he said breathlessly, 'I want to see old Quinton. I must see him. Has he gone?'

'Mr Quinton is in, I believe,' said Father Brown, cleaning his pipe, 'but I do not know if you can see him. The doctor is with him at present.'

The young man, who seemed not to be perfectly sober, stumbled into the hall; and at the same moment the doctor came out of Quinton's study, shutting the door and beginning to put on his gloves.

'See Mr Quinton?' said the doctor coolly. 'No, I'm afraid you can't. In fact, you mustn't on any account. Nobody must see him; I've just given him his sleeping draught.'

'No, but look here, old chap,' said the youth in the red tie, trying affectionately to capture the doctor by the lapels of his coat. 'Look here. I'm simply sewn up, I tell you. I –'

'It's no good, Mr Atkinson,' said the doctor, forcing him to fall back; 'when you can alter the effects of a drug I'll alter my decision,' and, settling on his hat, he stepped out into the sunlight with the other two. He was a bull-necked, good-tempered little man with a small moustache, inexpressibly ordinary, yet giving an impression of capacity.

The young man in the billycock, who did not seem to be gifted with any tact in dealing with people beyond the general idea of clutching hold of their coats, stood outside the door, as dazed as if he had been thrown out bodily, and silently watched the other three walk away together through the garden.

'That was a sound, spanking lie I told just now,' remarked the medical man, laughing. 'In point of fact, poor Quinton doesn't have his sleeping draught for nearly half an hour. But I'm not going to have him bothered with that little beast, who only wants to borrow money that he wouldn't pay back if he could. He's a dirty little scamp, though

he is Mrs Quinton's brother, and she's as fine a woman as ever walked.'

'Yes,' said Father Brown. 'She's a good woman.'

'So I propose to hang about the garden till the creature has cleared off,' went on the doctor, 'and then I'll go in to Quinton with the medicine. Atkinson can't get in, because I locked the door.'

'In that case, Dr Harris,' said Flambeau, 'we might as well walk round at the back by the end of the conservatory. There's no entrance to it that way, but it's worth seeing, even from the outside.'

'Yes, and I might get a squint at my patient,' laughed the doctor, 'for he prefers to lie on an ottoman right at the end of the conservatory amid all those blood-red poinsettias; it would give me the creeps. But what are you doing?'

Father Brown had stopped for a moment, and picked up out of the long grass, where it had almost been wholly hidden, a queer, crooked Oriental knife, inlaid exquisitely in coloured stones and metals.

'What is this?' asked Father Brown, regarding it with some disfavour.

'Oh, Quinton's, I suppose,' said Dr Harris carelessly; 'he has all sorts of Chinese knickknacks about the place. Or perhaps it belongs to that mild Hindoo of his whom he keeps on a string.'

'What Hindoo?' asked Father Brown, still staring at the dagger in his hand.

'Oh, some Indian conjuror,' said the doctor lightly; 'a fraud, of course.'

'You don't believe in magic?' asked Father Brown, without looking up.

'O crickey! magic!' said the doctor.

'It's very beautiful,' said the priest in a low, dreaming voice; 'the colours are very beautiful. But it's the wrong shape.'

'What for?' asked Flambeau, staring.

'For anything. It's the wrong shape in the abstract. Don't you ever feel that about Eastern art? The colours are intoxicatingly lovely; but the shapes are mean and bad – deliberately mean and bad. I have seen wicked things in a Turkey carpet.'

'Mon Dieu!' cried Flambeau, laughing.

'They are letters and symbols in a language I don't know; but I know they stand for evil words,' went on the priest, his voice growing lower and lower. 'The lines go wrong on purpose – like serpents doubling to escape.'

'What the devil are you talking about?' said the doctor with a loud laugh.

Flambeau spoke quietly to him in answer. 'The Father sometimes gets this mystic's cloud on him,' he said; 'but I give you fair warning

that I have never known him to have it except when there was some evil quite near.'

'Oh, rats!' said the scientist.

'Why, look at it,' cried Father Brown, holding out the crooked knife at arm's length, as if it were some glittering snake. 'Don't you see it is the wrong shape? Don't you see that it has no hearty and plain purpose? It does not point like a spear. It does not sweep like a scythe. It does not look like a weapon. It looks like an instrument of torture.'

'Well, as you don't seem to like it,' said the jolly Harris, 'it had better be taken back to its owner. Haven't we come to the end of this confounded conservatory yet? This house is the wrong shape, if you like.'

'You don't understand,' said Father Brown, shaking his head. 'The shape of this house is quaint – it is even laughable. But there is nothing wrong about it.'

As they spoke they came round the curve of glass that ended the conservatory, an uninterrupted curve, for there was neither door nor window by which to enter at that end. The glass, however, was clear, and the sun still bright, though beginning to set; and they could see not only the flamboyant blossoms inside, but the frail figure of the poet in a brown velvet coat lying languidly on the sofa, having, apparently, fallen half asleep over a book. He was a pale, slight man, with loose, chestnut hair and a fringe of beard that was the paradox of his face, for the beard made him look less manly. These traits were well known to all three of them; but even had it not been so, it may be doubted whether they would have looked at Quinton just then. Their eyes were riveted on another object.

Exactly in their path, immediately outside the round end of the glass building, was standing a tall man, whose drapery fell to his feet in faultless white, and whose bare, brown skull, face, and neck gleamed in the setting sun like splendid bronze. He was looking through the glass at the sleeper, and he was more motionless than a mountain.

'Who is that?' cried Father Brown, stepping back with a hissing intake of his breath.

'Oh, it is only that Hindoo humbug,' growled Harris; 'but I don't know what the deuce he's doing here.'

'It looks like hypnotism,' said Flambeau, biting his black moustache.

'Why are you unmedical fellows always talking bosh about hypnotism?' cried the doctor. 'It looks a deal more like burglary.'

'Well, we will speak to it, at any rate,' said Flambeau, who was always for action. One long stride took him to the place where the Indian stood. Bowing from his great height, which overtopped even

the Oriental's, he said with placid impudence: 'Good evening, sir. Do you want anything?'

Quite slowly, like a great ship turning into a harbour, the great yellow face turned, and looked at last over its white shoulder. They were startled to see that its yellow eyelids were quite sealed, as in sleep. 'Thank you,' said the face in excellent English. 'I want nothing.' Then, half opening the lids, so as to show a slit of opalescent eyeball, he repeated, 'I want nothing.' Then he opened his eyes wide with a startling stare, said, 'I want nothing,' and went rustling away into the rapidly darkening garden.

'The Christian is more modest,' muttered Father Brown; 'he wants something.'

'What on earth was he doing?' asked Flambeau, knitting his black brows and lowering his voice.

'I should like to talk to you later,' said Father Brown.

The sunlight was still a reality, but it was the red light of evening, and the bulk of the garden trees and bushes grew blacker and blacker against it. They turned round the end of the conservatory, and walked in silence down the other side to get round to the front door. As they went they seemed to wake something, as one startles a bird, in the deeper corner between the study and the main building; and again they saw the white-robed fakir slide out of the shadow, and slip round towards the front door. To their surprise, however, he had not been alone. They found themselves abruptly pulled up and forced to banish their bewilderment by the appearance of Mrs Quinton, with her heavy golden hair and square pale face, advancing on them out of the twilight. She looked a little stern, but was entirely courteous.

'Good evening, Dr Harris,' was all she said.

'Good evening, Mrs Quinton,' said the little doctor heartily. 'I am just going to give your husband his sleeping draught.'

'Yes,' she said in a clear voice. 'I think it is quite time.' And she smiled at them, and went sweeping into the house.

'That woman's over-driven,' said Father Brown; 'that's the kind of woman that does her duty for twenty years, and then does something dreadful.'

The little doctor looked at him for the first time with an eye of interest. 'Did you ever study medicine?' he asked.

'You have to know something of the mind as well as the body,' answered the priest; 'we have to know something of the body as well as the mind.'

'Well,' said the doctor, 'I think I'll go and give Quinton his stuff.'

They had turned the corner of the front facade, and were approaching

the front doorway. As they turned into it they saw the man in the white robe for the third time. He came so straight towards the front door that it seemed quite incredible that he had not just come out of the study opposite to it. Yet they knew that the study door was locked.

Father Brown and Flambeau, however, kept this weird contradiction to themselves, and Dr Harris was not a man to waste his thoughts on the impossible. He permitted the omnipresent Asiatic to make his exit, and then stepped briskly into the hall. There he found a figure which he had already forgotten. The inane Atkinson was still hanging about, humming and poking things with his knobby cane. The doctor's face had a spasm of disgust and decision, and he whispered rapidly to his companion: 'I must lock the door again, or this rat will get in. But I shall be out again in two minutes.'

He rapidly unlocked the door and locked it again behind him, just balking a blundering charge from the young man in the billycock. The young man threw himself impatiently on a hall chair. Flambeau looked at a Persian illumination on the wall; Father Brown, who seemed in a sort of daze, dully eyed the door. In about four minutes the door was opened again. Atkinson was quicker this time. He sprang forward, held the door open for an instant, and called out: 'Oh, I say, Quinton, I want –'

From the other end of the study came the clear voice of Quinton, in something between a yawn and a yell of weary laughter.

'Oh, I know what you want. Take it, and leave me in peace. I'm writing a song about peacocks.'

Before the door closed half a sovereign came flying through the aperture; and Atkinson, stumbling forward, caught it with singular dexterity.

'So that's settled,' said the doctor, and, locking the door savagely, he led the way out into the garden.

'Poor Leonard can get a little peace now,' he added to Father Brown; 'he's locked in all by himself for an hour or two.'

'Yes,' answered the priest; 'and his voice sounded jolly enough when we left him.' Then he looked gravely round the garden, and saw the loose figure of Atkinson standing and jingling the half-sovereign in his pocket, and beyond, in the purple twilight, the figure of the Indian sitting bolt upright upon a bank of grass with his face turned towards the setting sun. Then he said abruptly: 'Where is Mrs Quinton!'

'She has gone up to her room,' said the doctor. 'That is her shadow on the blind.'

Father Brown looked up, and frowningly scrutinised a dark outline at the gas-lit window.

'Yes,' he said, 'that is her shadow,' and he walked a yard or two and threw himself upon a garden seat.

Flambeau sat down beside him; but the doctor was one of those energetic people who live naturally on their legs. He walked away, smoking, into the twilight, and the two friends were left together.

'My father,' said Flambeau in French, 'what is the matter with you?'

Father Brown was silent and motionless for half a minute, then he said: 'Superstition is irreligious, but there is something in the air of this place. I think it's that Indian – at least, partly.'

He sank into silence, and watched the distant outline of the Indian, who still sat rigid as if in prayer. At first sight he seemed motionless, but as Father Brown watched him he saw that the man swayed ever so slightly with a rhythmic movement, just as the dark tree-tops swayed ever so slightly in the wind that was creeping up the dim garden paths and shuffling the fallen leaves a little.

The landscape was growing rapidly dark, as if for a storm, but they could still see all the figures in their various places. Atkinson was leaning against a tree with a listless face; Quinton's wife was still at her window; the doctor had gone strolling round the end of the conservatory; they could see his cigar like a will-o'-the-wisp; and the fakir still sat rigid and yet rocking, while the trees above him began to rock and almost to roar. Storm was certainly coming.

'When that Indian spoke to us,' went on Brown in a conversational undertone, 'I had a sort of vision, a vision of him and all his universe. Yet he only said the same thing three times. When first he said "I want nothing," it meant only that he was impenetrable, that Asia does not give itself away. Then he said again, "I want nothing," and I knew that he meant that he was sufficient to himself, like a cosmos, that he needed no God, neither admitted any sins. And when he said the third time, "I want nothing," he said it with blazing eyes. And I knew that he meant literally what he said; that nothing was his desire and his home; that he was weary for nothing as for wine; that annihilation, the mere destruction of everything or anything –'

Two drops of rain fell; and for some reason Flambeau started and looked up, as if they had stung him. And the same instant the doctor down by the end of the conservatory began running towards them, calling out something as he ran.

As he came among them like a bombshell the restless Atkinson happened to be taking a turn nearer to the house front; and the doctor clutched him by the collar in a convulsive grip. 'Foul play!' he cried; 'what have you been doing to him, you dog?'

The priest had sprung erect, and had the voice of steel of a soldier in command.

'No fighting,' he cried coolly; 'we are enough to hold anyone we want to. What is the matter, doctor?'

'Things are not right with Quinton,' said the doctor, quite white. 'I could just see him through the glass, and I don't like the way he's lying. It's not as I left him, anyhow.'

'Let us go in to him,' said Father Brown shortly. 'You can leave Mr Atkinson alone. I have had him in sight since we heard Quinton's voice.'

'I will stop here and watch him,' said Flambeau hurriedly. 'You go in and see.'

The doctor and the priest flew to the study door, unlocked it, and fell into the room. In doing so they nearly fell over the large mahogany table in the centre at which the poet usually wrote; for the place was lit only by a small fire kept for the invalid. In the middle of this table lay a single sheet of paper, evidently left there on purpose. The doctor snatched it up, glanced at it, handed it to Father Brown, and crying, 'Good God, look at that!' plunged towards the glass room beyond, where the terrible tropic flowers still seemed to keep a crimson memory of the sunset.

Father Brown read the words three times before he put down the paper. The words were: 'I die by my own hand; yet I die murdered!' They were in the quite inimitable, not to say illegible, handwriting of Leonard Quinton.

Then Father Brown, still keeping the paper in his hand, strode towards the conservatory, only to meet his medical friend coming back with a face of assurance and collapse. 'He's done it,' said Harris.

They went together through the gorgeous unnatural beauty of cactus and azalea and found Leonard Quinton, poet and romancer, with his head hanging downward off his ottoman and his red curls sweeping the ground. Into his left side was thrust the queer dagger that they had picked up in the garden, and his limp hand still rested on the hilt.

Outside the storm had come at one stride, like the night in Coleridge, and garden and glass roof were darkened with driving rain. Father Brown seemed to be studying the paper more than the corpse; he held it close to his eyes; and seemed trying to read it in the twilight. Then he held it up against the faint light, and, as he did so, lightning stared at them for an instant so white that the paper looked black against it.

Darkness full of thunder followed, and after the thunder Father Brown's voice said out of the dark: 'Doctor, this paper is the wrong shape.'

'What do you mean?' asked Doctor Harris, with a frowning stare.

'It isn't square,' answered Brown. 'It has a sort of edge snipped off at the corner. What does it mean?'

'How the deuce should I know?' growled the doctor. 'Shall we move this poor chap, do you think? He's quite dead.'

'No,' answered the priest; 'we must leave him as he lies and send for the police.' But he was still scrutinising the paper.

As they went back through the study he stopped by the table and picked up a small pair of nail scissors. 'Ah,' he said, with a sort of relief, 'this is what he did it with. But yet –' And he knitted his brows.

'Oh, stop fooling with that scrap of paper,' said the doctor emphatically. 'It was a fad of his. He had hundreds of them. He cut all his paper like that,' as he pointed to a stack of sermon paper still unused on another and smaller table. Father Brown went up to it and held up a sheet. It was the same irregular shape.

'Quite so,' he said. 'And here I see the corners that were snipped off.' And to the indignation of his colleague he began to count them.

'That's all right,' he said, with an apologetic smile. 'Twenty-three sheets cut and twenty-two corners cut off them. And as I see you are impatient we will rejoin the others.'

'Who is to tell his wife?' asked Dr Harris. 'Will you go and tell her now, while I send a servant for the police?'

'As you will,' said Father Brown indifferently. And he went out to the hall door.

Here also he found a drama, though of a more grotesque sort. It showed nothing less than his big friend Flambeau in an attitude to which he had long been unaccustomed, while upon the pathway at the bottom of the steps was sprawling with his boots in the air the amiable Atkinson, his billycock hat and walking cane sent flying in opposite directions along the path. Atkinson had at length wearied of Flambeau's almost paternal custody, and had endeavoured to knock him down, which was by no means a smooth game to play with the Roi des Apaches, even after that monarch's abdication.

Flambeau was about to leap upon his enemy and secure him once more, when the priest patted him easily on the shoulder.

'Make it up with Mr Atkinson, my friend,' he said. 'Beg a mutual pardon and say "Good night." We need not detain him any longer.' Then, as Atkinson rose somewhat doubtfully and gathered his hat and stick and went towards the garden gate, Father Brown said in a more serious voice: 'Where is that Indian?'

They all three (for the doctor had joined them) turned involuntarily towards the dim grassy bank amid the tossing trees purple with twilight,

where they had last seen the brown man swaying in his strange prayers. The Indian was gone.

'Confound him,' cried the doctor, stamping furiously. 'Now I know that it was that nigger that did it.'

'I thought you didn't believe in magic,' said Father Brown quietly.

'No more I did,' said the doctor, rolling his eyes. 'I only know that I loathed that yellow devil when I thought he was a sham wizard. And I shall loathe him more if I come to think he was a real one.'

'Well, his having escaped is nothing,' said Flambeau. 'For we could have proved nothing and done nothing against him. One hardly goes to the parish constable with a story of suicide imposed by witchcraft or auto-suggestion.'

Meanwhile Father Brown had made his way into the house, and now went to break the news to the wife of the dead man.

When he came out again he looked a little pale and tragic, but what passed between them in that interview was never known, even when all was known.

Flambeau, who was talking quietly with the doctor, was surprised to see his friend reappear so soon at his elbow; but Brown took no notice, and merely drew the doctor apart. 'You have sent for the police, haven't you?' he asked.

'Yes,' answered Harris. 'They ought to be here in ten minutes.'

'Will you do me a favour?' said the priest quietly. 'The truth is, I make a collection of these curious stories, which often contain, as in the case of our Hindoo friend, elements which can hardly be put into a police report. Now, I want you to write out a report of this case for my private use. Yours is a clever trade,' he said, looking the doctor gravely and steadily in the face. 'I sometimes think that you know some details of this matter which you have not thought fit to mention. Mine is a confidential trade like yours, and I will treat anything you write for me in strict confidence. But write the whole.'

The doctor, who had been listening thoughtfully with his head a little on one side, looked the priest in the face for an instant, and said: 'All right,' and went into the study, closing the door behind him.

'Flambeau,' said Father Brown, 'there is a long seat there under the veranda, where we can smoke out of the rain. You are my only friend in the world, and I want to talk to you. Or, perhaps, be silent with you.'

They established themselves comfortably in the veranda seat; Father Brown, against his common habit, accepted a good cigar and smoked it steadily in silence, while the rain shrieked and rattled on the roof of the veranda.

'My friend,' he said at length, 'this is a very queer case. A very queer case.'

'I should think it was,' said Flambeau, with something like a shudder.

'You call it queer, and I call it queer,' said the other, 'and yet we mean quite opposite things. The modern mind always mixes up two different ideas: mystery in the sense of what is marvellous, and mystery in the sense of what is complicated. That is half its difficulty about miracles. A miracle is startling; but it is simple. It is simple because it is a miracle. It is power coming directly from God (or the devil) instead of indirectly through nature or human wills. Now, you mean that this business is marvellous because it is miraculous, because it is witchcraft worked by a wicked Indian. Understand, I do not say that it was not spiritual or diabolic. Heaven and hell only know by what surrounding influences strange sins come into the lives of men. But for the present my point is this: If it was pure magic, as you think, then it is marvellous; but it is not mysterious – that is, it is not complicated. The quality of a miracle is mysterious, but its manner is simple. Now, the manner of this business has been the reverse of simple.'

The storm that had slackened for a little seemed to be swelling again, and there came heavy movements as of faint thunder. Father Brown let fall the ash of his cigar and went on: 'There has been in this incident,' he said, 'a twisted, ugly, complex quality that does not belong to the straight bolts either of heaven or hell. As one knows the crooked track of a snail, I know the crooked track of a man.'

The white lightning opened its enormous eye in one wink, the sky shut up again, and the priest went on: 'Of all these crooked things, the crookedest was the shape of that piece of paper. It was crookeder than the dagger that killed him.'

'You mean the paper on which Quinton confessed his suicide,' said Flambeau.

'I mean the paper on which Quinton wrote, "I die by my own hand",' answered Father Brown. 'The shape of that paper, my friend, was the wrong shape; the wrong shape, if ever I have seen it in this wicked world.'

'It only had a corner snipped off,' said Flambeau, 'and I understand that all Quinton's paper was cut that way.'

'It was a very odd way,' said the other, 'and a very bad way, to my taste and fancy. Look here, Flambeau, this Quinton – God receive his soul! – was perhaps a bit of a cur in some ways, but he really was an artist, with the pencil as well as the pen. His handwriting, though hard to read, was bold and beautiful. I can't prove what I say; I can't prove anything. But I tell you with the full force of conviction that he could never have

cut that mean little piece off a sheet of paper. If he had wanted to cut down paper for some purpose of fitting in, or binding up, or what not, he would have made quite a different slash with the scissors. Do you remember the shape? It was a mean shape. It was a wrong shape. Like this. Don't you remember?'

And he waved his burning cigar before him in the darkness, making irregular squares so rapidly that Flambeau really seemed to see them as fiery hieroglyphics upon the darkness – hieroglyphics such as his friend had spoken of, which are undecipherable, yet can have no good meaning.

'But,' said Flambeau, as the priest put his cigar in his mouth again and leaned back, staring at the roof, 'suppose somebody else did use the scissors. Why should somebody else, cutting pieces off his sermon paper, make Quinton commit suicide?'

Father Brown was still leaning back and staring at the roof, but he took his cigar out of his mouth and said: 'Quinton never did commit suicide.'

Flambeau stared at him. 'Why, confound it all,' he cried, 'then why did he confess to suicide?'

The priest leant forward again, settled his elbows on his knees, looked at the ground, and said, in a low, distinct voice: 'He never did confess to suicide.'

Flambeau laid his cigar down. 'You mean,' he said, 'that the writing was forged?'

'No,' said Father Brown. 'Quinton wrote it all right.'

'Well, there you are,' said the aggravated Flambeau; 'Quinton wrote, "I die by my own hand," with his own hand on a plain piece of paper.'

'Of the wrong shape,' said the priest calmly.

'Oh, the shape be damned!' cried Flambeau. 'What has the shape to do with it?'

'There were twenty-three snipped papers,' resumed Brown unmoved, 'and only twenty-two pieces snipped off. Therefore one of the pieces had been destroyed, probably that from the written paper. Does that suggest anything to you?'

A light dawned on Flambeau's face, and he said: 'There was something else written by Quinton, some other words. "They will tell you I die by my own hand", or "Do not believe that –"'

'Hotter, as the children say,' said his friend. 'But the piece was hardly half an inch across; there was no room for one word, let alone five. Can you think of anything hardly bigger than a comma which the man with hell in his heart had to tear away as a testimony against him?'

'I can think of nothing,' said Flambeau at last.

'What about quotation marks?' said the priest, and flung his cigar far into the darkness like a shooting star.

All words had left the other man's mouth, and Father Brown said, like one going back to fundamentals: 'Leonard Quinton was a romancer, and was writing an Oriental romance about wizardry and hypnotism. He –'

At this moment the door opened briskly behind them, and the doctor came out with his hat on. He put a long envelope into the priest's hands.

'That's the document you wanted,' he said, 'and I must be getting home. Good night.'

'Good night,' said Father Brown, as the doctor walked briskly to the gate. He had left the front door open, so that a shaft of gaslight fell upon them. In the light of this Brown opened the envelope and read the following words:

DEAR FATHER BROWN, – *Vicisti Galilee.* Otherwise, damn your eyes, which are very penetrating ones. Can it be possible that there is something in all that stuff of yours after all?

I am a man who has ever since boyhood believed in Nature and in all natural functions and instincts, whether men called them moral or immoral. Long before I became a doctor, when I was a schoolboy keeping mice and spiders, I believed that to be a good animal is the best thing in the world. But just now I am shaken; I have believed in Nature; but it seems as if Nature could betray a man. Can there be anything in your bosh? I am really getting morbid.

I loved Quinton's wife. What was there wrong in that? Nature told me to, and it's love that makes the world go round. I also thought quite sincerely that she would be happier with a clean animal like me than with that tormenting little lunatic. What was there wrong in that? I was only facing facts, like a man of science. She would have been happier.

According to my own creed I was quite free to kill Quinton, which was the best thing for everybody, even himself. But as a healthy animal I had no notion of killing myself. I resolved, therefore, that I would never do it until I saw a chance that would leave me scot free. I saw that chance this morning.

I have been three times, all told, into Quinton's study today. The first time I went in he would talk about nothing but the weird tale, called 'The Cure of a Saint', which he was writing, which was all about how some Indian hermit made an English colonel kill himself by thinking about him. He showed me the last sheets,

and even read me the last paragraph, which was something like this:

'The conqueror of the Punjab, a mere yellow skeleton, but still gigantic, managed to lift himself on his elbow and gasp in his nephew's ear: "I die by my own hand, yet I die murdered!"'

It so happened by one chance out of a hundred, that those last words were written at the top of a new sheet of paper. I left the room, and went out into the garden intoxicated with a frightful opportunity.

We walked round the house; and two more things happened in my favour. You suspected an Indian, and you found a dagger which the Indian might most probably use. Taking the opportunity to stuff it in my pocket I went back to Quinton's study, locked the door, and gave him his sleeping draught. He was against answering Atkinson at all, but I urged him to call out and quiet the fellow, because I wanted a clear proof that Quinton was alive when I left the room for the second time. Quinton lay down in the conservatory, and I came through the study. I am a quick man with my hands, and in a minute and a half I had done what I wanted to do. I had emptied all the first part of Quinton's romance into the fireplace, where it burnt to ashes. Then I saw that the quotation marks wouldn't do, so I snipped them off, and to make it seem likelier, snipped the whole quire to match. Then I came out with the knowledge that Quinton's confession of suicide lay on the front table, while Quinton lay alive but asleep in the conservatory beyond.

The last act was a desperate one; you can guess it: I pretended to have seen Quinton dead and rushed to his room. I delayed you with the paper, and, being a quick man with my hands, killed Quinton while you were looking at his confession of suicide. He was half-asleep, being drugged, and I put his own hand on the knife and drove it into his body. The knife was of so queer a shape that no one but an operator could have calculated the angle that would reach his heart. I wonder if you noticed this.

When I had done it, the extraordinary thing happened. Nature deserted me. I felt ill. I felt just as if I had done something wrong. I think my brain is breaking up; I feel some sort of desperate pleasure in thinking I have told the thing to somebody; that I shall not have to be alone with it if I marry and have children. What is the matter with me? . . . Madness . . . or can one have remorse, just as if one were in Byron's poems! I cannot write any more.

JAMES ERSKINE HARRIS

Father Brown carefully folded up the letter, and put it in his breast pocket just as there came a loud peal at the gate bell, and the wet waterproofs of several policemen gleamed in the road outside.

Father Brown carefully folded up the letter, and put it in his breast pocket just as there came a loud peal at the gate-bell, and the wet waterproofs of several policemen gleamed in the road outside.

The Sins of Prince Saradine

When Flambeau took his month's holiday from his office in Westminster he took it in a small sailing-boat, so small that it passed much of its time as a rowing-boat. He took it, moreover, in little rivers in the Eastern counties, rivers so small that the boat looked like a magic boat, sailing on land through meadows and cornfields. The vessel was just comfortable for two people; there was room only for necessities, and Flambeau had stocked it with such things as his special philosophy considered necessary. They reduced themselves, apparently, to four essentials: tins of salmon, if he should want to eat; loaded revolvers, if he should want to fight; a bottle of brandy, presumably in case he should faint; and a priest, presumably in case he should die. With this light luggage he crawled down the little Norfolk rivers, intending to reach the Broads at last, but meanwhile delighting in the overhanging gardens and meadows, the mirrored mansions or villages, lingering to fish in the pools and corners, and in some sense hugging the shore.

Like a true philosopher, Flambeau had no aim in his holiday; but, like a true philosopher, he had an excuse. He had a sort of half purpose, which he took just so seriously that its success would crown the holiday, but just so lightly that its failure would not spoil it. Years ago, when he had been a king of thieves and the most famous figure in Paris, he had often received wild communications of approval, denunciation, or even love; but one had, somehow, stuck in his memory. It consisted simply of a visiting-card, in an envelope with an English postmark. On the back of the card was written in French and in green ink: 'If you ever retire and become respectable, come and see me. I want to meet you, for I have met all the other great men of my time. That trick of yours of getting one detective to arrest the other was the most splendid scene in French history.' On the front of the card was engraved in the formal fashion, 'Prince Saradine, Reed House, Reed Island, Norfolk'.

He had not troubled much about the prince then, beyond ascertaining that he had been a brilliant and fashionable figure in southern Italy. In his youth, it was said, he had eloped with a married woman of high rank; the escapade was scarcely startling in his social world, but it had clung to men's minds because of an additional tragedy: the alleged suicide of the insulted husband, who appeared to have flung himself over a precipice in Sicily. The prince then lived in Vienna for a time, but his more recent years seemed to have been passed in perpetual and restless

travel. But when Flambeau, like the prince himself, had left European celebrity and settled in England, it occurred to him that he might pay a surprise visit to this eminent exile in the Norfolk Broads. Whether he should find the place he had no idea; and, indeed, it was sufficiently small and forgotten. But, as things fell out, he found it much sooner than he expected.

They had moored their boat one night under a bank veiled in high grasses and short pollarded trees. Sleep, after heavy sculling, had come to them early, and by a corresponding accident they awoke before it was light. To speak more strictly, they awoke before it was daylight; for a large lemon moon was only just setting in the forest of high grass above their heads, and the sky was of a vivid violet-blue, nocturnal but bright. Both men had simultaneously a reminiscence of childhood, of the elfin and adventurous time when tall weeds close over us like woods. Standing up thus against the large low moon, the daisies really seemed to be giant daisies, the dandelions to be giant dandelions. Somehow it reminded them of the dado of a nursery wallpaper. The drop of the river-bed sufficed to sink them under the roots of all shrubs and flowers and make them gaze upwards at the grass. 'By Jove!' said Flambeau, 'it's like being in fairyland.'

Father Brown sat bolt upright in the boat and crossed himself. His movement was so abrupt that his friend asked him, with a mild stare, what was the matter.

'The people who wrote the mediaeval ballads,' answered the priest, 'knew more about fairies than you do. It isn't only nice things that happen in fairyland.'

'Oh, bosh!' said Flambeau. 'Only nice things could happen under such an innocent moon. I am for pushing on now and seeing what does really come. We may die and rot before we ever see again such a moon or such a mood.'

'All right,' said Father Brown. 'I never said it was always wrong to enter fairyland. I only said it was always dangerous.'

They pushed slowly up the brightening river; the glowing violet of the sky and the pale gold of the moon grew fainter and fainter, and faded into that vast colourless cosmos that precedes the colours of the dawn. When the first faint stripes of red and gold and grey split the horizon from end to end they were broken by the black bulk of a town or village which sat on the river just ahead of them. It was already an easy twilight, in which all things were visible, when they came under the hanging roofs and bridges of this riverside hamlet. The houses, with their long, low, stooping roofs, seemed to come down to drink at the river, like huge grey and red cattle. The broadening and whitening

dawn had already turned to working daylight before they saw any living creature on the wharves and bridges of that silent town. Eventually they saw a very placid and prosperous man in his shirt sleeves, with a face as round as the recently sunken moon, and rays of red whisker around the low arc of it, who was leaning on a post above the sluggish tide. By an impulse not to be analysed, Flambeau rose to his full height in the swaying boat and shouted at the man to ask if he knew Reed Island or Reed House. The prosperous man's smile grew slightly more expansive, and he simply pointed up the river towards the next bend of it. Flambeau went ahead without further speech.

The boat took many such grassy corners and followed many such reedy and silent reaches of river; but before the search had become monotonous they had swung round a specially sharp angle and come into the silence of a sort of pool or lake, the sight of which instinctively arrested them. For in the middle of this wider piece of water, fringed on every side with rushes, lay a long, low islet, along which ran a long, low house or bungalow built of bamboo or some kind of tough tropic cane. The upstanding rods of bamboo which made the walls were pale yellow, the sloping rods that made the roof were of darker red or brown, otherwise the long house was a thing of repetition and monotony. The early morning breeze rustled the reeds round the island and sang in the strange ribbed house as in a giant pan-pipe.

'By George!' cried Flambeau; 'here is the place, after all! Here is Reed Island, if ever there was one. Here is Reed House, if it is anywhere. I believe that fat man with whiskers was a fairy.'

'Perhaps,' remarked Father Brown impartially. 'If he was, he was a bad fairy.'

But even as he spoke the impetuous Flambeau had run his boat ashore in the rattling reeds, and they stood in the long, quaint islet beside the odd and silent house.

The house stood with its back, as it were, to the river and the only landing-stage; the main entrance was on the other side, and looked down the long island garden. The visitors approached it, therefore, by a small path running round nearly three sides of the house, close under the low eaves. Through three different windows on three different sides they looked in on the same long, well-lit room, panelled in light wood, with a large number of looking-glasses, and laid out as for an elegant lunch. The front door, when they came round to it at last, was flanked by two turquoise-blue flower pots. It was opened by a butler of the drearier type – long, lean, grey and listless – who murmured that Prince Saradine was from home at present, but was expected hourly; the house being kept ready for him and his guests. The exhibition of the card with

the scrawl of green ink awoke a flicker of life in the parchment face of the depressed retainer, and it was with a certain shaky courtesy that he suggested that the strangers should remain. 'His Highness may be here any minute,' he said, 'and would be distressed to have just missed any gentleman he had invited. We have orders always to keep a little cold lunch for him and his friends, and I am sure he would wish it to be offered.'

Moved with curiosity to this minor adventure, Flambeau assented gracefully, and followed the old man, who ushered him ceremoniously into the long, lightly panelled room. There was nothing very notable about it, except the rather unusual alternation of many long, low windows with many long, low oblongs of looking-glass, which gave a singular air of lightness and unsubstantialness to the place. It was somehow like lunching out of doors. One or two pictures of a quiet kind hung in the corners, one a large grey photograph of a very young man in uniform, another a red chalk sketch of two long-haired boys. Asked by Flambeau whether the soldierly person was the prince, the butler answered shortly in the negative; it was the prince's younger brother, Captain Stephen Saradine, he said. And with that the old man seemed to dry up suddenly and lose all taste for conversation.

After lunch had tailed off with exquisite coffee and liqueurs, the guests were introduced to the garden, the library, and the housekeeper – a dark, handsome lady, of no little majesty, and rather like a plutonic Madonna. It appeared that she and the butler were the only survivors of the prince's original foreign *ménage*, all the other servants now in the house being new and collected in Norfolk by the housekeeper. This latter lady went by the name of Mrs Anthony, but she spoke with a slight Italian accent, and Flambeau did not doubt that Anthony was a Norfolk version of some more Latin name. Mr Paul, the butler, also had a faintly foreign air, but he was in tongue and training English, as are many of the most polished men-servants of the cosmopolitan nobility.

Pretty and unique as it was, the place had about it a curious luminous sadness. Hours passed in it like days. The long, well-windowed rooms were full of daylight, but it seemed a dead daylight. And through all other incidental noises, the sound of talk, the clink of glasses, or the passing feet of servants, they could hear on all sides of the house the melancholy noise of the river.

'We have taken a wrong turning, and come to a wrong place,' said Father Brown, looking out of the window at the grey-green sedges and the silver flood. 'Never mind; one can sometimes do good by being the right person in the wrong place.'

Father Brown, though commonly a silent, was an oddly sympathetic

little man, and in those few but endless hours he unconsciously sank deeper into the secrets of Reed House than his professional friend. He had that knack of friendly silence which is so essential to gossip; and saying scarcely a word, he probably obtained from his new acquaintances all that in any case they would have told. The butler indeed was naturally uncommunicative. He betrayed a sullen and almost animal affection for his master; who, he said, had been very badly treated. The chief offender seemed to be his highness's brother, whose name alone would lengthen the old man's lantern jaws and pucker his parrot nose into a sneer. Captain Stephen was a ne'er-do-weel, apparently, and had drained his benevolent brother of hundreds and thousands; forced him to fly from fashionable life and live quietly in this retreat. That was all Paul, the butler, would say, and Paul was obviously a partisan.

The Italian housekeeper was somewhat more communicative, being, as Brown fancied, somewhat less content. Her tone about her master was faintly acid; though not without a certain awe. Flambeau and his friend were standing in the room of the looking-glasses examining the red sketch of the two boys, when the housekeeper swept in swiftly on some domestic errand. It was a peculiarity of this glittering, glass-panelled place that anyone entering was reflected in four or five mirrors at once; and Father Brown, without turning round, stopped in the middle of a sentence of family criticism. But Flambeau, who had his face close up to the picture, was already saying in a loud voice, 'The brothers Saradine, I suppose. They both look innocent enough. It would be hard to say which is the good brother and which the bad.' Then, realising the lady's presence, he turned the conversation with some triviality, and strolled out into the garden. But Father Brown still gazed steadily at the red crayon sketch; and Mrs Anthony still gazed steadily at Father Brown.

She had large and tragic brown eyes, and her olive face glowed darkly with a curious and painful wonder – as of one doubtful of a stranger's identity or purpose. Whether the little priest's coat and creed touched some southern memories of confession, or whether she fancied he knew more than he did, she said to him in a low voice as to a fellow plotter, 'He is right enough in one way, your friend. He says it would be hard to pick out the good and bad brothers. Oh, it would be hard, it would be mighty hard, to pick out the good one.'

'I don't understand you,' said Father Brown, and began to move away.

The woman took a step nearer to him, with thunderous brows and a sort of savage stoop, like a bull lowering his horns.

'There isn't a good one,' she hissed. 'There was badness enough in the captain taking all that money, but I don't think there was much

goodness in the prince giving it. The captain's not the only one with something against him.'

A light dawned on the cleric's averted face, and his mouth formed silently the word 'blackmail'. Even as he did so the woman turned an abrupt white face over her shoulder and almost fell. The door had opened soundlessly and the pale Paul stood like a ghost in the doorway. By the weird trick of the reflecting walls, it seemed as if five Pauls had entered by five doors simultaneously.

'His Highness,' he said, 'has just arrived.'

In the same flash the figure of a man had passed outside the first window, crossing the sunlit pane like a lighted stage. An instant later he passed at the second window and the many mirrors repainted in successive frames the same eagle profile and marching figure. He was erect and alert, but his hair was white and his complexion of an odd ivory yellow. He had that short, curved Roman nose which generally goes with long, lean cheeks and chin, but these were partly masked by moustache and imperial. The moustache was much darker than the beard, giving an effect slightly theatrical, and he was dressed up to the same dashing part, having a white top hat, an orchid in his coat, a yellow waistcoat and yellow gloves which he flapped and swung as he walked. When he came round to the front door they heard the stiff Paul open it, and heard the new arrival say cheerfully, 'Well, you see I have come.' The stiff Mr Paul bowed and answered in his inaudible manner; for a few minutes their conversation could not be heard. Then the butler said, 'Everything is at your disposal'; and the glove-flapping Prince Saradine came gaily into the room to greet them. They beheld once more that spectral scene – five princes entering a room with five doors.

The prince put the white hat and yellow gloves on the table and offered his hand quite cordially.

'Delighted to see you here, Mr Flambeau,' he said. 'Knowing you very well by reputation, if that's not an indiscreet remark.'

'Not at all,' answered Flambeau, laughing. 'I am not sensitive. Very few reputations are gained by unsullied virtue.'

The prince flashed a sharp look at him to see if the retort had any personal point; then he laughed also and offered chairs to everyone, including himself.

'Pleasant little place, this, I think,' he said with a detached air. 'Not much to do, I fear; but the fishing is really good.'

The priest, who was staring at him with the grave stare of a baby, was haunted by some fancy that escaped definition. He looked at the grey, carefully curled hair, yellow-white visage, and slim, somewhat foppish

figure. These were not unnatural, though perhaps a shade *prononcé*, like the outfit of a figure behind the footlights. The nameless interest lay in something else, in the very framework of the face; Brown was tormented with a half memory of having seen it somewhere before. The man looked like some old friend of his dressed up. Then he suddenly remembered the mirrors, and put his fancy down to some psychological effect of that multiplication of human masks.

Prince Saradine distributed his social attentions between his guests with great gaiety and tact. Finding the detective of a sporting turn and eager to employ his holiday, he guided Flambeau and Flambeau's boat down to the best fishing spot in the stream, and was back in his own canoe in twenty minutes to join Father Brown in the library and plunge equally politely into the priest's more philosophic pleasures. He seemed to know a great deal both about the fishing and the books, though of these not the most edifying; he spoke five or six languages, though chiefly the slang of each. He had evidently lived in varied cities and very motley societies, for some of his cheerfullest stories were about gambling hells and opium dens, Australian bushrangers or Italian brigands. Father Brown knew that the once-celebrated Saradine had spent his last few years in almost ceaseless travel, but he had not guessed that the travels were so disreputable or so amusing.

Indeed, with all his dignity of a man of the world, Prince Saradine radiated, to such sensitive observers as the priest, a certain atmosphere of the restless and even the unreliable. His face was fastidious, but his eye was wild; he had little nervous tricks, like a man shaken by drink or drugs, and he neither had, nor professed to have, his hand on the helm of household affairs. All these were left to the two old servants, especially to the butler, who was plainly the central pillar of the house. Mr Paul, indeed, was not so much a butler as a sort of steward or, even, chamberlain; he dined privately, but with almost as much pomp as his master; he was feared by all the servants; and he consulted with the prince decorously, but somewhat unbendingly – rather as if he were the prince's solicitor. The sombre housekeeper was a mere shadow in comparison; indeed, she seemed to efface herself and wait only on the butler, and Brown heard no more of those volcanic whispers which had half told him of the younger brother who blackmailed the elder. Whether the prince was really being thus bled by the absent captain, he could not be certain, but there was something insecure and secretive about Saradine that made the tale by no means incredible.

When they went once more into the long hall with the windows and the mirrors, yellow evening was dropping over the waters and the willowy banks; and a bittern sounded in the distance like an elf upon

his dwarfish drum. The same singular sentiment of some sad and evil fairyland crossed the priest's mind again like a little grey cloud. 'I wish Flambeau were back,' he muttered.

'Do you believe in doom?' asked the restless Prince Saradine suddenly.

'No,' answered his guest. 'I believe in Doomsday.'

The prince turned from the window and stared at him in a singular manner, his face in shadow against the sunset. 'What do you mean?' he asked.

'I mean that we here are on the wrong side of the tapestry,' answered Father Brown. 'The things that happen here do not seem to mean anything; they mean something somewhere else. Somewhere else retribution will come on the real offender. Here it often seems to fall on the wrong person.'

The prince made an inexplicable noise like an animal; in his shadowed face the eyes were shining queerly. A new and shrewd thought exploded silently in the other's mind. Was there another meaning in Saradine's blend of brilliancy and abruptness? Was the prince – Was he perfectly sane? He was repeating, 'The wrong person – the wrong person,' many more times than was natural in a social exclamation.

Then Father Brown awoke tardily to a second truth. In the mirrors before him he could see the silent door standing open, and the silent Mr Paul standing in it, with his usual pallid impassiveness.

'I thought it better to announce at once,' he said, with the same stiff respectfulness as of an old family lawyer, 'a boat rowed by six men has come to the landing-stage, and there's a gentleman sitting in the stern.'

'A boat!' repeated the prince; 'a gentleman?' and he rose to his feet.

There was a startled silence punctuated only by the odd noise of the bird in the sedge; and then, before anyone could speak again, a new face and figure passed in profile round the three sunlit windows, as the prince had passed an hour or two before. But except for the accident that both outlines were aquiline, they had little in common. Instead of the new white topper of Saradine, was a black one of antiquated or foreign shape; under it was a young and very solemn face, clean shaven, blue about its resolute chin, and carrying a faint suggestion of the young Napoleon. The association was assisted by something old and odd about the whole get-up, as of a man who had never troubled to change the fashions of his fathers. He had a shabby blue frock coat, a red, soldierly looking waistcoat, and a kind of coarse white trousers common among the early Victorians, but strangely incongruous today. From all this old clothes-shop his olive face stood out strangely young and monstrously sincere.

'The deuce!' said Prince Saradine, and clapping on his white hat he went to the front door himself, flinging it open on the sunset garden.

By that time the newcomer and his followers were drawn up on the lawn like a small stage army. The six boatmen had pulled the boat well up on shore, and were guarding it almost menacingly, holding their oars erect like spears. They were swarthy men, and some of them wore earrings. But one of them stood forward beside the olive-faced young man in the red waistcoat, and carried a large black case of unfamiliar form.

'Your name,' said the young man, 'is Saradine?'

Saradine assented rather negligently.

The newcomer had dull, doglike brown eyes, as different as possible from the restless and glittering grey eyes of the prince. But once again Father Brown was tortured with a sense of having seen somewhere a replica of the face; and once again he remembered the repetitions of the glass-panelled room, and put down the coincidence to that. 'Confound this crystal palace!' he muttered. 'One sees everything too many times. It's like a dream.'

'If you are Prince Saradine,' said the young man, 'I may tell you that my name is Antonelli.'

'Antonelli,' repeated the prince languidly. 'Somehow I remember the name.'

'Permit me to present myself,' said the young Italian.

With his left hand he politely took off his old-fashioned top hat; with his right he caught Prince Saradine so ringing a crack across the face that the white top hat rolled down the steps and one of the blue flower-pots rocked upon its pedestal.

The prince, whatever he was, was evidently not a coward; he sprang at his enemy's throat and almost bore him backwards to the grass. But his enemy extricated himself with a singularly inappropriate air of hurried politeness.

'That is all right,' he said, panting and in halting English. 'I have insulted. I will give satisfaction. Marco, open the case.'

The man beside him with the earrings and the big black case proceeded to unlock it. He took out of it two long Italian rapiers, with splendid steel hilts and blades, which he planted point downwards in the lawn. The strange young man standing facing the entrance with his yellow and vindictive face, the two swords standing up in the turf like two crosses in a cemetery, and the line of the ranked towers behind, gave it all an odd appearance of being some barbaric court of justice. But everything else was unchanged, so sudden had been the interruption.

The sunset gold still glowed on the lawn, and the bittern still boomed as announcing some small but dreadful destiny.

'Prince Saradine,' said the man called Antonelli, 'when I was an infant in the cradle you killed my father and stole my mother; my father was the more fortunate. You did not kill him fairly, as I am going to kill you. You and my wicked mother took him driving to a lonely pass in Sicily, flung him down a cliff, and went on your way. I could imitate you if I chose, but imitating you is too vile. I have followed you all over the world, and you have always fled from me. But this is the end of the world – and of you. I have you now, and I give you the chance you never gave my father. Choose one of those swords.'

Prince Saradine, with contracted brows, seemed to hesitate a moment, but his ears were still singing with the blow, and he sprang forward and snatched at one of the hilts. Father Brown had also sprung forward, striving to compose the dispute; but he soon found his personal presence made matters worse. Saradine was a French freemason and a fierce atheist, and a priest moved him by the law of contraries. And for the other man neither priest nor layman moved him at all. This young man with the Bonaparte face and the brown eyes was something far sterner than a puritan – a pagan. He was a simple slayer from the morning of the earth; a man of the stone age – a man of stone.

One hope remained, the summoning of the household; and Father Brown ran back into the house. He found, however, that all the under servants had been given a holiday ashore by the autocrat Paul, and that only the sombre Mrs Anthony moved uneasily about the long rooms. But the moment she turned a ghastly face upon him, he resolved one of the riddles of the house of mirrors. The heavy brown eyes of Antonelli were the heavy brown eyes of Mrs Anthony; and in a flash he saw half the story.

'Your son is outside,' he said without wasting words; 'either he or the prince will be killed. Where is Mr Paul?'

'He is at the landing-stage,' said the woman faintly. 'He is – he is – signalling for help.'

'Mrs Anthony,' said Father Brown seriously, 'there is no time for nonsense. My friend has his boat down the river fishing. Your son's boat is guarded by your son's men. There is only this one canoe; what is Mr Paul doing with it?'

'Santa Maria! I do not know,' she said; and swooned all her length on the matted floor.

Father Brown lifted her to a sofa, flung a pot of water over her, shouted for help, and then rushed down to the landing-stage of the little island.

But the canoe was already in mid-stream, and old Paul was pulling and pushing it up the river with an energy incredible at his years.

'I will save my master,' he cried, his eyes blazing maniacally. 'I will save him yet!'

Father Brown could do nothing but gaze after the boat as it struggled upstream and pray that the old man might waken the little town in time.

'A duel is bad enough,' he muttered, rubbing up his rough dust-coloured hair, 'but there's something wrong about this duel, even as a duel. I feel it in my bones. But what can it be?'

As he stood staring at the water, a wavering mirror of sunset, he heard from the other end of the island garden a small but unmistakable sound – the cold concussion of steel. He turned his head.

Away on the farthest cape or headland of the long islet, on a strip of turf beyond the last rank of roses, the duellists had already crossed swords. Evening above them was a dome of virgin gold, and, distant as they were, every detail was picked out. They had cast off their coats, but the yellow waistcoat and white hair of Saradine, the red waistcoat and white trousers of Antonelli, glittered in the level light like the colours of the dancing clockwork dolls. The two swords sparkled from point to pommel like two diamond pins. There was something frightful in the two figures appearing so little and so gay. They looked like two butterflies trying to pin each other to a cork.

Father Brown ran as hard as he could, his little legs going like a wheel. But when he came to the field of combat he found he was born too late and too early – too late to stop the strife, under the shadow of the grim Sicilians leaning on their oars, and too early to anticipate any disastrous issue of it. For the two men were singularly well matched, the prince using his skill with a sort of cynical confidence, the Sicilian using his with a murderous care. Few finer fencing matches can ever have been seen in crowded amphitheatres than that which tinkled and sparkled on that forgotten island in the reedy river. The dizzy fight was balanced so long that hope began to revive in the protesting priest; by all common probability Paul must soon come back with the police. It would be some comfort even if Flambeau came back from his fishing, for Flambeau, physically speaking, was worth four other men. But there was no sign of Flambeau, and, what was much queerer, no sign of Paul or the police. No other raft or stick was left to float on; in that lost island in that vast nameless pool, they were cut off as on a rock in the Pacific.

Almost as he had the thought the ringing of the rapiers quickened to a rattle, the prince's arms flew up, and the point shot out behind

between his shoulder-blades. He went over with a great whirling movement, almost like one throwing the half of a boy's cartwheel. The sword flew from his hand like a shooting star, and dived into the distant river. And he himself sank with so earth-shaking a subsidence that he broke a big rose-tree with his body and shook up into the sky a cloud of red earth – like the smoke of some heathen sacrifice. The Sicilian had made blood-offering to the ghost of his father.

The priest was instantly on his knees by the corpse; but only to make too sure that it was a corpse. As he was still trying some last hopeless tests he heard for the first time voices from farther up the river, and saw a police boat shoot up to the landing-stage, with constables and other important people, including the excited Paul. The little priest rose with a distinctly dubious grimace.

'Now, why on earth,' he muttered, 'why on earth couldn't he have come before?'

Some seven minutes later the island was occupied by an invasion of townsfolk and police, and the latter had put their hands on the victorious duellist, ritually reminding him that anything he said might be used against him.

'I shall not say anything,' said the monomaniac, with a wonderful and peaceful face. 'I shall never say anything more. I am very happy, and I only want to be hanged.'

Then he shut his mouth as they led him away, and it is the strange but certain truth that he never opened it again in this world, except to say 'Guilty' at his trial.

Father Brown had stared at the suddenly crowded garden, the arrest of the man of blood, the carrying away of the corpse after its examination by the doctor, rather as one watches the break-up of some ugly dream; he was motionless, like a man in a nightmare. He gave his name and address as a witness, but declined their offer of a boat to the shore, and remained alone in the island garden, gazing at the broken rose bush and the whole green theatre of that swift and inexplicable tragedy. The light died along the river; mist rose in the marshy banks; a few belated birds flitted fitfully across.

Stuck stubbornly in his subconsciousness (which was an unusually lively one) was an unspeakable certainty that there was something still unexplained. This sense that had clung to him all day could not be fully explained by his fancy about 'looking-glass land'. Somehow he had not seen the real story, but some game or masque. And yet people do not get hanged or run through the body for the sake of a charade.

As he sat on the steps of the landing-stage ruminating he grew conscious of the tall, dark streak of a sail coming silently down the

shining river, and sprang to his feet with such a backrush of feeling that he almost wept.

'Flambeau!' he cried, and shook his friend by both hands again and again, much to the astonishment of that sportsman, as he came on shore with his fishing tackle. 'Flambeau,' he said, 'so you're not killed?'

'Killed!' repeated the angler in great astonishment. 'And why should I be killed?'

'Oh, because nearly everybody else is,' said his companion rather wildly. 'Saradine got murdered, and Antonelli wants to be hanged, and his mother's fainted, and I, for one, don't know whether I'm in this world or the next. But, thank God, you're in the same one.' And he took the bewildered Flambeau's arm.

As they turned from the landing-stage they came under the eaves of the low bamboo house, and looked in through one of the windows, as they had done on their first arrival. They beheld a lamp-lit interior well calculated to arrest their eyes. The table in the long dining-room had been laid for dinner when Saradine's destroyer had fallen like a stormbolt on the island. And the dinner was now in placid progress, for Mrs Anthony sat somewhat sullenly at the foot of the table, while at the head of it was Mr Paul, the major domo, eating and drinking of the best, his bleared, bluish eyes standing queerly out of his face, his gaunt countenance inscrutable, but by no means devoid of satisfaction.

With a gesture of powerful impatience, Flambeau rattled at the window, wrenched it open, and put an indignant head into the lamp-lit room.

'Well,' he cried. 'I can understand you may need some refreshment, but really to steal your master's dinner while he lies murdered in the garden –'

'I have stolen a great many things in a long and pleasant life,' replied the strange old gentleman placidly; 'this dinner is one of the few things I have not stolen. This dinner and this house and garden happen to belong to me.'

A thought flashed across Flambeau's face. 'You mean to say,' he began, 'that the will of Prince Saradine –'

'I am Prince Saradine,' said the old man, munching a salted almond.

Father Brown, who was looking at the birds outside, jumped as if he were shot, and put in at the window a pale face like a turnip.

'You are what?' he repeated in a shrill voice.

'Paul, Prince Saradine, *à vos ordres*,' said the venerable person politely, lifting a glass of sherry. 'I live here very quietly, being a domestic kind of fellow; and for the sake of modesty I am called Mr Paul, to distinguish

me from my unfortunate brother Mr Stephen. He died, I hear, recently – in the garden. Of course, it is not my fault if enemies pursue him to this place. It is owing to the regrettable irregularity of his life. He was not a domestic character.'

He relapsed into silence, and continued to gaze at the opposite wall just above the bowed and sombre head of the woman. They saw plainly the family likeness that had haunted them in the dead man. Then his old shoulders began to heave and shake a little, as if he were choking, but his face did not alter.

'My God!' cried Flambeau after a pause, 'he's laughing!'

'Come away,' said Father Brown, who was quite white. 'Come away from this house of hell. Let us get into an honest boat again.'

Night had sunk on rushes and river by the time they had pushed off from the island, and they went downstream in the dark, warming themselves with two big cigars that glowed like crimson ships' lanterns. Father Brown took his cigar out of his mouth and said: 'I suppose you can guess the whole story now? After all, it's a primitive story. A man had two enemies. He was a wise man. And so he discovered that two enemies are better than one.'

'I do not follow that,' answered Flambeau.

'Oh, it's really simple,' rejoined his friend. 'Simple, though anything but innocent. Both the Saradines were scamps, but the prince, the elder, was the sort of scamp that gets to the top, and the younger, the captain, was the sort that sinks to the bottom. This squalid officer fell from beggar to blackmailer, and one ugly day he got his hold upon his brother, the prince. Obviously it was for no light matter, for Prince Paul Saradine was frankly "fast", and had no reputation to lose as to the mere sins of society. In plain fact, it was a hanging matter, and Stephen literally had a rope round his brother's neck. He had somehow discovered the truth about the Sicilian affair, and could prove that Paul murdered old Antonelli in the mountains. The captain raked in the hush money heavily for ten years, until even the prince's splendid fortune began to look a little foolish.

'But Prince Saradine bore another burden besides his blood-sucking brother. He knew that the son of Antonelli, a mere child at the time of the murder, had been trained in savage Sicilian loyalty, and lived only to avenge his father, not with the gibbet (for he lacked Stephen's legal proof), but with the old weapons of vendetta. The boy had practised arms with a deadly perfection, and about the time that he was old enough to use them Prince Saradine began, as the society papers said, to travel. The fact is that he began to flee for his life, passing from place to place like a hunted criminal; but with one relentless man upon

his trail. That was Prince Paul's position, and by no means a pretty one. The more money he spent on eluding Antonelli the less he had to silence Stephen. The more he gave to silence Stephen the less chance there was of finally escaping Antonelli. Then it was that he showed himself a great man – a genius like Napoleon.

'Instead of resisting his two antagonists, he surrendered suddenly to both of them. He gave way like a Japanese wrestler, and his foes fell prostrate before him. He gave up the race round the world, and he gave up his address to young Antonelli; then he gave up everything to his brother. He sent Stephen money enough for smart clothes and easy travel, with a letter saying roughly: "This is all I have left. You have cleaned me out. I still have a little house in Norfolk, with servants and a cellar, and if you want more from me you must take that. Come and take possession if you like, and I will live there quietly as your friend or agent or anything." He knew that the Sicilian had never seen the Saradine brothers save, perhaps, in pictures; he knew they were somewhat alike, both having grey, pointed beards. Then he shaved his own face and waited. The trap worked. The unhappy captain, in his new clothes, entered the house in triumph as a prince, and walked upon the Sicilian's sword.

'There was one hitch, and it is to the honour of human nature. Evil spirits like Saradine often blunder by never expecting the virtues of mankind. He took it for granted that the Italian's blow, when it came, would be dark, violent and nameless, like the blow it avenged; that the victim would be knifed at night, or shot from behind a hedge, and so die without speech. It was a bad minute for Prince Paul when Antonelli's chivalry proposed a formal duel, with all its possible explanations. It was then that I found him putting off in his boat with wild eyes. He was fleeing, bareheaded, in an open boat before Antonelli should learn who he was.

'But, however agitated, he was not hopeless. He knew the adventurer and he knew the fanatic. It was quite probable that Stephen, the adventurer, would hold his tongue, through his mere histrionic pleasure in playing a part, his lust for clinging to his new cosy quarters, his rascal's trust in luck, and his fine fencing. It was certain that Antonelli, the fanatic, would hold his tongue, and be hanged without telling tales of his family. Paul hung about on the river till he knew the fight was over. Then he roused the town, brought the police, saw his two vanquished enemies taken away forever, and sat down smiling to his dinner.'

'Laughing, God help us!' said Flambeau with a strong shudder. 'Do they get such ideas from Satan?'

'He got that idea from you,' answered the priest.

'God forbid!' ejaculated Flambeau. 'From me! What do you mean!'

The priest pulled a visiting-card from his pocket and held it up in the faint glow of his cigar; it was scrawled with green ink.

'Don't you remember his original invitation to you?' he asked, 'and the compliment to your criminal exploit? "That trick of yours," he says, "of getting one detective to arrest the other"? He has just copied your trick. With an enemy on each side of him, he slipped swiftly out of the way and let them collide and kill each other.'

Flambeau tore Prince Saradine's card from the priest's hands and rent it savagely in small pieces.

'There's the last of that old skull and crossbones,' he said as he scattered the pieces upon the dark and disappearing waves of the stream; 'but I should think it would poison the fishes.'

The last gleam of white card and green ink was drowned and darkened; a faint and vibrant colour as of morning changed the sky, and the moon behind the grasses grew paler. They drifted in silence.

'Father,' said Flambeau suddenly, 'do you think it was all a dream?'

The priest shook his head, whether in dissent or agnosticism, but remained mute. A smell of hawthorn and of orchards came to them through the darkness, telling them that a wind was awake; the next moment it swayed their little boat and swelled their sail, and carried them onward down the winding river to happier places and the homes of harmless men.

The Hammer of God

The little village of Bohun Beacon was perched on a hill so steep that the tall spire of its church seemed only like the peak of a small mountain. At the foot of the church stood a smithy, generally red with fires and always littered with hammers and scraps of iron; opposite to this, over a rude cross of cobbled paths, was 'The Blue Boar', the only inn of the place. It was upon this crossway, in the lifting of a leaden and silver daybreak, that two brothers met in the street and spoke; though one was beginning the day and the other finishing it. The Revd and Hon. Wilfred Bohun was very devout, and was making his way to some austere exercises of prayer or contemplation at dawn. Colonel the Hon. Norman Bohun, his elder brother, was by no means devout, and was sitting in evening dress on the bench outside 'The Blue Boar', drinking what the philosophic observer was free to regard either as his last glass on Tuesday or his first on Wednesday. The colonel was not particular.

The Bohuns were one of the very few aristocratic families really dating from the Middle Ages, and their pennon had actually seen Palestine. But it is a great mistake to suppose that such houses stand high in chivalric tradition. Few except the poor preserve traditions. Aristocrats live not in traditions but in fashions. The Bohuns had been Mohocks under Queen Anne and Mashers under Queen Victoria. But like more than one of the really ancient houses, they had rotted in the last two centuries into mere drunkards and dandy degenerates, till there had even come a whisper of insanity. Certainly there was something hardly human about the colonel's wolfish pursuit of pleasure, and his chronic resolution not to go home till morning had a touch of the hideous clarity of insomnia. He was a tall, fine animal, elderly, but with hair still startlingly yellow. He would have looked merely blonde and leonine, but his blue eyes were sunk so deep in his face that they looked black. They were a little too close together. He had very long yellow moustaches; on each side of them a fold or furrow from nostril to jaw, so that a sneer seemed cut into his face. Over his evening clothes he wore a curious pale yellow coat that looked more like a very light dressing gown than an overcoat, and on the back of his head was stuck an extraordinary broad-brimmed hat of a bright green colour, evidently some oriental curiosity caught up at random. He was proud of appearing in such incongruous attires – proud of the fact that he always made them look congruous.

His brother the curate had also the yellow hair and the elegance, but he was buttoned up to the chin in black, and his face was clean-shaven, cultivated, and a little nervous. He seemed to live for nothing but his religion; but there were some who said (notably the blacksmith, who was a Presbyterian) that it was a love of Gothic architecture rather than of God, and that his haunting of the church like a ghost was only another and purer turn of the almost morbid thirst for beauty which sent his brother raging after women and wine. This charge was doubtful, while the man's practical piety was indubitable. Indeed, the charge was mostly an ignorant misunderstanding of the love of solitude and secret prayer, and was founded on his being often found kneeling, not before the altar, but in peculiar places, in the crypts or gallery, or even in the belfry. He was at the moment about to enter the church through the yard of the smithy, but stopped and frowned a little as he saw his brother's cavernous eyes staring in the same direction. On the hypothesis that the colonel was interested in the church he did not waste any speculations. There only remained the blacksmith's shop, and though the blacksmith was a Puritan and none of his people, Wilfred Bohun had heard some scandals about a beautiful and rather celebrated wife. He flung a suspicious look across the shed, and the colonel stood up laughing to speak to him.

'Good morning, Wilfred,' he said. 'Like a good landlord I am watching sleeplessly over my people. I am going to call on the blacksmith.'

Wilfred looked at the ground, and said: 'The blacksmith is out. He is over at Greenford.'

'I know,' answered the other with silent laughter; 'that is why I am calling on him.'

'Norman,' said the cleric, with his eye on a pebble in the road, 'are you ever afraid of thunderbolts?'

'What do you mean?' asked the colonel. 'Is your hobby meteorology?'

'I mean,' said Wilfred, without looking up, 'do you ever think that God might strike you in the street?'

'I beg your pardon,' said the colonel; 'I see your hobby is folk-lore.'

'I know your hobby is blasphemy,' retorted the religious man, stung in the one live place of his nature. 'But if you do not fear God, you have good reason to fear man.'

The elder raised his eyebrows politely. 'Fear man?' he said.

'Barnes the blacksmith is the biggest and strongest man for forty miles round,' said the clergyman sternly. 'I know you are no coward or weakling, but he could throw you over the wall.'

This struck home, being true, and the lowering line by mouth and nostril darkened and deepened. For a moment he stood with the heavy

sneer on his face. But in an instant Colonel Bohun had recovered his own cruel good humour and laughed, showing two dog-like front teeth under his yellow moustache. 'In that case, my dear Wilfred,' he said quite carelessly, 'it was wise for the last of the Bohuns to come out partially in armour.'

And he took off the queer round hat covered with green, showing that it was lined within with steel. Wilfred recognised it indeed as a light Japanese or Chinese helmet torn down from a trophy that hung in the old family hall.

'It was the first hat to hand,' explained his brother airily; 'always the nearest hat – and the nearest woman.'

'The blacksmith is away at Greenford,' said Wilfred quietly; 'the time of his return is unsettled.'

And with that he turned and went into the church with bowed head, crossing himself like one who wishes to be quit of an unclean spirit. He was anxious to forget such grossness in the cool twilight of his tall Gothic cloisters; but on that morning it was fated that his still round of religious exercises should be everywhere arrested by small shocks. As he entered the church, hitherto always empty at that hour, a kneeling figure rose hastily to its feet and came towards the full daylight of the doorway. When the curate saw it he stood still with surprise. For the early worshipper was none other than the village idiot, a nephew of the blacksmith, one who neither would nor could care for the church or for anything else. He was always called 'Mad Joe', and seemed to have no other name; he was a dark, strong, slouching lad, with a heavy white face, dark straight hair, and a mouth always open. As he passed the priest, his moon-calf countenance gave no hint of what he had been doing or thinking of. He had never been known to pray before. What sort of prayers was he saying now? Extraordinary prayers surely.

Wilfred Bohun stood rooted to the spot long enough to see the idiot go out into the sunshine, and even to see his dissolute brother hail him with a sort of avuncular jocularity. The last thing he saw was the colonel throwing pennies at the open mouth of Joe, with the serious appearance of trying to hit it.

This ugly sunlit picture of the stupidity and cruelty of the earth sent the ascetic finally to his prayers for purification and new thoughts. He went up to a pew in the gallery, which brought him under a coloured window which he loved and always quieted his spirit; a blue window with an angel carrying lilies. There he began to think less about the half-wit, with his livid face and mouth like a fish. He began to think less of his evil brother, pacing like a lean lion in his horrible hunger.

He sank deeper and deeper into those cold and sweet colours of silver blossoms and sapphire sky.

In this place half an hour afterwards he was found by Gibbs, the village cobbler, who had been sent for him in some haste. He got to his feet with promptitude, for he knew that no small matter would have brought Gibbs into such a place at all. The cobbler was, as in many villages, an atheist, and his appearance in church was a shade more extraordinary than Mad Joe's. It was a morning of theological enigmas.

'What is it?' asked Wilfred Bohun rather stiffly, but putting out a trembling hand for his hat.

The atheist spoke in a tone that, coming from him, was quite startlingly respectful, and even, as it were, huskily sympathetic.

'You must excuse me, sir,' he said in a hoarse whisper, 'but we didn't think it right not to let you know at once. I'm afraid a rather dreadful thing has happened, sir. I'm afraid your brother –'

Wilfred clenched his frail hands. 'What devilry has he done now?' he cried in voluntary passion.

'Why, sir,' said the cobbler, coughing, 'I'm afraid he's done nothing, and won't do anything. I'm afraid he's done for. You had really better come down, sir.'

The curate followed the cobbler down a short winding stair which brought them out at an entrance rather higher than the street. Bohun saw the tragedy in one glance, flat underneath him like a plan. In the yard of the smithy were standing five or six men mostly in black, one in an inspector's uniform. They included the doctor, the Presbyterian minister, and the priest from the Roman Catholic chapel, to which the blacksmith's wife belonged. The latter was speaking to her, indeed, very rapidly, in an undertone, as she, a magnificent woman with red-gold hair, was sobbing blindly on a bench. Between these two groups, and just clear of the main heap of hammers, lay a man in evening dress, spread-eagled and flat on his face. From the height above Wilfred could have sworn to every item of his costume and appearance, down to the Bohun rings upon his fingers; but the skull was only a hideous splash, like a star of blackness and blood.

Wilfred Bohun gave but one glance, and ran down the steps into the yard. The doctor, who was the family physician, saluted him, but he scarcely took any notice. He could only stammer out: 'My brother is dead. What does it mean? What is this horrible mystery?' There was an unhappy silence; and then the cobbler, the most outspoken man present, answered: 'Plenty of horror, sir,' he said; 'but not much mystery.'

'What do you mean?' asked Wilfred, with a white face.

'It's plain enough,' answered Gibbs. 'There is only one man for forty

miles round that could have struck such a blow as that, and he's the man that had most reason to.'

'We must not prejudge anything,' put in the doctor, a tall, black-bearded man, rather nervously; 'but it is competent for me to corroborate what Mr Gibbs says about the nature of the blow, sir; it is an incredible blow. Mr Gibbs says that only one man in this district could have done it. I should have said myself that nobody could have done it.'

A shudder of superstition went through the slight figure of the curate. 'I can hardly understand,' he said.

'Mr Bohun,' said the doctor in a low voice, 'metaphors literally fail me. It is inadequate to say that the skull was smashed to bits like an eggshell. Fragments of bone were driven into the body and the ground like bullets into a mud wall. It was the hand of a giant.'

He was silent a moment, looking grimly through his glasses; then he added: 'The thing has one advantage – that it clears most people of suspicion at one stroke. If you or I or any normally made man in the country were accused of this crime, we should be acquitted as an infant would be acquitted of stealing the Nelson column.'

'That's what I say,' repeated the cobbler obstinately; 'there's only one man that could have done it, and he's the man that would have done it. Where's Simeon Barnes, the blacksmith?'

'He's over at Greenford,' faltered the curate.

'More likely over in France,' muttered the cobbler.

'No; he is in neither of those places,' said a small and colourless voice, which came from the little Roman priest who had joined the group. 'As a matter of fact, he is coming up the road at this moment.'

The little priest was not an interesting man to look at, having stubbly brown hair and a round and stolid face. But if he had been as splendid as Apollo no one would have looked at him at that moment. Everyone turned round and peered at the pathway which wound across the plain below, along which was indeed walking, at his own huge stride and with a hammer on his shoulder, Simeon the smith. He was a bony and gigantic man, with deep, dark, sinister eyes and a dark chin beard. He was walking and talking quietly with two other men; and though he was never specially cheerful, he seemed quite at his ease.

'My God!' cried the atheistic cobbler, 'and there's the hammer he did it with.'

'No,' said the inspector, a sensible-looking man with a sandy moustache, speaking for the first time. 'There's the hammer he did it with over there by the church wall. We have left it and the body exactly as they are.'

All glanced round and the short priest went across and looked down in silence at the tool where it lay. It was one of the smallest and the lightest of the hammers, and would not have caught the eye among the rest; but on the iron edge of it were blood and yellow hair.

After a silence the short priest spoke without looking up, and there was a new note in his dull voice. 'Mr Gibbs was hardly right,' he said, 'in saying that there is no mystery. There is at least the mystery of why so big a man should attempt so big a blow with so little a hammer.'

'Oh, never mind that,' cried Gibbs, in a fever. 'What are we to do with Simeon Barnes?'

'Leave him alone,' said the priest quietly. 'He is coming here of himself. I know those two men with him. They are very good fellows from Greenford, and they have come over about the Presbyterian chapel.'

Even as he spoke the tall smith swung round the corner of the church, and strode into his own yard. Then he stood there quite still, and the hammer fell from his hand. The inspector, who had preserved impenetrable propriety, immediately went up to him.

'I won't ask you, Mr Barnes,' he said, 'whether you know anything about what has happened here. You are not bound to say. I hope you don't know, and that you will be able to prove it. But I must go through the form of arresting you in the King's name for the murder of Colonel Norman Bohun.'

'You are not bound to say anything,' said the cobbler in officious excitement. 'They've got to prove everything. They haven't proved yet that it is Colonel Bohun, with the head all smashed up like that.'

'That won't wash,' said the doctor aside to the priest. 'That's out of the detective stories. I was the colonel's medical man, and I knew his body better than he did. He had very fine hands, but quite peculiar ones. The second and third fingers were the same length. Oh, that's the colonel right enough.'

As he glanced at the brained corpse upon the ground the iron eyes of the motionless blacksmith followed them and rested there also.

'Is Colonel Bohun dead?' said the smith quite calmly. 'Then he's damned.'

'Don't say anything! Oh, don't say anything,' cried the atheist cobbler, dancing about in an ecstasy of admiration of the English legal system. For no man is such a legalist as the good Secularist.

The blacksmith turned on him over his shoulder the august face of a fanatic.

'It's well for you infidels to dodge like foxes because the world's law

favours you,' he said; 'but God guards His own in His pocket, as you shall see this day.'

Then he pointed to the colonel and said: 'When did this dog die in his sins?'

'Moderate your language,' said the doctor.

'Moderate the Bible's language, and I'll moderate mine. When did he die?'

'I saw him alive at six o'clock this morning,' stammered Wilfred Bohun.

'God is good,' said the smith. 'Mr Inspector, I have not the slightest objection to being arrested. It is you who may object to arresting me. I don't mind leaving the court without a stain on my character. You do mind perhaps leaving the court with a bad set-back in your career.'

The solid inspector for the first time looked at the blacksmith with a lively eye; as did everybody else, except the short, strange priest, who was still looking down at the little hammer that had dealt the dreadful blow.

'There are two men standing outside this shop,' went on the blacksmith with ponderous lucidity, 'good tradesmen in Greenford whom you all know, who will swear that they saw me from before midnight till daybreak and long after in the committee room of our Revival Mission, which sits all night, we save souls so fast. In Greenford itself twenty people could swear to me for all that time. If I were a heathen, Mr Inspector, I would let you walk on to your downfall. But as a Christian man I feel bound to give you your chance, and ask you whether you will hear my alibi now or in court.'

The inspector seemed for the first time disturbed, and said, 'Of course I should be glad to clear you altogether now.'

The smith walked out of his yard with the same long and easy stride, and returned to his two friends from Greenford, who were indeed friends of nearly everyone present. Each of them said a few words which no one ever thought of disbelieving. When they had spoken, the innocence of Simeon stood up as solid as the great church above them.

One of those silences struck the group which are more strange and insufferable than any speech. Madly, in order to make conversation, the curate said to the Catholic priest: 'You seem very much interested in that hammer, Father Brown.'

'Yes, I am,' said Father Brown; 'why is it such a small hammer?'

The doctor swung round on him.

'By George, that's true,' he cried; 'who would use a little hammer with ten larger hammers lying about?'

Then he lowered his voice in the curate's ear and said: 'Only the kind of person that can't lift a large hammer. It is not a question of force or courage between the sexes. It's a question of lifting power in the shoulders. A bold woman could commit ten murders with a light hammer and never turn a hair. She could not kill a beetle with a heavy one.'

Wilfred Bohun was staring at him with a sort of hypnotised horror, while Father Brown listened with his head a little on one side, really interested and attentive. The doctor went on with more hissing emphasis: 'Why do these idiots always assume that the only person who hates the wife's lover is the wife's husband? Nine times out of ten the person who most hates the wife's lover is the wife. Who knows what insolence or treachery he had shown her – look there!'

He made a momentary gesture towards the redhaired woman on the bench. She had lifted her head at last and the tears were drying on her splendid face. But the eyes were fixed on the corpse with an electric glare that had in it something of idiocy.

The Revd Wilfred Bohun made a limp gesture as if waving away all desire to know; but Father Brown, dusting off his sleeve some ashes blown from the furnace, spoke in his indifferent way.

'You are like so many doctors,' he said; 'your mental science is really suggestive. It is your physical science that is utterly impossible. I agree that the woman wants to kill the co-respondent much more than the petitioner does. And I agree that a woman will always pick up a small hammer instead of a big one. But the difficulty is one of physical impossibility. No woman ever born could have smashed a man's skull out flat like that.' Then he added reflectively, after a pause: 'These people haven't grasped the whole of it. The man was actually wearing an iron helmet, and the blow scattered it like broken glass. Look at that woman. Look at her arms.'

Silence held them all up again, and then the doctor said rather sulkily: 'Well, I may be wrong; there are objections to everything. But I stick to the main point. No man but an idiot would pick up that little hammer if he could use a big hammer.'

With that the lean and quivering hands of Wilfred Bohun went up to his head and seemed to clutch his scanty yellow hair. After an instant they dropped, and he cried: 'That was the word I wanted; you have said the word.'

Then he continued, mastering his discomposure: 'The words you said were, "No man but an idiot would pick up the small hammer."'

'Yes,' said the doctor. 'Well?'

'Well,' said the curate, 'no man but an idiot did.' The rest stared at

him with eyes arrested and riveted, and he went on in a febrile and feminine agitation.

'I am a priest,' he cried unsteadily, 'and a priest should be no shedder of blood. I – I mean that he should bring no one to the gallows. And I thank God that I see the criminal clearly now – because he is a criminal who cannot be brought to the gallows.'

'You will not denounce him?' enquired the doctor.

'He would not be hanged if I did denounce him,' answered Wilfred with a wild but curiously happy smile. 'When I went into the church this morning I found a madman praying there – that poor Joe, who has been wrong all his life. God knows what he prayed; but with such strange folk it is not incredible to suppose that their prayers are all upside down. Very likely a lunatic would pray before killing a man. When I last saw poor Joe he was with my brother. My brother was mocking him.'

'By Jove!' cried the doctor, 'this is talking at last. But how do you explain –'

The Revd Wilfred was almost trembling with the excitement of his own glimpse of the truth. 'Don't you see; don't you see,' he cried feverishly; 'that is the only theory that covers both the queer things, that answers both the riddles. The two riddles are the little hammer and the big blow. The smith might have struck the big blow, but would not have chosen the little hammer. His wife would have chosen the little hammer, but she could not have struck the big blow. But the madman might have done both. As for the little hammer – why, he was mad and might have picked up anything. And for the big blow, have you never heard, doctor, that a maniac in his paroxysm may have the strength of ten men?'

The doctor drew a deep breath and then said, 'By golly, I believe you've got it.'

Father Brown had fixed his eyes on the speaker so long and steadily as to prove that his large grey, ox-like eyes were not quite so insignificant as the rest of his face. When silence had fallen he said with marked respect: 'Mr Bohun, yours is the only theory yet propounded which holds water every way and is essentially unassailable. I think, therefore, that you deserve to be told, on my positive knowledge, that it is not the true one.' And with that the old little man walked away and stared again at the hammer.

'That fellow seems to know more than he ought to,' whispered the doctor peevishly to Wilfred. 'Those popish priests are deucedly sly.'

'No, no,' said Bohun, with a sort of wild fatigue. 'It was the lunatic. It was the lunatic.'

The group of the two clerics and the doctor had fallen away from

the more official group containing the inspector and the man he had arrested. Now, however, that their own party had broken up, they heard voices from the others. The priest looked up quietly and then looked down again as he heard the blacksmith say in a loud voice: 'I hope I've convinced you, Mr Inspector. I'm a strong man, as you say, but I couldn't have flung my hammer bang here from Greenford. My hammer hasn't got wings that it should come flying half a mile over hedges and fields.'

The inspector laughed amicably and said: 'No, I think you can be considered out of it, though it's one of the rummiest coincidences I ever saw. I can only ask you to give us all the assistance you can in finding a man as big and strong as yourself. By George! you might be useful, if only to hold him! I suppose you yourself have no guess at the man?'

'I may have a guess,' said the pale smith, 'but it is not at a man.' Then, seeing the scared eyes turn towards his wife on the bench, he put his huge hand on her shoulder and said: 'Nor a woman either.'

'What do you mean?' asked the inspector jocularly. 'You don't think cows use hammers, do you?'

'I think no thing of flesh held that hammer,' said the blacksmith in a stifled voice; 'mortally speaking, I think the man died alone.'

Wilfred made a sudden forward movement and peered at him with burning eyes.

'Do you mean to say, Barnes,' came the sharp voice of the cobbler, 'that the hammer jumped up of itself and knocked the man down?'

'Oh, you gentlemen may stare and snigger,' cried Simeon; 'you clergymen who tell us on Sunday in what a stillness the Lord smote Sennacherib. I believe that One who walks invisible in every house defended the honour of mine, and laid the defiler dead before the door of it. I believe the force in that blow was just the force there is in earthquakes, and no force less.'

Wilfred said, with a voice utterly undescribable: 'I told Norman myself to beware of the thunderbolt.'

'That agent is outside my jurisdiction,' said the inspector with a slight smile.

'You are not outside His,' answered the smith; 'see you to it,' and, turning his broad back, he went into the house.

The shaken Wilfred was led away by Father Brown, who had an easy and friendly way with him. 'Let us get out of this horrid place, Mr Bohun,' he said. 'May I look inside your church? I hear it's one of the oldest in England. We take some interest, you know,' he added with a comical grimace, 'in old English churches.'

Wilfred Bohun did not smile, for humour was never his strong point. But he nodded rather eagerly, being only too ready to explain the

Gothic splendours to someone more likely to be sympathetic than the Presbyterian blacksmith or the atheist cobbler.

'By all means,' he said; 'let us go in at this side.' And he led the way into the high side entrance at the top of the flight of steps. Father Brown was mounting the first step to follow him when he felt a hand on his shoulder, and turned to behold the dark, thin figure of the doctor, his face darker yet with suspicion.

'Sir,' said the physician harshly, 'you appear to know some secrets in this black business. May I ask if you are going to keep them to yourself?'

'Why, doctor,' answered the priest, smiling quite pleasantly, 'there is one very good reason why a man of my trade should keep things to himself when he is not sure of them, and that is that it is so constantly his duty to keep them to himself when he is sure of them. But if you think I have been discourteously reticent with you or anyone, I will go to the extreme limit of my custom. I will give you two very large hints.'

'Well, sir?' said the doctor gloomily.

'First,' said Father Brown quietly, 'the thing is quite in your own province. It is a matter of physical science. The blacksmith is mistaken, not perhaps in saying that the blow was divine, but certainly in saying that it came by a miracle. It was no miracle, doctor, except in so far as man is himself a miracle, with his strange and wicked and yet half-heroic heart. The force that smashed that skull was a force well known to scientists – one of the most frequently debated of the laws of nature.'

The doctor, who was looking at him with frowning intentness, only said: 'And the other hint?'

'The other hint is this,' said the priest. 'Do you remember the blacksmith, though he believes in miracles, talking scornfully of the impossible fairy tale that his hammer had wings and flew half a mile across country?'

'Yes,' said the doctor, 'I remember that.'

'Well,' added Father Brown, with a broad smile, 'that fairy tale was the nearest thing to the real truth that has been said today.' And with that he turned his back and stumped up the steps after the curate.

The Reverend Wilfred, who had been waiting for him, pale and impatient, as if this little delay were the last straw for his nerves, led him immediately to his favourite corner of the church, that part of the gallery closest to the carved roof and lit by the wonderful window with the angel. The little Latin priest explored and admired everything exhaustively, talking cheerfully but in a low voice all the time. When in the course of his investigation he found the side exit and the winding stair down which Wilfred had rushed to find his brother dead, Father

Brown ran not down but up, with the agility of a monkey, and his clear voice came from an outer platform above.

'Come up here, Mr Bohun,' he called. 'The air will do you good.'

Bohun followed him, and came out on a kind of stone gallery or balcony outside the building, from which one could see the illimitable plain in which their small hill stood, wooded away to the purple horizon and dotted with villages and farms. Clear and square, but quite small beneath them, was the blacksmith's yard, where the inspector still stood taking notes and the corpse still lay like a smashed fly.

'Might be the map of the world, mightn't it?' said Father Brown.

'Yes,' said Bohun very gravely, and nodded his head.

Immediately beneath and about them the lines of the Gothic building plunged outwards into the void with a sickening swiftness akin to suicide. There is that element of Titan energy in the architecture of the Middle Ages that, from whatever aspect it be seen, it always seems to be rushing away, like the strong back of some maddened horse. This church was hewn out of ancient and silent stone, bearded with old fungoids and stained with the nests of birds. And yet, when they saw it from below, it sprang like a fountain at the stars; and when they saw it, as now, from above, it poured like a cataract into a voiceless pit. For these two men on the tower were left alone with the most terrible aspect of Gothic; the monstrous foreshortening and disproportion, the dizzy perspectives, the glimpses of great things small and small things great; a topsy-turvydom of stone in the mid-air. Details of stone, enormous by their proximity, were relieved against a pattern of fields and farms, pygmy in their distance. A carved bird or beast at a corner seemed like some vast walking or flying dragon wasting the pastures and villages below. The whole atmosphere was dizzy and dangerous, as if men were upheld in air amid the gyrating wings of colossal genii; and the whole of that old church, as tall and rich as a cathedral, seemed to sit upon the sunlit country like a cloudburst.

'I think there is something rather dangerous about standing on these high places even to pray,' said Father Brown. 'Heights were made to be looked at, not to be looked from.'

'Do you mean that one may fall over,' asked Wilfred.

'I mean that one's soul may fall if one's body doesn't,' said the other priest.

'I scarcely understand you,' remarked Bohun indistinctly.

'Look at that blacksmith, for instance,' went on Father Brown calmly; 'a good man, but not a Christian – hard, imperious, unforgiving. Well, his Scotch religion was made up by men who prayed on hills and high crags, and learnt to look down on the world more than to look up at

heaven. Humility is the mother of giants. One sees great things from the valley; only small things from the peak.'

'But he – he didn't do it,' said Bohun tremulously.

'No,' said the other in an odd voice; 'we know he didn't do it.'

After a moment he resumed, looking tranquilly out over the plain with his pale grey eyes. 'I knew a man,' he said, 'who began by worshipping with others before the altar, but who grew fond of high and lonely places to pray from, corners or niches in the belfry or the spire. And once in one of those dizzy places, where the whole world seemed to turn under him like a wheel, his brain turned also, and he fancied he was God. So that, though he was a good man, he committed a great crime.'

Wilfred's face was turned away, but his bony hands turned blue and white as they tightened on the parapet of stone.

'He thought it was given to him to judge the world and strike down the sinner. He would never have had such a thought if he had been kneeling with other men upon a floor. But he saw all men walking about like insects. He saw one especially strutting just below him, insolent and evident by a bright green hat – a poisonous insect.'

Rooks cawed round the corners of the belfry; but there was no other sound till Father Brown went on.

'This also tempted him, that he had in his hand one of the most awful engines of nature; I mean gravitation, that mad and quickening rush by which all earth's creatures fly back to her heart when released. See, the inspector is strutting just below us in the smithy. If I were to toss a pebble over this parapet it would be something like a bullet by the time it struck him. If I were to drop a hammer – even a small hammer –'

Wilfred Bohun threw one leg over the parapet, and Father Brown had him in a minute by the collar.

'Not by that door,' he said quite gently; 'that door leads to hell.'

Bohun staggered back against the wall, and stared at him with frightful eyes.

'How do you know all this?' he cried. 'Are you a devil?'

'I am a man,' answered Father Brown gravely; 'and therefore have all devils in my heart. Listen to me,' he said after a short pause. 'I know what you did – at least, I can guess the great part of it. When you left your brother you were racked with no unrighteous rage, to the extent even that you snatched up a small hammer, half inclined to kill him with his foulness on his mouth. Recoiling, you thrust it under your buttoned coat instead, and rushed into the church. You pray wildly in many places, under the angel window, upon the platform above, and

a higher platform still, from which you could see the colonel's Eastern hat like the back of a green beetle crawling about. Then something snapped in your soul, and you let God's thunderbolt fall.'

Wilfred put a weak hand to his head, and asked in a low voice: 'How did you know that his hat looked like a green beetle?'

'Oh, that,' said the other with the shadow of a smile, 'that was common sense. But hear me further. I say I know all this; but no one else shall know it. The next step is for you; I shall take no more steps; I will seal this with the seal of confession. If you ask me why, there are many reasons, and only one that concerns you. I leave things to you because you have not yet gone very far wrong, as assassins go. You did not help to fix the crime on the smith when it was easy; or on his wife, when that was easy. You tried to fix it on the imbecile because you knew that he could not suffer. That was one of the gleams that it is my business to find in assassins. And now come down into the village, and go your own way as free as the wind; for I have said my last word.'

They went down the winding stairs in utter silence, and came out into the sunlight by the smithy. Wilfred Bohun carefully unlatched the wooden gate of the yard, and going up to the inspector, said: 'I wish to give myself up; I have killed my brother.'

The Eye of Apollo

That singular smoky sparkle, at once a confusion and a transparency, which is the strange secret of the Thames, was changing more and more from its grey to its glittering extreme as the sun climbed to the zenith over Westminster, and two men crossed Westminster Bridge. One man was very tall and the other very short; they might even have been fantastically compared to the arrogant clock-tower of Parliament and the humbler humped shoulders of the Abbey, for the short man was in clerical dress. The official description of the tall man was M. Hercule Flambeau, private detective, and he was going to his new offices in a new pile of flats facing the Abbey entrance. The official description of the short man was the Revd J. Brown, attached to St Francis Xavier's Church, Camberwell, and he was coming from a Camberwell deathbed to see the new offices of his friend.

The building was American in its sky-scraping altitude, and American also in the oiled elaboration of its machinery of telephones and lifts. But it was barely finished and still understaffed; only three tenants had moved in; the office just above Flambeau was occupied, as also was the office just below him; the two floors above that and the three floors below were entirely bare. But the first glance at the new tower of flats caught something much more arresting. Save for a few relics of scaffolding, the one glaring object was erected outside the office just above Flambeau's. It was an enormous gilt effigy of the human eye, surrounded with rays of gold, and taking up as much room as two or three of the office windows.

'What on earth is that?' asked Father Brown, and stood still. 'Oh, a new religion,' said Flambeau, laughing; 'one of those new religions that forgive your sins by saying you never had any. Rather like Christian Science, I should think. The fact is that a fellow calling himself Kalon (I don't know what his name is, except that it can't be that) has taken the flat just above me. I have two lady typewriters underneath me, and this enthusiastic old humbug on top. He calls himself the New Priest of Apollo, and he worships the sun.'

'Let him look out,' said Father Brown. 'The sun was the cruellest of all the gods. But what does that monstrous eye mean?'

'As I understand it, it is a theory of theirs,' answered Flambeau, 'that a man can endure anything if his mind is quite steady. Their two great

symbols are the sun and the open eye; for they say that if a man were really healthy he could stare at the sun.'

'If a man were really healthy,' said Father Brown, 'he would not bother to stare at it.'

'Well, that's all I can tell you about the new religion,' went on Flambeau carelessly. 'It claims, of course, that it can cure all physical diseases.'

'Can it cure the one spiritual disease?' asked Father Brown, with a serious curiosity.

'And what is the one spiritual disease?' asked Flambeau, smiling.

'Oh, thinking one is quite well,' said his friend.

Flambeau was more interested in the quiet little office below him than in the flamboyant temple above. He was a lucid Southerner, incapable of conceiving himself as anything but a Catholic or an atheist; and new religions of a bright and pallid sort were not much in his line. But humanity was always in his line, especially when it was good-looking; moreover, the ladies downstairs were characters in their way. The office was kept by two sisters, both slight and dark, one of them tall and striking. She had a dark, eager and aquiline profile, and was one of those women whom one always thinks of in profile, as of the clean-cut edge of some weapon. She seemed to cleave her way through life. She had eyes of startling brilliancy, but it was the brilliancy of steel rather than of diamonds; and her straight, slim figure was a shade too stiff for its grace. Her younger sister was like her shortened shadow, a little greyer, paler, and more insignificant. They both wore a businesslike black, with little masculine cuffs and collars. There are thousands of such curt, strenuous ladies in the offices of London, but the interest of these lay rather in their real than their apparent position.

For Pauline Stacey, the elder, was actually the heiress of a crest and half a county, as well as great wealth; she had been brought up in castles and gardens, before a frigid fierceness (peculiar to the modern woman) had driven her to what she considered a harsher and a higher existence. She had not, indeed, surrendered her money; in that there would have been a romantic or monkish abandon quite alien to her masterful utilitarianism. She held her wealth, she would say, for use upon practical social objects. Part of it she had put into her business, the nucleus of a model typewriting emporium; part of it was distributed in various leagues and causes for the advancement of such work among women. How far Joan, her sister and partner, shared this slightly prosaic idealism no one could be very sure. But she followed her leader with a doglike affection which was somehow more attractive, with its touch of tragedy, than the hard, high spirits

of the elder. For Pauline Stacey had nothing to say to tragedy; she was understood to deny its existence.

Her rigid rapidity and cold impatience had amused Flambeau very much on the first occasion of his entering the flats. He had lingered outside the lift in the entrance hall waiting for the lift-boy, who generally conducts strangers to the various floors. But this bright-eyed falcon of a girl had openly refused to endure such official delay. She said sharply that she knew all about the lift, and was not dependent on boys – or men either. Though her flat was only three floors above, she managed in the few seconds of ascent to give Flambeau a great many of her fundamental views in an off-hand manner; they were to the general effect that she was a modern working woman and loved modern working machinery. Her bright black eyes blazed with abstract anger against those who rebuke mechanic science and ask for the return of romance. Everyone, she said, ought to be able to manage machines, just as she could manage the lift. She seemed almost to resent the fact of Flambeau opening the lift-door for her; and that gentleman went up to his own apartments smiling with somewhat mingled feelings at the memory of such spit-fire self-dependence.

She certainly had a temper, of a snappy, practical sort; the gestures of her thin, elegant hands were abrupt or even destructive. Once Flambeau entered her office on some typewriting business, and found she had just flung a pair of spectacles belonging to her sister into the middle of the floor and stamped on them. She was already in the rapids of an ethical tirade about the 'sickly medical notions' and the morbid admission of weakness implied in such an apparatus. She dared her sister to bring such artificial, unhealthy rubbish into the place again. She asked if she was expected to wear wooden legs or false hair or glass eyes; and as she spoke her eyes sparkled like the terrible crystal.

Flambeau, quite bewildered with this fanaticism, could not refrain from asking Miss Pauline (with direct French logic) why a pair of spectacles was a more morbid sign of weakness than a lift, and why, if science might help us in the one effort, it might not help us in the other.

'That is so different,' said Pauline Stacey, loftily. 'Batteries and motors and all those things are marks of the force of man – yes, Mr Flambeau, and the force of woman, too! We shall take our turn at these great engines that devour distance and defy time. That is high and splendid – that is really science. But these nasty props and plasters the doctors sell – why, they are just badges of poltroonery. Doctors stick on legs and arms as if we were born cripples and sick slaves. But I was free-born, Mr Flambeau! People only think they need these things because they have been trained in fear instead of being trained in power and courage, just

as the silly nurses tell children not to stare at the sun, and so they can't do it without blinking. But why among the stars should there be one star I may not see? The sun is not my master, and I will open my eyes and stare at him whenever I choose.'

'Your eyes,' said Flambeau, with a foreign bow, 'will dazzle the sun.' He took pleasure in complimenting this strange stiff beauty, partly because it threw her a little off her balance. But as he went upstairs to his floor he drew a deep breath and whistled, saying to himself: 'So she has got into the hands of that conjurer upstairs with his golden eye.' For, little as he knew or cared about the new religion of Kalon, he had heard of his special notion about sun-gazing.

He soon discovered that the spiritual bond between the floors above and below him was close and increasing. The man who called himself Kalon was a magnificent creature, worthy, in a physical sense, to be the pontiff of Apollo. He was nearly as tall even as Flambeau, and very much better looking, with a golden beard, strong blue eyes, and a mane flung back like a lion's. In structure he was the blonde beast of Nietzsche, but all this animal beauty was heightened, brightened and softened by genuine intellect and spirituality. If he looked like one of the great Saxon kings, he looked like one of the kings that were also saints. And this despite the cockney incongruity of his surroundings; the fact that he had an office halfway up a building in Victoria Street; that the clerk (a commonplace youth in cuffs and collars) sat in the outer room, between him and the corridor; that his name was on a brass plate, and the gilt emblem of his creed hung above his street, like the advertisement of an oculist. All this vulgarity could not take away from the man called Kalon the vivid oppression and inspiration that came from his soul and body. When all was said, a man in the presence of this quack did feel in the presence of a great man. Even in the loose jacket-suit of linen that he wore as a workshop dress in his office he was a fascinating and formidable figure; and when robed in the white vestments and crowned with the golden circlet, in which he daily saluted the sun, he really looked so splendid that the laughter of the street people sometimes died suddenly on their lips. For three times in the day the new sun-worshipper went out on his little balcony, in the face of all Westminster, to say some litany to his shining lord: once at daybreak, once at sunset, and once at the shock of noon. And it was while the shock of noon still shook faintly from the towers of Parliament and parish church that Father Brown, the friend of Flambeau, first looked up and saw the white priest of Apollo.

Flambeau had seen quite enough of these daily salutations of Phoebus, and plunged into the porch of the tall building without even

looking for his clerical friend to follow. But Father Brown, whether from a professional interest in ritual or a strong individual interest in tomfoolery, stopped and stared up at the balcony of the sun-worshipper, just as he might have stopped and stared up at a Punch and Judy. Kalon the Prophet was already erect, with argent garments and uplifted hands, and the sound of his strangely penetrating voice could be heard all the way down the busy street uttering his solar litany. He was already in the middle of it; his eyes were fixed upon the flaming disc. It is doubtful if he saw anything or anyone on this earth; it is substantially certain that he did not see a stunted, round-faced priest who, in the crowd below, looked up at him with blinking eyes. That was perhaps the most startling difference between even these two far-divided men. Father Brown could not look at anything without blinking; but the priest of Apollo could look on the blaze at noon without a quiver of the eyelid.

'O sun,' cried the prophet, 'O star that art too great to be allowed among the stars! O fountain that flowest quietly in that secret spot that is called space. White Father of all white unwearied things, white flames and white flowers and white peaks. Father, who art more innocent than all thy most innocent and quiet children; primal purity, into the peace of which –'

A rush and crash like the reversed rush of a rocket was cloven with a strident and incessant yelling. Five people rushed into the gate of the mansions as three people rushed out, and for an instant they all deafened each other. The sense of some utterly abrupt horror seemed for a moment to fill half the street with bad news – bad news that was all the worse because no one knew what it was. Two figures remained still after the crash of commotion: the fair priest of Apollo on the balcony above, and the ugly priest of Christ below him.

At last the tall figure and titanic energy of Flambeau appeared in the doorway of the mansions and dominated the little mob. Talking at the top of his voice like a fog-horn, he told somebody or anybody to go for a surgeon; and as he turned back into the dark and thronged entrance his friend Father Brown dipped in insignificantly after him. Even as he ducked and dived through the crowd he could still hear the magnificent melody and monotony of the solar priest still calling on the happy god who is the friend of fountains and flowers.

Father Brown found Flambeau and some six other people standing round the enclosed space into which the lift commonly descended. But the lift had not descended. Something else had descended; something that ought to have come by a lift.

For the last four minutes Flambeau had looked down on it; had seen

the brained and bleeding figure of that beautiful woman who denied the existence of tragedy. He had never had the slightest doubt that it was Pauline Stacey; and, though he had sent for a doctor, he had not the slightest doubt that she was dead.

He could not remember for certain whether he had liked her or disliked her; there was so much both to like and dislike. But she had been a person to him, and the unbearable pathos of details and habit stabbed him with all the small daggers of bereavement. He remembered her pretty face and priggish speeches with a sudden secret vividness which is all the bitterness of death. In an instant like a bolt from the blue, like a thunderbolt from nowhere, that beautiful and defiant body had been dashed down the open well of the lift to death at the bottom. Was it suicide? With so insolent an optimist it seemed impossible. Was it murder? But who was there in those hardly inhabited flats to murder anybody? In a rush of raucous words, which he meant to be strong and suddenly found weak, he asked where was that fellow Kalon. A voice, habitually heavy, quiet and full, assured him that Kalon for the last fifteen minutes had been away up on his balcony worshipping his god. When Flambeau heard the voice, and felt the hand of Father Brown, he turned his swarthy face and said abruptly: 'Then, if he has been up there all the time, who can have done it?'

'Perhaps,' said the other, 'we might go upstairs and find out. We have half an hour before the police will move.'

Leaving the body of the slain heiress in charge of the surgeons, Flambeau dashed up the stairs to the typewriting office, found it utterly empty, and then dashed up to his own. Having entered that, he abruptly returned with a new and white face to his friend.

'Her sister,' he said, with an unpleasant seriousness, 'her sister seems to have gone out for a walk.'

Father Brown nodded. 'Or, she may have gone up to the office of that sun man,' he said. 'If I were you I should just verify that, and then let us all talk it over in your office. No,' he added suddenly, as if remembering something, 'shall I ever get over that stupidity of mine? Of course, in their office downstairs.'

Flambeau stared; but he followed the little father downstairs to the empty flat of the Staceys, where that impenetrable pastor took a large red-leather chair in the very entrance, from which he could see the stairs and landings, and waited. He did not wait very long. In about four minutes three figures descended the stairs, alike only in their solemnity. The first was Joan Stacey, the sister of the dead woman – evidently she had been upstairs in the temporary temple of Apollo; the second was the priest of Apollo himself, his litany finished, sweeping down the empty

stairs in utter magnificence – something in his white robes, beard and parted hair had the look of Dore's Christ leaving the Pretorium; the third was Flambeau, black browed and somewhat bewildered.

Miss Joan Stacey, dark, with a drawn face and hair prematurely touched with grey, walked straight to her own desk and set out her papers with a practical flap. The mere action rallied everyone else to sanity. If Miss Joan Stacey was a criminal, she was a cool one. Father Brown regarded her for some time with an odd little smile, and then, without taking his eyes off her, addressed himself to somebody else.

'Prophet,' he said, presumably addressing Kalon, 'I wish you would tell me a lot about your religion.'

'I shall be proud to do it,' said Kalon, inclining his still crowned head, 'but I am not sure that I understand.'

'Why, it's like this,' said Father Brown, in his frankly doubtful way: 'We are taught that if a man has really bad first principles, that must be partly his fault. But, for all that, we can make some difference between a man who insults his quite clear conscience and a man with a conscience more or less clouded with sophistries. Now, do you really think that murder is wrong at all?'

'Is this an accusation?' asked Kalon very quietly.

'No,' answered Brown, equally gently, 'it is the speech for the defence.'

In the long and startled stillness of the room the prophet of Apollo slowly rose; and really it was like the rising of the sun. He filled that room with his light and life in such a manner that a man felt he could as easily have filled Salisbury Plain. His robed form seemed to hang the whole room with classic draperies; his epic gesture seemed to extend it into grander perspectives, till the little black figure of the modern cleric seemed to be a fault and an intrusion, a round, black blot upon some splendour of Hellas.

'We meet at last, Caiaphas,' said the prophet. 'Your church and mine are the only realities on this earth. I adore the sun, and you the darkening of the sun; you are the priest of the dying and I of the living God. Your present work of suspicion and slander is worthy of your coat and creed. All your church is but a black police; you are only spies and detectives seeking to tear from men confessions of guilt, whether by treachery or torture. You would convict men of crime, I would convict them of innocence. You would convince them of sin, I would convince them of virtue.

'Reader of the books of evil, one more word before I blow away your baseless nightmares for ever. Not even faintly could you understand how little I care whether you can convict me or no. The things you

call disgrace and horrible hanging are to me no more than an ogre in a child's toy-book to a man once grown up. You said you were offering the speech for the defence. I care so little for the cloudland of this life that I will offer you the speech for the prosecution. There is but one thing that can be said against me in this matter, and I will say it myself. The woman that is dead was my love and my bride; not after such manner as your tin chapels call lawful, but by a law purer and sterner than you will ever understand. She and I walked another world from yours, and trod palaces of crystal while you were plodding through tunnels and corridors of brick. Well, I know that policemen, theological and otherwise, always fancy that where there has been love there must soon be hatred; so there you have the first point made for the prosecution. But the second point is stronger; I do not grudge it you. Not only is it true that Pauline loved me, but it is also true that this very morning, before she died, she wrote at that table a will leaving me and my new church half a million. Come, where are the handcuffs? Do you suppose I care what foolish things you do with me? Penal servitude will only be like waiting for her at a wayside station. The gallows will only be going to her in a headlong car.'

He spoke with the brain-shaking authority of an orator, and Flambeau and Joan Stacey stared at him in amazed admiration. Father Brown's face seemed to express nothing but extreme distress; he looked at the ground with one wrinkle of pain across his forehead. The prophet of the sun leaned easily against the mantelpiece and resumed: 'In a few words I have put before you the whole case against me – the only possible case against me. In fewer words still I will blow it to pieces, so that not a trace of it remains. As to whether I have committed this crime, the truth is in one sentence: I could not have committed this crime. Pauline Stacey fell from this floor to the ground at five minutes past twelve. A hundred people will go into the witness-box and say that I was standing out upon the balcony of my own rooms above from just before the stroke of noon to a quarter-past – the usual period of my public prayers. My clerk (a respectable youth from Clapham, with no sort of connection with me) will swear that he sat in my outer office all the morning, and that no communication passed through. He will swear that I arrived a full ten minutes before the hour, fifteen minutes before any whisper of the accident, and that I did not leave the office or the balcony all that time. No one ever had so complete an alibi; I could subpoena half Westminster. I think you had better put the handcuffs away again. The case is at an end.

'But last of all, that no breath of this idiotic suspicion remain in the air, I will tell you all you want to know. I believe I do know how

my unhappy friend came by her death. You can, if you choose, blame me for it, or my faith and philosophy at least; but you certainly cannot lock me up. It is well known to all students of the higher truths that certain adepts and illuminati have in history attained the power of levitation – that is, of being self-sustained upon the empty air. It is but a part of that general conquest of matter which is the main element in our occult wisdom. Poor Pauline was of an impulsive and ambitious temper. I think, to tell the truth, she thought herself somewhat deeper in the mysteries than she was; and she has often said to me, as we went down in the lift together, that if one's will were strong enough, one could float down as harmlessly as a feather. I solemnly believe that in some ecstasy of noble thoughts she attempted the miracle. Her will, or faith, must have failed her at the crucial instant, and the lower law of matter had its horrible revenge. There is the whole story, gentlemen, very sad and, as you think, very presumptuous and wicked, but certainly not criminal or in any way connected with me. In the short-hand of the police-courts, you had better call it suicide. I shall always call it heroic failure for the advance of science and the slow scaling of heaven.'

It was the first time Flambeau had ever seen Father Brown vanquished. He still sat looking at the ground, with a painful and corrugated brow, as if in shame. It was impossible to avoid the feeling which the prophet's winged words had fanned, that here was a sullen, professional suspecter of men overwhelmed by a prouder and purer spirit of natural liberty and health. At last he said, blinking as if in bodily distress: 'Well, if that is so, sir, you need do no more than take the testamentary paper you spoke of and go. I wonder where the poor lady left it.'

'It will be over there on her desk by the door, I think,' said Kalon, with that massive innocence of manner that seemed to acquit him wholly. 'She told me specially she would write it this morning, and I actually saw her writing as I went up in the lift to my own room.'

'Was her door open then?' asked the priest, with his eye on the corner of the matting.

'Yes,' said Kalon calmly.

'Ah! it has been open ever since,' said the other, and resumed his silent study of the mat.

'There is a paper over here,' said the grim Miss Joan, in a somewhat singular voice. She had passed over to her sister's desk by the doorway, and was holding a sheet of blue foolscap in her hand. There was a sour smile on her face that seemed unfit for such a scene or occasion, and Flambeau looked at her with a darkening brow.

Kalon the prophet stood away from the paper with that loyal

unconsciousness that had carried him through. But Flambeau took it out of the lady's hand, and read it with the utmost amazement. It did, indeed, begin in the formal manner of a will, but after the words 'I give and bequeath all of which I die possessed' the writing abruptly stopped with a set of scratches, and there was no trace of the name of any legatee. Flambeau, in wonder, handed this truncated testament to his clerical friend, who glanced at it and silently gave it to the priest of the sun.

An instant afterwards that pontiff, in his splendid sweeping draperies, had crossed the room in two great strides, and was towering over Joan Stacey, his blue eyes standing from his head.

'What monkey tricks have you been playing here?' he cried. 'That's not all Pauline wrote.'

They were startled to hear him speak in quite a new voice, with a Yankee shrillness in it; all his grandeur and good English had fallen from him like a cloak.

'That is the only thing on her desk,' said Joan, and confronted him steadily with the same smile of evil favour.

Of a sudden the man broke out into blasphemies and cataracts of incredulous words. There was something shocking about the dropping of his mask; it was like a man's real face falling off.

'See here!' he cried in broad American, when he was breathless with cursing, 'I may be an adventurer, but I guess you're a murderess. Yes, gentlemen, here's your death explained, and without any levitation. The poor girl is writing a will in my favour; her cursed sister comes in, struggles for the pen, drags her to the well, and throws her down before she can finish it. Sakes! I reckon we want the handcuffs after all.'

'As you have truly remarked,' replied Joan, with ugly calm, 'your clerk is a very respectable young man, who knows the nature of an oath; and he will swear in any court that I was up in your office arranging some typewriting work for five minutes before and five minutes after my sister fell. Mr Flambeau will tell you that he found me there.'

There was a silence.

'Why, then,' cried Flambeau, 'Pauline was alone when she fell, and it was suicide!'

'She was alone when she fell,' said Father Brown, 'but it was not suicide.'

'Then how did she die?' asked Flambeau impatiently.

'She was murdered.'

'But she was alone,' objected the detective.

'She was murdered when she was all alone,' answered the priest.

All the rest stared at him, but he remained sitting in the same

old dejected attitude, with a wrinkle in his round forehead and an appearance of impersonal shame and sorrow; his voice was colourless and sad.

'What I want to know,' cried Kalon, with an oath, 'is when the police are coming for this bloody and wicked sister. She's killed her flesh and blood; she's robbed me of half a million that was just as sacredly mine as –'

'Come, come, prophet,' interrupted Flambeau, with a kind of sneer; 'remember that all this world is a cloudland.'

The hierophant of the sun-god made an effort to climb back on his pedestal. 'It is not the mere money,' he cried, 'though that would equip the cause throughout the world. It is also my beloved one's wishes. To Pauline all this was holy. In Pauline's eyes –'

Father Brown suddenly sprang erect, so that his chair fell over flat behind him. He was deathly pale, yet he seemed fired with a hope; his eyes shone.

'That's it!' he cried in a clear voice. 'That's the way to begin. In Pauline's eyes –'

The tall prophet retreated before the tiny priest in an almost mad disorder. 'What do you mean? How dare you?' he cried repeatedly.

'In Pauline's eyes,' repeated the priest, his own shining more and more. 'Go on – in God's name, go on. The foulest crime the fiends ever prompted feels lighter after confession; and I implore you to confess. Go on, go on – in Pauline's eyes –'

'Let me go, you devil!' thundered Kalon, struggling like a giant in bonds. 'Who are you, you cursed spy, to weave your spiders' webs round me, and peep and peer? Let me go.'

'Shall I stop him?' asked Flambeau, bounding towards the exit, for Kalon had already thrown the door wide open.

'No; let him pass,' said Father Brown, with a strange deep sigh that seemed to come from the depths of the universe. 'Let Cain pass by, for he belongs to God.'

There was a long-drawn silence in the room when he had left it, which was to Flambeau's fierce wits one long agony of interrogation. Miss Joan Stacey very coolly tidied up the papers on her desk.

'Father,' said Flambeau at last, 'it is my duty, not my curiosity only – it is my duty to find out, if I can, who committed the crime.'

'Which crime?' asked Father Brown.

'The one we are dealing with, of course,' replied his impatient friend.

'We are dealing with two crimes,' said Brown, 'crimes of very different weight – and by very different criminals.'

Miss Joan Stacey, having collected and put away her papers,

proceeded to lock up her drawer. Father Brown went on, noticing her as little as she noticed him.

'The two crimes,' he observed, 'were committed against the same weakness of the same person, in a struggle for her money. The author of the larger crime found himself thwarted by the smaller crime; the author of the smaller crime got the money.'

'Oh, don't go on like a lecturer,' groaned Flambeau; 'put it in a few words.'

'I can put it in one word,' answered his friend.

Miss Joan Stacey skewered her businesslike black hat on to her head with a businesslike black frown before a little mirror, and, as the conversation proceeded, took her handbag and umbrella in an unhurried style, and left the room.

'The truth is one word, and a short one,' said Father Brown. 'Pauline Stacey was blind.'

'Blind!' repeated Flambeau, and rose slowly to his whole huge stature.

'She was subject to it by blood,' Brown proceeded. 'Her sister would have started eyeglasses if Pauline would have let her; but it was her special philosophy or fad that one must not encourage such diseases by yielding to them. She would not admit the cloud; or she tried to dispel it by will. So her eyes got worse and worse with straining; but the worst strain was to come. It came with this precious prophet, or whatever he calls himself, who taught her to stare at the hot sun with the naked eye. It was called accepting Apollo. Oh, if these new pagans would only be old pagans, they would be a little wiser! The old pagans knew that mere naked Nature-worship must have a cruel side. They knew that the eye of Apollo can blast and blind.'

There was a pause, and the priest went on in a gentle and even broken voice. 'Whether or no that devil deliberately made her blind, there is no doubt that he deliberately killed her through her blindness. The very simplicity of the crime is sickening. You know he and she went up and down in those lifts without official help; you know also how smoothly and silently the lifts slide. Kalon brought the lift to the girl's landing, and saw her, through the open door, writing in her slow, sightless way the will she had promised him. He called out to her cheerily that he had the lift ready for her, and she was to come out when she was ready. Then he pressed a button and shot soundlessly up to his own floor, walked through his own office, out on to his own balcony, and was safely praying before the crowded street when the poor girl, having finished her work, ran gaily out to where lover and lift were to receive her, and stepped –'

'Don't!' cried Flambeau.

'He ought to have got half a million by pressing that button,' continued the little father, in the colourless voice in which he talked of such horrors. 'But that went smash. It went smash because there happened to be another person who also wanted the money, and who also knew the secret about poor Pauline's sight. There was one thing about that will that I think nobody noticed: although it was unfinished and without signature, the other Miss Stacey and some servant of hers had already signed it as witnesses. Joan had signed first, saying Pauline could finish it later, with a typical feminine contempt for legal forms. Therefore, Joan wanted her sister to sign the will without real witnesses. Why? I thought of the blindness, and felt sure she had wanted Pauline to sign in solitude because she had wanted her not to sign at all.

'People like the Staceys always use fountain pens; but this was specially natural to Pauline. By habit and her strong will and memory she could still write almost as well as if she saw; but she could not tell when her pen needed dipping. Therefore, her fountain pens were carefully filled by her sister – all except this fountain pen. This was carefully not filled by her sister; the remains of the ink held out for a few lines and then failed altogether. And the prophet lost five hundred thousand pounds and committed one of the most brutal and brilliant murders in human history for nothing.'

Flambeau went to the open door and heard the official police ascending the stairs. He turned and said: 'You must have followed everything devilish close to have traced the crime to Kalon in ten minutes.'

Father Brown gave a sort of start.

'Oh! to him,' he said. 'No; I had to follow rather close to find out about Miss Joan and the fountain pen. But I knew Kalon was the criminal before I came into the front door.'

'You must be joking!' cried Flambeau.

'I'm quite serious,' answered the priest. 'I tell you I knew he had done it, even before I knew what he had done.'

'But why?'

'These pagan stoics,' said Brown reflectively, 'always fail by their strength. There came a crash and a scream down the street, and the priest of Apollo did not start or look round. I did not know what it was. But I knew that he was expecting it.'

The Sign of the Broken Sword

The thousand arms of the forest were grey, and its million fingers silver. In a sky of dark green-blue-like slate the stars were bleak and brilliant like splintered ice. All that thickly wooded and sparsely tenanted countryside was stiff with a bitter and brittle frost. The black hollows between the trunks of the trees looked like bottomless, black caverns of that Scandinavian hell, a hell of incalculable cold. Even the square stone tower of the church looked northern to the point of heathenry, as if it were some barbaric tower among the sea rocks of Iceland. It was a queer night for anyone to explore a churchyard. But, on the other hand, perhaps it was worth exploring.

It rose abruptly out of the ashen wastes of forest in a sort of hump or shoulder of green turf that looked grey in the starlight. Most of the graves were on a slant, and the path leading up to the church was as steep as a staircase. On the top of the hill, in the one flat and prominent place, was the monument for which the place was famous. It contrasted strangely with the featureless graves all round, for it was the work of one of the greatest sculptors of modern Europe; and yet his fame was at once forgotten in the fame of the man whose image he had made. It showed, by touches of the small silver pencil of starlight, the massive metal figure of a soldier recumbent, the strong hands sealed in an everlasting worship, the great head pillowed upon a gun. The venerable face was bearded, or rather whiskered, in the old, heavy Colonel Newcome fashion. The uniform, though suggested with the few strokes of simplicity, was that of modern war. By his right side lay a sword, of which the tip was broken off; on the left side lay a Bible. On glowing summer afternoons wagonettes came full of Americans and cultured suburbans to see the sepulchre; but even then they felt the vast forest land with its one dumpy dome of churchyard and church as a place oddly dumb and neglected. In this freezing darkness of midwinter one would think he might be left alone with the stars. Nevertheless, in the stillness of those stiff woods a wooden gate creaked, and two dim figures dressed in black climbed up the little path to the tomb.

So faint was that frigid starlight that nothing could have been traced about them except that while they both wore black, one man was enormously big, and the other (perhaps by contrast) almost startlingly small. They went up to the great graven tomb of the historic warrior, and stood for a few minutes staring at it. There was no human, perhaps

no living, thing for a wide circle; and a morbid fancy might well have wondered if they were human themselves. In any case, the beginning of their conversation might have seemed strange. After the first silence the small man said to the other: 'Where does a wise man hide a pebble?'

And the tall man answered in a low voice: 'On the beach.'

The small man nodded, and after a short silence said: 'Where does a wise man hide a leaf?'

And the other answered: 'In the forest.'

There was another stillness, and then the tall man resumed: 'Do you mean that when a wise man has to hide a real diamond he has been known to hide it among sham ones?'

'No, no,' said the little man with a laugh, 'we will let bygones be bygones.'

He stamped his cold feet for a second or two, and then said: 'I'm not thinking of that at all, but of something else; something rather peculiar. Just strike a match, will you?'

The big man fumbled in his pocket, and soon a scratch and a flare painted gold the whole flat side of the monument. On it was cut in black letters the well-known words which so many Americans had reverently read: 'Sacred to the Memory of General Sir Arthur St Clare, Hero and Martyr, who Always Vanquished his Enemies and Always Spared Them, and Was Treacherously Slain by Them At Last. May God in Whom he Trusted both Reward and Revenge him.'

The match burnt the big man's fingers, blackened, and dropped. He was about to strike another, but his small companion stopped him. 'That's all right, Flambeau, old man; I saw what I wanted. Or, rather, I didn't see what I didn't want. And now we must walk a mile and a half along the road to the next inn, and I will try to tell you all about it. For Heaven knows a man should have a fire and ale when he dares tell such a story.'

They descended the precipitous path, they relatched the rusty gate, and set off at a stamping, ringing walk down the frozen forest road. They had gone a full quarter of a mile before the smaller man spoke again. He said: 'Yes; the wise man hides a pebble on the beach. But what does he do if there is no beach? Do you know anything of that great St Clare trouble?'

'I know nothing about English generals, Father Brown,' answered the large man, laughing, 'though a little about English policemen. I only know that you have dragged me a precious long dance to all the shrines of this fellow, whoever he is. One would think he got buried in six different places. I've seen a memorial to General St Clare in

Westminster Abbey. I've seen a ramping equestrian statue of General St Clare on the Embankment. I've seen a medallion of St Clare in the street he was born in, and another in the street he lived in; and now you drag me after dark to his coffin in the village churchyard. I am beginning to be a bit tired of his magnificent personality, especially as I don't in the least know who he was. What are you hunting for in all these crypts and effigies?'

'I am only looking for one word,' said Father Brown. 'A word that isn't there.'

'Well,' asked Flambeau; 'are you going to tell me anything about it?'

'I must divide it into two parts,' remarked the priest. 'First there is what everybody knows; and then there is what I know. Now, what everybody knows is short and plain enough. It is also entirely wrong.'

'Right you are,' said the big man called Flambeau cheerfully. 'Let's begin at the wrong end. Let's begin with what everybody knows, which isn't true.'

'If not wholly untrue, it is at least very inadequate,' continued Brown; 'for in point of fact, all that the public knows amounts precisely to this: The public knows that Arthur St Clare was a great and successful English general. It knows that after splendid yet careful campaigns both in India and Africa he was in command against Brazil when the great Brazilian patriot Olivier issued his ultimatum. It knows that on that occasion St Clare with a very small force attacked Olivier with a very large one, and was captured after heroic resistance. And it knows that after his capture, and to the abhorrence of the civilised world, St Clare was hanged on the nearest tree. He was found swinging there after the Brazilians had retired, with his broken sword hung round his neck.'

'And that popular story is untrue?' suggested Flambeau.

'No,' said his friend quietly, 'that story is quite true, so far as it goes.'

'Well, I think it goes far enough!' said Flambeau; 'but if the popular story is true, what is the mystery?'

They had passed many hundreds of grey and ghostly trees before the little priest answered. Then he bit his finger reflectively and said: 'Why, the mystery is a mystery of psychology. Or, rather, it is a mystery of two psychologies. In that Brazilian business two of the most famous men of modern history acted flat against their characters. Mind you, Olivier and St Clare were both heroes – the old thing, and no mistake; it was like the fight between Hector and Achilles. Now, what would you say to an affair in which Achilles was timid and Hector was treacherous?'

'Go on,' said the large man impatiently as the other bit his finger again.

'Sir Arthur St Clare was a soldier of the old religious type – the type

that saved us during the Mutiny,' continued Brown. 'He was always more for duty than for dash; and with all his personal courage was decidedly a prudent commander, particularly indignant at any needless waste of soldiers. Yet in this last battle he attempted something that a baby could see was absurd. One need not be a strategist to see it was as wild as wind; just as one need not be a strategist to keep out of the way of a motor-bus. Well, that is the first mystery; what had become of the English general's head? The second riddle is, what had become of the Brazilian general's heart? President Olivier might be called a visionary or a nuisance; but even his enemies admitted that he was magnanimous to the point of knight errantry. Almost every other prisoner he had ever captured had been set free or even loaded with benefits. Men who had really wronged him came away touched by his simplicity and sweetness. Why the deuce should he diabolically revenge himself only once in his life; and that for the one particular blow that could not have hurt him? Well, there you have it. One of the wisest men in the world acted like an idiot for no reason. One of the best men in the world acted like a fiend for no reason. That's the long and the short of it; and I leave it to you, my boy.'

'No, you don't,' said the other with a snort. 'I leave it to you; and you jolly well tell me all about it.'

'Well,' resumed Father Brown, 'it's not fair to say that the public impression is just what I've said, without adding that two things have happened since. I can't say they threw a new light; for nobody can make sense of them. But they threw a new kind of darkness; they threw the darkness in new directions. The first was this. The family physician of the St Clares quarrelled with that family, and began publishing a violent series of articles, in which he said that the late general was a religious maniac; but as far as the tale went, this seemed to mean little more than a religious man. Anyhow, the story fizzled out. Everyone knew, of course, that St Clare had some of the eccentricities of puritan piety. The second incident was much more arresting. In the luckless and unsupported regiment which made that rash attempt at the Black River there was a certain Captain Keith, who was at that time engaged to St Clare's daughter, and who afterwards married her. He was one of those who were captured by Olivier, and, like all the rest except the general, appears to have been bounteously treated and promptly set free. Some twenty years afterwards this man, then Lieutenant-Colonel Keith, published a sort of autobiography called "A British Officer in Burmah and Brazil". In the place where the reader looks eagerly for some account of the mystery of St Clare's disaster may be found the following words: "Everywhere else in this book I have narrated things

exactly as they occurred, holding as I do the old-fashioned opinion that the glory of England is old enough to take care of itself. The exception I shall make is in this matter of the defeat by the Black River; and my reasons, though private, are honourable and compelling. I will, however, add this in justice to the memories of two distinguished men. General St Clare has been accused of incapacity on this occasion; I can at least testify that this action, properly understood, was one of the most brilliant and sagacious of his life. President Olivier by similar report is charged with savage injustice. I think it due to the honour of an enemy to say that he acted on this occasion with even more than his characteristic good feeling. To put the matter popularly, I can assure my countrymen that St Clare was by no means such a fool nor Olivier such a brute as he looked. This is all I have to say; nor shall any earthly consideration induce me to add a word to it.'"

A large frozen moon like a lustrous snowball began to show through the tangle of twigs in front of them, and by its light the narrator had been able to refresh his memory of Captain Keith's text from a scrap of printed paper. As he folded it up and put it back in his pocket Flambeau threw up his hand with a French gesture.

'Wait a bit, wait a bit,' he cried excitedly. 'I believe I can guess it at the first go.'

He strode on, breathing hard, his black head and bull neck forward, like a man winning a walking race. The little priest, amused and interested, had some trouble in trotting beside him. Just before them the trees fell back a little to left and right, and the road swept downwards across a clear, moonlit valley, till it dived again like a rabbit into the wall of another wood. The entrance to the farther forest looked small and round, like the black hole of a remote railway tunnel. But it was within some hundred yards, and gaped like a cavern before Flambeau spoke again.

'I've got it,' he cried at last, slapping his thigh with his great hand. 'Four minutes' thinking, and I can tell your whole story myself.'

'All right,' assented his friend. 'You tell it.'

Flambeau lifted his head, but lowered his voice. 'General Sir Arthur St Clare,' he said, 'came of a family in which madness was hereditary; and his whole aim was to keep this from his daughter, and even, if possible, from his future son-in-law. Rightly or wrongly, he thought the final collapse was close, and resolved on suicide. Yet ordinary suicide would blazon the very idea he dreaded. As the campaign approached the clouds came thicker on his brain; and at last in a mad moment he sacrificed his public duty to his private. He rushed rashly into battle, hoping to fall by the first shot. When he found that he had only attained

capture and discredit, the sealed bomb in his brain burst, and he broke his own sword and hanged himself.'

He stared firmly at the grey facade of forest in front of him, with the one black gap in it, like the mouth of the grave, into which their path plunged. Perhaps something menacing in the road thus suddenly swallowed reinforced his vivid vision of the tragedy, for he shuddered.

'A horrid story,' he said.

'A horrid story,' repeated the priest with bent head. 'But not the real story.'

Then he threw back his head with a sort of despair and cried: 'Oh, I wish it had been.'

The tall Flambeau faced round and stared at him.

'Yours is a clean story,' cried Father Brown, deeply moved. 'A sweet, pure, honest story, as open and white as that moon. Madness and despair are innocent enough. There are worse things, Flambeau.'

Flambeau looked up wildly at the moon thus invoked; and from where he stood one black tree-bough curved across it exactly like a devil's horn.

'Father – father,' cried Flambeau with the French gesture and stepping yet more rapidly forward, 'do you mean it was worse than that?'

'Worse than that,' said the other like a grave echo. And they plunged into the black cloister of the woodland, which ran by them in a dim tapestry of trunks, like one of the dark corridors in a dream.

They were soon in the most secret entrails of the wood, and felt close about them foliage that they could not see, when the priest said again: 'Where does a wise man hide a leaf? In the forest. But what does he do if there is no forest?'

'Well, well,' cried Flambeau irritably, 'what does he do?'

'He grows a forest to hide it in,' said the priest in an obscure voice. 'A fearful sin.'

'Look here,' cried his friend impatiently, for the dark wood and the dark saying got a little on his nerves; will you tell me this story or not? What other evidence is there to go on?'

'There are three more bits of evidence,' said the other, 'that I have dug up in holes and corners; and I will give them in logical rather than chronological order. First of all, of course, our authority for the issue and event of the battle is in Olivier's own dispatches, which are lucid enough. He was entrenched with two or three regiments on the heights that swept down to the Black River, on the other side of which was lower and more marshy ground. Beyond this again was gently rising country, on which was the first English outpost, supported by others which lay,

however, considerably in its rear. The British forces as a whole were greatly superior in numbers; but this particular regiment was just far enough from its base to make Olivier consider the project of crossing the river to cut it off. By sunset, however, he had decided to retain his own position, which was a specially strong one. At daybreak next morning he was thunderstruck to see that this stray handful of English, entirely unsupported from their rear, had flung themselves across the river, half by a bridge to the right, and the other half by a ford higher up, and were massed upon the marshy bank below him.

'That they should attempt an attack with such numbers against such a position was incredible enough; but Olivier noticed something yet more extraordinary. For instead of attempting to seize more solid ground, this mad regiment, having put the river in its rear by one wild charge, did nothing more, but stuck there in the mire like flies in treacle. Needless to say, the Brazilians blew great gaps in them with artillery, which they could only return with spirited but lessening rifle fire. Yet they never broke; and Olivier's curt account ends with a strong tribute of admiration for the mystic valour of these imbeciles. "Our line then advanced finally," writes Olivier, "and drove them into the river; we captured General St Clare himself and several other officers. The colonel and the major had both fallen in the battle. I cannot resist saying that few finer sights can have been seen in history than the last stand of this extraordinary regiment; wounded officers picking up the rifles of dead soldiers, and the general himself facing us on horseback bareheaded and with a broken sword." On what happened to the general afterwards Olivier is as silent as Captain Keith.'

'Well,' grunted Flambeau, 'get on to the next bit of evidence.'

'The next evidence,' said Father Brown, 'took some time to find, but it will not take long to tell. I found at last in an almshouse down in the Lincolnshire Fens an old soldier who not only was wounded at the Black River, but had actually knelt beside the colonel of the regiment when he died. This latter was a certain Colonel Clancy, a big bull of an Irishman; and it would seem that he died almost as much of rage as of bullets. He, at any rate, was not responsible for that ridiculous raid; it must have been imposed on him by the general. His last edifying words, according to my informant, were these: "And there goes the damned old donkey with the end of his sword knocked off. I wish it was his head." You will remark that everyone seems to have noticed this detail about the broken sword blade, though most people regard it somewhat more reverently than did the late Colonel Clancy. And now for the third fragment.'

Their path through the woodland began to go upward, and the

speaker paused a little for breath before he went on. Then he continued in the same businesslike tone: 'Only a month or two ago a certain Brazilian official died in England, having quarrelled with Olivier and left his country. He was a well-known figure both here and on the Continent, a Spaniard named Espado; I knew him myself, a yellow-faced old dandy, with a hooked nose. For various private reasons I had permission to see the documents he had left; he was a Catholic, of course, and I had been with him towards the end. There was nothing of his that lit up any corner of the black St Clare business, except five or six common exercise books filled with the diary of some English soldier. I can only suppose that it was found by the Brazilians on one of those that fell. Anyhow, it stopped abruptly the night before the battle.

'But the account of that last day in the poor fellow's life was certainly worth reading. I have it on me; but it's too dark to read it here, and I will give you a résumé. The first part of that entry is full of jokes, evidently flung about among the men, about somebody called the Vulture. It does not seem as if this person, whoever he was, was one of themselves, nor even an Englishman; neither is he exactly spoken of as one of the enemy. It sounds rather as if he were some local go-between and non-combatant; perhaps a guide or a journalist. He has been closeted with old Colonel Clancy; but is more often seen talking to the major. Indeed, the major is somewhat prominent in this soldier's narrative; a lean, dark-haired man, apparently, of the name of Murray – a north of Ireland man and a Puritan. There are continual jests about the contrast between this Ulsterman's austerity and the conviviality of Colonel Clancy. There is also some joke about the Vulture wearing bright-coloured clothes.

'But all these levities are scattered by what may well be called the note of a bugle. Behind the English camp and almost parallel to the river ran one of the few great roads of that district. Westward the road curved round towards the river, which it crossed by the bridge before mentioned. To the east the road swept backwards into the wilds, and some two miles along it was the next English outpost. From this direction there came along the road that evening a glitter and clatter of light cavalry, in which even the simple diarist could recognise with astonishment the general with his staff. He rode the great white horse which you have seen so often in illustrated papers and Academy pictures; and you may be sure that the salute they gave him was not merely ceremonial. He, at least, wasted no time on ceremony, but, springing from the saddle immediately, mixed with the group of officers, and fell into emphatic though confidential speech. What struck our friend the diarist most was his special disposition to discuss matters with Major Murray; but,

indeed, such a selection, so long as it was not marked, was in no way unnatural. The two men were made for sympathy; they were men who "read their Bibles"; they were both the old Evangelical type of officer. However this may be, it is certain that when the general mounted again he was still talking earnestly to Murray; and that as he walked his horse slowly down the road towards the river, the tall Ulsterman still walked by his bridle rein in earnest debate. The soldiers watched the two until they vanished behind a clump of trees where the road turned towards the river. The colonel had gone back to his tent, and the men to their pickets; the man with the diary lingered for another four minutes, and saw a marvellous sight.

'The great white horse which had marched slowly down the road, as it had marched in so many processions, flew back, galloping up the road towards them as if it were mad to win a race. At first they thought it had run away with the man on its back; but they soon saw that the general, a fine rider, was himself urging it to full speed. Horse and man swept up to them like a whirlwind; and then, reining up the reeling charger, the general turned on them a face like flame, and called for the colonel like the trumpet that wakes the dead.

'I conceive that all the earthquake events of that catastrophe tumbled on top of each other rather like lumber in the minds of men such as our friend with the diary. With the dazed excitement of a dream, they found themselves falling – literally falling – into their ranks, and learned that an attack was to be led at once across the river. The general and the major, it was said, had found out something at the bridge, and there was only just time to strike for life. The major had gone back at once to call up the reserve along the road behind; it was doubtful if even with that prompt appeal help could reach them in time. But they must pass the stream that night, and seize the heights by morning. It is with the very stir and throb of that romantic nocturnal march that the diary suddenly ends.'

Father Brown had mounted ahead; for the woodland path grew smaller, steeper, and more twisted, till they felt as if they were ascending a winding staircase. The priest's voice came from above out of the darkness.

'There was one other little and enormous thing. When the general urged them to their chivalric charge he half drew his sword from the scabbard; and then, as if ashamed of such melodrama, thrust it back again. The sword again, you see.'

A half-light broke through the network of boughs above them, flinging the ghost of a net about their feet; for they were mounting again to the faint luminosity of the naked night. Flambeau felt truth

all round him as an atmosphere, but not as an idea. He answered with bewildered brain: 'Well, what's the matter with the sword? Officers generally have swords, don't they?'

'They are not often mentioned in modern war,' said the other dispassionately; 'but in this affair one falls over the blessed sword everywhere.'

'Well, what is there in that?' growled Flambeau; 'it was a twopence coloured sort of incident; the old man's blade breaking in his last battle. Anyone might bet the papers would get hold of it, as they have. On all these tombs and things it's shown broken at the point. I hope you haven't dragged me through this Polar expedition merely because two men with an eye for a picture saw St Clare's broken sword.'

'No,' cried Father Brown, with a sharp voice like a pistol shot; 'but who saw his unbroken sword?'

'What do you mean?' cried the other, and stood still under the stars. They had come abruptly out of the grey gates of the wood.

'I say, who saw his unbroken sword?' repeated Father Brown obstinately. 'Not the writer of the diary, anyhow; the general sheathed it in time.'

Flambeau looked about him in the moonlight, as a man struck blind might look in the sun; and his friend went on, for the first time with eagerness: 'Flambeau,' he cried, 'I cannot prove it, even after hunting through the tombs. But I am sure of it. Let me add just one more tiny fact that tips the whole thing over. The colonel, by a strange chance, was one of the first struck by a bullet. He was struck long before the troops came to close quarters. But he saw St Clare's sword broken. Why was it broken? How was it broken? My friend, it was broken before the battle.'

'Oh!' said his friend, with a sort of forlorn jocularity; 'and pray where is the other piece?'

'I can tell you,' said the priest promptly. 'In the northeast corner of the cemetery of the Protestant Cathedral at Belfast.'

'Indeed?' enquired the other. 'Have you looked for it?'

'I couldn't,' replied Brown, with frank regret. 'There's a great marble monument on top of it; a monument to the heroic Major Murray, who fell fighting gloriously at the famous Battle of the Black River.'

Flambeau seemed suddenly galvanised into existence. 'You mean,' he cried hoarsely, 'that General St Clare hated Murray, and murdered him on the field of battle because –'

'You are still full of good and pure thoughts,' said the other. 'It was worse than that.'

'Well,' said the large man, 'my stock of evil imagination is used up.'

The priest seemed really doubtful where to begin, and at last he said again: 'Where would a wise man hide a leaf? In the forest.'

The other did not answer.

'If there were no forest, he would make a forest. And if he wished to hide a dead leaf, he would make a dead forest.'

There was still no reply, and the priest added still more mildly and quietly: 'And if a man had to hide a dead body, he would make a field of dead bodies to hide it in.'

Flambeau began to stamp forward with an intolerance of delay in time or space; but Father Brown went on as if he were continuing the last sentence: 'Sir Arthur St Clare, as I have already said, was a man who read his Bible. That was what was the matter with him. When will people understand that it is useless for a man to read his Bible unless he also reads everybody else's Bible? A printer reads a Bible for misprints. A Mormon reads his Bible, and finds polygamy; a Christian Scientist reads his, and finds we have no arms and legs. St Clare was an old Anglo-Indian Protestant soldier. Now, just think what that might mean; and, for Heaven's sake, don't cant about it. It might mean a man physically formidable living under a tropic sun in an Oriental society, and soaking himself without sense or guidance in an Oriental Book. Of course, he read the Old Testament rather than the New. Of course, he found in the Old Testament anything that he wanted – lust, tyranny, treason. Oh, I dare say he was honest, as you call it. But what is the good of a man being honest in his worship of dishonesty?

'In each of the hot and secret countries to which the man went he kept a harem, he tortured witnesses, he amassed shameful gold; but certainly he would have said with steady eyes that he did it to the glory of the Lord. My own theology is sufficiently expressed by asking which Lord? Anyhow, there is this about such evil, that it opens door after door in hell, and always into smaller and smaller chambers. This is the real case against crime, that a man does not become wilder and wilder, but only meaner and meaner. St Clare was soon suffocated by difficulties of bribery and blackmail; and needed more and more cash. And by the time of the Battle of the Black River he had fallen from world to world to that place which Dante makes the lowest floor of the universe.'

'What do you mean?' asked his friend again.

'I mean that,' retorted the cleric, and suddenly pointed at a puddle sealed with ice that shone in the moon. 'Do you remember whom Dante put in the last circle of ice?'

'The traitors,' said Flambeau, and shuddered. As he looked around at the inhuman landscape of trees, with taunting and almost obscene outlines, he could almost fancy he was Dante, and the priest with the

rivulet of a voice was, indeed, a Virgil leading him through a land of eternal sins.

The voice went on: 'Olivier, as you know, was quixotic, and would not permit a secret service and spies. The thing, however, was done, like many other things, behind his back. It was managed by my old friend Espado; he was the bright-clad fop, whose hook nose got him called the Vulture. Posing as a sort of philanthropist at the front, he felt his way through the English Army, and at last got his fingers on its one corrupt man – please God! – and that man at the top. St Clare was in foul need of money, and mountains of it. The discredited family doctor was threatening those extraordinary exposures that afterwards began and were broken off; tales of monstrous and prehistoric things in Park Lane; things done by an English Evangelist that smelt like human sacrifice and hordes of slaves. Money was wanted, too, for his daughter's dowry; for to him the fame of wealth was as sweet as wealth itself. He snapped the last thread, whispered the word to Brazil, and wealth poured in from the enemies of England. But another man had talked to Espado the Vulture as well as he. Somehow the dark, grim young major from Ulster had guessed the hideous truth; and when they walked slowly together down that road towards the bridge Murray was telling the general that he must resign instantly, or be court-martialled and shot. The general temporised with him till they came to the fringe of tropic trees by the bridge; and there by the singing river and the sunlit palms (for I can see the picture) the general drew his sabre and plunged it through the body of the major.'

The wintry road curved over a ridge in cutting frost, with cruel black shapes of bush and thicket; but Flambeau fancied that he saw beyond it faintly the edge of an aureole that was not starlight and moonlight, but some fire such as is made by men. He watched it as the tale drew to its close.

'St Clare was a hell-hound, but he was a hound of breed. Never, I'll swear, was he so lucid and so strong as when poor Murray lay a cold lump at his feet. Never in all his triumphs, as Captain Keith said truly, was the great man so great as he was in this last world-despised defeat. He looked coolly at his weapon to wipe off the blood; he saw the point he had planted between his victim's shoulders had broken off in the body. He saw quite calmly, as through a club windowpane, all that must follow. He saw that men must find the unaccountable corpse; must extract the unaccountable sword-point; must notice the unaccountable broken sword – or absence of sword. He had killed, but not silenced. But his imperious intellect rose against the facer; there was one way yet. He could make the corpse less unaccountable. He could create a hill

of corpses to cover this one. In twenty minutes eight hundred English soldiers were marching down to their death.'

The warmer glow behind the black winter wood grew richer and brighter, and Flambeau strode on to reach it. Father Brown also quickened his stride; but he seemed merely absorbed in his tale.

'Such was the valour of that English thousand, and such the genius of their commander, that if they had at once attacked the hill, even their mad march might have met some luck. But the evil mind that played with them like pawns had other aims and reasons. They must remain in the marshes by the bridge at least till British corpses should be a common sight there. Then for the last grand scene; the silver-haired soldier-saint would give up his shattered sword to save further slaughter. Oh, it was well organised for an impromptu. But I think (I cannot prove), I think that it was while they stuck there in the bloody mire that someone doubted – and someone guessed.'

He was mute a moment, and then said: 'There is a voice from nowhere that tells me the man who guessed was the lover . . . the man to wed the old man's child.'

'But what about Olivier and the hanging?' asked Flambeau.

'Olivier, partly from chivalry, partly from policy, seldom encumbered his march with captives,' explained the narrator. 'He released everybody in most cases. He released everybody in this case.'

'Everybody but the general,' said the tall man.

'Everybody,' said the priest.

Flambeau knit his black brows. 'I don't grasp it all yet,' he said.

'There is another picture, Flambeau,' said Brown in his more mystical undertone. 'I can't prove it; but I can do more – I can see it. There is a camp breaking up on the bare, torrid hills at morning, and Brazilian uniforms massed in blocks and columns to march. There is the red shirt and long black beard of Olivier, which blows as he stands, his broad-brimmed hat in his hand. He is saying farewell to the great enemy he is setting free – the simple, snow-headed English veteran, who thanks him in the name of his men. The English remnant stand behind at attention; beside them are stores and vehicles for the retreat. The drums roll; the Brazilians are moving; the English are still like statues. So they abide till the last hum and flash of the enemy have faded from the tropic horizon. Then they alter their postures all at once, like dead men coming to life; they turn their fifty faces upon the general – faces not to be forgotten.'

Flambeau gave a great jump. 'Ah,' he cried, 'you don't mean –'

'Yes,' said Father Brown in a deep, moving voice. 'It was an English hand that put the rope round St Clare's neck; I believe the hand that

put the ring on his daughter's finger. They were English hands that dragged him up to the tree of shame; the hands of men that had adored him and followed him to victory. And they were English souls (God pardon and endure us all!) who stared at him swinging in that foreign sun on the green gallows of palm, and prayed in their hatred that he might drop off it into hell.'

As the two topped the ridge there burst on them the strong scarlet light of a red-curtained English inn. It stood sideways in the road, as if standing aside in the amplitude of hospitality. Its three doors stood open with invitation; and even where they stood they could hear the hum and laughter of humanity happy for a night.

'I need not tell you more,' said Father Brown. 'They tried him in the wilderness and destroyed him; and then, for the honour of England and of his daughter, they took an oath to seal up for ever the story of the traitor's purse and the assassin's sword blade. Perhaps – Heaven help them – they tried to forget it. Let us try to forget it, anyhow; here is our inn.'

'With all my heart,' said Flambeau, and was just striding into the bright, noisy bar when he stepped back and almost fell on the road.

'Look there, in the devil's name!' he cried, and pointed rigidly at the square wooden sign that overhung the road. It showed dimly the crude shape of a sabre hilt and a shortened blade; and was inscribed in false archaic lettering, 'The Sign of the Broken Sword'.

'Were you not prepared?' asked Father Brown gently. 'He is the god of this country; half the inns and parks and streets are named after him and his story.'

'I thought we had done with the leper,' cried Flambeau, and spat on the road.

'You will never have done with him in England,' said the priest, looking down, 'while brass is strong and stone abides. His marble statues will erect the souls of proud, innocent boys for centuries, his village tomb will smell of loyalty as of lilies. Millions who never knew him shall love him like a father – this man whom the last few that knew him dealt with like dung. He shall be a saint; and the truth shall never be told of him, because I have made up my mind at last. There is so much good and evil in breaking secrets, that I put my conduct to a test. All these newspapers will perish; the anti-Brazil boom is already over; Olivier is already honoured everywhere. But I told myself that if anywhere, by name, in metal or marble that will endure like the pyramids, Colonel Clancy, or Captain Keith, or President Olivier, or any innocent man was wrongly blamed, then I would speak. If it were only that St Clare was wrongly praised, I would be silent. And I will.'

They plunged into the red-curtained tavern, which was not only cosy, but even luxurious inside. On a table stood a silver model of the tomb of St Clare, the silver head bowed, the silver sword broken. On the walls were coloured photographs of the same scene, and of the system of wagonettes that took tourists to see it. They sat down on the comfortable padded benches.

'Come, it's cold,' cried Father Brown; 'let's have some wine or beer.'

'Or brandy,' said Flambeau.

The Three Tools of Death

Both by calling and conviction Father Brown knew better than most of us, that every man is dignified when he is dead. But even he felt a pang of incongruity when he was knocked up at daybreak and told that Sir Aaron Armstrong had been murdered. There was something absurd and unseemly about secret violence in connection with so entirely entertaining and popular a figure. For Sir Aaron Armstrong was entertaining to the point of being comic; and popular in such a manner as to be almost legendary. It was like hearing that Sunny Jim had hanged himself; or that Mr Pickwick had died in Hanwell. For though Sir Aaron was a philanthropist, and thus dealt with the darker side of our society, he prided himself on dealing with it in the brightest possible style. His political and social speeches were cataracts of anecdotes and 'loud laughter'; his bodily health was of a bursting sort; his ethics were all optimism; and he dealt with the Drink problem (his favourite topic) with that immortal or even monotonous gaiety which is so often a mark of the prosperous total abstainer.

The established story of his conversion was familiar on the more puritanic platforms and pulpits, how he had been, when only a boy, drawn away from Scotch theology to Scotch whisky, and how he had risen out of both and become (as he modestly put it) what he was. Yet his wide white beard, cherubic face, and sparkling spectacles, at the numberless dinners and congresses where they appeared, made it hard to believe, somehow, that he had ever been anything so morbid as either a dram-drinker or a Calvinist. He was, one felt, the most seriously merry of all the sons of men.

He had lived on the rural skirt of Hampstead in a handsome house, high but not broad, a modern and prosaic tower. The narrowest of its narrow sides overhung the steep green bank of a railway, and was shaken by passing trains. Sir Aaron Armstrong, as he boisterously explained, had no nerves. But if the train had often given a shock to the house, that morning the tables were turned, and it was the house that gave a shock to the train.

The engine slowed down and stopped just beyond that point where an angle of the house impinged upon the sharp slope of turf. The arrest of most mechanical things must be slow; but the living cause of this had been very rapid. A man clad completely in black, even (it was remembered) to the dreadful detail of black gloves, appeared on

the ridge above the engine, and waved his black hands like some sable windmill. This in itself would hardly have stopped even a lingering train. But there came out of him a cry which was talked of afterwards as something utterly unnatural and new. It was one of those shouts that are horridly distinct even when we cannot hear what is shouted. The word in this case was 'Murder!'

But the engine-driver swears he would have pulled up just the same if he had heard only the dreadful and definite accent and not the word.

The train once arrested, the most superficial stare could take in many features of the tragedy. The man in black on the green bank was Sir Aaron Armstrong's manservant Magnus. The baronet in his optimism had often laughed at the black gloves of this dismal attendant; but no one was likely to laugh at him just now.

So soon as an enquirer or two had stepped off the line and across the smoky hedge, they saw, rolled down almost to the bottom of the bank, the body of an old man in a yellow dressing-gown with a very vivid scarlet lining. A scrap of rope seemed caught about his leg, entangled presumably in a struggle. There was a smear or so of blood, though very little; but the body was bent or broken into a posture impossible to any living thing. It was Sir Aaron Armstrong. A few more bewildered moments brought out a big fair-bearded man, whom some travellers could salute as the dead man's secretary, Patrick Royce, once well known in Bohemian society and even famous in the Bohemian arts. In a manner more vague, but even more convincing, he echoed the agony of the servant. By the time the third figure of that household, Alice Armstrong, daughter of the dead man, had come already tottering and waving into the garden, the engine-driver had put a stop to his stoppage. The whistle had blown and the train had panted on to get help from the next station.

Father Brown had been thus rapidly summoned at the request of Patrick Royce, the big ex-Bohemian secretary. Royce was an Irishman by birth; and that casual kind of Catholic that never remembers his religion until he is really in a hole. But Royce's request might have been less promptly complied with if one of the official detectives had not been a friend and admirer of the unofficial Flambeau; and it was impossible to be a friend of Flambeau without hearing numberless stories about Father Brown. Hence, while the young detective (whose name was Merton) led the little priest across the fields to the railway, their talk was more confidential than could be expected between two total strangers.

'As far as I can see,' said Mr Merton candidly, 'there is no sense to be made of it at all. There is nobody one can suspect. Magnus is a solemn

old fool; far too much of a fool to be an assassin. Royce has been the baronet's best friend for years; and his daughter undoubtedly adored him. Besides, it's all too absurd. Who would kill such a cheery old chap as Armstrong? Who could dip his hands in the gore of an after-dinner speaker? It would be like killing Father Christmas.'

'Yes, it was a cheery house,' assented Father Brown. 'It was a cheery house while he was alive. Do you think it will be cheery now he is dead?'

Merton started a little and regarded his companion with an enlivened eye. 'Now he is dead?' he repeated.

'Yes,' continued the priest stolidly, 'he was cheerful. But did he communicate his cheerfulness? Frankly, was anyone else in the house cheerful but he?'

A window in Merton's mind let in that strange light of surprise in which we see for the first time things we have known all along. He had often been to the Armstrongs', on little police jobs of the philanthropist; and, now he came to think of it, it was in itself a depressing house. The rooms were very high and very cold; the decoration mean and provincial; the draughty corridors were lit by electricity that was bleaker than moonlight. And though the old man's scarlet face and silver beard had blazed like a bonfire in each room or passage in turn, it did not leave any warmth behind it. Doubtless this spectral discomfort in the place was partly due to the very vitality and exuberance of its owner; he needed no stoves or lamps, he would say, but carried his own warmth with him. But when Merton recalled the other inmates, he was compelled to confess that they also were as shadows of their lord. The moody manservant, with his monstrous black gloves, was almost a nightmare; Royce, the secretary, was solid enough, a big bull of a man, in tweeds, with a short beard; but the straw-coloured beard was startlingly salted with grey like the tweeds, and the broad forehead was barred with premature wrinkles. He was good-natured enough also, but it was a sad sort of good-nature, almost a heartbroken sort – he had the general air of being some sort of failure in life. As for Armstrong's daughter, it was almost incredible that she was his daughter; she was so pallid in colour and sensitive in outline. She was graceful, but there was a quiver in the very shape of her that was like the lines of an aspen. Merton had sometimes wondered if she had learnt to quail at the crash of the passing trains.

'You see,' said Father Brown, blinking modestly, 'I'm not sure that the Armstrong cheerfulness is so very cheerful – for other people. You say that nobody could kill such a happy old man, but I'm not sure; *ne nos inducas in tentationem*. If ever I murdered somebody,' he added quite simply, 'I dare say it might be an Optimist.'

'Why?' cried Merton amused. 'Do you think people dislike cheerfulness?'

'People like frequent laughter,' answered Father Brown, 'but I don't think they like a permanent smile. Cheerfulness without humour is a very trying thing.'

They walked some way in silence along the windy grassy bank by the rail, and just as they came under the far-flung shadow of the tall Armstrong house, Father Brown said suddenly, like a man throwing away a troublesome thought rather than offering it seriously: 'Of course, drink is neither good nor bad in itself. But I can't help sometimes feeling that men like Armstrong want an occasional glass of wine to sadden them.'

Merton's official superior, a grizzled and capable detective named Gilder, was standing on the green bank waiting for the coroner, talking to Patrick Royce, whose big shoulders and bristly beard and hair towered above him. This was the more noticeable because Royce walked always with a sort of powerful stoop, and seemed to be going about his small clerical and domestic duties in a heavy and humbled style, like a buffalo drawing a go-cart.

He raised his head with unusual pleasure at the sight of the priest, and took him a few paces apart. Meanwhile Merton was addressing the older detective respectfully indeed, but not without a certain boyish impatience.

'Well, Mr Gilder, have you got much farther with the mystery?'

'There is no mystery,' replied Gilder, as he looked under dreamy eyelids at the rooks.

'Well, there is for me, at any rate,' said Merton, smiling.

'It is simple enough, my boy,' observed the senior investigator, stroking his grey, pointed beard. 'Three minutes after you'd gone for Mr Royce's parson the whole thing came out. You know that pasty-faced servant in the black gloves who stopped the train?'

'I should know him anywhere. Somehow he rather gave me the creeps.'

'Well,' drawled Gilder, 'when the train had gone on again, that man had gone too. Rather a cool criminal, don't you think, to escape by the very train that went off for the police?'

'You're pretty sure, I suppose,' remarked the young man, 'that he really did kill his master?'

'Yes, my son, I'm pretty sure,' replied Gilder drily, 'for the trifling reason that he has gone off with twenty thousand pounds in papers that were in his master's desk. No, the only thing worth calling a difficulty is how he killed him. The skull seems broken as with some big weapon,

but there's no weapon at all lying about, and the murderer would have found it awkward to carry it away, unless the weapon was too small to be noticed.'

'Perhaps the weapon was too big to be noticed,' said the priest, with an odd little giggle.

Gilder looked round at this wild remark, and rather sternly asked Brown what he meant.

'Silly way of putting it, I know,' said Father Brown apologetically. 'Sounds like a fairy tale. But poor Armstrong was killed with a giant's club, a great green club, too big to be seen, and which we call the earth. He was broken against this green bank we are standing on.'

'How do you mean?' asked the detective quickly.

Father Brown turned his moon face up to the narrow facade of the house and blinked hopelessly up. Following his eyes, they saw that right at the top of this otherwise blind back quarter of the building, an attic window stood open.

'Don't you see,' he explained, pointing a little awkwardly like a child, 'he was thrown down from there?'

Gilder frowningly scrutinised the window, and then said: 'Well, it is certainly possible. But I don't see why you are so sure about it.'

Brown opened his grey eyes wide. 'Why,' he said, 'there's a bit of rope round the dead man's leg. Don't you see that other bit of rope up there caught at the corner of the window?'

At that height the thing looked like the faintest particle of dust or hair, but the shrewd old investigator was satisfied. 'You're quite right, sir,' he said to Father Brown; 'that is certainly one to you.'

Almost as he spoke a special train with one carriage took the curve of the line on their left, and, stopping, disgorged another group of policemen, in whose midst was the hangdog visage of Magnus, the absconded servant.

'By Jove! they've got him,' cried Gilder, and stepped forward with quite a new alertness.

'Have you got the money?' he cried to the first policeman.

The man looked him in the face with a rather curious expression and said: 'No.' Then he added: 'At least, not here.'

'Which is the inspector, please?' asked the man called Magnus.

When he spoke everyone instantly understood how this voice had stopped a train. He was a dull-looking man with flat black hair, a colourless face, and a faint suggestion of the East in the level slits in his eyes and mouth. His blood and name, indeed, had remained dubious, ever since Sir Aaron had 'rescued' him from a waitership in a London restaurant, and (as some said) from more infamous things. But

his voice was as vivid as his face was dead. Whether through exactitude in a foreign language, or in deference to his master (who had been somewhat deaf), Magnus's tones had a peculiarly ringing and piercing quality, and the whole group quite jumped when he spoke.

'I always knew this would happen,' he said aloud with brazen blandness. 'My poor old master made game of me for wearing black; but I always said I should be ready for his funeral.'

And he made a momentary movement with his two dark-gloved hands.

'Sergeant,' said Inspector Gilder, eyeing the black hands with wrath, 'aren't you putting the bracelets on this fellow; he looks pretty dangerous.'

'Well, sir,' said the sergeant, with the same odd look of wonder, 'I don't know that we can.'

'What do you mean?' asked the other sharply. 'Haven't you arrested him?'

A faint scorn widened the slit-like mouth, and the whistle of an approaching train seemed oddly to echo the mockery.

'We arrested him,' replied the sergeant gravely, 'just as he was coming out of the police station at Highgate, where he had deposited all his master's money in the care of Inspector Robinson.'

Gilder looked at the manservant in utter amazement. 'Why on earth did you do that?' he asked of Magnus.

'To keep it safe from the criminal, of course,' replied that person placidly.

'Surely,' said Gilder, 'Sir Aaron's money might have been safely left with Sir Aaron's family.'

The tail of his sentence was drowned in the roar of the train as it went rocking and clanking; but through all the hell of noises to which that unhappy house was periodically subject, they could hear the syllables of Magnus's answer, in all their bell-like distinctness: 'I have no reason to feel confidence in Sir Aaron's family.'

All the motionless men had the ghostly sensation of the presence of some new person; and Merton was scarcely surprised when he looked up and saw the pale face of Armstrong's daughter over Father Brown's shoulder. She was still young and beautiful in a silvery style, but her hair was of so dusty and hueless a brown that in some shadows it seemed to have turned totally grey.

'Be careful what you say,' said Royce gruffly, 'you'll frighten Miss Armstrong.'

'I hope so,' said the man with the clear voice.

As the woman winced and everyone else wondered, he went on: 'I am

somewhat used to Miss Armstrong's tremors. I have seen her trembling off and on for years. And some said she was shaking with cold and some she was shaking with fear, but I know she was shaking with hate and wicked anger – fiends that have had their feast this morning. She would have been away by now with her lover and all the money but for me. Ever since my poor old master prevented her from marrying that tipsy blackguard –'

'Stop,' said Gilder very sternly. 'We have nothing to do with your family fancies or suspicions. Unless you have some practical evidence, your mere opinions –'

'Oh! I'll give you practical evidence,' cut in Magnus, in his hacking accent. 'You'll have to subpoena me, Mr Inspector, and I shall have to tell the truth. And the truth is this: An instant after the old man was pitched bleeding out of the window, I ran into the attic, and found his daughter swooning on the floor with a red dagger still in her hand. Allow me to hand that also to the proper authorities.' He took from his tail-pocket a long horn-hilted knife with a red smear on it, and handed it politely to the sergeant. Then he stood back again, and his slits of eyes almost faded from his face in one fat Chinese sneer.

Merton felt an almost bodily sickness at the sight of him; and he muttered to Gilder: 'Surely you would take Miss Armstrong's word against his?'

Father Brown suddenly lifted a face so absurdly fresh that it looked somehow as if he had just washed it. 'Yes,' he said, radiating innocence, 'but is Miss Armstrong's word against his?'

The girl uttered a startled, singular little cry; everyone looked at her. Her figure was rigid as if paralysed; only her face within its frame of faint brown hair was alive with an appalling surprise. She stood like one of a sudden lassooed and throttled.

'This man,' said Mr Gilder gravely, 'actually says that you were found grasping a knife, insensible, after the murder.'

'He says the truth,' answered Alice.

The next fact of which they were conscious was that Patrick Royce strode with his great stooping head into their ring and uttered the singular words: 'Well, if I've got to go, I'll have a bit of pleasure first.'

His huge shoulder heaved and he sent an iron fist smash into Magnus's bland Mongolian visage, laying him on the lawn as flat as a starfish. Two or three of the police instantly put their hands on Royce; but to the rest it seemed as if all reason had broken up and the universe were turning into a brainless harlequinade.

'None of that, Mr Royce,' Gilder had called out authoritatively. 'I shall arrest you for assault.'

'No, you won't,' answered the secretary in a voice like an iron gong, 'you will arrest me for murder.'

Gilder threw an alarmed glance at the man knocked down; but since that outraged person was already sitting up and wiping a little blood off a substantially uninjured face, he only said shortly: 'What do you mean?'

'It is quite true, as this fellow says,' explained Royce, 'that Miss Armstrong fainted with a knife in her hand. But she had not snatched the knife to attack her father, but to defend him.'

'To defend him,' repeated Gilder gravely. 'Against whom?'

'Against me,' answered the secretary.

Alice looked at him with a complex and baffling face; then she said in a low voice: 'After it all, I am still glad you are brave.'

'Come upstairs,' said Patrick Royce heavily, 'and I will show you the whole cursed thing.'

The attic, which was the secretary's private place (and rather a small cell for so large a hermit), had indeed all the vestiges of a violent drama. Near the centre of the floor lay a large revolver as if flung away; nearer to the left was rolled a whisky bottle, open but not quite empty. The cloth of the little table lay dragged and trampled, and a length of cord, like that found on the corpse, was cast wildly across the windowsill. Two vases were smashed on the mantelpiece and one on the carpet.

'I was drunk,' said Royce; and this simplicity in the prematurely battered man somehow had the pathos of the first sin of a baby.

'You all know about me,' he continued huskily; 'everybody knows how my story began, and it may as well end like that too. I was called a clever man once, and might have been a happy one; Armstrong saved the remains of a brain and body from the taverns, and was always kind to me in his own way, poor fellow! Only he wouldn't let me marry Alice here; and it will always be said that he was right enough. Well, you can form your own conclusions, and you won't want me to go into details. That is my whisky bottle half emptied in the corner; that is my revolver quite emptied on the carpet. It was the rope from my box that was found on the corpse, and it was from my window the corpse was thrown. You need not set detectives to grub up my tragedy; it is a common enough weed in this world. I give myself to the gallows; and, by God, that is enough!'

At a sufficiently delicate sign, the police gathered round the large man to lead him away; but their unobtrusiveness was somewhat staggered by the remarkable appearance of Father Brown, who was on his hands and knees on the carpet in the doorway, as if engaged in some kind of undignified prayers. Being a person utterly insensible

to the social figure he cut, he remained in this posture, but turned a bright round face up at the company, presenting the appearance of a quadruped with a very comic human head.

'I say,' he said good-naturedly, 'this really won't do at all, you know. At the beginning you said we'd found no weapon. But now we're finding too many; there's the knife to stab, and the rope to strangle, and the pistol to shoot; and after all he broke his neck by falling out of a window! It won't do. It's not economical.' And he shook his head at the ground as a horse does grazing.

Inspector Gilder had opened his mouth with serious intentions, but before he could speak the grotesque figure on the floor had gone on quite volubly.

'And now three quite impossible things. First, these holes in the carpet, where the six bullets have gone in. Why on earth should anybody fire at the carpet? A drunken man lets fly at his enemy's head, the thing that's grinning at him. He doesn't pick a quarrel with his feet, or lay siege to his slippers. And then there's the rope' – and having done with the carpet the speaker lifted his hands and put them in his pocket, but continued unaffectedly on his knees – 'in what conceivable intoxication would anybody try to put a rope round a man's neck and finally put it round his leg? Royce, anyhow, was not so drunk as that, or he would be sleeping like a log by now. And, plainest of all, the whisky bottle. You suggest a dipsomaniac fought for the whisky bottle, and then having won, rolled it away in a corner, spilling one half and leaving the other. That is the very last thing a dipsomaniac would do.'

He scrambled awkwardly to his feet, and said to the self-accused murderer in tones of limpid penitence: 'I'm awfully sorry, my dear sir, but your tale is really rubbish.'

'Sir,' said Alice Armstrong in a low tone to the priest, 'can I speak to you alone for a moment?'

This request forced the communicative cleric out of the gangway, and before he could speak in the next room, the girl was talking with strange incisiveness.

'You are a clever man,' she said, 'and you are trying to save Patrick, I know. But it's no use. The core of all this is black, and the more things you find out the more there will be against the miserable man I love.'

'Why?' asked Brown, looking at her steadily.

'Because,' she answered equally steadily, 'I saw him commit the crime myself.'

'Ah!' said the unmoved Brown, 'and what did he do?'

'I was in this room next to them,' she explained; 'both doors were closed, but I suddenly heard a voice, such as I had never heard on earth,

roaring "Hell, hell, hell," again and again, and then the two doors shook with the first explosion of the revolver. Thrice again the thing banged before I got the two doors open and found the room full of smoke; but the pistol was smoking in my poor, mad Patrick's hand; and I saw him fire the last murderous volley with my own eyes. Then he leapt on my father, who was clinging in terror to the windowsill, and, grappling, tried to strangle him with the rope, which he threw over his head, but which slipped over his struggling shoulders to his feet. Then it tightened round one leg and Patrick dragged him along like a maniac. I snatched a knife from the mat, and, rushing between them, managed to cut the rope before I fainted.'

'I see,' said Father Brown, with the same wooden civility. 'Thank you.'

As the girl collapsed under her memories, the priest passed stiffly into the next room, where he found Gilder and Merton alone with Patrick Royce, who sat in a chair, handcuffed. There he said to the Inspector submissively: 'Might I say a word to the prisoner in your presence; and might he take off those funny cuffs for a minute?'

'He is a very powerful man,' said Merton in an undertone. 'Why do you want them taken off?'

'Why, I thought,' replied the priest humbly, 'that perhaps I might have the very great honour of shaking hands with him.'

Both detectives stared, and Father Brown added: 'Won't you tell them about it, sir?'

The man on the chair shook his tousled head, and the priest turned impatiently.

'Then I will,' he said. 'Private lives are more important than public reputations. I am going to save the living, and let the dead bury their dead.'

He went to the fatal window, and blinked out of it as he went on talking.

'I told you that in this case there were too many weapons and only one death. I tell you now that they were not weapons, and were not used to cause death. All those grisly tools, the noose, the bloody knife, the exploding pistol, were instruments of a curious mercy. They were not used to kill Sir Aaron, but to save him.'

'To save him!' repeated Gilder. 'And from what?'

'From himself,' said Father Brown. 'He was a suicidal maniac.'

'What?' cried Merton in an incredulous tone. 'And the Religion of Cheerfulness –'

'It is a cruel religion,' said the priest, looking out of the window. 'Why couldn't they let him weep a little, like his fathers before him?

His plans stiffened, his views grew cold; behind that merry mask was the empty mind of the atheist. At last, to keep up his hilarious public level, he fell back on that dram-drinking he had abandoned long ago. But there is this horror about alcoholism in a sincere teetotaller: that he pictures and expects that psychological inferno from which he has warned others. It leapt upon poor Armstrong prematurely, and by this morning he was in such a case that he sat here and cried he was in hell, in so crazy a voice that his daughter did not know it. He was mad for death, and with the monkey tricks of the mad he had scattered round him death in many shapes – a running noose and his friend's revolver and a knife. Royce entered accidentally and acted in a flash. He flung the knife on the mat behind him, snatched up the revolver, and having no time to unload it, emptied it shot after shot all over the floor. The suicide saw a fourth shape of death, and made a dash for the window. The rescuer did the only thing he could – ran after him with the rope and tried to tie him hand and foot. Then it was that the unlucky girl ran in, and misunderstanding the struggle, strove to slash her father free. At first she only slashed poor Royce's knuckles, from which has come all the little blood in this affair. But, of course, you noticed that he left blood, but no wound, on that servant's face? Only before the poor woman swooned, she did hack her father loose, so that he went crashing through that window into eternity.'

There was a long stillness slowly broken by the metallic noises of Gilder unlocking the handcuffs of Patrick Royce, to whom he said: 'I think I should have told the truth, sir. You and the young lady are worth more than Armstrong's obituary notices.'

'Confound Armstrong's notices,' cried Royce roughly. 'Don't you see it was because she mustn't know?'

'Mustn't know what?' asked Merton.

'Why, that she killed her father, you fool!' roared the other. 'He'd have been alive now but for her. It might craze her to know that.'

'No, I don't think it would,' remarked Father Brown, as he picked up his hat. 'I rather think I should tell her. Even the most murderous blunders don't poison life like sins; anyhow, I think you may both be the happier now. I've got to go back to the Deaf School.'

As he went out on to the gusty grass an acquaintance from Highgate stopped him and said: 'The Coroner has arrived. The inquiry is just going to begin.'

'I've got to get back to the Deaf School,' said Father Brown. 'I'm sorry I can't stop for the inquiry.'

The Wisdom of Father Brown

The Absence of Mr Glass

The consulting-rooms of Dr Orion Hood, the eminent criminologist and specialist in certain moral disorders, lay along the sea-front at Scarborough, in a series of very large and well-lighted french windows, which showed the North Sea like one endless outer wall of blue-green marble. In such a place the sea had something of the monotony of a blue-green dado: for the chambers themselves were ruled throughout by a terrible tidiness not unlike the terrible tidiness of the sea. It must not be supposed that Dr Hood's apartments excluded luxury, or even poetry. These things were there, in their place; but one felt that they were never allowed out of their place. Luxury was there: there stood upon a special table eight or ten boxes of the best cigars; but they were built upon a plan so that the strongest were always nearest the wall and the mildest nearest the window. A tantalus containing three kinds of spirit, all of a liqueur excellence, stood always on this table of luxury; but the fanciful have asserted that the whisky, brandy, and rum seemed always to stand at the same level. Poetry was there: the left-hand corner of the room was lined with as complete a set of English classics as the right hand could show of English and foreign physiologists. But if one took a volume of Chaucer or Shelley from that rank, its absence irritated the mind like a gap in a man's front teeth. One could not say the books were never read; probably they were, but there was a sense of their being chained to their places, like the Bibles in the old churches. Dr Hood treated his private bookshelf as if it were a public library. And if this strict scientific intangibility steeped even the shelves laden with lyrics and ballads and the tables laden with drink and tobacco, it goes without saying that yet more of such heathen holiness protected the other shelves that held the specialist's library, and the other tables that sustained the frail and even fairylike instruments of chemistry or mechanics.

Dr Hood paced the length of his string of apartments, bounded – as the boys' geographies say – on the east by the North Sea and on the west by the serried ranks of his sociological and criminologist library. He was clad in an artist's velvet, but with none of an artist's negligence; his hair was heavily shot with grey, but growing thick and healthy; his face was lean, but sanguine and expectant. Everything about him and his room indicated something at once rigid and restless, like that great northern sea by which (on pure principles of hygiene) he had built his home.

Fate, being in a funny mood, pushed the door open and introduced into those long, strict, sea-flanked apartments one who was perhaps the most startling opposite of them and their master. In answer to a curt but civil summons, the door opened inwards and there shambled into the room a shapeless little figure, which seemed to find its own hat and umbrella as unmanageable as a mass of luggage. The umbrella was a black and prosaic bundle long past repair; the hat was a broad-curved black hat, clerical but not common in England; the man was the very embodiment of all that is homely and helpless.

The doctor regarded the newcomer with a restrained astonishment, not unlike that he would have shown if some huge but obviously harmless sea-beast had crawled into his room. The new-comer regarded the doctor with that beaming but breathless geniality which characterises a corpulent charwoman who has just managed to stuff herself into an omnibus. It is a rich confusion of social self-congratulation and bodily disarray. His hat tumbled to the carpet, his heavy umbrella slipped between his knees with a thud; he reached after the one and ducked after the other, but with an unimpaired smile on his round face spoke simultaneously as follows: 'My name is Brown. Pray excuse me. I've come about that business of the MacNabs. I have heard, you often help people out of such troubles. Pray excuse me if I am wrong.'

By this time he had sprawlingly recovered the hat, and made an odd little bobbing bow over it, as if setting everything quite right.

'I hardly understand you,' replied the scientist, with a cold intensity of manner. 'I fear you have mistaken the chambers. I am Dr Hood, and my work is almost entirely literary and educational. It is true that I have sometimes been consulted by the police in cases of peculiar difficulty and importance, but –'

'Oh, this is of the greatest importance,' broke in the little man called Brown. 'Why, her mother won't let them get engaged.' And he leaned back in his chair in radiant rationality.

The brows of Dr Hood were drawn down darkly, but the eyes under them were bright with something that might be anger or might be amusement. 'And still,' he said, 'I do not quite understand.'

'You see, they want to get married,' said the man with the clerical hat. 'Maggie MacNab and young Todhunter want to get *married*. Now, what can be more important than that?'

The great Orion Hood's scientific triumphs had deprived him of many things – some said of his health, others of his God; but they had not wholly despoiled him of his sense of the absurd. At the last plea of the ingenuous priest a chuckle broke out of him from inside, and he

threw himself into an armchair in an ironical attitude of the consulting physician.

'Mr Brown,' he said gravely, 'it is quite fourteen and a half years since I was personally asked to test a personal problem: then it was the case of an attempt to poison the French President at a Lord Mayor's Banquet. It is now, I understand, a question of whether some friend of yours called Maggie is a suitable fiancée for some friend of hers called Todhunter. Well, Mr Brown, I am a sportsman. I will take it on. I will give the MacNab family my best advice, as good as I gave the French Republic and the King of England – no, better: fourteen years better. I have nothing else to do this afternoon. Tell me your story.'

The little clergyman called Brown thanked him with unquestionable warmth, but still with a queer kind of simplicity. It was rather as if he were thanking a stranger in a smoking-room for some trouble in passing the matches, than as if he were (as he was) practically thanking the Curator of Kew Gardens for coming with him into a field to find a four-leaved clover. With scarcely a semi-colon after his hearty thanks, the little man began his recital: 'I told you my name was Brown; well, that's the fact, and I'm the priest of the little Catholic Church I dare say you've seen beyond those straggly streets, where the town ends towards the north. In the last and straggliest of those streets which runs along the sea like a sea-wall there is a very honest but rather sharp-tempered member of my flock, a widow called MacNab. She has one daughter, and she lets lodgings, and between her and the daughter, and between her and the lodgers – well, I dare say there is a great deal to be said on both sides. At present she has only one lodger, the young man called Todhunter; but he has given more trouble than all the rest, for he wants to marry the young woman of the house.'

'And the young woman of the house,' asked Dr Hood, with huge and silent amusement, 'what does she want?'

'Why, she wants to marry him,' cried Father Brown, sitting up eagerly. 'That is just the awful complication.'

'It is indeed a hideous enigma,' said Dr Hood.

'This young James Todhunter,' continued the cleric, 'is a very decent man so far as I know; but then nobody knows very much. He is a bright, brownish little fellow, agile like a monkey, clean-shaven like an actor, and obliging like a born courtier. He seems to have quite a pocketful of money, but nobody knows what his trade is. Mrs MacNab, therefore (being of a pessimistic turn), is quite sure it is something dreadful, and probably connected with dynamite. The dynamite must be of a shy and noiseless sort, for the poor fellow only shuts himself up for several hours of the day and studies something behind a locked door. He

declares his privacy is temporary and justified, and promises to explain before the wedding. That is all that anyone knows for certain, but Mrs MacNab will tell you a great deal more than even she is certain of. You know how the tales grow like grass on such a patch of ignorance as that. There are tales of two voices heard talking in the room; though, when the door is opened, Todhunter is always found alone. There are tales of a mysterious tall man in a silk hat, who once came out of the sea-mists and apparently out of the sea, stepping softly across the sandy fields and through the small back garden at twilight, till he was heard talking to the lodger at his open window. The colloquy seemed to end in a quarrel. Todhunter dashed down his window with violence, and the man in the high hat melted into the sea-fog again. This story is told by the family with the fiercest mystification; but I really think Mrs MacNab prefers her own original tale: that the Other Man (or whatever it is) crawls out every night from the big box in the corner, which is kept locked all day. You see, therefore, how this sealed door of Todhunter's is treated as the gate of all the fancies and monstrosities of the *Thousand and One Nights*. And yet there is the little fellow in his respectable black jacket, as punctual and innocent as a parlour clock. He pays his rent to the tick; he is practically a teetotaller; he is tirelessly kind with the younger children, and can keep them amused for a day on end; and, last and most urgent of all, he has made himself equally popular with the eldest daughter, who is ready to go to church with him tomorrow.'

A man warmly concerned with any large theories has always a relish for applying them to any triviality. The great specialist having condescended to the priest's simplicity, condescended expansively. He settled himself with comfort in his armchair and began to talk in the tone of a somewhat absentminded lecturer: 'Even in a minute instance, it is best to look first to the main tendencies of Nature. A particular flower may not be dead in early winter, but the flowers are dying; a particular pebble may never be wetted with the tide, but the tide is coming in. To the scientific eye all human history is a series of collective movements, destructions or migrations, like the massacre of flies in winter or the return of birds in spring. Now the root fact in all history is Race. Race produces religion; Race produces legal and ethical wars. There is no stronger case than that of the wild, unworldly and perishing stock which we commonly call the Celts, of whom your friends the MacNabs are specimens. Small, swarthy, and of this dreamy and drifting blood, they accept easily the superstitious explanation of any incidents, just as they still accept (you will excuse me for saying) that superstitious explanation of all incidents which you and your Church

represent. It is not remarkable that such people, with the sea moaning behind them and the Church (excuse me again) droning in front of them, should put fantastic features into what are probably plain events. You, with your small parochial responsibilities, see only this particular Mrs MacNab, terrified with this particular tale of two voices and a tall man out of the sea. But the man with the scientific imagination sees, as it were, the whole clans of MacNab scattered over the whole world, in its ultimate average as uniform as a tribe of birds. He sees thousands of Mrs MacNabs, in thousands of houses, dropping their little drop of morbidity in the tea-cups of their friends; he sees –'

Before the scientist could conclude his sentence, another and more impatient summons sounded from without; someone with swishing skirts was marshalled hurriedly down the corridor, and the door opened on a young girl, decently dressed but disordered and red-hot with haste. She had sea-blown blonde hair, and would have been entirely beautiful if her cheekbones had not been, in the Scotch manner, a little high in relief as well as in colour. Her apology was almost as abrupt as a command.

'I'm sorry to interrupt you, sir,' she said, 'but I had to follow Father Brown at once; it's nothing less than life or death.'

Father Brown began to get to his feet in some disorder. 'Why, what has happened, Maggie?' he said.

'James has been murdered, for all I can make out,' answered the girl, still breathing hard from her rush. 'That man Glass has been with him again; I heard them talking through the door quite plain. Two separate voices: for James speaks low, with a burr, and the other voice was high and quavery.'

'That man Glass?' repeated the priest in some perplexity.

'I know his name is Glass,' answered the girl, in great impatience. 'I heard it through the door. They were quarrelling – about money, I think – for I heard James say again and again, "That's right, Mr Glass," or "No, Mr Glass," and then, "Two or three, Mr Glass." But we're talking too much; you must come at once, and there may be time yet.'

'But time for what?' asked Dr Hood, who had been studying the young lady with marked interest. 'What is there about Mr Glass and his money troubles that should impel such urgency?'

'I tried to break down the door and couldn't,' answered the girl shortly, 'Then I ran to the backyard, and managed to climb on to the windowsill that looks into the room. It was all dim, and seemed to be empty, but I swear I saw James lying huddled up in a corner, as if he were drugged or strangled.'

'This is very serious,' said Father Brown, gathering his errant hat and

umbrella and standing up; 'in point of fact I was just putting your case before this gentleman, and his view –'

'Has been largely altered,' said the scientist gravely. 'I do not think this young lady is so Celtic as I had supposed. As I have nothing else to do, I will put on my hat and stroll down town with you.'

In a few minutes all three were approaching the dreary tail of the MacNabs' street: the girl with the stern and breathless stride of the mountaineer, the criminologist with a lounging grace (which was not without a certain leopard-like swiftness), and the priest at an energetic trot entirely devoid of distinction. The aspect of this edge of the town was not entirely without justification for the doctor's hints about desolate moods and environments. The scattered houses stood farther and farther apart in a broken string along the seashore; the afternoon was closing with a premature and partly lurid twilight; the sea was of an inky purple and murmuring ominously. In the scrappy back garden of the MacNabs which ran down towards the sand, two black, barren-looking trees stood up like demon hands held up in astonishment, and as Mrs MacNab ran down the street to meet them with lean hands similarly spread, and her fierce face in shadow, she was a little like a demon herself. The doctor and the priest made scant reply to her shrill reiterations of her daughter's story, with more disturbing details of her own, to the divided vows of vengeance against Mr Glass for murdering, and against Mr Todhunter for being murdered, or against the latter for having dared to want to marry her daughter, and for not having lived to do it. They passed through the narrow passage in the front of the house until they came to the lodger's door at the back, and there Dr Hood, with the trick of an old detective, put his shoulder sharply to the panel and burst in the door.

It opened on a scene of silent catastrophe. No one seeing it, even for a flash, could doubt that the room had been the theatre of some thrilling collision between two, or perhaps more, persons. Playing-cards lay littered across the table or fluttered about the floor as if a game had been interrupted. Two wineglasses stood ready for wine on a side-table, but a third lay smashed in a star of crystal upon the carpet. A few feet from it lay what looked like a long knife or short sword, straight, but with an ornamental and pictured handle, its dull blade just caught a grey glint from the dreary window behind, which showed the black trees against the leaden level of the sea. Towards the opposite corner of the room was rolled a gentleman's silk top hat, as if it had just been knocked off his head; so much so, indeed, that one almost looked to see it still rolling. And in the corner behind it, thrown like a sack of potatoes, but corded like a railway trunk, lay Mr James Todhunter,

with a scarf across his mouth, and six or seven ropes knotted round his elbows and ankles. His brown eyes were alive and shifted alertly.

Dr Orion Hood paused for one instant on the doormat and drank in the whole scene of voiceless violence. Then he stepped swiftly across the carpet, picked up the tall silk hat, and gravely put it upon the head of the yet pinioned Todhunter. It was so much too large for him that it almost slipped down on to his shoulders.

'Mr Glass's hat,' said the doctor, returning with it and peering into the inside with a pocket lens. 'How to explain the absence of Mr Glass and the presence of Mr Glass's hat? For Mr Glass is not a careless man with his clothes. That hat is of a stylish shape and systematically brushed and burnished, though not very new. An old dandy, I should think.'

'But, good heavens!' called out Miss MacNab, 'aren't you going to untie the man first?'

'I say "old" with intention, though not with certainty,' continued the expositor; 'my reason for it might seem a little far-fetched. The hair of human beings falls out in very varying degrees, but almost always falls out slightly, and with the lens I should see the tiny hairs in a hat recently worn. It has none, which leads me to guess that Mr Glass is bald. Now when this is taken with the high-pitched and querulous voice which Miss MacNab described so vividly (patience, my dear lady, patience), when we take the hairless head together with the tone common in senile anger, I should think we may deduce some advance in years. Nevertheless, he was probably vigorous, and he was almost certainly tall. I might rely in some degree on the story of his previous appearance at the window, as a tall man in a silk hat, but I think I have more exact indication. This wineglass has been smashed all over the place, but one of its splinters lies on the high bracket beside the mantelpiece. No such fragment could have fallen there if the vessel had been smashed in the hand of a comparatively short man like Mr Todhunter.'

'By the way,' said Father Brown, 'might it not be as well to untie Mr Todhunter?'

'Our lesson from the drinking-vessels does not end here,' proceeded the specialist. 'I may say at once that it is possible that the man Glass was bald or nervous through dissipation rather than age. Mr Todhunter, as has been remarked, is a quiet thrifty gentleman, essentially an abstainer. These cards and wine-cups are no part of his normal habit; they have been produced for a particular companion. But, as it happens, we may go farther. Mr Todhunter may or may not possess this wine-service, but there is no appearance of his possessing any wine. What, then, were these vessels to contain? I would at once suggest some brandy or whisky, perhaps of a luxurious sort, from a flask in the pocket of Mr Glass.

We have thus something like a picture of the man, or at least of the type: tall, elderly, fashionable, but somewhat frayed, certainly fond of play and strong waters, perhaps rather too fond of them. Mr Glass is a gentleman not unknown on the fringes of society.'

'Look here,' cried the young woman, 'if you don't let me pass to untie him I'll run outside and scream for the police.'

'I should not advise *you*, Miss MacNab,' said Dr Hood gravely, 'to be in any hurry to fetch the police. Father Brown, I seriously ask you to compose your flock, for their sakes, not for mine. Well, we have seen something of the figure and quality of Mr Glass; what are the chief facts known of Mr Todhunter? They are substantially three: that he is economical, that he is more or less wealthy, and that he has a secret. Now, surely it is obvious that there are the three chief marks of the kind of man who is blackmailed. And surely it is equally obvious that the faded finery, the profligate habits, and the shrill irritation of Mr Glass are the unmistakable marks of the kind of man who blackmails him. We have the two typical figures of a tragedy of hush money: on the one hand, the respectable man with a mystery; on the other, the West-end vulture with a scent for a mystery. These two men have met here today and have quarrelled, using blows and a bare weapon.'

'Are you going to take those ropes off?' asked the girl stubbornly.

Dr Hood replaced the silk hat carefully on the side table, and went across to the captive. He studied him intently, even moving him a little and half-turning him round by the shoulders, but he only answered: 'No; I think these ropes will do very well till your friends the police bring the handcuffs.'

Father Brown, who had been looking dully at the carpet, lifted his round face and said: 'What do you mean?'

The man of science had picked up the peculiar dagger-sword from the carpet and was examining it intently as he answered: 'Because you find Mr Todhunter tied up,' he said, 'you all jump to the conclusion that Mr Glass had tied him up; and then, I suppose, escaped. There are four objections to this: First, why should a gentleman so dressy as our friend Glass leave his hat behind him, if he left of his own free will? Second,' he continued, moving towards the window, 'this is the only exit, and it is locked on the inside. Third, this blade here has a tiny touch of blood at the point, but there is no wound on Mr Todhunter. Mr Glass took that wound away with him, dead or alive. Add to all this primary probability. It is much more likely that the blackmailed person would try to kill his incubus, rather than that the blackmailer would try to kill the goose that lays his golden egg. There, I think, we have a pretty complete story.'

'But the ropes?' enquired the priest, whose eyes had remained open with a rather vacant admiration.

'Ah, the ropes,' said the expert with a singular intonation. 'Miss MacNab very much wanted to know why I did not set Mr Todhunter free from his ropes. Well, I will tell her. I did not do it because Mr Todhunter can set himself free from them at any minute he chooses.'

'What?' cried the audience on quite different notes of astonishment.

'I have looked at all the knots on Mr Todhunter,' reiterated Hood quietly. 'I happen to know something about knots; they are quite a branch of criminal science. Every one of those knots he has made himself and could loosen himself; not one of them would have been made by an enemy really trying to pinion him. The whole of this affair of the ropes is a clever fake, to make us think him the victim of the struggle instead of the wretched Glass, whose corpse may be hidden in the garden or stuffed up the chimney.'

There was a rather depressed silence; the room was darkening, the sea-blighted boughs of the garden trees looked leaner and blacker than ever, yet they seemed to have come nearer to the window. One could almost fancy they were sea-monsters like krakens or cuttlefish, writhing polypi who had crawled up from the sea to see the end of this tragedy, even as he, the villain and victim of it, the terrible man in the tall hat, had once crawled up from the sea. For the whole air was dense with the morbidity of blackmail, which is the most morbid of human things, because it is a crime concealing a crime; a black plaster on a blacker wound.

The face of the little Catholic priest, which was commonly complacent and even comic, had suddenly become knotted with a curious frown. It was not the blank curiosity of his first innocence. It was rather that creative curiosity which comes when a man has the beginnings of an idea. 'Say it again, please,' he said in a simple, bothered manner; 'do you mean that Todhunter can tie himself up all alone and untie himself all alone?'

'That is what I mean,' said the doctor.

'Jerusalem!' ejaculated Brown suddenly, 'I wonder if it could possibly be that!'

He scuttled across the room rather like a rabbit, and peered with quite a new impulsiveness into the partially covered face of the captive. Then he turned his own rather fatuous face to the company. 'Yes, that's it!' he cried in a certain excitement. 'Can't you see it in the man's face? Why, look at his eyes!'

Both the Professor and the girl followed the direction of his glance. And though the broad black scarf completely masked the lower half of

Todhunter's visage, they did grow conscious of something struggling and intense about the upper part of it.

'His eyes do look queer,' cried the young woman, strongly moved. 'You brutes; I believe it's hurting him!'

'Not that, I think,' said Dr Hood; 'the eyes have certainly a singular expression. But I should interpret those transverse wrinkles as expressing rather such slight psychological abnormality –'

'Oh, bosh!' cried Father Brown: 'can't you see he's laughing?'

'Laughing!' repeated the doctor, with a start; 'but what on earth can he be laughing at?'

'Well,' replied the Reverend Brown apologetically, 'not to put too fine a point on it, I think he is laughing at you. And indeed, I'm a little inclined to laugh at myself, now I know about it.'

'Now you know about what?' asked Hood, in some exasperation.

'Now I know,' replied the priest, 'the profession of Mr Todhunter.'

He shuffled about the room, looking at one object after another with what seemed to be a vacant stare, and then invariably bursting into an equally vacant laugh, a highly irritating process for those who had to watch it. He laughed very much over the hat, still more uproariously over the broken glass, but the blood on the sword point sent him into mortal convulsions of amusement. Then he turned to the fuming specialist.

'Dr Hood,' he cried enthusiastically, 'you are a great poet! You have called an uncreated being out of the void. How much more godlike that is than if you had only ferreted out the mere facts! Indeed, the mere facts are rather commonplace and comic by comparison.'

'I have no notion what you are talking about,' said Dr Hood rather haughtily; 'my facts are all inevitable, though necessarily incomplete. A place may be permitted to intuition, perhaps (or poetry if you prefer the term), but only because the corresponding details cannot as yet be ascertained. In the absence of Mr Glass –'

'That's it, that's it,' said the little priest, nodding quite eagerly, 'that's the first idea to get fixed; the absence of Mr Glass. He is so extremely absent. I suppose,' he added reflectively, 'that there was never anybody so absent as Mr Glass.'

'Do you mean he is absent from the town?' demanded the doctor.

'I mean he is absent from everywhere,' answered Father Brown; 'he is absent from the Nature of Things, so to speak.'

'Do you seriously mean,' said the specialist with a smile, 'that there is no such person?'

The priest made a sign of assent. 'It does seem a pity,' he said.

Orion Hood broke into a contemptuous laugh. 'Well,' he said, 'before

we go on to the hundred and one other evidences, let us take the first proof we found; the first fact we fell over when we fell into this room. If there is no Mr Glass, whose hat is this?'

'It is Mr Todhunter's,' replied Father Brown.

'But it doesn't fit him,' cried Hood impatiently. 'He couldn't possibly wear it!'

Father Brown shook his head with ineffable mildness. 'I never said he could wear it,' he answered. 'I said it was his hat. Or, if you insist on a shade of difference, a hat that is his.'

'And what is the shade of difference?' asked the criminologist with a slight sneer.

'My good sir,' cried the mild little man, with his first movement akin to impatience, 'if you will walk down the street to the nearest hatter's shop, you will see that there is, in common speech, a difference between a man's hat and the hats that are his.'

'But a hatter,' protested Hood, 'can get money out of his stock of new hats. What could Todhunter get out of this one old hat?'

'Rabbits,' replied Father Brown promptly.

'What?' cried Dr Hood.

'Rabbits, ribbons, sweetmeats, goldfish, rolls of coloured paper,' said the reverend gentleman with rapidity. 'Didn't you see it all when you found out the faked ropes? It's just the same with the sword. Mr Todhunter hasn't got a scratch on him, as you say; but he's got a scratch in him, if you follow me.'

'Do you mean inside Mr Todhunter's clothes?' enquired Mrs MacNab sternly.

'I do not mean inside Mr Todhunter's clothes,' said Father Brown. 'I mean inside Mr Todhunter.'

'Well, what in the name of Bedlam do you mean?'

'Mr Todhunter,' explained Father Brown placidly, 'is learning to be a professional conjurer, as well as juggler, ventriloquist, and expert in the rope trick. The conjuring explains the hat. It is without traces of hair, not because it is worn by the prematurely bald Mr Glass, but because it has never been worn by anybody. The juggling explains the three glasses, which Todhunter was teaching himself to throw up and catch in rotation. But, being only at the stage of practice, he smashed one glass against the ceiling. And the juggling also explains the sword, which it was Mr Todhunter's professional pride and duty to swallow. But, again, being at the stage of practice, he very slightly grazed the inside of his throat with the weapon. Hence he has a wound inside him, which I am sure (from the expression on his face) is not a serious one. He was also practising the trick of a release from ropes, like the Davenport Brothers,

and he was just about to free himself when we all burst into the room. The cards, of course, are for card tricks, and they are scattered on the floor because he had just been practising one of those dodges of sending them flying through the air. He merely kept his trade secret, because he had to keep his tricks secret, like any other conjurer. But the mere fact of an idler in a top hat having once looked in at his back window, and been driven away by him with great indignation, was enough to set us all on a wrong track of romance, and make us imagine his whole life overshadowed by the silk-hatted spectre of Mr Glass.'

'But what about the two voices?' asked Maggie, staring.

'Have you never heard a ventriloquist?' asked Father Brown. 'Don't you know they speak first in their natural voice, and then answer themselves in just that shrill, squeaky, unnatural voice that you heard?'

There was a long silence, and Dr Hood regarded the little man who had spoken with a dark and attentive smile. 'You are certainly a very ingenious person,' he said; 'it could not have been done better in a book. But there is just one part of Mr Glass you have not succeeded in explaining away, and that is his name. Miss MacNab distinctly heard him so addressed by Mr Todhunter.'

The Revd Mr Brown broke into a rather childish giggle. 'Well, that,' he said, 'that's the silliest part of the whole silly story. When our juggling friend here threw up the three glasses in turn, he counted them aloud as he caught them, and also commented aloud when he failed to catch them. What he really said was: "One, two and three – missed a glass one, two – missed a glass." And so on.'

There was a second of stillness in the room, and then everyone with one accord burst out laughing. As they did so the figure in the corner complacently uncoiled all the ropes and let them fall with a flourish. Then, advancing into the middle of the room with a bow, he produced from his pocket a big bill printed in blue and red, which announced that ZALADIN, the World's Greatest Conjurer, Contortionist, Ventriloquist and Human Kangaroo would be ready with an entirely new series of Tricks at the Empire Pavilion, Scarborough, on Monday next at eight o'clock precisely.

The Paradise of Thieves

The great Muscari, most original of the young Tuscan poets, walked swiftly into his favourite restaurant, which overlooked the Mediterranean, was covered by an awning and fenced by little lemon and orange trees. Waiters in white aprons were already laying out on white tables the insignia of an early and elegant lunch; and this seemed to increase a satisfaction that already touched the top of swagger. Muscari had an eagle nose like Dante; his hair and neckerchief were dark and flowing; he carried a black cloak, and might almost have carried a black mask, so much did he bear with him a sort of Venetian melodrama. He acted as if a troubadour had still a definite social office, like a bishop. He went as near as his century permitted to walking the world literally like Don Juan, with rapier and guitar.

For he never travelled without a case of swords, with which he had fought many brilliant duels, or without a corresponding case for his mandolin, with which he had actually serenaded Miss Ethel Harrogate, the highly conventional daughter of a Yorkshire banker on a holiday. Yet he was neither a charlatan nor a child; but a hot, logical Latin who liked a certain thing and was it. His poetry was as straightforward as anyone else's prose. He desired fame or wine or the beauty of women with a torrid directness inconceivable among the cloudy ideals or cloudy compromises of the north; to vaguer races his intensity smelt of danger or even crime. Like fire or the sea, he was too simple to be trusted.

The banker and his beautiful English daughter were staying at the hotel attached to Muscari's restaurant; that was why it was his favourite restaurant. A glance flashed around the room told him at once, however, that the English party had not descended. The restaurant was glittering, but still comparatively empty. Two priests were talking at a table in a corner, but Muscari (an ardent Catholic) took no more notice of them than of a couple of crows. But from a yet farther seat, partly concealed behind a dwarf tree golden with oranges, there rose and advanced towards the poet a person whose costume was the most aggressively opposite to his own.

This figure was clad in tweeds of a piebald check, with a pink tie, a sharp collar and protuberant yellow boots. He contrived, in the true tradition of 'Arry at Margate, to look at once startling and commonplace. But as the Cockney apparition drew nearer, Muscari was astounded to observe that the head was distinctly different from the body. It was an

Italian head: fuzzy, swarthy and very vivacious, that rose abruptly out of the standing collar like cardboard and the comic pink tie. In fact it was a head he knew. He recognised it, above all the dire erection of English holiday array, as the face of an old but forgotten friend name Ezza. This youth had been a prodigy at college, and European fame was promised him when he was barely fifteen; but when he appeared in the world he failed, first publicly as a dramatist and a demagogue, and then privately for years on end as an actor, a traveller, a commission agent or a journalist. Muscari had known him last behind the footlights; he was but too well attuned to the excitements of that profession, and it was believed that some moral calamity had swallowed him up.

'Ezza!' cried the poet, rising and shaking hands in a pleasant astonishment. 'Well, I've seen you in many costumes in the green room; but I never expected to see you dressed up as an Englishman.'

'This,' answered Ezza gravely, 'is not the costume of an Englishman, but of the Italian of the future.'

'In that case,' remarked Muscari, 'I confess I prefer the Italian of the past.'

'That is your old mistake, Muscari,' said the man in tweeds, shaking his head; 'and the mistake of Italy. In the sixteenth century we Tuscans made the morning: we had the newest steel, the newest carving, the newest chemistry. Why should we not now have the newest factories, the newest motors, the newest finance – the newest clothes?'

'Because they are not worth having,' answered Muscari. 'You cannot make Italians really progressive; they are too intelligent. Men who see the short cut to good living will never go by the new elaborate roads.'

'Well, to me Marconi, or D'Annunzio, is the star of Italy,' said the other. 'That is why I have become a Futurist – and a courier.'

'A courier!' cried Muscari, laughing. 'Is that the last of your list of trades? And whom are you conducting?'

'Oh, a man of the name of Harrogate, and his family, I believe.'

'Not the banker in this hotel?' enquired the poet, with some eagerness.

'That's the man,' answered the courier.

'Does it pay well?' asked the troubadour innocently.

'It will pay me,' said Ezza, with a very enigmatic smile. 'But I am a rather curious sort of courier.' Then, as if changing the subject, he said abruptly: 'He has a daughter – and a son.'

'The daughter is divine,' affirmed Muscari, 'the father and son are, I suppose, human. But granted his harmless qualities doesn't that banker strike you as a splendid instance of my argument? Harrogate has millions in his safes, and I have – the hole in my pocket. But you

daren't say – you can't say – that he's cleverer than I, or bolder than I, or even more energetic. He's not clever, he's got eyes like blue buttons; he's not energetic, he moves from chair to chair like a paralytic. He's a conscientious, kindly old blockhead; but he's got money simply because he collects money, as a boy collects stamps. You're too strong-minded for business, Ezza. You won't get on. To be clever enough to get all that money, one must be stupid enough to want it.'

'I'm stupid enough for that,' said Ezza gloomily. 'But I should suggest a suspension of your critique of the banker, for here he comes.'

Mr Harrogate, the great financier, did indeed enter the room, but nobody looked at him. He was a massive elderly man with a boiled blue eye and faded grey-sandy moustaches; but for his heavy stoop he might have been a colonel. He carried several unopened letters in his hand. His son Frank was a really fine lad, curly-haired, sunburnt and strenuous; but nobody looked at him either. All eyes, as usual, were riveted, for the moment at least, upon Ethel Harrogate, whose golden Greek head and colour of the dawn seemed set purposely above that sapphire sea, like a goddess's. The poet Muscari drew a deep breath as if he were drinking something, as indeed he was. He was drinking the Classic; which his fathers made. Ezza studied her with a gaze equally intense and far more baffling.

Miss Harrogate was specially radiant and ready for conversation on this occasion; and her family had fallen into the easier Continental habit, allowing the stranger Muscari and even the courier Ezza to share their table and their talk. In Ethel Harrogate conventionality crowned itself with a perfection and splendour of its own. Proud of her father's prosperity, fond of fashionable pleasures, a fond daughter but an arrant flirt, she was all these things with a sort of golden good-nature that made her very pride pleasing and her worldly respectability a fresh and hearty thing.

They were in an eddy of excitement about some alleged peril in the mountain path they were to attempt that week. The danger was not from rock and avalanche, but from something yet more romantic. Ethel had been earnestly assured that brigands, the true cut-throats of the modern legend, still haunted that ridge and held that pass of the Apennines.

'They say,' she cried, with the awful relish of a schoolgirl, 'that all that country isn't ruled by the King of Italy, but by the King of Thieves. Who is the King of Thieves?'

'A great man,' replied Muscari, 'worthy to rank with your own Robin Hood, signorina. Montano, the King of Thieves, was first heard of in the mountains some ten years ago, when people said brigands were extinct.

But his wild authority spread with the swiftness of a silent revolution. Men found his fierce proclamations nailed in every mountain village; his sentinels, gun in hand, in every mountain ravine. Six times the Italian Government tried to dislodge him, and was defeated in six pitched battles as if by Napoleon.'

'Now that sort of thing,' observed the banker weightily, 'would never be allowed in England; perhaps, after all, we had better choose another route. But the courier thought it perfectly safe.'

'It is perfectly safe,' said the courier contemptuously. 'I have been over it twenty times. There may have been some old jailbird called a King in the time of our grandmothers; but he belongs to history if not to fable. Brigandage is utterly stamped out.'

'It can never be utterly stamped out,' Muscari answered; 'because armed revolt is a recreation natural to southerners. Our peasants are like their mountains, rich in grace and green gaiety, but with the fires beneath. There is a point of human despair where the northern poor take to drink – and our own poor take to daggers.'

'A poet is privileged,' replied Ezza, with a sneer. 'If Signor Muscari were English he would still be looking for highwaymen in Wandsworth. Believe me, there is no more danger of being captured in Italy than of being scalped in Boston.'

'Then you propose to attempt it?' asked Mr Harrogate, frowning.

'Oh, it sounds rather dreadful,' cried the girl, turning her glorious eyes on Muscari. 'Do you really think the pass is dangerous?'

Muscari threw back his black mane. 'I know it is dangerous,' he said. 'I am crossing it tomorrow.'

The young Harrogate was left behind for a moment emptying a glass of white wine and lighting a cigarette, as the beauty retired with the banker, the courier and the poet, distributing peals of silvery satire. At about the same instant the two priests in the corner rose; the taller, a white-haired Italian, taking his leave. The shorter priest turned and walked towards the banker's son, and the latter was astonished to realise that though a Roman priest the man was an Englishman. He vaguely remembered meeting him at the social crushes of some of his Catholic friends. But the man spoke before his memories could collect themselves.

'Mr Frank Harrogate, I think,' he said. 'I have had an introduction, but I do not mean to presume on it. The odd thing I have to say will come far better from a stranger. Mr Harrogate, I say one word and go: take care of your sister in her great sorrow.'

Even for Frank's truly fraternal indifference the radiance and derision of his sister still seemed to sparkle and ring; he could hear her

laughter still from the garden of the hotel, and he stared at his sombre adviser in puzzledom.

'Do you mean the brigands?' he asked; and then, remembering a vague fear of his own, 'or can you be thinking of Muscari?'

'One is never thinking of the real sorrow,' said the strange priest. 'One can only be kind when it comes.'

And he passed promptly from the room, leaving the other almost with his mouth open.

A day or two afterwards a coach containing the company was really crawling and staggering up the spurs of the menacing mountain range. Between Ezza's cheery denial of the danger and Muscari's boisterous defiance of it, the financial family were firm in their original purpose; and Muscari made his mountain journey coincide with theirs. A more surprising feature was the appearance at the coast-town station of the little priest of the restaurant; he alleged merely that business led him also to cross the mountains of the midland. But young Harrogate could not but connect his presence with the mystical fears and warnings of yesterday.

The coach was a kind of commodious wagonette, invented by the modernist talent of the courier, who dominated the expedition with his scientific activity and breezy wit. The theory of danger from thieves was banished from thought and speech; though so far conceded in formal act that some slight protection was employed. The courier and the young banker carried loaded revolvers, and Muscari (with much boyish gratification) buckled on a kind of cutlass under his black cloak.

He had planted his person at a flying leap next to the lovely Englishwoman; on the other side of her sat the priest, whose name was Brown and who was fortunately a silent individual; the courier and the father and son were on the *banc* behind. Muscari was in towering spirits, seriously believing in the peril, and his talk to Ethel might well have made her think him a maniac. But there was something in the crazy and gorgeous ascent, amid crags like peaks loaded with woods like orchards, that dragged her spirit up along with his into purple preposterous heavens with wheeling suns. The white road climbed like a white cat; it spanned sunless chasms like a tight-rope; it was flung round far-off headlands like a lasso.

And yet, however high they went, the desert still blossomed like the rose. The fields were burnished in sun and wind with the colour of kingfisher and parrot and humming-bird, the hues of a hundred flowering flowers. There are no lovelier meadows and woodlands than the English, no nobler crests or chasms than those of Snowdon and

Glencoe. But Ethel Harrogate had never before seen the southern parks tilted on the splintered northern peaks; the gorge of Glencoe laden with the fruits of Kent. There was nothing here of that chill and desolation that in Britain one associates with high and wild scenery. It was rather like a mosaic palace, rent with earthquakes; or like a Dutch tulip garden blown to the stars with dynamite.

'It's like Kew Gardens on Beachy Head,' said Ethel.

'It is our secret,' answered he, 'the secret of the volcano; that is also the secret of the revolution – that a thing can be violent and yet fruitful.'

'You are rather violent yourself,' and she smiled at him.

'And yet rather fruitless,' he admitted; 'if I die tonight I die unmarried and a fool.'

'It is not my fault if you have come,' she said after a difficult silence.

'It is never your fault,' answered Muscari; 'it was not your fault that Troy fell.'

As they spoke they came under overwhelming cliffs that spread almost like wings above a corner of peculiar peril. Shocked by the big shadow on the narrow ledge, the horses stirred doubtfully. The driver leapt to the earth to hold their heads, and they became ungovernable. One horse reared up to his full height – the titanic and terrifying height of a horse when he becomes a biped. It was just enough to alter the equilibrium; the whole coach heeled over like a ship and crashed through the fringe of bushes over the cliff. Muscari threw an arm round Ethel, who clung to him, and shouted aloud. It was for such moments that he lived.

At the moment when the gorgeous mountain walls went round the poet's head like a purple windmill a thing happened which was superficially even more startling. The elderly and lethargic banker sprang erect in the coach and leapt over the precipice before the tilted vehicle could take him there. In the first flash it looked as wild as suicide; but in the second it was as sensible as a safe investment. The Yorkshireman had evidently more promptitude, as well as more sagacity, than Muscari had given him credit for; for he landed in a lap of land which might have been specially padded with turf and clover to receive him. As it happened, indeed, the whole company were equally lucky, if less dignified in their form of ejection. Immediately under this abrupt turn of the road was a grassy and flowery hollow like a sunken meadow; a sort of green velvet pocket in the long, green, trailing garments of the hills. Into this they were all tipped or tumbled with little damage, save that their smallest baggage and even the contents of their pockets were scattered in the grass around them. The wrecked coach still hung above, entangled in the tough hedge, and the horses plunged painfully

down the slope. The first to sit up was the little priest, who scratched his head with a face of foolish wonder. Frank Harrogate heard him say to himself: 'Now why on earth have we fallen just here?'

He blinked at the litter around him, and recovered his own very clumsy umbrella. Beyond it lay the broad sombrero fallen from the head of Muscari, and beside it a sealed business letter which, after a glance at the address, he returned to the elder Harrogate. On the other side of him the grass partly hid Miss Ethel's sunshade, and just beyond it lay a curious little glass bottle hardly two inches long. The priest picked it up; in a quick, unobtrusive manner he uncorked and sniffed it, and his heavy face turned the colour of clay.

'Heaven deliver us!' he muttered; 'it can't be hers! Has her sorrow come on her already?' He slipped it into his own waistcoat pocket. 'I think I'm justified,' he said, 'till I know a little more.'

He gazed painfully at the girl, at that moment being raised out of the flowers by Muscari, who was saying: 'We have fallen into heaven; it is a sign. Mortals climb up and they fall down; but it is only gods and goddesses who can fall upwards.'

And indeed she rose out of the sea of colours so beautiful and happy a vision that the priest felt his suspicion shaken and shifted. 'After all,' he thought, 'perhaps the poison isn't hers; perhaps it's one of Muscari's melodramatic tricks.'

Muscari set the lady lightly on her feet, made her an absurdly theatrical bow, and then, drawing his cutlass, hacked hard at the taut reins of the horses, so that they scrambled to their feet and stood in the grass trembling. When he had done so, a most remarkable thing occurred. A very quiet man, very poorly dressed and extremely sunburnt, came out of the bushes and took hold of the horses' heads. He had a queer-shaped knife, very broad and crooked, buckled on his belt; there was nothing else remarkable about him, except his sudden and silent appearance. The poet asked him who he was, and he did not answer.

Looking around him at the confused and startled group in the hollow, Muscari then perceived that another tanned and tattered man, with a short gun under his arm, was looking at them from the ledge just below, leaning his elbows on the edge of the turf. Then he looked up at the road from which they had fallen and saw, looking down on them, the muzzles of four other carbines and four other brown faces with bright but quite motionless eyes.

'The brigands!' cried Muscari, with a kind of monstrous gaiety. 'This was a trap. Ezza, if you will oblige me by shooting the coachman first, we can cut our way out yet. There are only six of them.'

'The coachman,' said Ezza, who was standing grimly with his hands in his pockets, 'happens to be a servant of Mr Harrogate's.'

'Then shoot him all the more,' cried the poet impatiently; 'he was bribed to upset his master. Then put the lady in the middle, and we will break the line up there – with a rush.'

And, wading in wild grass and flowers, he advanced fearlessly on the four carbines; but finding that no one followed except young Harrogate, he turned, brandishing his cutlass to wave the others on. He beheld the courier still standing slightly astride in the centre of the grassy ring, his hands in his pockets; and his lean, ironical Italian face seemed to grow longer and longer in the evening light.

'You thought, Muscari, I was the failure among our schoolfellows,' he said, 'and you thought you were the success. But I have succeeded more than you and fill a bigger place in history. I have been acting epics while you have been writing them.'

'Come on, I tell you!' thundered Muscari from above. 'Will you stand there talking nonsense about yourself with a woman to save and three strong men to help you? What do you call yourself?'

'I call myself Montano,' cried the strange courier in a voice equally loud and full. 'I am the King of Thieves, and I welcome you all to my summer palace.'

And even as he spoke five more silent men with weapons ready came out of the bushes, and looked towards him for their orders. One of them held a large paper in his hand.

'This pretty little nest where we are all picnicking,' went on the courier-brigand, with the same easy yet sinister smile, 'is, together with some caves underneath it, known by the name of the Paradise of Thieves. It is my principal stronghold on these hills; for (as you have doubtless noticed) the eyrie is invisible both from the road above and from the valley below. It is something better than impregnable; it is unnoticeable. Here I mostly live, and here I shall certainly die, if the gendarmes ever track me here. I am not the kind of criminal that "reserves his defence", but the better kind that reserves his last bullet.'

All were staring at him thunderstruck and still, except Father Brown, who heaved a huge sigh as of relief and fingered the little phial in his pocket. 'Thank God!' he muttered; 'that's much more probable. The poison belongs to this robber-chief, of course. He carries it so that he may never be captured, like Cato.'

The King of Thieves was, however, continuing his address with the same kind of dangerous politeness. 'It only remains for me,' he said, 'to explain to my guests the social conditions upon which I have the pleasure of entertaining them. I need not expound the quaint old ritual

of ransom, which it is incumbent upon me to keep up; and even this only applies to a part of the company. The Reverend Father Brown and the celebrated Signor Muscari I shall release tomorrow at dawn and escort to my outposts. Poets and priests, if you will pardon my simplicity of speech, never have any money. And so (since it is impossible to get anything out of them), let us, seize the opportunity to show our admiration for classic literature and our reverence for Holy Church.'

He paused with an unpleasing smile; and Father Brown blinked repeatedly at him, and seemed suddenly to be listening with great attention. The brigand captain took the large paper from the attendant brigand and, glancing over it, continued: 'My other intentions are clearly set forth in this public document, which I will hand round in a moment; and which after that will be posted on a tree by every village in the valley, and every cross-road in the hills. I will not weary you with the verbalism, since you will be able to check it; the substance of my proclamation is this: I announce first that I have captured the English millionaire, the colossus of finance, Mr Samuel Harrogate. I next announce that I have found on his person notes and bonds for two thousand pounds, which he has given up to me. Now since it would be really immoral to announce such a thing to a credulous public if it had not occurred, I suggest it should occur without further delay. I suggest that Mr Harrogate senior should now give me the two thousand pounds in his pocket.'

The banker looked at him under lowering brows, red-faced and sulky, but seemingly cowed. That leap from the failing carriage seemed to have used up his last virility. He had held back in a hangdog style when his son and Muscari had made a bold movement to break out of the brigand trap. And now his red and trembling hand went reluctantly to his breast-pocket, and passed a bundle of papers and envelopes to the brigand.

'Excellent!' cried that outlaw gaily; 'so far we are all cosy. I resume the points of my proclamation, so soon to be published to all Italy. The third item is that of ransom. I am asking from the friends of the Harrogate family a ransom of three thousand pounds, which I am sure is almost insulting to that family in its moderate estimate of their importance. Who would not pay triple this sum for another day's association with such a domestic circle? I will not conceal from you that the document ends with certain legal phrases about the unpleasant things that may happen if the money is not paid; but meanwhile, ladies and gentlemen, let me assure you that I am comfortably off here for accommodation, wine and cigars, and bid you for the present a sportsman-like welcome to the luxuries of the Paradise of Thieves.'

All the time that he had been speaking, the dubious-looking men with carbines and dirty slouch hats had been gathering silently in such preponderating numbers that even Muscari was compelled to recognise his sally with the sword as hopeless. He glanced around him; but the girl had already gone over to soothe and comfort her father, for her natural affection for his person was as strong or stronger than her somewhat snobbish pride in his success. Muscari, with the illogicality of a lover, admired this filial devotion, and yet was irritated by it. He slapped his sword back in the scabbard and went and flung himself somewhat sulkily on one of the green banks. The priest sat down within a yard or two, and Muscari turned his aquiline nose on him in an instantaneous irritation.

'Well,' said the poet tartly, 'do people still think me too romantic? Are there, I wonder, any brigands left in the mountains?'

'There may be,' said Father Brown agnostically.

'What do you mean?' asked the other sharply.

'I mean I am puzzled,' replied the priest. 'I am puzzled about Ezza or Montano, or whatever his name is. He seems to me much more inexplicable as a brigand even than he was as a courier.'

'But in what way?' persisted his companion. 'Santa Maria! I should have thought the brigand was plain enough.'

'I find three curious difficulties,' said the priest in a quiet voice. 'I should like to have your opinion on them. First of all I must tell you I was lunching in that restaurant at the seaside. As four of you left the room, you and Miss Harrogate went ahead, talking and laughing; the banker and the courier came behind, speaking sparely and rather low. But I could not help hearing Ezza say these words – "Well, let her have a little fun; you know the blow may smash her any minute." Mr Harrogate answered nothing; so the words must have had some meaning. On the impulse of the moment I warned her brother that she might be in peril; I said nothing of its nature, for I did not know. But if it meant this capture in the hills, the thing is nonsense. Why should the brigand-courier warn his patron, even by a hint, when it was his whole purpose to lure him into the mountain-mousetrap? It could not have meant that. But if not, what is this disaster, known both to courier and banker, which hangs over Miss Harrogate's head?'

'Disaster to Miss Harrogate!' ejaculated the poet, sitting up with some ferocity. 'Explain yourself; go on.'

'All my riddles, however, revolve round our bandit chief,' resumed the priest reflectively. 'And here is the second of them. Why did he put so prominently in his demand for ransom the fact that he had taken two thousand pounds from his victim on the spot? It had no faintest

tendency to evoke the ransom. Quite the other way, in fact. Harrogate's friends would be far likelier to fear for his fate if they thought the thieves were poor and desperate. Yet the spoliation on the spot was emphasised and even put first in the demand. Why should Ezza Montano want so specially to tell all Europe that he had picked the pocket before he levied the blackmail?'

'I cannot imagine,' said Muscari, rubbing up his black hair for once with an unaffected gesture. 'You may think you enlighten me, but you are leading me deeper in the dark. What may be the third objection to the King of the Thieves?'

'The third objection,' said Father Brown, still in meditation, 'is this bank we are sitting on. Why does our brigand-courier call this his chief fortress and the Paradise of Thieves? It is certainly a soft spot to fall on and a sweet spot to look at. It is also quite true, as he says, that it is invisible from valley and peak, and is therefore a hiding-place. But it is not a fortress. It never could be a fortress. I think it would be the worst fortress in the world. For it is actually commanded from above by the common high-road across the mountains – the very place where the police would most probably pass. Why, five shabby short guns held us helpless here about half an hour ago. The quarter of a company of any kind of soldiers could have blown us over the precipice. Whatever is the meaning of this odd little nook of grass and flowers, it is not an entrenched position. It is something else; it has some other strange sort of importance; some value that I do not understand. It is more like an accidental theatre or a natural green-room; it is like the scene for some romantic comedy; it is like . . .'

As the little priest's words lengthened and lost themselves in a dull and dreamy sincerity, Muscari, whose animal senses were alert and impatient, heard a new noise in the mountains. Even for him the sound was as yet very small and faint; but he could have sworn the evening breeze bore with it something like the pulsation of horses' hoofs and a distant hallooing.

At the same moment, and long before the vibration had touched the less-experienced English ears, Montano the brigand ran up the bank above them and stood in the broken hedge, steadying himself against a tree and peering down the road. He was a strange figure as he stood there, for he had assumed a flapped fantastic hat and swinging baldric and cutlass in his capacity of bandit king, but the bright prosaic tweed of the courier showed through in patches all over him.

The next moment he turned his olive, sneering face and made a movement with his hand. The brigands scattered at the signal, not in confusion, but in what was evidently a kind of guerrilla discipline.

Instead of occupying the road along the ridge, they sprinkled themselves along the side of it behind the trees and the hedge, as if watching unseen for an enemy. The noise beyond grew stronger, beginning to shake the mountain road, and a voice could be clearly heard calling out orders. The brigands swayed and huddled, cursing and whispering, and the evening air was full of little metallic noises as they cocked their pistols, or loosened their knives, or trailed their scabbards over the stones. Then the noises from both quarters seemed to meet on the road above; branches broke, horses neighed, men cried out.

'A rescue!' cried Muscari, springing to his feet and waving his hat; 'the gendarmes are on them! Now for freedom and a blow for it! Now to be rebels against robbers! Come, don't let us leave everything to the police; that is so dreadfully modern. Fall on the rear of these ruffians. The gendarmes are rescuing us; come, friends, let us rescue the gendarmes!'

And throwing his hat over the trees, he drew his cutlass once more and began to escalade the slope up to the road. Frank Harrogate jumped up and ran across to help him, revolver in hand, but was astounded to hear himself imperatively recalled by the raucous voice of his father, who seemed to be in great agitation.

'I won't have it,' said the banker in a choking voice; 'I command you not to interfere.'

'But, father,' said Frank very warmly, 'an Italian gentleman has led the way. You wouldn't have it said that the English hung back.'

'It is useless,' said the older man, who was trembling violently, 'it is useless. We must submit to our lot.'

Father Brown looked at the banker; then he put his hand instinctively as if on his heart, but really on the little bottle of poison; and a great light came into his face like the light of the revelation of death.

Muscari meanwhile, without waiting for support, had crested the bank up to the road, and struck the brigand king heavily on the shoulder, causing him to stagger and swing round. Montano also had his cutlass unsheathed, and Muscari, without further speech, sent a slash at his head which he was compelled to catch and parry. But even as the two short blades crossed and clashed the King of Thieves deliberately dropped his point and laughed.

'What's the good, old man?' he said in spirited Italian slang; 'this damned farce will soon be over.'

'What do you mean, you shuffler?' panted the fire-eating poet. 'Is your courage a sham as well as your honesty?'

'Everything about me is a sham,' responded the ex-courier in complete good humour. 'I am an actor; and if I ever had a private

character, I have forgotten it. I am no more a genuine brigand than I am a genuine courier. I am only a bundle of masks, and you can't fight a duel with that.' And he laughed with boyish pleasure and fell into his old straddling attitude, with his back to the skirmish up the road.

Darkness was deepening under the mountain walls, and it was not easy to discern much of the progress of the struggle, save that tall men were pushing their horses' muzzles through a clinging crowd of brigands, who seemed more inclined to harass and hustle the invaders than to kill them. It was more like a town crowd preventing the passage of the police than anything the poet had ever pictured as the last stand of doomed and outlawed men of blood. Just as he was rolling his eyes in bewilderment he felt a touch on his elbow, and found the odd little priest standing there like a small Noah with a large hat, and requesting the favour of a word or two.

'Signor Muscari,' said the cleric, 'in this queer crisis personalities may be pardoned. I may tell you without offence of a way in which you will do more good than by helping the gendarmes, who are bound to break through in any case. You will permit me the impertinent intimacy, but do you care about that girl? Care enough to marry her and make her a good husband, I mean?'

'Yes,' said the poet quite simply.

'Does she care about you?'

'I think so,' was the equally grave reply.

'Then go over there and offer yourself,' said the priest: 'offer her everything you can; offer her heaven and earth if you've got them. The time is short.'

'Why?' asked the astonished man of letters.

'Because,' said Father Brown, 'her Doom is coming up the road.'

'Nothing is coming up the road,' argued Muscari, 'except the rescue.'

'Well, you go over there,' said his adviser, 'and be ready to rescue her from the rescue.'

Almost as he spoke the hedges were broken all along the ridge by a rush of the escaping brigands. They dived into bushes and thick grass like defeated men pursued; and the great cocked hats of the mounted gendarmerie were seen passing along above the broken hedge. Another order was given; there was a noise of dismounting, and a tall officer with cocked hat, a grey imperial, and a paper in his hand appeared in the gap that was the gate of the Paradise of Thieves. There was a momentary silence, broken in an extraordinary way by the banker, who cried out in a hoarse and strangled voice: 'Robbed! I've been robbed!'

'Why, that was hours ago,' cried his son in astonishment: 'when you were robbed of two thousand pounds.'

'Not of two thousand pounds,' said the financier, with an abrupt and terrible composure, 'only of a small bottle.'

The policeman with the grey imperial was striding across the green hollow. Encountering the King of the Thieves in his path, he clapped him on the shoulder with something between a caress and a buffet and gave him a push that sent him staggering away. 'You'll get into trouble, too,' he said, 'if you play these tricks.'

Again to Muscari's artistic eye it seemed scarcely like the capture of a great outlaw at bay. Passing on, the policeman halted before the Harrogate group and said: 'Samuel Harrogate, I arrest you in the name of the law for embezzlement of the funds of the Hull and Huddersfield Bank.'

The great banker nodded with an odd air of business assent, seemed to reflect a moment, and before they could interpose took a half turn and a step that brought him to the edge of the outer mountain wall. Then, flinging up his hands, he leapt exactly as he leapt out of the coach. But this time he did not fall into a little meadow just beneath; he fell a thousand feet below, to become a wreck of bones in the valley.

The anger of the Italian policeman, which he expressed volubly to Father Brown, was largely mixed with admiration. 'It was like him to escape us at last,' he said. 'He was a great brigand if you like. This last trick of his I believe to be absolutely unprecedented. He fled with the company's money to Italy, and actually got himself captured by sham brigands in his own pay, so as to explain both the disappearance of the money and the disappearance of himself. That demand for ransom was really taken seriously by most of the police. But for years he's been doing things as good as that, quite as good as that. He will be a serious loss to his family.'

Muscari was leading away the unhappy daughter, who held hard to him, as she did for many a year after. But even in that tragic wreck he could not help having a smile and a hand of half-mocking friendship for the indefensible Ezza Montano. 'And where are you going next?' he asked him over his shoulder.

'Birmingham,' answered the actor, puffing a cigarette. 'Didn't I tell you I was a Futurist? I really do believe in those things if I believe in anything. Change, bustle and new things every morning. I am going to Manchester, Liverpool, Leeds, Hull, Huddersfield, Glasgow, Chicago – in short, to enlightened, energetic, civilised society!'

'In short,' said Muscari, 'to the real Paradise of Thieves.'

The Duel of Dr Hirsch

M. Maurice Brun and M. Armand Armagnac were crossing the sunlit Champs-Elysées with a kind of vivacious respectability. They were both short, brisk and bold. They both had black beards that did not seem to belong to their faces, after the strange French fashion which makes real hair look like artificial. M. Brun had a dark wedge of beard apparently affixed under his lower lip. M. Armagnac, by way of a change, had two beards; one sticking out from each corner of his emphatic chin. They were both young. They were both atheists, with a depressing fixity of outlook but great mobility of exposition. They were both pupils of the great Dr Hirsch, scientist, publicist and moralist.

M. Brun had become prominent by his proposal that the common expression 'Adieu' should be obliterated from all the French classics, and a slight fine imposed for its use in private life. 'Then,' he said, 'the very name of your imagined God will have echoed for the last time in the ear of man.' M. Armagnac specialised rather in a resistance to militarism, and wished the chorus of the Marseillaise altered from 'Aux armes, citoyens' to 'Aux grèves, citoyens'. But his antimilitarism was of a peculiar and Gallic sort. An eminent and very wealthy English Quaker, who had come to see him to arrange for the disarmament of the whole planet, was rather distressed by Armagnac's proposal that (by way of beginning) the soldiers should shoot their officers.

And indeed it was in this regard that the two men differed most from their leader and father in philosophy. Dr Hirsch, though born in France and covered with the most triumphant favours of French education, was temperamentally of another type – mild, dreamy, humane; and, despite his sceptical system, not devoid of transcendentalism. He was, in short, more like a German than a Frenchman; and much as they admired him, something in the subconsciousness of these Gauls was irritated at his pleading for peace in so peaceful a manner. To their party throughout Europe, however, Paul Hirsch was a saint of science. His large and daring cosmic theories advertised his austere life and innocent, if somewhat frigid, morality; he held something of the position of Darwin doubled with the position of Tolstoy. But he was neither an anarchist nor an antipatriot; his views on disarmament were moderate and evolutionary – the Republican Government put considerable confidence in him as to various chemical improvements.

He had lately even discovered a noiseless explosive, the secret of which the Government was carefully guarding.

His house stood in a handsome street near the Elyseé – a street which in that strong summer seemed almost as full of foliage as the park itself; a row of chestnuts shattered the sunshine, interrupted only in one place where a large café ran out into the street. Almost opposite to this were the white and green blinds of the great scientist's house, an iron balcony, also painted green, running along in front of the first-floor windows. Beneath this was the entrance into a kind of court, gay with shrubs and tiles, into which the two Frenchmen passed in animated talk.

The door was opened to them by the doctor's old servant, Simon, who might very well have passed for a doctor himself, having a strict suit of black, spectacles, grey hair, and a confidential manner. In fact, he was a far more presentable man of science than his master, Dr Hirsch, who was a forked radish of a fellow, with just enough bulb of a head to make his body insignificant. With all the gravity of a great physician handling a prescription, Simon handed a letter to M. Armagnac. That gentleman ripped it up with a racial impatience, and rapidly read the following:

> I cannot come down to speak to you. There is a man in this house whom I refuse to meet. He is a Chauvinist officer, Dubosc. He is sitting on the stairs. He has been kicking the furniture about in all the other rooms; I have locked myself in my study, opposite that café. If you love me, go over to the café and wait at one of the tables outside. I will try to send him over to you. I want you to answer him and deal with him. I cannot meet him myself. I cannot: I will not.
>
> There is going to be another Dreyfus case.
>
> P. HIRSCH

M. Armagnac looked at M. Brun. M. Brun borrowed the letter, read it, and looked at M. Armagnac. Then both betook themselves briskly to one of the little tables under the chestnuts opposite, where they procured two tall glasses of horrible green absinthe, which they could drink apparently in any weather and at any time. Otherwise the café seemed empty, except for one soldier drinking coffee at one table, and at another a large man drinking a small syrup and a priest drinking nothing.

Maurice Brun cleared his throat and said: 'Of course we must help the master in every way, but –'

There was an abrupt silence, and Armagnac said: 'He may have excellent reasons for not meeting the man himself, but –'

Before either could complete a sentence, it was evident that the invader had been expelled from the house opposite. The shrubs under the archway swayed and burst apart, as that unwelcome guest was shot out of them like a cannon-ball.

He was a sturdy figure in a small and tilted Tyrolean felt hat, a figure that had indeed something generally Tyrolean about it. The man's shoulders were big and broad, but his legs were neat and active in knee-breeches and knitted stockings. His face was brown like a nut; he had very bright and restless brown eyes; his dark hair was brushed back stiffly in front and cropped close behind, outlining a square and powerful skull; and he had a huge black moustache like the horns of a bison. Such a substantial head is generally based on a bull neck; but this was hidden by a big coloured scarf, swathed round up the man's ears and falling in front inside his jacket like a sort of fancy waistcoat. It was a scarf of strong dead colours, dark red and old gold and purple, probably of Oriental fabrication. Altogether the man had something a shade barbaric about him; more like a Hungarian squire than an ordinary French officer. His French, however, was obviously that of a native; and his French patriotism was so impulsive as to be slightly absurd. His first act when he burst out of the archway was to call in a clarion voice down the street: 'Are there any Frenchmen here?' as if he were calling for Christians in Mecca.

Armagnac and Brun instantly stood up; but they were too late. Men were already running from the street corners; there was a small but ever-clustering crowd. With the prompt French instinct for the politics of the street, the man with the black moustache had already run across to a corner of the café, sprung on one of the tables, and seizing a branch of chestnut to steady himself, shouted as Camille Desmoulins once shouted when he scattered the oak-leaves among the populace.

'Frenchmen!' he volleyed; 'I cannot speak! God help me, that is why I am speaking! The fellows in their filthy parliaments who learn to speak also learn to be silent – silent as that spy cowering in the house opposite! Silent as he is when I beat on his bedroom door! Silent as he is now, though he hears my voice across this street and shakes where he sits! Oh, they can be silent eloquently – the politicians! But the time has come when we that cannot speak must speak. You are betrayed to the Prussians. Betrayed at this moment. Betrayed by that man. I am Jules Dubosc, Colonel of Artillery, Belfort. We caught a German spy in the Vosges yesterday, and a paper was found on him – a paper I hold in my hand. Oh, they tried to hush it up; but I took it direct to the man who wrote it – the man in that house! It is in his hand. It is signed with his initials. It is a direction for finding the secret of this new Noiseless

Powder. Hirsch invented it; Hirsch wrote this note about it. This note is in German, and was found in a German's pocket. "Tell the man the formula for powder is in grey envelope in first drawer to the left of Secretary's desk, War Office, in red ink. He must be careful. P.H.'"

He rattled short sentences like a quick-firing gun, but he was plainly the sort of man who is either mad or right. The mass of the crowd was Nationalist, and already in threatening uproar; and a minority of equally angry Intellectuals, led by Armagnac and Brun, only made the majority more militant.

'If this is a military secret,' shouted Brun, 'why do you yell about it in the street?'

'I will tell you why I do!' roared Dubosc above the roaring crowd. 'I went to this man in straight and civil style. If he had any explanation it could have been given in complete confidence. He refuses to explain. He refers me to two strangers in a café as to two flunkeys. He has thrown me out of the house, but I am going back into it, with the people of Paris behind me!'

A shout seemed to shake the very facade of mansions and two stones flew, one breaking a window above the balcony. The indignant Colonel plunged once more under the archway and was heard crying and thundering inside. Every instant the human sea grew wider and wider; it surged up against the rails and steps of the traitor's house; it was already certain that the place would be burst into like the Bastille, when the broken french window opened and Dr Hirsch came out on the balcony. For an instant the fury half turned to laughter; for he was an absurd figure in such a scene. His long bare neck and sloping shoulders were the shape of a champagne bottle, but that was the only festive thing about him. His coat hung on him as on a peg; he wore his carrot-coloured hair long and weedy; his cheeks and chin were fully fringed with one of those irritating beards that begin far from the mouth. He was very pale, and he wore blue spectacles.

Livid as he was, he spoke with a sort of prim decision, so that the mob fell silent in the middle of his third sentence.

'. . . only two things to say to you now. The first is to my foes, the second to my friends. To my foes I say: It is true I will not meet M. Dubosc, though he is storming outside this very room. It is true I have asked two other men to confront him for me. And I will tell you why! Because I will not and must not see him – because it would be against all rules of dignity and honour to see him. Before I am triumphantly cleared before a court, there is another arbitration this gentleman owes me as a gentleman, and in referring him to my seconds I am strictly –'

Armagnac and Brun were waving their hats wildly, and even the

Doctor's enemies roared applause at this unexpected defiance. Once more a few sentences were inaudible, but they could hear him say: 'To my friends – I myself should always prefer weapons purely intellectual, and to these an evolved humanity will certainly confine itself. But our own most precious truth is the fundamental force of matter and heredity. My books are successful; my theories are unrefuted; but I suffer in politics from a prejudice almost physical in the French. I cannot speak like Clemenceau and Déroulède, for their words are like echoes of their pistols. The French ask for a duellist as the English ask for a sportsman. Well, I give my proofs: I will pay this barbaric bribe, and then go back to reason for the rest of my life.'

Two men were instantly found in the crowd itself to offer their services to Colonel Dubosc, who came out presently, satisfied. One was the common soldier with the coffee, who said simply: 'I will act for you, sir. I am the Duc de Valognes.' The other was the big man, whom his friend the priest sought at first to dissuade; and then walked away alone.

In the early evening a light dinner was spread at the back of the Café Charlemagne. Though unroofed by any glass or gilt plaster, the guests were nearly all under a delicate and irregular roof of leaves; for the ornamental trees stood so thick around and among the tables as to give something of the dimness and the dazzle of a small orchard. At one of the central tables a very stumpy little priest sat in complete solitude, and applied himself to a pile of whitebait with the gravest sort of enjoyment. His daily living being very plain, he had a peculiar taste for sudden and isolated luxuries; he was an abstemious epicure. He did not lift his eyes from his plate, round which red pepper, lemons, brown bread and butter, etc., were rigidly ranked, until a tall shadow fell across the table, and his friend Flambeau sat down opposite. Flambeau was gloomy.

'I'm afraid I must chuck this business,' said he heavily. 'I'm all on the side of the French soldiers like Dubosc, and I'm all against the French atheists like Hirsch; but it seems to me in this case we've made a mistake. The Duke and I thought it as well to investigate the charge, and I must say I'm glad we did.'

'Is the paper a forgery, then?' asked the priest

'That's just the odd thing,' replied Flambeau. 'It's exactly like Hirsch's writing, and nobody can point out any mistake in it. But it wasn't written by Hirsch. If he's a French patriot he didn't write it, because it gives information to Germany. And if he's a German spy he didn't write it, well – because it doesn't give information to Germany.'

'You mean the information is wrong?' asked Father Brown.

'Wrong,' replied the other, 'and wrong exactly where Dr Hirsch would have been right – about the hiding-place of his own secret

formula in his own official department. By favour of Hirsch and the authorities, the Duke and I have actually been allowed to inspect the secret drawer at the War Office where the Hirsch formula is kept. We are the only people who have ever known it, except the inventor himself and the Minister for War; but the Minister permitted it to save Hirsch from fighting. After that we really can't support Dubosc if his revelation is a mare's nest.'

'And it is?' asked Father Brown.

'It is,' said his friend gloomily. 'It is a clumsy forgery by somebody who knew nothing of the real hiding-place. It says the paper is in the cupboard on the right of the Secretary's desk. As a fact the cupboard with the secret drawer is some way to the left of the desk. It says the grey envelope contains a long document written in red ink. It isn't written in red ink, but in ordinary black ink. It's manifestly absurd to say that Hirsch can have made a mistake about a paper that nobody knew of but himself; or can have tried to help a foreign thief by telling him to fumble in the wrong drawer. I think we must chuck it up and apologise to old Carrots.'

Father Brown seemed to cogitate; he lifted a little whitebait on his fork. 'You are sure the grey envelope was in the left cupboard?' he asked.

'Positive,' replied Flambeau. 'The grey envelope – it was a white envelope really – was –'

Father Brown put down the small silver fish and the fork and stared across at his companion. 'What?' he asked, in an altered voice.

'Well, what?' repeated Flambeau, eating heartily.

'It was not grey,' said the priest. 'Flambeau, you frighten me.'

'What the deuce are you frightened of?'

'I'm frightened of a white envelope,' said the other seriously, 'If it had only just been grey! Hang it all, it might as well have been grey. But if it was white, the whole business is black. The Doctor has been dabbling in some of the old brimstone after all.'

'But I tell you he couldn't have written such a note!' cried Flambeau. 'The note is utterly wrong about the facts. And innocent or guilty, Dr Hirsch knew all about the facts.'

'The man who wrote that note knew all about the facts,' said his clerical companion soberly. 'He could never have got 'em so wrong without knowing about 'em. You have to know an awful lot to be wrong on every subject – like the devil.'

'Do you mean – ?'

'I mean a man telling lies on chance would have told some of the truth,' said his friend firmly. 'Suppose someone sent you to find a house with a green door and a blue blind, with a front garden but no back

garden, with a dog but no cat, and where they drank coffee but not tea. You would say if you found no such house that it was all made up. But I say no. I say if you found a house where the door was blue and the blind green, where there was a back garden and no front garden, where cats were common and dogs instantly shot, where tea was drunk in quarts and coffee forbidden – then you would know you had found the house. The man must have known that particular house to be so accurately inaccurate.'

'But what could it mean?' demanded the diner opposite.

'I can't conceive,' said Brown; 'I don't understand this Hirsch affair at all. As long as it was only the left drawer instead of the right, and red ink instead of black, I thought it must be the chance blunders of a forger, as you say. But three is a mystical number; it finishes things. It finishes this. That the direction about the drawer, the colour of ink, the colour of envelope, should none of them be right by accident, that can't be a coincidence. It wasn't.'

'What was it, then? Treason?' asked Flambeau, resuming his dinner.

'I don't know that either,' answered Brown, with a face of blank bewilderment. 'The only thing I can think of . . . Well, I never understood that Dreyfus case. I can always grasp moral evidence easier than the other sorts. I go by a man's eyes and voice, don't you know, and whether his family seems happy, and by what subjects he chooses – and avoids. Well, I was puzzled in the Dreyfus case. Not by the horrible things imputed both ways; I know (though it's not modern to say so) that human nature in the highest places is still capable of being Cenci or Borgia. No – what puzzled me was the *sincerity* of both parties. I don't mean the political parties; the rank and file are always roughly honest, and often duped. I mean the persons of the play. I mean the conspirators, if they were conspirators. I mean the traitor, if he was a traitor. I mean the men who *must* have known the truth. Now Dreyfus went on like a man who *knew* he was a wronged man. And yet the French statesmen and soldiers went on as if they *knew* he wasn't a wronged man but simply a wrong 'un. I don't mean they behaved well; I mean they behaved as if they were sure. I can't describe these things; I know what I mean.'

'I wish I did,' said his friend. 'And what has it to do with old Hirsch?'

'Suppose a person in a position of trust,' went on the priest, 'began to give the enemy information because it was false information. Suppose he even thought he was saving his country by misleading the foreigner. Suppose this brought him into spy circles, and little loans were made to him, and little ties tied on to him. Suppose he kept up his contradictory position in a confused way by never telling the foreign spies the truth,

but letting it more and more be guessed. The better part of him (what was left of it) would still say: "I have not helped the enemy; I said it was the left drawer." The meaner part of him would already be saying: "But they may have the sense to see that means the right." I think it is psychologically possible – in an enlightened age, you know.'

'It may be psychologically possible,' answered Flambeau, 'and it certainly would explain Dreyfus being certain he was wronged and his judges being sure he was guilty. But it won't wash historically, because Dreyfus's document (if it was his document) was literally correct.'

'I wasn't thinking of Dreyfus,' said Father Brown.

Silence had sunk around them with the emptying of the tables; it was already late, though the sunlight still clung to everything, as if accidentally entangled in the trees. In the stillness Flambeau shifted his seat sharply – making an isolated and echoing noise – and threw his elbow over the angle of it. 'Well,' he said, rather harshly, 'if Hirsch is not better than a timid treason-monger . . .'

'You mustn't be too hard on them,' said Father Brown gently. 'It's not entirely their fault; but they have no instincts. I mean those things that make a woman refuse to dance with a man or a man to touch an investment. They've been taught that it's all a matter of degree.'

'Anyhow,' cried Flambeau impatiently, 'he's not a patch on my principal; and I shall go through with it. Old Dubosc may be a bit mad, but he's a sort of patriot after all.'

Father Brown continued to consume whitebait.

Something in the stolid way he did so caused Flambeau's fierce black eyes to ramble over his companion afresh. 'What's the matter with you?' Flambeau demanded. 'Dubosc's all right in that way. You don't doubt him?'

'My friend,' said the small priest, laying down his knife and fork in a kind of cold despair, 'I doubt everything. Everything, I mean, that has happened today. I doubt the whole story, though it has been acted before my face. I doubt every sight that my eyes have seen since morning. There is something in this business quite different from the ordinary police mystery where one man is more or less lying and the other man more or less telling the truth. Here both men . . . Well! I've told you the only theory I can think of that could satisfy anybody. It doesn't satisfy me.'

'Nor me either,' replied Flambeau frowning, while the other went on eating fish with an air of entire resignation. 'If all you can suggest is that notion of a message conveyed by contraries, I call it uncommonly clever, but . . . well, what would you call it?'

'I should call it thin,' said the priest promptly. 'I should call

it uncommonly thin. But that's the queer thing about the whole business. The lie is like a schoolboy's. There are only three versions, Dubosc's and Hirsch's and that fancy of mine. Either that note was written by a French officer to ruin a French official; or it was written by the French official to help German officers; or it was written by the French official to mislead German officers. Very well. You'd expect a secret paper passing between such people, officials or officers, to look quite different from that. You'd expect, probably a cipher, certainly abbreviations; most certainly scientific and strictly professional terms. But this thing's elaborately simple, like a penny dreadful: "In the purple grotto you will find the golden casket." It looks as if . . . as if it were meant to be seen through at once.'

Almost before they could take it in a short figure in French uniform had walked up to their table like the wind, and sat down with a sort of thump.

'I have extraordinary news,' said the Duc de Valognes. 'I have just come from this Colonel of ours. He is packing up to leave the country, and he asks us to make his excuses *sur le terrain*.'

'What?' cried Flambeau, with an incredulity quite frightful – *'apologise?'*

'Yes,' said the Duke gruffly; 'then and there – before everybody – when the swords are drawn. And you and I have to do it while he is leaving the country.'

'But what can this mean?' cried Flambeau. 'He can't be afraid of that little Hirsch! Confound it!' he cried, in a kind of rational rage; 'nobody could be afraid of Hirsch!'

'I believe it's some plot!' snapped Valognes – 'some plot of the Jews and Freemasons. It's meant to work up glory for Hirsch . . .'

The face of Father Brown was commonplace, but curiously contented; it could shine with ignorance as well as with knowledge. But there was always one flash when the foolish mask fell, and the wise mask fitted itself in its place; and Flambeau, who knew his friend, knew that his friend had suddenly understood. Brown said nothing, but finished his plate of fish.

'Where did you last see our precious Colonel?' asked Flambeau, irritably.

'He's round at the Hotel Saint Louis by the Elysée, where we drove with him. He's packing up, I tell you.'

'Will he be there still, do you think?' asked Flambeau, frowning at the table.

'I don't think he can get away yet,' replied the Duke; 'he's packing to go a long journey . . .'

'No,' said Father Brown, quite simply, but suddenly standing up, 'for a very short journey. For one of the shortest, in fact. But we may still be in time to catch him if we go there in a motor-cab.'

Nothing more could be got out of him until the cab swept round the corner by the Hotel Saint Louis, where they got out, and he led the party up a side lane already in deep shadow with the growing dusk. Once, when the Duke impatiently asked whether Hirsch was guilty of treason or not, he answered rather absently: 'No; only of ambition – like Caesar.' Then he somewhat inconsequently added: 'He lives a very lonely life; he has had to do everything for himself.'

'Well, if he's ambitious, he ought to be satisfied now,' said Flambeau rather bitterly. 'All Paris will cheer him now our cursed Colonel has turned tail.'

'Don't talk so loud,' said Father Brown, lowering his voice, 'your cursed Colonel is just in front.'

The other two started and shrank farther back into the shadow of the wall, for the sturdy figure of their runaway principal could indeed be seen shuffling along in the twilight in front, a bag in each hand. He looked much the same as when they first saw him, except that he had changed his picturesque mountaineering knickers for a conventional pair of trousers. It was clear he was already escaping from the hotel.

The lane down which they followed him was one of those that seem to be at the back of things, and look like the wrong side of the stage scenery. A colourless, continuous wall ran down one flank of it, interrupted at intervals by dull-hued and dirt-stained doors, all shut fast and featureless save for the chalk scribbles of some passing *gamin*. The tops of trees, mostly rather depressing evergreens, showed at intervals over the top of the wall, and beyond them in the grey and purple gloaming could be seen the back of some long terrace of tall Parisian houses, really comparatively close, but somehow looking as inaccessible as a range of marble mountains. On the other side of the lane ran the high gilt railings of a gloomy park.

Flambeau was looking round him in rather a weird way. 'Do you know,' he said, 'there is something about this place that –'

'Hullo!' called out the Duke sharply; 'that fellow's disappeared. Vanished, like a blasted fairy!'

'He has a key,' explained their clerical friend. 'He's only gone into one of these garden doors,' and as he spoke they heard one of the dull wooden doors close again with a click in front of them.

Flambeau strode up to the door thus shut almost in his face, and stood in front of it for a moment, biting his black moustache in a fury of curiosity. Then he threw up his long arms and swung himself aloft like

a monkey and stood on the top of the wall, his enormous figure dark against the purple sky, like the dark tree-tops.

The Duke looked at the priest. 'Dubosc's escape is more elaborate than we thought,' he said; 'but I suppose he is escaping from France.'

'He is escaping from everywhere,' answered Father Brown.

Valognes's eyes brightened, but his voice sank. 'Do you mean suicide?' he asked.

'You will not find his body,' replied the other.

A kind of cry came from Flambeau on the wall above. 'My God,' he exclaimed in French, 'I know what this place is now! Why, it's the back of the street where old Hirsch lives. I thought I could recognise the back of a house as well as the back of a man.'

'And Dubosc's gone in there!' cried the Duke, smiting his hip. 'Why, they'll meet after all!' And with sudden Gallic vivacity he hopped up on the wall beside Flambeau and sat there positively kicking his legs with excitement. The priest alone remained below, leaning against the wall, with his back to the whole theatre of events, and looking wistfully across to the park palings and the twinkling, twilit trees.

The Duke, however stimulated, had the instincts of an aristocrat, and desired rather to stare at the house than to spy on it; but Flambeau, who had the instincts of a burglar (and a detective), had already swung himself from the wall into the fork of a straggling tree from which he could crawl quite close to the only illuminated window in the back of the high dark house. A red blind had been pulled down over the light, but pulled crookedly, so that it gaped on one side, and by risking his neck along a branch that looked as treacherous as a twig, Flambeau could just see Colonel Dubosc walking about in a brilliantly lighted and luxurious bedroom. But close as Flambeau was to the house, he heard the words of his colleagues by the wall, and repeated them in a low voice.

'Yes, they will meet now after all!'

'They will never meet,' said Father Brown. 'Hirsch was right when he said that in such an affair the principals must not meet. Have you read a queer psychological story by Henry James, of two persons who so perpetually missed meeting each other by accident that they began to feel quite frightened of each other, and to think it was fate? This is something of the kind, but more curious.'

'There are people in Paris who will cure them of such morbid fancies,' said Valognes vindictively. 'They will jolly well have to meet if we capture them and force them to fight.'

'They will not meet on the Day of Judgement,' said the priest. 'If God Almighty held the truncheon of the lists, if St Michael blew the

trumpet for the swords to cross – even then, if one of them stood ready, the other would not come.'

'Oh, what does all this mysticism mean?' cried the Duc de Valognes, impatiently; 'why on earth shouldn't they meet like other people?'

'They are the opposite of each other,' said Father Brown, with a queer kind of smile. 'They contradict each other. They cancel out, so to speak.'

He continued to gaze at the darkening trees opposite, but Valognes turned his head sharply at a suppressed exclamation from Flambeau. That investigator, peering into the lighted room, had just seen the Colonel, after a pace or two, proceed to take his coat off. Flambeau's first thought was that this really looked like a fight; but he soon dropped the thought for another. The solidity and squareness of Dubosc's chest and shoulders was all a powerful piece of padding and came off with his coat. In his shirt and trousers he was a comparatively slim gentleman, who walked across the bedroom to the bathroom with no more pugnacious purpose than that of washing himself. He bent over a basin, dried his dripping hands and face on a towel, and turned again so that the strong light fell on his face. His brown complexion had gone, his big black moustache had gone; he – was clean-shaven and very pale. Nothing remained of the Colonel but his bright, hawk-like, brown eyes. Under the wall Father Brown was going on in heavy meditation, as if to himself.

'It is all just like what I was saying to Flambeau. These opposites won't do. They don't work. They don't fight. If it's white instead of black, and solid instead of liquid, and so on all along the line – then there's something wrong, Monsieur, there's something wrong. One of these men is fair and the other dark, one stout and the other slim, one strong and the other weak. One has a moustache and no beard, so you can't see his mouth; the other has a beard and no moustache, so you can't see his chin. One has hair cropped to his skull, but a scarf to hide his neck; the other has low shirt-collars, but long hair to hide his skull. It's all too neat and correct, Monsieur, and there's something wrong. Things made so opposite are things that cannot quarrel. Wherever the one sticks out the other sinks in. Like a face and a mask, like a lock and a key . . .'

Flambeau was peering into the house with a visage as white as a sheet. The occupant of the room was standing with his back to him, but in front of a looking-glass, and had already fitted round his face a sort of framework of rank red hair, hanging disordered from the head and clinging round the jaws and chin while leaving the mocking mouth uncovered. Seen thus in the glass the white face looked like the face of

Judas laughing horribly and surrounded by capering flames of hell. For a spasm Flambeau saw the fierce, red-brown eyes dancing, then they were covered with a pair of blue spectacles. Slipping on a loose black coat, the figure vanished towards the front of the house. A few moments later a roar of popular applause from the street beyond announced that Dr Hirsch had once more appeared upon the balcony.

The Man in the Passage

Two men appeared simultaneously at the two ends of a sort of passage running along the side of the Apollo Theatre in the Adelphi. The evening daylight in the streets was large and luminous, opalescent and empty. The passage was comparatively long and dark, so each man could see the other as a mere black silhouette at the other end. Nevertheless, each man knew the other, even in that inky outline; for they were both men of striking appearance and they hated each other.

The covered passage opened at one end on one of the steep streets of the Adelphi, and at the other on a terrace overlooking the sunset-coloured river. One side of the passage was a blank wall, for the building it supported was an old unsuccessful theatre restaurant, now shut up. The other side of the passage contained two doors, one at each end. Neither was what was commonly called the stage door; they were a sort of special and private stage doors used by very special performers, and in this case by the star actor and actress in the Shakespearean performance of the day. Persons of that eminence often like to have such private exits and entrances, for meeting friends or avoiding them.

The two men in question were certainly two such friends, men who evidently knew the doors and counted on their opening, for each approached the door at the upper end with equal coolness and confidence. Not, however, with equal speed; but the man who walked fast was the man from the other end of the tunnel, so they both arrived before the secret stage door almost at the same instant. They saluted each other with civility, and waited a moment before one of them, the sharper walker who seemed to have the shorter patience, knocked at the door.

In this and everything else each man was opposite and neither could be called inferior. As private persons both were handsome, capable and popular. As public persons, both were in the first public rank. But everything about them, from their glory to their good looks, was of a diverse and incomparable kind. Sir Wilson Seymour was the kind of man whose importance is known to everybody who knows. The more you mixed with the innermost ring in every polity or profession, the more often you met Sir Wilson Seymour. He was the one intelligent man on twenty unintelligent committees – on every sort of subject, from the reform of the Royal Academy to the project of bimetallism for Greater Britain. In the Arts especially he was omnipotent. He was so

unique that nobody could quite decide whether he was a great aristocrat who had taken up Art, or a great artist whom the aristocrats had taken up. But you could not meet him for five minutes without realising that you had really been ruled by him all your life.

His appearance was 'distinguished' in exactly the same sense; it was at once conventional and unique. Fashion could have found no fault with his high silk hat – yet it was unlike anyone else's hat – a little higher, perhaps, and adding something to his natural height. His tall, slender figure had a slight stoop yet it looked the reverse of feeble. His hair was silver-grey, but he did not look old; it was worn longer than the common yet he did not look effeminate; it was curly but it did not look curled. His carefully pointed beard made him look more manly and militant than otherwise, as it does in those old admirals of Velazquez with whose dark portraits his house was hung. His grey gloves were a shade bluer, his silver-knobbed cane a shade longer than scores of such gloves and canes flapped and flourished about the theatres and the restaurants.

The other man was not so tall, yet would have struck nobody as short, but merely as strong and handsome. His hair also was curly, but fair and cropped close to a strong, massive head – the sort of head you break a door with, as Chaucer said of the Miller's. His military moustache and the carriage of his shoulders showed him a soldier, but he had a pair of those peculiar frank and piercing blue eyes which are more common in sailors. His face was somewhat square, his jaw was square, his shoulders were square, even his jacket was square. Indeed, in the wild school of caricature then current, Mr Max Beerbohm had represented him as a proposition in the fourth book of Euclid.

For he also was a public man, though with quite another sort of success. You did not have to be in the best society to have heard of Captain Cutler, of the siege of Hong-Kong, and the great march across China. You could not get away from hearing of him wherever you were; his portrait was on every other postcard; his maps and battles in every other illustrated paper; songs in his honour in every other music-hall turn or on every other barrel-organ. His fame, though probably more temporary, was ten times more wide, popular and spontaneous than the other man's. In thousands of English homes he appeared enormous above England, like Nelson. Yet he had infinitely less power in England than Sir Wilson Seymour.

The door was opened to them by an aged servant or 'dresser', whose broken-down face and figure and black shabby coat and trousers contrasted queerly with the glittering interior of the great actress's dressing-room. It was fitted and filled with looking-glasses at every

angle of refraction, so that they looked like the hundred facets of one huge diamond – if one could get inside a diamond. The other features of luxury, a few flowers, a few coloured cushions, a few scraps of stage costume, were multiplied by all the mirrors into the madness of the Arabian Nights, and danced and changed places perpetually as the shuffling attendant shifted a mirror outwards or shot one back against the wall.

They both spoke to the dingy dresser by name, calling him Parkinson, and asking for the lady as Miss Aurora Rome. Parkinson said she was in the other room, but he would go and tell her. A shade crossed the brow of both visitors; for the other room was the private room of the great actor with whom Miss Aurora was performing, and she was of the kind that does not inflame admiration without inflaming jealousy. In about half a minute, however, the inner door opened, and she entered as she always did, even in private life, so that the very silence seemed to be a roar of applause, and one well-deserved. She was clad in a somewhat strange garb of peacock green and peacock blue satins, that gleamed like blue and green metals, such as delight children and aesthetes, and her heavy, hot brown hair framed one of those magic faces which are dangerous to all men, but especially to boys and to men growing grey. In company with her male colleague, the great American actor, Isidore Bruno, she was producing a particularly poetical and fantastic interpretation of *Midsummer Night's Dream*: in which the artistic prominence was given to Oberon and Titania, or in other words to Bruno and herself. Set in dreamy and exquisite scenery, and moving in mystical dances, the green costume, like burnished beetle-wings, expressed all the elusive individuality of an elfin queen. But when personally confronted in what was still broad daylight, a man looked only at the woman's face.

She greeted both men with the beaming and baffling smile which kept so many males at the same just dangerous distance from her. She accepted some flowers from Cutler, which were as tropical and expensive as his victories; and another sort of present from Sir Wilson Seymour, offered later on and more nonchalantly by that gentleman. For it was against his breeding to show eagerness, and against his conventional unconventionality to give anything so obvious as flowers. He had picked up a trifle, he said, which was rather a curiosity, it was an ancient Greek dagger of the Mycenaean Epoch, and might well have been worn in the time of Theseus and Hippolyta. It was made of brass like all the Heroic weapons, but, oddly enough, sharp enough to prick anyone still. He had really been attracted to it by the leaf-like shape; it was as perfect as a Greek vase. If it was of any interest to Miss Rome or could come in anywhere in the play, he hoped she would –

The inner door burst open and a big figure appeared, who was more of a contrast to the explanatory Seymour than even Captain Cutler. Nearly six-foot-six, and of more than theatrical thews and muscles, Isidore Bruno, in the gorgeous leopard skin and golden-brown garments of Oberon, looked like a barbaric god. He leaned on a sort of hunting-spear, which across a theatre looked a slight, silvery wand, but which in the small and comparatively crowded room looked as plain as a pikestaff – and as menacing. His vivid black eyes rolled volcanically, his bronzed face, handsome as it was, showed at that moment a combination of high cheekbones with set white teeth, which recalled certain American conjectures about his origin in the Southern plantations.

'Aurora,' he began, in that deep voice like a drum of passion that had moved so many audiences, 'will you –'

He stopped indecisively because a sixth figure had suddenly presented itself just inside the doorway – a figure so incongruous in the scene as to be almost comic. It was a very short man in the black uniform of the Roman secular clergy, and looking (especially in such a presence as Bruno's and Aurora's) rather like the wooden Noah out of an ark. He did not, however, seem conscious of any contrast, but said with dull civility: 'I believe Miss Rome sent for me.'

A shrewd observer might have remarked that the emotional tempera-ture rather rose at so unemotional an interruption. The detachment of a professional celibate seemed to reveal to the others that they stood round the woman as a ring of amorous rivals; just as a stranger coming in with frost on his coat will reveal that a room is like a furnace. The presence of the one man who did not care about her increased Miss Rome's sense that everybody else was in love with her, and each in a somewhat dangerous way: the actor with all the appetite of a savage and a spoilt child; the soldier with all the simple selfishness of a man of will rather than mind; Sir Wilson with that daily hardening concentration with which old Hedonists take to a hobby; nay, even the abject Parkinson, who had known her before her triumphs, and who followed her about the room with eyes or feet, with the dumb fascination of a dog.

A shrewd person might also have noted a yet odder thing. The man like a black wooden Noah (who was not wholly without shrewdness) noted it with a considerable but contained amusement. It was evident that the great Aurora, though by no means indifferent to the admiration of the other sex, wanted at this moment to get rid of all the men who admired her and be left alone with the man who did not – did not admire her in that sense at least; for the little priest did admire and even enjoy the firm feminine diplomacy with which she set about her task. There was, perhaps, only one thing that Aurora Rome was

clever about, and that was one half of humanity – the other half. The little priest watched, like a Napoleonic campaign, the swift precision of her policy for expelling all while banishing none. Bruno, the big actor, was so babyish that it was easy to send him off in brute sulks, banging the door. Cutler, the British officer, was pachydermatous to ideas, but punctilious about behaviour. He would ignore all hints, but he would die rather than ignore a definite commission from a lady. As to old Seymour, he had to be treated differently; he had to be left to the last. The only way to move him was to appeal to him in confidence as an old friend, to let him into the secret of the clearance. The priest did really admire Miss Rome as she achieved all these three objects in one selected action.

She went across to Captain Cutler and said in her sweetest manner: 'I shall value all these flowers, because they must be your favourite flowers. But they won't be complete, you know, without *my* favourite flower. Do go over to that shop round the corner and get me some lilies-of-the-valley, and then it will be *quite lovely.*'

The first object of her diplomacy, the exit of the enraged Bruno, was at once achieved. He had already handed his spear in a lordly style, like a sceptre, to the piteous Parkinson, and was about to assume one of the cushioned seats like a throne. But at this open appeal to his rival there glowed in his opal eyeballs all the sensitive insolence of the slave; he knotted his enormous brown fists for an instant, and then, dashing open the door, disappeared into his own apartments beyond. But meanwhile Miss Rome's experiment in mobilising the British Army had not succeeded so simply as seemed probable. Cutler had indeed risen stiffly and suddenly, and walked towards the door, hatless, as if at a word of command. But perhaps there was something ostentatiously elegant about the languid figure of Seymour leaning against one of the looking-glasses that brought him up short at the entrance, turning his head this way and that like a bewildered bulldog.

'I must show this stupid man where to go,' said Aurora in a whisper to Seymour, and ran out to the threshold to speed the parting guest.

Seymour seemed to be listening, elegant and unconscious as was his posture, and he seemed relieved when he heard the lady call out some last instructions to the Captain, and then turn sharply and run laughing down the passage towards the other end, the end on the terrace above the Thames. Yet a second or two after Seymour's brow darkened again. A man in his position has so many rivals, and he remembered that at the other end of the passage was the corresponding entrance to Bruno's private room. He did not lose his dignity; he said some civil words to Father Brown about the revival of Byzantine architecture in the

Westminster Cathedral, and then, quite naturally, strolled out himself into the upper end of the passage. Father Brown and Parkinson were left alone, and they were neither of them men with a taste for superfluous conversation. The dresser went round the room, pulling out looking-glasses and pushing them in again, his dingy dark coat and trousers looking all the more dismal since he was still holding the festive fairy spear of King Oberon. Every time he pulled out the frame of a new glass, a new black figure of Father Brown appeared; the absurd glass chamber was full of Father Browns, upside down in the air like angels, turning somersaults like acrobats, turning their backs to everybody like very rude persons.

Father Brown seemed quite unconscious of this cloud of witnesses, but followed Parkinson with an idly attentive eye till he took himself and his absurd spear into the farther room of Bruno. Then he abandoned himself to such abstract meditations as always amused him – calculating the angles of the mirrors, the angles of each refraction, the angle at which each must fit into the wall . . . when he heard a strong but strangled cry.

He sprang to his feet and stood rigidly listening. At the same instant Sir Wilson Seymour burst back into the room, white as ivory. 'Who's that man in the passage?' he cried. 'Where's that dagger of mine?'

Before Father Brown could turn in his heavy boots Seymour was plunging about the room looking for the weapon. And before he could possibly find that weapon or any other, a brisk running of feet broke upon the pavement outside, and the square face of Cutler was thrust into the same doorway. He was still grotesquely grasping a bunch of lilies-of-the-valley. 'What's this?' he cried. 'What's that creature down the passage? Is this some of your tricks?'

'My tricks!' hissed his pale rival, and made a stride towards him.

In the instant of time in which all this happened Father Brown stepped out into the top of the passage, looked down it, and at once walked briskly towards what he saw.

At this the other two men dropped their quarrel and darted after him, Cutler calling out: 'What are you doing? Who are you?'

'My name is Brown,' said the priest sadly, as he bent over something and straightened himself again. 'Miss Rome sent for me, and I came as quickly as I could. I have come too late.'

The three men looked down, and in one of them at least the life died in that late light of afternoon. It ran along the passage like a path of gold, and in the midst of it Aurora Rome lay lustrous in her robes of green and gold, with her dead face turned upwards. Her dress was torn away as in a struggle, leaving the right shoulder bare, but the wound

from which the blood was welling was on the other side. The brass dagger lay flat and gleaming a yard or so away.

There was a blank stillness for a measurable time, so that they could hear far off a flower-girl's laugh outside Charing Cross, and someone whistling furiously for a taxicab in one of the streets off the Strand. Then the Captain, with a movement so sudden that it might have been passion or play-acting, took Sir Wilson Seymour by the throat.

Seymour looked at him steadily without either fight or fear. 'You need not kill me,' he said in a voice quite cold; 'I shall do that on my own account.'

The Captain's hand hesitated and dropped; and the other added with the same icy candour: 'If I find I haven't the nerve to do it with that dagger I can do it in a month with drink.'

'Drink isn't good enough for me,' replied Cutler, 'but I'll have blood for this before I die. Not yours – but I think I know whose.'

And before the others could appreciate his intention he snatched up the dagger, sprang at the other door at the lower end of the passage, burst it open, bolt and all, and confronted Bruno in his dressing-room. As he did so, old Parkinson tottered in his wavering way out of the door and caught sight of the corpse lying in the passage. He moved shakily towards it; looked at it weakly with a working face; then moved shakily back into the dressing-room again, and sat down suddenly on one of the richly cushioned chairs. Father Brown instantly ran across to him, taking no notice of Cutler and the colossal actor, though the room already rang with their blows and they began to struggle for the dagger. Seymour, who retained some practical sense, was whistling for the police at the end of the passage.

When the police arrived it was to tear the two men from an almost ape-like grapple; and, after a few formal inquiries, to arrest Isidore Bruno upon a charge of murder, brought against him by his furious opponent. The idea that the great national hero of the hour had arrested a wrongdoer with his own hand doubtless had its weight with the police, who are not without elements of the journalist. They treated Cutler with a certain solemn attention, and pointed out that he had got a slight slash on the hand. Even as Cutler bore him back across tilted chair and table, Bruno had twisted the dagger out of his grasp and disabled him just below the wrist. The injury was really slight, but till he was removed from the room the half-savage prisoner stared at the running blood with a steady smile.

'Looks a cannibal sort of chap, don't he?' said the constable confidentially to Cutler.

Cutler made no answer, but said sharply a moment after: 'We must

attend to the . . . the death . . .' and his voice escaped from articulation.

'The two deaths,' came in the voice of the priest from the farther side of the room. 'This poor fellow was gone when I got across to him.' And he stood looking down at old Parkinson, who sat in a black huddle on the gorgeous chair. He also had paid his tribute, not without eloquence, to the woman who had died.

The silence was first broken by Cutler, who seemed not untouched by a rough tenderness. 'I wish I was him,' he said huskily. 'I remember he used to watch her wherever she walked more than – anybody. She was his air, and he's dried up. He's just dead.'

'We are all dead,' said Seymour in a strange voice, looking down the road.

They took leave of Father Brown at the corner of the road, with some random apologies for any rudeness they might have shown. Both their faces were tragic, but also cryptic.

The mind of the little priest was always a rabbit-warren of wild thoughts that jumped too quickly for him to catch them. Like the white tail of a rabbit he had the vanishing thought that he was certain of their grief, but not so certain of their innocence.

'We had better all be going,' said Seymour heavily; 'we have done all we can to help.'

'Will you understand my motives,' asked Father Brown quietly, 'if I say you have done all you can to hurt?'

They both started as if guiltily, and Cutler said sharply: 'To hurt whom?'

'To hurt yourselves,' answered the priest. 'I would not add to your troubles if it weren't common justice to warn you. You've done nearly everything you could do to hang yourselves, if this actor should be acquitted. They'll be sure to subpoena me; I shall be bound to say that after the cry was heard each of you rushed into the room in a wild state and began quarrelling about a dagger. As far as my words on oath can go, you might either of you have done it. You hurt yourselves with that; and then Captain Cutler must have hurt himself with the dagger.'

'Hurt myself!' exclaimed the Captain, with contempt. 'A silly little scratch.'

'Which drew blood,' replied the priest, nodding. 'We know there's blood on the brass now. And so we shall never know whether there was blood on it before.'

There was a silence; and then Seymour said, with an emphasis quite alien to his daily accent: 'But I saw a man in the passage.'

'I know you did,' answered the cleric Brown with a face of wood, 'so did Captain Cutler. That's what seems so improbable.'

Before either could make sufficient sense of it even to answer, Father Brown had politely excused himself and gone stumping up the road with his stumpy old umbrella.

As modern newspapers are conducted, the most honest and most important news is the police news. If it be true that in the twentieth century more space is given to murder than to politics, it is for the excellent reason that murder is a more serious subject. But even this would hardly explain the enormous omnipresence and widely distributed detail of 'The Bruno Case', or 'The Passage Mystery', in the Press of London and the provinces. So vast was the excitement that for some weeks the Press really told the truth; and the reports of examination and cross-examination, if interminable, even if intolerable are at least reliable. The true reason, of course, was the coincidence of persons. The victim was a popular actress; the accused was a popular actor; and the accused had been caught red-handed, as it were, by the most popular soldier of the patriotic season. In those extraordinary circumstances the Press was paralysed into probity and accuracy; and the rest of this somewhat singular business can practically be recorded from reports of Bruno's trial.

The trial was presided over by Mr Justice Monkhouse, one of those who are jeered at as humorous judges, but who are generally much more serious than the serious judges, for their levity comes from a living impatience of professional solemnity; while the serious judge is really filled with frivolity, because he is filled with vanity. All the chief actors being of a worldly importance, the barristers were well balanced; the prosecutor for the Crown was Sir Walter Cowdray, a heavy, but weighty advocate of the sort that knows how to seem English and trustworthy, and how to be rhetorical with reluctance. The prisoner was defended by Mr Patrick Butler, K.C., who was mistaken for a mere *flâneur* by those who misunderstood the Irish character – and those who had not been examined by him. The medical evidence involved no contradictions, the doctor, whom Seymour had summoned on the spot, agreeing with the eminent surgeon who had later examined the body. Aurora Rome had been stabbed with some sharp instrument such as a knife or dagger; some instrument, at least, of which the blade was short. The wound was just over the heart, and she had died instantly. When the doctor first saw her she could hardly have been dead for twenty minutes. Therefore when Father Brown found her she could hardly have been dead for three.

Some official detective evidence followed, chiefly concerned with the presence or absence of any proof of a struggle; the only suggestion of this was the tearing of the dress at the shoulder, and this did not seem

to fit in particularly well with the direction and finality of the blow. When these details had been supplied, though not explained, the first of the important witnesses was called.

Sir Wilson Seymour gave evidence as he did everything else that he did at all – not only well, but perfectly. Though himself much more of a public man than the judge, he conveyed exactly the fine shade of self-effacement before the King's justice; and though everyone looked at him as they would at the Prime Minister or the Archbishop of Canterbury, they could have said nothing of his part in it but that it was that of a private gentleman, with an accent on the noun. He was also refreshingly lucid, as he was on the committees. He had been calling on Miss Rome at the theatre; he had met Captain Cutler there; they had been joined for a short time by the accused, who had then returned to his own dressing-room; they had then been joined by a Roman Catholic priest, who asked for the deceased lady and said his name was Brown. Miss Rome had then gone just outside the theatre to the entrance of the passage, in order to point out to Captain Cutler a flower-shop at which he was to buy her some more flowers; and the witness had remained in the room, exchanging a few words with the priest. He had then distinctly heard the deceased, having sent the Captain on his errand, turn round laughing and run down the passage towards its other end, where was the prisoner's dressing-room. In idle curiosity as to the rapid movement of his friends, he had strolled out to the head of the passage himself and looked down it towards the prisoner's door. Did he see anything in the passage? Yes; he saw something in the passage.

Sir Walter Cowdray allowed an impressive interval, during which the witness looked down, and for all his usual composure seemed to have more than his usual pallor. Then the barrister said in a lower voice, which seemed at once sympathetic and creepy: 'Did you see it distinctly?'

Sir Wilson Seymour, however moved, had his excellent brains in full working-order. 'Very distinctly as regards its outline, but quite indistinctly, indeed not at all, as regards the details inside the outline. The passage is of such length that anyone in the middle of it appears quite black against the light at the other end.' The witness lowered his steady eyes once more and added: 'I had noticed the fact before, when Captain Cutler first entered it.' There was another silence, and the judge leaned forward and made a note.

'Well,' said Sir Walter patiently, 'what was the outline like? Was it, for instance, like the figure of the murdered woman?'

'Not in the least,' answered Seymour quietly.

'What did it look like to you?'

'It looked to me,' replied the witness, 'like a tall man.'

Everyone in court kept his eyes riveted on his pen, or his umbrella-handle, or his book, or his boots or whatever he happened to be looking at. They seemed to be holding their eyes away from the prisoner by main force; but they felt his figure in the dock, and they felt it as gigantic. Tall as Bruno was to the eye, he seemed to swell taller and taller when all eyes had been torn away from him.

Cowdray was resuming his seat with his solemn face, smoothing his black silk robes, and white silk whiskers. Sir Wilson was leaving the witness-box, after a few final particulars to which there were many other witnesses, when the counsel for the defence sprang up and stopped him.

'I shall only detain you a moment,' said Mr Butler, who was a rustic-looking person with red eyebrows and an expression of partial slumber. 'Will you tell his lordship how you knew it was a man?'

A faint, refined smile seemed to pass over Seymour's features. 'I'm afraid it is the vulgar test of trousers,' he said. 'When I saw daylight between the long legs I was sure it was a man, after all.'

Butler's sleepy eyes opened as suddenly as some silent explosion. 'After all!' he repeated slowly. 'So you did think at first it was a woman?'

Seymour looked troubled for the first time. 'It is hardly a point of fact,' he said, 'but if his lordship would like me to answer for my impression, of course I shall do so. There was something about the thing that was not exactly a woman and yet was not quite a man; somehow the curves were different. And it had something that looked like long hair.'

'Thank you,' said Mr Butler, K.C., and sat down suddenly, as if he had got what he wanted.

Captain Cutler was a far less plausible and composed witness than Sir Wilson, but his account of the opening incidents was solidly the same. He described the return of Bruno to his dressing-room, the dispatching of himself to buy a bunch of lilies-of-the-valley, his return to the upper end of the passage, the thing he saw in the passage, his suspicion of Seymour, and his struggle with Bruno. But he could give little artistic assistance about the black figure that he and Seymour had seen. Asked about its outline, he said he was no art critic – with a somewhat too obvious sneer at Seymour. Asked if it was a man or a woman, he said it looked more like a beast – with a too obvious snarl at the prisoner. But the man was plainly shaken with sorrow and sincere anger, and Cowdray quickly excused him from confirming facts that were already fairly clear.

The defending counsel also was again brief in his cross-examination; although (as was his custom) even in being brief, he seemed to take a

long time about it. 'You used a rather remarkable expression,' he said, looking at Cutler sleepily. 'What do you mean by saying that it looked more like a beast than a man or a woman?'

Cutler seemed seriously agitated. 'Perhaps I oughtn't to have said that,' he said; 'but when the brute has huge humped shoulders like a chimpanzee, and bristles sticking out of its head like a pig –'

Mr Butler cut short his curious impatience in the middle. 'Never mind whether its hair was like a pig's,' he said, 'was it like a woman's?'

'A woman's!' cried the soldier. 'Great Scott, no!'

'The last witness said it was,' commented the counsel, with unscrupulous swiftness. 'And did the figure have any of those serpentine and semi-feminine curves to which eloquent allusion has been made? No? No feminine curves? The figure, if I understand you, was rather heavy and square than otherwise?'

'He may have been bending forward,' said Cutler, in a hoarse and rather faint voice.

'Or again, he may not,' said Mr Butler, and sat down suddenly for the second time.

The third, witness called by Sir Walter Cowdray was the little Catholic clergyman, so little, compared with the others, that his head seemed hardly to come above the box, so that it was like cross-examining a child. But unfortunately Sir Walter had somehow got it into his head (mostly by some ramifications of his family's religion) that Father Brown was on the side of the prisoner, because the prisoner was wicked and foreign and even partly black. Therefore he took Father Brown up sharply whenever that proud pontiff tried to explain anything; and told him to answer yes or no, and tell the plain facts without any jesuitry. When Father Brown began, in his simplicity, to say who he thought the man in the passage was, the barrister told him that he did not want his theories.

'A black shape was seen in the passage. And you say you saw the black shape. Well, what shape was it?'

Father Brown blinked as under rebuke; but he had long known the literal nature of obedience. 'The shape,' he said, 'was short and thick, but had two sharp, black projections curved upwards on each side of the head or top, rather like horns, and –'

'Oh! the devil with horns, no doubt,' ejaculated Cowdray, sitting down in triumphant jocularity. 'It was the devil come to eat Protestants.'

'No,' said the priest dispassionately; 'I know who it was.'

Those in court had been wrought up to an irrational, but real sense of some monstrosity. They had forgotten the figure in the dock and thought only of the figure in the passage. And the figure in the passage,

described by three capable and respectable men who had all seen it, was a shifting nightmare: one called it a woman, and the other a beast, and the other a devil . . .

The judge was looking at Father Brown with level and piercing eyes. 'You are a most extraordinary witness,' he said; 'but there is something about you that makes me think you are trying to tell the truth. Well, who was the man you saw in the passage?'

'He was myself,' said Father Brown.

Butler, K.C., sprang to his feet in an extraordinary stillness, and said quite calmly: 'Your lordship will allow me to cross-examine?' And then, without stopping, he shot at Brown the apparently disconnected question: 'You have heard about this dagger; you know the experts say the crime was committed with a short blade?'

'A short blade,' assented Brown, nodding solemnly like an owl, 'but a very long hilt.'

Before the audience could quite dismiss the idea that the priest had really seen himself doing murder with a short dagger with a long hilt (which seemed somehow to make it more horrible), he had himself hurried on to explain.

'I mean daggers aren't the only things with short blades. Spears have short blades. And spears catch at the end of the steel just like daggers, if they're that sort of fancy spear they had in theatres; like the spear poor old Parkinson killed his wife with, just when she'd sent for me to settle their family troubles – and I came just too late, God forgive me! But he died penitent – he just died of being penitent. He couldn't bear what he'd done.'

The general impression in court was that the little priest, who was gobbling away, had literally gone mad in the box. But the judge still looked at him with bright and steady eyes of interest; and the counsel for the defence went on with his questions unperturbed.

'If Parkinson did it with that pantomime spear,' said Butler, 'he must have thrust from four yards away. How do you account for signs of struggle, like the dress dragged off the shoulder?' He had slipped into treating his mere witness as an expert; but no one noticed it now.

'The poor lady's dress was torn,' said the witness, 'because it was caught in a panel that slid to just behind her. She struggled to free herself, and as she did so Parkinson came out of the prisoner's room and lunged with the spear.'

'A panel?' repeated the barrister in a curious voice.

'It was a looking-glass on the other side,' explained Father Brown. 'When I was in the dressing-room I noticed that some of them could probably be slid out into the passage.'

There was another vast and unnatural silence, and this time it was the judge who spoke. 'So you really mean that when you looked down that passage, the man you saw was yourself – in a mirror?'

'Yes, my lord; that was what I was trying to say,' said Brown, 'but they asked me for the shape; and our hats have corners just like horns, and so I –'

The judge leaned forward, his old eyes yet more brilliant, and said in specially distinct tones: 'Do you really mean to say that when Sir Wilson Seymour saw that wild what-you-call-him with curves and a woman's hair and a man's trousers, what he saw was Sir Wilson Seymour?'

'Yes, my lord,' said Father Brown.

'And you mean to say that when Captain Cutler saw that chimpanzee with humped shoulders and hog's bristles, he simply saw himself?'

'Yes, my lord.'

The judge leaned back in his chair with a luxuriance in which it was hard to separate the cynicism and the admiration. 'And can you tell us why,' he asked, 'you should know your own figure in a looking-glass, when two such distinguished men don't?'

Father Brown blinked even more painfully than before; then he stammered: 'Really, my lord, I don't know unless it's because I don't look at it so often.'

The Mistake of the Machine

Flambeau and his friend the priest were sitting in the Temple Gardens about sunset; and their neighbourhood or some such accidental influence had turned their talk to matters of legal process. From the problem of the licence in cross-examination, their talk strayed to Roman and mediaeval torture, to the examining magistrate in France and the Third Degree in America.

'I've been reading,' said Flambeau, 'of this new psychometric method they talk about so much, especially in America. You know what I mean; they put a pulsometer on a man's wrist and judge by how his heart goes at the pronunciation of certain words. What do you think of it?'

'I think it very interesting,' replied Father Brown; 'it reminds me of that interesting idea in the Dark Ages that blood would flow from a corpse if the murderer touched it.'

'Do you really mean,' demanded his friend, 'that you think the two methods equally valuable?'

'I think them equally valueless,' replied Brown. 'Blood flows, fast or slow, in dead folk or living, for so many more million reasons than we can ever know. Blood will have to flow very funnily; blood will have to flow up the Matterhorn, before I will take it as a sign that I am to shed it.'

'The method,' remarked the other, 'has been guaranteed by some of the greatest American men of science.'

'What sentimentalists men of science are!' exclaimed Father Brown, 'and how much more sentimental must American men of science be! Who but a Yankee would think of proving anything from heart-throbs? Why, they must be as sentimental as a man who thinks a woman is in love with him if she blushes. That's a test from the circulation of the blood, discovered by the immortal Harvey; and a jolly rotten test, too.'

'But surely,' insisted Flambeau, 'it might point pretty straight at something or other.'

'There's a disadvantage in a stick pointing straight,' answered the other. 'What is it? Why, the other end of the stick always points the opposite way. It depends whether you get hold of the stick by the right end. I saw the thing done once and I've never believed in it since.' And he proceeded to tell the story of his disillusionment.

It happened nearly twenty years before, when he was chaplain to

his co-religionists in a prison in Chicago – where the Irish population displayed a capacity both for crime and penitence which kept him tolerably busy. The official second-in-command under the Governor was an ex-detective named Greywood Usher, a cadaverous, careful-spoken Yankee philosopher, occasionally varying a very rigid visage with an odd apologetic grimace. He liked Father Brown in a slightly patronising way; and Father Brown liked him, though he heartily disliked his theories. His theories were extremely complicated and were held with extreme simplicity.

One evening he had sent for the priest, who, according to his custom, took a seat in silence at a table piled and littered with papers, and waited. The official selected from the papers a scrap of newspaper cutting, which he handed across to the cleric, who read it gravely. It appeared to be an extract from one of the pinkest of American Society papers, and ran as follows: 'Society's brightest widower is once more on the Freak Dinner stunt. All our exclusive citizens will recall the Perambulator Parade Dinner, in which Last-Trick Todd, at his palatial home at Pilgrim's Pond, caused so many of our prominent *débutantes* to look even younger than their years. Equally elegant and more miscellaneous and large-hearted in social outlook was Last-Trick's show the year previous, the popular Cannibal Crush Lunch, at which the confections handed round were sarcastically moulded in the forms of human arms and legs, and during which more than one of our gayest mental gymnasts was heard offering to eat his partner. The witticism which will inspire this evening is as yet in Mr Todd's pretty reticent intellect, or locked in the jewelled bosoms of our city's gayest leaders; but there is talk of a pretty parody of the simple manners and customs at the other end of Society's scale. This would be all the more telling, as hospitable Todd is entertaining in Lord Falconroy, the famous traveller, a true-blooded aristocrat fresh from England's oak-groves. Lord Falconroy's travels began before his ancient feudal title was resurrected, he was in the Republic in his youth, and fashion murmurs a sly reason for his return. Miss Etta Todd is one of our deep-souled New Yorkers, and comes into an income of nearly twelve hundred million dollars.'

'Well,' asked Usher, 'does that interest you?'

'Why, words rather fail me,' answered Father Brown. 'I cannot think at this moment of anything in this world that would interest me less. And, unless the just anger of the Republic is at last going to electrocute journalists for writing like that, I don't quite see why it should interest you either.'

'Ah!' said Mr Usher dryly, and handing across another scrap of newspaper. 'Well, does that interest you?'

The paragraph was headed 'Savage Murder of a Warder. Convict Escapes', and ran: 'Just before dawn this morning a shout for help was heard in the Convict Settlement at Sequah in this State. The authorities, hurrying in the direction of the cry, found the corpse of the warder who patrols the top of the north wall of the prison, the steepest and most difficult exit, for which one man has always been found sufficient. The unfortunate officer had, however, been hurled from the high wall, his brains beaten out as with a club, and his gun was missing. Further inquiries showed that one of the cells was empty; it had been occupied by a rather sullen ruffian giving his name as Oscar Rian. He was only temporarily detained for some comparatively trivial assault; but he gave everyone the impression of a man with a black past and a dangerous future. Finally, when daylight had fully revealed the scene of murder, it was found that he had written on the wall above the body a fragmentary sentence, apparently with a finger dipped in blood: "This was self-defence and he had the gun. I meant no harm to him or any man but one. I am keeping the bullet for Pilgrim's Pond – O.R." A man must have used most fiendish treachery or most savage and amazing bodily daring to have stormed such a wall in spite of an armed man.'

'Well, the literary style is somewhat improved,' admitted the priest cheerfully, 'but still I don't see what I can do for you. I should cut a poor figure, with my short legs, running about this State after an athletic assassin of that sort. I doubt whether anybody could find him. The convict settlement at Sequah is thirty miles from here; the country between is wild and tangled enough, and the country beyond, where he will surely have the sense to go, is a perfect no-man's land tumbling away to the prairies. He may be in any hole or up any tree.'

'He isn't in any hole,' said the governor; 'he isn't up any tree.'

'Why, how do you know?' asked Father Brown, blinking.

'Would you like to speak to him?' enquired Usher.

Father Brown opened his innocent eyes wide. 'He is here?' he exclaimed. 'Why, how did your men get hold of him?'

'I got hold of him myself,' drawled the American, rising and lazily stretching his lanky legs before the fire. 'I got hold of him with the crooked end of a walking-stick. Don't look so surprised. I really did. You know I sometimes take a turn in the country lanes outside this dismal place; well, I was walking early this evening up a steep lane with dark hedges and grey-looking ploughed fields on both sides; and a young moon was up and silvering the road. By the light of it I saw a man running across the field towards the road; running with his body bent and at a good mile-race trot. He appeared to be much exhausted; but when he came to the thick black hedge he went through it as if it

were made of spiders' webs; – or rather (for I heard the strong branches breaking and snapping like bayonets) as if he himself were made of stone. In the instant in which he appeared up against the moon, crossing the road, I slung my hooked cane at his legs, tripping him and bringing him down. Then I blew my whistle long and loud, and our fellows came running up to secure him.'

'It would have been rather awkward,' remarked Brown, 'if you had found he was a popular athlete practising a mile race.'

'He was not,' said Usher grimly. 'We soon found out who he was; but I had guessed it with the first glint of the moon on him.'

'You thought it was the runaway convict,' observed the priest simply, 'because you had read in the newspaper cutting that morning that a convict had run away.'

'I had somewhat better grounds,' replied the governor coolly. 'I pass over the first as too simple to be emphasised – I mean that fashionable athletes do not run across ploughed fields or scratch their eyes out in bramble hedges. Nor do they run all doubled up like a crouching dog. There were more decisive details to a fairly well-trained eye. The man was clad in coarse and ragged clothes, but they were something more than merely coarse and ragged. They were so ill-fitting as to be quite grotesque; even as he appeared in black outline against the moonrise, the coat-collar in which his head was buried made him look like a hunchback, and the long loose sleeves looked as if he had no hands. It at once occurred to me that he had somehow managed to change his convict clothes for some confederate's clothes which did not fit him. Second, there was a pretty stiff wind against which he was running; so that I must have seen the streaky look of blowing hair, if the hair had not been very short. Then I remembered that beyond these ploughed fields he was crossing lay Pilgrim's Pond, for which (you will remember) the convict was keeping his bullet; and I sent my walking-stick flying.'

'A brilliant piece of rapid deduction,' said Father Brown; 'but had he got a gun?'

As Usher stopped abruptly in his walk the priest added apologetically: 'I've been told a bullet is not half so useful without it.'

'He had no gun,' said the other gravely; 'but that was doubtless due to some very natural mischance or change of plans. Probably the same policy that made him change the clothes made him drop the gun; he began to repent the coat he had left behind him in the blood of his victim.'

'Well, that is possible enough,' answered the priest.

'And it's hardly worth speculating on,' said Usher, turning to some other papers, 'for we know it's the man by this time.'

His clerical friend asked faintly: 'But how?' And Greywood Usher threw down the newspapers and took up the two press-cuttings again.

'Well, since you are so obstinate,' he said, 'let's begin at the beginning. You will notice that these two cuttings have only one thing in common, which is the mention of Pilgrim's Pond, the estate, as you know, of the millionaire Ireton Todd. You also know that he is a remarkable character; one of those that rose on stepping-stones –'

'Of our dead selves to higher things,' assented his companion. 'Yes; I know that. Petroleum, I think.'

'Anyhow,' said Usher, 'Last-Trick Todd counts for a great deal in this rum affair.'

He stretched himself once more before the fire and continued talking in his expansive, radiantly explanatory style.

'To begin with, on the face of it, there is no mystery here at all. It is not mysterious, it is not even odd, that a jailbird should take his gun to Pilgrim's Pond. Our people aren't like the English, who will forgive a man for being rich if he throws away money on hospitals or horses. Last-Trick Todd has made himself big by his own considerable abilities; and there's no doubt that many of those on whom he has shown his abilities would like to show theirs on him with a shot-gun. Todd might easily get dropped by some man he'd never even heard of; some labourer he'd locked out, or some clerk in a business he'd busted. Last-Trick is a man of mental endowments and a high public character; but in this country the relations of employers and employed are considerably strained.

'That's how the whole thing looks supposing this Rian made for Pilgrim's Pond to kill Todd. So it looked to me, till another little discovery woke up what I have of the detective in me. When I had my prisoner safe, I picked up my cane again and strolled down the two or three turns of country road that brought me to one of the side entrances of Todd's grounds, the one nearest to the pool or lake after which the place is named. It was some two hours ago, about seven by this time; the moonlight was more luminous, and I could see the long white streaks of it lying on the mysterious mere with its grey, greasy, half-liquid shores in which they say our fathers used to make witches walk until they sank. I'd forgotten the exact tale; but you know the place I mean; it lies north of Todd's house towards the wilderness, and has two queer wrinkled trees, so dismal that they look more like huge fungoids than decent foliage. As I stood peering at this misty pool, I fancied I saw the faint figure of a man moving from the house towards it, but it was all too dim and distant for one to be certain of the fact, and still less of the details. Besides, my attention was very sharply arrested by something much closer. I crouched behind the fence which ran not

more than two hundred yards from one wing of the great mansion, and which was fortunately split in places, as if specially for the application of a cautious eye. A door had opened in the dark bulk of the left wing, and a figure appeared black against the illuminated interior – a muffled figure bending forward, evidently peering out into the night. It closed the door behind it, and I saw it was carrying a lantern, which threw a patch of imperfect light on the dress and figure of the wearer. It seemed to be the figure of a woman, wrapped up in a ragged cloak and evidently disguised to avoid notice; there was something very strange both about the rags and the furtiveness in a person coming out of those rooms lined with gold. She took cautiously the curved garden path which brought her within half a hundred yards of me – then she stood up for an instant on the terrace of turf that looks towards the slimy lake, and holding her flaming lantern above her head she deliberately swung it three times to and fro as for a signal. As she swung it the second time a flicker of its light fell for a moment on her own face, a face that I knew. She was unnaturally pale, and her head was bundled in her borrowed plebeian shawl; but I am certain it was Etta Todd, the millionaire's daughter.

'She retraced her steps in equal secrecy and the door closed behind her again. I was about to climb the fence and follow, when I realised that the detective fever that had lured me into the adventure was rather undignified; and that in a more authoritative capacity I already held all the cards in my hand. I was just turning away when a new noise broke on the night. A window was thrown up in one of the upper floors, but just round the corner of the house so that I could not see it; and a voice of terrible distinctness was heard shouting across the dark garden to know where Lord Falconroy was, for he was missing from every room in the house. There was no mistaking that voice. I have heard it on many a political platform or meeting of directors; it was Ireton Todd himself. Some of the others seemed to have gone to the lower windows or on to the steps, and were calling up to him that Falconroy had gone for a stroll down to the Pilgrim's Pond an hour before, and could not be traced since. Then Todd cried "Mighty Murder!" and shut down the window violently; and I could hear him plunging down the stairs inside. Repossessing myself of my former and wiser purpose, I whipped out of the way of the general search that must follow; and returned here not later than eight o'clock.

'I now ask you to recall that little Society paragraph which seemed to you so painfully lacking in interest. If the convict was not keeping the shot for Todd, as he evidently wasn't, it is most likely that he was keeping it for Lord Falconroy; and it looks as if he had delivered the goods. No more handy place to shoot a man than in the curious geological

surroundings of that pool, where a body thrown down would sink through thick slime to a depth practically unknown. Let us suppose, then, that our friend with the cropped hair came to kill Falconroy and not Todd. But, as I have pointed out, there are many reasons why people in America might want to kill Todd. There is no reason why anybody in America should want to kill an English lord newly landed, except for the one reason mentioned in the pink paper – that the lord is paying his attentions to the millionaire's daughter. Our crop-haired friend, despite his ill-fitting clothes, must be an aspiring lover.

'I know the notion will seem to you jarring and even comic; but that's because you are English. It sounds to you like saying the Archbishop of Canterbury's daughter will be married in St George's, Hanover Square, to a crossing-sweeper on ticket-of-leave. You don't do justice to the climbing and aspiring power of our more remarkable citizens. You see a good-looking grey-haired man in evening-dress with a sort of authority about him, you know he is a pillar of the State, and you fancy he had a father. You are in error. You do not realise that a comparatively few years ago he may have been in a tenement or (quite likely) in a jail. You don't allow for our national buoyancy and uplift. Many of our most influential citizens have not only risen recently, but risen comparatively late in life. Todd's daughter was fully eighteen when her father first made his pile; so there isn't really anything impossible in her having a hanger-on in low life; or even in her hanging on to him, as I think she must be doing, to judge by the lantern business. If so, the hand that held the lantern may not be unconnected with the hand that held the gun. This case, sir, will make a noise.'

'Well,' said the priest patiently, 'and what did you do next?'

'I reckon you'll be shocked,' replied Greywood Usher, 'as I know you don't cotton to the march of science in these matters. I am given a good deal of discretion here, and perhaps take a little more than I'm given; and I thought it was an excellent opportunity to test that Psychometric Machine I told you about. Now, in my opinion, that machine can't lie.'

'No machine can lie,' said Father Brown; 'nor can it tell the truth.'

'It did in this case, as I'll show you,' went on Usher positively. 'I sat the man in the ill-fitting clothes in a comfortable chair, and simply wrote words on a blackboard; and the machine simply recorded the variations of his pulse; and I simply observed his manner. The trick is to introduce some word connected with the supposed crime in a list of words connected with something quite different, yet a list in which it occurs quite naturally. Thus I wrote "heron" and "eagle" and "owl", and when I wrote "falcon" he was tremendously agitated; and when I began to make an "r" at the end of the word, that machine just bounded. Who

else in this republic has any reason to jump at the name of a newly arrived Englishman like Falconroy except the man who's shot him? Isn't that better evidence than a lot of gabble from witnesses – if the evidence of a reliable machine?'

'You always forget,' observed his companion, 'that the reliable machine always has to be worked by an unreliable machine.'

'Why, what do you mean?' asked the detective.

'I mean Man,' said Father Brown, 'the most unreliable machine I know of. I don't want to be rude; and I don't think you will consider Man to be an offensive or inaccurate description of yourself. You say you observed his manner; but how do you know you observed it right? You say the words have to come in a natural way; but how do you know that you did it naturally? How do you know, if you come to that, that he did not observe your manner? Who is to prove that you were not tremendously agitated? There was no machine tied on to your pulse.'

'I tell you,' cried the American in the utmost excitement, 'I was as cool as a cucumber.'

'Criminals also can be as cool as cucumbers,' said Brown with a smile. 'And almost as cool as you.'

'Well, this one wasn't,' said Usher, throwing the papers about. 'Oh, you make me tired!'

'I'm sorry,' said the other. 'I only point out what seems a reasonable possibility. If you could tell by his manner when the word that might hang him had come, why shouldn't he tell from your manner that the word that might hang him was coming? I should ask for more than words myself before I hanged anybody.'

Usher smote the table and rose in a sort of angry triumph.

'And that,' he cried, 'is just what I'm going to give you. I tried the machine first just in order to test the thing in other ways afterwards and the machine, sir, is right.'

He paused a moment and resumed with less excitement. 'I rather want to insist, if it comes to that, that so far I had very little to go on except the scientific experiment. There was really nothing against the man at all. His clothes were ill-fitting, as I've said, but they were rather better, if anything, than those of the submerged class to which he evidently belonged. Moreover, under all the stains of his plunging through ploughed fields or bursting through dusty hedges, the man was comparatively clean. This might mean, of course, that he had only just broken prison; but it reminded me more of the desperate decency of the comparatively respectable poor. His demeanour was, I am bound to confess, quite in accordance with theirs. He was silent and dignified as they are; he seemed to have a big, but buried, grievance, as they do.

He professed total ignorance of the crime and the whole question; and showed nothing but a sullen impatience for something sensible that might come to take him out of his meaningless scrape. He asked me more than once if he could telephone for a lawyer who had helped him a long time ago in a trade dispute, and in every sense acted as you would expect an innocent man to act. There was nothing against him in the world except that little finger on the dial that pointed to the change of his pulse.

'Then, sir, the machine was on its trial; and the machine was right. By the time I came with him out of the private room into the vestibule where all sorts of other people were awaiting examination, I think he had already more or less made up his mind to clear things up by something like a confession. He turned to me and began to say in a low voice: "Oh, I can't stick this any more. If you must know all about me – "

'At the same instant one of the poor women sitting on the long bench stood up, screaming aloud and pointing at him with her finger. I have never in my life heard anything more demoniacally distinct. Her lean finger seemed to pick him out as if it were a pea-shooter. Though the word was a mere howl, every syllable was as clear as a separate stroke on the clock.

'"Drugger Davis!" she shouted. "They've got Drugger Davis!"

'Among the wretched women, mostly thieves and streetwalkers, twenty faces were turned, gaping with glee and hate. If I had never heard the words, I should have known by the very shock upon his features that the so-called Oscar Rian had heard his real name. But I'm not quite so ignorant, you may be surprised to hear. Drugger Davis was one of the most terrible and depraved criminals that ever baffled our police. It is certain he had done murder more than once long before his last exploit with the warder. But he was never entirely fixed for it, curiously enough because he did it in the same manner as those milder – or meaner – crimes for which he was fixed pretty often. He was a handsome, well-bred-looking brute, as he still is, to some extent; and he used mostly to go about with barmaids or shop-girls and do them out of their money. Very often, though, he went a good deal farther; and they were found drugged with cigarettes or chocolates and their whole property missing. Then came one case where the girl was found dead; but deliberation could not quite be proved, and, what was more practical still, the criminal could not be found. I heard a rumour of his having reappeared somewhere in the opposite character this time, lending money instead of borrowing it; but still to such poor widows as he might personally fascinate, but still with the same bad result for them. Well, there is

your innocent man, and there is his innocent record. Even, since then, four criminals and three warders have identified him and confirmed the story. Now what have you got to say to my poor little machine after that? Hasn't the machine done for him? Or do you prefer to say that the woman and I have done for him?'

'As to what you've done for him,' replied Father Brown, rising and shaking himself in a floppy way, 'you've saved him from the electrical chair. I don't think they can kill Drugger Davis on that old vague story of the poison; and as for the convict who killed the warder, I suppose it's obvious that you haven't got him. Mr Davis is innocent of that crime, at any rate.'

'What do you mean?' demanded the other. 'Why should he be innocent of that crime?'

'Why, bless us all!' cried the small man in one of his rare moments of animation, 'why, because he's guilty of the other crimes! I don't know what you people are made of. You seem to think that all sins are kept together in a bag. You talk as if a miser on Monday were always a spendthrift on Tuesday. You tell me this man you have here spent weeks and months wheedling needy women out of small sums of money; that he used a drug at the best, and a poison at the worst; that he turned up afterwards as the lowest kind of moneylender, and cheated most poor people in the same patient and pacific style. Let it be granted – let us admit, for the sake of argument, that he did all this. If that is so, I will tell you what he didn't do. He didn't storm a spiked wall against a man with a loaded gun. He didn't write on the wall with his own hand, to say he had done it. He didn't stop to state that his justification was self-defence. He didn't explain that he had no quarrel with the poor warder. He didn't name the house of the rich man to which he was going with the gun. He didn't write his own, initials in a man's blood. Saints alive! Can't you see the whole character is different, in good and evil? Why, you don't seem to be like I am a bit. One would think you'd never had any vices of your own.'

The amazed American had already parted his lips in protest when the door of his private and official room was hammered and rattled in an unceremonious way to which he was totally unaccustomed.

The door flew open. The moment before Greywood Usher had been coming to the conclusion that Father Brown might possibly be mad. The moment after he began to think he was mad himself. There burst and fell into his private room a man in the filthiest rags, with a greasy squash hat still askew on his head, and a shabby green shade shoved up from one of his eyes, both of which were glaring like a tiger's. The rest of his face was almost undiscoverable, being masked with a matted

beard and whiskers through which the nose could barely thrust itself, and further buried in a squalid red scarf or handkerchief. Mr Usher prided himself on having seen most of the roughest specimens in the State, but he thought he had never seen such a baboon dressed as a scarecrow as this. But, above all, he had never in all his placid scientific existence heard a man like that speak to him first.

'See here, old man Usher,' shouted the being in the red handkerchief, 'I'm getting tired. Don't you try any of your hide-and-seek on me; I don't get fooled any. Leave go of my guests, and I'll let up on the fancy clockwork. Keep him here for a split instant and you'll feel pretty mean. I reckon I'm not a man with no pull.'

The eminent Usher was regarding the bellowing monster with an amazement which had dried up all other sentiments. The mere shock to his eyes had rendered his ears, almost useless. At last he rang a bell with a hand of violence. While the bell was still strong and pealing, the voice of Father Brown fell soft but distinct.

'I have a suggestion to make,' he said, 'but it seems a little confusing. I don't know this gentleman – but – but I think I know him. Now, you know him – you know him quite well – but you don't know him – naturally. Sounds paradoxical, I know.'

'I reckon the Cosmos is cracked,' said Usher, and fell asprawl in his round office chair.

'Now, see here,' vociferated the stranger, striking the table, but speaking in a voice that was all the more mysterious because it was comparatively mild and rational though still resounding. 'I won't let you in. I want –'

'Who in hell are you?' yelled Usher, suddenly sitting up straight.

'I think the gentleman's name is Todd,' said the priest.

Then he picked up the pink slip of newspaper.

'I fear you don't read the Society papers properly,' he said, and began to read out in a monotonous voice, '"Or locked in the jewelled bosoms of our city's gayest leaders; but there is talk of a pretty parody of the manners and customs of the other end of Society's scale." There's been a big Slum Dinner up at Pilgrim's Pond tonight; and a man, one of the guests, disappeared. Mr Ireton Todd is a good host, and has tracked him here, without even waiting to take off his fancy-dress.'

'What man do you mean?'

'I mean the man with comically ill-fitting clothes you saw running across the ploughed field. Hadn't you better go and investigate him? He will be rather impatient to get back to his champagne, from which he ran away in such a hurry, when the convict with the gun hove in sight.'

'Do you seriously mean –' began the official.

'Why, look here, Mr Usher,' said Father Brown quietly, 'you said the machine couldn't make a mistake; and in one sense it didn't. But the other machine did; the machine that worked it. You assumed that the man in rags jumped at the name of Lord Falconroy, because he was Lord Falconroy's murderer. He jumped at the name of Lord Falconroy because he is Lord Falconroy.'

'Then why the blazes didn't he say so?' demanded the staring Usher.

'He felt his plight and recent panic were hardly patrician,' replied the priest, 'so he tried to keep the name back at first. But he was just going to tell it you, when' – and Father Brown looked down at his boots – 'when a woman found another name for him.'

'But you can't be so mad as to say,' said Greywood Usher, very white, 'that Lord Falconroy was Drugger Davis.'

The priest looked at him very earnestly, but with a baffling and undecipherable face.

'I am not saying anything about it,' he said. 'I leave all the rest to you. Your pink paper says that the title was recently revived for him; but those papers are very unreliable. It says he was in the States in youth; but the whole story seems very strange. Davis and Falconroy are both pretty considerable cowards, but so are lots of other men. I would not hang a dog on my own opinion about this. But I think,' he went on softly and reflectively, 'I think you Americans are too modest. I think you idealise the English aristocracy – even in assuming it to be so aristocratic. You see a good-looking Englishman in evening-dress; you know he's in the House of Lords; and you fancy he has a father. You don't allow for our national buoyancy and uplift. Many of our most influential noblemen have not only risen recently, but –'

'Oh, stop it!' cried Greywood Usher, wringing one lean hand in impatience against a shade of irony in the other's face.

'Don't stay talking to this lunatic!' cried Todd brutally. 'Take me to my friend.'

Next morning Father Brown appeared with the same demure expression, carrying yet another piece of pink newspaper.

'I'm afraid you neglect the fashionable press rather,' he said, 'but this cutting may interest you.'

Usher read the headlines, 'Last-Trick's Strayed Revellers: Mirthful Incident near Pilgrim's Pond'. The paragraph went on: 'A laughable occurrence took place outside Wilkinson's Motor Garage last night. A policeman on duty had his attention drawn by larrikins to a man in prison dress who was stepping with considerable coolness into the steering-seat of a pretty high-toned Panhard; he was accompanied by

a girl wrapped in a ragged shawl. On the police interfering, the young woman threw back the shawl, and all recognised Millionaire Todd's daughter, who had just come from the Slum Freak Dinner at the Pond, where all the choicest guests were in a similar déshabille. She and the gentleman who had donned prison uniform were going for the customary joy-ride.'

Under the pink slip Mr Usher found a strip of a later paper, headed, 'Astounding Escape of Millionaire's Daughter with Convict. She had Arranged Freak Dinner. Now Safe in –'

Mr Greenwood Usher lifted his eyes, but Father Brown was gone.

The Head of Caesar

There is somewhere in Brompton or Kensington an interminable avenue of tall houses, rich but largely empty, that looks like a terrace of tombs. The very steps up to the dark front doors seem as steep as the side of pyramids; one would hesitate to knock at the door, lest it should be opened by a mummy. But a yet more depressing feature in the grey facade is its telescopic length and changeless continuity. The pilgrim walking down it begins to think he will never come to a break or a corner; but there is one exception – a very small one, but hailed by the pilgrim almost with a shout. There is a sort of mews between two of the tall mansions, a mere slit like the crack of a door by comparison with the street, but just large enough to permit a pigmy ale-house or eating-house, still allowed by the rich to their stable-servants, to stand in the angle. There is something cheery in its very dinginess, and something free and elfin in its very insignificance. At the feet of those grey stone giants it looks like a lighted house of dwarfs.

Anyone passing the place during a certain autumn evening, itself almost fairylike, might have seen a hand pull aside the red half-blind which (along with some large white lettering) half hid the interior from the street, and a face peer out not unlike a rather innocent goblin's. It was, in fact, the face of one with the harmless human name of Brown, formerly priest of Cobhole in Essex, and now working in London. His friend, Flambeau, a semi-official investigator, was sitting opposite him, making his last notes of a case he had cleared up in the neighbourhood. They were sitting at a small table, close up to the window, when the priest pulled the curtain back and looked out. He waited till a stranger in the street had passed the window, to let the curtain fall into its place again. Then his round eyes rolled to the large white lettering on the window above his head, and then strayed to the next table, at which sat only a navvy with beer and cheese, and a young girl with red hair and a glass of milk. Then (seeing his friend put away the pocket-book), he said softly: 'If you've got ten minutes, I wish you'd follow that man with the false nose.'

Flambeau looked up in surprise; but the girl with the red hair also looked up, and with something that was stronger than astonishment. She was simply and even loosely dressed in light brown sacking stuff; but she was a lady, and even, on a second glance, a rather needlessly haughty one. 'The man with the false nose!' repeated Flambeau. 'Who's he?'

'I haven't a notion,' answered Father Brown. 'I want you to find out; I ask it as a favour. He went down there' – and he jerked his thumb over his shoulder in one of his undistinguished gestures – 'and can't have passed three lamp-posts yet. I only want to know the direction.'

Flambeau gazed at his friend for some time, with an expression between perplexity and amusement; and then, rising from the table; squeezed his huge form out of the little door of the dwarf tavern, and melted into the twilight.

Father Brown took a small book out of his pocket and began to read steadily; he betrayed no consciousness of the fact that the redhaired lady had left her own table and sat down opposite him. At last she leaned over and said in a low, strong voice: 'Why do you say that? How do you know it's false?'

He lifted his rather heavy eyelids, which fluttered in considerable embarrassment. Then his dubious eye roamed again to the white lettering on the glass front of the public-house. The young woman's eyes followed his, and rested there also, but in pure puzzledom.

'No,' said Father Brown, answering her thoughts. 'It doesn't say "Sela", like the thing in the Psalms; I read it like that myself when I was wool-gathering just now; it says "Ales".'

'Well?' enquired the staring young lady. 'What does it matter what it says?'

His ruminating eye roved to the girl's light canvas sleeve, round the wrist of which ran a very slight thread of artistic pattern, just enough to distinguish it from a working-dress of a common woman and make it more like the working-dress of a lady art-student. He seemed to find much food for thought in this; but his reply was very slow and hesitant. 'You see, madam,' he said, 'from outside the place looks – well, it is a perfectly decent place – but ladies like you don't – don't generally think so. They never go into such places from choice, except –'

'Well?' she repeated.

'Except an unfortunate few who don't go in to drink milk.'

'You are a most singular person,' said the young lady. 'What is your object in all this?'

'Not to trouble you about it,' he replied, very gently. 'Only to arm myself with knowledge enough to help you, if ever you freely ask my help.'

'But why should I need help?'

He continued his dreamy monologue. 'You couldn't have come in to see *protégées*, humble friends, that sort of thing, or you'd have gone through into the parlour . . . and you couldn't have come in because you were ill, or you'd have spoken to the woman of the place, who's

obviously respectable . . . besides, you don't look ill in that way, but only unhappy . . . This street is the only original long lane that has no turning; and the houses on both sides are shut up . . . I could only suppose that you'd seen somebody coming whom you didn't want to meet; and found the public-house was the only shelter in this wilderness of stone . . . I don't think I went beyond the licence of a stranger in glancing at the only man who passed immediately after . . . And as I thought he looked like the wrong sort . . . and you looked like the right sort . . . I held myself ready to help if he annoyed you; that is all. As for my friend, he'll be back soon; and he certainly can't find out anything by stumping down a road like this . . . I didn't think he could.'

'Then why did you send him out?' she cried, leaning forward with yet warmer curiosity. She had the proud, impetuous face that goes with reddish colouring, and a Roman nose, as it did in Marie Antoinette.

He looked at her steadily for the first time, and said: 'Because I hoped you would speak to me.'

She looked back at him for some time with a heated face, in which there hung a red shadow of anger; then, despite her anxieties, humour broke out of her eyes and the corners of her mouth, and she answered almost grimly: 'Well, if you're so keen on my conversation, perhaps you'll answer my question.' After a pause she added: 'I had the honour to ask you why you thought the man's nose was false.'

'The wax always spots like that just a little in this weather,' answered Father Brown with entire simplicity,

'But it's such a *crooked* nose,' remonstrated the redhaired girl.

The priest smiled in his turn. 'I don't say it's the sort of nose one would wear out of mere foppery,' he admitted. 'This man, I think, wears it because his real nose is so much nicer.'

'But why?' she insisted.

'What is the nursery-rhyme?' observed Brown absentmindedly. 'There was a crooked man and he went a crooked mile . . . That man, I fancy, has gone a very crooked road – by following his nose.'

'Why, what's he done?' she demanded, rather shakily.

'I don't want to force your confidence by a hair,' said Father Brown, very quietly. 'But I think you could tell me more about that than I can tell you.'

The girl sprang to her feet and stood quite quietly, but with clenched hands, like one about to stride away; then her hands loosened slowly, and she sat down again. 'You are more of a mystery than all the others,' she said desperately, 'but I feel there might be a heart in your mystery.'

'What we all dread most,' said the priest in a low voice, 'is a maze with *no* centre. That is why atheism is only a nightmare.'

'I will tell you everything,' said the redhaired girl doggedly, 'except why I am telling you; and that I don't know.'

She picked at the darned tablecloth and went on: 'You look as if you knew what isn't snobbery as well as what is; and when I say that ours is a good old family, you'll understand it is a necessary part of the story; indeed, my chief danger is in my brother's high-and-dry notions, *noblesse oblige* and all that. Well, my name is Christabel Carstairs; and my father was that Colonel Carstairs you've probably heard of, who made the famous Carstairs Collection of Roman coins. I could never describe my father to you; the nearest I can say is that he was very like a Roman coin himself. He was as handsome and as genuine and as valuable and as metallic and as out-of-date. He was prouder of his Collection than of his coat-of-arms – nobody could say more than that. His extraordinary character came out most in his will. He had two sons and one daughter. He quarrelled with one son, my brother Giles, and sent him to Australia on a small allowance. He then made a will leaving the Carstairs Collection, actually with a yet smaller allowance, to my brother Arthur. He meant it as a reward, as the highest honour he could offer, in acknowledgement of Arthur's loyalty and rectitude and the distinctions he had already gained in mathematics and economics at Cambridge. He left me practically all his pretty large fortune; and I am sure he meant it in contempt.

'Arthur, you may say, might well complain of this; but Arthur is my father over again. Though he had some differences with my father in early youth, no sooner had he taken over the Collection than he became like a pagan priest dedicated to a temple. He mixed up these Roman halfpence with the honour of the Carstairs family in the same stiff, idolatrous way as his father before him. He acted as if Roman money must be guarded by all the Roman virtues. He took no pleasures; he spent nothing on himself; he lived for the Collection. Often he would not trouble to dress for his simple meals; but pattered about among the corded brown-paper parcels (which no one else was allowed to touch) in an old brown dressing-gown. With its rope and tassel and his pale, thin, refined face, it made him look like an old ascetic monk. Every now and then, though, he would appear dressed like a decidedly fashionable gentleman; but that was only when he went up to the London sales or shops to make an addition to the Carstairs Collection.

'Now, if you've known any young people, you won't be shocked if I say that I got into rather a low frame of mind with all this; the frame of mind in which one begins to say that the Ancient Romans were all very well in their way. I'm not like my brother Arthur; I can't help enjoying enjoyment. I got a lot of romance and rubbish where I got my red hair,

from the other side of the family. Poor Giles was the same; and I think the atmosphere of coins might count in excuse for him; though he really did wrong and nearly went to prison. But he didn't behave any worse than I did; as you shall hear.

'I come now to the silly part of the story. I think a man as clever as you can guess the sort of thing that would begin to relieve the monotony for an unruly girl of seventeen placed in such a position. But I am so rattled with more dreadful things that I can hardly read my own feeling; and don't know whether I despise it now as a flirtation or bear it as a broken heart. We lived then at a little seaside watering-place in South Wales, and a retired sea-captain living a few doors off had a son about five years older than myself, who had been a friend of Giles before he went to the Colonies. His name does not affect my tale; but I tell you it was Philip Hawker, because I am telling you everything. We used to go shrimping together, and said and thought we were in love with each other; at least he certainly said he was, and I certainly thought I was. If I tell you he had bronzed curly hair and a falconish sort of face, bronzed by the sea also, it's not for his sake, I assure you, but for the story; for it was the cause of a very curious coincidence.

'One summer afternoon, when I had promised to go shrimping along the sands with Philip, I was waiting rather impatiently in the front drawing-room, watching Arthur handle some packets of coins he had just purchased and slowly shunt them, one or two at a time, into his own dark study and museum which was at the back of the house. As soon as I heard the heavy door close on him finally, I made a bolt for my shrimping-net and tam-o'-shanter and was just going to slip out, when I saw that my brother had left behind him one coin that lay gleaming on the long bench by the window. It was a bronze coin, and the colour, combined with the exact curve of the Roman nose and something in the very lift of the long, wiry neck, made the head of Caesar on it the almost precise portrait of Philip Hawker. Then I suddenly remembered Giles telling Philip of a coin that was like him, and Philip wishing he had it. Perhaps you can fancy the wild, foolish thoughts with which my head went round; I felt as if I had had a gift from the fairies. It seemed to me that if I could only run away with this, and give it to Philip like a wild sort of wedding-ring, it would be a bond between us for ever; I felt a thousand such things at once. Then there yawned under me, like the pit, the enormous, awful notion of what I was doing; above all, the unbearable thought, which was like touching hot iron, of what Arthur would think of it. A Carstairs a thief; and a thief of the Carstairs treasure! I believe my brother could see me burned like a witch for such a thing. But then, the very thought of such fanatical cruelty heightened

my old hatred of his dingy old antiquarian fussiness and my longing for the youth and liberty that called to me from the sea. Outside was strong sunlight with a wind; and a yellow head of some broom or gorse in the garden rapped against the glass of the window. I thought of that living and growing gold calling to me from all the heaths of the world – and then of that dead, dull gold and bronze and brass of my brother's growing dustier and dustier as life went by. Nature and the Carstairs Collection had come to grips at last.

'Nature is older than the Carstairs Collection. As I ran down the streets to the sea, the coin clenched tight in my fist, I felt all the Roman Empire on my back as well as the Carstairs pedigree. It was not only the old lion argent that was roaring in my ear, but all the eagles of the Caesars seemed flapping and screaming in pursuit of me. And yet my heart rose higher and higher like a child's kite, until I came over the loose, dry sandhills and to the flat, wet sands, where Philip stood already up to his ankles in the shallow shining water, some hundred yards out to sea. There was a great red sunset; and the long stretch of low water, hardly rising over the ankle for half a mile, was like a lake of ruby flame. It was not till I had torn off my shoes and stockings and waded to where he stood, which was well away from the dry land, that I turned and looked round. We were quite alone in a circle of sea-water and wet sand, and I gave him the head of Caesar.

'At the very instant I had a shock of fancy: that a man far away on the sandhills was looking at me intently. I must have felt immediately after that it was a mere leap of unreasonable nerves; for the man was only a dark dot in the distance, and I could only just see that he was standing quite still and gazing, with his head a little on one side. There was no earthly logical evidence that he was looking at me; he might have been looking at a ship, or the sunset, or the seagulls, or at any of the people who still strayed here and there on the shore between us. Nevertheless, whatever my start sprang from was prophetic; for, as I gazed, he started walking briskly in a bee-line towards us across the wide wet sands. As he drew nearer and nearer I saw that he was dark and bearded, and that his eyes were marked with dark spectacles. He was dressed poorly but respectably in black, from the old black top hat on his head to the solid black boots on his feet. In spite of these he walked straight into the sea without a flash of hesitation, and came on at me with the steadiness of a travelling bullet.

'I can't tell you the sense of monstrosity and miracle I had when he thus silently burst the barrier between land and water. It was as if he had walked straight off a cliff and still marched steadily in mid-air. It was as if a house had flown up into the sky or a man's head had fallen off. He

was only wetting his boots; but he seemed to be a demon disregarding a law of Nature. If he had hesitated an instant at the water's edge it would have been nothing. As it was, he seemed to look so much at me alone as not to notice the ocean. Philip was some yards away with his back to me, bending over his net. The stranger came on till he stood within two yards of me, the water washing halfway up to his knees. Then he said, with a clearly modulated and rather mincing articulation: "Would it discommode you to contribute elsewhere a coin with a somewhat different superscription?"

'With one exception there was nothing definably abnormal about him. His tinted glasses were not really opaque, but of a blue kind common enough, nor were the eyes behind them shifty, but regarded me steadily. His dark beard was not really long or wild – but he looked rather hairy, because the beard began very high up in his face, just under the cheekbones. His complexion was neither sallow nor livid, but on the contrary rather clear and youthful; yet this gave a pink-and-white wax look which somehow (I don't know why) rather increased the horror. The only oddity one could fix was that his nose, which was otherwise of a good shape, was just slightly turned sideways at the tip; as if, when it was soft, it had been tapped on one side with a toy hammer. The thing was hardly a deformity; yet I cannot tell you what a living nightmare it was to me. As he stood there in the sunset-stained water he affected me as some hellish sea-monster just risen roaring out of a sea like blood. I don't know why a touch on the nose should affect my imagination so much. I think it seemed as if he could move his nose like a finger. And as if he had just that moment moved it.

'"Any little assistance," he continued with the same queer, priggish accent, "that may obviate the necessity of my communicating with the family."

'Then it rushed over me that I was being blackmailed for the theft of the bronze piece; and all my merely superstitious fears and doubts were swallowed up in one overpowering, practical question. How could he have found out? I had stolen the thing suddenly and on impulse; I was certainly alone; for I always made sure of being unobserved when I slipped out to see Philip in this way. I had not, to all appearance, been followed in the street; and if I had, they could not "X-ray" the coin in my closed hand. The man standing on the sandhills could no more have seen what I gave Philip than shoot a fly in one eye, like the man in the fairy tale.

'"Philip," I cried helplessly, "ask this man what he wants."

'When Philip lifted his head at last from mending his net he looked rather red, as if sulky or ashamed; but it may have been only the exertion

of stooping and the red evening light; I may have only had another of the morbid fancies that seemed to be dancing about me. He merely said gruffly to the man: "You clear out of this." And, motioning me to follow, set off wading shoreward without paying further attention to him. He stepped on to a stone breakwater that ran out from among the roots of the sandhills, and so struck homeward, perhaps thinking our incubus would find it less easy to walk on such rough stones, green and slippery with seaweed, than we, who were young and used to it. But my persecutor walked as daintily as he talked; and he still followed me, picking his way and picking his phrases. I heard his delicate, detestable voice appealing to me over my shoulder, until at last, when we had crested the sandhills, Philip's patience (which was by no means so conspicuous on most occasions) seemed to snap. He turned suddenly, saying, "Go back. I can't talk to you now." And as the man hovered and opened his mouth, Philip struck him a buffet on it that sent him flying from the top of the tallest sandhill to the bottom. I saw him crawling out below, covered with sand.

'This stroke comforted me somehow, though it might well increase my peril; but Philip showed none of his usual elation at his own prowess. Though as affectionate as ever, he still seemed cast down; and before I could ask him anything fully, he parted with me at his own gate, with two remarks that struck me as strange. He said that, all things considered, I ought to put the coin back in the Collection; but that he himself would keep it "for the present". And then he added quite suddenly and irrelevantly, "You know Giles is back from Australia?"'

The door of the tavern opened and the gigantic shadow of the investigator Flambeau fell across the table. Father Brown presented him to the lady in his own slight, persuasive style of speech, mentioning his knowledge and sympathy in such cases; and almost without knowing, the girl was soon reiterating her story to two listeners. But Flambeau, as he bowed and sat down, handed the priest a small slip of paper. Brown accepted it with some surprise and read on it: 'Cab to Wagga Wagga, 379, Mafeking Avenue, Putney'. The girl was going on with her story.

'I went up the steep street to my own house with my head in a whirl; it had not begun to clear when I came to the doorstep, on which I found a milk-can – and the man with the twisted nose. The milk-can told me the servants were all out; for, of course, Arthur, browsing about in his brown dressing-gown in a brown study, would not hear or answer a bell. Thus there was no one to help me in the house, except my brother, whose help must be my ruin. In desperation I thrust two shillings into the horrid thing's hand, and told him to call again in a few days, when I

had thought it out. He went off sulking, but more sheepishly than I had expected – perhaps he had been shaken by his fall – and I watched the star of sand splashed on his back receding down the road with a horrid vindictive pleasure. He turned a corner some six houses down.

'Then I let myself in, made myself some tea, and tried to think it out. I sat at the drawing-room window looking on to the garden, which still glowed with the last full evening light. But I was too distracted and dreamy to look at the lawns and flower-pots and flowerbeds with any concentration. So I took the shock the more sharply because I'd seen it so slowly.

'The man or monster I'd sent away was standing quite still in the middle of the garden. Oh, we've all read a lot about pale-faced phantoms in the dark; but this was more dreadful than anything of that kind could ever be. Because, though he cast a long evening shadow, he still stood in warm sunlight. And because his face was not pale, but had that waxen bloom still upon it that belongs to a barber's dummy. He stood quite still, with his face towards me; and I can't tell you how horrid he looked among the tulips and all those tall, gaudy, almost hothouse-looking flowers. It looked as if we'd stuck up a waxwork instead of a statue in the centre of our garden.

'Yet almost the instant he saw me move in the window he turned and ran out of the garden by the back gate, which stood open and by which he had undoubtedly entered. This renewed timidity on his part was so different from the impudence with which he had walked into the sea, that I felt vaguely comforted. I fancied, perhaps, that he feared confronting Arthur more than I knew. Anyhow, I settled down at last, and had a quiet dinner alone (for it was against the rules to disturb Arthur when he was rearranging the museum), and, my thoughts, a little released, fled to Philip and lost themselves, I suppose. Anyhow, I was looking blankly, but rather pleasantly than otherwise, at another window, uncurtained, but by this time black as a slate with the final nightfall. It seemed to me that something like a snail was on the outside of the windowpane. But when I stared harder, it was more like a man's thumb pressed on the pane; it had that curled look that a thumb has. With my fear and courage re-awakened together, I rushed at the window and then recoiled with a strangled scream that any man but Arthur must have heard.

'For it was not a thumb, any more than it was a snail. It was the tip of a crooked nose, crushed against the glass; it looked white with the pressure; and the staring face and eyes behind it were at first invisible and afterwards grey like a ghost. I slammed the shutters together somehow, rushed up to my room and locked myself in. But, even as I

passed, I could swear I saw a second black window with something on it that was like a snail.

'It might be best to go to Arthur after all. If the thing was crawling close all around the house like a cat, it might have purposes worse even than blackmail. My brother might cast me out and curse me for ever, but he was a gentleman, and would defend me on the spot. After ten minutes' curious thinking, I went down, knocked on the door and then went in: to see the last and worst sight.

'My brother's chair was empty, and he was obviously out. But the man with the crooked nose was sitting waiting for his return, with his hat still insolently on his head, and actually reading one of my brother's books under my brother's lamp. His face was composed and occupied, but his nose-tip still had the air of being the most mobile part of his face, as if it had just turned from left to right like an elephant's proboscis. I had thought him poisonous enough while he was pursuing and watching me; but I think his unconsciousness of my presence was more frightful still.

'I think I screamed loud and long; but that doesn't matter. What I did next does matter: I gave him all the money I had, including a good deal in paper which, though it was mine, I dare say I had no right to touch. He went off at last, with hateful, tactful regrets all in long words; and I sat down, feeling ruined in every sense. And yet I was saved that very night by a pure accident. Arthur had gone off suddenly to London, as he so often did, for bargains; and returned, late but radiant, having nearly secured a treasure that was an added splendour even to the family Collection. He was so resplendent that I was almost emboldened to confess the abstraction of the lesser gem – but he bore down all other topics with his overpowering projects. Because the bargain might still misfire any moment, he insisted on my packing at once and going up with him to lodgings he had already taken in Fulham, to be near the curio-shop in question. Thus in spite of myself, I fled from my foe almost in the dead of night – but from Philip also . . . My brother was often at the South Kensington Museum, and, in order to make some sort of secondary life for myself, I paid for a few lessons at the Art Schools. I was coming back from them this evening, when I saw the abomination of desolation walking alive down the long straight street and the rest is as this gentleman has said.

'I've got only one thing to say. I don't deserve to be helped; and I don't question or complain of my punishment; it is just, it ought to have happened. But I still question, with bursting brains, how it can have happened. Am I punished by miracle? or how *can* anyone but Philip and myself know I gave him a tiny coin in the middle of the sea?'

'It is an extraordinary problem,' admitted Flambeau.

'Not so extraordinary as the answer,' remarked Father Brown rather gloomily. 'Miss Carstairs, will you be at home if we call at your Fulham place in an hour and a half hence?'

The girl looked at him, and then rose and put her gloves on. 'Yes,' she said, 'I'll be there'; and almost instantly left the place.

That night the detective and the priest were still talking of the matter as they drew near the Fulham house, a tenement strangely mean even for a temporary residence of the Carstairs family.

'Of course the superficial, on reflection,' said Flambeau, 'would think first of this Australian brother who's been in trouble before, who's come back so suddenly and who's just the man to have shabby confederates. But I can't see how he can come into the thing by any process of thought, unless . . .'

'Well?' asked his companion patiently.

Flambeau lowered his voice. 'Unless the girl's lover comes in, too, and he would be the blacker villain. The Australian chap did know that Hawker wanted the coin. But I can't see how on earth he could know that Hawker had got it, unless Hawker signalled to him or his representative across the shore.'

'That is true,' assented the priest, with respect.

'Have you noted another thing?' went on Flambeau eagerly. 'this Hawker hears his love insulted, but doesn't strike till he's *got to the soft sandhills*, where he can be victor in a mere sham-fight. If he'd struck amid rocks and sea, he might have hurt his ally.'

'That is true again,' said Father Brown, nodding.

'And now, take it from the start. It lies between few people, but at least three. You want one person for suicide; two people for murder; but at least three people for blackmail.'

'Why?' asked the priest softly.

'Well, obviously,' cried his friend, 'there must be one to be exposed; one to threaten exposure; and one at least whom exposure would horrify.'

After a long ruminant pause, the priest said: 'You miss a logical step. Three persons are needed as ideas. Only two are needed as agents.'

'What can you mean?' asked the other.

'Why shouldn't a blackmailer,' asked Brown, in a low voice, 'threaten his victim with himself? Suppose a wife became a rigid teetotaller *in order* to frighten her husband into concealing *his* pub-frequenting, and then wrote him blackmailing letters in another hand, threatening to tell his wife! Why shouldn't it work? Suppose a father forbade a son to gamble and then, following him in a good disguise, threatened the boy

with his own sham paternal strictness! Suppose – but, here we are, my friend.'

'My God!' cried Flambeau; 'you don't mean –'

An active figure ran down the steps of the house and showed under the golden lamplight the unmistakable head that resembled the Roman coin. 'Miss Carstairs,' said Hawker without ceremony, 'wouldn't go in till you came.'

'Well,' observed Brown confidently, 'don't you think it's the best thing she can do to stop outside – with you to look after her? You see, I rather guess you have guessed it all yourself.'

'Yes,' said the young man, in an undertone, 'I guessed on the sands and now I know; that was why I let him fall soft.'

Taking a latchkey from the girl and the coin from Hawker, Flambeau let himself and his friend into the empty house and passed into the outer parlour. It was empty of all occupants but one. The man whom Father Brown had seen pass the tavern was standing against the wall as if at bay; unchanged, save that he had taken off his black coat and was wearing a brown dressing-gown.

'We have come,' said Father Brown politely, 'to give back this coin to its owner.' And he handed it to the man with the nose.

Flambeau's eyes rolled. 'Is this man a coin-collector?' he asked.

'This man is Mr Arthur Carstairs,' said the priest positively, 'and he is a coin-collector of a somewhat singular kind.'

The man changed colour so horribly that the crooked nose stood out on his face like a separate and comic thing. He spoke, nevertheless, with a sort of despairing dignity. 'You shall see, then,' he said, 'that I have not lost all the family qualities.' And he turned suddenly and strode into an inner room, slamming the door.

'Stop him!' shouted Father Brown, bounding and half falling over a chair; and, after a wrench or two, Flambeau had the door open. But it was too late. In dead silence Flambeau strode across and telephoned for doctor and police.

An empty medicine bottle lay on the floor. Across the table the body of the man in the brown dressing-gown lay amid his burst and gaping brown-paper parcels; out of which poured and rolled, not Roman, but very modern English coins.

The priest held up the bronze head of Caesar. 'This,' he said, 'was all that was left of the Carstairs Collection.'

After a silence he went on, with more than common gentleness: 'It was a cruel will his wicked father made, and you see he did resent it a little. He hated the Roman money he had, and grew fonder of the real money denied him. He not only sold the Collection bit by bit, but sank

bit by bit to the basest ways of making money – even to blackmailing his own family in a disguise. He blackmailed his brother from Australia for his little forgotten crime (that is why he took the cab to Wagga Wagga in Putney), he blackmailed his sister for the theft he alone could have noticed. And that, by the way, is why she had that supernatural guess when he was away on the sand-dunes. Mere figure and gait, however distant, are more likely to remind us of somebody than a well-made-up face quite close.'

There was another silence. 'Well,' growled the detective, 'and so this great numismatist and coin-collector was nothing but a vulgar miser.'

'Is there so great a difference?' asked Father Brown, in the same strange, indulgent tone. 'What is there wrong about a miser that is not often as wrong about a collector? What is wrong, except . . . thou shalt not make to thyself any graven image; thou shalt not bow down to them nor serve them, for I . . . but we must go and see how the poor young people are getting on.'

'I think,' said Flambeau, 'that in spite of everything, they are probably getting on very well.'

The Purple Wig

Mr Edward Nutt, the industrious editor of the *Daily Reformer*, sat at his desk, opening letters and marking proofs to the merry tune of a typewriter, worked by a vigorous young lady.

He was a stoutish, fair man, in his shirt-sleeves; his movements were resolute, his mouth firm and his tones final; but his round, rather babyish blue eyes had a bewildered and even wistful look that rather contradicted all this. Nor indeed was the expression altogether misleading. It might truly be said of him, as for many journalists in authority, that his most familiar emotion was one of continuous fear; fear of libel actions, fear of lost advertisements, fear of misprints, fear of the sack.

His life was a series of distracted compromises between the proprietor of the paper (and of him), who was a senile soap-boiler with three ineradicable mistakes in his mind, and the very able staff he had collected to run the paper; some of whom were brilliant and experienced men and (what was even worse) sincere enthusiasts for the political policy of the paper.

A letter from one of these lay immediately before him, and rapid and resolute as he was, he seemed almost to hesitate before opening it. He took up a strip of proof instead, ran down it with a blue eye, and a blue pencil, altered the word 'adultery' to the word 'impropriety', and the word 'Jew' to the word 'Alien', rang a bell and sent it flying upstairs.

Then, with a more thoughtful eye, he ripped open the letter from his more distinguished contributor, which bore a postmark of Devonshire, and read as follows:

DEAR NUTT, – As I see you're working Spooks and Dooks at the same time, what about an article on that rum business of the Eyres of Exmoor; or as the old women call it down here, the Devil's Ear of Eyre? The head of the family, you know, is the Duke of Exmoor; he is one of the few really stiff old Tory aristocrats left, a sound old crusted tyrant it is quite in our line to make trouble about. And I think I'm on the track of a story that will make trouble.

Of course I don't believe in the old legend about James I; and as for you, you don't believe in anything, not even in journalism. The legend, you'll probably remember, was about the blackest business in English history – the poisoning of Overbury by that

witch's cat Frances Howard, and the quite mysterious terror which forced the King to pardon the murderers. There was a lot of alleged witchcraft mixed up with it; and the story goes that a manservant listening at the keyhole heard the truth in a talk between the King and Carr; and the bodily ear with which he heard grew large and monstrous as by magic, so awful was the secret. And though he had to be loaded with lands and gold and made an ancestor of dukes, the elf-shaped ear is still recurrent in the family. Well, you don't believe in black magic; and if you did, you couldn't use it for copy. If a miracle happened in your office, you'd have to hush it up, now so many bishops are agnostics. But that is not the point The point is that there really is something queer about Exmoor and his family; something quite natural, I dare say, but quite abnormal. And the Ear is in it somehow, I fancy; either a symbol or a delusion or disease or something. Another tradition says that Cavaliers just after James I began to wear their hair long only to cover the ear of the first Lord Exmoor. This also is no doubt fanciful.

The reason I point it out to you is this: It seems to me that we make a mistake in attacking aristocracy entirely for its champagne and diamonds. Most men rather admire the nobs for having a good time, but I think we surrender too much when we admit that aristocracy has made even the aristocrats happy. I suggest a series of articles pointing out how dreary, how inhuman, how downright diabolist, is the very smell and atmosphere of some of these great houses. There are plenty of instances; but you couldn't begin with a better one than the Ear of the Eyres. By the end of the week I think I can get you the truth about it.

– Yours ever,

FRANCIS FINN

Mr Nutt reflected a moment, staring at his left boot; then he called out in a strong, loud and entirely lifeless voice, in which every syllable sounded alike: 'Miss Barlow, take down a letter to Mr Finn, please. Dear Finn, – I think it would do; copy should reach us second post Saturday. Yours, E. Nutt.'

This elaborate epistle he articulated as if it were all one word; and Miss Barlow rattled it down as if it were all one word. Then he took up another strip of proof and a blue pencil, and altered the word 'supernatural' to the word 'marvellous', and the expression 'shoot down' to the expression 'repress'.

In such happy, healthful activities did Mr Nutt disport himself, until

the ensuing Saturday found him at the same desk, dictating to the same typist, and using the same blue pencil on the first instalment of Mr Finn's revelations. The opening was a sound piece of slashing invective about the evil secrets of princes, and despair in the high places of the earth. Though written violently, it was in excellent English; but the editor, as usual, had given to somebody else the task of breaking it up into sub-headings, which were of a spicier sort, as 'Peeress and Poisons', and 'The Eerie Ear', 'The Eyres in their Eyrie', and so on through a hundred happy changes. Then followed the legend of the Ear, amplified from Finn's first letter, and then the substance of his later discoveries.

I know it is the practice of journalists to put the end of the story at the beginning and call it a headline. I know that journalism largely consists in saying 'Lord Jones Dead' to people who never knew that Lord Jones was alive. Your present correspondent thinks that this, like many other journalistic customs, is bad journalism; and that the *Daily Reformer* has to set a better example in such things. He proposes to tell his story as it occurred, step by step. He will use the real names of the parties, who in most cases are ready to confirm his testimony. As for the headlines, the sensational proclamations – they will come at the end.

I was walking along a public path that threads through a private Devonshire orchard and seems to point towards Devonshire cider, when I came suddenly upon just such a place as the path suggested. It was a long, low inn, consisting really of a cottage and two barns; thatched all over with the thatch that looks like brown and grey hair grown before history. But outside the door was a sign which called it the Blue Dragon; and under the sign was one of those long rustic tables that used to stand outside most of the free English inns, before teetotallers and brewers between them destroyed freedom. And at this table sat three gentlemen, who might have lived a hundred years ago.

Now that I know them all better, there is no difficulty about dis-entangling the impressions; but just then they looked like three very solid ghosts. The dominant figure, both because he was bigger in all three dimensions, and because he sat centrally in the length of the table, facing me, was a tall, fat man dressed completely in black, with a rubicund, even apoplectic visage, but a rather bald and rather bothered brow. Looking at him again, more strictly, I could not exactly say what it was that gave me the sense of antiquity, except the antique cut of his white clerical necktie and the barred wrinkles across his brow.

It was even less easy to fix the impression in the case of the man at the right end of the table, who, to say truth, was as commonplace a person as could be seen anywhere, with a round, brown-haired head

and a round snub nose, but also clad in clerical black, of a stricter cut. It was only when I saw his broad curved hat lying on the table beside him that I realised why I connected him with anything ancient. He was a Roman Catholic priest.

Perhaps the third man, at the other end of the table, had really more to do with it than the rest, though he was both slighter in physical presence and more inconsiderate in his dress. His lank limbs were clad, I might also say clutched, in very tight grey sleeves and pantaloons; he had a long, sallow, aquiline face which seemed somehow all the more saturnine because his lantern jaws were imprisoned in his collar and neckcloth more in the style of the old stock; and his hair (which ought to have been dark brown) was of an odd dim, russet colour which, in conjunction with his yellow face, looked rather purple than red. The unobtrusive yet unusual colour was all the more notable because his hair was almost unnaturally healthy and curling, and he wore it full. But, after all analysis, I incline to think that what gave me my first old-fashioned impression was simply a set of tall, old-fashioned wineglasses, one or two lemons and two churchwarden pipes. And also, perhaps, the old-world errand on which I had come.

Being a hardened reporter, and it being apparently a public inn, I did not need to summon much of my impudence to sit down at the long table and order some cider. The big man in black seemed very learned, especially about local antiquities; the small man in black, though he talked much less, surprised me with a yet wider culture. So we got on very well together; but the third man, the old gentleman in the tight pantaloons, seemed rather distant and haughty, until I slid into the subject of the Duke of Exmoor and his ancestry.

I thought the subject seemed to embarrass the other two a little; but it broke the spell of the third man's silence most successfully. Speaking with restraint and with the accent of a highly educated gentleman, and puffing at intervals at his long churchwarden pipe, he proceeded to tell me some of the most horrible stories I have ever heard in my life: how one of the Eyres in the former ages had hanged his own father; and another had his wife scourged at the cart tail through the village; and another had set fire to a church full of children, and so on.

Some of the tales, indeed, are not fit for public print – such as the story of the Scarlet Nuns, the abominable story of the Spotted Dog, or the thing that was done in the quarry. And all this red roll of impieties came from his thin, genteel lips rather primly than otherwise, as he sat sipping the wine out of his tall, thin glass.

I could see that the big man opposite me was trying, if anything, to stop him; but he evidently held the old gentleman in considerable

respect, and could not venture to do so at all abruptly. And the little priest at the other end of the table, though free from any such air of embarrassment, looked steadily at the table, and seemed to listen to the recital with great pain – as well as he might.

'You don't seem,' I said to the narrator, 'to be very fond of the Exmoor pedigree.'

He looked at me a moment, his lips still prim, but whitening and tightening; then he deliberately broke his long pipe and glass on the table and stood up, the very picture of a perfect gentleman with the framing temper of a fiend.

'These gentlemen,' he said, 'will tell you whether I have cause to like it. The curse of the Eyres of old has lain heavy on this country, and many have suffered from it. They know there are none who have suffered from it as I have.' And with that he crushed a piece of the fallen glass under his heel, and strode away among the green twilight of the twinkling apple-trees.

'That is an extraordinary old gentleman,' I said to the other two; 'do you happen to know what the Exmoor family has done to him? Who is he?'

The big man in black was staring at me with the wild air of a baffled bull; he did not at first seem to take it in. Then he said at last, 'Don't you know who he is?'

I reaffirmed my ignorance, and there was another silence; then the little priest said, still looking at the table, 'That is the Duke of Exmoor.'

Then, before I could collect my scattered senses, he added equally quietly, but with an air of regularising things: 'My friend here is Doctor Mull, the Duke's librarian. My name is Brown.'

'But,' I stammered, 'if that is the Duke, why does he damn all the old dukes like that?'

'He seems really to believe,' answered the priest called Brown, 'that they have left a curse on him.' Then he added, with some irrelevance, 'That's why he wears a wig.'

It was a few moments before his meaning dawned on me. 'You don't mean that fable about the fantastic ear?' I demanded. 'I've heard of it, of course, but surely it must be a superstitious yarn spun out of something much simpler. I've sometimes thought it was a wild version of one of those mutilation stories. They used to crop criminals' ears in the sixteenth century.'

'I hardly think it was that,' answered the little man thoughtfully, 'but it is not outside ordinary science or natural law for a family to have some deformity frequently reappearing – such as one ear bigger than the other.'

The big librarian had buried his big bald brow in his big red hands,

like a man trying to think out his duty. 'No,' he groaned. 'You do the man a wrong after all. Understand, I've no reason to defend him, or even keep faith with him. He has been a tyrant to me as to everybody else. Don't fancy because you see him sitting here that he isn't a great lord in the worst sense of the word. He would fetch a man a mile to ring a bell a yard off – if it would summon another man three miles to fetch a matchbox three yards off. He must have a footman to carry his walking-stick; a body servant to hold up his opera-glasses –'

'But not a valet to brush his clothes,' cut in the priest, with a curious dryness, 'for the valet would want to brush his wig, too.'

The librarian turned to him and seemed to forget my presence; he was strongly moved and, I think, a little heated with wine. 'I don't know how you know it, Father Brown,' he said, 'but you are right. He lets the whole world do everything for him – except dress him. And that he insists on doing in a literal solitude like a desert. Anybody is kicked out of the house without a character who is so much as found near his dressing-room door.'

'He seems a pleasant old party,' I remarked.

'No,' replied Dr Mull quite simply; 'and yet that is just what I mean by saying you are unjust to him after all. Gentlemen, the Duke does really feel the bitterness about the curse that he uttered just now. He does, with sincere shame and terror, hide under that purple wig something he thinks it would blast the sons of man to see. I know it is so; and I know it is not a mere natural disfigurement, like a criminal mutilation, or a hereditary disproportion in the features. I know it is worse than that; because a man told me who was present at a scene that no man could invent, where a stronger man than any of us tried to defy the secret, and was scared away from it.'

I opened my mouth to speak, but Mull went on in oblivion of me, speaking out of the cavern of his hands. 'I don't mind telling you, Father, because it's really more defending the poor Duke than giving him away. Didn't you ever hear of the time when he very nearly lost all the estates?'

The priest shook his head; and the librarian proceeded to tell the tale as he had heard it from his predecessor in the same post, who had been his patron and instructor, and whom he seemed to trust implicitly. Up to a certain point it was a common enough tale of the decline of a great family's fortunes – the tale of a family lawyer. His lawyer, however, had the sense to cheat honestly, if the expression explains itself. Instead of using funds he held in trust, he took advantage of the Duke's carelessness to put the family in a financial hole, in which it might be necessary for the Duke to let him hold them in reality.

The lawyer's name was Isaac Green, but the Duke always called him Elisha; presumably in reference to the fact that he was quite bald, though certainly not more than thirty. He had risen very rapidly, but from very dirty beginnings; being first a 'nark' or informer, and then a moneylender: but as solicitor to the Eyres he had the sense, as I say, to keep technically straight until he was ready to deal the final blow. The blow fell at dinner; and the old librarian said he should never forget the very look of the lampshades and the decanters, as the little lawyer, with a steady smile, proposed to the great landlord that they should halve the estates between them. The sequel certainly could not be overlooked; for the Duke, in dead silence, smashed a decanter on the man's bald head as suddenly as I had seen him smash the glass that day in the orchard. It left a red triangular scar on the scalp, and the lawyer's eyes altered, but not his smile.

He rose tottering to his feet, and struck back as such men do strike. 'I am glad of that,' he said, 'for now I can take the whole estate. The law will give it to me.'

Exmoor, it seems, was white as ashes, but his eyes still blazed. 'The law will give it you,' he said; 'but you will not take it . . . Why not? Why? because it would mean the crack of doom for me, and if you take it I shall take off my wig . . . Why, you pitiful plucked fowl, anyone can see your bare head. But no man shall see mine and live.'

Well, you may say what you like and make it mean what you like. But Mull swears it is the solemn fact that the lawyer, after shaking his knotted fists in the air for an instant, simply ran from the room and never reappeared in the countryside; and since then Exmoor has been feared more for a warlock than even for a landlord and a magistrate.

Now Dr Mull told his story with rather wild theatrical gestures, and with a passion I think at least partisan. I was quite conscious of the possibility that the whole was the extravagance of an old braggart and gossip. But before I end this half of my discoveries, I think it due to Dr Mull to record that my two first inquiries have confirmed his story. I learned from an old apothecary in the village that there was a bald man in evening dress, giving the name of Green, who came to him one night to have a three-cornered cut on his forehead plastered. And I learnt from the legal records and old newspapers that there was a lawsuit threatened, and at least begun, by one Green against the Duke of Exmoor.

Mr Nutt, of the *Daily Reformer*, wrote some highly incongruous words across the top of the copy, made some highly mysterious marks down the side of it, and called to Miss Barlow in the same loud, monotonous

voice: 'Take down a letter to Mr Finn. Dear Finn, your copy will do, but I have had to headline it a bit; and our public would never stand a Romanist priest in the story – you must keep your eye on the suburbs. I've altered him to Mr Brown, a Spiritualist. Yours, E. Nutt.'

A day or two afterward found the active and judicious editor examining, with blue eyes that seemed to grow rounder and rounder, the second instalment of Mr Finn's tale of mysteries in high life. It began with the words:

I have made an astounding discovery. I freely confess it is quite different from anything I expected to discover, and will give a much more practical shock to the public. I venture to say, without any vanity, that the words I now write will be read all over Europe, and certainly all over America and the Colonies. And yet I heard all I have to tell before I left this same little wooden table in this same little wood of apple-trees.

I owe it all to the small priest Brown; he is an extraordinary man. The big librarian had left the table, perhaps ashamed of his long tongue, perhaps anxious about the storm in which his mysterious master had vanished: anyway, he betook himself heavily in the Duke's tracks through the trees. Father Brown had picked up one of the lemons and was eyeing it with an odd pleasure.

'What a lovely colour a lemon is!' he said. 'There's one thing I don't like about the Duke's wig – the colour.'

'I don't think I understand,' I answered.

'I dare say he's got good reason to cover his ears, like King Midas,' went on the priest, with a cheerful simplicity which somehow seemed rather flippant under the circumstances. 'I can quite understand that it's nicer to cover them with hair than with brass plates or leather flaps. But if he wants to use hair, why doesn't he make it look like hair? There never was hair of that colour in this world. It looks more like a sunset-cloud coming through the wood. Why doesn't he conceal the family curse better, if he's really so ashamed of it? Shall I tell you? It's because he isn't ashamed of it. He's proud of it.'

'It's an ugly wig to be proud of – and an ugly story,' I said.

'Consider,' replied this curious little man, 'how you yourself really feel about such things. I don't suggest you're either more snobbish or more morbid than the rest of us: but don't you feel in a vague way that a genuine old family curse is rather a fine thing to have? Would you be ashamed, wouldn't you be a little proud, if the heir of the Glamis horror called you his friend? or if Byron's family had confided, to you only, the evil adventures of their race? Don't be too hard on the aristocrats

themselves if their heads are as weak as ours would be, and they are snobs about their own sorrows.'

'By Jove!' I cried; 'and that's true enough. My own mother's family had a banshee; and, now I come to think of it, it has comforted me in many a cold hour.'

'And think,' he went on, 'of that stream of blood and poison that spurted from his thin lips the instant you so much as mentioned his ancestors. Why should he show every stranger over such a Chamber of Horrors unless he is proud of it? He doesn't conceal his wig, he doesn't conceal his blood, he doesn't conceal his family curse, he doesn't conceal the family crimes – but –'

The little man's voice changed so suddenly, he shut his hand so sharply, and his eyes so rapidly grew rounder and brighter like a waking owl's, that it had all the abruptness of a small explosion on the table.

'But,' he ended, 'he does really conceal his toilet.'

It somehow completed the thrill of my fanciful nerves that at that instant the Duke appeared again silently among the glimmering trees, with his soft foot and sunset-hued hair, coming round the corner of the house in company with his librarian. Before he came within earshot, Father Brown had added quite composedly, 'Why does he really hide the secret of what he does with the purple wig? Because it isn't the sort of secret we suppose.'

The Duke came round the corner and resumed his seat at the head of the table with all his native dignity. The embarrassment of the librarian left him hovering on his hind legs, like a huge bear. The Duke addressed the priest with great seriousness. 'Father Brown,' he said, 'Doctor Mull informs me that you have come here to make a request. I no longer profess an observance of the religion of my fathers; but for their sakes, and for the sake of the days when we met before, I am very willing to hear you. But I presume you would rather be heard in private.'

Whatever I retain of the gentleman made me stand up. Whatever I have attained of the journalist made me stand still. Before this paralysis could pass, the priest had made a momentarily detaining motion. 'If,' he said, 'your Grace will permit me my real petition, or if I retain any right to advise you, I would urge that as many people as possible should be present. All over this country I have found hundreds, even of my own faith and flock, whose imaginations are poisoned by the spell which I implore you to break. I wish we could have all Devonshire here to see you do it.'

'To see me do what?' asked the Duke, arching his eyebrows.

'To see you take off your wig,' said Father Brown.

The Duke's face did not move; but he looked at his petitioner with

a glassy stare which was the most awful expression I have ever seen on a human face. I could see the librarian's great legs wavering under him like the shadows of stems in a pool; and I could not banish from my own brain the fancy that the trees all around us were filling softly in the silence with devils instead of birds.

'I spare you,' said the Duke in a voice of inhuman pity. 'I refuse. If I gave you the faintest hint of the load of horror I have to bear alone, you would lie shrieking at these feet of mine and begging to know no more. I will spare you the hint. You shall not spell the first letter of what is written on the altar of the Unknown God.'

'I know the Unknown God,' said the little priest, with an unconscious grandeur of certitude that stood up like a granite tower. 'I know his name; it is Satan. The true God was made flesh and dwelt among us. And I say to you, wherever you find men ruled merely by mystery, it is the mystery of iniquity. If the devil tells you something is too fearful to look at, look at it. If he says something is too terrible to hear, hear it. If you think some truth unbearable, bear it. I entreat your Grace to end this nightmare now and here at this table.'

'If I did,' said the Duke in a low voice, 'you and all you believe, and all by which alone you live, would be the first to shrivel and perish. You would have an instant to know the great Nothing before you died.'

'The Cross of Christ be between me and harm,' said Father Brown. 'Take off your wig.'

I was leaning over the table in ungovernable excitement; in listening to this extraordinary duel half a thought had come into my head. 'Your Grace,' I cried, 'I call your bluff. Take off that wig or I will knock it off.'

I suppose I can be prosecuted for assault, but I am very glad I did it. When he said, in the same voice of stone, 'I refuse,' I simply sprang on him. For three long instants he strained against me as if he had all hell to help him; but I forced his head until the hairy cap fell off it. I admit that, whilst wrestling, I shut my eyes as it fell.

I was awakened by a cry from Mull, who was also by this time at the Duke's side. His head and mine were both bending over the bald head of the wigless Duke. Then the silence was snapped by the librarian exclaiming: 'What can it mean? Why, the man had nothing to hide. His ears are just like everybody else's.'

'Yes,' said Father Brown, 'that is what he had to hide.'

The priest walked straight up to him, but strangely enough did not even glance at his ears. He stared with an almost comical seriousness at his bald forehead, and pointed to a three-cornered cicatrice, long healed, but still discernible. 'Mr Green, I think,' he said politely, 'and he did get the whole estate after all.'

And now let me tell the readers of the *Daily Reformer* what I think the most remarkable thing in the whole affair. This transformation scene, which will seem to you as wild and purple as a Persian fairy tale, has been (except for my technical assault) strictly legal and constitutional from its first beginnings. This man with the odd scar and the ordinary ears is not an impostor. Though (in one sense) he wears another man's wig and claims another man's ear, he has not stolen another man's coronet. He really is the one and only Duke of Exmoor. What happened was this. The old Duke really had a slight malformation of the ear, which really was more or less hereditary. He really was morbid about it; and it is likely enough that he did invoke it as a kind of curse in the violent scene (which undoubtedly happened) in which he struck Green with the decanter. But the contest ended very differently. Green pressed his claim and got the estates; the dispossessed nobleman shot himself and died without issue. After a decent interval the beautiful English Government revived the 'extinct' peerage of Exmoor, and bestowed it, as is usual, on the most important person, the person who had got the property.

This man used the old feudal fables – properly, in his snobbish soul, really envied and admired them. So that thousands of poor English people trembled before a mysterious chieftain with an ancient destiny and a diadem of evil stars – when they are really trembling before a guttersnipe who was a pettifogger and a pawnbroker not twelve years ago. I think it very typical of the real case against our aristocracy as it is, and as it will be till God sends us braver men.

Mr Nutt put down the manuscript and called out with unusual sharpness: 'Miss Barlow, please take down a letter to Mr Finn. Dear Finn. You must be mad; we can't touch this. I wanted vampires and the bad old days and aristocracy hand-in-hand with superstition. They like that. But you must know the Exmoors would never forgive this. And what would our people say then, I should like to know! Why, Sir Simon is one of Exmoor's greatest pals; and it would ruin that cousin of the Eyres that's standing for us at Bradford. Besides, old Soap-Suds was sick enough at not getting his peerage last year; he'd sack me by wire if I lost him it with such lunacy as this. And what about Duffey? He's doing us some rattling articles on "The Heel of the Norman". And how can he write about Normans if the man's only a solicitor? Do be reasonable. Yours, E. Nutt.'

As Miss Barlow rattled away cheerfully, he crumpled up the copy and tossed it into the waste-paper basket; but not before he had, automatically and by force of habit, altered the word 'God' to the word 'circumstances'.

The Perishing of the Pendragons

Father Brown was in no mood for adventures. He had lately fallen ill with over-work, and when he began to recover, his friend Flambeau had taken him on a cruise in a small yacht with Sir Cecil Fanshaw, a young Cornish squire and an enthusiast for Cornish coast scenery. But Brown was still rather weak; he was no very happy sailor; and though he was never of the sort that either grumbles or breaks down, his spirits did not rise above patience and civility. When the other two men praised the ragged violet sunset or the ragged volcanic crags, he agreed with them. When Flambeau pointed out a rock shaped like a dragon, he looked at it and thought it very like a dragon. When Fanshaw more excitedly indicated a rock that was like Merlin, he looked at it, and signified assent. When Flambeau asked whether this rocky gate of the twisted river was not the gate of Fairyland, he said 'Yes.' He heard the most important things and the most trivial with the same tasteless absorption. He heard that the coast was death to all but careful seamen; he also heard that the ship's cat was asleep. He heard that Fanshaw couldn't find his cigar-holder anywhere; he also heard the pilot deliver the oracle 'Both eyes bright, she's all right; one eye winks, down she sinks.' He heard Flambeau say to Fanshaw that no doubt this meant the pilot must keep both eyes open and be spry. And he heard Fanshaw say to Flambeau that, oddly enough, it didn't mean this: it meant that while they saw two of the coast lights, one near and the other distant, exactly side by side, they were in the right river-channel; but that if one light was hidden behind the other, they were going on the rocks. He heard Fanshaw add that his country was full of such quaint fables and idioms; it was the very home of romance; he even pitted this part of Cornwall against Devonshire, as a claimant to the laurels of Elizabethan seamanship. According to him there had been captains among these coves and islets compared with whom Drake was practically a landsman. He heard Flambeau laugh, and ask if, perhaps, the adventurous title of 'Westward Ho!' only meant that all Devonshire men wished they were living in Cornwall. He heard Fanshaw say there was no need to be silly; that not only had Cornish captains been heroes, but that they were heroes still: that near that very spot there was an old admiral, now retired, who was scarred by thrilling voyages full of adventures; and who had in his youth found the last group of eight Pacific Islands that was

added to the chart of the world. This Cecil Fanshaw was, in person, of the kind that commonly urges such crude but pleasing enthusiasms; a very young man, light-haired, high-coloured, with an eager profile; with a boyish bravado of spirits, but an almost girlish delicacy of tint and type. The big shoulders, black brows and black mousquetaire swagger of Flambeau were a great contrast.

All these trivialities Brown heard and saw; but heard them as a tired man hears a tune in the railway wheels, or saw them as a sick man sees the pattern of his wallpaper. No one can calculate the turns of mood in convalescence: but Father Brown's depression must have had a great deal to do with his mere unfamiliarity with the sea. For as the river mouth narrowed like the neck of a bottle, and the water grew calmer and the air warmer and more earthly, he seemed to wake up and take notice like a baby. They had reached that phase just after sunset when air and water both look bright, but earth and all its growing things look almost black by comparison. About this particular evening, however, there was something exceptional. It was one of those rare atmospheres in which a smoked-glass slide seems to have been slid away from between us and Nature; so that even dark colours on that day look more gorgeous than bright colours on cloudier days. The trampled earth of the river-banks and the peaty stain in the pools did not look drab but glowing umber, and the dark woods astir in the breeze did not look, as usual, dim blue with mere depth of distance, but more like wind-tumbled masses of some vivid violet blossom. This magic clearness and intensity in the colours was further forced on Brown's slowly reviving senses by something romantic and even secret in the very form of the landscape.

The river was still well wide and deep enough for a pleasure boat so small as theirs; but the curves of the countryside suggested that it was closing in on either hand; the woods seemed to be making broken and flying attempts at bridge-building – as if the boat were passing from the romance of a valley to the romance of a hollow and so to the supreme romance of a tunnel. Beyond this mere look of things there was little for Brown's freshening fancy to feed on; he saw no human beings, except some gipsies trailing along the river bank, with faggots and osiers cut in the forest; and one sight no longer unconventional, but in such remote parts still uncommon: a dark-haired lady, bare-headed, and paddling her own canoe. If Father Brown ever attached any importance to either of these, he certainly forgot them at the next turn of the river which brought in sight a singular object.

The water seemed to widen and split, being cloven by the dark wedge of a fish-shaped and wooded islet. With the rate at which they

went, the islet seemed to swim towards them like a ship; a ship with a very high prow – or, to speak more strictly, a very high funnel. For at the extreme point nearest them stood up an odd-looking building, unlike anything they could remember or connect with any purpose. It was not specially high, but it was too high for its breadth to be called anything but a tower. Yet it appeared to be built entirely of wood, and that in a most unequal and eccentric way. Some of the planks and beams were of good, seasoned oak; some of such wood cut raw and recent; some again of white pinewood, and a great deal more of the same sort of wood painted black with tar. These black beams were set crooked or crisscross at all kinds of angles, giving the whole a most patchy and puzzling appearance. There were one or two windows, which appeared to be coloured and leaded in an old-fashioned but more elaborate style. The travellers looked at it with that paradoxical feeling we have when something reminds us of something, and yet we are certain it is something very different.

Father Brown, even when he was mystified, was clever in analysing his own mystification. And he found himself reflecting that the oddity seemed to consist in a particular shape cut out in an incongruous material; as if one saw a top-hat made of tin, or a frock-coat cut out of tartan. He was sure he had seen timbers of different tints arranged like that somewhere, but never in such architectural proportions. The next moment a glimpse through the dark trees told him all he wanted to know and he laughed. Through a gap in the foliage there appeared for a moment one of those old wooden houses, faced with black beams, which are still to be found here and there in England, but which most of us see imitated in some show called 'Old London' or 'Shakespeare's England'. It was in view only long enough for the priest to see that, however old-fashioned, it was a comfortable and well-kept country-house, with flowerbeds in front of it. It had none of the piebald and crazy look of the tower that seemed made out of its refuse.

'What on earth's this?' said Flambeau, who was still staring at the tower.

Fanshaw's eyes were shining, and he spoke triumphantly. 'Aha! you've not seen a place quite like this before, I fancy; that's why I've brought you here, my friend. Now you shall see whether I exaggerate about the mariners of Cornwall. This place belongs to Old Pendragon, whom we call the Admiral; though he retired before getting the rank. The spirit of Raleigh and Hawkins is a memory with the Devon folk; it's a modern fact with the Pendragons. If Queen Elizabeth were to rise from the grave and come up this river in a gilded barge, she would be received by the Admiral in a house exactly such as she was accustomed

to, in every corner and casement, in every panel on the wall or plate on the table. And she would find an English Captain still talking fiercely of fresh lands to be found in little ships, as much as if she had dined with Drake.'

'She'd find a rum sort of thing in the garden,' said Father Brown, 'which would not please her Renaissance eye. That Elizabethan domestic architecture is charming in its way; but it's against the very nature of it to break out into turrets.'

'And yet,' answered Fanshaw, 'that's the most romantic and Elizabethan part of the business. It was built by the Pendragons in the very days of the Spanish wars; and though it's needed patching and even rebuilding for another reason, it's always been rebuilt in the old way. The story goes that the lady of Sir Peter Pendragon built it in this place and to this height, because from the top you can just see the corner where vessels turn into the river mouth; and she wished to be the first to see her husband's ship, as he sailed home from the Spanish Main.'

'For what other reason,' asked Father Brown, 'do you mean that it has been rebuilt?'

'Oh, there's a strange story about that, too,' said the young squire with relish. 'You are really in a land of strange stories. King Arthur was here and Merlin and the fairies before him. The story goes that Sir Peter Pendragon, who (I fear) had some of the faults of the pirates as well as the virtues of the sailor, was bringing home three Spanish gentlemen in honourable captivity, intending to escort them to Elizabeth's court. But he was a man of flaming and tigerish temper, and coming to high words with one of them, he caught him by the throat and flung him by accident or design, into the sea. A second Spaniard, who was the brother of the first, instantly drew his sword and flew at Pendragon, and after a short but furious combat in which both got three wounds in as many minutes, Pendragon drove his blade through the other's body and the second Spaniard was accounted for. As it happened the ship had already turned into the river mouth and was close to comparatively shallow water. The third Spaniard sprang over the side of the ship, struck out for the shore, and was soon near enough to it to stand up to his waist in water. And turning again to face the ship, and holding up both arms to Heaven – like a prophet calling plagues upon a wicked city – he called out to Pendragon in a piercing and terrible voice, that he at least was yet living, that he would go on living, that he would live for ever; and that generation after generation the house of Pendragon should never see him or his, but should know by very certain signs that he and his vengeance were alive. With that he dived under the wave,

and was either drowned or swam so long under water that no hair of his head was seen afterwards.'

'There's that girl in the canoe again,' said Flambeau irrelevantly, for good-looking young women would call him off any topic. 'She seems bothered by the queer tower just as we were.'

Indeed, the black-haired young lady was letting her canoe float slowly and silently past the strange islet; and was looking intently up at the strange tower, with a strong glow of curiosity on her oval and olive face.

'Never mind girls,' said Fanshaw impatiently, 'there are plenty of them in the world, but not many things like the Pendragon Tower. As you may easily suppose, plenty of superstitions and scandals have followed in the track of the Spaniard's curse; and no doubt, as you would put it, any accident happening to this Cornish family would be connected with it by rural credulity. But it is perfectly true that this tower has been burnt down two or three times; and the family can't be called lucky, for more than two, I think, of the Admiral's near kin have perished by shipwreck; and one at least, to my own knowledge, on practically the same spot where Sir Peter threw the Spaniard overboard.'

'What a pity!' exclaimed Flambeau. 'She's going.'

'When did your friend the Admiral tell you this family history?' asked Father Brown, as the girl in the canoe paddled off, without showing the least intention of extending her interest from the tower to the yacht, which Fanshaw had already caused to lie alongside the island.

'Many years ago,' replied Fanshaw; 'he hasn't been to sea for some time now, though he is as keen on it as ever. I believe there's a family compact or something. Well, here's the landing stage; let's come ashore and see the old boy.'

They followed him on to the island, just under the tower, and Father Brown, whether from the mere touch of dry land, or the interest of something on the other bank of the river (which he stared at very hard for some seconds), seemed singularly improved in briskness. They entered a wooded avenue between two fences of thin greyish wood, such as often enclose parks or gardens, and over the top of which the dark trees tossed to and fro like black and purple plumes upon the hearse of a giant. The tower, as they left it behind, looked all the quainter, because such entrances are usually flanked by two towers; and this one looked lopsided. But for this, the avenue had the usual appearance of the entrance to a gentleman's grounds; and, being so curved that the house was now out of sight, somehow looked a much larger park than any plantation on such an island could really be. Father Brown was, perhaps, a little fanciful in his fatigue, but he almost thought the whole

place must be growing larger, as things do in a nightmare. Anyhow, a mystical monotony was the only character of their march, until Fanshaw suddenly stopped, and pointed to something sticking out through the grey fence – something that looked at first rather like the imprisoned horn of some beast. Closer observation showed that it was a slightly curved blade of metal that shone faintly in the fading light.

Flambeau, who like all Frenchmen had been a soldier, bent over it and said in a startled voice: 'Why, it's a sabre! I believe I know the sort, heavy and curved, but shorter than the cavalry; they used to have them in artillery and the –'

As he spoke the blade plucked itself out of the crack it had made and came down again with a more ponderous slash, splitting the fissiparous fence to the bottom with a rending noise. Then it was pulled out again, flashed above the fence some feet further along, and again split it halfway down with the first stroke; and after waggling a little to extricate itself (accompanied with curses in the darkness) split it down to the ground with a second. Then a kick of devilish energy sent the whole loosened square of thin wood flying into the pathway, and a great gap of dark coppice gaped in the paling.

Fanshaw peered into the dark opening and uttered an exclamation of astonishment. 'My dear Admiral!' he exclaimed, 'do you – er – do you generally cut out a new front door whenever you want to go for a walk?'

The voice in the gloom swore again, and then broke into a jolly laugh. 'No,' it said; 'I've really got to cut down this fence somehow; it's spoiling all the plants, and no one else here can do it. But I'll only carve another bit off the front door, and then come out and welcome you.'

And sure enough, he heaved up his weapon once more, and, hacking twice, brought down another and similar strip of fence, making the opening about fourteen feet wide in all. Then through this larger forest gateway he came out into the evening light, with a chip of grey wood sticking to his sword-blade.

He momentarily fulfilled all Fanshaw's fable of an old piratical Admiral; though the details seemed afterwards to decompose into accidents. For instance, he wore a broad-brimmed hat as protection against the sun; but the front flap of it was turned up straight to the sky, and the two corners pulled down lower than the ears, so that it stood across his forehead in a crescent like the old cocked hat worn by Nelson. He wore an ordinary dark-blue jacket, with nothing special about the buttons, but the combination of it with white linen trousers somehow had a sailorish look. He was tall and loose, and walked with a sort of swagger, which was not a sailor's roll, and yet somehow suggested

it; and he held in his hand a short sabre which was like a navy cutlass, but about twice as big. Under the bridge of the hat his eagle face looked eager, all the more because it was not only clean-shaven, but without eyebrows. It seemed almost as if all the hair had come off his face from his thrusting it through a throng of elements. His eyes were prominent and piercing. His colour was curiously attractive, while partly tropical; it reminded one vaguely of a blood-orange. That is, that while it was ruddy and sanguine, there was a yellow in it that was in no way sickly, but seemed rather to glow like gold apples of the Hesperides – Father Brown thought he had never seen a figure so expressive of all the romances about the countries of the Sun.

When Fanshaw had presented his two friends to their host he fell again into a tone of rallying the latter about his wreckage of the fence and his apparent rage of profanity. The Admiral pooh-poohed it at first as a piece of necessary but annoying garden work; but at length the ring of real energy came back into his laughter, and he cried with a mixture of impatience and good humour: 'Well, perhaps I do go at it a bit rabidly, and feel a kind of pleasure in smashing anything. So would you if your only pleasure was in cruising about to find some new Cannibal Islands, and you had to stick on this muddy little rockery in a sort of rustic pond. When I remember how I've cut down a mile and a half of green poisonous jungle with an old cutlass half as sharp as this; and then remember I must stop here and chop this matchwood, because of some confounded old bargain scribbled in a family Bible, why, I –'

He swung up the heavy steel again; and this time sundered the wall of wood from top to bottom at one stroke.

'I feel like that,' he said laughing, but furiously flinging the sword some yards down the path, 'and now let's go up to the house; you must have some dinner.'

The semicircle of lawn in front of the house was varied by three circular garden beds, one of red tulips, a second of yellow tulips, and the third of some white, waxen-looking blossoms that the visitors did not know and presumed to be exotic. A heavy, hairy and rather sullen-looking gardener was hanging up a heavy coil of garden hose. The corners of the expiring sunset which seemed to cling about the corners of the house gave glimpses here and there of the colours of remoter flowerbeds; and in a treeless space on one side of the house opening upon the river stood a tall brass tripod on which was tilted a big brass telescope. Just outside the steps of the porch stood a little painted green garden table, as if someone had just had tea there. The entrance was flanked with two of those half-featured lumps of stone with holes for

eyes that are said to be South Sea idols; and on the brown oak beam across the doorway were some confused carvings that looked almost as barbaric.

As they passed indoors, the little cleric hopped suddenly on to the table, and standing on it peered unaffectedly through his spectacles at the mouldings in the oak. Admiral Pendragon looked very much astonished, though not particularly annoyed; while Fanshaw was so amused with what looked like a performing pigmy on his little stand, that he could not control his laughter. But Father Brown was not likely to notice either the laughter or the astonishment.

He was gazing at three carved symbols, which, though very worn and obscure, seemed still to convey some sense to him. The first seemed to be the outline of some tower or other building, crowned with what looked like curly-pointed ribbons. The second was clearer: an old Elizabethan galley with decorative waves beneath it, but interrupted in the middle by a curious jagged rock, which was either a fault in the wood or some conventional representation of the water coming in. The third represented the upper half of a human figure, ending in an escalloped line like the waves; the face was rubbed and featureless, and both arms were held very stiffly up in the air.

'Well,' muttered Father Brown, blinking, 'here is the legend of the Spaniard plain enough. Here he is holding up his arms and cursing in the sea; and here are the two curses: the wrecked ship and the burning of Pendragon Tower.'

Pendragon shook his head with a kind of venerable amusement. 'And how many other things might it not be?' he said. 'Don't you know that that sort of half-man, like a half-lion or half-stag, is quite common in heraldry? Might not that line through the ship be one of those *parti-per-pale* lines, *indented*, I think they call it? And though the third thing isn't so very heraldic, it would be more heraldic to suppose it a tower crowned with laurel than with fire; and it looks just as like it.'

'But it seems rather odd,' said Flambeau, 'that it should exactly confirm the old legend.'

'Ah,' replied the sceptical traveller, 'but you don't know how much of the old legend may have been made up from the old figures. Besides, it isn't the only old legend. Fanshaw, here, who is fond of such things, will tell you there are other versions of the tale, and much more horrible ones. One story credits my unfortunate ancestor with having had the Spaniard cut in two; and that will fit the pretty picture also. Another obligingly credits our family with the possession of a tower full of snakes and explains those little, wriggly things in that way. And a third theory supposes the crooked line on the ship to be a conventionalised

thunderbolt; but that alone, if seriously examined, would show what a very little way these unhappy coincidences really go.'

'Why, how do you mean?' asked Fanshaw.

'It so happens,' replied his host coolly, 'that there was no thunder and lightning at all in the two or three shipwrecks I know of in our family.'

'Oh!' said Father Brown, and jumped down from the little table.

There was another silence in which they heard the continuous murmur of the river; then Fanshaw said, in a doubtful and perhaps disappointed tone: 'Then you don't think there is anything in the tales of the tower in flames?'

'There are the tales, of course,' said the Admiral, shrugging his shoulders; 'and some of them, I don't deny, on evidence as decent as one ever gets for such things. Someone saw a blaze hereabout, don't you know, as he walked home through a wood; someone keeping sheep on the uplands inland thought he saw a flame hovering over Pendragon Tower. Well, a damp dab of mud like this confounded island seems the last place where one would think of fires.'

'What is that fire over there?' asked Father Brown with a gentle suddenness, pointing to the woods on the left river-bank. They were all thrown a little off their balance, and the more fanciful Fanshaw had even some difficulty in recovering his, as they saw a long, thin stream of blue smoke ascending silently into the end of the evening light.

Then Pendragon broke into a scornful laugh again. 'Gipsies!' he said; 'they've been camping about here for about a week. Gentlemen, you want your dinner,' and he turned as if to enter the house.

But the antiquarian superstition in Fanshaw was still quivering, and he said hastily: 'But, Admiral, what's that hissing noise quite near the island? It's very like fire.'

'It's more like what it is,' said the Admiral, laughing as he led the way; 'it's only some canoe going by.'

Almost as he spoke, the butler, a lean man in black, with very black hair and a very long, yellow face, appeared in the doorway and told him that dinner was served.

The dining-room was as nautical as the cabin of a ship; but its note was rather that of the modern than the Elizabethan captain. There were, indeed, three antiquated cutlasses in a trophy over the fireplace, and one brown sixteenth-century map with Tritons and little ships dotted about a curly sea. But such things were less prominent on the white panelling than some cases of quaint-coloured South American birds, very scientifically stuffed, fantastic shells from the Pacific, and several instruments so rude and queer in shape that savages might have used them either to kill their enemies or to cook them. But the alien

colour culminated in the fact that, besides the butler, the Admiral's only servants were two negroes, somewhat quaintly clad in tight uniforms of yellow. The priest's instinctive trick of analysing his own impressions told him that the colour and the little neat coat-tails of these bipeds had suggested the word 'Canary', and so by a mere pun connected them with southward travel. Towards the end of the dinner they took their yellow clothes and black faces out of the room, leaving only the black clothes and yellow face of the butler.

'I'm rather sorry you take this so lightly,' said Fanshaw to the host; 'for the truth is, I've brought these friends of mine with the idea of their helping you, as they know a good deal of these things. Don't you really believe in the family story at all?'

'I don't believe in anything,' answered Pendragon very briskly, with a bright eye cocked at a red tropical bird. 'I'm a man of science.'

Rather to Flambeau's surprise, his clerical friend, who seemed to have entirely woken up, took up the digression and talked natural history with his host with a flow of words and much unexpected information, until the dessert and decanters were set down and the last of the servants vanished. Then he said, without altering his tone. 'Please don't think me impertinent, Admiral Pendragon. I don't ask for curiosity, but really for my guidance and your convenience. Have I made a bad shot if I guess you don't want these old things talked of before your butler?'

The Admiral lifted the hairless arches over his eyes and exclaimed: 'Well, I don't know where you got it, but the truth is I can't stand the fellow, though I've no excuse for discharging a family servant. Fanshaw, with his fairy tales, would say my blood moved against men with that black, Spanish-looking hair.'

Flambeau struck the table with his heavy fist. 'By Jove!' he cried; 'and so had that girl!'

'I hope it'll all end tonight,' continued the Admiral, 'when my nephew comes back safe from his ship. You looked surprised. You won't understand, I suppose, unless I tell you the story. You see, my father had two sons; I remained a bachelor, but my elder brother married, and had a son who became a sailor like all the rest of us, and will inherit the proper estate. Well, my father was a strange man; he somehow combined Fanshaw's superstition with a good deal of my scepticism – they were always fighting in him; and after my first voyages, he developed a notion which he thought somehow would settle finally whether the curse was truth or trash. If all the Pendragons sailed about anyhow, he thought there would be too much chance of natural catastrophes to prove anything. But if we went to sea one at a time in strict order of succession to the property, he thought it might show

whether any connected fate followed the family as a family. It was a silly notion, I think, and I quarrelled with my father pretty heartily; for I was an ambitious man and was left to the last, coming, by succession, after my own nephew.'

'And your father and brother,' said the priest, very gently, 'died at sea, I fear.'

'Yes,' groaned the Admiral; 'by one of those brutal accidents on which are built all the lying mythologies of mankind, they were both shipwrecked. My father, coming up this coast out of the Atlantic, was washed up on these Cornish rocks. My brother's ship was sunk, no one knows where, on the voyage home from Tasmania. His body was never found. I tell you it was from perfectly natural mishap; lots of other people besides Pendragons were drowned; and both disasters are discussed in a normal way by navigators. But, of course, it set this forest of superstition on fire; and men saw the flaming tower everywhere. That's why I say it will be all right when Walter returns. The girl he's engaged to was coming today; but I was so afraid of some chance delay frightening her that I wired her not to come till she heard from me. But he's practically sure to be here some time tonight, and then it'll all end in smoke – tobacco smoke. We'll crack that old lie when we crack a bottle of this wine.'

'Very good wine,' said Father Brown, gravely lifting his glass, 'but, as you see, a very bad wine-bibber. I most sincerely beg your pardon': for he had spilt a small spot of wine on the tablecloth. He drank and put down the glass with a composed face; but his hand had started at the exact moment when he became conscious of a face looking in through the garden window just behind the Admiral – the face of a woman, swarthy, with southern hair and eyes, and young, but like a mask of tragedy.

After a pause the priest spoke again in his mild manner. 'Admiral,' he said, 'will you do me a favour? Let me, and my friends if they like, stop in that tower of yours just for tonight? Do you know that in my business you're an exorcist almost before anything else?'

Pendragon sprang to his feet and paced swiftly to and fro across the window, from which the face had instantly vanished. 'I tell you there is nothing in it,' he cried, with ringing violence. 'There is one thing I know about this matter. You may call me an atheist. I am an atheist.' Here he swung round and fixed Father Brown with a face of frightful concentration. 'This business is perfectly natural. There is no curse in it at all.'

Father Brown smiled. 'In that case,' he said, 'there can't be any objection to my sleeping in your delightful summer-house.'

'The idea is utterly ridiculous,' replied the Admiral, beating a tattoo on the back of his chair.

'Please forgive me for everything,' said Brown in his most sympathetic tone, 'including spilling the wine. But it seems to me you are not quite so easy about the flaming tower as you try to be.'

Admiral Pendragon sat down again as abruptly as he had risen; but he sat quite still, and when he spoke again it was in a lower voice. 'You do it at your own peril,' he said; 'but wouldn't you be an atheist to keep sane in all this devilry?'

Some three hours afterwards Fanshaw, Flambeau and the priest were still dawdling about the garden in the dark; and it began to dawn on the other two that Father Brown had no intention of going to bed either in the tower or the house.

'I think the lawn wants weeding,' said he dreamily. 'If I could find a spud or something I'd do it myself.'

They followed him, laughing and half remonstrating; but he replied with the utmost solemnity, explaining to them, in a maddening little sermon, that one can always find some small occupation that is helpful to others. He did not find a spud; but he found an old broom made of twigs, with which he began energetically to brush the fallen leaves off the grass.

'Always some little thing to be done,' he said with idiotic cheerfulness; 'as George Herbert says: "Who sweeps an Admiral's garden in Cornwall as for Thy laws makes that and the action fine." And now,' he added, suddenly slinging the broom away, 'Let's go and water the flowers.'

With the same mixed emotions they watched him uncoil some considerable lengths of the large garden hose, saying with an air of wistful discrimination: 'The red tulips before the yellow, I think. Look a bit dry, don't you think?'

He turned the little tap on the instrument, and the water shot out straight and solid as a long rod of steel.

'Look out, Samson,' cried Flambeau; 'why, you've cut off the tulip's head.'

Father Brown stood ruefully contemplating the decapitated plant.

'Mine does seem to be a rather kill or cure sort of watering,' he admitted, scratching his head. 'I suppose it's a pity I didn't find the spud. You should have seen me with the spud! Talking of tools, you've got that swordstick, Flambeau, you always carry? That's right; and Sir Cecil could have that sword the Admiral threw away by the fence here. How grey everything looks!'

'The mist's rising from the river,' said the staring Flambeau.

Almost as he spoke the huge figure of the hairy gardener appeared on a higher ridge of the trenched and terraced lawn, hailing them with a brandished rake and a horribly bellowing voice. 'Put down that hose,' he shouted; 'put down that hose and go to your –'

'I am fearfully clumsy,' replied the reverend gentleman weakly; 'do you know, I upset some wine at dinner.' He made a wavering half-turn of apology towards the gardener, with the hose still spouting in his hand. The gardener caught the cold crash of the water full in his face like the crash of a cannon-ball; staggered, slipped and went sprawling with his boots in the air.

'How very dreadful!' said Father Brown, looking round in a sort of wonder. 'Why, I've hit a man!'

He stood with his head forward for a moment as if looking or listening; and then set off at a trot towards the tower, still trailing the hose behind him. The tower was quite close, but its outline was curiously dim.

'Your river mist,' he said, 'has a rum smell.'

'By the Lord it has,' cried Fanshaw, who was very white. 'But you can't mean –'

'I mean,' said Father Brown, 'that one of the Admiral's scientific predictions is coming true tonight. This story is going to end in smoke.'

As he spoke a most beautiful rose-red light seemed to burst into blossom like a gigantic rose; but accompanied with a crackling and rattling noise that was like the laughter of devils.

'My God! what is this?' cried Sir Cecil Fanshaw.

'The sign of the flaming tower,' said Father Brown, and sent the driving water from his hose into the heart of the red patch.

'Lucky we hadn't gone to bed!' ejaculated Fanshaw. 'I suppose it can't spread to the house.'

'You may remember,' said the priest quietly, 'that the wooden fence that might have carried it was cut away.'

Flambeau turned electrified eyes upon his friend, but Fanshaw only said rather absently: 'Well, nobody can be killed, anyhow.'

'This is rather a curious kind of tower,' observed Father Brown, 'when it takes to killing people, it always kills people who are somewhere else.'

At the same instant the monstrous figure of the gardener with the streaming beard stood again on the green ridge against the sky, waving others to come on; but now waving not a rake but a cutlass. Behind him came the two negroes, also with the old crooked cutlasses out of the trophy. But in the blood-red glare, with their black faces and yellow figures, they looked like devils carrying instruments of torture. In the dim garden behind them a distant voice was heard calling out brief

directions. When the priest heard the voice, a terrible change came over his countenance.

But he remained composed; and never took his eye off the patch of flame which had begun by spreading, but now seemed to shrink a little as it hissed under the torch of the long silver spear of water. He kept his finger along the nozzle of the pipe to ensure the aim, and attended to no other business, knowing only by the noise and that semi-conscious corner of the eye, the exciting incidents that began to tumble themselves about the island garden. He gave two brief directions to his friends. One was: 'Knock these fellows down somehow and tie them up, whoever they are; there's rope down by those faggots. They want to take away my nice hose.' The other was: 'As soon as you get a chance, call out to that canoeing girl; she's over on the bank with the gipsies. Ask her if they could get some buckets across and fill them from the river.' Then he closed his mouth and continued to water the new red flower as ruthlessly as he had watered the red tulip.

He never turned his head to look at the strange fight that followed between the foes and friends of the mysterious fire. He almost felt the island shake when Flambeau collided with the huge gardener; he merely imagined how it would whirl round them as they wrestled. He heard the crashing fall; and his friend's gasp of triumph as he dashed on to the first negro; and the cries of both the blacks as Flambeau and Fanshaw bound them. Flambeau's enormous strength more than redressed the odds in the fight, especially as the fourth man still hovered near the house, only a shadow and a voice. He heard also the water broken by the paddles of a canoe; the girl's voice giving orders, the voices of gipsies answering and coming nearer, the plumping and sucking noise of empty buckets plunged into a full stream; and finally the sound of many feet around the fire. But all this was less to him than the fact that the red rent, which had lately once more increased, had once more slightly diminished.

Then came a cry that very nearly made him turn his head. Flambeau and Fanshaw, now reinforced by some of the gipsies, had rushed after the mysterious man by the house; and he heard from the other end of the garden the Frenchman's cry of horror and astonishment. It was echoed by a howl not to be called human, as the being broke from their hold and ran along the garden. Three times at least it raced round the whole island, in a way that was as horrible as the chase of a lunatic, both in the cries of the pursued and the ropes carried by the pursuers; but was more horrible still, because it somehow suggested one of the chasing games of children in a garden. Then, finding them closing in on every side, the figure sprang upon one of the higher river

banks and disappeared with a splash into the dark and driving river.

'You can do no more, I fear,' said Brown in a voice cold with pain. 'He has been washed down to the rocks by now, where he has sent so many others. He knew the use of a family legend.'

'Oh, don't talk in these parables,' cried Flambeau impatiently. 'Can't you put it simply in words of one syllable?'

'Yes,' answered Brown, with his eye on the hose. '"Both eyes bright, she's all right; one eye blinks, down she sinks."'

The fire hissed and shrieked more and more, like a strangled thing, as it grew narrower and narrower under the flood from the pipe and buckets, but Father Brown still kept his eye on it as he went on speaking: 'I thought of asking this young lady, if it were morning yet, to look through that telescope at the river mouth and the river. She might have seen something to interest her: the sign of the ship, or Mr Walter Pendragon coming home, and perhaps even the sign of the half-man, for though he is certainly safe by now, he may very well have waded ashore. He has been within a shave of another shipwreck; and would never have escaped it, if the lady hadn't had the sense to suspect the old Admiral's telegram and come down to watch him. Don't let's talk about the old Admiral. Don't let's talk about anything. It's enough to say that whenever this tower, with its pitch and resin-wood, really caught fire, the spark on the horizon always looked like the twin light to the coast light-house.'

'And that,' said Flambeau, 'is how the father and brother died. The wicked uncle of the legends very nearly got his estate after all.'

Father Brown did not answer; indeed, he did not speak again, save for civilities, till they were all safe round a cigar-box in the cabin of the yacht. He saw that the frustrated fire was extinguished; and then refused to linger, though he actually heard young Pendragon, escorted by an enthusiastic crowd, come tramping up the river bank; and might (had he been moved by romantic curiosities) have received the combined thanks of the man from the ship and the girl from the canoe. But his fatigue had fallen on him once more, and he only started once, when Flambeau abruptly told him he had dropped cigar-ash on his trousers.

'That's no cigar-ash,' he said rather wearily. 'That's from the fire, but you don't think so because you're all smoking cigars. That's just the way I got my first faint suspicion about the chart.'

'Do you mean Pendragon's chart of his Pacific Islands?' asked Fanshaw.

'You thought it was a chart of the Pacific Islands,' answered Brown. 'Put a feather with a fossil and a bit of coral and everyone will think it's a specimen. Put the same feather with a ribbon and an artificial flower

and everyone will think it's for a lady's hat. Put the same feather with an ink-bottle, a book and a stack of writing-paper, and most men will swear they've seen a quill pen. So you saw that map among tropic birds and shells and thought it was a map of Pacific Islands. It was the map of this river.'

'But how do you know?' asked Fanshaw.

'I saw the rock you thought was like a dragon, and the one like Merlin, and –'

'You seem to have noticed a lot as we came in,' cried Fanshaw. 'We thought you were rather abstracted.'

'I was sea-sick,' said Father Brown simply. 'I felt simply horrible. But feeling horrible has nothing to do with not seeing things.' And he closed his eyes.

'Do you think most men would have seen that?' asked Flambeau. He received no answer: Father Brown was asleep.

The God of the Gongs

It was one of those chilly and empty afternoons in early winter, when the daylight is silver rather than gold and pewter rather than silver. If it was dreary in a hundred bleak offices and yawning drawing-rooms, it was drearier still along the edges of the flat Essex coast, where the monotony was the more inhuman for being broken at very long intervals by a lamp-post that looked less civilised than a tree, or a tree that looked more ugly than a lamp-post. A light fall of snow had half-melted into a few strips, also looking leaden rather than silver, when it had been fixed again by the seal of frost; no fresh snow had fallen, but a ribbon of the old snow ran along the very margin of the coast, so as to parallel the pale ribbon of the foam.

The line of the sea looked frozen in the very vividness of its violet-blue, like the vein of a frozen finger. For miles and miles, forward and back, there was no breathing soul, save two pedestrians, walking at a brisk pace, though one had much longer legs and took much longer strides than the other.

It did not seem a very appropriate place or time for a holiday, but Father Brown had few holidays, and had to take them when he could, and he always preferred, if possible, to take them in company with his old friend Flambeau, ex-criminal and ex-detective. The priest had had a fancy for visiting his old parish at Cobhole, and was going north-eastward along the coast.

After walking a mile or two farther, they found that the shore was beginning to be formally embanked, so as to form something like a parade; the ugly lamp-posts became less few and far between and more ornamental, though quite equally ugly. Half a mile farther on Father Brown was puzzled first by little labyrinths of flowerless flower-pots, covered with the low, flat, quiet-coloured plants that look less like a garden than a tessellated pavement, between weak curly paths studded with seats with curly backs. He faintly sniffed the atmosphere of a certain sort of seaside town that he did not specially care about, and, looking ahead along the parade by the sea, he saw something that put the matter beyond a doubt. In the grey distance the big bandstand of a watering-place stood up like a giant mushroom with six legs.

'I suppose,' said Father Brown, turning up his coat-collar and drawing a woollen scarf rather closer round his neck, 'that we are approaching a pleasure resort.'

'I fear,' answered Flambeau, 'a pleasure resort to which few people just now have the pleasure of resorting. They try to revive these places in the winter, but it never succeeds except with Brighton and the old ones. This must be Seawood, I think – Lord Pooley's experiment; he had the Sicilian Singers down at Christmas, and there's talk about holding one of the great glove-fights here. But they'll have to chuck the rotten place into the sea; it's as dreary as a lost railway-carriage.'

They had come under the big bandstand, and the priest was looking up at it with a curiosity that had something rather odd about it, his head a little on one side, like a bird's. It was the conventional, rather tawdry kind of erection for its purpose: a flattened dome or canopy, gilt here and there, and lifted on six slender pillars of painted wood, the whole being raised about five feet above the parade on a round wooden platform like a drum. But there was something fantastic about the snow combined with something artificial about the gold that haunted Flambeau as well as his friend with some association he could not capture, but which he knew was at once artistic and alien.

'I've got it,' he said at last. 'It's Japanese. It's like those fanciful Japanese prints, where the snow on the mountain looks like sugar, and the gilt on the pagodas is like gilt on gingerbread. It looks just like a little pagan temple.'

'Yes,' said Father Brown. 'Let's have a look at the god.' And with an agility hardly to be expected of him, he hopped up on to the raised platform.

'Oh, very well,' said Flambeau, laughing; and the next instant his own towering figure was visible on that quaint elevation.

Slight as was the difference of height, it gave in those level wastes a sense of seeing yet farther and farther across land and sea. Inland the little wintry gardens faded into a confused grey copse; beyond that, in the distance, were long low barns of a lonely farmhouse, and beyond that nothing but the long East Anglian plains. Seawards there was no sail or sign of life save a few seagulls: and even they looked like the last snowflakes, and seemed to float rather than fly.

Flambeau turned abruptly at an exclamation behind him. It seemed to come from lower down than might have been expected, and to be addressed to his heels rather than his head. He instantly held out his hand, but he could hardly help laughing at what he saw. For some reason or other the platform had given way under Father Brown, and the unfortunate little man had dropped through to the level of the parade. He was just tall enough, or short enough, for his head alone to stick out of the hole in the broken wood, looking like St John the

Baptist's head on a charger. The face wore a disconcerted expression, as did, perhaps, that of St John the Baptist.

In a moment he began to laugh a little. 'This wood must be rotten,' said Flambeau. 'Though it seems odd it should bear me, and you go through the weak place. Let me help you out.'

But the little priest was looking rather curiously at the corners and edges of the wood alleged to be rotten, and there was a sort of trouble on his brow.

'Come along,' cried Flambeau impatiently, still with his big brown hand extended. 'Don't you want to get out?'

The priest was holding a splinter of the broken wood between his finger and thumb, and did not immediately reply. At last he said thoughtfully: 'Want to get out? Why, no. I rather think I want to get in.' And he dived into the darkness under the wooden floor so abruptly as to knock off his big curved clerical hat and leave it lying on the boards above, without any clerical head in it.

Flambeau looked once more inland and out to sea, and once more could see nothing but seas as wintry as the snow, and snows as level as the sea.

There came a scurrying noise behind him, and the little priest came scrambling out of the hole faster than he had fallen in. His face was no longer disconcerted, but rather resolute, and, perhaps only through the reflections of the snow, a trifle paler than usual.

'Well?' asked his tall friend. 'Have you found the god of the temple?'

'No,' answered Father Brown. 'I have found what was sometimes more important. The Sacrifice.'

'What the devil do you mean?' cried Flambeau, quite alarmed.

Father Brown did not answer. He was staring, with a knot in his forehead, at the landscape; and he suddenly pointed at it. 'What's that house over there?' he asked.

Following his finger, Flambeau saw for the first time the corners of a building nearer than the farmhouse, but screened for the most part with a fringe of trees. It was not a large building, and stood well back from the shore – but a glint of ornament on it suggested that it was part of the same watering-place scheme of decoration as the bandstand, the little gardens and the curly-backed iron seats.

Father Brown jumped off the bandstand, his friend following; and as they walked in the direction indicated the trees fell away to right and left, and they saw a small, rather flashy hotel, such as is common in resorts – the hotel of the Saloon Bar rather than the Bar Parlour. Almost the whole frontage was of gilt plaster and figured glass, and between that grey seascape and the grey, witch-like trees, its gimcrack quality

had something spectral in its melancholy. They both felt vaguely that if any food or drink were offered at such a hostelry, it would be the pasteboard ham and empty mug of the pantomime.

In this, however, they were not altogether confirmed. As they drew nearer and nearer to the place they saw in front of the buffet, which was apparently closed, one of the iron garden-seats with curly backs that had adorned the gardens, but much longer, running almost the whole length of the frontage. Presumably, it was placed so that visitors might sit there and look at the sea, but one hardly expected to find anyone doing it in such weather.

Nevertheless, just in front of the extreme end of the iron seat stood a small round restaurant table, and on this stood a small bottle of Chablis and a plate of almonds and raisins. Behind the table and on the seat sat a dark-haired young man, bareheaded, and gazing at the sea in a state of almost astonishing immobility.

But though he might have been a waxwork when they were within four yards of him, he jumped up like a jack-in-the-box when they came within three, and said in a deferential, though not undignified, manner: 'Will you step inside, gentlemen? I have no staff at present, but I can get you anything simple myself.'

'Much obliged,' said Flambeau. 'So you are the proprietor?'

'Yes,' said the dark man, dropping back a little into his motionless manner. 'My waiters are all Italians, you see, and I thought it only fair they should see their countryman beat the black, if he really can do it. You know the great fight between Malvoli and Nigger Ned is coming off after all?'

'I'm afraid we can't wait to trouble your hospitality seriously,' said Father Brown. 'But my friend would be glad of a glass of sherry, I'm sure, to keep out the cold and drink success to the Latin champion.'

Flambeau did not understand the sherry, but he did not object to it in the least. He could only say amiably: 'Oh, thank you very much.'

'Sherry, sir – certainly,' said their host, turning to his hostel. 'Excuse me if I detain you a few minutes. As I told you, I have no staff –' And he went towards the black windows of his shuttered and unlighted inn.

'Oh, it doesn't really matter,' began Flambeau, but the man turned to reassure him.

'I have the keys,' he said. 'I could find my way in the dark.'

'I didn't mean –' began Father Brown.

He was interrupted by a bellowing human voice that came out of the bowels of the uninhabited hotel. It thundered some foreign name loudly but inaudibly, and the hotel proprietor moved more sharply towards it than he had done for Flambeau's sherry. As instant evidence

proved, the proprietor had told, then and after, nothing but the literal truth. But both Flambeau and Father Brown have often confessed that, in all their (often outrageous) adventures, nothing had so chilled their blood as that voice of an ogre, sounding suddenly out of a silent and empty inn.

'My cook!' cried the proprietor hastily. 'I had forgotten my cook. He will be starting presently. Sherry, sir?'

And, sure enough, there appeared in the doorway a big white bulk with white cap and white apron, as befits a cook, but with the needless emphasis of a black face. Flambeau had often heard that negroes made good cooks. But somehow something in the contrast of colour and caste increased his surprise that the hotel proprietor should answer the call of the cook, and not the cook the call of the proprietor. But he reflected that head cooks are proverbially arrogant; and, besides, the host had come back with the sherry, and that was the great thing.

'I rather wonder,' said Father Brown, 'that there are so few people about the beach, when this big fight is coming on after all. We only met one man for miles.'

The hotel proprietor shrugged his shoulders. 'They come from the other end of the town, you see – from the station, three miles from here. They are only interested in the sport, and will stop in hotels for the night only. After all, it is hardly weather for basking on the shore.'

'Or on the seat,' said Flambeau, and pointed to the little table.

'I have to keep a look-out,' said the man with the motionless face. He was a quiet, well-featured fellow, rather sallow; his dark clothes had nothing distinctive about them, except that his black necktie was worn rather high, like a stock, and secured by a gold pin with some grotesque head to it. Nor was there anything notable in the face, except something that was probably a mere nervous trick – a habit of opening one eye more narrowly than the other, giving the impression that the other was larger, or was, perhaps, artificial.

The silence that ensued was broken by their host saying quietly: 'Whereabouts did you meet the one man on your march?'

'Curiously enough,' answered the priest, 'close by here – just by that bandstand.'

Flambeau, who had sat on the long iron seat to finish his sherry, put it down and rose to his feet, staring at his friend in amazement. He opened his mouth to speak, and then shut it again.

'Curious,' said the dark-haired man thoughtfully. 'What was he like?'

'It was rather dark when I saw him,' began Father Brown, 'but he was –'

As has been said, the hotel-keeper can be proved to have told the

precise truth. His phrase that the cook was starting presently was fulfilled to the letter, for the cook came out, pulling his gloves on, even as they spoke.

But he was a very different figure from the confused mass of white and black that had appeared for an instant in the doorway. He was buttoned and buckled up to his bursting eyeballs in the most brilliant fashion. A tall black hat was tilted on his broad black head – a hat of the sort that the French wit has compared to eight mirrors. But somehow the black man was like the black hat. He also was black, and yet his glossy skin flung back the light at eight angles or more. It is needless to say that he wore white spats and a white slip inside his waistcoat. The red flower stood up in his buttonhole aggressively, as if it had suddenly grown there. And in the way he carried his cane in one hand and his cigar in the other there was a certain attitude – an attitude we must always remember when we talk of racial prejudices: something innocent and insolent – the cake walk.

'Sometimes,' said Flambeau, looking after him, 'I'm not surprised that they lynch them.'

'I am never surprised,' said Father Brown, 'at any work of hell. But as I was saying,' he resumed, as the negro, still ostentatiously pulling on his yellow gloves, betook himself briskly towards the watering-place, a queer music-hall figure against that grey and frosty scene – 'as I was saying, I couldn't describe the man very minutely, but he had a flourish and old-fashioned whiskers and moustachios, dark or dyed, as in the pictures of foreign financiers, round his neck was wrapped a long purple scarf that thrashed out in the wind as he walked. It was fixed at the throat rather in the way that nurses fix children's comforters with a safety-pin. Only this,' added the priest, gazing placidly out to sea, 'was not a safety-pin.'

The man sitting on the long iron bench was also gazing placidly out to sea. Now he was once more in repose. Flambeau felt quite certain that one of his eyes was naturally larger than the other. Both were now well opened, and he could almost fancy the left eye grew larger as he gazed.

'It was a very long gold pin, and had the carved head of a monkey or some such thing,' continued the cleric; 'and it was fixed in a rather odd way – he wore pince-nez and a broad black –'

The motionless man continued to gaze at the sea, and the eyes in his head might have belonged to two different men. Then he made a movement of blinding swiftness.

Father Brown had his back to him, and in that flash might have fallen dead on his face. Flambeau had no weapon, but his large brown

hands were resting on the end of the long iron seat. His shoulders abruptly altered their shape, and he heaved the whole huge thing high over his head, like a headsman's axe about to fall. The mere height of the thing, as he held it vertical, looked like a long iron ladder by which he was inviting men to climb towards the stars. But the long shadow, in the level evening light, looked like a giant brandishing the Eiffel Tower. It was the shock of that shadow, before the shock of the iron crash, that made the stranger quail and dodge, and then dart into his inn, leaving the flat and shining dagger he had dropped exactly where it had fallen.

'We must get away from here instantly,' cried Flambeau, flinging the huge seat away with furious indifference on the beach. He caught the little priest by the elbow and ran him down a grey perspective of barren back garden, at the end of which there was a closed back garden door. Flambeau bent over it an instant in violent silence, and then said: 'The door is locked.'

As he spoke a black feather from one of the ornamental firs fell, brushing the brim of his hat. It startled him more than the small and distant detonation that had come just before. Then came another distant detonation, and the door he was trying to open shook under the bullet buried in it. Flambeau's shoulders again filled out and altered suddenly. Three hinges and a lock burst at the same instant, and he went out into the empty path behind, carrying the great garden door with him, as Samson carried the gates of Gaza.

Then he flung the garden door over the garden wall, just as a third shot picked up a spurt of snow and dust behind his heel. Without ceremony he snatched up the little priest, slung him astraddle on his shoulders, and went racing towards Seawood as fast as his long legs could carry him. It was not until nearly two miles farther on that he set his small companion down. It had hardly been a dignified escape, in spite of the classic model of Anchises, but Father Brown's face only wore a broad grin.

'Well,' said Flambeau, after an impatient silence, as they resumed their more conventional tramp through the streets on the edge of the town, where no outrage need be feared, 'I don't know what all this means, but I take it I may trust my own eyes that you never met the man you have so accurately described.'

'I did meet him in a way,' Brown said, biting his finger rather nervously – 'I did really. And it was too dark to see him properly, because it was under that bandstand affair. But I'm afraid I didn't describe him so very accurately after all, for his pince-nez was broken under him, and the long gold pin wasn't stuck through his purple scarf but through his heart.'

'And I suppose,' said the other in a lower voice, 'that glass-eyed guy had something to do with it.'

'I had hoped he had only a little,' answered Brown in a rather troubled voice, 'and I may have been wrong in what I did. I acted on impulse. But I fear this business has deep roots and dark.'

They walked on through some streets in silence. The yellow lamps were beginning to be lit in the cold blue twilight, and they were evidently approaching the more central parts of the town. Highly coloured bills announcing the glove-fight between Nigger Ned and Malvoli were slapped about the walls.

'Well,' said Flambeau, 'I never murdered anyone, even in my criminal days, but I can almost sympathise with anyone doing it in such a dreary place. Of all God-forsaken dustbins of Nature, I think the most heart-breaking are places like that bandstand, that were meant to be festive and are forlorn. I can fancy a morbid man feeling he must kill his rival in the solitude and irony of such a scene. I remember once taking a tramp in your glorious Surrey hills, thinking of nothing but gorse and skylarks, when I came out on a vast circle of land, and over me lifted a vast, voiceless structure, tier above tier of seats, as huge as a Roman amphitheatre and as empty as a new letter-rack. A bird sailed in heaven over it. It was the Grand Stand at Epsom. And I felt that no one would ever be happy there again.'

'It's odd you should mention Epsom,' said the priest. 'Do you remember what was called the Sutton Mystery, because two suspected men – ice-cream men, I think – happened to live at Sutton? They were eventually released. A man was found strangled, it was said, on the Downs round that part. As a fact, I know (from an Irish policeman who is a friend of mine) that he was found close up to the Epsom Grand Stand – in fact, only hidden by one of the lower doors being pushed back.'

'That is queer,' assented Flambeau. 'But it rather confirms my view that such pleasure places look awfully lonely out of season, or the man wouldn't have been murdered there.'

'I'm not so sure he –' began Brown, and stopped.

'Not so sure he was murdered?' queried his companion.

'Not so sure he was murdered out of the season,' answered the little priest, with simplicity. 'Don't you think there's something rather tricky about this solitude, Flambeau? Do you feel sure a wise murderer would always want the spot to be lonely? It's very, very seldom a man is quite alone. And, short of that, the more alone he is, the more certain he is to be seen. No; I think there must be some other – Why, here we are at the Pavilion or Palace, or whatever they call it.'

They had emerged on a small square, brilliantly lighted, of which

the principal building was gay with gilding, gaudy with posters, and flanked with two giant photographs of Malvoli and Nigger Ned.

'Hallo!' cried Flambeau in great surprise, as his clerical friend stumped straight up the broad steps. 'I didn't know pugilism was your latest hobby. Are you going to see the fight?'

'I don't think there will be any fight,' replied Father Brown.

They passed rapidly through anterooms and inner rooms; they passed through the hall of combat itself, raised, roped, and padded with innumerable seats and boxes, and still the cleric did not look round or pause till he came to a clerk at a desk outside a door marked 'Committee'. There he stopped and asked to see Lord Pooley.

The attendant observed that his lordship was very busy, as the fight was coming on soon, but Father Brown had a good-tempered tedium of reiteration for which the official mind is generally not prepared. In a few moments the rather baffled Flambeau found himself in the presence of a man who was still shouting directions to another man going out of the room. 'Be careful, you know, about the ropes after the fourth – Well, and what do you want, I wonder!'

Lord Pooley was a gentleman, and, like most of the few remaining to our race, was worried – especially about money. He was half grey and half flaxen, and he had the eyes of fever and a high-bridged, frost-bitten nose.

'Only a word,' said Father Brown. 'I have come to prevent a man being killed.'

Lord Pooley bounded off his chair as if a spring had flung him from it. 'I'm damned if I'll stand any more of this!' he cried. 'You and your committees and parsons and petitions! Weren't there parsons in the old days, when they fought without gloves? Now they're fighting with the regulation gloves, and there's not the rag of a possibility of either of the boxers being killed.'

'I didn't mean either of the boxers,' said the little priest.

'Well, well, well!' said the nobleman, with a touch of frosty humour. 'Who's going to be killed? The referee?'

'I don't know who's going to be killed,' replied Father Brown, with a reflective stare. 'If I did I shouldn't have to spoil your pleasure. I could simply get him to escape. I never could see anything wrong about prize-fights. As it is, I must ask you to announce that the fight is off for the present.'

'Anything else?' jeered the gentleman with feverish eyes. 'And what do you say to the two thousand people who have come to see it?'

'I say there will be one thousand nine-hundred and ninety-nine of them left alive when they have seen it,' said Father Brown.

Lord Pooley looked at Flambeau. 'Is your friend mad?' he asked.

'Far from it,' was the reply.

'And look here,' resumed Pooley in his restless way, 'it's worse than that. A whole pack of Italians have turned up to back Malvoli – swarthy, savage fellows of some country, anyhow. You know what these Mediterranean races are like. If I send out word that it's off we shall have Malvoli storming in here at the head of a whole Corsican clan.'

'My lord, it is a matter of life and death,' said the priest. 'Ring your bell. Give your message. And see whether it is Malvoli who answers.'

The nobleman struck the bell on the table with an odd air of new curiosity. He said to the clerk who appeared almost instantly in the doorway: 'I have a serious announcement to make to the audience shortly. Meanwhile, would you kindly tell the two champions that the fight will have to be put off.'

The clerk stared for some seconds as if at a demon and vanished.

'What authority have you for what you say?' asked Lord Pooley abruptly. 'Whom did you consult?'

'I consulted a bandstand,' said Father Brown, scratching his head. 'But, no, I'm wrong; I consulted a book, too. I picked it up on a bookstall in London – very cheap, too.'

He had taken out of his pocket a small, stout, leather-bound volume, and Flambeau, looking over his shoulder, could see that it was some book of old travels, and had a leaf turned down for reference.

'"The only form in which Voodoo –"' began Father Brown, reading aloud.

'In which what?' enquired his lordship.

'"In which Voodoo,"' repeated the reader, almost with relish, '"is widely organised outside Jamaica itself is in the form known as the Monkey, or the God of the Gongs, which is powerful in many parts of the two American continents, especially among half-breeds, many of whom look exactly like white men. It differs from most other forms of devil-worship and human sacrifice in the fact that the blood is not shed formally on the altar, but by a sort of assassination among the crowd. The gongs beat with a deafening din as the doors of the shrine open and the monkey-god is revealed; almost the whole congregation rivet ecstatic eyes on him. But after –"'

The door of the room was flung open, and the fashionable negro stood framed in it, his eyeballs rolling, his silk hat still insolently tilted on his head. 'Huh!' he cried, showing his apish teeth. 'What this? Huh! Huh! You steal a coloured gentleman's prize – prize his already – yo' think yo' jes' save that white 'Talian trash –'

'The matter is only deferred,' said the nobleman quietly. 'I will be with you to explain in a minute or two.'

'Who you to –' shouted Nigger Ned, beginning to storm.

'My name is Pooley,' replied the other, with a creditable coolness. 'I am the organising secretary, and I advise you just now to leave the room.'

'Who this fellow?' demanded the dark champion, pointing to the priest disdainfully.

'My name is Brown,' was the reply. 'And I advise you just now to leave the country.'

The prize-fighter stood glaring for a few seconds, and then, rather to the surprise of Flambeau and the others, strode out, sending the door to with a crash behind him.

'Well,' asked Father Brown rubbing his dusty hair up, 'what do you think of Leonardo da Vinci? A beautiful Italian head.'

'Look here,' said Lord Pooley, 'I've taken a considerable responsibility, on your bare word. I think you ought to tell me more about this.'

'You are quite right, my lord,' answered Brown. 'And it won't take long to tell.' He put the little leather book in his overcoat pocket. 'I think we know all that this can tell us, but you shall look at it to see if I'm right. That negro who has just swaggered out is one of the most dangerous men on earth, for he has the brains of a European, with the instincts of a cannibal. He has turned what was clean, common-sense butchery among his fellow-barbarians into a very modern and scientific secret society of assassins. He doesn't know I know it, nor, for the matter of that, that I can't prove it.'

There was a silence, and the little man went on.

'But if I want to murder somebody, will it really be the best plan to make sure I'm alone with him?'

Lord Pooley's eyes recovered their frosty twinkle as he looked at the little clergyman. He only said: 'If you want to murder somebody, I should advise it.'

Father Brown shook his head, like a murderer of much riper experience. 'So Flambeau said,' he replied, with a sigh. 'But consider. The more a man feels lonely the less he can be sure he is alone. It must mean empty spaces round him, and they are just what make him obvious. Have you never seen one ploughman from the heights, or one shepherd from the valleys? Have you never walked along a cliff, and seen one man walking along the sands? Didn't you know when he's killed a crab, and wouldn't you have known if it had been a creditor? No! No! No! For an intelligent murderer, such as you or I might be, it is an impossible plan to make sure that nobody is looking at you.'

'But what other plan is there?'

'There is only one,' said the priest. 'To make sure that everybody is looking at something else. A man is throttled close by the big stand at Epsom. Anybody might have seen it done while the stand stood empty – any tramp under the hedges or motorist among the hills. But nobody would have seen it when the stand was crowded and the whole ring roaring, when the favourite was coming in first – or wasn't. The twisting of a neckcloth, the thrusting of a body behind a door could be done in an instant – so long as it was that instant. It was the same, of course,' he continued turning to Flambeau, 'with that poor fellow under the bandstand. He was dropped through the hole (it wasn't an accidental hole) just at some very dramatic moment of the entertainment, when the bow of some great violinist or the voice of some great singer opened or came to its climax. And here, of course, when the knock-out blow came – it would not be the only one. That is the little trick Nigger Ned has adopted from his old God of Gongs.'

'By the way, Malvoli –' Pooley began.

'Malvoli,' said the priest, 'has nothing to do with it. I dare say he has some Italians with him, but our amiable friends are not Italians. They are octoroons and African half-bloods of various shades, but I fear we English think all foreigners are much the same so long as they are dark and dirty. Also,' he added, with a smile, 'I fear the English decline to draw any fine distinction between the moral character produced by my religion and that which blooms out of Voodoo.'

The blaze of the spring season had burst upon Seawood, littering its foreshore with famines and bathing-machines, with nomadic preachers and nigger minstrels, before the two friends saw it again, and long before the storm of pursuit after the strange secret society had died away. Almost on every hand the secret of their purpose perished with them. The man of the hotel was found drifting dead on the sea like so much seaweed; his right eye was closed in peace, but his left eye was wide open, and glistened like glass in the moon. Nigger Ned had been overtaken a mile or two away, and murdered three policemen with his closed left hand. The remaining officer was surprised – nay, pained – and the negro got away. But this was enough to set all the English papers in a flame, and for a month or two the main purpose of the British Empire was to prevent the buck nigger (who was so in both senses) escaping by any English port. Persons of a figure remotely reconcilable with his were subjected to quite extraordinary inquisitions, made to scrub their faces before going on board ship, as if each white complexion were made up like a mask, of greasepaint. Every negro in

England was put under special regulations and made to report himself; the outgoing ships would no more have taken a nigger than a basilisk. For people had found out how fearful and vast and silent was the force of the savage secret society, and by the time Flambeau and Father Brown were leaning on the parade parapet in April, the Black Man meant in England almost what he once meant in Scotland.

'He must be still in England,' observed Flambeau, 'and horridly well hidden, too. They must have found him at the ports if he had only whitened his face.'

'You see, he is really a clever man,' said Father Brown apologetically. 'And I'm sure he wouldn't whiten his face.'

'Well, but what would he do?'

'I think,' said Father Brown, 'he would blacken his face.'

Flambeau, leaning motionless on the parapet, laughed and said: 'My dear fellow!'

Father Brown, also leaning motionless on the parapet, moved one finger for an instant into the direction of the soot-masked niggers singing on the sands.

The Salad of Colonel Cray

Father Brown was walking home from Mass on a white weird morning when the mists were slowly lifting – one of those mornings when the very element of light appears as something mysterious and new. The scattered trees outlined themselves more and more out of the vapour, as if they were first drawn in grey chalk and then in charcoal. At yet more distant intervals appeared the houses upon the broken fringe of the suburb; their outlines became clearer and clearer until he recognised many in which he had chance acquaintances, and many more the names of whose owners he knew. But all the windows and doors were sealed; none of the people were of the sort that would be up at such a time, or still less on such an errand. But as he passed under the shadow of one handsome villa with verandas and wide ornate gardens, he heard a noise that made him almost involuntarily stop. It was the unmistakable noise of a pistol or carbine or some light firearm discharged; but it was not this that puzzled him most. The first full noise was immediately followed by a series of fainter noises – as he counted them, about six. He supposed it must be the echo; but the odd thing was that the echo was not in the least like the original sound. It was not like anything else that he could think of; the three things nearest to it seemed to be the noise made by siphons of soda-water, one of the many noises made by an animal, and the noise made by a person attempting to conceal laughter. None of which seemed to make much sense.

Father Brown was made of two men. There was a man of action, who was as modest as a primrose and as punctual as a clock; who went his small round of duties and never dreamed of altering it. There was also a man of reflection, who was much simpler but much stronger, who could not easily be stopped; whose thought was always (in the only intelligent sense of the words) free thought. He could not help, even unconsciously, asking himself all the questions that there were to be asked, and answering as many of them as he could; all that went on like his breathing or circulation. But he never consciously carried his actions outside the sphere of his own duty; and in this case the two attitudes were aptly tested. He was just about to resume his trudge in the twilight, telling himself it was no affair of his, but instinctively twisting and untwisting twenty theories about what the odd noises might mean. Then the grey sky-line brightened into silver, and in the broadening

light he realised that he had been to the house which belonged to an Anglo-Indian Major named Putnam; and that the Major had a native cook from Malta who was of his communion. He also began to remember that pistol-shots are sometimes serious things; accompanied with consequences with which he was legitimately concerned. He turned back and went in at the garden gate, making for the front door.

Halfway down one side of the house stood out a projection like a very low shed; it was, as he afterwards discovered, a large dustbin. Round the corner of this came a figure, at first a mere shadow in the haze, apparently bending and peering about. Then, coming nearer, it solidified into a figure that was, indeed, rather unusually solid. Major Putnam was a bald-headed, bull-necked man, short and very broad, with one of those rather apoplectic faces that are produced by a prolonged attempt to combine the oriental climate with the occidental luxuries. But the face was a good-humoured one, and even now, though evidently puzzled and inquisitive, wore a kind of innocent grin. He had a large palm-leaf hat on the back of his head (suggesting a halo that was by no means appropriate to the face), but otherwise he was clad only in a very vivid suit of striped scarlet and yellow pyjamas; which, though glowing enough to behold, must have been, on a fresh morning, pretty chilly to wear. He had evidently come out of his house in a hurry, and the priest was not surprised when he called out without further ceremony: 'Did you hear that noise?'

'Yes,' answered Father Brown; 'I thought I had better look in, in case anything was the matter.'

The Major looked at him rather queerly with his good-humoured gooseberry eyes. 'What do you think the noise was?' he asked.

'It sounded like a gun or something,' replied the other, with some hesitation; 'but it seemed to have a singular sort of echo.'

The Major was still looking at him quietly, but with protruding eyes, when the front door was flung open, releasing a flood of gaslight on the face of the fading mist; and another figure in pyjamas sprang or tumbled out into the garden. The figure was much longer, leaner, and more athletic; the pyjamas, though equally tropical, were comparatively tasteful, being of white with a light lemon-yellow stripe. The man was haggard, but handsome, more sunburned than the other; he had an aquiline profile and rather deep-sunken eyes, and a slight air of oddity arising from the combination of coal-black hair with a much lighter moustache. All this Father Brown absorbed in detail more at leisure. For the moment he only saw one thing about the man; which was the revolver in his hand.

'Cray!' exclaimed the Major, staring at him; 'did you fire that shot?'

'Yes, I did,' retorted the black-haired gentleman hotly; 'and so would you in my place. If you were chased everywhere by devils and nearly –'

The Major seemed to intervene rather hurriedly. 'This is my friend Father Brown,' he said. And then to Brown: 'I don't know whether you've met Colonel Cray of the Royal Artillery.'

'I have heard of him, of course,' said the priest innocently. 'Did you – did you hit anything?'

'I thought so,' answered Cray with gravity.

'Did he –' asked Major Putnam in a lowered voice, 'did he fall or cry out, or anything?'

Colonel Cray was regarding his host with a strange and steady stare. 'I'll tell you exactly what he did,' he said. 'He sneezed.'

Father Brown's hand went halfway to his head, with the gesture of a man remembering somebody's name. He knew now what it was that was neither soda-water nor the snorting of a dog.

'Well,' ejaculated the staring Major, 'I never heard before that a service revolver was a thing to be sneezed at.'

'Nor I,' said Father Brown faintly. 'It's lucky you didn't turn your artillery on him or you might have given him quite a bad cold.' Then, after a bewildered pause, he said: 'Was it a burglar?'

'Let us go inside,' said Major Putnam, rather sharply, and led the way into his house.

The interior exhibited a paradox often to be marked in such morning hours: that the rooms seemed brighter than the sky outside; even after the Major had turned out the one gaslight in the front hall. Father Brown was surprised to see the whole dining-table set out as for a festive meal, with napkins in their rings, and wineglasses of some six unnecessary shapes set beside every plate. It was common enough, at that time of the morning, to find the remains of a banquet overnight; but to find it freshly spread so early was unusual.

While he stood wavering in the hall Major Putnam rushed past him and sent a raging eye over the whole oblong of the tablecloth. At last he spoke, spluttering: 'All the silver gone!' he gasped. 'Fish-knives and forks gone. Old cruet-stand gone. Even the old silver cream-jug gone. And now, Father Brown, I am ready to answer your question of whether it was a burglar.'

'They're simply a blind,' said Cray stubbornly. 'I know better than you why people persecute this house; I know better than you why –'

The Major patted him on the shoulder with a gesture almost peculiar to the soothing of a sick child, and said: 'It was a burglar. Obviously it was a burglar.'

'A burglar with a bad cold,' observed Father Brown, 'that might assist you to trace him in the neighbourhood.'

The Major shook his head in a sombre manner. 'He must be far beyond trace now, I fear,' he said.

Then, as the restless man with the revolver turned again towards the door in the garden, he added in a husky, confidential voice: 'I doubt whether I should send for the police, for fear my friend here has been a little too free with his bullets, and got on the wrong side of the law. He's lived in very wild places; and, to be frank with you, I think he sometimes fancies things.'

'I think you once told me,' said Brown, 'that he believes some Indian secret society is pursuing him.'

Major Putnam nodded, but at the same time shrugged his shoulders. 'I suppose we'd better follow him outside,' he said. 'I don't want any more – shall we say, sneezing?'

They passed out into the morning light, which was now even tinged with sunshine, and saw Colonel Cray's tall figure bent almost double, minutely examining the condition of gravel and grass. While the Major strolled unobtrusively towards him, the priest took an equally indolent turn, which took him round the next corner of the house to within a yard or two of the projecting dustbin.

He stood regarding this dismal object for some minute and a half – then he stepped towards it, lifted the lid and put his head inside. Dust and other discolouring matter shook upwards as he did so; but Father Brown never observed his own appearance, whatever else he observed. He remained thus for a measurable period, as if engaged in some mysterious prayers. Then he came out again, with some ashes on his hair, and walked unconcernedly away.

By the time he came round to the garden door again he found a group there which seemed to roll away morbidities as the sunlight had already rolled away the mists. It was in no way rationally reassuring; it was simply broadly comic, like a cluster of Dickens's characters. Major Putnam had managed to slip inside and plunge into a proper shirt and trousers, with a crimson cummerbund, and a light square jacket over all; thus normally set off, his red festive face seemed bursting with a commonplace cordiality. He was indeed emphatic, but then he was talking to his cook – the swarthy son of Malta, whose lean, yellow and rather careworn face contrasted quaintly with his snow-white cap and costume. The cook might well be careworn, for cookery was the Major's hobby. He was one of those amateurs who always know more than the professional. The only other person he even admitted to be a judge of an omelette was his friend Cray – and as Brown remembered

this, he turned to look for the other officer. In the new presence of daylight and people clothed and in their right mind, the sight of him was rather a shock. The taller and more elegant man was still in his night-garb, with tousled black hair, and now crawling about the garden on his hands and knees, still looking for traces of the burglar; and now and again, to all appearance, striking the ground with his hand in anger at not finding him. Seeing him thus quadrupedal in the grass, the priest raised his eyebrows rather sadly; and for the first time guessed that 'fancies things' might be an euphemism.

The third item in the group of the cook and the epicure was also known to Father Brown; it was Audrey Watson, the Major's ward and housekeeper; and at this moment, to judge by her apron, tucked-up sleeves and resolute manner, much more the housekeeper than the ward.

'It serves you right,' she was saying: 'I always told you not to have that old-fashioned cruet-stand.'

'I prefer it,' said Putnam, placably. 'I'm old-fashioned myself; and the things keep together.'

'And vanish together, as you see,' she retorted. 'Well, if you are not going to bother about the burglar, I shouldn't bother about the lunch. It's Sunday, and we can't send for vinegar and all that in the town; and you Indian gentlemen can't enjoy what you call a dinner without a lot of hot things. I wish to goodness now you hadn't asked Cousin Oliver to take me to the musical service. It isn't over till half-past twelve, and the Colonel has to leave by then. I don't believe you men can manage alone.'

'Oh yes, we can, my dear,' said the Major, looking at her very amiably. 'Marco has all the sauces, and we've often done ourselves well in very rough places, as you might know by now. And it's time you had a treat, Audrey; you mustn't be a housekeeper every hour of the day; and I know you want to hear the music.'

'I want to go to church,' she said, with rather severe eyes.

She was one of those handsome women who will always be handsome, because the beauty is not in an air or a tint, but in the very structure of the head and features. But though she was not yet middle-aged and her auburn hair was of a Titianesque fullness in form and colour, there was a look in her mouth and around her eyes which suggested that some sorrows wasted her, as winds waste at last the edges of a Greek temple. For indeed the little domestic difficulty of which she was now speaking so decisively was rather comic than tragic. Father Brown gathered, from the course of the conversation, that Cray, the other gourmet, had to leave before the usual lunch-time;

but that Putnam, his host, not to be done out of a final feast with an old crony, had arranged for a special *déjeuner* to be set out and consumed in the course of the morning, while Audrey and other graver persons were at morning service. She was going there under the escort of a relative and old friend of hers, Dr Oliver Oman, who, though a scientific man of a somewhat bitter type, was enthusiastic for music, and would go even to church to get it. There was nothing in all this that could conceivably concern the tragedy in Miss Watson's face; and by a half conscious instinct, Father Brown turned again to the seeming lunatic grubbing about in the grass.

When he strolled across to him, the black, unbrushed head was lifted abruptly, as if in some surprise at his continued presence. And indeed, Father Brown, for reasons best known to himself, had lingered much longer than politeness required; or even, in the ordinary sense, permitted.

'Well!' cried Cray, with wild eyes. 'I suppose you think I'm mad, like the rest?'

'I have considered the thesis,' answered the little man, composedly. 'And I incline to think you are not.'

'What do you mean?' snapped Cray quite savagely.

'Real madmen,' explained Father Brown, 'always encourage their own morbidity. They never strive against it. But you are trying to find traces of the burglar; even when there aren't any. You are struggling against it. You want what no madman ever wants.'

'And what is that?'

'You want to be proved wrong,' said Brown.

During the last words Cray had sprung or staggered to his feet and was regarding the cleric with agitated eyes. 'By hell, but that is a true word!' he cried. 'They are all at me here that the fellow was only after the silver – as if I shouldn't be only too pleased to think so! She's been at me,' and he tossed his tousled black head towards Audrey, but the other had no need of the direction, 'she's been at me today about how cruel I was to shoot a poor harmless housebreaker, and how I have the devil in me against poor harmless natives. But I was a good-natured man once – as good-natured as Putnam.'

After a pause he said: 'Look here, I've never seen you before; but you shall judge of the whole story. Old Putnam and I were friends in the same mess; but, owing to some accidents on the Afghan border, I got my command much sooner than most men; only we were both invalided home for a bit. I was engaged to Audrey out there; and we all travelled back together. But on the journey back things happened. Curious things. The result of them was that Putnam wants it broken

off, and even Audrey keeps it hanging on – and I know what they mean. I know what they think I am. So do you.

'Well, these are the facts. The last day we were in an Indian city I asked Putnam if I could get some Trichinopoli cigars, he directed me to a little place opposite his lodgings. I have since found he was quite right; but "opposite" is a dangerous word when one decent house stands opposite five or six squalid ones; and I must have mistaken the door. It opened with difficulty, and then only on darkness; but as I turned back, the door behind me sank back and settled into its place with a noise as of innumerable bolts. There was nothing to do but to walk forward; which I did through passage after passage, pitch-dark. Then I came to a flight of steps, and then to a blind door, secured by a latch of elaborate Eastern ironwork, which I could only trace by touch, but which I loosened at last. I came out again upon gloom, which was half turned into a greenish twilight by a multitude of small but steady lamps below. They showed merely the feet or fringes of some huge and empty architecture. Just in front of me was something that looked like a mountain. I confess I nearly fell on the great stone platform on which I had emerged, to realise that it was an idol. And worst of all, an idol with its back to me.

'It was hardly half human, I guessed; to judge by the small squat head, and still more by a thing like a tail or extra limb turned up behind and pointing, like a loathsome large finger, at some symbol graven in the centre of the vast stone back. I had begun, in the dim light, to guess at the hieroglyphic, not without horror, when a more horrible thing happened. A door opened silently in the temple wall behind me and a man came out, with a brown face and a black coat. He had a carved smile on his face, of copper flesh and ivory teeth; but I think the most hateful thing about him was that he was in European dress. I was prepared, I think, for shrouded priests or naked fakirs. But this seemed to say that the devilry was over all the earth. As indeed I found it to be.

'"If you had only seen the Monkey's Feet," he said, smiling steadily, and without other preface, "we should have been very gentle – you would only be tortured and die. If you had seen the Monkey's Face, still we should be very moderate, very tolerant – you would only be tortured and live. But as you have seen the Monkey's Tail, we must pronounce the worst sentence, which is – Go Free."

'When he said the words I heard the elaborate iron latch with which I had struggled, automatically unlock itself: and then, far down the dark passages I had passed, I heard the heavy street-door shifting its own bolts backwards.

'"It is vain to ask for mercy; you must go free," said the smiling man.

"Henceforth a hair shall slay you like a sword, and a breath shall bite you like an adder; weapons shall come against you out of nowhere; and you shall die many times." And with that he was swallowed once more in the wall behind; and I went out into the street.'

Cray paused; and Father Brown unaffectedly sat down on the lawn and began to pick daisies.

Then the soldier continued: 'Putnam, of course, with his jolly common sense, pooh-poohed all my fears; and from that time dates his doubt of my mental balance. Well, I'll simply tell you, in the fewest words, the three things that have happened since; and you shall judge which of us is right.

'The first happened in an Indian village on the edge of the jungle, but hundreds of miles from the temple, or town, or type of tribes and customs where the curse had been put on me. I woke in black midnight, and lay thinking of nothing in particular, when I felt a faint tickling thing, like a thread or a hair, trailed across my throat. I shrank back out of its way, and could not help thinking of the words in the temple. But when I got up and sought lights and a mirror, the line across my neck was a line of blood.

'The second happened in a lodging in Port Said, later, on our journey home together. It was a jumble of tavern and curiosity-shop; and though there was nothing there remotely suggesting the cult of the Monkey, it is, of course, possible that some of its images or talismans were in such a place. Its curse was there, anyhow. I woke again in the dark with a sensation that could not be put in colder or more literal words than that a breath bit like an adder. Existence was an agony of extinction; I dashed my head against walls until I dashed it against a window; and fell rather than jumped into the garden below. Putnam, poor fellow, who had called the other thing a chance scratch, was bound to take seriously the fact of finding me half insensible on the grass at dawn. But I fear it was my mental state he took seriously; and not my story.

'The third happened in Malta. We were in a fortress there; and as it happened our bedrooms overlooked the open sea, which almost came up to our windowsills, save for a flat white outer wall as bare as the sea. I woke up again; but it was not dark. There was a full moon, as I walked to the window; I could have seen a bird on the bare battlement, or a sail on the horizon. What I did see was a sort of stick or branch circling, self-supported, in the empty sky. It flew straight in at my window and smashed the lamp beside the pillow I had just quitted. It was one of those queer-shaped war-clubs some Eastern tribes use. But it had come from no human hand.'

Father Brown threw away a daisy-chain he was making, and rose with a wistful look. 'Has Major Putnam,' he asked, 'got any Eastern curios, idols, weapons and so on, from which one might get a hint?'

'Plenty of those, though not much use, I fear,' replied Cray; 'but by all means come into his study.'

As they entered they passed Miss Watson buttoning her gloves for church, and heard the voice of Putnam downstairs still giving a lecture on cookery to the cook. In the Major's study and den of curios they came suddenly on a third party, silk-hatted and dressed for the street, who was poring over an open book on the smoking-table – a book which he dropped rather guiltily, and turned.

Cray introduced him civilly enough, as Dr Oman, but he showed such disfavour in his very face that Brown guessed the two men, whether Audrey knew it or not, were rivals. Nor was the priest wholly unsympathetic with the prejudice. Dr Oman was a very well-dressed gentleman indeed; well-featured, though almost dark enough for an Asiatic. But Father Brown had to tell himself sharply that one should be in charity even with those who wax their pointed beards, who have small gloved hands, and who speak with perfectly modulated voices.

Cray seemed to find something specially irritating in the small prayer-book in Oman's dark-gloved hand. 'I didn't know that was in your line,' he said rather rudely.

Oman laughed mildly, but without offence. 'This is more so, I know,' he said, laying his hand on the big book he had dropped, 'a dictionary of drugs and such things. But it's rather too large to take to church.' Then he closed the larger book, and there seemed again the faintest touch of hurry and embarrassment.

'I suppose,' said the priest, who seemed anxious to change the subject, 'all these spears and things are from India?'

'From everywhere,' answered the doctor. 'Putnam is an old soldier, and has been in Mexico and Australia, and the Cannibal Islands for all I know.'

'I hope it was not in the Cannibal Islands,' said Brown, 'that he learnt the art of cookery.' And he ran his eyes over the stew-pots or other strange utensils on the wall.

At this moment the jolly subject of their conversation thrust his laughing, lobsterish face into the room. 'Come along, Cray,' he cried. 'Your lunch is just coming in. And the bells are ringing for those who want to go to church.'

Cray slipped upstairs to change; Dr Oman and Miss Watson betook themselves solemnly down the street, with a string of other churchgoers; but Father Brown noticed that the doctor twice looked

back and scrutinised the house; and even came back to the corner of the street to look at it again.

The priest looked puzzled. 'He can't have been at the dustbin,' he muttered. 'Not in those clothes. Or was he there earlier today?'

Father Brown, touching other people, was as sensitive as a barometer; but today he seemed about as sensitive as a rhinoceros. By no social law, rigid or implied, could he be supposed to linger round the lunch of the Anglo-Indian friends; but he lingered, covering his position with torrents of amusing but quite needless conversation. He was the more puzzling because he did not seem to want any lunch. As one after another of the most exquisitely balanced kedgerees of curries, accompanied with their appropriate vintages, were laid before the other two, he only repeated that it was one of his fast-days, and munched a piece of bread and sipped and then left untasted a tumbler of cold water. His talk, however, was exuberant.

'I'll tell you what I'll do for you,' he cried – 'I'll mix you a salad! I can't eat it, but I'll mix it like an angel! You've got a lettuce there.'

'Unfortunately it's the only thing we have got,' answered the good-humoured Major. 'You must remember that mustard, vinegar, oil and so on vanished with the cruet and the burglar.'

'I know,' replied Brown, rather vaguely. 'That's what I've always been afraid would happen. That's why I always carry a cruet-stand about with me. I'm so fond of salads.'

And to the amazement of the two men he took a pepper-pot out of his waistcoat pocket and put it on the table.

'I wonder why the burglar wanted mustard, too,' he went on, taking a mustard-pot from another pocket. 'A mustard plaster, I suppose. And vinegar' – and producing that condiment – 'haven't I heard something about vinegar and brown paper? As for oil, which I think I put in my left –'

His garrulity was an instant arrested; for lifting his eyes, he saw what no one else saw – the black figure of Dr Oman standing on the sunlit lawn and looking steadily into the room. Before he could quite recover himself Cray had cloven in.

'You're an astounding card,' he said, staring. 'I shall come and hear your sermons, if they're as amusing as your manners.' His voice changed a little, and he leaned back in his chair.

'Oh, there are sermons in a cruet-stand, too,' said Father Brown, quite gravely. 'Have you heard of faith like a grain of mustard-seed; or charity that anoints with oil? And as for vinegar, can any soldiers forget that solitary soldier, who, when the sun was darkened –'

Colonel Cray leaned forward a little and clutched the tablecloth.

Father Brown, who was making the salad, tipped two spoonfuls of the mustard into the tumbler of water beside him; stood up and said in a new, loud and sudden voice – 'Drink that!'

At the same moment the motionless doctor in the garden came running, and bursting open a window cried: 'Am I wanted? Has he been poisoned?'

'Pretty near,' said Brown, with the shadow of a smile; for the emetic had very suddenly taken effect. And Cray lay in a deck-chair, gasping as for life, but alive.

Major Putnam had sprung up, his purple face mottled. 'A crime!' he cried hoarsely. 'I will go for the police!'

The priest could hear him dragging down his palm-leaf hat from the peg and tumbling out of the front door; he heard the garden gate slam. But he only stood looking at Cray; and after a silence said quietly:

'I shall not talk to you much; but I will tell you what you want to know. There is no curse on you. The Temple of the Monkey was either a coincidence or a part of the trick; the trick was the trick of a white man. There is only one weapon that will bring blood with that mere feathery touch: a razor held by a white man. There is one way of making a common room full of invisible, overpowering poison: turning on the gas – the crime of a white man. And there is only one kind of club that can be thrown out of a window, turn in mid-air and come back to the window next to it: the Australian boomerang. You'll see some of them in the Major's study.'

With that he went outside and spoke for a moment to the doctor. The moment after, Audrey Watson came rushing into the house and fell on her knees beside Cray's chair. He could not hear what they said to each other; but their faces moved with amazement, not unhappiness. The doctor and the priest walked slowly towards the garden gate.

'I suppose the Major was in love with her, too,' he said with a sigh; and when the other nodded, observed: 'You were very generous, doctor. You did a fine thing. But what made you suspect?'

'A very small thing,' said Oman; 'but it kept me restless in church till I came back to see that all was well. That book on his table was a work on poisons; and was put down open at the place where it stated that a certain Indian poison, though deadly and difficult to trace, was particularly easily reversible by the use of the commonest emetics. I suppose he read that at the last moment –'

'And remembered that there were emetics in the cruet-stand,' said Father Brown. 'Exactly. He threw the cruet in the dustbin – where I found it, along with other silver – for the sake of a burglary blind. But if you look at that pepper-pot I put on the table, you'll see a small hole.

That's where Cray's bullet struck, shaking up the pepper and making the criminal sneeze.'

There was a silence. Then Dr Oman said grimly: 'The Major is a long time looking for the police.'

'Or the police in looking for the Major?' said the priest. 'Well, good-bye.'

The Strange Crime of John Boulnois

Mr Calhoun Kidd was a very young gentleman with a very old face, a face dried up with its own eagerness, framed in blue-black hair and a black butterfly tie. He was the emissary in England of the colossal American daily called the *Western Sun* – also humorously described as the 'Rising Sunset'. This was in allusion to a great journalistic declaration (attributed to Mr Kidd himself) that 'he guessed the sun would rise in the west yet, if American citizens did a bit more hustling'. Those, however, who mock American journalism from the standpoint of somewhat mellower traditions forget a certain paradox which partly redeems it. For while the journalism of the States permits a pantomimic vulgarity long past anything English, it also shows a real excitement about the most earnest mental problems, of which English papers are innocent, or rather incapable. The *Sun* was full of the most solemn matters treated in the most farcical way. William James figured there as well as 'Weary Willie', and pragmatists alternated with pugilists in the long procession of its portraits.

Thus, when a very unobtrusive Oxford man named John Boulnois wrote in a very unreadable review called the *Natural Philosophy Quarterly* a series of articles on alleged weak points in Darwinian evolution, it fluttered no corner of the English papers; though Boulnois's theory (which was that of a comparatively stationary universe visited occasionally by convulsions of change) had some rather faddy fashionableness at Oxford, and got so far as to be named 'Catastrophism'. But many American papers seized on the challenge as a great event; and the *Sun* threw the shadow of Mr Boulnois quite gigantically across its pages. By the paradox already noted, articles of valuable intelligence and enthusiasm were presented with headlines apparently written by an illiterate maniac, headlines such as 'Darwin Chews Dirt; Critic Boulnois says He Jumps the Shocks' – or 'Keep Catastrophic, says Thinker Boulnois'. And Mr Calhoun Kidd, of the *Western Sun*, was bidden to take his butterfly tie and lugubrious visage down to the little house outside Oxford where Thinker Boulnois lived in happy ignorance of such a title.

That fated philosopher had consented, in a somewhat dazed manner, to receive the interviewer, and had named the hour of nine that evening. The last of a summer sunset clung about Cumnor and the low wooded hills; the romantic Yankee was both doubtful of his

road and inquisitive about his surroundings; and seeing the door of a genuine feudal old-country inn, The Champion Arms, standing open, he went in to make inquiries.

In the bar parlour he rang the bell, and had to wait some little time for a reply to it. The only other person present was a lean man with close red hair and loose, horsey-looking clothes, who was drinking very bad whisky, but smoking a very good cigar. The whisky, of course, was the choice brand of The Champion Arms; the cigar he had probably brought with him from London. Nothing could be more different than his cynical negligence from the dapper dryness of the young American; but something in his pencil and open notebook, and perhaps in the expression of his alert blue eye, caused Kidd to guess, correctly, that he was a brother journalist.

'Could you do me the favour,' asked Kidd, with the courtesy of his nation, 'of directing me to the Grey Cottage, where Mr Boulnois lives, as I understand?'

'It's a few yards down the road,' said the redhaired man, removing his cigar; 'I shall be passing it myself in a minute, but I'm going on to Pendragon Park to try and see the fun.'

'What is Pendragon Park?' asked Calhoun Kidd.

'Sir Claude Champion's place – haven't you come down for that, too?' asked the other pressman, looking up. 'You're a journalist, aren't you?'

'I have come to see Mr Boulnois,' said Kidd.

'I've come to see Mrs Boulnois,' replied the other. 'But I shan't catch her at home.' And he laughed rather unpleasantly.

'Are you interested in Catastrophism?' asked the wondering Yankee.

'I'm interested in catastrophes; and there are going to be some,' replied his companion gloomily. 'Mine's a filthy trade, and I never pretend it isn't.'

With that he spat on the floor; yet somehow in the very act and instant one could realise that the man had been brought up as a gentleman.

The American pressman considered him with more attention. His face was pale and dissipated, with the promise of formidable passions yet to be loosed; but it was a clever and sensitive face; his clothes were coarse and careless, but he had a good seal ring on one of his long, thin fingers. His name, which came out in the course of talk, was James Dalroy; he was the son of a bankrupt Irish landlord, and attached to a pink paper which he heartily despised, called *Smart Society*, in the capacity of reporter and of something painfully like a spy.

Smart Society, I regret to say, felt none of that interest in Boulnois on Darwin which was such a credit to the head and hearts of the *Western*

Sun. Dalroy had come down, it seemed, to snuff up the scent of a scandal which might very well end in the Divorce Court, but which was at present hovering between Grey Cottage and Pendragon Park.

Sir Claude Champion was known to the readers of the *Western Sun* as well as Mr Boulnois. So were the Pope and the Derby Winner; but the idea of their intimate acquaintanceship would have struck Kidd as equally incongruous. He had heard of (and written about, nay, falsely pretended to know) Sir Claude Champion, as 'one of the brightest and wealthiest of England's Upper Ten'; as the great sportsman who raced yachts round the world; as the great traveller who wrote books about the Himalayas, as the politician who swept constituencies with a startling sort of Tory Democracy, and as the great dabbler in art, music, literature, and, above all, acting. Sir Claude was really rather magnificent in other than American eyes. There was something of the Renascence Prince about his omnivorous culture and restless publicity – he was not only a great amateur, but an ardent one. There was in him none of that antiquarian frivolity that we convey by the word 'dilettante'.

That faultless falcon profile with purple-black Italian eye, which had been snap-shotted so often both for *Smart Society* and the *Western Sun*, gave everyone the impression of a man eaten by ambition as by a fire, or even a disease. But though Kidd knew a great deal about Sir Claude – a great deal more, in fact, than there was to know – it would never have crossed his wildest dreams to connect so showy an aristocrat with the newly unearthed founder of Catastrophism, or to guess that Sir Claude Champion and John Boulnois could be intimate friends. Such, according to Dalroy's account, was nevertheless the fact. The two had hunted in couples at school and college, and, though their social destinies had been very different (for Champion was a great landlord and almost a millionaire, while Boulnois was a poor scholar and, until just lately, an unknown one), they still kept in very close touch with each other. Indeed, Boulnois's cottage stood just outside the gates of Pendragon Park.

But whether the two men could be friends much longer was becoming a dark and ugly question. A year or two before, Boulnois had married a beautiful and not unsuccessful actress, to whom he was devoted in his own shy and ponderous style; and the proximity of the household to Champion's had given that flighty celebrity opportunities for behaving in a way that could not but cause painful and rather base excitement. Sir Claude had carried the arts of publicity to perfection; and he seemed to take a crazy pleasure in being equally ostentatious in an intrigue that could do him no sort of honour. Footmen from Pendragon were perpetually leaving bouquets for Mrs Boulnois;

carriages and motor-cars were perpetually calling at the cottage for Mrs Boulnois; balls and masquerades perpetually filled the grounds in which the baronet paraded Mrs Boulnois, like the Queen of Love and Beauty at a tournament. That very evening, marked by Mr Kidd for the exposition of Catastrophism, had been marked by Sir Claude Champion for an open-air rendering of *Romeo and Juliet*, in which he was to play Romeo to a Juliet it was needless to name.

'I don't think it can go on without a smash,' said the young man with red hair, getting up and shaking himself. 'Old Boulnois may be squared – or he may be square. But if he's square he's thick – what you might call cubic. But I don't believe it's possible.'

'He is a man of grand intellectual powers,' said Calhoun Kidd in a deep voice.

'Yes,' answered Dalroy; 'but even a man of grand intellectual powers can't be such a blighted fool as all that. Must you be going on? I shall be following myself in a minute or two.'

But Calhoun Kidd, having finished a milk and soda, betook himself smartly up the road towards the Grey Cottage, leaving his cynical informant to his whisky and tobacco. The last of the daylight had faded; the skies were of a dark, green-grey, like slate, studded here and there with a star, but lighter on the left side of the sky, with the promise of a rising moon.

The Grey Cottage, which stood entrenched, as it were, in a square of stiff, high thorn-hedges, was so close under the pines and palisades of the Park that Kidd at first mistook it for the Park Lodge. Finding the name on the narrow wooden gate, however, and seeing by his watch that the hour of the 'Thinker's' appointment had just struck, he went in and knocked at the front door. Inside the garden hedge, he could see that the house, though unpretentious enough, was larger and more luxurious than it looked at first, and was quite a different kind of place from a porter's lodge. A dog-kennel and a beehive stood outside, like symbols of old English country-life; the moon was rising behind a plantation of prosperous pear-trees, the dog that came out of the kennel was reverend-looking and reluctant to bark; and the plain, elderly manservant who opened the door was brief but dignified.

'Mr Boulnois asked me to offer his apologies, sir,' he said, 'but he has been obliged to go out suddenly.'

'But see here, I had an appointment,' said the interviewer, with a rising voice. 'Do you know where he went to?'

'To Pendragon Park, sir,' said the servant, rather sombrely, and began to close the door.

Kidd started a little.

'Did he go with Mrs – with the rest of the party?' he asked rather vaguely.

'No, sir,' said the man shortly; 'he stayed behind, and then went out alone.' And he shut the door, brutally, but with an air of duty not done.

The American, that curious compound of impudence and sensitiveness, was annoyed. He felt a strong desire to hustle them all along a bit and teach them business habits; the hoary old dog and the grizzled, heavy-faced old butler with his prehistoric shirt-front, and the drowsy old moon, and above all the scatter-brained old philosopher who couldn't keep an appointment.

'If that's the way he goes on he deserves to lose his wife's purest devotion,' said Mr Calhoun Kidd. 'But perhaps he's gone over to make a row. In that case I reckon a man from the *Western Sun* will be on the spot.'

And turning the corner by the open lodge-gates, he set off, stumping up the long avenue of black pine woods that pointed in abrupt perspective towards the inner gardens of Pendragon Park. The trees were as black and orderly as plumes upon a hearse; there were still a few stars. He was a man with more literary than direct natural associations; the word 'Ravenswood' came into his head repeatedly. It was partly the raven colour of the pine woods; but partly also an indescribable atmosphere almost described in Scott's great tragedy; the smell of something that died in the eighteenth century; the smell of dank gardens and broken urns, of wrongs that will never now be righted; of something that is none the less incurably sad because it is strangely unreal.

More than once, as he went up that strange, black road of tragic artifice, he stopped, startled, thinking he heard steps in front of him. He could see nothing in front but the twin sombre walls of pine and the wedge of starlit sky above them. At first he thought he must have fancied it or been mocked by a mere echo of his own tramp. But as he went on he was more and more inclined to conclude, with the remains of his reason, that there really were other feet upon the road. He thought hazily of ghosts; and was surprised how swiftly he could see the image of an appropriate and local ghost, one with a face as white as Pierrot's, but patched with black. The apex of the triangle of dark-blue sky was growing brighter and bluer, but he did not realise as yet that this was because he was coming nearer to the lights of the great house and garden. He only felt that the atmosphere was growing more intense, there was in the sadness more violence and secrecy – more – he hesitated for the word, and then said it with a jerk of laughter – Catastrophism.

More pines, more pathway slid past him, and then he stood rooted as by a blast of magic. It is vain to say that he felt as if he had got

into a dream; but this time he felt quite certain that he had got into a book. For we human beings are used to inappropriate things; we are accustomed to the clatter of the incongruous; it is a tune to which we can go to sleep. If one appropriate thing happens, it wakes us up like the pang of a perfect chord. Something happened such as would have happened in such a place in a forgotten tale.

Over the black pine wood came flying and flashing in the moon a naked sword – such a slender and sparkling rapier as may have fought many an unjust duel in that ancient park. It fell on the pathway far in front of him and lay there glistening like a large needle. He ran like a hare and bent to look at it. Seen at close quarters it had rather a showy look: the big red jewels in the hilt and guard were a little dubious. But there were other red drops upon the blade which were not dubious.

He looked round wildly in the direction from which the dazzling missile had come, and saw that at this point the sable facade of fir and pine was interrupted by a smaller road at right angles; which, when he turned it, brought him in full view of the long, lighted house, with a lake and fountains in front of it. Nevertheless, he did not look at this, having something more interesting to look at.

Above him, at the angle of the steep green bank of the terraced garden, was one of those small picturesque surprises common in the old landscape gardening; a kind of small round hill or dome of grass, like a giant mole-hill, ringed and crowned with three concentric fences of roses, and having a sundial in the highest point in the centre. Kidd could see the finger of the dial stand up dark against the sky like the dorsal fin of a shark and the vain moonlight clinging to that idle clock. But he saw something else clinging to it also, for one wild moment – the figure of a man.

Though he saw it there only for a moment, though it was outlandish and incredible in costume, being clad from neck to heel in tight crimson, with glints of gold, yet he knew in one flash of moonlight who it was. That white face flung up to heaven, clean-shaven and so unnaturally young, like Byron with a Roman nose, those black curls already grizzled – he had seen the thousand public portraits of Sir Claude Champion. The wild red figure reeled an instant against the sundial; the next it had rolled down the steep bank and lay at the American's feet, faintly moving one arm. A gaudy, unnatural gold ornament on the arm suddenly reminded Kidd of *Romeo and Juliet*; of course the tight crimson suit was part of the play. But there was a long red stain down the bank from which the man had rolled – that was no part of the play. He had been run through the body.

Mr Calhoun Kidd shouted and shouted again. Once more he

seemed to hear phantasmal footsteps, and started to find another figure already near him. He knew the figure, and yet it terrified him. The dissipated youth who had called himself Dalroy had a horribly quiet way with him; if Boulnois failed to keep appointments that had been made, Dalroy had a sinister air of keeping appointments that hadn't. The moonlight discoloured everything, against Dalroy's red hair his wan face looked not so much white as pale green.

All this morbid impressionism must be Kidd's excuse for having cried out, brutally and beyond all reason: 'Did you do this, you devil?'

James Dalroy smiled his unpleasing smile; but before he could speak, the fallen figure made another movement of the arm, waving vaguely towards the place where the sword fell; then came a moan, and then it managed to speak.

'Boulnois . . . Boulnois, I say . . . Boulnois did it . . . jealous of me . . . he was jealous, he was, he was . . .'

Kidd bent his head down to hear more, and just managed to catch the words: 'Boulnois . . . with my own sword . . . he threw it . . .'

Again the failing hand waved towards the sword, and then fell rigid with a thud. In Kidd rose from its depth all that acrid humour that is the strange salt of the seriousness of his race.

'See here,' he said sharply and with command, 'you must fetch a doctor. This man's dead.'

'And a priest, too, I suppose,' said Dalroy in an undecipherable manner. 'All these Champions are papists.'

The American knelt down by the body, felt the heart, propped up the head and used some last efforts at restoration; but before the other journalist reappeared, followed by a doctor and a priest, he was already prepared to assert they were too late.

'Were you too late also?' asked the doctor, a solid prosperous-looking man, with conventional moustache and whiskers, but a lively eye, which darted over Kidd dubiously.

'In one sense,' drawled the representative of the *Sun*. 'I was too late to save the man, but I guess I was in time to hear something of importance. I heard the dead man denounce his assassin.'

'And who was the assassin?' asked the doctor, drawing his eyebrows together.

'Boulnois,' said Calhoun Kidd, and whistled softly.

The doctor stared at him gloomily with a reddening brow – but he did not contradict. Then the priest, a shorter figure in the background, said mildly: 'I understood that Mr Boulnois was not coming to Pendragon Park this evening.'

'There again,' said the Yankee grimly, 'I may be in a position to give

the old country a fact or two. Yes, sir, John Boulnois was going to stay in all this evening; he fixed up a real good appointment there with me. But John Boulnois changed his mind; John Boulnois left his home abruptly and all alone, and came over to this darned Park an hour or so ago. His butler told me so. I think we hold what the all-wise police call a clue – have you sent for them?'

'Yes,' said the doctor, 'but we haven't alarmed anyone else yet.'

'Does Mrs Boulnois know?' asked James Dalroy, and again Kidd was conscious of an irrational desire to hit him on his curling mouth.

'I have not told her,' said the doctor gruffly – 'but here come the police.'

The little priest had stepped out into the main avenue, and now returned with the fallen sword, which looked ludicrously large and theatrical when attached to his dumpy figure, at once clerical and commonplace. 'Just before the police come,' he said apologetically, 'has anyone got a light?'

The Yankee journalist took an electric torch from his pocket, and the priest held it close to the middle part of the blade, which he examined with blinking care. Then, without glancing at the point or pommel, he handed the long weapon to the doctor.

'I fear I'm no use here,' he said, with a brief sigh. 'I'll say good night to you, gentlemen.' And he walked away up the dark avenue towards the house, his hands clasped behind him and his big head bent in cogitation.

The rest of the group made increased haste towards the lodge-gates, where an inspector and two constables could already be seen in consultation with the lodge-keeper. But the little priest only walked slower and slower in the dim cloister of pine, and at last stopped dead, on the steps of the house. It was his silent way of acknowledging an equally silent approach; for there came towards him a presence that might have satisfied even Calhoun Kidd's demands for a lovely and aristocratic ghost. It was a young woman in silvery satins of a Renascence design; she had golden hair in two long shining ropes, and a face so startlingly pale between them that she might have been chryselephantine – made, that is, like some old Greek statues, out of ivory and gold. But her eyes were very bright, and her voice, though low, was confident.

'Father Brown?' she said.

'Mrs Boulnois?' he replied gravely. Then he looked at her and immediately said: 'I see you know about Sir Claude.'

'How do you know I know?' she asked steadily.

He did not answer the question, but asked another: 'Have you seen your husband?'

'My husband is at home,' she said. 'He has nothing to do with this.'

Again he did not answer; and the woman drew nearer to him, with a curiously intense expression on her face.

'Shall I tell you something more?' she said, with a rather fearful smile. 'I don't think he did it, and you don't either.' Father Brown returned her gaze with a long, grave stare, and then nodded, yet more gravely.

'Father Brown,' said the lady, 'I am going to tell you all I know, but I want you to do me a favour first. Will you tell me why you haven't jumped to the conclusion of poor John's guilt, as all the rest have done? Don't mind what you say: I – I know about the gossip and the appearances that are against me.'

Father Brown looked honestly embarrassed, and passed his hand across his forehead. 'Two very little things,' he said. 'At least, one's very trivial and the other very vague. But such as they are, they don't fit in with Mr Boulnois being the murderer.'

He turned his blank, round face up to the stars and continued absentmindedly: 'To take the vague idea first. I attach a good deal of importance to vague ideas. All those things that "aren't evidence" are what convince me. I think a moral impossibility the biggest of all impossibilities. I know your husband only slightly, but I think this crime of his, as generally conceived, something very like a moral impossibility. Please do not think I mean that Boulnois could not be so wicked. Anybody can be wicked – as wicked as he chooses. We can direct our moral wills; but we can't generally change our instinctive tastes and ways of doing things. Boulnois might commit a murder, but not this murder. He would not snatch Romeo's sword from its romantic scabbard; or slay his foe on the sundial as on a kind of altar; or leave his body among the roses, or fling the sword away among the pines. If Boulnois killed anyone he'd do it quietly and heavily, as he'd do any other doubtful thing – take a tenth glass of port, or read a loose Greek poet. No, the romantic setting is not like Boulnois. It's more like Champion.'

'Ah!' she said, and looked at him with eyes like diamonds.

'And the trivial thing was this,' said Brown. 'There were finger-prints on that sword; finger-prints can be detected quite a time after they are made if they're on some polished surface like glass or steel. These were on a polished surface. They were halfway down the blade of the sword. Whose prints they were I have no earthly clue; but why should anybody hold a sword halfway down? It was a long sword, but length is an advantage in lunging at an enemy. At least, at most enemies. At all enemies except one.'

'Except one,' she repeated.

'There is only one enemy,' said Father Brown, 'whom it is easier to kill with a dagger than a sword.'

'I know,' said the woman. 'Oneself.'

There was a long silence, and then the priest said quietly but abruptly: 'Am I right, then? Did Sir Claude kill himself?'

'Yes,' she said, with a face like marble. 'I saw him do it.'

'He died,' said Father Brown, 'for love of you?'

An extraordinary expression flashed across her face, very different from pity, modesty, remorse, or anything her companion had expected: her voice became suddenly strong and full. 'I don't believe,' she said, 'he ever cared about me a rap. He hated my husband.'

'Why?' asked the other, and turned his round face from the sky to the lady.

'He hated my husband because . . . it is so strange I hardly know how to say it . . . because . . .'

'Yes?' said Brown patiently.

'Because my husband wouldn't hate him.'

Father Brown only nodded, and seemed still to be listening; he differed from most detectives in fact and fiction in a small point – he never pretended not to understand when he understood perfectly well.

Mrs Boulnois drew near once more with the same contained glow of certainty. 'My husband,' she said, 'is a great man. Sir Claude Champion was not a great man: he was a celebrated and successful man. My husband has never been celebrated or successful; and it is the solemn truth that he has never dreamed of being so. He no more expects to be famous for thinking than for smoking cigars. On all that side he has a sort of splendid stupidity. He has never grown up. He still liked Champion exactly as he liked him at school; he admired him as he would admire a conjuring trick done at the dinner-table. But he couldn't be got to conceive the notion of *envying* Champion. *And Champion wanted to be envied.* He went mad and killed himself for that.'

'Yes,' said Father Brown; 'I think I begin to understand.'

'Oh, don't you see?' she cried; 'the whole picture is made for that – the place is planned for it. Champion put John in a little house at his very door, like a dependant – to make him *feel* a failure. He never felt it. He thinks no more about such things than – than an absentminded lion. Champion would burst in on John's shabbiest hours or homeliest meals with some dazzling present or announcement or expedition that made it like the visit of Haroun Alraschid, and John would accept or refuse amiably with one eye off, so to speak, like one lazy schoolboy agreeing or disagreeing with another. After five years

of it John had not turned a hair; and Sir Claude Champion was a monomaniac.'

'And Haman began to tell them,' said Father Brown, 'of all the things wherein the king had honoured him; and he said: "All these things profit me nothing while I see Mordecai the Jew sitting in the gate."'

'The crisis came,' Mrs Boulnois continued, 'when I persuaded John to let me take down some of his speculations and send them to a magazine. They began to attract attention, especially in America, and one paper wanted to interview him. When Champion (who was interviewed nearly every day) heard of this late little crumb of success falling to his unconscious rival, the last link snapped that held back his devilish hatred. Then he began to lay that insane siege to my own love and honour which has been the talk of the shire. You will ask me why I allowed such atrocious attentions. I answer that I could not have declined them except by explaining to my husband, and there are some things the soul cannot do, as the body cannot fly. Nobody could have explained to my husband. Nobody could do it now. If you said to him in so many words, "Champion is stealing your wife," he would think the joke a little vulgar: that it could be anything but a joke – that notion could find no crack in his great skull to get in by. Well, John was to come and see us act this evening, but just as we were starting he said he wouldn't; he had got an interesting book and a cigar. I told this to Sir Claude, and it was his death-blow. The monomaniac suddenly saw despair. He stabbed himself, crying out like a devil that Boulnois was slaying him; he lies there in the garden dead of his own jealousy to produce jealousy, and John is sitting in the dining-room reading a book.'

There was another silence, and then the little priest said: 'There is only one weak point, Mrs Boulnois, in all your very vivid account. Your husband is not sitting in the dining-room reading a book. That American reporter told me he had been to your house, and your butler told him Mr Boulnois had gone to Pendragon Park after all.'

Her bright eyes widened to an almost electric glare; and yet it seemed rather bewilderment than confusion or fear. 'Why, what can you mean?' she cried. 'All the servants were out of the house, seeing the theatricals. And we don't keep a butler, thank goodness!'

Father Brown started and spun half round like an absurd teetotum. 'What, what?' he cried seeming galvanised into sudden life. 'Look here – I say – can I make your husband hear if I go to the house?'

'Oh, the servants will be back by now,' she said, wondering.

'Right, right!' rejoined the cleric energetically, and set off scuttling up the path towards the Park gates. He turned once to say: 'Better get

hold of that Yankee, or "Crime of John Boulnois" will be all over the Republic in large letters.'

'You don't understand,' said Mrs Boulnois. 'He wouldn't mind. I don't think he imagines that America really is a place.'

When Father Brown reached the house with the beehive and the drowsy dog, a small and neat maid-servant showed him into the dining-room, where Boulnois sat reading by a shaded lamp, exactly as his wife described him. A decanter of port and a wineglass were at his elbow; and the instant the priest entered he noted the long ash stand out unbroken on his cigar.

'He has been here for half an hour at least,' thought Father Brown. In fact, he had the air of sitting where he had sat when his dinner was cleared away.

'Don't get up, Mr Boulnois,' said the priest in his pleasant, prosaic way. 'I shan't interrupt you a moment. I fear I break in on some of your scientific studies.'

'No,' said Boulnois; 'I was reading *The Bloody Thumb*.' He said it with neither frown nor smile, and his visitor was conscious of a certain deep and virile indifference in the man which his wife had called greatness. He laid down a gory yellow 'shocker' without even feeling its incongruity enough to comment on it humorously. John Boulnois was a big, slow-moving man with a massive head, partly grey and partly bald, and blunt, burly features. He was in shabby and very old-fashioned evening dress, with a narrow triangular opening of shirt-front: he had assumed it that evening in his original purpose of going to see his wife act Juliet.

'I won't keep you long from "The Bloody Thumb" or any other catastrophic affairs,' said Father Brown, smiling. 'I only came to ask you about the crime you committed this evening.'

Boulnois looked at him steadily, but a red bar began to show across his broad brow; and he seemed like one discovering embarrassment for the first time.

'I know it was a strange crime,' assented Brown in a low voice. 'Stranger than murder perhaps – to you. The little sins are sometimes harder to confess than the big ones – but that's why it's so important to confess them. Your crime is committed by every fashionable hostess six times a week: and yet you find it sticks to your tongue like a nameless atrocity.'

'It makes one feel,' said the philosopher slowly, 'such a damned fool.'

'I know,' assented the other, 'but one often has to choose between feeling a damned fool and being one.'

'I can't analyse myself well,' went on Boulnois; 'but sitting in that

chair with that story I was as happy as a schoolboy on a half-holiday. It was security, eternity – I can't convey it . . . the cigars were within reach . . . the matches were within reach . . . the *Thumb* had four more appearances to . . . it was not only a peace, but a plenitude. Then that bell rang, and I thought for one long, mortal minute that I couldn't get out of that chair – literally, physically, muscularly couldn't. Then I did it like a man lifting the world, because I knew all the servants were out. I opened the front door, and there was a little man with his mouth open to speak and his notebook open to write in. I remembered the Yankee interviewer I had forgotten. His hair was parted in the middle, and I tell you that murder –'

'I understand,' said Father Brown. 'I've seen him.'

'I didn't commit murder,' continued the Catastrophist mildly, 'but only perjury. I said I had gone across to Pendragon Park and shut the door in his face. That is my crime, Father Brown, and I don't know what penance you would inflict for it.'

'I shan't inflict any penance,' said the clerical gentleman, collecting his heavy hat and umbrella with an air of some amusement; 'quite the contrary. I came here specially to let you off the little penance which would otherwise have followed your little offence.'

'And what,' asked Boulnois, smiling, 'is the little penance I have so luckily been let off?'

'Being hanged,' said Father Brown.

The Fairy Tale of Father Brown

The picturesque city and state of Heiligwaldenstein was one of those toy kingdoms of which certain parts of the German Empire still consist. It had come under the Prussian hegemony quite late in history – hardly fifty years before the fine summer day when Flambeau and Father Brown found themselves sitting in its gardens and drinking its beer. There had been not a little of war and wild justice there within living memory, as soon will be shown. But in merely looking at it one could not dismiss that impression of childishness which is the most charming side of Germany – those little pantomime, paternal monarchies in which a king seems as domestic as a cook. The German soldiers by the innumerable sentry-boxes looked strangely like German toys, and the clean-cut battlements of the castle, gilded by the sunshine, looked the more like the gilt gingerbread. For it was brilliant weather. The sky was as Prussian a blue as Potsdam itself could require, but it was yet more like that lavish and glowing use of the colour which a child extracts from a shilling paint-box. Even the grey-ribbed trees looked young, for the pointed buds on them were still pink, and in a pattern against the strong blue looked like innumerable childish figures.

Despite his prosaic appearance and generally practical walk of life, Father Brown was not without a certain streak of romance in his composition, though he generally kept his daydreams to himself, as many children do. Amid the brisk, bright colours of such a day, and in the heraldic framework of such a town, he did feel rather as if he had entered a fairy tale. He took a childish pleasure, as a younger brother might, in the formidable sword-stick which Flambeau always flung as he walked, and which now stood upright beside his tall mug of Munich. Nay, in his sleepy irresponsibility, he even found himself eyeing the knobbed and clumsy head of his own shabby umbrella, with some faint memories of the ogre's club in a coloured toy-book. But he never composed anything in the form of fiction, unless it be the tale that follows:

'I wonder,' he said, 'whether one would have real adventures in a place like this, if one put oneself in the way? It's a splendid back-scene for them, but I always have a kind of feeling that they would fight you with pasteboard sabres more than real, horrible swords.'

'You are mistaken,' said his friend. 'In this place they not only fight with swords, but kill without swords. And there's worse than that.'

'Why, what do you mean?' asked Father Brown.

'Why,' replied the other, 'I should say this was the only place in Europe where a man was ever shot without firearms.'

'Do you mean a bow and arrow?' asked Brown in some wonder.

'I mean a bullet in the brain,' replied Flambeau. 'Don't you know the story of the late Prince of this place? It was one of the great police mysteries about twenty years ago. You remember, of course, that this place was forcibly annexed at the time of Bismarck's very earliest schemes of consolidation – forcibly, that is, but not at all easily. The empire (or what wanted to be one) sent Prince Otto of Grossenmark to rule the place in the Imperial interests. We saw his portrait in the gallery there – a handsome old gentleman if he'd had any hair or eyebrows, and hadn't been wrinkled all over like a vulture; but he had things to harass him, as I'll explain in a minute. He was a soldier of distinguished skill and success, but he didn't have altogether an easy job with this little place. He was defeated in several battles by the celebrated Arnhold brothers – the three guerrilla patriots to whom Swinburne wrote a poem, you remember:

> Wolves with the hair of the ermine,
> Crows that are crowned and kings –
> These things be many as vermin,
> Yet Three shall abide these things.

Or something of that kind. Indeed, it is by no means certain that the occupation would ever have been successful had not one of the three brothers, Paul, despicably, but very decisively declined to abide these things any longer, and, by surrendering all the secrets of the insurrection, ensured its overthrow and his own ultimate promotion to the post of chamberlain to Prince Otto. After this, Ludwig, the one genuine hero among Mr Swinburne's heroes, was killed, sword in hand, in the capture of the city; and the third, Heinrich, who, though not a traitor, had always been tame and even timid compared with his active brothers, retired into something like a hermitage, became converted to a Christian quietism which was almost Quakerish, and never mixed with men except to give nearly all he had to the poor. They tell me that not long ago he could still be seen about the neighbourhood occasionally, a man in a black cloak, nearly blind, with very wild, white hair, but a face of astonishing softness.'

'I know,' said Father Brown. 'I saw him once.'

His friend looked at him in some surprise. 'I didn't know you'd been here before,' he said. 'Perhaps you know as much about it as I do.

Anyhow, that's the story of the Arnholds, and he was the last survivor of them. Yes, and of all the men who played parts in that drama.'

'You mean that the Prince, too, died long before?'

'Died,' repeated Flambeau, 'and that's about as much as we can say. You must understand that towards the end of his life he began to have those tricks of the nerves not uncommon with tyrants. He multiplied the ordinary daily and nightly guard round his castle till there seemed to be more sentry-boxes than houses in the town, and doubtful characters were shot without mercy. He lived almost entirely in a little room that was in the very centre of the enormous labyrinth of all the other rooms, and even in this he erected another sort of central cabin or cupboard, lined with steel, like a safe or a battleship. Some say that under the floor of this again was a secret hole in the earth, no more than large enough to hold him, so that, in his anxiety to avoid the grave, he was willing to go into a place pretty much like it. But he went further yet. The populace had been supposed to be disarmed ever since the suppression of the revolt, but Otto now insisted, as governments very seldom insist, on an absolute and literal disarmament. It was carried out, with extraordinary thoroughness and severity, by very well-organised officials over a small and familiar area, and, so far as human strength and science can be absolutely certain of anything, Prince Otto was absolutely certain that nobody could introduce so much as a toy pistol into Heiligwaldenstein.'

'Human science can never be quite certain of things like that,' said Father Brown, still looking at the red budding of the branches over his head, 'if only because of the difficulty about definition and connotation. What is a weapon? People have been murdered with the mildest domestic comforts; certainly with tea-kettles, probably with tea-cosies. On the other hand, if you showed an Ancient Briton a revolver, I doubt if he would know it was a weapon – until it was fired into him, of course. Perhaps somebody introduced a firearm so new that it didn't even look like a firearm. Perhaps it looked like a thimble or something. Was the bullet at all peculiar?'

'Not that I ever heard of,' answered Flambeau; 'but my information is fragmentary, and only comes from my old friend Grimm. He was a very able detective in the German service, and he tried to arrest me; I arrested him instead, and we had many interesting chats. He was in charge here of the inquiry about Prince Otto, but I forgot to ask him anything about the bullet. According to Grimm, what happened was this.' He paused a moment to drain the greater part of his dark lager at a draught, and then resumed: 'On the evening in question, it seems, the Prince was expected to appear in one of the outer rooms, because he had to receive certain visitors whom he really wished to meet. They

were geological experts sent to investigate the old question of the alleged supply of gold from the rocks round here, upon which (as it was said) the small city-state had so long maintained its credit and been able to negotiate with its neighbours even under the ceaseless bombardment of bigger armies. Hitherto it had never been found by the most exacting inquiry which could –'

'Which could be quite certain of discovering a toy pistol,' said Father Brown with a smile. 'But what about the brother who ratted? Hadn't he anything to tell the Prince?'

'He always asseverated that he did not know,' replied Flambeau; 'that this was the one secret his brothers had not told him. It is only right to say that it received some support from fragmentary words – spoken by the great Ludwig in the hour of death, when he looked at Heinrich but pointed at Paul, and said, "You have not told *him* . . ." and was soon afterwards incapable of speech. Anyhow, the deputation of distinguished geologists and mineralogists from Paris and Berlin were there in the most magnificent and appropriate dress, for there are no men who like wearing their decorations so much as the men of science – as anybody knows who has ever been to a soirée of the Royal Society. It was a brilliant gathering, but very late, and gradually the Chamberlain – you saw his portrait, too: a man with black eyebrows, serious eyes, and a meaningless sort of smile underneath – the Chamberlain, I say, discovered there was everything there except the Prince himself. He searched all the outer salons; then, remembering the man's mad fits of fear, hurried to the inmost chamber. That also was empty, but the steel turret or cabin erected in the middle of it took some time to open. When it did open it was empty, too. He went and looked into the hole in the ground, which seemed deeper and somehow all the more like a grave – that is his account, of course. And even as he did so he heard a burst of cries and tumult in the long rooms and corridors without.

'First it was a distant din and thrill of something unthinkable on the horizon of the crowd, even beyond the castle. Next it was a wordless clamour startlingly close, and loud enough to be distinct if each word had not killed the other. Next came words of a terrible clearness, coming nearer, and next one man, rushing into the room and telling the news as briefly as such news is told.

'Otto, Prince of Heiligwaldenstein and Grossenmark, was lying in the dews of the darkening twilight in the woods beyond the castle, with his arms flung out and his face flung up to the moon. The blood still pulsed from his shattered temple and jaw, but it was the only part of him that moved like a living thing. He was clad in his full white and yellow uniform, as to receive his guests within, except that the sash or scarf had

been unbound and lay rather crumpled by his side. Before he could be lifted he was dead. But, dead or alive, he was a riddle – he who had always hidden in the inmost chamber out there in the wet woods, unarmed and alone.'

'Who found his body?' asked Father Brown.

'Some girl attached to the Court named Hedwig von something or other,' replied his friend, 'who had been out in the wood picking wild flowers.'

'Had she picked any?' asked the priest, staring rather vacantly at the veil of the branches above him.

'Yes,' replied Flambeau. 'I particularly remember that the Chamberlain, or old Grimm or somebody, said how horrible it was, when they came up at her call, to see a girl holding spring flowers and bending over that – that bloody collapse. However, the main point is that before help arrived he was dead, and the news, of course, had to be carried back to the castle. The consternation it created was something beyond even that natural in a Court at the fall of a potentate. The foreign visitors, especially the mining experts, were in the wildest doubt and excitement, as well as many important Prussian officials, and it soon began to be clear that the scheme for finding the treasure bulked much bigger in the business than people had supposed. Experts and officials had been promised great prizes or international advantages, and some even said that the Prince's secret apartments and strong military protection were due less to fear of the populace than to the pursuit of some private investigation of –'

'Had the flowers got long stalks?' asked Father Brown.

Flambeau stared at him. 'What an odd person you are!' he said. 'That's exactly what old Grimm said. He said the ugliest part of it, he thought – uglier than the blood and bullet – was that the flowers were quite short, plucked close under the head.'

'Of course,' said the priest, 'when a grown up girl is really picking flowers, she picks them with plenty of stalk. If she just pulled their heads off, as a child does, it looks as if –' And he hesitated.

'Well?' enquired the other.

'Well, it looks rather as if she had snatched them nervously, to make an excuse for being there after – well, after she was there.'

'I know what you're driving at,' said Flambeau rather gloomily. 'But that and every other suspicion breaks down on the one point – the want of a weapon. He could have been killed, as you say, with lots of other things – even with his own military sash; but we have to explain not how he was killed, but how he was shot. And the fact is we can't. They had the girl most ruthlessly searched; for, to tell the

truth, she was a little suspect, though the niece and ward of the wicked old Chamberlain, Paul Arnhold. But she was very romantic, and was suspected of sympathy with the old revolutionary enthusiasm in her family. All the same, however romantic you are, you can't imagine a big bullet into a man's jaw or brain without using a gun or pistol. And there was no pistol, though there were two pistol shots. I leave it to you, my friend.'

'How do you know there were two shots?' asked the little priest.

'There was only one in his head,' said his companion, 'but there was another bullet-hole in the sash.'

Father Brown's smooth brow became suddenly constricted. 'Was the other bullet found?' he demanded.

Flambeau started a little. 'I don't think I remember,' he said.

'Hold on! Hold on! Hold on!' cried Brown, frowning more and more, with a quite unusual concentration of curiosity. 'Don't think me rude. Let me think this out for a moment.'

'All right,' said Flambeau, laughing, and finished his beer. A slight breeze stirred the budding trees and blew up into the sky cloudlets of white and pink that seemed to make the sky bluer and the whole coloured scene more quaint. They might have been cherubs flying home to the casements of a sort of celestial nursery. The oldest tower of the castle, the Dragon Tower, stood up as grotesque as the ale-mug, but as homely. Only beyond the tower glimmered the wood in which the man had lain dead.

'What became of this Hedwig eventually?' asked the priest at last.

'She is married to General Schwartz,' said Flambeau. 'No doubt you've heard of his career, which was rather romantic. He had distinguished himself even, before his exploits at Sadowa and Gravelotte; in fact, he rose from the ranks, which is very unusual even in the smallest of the German . . .'

Father Brown sat up suddenly.

'Rose from the ranks!' he cried, and made a mouth as if to whistle. 'Well, well, what a queer story! What a queer way of killing a man; but I suppose it was the only one possible. But to think of hate so patient –'

'What do you mean?' demanded the other. 'In what way did they kill the man?'

'They killed him with the sash,' said Brown carefully; and then, as Flambeau protested: 'Yes, yes, I know about the bullet. Perhaps I ought to say he died of having a sash. I know it doesn't sound like having a disease.'

'I suppose,' said Flambeau, 'that you've got some notion in your head, but it won't easily get the bullet out of his. As I explained before,

he might easily have been strangled. But he was shot. By whom? By what?'

'He was shot by his own orders,' said the priest.

'You mean he committed suicide?'

'I didn't say by his own wish,' replied Father Brown. 'I said by his own orders.'

'Well, anyhow, what is your theory?'

Father Brown laughed. 'I am only on my holiday,' he said. 'I haven't got any theories. Only this place reminds me of fairy stories, and, if you like, I'll tell you a story.'

The little pink clouds, that looked rather like sweetstuff, had floated up to crown the turrets of the gilt gingerbread castle, and the pink baby fingers of the budding trees seemed spreading and stretching to reach them; the blue sky began to take a bright violet of evening, when Father Brown suddenly spoke again: 'It was on a dismal night, with rain still dropping from the trees and dew already clustering, that Prince Otto of Grossenmark stepped hurriedly out of a side door of the castle and walked swiftly into the wood. One of the innumerable sentries saluted him, but he did not notice it. He had no wish to be specially noticed himself. He was glad when the great trees, grey and already greasy with rain, swallowed him up like a swamp. He had deliberately chosen the least frequented side of his palace, but even that was more frequented than he liked. But there was no particular chance of officious or diplomatic pursuit, for his exit had been a sudden impulse. All the full-dressed diplomatists he left behind were unimportant. He had realised suddenly that he could do without them.

'His great passion was not the much nobler dread of death, but the strange desire of gold. For this legend of the gold he had left Grossenmark and invaded Heiligwaldenstein. For this and only this he had bought the traitor and butchered the hero, for this he had long questioned and cross-questioned the false Chamberlain, until he had come to the conclusion that, touching his ignorance, the renegade really told the truth. For this he had, somewhat reluctantly, paid and promised money on the chance of gaining the larger amount; and for this he had stolen out of his palace like a thief in the rain, for he had thought of another way to get the desire of his eyes, and to get it cheap.

'Away at the upper end of a rambling mountain path to which he was making his way, among the pillared rocks along the ridge that hangs above the town, stood the hermitage, hardly more than a cavern fenced with thorn, in which the third of the great brethren had long hidden himself from the world. He, thought Prince Otto, could have no real reason for refusing to give up the gold. He had known its place for years,

and made no effort to find it, even before his new ascetic creed had cut him off from property or pleasures. True, he had been an enemy, but he now professed a duty of having no enemies. Some concession to his cause, some appeal to his principles, would probably get the mere money secret out of him. Otto was no coward, in spite of his network of military precautions, and, in any case, his avarice was stronger than his fears. Nor was there much cause for fear. Since he was certain there were no private arms in the whole principality, he was a hundred times more certain there were none in the Quaker's little hermitage on the hill, where he lived on herbs, with two old rustic servants, and with no other voice of man for year after year. Prince Otto looked down with something of a grim smile at the bright, square labyrinths of the lamp-lit city below him. For as far as the eye could see there ran the rifles of his friends, and not one pinch of powder for his enemies. Rifles ranked so close even to that mountain path that a cry from him would bring the soldiers rushing up the hill, to say nothing of the fact that the wood and ridge were patrolled at regular intervals; rifles so far away, in the dim woods, dwarfed by distance, beyond the river, that an enemy could not slink into the town by any detour. And round the palace rifles at the west door and the east door, at the north door and the south, and all along the four facades linking them. He was safe.

'It was all the more clear when he had crested the ridge and found how naked was the nest of his old enemy. He found himself on a small platform of rock, broken abruptly by the three corners of precipice. Behind was the black cave, masked with green thorn, so low that it was hard to believe that a man could enter it. In front was the fall of the cliffs and the vast but cloudy vision of the valley. On the small rock platform stood an old bronze lectern or reading-stand, groaning under a great German Bible. The bronze or copper of it had grown green with the eating airs of that exalted place, and Otto had instantly the thought, "Even if they had arms, they must be rusted by now." Moonrise had already made a deathly dawn behind the crests and crags, and the rain had ceased.

'Behind the lectern, and looking across the valley, stood a very old man in a black robe that fell as straight as the cliffs around him, but whose white hair and weak voice seemed alike to waver in the wind. He was evidently reading some daily lesson as part of his religious exercises. "They trust in their horses . . ."

'"Sir," said the Prince of Heiligwaldenstein, with quite unusual courtesy, "I should like only one word with you."

'". . . and in their chariots," went on the old man weakly, "but we will trust in the name of the Lord of Hosts . . ." His last words were

inaudible, but he closed the book reverently and, being nearly blind, made a groping movement and gripped the reading-stand. Instantly his two servants slipped out of the low-browed cavern and supported him. They wore dull-black gowns like his own, but they had not the frosty silver on the hair, nor the frost-bitten refinement of the features. They were peasants, Croat or Magyar, with broad, blunt visages and blinking eyes. For the first time something troubled the Prince, but his courage and diplomatic sense stood firm.

"'I fear we have not met," he said, "since that awful cannonade in which your poor brother died."

"'All my brothers died," said the old man, still looking across the valley. Then, for one instant turning on Otto his drooping, delicate features, and the wintry hair that seemed to drip over his eyebrows like icicles, he added: "You see, I am dead, too."

"'I hope you'll understand," said the Prince, controlling himself almost to a point of conciliation, "that I do not come here to haunt you, as a mere ghost of those great quarrels. We will not talk about who was right or wrong in that, but at least there was one point on which we were never wrong, because you were always right. Whatever is to be said of the policy of your family, no one for one moment imagines that you were moved by the mere gold; you have proved yourself above the suspicion that . . ."

'The old man in the black gown had hitherto continued to gaze at him with watery blue eyes and a sort of weak wisdom in his face. But when the word "gold" was said he held out his hand as if in arrest of something, and turned away his face to the mountains.

"'He has spoken of gold," he said. "He has spoken of things not lawful. Let him cease to speak."

'Otto had the vice of his Prussian type and tradition, which is to regard success not as an incident but as a quality. He conceived himself and his like as perpetually conquering peoples who were perpetually being conquered. Consequently, he was ill acquainted with the emotion of surprise, and ill prepared for the next movement, which startled and stiffened him. He had opened his mouth to answer the hermit, when the mouth was stopped and the voice strangled by a strong, soft gag suddenly twisted round his head like a tourniquet. It was fully forty seconds before he even realised that the two Hungarian servants had done it, and that they had done it with his own military scarf.

'The old man went again weakly to his great brazen-supported Bible, turned over the leaves, with a patience that had something horrible about it, till he came to the Epistle of St James, and then began to read: "The tongue is a little member, but – "

'Something in the very voice made the Prince turn suddenly and plunge down the mountain-path he had climbed. He was halfway towards the gardens of the palace before he even tried to tear the strangling scarf from his neck and jaws. He tried again and again, and it was impossible; the men who had knotted that gag knew the difference between what a man can do with his hands in front of him and what he can do with his hands behind his head. His legs were free to leap like an antelope on the mountains, his arms were free to use any gesture or wave any signal, but he could not speak. A dumb devil was in him.

'He had come close to the woods that walled in the castle before he had quite realised what his wordless state meant and was meant to mean. Once more he looked down grimly at the bright, square labyrinths of the lamp-lit city below him, and he smiled no more. He felt himself repeating the phrases of his former mood with a murderous irony. Far as the eye could see ran the rifles of his friends, every one of whom would shoot him dead if he could not answer the challenge. Rifles were so near that the wood and ridge could be patrolled at regular intervals; therefore it was useless to hide in the wood till morning. Rifles were ranked so far away that an enemy could not slink into the town by any detour; therefore it was vain to return to the city by any remote course. A cry from him would bring his soldiers rushing up the hill. But from him no cry would come.

'The moon had risen in strengthening silver, and the sky showed in stripes of bright, nocturnal blue between the black stripes of the pines about the castle. Flowers of some wide and feathery sort – for he had never noticed such things before – were at once luminous and discoloured by the moonshine, and seemed indescribably fantastic as they clustered, as if crawling about the roots of the trees. Perhaps his reason had been suddenly unseated by the unnatural captivity he carried with him, but in that wood he felt something unfathomably German – the fairy tale. He knew with half his mind that he was drawing near to the castle of an ogre – he had forgotten that he was the ogre. He remembered asking his mother if bears lived in the old park at home. He stooped to pick a flower, as if it were a charm against enchantment. The stalk was stronger than he expected, and broke with a slight snap. Carefully trying to place it in his scarf, he heard the halloo, "Who goes there?" Then he remembered the scarf was not in its usual place.

'He tried to scream and was silent. The second challenge came; and then a shot that shrieked as it came and then was stilled suddenly by impact. Otto of Grossenmark lay very peacefully among the fairy trees, and would do no more harm either with gold or steel; only the silver pencil of the moon would pick out and trace here and there the

intricate ornament of his uniform, or the old wrinkles on his brow. May God have mercy on his soul.

'The sentry who had fired, according to the strict orders of the garrison, naturally ran forward to find some trace of his quarry. He was a private named Schwartz, since not unknown in his profession, and what he found was a bald man in uniform, but with his face so bandaged by a kind of mask made of his own military scarf that nothing but open, dead eyes could be seen, glittering stonily in the moonlight. The bullet had gone through the gag into the jaw; that is why there was a shot-hole in the scarf, but only one shot. Naturally, if not correctly, young Schwartz tore off the mysterious silken mask and cast it on the grass; and then he saw whom he had slain.

'We cannot be certain of the next phase. But I incline to believe that there was a fairy tale, after all, in that little wood, horrible as was its occasion. Whether the young lady named Hedwig had any previous knowledge of the soldier she saved and eventually married, or whether she came accidentally upon the accident and their intimacy began that night, we shall probably never know. But we can know, I fancy, that this Hedwig was a heroine, and deserved to marry a man who became something of a hero. She did the bold and the wise thing. She persuaded the sentry to go back to his post, in which place there was nothing to connect him with the disaster; he was but one of the most loyal and orderly of fifty such sentries within call. She remained by the body and gave the alarm; and there was nothing to connect her with the disaster either, since she had not got, and could not have, any firearms.

'Well,' said Father Brown rising cheerfully 'I hope they're happy.'

'Where are you going?' asked his friend.

'I'm going to have another look at that portrait of the Chamberlain, the Arnhold who betrayed his brethren,' answered the priest. 'I wonder what part – I wonder if a man is less a traitor when he is twice a traitor?'

And he ruminated long before the portrait of a white-haired man with black eyebrows and a pink, painted sort of smile that seemed to contradict the black warning in his eyes.

The Incredulity of Father Brown

The Resurrection of Father Brown

There was a brief period during which Father Brown enjoyed, or rather did not enjoy, something like fame. He was a nine days' wonder in the newspapers; he was even a common topic of controversy in the weekly reviews; his exploits were narrated eagerly and inaccurately in any number of clubs and drawing-rooms, especially in America. Incongruous and indeed incredible as it may seem to any one who knew him, his adventures as a detective were even made the subject of short stories appearing in magazines.

Strangely enough, this wandering limelight struck him in the most obscure, or at least the most remote, of his many places of residence. He had been sent out to officiate, as something between a missionary and a parish priest, in one of those sections of the northern coast of South America, where strips of country still cling insecurely to European powers, or are continually threatening to become independent republics, under the gigantic shadow of President Monroe. The population was red and brown with pink spots; that is, it was Spanish-American, and largely Spanish-American-Indian, but there was a considerable and increasing infiltration of Americans of the northern sort – Englishmen, Germans, and the rest. And the trouble seems to have begun when one of these visitors, very recently landed and very much annoyed at having lost one of his bags, approached the first building of which he came in sight – which happened to be the mission-house and chapel attached to it, in front of which ran a long veranda and a long row of stakes, up which were trained the black twisted vines, their square leaves red with autumn. Behind them, also in a row, a number of human beings sat almost as rigid as the stakes, and coloured in some fashion like the vines. For while their broad-brimmed hats were as black as their unblinking eyes, the complexions of many of them might have been made out of the dark red timber of those transatlantic forests. Many of them were smoking very long, thin black cigars; and in all that group the smoke was almost the only moving thing. The visitor would probably have described them as natives, though some of them were very proud of Spanish blood. But he was not one to draw any fine distinction between Spaniards and Red Indians, being rather disposed to dismiss people from the scene when once he had convicted them of being native to it.

He was a newspaper man from Kansas City, a lean, light-haired man with what Meredith called an adventurous nose; one could almost

fancy it found its way by feeling its way and moved like the proboscis of an ant-eater. His name was Snaith, and his parents, after some obscure meditation, had called him Saul, a fact which he had the good feeling to conceal as far as possible. Indeed, he had ultimately compromised by calling himself Paul, though by no means for the same reason that had affected the Apostle of the Gentiles. On the contrary, so far as he had any views on such things, the name of the persecutor would have been more appropriate; for he regarded organised religion with the conventional contempt which can be learnt more easily from Ingersoll than from Voltaire. And this was, as it happened, the not very important side of his character which he turned towards the mission-station and the groups in front of the veranda. Something in their shameless repose and indifference inflamed his own fury of efficiency; and, as he could get no particular answer to his first questions, he began to do all the talking himself.

Standing out there in the strong sunshine, a spick-and-span figure in his Panama hat and neat clothes, his grip-sack held in a steely grip, he began to shout at the people in the shadow. He began to explain to them very loudly why they were lazy and filthy, and bestially ignorant and lower than the beasts that perish, in case this problem should have previously exercised their minds. In his opinion it was the deleterious influence of priests that had made them so miserably poor and so hopelessly oppressed that they were able to sit in the shade and smoke and do nothing.

'And a mighty soft crowd you must be at that,' he said, 'to be bullied by these stuck-up josses because they walk about in their mitres and their tiaras and their gold copes and other glad rags, looking down on everybody else like dirt – being bamboozled by crowns and canopies and sacred umbrellas like a kid at a pantomime; just because a pompous old High Priest of Mumbo-Jumbo looks as if he was the lord of the earth. What about you? What do you look like, you poor simps? I tell you, that's why you're way-back in barbarism and can't read or write and –'

At this point the High Priest of Mumbo-Jumbo came in an undignified hurry out of the door of the mission-house, not looking very like a lord of the earth, but rather like a bundle of black second-hand clothes buttoned round a short bolster in the semblance of a guy. He was not wearing his tiara, supposing him to possess one, but a shabby broad hat not very dissimilar from those of the Spanish Indians, and it was thrust to the back of his head with a gesture of botheration. He seemed just about to speak to the motionless natives when he caught sight of the stranger and said quickly: 'Oh, can I be of any assistance? Would you like to come inside?'

Mr Paul Snaith came inside; and it was the beginning of a considerable increase of that journalist's information on many things. Presumably his journalistic instinct was stronger than his prejudices, as, indeed, it often is in clever journalists; and he asked a good many questions, the answers to which interested and surprised him. He discovered that the Indians could read and write, for the simple reason that the priest had taught them; but that they did not read or write any more than they could help, from a natural preference for more direct communications. He learned that these strange people, who sat about in heaps on the veranda without stirring a hair, could work quite hard on their own patches of land; especially those of them who were more than half Spanish; and he learned with still more astonishment that they all had patches of land that were really their own. That much was part of a stubborn tradition that seemed quite native to natives. But in that also the priest had played a certain part, and by doing so had taken perhaps what was his first and last part in politics, if it was only local politics.

There had recently swept through that region one of those fevers of atheist and almost anarchist Radicalism which break out periodically in countries of the Latin culture, generally beginning in a secret society and generally ending in a civil war and in very little else. The local leader of the iconoclastic party was a certain Alvarez, a rather picturesque adventurer of Portuguese nationality but, as his enemies said, of partly Negro origin, the head of any number of lodges and temples of initiation of the sort that in such places clothe even atheism with something mystical. The leader on the more conservative side was a much more commonplace person, a very wealthy man named Mendoza, the owner of many factories and quite respectable, but not very exciting. It was the general opinion that the cause of law and order would have been entirely lost if it had not adopted a more popular policy of its own, in the form of securing land for the peasants; and this movement had mainly originated from the little mission-station of Father Brown.

While he was talking to the journalist, Mendoza, the Conservative leader, came in. He was a stout, dark man, with a bald head like a pear and a round body also like a pear; he was smoking a very fragrant cigar, but he threw it away, perhaps a little theatrically, when he came into the presence of the priest, as if he had been entering church; and bowed with a curve that in so corpulent a gentleman seemed quite improbable. He was always exceedingly serious in his social gestures, especially towards religious institutions. He was one of those laymen who are much more ecclesiastical than ecclesiastics. It embarrassed Father Brown a good deal, especially when carried thus into private life.

'I think I am an anti-clerical,' Father Brown would say with a faint smile; 'but there wouldn't be half so much clericalism if they would only leave things to the clerics.'

'Why Mr Mendoza,' exclaimed the journalist with a new animation, 'I think we have met before. Weren't you at the Trade Congress in Mexico last year?'

The heavy eyelids of Mr Mendoza showed a flutter of recognition, and he smiled in his slow way. 'I remember.'

'Pretty big business done there in an hour or two,' said Snaith with relish. 'Made a good deal of difference to you, too, I guess.'

'I have been very fortunate,' said Mendoza modestly.

'Don't you believe it!' cried the enthusiastic Snaith. 'Good fortune comes to the people who know when to catch hold; and you caught hold good and sure. But I hope I'm not interrupting your business?'

'Not at all,' said the other. 'I often have the honour of calling on the padre for a little talk. Merely for a little talk.'

It seemed as if this familiarity between Father Brown and a successful and even famous man of business completed the reconciliation between the priest and the practical Mr Snaith. He felt, it might be supposed, a new respectability clothe the station and the mission, and was ready to overlook such occasional reminders of the existence of religion as a chapel and a presbytery can seldom wholly avoid. He became quite enthusiastic about the priest's programme – at least on its secular and social side – and announced himself ready at any moment to act in the capacity of a live wire for its communication to the world at large. And it was at this point that Father Brown began to find the journalist rather more troublesome in his sympathy than in his hostility.

Mr Paul Snaith set out vigorously to feature Father Brown. He sent long and loud eulogies on him across the continent to his newspaper in the Middle West. He took snapshots of the unfortunate cleric in the most commonplace occupations, and exhibited them in gigantic photographs in the gigantic Sunday papers of the United States. He turned his sayings into slogans, and was continually presenting the world with 'A message' from the reverend gentleman in South America. Any stock less strong and strenuously receptive than the American race would have become very much bored with Father Brown. As it was, he received handsome and eager offers to go on a lecturing tour in the States; and when he declined, the terms were raised with expressions of respectful wonder. A series of stories about him, like the stories of Sherlock Holmes, were, by the instrumentality of Mr Snaith, planned out and put before the hero with requests for his assistance and encouragement. As the priest found they had started,

he could offer no suggestion except that they should stop. And this in turn was taken by Mr Snaith as the text for a discussion on whether Father Brown should disappear temporarily over a cliff, in the manner of Dr Watson's hero. To all these demands the priest had patiently to reply in writing, saying that he would consent on such terms to the temporary cessation of the stories and begging that a considerable interval might occur before they began again. The notes he wrote grew shorter and shorter; and as he wrote the last of them, he sighed.

Needless to say, this strange boom in the North reacted on the little outpost in the South where he had expected to live in so lonely an exile. The considerable English and American population already on the spot began to be proud of possessing so widely advertised a person. American tourists, of the sort who land with a loud demand for Westminster Abbey, landed on that distant coast with a loud demand for Father Brown. They were within measurable distance of running excursion trains named after him, and bringing crowds to see him as if he were a public monument. He was especially troubled by the active and ambitious new traders and shopkeepers of the place, who were perpetually pestering him to try their wares and to give them testimonials. Even if the testimonials were not forthcoming, they would prolong the correspondence for the purpose of collecting autographs. As he was a good-natured person they got a good deal of what they wanted out of him; and it was in answer to a particular request from a Frankfurt wine-merchant named Eckstein that he wrote hastily a few words on a card, which were to prove a terrible turning-point in his life.

Eckstein was a fussy little man with fuzzy hair and pince-nez, who was wildly anxious that the priest should not only try some of his celebrated medicinal port, but should let him know where and when he would drink it, in acknowledging its receipt. The priest was not particularly surprised at the request, for he was long past surprise at the lunacies of advertisement. So he scribbled something down and turned to other business which seemed a little more sensible. He was again interrupted, by a note from no less a person than his political enemy Alvarez, asking him to come to a conference at which it was hoped that a compromise on an outstanding question might be reached; and suggesting an appointment that evening at a café just outside the walls of the little town. To this also he sent a message of acceptance by the rather florid and military messenger who was waiting for it; and then, having an hour or two before him, sat down to attempt to get through a little of his own legitimate business. At the end of the time he poured himself out a glass of Mr Eckstein's remarkable wine and, glancing at the clock with a humorous expression, drank it and went out into the night.

Strong moonlight lay on the little Spanish town, so that when he came to the picturesque gateway, with its rather rococo arch and the fantastic fringe of palms beyond it, it looked rather like a scene in a Spanish opera. One long leaf of palm with jagged edges, black against the moon, hung down on the other side of the arch, visible through the archway, and had something of the look of the jaw of a black crocodile. The fancy would not have lingered in his imagination but for something else that caught his naturally alert eye. The air was deathly still, and there was not a stir of wind; but he distinctly saw the pendent palm-leaf move.

He looked around him and realised that he was alone. He had left behind the last houses, which were mostly closed and shuttered, and was walking between two long blank walls built of large and shapeless but flattened stones, tufted here and there with the queer prickly weeds of that region – walls which ran parallel all the way to the gateway. He could not see the lights of the café outside the gate; probably it was too far away. Nothing could be seen under the arch but a wider expanse of large-flagged pavement, pale in the moon, with the straggling prickly pear here and there. He had a strong sense of the smell of evil; he felt queer physical oppression; but he did not think of stopping. His courage, which was considerable, was perhaps even less strong a part of him than his curiosity. All his life he had been led by an intellectual hunger for the truth, even of trifles. He often controlled it in the name of proportion; but it was always there. He walked straight through the gateway, and on the other side a man sprang like a monkey out of the tree-top and struck at him with a knife. At the same moment another man came crawling swiftly along the wall and, whirling a cudgel round his head, brought it down. Father Brown turned, staggered, and sank in a heap, but as he sank there dawned on his round face an expression of mild and immense surprise.

There was living in the same little town at this time another young American, particularly different from Mr Paul Snaith. His name was John Adams Race, and he was an electrical engineer, employed by Mendoza to fit out the old town with all the new conveniences. He was a figure far less familiar in satire and international gossip than that of the American journalist. Yet, as a matter of fact, America contains a million men of the moral type of Race to one of the moral type of Snaith. He was exceptional in being exceptionally good at his job, but in every other way he was very simple. He had begun life as a druggist's assistant in a Western village, and risen by sheer work and merit; but he still regarded his home town as the natural heart of the habitable world. He had been taught a very Puritan, or purely Evangelical, sort of Christianity from the Family Bible at his mother's knee; and in so

far as he had time to have any religion, that was still his religion. Amid all the dazzling lights of the latest and even wildest discoveries, when he was at the very edge and extreme of experiment, working miracles of light and sound like a god creating new stars and solar systems, he never for a moment doubted that the things 'back home' were the best things in the world; his mother and the Family Bible and the quiet and quaint morality of his village. He had as serious and noble a sense of the sacredness of his mother as if he had been a frivolous Frenchman. He was quite sure the Bible religion was really the right thing; only he vaguely missed it wherever he went in the modern world. He could hardly be expected to sympathise with the religious externals of Catholic countries; and in a dislike of mitres and croziers he sympathised with Mr Snaith, though not in so cocksure a fashion. He had no liking for the public bowings and scrapings of Mendoza and certainly no temptation to the masonic mysticism of the atheist Alvarez. Perhaps all that semi-tropical life was too coloured for him, shot with Indian red and Spanish gold. Anyhow, when he said there was nothing to touch his home town, he was not boasting. He really meant that there was somewhere something plain and unpretentious and touching, which he really respected more than anything else in the world. Such being the mental attitude of John Adams Race in a South American station, there had been growing on him for some time a curious feeling, which contradicted all his prejudices and for which he could not account. For the truth was this: that the only thing he had ever met in his travels that in the least reminded him of the old wood-pile and the provincial proprieties and the Bible on his mother's knee was (for some inscrutable reason) the round face and black clumsy umbrella of Father Brown.

He found himself insensibly watching that commonplace and even comic black figure as it went bustling about; watching it with an almost morbid fascination, as if it were a walking riddle or contradiction. He had found something he could not help liking in the heart of everything he hated; it was as if he had been horribly tormented by lesser demons and then found that the Devil was quite an ordinary person.

Thus it happened that, looking out of his window on that moonlit night, he saw the Devil go by, the demon of unaccountable blamelessness, in his broad black hat and long black coat, shuffling along the street towards the gateway, and saw it with an interest which he could not himself understand. He wondered where the priest was going, and what he was really up to; and remained gazing out into the moonlit street long after the little black figure had passed. And then he saw something else that intrigued him further. Two other men whom

he recognised passed across his window as across a lighted stage. A sort of blue limelight of the moon ran in a spectral halo round the big bush of hair that stood erect on the head of little Eckstein, the wine-seller, and it outlined a taller and darker figure with an eagle profile and a queer old-fashioned and very top-heavy black hat, which seemed to make the whole outline still more bizarre, like a shape in a shadow pantomime. Race rebuked himself for allowing the moon to play such tricks with his fancy; for on a second glance he recognised the black Spanish sidewhiskers and high-featured face of Dr Calderon, a worthy medical man of the town, whom he had once found attending professionally on Mendoza. Still, there was something in the way the men were whispering to each other and peering up the street that struck him as peculiar. On a sudden impulse he leapt over the low windowsill and himself went bare-headed up the road, following their trail. He saw them disappear under the dark archway, and a moment after there came a dreadful cry from beyond; curiously loud and piercing, and all the more blood-curdling to Race because it said something very distinctly in some tongue that he did not know.

The next moment there was a rushing of feet, more cries, and then a confused roar of rage or grief that shook the turrets and tall palm trees of the place; there was a movement in the mob that had gathered, as if they were sweeping backwards through the gateway. And then the dark archway resounded with a new voice, this time intelligible to him and falling with the note of doom, as someone shouted through the gateway: 'Father Brown is dead!'

He never knew what prop gave way in his mind, or why something on which he had been counting suddenly failed him; but he ran towards the gateway and was just in time to meet his countryman, the journalist Snaith, coming out of the dark entrance, deadly pale and snapping his fingers nervously.

'It's quite true,' said Snaith, with something which for him approached to reverence. 'He's a goner. The doctor's been looking at him, and there's no hope. Some of these damned Dagos clubbed him as he came through the gate – God knows why. It'll be a great loss to the place.'

Race did not or perhaps could not reply, but ran on under the arch to the scene beyond. The small black figure lay where it had fallen on the wilderness of wide stones starred here and there with green thorn; and the great crowd was being kept back, chiefly by the mere gestures of one gigantic figure in the foreground. For there were many there who swayed hither and thither at the mere movement of his hand, as if he had been a magician.

Alvarez, the dictator and demagogue, was a tall, swaggering figure,

always rather flamboyantly clad, and on this occasion he wore a green uniform with embroideries like silver snakes crawling all over it, with an order round his neck hung on a very vivid maroon ribbon. His close curling hair was already grey, and in contrast his complexion, which his friends called olive and his foes octoroon, looked almost literally golden, as if it were a mask moulded in gold. But his large-featured face, which was powerful and humorous, was at this moment properly grave and grim. He had been waiting, he explained, for Father Brown at the café when he had heard a rustle and a fall and, coming out, had found the corpse lying on the flagstones.

'I know what some of you are thinking,' he said, looking round proudly, 'and if you are afraid of me – as you are – I will say it for you. I am an atheist; I have no god to call on for those who will not take my word. But I tell you in the name of every root of honour that may be left to a soldier and a man, that I had no part in this. If I had the men here that did it, I would rejoice to hang them on that tree.'

'Naturally we are glad to hear you say so,' said old Mendoza stiffly and solemnly, standing by the body of his fallen coadjutor. 'This blow has been too appalling for us to say what else we feel at present. I suggest that it will be more decent and proper if we remove my friend's body and break up this irregular meeting. I understand,' he added gravely to the doctor, 'that there is unfortunately no doubt.'

'There is no doubt,' said Dr Calderon.

John Race went back to his lodgings sad and with a singular sense of emptiness. It seemed impossible that he should miss a man whom he never knew. He learned that the funeral was to take place next day; for all felt that the crisis should be past as quickly as possible, for fear of riots that were hourly growing more probable. When Snaith had seen the row of Red Indians sitting on the veranda, they might have been a row of ancient Aztec images carved in red wood. But he had not seen them as they were when they heard that the priest was dead.

Indeed they would certainly have risen in revolution and lynched the republican leader, if they had not been immediately blocked by the direct necessity of behaving respectfully to the coffin of their own religious leader. The actual assassins, whom it would have been most natural to lynch, seemed to have vanished into thin air. Nobody knew their names; and nobody would ever know whether the dying man had even seen their faces. That strange look of surprise that was apparently his last look on earth might have been the recognition of their faces. Alvarez repeated violently that it was no work of his, and attended the funeral, walking behind the coffin in his splendid silver and green uniform with a sort of bravado of reverence.

Behind the veranda a flight of stone steps scaled a very steep green bank, fenced by a cactus-hedge, and up this the coffin was laboriously lifted to the ground above, and placed temporarily at the foot of the great gaunt crucifix that dominated the road and guarded the consecrated ground. Below in the road were great seas of people lamenting and telling their beads – an orphan population that had lost a father. Despite all these symbols that were provocative enough to him, Alvarez behaved with restraint and respect; and all would have gone well – as Race told himself – had the others only let him alone.

Race told himself bitterly that old Mendoza had always looked like an old fool and had now very conspicuously and completely behaved like an old fool. By a custom common in simpler societies, the coffin was left open and the face uncovered, bringing the pathos to the point of agony for all those simple people. This, being consonant to tradition, need have done no harm; but some officious person had added to it the custom of the French freethinkers, of having speeches by the graveside. Mendoza proceeded to make a speech – a rather long speech, and the longer it was, the longer and lower sank John Race's spirits and sympathies with the religious ritual involved. A list of saintly attributes, apparently of the most antiquated sort, was rolled out with the dilatory dullness of an after-dinner speaker who does not know how to sit down. That was bad enough; but Mendoza had also the ineffable stupidity to start reproaching and even taunting his political opponents. In three minutes he had succeeded in making a scene, and a very extraordinary scene it was.

'We may well ask,' he said, looking around him pompously; 'we may well ask where such virtues can be found among those who have madly abandoned the creed of their fathers. It is when we have atheists among us, atheist leaders, nay sometimes even atheist rulers, that we find their infamous philosophy bearing fruit in crimes like this. If we ask who murdered this holy man, we shall assuredly find –'

Africa of the forests looked out of the eyes of Alvarez the hybrid adventurer; and Race fancied he could see suddenly that the man was after all a barbarian, who could not control himself to the end; one might guess that all his 'illuminated' transcendentalism had a touch of Voodoo. Anyhow, Mendoza could not continue, for Alvarez had sprung up and was shouting back at him and shouting him down, with infinitely superior lungs.

'Who murdered him?' he roared. 'Your God murdered him! His own God murdered him! According to you, he murders all his faithful and foolish servants – as he murdered *that* one,' and he made a violent gesture, not towards the coffin but the crucifix. Seeming to control

himself a little, he went on in a tone still angry but more argumentative: 'I don't believe it, but you do. Isn't it better to have no God than one that robs you in this fashion? I, at least, am not afraid to say that there is none. There is no power in all this blind and brainless universe that can hear your prayer or return your friend. Though you beg Heaven to raise him, he will not rise. Though I dare Heaven to raise him, he will not rise. Here and now I will put it to the test – I defy the God who is not there to waken the man who sleeps for ever.'

There was a shock of silence, and the demagogue had made his sensation.

'We might have known,' cried Mendoza in a thick gobbling voice, 'when we allowed such men as you –'

A new voice cut into his speech; a high and shrill voice with a Yankee accent.

'Stop! Stop!' cried Snaith the journalist; 'something's up! I swear I saw him move.'

He went racing up the steps and rushed to the coffin, while the mob below swayed with indescribable frenzies. The next moment he had turned a face of amazement over his shoulder and made a signal with his finger to Dr Calderon, who hastened forward to confer with him. When the two men stepped away again from the coffin, all could see that the position of the head had altered. A roar of excitement rose from the crowd and seemed to stop suddenly, as if cut off in mid-air; for the priest in the coffin gave a groan and raised himself on one elbow, looking with bleared and blinking eyes at the crowd.

John Adams Race, who had hitherto known only miracles of science, never found himself able in after years to describe the topsy-turvydom of the next few days. He seemed to have burst out of the world of time and space, and to be living in the impossible. In half an hour the whole of that town and district had been transformed into something never known for a thousand years; a mediaeval people turned to a mob of monks by a staggering miracle; a Greek city where the god had descended among men. Thousands prostrated themselves in the road; hundreds took vows on the spot; and even the outsiders, like the two Americans, were able to think and speak of nothing but the prodigy. Alvarez himself was shaken, as well he might be; and sat down, with his head upon his hands.

And in the midst of all this tornado of beatitude was a little man struggling to be heard. His voice was small and faint, and the noise was deafening. He made weak little gestures that seemed more those of irritation than anything else. He came to the edge of the parapet above the crowd, waving it to be quiet, with movements rather like the flap

of the short wings of a penguin. There was something a little more like a lull in the noise; and then Father Brown for the first time reached the utmost stretch of the indignation that he could launch against his children.

'Oh, you *silly* people,' he said in a high and quavering voice; 'Oh, you silly, *silly* people.'

Then he suddenly seemed to pull himself together, made a bolt for the steps with his more normal gait, and began hurriedly to descend.

'Where are you going, Father?' said Mendoza, with more than his usual veneration.

'To the telegraph office,' said Father Brown hastily. 'What? No; of course it's not a miracle. Why should there be a miracle? Miracles are not so cheap as all that.'

And he came tumbling down the steps, the people flinging themselves before him to implore his blessing.

'Bless you, bless you,' said Father Brown hastily. 'God bless you all and give you more sense.'

And he scuttled away with extraordinary rapidity to the telegraph office, where he wired to his Bishop's secretary: 'There is some mad story about a miracle here; hope his lordship not give authority. Nothing in it.'

As he turned away from his effort, he tottered a little with the reaction, and John Race caught him by the arm.

'Let me see you home,' he said; 'you deserve more than these people are giving you.'

John Race and the priest were seated in the presbytery; the table was still piled up with the papers with which the latter had been wrestling the day before; the bottle of wine and the emptied wineglass still stood where he had left them.

'And now,' said Father Brown almost grimly, 'I can begin to think.'

'I shouldn't think too hard just yet,' said the American. 'You must be wanting a rest. Besides, what are you going to think about?'

'I have pretty often had the task of investigating murders, as it happens,' said Father Brown. 'Now I have got to investigate my own murder.'

'If I were you,' said Race, 'I should take a little wine first.'

Father Brown stood up and filled himself another glass, lifted it, looked thoughtfully into vacancy, and put it down again. Then he sat down once more and said:

'Do you know what I felt like when I died? You may not believe it, but my feeling was one of overwhelming astonishment.'

'Well,' answered Race, 'I suppose you were astonished at being knocked on the head.'

Father Brown leaned over to him and said in a low voice, 'I was astonished at not being knocked on the head.'

Race looked at him for a moment as if he thought the knock on the head had been only too effective; but he only said: 'What do you mean?'

'I mean that when that man brought his bludgeon down with a great swipe, it stopped at my head and did not even touch it. In the same way, the other fellow made as if to strike me with a knife, but he never gave me a scratch. It was just like play-acting. I think it was. But then followed the extraordinary thing.'

He looked thoughtfully at the papers on the table for a moment and then went on: 'Though I had not even been touched with knife or stick, I began to feel my legs doubling up under me and my very life failing. I knew I was being struck down by something, but it was not by those weapons. Do you know what I think it was?' And he pointed to the wine on the table.

Race picked up the wineglass and looked at it and smelt it.

'I think you are right,' he said. 'I began as a druggist and studied chemistry. I couldn't say for certain without an analysis; but I think there's something very unusual in this stuff. There are drugs by which the Asiatics produce a temporary sleep that looks like death.'

'Quite so,' said the priest calmly.' The whole of this miracle was faked, for some reason or other. That funeral scene was staged – and timed. I think it is part of that raving madness of publicity that has got hold of Snaith; but I can hardly believe he would go quite so far, merely for that. After all, it's one thing to make copy out of me and run me as a sort of sham Sherlock Holmes, and –'

Even as the priest spoke his face altered. His blinking eyelids shut suddenly and he stood up as if he were choking. Then he put one wavering hand as if groping his way towards the door.

'Where are you going?' asked the other in some wonder.

'If you ask me,' said Father Brown, who was quite white, 'I was going to pray. Or rather, to praise.'

'I'm not sure I understand. What is the matter with you?'

'I was going to praise God for having so strangely and so incredibly saved me – saved me by an inch.'

'Of course,' said Race, 'I am not of your religion; but believe me, I have religion enough to understand that. Of course, you would thank God for saving you from death.'

'No,' said the priest. 'Not from death. From disgrace.'

The other sat staring; and the priest's next words broke out of him with a sort of cry. 'And if it had only been my disgrace! But it was the disgrace of all I stand for; the disgrace of the Faith that they went about to encompass. What it might have been! The most huge and horrible scandal ever launched against us since the last lie was choked in the throat of Titus Oates.'

'What on earth are you talking about?' demanded his companion.

'Well, I had better tell you at once,' said the priest; and sitting down, he went on more composedly: 'It came to me in a flash when I happened to mention Snaith and Sherlock Holmes. Now I happen to remember what I wrote about his absurd scheme; it was the natural thing to write, and yet I think they had ingeniously manoeuvred me into writing just those words. They were something like 'I am ready to die and come to life again like Sherlock Holmes, if that is the best way.' And the moment I thought of that, I realised that I had been made to write all sorts of things of that kind, all pointing to the same idea. I wrote, as if to an accomplice, saying that I would drink the drugged wine at a particular time. Now, don't you see?'

Race sprang to his feet still staring: 'Yes,' he said, 'I think I began to see.'

'*They* would have boomed the miracle. Then *they* would have bust up the miracle. And what is the worst, they would have proved that I was in the conspiracy. It would have been *our* sham miracle. That's all there is to it; and about as near hell as you and I will ever be, I hope.'

Then he said, after a pause, in quite a mild voice: 'They certainly would have got quite a lot of good copy out of me.'

Race looked at the table and said darkly: 'How many of these brutes were in it?'

Father Brown shook his head. 'More than I like to think of,' he said; 'but I hope some of them were only tools. Alvarez might think that all's fair in war, perhaps; he has a queer mind. I'm very much afraid that Mendoza is an old hypocrite; I never trusted him, and he hated my action in an industrial matter. But all that will wait; I have only got to thank God for the escape. And especially that I wired at once to the Bishop.'

John Race appeared to be very thoughtful. 'You've told me a lot I didn't know,' he said at last, 'and I feel inclined to tell you the only thing you don't know. I can imagine how those fellows calculated well enough. They thought any man alive, waking up in a coffin to find himself canonised like a saint, and made into a walking miracle for everyone to admire, would be swept along with his worshippers and accept the crown of glory that fell on him out the sky. And I reckon

their calculation was pretty practical psychology, as men go. I've seen all sorts of men in all sorts of places; and I tell you frankly I don't believe there's one man in a thousand who could wake up like that with all his wits about him; and while he was still almost talking in his sleep, would have the sanity and the simplicity and the humility to –' He was much surprised to find himself moved, and his level voice wavering.

Father Brown was gazing abstractedly, and in a rather cockeyed fashion, at the bottle on the table. 'Look here,' he said, 'what about a bottle of real wine?'

The Arrow of Heaven

It is to be feared that about a hundred detective stories have begun with the discovery that an American millionaire has been murdered; an event which is, for some reason, treated as a sort of calamity. This story, I am happy to say, has to begin with a murdered millionaire; in one sense, indeed, it has to begin with three murdered millionaires, which some may regard as an *embarras de richesse*. But it was chiefly this coincidence or continuity of criminal policy that took the whole affair out of the ordinary run of criminal cases and made it the extraordinary problem that it was.

It was very generally said that they had all fallen victims to some vendetta or curse attaching to the possession of a relic of great value both intrinsically and historically: a sort of chalice inlaid with precious stones and commonly called the Coptic Cup. Its origin was obscure, but its use was conjectured to be religious; and some attributed the fate that followed its possessors to the fanaticism of some Oriental Christian horrified at its passing through such materialistic hands. But the mysterious slayer, whether or no he was such a fanatic, was already a figure of lurid and sensational interest in the world of journalism and gossip. The nameless being was provided with a name, or a nickname. But it is only with the story of the third victim that we are now concerned; for it was only in this case that a certain Father Brown, who is the subject of these sketches, had an opportunity of making his presence felt.

When Father Brown first stepped off an Atlantic liner on to American soil, he discovered as many other Englishman has done, that he was a much more important person than he had ever supposed. His short figure, his short-sighted and undistinguished countenance, his rather rusty-black clerical clothes, could pass through any crowd in his own country without being noticed as anything unusual, except perhaps unusually insignificant. But America has a genius for the encouragement of fame; and his appearance in one or two curious criminal problems, together with his long association with Flambeau, the ex-criminal and detective, had consolidated a reputation in America out of what was little more than a rumour in England. His round face was blank with surprise when he found himself held up on the quay by a group of journalists, as by a gang of brigands, who asked him questions about all the subjects on which he was least likely to regard himself as an

authority, such as the details of female dress and the criminal statistics of the country that he had only that moment clapped his eyes on. Perhaps it was the contrast with the black embattled solidarity of this group that made more vivid another figure that stood apart from it, equally black against the burning white daylight of that brilliant place and season, but entirely solitary; a tall, rather yellow-faced man in great goggles, who arrested him with a gesture when the journalists had finished and said: 'Excuse me, but maybe you are looking for Captain Wain.'

Some apology may be made for Father Brown; for he himself would have been sincerely apologetic. It must be remembered that he had never seen America before, and more especially that he had never seen that sort of tortoise-shell spectacles before; for the fashion at this time had not spread to England. His first sensation was that of gazing at some goggling sea-monster with a faint suggestion of a diver's helmet. Otherwise the man was exquisitely dressed; and to Brown, in his innocence, the spectacles seemed the queerest disfigurement for a dandy. It was as if a dandy had adorned himself with a wooden leg as an extra touch of elegance. The question also embarrassed him. An American aviator of the name of Wain, a friend of some friends of his own in France, was indeed one of a long list of people he had some hope of seeing during his American visit; but he had never expected to hear of him so soon.

'I beg your pardon,' he said doubtfully, 'are you Captain Wain? Do you – do you know him?'

'Well, I'm pretty confident I'm not Captain Wain,' said the man in goggles, with a face of wood. 'I was pretty clear about that when I saw him waiting for you over there in the car. But the other question's a bit more problematical. I reckon I know Wain and his uncle, and old man Merton, too. I know old man Merton, but old man Merton don't know me. And he thinks he has the advantage, and I think I have the advantage. See?'

Father Brown did not quite see. He blinked at the glittering seascape and the pinnacles of the city, and then at the man in goggles. It was not only the masking of the man's eyes that produced the impression of something impenetrable. Something in his yellow face was almost Asiatic, even Chinese; and his conversation seemed to consist of stratified layers of irony. He was a type to be found here and there in that hearty and sociable population; he was the inscrutable American.

'My name's Drage,' he said, 'Norman Drage, and I'm an American citizen, which explains everything. At least I imagine your friend Wain would like to explain the rest; so we'll postpone the Fourth of July till another date.'

Father Brown was dragged in a somewhat dazed condition towards a car at some little distance, in which a young man with tufts of untidy yellow hair and a rather harassed and haggard expression, hailed him from afar, and presented himself as Peter Wain. Before he knew where he was he was stowed in the car and travelling with considerable speed through and beyond the city. He was unused to the impetuous practicality of such American action, and felt about as bewildered as if a chariot drawn by dragons had carried him away into fairyland. It was under these disconcerting conditions that he heard for the first time, in long monologues from Wain, and short sentences from Drage, the story of the Coptic Cup and the two crimes already connected with it.

It seemed that Wain had an uncle named Crake who had a partner named Merton, who was number three in the series of rich business men to whom the cup had belonged. The first of them, Titus P. Trant, the Copper King, had received threatening letters from somebody signing himself Daniel Doom. The name was presumably a pseudonym, but it had come to stand for a very public if not a very popular character; for somebody as well known as Robin Hood and Jack the Ripper combined. For it soon became clear that the writer of the threatening letter did not confine himself to threatening. Anyhow, the upshot was that old Trant was found one morning with his head in his own lily-pond, and there was not the shadow of a clue. The cup was, fortunately, safe in the bank; and it passed with the rest of Trant's property to his cousin, Brian Horder, who was also a man of great wealth and who was also threatened by the nameless enemy. Brian Horder was picked up dead at the foot of a cliff outside his seaside residence, at which there was a burglary, this time on a large scale. For though the cup apparently again escaped, enough bonds and securities were stolen to leave Horder's financial affairs in confusion.

'Brian Horder's widow,' explained Wain, 'had to sell most of his valuables, I believe, and Brander Merton must have purchased the cup at that time, for he had it when I first knew him. But you can guess for yourself that it's not a very comfortable thing to have.'

'Has Mr Merton ever had any of the threatening letters?' asked Father Brown, after a pause.

'I imagine he has,' said Mr Drage; and something in his voice made the priest look at him curiously, until he realised that the man in goggles was laughing silently, in a fashion that gave the newcomer something of a chill.

'I'm pretty sure he has,' said Peter Wain, frowning. 'I've not seen the letters, only his secretary sees any of his letters, for he is pretty reticent about business matters, as big business men have to be. But I've seen

him real upset and annoyed with letters; and letters that he tore up, too, before even his secretary saw them. The secretary himself is getting nervous and says he is sure somebody is laying for the old man; and the long and the short of it is, that we'd be very grateful for a little advice in the matter. Everybody knows your great reputation, Father Brown, and the secretary asked me to see if you'd mind coming straight out to the Merton house at once.'

'Oh, I see,' said Father Brown, on whom the meaning of this apparent kidnapping began to dawn at last. 'But, really, I don't see that I can do any more than you can. You're on the spot, and must have a hundred times more data for a scientific conclusion than a chance visitor.'

'Yes,' said Mr Drage dryly; 'our conclusions are much too scientific to be true. I reckon if anything hit a man like Titus P. Trant, it just came out of the sky without waiting for any scientific explanation. What they call a bolt from the blue.'

'You can't possibly mean,' cried Wain, 'that it was supernatural!'

But it was by no means easy at any time to discover what Mr Drage could possibly mean; except that if he said somebody was a real smart man, he very probably meant he was a fool. Mr Drage maintained an Oriental immobility until the car stopped, a little while after, at what was obviously their destination. It was rather a singular place. They had been driving through a thinly wooded country that opened into a wide plain, and just in front of them was a building consisting of a single wall or very high fence, round, like a Roman camp, and having rather the appearance of an aerodrome. The barrier did not look like wood or stone, and closer inspection proved it to be of metal.

They all alighted from the car, and one small door in the wall was slid open with considerable caution, after manipulations resembling the opening of a safe. But, much to Father Brown's surprise, the man called Norman Drage showed no disposition to enter, but took leave of them with sinister gaiety.

'I won't come in,' he said. 'It 'ud be too much pleasurable excitement for old man Merton, I reckon. He loves the sight of me so much that he'd die of joy.'

And he strode away, while Father Brown, with increasing wonder, was admitted through the steel door which instantly clicked behind him. Inside was a large and elaborate garden of gay and varied colours, but entirely without any trees or tall shrubs or flowers. In the centre of it rose a house of handsome and even striking architecture, but so high and narrow as rather to resemble a tower. The burning sunlight gleamed on glass roofing here and there at the top, but there seemed to be no windows at all in the lower part of it. Over everything was

that spotless and sparkling cleanliness that seemed so native to the clear American air. When they came inside the portal, they stood amid resplendent marble and metals and enamels of brilliant colours, but there was no staircase. Nothing but a single shaft for a lift went up the centre between the solid walls, and the approach to it was guarded by heavy, powerful men like plain-clothes policemen.

'Pretty elaborate protection, I know,' said Wain. 'Maybe it makes you smile a little, Father Brown, to find Merton has to live in a fortress like this without even a tree in the garden for anyone to hide behind. But you don't know what sort of proposition we're up against in this country. And perhaps you don't know just what the name of Brander Merton means. He's a quiet-looking man enough, and anybody might pass him in the street; not that they get much chance nowadays, for he can only go out now and then in a closed car. But if anything happened to Brander Merton there'd be earthquakes from Alaska to the Cannibal Islands. I fancy there was never a king or emperor who had such power over the nations as he has. After all, I suppose if you'd been asked to visit the tsar, or the king of England, you'd have had the curiosity to go. You mayn't care much for tsars or millionaires; but it just means that power like that is always interesting. And I hope it's not against your principles to visit a modern sort of emperor like Merton.'

'Not at all,' said Father Brown, quietly. 'It is my duty to visit prisoners and all miserable men in captivity.'

There was a silence, and the young man frowned with a strange and almost shifty look on his lean face. Then he said, abruptly: 'Well, you've got to remember it isn't only common crooks or the Black Hand that's against him. This Daniel Doom is pretty much like the devil. Look how he dropped Trant in his own gardens and Horder outside his house, and got away with it.'

The top floor of the mansion, inside the enormously thick walls, consisted of two rooms; an outer room which they entered, and an inner room that was the great millionaire's sanctum. They entered the outer room just as two other visitors were coming out of the inner one. One was hailed by Peter Wain as his uncle – a small but very stalwart and active man with a shaven head that looked bald, and a brown face that looked almost too brown to have ever been white. This was old Crake, commonly called Hickory Crake in reminiscence of the more famous Old Hickory, because of his fame in the last Red Indian wars. His companion was a singular contrast – a very dapper gentleman with dark hair like a black varnish and a broad, black ribbon to his monocle: Barnard Blake, who was old Merton's lawyer and had been discussing with the partners the business of the firm. The four men met in the

middle of the outer room and paused for a little polite conversation, in the act of respectively going and coming. And through all goings and comings another figure sat at the back of the room near the inner door, massive and motionless in the half-light from the inner window; a man with a Negro face and enormous shoulders. This was what the humorous self-criticism of America playfully calls the Bad Man; whom his friends might call a bodyguard and his enemies a bravo.

This man never moved or stirred to greet anybody; but the sight of him in the outer room seemed to move Peter Wain to his first nervous query.

'Is anybody with the chief?' he asked.

'Don't get rattled, Peter,' chuckled his uncle. 'Wilton the secretary is with him, and I hope that's enough for anybody. I don't believe Wilton ever sleeps for watching Merton. He is better than twenty bodyguards. And he's quick and quiet as an Indian.'

'Well, you ought to know,' said his nephew, laughing. 'I remember the Red Indian tricks you used to teach me when I was a boy and liked to read Red Indian stories. But in my Red Indian stories Red Indians seemed always to have the worst of it.'

'They didn't in real life,' said the old frontiersman grimly.

'Indeed?' enquired the bland Mr Blake. 'I should have thought they could do very little against our firearms.'

'I've seen an Indian stand under a hundred guns with nothing but a little scalping-knife and kill a white man standing on the top of a fort,' said Crake.

'Why, what did he do with it?' asked the other.

'Threw it,' replied Crake, 'threw it in a flash before a shot could be fired. I don't know where he learnt the trick.'

'Well, I hope you didn't learn it,' said his nephew, laughing.

'It seems to me,' said Father Brown, thoughtfully, 'that the story might have a moral.'

While they were speaking Mr Wilton, the secretary, had come out of the inner room and stood waiting; a pale, fair-haired man with a square chin and steady eyes with a look like a dog's; it was not difficult to believe that he had the single – eye of a watchdog.

He only said, 'Mr Merton can see you in about ten minutes,' but it served for a signal to break up the gossiping group. Old Crake said he must be off, and his nephew went out with him and his legal companion, leaving Father Brown for the moment alone with his secretary; for the negroid giant at the other end of the room could hardly be felt as if he were human or alive; he sat so motionless with his broad back to them, staring towards the inner room.

'Arrangements rather elaborate here, I'm afraid,' said the secretary. 'You've probably heard all about this Daniel Doom, and why it isn't safe to leave the boss very much alone.'

'But he is alone just now, isn't he?' said Father Brown.

The secretary looked at him with grave, grey eyes. 'For fifteen minutes,' he said. 'For fifteen minutes out of the twenty-four hours. That is all the real solitude he has; and that he insists on, for a pretty remarkable reason.'

'And what is the reason?' enquired the visitor. Wilton, the secretary, continued his steady gaze, but his mouth, that had been merely grave, became grim.

'The Coptic Cup,' he said. 'Perhaps you've forgotten the Coptic Cup; but he hasn't forgotten that or anything else. He doesn't trust any of us about the Coptic Cup. It's locked up somewhere and somehow in that room so that only he can find it; and he won't take it out till we're all out of the way. So we have to risk that quarter of an hour while he sits and worships it; I reckon it's the only worshipping he does. Not that there's any risk really; for I've turned all this place into a trap I don't believe the devil himself could get into – or at any rate, get out of. If this infernal Daniel Doom pays us a visit, he'll stay to dinner and a good bit later, by God! I sit here on hot bricks for the fifteen minutes, and the instant I heard a shot or a sound of struggle I'd press this button and an electrocuting current would run in a ring round that garden wall, so that it 'ud be death to cross or climb it. Of course, there couldn't be a shot, for this is the only way in; and the only window he sits at is away up on the top of a tower as smooth as a greasy pole. But, anyhow, we're all armed here, of course; and if Doom did get into that room he'd be dead before he got out.'

Father Brown was blinking at the carpet in a brown study. Then he said suddenly, with something like a jerk: 'I hope you won't mind my mentioning it, but a kind of a notion came into my head just this minute. It's about you.'

'Indeed,' remarked Wilton, 'and what about me?'

'I think you are a man of one idea,' said Father Brown, 'and you will forgive me for saying that it seems to be even more the idea of catching Daniel Doom than of defending Brander Merton.'

Wilton started a little and continued to stare at his companion; then very slowly his grim mouth took on a rather curious smile. 'How did you – what makes you think that?' he asked.

'You said that if you heard a shot you could instantly electrocute the escaping enemy,' remarked the priest. 'I suppose it occurred to you that the shot might be fatal to your employer before the shock

was fatal to his foe. I don't mean that you wouldn't protect Mr Merton
if you could, but it seems to come rather second in your thoughts.
The arrangements are very elaborate, as you say, and you seem to
have elaborated them. But they seem even more designed to catch a
murderer than to save a man.'

'Father Brown,' said the secretary, who had recovered his quiet tone,
'you're very smart, but there's something more to you than smartness.
Somehow you're the sort of man to whom one wants to tell the truth;
and besides, you'll probably hear it, anyhow, for in one way it's a joke
against me already. They all say I'm a monomaniac about running
down this big crook, and perhaps I am. But I'll tell you one thing that
none of them know. My full name is John Wilton Border.' Father Brown
nodded as if he were completely enlightened, but the other went on.

'This fellow who calls himself Doom killed my father and uncle and
ruined my mother. When Merton wanted a secretary I took the job,
because I thought that where the cup was the criminal might sooner or
later be. But I didn't know who the criminal was and could only wait for
him; and I meant to serve Merton faithfully.'

'I understand,' said Father Brown gently; 'and, by the way, isn't it
time that we attended on him?'

'Why, yes,' answered Wilton, again starting a little out of his
brooding so that the priest concluded that his vindictive mania had
again absorbed him for a moment. 'Go in now by all means.'

Father Brown walked straight into the inner room. No sound of
greetings followed, but only a dead silence; and a moment after the
priest reappeared in the doorway.

At the same moment the silent bodyguard sitting near the door
moved suddenly; and it was as if a huge piece of furniture had come to
life. It seemed as though something in the very attitude of the priest had
been a signal; for his head was against the light from the inner window
and his face was in shadow.

'I suppose you will press that button,' he said with a sort of sigh.

Wilton seemed to awake from his savage brooding with a bound and
leapt up with a catch in his voice.

'There was no shot,' he cried.

'Well,' said Father Brown, 'it depends what you mean by a shot.'

Wilton rushed forward, and they plunged into the inner room
together. It was a comparatively small room and simply though elegantly
furnished. Opposite to them one wide window stood open, overlooking
the garden and the wooded plain. Close up against the window stood a
chair and a small table, as if the captive desired as much air and light as
was allowed him during his brief luxury of loneliness.

On the little table under the window stood the Coptic Cup; its owner had evidently been looking at it in the best light. It was well worth looking at, for that white and brilliant daylight turned its precious stones to many-coloured flames so that it might have been a model of the Holy Grail. It was well worth looking at; but Brander Merton was not looking at it. For his head had fallen back over his chair, his mane of white hair hanging towards the floor, and his spike of grizzled beard thrust up towards the ceiling, and out of his throat stood a long, brown painted arrow with red feathers at the other end.

'A silent shot,' said Father Brown, in a low voice; 'I was just wondering about those new inventions for silencing firearms. But this is a very old invention, and quite as silent.'

Then, after a moment, he added: 'I'm afraid he is dead. What are you going to do?'

The pale secretary roused himself with abrupt resolution. 'I'm going to press that button, of course,' he said, 'and if that doesn't do for Daniel Doom, I'm going to hunt him through the world till I find him.'

'Take care it doesn't do for any of our friends,' observed Father Brown; 'they can hardly be far off; we'd better call them.'

'That lot know all about the wall,' answered Wilton. 'None of them will try to climb it, unless one of them . . . is in a great hurry.'

Father Brown went to the window by which the arrow had evidently entered and looked out. The garden, with its flat flowerbeds, lay far below like a delicately coloured map of the world. The whole vista seemed so vast and empty, the tower seemed set so far up in the sky that as he stared out a strange phrase came back to his memory.

'A bolt from the blue,' he said. 'What was that somebody said about a bolt from the blue and death coming out of the sky? Look how far away everything looks; it seems extraordinary that an arrow could come so far, unless it were an arrow from heaven.'

Wilton had returned, but did not reply, and the priest went on as in soliloquy. 'One thinks of aviation. We must ask young Wain . . . about aviation.'

'There's a lot of it round here,' said the secretary.

'Case of very old or very new weapons,' observed Father Brown. 'Some would be quite familiar to his old uncle, I suppose; we must ask him about arrows. This looks rather like a Red Indian arrow. I don't know where the Red Indian shot it from; but you remember the story the old man told. I said it had a moral.'

'If it had a moral,' said Wilton warmly, 'it was only that a real Red Indian might shoot a thing farther than you'd fancy. It's nonsense your suggesting a parallel.'

'I don't think you've got the moral quite right,' said Father Brown.

Although the little priest appeared to melt into the millions of New York next day, without any apparent attempt to be anything but a number in a numbered street, he was, in fact, unobtrusively busy for the next fortnight with the commission that had been given him, for he was filled with profound fear about a possible miscarriage of justice. Without having any particular air of singling them out from his other new acquaintances, he found it easy to fall into talk with the two or three men recently involved in the mystery; and with old Hickory Crake especially he had a curious and interesting conversation. It took place on a seat in Central Park, where the veteran sat with his bony hands and hatchet face resting on the oddly shaped head of a walking-stick of dark red wood, possibly modelled on a tomahawk.

'Well, it may be a long shot,' he said, wagging his head, 'but I wouldn't advise you to be too positive about how far an Indian arrow could go. I've known some bow-shots that seemed to go straighter than any bullets, and hit the mark to amazement, considering how long they had been travelling. Of course, you practically never hear now of a Red Indian with a bow and arrows, still less of a Red Indian hanging about here. But if by any chance there were one of the old Indian marksmen, with one of the old Indian bows, hiding in those trees hundreds of yards beyond the Merton outer wall – why, then I wouldn't put it past the noble savage to be able to send an arrow over the wall and into the top window of Merton's house; no, nor into Merton, either. I've seen things quite as wonderful as that done in the old days.'

'No doubt,' said the priest, 'you have done things quite as wonderful, as well as seen them.'

Old Crake chuckled, and then said gruffly: 'Oh, that's all ancient history.'

'Some people have a way of studying ancient history,' the priest said. 'I suppose we may take it there is nothing in your old record to make people talk unpleasantly about this affair.'

'What do you mean?' demanded Crake, his eyes shifting sharply for the first time, in his red, wooden face, that was rather like the head of a tomahawk.

'Well, since you were so well acquainted with all the arts and crafts of the Redskin –' began Father Brown slowly.

Crake had had a hunched and almost shrunken appearance as he sat with his chin propped on its queer-shaped crutch. But the next instant he stood erect in the path like a fighting bravo with the crutch clutched like a cudgel.

'What?' he cried – in something like a raucous screech – 'what the

hell! Are you standing up to me to tell me I might happen to have murdered my own brother-in-law?'

From a dozen seats dotted about the path people looked towards the disputants, as they stood facing each other in the middle of the path, the bald-headed energetic little man brandishing his outlandish stick like a club, and the black, dumpy figure of the little cleric looking at him without moving a muscle, save for his hinging eyelids. For a moment it looked as if the black, dumpy figure would be knocked on the head, and laid out with true Red Indian promptitude and dispatch; and the large form of an Irish policeman could be seen heaving up in the distance and bearing down on the group. But the priest only said, quite placidly, like one answering an ordinary query: 'I have formed certain conclusions about it, but I do not think I will mention them till I make my report.'

Whether under the influence of the footsteps of the policeman or of the eyes of the priest, old Hickory tucked his stick under his arm and put his hat on again, grunting. The priest bade him a placid good morning, and passed in an unhurried fashion out of the park, making his way to the lounge of the hotel where he knew that young Wain was to be found. The young man sprang up with a greeting; he looked even more haggard and harassed than before, as if some worry were eating him away; and the priest had a suspicion that his young friend had recently been engaged, with only too conspicuous success, in evading the last Amendment to the American Constitution. But at the first word about his hobby or favourite science he was vigilant and concentrated enough. For Father Brown had asked, in an idle and conversational fashion, whether much flying was done in that district, and had told how he had at first mistaken Mr Merton's circular wall for an aerodrome.

'It's a wonder you didn't see any while we were there,' answered Captain Wain. 'Sometimes they're as thick as flies; that open plain is a great place for them, and I shouldn't wonder if it were the chief breeding-ground, so to speak, for my sort of birds in the future. I've flown a good deal there myself, of course, and I know most of the fellows about here who flew in the war; but there are a whole lot of people taking to it out there now whom I never heard of in my life. I suppose it will be like motoring soon, and every man in the States will have one.'

'Being endowed by his Creator,' said Father Brown with a smile, 'with the right to life, liberty, and the pursuit of motoring – not to mention aviation. So I suppose we may take it that one strange aeroplane passing over that house, at certain times, wouldn't be noticed much.'

'No,' replied the young man; 'I don't suppose it would.'

'Or even if the man were known,' went on the other, 'I suppose he

might get hold of a machine that wouldn't be recognised as his. If you, for instance, flew in the ordinary way, Mr Merton and his friends might recognise the rig-out, perhaps; but you might pass pretty near that window on a different pattern of plane, or whatever you call it; near enough for practical purposes.'

'Well, yes,' began the young man, almost automatically, and then ceased, and remained staring at the cleric with an open mouth and eyes standing out of his head.

'My God!' he said, in a low voice; 'my God!'

Then he rose from the lounge seat, pale and shaking from head to foot and still staring at the priest.

'Are you mad?' he said; 'are you raving mad?'

There was a silence and then he spoke again in a swift hissing fashion. 'You positively come here to suggest –'

'No; only to collect suggestions,' said Father Brown, rising. 'I may have formed some conclusions provisionally, but I had better reserve them for the present.'

And then saluting the other with the same stiff civility, he passed out of the hotel to continue his curious peregrinations.

By the dusk of that day they had led him down the dingy streets and steps that straggled and tumbled towards the river in the oldest and most irregular part of the city. Immediately under the coloured lantern that marked the entrance to a rather low Chinese restaurant he encountered a figure he had seen before, though by no means presenting itself to the eye as he had seen it.

Mr Norman Drage still confronted the world grimly behind his great goggles, which seemed somehow to cover his face like a dark musk of glass. But except for the goggles, his appearance had undergone a strange transformation in the month that had elapsed since the murder. He had then, as Father Brown had noted, been dressed up to the nines – up to that point, indeed, where there begins to be too fine a distinction between the dandy and the dummy outside a tailor's shop. But now all those externals were mysteriously altered for the worse; as if the tailor's dummy had been turned into a scarecrow. His top hat still existed, but it was battered and shabby; his clothes were dilapidated; his watch-chain and minor ornaments were gone. Father Brown, however, addressed him as if they had met yesterday, and made no demur to sitting down with him on a bench in the cheap eating-house whither he was bound. It was not he, however, who began the conversation.

'Well?' growled Drage, 'and have you succeeded in avenging your holy and sainted millionaire? We know all millionaires are holy and sainted; you can find it all in the papers next day, about how they lived

by the light of the Family Bible they read at their mother's knee. Gee! if they'd only read out some of the things there are in the Family Bible, the mother might have been startled some. And the millionaire, too, I reckon. The old Book's full of a lot of grand fierce old notions they don't grow nowadays; sort of wisdom of the Stone Age and buried under the Pyramids. Suppose somebody had flung old man Merton from the top of that tower of his, and let him be eaten by dogs at the bottom, it would be no worse than what happened to Jezebel. Wasn't Agag hacked into little pieces, for all he went walking delicately? Merton walked delicately all his life, damn him – until he got too delicate to walk at all. But the shaft of the Lord found him out, as it might have done in the old Book, and struck him dead on the top of his tower to be a spectacle to the people.'

'The shaft was material, at least,' said his companion.

'The Pyramids are mighty material, and they hold down the dead kings all right,' grinned the man in the goggles. 'I think there's a lot to be said for these old material religions. There's old carvings that have lasted for thousands of years, showing their gods and emperors with bended bows; with hands that look as if they could really bend bows of stone. Material, perhaps – but what materials! Don't you sometimes stand staring at those old Eastern patterns and things, till you have a hunch that old Lord God is still driving like a dark Apollo, and shooting black rays of death?'

'If he is,' replied Father Brown, 'I might call him by another name. But I doubt whether Merton died by a dark ray or even a stone arrow.'

'I guess you think he's St Sebastian,' sneered Drage, 'killed with an arrow. A millionaire must be a martyr. How do you know he didn't deserve it? You don't know much about your millionaire, I fancy. Well, let me tell you he deserved it a hundred times over.'

'Well,' asked Father Brown gently, 'why didn't you murder him?'

'You want to know why I didn't?' said the other, staring. 'Well, you're a nice sort of clergyman.'

'Not at all,' said the other, as if waving away a compliment.

'I suppose it's your way of saying I did,' snarled Drage. 'Well, prove it, that's all. As for him, I reckon he was no loss.'

'Yes, he was,' said Father Brown, sharply. 'He was a loss to you. That's why you didn't kill him.'

And he walked out of the room, leaving the man in goggles gaping after him.

It was nearly a month later that Father Brown revisited the house where the third millionaire had suffered from the vendetta of Daniel Doom. A sort of council was held of the persons most interested. Old

Crake sat at the head of the table with his nephew at his right hand, the lawyer on his left; the big man with the African features, whose name appeared to be Harris, was ponderously present, if only as a material witness; a redhaired, sharp-nosed individual addressed as Dixon seemed to be the representative of Pinkerton's or some such private agency; and Father Brown slipped unobtrusively into an empty seat beside him.

Every newspaper in the world was full of the catastrophe of the colossus of finance, of the great organiser of the Big Business that bestrides the modern world; but from the tiny group that had been nearest to him at the very instant of his death very little could be learned. The uncle, nephew, and attendant solicitor declared they were well outside the outer wall before the alarm was raised; and inquiries of the official guardians at both barriers brought answers that were rather confused, but on the whole confirmatory. Only one other complication seemed to call for consideration. It seemed that round about the time of the death, before or after, a stranger had been found hanging mysteriously round the entrance and asking to see Mr Merton. The servants had some difficulty in understanding what he meant, for his language was very obscure; but it was afterwards considered to be also very suspicious, since he had said something about a wicked man being destroyed by a word out of the sky.

Peter Wain leaned forward, the eyes bright in his haggard face, and said: 'I'll bet on that, anyhow. Norman Drage.'

'And who in the world is Norman Drage?' asked his uncle.

'That's what I want to know,' replied the young man. 'I practically asked him, but he has got a wonderful trick of twisting every straight question crooked; it's like lunging at a fencer. He hooked on to me with hints about the flying-ship of the future; but I never trusted him much.'

'But what sort of a man is he?' asked Crake.

'He's a mystagogue,' said Father Brown, with innocent promptitude. 'There are quite a lot of them about; the sort of men about town who hint to you in Paris cafés and cabarets that they've lifted the veil of Isis or know the secret of Stonehenge. In a case like this they're sure to have some sort of mystical explanations.'

The smooth, dark head of Mr Barnard Blake, the lawyer, was inclined politely towards the speaker, but his smile was faintly hostile.

'I should hardly have thought, sir,' he said, 'that you had any quarrel with mystical explanations.'

'On the contrary,' replied Father Brown, blinking amiably at him. 'That's just why I can quarrel with 'em. Any sham lawyer could bamboozle me, but he couldn't bamboozle you; because you're a lawyer

yourself. Any fool could dress up as a Red Indian and I'd swallow him whole as the only original Hiawatha; but Mr Crake would see through him at once. A swindler could pretend to me that he knew all about aeroplanes, but not to Captain Wain. And it's just the same with the other, don't you see? It's just because I have picked up a little about mystics that I have no use for mystagogues. Real mystics don't hide mysteries, they reveal them. They set a thing up in broad daylight, and when you've seen it it's still a mystery. But the mystagogues hide a thing in darkness and secrecy, and when you find it, it's a platitude. But in the case of Drage, I admit he had also another and more practical notion in talking about fire from heaven or bolts from the blue.'

'And what was his notion?' asked Wain. 'I think it wants watching whatever it is.'

'Well,' replied the priest, slowly, 'he wanted us to think the murders were miracles because . . . well, because he knew they weren't.'

'Ah,' said Wain, with a sort of hiss, 'I was waiting for that. In plain words, he is the criminal.'

'In plain words, he is the criminal who didn't commit the crime,' answered Father Brown calmly.

'Is that your conception of plain words?' enquired Blake politely.

'You'll be saying I'm the mystagogue now,' said Father Brown somewhat abashed, but with a broad smile, 'but it was really quite accidental. Drage didn't commit the crime – I mean this crime. His only crime was blackmailing somebody, and he hung about here to do it; but he wasn't likely to want the secret to be public property or the whole business to be cut short by death. We can talk about him afterwards. Just at the moment, I only want him cleared out of the way.'

'Out of the way of what?' asked the other.

'Out of the way of the truth,' replied the priest, looking at him tranquilly, with level eyelids.

'Do you mean,' faltered the other, 'that you know the truth?'

'I rather think so,' said Father Brown modestly.

There was an abrupt silence, after which Crake cried out suddenly and irrelevantly in a rasping voice: 'Why, where is that secretary fellow? Wilton! He ought to be here.'

'I am in communication with Mr Wilton,' said Father Brown gravely; 'in fact, I asked him to ring me up here in a few minutes from now. I may say that we've worked the thing out together, in a manner of speaking.'

'If you're working together, I suppose it's all right,' grumbled Crake. 'I know he was always a sort of bloodhound on the trail of his vanishing crook, so perhaps it was well to hunt in couples with him. But if you know the truth about this, where the devil did you get it from?'

'I got it from you,' answered the priest, quietly, and continued to gaze mildly at the glaring veteran. 'I mean I made the first guess from a hint in a story of yours about an Indian who threw a knife and hit a man on the top of a fortress.'

'You've said that several times,' said Wain, with a puzzled air; 'but I can't see any inference, except that this murderer threw an arrow and hit a man on the top of a house very like a fortress. But of course the arrow wasn't thrown but shot, and would go much further. Certainly it went uncommonly far; but I don't see how it brings us any farther.'

'I'm afraid you missed the point of the story,' said Father Brown. 'It isn't that if one thing can go far another can go farther. It is that the wrong use of a tool can cut both ways. The men on Crake's fort thought of a knife as a thing for a hand-to-hand fight and forgot that it could be a missile like a javelin. Some other people I know thought of a thing as a missile like a javelin and forgot that, after all, it could be used hand-to-hand as a spear. In short, the moral of the story is that since a dagger can be turned into an arrow, so can an arrow be turned into a dagger.'

They were all looking at him now; but he continued in the same casual and unconscious tone: 'Naturally we wondered and worried a good deal about who shot that arrow through the window and whether it came from far away, and so on. But the truth is that nobody shot the arrow at all. It never came in at the window at all.'

'Then how did it come there?' asked the swarthy lawyer, with a rather lowering face.

'Somebody brought it with him, I suppose,' said Father Brown; 'it wouldn't be hard to carry or conceal. Somebody had it in his hand as he stood with Merton in Merton's own room. Somebody thrust it into Merton's throat like a poignard, and then had the highly intelligent idea of placing the whole thing at such a place and angle that we all assumed in a flash that it had flown in at the window like a bird.'

'Somebody,' said old Crake, in a voice as heavy as stone.

The telephone bell rang with a strident and horrible clamour of insistence. It was in the adjoining room, and Father Brown had darted there before anybody else could move.

'What the devil is it all about?' cried Peter Wain, who seemed all shaken and distracted.

'He said he expected to be rung up by Wilton, the secretary,' replied his uncle in the same dead voice.

'I suppose it is Wilton?' observed the lawyer, like one speaking to fill up a silence. But nobody answered the question until Father Brown reappeared suddenly and silently in the room, bringing the answer.

'Gentlemen,' he said, when he had resumed his seat, 'it was you who asked me to look into the truth about this puzzle; and having found the truth, I must tell it, without any pretence of softening the shock. I'm afraid anybody who pokes his nose into things like this can't afford to be a respecter of persons.'

'I suppose,' said Crake, breaking the silence that followed, 'that means that some of us are accused, or suspected.'

'All of us are suspected,' answered Father Brown. 'I may be suspected myself, for I found the body.'

'Of course we're suspected,' snapped Wain. 'Father Brown kindly explained to me how I could have besieged the tower in a flying-machine.'

'No,' replied the priest, with a smile; 'you described to me how you could have done it. That was just the interesting part of it.'

'He seemed to think it likely,' growled Crake, 'that I killed him myself with a Red Indian arrow.'

'I thought it most unlikely,' said Father Brown, making rather a wry face. 'I'm sorry if I did wrong, but I couldn't think of any other way of testing the matter. I can hardly think of anything more improbable than the notion that Captain Wain went careering in a huge machine past the window, at the very moment of the murder, and nobody noticed it; unless, perhaps, it were the notion that a respectable old gentleman should play at Red Indians with a bow and arrow behind the bushes, to kill somebody he could have killed in twenty much simpler ways. But I had to find out if they had had anything to do with it; and so I had to accuse them in order to prove their innocence.'

'And how have you proved their innocence?' asked Blake the lawyer, leaning forward eagerly.

'Only by the agitation they showed when they were accused,' answered the other.

'What do you mean, exactly?'

'If you will permit me to say so,' remarked Father Brown, composedly enough, 'I did undoubtedly think it my duty to suspect them and everybody else. I did suspect Mr Crake and I did suspect Captain Wain, in the sense that I considered the possibility or probability of their guilt. I told them I had formed conclusions about it; and I will now tell them what those conclusions were. I was sure they were innocent, because of the manner and the moment in which they passed from unconsciousness to indignation. So long as they never thought they were accused, they went on giving me materials to support the accusation. They practically explained to me how they might have committed the crime. Then they suddenly realised with a shock and a shout of rage that they were accused; they realised it long after they might well have

expected to be accused, but long before I had accused them. Now no guilty person could possibly do that. He might be snappy and suspicious from the first; or he might simulate unconsciousness and innocence up to the end. But he wouldn't begin by making things worse for himself and then give a great jump and begin furiously denying the notion he had himself helped to suggest. That could only come by his having really failed to realise what he was suggesting. The self-consciousness of a murderer would always be at least morbidly vivid enough to prevent him first forgetting his relation with the thing and then remembering to deny it. So I ruled you both out and others for other reasons I needn't discuss now. For instance, there was the secretary –

'But I'm not talking about that just now. Look here, I've just heard from Wilton on the phone, and he's given me permission to tell you some rather serious news. Now I suppose you all know by this time who Wilton was, and what he was after.'

'I know he was after Daniel Doom and wouldn't be happy till he got him,' answered Peter Wain; 'and I've heard the story that he's the son of old Horder, and that's why he's the avenger of blood. Anyhow, he's certainly looking for the man called Doom.'

'Well,' said Father Brown, 'he has found him.'

Peter Wain sprang to his feet in excitement.

'The murderer!' he cried. 'Is the murderer in the lock-up already?'

'No,' said Father Brown, gravely; 'I said the news was serious, and it's more serious than that. I'm afraid poor Wilton has taken a terrible responsibility. I'm afraid he's going to put a terrible responsibility on us. He hunted the criminal down, and just when he had him cornered at last – well, he has taken the law into his own hands.'

'You mean that Daniel Doom –' began the lawyer.

'I mean that Daniel Doom is dead,' said the priest. 'There was some sort of wild struggle, and Wilton killed him.'

'Serve him right,' growled Mr Hickory Crake.

'Can't blame Wilton for downing a crook like that, especially considering the feud,' assented Wain; 'it was like stepping on a viper.'

'I don't agree with you,' said Father Brown. 'I suppose we all talk romantic stuff at random in defence of lynching and lawlessness; but I have a suspicion that if we lose our laws and liberties we shall regret it. Besides, it seems to me illogical to say there is something to be said for Wilton committing murder, without even inquiring whether there was anything to be said for Doom committing it. I rather doubt whether Doom was merely a vulgar assassin; he may have been a sort of outlaw with a mania about the cup, demanding it with threats and only killing after a struggle; both victims were thrown down just outside their

houses. The objection to Wilton's way of doing it is that we shall never hear Doom's side of the case.'

'Oh, I've no patience with all this sentimental whitewashing of worthless, murderous blackguards,' cried Wain, heatedly. 'If Wilton croaked the criminal he did a jolly good day's work, and there's an end of it.'

'Quite so, quite so,' said his uncle, nodding vigorously.

Father Brown's face had a yet heavier gravity as he looked slowly round the semicircle of faces. 'Is that really what you all think?' he asked. Even as he did so he realised that he was an Englishman and an exile. He realised that he was among foreigners, even if he was among friends. Around that ring of foreigners ran a restless fire that was not native to his own breed; the fiercer spirit of the western nation that can rebel and lynch, and above all, combine. He knew that they had already combined.

'Well,' said Father Brown, with a sigh, 'I am to understand, then, that you do definitely condone this unfortunate man's crime, or act of private justice, or whatever you call it. In that case it will not hurt him if I tell you a little more about it.'

He rose suddenly to his feet; and though they saw no meaning in his movement, it seemed in some way to change or chill the very air in the room.

'Wilton killed Doom in a rather curious way,' he began.

'How did Wilton kill him?' asked Crake, abruptly.

'With an arrow,' said Father Brown.

Twilight was gathering in the long room, and daylight dwindling to a gleam from the great window in the inner room, where the great millionaire had died. Almost automatically the eyes of the group turned slowly towards it, but as yet there was no sound. Then the voice of Crake came cracked and high and senile in a sort of crowing gabble.

'What you mean? What you mean? Brander Merton killed by an arrow. This crook killed by an arrow —'

'By the same arrow,' said the priest, 'and at the same moment.'

Again there was a sort of strangled and yet swollen and bursting silence, and young Wain began: 'You mean —'

'I mean that your friend Merton was Daniel Doom,' said Father Brown firmly; 'and the only Daniel Doom you'll ever find. Your friend Merton was always crazy after that Coptic Cup that he used to worship like an idol every day; and in his wild youth he had really killed two men to get it, though I still think the deaths may have been in a sense accidents of the robbery. Anyhow, he had it; and that man Drage knew the story and was blackmailing him. But Wilton was after him for a very different purpose; I fancy he only discovered the truth when he'd got

into this house. But anyhow, it was in this house, and in that room, that this hunt ended, and he slew the slayer of his father.'

For a long time nobody answered. Then old Crake could be heard drumming with his fingers on the table and muttering: 'Brander must have been mad. He must have been mad.'

'But, good Lord!' burst out Peter Wain; 'what are we to do? What are we to say? Oh, it's all quite different! What about the papers and the big business people? Brander Merton is a thing like the President or the Pope of Rome.'

'I certainly think it is rather different,' began Barnard Blake, the lawyer, in a low voice. 'The difference involves a whole –'

Father Brown struck the table so that the glasses on it rang; and they could almost fancy a ghostly echo from the mysterious chalice that still stood in the room beyond.

'No!' he cried, in a voice like a pistol-shot. 'There shall be no difference. I gave you your chance of pitying the poor devil when you thought he was a common criminal. You wouldn't listen then; you were all for private vengeance then. You were all for letting him be butchered like a wild beast without a hearing or a public trial, and said he had only got his deserts. Very well then, if Daniel Doom has got his deserts, Brander Merton has got his deserts. If that was good enough for Doom, by all that is holy it is good enough for Merton. Take your wild justice or our dull legality; but in the name of Almighty God, let there be an equal lawlessness or an equal law.'

Nobody answered except the lawyer, and he answered with something like a snarl: 'What will the police say if we tell them we mean to condone a crime?'

'What will they say if I tell them you did condone it?' replied Father Brown. 'Your respect for the law comes rather late, Mr Barnard Blake.'

After a pause he resumed in a milder tone: 'I, for one, am ready to tell the truth if the proper authorities ask me; and the rest of you can do as you like. But as a fact, it will make very little difference. Wilton only rang me up to tell me that I was now free to lay his confession before you; for when you heard it, he would be beyond pursuit.'

He walked slowly into the inner room and stood there by the little table beside which the millionaire had died. The Coptic Cup still stood in the same place, and he remained there for a space staring at its cluster of all the colours of the rainbow, and beyond it into a blue abyss of sky.

The Oracle of the Dog

'Yes,' said Father Brown, 'I always like a dog, so long as he isn't spelt backwards.'

Those who are quick in talking are not always quick in listening. Sometimes even their brilliancy produces a sort of stupidity. Father Brown's friend and companion was a young man with a stream of ideas and stories, an enthusiastic young man named Fiennes, with eager blue eyes and blond hair that seemed to be brushed back, not merely with a hair-brush but with the wind of the world as he rushed through it. But he stopped in the torrent of his talk in a momentary bewilderment before he saw the priest's very simple meaning.

'You mean that people make too much of them?' he said. 'Well, I don't know. They're marvellous creatures. Sometimes I think they know a lot more than we do.'

Father Brown said nothing, but continued to stroke the head of the big retriever in a half-abstracted but apparently soothing fashion.

'Why,' said Fiennes, warming again to his monologue, 'there was a dog in the case I've come to see you about: what they call the "Invisible Murder Case", you know. It's a strange story, but from my point of view the dog is about the strangest thing in it. Of course, there's the mystery of the crime itself, and how old Druce can have been killed by somebody else when he was all alone in the summer-house –'

The hand stroking the dog stopped for a moment in its rhythmic movement, and Father Brown said calmly: 'Oh, it was a summer-house, was it?'

'I thought you'd read all about it in the papers,' answered Fiennes. 'Stop a minute; I believe I've got a cutting that will give you all the particulars.' He produced a strip of newspaper from his pocket and handed it to the priest who began to read it, holding it close to his blinking eyes with one hand while the other continued its half-conscious caresses of the dog. It looked like the parable of a man not letting his right hand know what his left hand did.

Many mystery stories, about men murdered behind locked doors and windows, and murderers escaping without means of entrance and exit, have come true in the course of the extraordinary events at Cranston on the coast of Yorkshire, where Colonel Druce was found stabbed from behind by a dagger that has entirely disappeared from the scene, and apparently even from the neighbourhood.

The summer-house in which he died was indeed accessible at one entrance, the ordinary doorway which looked down the central walk of the garden towards the house. But, by a combination of events almost to be called a coincidence, it appears that both the path and the entrance were watched during the crucial time, and there is a chain of witnesses who confirm each other. The summer-house stands at the extreme end of the garden, where there is no exit or entrance of any kind. The central garden path is a lane between two ranks of tall delphiniums, planted so close that any stray step off the path would leave its traces; and both path and plants run right up to the very mouth of the summer-house, so that no straying from that straight path could fail to be observed, and no other mode of entrance can be imagined.

Patrick Floyd, secretary of the murdered man, testified that he had been in a position to overlook the whole garden from the time when Colonel Druce last appeared alive in the doorway to the time when he was found dead; as he, Floyd, had been on the top of a step-ladder clipping the garden hedge. Janet Druce, the dead man's daughter, confirmed this, saying that she had sat on the terrace of the house throughout that time and had seen Floyd at his work. Touching some part of the time, this is again supported by Donald Druce, her brother – who overlooked the garden – standing at his bedroom window in his dressing-gown, for he had risen late. Lastly, the account is consistent with that given by Dr Valentine, a neighbour, who called for a time to talk with Miss Druce on the terrace, and by the Colonel's solicitor, Mr Aubrey Traill, who was apparently the last to see the murdered man alive – presumably with the exception of the murderer.

All are agreed that the course of events was as follows: About half past three in the afternoon, Miss Druce went down the path to ask her father when he would like tea; but he said he did not want any and was waiting to see Traill, his lawyer, who was to be sent to him in the summer-house. The girl then came away and met Traill coming down the path; she directed him to her father and he went in as directed. About half an hour afterwards he came out again, the Colonel coming with him to the door and showing himself to all appearance in health and even high spirits. He had been somewhat annoyed earlier in the day by his son's irregular hours, but seemed to recover his temper in a perfectly normal fashion, and had been rather markedly genial in receiving other visitors, including two of his nephews, who came over for the day. But as these were out walking during the whole period of the tragedy, they had no evidence to give. It is said, indeed, that the Colonel was not on very good terms with Dr Valentine, but that gentleman only had a brief interview with the

daughter of the house, to whom he is supposed to be paying serious attentions.

Traill, the solicitor, says he left the Colonel entirely alone in the summer-house, and this is confirmed by Floyd's bird's-eye view of the garden, which showed nobody else passing the only entrance. Ten minutes later, Miss Druce again went down the garden and had not reached the end of the path when she saw her father, who was conspicuous by his white linen coat, lying in a heap on the floor. She uttered a scream which brought others to the spot, and on entering the place they found the Colonel lying dead beside his basket-chair, which was also upset. Dr Valentine, who was still in the immediate neighbourhood, testified that the wound was made by some sort of stiletto, entering under the shoulder-blade and piercing the heart. The police have searched the neighbourhood for such a weapon, but no trace of it can be found.

'So Colonel Druce wore a white coat, did he?' said Father Brown as he put down the paper.

'Trick he learnt in the tropics,' replied Fiennes, with some wonder. 'He'd had some queer adventures there, by his own account; and I fancy his dislike of Valentine was connected with the doctor coming from the tropics, too. But it's all an infernal puzzle. The account there is pretty accurate. I didn't see the tragedy, in the sense of the discovery; I was out walking with the young nephews and the dog – the dog I wanted to tell you about. But I saw the stage set for it as described; the straight lane between the blue flowers right up to the dark entrance, and the lawyer going down it in his blacks and his silk hat, and the red head of the secretary showing high above the green hedge as he worked on it with his shears. Nobody could have mistaken that red head at any distance; and if people say they saw it there all the time, you may be sure they did. This redhaired secretary, Floyd, is quite a character; a breathless bounding sort of fellow, always doing everybody's work as he was doing the gardener's. I think he is an American; he's certainly got the American view of life – what they call the view-point, bless 'em.'

'What about the lawyer?' asked Father Brown. There was a silence and then Fiennes spoke quite slowly for him. 'Traill struck me as a singular man. In his fine black clothes he was almost foppish, yet you can hardly call him fashionable. For he wore a pair of long, luxuriant black whiskers such as haven't been seen since Victorian times. He had rather a fine grave face and a fine grave manner, but every now and then he seemed to remember to smile. And when he showed his white

teeth he seemed to lose a little of his dignity, and there was something faintly fawning about him. It may have been only embarrassment, for he would also fidget with his cravat and his tie-pin, which were at once handsome and unusual, like himself. If I could think of anybody – but what's the good, when the whole thing's impossible? Nobody knows who did it. Nobody knows how it could be done. At least there's only one exception I'd make, and that's why I really mentioned the whole thing. The dog knows.'

Father Brown sighed and then said absently: 'You were there as a friend of young Donald, weren't you? He didn't go on your walk with you?'

'No,' replied Fiennes smiling. 'The young scoundrel had gone to bed that morning and got up that afternoon. I went with his cousins, two young officers from India, and our conversation was trivial enough. I remember the elder, whose name I think is Herbert Druce and who is an authority on horse-breeding, talked about nothing but a mare he had bought and the moral character of the man who sold her; while his brother Harry seemed to be brooding on his bad luck at Monte Carlo. I only mention it to show you, in the light of what happened on our walk, that there was nothing psychic about us. The dog was the only mystic in our company.'

'What sort of a dog was he?' asked the priest.

'Same breed as that one,' answered Fiennes. 'That's what started me off on the story, your saying you didn't believe in believing in a dog. He's a big black retriever, named Nox, and a suggestive name, too; for I think what he did a darker mystery than the murder. You know Druce's house and garden are by the sea; we walked about a mile from it along the sands and then turned back, going the other way. We passed a rather curious rock called the Rock of Fortune, famous in the neighbourhood because it's one of those examples of one stone barely balanced on another, so that a touch would knock it over. It is not really very high but the hanging outline of it makes it look a little wild and sinister; at least it made it look so to me, for I don't imagine my jolly young companions were afflicted with the picturesque. But it may be that I was beginning to feel an atmosphere; for just then the question arose of whether it was time to go back to tea, and even then I think I had a premonition that time counted for a good deal in the business. Neither Herbert Druce nor I had a watch, so we called out to his brother, who was some paces behind, having stopped to light his pipe under the hedge. Hence it happened that he shouted out the hour, which was twenty past four, in his big voice through the growing twilight; and somehow the loudness of it made it sound like the proclamation of something tremendous. His

unconsciousness seemed to make it all the more so; but that was always the way with omens; and particular ticks of the clock were really very ominous things that afternoon. According to Dr Valentine's testimony, poor Druce had actually died just about half past four.

'Well, they said we needn't go home for ten minutes, and we walked a little farther along the sands, doing nothing in particular – throwing stones for the dog and throwing sticks into the sea for him to swim after. But to me the twilight seemed to grow oddly oppressive, and the very shadow of the top-heavy Rock of Fortune lay on me like a load. And then the curious thing happened. Nox had just brought back Herbert's walking-stick out of the sea and his brother had thrown his in also. The dog swam out again, but just about what must have been the stroke of the half-hour, he stopped swimming. He came back again on to the shore and stood in front of us. Then he suddenly threw up his head and sent up a howl or wail of woe – if ever I heard one in the world.

'"What the devil's the matter with the dog?" asked Herbert; but none of us could answer. There was a long silence after the brute's wailing and whining died away on the desolate shore; and then the silence was broken. As I live, it was broken by a faint and far-off shriek, like the shriek of a woman from beyond the hedges inland. We didn't know what it was then; but we knew afterwards. It was the cry the girl gave when she first saw the body of her father.'

'You went back, I suppose,' said Father Brown patiently. 'What happened then?'

'I'll tell you what happened then,' said Fiennes with a grim emphasis. 'When we got back into that garden the first thing we saw was Traill, the lawyer; I can see him now with his black hat and black whiskers relieved against the perspective of the blue flowers stretching down to the summer-house, with the sunset and the strange outline of the Rock of Fortune in the distance. His face and figure were in shadow against the sunset; but I swear the white teeth were showing in his head and he was smiling. The moment Nox saw that man the dog dashed forward and stood in the middle of the path barking at him madly, murderously, volleying out curses that were almost verbal in their dreadful distinctness of hatred. And the man doubled up and fled, along the path between the flowers.'

Father Brown sprang to his feet with a startling impatience. 'So the dog denounced him, did he?' he cried. 'The oracle of the dog condemned him. Did you see what birds were flying, and are you sure whether they were on the right hand or the left? Did you consult the augurs about the sacrifices? Surely you didn't omit to cut open the dog and examine his entrails. That is the sort of scientific test you heathen

humanitarians seem to trust when you are thinking of taking away the life and honour of a man.'

Fiennes sat gaping for an instant before he found breath to say: 'Why, what's the matter with you? What have I done now?'

A sort of anxiety came back into the priest's eyes – the anxiety of a man who has run against a post in the dark and wonders for a moment whether he has hurt it.

'I'm most awfully sorry,' he said with sincere distress. 'I beg your pardon for being so rude; pray forgive me.'

Fiennes looked at him curiously. 'I sometimes think you are more of a mystery than any of the mysteries,' he said. 'But anyhow, if you don't believe in the mystery of the dog, at least you can't get over the mystery of the man. You can't deny that at the very moment when the beast came back from the sea and bellowed, his master's soul was driven out of his body by the blow of some unseen power that no mortal man can trace or even imagine. And as for the lawyer – I don't go only by the dog – there are other curious details, too. He struck me as a smooth, smiling, equivocal sort of person; and one of his tricks seemed like a sort of hint. You know the doctor and the police were on the spot very quickly; Valentine was brought back when walking away from the house, and he telephoned instantly. That, with the secluded house, small numbers, and enclosed space, made it pretty possible to search everybody who could have been near; and everybody was thoroughly searched – for a weapon. The whole house, garden, and shore were combed for a weapon. The disappearance of the dagger is almost as crazy as the disappearance of the man.'

'The disappearance of the dagger,' said Father Brown, nodding. He seemed to have become suddenly attentive.

'Well,' continued Fiennes, 'I told you that man Traill had a trick of fidgeting with his tie and tie-pin – especially his tie-pin. His pin, like himself, was at once showy and old-fashioned. It had one of those stones with concentric coloured rings that look like an eye; and his own concentration on it got on my nerves, as if he had been a Cyclops with one eye in the middle of his body. But the pin was not only large but long; and it occurred to me that his anxiety about its adjustment was because it was even longer than it looked; as long as a stiletto in fact.'

Father Brown nodded thoughtfully. 'Was any other instrument ever suggested?' he asked.

'There was another suggestion,' answered Fiennes, 'from one of the young Druces – the cousins, I mean. Neither Herbert nor Harry Druce would have struck one at first as likely to be of assistance in scientific detection; but while Herbert was really the traditional type of heavy

Dragoon, caring for nothing but horses and being an ornament to the Horse Guards, his younger brother Harry had been in the Indian Police and knew something about such things. Indeed, in his own way he was quite clever; and I rather fancy he had been too clever; I mean he had left the police through breaking some red-tape regulations and taking some sort of risk and responsibility of his own. Anyhow, he was in some sense a detective out of work, and threw himself into this business with more than the ardour of an amateur. And it was with him that I had an argument about the weapon – an argument that led – to something new. It began by his countering my description of the dog barking at Traill; and he said that a dog at his worst didn't bark, but growled.'

'He was quite right there,' observed the priest.

'This young fellow went on to say that, if it came to that, he'd heard Nox growling at other people before then; and among others at Floyd, the secretary. I retorted that his own argument answered itself; for the crime couldn't be brought home to two or three people, and least of all to Floyd, who was as innocent as a harum-scarum schoolboy, and had been seen by everybody all the time perched above the garden hedge with his fan of red hair as conspicuous as a scarlet cockatoo.

'"I know there's difficulties anyhow," said my colleague, "but I wish you'd come with me down the garden a minute. I want to show you something I don't think any one else has seen." This was on the very day of the discovery, and the garden was just as it had been. The step-ladder was still standing by the hedge, and just under the hedge my guide stopped and disentangled something from the deep grass. It was the sheers used for clipping the hedge, and on the point of one of them was a smear of blood.'

There was a short silence, and then Father Brown said suddenly; 'What was the lawyer there for?'

'He told us the Colonel sent for him to alter his will,' answered Fiennes. 'And, by the way, there was another thing about the business of the will that I ought to mention. You see, the will wasn't actually signed in the summer-house that afternoon.'

'I suppose not,' said Father Brown; 'there would have to be two witnesses.'

'The lawyer actually came down the day before and it was signed then; but he was sent for again next day because the old man had a doubt about one of the witnesses and had to be reassured.'

'Who were the witnesses?' asked Father Brown.

'That's just the point,' replied his informant eagerly, 'the witnesses were Floyd, the secretary, and this Dr Valentine, the foreign sort of surgeon or whatever he is; and the two had a quarrel. Now I'm bound to

say that the secretary is something of a busybody. He's one of those hot and headlong people whose warmth of temperament has unfortunately turned mostly to pugnacity and bristling suspicion; to distrusting people instead of to trusting them. That sort of red-haired red-hot fellow is always either universally credulous or universally incredulous; and sometimes both. He was not only a Jack-of-all-trades, but he knew better than all tradesmen. He not only knew everything, but he warned everybody against everybody. All that must be taken into account in his suspicions about Valentine; but in that particular case there seems to have been something behind it. He said the name of Valentine was not really Valentine. He said he had seen him elsewhere known by the name of De Villon. He said it would invalidate the will; of course he was kind enough to explain to the lawyer what the law was on that point. They were both in a frightful wax.'

Father Brown laughed. 'People often are when they are to witness a will,' he said; 'for one thing, it means that they can't have any legacy under it. But what did Dr Valentine say? No doubt the universal secretary knew more about the doctor's name than the doctor did. But even the doctor might have some information about his own name.'

Fiennes paused a moment before he replied. 'Dr Valentine took it in a curious way. Dr Valentine is a curious man. His appearance is rather striking but very foreign. He is young but wears a beard cut square; and his face is very pale, dreadfully pale – and dreadfully serious. His eyes have a sort of ache in them, as if he ought to wear glasses, or had given himself a headache with thinking; but he is quite handsome and always very formally dressed, with a top hat and a dark coat and a little red rosette. His manner is rather cold and haughty, and he has a way of staring at you which is very disconcerting. When thus charged with having changed his name, he merely stared like a sphinx and then said with a little laugh that he supposed Americans had no names to change. At that I think the Colonel also got into a fuss and said all sorts of angry things to the doctor; all the more angry because of the doctor's pretensions to a future place in his family. But I shouldn't have thought much of that but for a few words that I happened to hear later, early in the afternoon of the tragedy. I don't want to make a lot of them, for they weren't the sort of words on which one would like, in the ordinary way, to play the eavesdropper. As I was passing out towards the front gate with my two companions and the dog, I heard voices which told me that Dr Valentine and Miss Druce had withdrawn for a moment in the shadow of the house, in an angle behind a row of flowering plants, and were talking to each other in passionate whisperings – sometimes almost like hissings;

for it was something of a lovers' quarrel as well as a lovers' tryst. Nobody repeats the sort of things they said for the most part; but in an unfortunate business like this I'm bound to say that there was repeated more than once a phrase about killing somebody. In fact, the girl seemed to be begging him not to kill somebody, or saying that no provocation could justify killing anybody; which seems an unusual sort of talk to address to a gentleman who has dropped in to tea.'

'Do you know,' asked the priest, 'whether Dr Valentine seemed to be very angry after the scene with the secretary and the Colonel – I mean about witnessing the will?'

'By all accounts,' replied the other, 'he wasn't half so angry as the secretary was. It was the secretary who went away raging after witnessing the will.'

'And now,' said Father Brown, 'what about the will itself?'

'The Colonel was a very wealthy man, and his will was important. Traill wouldn't tell us the alteration at that stage, but I have since heard only this morning in fact – that most of the money was transferred from the son to the daughter. I told you that Druce was wild with my friend Donald over his dissipated hours.'

'The question of motive has been rather overshadowed by the question of method,' observed Father Brown thoughtfully. 'At that moment, apparently, Miss Druce was the immediate gainer by the death.'

'Good God! What a cold-blooded way of talking,' cried Fiennes, staring at him. 'You don't really mean to hint that she –'

'Is she going to marry that Dr Valentine?' asked the other.

'Some people are against it,' answered his friend. 'But he is liked and respected in the place and is a skilled and devoted surgeon.'

'So devoted a surgeon,' said Father Brown, 'that he had surgical instruments with him when he went to call on the young lady at teatime. For he must have used a lancet or something, and he never seems to have gone home.'

Fiennes sprang to his feet and looked at him in a heat of inquiry. 'You suggest he might have used the very same lancet –'

Father Brown shook his head. 'All these suggestions are fancies just now,' he said. 'The problem is not who did it or what did it, but how it was done. We might find many men and even many tools – pins and shears and lancets. But how did a man get into the room? How did even a pin get into it?'

He was staring reflectively at the ceiling as he spoke, but as he said the last words his eye cocked in an alert fashion as if he had suddenly seen a curious fly on the ceiling.

'Well, what would you do about it?' asked the young man. 'You have a lot of experience; what would you advise now?'

'I'm afraid I'm not much use,' said Father Brown with a sigh. 'I can't suggest very much without having ever been near the place or the people. For the moment you can only go on with local inquiries. I gather that your friend from the Indian Police is more or less in charge of your inquiry down there. I should run down and see how he is getting on. See what he's been doing in the way of amateur detection. There may be news already.'

As his guests, the biped and the quadruped, disappeared, Father Brown took up his pen and went back to his interrupted occupation of planning a course of lectures on the Encyclical *Rerum Novarum*. The subject was a large one and he had to recast it more than once, so that he was somewhat similarly employed some two days later when the big black dog again came bounding into the room and sprawled all over him with enthusiasm and excitement. The master who followed the dog shared the excitement if not the enthusiasm. He had been excited in a less pleasant fashion, for his blue eyes seemed to start from his head and his eager face was even a little pale.

'You told me,' he said abruptly and without preface, 'to find out what Harry Druce was doing. Do you know what he's done?' The priest did not reply, and the young man went on in jerky tones: I'll tell you what he's done. He's killed himself.'

Father Brown's lips moved only faintly, and there was nothing practical about what he was saying – nothing that has anything to do with this story or this world.

'You give me the creeps sometimes,' said Fiennes. 'Did you – did you expect this?'

'I thought it possible,' said Father Brown; 'that was why I asked you to go and see what he was doing. I hoped you might not be too late.'

'It was I who found him,' said Fiennes rather huskily. 'It was the ugliest and most uncanny thing I ever knew. I went down that old garden again, and I knew there was something new and unnatural about it besides the murder. The flowers still tossed about in blue masses on each side of the black entrance into the old grey summer-house; but to me the blue flowers looked like blue devils dancing before some dark cavern of the underworld. I looked all round, everything seemed to be in its ordinary place. But the queer notion grew on me that there was something wrong with the very shape of the sky. And then I saw what it was. The Rock of Fortune always rose in the background beyond the garden hedge and against the sea. The Rock of Fortune was gone.'

Father Brown had lifted his head and was listening intently.

'It was as if a mountain had walked away out of a landscape or a moon fallen from the sky; though I knew, of course, that a touch at any time would have tipped the thing over. Something possessed me and I rushed down that garden path like the wind and went crashing through that hedge as if it were a spider's web. It was a thin hedge really, though its undisturbed trimness had made it serve all the purposes of a wall. On the shore I found the loose rock fallen from its pedestal; and poor Harry Druce lay like a wreck underneath it. One arm was thrown round it in a sort of embrace as if he had pulled it down on himself; and on the broad brown sands beside it, in large crazy lettering, he had scrawled the words: "The Rock of Fortune falls on the Fool".'

'It was the Colonel's will that did that,' observed Father Brown. 'The young man had staked everything on profiting himself by Donald's disgrace, especially when his uncle sent for him on the same day as the lawyer, and welcomed him with so much warmth. Otherwise he was done; he'd lost his police job; he was beggared at Monte Carlo. And he killed himself when he found he'd killed his kinsman for nothing.'

'Here, stop a minute!' cried the staring Fiennes. 'You're going too fast for me.'

'Talking about the will, by the way,' continued Father Brown calmly, 'before I forget it, or we go on to bigger things, there was a simple explanation, I think, of all that business about the doctor's name. I rather fancy I have heard both names before somewhere. The doctor is really a French nobleman with the title of the Marquis de Villon. But he is also an ardent Republican and has abandoned his title and fallen back on the forgotten family surname. "With your Citizen Riquetti you have puzzled Europe for ten days."'

'What is that?' asked the young man blankly.

'Never mind,' said the priest. 'Nine times out of ten it is a rascally thing to change one's name; but this was a piece of fine fanaticism. That's the point of his sarcasm about Americans having no names – that is, no titles. Now in England the Marquis of Hartington is never called Mr Hartington; but in France the Marquis de Villon is called M. de Villon. So it might well look like a change of name. As for the talk about killing, I fancy that also was a point of French etiquette. The doctor was talking about challenging Floyd to a duel, and the girl was trying to dissuade him.'

'Oh, I see,' cried Fiennes slowly. 'Now I understand what she meant.'

'And what is that about?' asked his companion, smiling.

'Well,' said the young man, 'it was something that happened to me just before I found that poor fellow's body; only the catastrophe drove it out of my head. I suppose it's hard to remember a little romantic

idyll when you've just come on top of a tragedy. But as I went down the lanes leading to the Colonel's old place I met his daughter walking with Dr Valentine. She was in mourning, of course, and he always wore black as if he were going to a funeral; but I can't say that their faces were very funereal. Never have I seen two people looking in their own way more respectably radiant and cheerful. They stopped and saluted me, and then she told me they were married and living in a little house on the outskirts of the town, where the doctor was continuing his practice. This rather surprised me, because I knew that her old father's will had left her his property; and I hinted at it delicately by saying I was going along to her father's old place and had half expected to meet her there. But she only laughed and said: "Oh, we've given up all that. My husband doesn't like heiresses." And I discovered with some astonishment they really had insisted on restoring the property to poor Donald; so I hope he's had a healthy shock and will treat it sensibly. There was never much really the matter with him; he was very young and his father was not very wise. But it was in connexion with that that she said something I didn't understand at the time; but now I'm sure it must be as you say. She said with a sort of sudden and splendid arrogance that was entirely altruistic: "'I hope it'll stop that red-haired fool from fussing any more about the will. Does he think my husband, who has given up a crest and a coronet as old as the Crusades for his principles, would kill an old man in a summer-house for a legacy like that?" Then she laughed again and said, "My husband isn't killing anybody except in the way of business. Why, he didn't even ask his friends to call on the secretary." Now, of course, I see what she meant.'

'I see part of what she meant, of course,' said Father Brown. 'What did she mean exactly by the secretary fussing about the will?'

Fiennes smiled as he answered, 'I wish you knew the secretary, Father Brown. It would be a joy to you to watch him make things hum, as he calls it. He made the house of mourning hum. He filled the funeral with all the snap and zip of the brightest sporting event. There was no holding him, after something had really happened. I've told you how he used to oversee the gardener as he did the garden, and how he instructed the lawyer in the law. Needless to say, he also instructed the surgeon in the practice of surgery; and as the surgeon was Dr Valentine, you may be sure it ended in accusing him of something worse than bad surgery. The secretary got it fixed in his red head that the doctor had committed the crime, and when the police arrived he was perfectly sublime. Need I say that he became, on the spot, the greatest of all amateur detectives? Sherlock Holmes

never towered over Scotland Yard with more Titanic intellectual pride and scorn than Colonel Druce's private secretary over the police investigating Colonel Druce's death. I tell you it was a joy to see him. He strode about with an abstracted air, tossing his scarlet crest of hair and giving curt impatient replies. Of course it was his demeanour during these days that made Druce's daughter so wild with him. Of course he had a theory. It's just the sort of theory a man would have in a book; and Floyd is the sort of man who ought to be in a book. He'd be better fun and less bother in a book.'

'What was his theory?' asked the other.

'Oh, it was full of pep,' replied Fiennes gloomily. 'It would have been glorious copy if it could have held together for ten minutes longer. He said the Colonel was still alive when they found him in the summer-house, and the doctor killed him with the surgical instrument on pretence of cutting the clothes.'

'I see,' said the priest. 'I suppose he was lying flat on his face on the mud floor as a form of siesta.'

'It's wonderful what hustle will do,' continued his informant. 'I believe Floyd would have got his great theory into the papers at any rate, and perhaps had the doctor attested, when all these things were blown sky high as if by dynamite by the discovery of that dead body lying under the Rock of Fortune. And that's what we come back to after all. I suppose the suicide is almost a confession. But nobody will ever know the whole story.'

There was a silence, and then the priest said modestly: 'I rather think I know the whole story.'

Fiennes stared. 'But look here,' he cried; 'how do you come to know the whole story, or to be sure it's the true story? You've been sitting here a hundred miles away writing a sermon; do you mean to tell me you really know what happened already? If you've really come to the end, where in the world do you begin? What started you off with your own story?'

Father Brown jumped up with a very unusual excitement and his first exclamation was like an explosion.

'The dog!' he cried. 'The dog, of course! You had the whole story in your hands in the business of the dog on the beach, if you'd only noticed the dog properly.'

Fiennes stared still more. 'But you told me before that my feelings about the dog were all nonsense, and the dog had nothing to do with it.'

'The dog had everything to do with it,' said Father Brown, 'as you'd have found out if you'd only treated the dog as a dog, and not as God Almighty judging the souls of men.'

He paused in an embarrassed way for a moment, and then said, with a rather pathetic air of apology: 'The truth is, I happen to be awfully fond of dogs. And it seemed to me that in all this lurid halo of dog superstitions nobody was really thinking about the poor dog at all. To begin with a small point, about his barking at the lawyer or growling at the secretary. You asked how I could guess things a hundred miles away; but honestly it's mostly to your credit, for you described people so well that I know the types. A man like Traill, who frowns usually and smiles suddenly, a man who fiddles with things, especially at his throat, is a nervous, easily embarrassed man. I shouldn't wonder if Floyd, the efficient secretary, is nervy and jumpy, too; those Yankee hustlers often are. Otherwise he wouldn't have cut his fingers on the shears and dropped them when he heard Janet Druce scream.

'Now dogs hate nervous people. I don't know whether they make the dog nervous, too; or whether, being after all a brute, he is a bit of a bully; or whether his canine vanity (which is colossal) is simply offended at not being liked. But anyhow there was nothing in poor Nox protesting against those people, except that he disliked them for being afraid of him. Now I know you're awfully clever, and nobody of sense sneers at cleverness. But I sometimes fancy, for instance, that you are too clever to understand animals. Sometimes you are too clever to understand men, especially when they act almost as simply as animals. Animals are very literal; they live in a world of truisms. Take this case: a dog barks at a man and a man runs away from a dog. Now you do not seem to be quite simple enough to see the fact: that the dog barked because he disliked the man and the man fled because he was frightened of the dog. They had no other motives and they needed none; but you must read psychological mysteries into it and suppose the dog had super-normal vision, and was a mysterious mouthpiece of doom. You must suppose the man was running away, not from the dog but from the hangman. And yet, if you come to think if it, all this deeper psychology is exceedingly improbable. If the dog really could completely and consciously realise the murderer of his master he wouldn't stand yapping as he might at a curate at a tea-party; he's much more likely to fly at his throat. And on the other hand, do you really think a man who had hardened his heart to murder an old friend and then walk about smiling at the old friend's family, under the eyes of his old friend's daughter and post-mortem doctor – do you think a man like that would be doubled up by mere remorse because a dog barked? He might feel the tragic irony of it; it might shake his soul, like any other tragic trifle. But he wouldn't rush madly the length of a garden to escape from the only witness whom he knew to be unable to talk. People have a panic like that when they are

frightened, not of tragic ironies, but of teeth. The whole thing is simpler than you can understand.

'But when we come to that business by the seashore, things are much more interesting. As you stated them, they were much more puzzling. I didn't understand that tale of the dog going in and out of the water; it didn't seem to me a doggy thing to do. If Nox had been very much upset about something else, he might possibly have refused to go after the stick at all. He'd probably go off nosing in whatever direction he suspected the mischief. But when once a dog is actually chasing a thing, a stone or a stick or a rabbit, my experience is that he won't stop for anything but the most peremptory command, and not always for that. That he should turn round because his mood changed seems to me unthinkable.'

'But he did turn round,' insisted Fiennes; 'and came back without the stick.'

'He came back without the stick for the best reason in the world,' replied the priest. 'He came back because he couldn't find it. He whined because be couldn't find it. That's the sort of thing a dog really does whine about. A dog is a devil of a ritualist. He is as particular about the precise routine of a game as a child about the precise repetition of a fairy-tale. In this case something had gone wrong with the game. He came back to complain seriously of the conduct of the stick. Never had such a thing happened before. Never had an eminent and distinguished dog been so treated by a rotten old walking-stick.'

'Why, what had the walking-stick done?' enquired the young man.

'It had sunk,' said Father Brown.

Fiennes said nothing, but continued to stare; and it was the priest who continued: 'It had sunk because it was not really a stick, but a rod of steel with a very thin shell of cane and a sharp point. In other words, it was a sword-stick. I suppose a murderer never gets rid of a bloody weapon so oddly and yet so naturally as by throwing it into the sea for a retriever.'

'I begin to see what you mean,' admitted Fiennes, 'but even if a sword-stick was used, I have no guess of how it was used.'

'I had a sort of guess,' said Father Brown, 'right at the beginning when you said the word summer-house. And another when you said that Druce wore a white coat. As long as everybody was looking for a short dagger, nobody thought of it; but if we admit a rather long blade like a rapier, it's not so impossible.'

He was leaning back, looking at the ceiling, and began like one going back to his own first thoughts and fundamentals.

'All that discussion about detective stories like the Yellow Room,

about a man found dead in sealed chambers which no one could enter, does not apply to the present case, because it is a summer-house. When we talk of a Yellow Room, or any room, we imply walls that are really homogeneous and impenetrable. But a summer-house is not made like that; it is often made, as it was in this case, of closely interlaced but separate boughs and strips of wood, in which there are chinks here and there. There was one of them just behind Druce's back as he sat in his chair up against the wall. But just as the room was a summer-house, so the chair was a basket-chair. That also was a lattice of loopholes. Lastly, the summer-house was close up under the hedge; and you have just told me that it was really a thin hedge. A man standing outside it could easily see, amid a network of twigs and branches and canes, one white spot of the Colonel's coat as plain as the white of a target.

'Now, you left the geography a little vague; but it was possible to put two and two together. You said the Rock of Fortune was not really high; but you also said it could be seen dominating the garden like a mountain-peak. In other words, it was very near the end of the garden, though your walk had taken you a long way round to it. Also, it isn't likely the young lady really howled so as to be heard half a mile. She gave an ordinary involuntary cry, and yet you heard it on the shore. And among other interesting things that you told me, may I remind you that you said Harry Druce had fallen behind to light his pipe under a hedge.'

Fiennes shuddered slightly. 'You mean he drew his blade there and sent it through the hedge at the white spot. But surely it was a very odd chance and a very sudden choice. Besides, he couldn't be certain the old man's money had passed to him, and as a fact it hadn't.'

Father Brown's face became animated. 'You misunderstand the man's character,' he said, as if he himself had known the man all his life. 'A curious but not unknown type of character. If he had really known the money would come to him, I seriously believe he wouldn't have done it. He would have seen it as the dirty thing it was.'

'Isn't that rather paradoxical?' asked the other.

'This man was a gambler,' said the priest, 'and a man in disgrace for having taken risks and anticipated orders. It was probably for something pretty unscrupulous, for every imperial police is more like a Russian secret police than we like to think. But he had gone beyond the line and failed. Now, the temptation of that type of man is to do a mad thing precisely because the risk will be wonderful in retrospect. He wants to say, "Nobody but I could have seized that chance or seen that it was then or never. What a wild and wonderful guess it was, when I put all those things together; Donald in disgrace; and the lawyer being sent for; and Herbert and I sent for at the same

time – and then nothing more but the way the old man grinned at me and shook hands. Anybody would say I was mad to risk it; but that is how fortunes are made, by the man mad enough to have a little foresight." In short, it is the vanity of guessing. It is the megalomania of the gambler. The more incongruous the coincidence, the more instantaneous the decision, the more likely he is to snatch the chance. The accident, the very triviality of the white speck and the hole in the hedge intoxicated him like a vision of the world's desire. Nobody clever enough to see such a combination of accidents could be cowardly enough not to use them! That is how the devil talks to the gambler. But the devil himself would hardly have induced that unhappy man to go down in a dull, deliberate way and kill an old uncle from whom he'd always had expectations. It would be too respectable.'

He paused a moment, and then went on with a certain quiet emphasis.

'And now try to call up the scene, even as you saw it yourself. As he stood there, dizzy with his diabolical opportunity, he looked up and saw that strange outline that might have been the image of his own tottering soul; the one great crag poised perilously on the other like a pyramid on its point, and remembered that it was called the Rock of Fortune. Can you guess how such a man at such a moment would read such a signal? I think it strung him up to action and even to vigilance. He who would be a tower must not fear to be a toppling tower. Anyhow, he acted; his next difficulty was to cover his tracks. To be found with a sword-stick, let alone a blood-stained sword-stick, would be fatal in the search that was certain to follow. If he left it anywhere, it would be found and probably traced. Even if he threw it into the sea the action might be noticed, and thought noticeable – unless indeed he could think of some more natural way of covering the action. As you know, he did think of one, and a very good one. Being the only one of you with a watch, he told you it was not yet time to return, strolled a little farther, and started the game of throwing in sticks for the retriever. But how his eyes must have rolled darkly over all that desolate seashore before they alighted on the dog!'

Fiennes nodded, gazing thoughtfully into space. His mind seemed to have drifted back to a less practical part of the narrative.

'It's queer,' he said, 'that the dog really was in the story after all.'

'The dog could almost have told you the story, if he could talk,' said the priest. 'All I complain of is that because he couldn't talk you made up his story for him, and made him talk with the tongues of men and angels. It's part of something I've noticed more and more in the modern world, appearing in all sorts of newspaper rumours and conversational

catchwords; something that's arbitrary without being authoritative. People readily swallow the untested claims of this, that, or the other. It's drowning all your old rationalism and scepticism, it's coming in like a sea; and the name of it is superstition.' He stood up abruptly, his face heavy with a sort of frown, and went on talking almost as if he were alone. 'It's the first effect of not believing in God that you lose your common sense and can't see things as they are. Anything that anybody talks about, and says there's a good deal in it, extends itself indefinitely like a vista in a nightmare. And a dog is an omen, and a cat is a mystery, and a pig is a mascot, and a beetle is a scarab, calling up all the menagerie of polytheism from Egypt and old India; Dog Anubis and great green-eyed Pasht and all the holy howling Bulls of Bashan; reeling back to the bestial gods of the beginning, escaping into elephants and snakes and crocodiles; and all because you are frightened of four words: "He was made Man".'

The young man got up with a little embarrassment, almost as if he had overheard a soliloquy. He called to the dog and left the room with vague but breezy farewells. But he had to call the dog twice, for the dog had remained behind quite motionless for a moment, looking up steadily at Father Brown as the wolf looked at St Francis.

The Miracle of Moon Crescent

Moon Crescent was meant in a sense to be as romantic as its name; and the things that happened there were romantic enough in their way. At least it had been an expression of that genuine element of sentiment – historic and almost heroic – which manages to remain side by side with commercialism in the elder cities on the eastern coast of America. It was originally a curve of classical architecture really recalling that eighteenth-century atmosphere in which men like Washington and Jefferson had seemed to be all the more republicans for being aristocrats. Travellers faced with the recurrent query of what they thought of our city were understood to be specially answerable for what they thought of our Moon Crescent. The very contrasts that confuse its original harmony were characteristic of its survival. At one extremity or horn of the crescent its last windows looked over an enclosure like a strip of a gentleman's park, with trees and hedges as formal as a Queen Anne garden. But immediately round the corner, the other windows, even of the same rooms, or rather 'apartments', looked out on the blank, unsightly wall of a huge warehouse attached to some ugly industry. The apartments of Moon Crescent itself were at that end remodelled on the monotonous pattern of an American hotel, and rose to a height, which, though lower than the colossal warehouse, would have been called a skyscraper in London. But the colonnade that ran round the whole frontage upon the street had a grey and weather-stained stateliness suggesting that the ghosts of the Fathers of the Republic might still be walking to and fro in it. The insides of the rooms, however, were as neat and new as the last New York fittings could make them, especially at the northern end between the neat garden and the blank warehouse wall. They were a system of very small flats, as we should say in England, each consisting of a sitting-room, bedroom, and bathroom, as identical as the hundred cells of a hive. In one of these the celebrated Warren Wynd sat at his desk sorting letters and scattering orders with wonderful rapidity and exactitude. He could only be compared to a tidy whirlwind.

Warren Wynd was a very little man with loose grey hair and a pointed beard, seemingly frail but fierily active. He had very wonderful eyes, brighter than stars and stronger than magnets, which nobody who had ever seen them could easily forget. And indeed in his work as a reformer and regulator of many good works he had shown at least that

he had a pair of eyes in his head. All sorts of stories and even legends were told of the miraculous rapidity with which he could form a sound judgement, especially of human character. It was said that he selected the wife who worked with him so long in so charitable a fashion, by picking her out of a whole regiment of women in uniform marching past at some official celebration, some said of the Girl Guides and some of the Women Police. Another story was told of how three tramps, indistinguishable from each other in their community of filth and rags, had presented themselves before him asking for charity. Without a moment's hesitation he had sent one of them to a particular hospital devoted to a certain nervous disorder, had recommended the second to an inebriates' home, and had engaged the third at a handsome salary as his own private servant, a position which he filled successfully for years afterwards. There were, of course, the inevitable anecdotes of his prompt criticisms and curt repartees when brought in contact with Roosevelt, with Henry Ford, and with Mrs Asquith and all other persons with whom an American public man ought to have a historic interview, if only in the newspapers. Certainly he was not likely to be overawed by such personages; and at the moment here in question he continued very calmly his centrifugal whirl of papers, though the man confronting him was a personage of almost equal importance.

Silas T. Vandam, the millionaire and oil magnate, was a lean man with a long, yellow face and blue-black hair, colours which were the less conspicuous yet somehow the more sinister because his face and figure showed dark against the window and the white warehouse wall outside it; he was buttoned up tight in an elegant overcoat with strips of astrakhan. The eager face and brilliant eyes of Wynd, on the other hand, were in the full light from the other window overlooking the little garden, for his chair and desk stood facing it; and though the face was preoccupied, it did not seem unduly preoccupied about the millionaire. Wynd's valet or personal servant, a big, powerful man with flat fair hair, was standing behind his master's desk holding a sheaf of letters; and Wynd's private secretary, a neat, redhaired youth with a sharp face, had his hand already on the door handle, as if guessing some purpose or obeying some gesture of his employer. The room was not only neat, but austere to the point of emptiness; for Wynd, with characteristic thoroughness, had rented the whole floor above, and turned it into a loft or storeroom, where all his other papers and possessions were stacked in boxes and corded bales.

'Give these to the floor-clerk, Wilson,' said Wynd to the servant holding the letters, 'and then get me the pamphlet on the Minneapolis Night Clubs; you'll find it in the bundle marked "G". I shall want it in

half an hour, but don't disturb me till then. Well, Mr Vandam, I think your proposition sounds very promising; but I can't give a final answer till I've seen the report. It ought to reach me tomorrow afternoon, and I'll phone you at once. I'm sorry I can't say anything more definite just now.'

Mr Vandam seemed to feel that this was something like a polite dismissal; and his sallow, saturnine face suggested that he found a certain irony in the fact.

'Well, I suppose I must be going,' he said.

'Very good of you to call, Mr Vandam,' said Wynd, politely; 'you will excuse my not coming out, as I've something here I must fix at once. Fenner,' he added to the secretary,' show Mr Vandam to his car, and don't come back again for half an hour. I've something here I want to work out by myself; after that I shall want you.'

The three men went out into the hallway together, closing the door behind them. The big servant, Wilson, was turning down the hallway in the direction of the floor-clerk, and the other two moving in the opposite direction towards the lift; for Wynd's apartment was high up on the fourteenth floor. They had hardly gone a yard from the closed door when they became conscious that the corridor was filled with a marching and even magnificent figure. The man was very tall and broad-shouldered, his bulk being the more conspicuous for being clad in white, or a light grey that looked like it, with a very wide white panama hat and an almost equally wide fringe or halo of almost equally white hair. Set in this aureole his face was strong and handsome, like that of a Roman emperor, save that there was something more than boyish, something a little childish, about the brightness of his eyes and the beatitude of his smile. 'Mr Warren Wynd in?' he asked, in hearty tones.

'Mr Warren Wynd is engaged,' said Fenner; 'he must not be disturbed on any account. I may say I am his secretary and can take any message.'

'Mr Warren Wynd is not at home to the Pope or the Crowned Heads,' said Vandam, the oil magnate, with sour satire. 'Mr Warren Wynd is mighty particular. I went in there to hand him over a trifle of twenty thousand dollars on certain conditions, and, he told me to call again like as if I was a call-boy.'

'It's a fine thing to be a boy,' said the stranger, 'and a finer to have a call; and I've got a call he's just got to listen to. It's a call of the great good country out West, where the real American is being made while you're all snoring. Just tell him that Art Alboin of Oklahoma City has come to convert him.'

'I tell you nobody can see him,' said the redhaired secretary sharply. 'He has given orders that he is not to be disturbed for half an hour.'

'You folks down East are all against being disturbed,' said the breezy Mr Alboin, 'but I calculate there's a big breeze getting up in the West that will have to disturb you. He's been figuring out how much money must go to this and that stuffy old religion; but I tell you any scheme that leaves out the new Great Spirit movement in Texas and Oklahoma, is leaving out the religion of the future.'

'Oh; I've sized up those religions of the future,' said the millionaire, contemptuously. 'I've been through them with a tooth-comb and they're as mangy as yellow dogs. There was that woman called herself Sophia: ought to have called herself Sapphira, I reckon. Just a plum fraud. Strings tied to all the tables and tambourines. Then there were the Invisible Life bunch; said they could vanish when they liked, and they did vanish, too, and a hundred thousand of my dollars vanished with them. I knew Jupiter Jesus out in Denver; saw him for weeks on end; and he was just a common crook. So was the Patagonian Prophet; you bet he's made a bolt for Patagonia. No, I'm through with all that; from now on I only believe what I see. I believe they call it being an atheist.'

'I guess you got me wrong,' said the man from Oklahoma, almost eagerly. 'I guess I'm as much of an atheist as you are. No supernatural or superstitious stuff in our movement; just plain science. The only real right science is just health, and the only real right health is just breathing. Fill your lungs with the wide air of the prairie and you could blow all your old eastern cities into the sea. You could just puff away their biggest men like thistledown. That's what we do in the new movement out home: we breathe. We don't pray; we breathe.'

'Well, I suppose you do,' said the secretary, wearily. He had a keen, intelligent face which could hardly conceal the weariness; but he had listened to the two monologues with the admirable patience and politeness (so much in contrast with the legends of impatience and insolence) with which such monologues are listened to in America.

'Nothing supernatural,' continued Alboin, 'just the great natural fact behind all the supernatural fancies. What did the Jews want with a God except to breathe into man's nostrils the breath of life? We do the breathing into our own nostrils out in Oklahoma. What's the meaning of the very word Spirit? It's just the Greek for breathing exercises. Life, progress, prophecy; it's all breath.'

'Some would allow it's all wind,' said Vandam; 'but I'm glad you've got rid of the divinity stunt, anyhow.'

The keen face of the secretary, rather pale against his red hair, showed a flicker of some odd feeling suggestive of a secret bitterness.

'I'm not glad,' he said, 'I'm just sure. You seem to like being atheists;

so you may be just believing what you like to believe. But I wish to God there were a God; and there ain't. It's just my luck.'

Without a sound or stir they all became almost creepily conscious at this moment that the group, halted outside Wynd's door, had silently grown from three figures to four. How long the fourth figure had stood there none of the earnest disputants could tell, but he had every appearance of waiting respectfully and even timidly for the opportunity to say something urgent. But to their nervous sensibility he seemed to have sprung up suddenly and silently like a mushroom. And indeed, he looked rather like a big, black mushroom, for he was quite short and his small, stumpy figure was eclipsed by his big, black clerical hat; the resemblance might have been more complete if mushrooms were in the habit of carrying umbrellas, even of a shabby and shapeless sort.

Fenner, the secretary, was conscious of a curious additional surprise at recognising the figure of a priest; but when the priest turned up a round face under the round hat and innocently asked for Mr Warren Wynd, he gave the regular negative answer rather more curtly than before. But the priest stood his ground.

'I do really want to see Mr Wynd,' he said. 'It seems odd, but that's exactly what I do want to do. I don't want to speak to him. I just want to see him. I just want to see if he's there to be seen.'

'Well, I tell you he's there and can't be seen,' said Fenner, with increasing annoyance. 'What do you mean by saying you want to see if he's there to be seen? Of course he's there. We all left him there five minutes ago, and we've stood outside this door ever since.'

'Well, I want to see if he's all right,' said the priest.

'Why?' demanded the secretary, in exasperation. 'Because I have a serious, I might say solemn, reason,' said the cleric, gravely, 'for doubting whether he is all right.'

'Oh, Lord!' cried Vandam, in a sort of fury; 'not more superstitions.'

'I see I shall have to give my reasons,' observed the little cleric, gravely. 'I suppose I can't expect you even to let me look through the crack of a door till I tell you the whole story.' He was silent a moment as in reflection, and then went on without noticing the wondering faces around him. 'I was walking outside along the front of the colonnade when I saw a very ragged man running hard round the corner at the end of the crescent. He came pounding along the pavement towards me, revealing a great raw-boned figure and a face I knew. It was the face of a wild Irish fellow I once helped a little; I will not tell you his name. When he saw me he staggered, calling me by mine and saying, "Saints alive, it's Father Brown; you're the only man whose face could frighten me today."

'I knew he meant he'd been doing some wild thing or other, and I don't think my face frightened him much, for he was soon telling me about it. And a very strange thing it was. He asked me if I knew Warren Wynd, and I said no, though I knew he lived near the top of these flats. He said, "That's a man who thinks he's a saint of God; but if he knew what I was saying of him he should be ready to hang himself." And he repeated hysterically more than once, "Yes, ready to hang himself." I asked him if he'd done any harm to Wynd, and his answer was rather a queer one. He said: "I took a pistol and I loaded it with neither shot nor slug, but only with a curse." As far as I could make out, all he had done was to go down that little alley between this building and the big warehouse, with an old pistol loaded with a blank charge, and merely fire it against the wall, as if that would bring down the building. "But as I did it," he said, "I cursed him with the great curse, that the justice of God should take him by the hair and the vengeance of hell by the heels, and he should be torn asunder like Judas and the world know him no more."

'Well, it doesn't matter now what else I said to the poor, crazy fellow; he went away quieted down a little, and I went round to the back of the building to inspect. And sure enough, in the little alley at the foot of this wall there lay a rusty antiquated pistol; I know enough about pistols to know it had been loaded only with a little powder, there were the black marks of powder and smoke on the wall, and even the mark of the muzzle, but not even a dent of any bullet. He had left no trace of destruction; he had left no trace of anything, except those black marks and that black curse he had hurled into heaven. So I came back here to ask for this Warren Wynd and find out if he's all right.'

Fenner the secretary laughed. 'I can soon settle that difficulty for you. I assure you he's quite all right; we left him writing at his desk only a few minutes ago. He was alone in his flat; it's a hundred feet up from the street, and so placed that no shot could have reached him, even if your friend hadn't fired blank. There's no other entrance to this place but this door, and we've been standing outside it ever since.'

'All the same,' said Father Brown, gravely, 'I should like to look in and see.'

'Well, you can't,' retorted the other. 'Good Lord, you don't tell me you think anything of the curse.'

'You forget,' said the millionaire, with a slight sneer, 'the reverend gentleman's whole business is blessings and cursings. Come, sir, if he's been cursed to hell, why don't you bless him back again? What's the good of your blessings if they can't beat an Irish larrykin's curse?'

'Does anybody believe such things now?' protested the Westerner.

'Father Brown believes a good number of things, I take it,' said Vandam, whose temper was suffering from the past snub and the present bickering. 'Father Brown believes a hermit crossed a river on a crocodile conjured out of nowhere, and then he told the crocodile to die, and it sure did. Father Brown believes that some blessed saint or other died, and had his dead body turned into three dead bodies, to be served out to three parishes that were all intent on figuring as his home-town. Father Brown believes that a saint hung his cloak on a sunbeam, and another used his for a boat to cross the Atlantic. Father Brown believes the holy donkey had six legs and the house of Loretto flew through the air. He believes in hundreds of stone virgins winking and weeping all day long. It's nothing to him to believe that a man might escape through the keyhole or vanish out of a locked room. I reckon he doesn't take much stock of the laws of nature.'

'Anyhow, I have to take stock in the laws of Warren Wynd,' said the secretary, wearily, 'and it's his rule that he's to be left alone when he says so. Wilson will tell you just the same,' for the large servant who had been sent for the pamphlet, passed placidly down the corridor even as he spoke, carrying the pamphlet, but serenely passing the door. 'He'll go and sit on the bench by the floor-clerk and twiddle his thumbs till he's wanted; but he won't go in before then; and nor will I. I reckon we both know which side our bread is buttered, and it'd take a good many of Father Brown's saints and angels to make us forget it.'

'As for saints and angels –' began the priest.

'It's all nonsense,' repeated Fenner. 'I don't want to say anything offensive, but that sort of thing may be very well for crypts and cloisters and all sorts of moonshiny places. But ghosts can't get through a closed door in an American hotel.'

'But men can open a door, even in an American hotel,' replied Father Brown, patiently. 'And it seems to me the simplest thing would be to open it.'

'It would be simple enough to lose me my job,' answered the secretary, 'and Warren Wynd doesn't like his secretaries so simple as that. Not simple enough to believe in the sort of fairy tales you seem to believe in.'

'Well,' said the priest gravely, 'it is true enough that I believe in a good many things that you probably don't. But it would take a considerable time to explain all the things I believe in, and all the reasons I have for thinking I'm right. It would take about two seconds to open that door and prove I am wrong.'

Something in the phrase seemed to please the more wild and restless spirit of the man from the West.

'I'll allow I'd love to prove you wrong,' said Alboin, striding suddenly past them, 'and I will.'

He threw open the door of the flat and looked in. The first glimpse showed that Warren Wynd's chair was empty. The second glance showed that his room was empty also.

Fenner, electrified with energy in his turn, dashed past the other into the apartment.

'He's in his bedroom,' he said curtly, 'he must be.'

As he disappeared into the inner chamber the other men stood in the empty outer room staring about them. The severity and simplicity of its fittings, which had already been noted, returned on them with a rigid challenge. Certainly in this room there was no question of hiding a mouse, let alone a man. There were no curtains and, what is rare in American arrangements, no cupboards. Even the desk was no more than a plain table with a shallow drawer and a tilted lid. The chairs were hard and high-backed skeletons. A moment after the secretary reappeared at the inner door, having searched the two inner rooms. A staring negation stood in his eyes, and his mouth seemed to move in a mechanical detachment from it as he said sharply: 'He didn't come out through here?'

Somehow the others did not even think it necessary to answer that negation in the negative. Their minds had come up against something like the blank wall of the warehouse that stared in at the opposite window, gradually turning from white to grey as dusk slowly descended with the advancing afternoon. Vandam walked over to the windowsill against which he had leant half an hour before and looked out of the open window. There was no pipe or fire-escape, no shelf or foothold of any kind on the sheer fall to the little by-street below, there was nothing on the similar expanse of wall that rose many stories above. There was even less variation on the other side of the street; there was nothing whatever but the wearisome expanse of whitewashed wall. He peered downwards, as if expecting to see the vanished philanthropist lying in a suicidal wreck on the path. He could see nothing but one small dark object which, though diminished by distance, might well be the pistol that the priest had found lying there. Meanwhile, Fenner had walked to the other window, which looked out from a wall equally blank and inaccessible, but looking out over a small ornamental park instead of a side street. Here a clump of trees interrupted the actual view of the ground; but they reached but a little way up the huge human cliff. Both turned back into the room and faced each other in the gathering twilight where the last silver gleams of daylight on the shiny tops of desks and tables were rapidly turning grey. As if the twilight itself

irritated him, Fenner touched the switch and the scene sprang into the startling distinctness of electric light.

'As you said just now,' said Vandam grimly, 'there's no shot from down there could hit him, even if there was a shot in the gun. But even if he was hit with a bullet he wouldn't have just burst like a bubble.'

The secretary, who was paler than ever, glanced irritably at the bilious visage of the millionaire. 'What's got you started on those morbid notions? Who's talking about bullets and bubbles? Why shouldn't he be alive?'

'Why not indeed?' replied Vandam smoothly. 'If you'll tell me where he is, I'll tell you how he got there.'

After a pause the secretary muttered, rather sulkily: 'I suppose you're right. We're right up against the very thing we were talking about. It'd be a queer thing if you or I ever came to think there was anything in cursing. But who could have harmed Wynd shut up in here?'

Mr Alboin, of Oklahoma, had been standing rather astraddle in the middle of the room, his white, hairy halo as well as his round eyes seeming to radiate astonishment. At this point he said, abstractedly, with something of the irrelevant impudence of an *enfant terrible*: 'You didn't cotton to him much, did you, Mr Vandam?'

Mr Vandam's long yellow face seemed to grow longer as it grew more sinister, while he smiled and answered quietly: 'If it comes to these coincidences, it was you, I think, who said that a wind from the West would blow away our big men like thistledown.'

'I know I said it would,' said the Westerner, with candour; 'but all the same, how the devil could it?'

The silence was broken by Fenner saying with an abruptness amounting to violence: 'There's only one thing to say about this affair. It simply hasn't happened. It can't have happened.'

'Oh, yes,' said Father Brown out of the corner; 'it has happened all right.'

They all jumped; for the truth was they had all forgotten the insignificant little man who had originally induced them to open the door. And the recovery of memory went with a sharp reversal of mood; it came back to them with a rush that they had all dismissed him as a superstitious dreamer for even hinting at the very thing that had since happened before their eyes.

'Snakes!' cried the impetuous Westerner, like one speaking before he could stop himself; 'suppose there were something in it, after all!'

'I must confess,' said Fenner, frowning at the table, 'that his reverence's anticipations were apparently well founded. I don't know whether he has anything else to tell us.'

'He might possibly tell us,' said Vandam, sardonically, 'what the devil we are to do now.'

The little priest seemed to accept the position in a modest, but matter-of-fact manner. 'The only thing I can think of,' he said, 'is first to tell the authorities of this place, and then to see if there were any more traces of my man who let off the pistol. He vanished round the other end of the crescent where the little garden is. There are seats there, and it's a favourite place for tramps.'

Direct consultations with the headquarters of the hotel, leading to indirect consultations with the authorities of the police, occupied them for a considerable time; and it was already nightfall when they went out under the long, classical curve of the colonnade. The crescent looked as cold and hollow as the moon after which it was named, and the moon itself was rising luminous but spectral behind the black tree-tops when they turned the corner by the little public garden. Night veiled much of what was merely urban and artificial about the place, and as they melted into the shadows of the trees they had a strange feeling of having suddenly travelled many hundred miles from their homes. When they had walked in silence for a little, Alboin, who had something elemental about him, suddenly exploded.

'I give up,' he cried; 'I hand in my checks. I never thought I should come to such things; but what happens when the things come to you? I beg your pardon, Father Brown; I reckon I'll just come across, so far as you and your fairy tales are concerned. After this, it's me for the fairy tales. Why, you said yourself, Mr Vandam, that you're an atheist and only believe what you see. Well, what was it you did see? Or rather, what was it you didn't see?'

'I know,' said Vandam and nodded in a gloomy fashion.

'Oh, it's partly all this moon and trees that get on one's nerves,' said Fenner obstinately. 'Trees always look queer by moonlight, with their branches crawling about. Look at that –'

'Yes,' said Father Brown, standing still and peering at the moon through a tangle of trees. 'That's a very queer branch up there.'

When he spoke again he only said: 'I thought it was a broken branch.'

But this time there was a catch in his voice that unaccountably turned his hearers cold. Something that looked rather like a dead branch was certainly dependent in a limp fashion from the tree that showed dark against the moon; but it was not a dead branch. When they came close to it to see what it was Fenner sprang away again with a ringing oath. Then he ran in again and loosened a rope from the neck of the dingy little body dangling with drooping plumes of grey hair. Somehow he knew that the body was a dead body before he managed to take it down

from the tree. A very long coil of rope was wrapped round and round the branches, and a comparatively short length of it hung from the fork of the branch to the body. A long garden tub was rolled a yard or so from under the feet, like the stool kicked away from the feet of a suicide.

'Oh, my God!' said Alboin, so that it seemed as much a prayer as an oath. 'What was it that man said about him? – "If he knew, he would be ready to hang himself." Wasn't that what he said, Father Brown?'

'Yes,' said Father Brown.

'Well,' said Vandam in a hollow voice, 'I never thought to see or say such a thing. But what can one say except that the curse has worked?'

Fenner was standing with hands covering his face; and the priest laid a hand on his arm and said, gently, 'Were you very fond of him?'

The secretary dropped his hands and his white face was ghastly under the moon.

'I hated him like hell,' he said; 'and if he died by a curse it might have been mine.'

The pressure of the priest's hand on his arm tightened; and the priest said, with an earnestness he had hardly yet shown: 'It wasn't your curse; pray be comforted.'

The police of the district had considerable difficulty in dealing with the four witnesses who were involved in the case. All of them were reputable, and even reliable people in the ordinary sense; and one of them was a person of considerable power and importance: Silas Vandam of the Oil Trust. The first police-officer who tried to express scepticism about his story struck sparks from the steel of that magnate's mind very rapidly indeed.

'Don't you talk to me about sticking to the facts,' said the millionaire with asperity. 'I've stuck to a good many facts before you were born and a few of the facts have stuck to me. I'll give you the facts all right if you've got the sense to take 'em down correctly.'

The policeman in question was youthful and subordinate, and had a hazy idea that the millionaire was too political to be treated as an ordinary citizen; so he passed him and his companions on to a more stolid superior, one Inspector Collins, a grizzled man with a grimly comfortable way of talking; as one who was genial but would stand no nonsense.

'Well, well,' he said, looking at the three figures before him with twinkling eyes, 'this seems to be a funny sort of a tale.'

Father Brown had already gone about his daily business; but Silas Vandam had suspended even the gigantic business of the markets for an hour or so to testify to his remarkable experience. Fenner's business as secretary had ceased in a sense with his employer's life; and the great

Art Alboin, having no business in New York or anywhere else, except the spreading of the Breath of Life religion or the Great Spirit, had nothing to draw him away at the moment from the immediate affair. So they stood in a row in the inspector's office, prepared to corroborate each other.

'Now I'd better tell you to start with,' said the inspector cheerfully, 'that it's no good for anybody to come to me with any miraculous stuff. I'm a practical man and a policeman, and that sort of thing is all very well for priests and parsons. This priest of yours seems to have got you all worked up about some story of a dreadful death and judgement; but I'm going to leave him and his religion out of it altogether. If Wynd came out of that room, somebody let him out. And if Wynd was found hanging on that tree, somebody hung him there.'

'Quite so,' said Fenner; 'but as our evidence is that nobody let him out, the question is how could anybody have hung him there?'

'How could anybody have a nose on his face?' asked the inspector. 'He had a nose on his face, and he had a noose round his neck. Those are facts; and, as I say, I'm a practical man and go by the facts. It can't have been done by a miracle, so it must have been done by a man.'

Alboin had been standing rather in the background; and indeed his broad figure seemed to form a natural background to the leaner and more vivacious men in front of him. His white head was bowed with a certain abstraction; but as the inspector said the last sentence, he lifted it, shaking his hoary mane in a leonine fashion, and looking dazed but awakened. He moved forward into the centre of the group, and they had a vague feeling that he was even vaster than before. They had been only too prone to take him for a fool or a mountebank; but he was not altogether wrong when he said that there was in him a certain depth of lungs and life, like a west wind stored up in its strength, which might some day puff lighter things away.

'So you're a practical man, Mr Collins,' he said, in a voice at once soft and heavy. 'It must be the second or third time you've mentioned in this little conversation that you are a practical man; so I can't be mistaken about that. And a very interesting little fact it is for anybody engaged in writing your life, letters, and table-talk, with portrait at the age of five, daguerreotype of your grandmother and views of the old home-town; and I'm sure your biographer won't forget to mention it along with the fact that you had a pug nose with a pimple on it, and were nearly too fat to walk. And as you're a practical man, perhaps you would just go on practising till you've brought Warren Wynd to life again, and found out exactly how a practical man gets through a steel door. But I think you've got it wrong. You're not a practical man. You're

a practical joke; that's what you are. The Almighty was having a bit of fun with us when he thought of you.'

With a characteristic sense of drama he went sailing towards the door before the astonished inspector could reply; and no after-recriminations could rob him of a certain appearance of triumph.

'I think you were perfectly right,' said Fenner. 'If those are practical men, give me priests.'

Another attempt was made to reach an official version of the event when the authorities fully realised who were the backers of the story, and what were the implications of it. Already it had broken out in the Press in its most sensationally and even shamelessly psychic form. Interviews with Vandam on his marvellous adventure, articles about Father Brown and his mystical intuitions, soon led those who feel responsible for guiding the public, to wish to guide it into a wiser channel. Next time the inconvenient witnesses were approached in a more indirect and tactful manner. They were told, almost in an airy fashion, that Professor Vair was very much interested in such abnormal experiences; was especially interested in their own astonishing case. Professor Vair was a psychologist of great distinction; he had been known to take a detached interest in criminology; it was only some little time afterwards that they discovered that he was in any way connected with the police.

Professor Vair was a courteous gentleman, quietly dressed in pale grey clothes, with an artistic tie and a fair, pointed beard; he looked more like a landscape painter to anyone not acquainted with a certain special type of don. He had an air not only of courtesy, but of frankness.

'Yes, yes, I know,' he said smiling; 'I can guess what you must have gone through. The police do not shine in inquiries of a psychic sort, do they? Of course, dear old Collins said he only wanted the facts. What an absurd blunder! In a case of this kind we emphatically do not only want the facts. It is even more essential to have the fancies.'

'Do you mean,' asked Vandam gravely, 'that all that we thought facts were merely fancies?'

'Not at all,' said the professor; 'I only mean that the police are stupid in thinking they can leave out the psychological element in these things. Well, of course, the psychological element is everything in everything, though it is only just beginning to be understood. To begin with, take the element called personality. Now I have heard of this priest, Father Brown, before; and he is one of the most remarkable men of our time. Men of that sort carry a sort of atmosphere with them; and nobody knows how much his nerves and even his very senses are affected by it for the time being. People are hypnotised – yes, hypnotised; for

hypnotism, like everything else, is a matter of degree; it enters slightly into all daily conversation: it is not necessarily conducted by a man in evening dress on a platform in a public hall. Father Brown's religion has always understood the psychology of atmospheres, and knows how to appeal to everything simultaneously; even, for instance, to the sense of smell. It understands those curious effects produced by music on animals and human beings; it can –'

'Hang it,' protested Fenner, 'you don't think he walked down the corridor carrying a church organ?'

'He knows better than to do that,' said Professor Vair laughing. 'He knows how to concentrate the essence of all these spiritual sounds and sights, and even smells, in a few restrained gestures; in an art or school of manners. He could contrive so to concentrate your minds on the supernatural by his mere presence, that natural things slipped off your minds to left and right unnoticed. Now you know,' he proceeded with a return to cheerful good sense, 'that the more we study it the more queer the whole question of human evidence becomes. There is not one man in twenty who really observes things at all. There is not one man in a hundred who observes them with real precision; certainly not one in a hundred who can first observe, then remember, and finally describe. Scientific experiments have been made again and again showing that men under strain have thought a door was shut when it was open, or open when it was shut. Men have differed about the number of doors or windows in a wall just in front of them. They have suffered optical illusions in broad daylight. They have done this even without the hypnotic effect of personality; but here we have a very powerful and persuasive personality bent upon fixing only one picture on your minds; the picture of the wild Irish rebel shaking his pistol at the sky and firing that vain volley, whose echoes were the thunders of heaven.'

'Professor,' cried Fenner, 'I'd swear on my deathbed that door never opened.'

'Recent experiments,' went on the professor, quietly, 'have suggested that our consciousness is not continuous, but is a succession of very rapid impressions like a cinema; it is possible that somebody or something may, so to speak, slip in or out between the scenes. It acts only in the instant while the curtain is down. Probably the patter of conjurors and all forms of sleight of hand depend on what we may call these black flashes of blindness between the flashes of sight. Now this priest and preacher of transcendental notions had filled you with a transcendental imagery; the image of the Celt like a Titan shaking the tower with his curse. Probably he accompanied it with some slight but compelling gesture, pointing your eyes and minds in the direction of the unknown

destroyer below. Or perhaps something else happened, or somebody else passed by.'

'Wilson, the servant,' grunted Alboin, 'went down the hallway to wait on the bench, but I guess he didn't distract us much.'

'You never know how much,' replied Vair; 'it might have been that or more likely your eyes following some gesture of the priest as he told his tale of magic. It was in one of those black flashes that Mr Warren Wynd slipped out of his door and went to his death. That is the most probable explanation. It is an illustration of the new discovery. The mind is not a continuous line, but rather a dotted line.'

'Very dotted,' said Fenner feebly. 'Not to say dotty.'

'You don't really believe,' asked Vair, 'that your employer was shut up in a room like a box?'

'It's better than believing that I ought to be shut up in a room like a padded cell,' answered Fenner. 'That's what I complain of in your suggestions, professor. I'd as soon believe in a priest who believes in a miracle, as disbelieve in any man having any right to believe in a fact. The priest tells me that a man can appeal to a God I know nothing about to avenge him by the laws of some higher justice that I know nothing about. There's nothing for me to say except that I know nothing about it. But, at least, if the poor Paddy's prayer and pistol could be heard in a higher world, that higher world might act in some way that seems odd to us. But you ask me to disbelieve the facts of this world as they appear to my own five wits. According to you, a whole procession of Irishmen carrying blunderbusses may have walked through this room while we were talking, so long as they took care to tread on the blind spots in our minds. Miracles of the monkish sort, like materialising a crocodile or hanging a cloak on a sunbeam, seem quite sane compared to you.'

'Oh, well,' said Professor Vair, rather curtly, 'if you are resolved to believe in your priest and his miraculous Irishman I can say no more. I'm afraid you have not had an opportunity of studying psychology.'

'No,' said Fenner dryly; 'but I've had an opportunity of studying psychologists.'

And, bowing politely, he led his deputation out of the room and did not speak till he got into the street; then he addressed them rather explosively.

'Raving lunatics!' cried Fenner in a fume. 'What the devil do they think is to happen to the world if nobody knows whether he's seen anything or not? I wish I'd blown his silly head off with a blank charge, and then explained that I did it in a blind flash. Father Brown's miracle may be miraculous or no, but he said it would happen and it did

happen. All these blasted cranks can do is to see a thing happen and then say it didn't. Look here, I think we owe it to the padre to testify to his little demonstration. We're all sane, solid men who never believed in anything. We weren't drunk. We weren't devout. It simply happened just as he said it would.'

'I quite agree,' said the millionaire. 'It may be the beginning of mighty big things in the spiritual line; but anyhow, the man who's in the spiritual line himself, Father Brown, has certainly scored over this business.'

A few days afterwards Father Brown received a very polite note signed Silas T. Vandam, and asking him if he would attend at a stated hour at the apartment which was the scene of the disappearance, in order to take steps for the establishment of that marvellous occurrence. The occurrence itself had already begun to break out in the newspapers, and was being taken up everywhere by the enthusiasts of occultism. Father Brown saw the flaring posters inscribed 'Suicide of Vanishing Man', and 'Man's Curse Hangs Philanthropist', as he passed towards Moon Crescent and mounted the steps on the way to the elevator. He found the little group much as he left it, Vandam, Alboin, and the secretary; but there was an entirely new respectfulness and even reverence in their tone towards himself. They were standing by Wynd's desk, on which lay a large paper and writing materials; they turned to greet him.

'Father Brown,' said the spokesman, who was the white-haired Westerner, somewhat sobered with his responsibility, 'we asked you here in the first place to offer our apologies and our thanks. We recognise that it was you that spotted the spiritual manifestation from the first. We were hard-shell sceptics, all of us; but we realise now that a man must break that shell to get at the great things behind the world. You stand for those things; you stand for the super-normal explanation of things; and we have to hand it to you. And in the second place, we feel that this document would not be complete without your signature. We are notifying the exact facts to the Psychical Research Society, because the newspaper accounts are not what you might call exact. We've stated how the curse was spoken out in the street; how the man was sealed up here in a room like a box; how the curse dissolved him straight into thin air, and in some unthinkable way materialised him as a suicide hoisted on a gallows. That's all we can say about it; but all that we know, and have seen with our own eyes. And as you were the first to believe in the miracle, we all feel that you ought to be the first to sign.'

'No, really,' said Father Brown, in embarrassment. 'I don't think I should like to do that.'

'You mean you'd rather not sign first?'

'I mean I'd rather not sign at all,' said Father Brown, modestly. 'You see, it doesn't quite do for a man in my position to joke about miracles.'

'But it was you who said it was a miracle,' said Alboin, staring.

'I'm so sorry,' said Father Brown; 'I'm afraid there's some mistake. I don't think I ever said it was a miracle. All I said was that it might happen. What you said was that it couldn't happen, because it would be a miracle if it did. And then it did. And so you said it was a miracle. But I never said a word about miracles or magic, or anything of the sort from beginning to end.'

'But I thought you believed in miracles,' broke out the secretary.

'Yes,' answered Father Brown, 'I believe in miracles. I believe in man-eating tigers, but I don't see them running about everywhere. If I want any miracles, I know where to get them.'

'I can't understand your taking this line, Father Brown,' said Vandam, earnestly. 'It seems so narrow; and you don't look narrow to me, though you are a parson. Don't you see, a miracle like this will knock all materialism endways? It will just tell the whole world in big print that spiritual powers can work and do work. You'll be serving religion as no parson ever served it yet.'

The priest had stiffened a little and seemed in some strange way clothed with unconscious and impersonal dignity, for all his stumpy figure. 'Well,' he said, 'you wouldn't suggest I should serve religion by what I know to be a lie? I don't know precisely what you mean by the phrase; and, to be quite candid, I'm not sure you do. Lying may be serving religion; I'm sure it's not serving God. And since you are harping so insistently on what I believe, wouldn't it be as well if you had some sort of notion of what it is?'

'I don't think I quite understand,' observed the millionaire, curiously.

'I don't think you do,' said Father Brown, with simplicity. 'You say this thing was done by spiritual powers. What spiritual powers? You don't think the holy angels took him and hung him on a garden tree, do you? And as for the unholy angels – no, no, no. The men who did this did a wicked thing, but they went no further than their own wickedness; they weren't wicked enough to be dealing with spiritual powers. I know something about Satanism, for my sins; I've been forced to know. I know what it is, what it practically always is. It's proud and it's sly. It likes to be superior; it loves to horrify the innocent with things half understood, to make children's flesh creep. That's why it's so fond of mysteries and initiations and secret societies and all the rest of it. Its eyes are turned inwards, and however grand and grave it may look, it's always hiding a small, mad smile.' He shuddered suddenly, as if caught in an icy draught of air. 'Never mind about them; they've got nothing

to do with this, believe me. Do you think that poor, wild Irishman of mine, who ran raving down the street, who blurted out half of it when he first saw my face, and ran away for fear he should blurt out more, do you think Satan confides any secrets to him? I admit he joined in a plot, probably in a plot with two other men worse than himself; but for all that, he was just in an everlasting rage when he rushed down the lane and let off his pistol and his curse.'

'But what on earth does all this mean?' demanded Vandam. 'Letting off a toy pistol and a twopenny curse wouldn't do what was done, except by a miracle. It wouldn't make Wynd disappear like a fairy. It wouldn't make him reappear a quarter of a mile away with a rope round his neck.'

'No,' said Father Brown sharply; 'but what would it do?'

'And still I don't follow you,' said the millionaire gravely.

'I say, what would it do?' repeated the priest; showing, for the first time, a sort of animation verging on annoyance. 'You keep on repeating that a blank pistol-shot wouldn't do this and wouldn't do that; that if that was all, the murder wouldn't happen or the miracle wouldn't happen. It doesn't seem to occur to you to ask what would happen. What would happen to you if a lunatic let off a firearm without rhyme or reason right under your window? What's the very first thing that would happen?'

Vandam looked thoughtful. 'I guess I should look out of the window,' he said.

'Yes,' said Father Brown, 'you'd look out of the window. That's the whole story. It's a sad story, but it's finished now; and there were extenuating circumstances.'

'Why should looking out of the window hurt him?' asked Alboin. 'He didn't fall out, or he'd have been found in the lane.'

'No,' said Father Brown, in a low voice. 'He didn't fall. He rose.'

There was something in his voice like the groan of a gong, a note of doom, but otherwise he went on steadily: 'He rose, but not on wings; not on the wings of any holy or unholy angels. He rose at the end of a rope, exactly as you saw him in the garden; a noose dropped over his head the moment it was poked out of the window. Don't you remember Wilson, that big servant of his, a man of huge strength, while Wynd was the lightest of little shrimps? Didn't Wilson go to the floor above to get a pamphlet, to a room full of luggage corded in coils and coils of rope? Has Wilson been seen since that day? I fancy not.'

'Do you mean,' asked the secretary, 'that Wilson whisked him clean out of his own window like a trout on a line?'

'Yes,' said the other, 'and let him down again out of the other window into the park, where the third accomplice hooked him on to a tree. Remember the lane was always empty; remember the wall opposite was

quite blank; remember it was all over in five minutes after the Irishman gave the signal with the pistol. There were three of them in it of course; and I wonder whether you can all guess who they were.'

They were all three staring at the plain, square window and the blank, white wall beyond; and nobody answered.

'By the way,' went on Father Brown, 'don't think I blame you for jumping to preternatural conclusions. The reason's very simple, really. You all swore you were hard-shelled materialists; and as a matter of fact you were all balanced on the very edge of belief – of belief in almost anything. There are thousands balanced on it today; but it's a sharp, uncomfortable edge to sit on. You won't rest till you believe something; that's why Mr Vandam went through new religions with a tooth-comb, and Mr Alboin quotes Scripture for his religion of breathing exercises, and Mr Fenner grumbles at the very God he denies. That's where you all split; it's natural to believe in the supernatural. It never feels natural to accept only natural things. But though it wanted only a touch to tip you into preternaturalism about these things, these things really were only natural things. They were not only natural, they were almost unnaturally simple. I suppose there never was quite so simple a story as this.'

Fenner laughed and then looked puzzled. 'I don't understand one thing,' he said. 'If it was Wilson, how did Wynd come to have a man like that on such intimate terms? How did he come to be killed by a man he'd seen every day for years? He was famous as being a judge of men.'

Father Brown thumped his umbrella on the ground with an emphasis he rarely showed.

'Yes,' he said, almost fiercely; 'that was how he came to be killed. He was killed for just that. He was killed for being a judge of men.'

They all stared at him, but he went on, almost as if they were not there.

'What is any man that he should be a judge of men?' he demanded. 'These three were the tramps that once stood before him and were dismissed rapidly right and left to one place or another; as if for them there were no cloak of courtesy, no stages of intimacy, no free-will in friendship. And twenty years has not exhausted the indignation born of that unfathomable insult in that moment when he dared to know them at a glance.'

'Yes,' said the secretary; 'I understand . . . and I understand how it is that you understand – all sorts of things.'

'Well, I'm blamed if I understand,' cried the breezy Western gentleman boisterously. 'Your Wilson and your Irishman seem to be just a couple of cut-throat murderers who killed their benefactor. I've no

use for a black and bloody assassin of that sort, in my morality, whether it's religion or not.'

'He was a black and bloody assassin, no doubt,' said Fenner quietly. 'I'm not defending him; but I suppose it's Father Brown's business to pray for all men, even for a man like –'

'Yes,' assented Father Brown, 'it's my business to pray for all men, even for a man like Warren Wynd.'

The Curse of the Golden Cross

Six people sat around a small table, seeming almost as incongruous and accidental as if they had been shipwrecked separately on the same small desert island. At least the sea surrounded them; for in one sense their island was enclosed in another island, a large and flying island like Laputa. For the little table was one of many little tables dotted about in the dining saloon of that monstrous ship the *Moravia*, speeding through the night and the everlasting emptiness of the Atlantic. The little company had nothing in common except that all were travelling from America to England. Two of them at least might be called celebrities; others might be called obscure, and in one or two cases even dubious.

The first was the famous Professor Smaill, an authority on certain archaeological studies touching the later Byzantine Empire. His lectures, delivered in an American University, were accepted as of the first authority even in the most authoritative seats of learning in Europe. His literary works were so steeped in a mellow and imaginative sympathy with the European past, that it often gave strangers a start to hear him speak with an American accent. Yet he was, in his way, very American; he had long fair hair brushed back from a big square forehead, long straight features and a curious mixture of preoccupation with a poise of potential swiftness, like a lion pondering absentmindedly on his next leap.

There was only one lady in the group; and she was (as the journalists often said of her) a host in herself; being quite prepared to play hostess, not to say empress, at that or any other table. She was Lady Diana Wales, the celebrated lady traveller in tropical and other countries; but there was nothing rugged or masculine about her appearance at dinner. She was herself handsome in an almost tropical fashion, with a mass of hot and heavy red hair; she was dressed in what the journalists call a daring fashion, but her face was intelligent and her eyes had that bright and rather prominent appearance which belongs to the eyes of ladies who ask questions at political meetings.

The other four figures seemed at first like shadows in this shining presence; but they showed differences on a close view. One of them was a young man entered on the ship's register as Paul T. Tarrant. He was an American type which might be more truly called an American anti-type. Every nation probably has an anti-type; a sort of extreme

exception that proves the national rule. Americans really respect work, rather as Europeans respect war. There is a halo of heroism about it; and he who shrinks from it is less than a man. The anti-type is evident through being exceedingly rare. He is the dandy or dude: the wealthy waster who makes a weak villain for so many American novels. Paul Tarrant seemed to have nothing whatever to do but change his clothes, which he did about six times a day; passing into paler or richer shades of his suit of exquisite light grey, like the delicate silver changes of the twilight. Unlike most Americans, he cultivated very carefully a short, curly beard; and unlike most dandies, even of his own type, he seemed rather sulky than showy. Perhaps there was something almost Byronic about his silence and his gloom.

The next two travellers were naturally classed together; merely because they were both English lecturers returning from an American tour. One of them was described as Leonard Smyth, apparently a minor poet, but something of a major journalist; long-headed, light-haired, perfectly dressed, and perfectly capable of looking after himself. The other was a rather comic contrast, being short and broad, with a black, walrus moustache, and as taciturn as the other was talkative. But as he had been both charged with robbing and praised for rescuing a Roumanian Princess threatened by a jaguar in his travelling menagerie, and had thus figured in a fashionable case, it was naturally felt that his views on God, progress, his own early life, and the future of Anglo-American relations would be of great interest and value to the inhabitants of Minneapolis and Omaha. The sixth and most insignificant figure was that of a little English priest going by the name of Brown. He listened to the conversation with respectful attention, and he was at that moment forming the impression that there was one rather curious thing about it.

'I suppose those Byzantine studies of yours, Professor,' Leonard Smyth was saying, 'would throw some light on this story of a tomb found somewhere on the south coast; near Brighton, isn't it? Brighton's a long way from Byzantium, of course. But I read something about the style of burying or embalming or something being supposed to be Byzantine.'

'Byzantine studies certainly have to reach a long way,' replied the Professor dryly. 'They talk about specialists; but I think the hardest thing on earth is to specialise. In this case, for instance: how can a man know anything about Byzantium till he knows everything about Rome before it and about Islam after it? Most Arab arts were old Byzantine arts. Why, take algebra —'

'But I won't take algebra,' cried the lady decisively. 'I never did, and I never do. But I'm awfully interested in embalming. I was with Gatton, you know, when he opened the Babylonian tombs. Ever since then I

found mummies and preserved bodies and all that perfectly thrilling. Do tell us about this one.'

'Gatton was an interesting man,' said the Professor. 'They were an interesting family. That brother of his who went into Parliament was much more than an ordinary politician. I never understood the Fascisti till he made that speech about Italy.'

'Well, we're not going to Italy on this trip,' said Lady Diana persistently, 'and I believe you're going to that little place where they've found the tomb. In Sussex, isn't it?'

'Sussex is pretty large, as these little English sections go,' replied the Professor. 'One might wander about in it for a goodish time; and it's a good place to wander in. It's wonderful how large those low hills seem when you're on them.'

There was an abrupt accidental silence; and then the lady said, 'Oh, I'm going on deck,' and rose, the men rising with her. But the Professor lingered and the little priest was the last to leave the table, carefully folding up his napkin. And as they were thus left alone together the Professor said suddenly to his companion:

'What would you say was the point of that little talk?'

'Well,' said Father Brown, smiling, 'since you ask me, there was something that amused me a little. I may be wrong; but it seemed to me that the company made three attempts to get you to talk about an embalmed body said to be found in Sussex. And you, on your side, very courteously offered to talk – first about algebra, and then about the Fascisti, and then about the landscape of the Downs.'

'In short,' replied the Professor, 'you thought I was ready to talk about any subject but that one. You were quite right.'

The Professor was silent for a little time, looking down at the tablecloth; then he looked up and spoke with that swift impulsiveness that suggested the lion's leap.

'See here, Father Brown,' he said, 'I consider you about the wisest and whitest man I ever met.'

Father Brown was very English. He had all the normal national helplessness about what to do with a serious and sincere compliment suddenly handed to him to his face in the American manner. His reply was a meaningless murmur; and it was the Professor who proceeded, with the same staccato earnestness: 'You see, up to a point it's all simple enough. A Christian tomb of the Dark Ages, apparently that of a bishop, has been found under a little church at Dulham on the Sussex coast. The Vicar happens to be a good bit of an archaeologist himself and has been able to find a good deal more than I know yet. There was a rumour of the corpse being embalmed in a way peculiar to

Greeks and Egyptians but unknown in the West, especially at that date. So Mr Walters (that is the Vicar) naturally wonders about Byzantine influences. But he also mentions something else, that is of even more personal interest to me.'

His long grave face seemed to grow even longer and graver as he frowned down at the tablecloth. His long finger seemed to be tracing patterns on it like the plans of dead cities and their temples and tombs.

'So I'm going to tell you, and nobody else, why it is I have to be careful about mentioning that matter in mixed company; and why, the more eager they are to talk about it, the more cautious I have to be. It is also stated that in the coffin is a chain with a cross, common enough to look at, but with a certain secret symbol on the back found on only one other cross in the world. It is from the arcana of the very earliest Church, and is supposed to indicate St Peter setting up his See at Antioch before he came to Rome. Anyhow, I believe there is but one other like it, and it belongs to me. I hear there is some story about a curse on it; but I take no notice of that. But whether or no there is a curse, there really is, in one sense, a conspiracy; though the conspiracy should only consist of one man.'

'Of one man?' repeated Father Brown almost mechanically.

'Of one madman, for all I know,' said Professor Smaill. 'It's a long story and in some ways a silly one.'

He paused again, tracing plans like architectural drawings with his finger on the cloth, and then resumed: 'Perhaps I had better tell you about it from the beginning, in case you see some little point in the story that is meaningless to me. It began years and years ago, when I was conducting some investigations on my own account in the antiquities of Crete and the Greek islands. I did a great deal of it practically single-handed; sometimes with the most rude and temporary help from the inhabitants of the place, and sometimes literally alone. It was under the latter circumstances that I found a maze of subterranean passages which led at last to a heap of rich refuse, broken ornaments and scattered gems which I took to be the ruins of some sunken altar, and in which I found the curious gold cross. I turned it over, and on the back of it I saw the Ichthus or fish, which was an early Christian symbol, but of a shape and pattern rather different from that commonly found; and, as it seemed to me, more realistic – more as if the archaic designer had meant it to be not merely a conventional enclosure or nimbus, but to look a little more like a real fish. It seemed to me that there was a flattening towards one end of it that was not like mere mathematical decoration, but rather like a sort of rude or even savage zoology.

'In order to explain very briefly why I thought this find important,

I must tell you the point of the excavation. For one thing, it had something of the nature of an excavation of an excavation. We were on the track not only of antiquities, but of the antiquarians of antiquity. We had reason to believe, or some of us thought we had reason to believe, that these underground passages, mostly of the Minoan period, like that famous one which is actually identified with the labyrinth of the Minotaur, had not really been lost and left undisturbed for all the ages between the Minotaur and the modern explorer. We believed that these underground places, I might almost say these underground towns and villages, had already been penetrated during the intervening period by some persons prompted by some motive. About the motive there were different schools of thought: some holding that the Emperors had ordered an official exploration out of mere scientific curiosity; others that the furious fashion in the later Roman Empire for all sorts of lurid Asiatic superstitions had started some nameless Manichaean sect or other rioting in the caverns in orgies that had to be hidden from the face of the sun. I belong to the group which believed that these caverns had been used in the same way as the catacombs. That is, we believed that, during some of the persecutions which spread like a fire over the whole Empire, the Christians had concealed themselves in these ancient pagan labyrinths of stone. It was therefore with a thrill as sharp as a thunderclap that I found and picked up the fallen golden cross and saw the design upon it; and it was with still more of a shock of felicity that, on turning to make my way once more outwards and upwards into the light of day, I looked up at the walls of bare rock that extended endlessly along the low passages, and saw scratched in yet ruder outline, but if possible more unmistakable, the shape of the Fish.

'Something about it made it seem as if it might be a fossil fish or some rudimentary organism fixed for ever in a frozen sea. I could not analyse this analogy, otherwise unconnected with a mere drawing scratched upon the stone, till I realised that I was saying in my subconscious mind that the first Christians must have seemed something like fish, dumb and dwelling in a fallen world of twilight and silence, dropped far below the feet of men and moving in dark and twilight and a soundless world.

'Everyone walking along stone passages knows what it is to be followed by phantom feet. The echo follows flapping or clapping behind or in front, so that it is almost impossible for the man who is really lonely to believe in his loneliness. I had got used to the effects of this echo and had not noticed it much for some time past, when I caught sight of the symbolical shape scrawled on the wall of rock. I stopped, and at the same instant it seemed as if my heart stopped, too; for my own feet had halted, but the echo went marching on.

'I ran forward, and it seemed as if the ghostly footsteps ran also, but not with that exact imitation which marks the material reverberation of a sound. I stopped again, and the steps stopped also; but I could have sworn they stopped an instant too late; I called out a question; and my cry was answered; but the voice was not my own.

'It came round the corner of a rock just in front of me; and throughout that uncanny chase I noticed that it was always at some such angle of the crooked path that it paused and spoke. The little space in front of me that could be illuminated by my small electric torch was always as empty as an empty room. Under these conditions I had a conversation with I know not whom, which lasted all the way to the first white gleam of daylight, and even there I could not see in what fashion he vanished into the light of day. But the mouth of the labyrinth was full of many openings and cracks and chasms, and it would not have been difficult for him to have somehow darted back and disappeared again into the underworld of the caves. I only know that I came out on the lonely steps of a great mountain like a marble terrace, varied only with a green vegetation that seemed somehow more tropical than the purity of the rock, like the Oriental invasion that has spread sporadically over the fall of classic Hellas. I looked out on a sea of stainless blue, and the sun shone steadily on utter loneliness and silence; and there was not a blade of grass stirred with a whisper of flight nor the shadow of a shadow of man.

'It had been a terrible conversation; so intimate and so individual and in a sense so casual. This being, bodiless, faceless, nameless and yet calling me by my name, had talked to me in those crypts and cracks where we were buried alive with no more passion or melodrama than if we had been sitting in two armchairs at a club. But he had told me also that he would unquestionably kill me or any other man who came into the possession of the cross with the mark of the fish. He told me frankly he was not fool enough to attack me there in the labyrinth, knowing I had a loaded revolver, and that he ran as much risk as I. But he told me, equally calmly, that he would plan my murder with the certainty of success, with every detail developed and every danger warded off, with the sort of artistic perfection that a Chinese craftsman or an Indian embroiderer gives to the artistic work of a lifetime. Yet he was no Oriental; I am certain he was a white man. I suspect that he was a countryman of my own.

'Since then I have received from time to time signs and symbols and queer impersonal messages that have made me certain, at least, that if the man is a maniac he is a monomaniac. He is always telling me, in this airy and detached way, that the preparations for my death and burial are proceeding satisfactorily; and that the only way in which I

can prevent their being crowned with a comfortable success is to give up the relic in my possession – the unique cross that I found in the cavern. He does not seem to have any religious sentiment or fanaticism on the point; he seems to have no passion but the passion of a collector of curiosities. That is one of the things that makes me feel sure he is a man of the West and not of the East. But this particular curiosity seems to have driven him quite crazy.

'And then came this report, as yet unsubstantiated, about the duplicate relic found on an embalmed body in a Sussex tomb. If he had been a maniac before, this news turned him into a demoniac possessed of seven devils. That there should be one of them belonging to another man was bad enough, but that there should be two of them and neither belonging to him was a torture not to be borne. His mad messages began to come thick and fast like showers of poisoned arrows, and each cried out more confidently than the last that death would strike me at the moment when I stretched out my unworthy hand towards the cross in the tomb.

'"You will never know me," he wrote, "you will never say my name; you will never see my face; you will die, and never know who has killed you. I may be in any form among those about you; but I shall be in that alone at which you have forgotten to look."

'From those threats I deduce that he is quite likely to shadow me on this expedition; and try to steal the relic or do me some mischief for possessing it. But as I never saw the man in my life, he may be almost any man I meet. Logically speaking, he may be any of the waiters who wait on me at table. He may be any of the passengers who sit with me at table.'

'He may be me,' said Father Brown, with cheerful contempt for grammar.

'He may be anybody else,' answered Smaill seriously. 'That is what I meant by what I said just now. You are the only man I feel sure is not the enemy.'

Father Brown again looked embarrassed; then he smiled and said: 'Well, oddly enough, I'm not. What we have to consider is any chance of finding out if he really is here before he – before he makes himself unpleasant.'

'There is one chance of finding out, I think,' remarked the Professor rather grimly. 'When we get to Southampton I shall take a car at once along the coast; I should be glad if you would come with me, but in the ordinary sense, of course, our little party will break up. If any one of them turns up again in that little churchyard on the Sussex coast, we shall know who he really is.'

The Professor's programme was duly carried out, at least to the extent of the car and its cargo in the form of Father Brown. They coasted along the road with the sea on one side and the hills of Hampshire and Sussex on the other; nor was there visible to the eye any shadow of pursuit. As they approached the village of Dulham only one man crossed their path who had any connexion with the matter in hand; a journalist who had just visited the church and been courteously escorted by the vicar through the new excavated chapel; but his remarks and notes seemed to be of the ordinary newspaper sort. But Professor Smaill was perhaps a little fanciful, and could not dismiss the sense of something odd and discouraging in the attitude and appearance of the man, who was tall and shabby, hook-nosed and hollow-eyed, with moustaches that drooped with depression. He seemed anything but enlivened by his late experiment as a sightseer; indeed, he seemed to be striding as fast as possible from the sight, when they stopped him with a question.

'It's all about a curse,' he said; 'a curse on the place, according to the guide-book or the parson, or the oldest inhabitant or whoever is the authority; and really, it feels jolly like it. Curse or curse, I'm glad to have got out of it.'

'Do you believe in curses?' asked Smaill curiously.

'I don't believe in anything; I'm a journalist,' answered the melancholy being – 'Boon, of the *Daily Wire*. But there's a something creepy about that crypt; and I'll never deny I felt a chill.' And he strode on towards the railway station with a further accelerated pace.

'Looks like a raven or a crow, that fellow,' observed Smaill as they turned towards the churchyard. 'What is it they say about a bird of ill omen?'

They entered the churchyard slowly, the eyes of the American antiquary lingering luxuriantly over the isolated roof of the lych-gate and the large unfathomable black growth of the yew looking like night itself defying the broad daylight. The path climbed up amid heaving levels of turf in which the gravestones were tilted at all angles like stone rafts tossed on a green sea, till it came to the ridge beyond which the great sea itself ran like an iron bar, with pale lights in it like steel. Almost at their feet the tough rank grass turned into a tuft of sea-holly and ended in grey and yellow sand; and a foot or two from the holly, and outlined darkly against the steely sea, stood a motionless figure. But for its dark-grey clothing it might almost have been the statue on some sepulchral monument. But Father Brown instantly recognised something in the elegant stoop of the shoulders and the rather sullen outward thrust of the short beard.

'Gee!' exclaimed the professor of archaeology; 'it's that man Tarrant,

if you call him a man. Did you think, when I spoke on the boat, that I should ever get so quick an answer to my question?'

'I thought you might get too many answers to it,' answered Father Brown.

'Why, how do you mean?' enquired the Professor, darting a look at him over his shoulder.

'I mean,' answered the other mildly, 'that I thought I heard voices behind the yew-tree. I don't think Mr Tarrant is so solitary as he looks; I might even venture to say, so solitary as he likes to look.'

Even as Tarrant turned slowly round in his moody manner, the confirmation came. Another voice, high and rather hard, but none the less feminine, was saying with experienced raillery: 'And how was I to know he would be here?' It was borne in upon Professor Smaill that this gay observation was not addressed to him; so he was forced to conclude in some bewilderment, that yet a third person was present. As Lady Diana Wales came out, radiant and resolute as ever, from the shadow of the yew, he noted grimly that she had a living shadow of her own. The lean dapper figure of Leonard Smyth, that insinuating man of letters, appeared immediately behind her own flamboyant form, smiling, his head a little on one side like a dog's.

'Snakes!' muttered Smaill; 'why, they're all here! Or all except that little showman with the walrus whiskers.'

He heard Father Brown laughing softly beside him; and indeed the situation was becoming something more than laughable. It seemed to be turning topsy-turvy and tumbling about their ears like a pantomime trick; for even while the Professor had been speaking, his words had received the most comical contradiction. The round head with the grotesque black crescent of moustache had appeared suddenly and seemingly out of a hole in the ground. An instant afterwards they realised that the hole was in fact a very large hole, leading to a ladder which descended into the bowels of the earth; that it was in fact the entrance to the subterranean scene they had come to visit. The little man had been the first to find the entrance and had already descended a rung or two of the ladder before he put his head out again to address his fellow-travellers. He looked like some particularly preposterous Grave-digger in a burlesque of *Hamlet*. He only said thickly behind his thick moustaches, 'It is down here.' But it came to the rest of the company with a start of realisation that, though they had sat opposite him at meal-times for a week, they had hardly ever heard him speak before; and that though he was supposed to be an English lecturer, he spoke with a rather occult foreign accent.

'You see, my dear Professor,' cried Lady Diana with trenchant

cheerfulness, 'your Byzantine mummy was simply too exciting to be missed. I simply had to come along and see it; and I'm sure the gentlemen felt just the same. Now you must tell us all about it.'

'I do not know all about it,' said the Professor gravely, not to say grimly, 'In some respects I don't even know what it's all about. It certainly seems odd that we should have all met again so soon, but I suppose there are no limits to the modern thirst for information. But if we are all to visit the place it must be done in a responsible way and, if you will forgive me, under responsible leadership. We must notify whoever is in charge of the excavations; we shall probably at least have to put our names in a book.'

Something rather like a wrangle followed on this collision between the impatience of the lady and the suspicions of the archaeologist; but the latter's insistence on the official rights of the Vicar and the local investigation ultimately prevailed; the little man with the moustaches came reluctantly out of his grave again and silently acquiesced in a less impetuous descent. Fortunately, the clergyman himself appeared at this stage – a grey-haired, good-looking gentleman with a droop accentuated by doublet eyeglasses; and while rapidly establishing sympathetic relations with the Professor as a fellow-antiquarian, he did not seem to regard his rather motley group of companions with anything more hostile than amusement.

'I hope you are none of you superstitious,' he said pleasantly. 'I ought to tell you, to start with, that there are supposed to be all sorts of bad omens and curses hanging over our devoted heads in this business. I have just been deciphering a Latin inscription which was found over the entrance to the chapel; and it would seem that there are no less than three curses involved; a curse for entering the sealed chamber, a double curse for opening the coffin, and a triple and most terrible curse for touching the gold relic found inside it. The two first maledictions I have already incurred myself,' he added with a smile; 'but I fear that even you will have to incur the first and mildest of them if you are to see anything at all. According to the story, the curses descend in a rather lingering fashion, at long intervals and on later occasions. I don't know whether that is any comfort to you.' And the Reverend Mr Walters smiled once more in his drooping and benevolent manner.

'Story,' repeated Professor Smaill, 'why, what story is that?'

'It is rather a long story and varies, like other local legends,' answered the Vicar. 'But it is undoubtedly contemporary with the time of the tomb; and the substance of it is embodied in the inscription and is roughly this: Guy de Gisors, a lord of the manor here early in the thirteenth century, had set his heart on a beautiful black horse in the

possession of an envoy from Genoa, which that practical merchant prince would not sell except for a huge price. Guy was driven by avarice to the crime of pillaging the shrine and, according to one story, even killing the bishop, who was then resident there. Anyhow, the bishop uttered a curse which was to fall on anybody who should continue to withhold the gold cross from its resting-place in his tomb, or should take steps to disturb it when it had returned there. The feudal lord raised the money for the horse by selling the gold relic to a goldsmith in the town; but on the first day he mounted the horse the animal reared and threw him in front of the church porch, breaking his neck. Meanwhile the goldsmith, hitherto wealthy and prosperous, was ruined by a series of inexplicable accidents, and fell into the power of a Jew moneylender living in the manor. Eventually the unfortunate goldsmith, faced with nothing but starvation, hanged himself on an apple-tree. The gold cross with all his other goods, his house, shop, and tools, had long ago passed into the possession of the moneylender. Meanwhile, the son and heir of the feudal lord, shocked by the judgement on his blasphemous sire, had become a religious devotee in the dark and stern spirit of those times, and conceived it his duty to persecute all heresy and unbelief among his vassals. Thus the Jew, in his turn, who had been cynically tolerated by the father, was ruthlessly burnt by order of the son; so that he, in his turn, suffered for the possession of the relic; and after these three judgements, it was returned to the bishop's tomb; since when no eye has seen and no hand has touched it.'

Lady Diana Wales seemed to be more impressed than might have been expected. 'It really gives one rather a shiver,' she said, 'to think that we are going to be the first, except the vicar.'

The pioneer with the big moustaches and the broken English did not descend after all by his favourite ladder, which indeed had only been used by some of the workmen conducting the excavation; for the clergyman led them round to a larger and more convenient entrance about a hundred yards away, out of which he himself had just emerged from his investigations underground. Here the descent was by a fairly gradual slope with no difficulties save the increasing darkness; for they soon found themselves moving in single file down a tunnel as black as pitch, and it was some little time before they saw a glimmer of light ahead of them. Once during that silent march there was a sound like a catch in somebody's breath, it was impossible to say whose; and once there was an oath like a dull explosion, and it was in an unknown tongue.

They came out in a circular chamber like a basilica in a ring of round arches; for that chapel had been built before the first pointed arch of the

Gothic had pierced our civilisation like a spear. A glimmer of greenish light between some of the pillars marked the place of the other opening into the world above, and gave a vague sense of being under the sea, which was intensified by one or two other incidental and perhaps fanciful resemblances. For the dog-tooth pattern of the Norman was faintly traceable round all the arches, giving them, above the cavernous darkness, something of the look of the mouths of monstrous sharks. And in the centre the dark bulk of the tomb itself, with its lifted lid of stone, might almost have been the jaws of some such leviathan.

Whether out of the sense of fitness or from the lack of more modern appliances, the clerical antiquary had arranged for the illumination of the chapel only by four tall candles in big wooden candlesticks standing on the floor. Of these only one was alight when they entered, casting a faint glimmer over the mighty architectural forms. When they had all assembled, the clergyman proceeded to light the three others, and the appearance and contents of the great sarcophagus came more clearly into view.

All eyes went first to the face of the dead, preserved across all those ages in the lines of life by some secret Eastern process, it was said, inherited from heathen antiquity and unknown to the simple graveyards of our own island. The Professor could hardly repress an exclamation of wonder; for, though the face was as pale as a mask of wax, it looked otherwise like a sleeping man, who had but that moment closed his eyes. The face was of the ascetic, perhaps even the fanatical type, with a high framework of bones; the figure was clad in a golden cope and gorgeous vestments, and high up on the breast, at the base of the throat, glittered the famous gold cross upon a short gold chain, or rather necklace. The stone coffin had been opened by lifting the lid of it at the head and propping it aloft upon two strong wooden shafts or poles, hitched above under the edge of the upper slab and wedged below into the corners of the coffin behind the head of the corpse. Less could therefore be seen of the feet or the lower part of the figure, but the candlelight shone full on the face; and in contrast with its tones of dead ivory the cross of gold seemed to stir and sparkle like a fire.

Professor Smaill's big forehead had carried a big furrow of reflection, or possibly of worry, ever since the clergyman had told the story of the curse. But feminine intuition, not untouched by feminine hysteria, understood the meaning of his brooding immobility better than did the men around him. In the silence of that candle-lit cavern Lady Diana cried out suddenly: 'Don't touch it, I tell you!'

But the man had already made one of his swift leonine movements, leaning forward over the body. The next instant they all darted, some

forward and some backward, but all with a dreadful ducking motion as if the sky were falling.

As the Professor laid a finger on the gold cross, the wooden props, that bent very slightly in supporting the lifted lid of stone, seemed to jump and straighten themselves with a jerk. The lip of the stone slab slipped from its wooden perch; and in all their souls and stomachs came a sickening sense of down-rushing ruin, as if they had all been flung off a precipice. Smaill had withdrawn his head swiftly, but not in time; and he lay senseless beside the coffin, in a red puddle of blood from scalp or skull. And the old stone coffin was once more closed as it had been for centuries; save that one or two sticks or splinters stuck in the crevice, horribly suggestive of bones crunched by an ogre. The leviathan had snapped its jaws of stone.

Lady Diana was looking at the wreck with eyes that had an electric glare as of lunacy; her red hair looked scarlet against the pallor of her face in the greenish twilight. Smyth was looking at her, still with something doglike in the turn of his head; but it was the expression of a dog who looks at a master whose catastrophe he can only partly understand. Tarrant and the foreigner had stiffened in their usual sullen attitudes, but their faces had turned the colour of clay. The Vicar seemed to have fainted. Father Brown was kneeling beside the fallen figure, trying to test its condition.

Rather to the general surprise, the Byronic lounger, Paul Tarrant, came forward to help him.

'He'd better be carried up into the air,' he said. 'I suppose there's just a chance for him.'

'He isn't dead,' said Father Brown in a low voice, 'but I think it's pretty bad; you aren't a doctor by any chance?'

'No; but I've had to pick up a good many things in my time,' said the other. 'But never mind about me just now. My real profession would probably surprise you.'

'I don't think so,' replied Father Brown, with a slight smile. 'I thought of it about halfway through the voyage. You are a detective shadowing somebody. Well, the cross is safe from thieves now, anyhow.'

While they were speaking Tarrant had lifted the frail figure of the fallen man with easy strength and dexterity, and was carefully carrying him towards the exit. He answered over his shoulder: 'Yes, the cross is safe enough.'

'You mean that nobody else is,' replied Brown. 'Are you thinking of the curse, too?'

Father Brown went about for the next hour or two under a burden of frowning perplexity that was something beyond the shock of the tragic

accident. He assisted in carrying the victim to the little inn opposite the church, interviewed the doctor, who reported the injury as serious and threatening, though not certainly fatal, and carried the news to the little group of travellers who had gathered round the table in the inn parlour. But wherever he went the cloud of mystification rested on him and seemed to grow darker the more deeply he pondered. For the central mystery was growing more and more mysterious, actually in proportion as many of the minor mysteries began to clear themselves up in his mind. Exactly in proportion as the meaning of individual figures in that motley group began to explain itself, the thing that had happened grew more and more difficult to explain. Leonard Smyth had come merely because Lady Diana had come; and Lady Diana had come merely because she chose. They were engaged in one of those floating Society flirtations that are all the more silly for being semi-intellectual. But the lady's romanticism had a superstitious side to it; and she was pretty well prostrated by the terrible end of her adventure. Paul Tarrant was a private detective, possibly watching the flirtation, for some wife or husband; possibly shadowing the foreign lecturer with the moustaches, who had much the air of an undesirable alien. But if he or anybody else had intended to steal the relic, the intention had been finally frustrated. And to all mortal appearance, what had frustrated it was either an incredible coincidence or the intervention of the ancient curse.

As he stood in unusual perplexity in the middle of the village street, between the inn and the church, he felt a mild shock of surprise at seeing a recently familiar but rather unexpected figure advancing up the street. Mr Boon, the journalist, looking very haggard in the sunshine, which showed up his shabby raiment like that of a scarecrow, had his dark and deep-set eyes (rather close together on either side of the long drooping nose) fixed on the priest. The latter looked twice before he realised that the heavy dark moustache hid something like a grin or at least a grim smile.

'I thought you were going away,' said Father Brown a little sharply. 'I thought you left by that train two hours ago.'

'Well, you see I didn't,' said Boon.

'Why have you come back?' asked the priest almost sternly.

'This is not the sort of little rural paradise for a journalist to leave in a hurry,' replied the other. 'Things happen too fast here to make it worth while to go back to a dull place like London. Besides, they can't keep me out of the affair – I mean this second affair. It was I that found the body, or at any rate the clothes. Quite suspicious conduct on my part, wasn't it? Perhaps you think I wanted to dress up in his clothes. Shouldn't I make a lovely parson?'

And the lean and long-nosed mountebank suddenly made an extravagant gesture in the middle of the market-place, stretching out his arms and spreading out his dark-gloved hands in a sort of burlesque benediction and saying: 'Oh, my dear brethren and sisters, for I would embrace you all . . .'

'What on earth are you talking about?' cried Father Brown, and rapped the stones slightly with his stumpy umbrella, for he was a little less patient than usual.

'Oh, you'll find out all about it if you ask that picnic party of yours at the inn,' replied Boon scornfully. 'That man Tarrant seems to suspect me merely because I found the clothes; though he only came up a minute too late to find them himself. But there are all sorts of mysteries in this business. The little man with the big moustaches may have more in him than meets the eye. For that matter I don't see why you shouldn't have killed the poor fellow yourself.'

Father Brown did not seem in the least annoyed at the suggestion, but he seemed exceedingly bothered and bewildered by the remark. 'Do you mean,' he asked with simplicity, 'that it was I who tried to kill Professor Smaill?'

'Not at all,' said the other, waving his hand with the air of one making a handsome concession. 'Plenty of dead people for you to choose among. Not limited to Professor Smaill. Why, didn't you know somebody else had turned up, a good deal deader than Professor Smaill? And I don't see why you shouldn't have done him in, in a quiet way. Religious differences, you know . . . lamentable disunion of Christendom . . . I suppose you've always wanted to get the English parishes back.'

'I'm going back to the inn,' said the priest quietly; 'you say the people there know what you mean, and perhaps *they* may be able to say it.'

In truth, just afterwards his private perplexities suffered a momentary dispersal at the news of a new calamity. The moment he entered the little parlour where the rest of the company were collected, something in their pale faces told him they were shaken by something yet more recent than the accident at the tomb. Even as he entered, Leonard Smyth was saying: 'Where is all this going to end?'

'It will never end, I tell you,' repeated Lady Diana, gazing into vacancy with glassy eyes; 'it will never end till we all end. One after another the curse will take us; perhaps slowly, as the poor vicar said; but it will take us all as it has taken him.'

'What in the world has happened now?' asked Father Brown.

There was a silence, and then Tarrant said in a voice that sounded a little hollow: 'Mr Walters, the Vicar, has committed suicide. I suppose it was the shock unhinged him. But I fear there can be no doubt about

it. We've just found his black hat and clothes on a rock jutting out from the shore. He seems to have jumped into the sea. I thought he looked as if it had knocked him half-witted, and perhaps we ought to have looked after him; but there was so much to look after.'

'You could have done nothing,' said the lady. 'Don't you see the thing is dealing doom in a sort of dreadful order? The Professor touched the cross, and he went first; the Vicar had opened the tomb, and he went second; we only entered the chapel, and we –'

'Hold on,' said Father Brown, in a sharp voice he very seldom used; 'this has got to stop.'

He still wore a heavy though unconscious frown, but in his eyes was no longer the cloud of mystification, but a light of almost terrible understanding. 'What a fool I am!' he muttered. 'I ought to have seen it long ago. The tale of the curse ought to have told me.'

'Do you mean to say,' demanded Tarrant, 'that we can really be killed now by something that happened in the thirteenth century?'

Father Brown shook his head and answered with quiet emphasis: 'I won't discuss whether we can be killed by something that happened in the thirteenth century; but I'm jolly certain that we can't be killed by something that never happened in the thirteenth century, something that never happened at all.'

'Well,' said Tarrant, 'it's refreshing to find a priest so sceptical of the supernatural as all that.'

'Not at all,' replied the priest calmly; 'it's not the supernatural part I doubt. It's the natural part. I'm exactly in the position of the man who said, "I can believe the impossible, but not the improbable."'

'That's what you call a paradox, isn't it?' asked the other.

'It's what I call common sense, properly understood,' replied Father Brown. 'It really is more natural to believe a preternatural story, that deals with things we don't understand, than a natural story that contradicts things we do understand. Tell me that the great Mr Gladstone, in his last hours, was haunted by the ghost of Parnell, and I will be agnostic about it. But tell me that Mr Gladstone, when first presented to Queen Victoria, wore his hat in her drawing-room and slapped her on the back and offered her a cigar, and I am not agnostic at all. That is not impossible; it's only incredible. But I'm much more certain it didn't happen than that Parnell's ghost didn't appear; because it violates the laws of the world I do understand. So it is with that tale of the curse. It isn't the legend that I disbelieve – it's the history.'

Lady Diana had recovered a little from her trance of Cassandra, and her perennial curiosity about new things began to peer once more out of her bright and prominent eyes.

'What a curious man you are!' she said. 'Why should you disbelieve the history?'

'I disbelieve the history because it isn't history,' answered Father Brown. 'To anybody who happens to know a little about the Middle Ages, the whole story was about as probable as Gladstone offering Queen Victoria a cigar. But does anybody know anything about the Middle Ages? Do you know what a Guild was? Have you ever heard of *salvo managio suo*? Do you know what sort of people were *Servi Regis*?'

'No, of course I don't,' said the lady, rather crossly. 'What a lot of Latin words!'

'No, of course,' said Father Brown. 'If it had been Tutankhamen and a set of dried-up Africans preserved, Heaven knows why, at the other end of the world; if it had been Babylonia or China; if it had been some race as remote and mysterious as the Man in the Moon, your newspapers would have told you all about it, down to the last discovery of a tooth-brush or a collar-stud. But the men who built your own parish churches, and gave the names to your own towns and trades, and the very roads you walk on – it has never occurred to you to know anything about them. I don't claim to know a lot myself; but I know enough to see that story is stuff and nonsense from beginning to end. It was illegal for a moneylender to distrain on a man's shop and tools. It's exceedingly unlikely that the Guild would not have saved a man from such utter ruin, especially if he were ruined by a Jew. Those people had vices and tragedies of their own; they sometimes tortured and burned people. But that idea of a man, without God or hope in the world, crawling away to die because nobody cared whether he lived – that isn't a mediaeval idea. That's a product of our economic science and progress. The Jew wouldn't have been a vassal of the feudal lord. The Jews normally had a special position as servants of the King. Above all, the Jew couldn't possibly have been burned for his religion.'

'The paradoxes are multiplying,' observed Tarrant; 'but surely, you won't deny that Jews were persecuted in the Middle Ages?'

'It would be nearer the truth,' said Father Brown, 'to say they were the only people who weren't persecuted in the Middle Ages. If you want to satirise mediaevalism, you could make a good case by saying that some poor Christian might be burned alive for making a mistake about the Homoousion, while a rich Jew might walk down the street openly sneering at Christ and the Mother of God. Well, that's what the story is like. It was never a story of the Middle Ages; it was never even a legend about the Middle Ages. It was made up by somebody whose notions came from novels and newspapers, and probably made up on the spur of the moment.'

The others seemed a little dazed by the historical digression, and seemed to wonder vaguely why the priest emphasised it and made it so important a part of the puzzle. But Tarrant, whose trade it was to pick the practical detail out of many tangles of digression, had suddenly become alert. His bearded chin was thrust forward farther than ever, but his sullen eyes were wide awake. 'Ah,' he said; 'made up on the spur of the moment!'

'Perhaps that is an exaggeration,' admitted Father Brown calmly. 'I should rather say made up more casually and carelessly than the rest of an uncommonly careful plot. But the plotter did not think the details of medieval history would matter much to anybody. And his calculation in a general way was pretty nearly right, like most of his other calculations.'

'Whose calculations? Who was right?' demanded the lady with a sudden passion of impatience. 'Who is this person you are talking about? Haven't we gone through enough, without your making our flesh creep with your he's and him's?'

'I am talking about the murderer,' said Father Brown.

'What murderer?' she asked sharply. 'Do you mean that the poor Professor was murdered?'

'Well,' said the staring Tarrant gruffly into his beard, 'we can't say "murdered", for we don't know he's killed.'

'The murderer killed somebody else, who was not Professor Smaill,' said the priest gravely.

'Why, whom else could he kill?' asked the other.

'He killed the Reverend John Walters, the Vicar of Dulham,' replied Father Brown with precision. 'He only wanted to kill those two, because they both had got hold of relics of one rare pattern. The murderer was a sort of monomaniac on the point.'

'It all sounds very strange,' muttered Tarrant. 'Of course we can't swear that the Vicar's really dead either. We haven't seen his body.'

'Oh yes, you have,' said Father Brown.

There was a silence as sudden as the stroke of a gong; a silence in which that subconscious guesswork that was so active and accurate in the woman moved her almost to a shriek.

'That is exactly what you have seen,' went on the priest. 'You have seen his body. You haven't seen him – the real living man; but you have seen his body all right. You have stared at it hard by the light of four great candles; and it was not tossing suicidally in the sea but lying in state like a Prince of the Church in a shrine built before the Crusade.'

'In plain words,' said Tarrant, 'you actually ask us to believe that the embalmed body was really the corpse of a murdered man.'

Father Brown was silent for a moment; then he said almost with an

air of irrelevance: 'The first thing I noticed about it was the cross; or rather the string suspending the cross. Naturally, for most of you, it was only a string of beads and nothing else in particular; but, naturally also, it was rather more in my line than yours. You remember it lay close up to the chin, with only a few beads showing, as if the whole necklet were quite short. But the beads that showed were arranged in a special way, first one and then three, and so on; in fact, I knew at a glance that it was a rosary, an ordinary rosary with a cross at the end of it. But a rosary has at least five decades and additional beads as well; and I naturally wondered where all the rest of it was. It would go much more than once round the old man's neck. I couldn't understand it at the time; and it was only afterwards I guessed where the extra length had gone to. It was coiled round and round the foot of the wooden prop that was fixed in the corner of the coffin, holding up the lid. So that when poor Smaill merely plucked at the cross it jerked the prop out of its place and the lid fell on his skull like a club of stone.'

'By George!' said Tarrant; 'I'm beginning to think there's something in what you say. This is a queer story if it's true.'

'When I realised that,' went on Father Brown, 'I could manage more or less to guess the rest. Remember, first of all, that there never was any responsible archaeological authority for anything more than investigation. Poor old Walters was an honest antiquary, who was engaged in opening the tomb to find out if there was any truth in the legend about embalmed bodies. The rest was all rumour, of the sort that often anticipates or exaggerates such finds. As a fact, he found the body had not been embalmed, but had fallen into dust long ago. Only while he was working there by the light of his lonely candle in that sunken chapel, the candlelight threw another shadow that was not his own.'

'Ah!' cried Lady Diana with a catch in her breath; 'and I know what you mean now. You mean to tell us we have met the murderer, talked and joked with the murderer, let him tell us a romantic tale, and let him depart untouched.'

'Leaving his clerical disguise on a rock,' assented Brown. 'It is all dreadfully simple. This man got ahead of the Professor in the race to the churchyard and chapel, possibly while the Professor was talking to that lugubrious journalist. He came on the old clergyman beside the empty coffin and killed him. Then he dressed himself in the black clothes from the corpse, wrapped it in an old cope which had been among the real finds of the exploration, and put it in the coffin, arranging the rosary and the wooden support as I have described. Then, having thus set the trap for his second enemy, he went up into the daylight and

greeted us all with the most amiable politeness of a country clergyman.'

'He ran a considerable risk,' objected Tarrant, 'of somebody knowing Walters by sight.'

'I admit he was half-mad,' agreed Father Brown; 'and I think you will admit that the risk was worth taking, for he has got off, after all.'

'I'll admit he was very lucky,' growled Tarrant. 'And who the devil was he?'

'As you say, he was very lucky,' answered Father Brown, 'and not least in that respect. For that is the one thing we may never know.' He frowned at the table for a moment and then went on: 'This fellow has been hovering round and threatening for years, but the one thing he was careful of was to keep the secret of who he was; and he has kept it still. But if poor Smaill recovers, as I think he will, it is pretty safe to say that you will hear more of it.'

'Why, what will Professor Smaill do, do you think?' asked Lady Diana.

'I should think the first thing he would do,' said Tarrant, 'would be to put the detectives on like dogs after this murdering devil. I should like to have a go at him myself.'

'Well,' said Father Brown, smiling suddenly after his long fit of frowning perplexity, 'I think I know the very first thing he ought to do.'

'And what is that?' asked Lady Diana with graceful eagerness.

'He ought to apologise to all of you,' said Father Brown.

It was not upon this point, however, that Father Brown found himself talking to Professor Smaill as he sat by the bedside during the slow convalescence of that eminent archaeologist. Nor, indeed, was it chiefly Father Brown who did the talking; for though the Professor was limited to small doses of the stimulant of conversation, he concentrated most of it upon these interviews with his clerical friend. Father Brown had a talent for being silent in an encouraging way and Smaill was encouraged by it to talk about many strange things not always easy to talk about; such as the morbid phases of recovery and the monstrous dreams that often accompany delirium. It is often rather an unbalancing business to recover slowly from a bad knock on the head; and when the head is as interesting a head as that of Professor Smaill even its disturbances and distortions are apt to be original and curious. His dreams were like bold and big designs rather out of drawing, as they can be seen in the strong but stiff archaic arts that he had studied; they were full of strange saints with square and triangular haloes, of golden outstanding crowns and glories round dark and flattened faces, of eagles out of the east and the high headdresses of bearded men with their hair bound like women. Only, as he told his friend, there was one much simpler

and less entangled type, that continually recurred to his imaginative memory. Again and again all these Byzantine patterns would fade away like the fading gold on which they were traced as upon fire; and nothing remained but the dark bare wall of rock on which the shining shape of the fish was traced as with a finger dipped in the phosphorescence of fishes. For that was the sign which he once looked up and saw, in the moment when he first heard round the corner of the dark passage the voice of his enemy.

'And at last,' he said, 'I think I have seen a meaning in the picture and the voice; and one that I never understood before. Why should I worry because one madman among a million of sane men, leagued in a great society against him, chooses to brag of persecuting me or pursuing me to death? The man who drew in the dark catacomb the secret symbol of Christ was persecuted in a very different fashion. He was the solitary madman; the whole sane society was leagued together not to save but to slay him. I have sometimes fussed and fidgeted and wondered whether this or that man was my persecutor; whether it was Tarrant; whether it was Leonard Smyth; whether it was any one of them. Suppose it had been all of them? Suppose it had been all the men on the boat and the men on the train and the men in the village. Suppose, so far as I was concerned, they were all murderers. I thought I had a right to be alarmed because I was creeping through the bowels of the earth in the dark and there was a man who would destroy me. What would it have been like, if the destroyer had been up in the daylight and had owned all the earth and commanded all the armies and the crowds? How if he had been able to stop all the earths or smoke me out of my hole, or kill me the moment I put my nose out in the daylight? What was it like to deal with murder on that scale? The world has forgotten these things, as until a little while ago it had forgotten war.'

'Yes,' said Father Brown, 'but the war came. The fish may be driven underground again, but it will come up into the daylight once more. As St Antony of Padua humorously remarked, "It is only fishes who survive the Deluge."'

The Dagger with Wings

Father Brown, at one period of his life, found it difficult to hang his hat on a hat-peg without repressing a slight shudder. The origin of this idiosyncrasy was indeed a mere detail in much more complicated events; but it was perhaps the only detail that remained to him in his busy life to remind him of the whole business. Its remote origin was to be found in the facts which led Dr Boyne, the medical officer attached to the police force, to send for the priest on a particular frosty morning in December.

Dr Boyne was a big dark Irishman, one of those rather baffling Irishmen to be found all over the world, who will talk scientific scepticism, materialism, and cynicism at length and at large, but who never dream of referring anything touching the ritual of religion to anything except the traditional religion of their native land. It would be hard to say whether their creed is a very superficial varnish or a very fundamental substratum; but most probably it is both, with a mass of materialism in between. Anyhow, when he thought that matters of that sort might be involved, he asked Father Brown to call, though he made no pretence of preference for that aspect of them.

'I'm not sure I want you, you know,' was his greeting. 'I'm not sure about anything yet. I'm hanged if I can make out whether it's a case for a doctor, or a policeman, or a priest.'

'Well,' said Father Brown with a smile, 'as I suppose you're both a policeman and a doctor, I seem to be rather in a minority.'

'I admit you're what politicians call an instructed minority,' replied the doctor. 'I mean, I know you've had to do a little in our line as well as your own. But it's precious hard to say whether this business is in your line or ours, or merely in the line of the Commissioners in Lunacy. We've just had a message from a man living near here, in that white house on the hill, asking for protection against a murderous persecution. We've gone into the facts as far as we could, and perhaps I'd better tell you the story as it is supposed to have happened, from the beginning.

'It seems that a man named Aylmer, who was a wealthy landowner in the West Country, married rather late in life and had three sons, Philip, Stephen, and Arnold. But in his bachelor days, when he thought he would have no heir, he had adopted a boy whom he thought very brilliant and promising, who went by the name of John Strake. His origin seems to be vague; they say he was a foundling; some say he was

a gipsy. I think the last notion is mixed up with the fact that Aylmer in his old age dabbled in all sorts of dingy occultism, including palmistry and astrology, and his three sons say that Strake encouraged him in it. But they said a great many other things besides that. They said Strake was an amazing scoundrel, and especially an amazing liar; a genius in inventing lies on the spur of the moment, and telling them so as to deceive a detective. But that might very well be a natural prejudice, in the light of what happened. Perhaps you can more or less imagine what happened. The old man left practically everything to the adopted son; and when he died the three real sons disputed the will. They said their father had been frightened into surrender and, not to put too fine a point on it, into gibbering idiocy. They said Strake had the strangest and most cunning ways of getting at him, in spite of the nurses and the family, and terrorising him on his deathbed. Anyhow, they seemed to have proved something about the dead man's mental condition, for the courts set aside the will and the sons inherited. Strake is said to have broken out in the most dreadful fashion, and sworn he would kill all three of them, one after another, and that nothing could hide them from his vengeance. It is the third or last of the brothers, Arnold Aylmer, who is asking for police protection.'

'Third and last,' said the priest, looking at him gravely.

'Yes,' said Boyne. 'The other two are dead.' There was a silence before he continued. 'That is where the doubt comes in. There is no proof they were murdered, but they might possibly have been. The eldest, who took up his position as squire, was supposed to have committed suicide in his garden. The second, who went into trade as a manufacturer, was knocked on the head by the machinery in his factory; he might very well have taken a false step and fallen. But if Strake did kill them, he is certainly very cunning in his way of getting to work and getting away. On the other hand, it's more than likely that the whole thing is a mania of conspiracy founded on a coincidence. Look here, what I want is this. I want somebody of sense, who isn't an official, to go up and have a talk with this Mr Arnold Aylmer and form an impression of him. You know what a man with a delusion is like, and how a man looks when he is telling the truth. I want you to be the advance guard, before we take the matter up.'

'It seems rather odd,' said Father Brown, 'that you haven't had to take it up before. If there is anything in this business, it seems to have been going on for a good time. Is there any particular reason why he should send for you just now, any more than any other time?'

'That had occurred to me, as you may imagine,' answered Dr Boyne. 'He does give a reason, but I confess it is one of the things that make me

wonder whether the whole thing isn't only the whim of some half-witted crank. He declared that all his servants have suddenly gone on strike and left him, so that he is obliged to call on the police to look after his house. And on making inquiries, I certainly do find that there has been a general exodus of servants from that house on the hill; and of course the town is full of tales, very one-sided tales I dare say. Their account of it seems to be that their employer had become quite impossible in his fidgets and fears and exactions; that he wanted them to guard the house like sentries, or sit up like night nurses in a hospital; that they could never be left alone because he must never be left alone. So they all announced in a loud voice that he was a lunatic, and left. Of course that does not prove he is a lunatic; but it seems rather rum nowadays for a man to expect his valet or his parlourmaid to act as an armed guard.'

'And so,' said the priest with a smile, 'he wants a policeman to act as his parlourmaid because his parlourmaid won't act as a policeman.'

'I thought that rather thick, too,' agreed the doctor; 'but I can't take the responsibility of a flat refusal till I've tried a compromise. You are the compromise.'

'Very well,' said Father Brown simply. 'I'll go and call on him now if you like.'

The rolling country round the little town was sealed and bound with frost, and the sky was as clear and cold as steel, except in the northeast where clouds with lurid haloes were beginning to climb up the sky. It was against these darker and more sinister colours that the house on the hill gleamed with a row of pale pillars, forming a short colonnade of the classical sort. A winding road led up to it across the curve of the down, and plunged into a mass of dark bushes. Just before it reached the bushes the air seemed to grow colder and colder, as if he were approaching an ice-house or the North Pole. But he was a highly practical person, never entertaining such fancies except as fancies. And he merely cocked his eye at the great livid cloud crawling up over the house, and remarked cheerfully: 'It's going to snow.'

Through a low ornamental iron gateway of the Italianate pattern he entered a garden having something of that desolation which only belongs to the disorder of orderly things. Deep-green growths were grey with the faint powder of the frost, large weeds – had fringed the fading pattern of the flowerbeds as if in a ragged frame; and the house stood as if waist-high in a stunted forest of shrubs and bushes. The vegetation consisted largely of evergreens or very hardy plants; and though it was thus thick and heavy, it was too northern to be called luxuriant. It might be described as an Arctic jungle. So it was in some sense with the house itself, which had a row of columns and a classical

facade, which might have looked out on the Mediterranean; but which seemed now to be withering in the wind of the North Sea. Classical ornament here and there accentuated the contrast; caryatides and carved masks of comedy or tragedy looked down from corners of the building upon the grey confusion of the garden paths; but the faces seemed to be frost-bitten. The very volutes of the capitals might have curled up with the cold.

Father Brown went up the grassy steps to a square porch flanked by big pillars and knocked at the door. About four minutes afterwards he knocked again. Then he stood still patiently waiting with his back to the door and looked out on the slowly darkening landscape. It was darkening under the shadow of that one great continent of cloud that had come flying out of the north; and even as he looked out beyond the pillars of the porch, which seemed huge and black above him in the twilight, he saw the opalescent crawling rim of the great cloud as it sailed over the roof and bowed over the porch like a canopy. The great canopy with its faintly coloured fringes seemed to sink lower and lower upon the garden beyond, until what had recently been a clear and pale-hued winter sky was left in a few silver ribbons and rags like a sickly sunset. Father Brown waited, and there was no sound within.

Then he betook himself briskly down the steps and round the house to look for another entrance. He eventually found one, a side door in the flat wall, and on this also he hammered and outside this also he waited. Then he tried the handle and found the door apparently bolted or fastened in some fashion; and then he moved along that side of the house, musing on the possibilities of the position, and wondering whether the eccentric Mr Aylmer had barricaded himself too deep in the house to hear any kind of summons; or whether perhaps he would barricade himself all the more, on the assumption that any summons must be the challenge of the avenging Strake. It might be that the decamping servants had only unlocked one door when they left in the morning, and that their master had locked that; but whatever he might have done it was unlikely that they, in the mood of that moment, had looked so carefully to the defences. He continued his prowl round the place: it was not really a large place, though perhaps a little pretentious; and in a few moments he found he had made the complete circuit. A moment after he found what he suspected and sought. The french window of one room, curtained and shadowed with creeper, stood open by a crack, doubtless accidentally left ajar, and he found himself in a central room, comfortably upholstered in a rather old-fashioned way, with a staircase leading up from it on one side and a door leading out of it on the other. Immediately opposite him was another door with red

glass let into it, a little gaudily for later tastes; something that looked like a red-robed figure in cheap stained glass. On a round table to the right stood a sort of aquarium – a great bowl full of greenish water, in which fishes and similar things moved about as in a tank; and just opposite it a plant of the palm variety with very large green leaves. All this looked so very dusty and Early Victorian that the telephone, visible in the curtained alcove, was almost a surprise.

'Who is that?' a voice called out sharply and rather suspiciously from behind the stained-glass door.

'Could I see Mr Aylmer?' asked the priest apologetically.

The door opened and a gentleman in a peacock-green dressing-gown came out with an inquiring look. His hair was rather rough and untidy, as if he had been in bed or lived in a state of slowly getting up, but his eyes were not only awake but alert, and some would have said alarmed. Father Brown knew that the contradiction was likely enough in a man who had rather run to seed under the shadow either of a delusion or a danger. He had a fine aquiline face when seen in profile, but when seen full face the first impression was that of the untidiness and even the wilderness of his loose brown beard.

'I am Mr Aylmer,' he said, 'but I've got out of the way of expecting visitors.'

Something about Mr Aylmer's unrestful eye prompted the priest to go straight to the point. If the man's persecution was only a monomania, he would be the less likely to resent it.

'I was wondering,' said Father Brown softly, 'whether it is quite true that you never expect visitors.'

'You are right,' replied his host steadily. 'I always expect one visitor. And he may be the last.'

'I hope not,' said Father Brown, 'but at least I am relieved to infer that I do not look very like him.'

Mr Aylmer shook himself with a sort of savage laugh. 'You certainly do not,' he said.

'Mr Aylmer,' said Father Brown frankly, 'I apologise for the liberty, but some friends of mine have told me about your trouble, and asked me to see if I could do anything for you. The truth is, I have some little experience in affairs like this.'

'There are no affairs like this,' said Aylmer.

'You mean,' observed Father Brown, 'that the tragedies in your unfortunate family were not normal deaths?'

'I mean they were not even normal murders,' answered the other. 'The man who is hounding us all to death is a hell-hound, and his power is from hell.'

'All evil has one origin,' said the priest gravely. 'But how do you know they were not normal murders?'

Aylmer answered with a gesture which offered his guest a chair; then he seated himself slowly in another, frowning, with his hands on his knees; but when he looked up his expression had grown milder and more thoughtful, and his voice was quite cordial and composed.

'Sir,' he said, 'I don't want you to imagine that I'm in the least an unreasonable person. I have come to these conclusions by reason, because unfortunately reason really leads there. I have read a great deal on these subjects; for I was the only one who inherited my father's scholarship in somewhat obscure matters, and I have since inherited his library. But what I tell you does not rest on what I have read but on what I have seen.'

Father Brown nodded, and the other proceeded, as if picking his words: 'In my elder brother's case I was not certain at first. There were no marks or footprints where he was found shot, and the pistol was left beside him. But he had just received a threatening letter certainly from our enemy, for it was marked with a sign like a winged dagger, which was one of his infernal cabalistic tricks. And a servant said she had seen something moving along the garden wall in the twilight that was much too large to be a cat. I leave it there; all I can say is that if the murderer came, he managed to leave no traces of his coming. But when my brother Stephen died it was different; and since then I have known. A machine was working in an open scaffolding under the factory tower; I scaled the platform a moment after he had fallen under the iron hammer that struck him; I did not see anything else strike him, but I saw what I saw.'

'A great drift of factory smoke was rolling between me and the factory tower; but through a rift of it I saw on the top of it a dark human figure wrapped in what looked like a black cloak. Then the sulphurous smoke drove between us again; and when it cleared I looked up at the distant chimney – there was nobody there. I am a rational man, and I will ask all rational men how he had reached that dizzy unapproachable turret, and how he left it.'

He stared across at the priest with a sphinx-like challenge; then after a silence he said abruptly: 'My brother's brains were knocked out, but his body was not much damaged. And in his pocket we found one of those warning messages dated the day before and stamped with the flying dagger.

'I am sure,' he went on gravely, 'that the symbol of the winged dagger is not merely arbitrary or accidental. Nothing about that abominable man is accidental. He is all design; though it is indeed

a most dark and intricate design. His mind is woven not only out of elaborate schemes but out of all sorts of secret languages and signs, and dumb signals and wordless pictures which are the names of nameless things. He is the worst sort of man that the world knows: he is the wicked mystic. Now, I don't pretend to penetrate all that is conveyed by this symbol; but it seems surely that it must have a relation to all that was most remarkable, or even incredible, in his movements as he had hovered round my unfortunate family. Is there no connexion between the idea of a winged weapon and the mystery by which Philip was struck dead on his own lawn without the lightest touch of any footprint having disturbed the dust or grass? Is there no connexion between the plumed poignard flying like a feathered arrow and that figure which hung on the far top of the toppling chimney, clad in a cloak for pinions?'

'You mean,' said Father Brown thoughtfully, 'that he is in a perpetual state of levitation.'

'Simon Magus did it,' replied Aylmer, 'and it was one of the commonest predictions of the Dark Ages that Antichrist would be able to fly. Anyhow, there was the flying dagger on the document; and whether or no it could fly, it could certainly strike.'

'Did you notice what sort of paper it was on?' asked Father Brown. 'Common paper?'

The sphinx-like face broke abruptly into a harsh laugh.

'You can see what they're like,' said Aylmer grimly, 'for I got one myself this morning.'

He was leaning back in his chair now, with his long legs thrust out from under the green dressing-gown, which was a little short for him, and his bearded chin pillowed on his chest. Without moving otherwise, he thrust his hand deep in the dressing-gown pocket and held out a fluttering scrap of paper at the end of a rigid arm. His whole attitude was suggestive of a sort of paralysis, that was both rigidity and collapse. But the next remark of the priest had a curious effect of rousing him.

Father Brown was blinking in his short-sighted way at the paper presented to him. It was a singular sort of paper, rough without being common, as from an artist's sketch-book; and on it was drawn boldly in red ink a dagger decorated with wings like the rod of Hermes, with the written words, 'Death comes the day after this, as it came to your brothers.'

Father Brown tossed the paper on the floor and sat bolt upright in his chair.

'You mustn't let that sort of stuff stupefy you,' he said sharply. 'These devils always try to make us helpless by making us hopeless.'

Rather to his surprise, an awakening wave went over the prostrate figure, which sprang from its chair as if startled out of a dream.

'You're right, you're right!' cried Aylmer with a rather uncanny animation; 'and the devils shall find that I'm not so hopeless after all, nor so helpless either. Perhaps I have more hope and better help than you fancy.'

He stood with his hands in his pockets, frowning down at the priest, who had a momentary doubt, during that strained silence, about whether the man's long peril had not touched his brain. But when he spoke it was quite soberly.

'I believe my unfortunate brothers failed because they used the wrong weapons. Philip carried a revolver, and that was how his death came to be called suicide. Stephen had police protection, but he also had a sense of what made him ridiculous; and he could not allow a policeman to climb up a ladder after him to a scaffolding where he stood only a moment. They were both scoffers, reacting into scepticism from the strange mysticism of my father's last days. But I always knew there was more in my father than they understood. It is true that by studying magic he fell at last under the blight of black magic; the black magic of this scoundrel Strake. But my brothers were wrong about the antidote. The antidote to black magic is not brute materialism or worldly wisdom. The antidote to black magic is white magic.'

'It rather depends,' said Father Brown, 'what you mean by white magic.'

'I mean silver magic,' said the other, in a low voice, like one speaking of a secret revelation. Then after a silence he said: 'Do you know what I mean by silver magic? Excuse me a moment.'

He turned and opened the central door with the red glass and went into a passage beyond it. The house had less depth than Brown had supposed; instead of the door opening into interior rooms, the corridor it revealed ended in another door on the garden. The door of one room was on one side of the passage; doubtless, the priest told himself, the proprietor's bedroom whence he had rushed out in his dressing-gown. There was nothing else on that side but an ordinary hat-stand with the ordinary dingy cluster of old hats and overcoats; but on the other side was something more interesting: a very dark old oak sideboard laid out with some old silver, and overhung by a trophy or ornament of old weapons. It was by that that Arnold Aylmer halted, looking up at a long antiquated pistol with a bell-shaped mouth.

The door at the end of the passage was barely open, and through the crack came a streak of white daylight. The priest had very quick instincts about natural things, and something in the unusual brilliancy of that

white line told him what had happened outside. It was indeed what he had prophesied when he was approaching the house. He ran past his rather startled host and opened the door, to face something that was at once a blank and a blaze. What he had seen shining through the crack was not only the most negative whiteness of daylight but the positive whiteness of snow. All round, the sweeping fall of the country was covered with that shining pallor that seems at once hoary and innocent.

'Here is white magic anyhow,' said Father Brown in his cheerful voice. Then, as he turned back into the hall, he murmured, 'And silver magic too, I suppose,' for the white lustre touched the silver with splendour and lit up the old steel here and there in the darkling armoury. The shaggy head of the brooding Aylmer seemed to have a halo of silver fire, as he turned with his face in shadow and the outlandish pistol in his hand.

'Do you know why I chose this sort of old blunderbuss?' he asked. 'Because I can load it with this sort of bullet.'

He had picked up a small apostle spoon from the sideboard and by sheer violence broke off the small figure at the top. 'Let us go back into the other room,' he added.

'Did you ever read about the death of Dundee?' he asked when they had reseated themselves. He had recovered from his momentary annoyance at the priest's restlessness. 'Graham of Claverhouse, you know, who persecuted the Covenanters and had a black horse that could ride straight up a precipice. Don't you know he could only be shot with a silver bullet, because he had sold himself to the Devil? That's one comfort about you; at least you know enough to believe in the Devil.'

'Oh, yes,' replied Father Brown, 'I believe in the Devil. What I don't believe in is the Dundee. I mean the Dundee of Covenanting legends, with his nightmare of a horse. John Graham was simply a seventeenth-century professional soldier, rather better than most. If he dragooned them it was because he was a dragoon, but not a dragon. Now my experience is that it's not that sort of swaggering blade who sells himself to the Devil. The devil-worshippers I've known were quite different. Not to mention names, which might cause a social flutter, I'll take a man in Dundee's own day. Have you ever heard of Dalrymple of Stair?'

'No,' replied the other gruffly.

'You've heard of what he did,' said Father Brown, 'and it was worse than anything Dundee ever did; yet he escapes the infamy by oblivion. He was the man who made the Massacre of Glencoe. He was a very learned man and lucid lawyer, a statesman with very serious and enlarged ideas of statesmanship, a quiet man with a very refined and intellectual face. That's the sort of man who sells himself to the Devil.'

Aylmer half started from his chair with an enthusiasm of eager assent.

'By God! you are right,' he cried. 'A refined intellectual face! That is the face of John Strake.'

Then he raised himself and stood looking at the priest with a curious concentration. 'If you will wait here a little while,' he said, 'I will show you something.'

He went back through the central door, closing it after him; going, the priest presumed, to the old sideboard or possibly to his bedroom. Father Brown remained seated, gazing abstractedly at the carpet, where a faint red glimmer shone from the glass in the doorway. Once it seemed to brighten like a ruby and then darkened again, as if the sun of that stormy day had passed from cloud to cloud. Nothing moved except the aquatic creatures which floated to and fro in the dim green bowl. Father Brown was thinking hard.

A minute or two afterwards he got up and slipped quietly to the alcove of the telephone, where he rang up his friend Dr Boyne, at the official headquarters. 'I wanted to tell you about Aylmer and his affairs,' he said quietly. 'It's a queer story, but I rather think there's something in it. If I were you I'd send some men up here straight away; four or five men, I think, and surround the house. If anything does happen there'll probably be something startling in the way of an escape.'

Then he went back and sat down again, staring at the dark carpet, which again glowed blood-red with the light from the glass door. Something in the filtered light set his mind drifting on certain borderlands of thought, with the first white daybreak before the coming of colour, and all that mystery which is alternately veiled and revealed in the symbol of windows and of doors.

An inhuman howl in a human voice came from beyond the closed doors, almost simultaneously with the noise of firing. Before the echoes of the shot had died away the door was violently flung open and his host staggered into the room, the dressing-gown half torn from his shoulder and the long pistol smoking in his hand. He seemed to be shaking in every limb, yet he was shaken in part with an unnatural laughter.

'Glory be to the White Magic!' he cried. 'Glory be to the silver bullet! The hell-hound had hunted once too often, and my brothers are avenged at last.'

He sank into a chair and the pistol slid from his hand and fell on the floor. Father Brown darted past him, slipped through the glass door and went down the passage. As he did so he put his hand on the handle of the bedroom door, as if half intending to enter; then he stooped a moment, as if examining something – and then he ran to the outer door and opened it.

On the field of snow, which had been so blank a little while before, lay one black object. At the first glance it looked a little like an enormous bat. A second glance showed that it was, after all, a human figure; fallen on its face, the whole head covered by a broad black hat having something of a Latin-American look; while the appearance of black wings came from the two flaps or loose sleeves of a very vast black cloak spread out, perhaps by accident, to their utmost length on either side. Both the hands were hidden, though Father Brown thought he could detect the position of one of them, and saw close to it, under the edge of the cloak, the glimmer of some metallic weapon. The main effect, however, was curiously like that of the simple extravagances of heraldry; like a black eagle displayed on a white ground. But by walking round it and peering under the hat the priest got a glimpse of the face, which was indeed what his host had called refined and intellectual; even sceptical and austere: the face of John Strake.

'Well, I'm jiggered,' muttered Father Brown. 'It really does look like some vast vampire that has swooped down like a bird.'

'How else could he have come?' came a voice from the doorway, and Father Brown looked up to see Aylmer once more standing there.

'Couldn't he have walked?' replied Father Brown evasively.

Aylmer stretched out his arm and swept the white landscape with a gesture.

'Look at the snow,' he said in a deep voice that had a sort of roll and thrill in it. 'Is not the snow unspotted – pure as the white magic you yourself called it? Is there a speck on it for miles, save that one foul black blot that has fallen there? There are no footprints, but a few of yours and mine; there are none approaching the house from anywhere.'

Then he looked at the little priest for a moment with a concentrated and curious expression, and said: 'I will tell you something else. That cloak he flies with is too long to walk with. He was not a very tall man, and it would trail behind him like a royal train. Stretch it out over his body, if you like, and see.'

'What happened to you both?' asked Father Brown abruptly.

'It was too swift to describe,' answered Aylmer. 'I had looked out of the door and was turning back when there came a kind of rushing of wind all around me, as if I were being buffeted by a wheel revolving in mid-air. I spun round somehow and fired blindly; and then I saw nothing but what you see now. But I am morally certain that you wouldn't see it if I had not had a silver shot in my gun. It would have been a different body lying there in the snow.'

'By the way,' remarked Father Brown, 'shall we leave it lying there in

the snow? Or would you like it taken into your room – I suppose that's your bedroom in the passage?'

'No, no,' replied Aylmer hastily, 'we must leave it here till the police have seen it. Besides, I've had as much of such things as I can stand for the moment. Whatever else happens, I'm going to have a drink. After that, they can hang me if they like.'

Inside the central apartment, between the palm plant and the bowl of fishes, Aylmer tumbled into a chair. He had nearly knocked the bowl over as he lurched into the room, but he had managed to find the decanter of brandy after plunging his hand rather blindly into several cupboards and corners. He did not at any time look like a methodical person, but at this moment his distraction must have been extreme. He drank with a long gulp and began to talk rather feverishly, as if to fill up a silence.

'I see you are still doubtful,' he said, 'though you have seen the thing with your own eyes. Believe me, there was something more behind the quarrel between the spirit of Strake and the spirit of the house of Aylmer. Besides, you have no business to be an unbeliever. You ought to stand for all the things these stupid people call superstitions. Come now, don't you think there's a lot in those old wives' tales about luck and charms and so on, silver bullets included? What do you say about them as a Catholic?'

'I say I'm an agnostic,' replied Father Brown, smiling.

'Nonsense,' said Aylmer impatiently. 'It's your business to believe things.'

'Well, I do believe some things, of course,' conceded Father Brown; 'and therefore, of course, I don't believe other things.'

Aylmer was leaning forward, and looking at him with a strange intensity that was almost like that of a mesmerist.

'You do believe it,' he said. 'You do believe everything. We all believe everything, even when we deny everything. The deniers believe. The unbelievers believe. Don't you feel in your heart that these contradictions do not really contradict: that there is a cosmos that contains them all? The soul goes round upon a wheel of stars and all things return; perhaps Strake and I have striven in many shapes, beast against beast and bird against bird, and perhaps we shall strive for ever. But since we seek and need each other, even that eternal hatred is an eternal love. Good and evil go round in a wheel that is one thing and not many. Do you not realise in your heart, do you not believe behind all your beliefs, that there is but one reality and we are its shadows; and that all things are but aspects of one thing: a centre where men melt into Man and Man into God?'

'No,' said Father Brown.

Outside, twilight had begun to fall, in that phase of such a snow-laden evening when the land looks brighter than the sky. In the porch of the main entrance, visible through a half-curtained window, Father Brown could dimly see a bulky figure standing. He glanced casually at the french windows through which he had originally entered, and saw they were darkened with two equally motionless figures. The inner door with the coloured glass stood slightly ajar; and he could see in the short corridor beyond, the ends of two long shadows, exaggerated and distorted by the level light of evening, but still like grey caricatures of the figures of men. Dr Boyne had already obeyed the telephone message. The house was surrounded.

'What is the good of saying no?' insisted his host, still with the same hypnotic stare. 'You have seen part of that eternal drama with your own eyes. You have seen the threat of John Strake to slay Arnold Aylmer by black magic. You have seen Arnold Aylmer slay John Strake by white magic. You see Arnold Aylmer alive and talking to you now. And yet you don't believe it.'

'No, I do not believe it,' said Father Brown, and rose from his chair like one terminating a visit.

'Why not?' asked the other.

The priest only lifted his voice a little, but it sounded in every corner of the room like a bell. 'Because you are not Arnold Aylmer,' he said. 'I know who you are. Your name is John Strake; and you have murdered the last of the brothers, who is lying outside in the snow.'

A ring of white showed round the iris of the other man's eyes; he seemed to be making, with bursting eyeballs, a last effort to mesmerise and master his companion. Then he made a sudden movement sideways; and even as he did so the door behind him opened and a big detective in plain clothes put one hand quietly on his shoulder. The other hand hung down, but it held a revolver. The man looked wildly round, and saw plain-clothes men in all corners of the quiet room.

That evening Father Brown had another and longer conversation with Dr Boyne about the tragedy of the Aylmer family. By that time there was no longer any doubt of the central fact of the case, for John Strake had confessed his identity and even confessed his crimes; only it would be truer to say that he boasted of his victories. Compared to the fact that he had rounded off his life's work with the last Aylmer lying dead, everything else, including existence itself, seemed to be indifferent to him.

'The man is a sort of monomaniac,' said Father Brown. 'He is not interested in any other matter; not even in any other murder. I owe

him something for that; for I had to comfort myself with the reflection a good many times this afternoon. As has doubtless occurred to you, instead of weaving all that wild but ingenious romance about winged vampires and silver bullets, he might have put an ordinary leaden bullet into me, and walked out of the house. I assure you it occurred quite frequently to me.'

'I wonder why he didn't,' observed Boyne. 'I don't understand it; but I don't understand anything yet. How on earth did you discover it, and what in the world did you discover?'

'Oh, you provided me with very valuable information,' replied Father Brown modestly, 'especially the one piece of information that really counted. I mean the statement that Strake was a very inventive and imaginative liar, with great presence of mind in producing his lies. This afternoon he needed it; but he rose to the occasion. Perhaps his only mistake was in choosing a preternatural story; he had the notion that because I am a clergyman I should believe anything. Many people have little notions of that kind.'

'But I can't make head or tail of it,' said the doctor. 'You must really begin at the beginning.'

'The beginning of it was a dressing-gown,' said Father Brown simply. 'It was the one really good disguise I've ever known. When you meet a man in a house with a dressing-gown on, you assume quite automatically that he's in his own house. I assumed it myself; but afterwards queer little things began to happen. When he took the pistol down he clicked it at arm's length, as a man does to make sure a strange weapon isn't loaded; of course he would know whether the pistols in his own hall were loaded or not. I didn't like the way he looked for the brandy, or the way he nearly barged into the bowl of fishes. For a man who has a fragile thing of that sort as a fixture in his rooms gets a quite mechanical habit of avoiding it. But these things might possibly have been fancies; the first real point was this. He came out from the little passage between the two doors; and in that passage there's only one other door leading to a room; so I assumed it was the bedroom he had just come from. I tried the handle; but it was locked. I thought this odd; and looked through the keyhole. It was an utterly bare room, obviously deserted; no bed, no anything. Therefore he had not come from inside any room, but from outside the house. And when I saw that, I think I saw the whole picture.

'Poor Arnold Aylmer doubtless slept and perhaps lived upstairs, and came down in his dressing-gown and passed through the red glass door. At the end of the passage, black against the winter daylight, he saw the enemy of his house. He saw a tall bearded man in a broad-brimmed

black hat and a large flapping black cloak. He did not see much more in this world. Strake sprang at him, throttling or stabbing him; we cannot be sure till the inquest. Then Strake, standing in the narrow passage between the hat-stand and the old sideboard, and looking down in triumph on the last of his foes heard something he had not expected. He heard footsteps in the parlour beyond. It was myself entering by the french windows.

'His masquerade was a miracle of promptitude. It involved not only a disguise but a romance – an impromptu romance. He took off his big black hat and cloak and put on the dead man's dressing-gown. Then he did a rather grisly thing; at least a thing that affects my fancy as more grisly than the rest. He hung the corpse like a coat on one of the hat pegs. He draped it in his own long cloak, and found it hung well below the heels; he covered the head entirely with his own wide hat. It was the only possible way of hiding it in that little passage with the locked door; but it was really a very clever one. I myself walked past the hat-stand once without knowing it was anything but a hat-stand. I think that unconsciousness of mine will always give me a shiver.

'He might perhaps have left it at that; but I might have discovered the corpse at any minute; and, hung where it was, it was a corpse calling for what you might call an explanation. He adopted the bolder stroke of discovering it himself and explaining it himself.

'Then there dawned on this strange and frightfully fertile mind the conception of a story of substitution; the reversal of the parts. He had already assumed the part of Arnold Aylmer. Why should not his dead enemy assume the part of John Strake? There must have been something in that topsy-turvydom to take the fancy of that darkly fanciful man. It was like some frightful fancy-dress ball to which the two mortal enemies were to go dressed up as each other. Only, the fancy-dress ball was to be a dance of death: and one of the dancers would be dead. That is why I can imagine that man putting it in his own mind, and I can imagine him smiling.'

Father Brown was gazing into vacancy with his large grey eyes, which, when not blurred by his trick of blinking, were the one notable thing in his face. He went on speaking simply and seriously: 'All things are from God; and above all, reason and imagination and the great gifts of the mind. They are good in themselves; and we must not altogether forget their origin even in their perversion. Now this man had in him a very noble power to be perverted; the power of telling stories. He was a great novelist; only he had twisted his fictive power to practical and to evil ends; to deceiving men with false fact instead of with true fiction. It began with his deceiving old Aylmer with elaborate excuses and

ingeniously detailed lies; but even that may have been, at the beginning,
little more than the tall stories and tarradiddles of the child who may
say equally he has seen the King of England or the King of the Fairies.
It grew strong in him through the vice that perpetuates all vices, pride;
he grew more and more vain of his promptitude in producing stories
of his originality, and subtlety in developing them. That is what the
young Aylmers meant by saying that he could always cast a spell over
their father; and it was true. It was the sort of spell that the storyteller
cast over the tyrant in the Arabian Nights. And to the last he walked
the world with the pride of a poet, and with the false yet unfathomable
courage of a great liar. He could always produce more Arabian Nights if
ever his neck was in danger. And today his neck was in danger.

'But I am sure, as I say, that he enjoyed it as a fantasy as well as a
conspiracy. He set about the task of telling the true story the wrong way
round: of treating the dead man as living and the live man as dead. He
had already got into Aylmer's dressing-gown; he proceeded to get into
Aylmer's body and soul. He looked at the corpse as if it were his own
corpse lying cold in the snow. Then he spread-eagled it in that strange
fashion to suggest the sweeping descent of a bird of prey, and decked it
out not only in his own dark and flying garments but in a whole dark
fairy tale about the black bird that could only fall by the silver bullet. I
do not know whether it was the silver glittering on the sideboard or the
snow shining beyond the door that suggested to his intensely artistic
temperament the theme of white magic and the white metal used
against magicians. But whatever its origin, he made it his own like a
poet; and did it very promptly, like a practical man. He completed the
exchange and reversal of parts by flinging the corpse out on to the snow
as the corpse of Strake. He did his best to work up a creepy conception
of Strake as something hovering in the air everywhere, a harpy with
wings of speed and claws of death; to explain the absence of footprints
and other things. For one piece of artistic impudence I hugely admire
him. He actually turned one of the contradictions in his case into an
argument for it; and said that the man's cloak being too long for him
proved that he never walked on the ground like an ordinary mortal. But
he looked at me very hard while he said that; and something told me
that he was at that moment trying a very big bluff.'

Dr Boyne looked thoughtful. 'Had you discovered the truth by
then?' he asked. 'There is something very queer and close to the nerves,
I think, about notions affecting identity. I don't know whether it would
be more weird to get a guess like that swiftly or slowly. I wonder when
you suspected and when you were sure.'

'I think I really suspected when I telephoned to you,' replied his

friend. 'And it was nothing more than the red light from the closed door brightening and darkening on the carpet. It looked like a splash of blood that grew vivid as it cried for vengeance. Why should it change like that? I knew the sun had not come out; it could only be because the second door behind it had been opened and shut on the garden. But if he had gone out and seen his enemy then, he would have raised the alarm then; and it was some time afterwards that the fracas occurred. I began to feel he had gone out to do something . . . to prepare something . . . but as to when I was certain, that is a different matter. I knew that right at the end he was trying to hypnotise me, to master me by the black art of eyes like talismans and a voice like an incantation. That's what he used to do with old Aylmer, no doubt. But it wasn't only the way he said it, it was what he said. It was the religion and philosophy of it.'

'I'm afraid I'm a practical man,' said the doctor with gruff humour, 'and I don't bother much about religion and philosophy.'

'You'll never be a practical man till you do,' said Father Brown. 'Look here, doctor; you know me pretty well; I think you know I'm not a bigot. You know I know there are all sorts in all religions; good men in bad ones and bad men in good ones. But there's just one little fact I've learned simply as a practical man, an entirely practical point, that I've picked up by experience, like the tricks of an animal or the trade-mark of a good wine. I've scarcely ever met a criminal who philosophised at all, who didn't philosophise along those lines of orientalism and recurrence and reincarnation, and the wheel of destiny and the serpent biting its own tail. I have found merely in practice that there is a curse on the servants of that serpent; on their belly shall they go and the dust shall they eat; and there was never a blackguard or a profligate born who could not talk that sort of spirituality. It may not be like that in its real religious origins; but here in our working world it is the religion of rascals; and I knew it was a rascal who was speaking.'

'Why,' said Boyne, 'I should have thought that a rascal could pretty well profess any religion he chose.'

'Yes,' assented the other; 'he could profess any religion; that is he could pretend to any religion, if it was all a pretence. If it was mere mechanical hypocrisy and nothing else, no doubt it could be done by a mere mechanical hypocrite. Any sort of mask can be put on any sort of face. Anybody can learn certain phrases or state verbally that he holds certain views. I can go out into the street and state that I am a Wesleyan Methodist or a Sandemanian, though I fear in no very convincing accent. But we are talking about an artist; and for the enjoyment of the artist the mask must be to some extent moulded on the face. What he makes outside him must correspond to something inside him; he can

only make his effects out of some of the materials of his soul. I suppose he could have said he was a Wesleyan Methodist; but he could never be an eloquent Methodist as he can be an eloquent mystic and fatalist. I am talking of the sort of ideal such a man thinks of if he really tries to be idealistic. It was his whole game with me to be as idealistic as possible; and whenever that is attempted by that sort of man, you will generally find it is that sort of ideal. That sort of man may be dripping with gore; but he will always be able to tell you quite sincerely that Buddhism is better than Christianity. Nay, he will tell you quite sincerely that Buddhism is more Christian than Christianity. That alone is enough to throw a hideous and ghastly ray of light on his notion of Christianity.'

'Upon my soul,' said the doctor, laughing, 'I can't make out whether you're denouncing or defending him.'

'It isn't defending a man to say he is a genius,' said Father Brown. 'Far from it. And it is simply a psychological fact that an artist will betray himself by some sort of sincerity. Leonardo da Vinci cannot draw as if he couldn't draw. Even if he tried, it will always be a strong parody of a weak thing. This man would have made something much too fearful and wonderful out of the Wesleyan Methodist.'

When the priest went forth again and set his face homeward, the cold had grown more intense and yet was somehow intoxicating. The trees stood up like silver candelabra of some incredible cold candlemas of purification. It was a piercing cold, like that silver sword of pure pain that once pierced the very heart of purity. But it was not a killing cold, save in the sense of seeming to kill all the mortal obstructions to our immortal and immeasurable vitality. The pale green sky of twilight, with one star like the star of Bethlehem, seemed by some strange contradiction to be a cavern of clarity. It was as if there could be a green furnace of cold which wakened all things to life like warmth, and that the deeper they went into those cold crystalline colours the more were they light like winged creatures and clear like coloured glass! It tingled with truth and it divided truth from error with a blade like ice; but all that was left had never felt so much alive. It was as if all joy were a jewel in the heart of an iceberg. The priest hardly understood his own mood as he advanced deeper and deeper into the green gloaming, drinking deeper and deeper draughts of that virginal vivacity of the air. Some forgotten muddle and morbidity seemed to be left behind, or wiped out as the snow had painted out the footprints of the man of blood. As he shuffled homewards through the snow, he muttered to himself: 'And yet he is right enough about there being a white magic, if he only knows where to look for it.'

The Doom of the Darnaways

Two landscape-painters stood looking at one landscape, which was also a seascape, and both were curiously impressed by it, though their impressions were not exactly the same. To one of them, who was a rising artist from London, it was new as well as strange. To the other, who was a local artist but with something more than a local celebrity, it was better known; but perhaps all the more strange for what he knew of it.

In terms of tone and form, as these men saw it, it was a stretch of sands against a stretch of sunset, the whole scene lying in strips of sombre colour, dead green and bronze and brown and a drab that was not merely dull but in that gloaming in some way more mysterious than gold. All that broke these level lines was a long building which ran out from the fields into the sands of the sea, so that its fringe of dreary weeds and rushes seemed almost to meet the seaweed. But its most singular feature was that the upper part of it had the ragged outlines of a ruin, pierced by so many wide windows and large rents as to be a mere dark skeleton against the dying light; while the lower bulk of the building had hardly any windows at all, most of them being blind and bricked up and their outlines only faintly traceable in the twilight. But one window at least was still a window; and it seemed strangest of all that it showed a light.

'Who on earth can live in that old shell?' exclaimed the Londoner, who was a big, bohemian-looking man, young but with a shaggy red beard that made him look older; Chelsea knew him familiarly as Harry Payne.

'Ghosts, you might suppose,' replied his friend Martin Wood. 'Well, the people who live there really are rather like ghosts.'

It was perhaps rather a paradox that the London artist seemed almost bucolic in his boisterous freshness and wonder, while the local artist seemed a more shrewd and experienced person, regarding him with mature and amiable amusement; indeed, the latter was altogether a quieter and more conventional figure, wearing darker clothes and with his square and stolid face clean shaven.

'It is only a sign of the times, of course,' he went on, 'or of the passing of old times and old families with them. The last of the great Darnaways live in that house, and not many of the new poor are as poor as they are. They can't even afford to make their own top-storey habitable; but

have to live in the lower rooms of a ruin, like bats and owls. Yet they have family portraits that go back to the Wars of the Roses and the first portrait-painting in England, and very fine some of them are; I happen to know, because they asked for my professional advice in overhauling them. There's one of them especially, and one of the earliest, but it's so good that it gives you the creeps.'

'The whole place gives you the creeps, I should think by the look of it,' replied Payne.

'Well,' said his friend, 'to tell you the truth, it does.'

The silence that followed was stirred by a faint rustle among the rushes by the moat; and it gave them, rationally enough, a slight nervous start when a dark figure brushed along the bank, moving rapidly and almost like a startled bird. But it was only a man walking briskly with a black bag in his hand: a man with a long sallow face and sharp eyes that glanced at the London stranger in a slightly darkling and suspicious manner.

'It's only Dr Barnet,' said Wood with a sort of relief. 'Good evening, Doctor. Are you going up to the house? I hope nobody's ill.'

'Everybody's always ill in a place like that,' growled the doctor; 'only sometimes they're too ill to know it. The very air of the place is a blight and a pestilence. I don't envy the young man from Australia.'

'And who,' asked Payne abruptly and rather absently, 'may the young man from Australia be?'

'Ah!' snorted the doctor; 'hasn't your friend told you about him? As a matter of fact I believe he is arriving today. Quite a romance in the old style of melodrama: the heir back from the colonies to his ruined castle, all complete even down to an old family compact for his marrying the lady watching in the ivied tower. Queer old stuff, isn't it? but it really happens sometimes. He's even got a little money, which is the only bright spot there ever was in this business.'

'What does Miss Darnaway herself, in her ivied tower, think of the business?' asked Martin Wood dryly.

'What she thinks of everything else by this time,' replied the doctor. 'They don't think in this weedy old den of superstitions, they only dream and drift. I think she accepts the family contract and the colonial husband as part of the Doom of the Darnaways, don't you know. I really think that if he turned out to be a humpbacked Negro with one eye and a homicidal mania, she would only think it added a finishing touch and fitted in with the twilight scenery.'

'You're not giving my friend from London a very lively picture of my friends in the country,' said Wood, laughing. 'I had intended taking him there to call; no artist ought to miss those Darnaway portraits if

he gets the chance. But perhaps I'd better postpone it if they're in the middle of the Australian invasion.'

'Oh, do go in and see them, for the Lord's sake,' said Dr Barnet warmly. 'Anything that will brighten their blighted lives will make my task easier. It will need a good many colonial cousins to cheer things up, I should think; and the more the merrier. Come, I'll take you in myself.'

As they drew nearer to the house it was seen to be isolated like an island in a moat of brackish water which they crossed by a bridge. On the other side spread a fairly wide stony floor or embankment with great cracks across it, in which little tufts of weed and thorn sprouted here and there. This rock platform looked large and bare in the grey twilight, and Payne could hardly have believed that such a corner of space could have contained so much of the soul of a wilderness. This platform only jutted out on one side, like a giant doorstep and beyond it was the door; a very low-browed Tudor archway standing open, but dark like a cave.

When the brisk doctor led them inside without ceremony, Payne had, as it were, another shock of depression. He could have expected to find himself mounting to a very ruinous tower, by very narrow winding staircases; but in this case the first steps into the house were actually steps downwards. They went down several short and broken stairways into large twilit rooms which but for their lines of dark pictures and dusty bookshelves, might have been the traditional dungeons beneath the castle moat. Here and there a candle in an old candlestick lit up some dusty accidental detail of a dead elegance; but the visitor was not so much impressed or depressed by this artificial light as by the one pale gleam of natural light. As he passed down the long room he saw the only window in that wall – a curious low oval window of a late-seventeenth-century fashion. But the strange thing about it was that it did not look out directly on any space of sky but only on a reflection of sky; a pale strip of daylight merely mirrored in the moat, under the hanging shadow of the bank. Payne had a memory of the Lady of Shallot who never saw the world outside except in a mirror. The lady of this Shallot not only in some sense saw the world in a mirror, but even saw the world upside-down.

'It's as if the house of Darnaway were falling literally as well as metaphorically,' said Wood in a low voice; 'as if it were sinking slowly into a swamp or a quicksand, until the sea goes over it like a green roof.'

Even the sturdy Dr Barnet started a little at the silent approach of the figure that came to receive them. Indeed, the room was so silent that they were all startled to realise that it was not empty. There were three people in it when they entered: three dim figures motionless in

the dim room; all three dressed in black and looking like dark shadows. As the foremost figure drew nearer the grey light from the window, he showed a face that looked almost as grey as its frame of hair. This was old Vine, the steward, long left *in loco parentis* since the death of that eccentric parent, the last Lord Darnaway. He would have been a handsome old man if he had had no teeth. As it was, he had one which showed every now and then and gave him a rather sinister appearance. He received the doctor and his friends with a fine courtesy and escorted them to where the other two figures in black were seated. One of them seemed to Payne to give another appropriate touch of gloomy antiquity to the castle by the mere fact of being a Roman Catholic priest, who might have come out of a priest's hole in the dark old days. Payne could imagine him muttering prayers or telling beads, or tolling bells or doing a number of indistinct and melancholy things in that melancholy place. Just then he might be supposed to have been giving religious consolation to the lady; but it could hardly be supposed that the consolation was very consoling, or at any rate that it was very cheering. For the rest, the priest was personally insignificant enough, with plain and rather expressionless features; but the lady was a very different matter. Her face was very far from being plain or insignificant; it stood out from the darkness of her dress and hair and background with a pallor that was almost awful, but a beauty that was almost awfully alive. Payne looked at it as long as he dared; and he was to look at it a good deal longer before he died.

Wood merely exchanged with his friends such pleasant and polite phrases as would lead up to his purpose of revisiting the portraits. He apologised for calling on the day which he heard was to be one of family welcome; but he was soon convinced that the family was rather mildly relieved to have visitors to distract them or break the shock. He did not hesitate, therefore, to lead Payne through the central reception-room into the library beyond, where hung the portrait, for there was one which he was especially bent on showing, not only as a picture but almost as a puzzle. The little priest trudged along with them; he seemed to know something about old pictures as well as about old prayers.

'I'm rather proud of having spotted this,' said Wood. 'I believe it's a Holbein. If it isn't, there was somebody living in Holbein's time who was as great as Holbein.'

It was a portrait in the hard but sincere and living fashion of the period, representing a man clad in black trimmed with gold and fur, with a heavy, full, rather pale face but watchful eyes.

'What a pity art couldn't have stopped for ever at just that transition stage,' cried Wood, 'and never transitioned any more. Don't you see

it's just realistic enough to be real? Don't you see the face speaks all the more because it stands out from a rather stiffer framework of less essential things? And the eyes are even more real than the face. On my soul, I think the eyes are too real for the face! It's just as if those sly, quick eyeballs were protruding out of a great pale mask.'

'The stiffness extends to the figure a little, I think,' said Payne. 'They hadn't quite mastered anatomy when medievalism ended, at least in the north. That left leg looks to me a good deal out of drawing.'

'I'm not so sure,' replied Wood quietly. 'Those fellows who painted just when realism began to be done, and before it began to be overdone, were often more realistic than we think. They put real details of portraiture into things that are thought merely conventional. You might say this fellow's eyebrows or eye-sockets are a little lopsided; but I bet if you knew him you'd find that one of his eyebrows did really stick up more than the other. And I shouldn't wonder if he was lame or something, and that black leg was meant to be crooked.'

'What an old devil he looks!' burst out Payne suddenly. 'I trust his reverence will excuse my language.'

'I believe in the devil, thank you,' said the priest with an inscrutable face. 'Curiously enough there was a legend that the devil was lame.'

'I say,' protested Payne, 'you can't really mean that he was the devil; but who the devil was he?'

'He was the Lord Darnaway under Henry VII and Henry VIII,' replied his companion. 'But there are curious legends about him, too; one of them is referred to in that inscription round the frame, and further developed in some notes left by somebody in a book I found here. They are both rather curious reading.'

Payne leaned forward, craning his head so as to follow the archaic inscription round the frame. Leaving out the antiquated lettering and spelling, it seemed to be a sort of rhyme running somewhat thus: In the seventh hour I shall return: In the seventh hour I shall depart: None in that hour shall hold my hand: And woe to her that holds my heart.

'It sounds creepy somehow,' said Payne, 'but that may be partly because I don't understand a word of it.'

'It's pretty creepy even when you do,' said Wood in a low voice. 'The record made at a later date, in the old book I found, is all about how this beauty deliberately killed himself in such a way that his wife was executed for his murder. Another note commemorates a later tragedy, seven successions later – under the Georges – in which another Darnaway committed suicide, having first thoughtfully left poison in his wife's wine. It's said that both suicides took place at seven in the evening. I suppose the inference is that he does really return with every

seventh inheritor and makes things unpleasant, as the rhyme suggests, for any lady unwise enough to marry him.'

'On that argument,' replied Payne, 'it would be a trifle uncomfortable for the next seventh gentleman.'

Wood's voice was lower still as he said: 'The new heir will be the seventh.'

Harry Payne suddenly heaved up his great chest and shoulders like a man flinging off a burden.

'What crazy stuff are we all talking?' he cried. 'We're all educated men in an enlightened age, I suppose. Before I came into this damned dank atmosphere I'd never have believed I should be talking of such things, except to laugh at them.'

'You are right,' said Wood. 'If you lived long enough in this underground palace you'd begin to feel differently about things. I've begun to feel very curiously about that picture, having had so much to do with handling and hanging it. It sometimes seems to me that the painted face is more alive than the dead faces of the people living here; that it is a sort of talisman or magnet: that it commands the elements and draws out the destinies of men and things. I suppose you would call it very fanciful.'

'What is that noise?' cried Payne suddenly.

They all listened, and there seemed to be no noise except the dull boom of the distant sea; then they began to have the sense of something mingling with it; something like a voice calling through the sound of the surf, dulled by it at first, but coming nearer and nearer. The next moment they were certain: someone was shouting outside in the dusk.

Payne turned to the low window behind him and bent to look out. It was the window from which nothing could be seen except the moat with its reflection of bank and sky. But that inverted vision was not the same that he had seen before. From the hanging shadow of the bank in the water depended two dark shadows reflected from the feet and legs of a figure standing above upon the bank. Through that limited aperture they could see nothing but the two legs black against the reflection of a pale and livid sunset. But somehow that very fact of the head being invisible, as if in the clouds, gave something dreadful to the sound that followed; the voice of a man crying aloud what they could not properly hear or understand. Payne especially was peering out of the little window with an altered face, and he spoke with an altered voice: 'How queerly he's standing!'

'No, no,' said Wood, in a sort of soothing whisper. 'Things often look like that in reflection. It's the wavering of the water that makes you think that.'

'Think what?' asked the priest shortly.

'That his left leg is crooked,' said Wood.

Payne had thought of the oval window as a sort of mystical mirror; and it seemed to him that there were in it other inscrutable images of doom. There was something else beside the figure that he did not understand; three thinner legs showing in dark lines against the light, as if some monstrous three-legged spider or bird were standing beside the stranger. Then he had the less crazy thought of a tripod like that of the heathen oracles; and the next moment the thing had vanished and the legs of the human figure passed out of the picture.

He turned to meet the pale face of old Vine, the steward, with his mouth open, eager to speak, and his single tooth showing. 'He has come,' he said. 'The boat arrived from Australia this morning.'

Even as they went back out of the library into the central salon they heard the footsteps of the newcomer clattering down the entrance steps, with various items of light luggage trailed behind him. When Payne saw one of them, he laughed with a reaction of relief. His tripod was nothing but the telescopic legs of a portable camera, easily packed and unpacked; and the man who was carrying it seemed so far to take on equally solid and normal qualities. He was dressed in dark clothes, but of a careless and holiday sort; his shirt was of grey flannel, and his boots echoed uncompromisingly enough in those still chambers. As he strode forward to greet his new circle his stride had scarcely more than the suggestion of a limp. But Payne and his companions were looking at his face, and could scarcely take their eyes from it.

He evidently felt there was something curious and uncomfortable about his reception; but they could have sworn that he did not himself know the cause of it. The lady, supposed to be in some sense already betrothed to him, was certainly beautiful enough to attract him; but she evidently also frightened him. The old steward brought him a sort of feudal homage, yet treated him as if he were the family ghost. The priest still looked at him with a face which was quite indecipherable, and therefore perhaps all the more unnerving. A new sort of irony, more like the Greek irony, began to pass over Payne's mind. He had dreamed of the stranger as a devil, but it seemed almost worse that he was an unconscious destiny. He seemed to march towards crime with the monstrous innocence of Oedipus. He had approached the family mansion in so blindly buoyant a spirit as to have set up his camera to photograph his first sight of it; and even the camera had taken on the semblance of the tripod of a tragic pythoness.

Payne was surprised, when taking his leave a little while after, at something which showed that the Australian was already less

unconscious of his surroundings. He said in a low voice: 'Don't go . . . or come again soon. You look like a human being. This place fairly gives me the jumps.'

When Payne emerged out of those almost subterranean halls and came into the night air and the smell of the sea, he felt as if he had come out of that underworld of dreams in which events jumble on top of each other in a way at once unrestful and unreal. The arrival of the strange relative had been somehow unsatisfying and, as it were, unconvincing. The doubling of the same face in the old portrait and the new arrival troubled him like a two headed monster. And yet it was not altogether a nightmare; nor was it that face, perhaps, that he saw most vividly.

'Did you say?' he asked of the doctor, as they strode together across the striped dark sands by the darkening sea; 'did you say that young man was betrothed to Miss Darnaway by a family compact or something? Sounds rather like a novel.'

'But an historical novel,' answered Dr Barnet. 'The Darnaways all went to sleep a few centuries ago, when things were really done that we only read of in romances. Yes; I believe there's some family tradition by which second or third cousins always marry when they stand in a certain relation of age, in order to unite the property. A damned silly tradition, I should say; and if they often married in and in, in that fashion, it may account on principles of heredity for their having gone so rotten.'

'I should hardly say,' answered Payne a little stuffily, 'that they had all gone rotten.'

'Well,' replied the doctor, 'the young man doesn't *look* rotten, of course, though he's certainly lame.'

'The young man!' cried Payne, who was suddenly and unreasonably angry. 'Well, if you think the young lady looks rotten, I think it's you who have rotten taste.'

The doctor's face grew dark and bitter. 'I fancy I know more about it than you do,' he snapped.

They completed the walk in silence, each feeling that he had been irrationally rude and had suffered equally irrational rudeness; and Payne was left to brood alone on the matter, for his friend Wood had remained behind to attend to some of his business in connection with the pictures.

Payne took very full advantage of the invitation extended by the colonial cousin, who wanted somebody to cheer him up. During the next few weeks he saw a good deal of the dark interior of the Darnaway home; though it might be said that he did not confine himself entirely to cheering up the colonial cousin. The lady's melancholy was of

longer standing and perhaps needed more lifting; anyhow, he showed a laborious readiness to lift it. He was not without a conscience, however, and the situation made him doubtful and uncomfortable. Weeks went by and nobody could discover from the demeanour of the new Darnaway whether he considered himself engaged according to the old compact or no. He went mooning about the dark galleries and stood staring vacantly at the dark and sinister picture. The shades of that prison-house were certainly beginning to close on him, and there was little of his Australian assurance left. But Payne could discover nothing upon the point that concerned him most. Once he attempted to confide in his friend Martin Wood, as he was pottering about in his capacity of picture-hanger; but even out of him he got very little satisfaction.

'It seems to me you can't butt in,' said Wood shortly, 'because of the engagement.'

'Of course I shan't butt in if there is an engagement,' retorted his friend; 'but is there? I haven't said a word to her of course; but I've seen enough of her to be pretty certain she doesn't think there is, even if she thinks there may be. He doesn't say there is, or even hint that there ought to be. It seems to me this shilly-shallying is rather unfair on everybody.'

'Especially on you, I suppose,' said Wood a little harshly. 'But if you ask me, I'll tell you what I think – I think he's afraid.'

'Afraid of being refused?' asked Payne.

'No; afraid of being accepted,' answered the other. 'Don't bite my head off – I don't mean afraid of the lady. I mean afraid of the picture.'

'Afraid of the picture!' repeated Payne.

'I mean afraid of the curse,' said Wood. 'Don't you remember the rhyme about the Darnaway doom falling on him and her.'

'Yes, but look here,' cried Payne; 'even the Darnaway doom can't have it both ways. You tell me first that I mustn't have my own way because of the compact, and then that the compact mustn't have its own way because of the curse. But if the curse can destroy the compact, why should she be tied to the compact? If they're frightened of marrying each other, they're free to marry anybody else, and there's an end of it. Why should I suffer for the observance of something they don't propose to observe? It seems to me your position is very unreasonable.'

'Of course it's all a tangle,' said Wood rather crossly, and went on hammering at the frame of a canvas.

Suddenly, one morning, the new heir broke his long and baffling silence. He did it in a curious fashion, a little crude, as was his way, but with an obvious anxiety to do the right thing. He asked frankly for advice, not of this or that individual as Payne had done, but collectively

as of a crowd. When he did speak he threw himself on the whole company like a statesman going to the country. He called it 'a showdown'. Fortunately the lady was not included in this large gesture; and Payne shuddered when he thought of her feelings. But the Australian was quite honest; he thought the natural thing was to ask for help and for information, calling a sort of family council at which he put his cards on the table. It might be said that he flung down his cards on the table, for he did it with a rather desperate air, like one who had been harassed for days and nights by the increasing pressure of a problem. In that short time the shadows of that place of low windows and sinking pavements had curiously changed him, and increased a certain resemblance that crept through all their memories.

The five men, including the doctor, were sitting round a table; and Payne was idly reflecting that his own light tweeds and red hair must be the only colours in the room, for the priest and the steward were in black, and Wood and Darnaway habitually wore dark grey suits that looked almost like black. Perhaps this incongruity had been what the young man had meant by calling him a human being. At that moment the young man himself turned abruptly in his chair and began to talk. A moment after the dazed artist knew that he was talking about the most tremendous thing in the world.

'Is there anything in it?' he was saying. 'That is what I've come to asking myself till I'm nearly crazy. I'd never have believed I should come to thinking of such things; but I think of the portrait and the rhyme and the coincidences or whatever you call them, and I go cold. Is there anything in it? Is there any Doom of the Darnaways or only a damned queer accident? Have I got a right to marry, or shall I bring something big and black out of the sky, that I know nothing about, on myself and somebody else?'

His rolling eye had roamed round the table and rested on the plain face of the priest, to whom he now seemed to be speaking. Payne's submerged practicality rose in protest against the problem of superstition being brought before that supremely superstitious tribunal. He was sitting next to Darnaway and struck in before the priest could answer.

'Well, the coincidences are curious, I admit,' he said, rather forcing a note of cheerfulness; 'but surely we –' and then he stopped as if he had been struck by lightning. For Darnaway had turned his head sharply over his shoulder at the interruption, and with the movement, his left eyebrow jerked up far above its fellow and for an instant the face of the portrait glared at him with a ghastly exaggeration of exactitude. The rest saw it; and all had the air of having been dazzled by an instant of light. The old steward gave a hollow groan.

'It is no good,' he said hoarsely; 'we are dealing with something too terrible.'

'Yes,' assented the priest in a low voice, 'we are dealing with something terrible; with the most terrible thing I know, and the name of it is nonsense.'

'What did you say?' said Darnaway, still looking towards him.

'I said nonsense,' repeated the priest. 'I have not said anything in particular up to now, for it was none of my business; I was only taking temporary duty in the neighbourhood and Miss Darnaway wanted to see me. But since you're asking me personally and point-blank, why, it's easy enough to answer. Of course there's no Doom of the Darnaways to prevent your marrying anybody you have any decent reason for marrying. A man isn't fated to fall into the smallest venial sin, let alone into crimes like suicide and murder. You can't be made to do wicked things against your will because your name is Darnaway, any more than I can because my name is Brown. The Doom of the Browns,' he added with relish – 'the Weird of the Browns would sound even better.'

'And you of all people,' repeated the Australian, staring, 'tell me to think like that about it.'

'I tell you to think about something else,' replied the priest cheerfully. 'What has become of the rising art of photography? How is the camera getting on? I know it's rather dark downstairs, but those hollow arches on the floor above could easily be turned into a first-rate photographic studio. A few workmen could fit it out with a glass roof in no time.'

'Really,' protested Martin Wood, 'I do think you should be the last man in the world to tinker about with those beautiful Gothic arches, which are about the best work your own religion has ever done in the world. I should have thought you'd have had some feeling for that sort of art; but I can't see why you should be so uncommonly keen on photography.'

'I'm uncommonly keen on daylight,' answered Father Brown, 'especially in this dingy business; and photography has the virtue of depending on daylight. And if you don't know that I would grind all the Gothic arches in the world to powder to save the sanity of a single human soul, you don't know so much about my religion as you think you do.'

The young Australian had sprung to his feet like a man rejuvenated. 'By George! that's the talk,' he cried; 'though I never thought to hear it from that quarter. I'll tell you what, reverend sir, I'll do something that will show I haven't lost my courage after all.'

The old steward was still looking at him with quaking watchfulness,

as if he felt something fey about the young man's defiance. 'Oh,' he cried, 'what are you going to do now?'

'I am going to photograph the portrait,' replied Darnaway.

Yet it was barely a week afterwards that the storm of the catastrophe seemed to stoop out of the sky, darkening that sun of sanity to which the priest had appealed in vain, and plunging the mansion once more in the darkness of the Darnaway doom. It had been easy enough to fit up the new studio; and seen from inside it looked very like any other such studio, empty except for the fullness of the white light. A man coming from the gloomy rooms below had more than normally the sense of stepping into a more than modern brilliancy, as blank as the future. At the suggestion of Wood, who knew the castle well and had got over his first aesthetic grumblings, a small room remaining intact in the upper ruins was easily turned into a dark room, into which Darnaway went out of the white daylight to grope by the crimson gleams of a red lamp. Wood said, laughing, that the red lamp had reconciled him to the vandalism; as that bloodshot darkness was as romantic as an alchemist's cave.

Darnaway had risen at daybreak on the day that he meant to photograph the mysterious portrait, and had it carried up from the library by the single corkscrew staircase that connected the two floors. There he had set it up in the wide white daylight on a sort of easel and planted his photographic tripod in front of it. He said he was anxious to send a reproduction of it to a great antiquary who had written on the antiquities of the house; but the others knew that this was an excuse covering much deeper things. It was, if not exactly a spiritual duel between Darnaway and the demoniac picture, at least a duel between Darnaway and his own doubts. He wanted to bring the daylight of photography face to face with that dark masterpiece of painting; and to see whether the sunshine of the new art would not drive out the shadows of the old.

Perhaps this was why he preferred to do it by himself, even if some of the details seemed to take longer and involve more than normal delay. Anyhow, he rather discouraged the few who visited his studio during the day of the experiment, and who found him focusing and fussing about in a very isolated and impenetrable fashion. The steward had left a meal for him, as he refused to come down; the old gentleman also returned some hours afterwards and found the meal more or less normally disposed of; but when he brought it he got no more gratitude than a grunt. Payne went up once to see how he was getting on, but finding the photographer disinclined for conversation came down again. Father Brown had wandered that way in an unobtrusive style to take Darnaway a letter from the expert to whom the photograph was to

be sent. But he left the letter on a tray, and whatever he thought of that great glasshouse full of daylight and devotion to a hobby, a world he had himself in some sense created, he kept it to himself and came down. He had reason to remember very soon that he was the last to come down the solitary staircase connecting the floors, leaving a lonely man and an empty room behind him. The others were standing in the salon that led into the library, just under the great black ebony clock that looked like a titanic coffin.

'How was Darnaway getting on,' asked Payne, a little later, 'when you last went up?'

The priest passed a hand over his forehead. 'Don't tell me I'm getting psychic,' he said with a sad smile. 'I believe I'm quite dazzled with daylight up in that room and couldn't see things straight. Honestly, I felt for a flash as if there were something uncanny about Darnaway's figure standing before that portrait.'

'Oh, that's the lame leg,' said Barnet promptly. 'We know all about that.'

'Do you know,' said Payne abruptly, but lowering his voice, 'I don't think we do know all about it or anything about it. What's the matter with his leg? What was the matter with his ancestor's leg?'

'Oh, there's something about that in the book I was reading in there, in the family archives,' said Wood; 'I'll fetch it for you.' And he stepped into the library just beyond.

'I think,' said Father Brown quietly, 'Mr Payne must have some particular reason for asking that.'

'I may as well blurt it out once and for all,' said Payne, but in a yet lower voice. 'After all, there is a rational explanation. A man from anywhere might have made up to look like the portrait. What do we know about Darnaway? He is behaving rather oddly —'

The others were staring at him in a rather startled fashion; but the priest seemed to take it very calmly.

'I don't think the old portrait's ever been photographed,' he said. 'That's why he wants to do it. I don't think there's anything odd about that.'

'Quite an ordinary state of things, in fact,' said Wood with a smile; he had just returned with the book in his hand. And even as he spoke there was a stir in the clockwork of the great dark clock behind him and successive strokes thrilled through the room up to the number of seven. With the last stroke there came a crash from the floor above that shook the house like a thunderbolt; and Father Brown was already two steps up the winding staircase before the sound had ceased.

'My God!' cried Payne involuntarily; 'he is alone up there.'

'Yes,' said Father Brown without turning, as he vanished up the stairway. 'We shall find him alone.'

When the rest recovered from their first paralysis and ran helter-skelter up the stone steps and found their way to the new studio, it was true in that sense that they found him alone. They found him lying in a wreck of his tall camera, with its long splintered legs standing out grotesquely at three different angles; and Darnaway had fallen on top of it with one black crooked leg lying at a fourth angle along the floor. For the moment the dark heap looked as if he were entangled with some huge and horrible spider. Little more than a glance and a touch were needed to tell them that he was dead. Only the portrait stood untouched upon the easel, and one could fancy the smiling eyes shone.

An hour afterwards Father Brown in helping to calm the confusion of the stricken household, came upon the old steward muttering almost as mechanically as the clock had ticked and struck the terrible hour. Almost without hearing them, he knew what the muttered words must be.

'In the seventh heir I shall return. In the seventh hour I shall depart.'

As he was about to say something soothing, the old man seemed suddenly to start awake and stiffen into anger; his mutterings changed to a fierce cry.

'You!' he cried; 'you and your daylight! Even you won't say now there is no Doom for the Darnaways.'

'My opinion about that is unchanged,' said Father Brown mildly. Then after a pause he added: 'I hope you will observe poor Darnaway's last wish, and see the photograph is sent off.'

'The photograph!' cried the doctor sharply. 'What's the good of that? As a matter of fact, it's rather curious; but there isn't any photograph. It seems he never took it after all, after pottering about all day.'

Father Brown swung round sharply. 'Then take it yourselves,' he said. 'Poor Darnaway was perfectly right. It's most important that the photograph should be taken.'

As all the visitors, the doctor, the priest, and the two artists trailed away in a black and dismal procession across the brown and yellow sands, they were at first more or less silent, rather as if they had been stunned. And certainly there had been something like a crack of thunder in a clear sky about the fulfilment of that forgotten superstition at the very time when they had most forgotten it; when the doctor and the priest had both filled their minds with rationalism as the photographer had filled his rooms with daylight. They might be as rationalistic as they liked; but in broad daylight the seventh heir had returned, and in broad daylight at the seventh hour he had perished.

'I'm afraid everybody will always believe in the Darnaway superstition now,' said Martin Wood.

'I know one who won't,' said the doctor sharply. 'Why should I indulge in superstition because somebody else indulges in suicide?'

'You think poor Mr Darnaway committed suicide?' asked the priest.

'I'm sure he committed suicide,' replied the doctor.

'It is possible,' agreed the other.

'He was quite alone up there, and he had a whole drug-store of poisons in the dark room. Besides, it's just the sort of thing that Darnaways do.'

'You don't think there's anything in the fulfilment of the family curse?'

'Yes,' said the doctor; 'I believe in one family curse, and that is the family constitution. I told you it was heredity, and they are all half mad. If you stagnate and breed in and brood in your own swamp like that, you're bound to degenerate whether you like it or not. The laws of heredity can't be dodged; the truths of science can't be denied. The minds of the Darnaways are falling to pieces, as their blighted old sticks and stones are falling to pieces, eaten away by the sea and the salt air. Suicide – of course he committed suicide; I dare say all the rest will commit suicide. Perhaps the best thing they could do.'

As the man of science spoke there sprang suddenly and with startling clearness into Payne's memory the face of the daughter of the Darnaways, a tragic mask pale against an unfathomable blackness, but itself of a blinding and more than mortal beauty. He opened his mouth to speak and found himself speechless.

'I see,' said Father Brown to the doctor; 'so you do believe in the superstition after all?'

'What do you mean – believe in the superstition? I believe in the suicide as a matter of scientific necessity.'

'Well,' replied the priest, 'I don't see a pin to choose between your scientific superstition and the other magical superstition. They both seem to end in turning people into paralytics, who can't move their own legs or arms or save their own lives or souls. The rhyme said it was the Doom of the Darnaways to be killed, and the scientific textbook says it is the Doom of the Darnaways to kill themselves. Both ways they seem to be slaves.'

'But I thought you said you believed in rational views of these things,' said Dr Barnet. 'Don't you believe in heredity?'

'I said I believed in daylight,' replied the priest in a loud and clear voice, 'and I won't choose between two tunnels of subterranean superstition that both end in the dark. And the proof of it is this: that you are all entirely in the dark about what really happened in that house.'

'Do you mean about the suicide?' asked Payne.

'I mean about the murder,' said Father Brown; and his voice, though only slightly lifted to a louder note, seemed somehow to resound over the whole shore. 'It was murder; but murder is of the will, which God made free.'

What the other said at the moment in answer to it Payne never knew. For the word had a rather curious effect on him; stirring him like the blast of a trumpet and yet bringing him to a halt. He stood still in the middle of the sandy waste and let the others go on in front of him; he felt the blood crawling through all his veins and the sensation that is called the hair standing on end; and yet he felt a new and unnatural happiness. A psychological process too quick and too complicated for himself to follow had already reached a conclusion that he could not analyse; but the conclusion was one of relief. After standing still for a moment he turned and went back slowly across the sands to the house of the Darnaways.

He crossed the moat with a stride that shook the bridge, descended the stairs and traversed the long rooms with a resounding tread, till he came to the place where Adelaide Darnaway sat haloed with the low light of the oval window, almost like some forgotten saint left behind in the land of death. She looked up, and an expression of wonder made her face yet more wonderful.

'What is it?' she said. 'Why have you come back?'

'I have come for the Sleeping Beauty,' he said in a tone that had the resonance of a laugh. 'This old house went to sleep long ago, as the doctor said; but it is silly for you to pretend to be old. Come up into the daylight and hear the truth. I have brought you a word; it is a terrible word, but it breaks the spell of your captivity.'

She did not understand a word he said, but something made her rise and let him lead her down the long hall and up the stairs and out under the evening sky. The ruins of a dead garden stretched towards the sea, and an old fountain with the figure of a triton, green with rust, remained poised there, pouring nothing out of a dried horn into an empty basin. He had often seen that desolate outline against the evening sky as he passed, and it had seemed to him a type of fallen fortunes in more ways than one. Before long, doubtless, those hollow fonts would be filled, but it would be with the pale green bitter waters of the sea and the flowers would be drowned and strangled in seaweed. So, he had told himself, the daughter of the Darnaways might indeed be wedded; but she would be wedded to death and a doom as deaf and ruthless as the sea. But now he laid a hand on the bronze triton that was like the hand of a giant, and

shook it as if he meant to hurl it over like an idol or an evil god of the garden.

'What do you mean?' she asked steadily. 'What is this word that will set us free?'

'The word is murder,' he said, 'and the freedom it brings is as fresh as the flowers of spring. No; I do not mean I have murdered anybody. But the fact that anybody can be murdered is itself good news, after the evil dreams you have been living in. Don't you understand? In that dream of yours everything that happened to you came from inside you; the Doom of the Darnaways was stored up in the Darnaways; it unfolded itself like a horrible flower. There was no escape even by happy accident; it was all inevitable; whether it was Vine and his old wives' tales, or Barnet and his newfangled heredity. But this man who died was not the victim of a magic curse or an inherited madness. He was murdered; and for us that murder is simply an accident; yes, *requiescat in pace*: but a happy accident. It is a ray of daylight, because it comes from outside.'

She suddenly smiled. 'Yes, I believe I understand. I suppose you are talking like a lunatic, but I understand. But who murdered him?'

'I do not know,' he answered calmly, 'but Father Brown knows. And as Father Brown says, murder is at least done by the will, free as that wind from the sea.'

'Father Brown is a wonderful person,' she said after a pause; 'he was the only person who ever brightened my existence in any way at all until —'

'Until what?' asked Payne, and made a movement almost impetuous, leaning towards her and thrusting away the bronze monster so that it seemed to rock on its pedestal.

'Well, until you did,' she said and smiled again.

So was the sleeping palace awakened, and it is no part of this story to describe the stages of its awakening, though much of it had come to pass before the dark of that evening had fallen upon the shore. As Harry Payne strode homewards once more, across those dark sands that he had crossed in so many moods, he was at the highest turn of happiness that is given in this mortal life, and the whole red sea within him was at the top of its tide. He would have had no difficulty in picturing all that place again in flower, and the bronze triton bright as a golden god and the fountain flowing with water or with wine. But all this brightness and blossoming had been unfolded for him by the one word 'murder', and it was still a word that he did not understand. He had taken it on trust, and he was not unwise; for he was one of those who have a sense of the sound of truth.

It was more than a month later that Payne returned to his London

house to keep an appointment with Father Brown, taking the required photograph with him. His personal romance had prospered as well as was fitting under the shadow of such a tragedy, and the shadow itself therefore lay rather more lightly on him; but it was hard to view it as anything but the shadow of a family fatality. In many ways he had been much occupied; and it was not until the Darnaway household had resumed its somewhat stern routine, and the portrait had long been restored to its place in the library, that he had managed to photograph it with a magnesium flare. Before sending it to the antiquary, as originally arranged, he brought it to the priest who had so pressingly demanded it.

'I can't understand your attitude about all this. Father Brown,' he said. 'You act as if you had already solved the problem in some way of your own.'

The priest shook his head mournfully. 'Not a bit of it,' he answered. 'I must be very stupid, but I'm quite stuck; stuck about the most practical point of all. It's a queer business; so simple up to a point and then – Let me have a look at that photograph, will you?'

He held it close to his screwed, short-sighted eyes for a moment, and then said: 'Have you got a magnifying glass?'

Payne produced one, and the priest looked through it intently for some time and then said: 'Look at the title of that book at the edge of the bookshelf beside the frame; it's "The History of Pope Joan". Now, I wonder . . . yes, by George; and the one above is something or other of Iceland. Lord! what a queer way to find it out! What a dolt and donkey I was not to notice it when I was there!'

'But what have you found out?' asked Payne impatiently.

'The last link,' said Father Brown, 'and I'm not stuck any longer. Yes; I think I know how that unhappy story went from first to last now.'

'But why?' insisted the other.

'Why, because,' said the priest with a smile, 'the Darnaway library contained books about Pope Joan and Iceland, not to mention another I see with the title beginning "The Religion of Frederick", which is not so very hard to fill up.' Then, seeing the other's annoyance, his smile faded and he said more earnestly: 'As a matter of fact, this last point, though it is the last link, is not the main business. There were much more curious things in the case than that. One of them is rather a curiosity of evidence. Let me begin by saying something that may surprise you. Darnaway did not die at seven o'clock that evening. He had been already dead for a whole day.'

'Surprise is rather a mild word,' said Payne grimly, 'since you and I both saw him walking about afterwards.'

'No, we did not,' replied Father Brown quietly. 'I think we both

saw him, or thought we saw him, fussing about with the focusing of his camera. Wasn't his head under that black cloak when you passed through the room? It was when I did. And that's why I felt there was something queer about the room and the figure. It wasn't that the leg was crooked, but rather that it wasn't crooked. It was dressed in the same sort of dark clothes; but if you see what you believe to be one man standing in the way that another man stands, you will think he's in a strange and strained attitude.'

'Do you really mean,' cried Payne with something like a shudder, 'that it was some unknown man?'

'It was the murderer,' said Father Brown. 'He had already killed Darnaway at daybreak and hid the corpse and himself in the dark room – an excellent hiding-place, because nobody normally goes into it or can see much if he does. But he let it fall out on the floor at seven o'clock, of course, that the whole thing might be explained by the curse.'

'But I don't understand,' observed Payne. 'Why didn't he kill him at seven o'clock then, instead of loading himself with a corpse for fourteen hours?'

'Let me ask you another question,' said the priest. 'Why was there no photograph taken? Because the murderer made sure of killing him when he first got up, and before he could take it. It was essential to the murderer to prevent that photograph reaching the expert on the Darnaway antiquities.'

There was a sudden silence for a moment, and then the priest went on in a lower tone: 'Don't you see how simple it is? Why, you yourself saw one side of the possibility; but it's simpler even than you thought. You said a man might be faked to resemble an old picture. Surely it's simpler that a picture should be faked to resemble a man. In plain words, it's true in a rather special way that there was no Doom of the Darnaways. There was no old picture; there was no old rhyme; there was no legend of a man who caused his wife's death. But there was a very wicked and a very clever man who was willing to cause another man's death in order to rob him of his promised wife.'

The priest suddenly gave Payne a sad smile, as if in reassurance. 'For the moment I believe you thought I meant you,' he said, 'but you were not the only person who haunted that house for sentimental reasons. You know the man, or rather you think you do. But there were depths in the man called Martin Wood, artist and antiquary, which none of his mere artistic acquaintances were likely to guess. Remember that he was called in to criticise and catalogue the pictures; in an aristocratic dustbin of that sort that practically means simply to tell the Darnaways what art treasures they had got. They would not be surprised at things

turning up they had never noticed before. It had to be done well, and it was; perhaps he was right when he said that if it wasn't Holbein it was somebody of the same genius.'

'I feel rather stunned,' said Payne; 'and there are twenty things I don't see yet. How did he know what Darnaway looked like? How did he actually kill him? The doctors seem rather puzzled at present.'

'I saw a photograph the lady had which the Australian sent on before him,' said the priest, 'and there are several ways in which he could have learned things when the new heir was once recognised. We may not know these details; but they are not difficulties. You remember he used to help in the dark room; it seems to me an ideal place, say, to prick a man with a poisoned pin, with the poison's all handy. No; I say these were not difficulties. The difficulty that stumped me was how Wood could be in two places at once. How could he take the corpse from the dark-room and prop it against the camera so that it would fall in a few seconds, without coming downstairs, when he was in the library looking out a book? And I was such a fool that I never looked at the books in the library; and it was only in this photograph, by very undeserved good luck, that I saw the simple fact of a book about Pope Joan.'

'You've kept your best riddle for the end,' said Payne grimly. 'What on earth can Pope Joan have to do with it?'

'Don't forget the book about the Something of Iceland,' advised the priest, 'or the religion of somebody called Frederick. It only remains to ask what sort of man was the late Lord Darnaway.'

'Oh, does it?' observed Payne heavily.

'He was a cultivated, humorous sort of eccentric, I believe,' went on Father Brown. 'Being cultivated, he knew there was no such person as Pope Joan. Being humorous, he was very likely to have thought of the title of "The Snakes of Iceland" or something else that didn't exist. I venture to reconstruct the third title as "The Religion of Frederick the Great" – which also doesn't exist. Now, doesn't it strike you that those would be just the titles to put on the backs of books that didn't exist; or in other words on a bookcase that wasn't a bookcase?'

'Ah!' cried Payne; 'I see what you mean now. There was some hidden staircase –'

'Up to the room Wood himself selected as a dark room,' said the priest nodding. 'I'm sorry. It couldn't be helped. It's dreadfully banal and stupid, as stupid as I have been on this pretty banal case. But we were mixed up in a real musty old romance of decayed gentility and a fallen family mansion; and it was too much to hope that we could escape having a secret passage. It was a priest's hole; and I deserve to be put in it.'

The Ghost of Gideon Wise

Father Brown always regarded the case as the queerest example of the theory of an alibi: the theory by which it is maintained, in defiance of the mythological Irish bird, that it is impossible for anybody to be in two places at once. To begin with, James Byrne, being an Irish journalist, was perhaps the nearest approximation to the Irish bird. He came as near as anybody could to being in two places at once: for he was in two places at the opposite extremes of the social and political world within the space of twenty minutes. The first was in the Babylonian halls of the big hotel, which was the meeting place of the three commercial magnates concerned with arranging for a coal lock-out and denouncing it as a coal-strike, the second was in a curious tavern, having the facade of a grocery store, where met the more subterranean triumvirate of those who would have been very glad to turn the lock-out into a strike – and the strike into a revolution. The reporter passed to and fro between the three millionaires and the three Bolshevist leaders with the immunity of the modern herald or the new ambassador.

He found the three mining magnates hidden in a jungle of flowering plants and a forest of fluted and florid columns of gilded plaster; gilded birdcages hung high under the painted domes amid the highest leaves of the palms; and in them were birds of motley colours and varied cries. No bird in the wilderness ever sang more unheeded, and no flower ever wasted its sweetness on the desert air more completely than the blossoms of those tall plants wasted theirs upon the brisk and breathless business men, mostly American, who talked and ran to and fro in that place. And there, amid a riot of rococo ornament that nobody ever looked at, and a chatter of expensive foreign birds that nobody ever heard, and a mass of gorgeous upholstery and a labyrinth of luxurious architecture, the three men sat and talked of how success was founded on thought and thrift and a vigilance of economy and self-control.

One of them indeed did not talk so much as the others; but he watched with very bright and motionless eyes, which seemed to be pinched together by his pince-nez, and the permanent smile under his small black moustache was rather like a permanent sneer. This was the famous Jacob P. Stein, and he did not speak till he had something to say. But his companion, old Gallup the Pennsylvanian, a huge fat fellow with reverend grey hair but a face like a pugilist, talked a great deal. He was in a jovial mood and was half rallying, half bullying

the third millionaire, Gideon Wise – a hard, dried, angular old bird of the type that his countrymen compare to hickory, with a stiff grey chin-beard and the manners and clothes of any old farmer from the central plains. There was an old argument between Wise and Gallup about combination and competition. For old Wise still retained, with the manners of the old backwoodsman, something of his opinions of the old individualist; he belonged, as we should say in England, to the Manchester School; and Gallup was always trying to persuade him to cut out competition and pool the resources of the world.

'You'll have to come in, old fellow, sooner or later,' Gallup was saying genially as Byrne entered. 'It's the way the world is going, and we can't go back to the one-man business now. We've all got to stand together.'

'If I might say a word,' said Stein, in his tranquil way, 'I would say there is something a little more urgent even than standing together commercially. Anyhow, we must stand together politically; and that's why I've asked Mr Byrne to meet us here today. On the political issue we must combine; for the simple reason that all our most dangerous enemies are already combined.'

'Oh, I quite agree about political combination,' grumbled Gideon Wise.

'See here,' said Stein to the journalist; 'I know you have the run of these queer places, Mr Byrne, and I want you to do something for us unofficially. You know where these men meet; there are only two or three of them that count, John Elias and Jake Halket, who does all the spouting, and perhaps that poet fellow Horne.'

'Why Horne used to be a friend of Gideon,' said the jeering Mr Gallup; 'used to be in his Sunday School class or something.'

'He was a Christian, then,' said old Gideon solemnly; 'but when a man takes up with atheists you never know. I still meet him now and then. I was quite ready to back him against war and conscription and all that, of course, but when it comes to all the goddam bolshies in creation –'

'Excuse me,' interposed Stein, 'the matter is rather urgent, so I hope you will excuse me putting it before Mr Byrne at once. Mr Byrne, I may tell you in confidence that I hold information, or rather evidence that would land at least two of those men in prison for long terms, in connexion with conspiracies during the late war. I don't want to use that evidence. But I want you to go to them quietly and tell them that I shall use it, and use it tomorrow, unless they alter their attitude.'

'Well,' replied Byrne, 'what you propose would certainly be called compounding a felony and might be called blackmail. Don't you think it is rather dangerous?'

'I think it is rather dangerous for them,' said Stein with a snap; 'and I want you to go and tell them so.'

'Oh, very well,' said Byrne standing up, with a half humorous sigh. 'It's all in the day's work; but if I get into trouble, I warn you I shall try to drag you into it.'

'You will try, boy,' said old Gallup with a hearty laugh.

For so much still lingers of that great dream of Jefferson and the thing that men have called Democracy that in his country, while the rich rule like tyrants, the poor do not talk like slaves; but there is candour between the oppressor and the oppressed.

The meeting-place of the revolutionists was a queer, bare, white-washed place, on the walls of which were one or two distorted uncouth sketches in black and white, in the style of something that was supposed to be Proletarian Art, of which not one proletarian in a million could have made head or tail. Perhaps the one point in common to the two council chambers was that both violated the American Constitution by the display of strong drink. Cocktails of various colours had stood before the three millionaires. Halket, the most violent of the Bolshevists, thought it only appropriate to drink vodka. He was a long, hulking fellow with a menacing stoop, and his very profile was aggressive like a dog's, the nose and lips thrust out together, the latter carrying a ragged red moustache and the whole curling outwards with perpetual scorn. John Elias was a dark watchful man in spectacles, with a black pointed beard; and he had learnt in many European cafés a taste for absinthe. The journalist's first and last feeling was how very like each other, after all, were John Elias and Jacob P. Stein. They were so like in face and mind and manner, that the millionaire might have disappeared down a trap-door in the Babylon Hotel and come up again in the stronghold of the Bolshevists.

The third man also had a curious taste in drinks, and his drink was symbolic of him. For what stood in front of the poet Horne was a glass of milk, and its very mildness seemed in that setting to have something sinister about it, as if its opaque and colourless colour were of some leprous paste more poisonous than the dead sick green of absinthe. Yet in truth the mildness was so far genuine enough; for Henry Horne came to the camp of revolution along a very different road and from very different origins from those of Jake, the common tub-thumper, and Elias, the cosmopolitan wire-puller. He had had what is called a careful upbringing, had gone to chapel in his childhood, and carried through life a teetotalism which he could not shake off when he cast away such trifles as Christianity and marriage. He had fair hair and a fine face that might have looked like Shelley, if he had not weakened

the chin with a little foreign fringe of beard. Somehow the beard made him look more like a woman; it was as if those few golden hairs were all he could do.

When the journalist entered, the notorious Jake was talking, as he generally was. Horne had uttered some casual and conventional phrase about 'Heaven forbid' something or other, and this was quite enough to set Jake off with a torrent of profanity.

'Heaven forbid! and that's about all it bally well does do,' he said. 'Heaven never does anything but forbid this, that and the other; forbids us to strike, and forbids us to fight, and forbids us to shoot the damned usurers and blood-suckers where they sit. Why doesn't Heaven forbid them something for a bit? Why don't the damned priests and parsons stand up and tell the truth about those brutes for a change? Why doesn't their precious God –'

Elias allowed a gentle sigh, as of faint fatigue, to escape him.

'Priests,' he said, 'belonged, as Marx has shown, to the feudal stage of economic development and are therefore no longer really any part of the problem. The part once played by the priest is now played by the capitalist expert and –'

'Yes,' interrupted the journalist, with his grim and ironic implacability, 'and it's about time you knew that some of them are jolly expert in playing it.' And without moving his own eyes from the bright but dead eyes of Elias, he told him of the threat of Stein.

'I was prepared for something of that sort,' said the smiling Elias without moving; 'I may say quite prepared.'

'Dirty dogs!' exploded Jake. 'If a poor man said a thing like that he'd go to penal servitude. But I reckon they'll go somewhere worse before they guess. If they don't go to hell, I don't know where the hell they'll go to –'

Horne made a movement of protest, perhaps not so much at what the man was saying as at what he was going to say, and Elias cut the speech short with cold exactitude.

'It is quite unnecessary for us,' he said, looking at Byrne steadily through his spectacles, 'to bandy threats with the other side. It is quite sufficient that their threats are quite ineffective so far as we are concerned. We also have made all our own arrangements, and some of them will not appear until they appear in motion. So far as we are concerned, an immediate rupture and an extreme trial of strength will be quite according to plan.'

As he spoke in a quite quiet and dignified fashion, something in his motionless yellow face and his great goggles started a faint fear creeping up the journalist's spine. Halket's savage face might seem to have a

snarl in its very silhouette when seen sideways; but when seen face to face, the smouldering rage in his eyes had also something of anxiety, as if the ethical and economic riddle were after all a little too much for him; and Horne seemed even more hanging on wires of worry and self-criticism. But about this third man with the goggles, who spoke so sensibly and simply, there was something uncanny; it was like a dead man talking at the table.

As Byrne went out with his message of defiance, and passed along the very narrow passage beside the grocery store, he found the end of it blocked by a strange though strangely familiar figure: short and sturdy, and looking rather quaint when seen in dark outline with its round head and wide hat.

'Father Brown!' cried the astonished journalist. 'I think you must have come into the wrong door. You're not likely to be in this little conspiracy.'

'Mine is a rather older conspiracy,' replied Father Brown smiling, 'but it is quite a widespread conspiracy.'

'Well,' replied Byrne, 'you can't imagine any of the people here being within a thousand miles of your concern.'

'It is not always easy to tell,' replied the priest equably; 'but as a matter of fact, there is one person here who's within an inch of it.'

He disappeared into the dark entrance and the journalist went on his way very much puzzled. He was still more puzzled by a small incident that happened to him as he turned into the hotel to make his report to his capitalist clients. The bower of blossoms and birdcages in which those crabbed old gentlemen were embosomed was approached by a flight of marble steps, flanked by gilded nymphs and tritons. Down these steps ran an active young man with black hair, a snub nose, and a flower in his buttonhole, who seized him and drew him aside before he could ascend the stair.

'I say,' whispered the young man, 'I'm Potter – old Gid's secretary, you know: now, between ourselves, there is a sort of a thunderbolt being forged, isn't there, now?'

'I came to the conclusion,' replied Byrne cautiously, 'that the Cyclops had something on the anvil. But always remember that the Cyclops is a giant, but he has only one eye. I think Bolshevism is –'

While he was speaking the secretary listened with a face that had a certain almost Mongolian immobility, despite the liveliness of his legs and his attire. But when Byrne said the word 'Bolshevism', the young man's sharp eyes shifted and he said quickly:

'What has that – oh yes, that sort of thunderbolt; so sorry, my mistake. So easy to say anvil when you mean ice box.'

With which the extraordinary young man disappeared down the steps and Byrne continued to mount them, more and more mystification clouding his mind.

He found the group of three augmented to four by the presence of a hatchet-faced person with very thin straw-coloured hair and a monocle, who appeared to be a sort of adviser to old Gallup, possibly his solicitor, though he was not definitely so called. His name was Nares, and the questions which he directed towards Byrne referred chiefly, for some reason or other, to the number of those probably enrolled in the revolutionary organisation. Of this, as Byrne knew little, he said less; and the four men eventually rose from their seats, the last word being with the man who had been most silent.

'Thank you, Mr Byrne,' said Stein, folding up his eyeglasses. 'It only remains to say that everything is ready; on that point I quite agree with Mr Elias. Tomorrow, before noon, the police will have arrested Mr Elias, on evidence I shall by then have put before them, and those three at least will be in jail before night. As you know, I attempted to avoid this course. I think that is all, gentlemen.'

But Mr Jacob P. Stein did not lay his formal information next day, for a reason that has often interrupted the activities of such industrious characters. He did not do it because he happened to be dead; and none of the rest of the programme was carried out, for a reason which Byrne found displayed in gigantic letters when he opened his morning paper: 'Terrific Triple Murder: Three Millionaires Slain in One Night'. Other exclamatory phrases followed in smaller letters, only about four times the size of normal type, which insisted on the special feature of the mystery: the fact that the three men had been killed not only simultaneously but in three widely separated places – Stein in his artistic and luxurious country seat a hundred miles inland, Wise outside the little bungalow on the coast where he lived on sea breezes and the simple life, and old Gallup in a thicket just outside the lodge-gates of his great house at the other end of the county. In all three cases there could be no doubt about the scenes of violence that had preceded death, though the actual body of Gallup was not found till the second day, where it hung, huge and horrible, amid the broken forks and branches of the little wood into which its weight had crashed, like a bison rushing on the spears: while Wise had clearly been flung over the cliff into the sea, not without a struggle, for his scraping and slipping footprints could still be traced upon the very brink. But the first signal of the tragedy had been the sight of his large limp straw hat, floating far out upon the waves and conspicuous from the cliffs above. Stein's body also had at first eluded search, till a faint trail of blood led

the investigators to a bath on the ancient Roman model he had been constructing in his garden; for he had been a man of an experimental turn of mind with a taste for antiquities.

Whatever he might think, Byrne was bound to admit that there was no legal evidence against anybody as things stood. A motive for murder was not enough. Even a moral aptitude for murder was not enough. And he could not conceive that pale young pacifist, Henry Horne, butchering another man by brutal violence, though he might imagine the blaspheming Jake and even the sneering Jew as capable of anything. The police, and the man who appeared to be assisting them (who was no other than the rather mysterious man with the monocle, who had been introduced as Mr Nares), realised the position quite as clearly as the journalist. They knew that at the moment the Bolshevist conspirators could not be prosecuted and convicted, and that it would be a highly sensational failure if they were prosecuted and acquitted. Nares started with an artful candour by calling them in some sense to the council, inviting them to a private conclave and asking them to give their opinions freely in the interests of humanity. He had started his investigations at the nearest scene of tragedy, the bungalow by the sea; and Byrne was permitted to be present at a curious scene, which was at once a peaceful parley of diplomatists and a veiled inquisition or putting of suspects to the question. Rather to Byrne's surprise the incongruous company, seated round the table in the seaside bungalow, included the dumpy figure and owlish head of Father Brown, though his connection with the affair did not appear until some time afterwards. The presence of young Potter, the dead man's secretary, was more natural; yet somehow his demeanour was not quite so natural. He alone was quite familiar with their meeting-place, and was even in some grim sense their host; yet he offered little assistance or information. His round snub-nosed face wore an expression more like sulks than sorrow.

Jake Halket as usual talked most; and a man of his type could not be expected to keep up the polite fiction that he and his friends were not accused. Young Horne, in his more refined way, tried to restrain him when he began to abuse the men who had been murdered; but Jake was always quite as ready to roar down his friends as his foes. In a spout of blasphemies he relieved his soul of a very unofficial obituary notice of the late Gideon Wise. Elias sat quite still and apparently indifferent behind those spectacles that masked his eyes.

'It would be useless, I suppose,' said Nares coldly, 'to tell you that your remarks are indecent. It may affect you more if I tell you they are imprudent. You practically admit that you hated the dead man.'

'Going to put me in quod for that, are you?' jeered the demagogue.

'All right. Only you'll have to build a prison for a million men if you're going to jail all the poor people who had reason to hate Gid Wise. And you know it's God truth as well as I do.'

Nares was silent; and nobody spoke until Elias interposed with his clear though faintly lisping drawl.

'This appears to me to be a highly unprofitable discussion on both sides,' he said. 'You have summoned us here either to ask us for information or to subject us to cross-examination. If you trust us, we tell you we have no information. If you distrust us, you must tell us of what we are accused, or have the politeness to keep the fact to yourselves. Nobody has been able to suggest the faintest trace of evidence connecting any one of us with these tragedies any more than with the murder of Julius Caesar. You dare not arrest us, and you will not believe us. What is the good of our remaining here?'

And he rose, calmly buttoning his coat, his friends following his example. As they went towards the door, young Horne turned back and faced the investigators for a moment with his pale fanatical face.

'I wish to say,' he said, 'that I went to a filthy jail during the whole war because I would not consent to kill a man.'

With that they passed out, and the members of the group remaining looked grimly at each other.

'I hardly think,' said Father Brown, 'that we remain entirely victorious, in spite of the retreat.'

'I don't mind anything,' said Nares, 'except being bullyragged by that blasphemous blackguard Halket. Horne is a gentleman, anyhow. But whatever they say, I am dead certain they know; they are in it, or most of them are. They almost admitted it. They taunted us with not being able to prove we're right, much more than with being wrong. What do you think, Father Brown?'

The person addressed looked across at Nares with a gaze almost disconcertingly mild and meditative.

'It is quite true,' he said, 'that I have formed an idea that one particular person knows more than he has told us. But I think it would be well if I did not mention his name just yet.'

Nares's eyeglass dropped from his eye, and he looked up sharply. 'This is unofficial so far,' he said. 'I suppose you know that at a later stage if you withhold information, your position may be serious.'

'My position is simple,' replied the priest. 'I am here to look after the legitimate interests of my friend Halket. I think it will be in his interest, under the circumstances, if I tell you I think he will before long sever his connexion with this organisation, and cease to be a Socialist in that sense. I have every reason to believe he will probably end as a Catholic.'

'Halket!' exploded the other incredulously. 'Why he curses priests from morning till night!'

'I don't think you quite understand that kind of man,' said Father Brown mildly. 'He curses priests for failing (in his opinion) to defy the whole world for justice. Why should he expect them to defy the whole world for justice, unless he had already begun to assume they were – what they are? But we haven't met here to discuss the psychology of conversion. I only mention this because it may simplify your task – perhaps narrow your search.'

'If it is true, it would jolly well narrow it to that narrow-faced rascal Elias – and I shouldn't wonder, for a more creepy, coldblooded, sneering devil I never saw.'

Father Brown sighed. 'He always reminded me of poor Stein,' he said, 'in fact I think he was some relation.'

'Oh, I say,' began Nares, when his protest was cut short by the door being flung open, revealing once more the long loose figure and pale face of young Horne; but it seemed as if he had not merely his natural, but a new and unnatural pallor.

'Hullo,' cried Nares, putting up his single eyeglass, 'why have you come back again?'

Horne crossed the room rather shakily without a word and sat down heavily in a chair. Then he said, as in a sort of daze: 'I missed the others . . . I lost my way. I thought I'd better come back.'

The remains of evening refreshments were on the table, and Henry Horne, that lifelong Prohibitionist, poured himself out a wine-glassful of liqueur brandy and drank it at a gulp. 'You seem upset,' said Father Brown.

Horne had put his hands to his forehead and spoke as from under the shadow of it: he seemed to be speaking to the priest only, in a low voice.

'I may as well tell you. I have seen a ghost.'

'A ghost!' repeated Nares in astonishment. 'Whose ghost?'

'The ghost of Gideon Wise, the master of this house,' answered Horne more firmly, 'standing over the abyss into which he fell.'

'Oh, nonsense!' said Nares; 'no sensible person believes in ghosts.'

'That is hardly exact,' said Father Brown, smiling a little. 'There is really quite as good evidence for many ghosts as there is for most crimes.'

'Well, it's my business to run after the criminals,' said Nares rather roughly, 'and I will leave other people to run away from the ghosts. If anybody at this time of day chooses to be frightened of ghosts it's his affair.'

'I didn't say I was frightened of them, though I dare say I might

be,' said Father Brown. 'Nobody knows till he tries. I said I believed in them, at any rate, enough to want to hear more about this one. What, exactly, did you see, Mr Horne?'

'It was over there on the brink of those crumbling cliffs; you know there is a sort of gap or crevice just about the spot where he was thrown over. The others had gone on ahead, and I was crossing the moor towards the path along the cliff. I often went that way, for I liked seeing the high seas dash up against the crags. I thought little of it tonight, beyond wondering that the sea should be so rough on this sort of clear moonlight night. I could see the pale crests of spray appear and disappear as the great waves leapt up at the headland. Thrice I saw the momentary flash of foam in the moonlight and then I saw something inscrutable. The fourth flash of the silver foam seemed to be fixed in the sky. It did not fall; I waited with insane intensity for it to fall. I fancied I was mad, and that time had been for me mysteriously arrested or prolonged. Then I drew nearer, and then I think I screamed aloud. For that suspended spray, like unfallen snowflakes, had fitted together into a face and a figure, white as the shining leper in a legend, and terrible as the fixed lightning.'

'And it was Gideon Wise, you say?'

Horne nodded without speech. There was a silence broken abruptly by Nares rising to his feet; so abruptly indeed that he knocked a chair over.

'Oh, this is all nonsense,' he said, 'but we'd better go out and see.'

'I won't go,' said Horne with sudden violence. 'I'll never walk by that path again.'

'I think we must all walk by that path tonight,' said the priest gravely; 'though I will never deny it has been a perilous path . . . to more people than one.'

'I will not . . . God, how you all goad me,' cried Horne, and his eyes began to roll in a strange fashion. He had risen with the rest, but he made no motion towards the door.

'Mr Horne,' said Nares firmly, 'I am a police-officer, and this house, 'though you may not know it, is surrounded by the police. I have tried to investigate in a friendly fashion, but I must investigate everything, even anything so silly as a ghost. I must ask you to take me to the spot you speak of.'

There was another silence while Horne stood heaving and panting as with indescribable fears. Then he suddenly sat down on his chair again and said with an entirely new and much more composed voice: 'I can't do it. You may just as well know why. You will know it sooner or later. I killed him.'

For an instant there was the stillness of a house struck by a thunderbolt and full of corpses. Then the voice of Father Brown sounded in that enormous silence strangely small like the squeak of a mouse.

'Did you kill him deliberately?' he asked.

'How can one answer such a question?' answered the man in the chair, moodily gnawing his finger. 'I was mad, I suppose. He was intolerable and insolent, I know. I was on his land and I believe he struck me; anyhow, we came to a grapple and he went over the cliff. When I was well away from the scene it burst upon me that I had done a crime that cut me off from men; the brand of Cain throbbed on my brow and my very brain; I realised for the first time that I had indeed killed a man. I knew I should have to confess it sooner or later.' He sat suddenly erect in his chair. 'But I will say nothing against anybody else. It is no use asking me about plots or accomplices – I will say nothing.'

'In the light of the other murders,' said Nares, 'it is difficult to believe that the quarrel was quite so unpremeditated. Surely somebody sent you there?'

'I will say nothing against anybody I worked with,' said Horne proudly. 'I am a murderer, but I will not be a traitor.'

Nares stepped between the man and the door and called out in an official fashion to someone outside.

'We will all go to the place, anyhow,' he said in a low voice to the secretary; 'but this man must go in custody.'

The company generally felt that to go spook-hunting on a seacliff was a very silly anti-climax after the confession of the murderer. But Nares, though the most sceptical and scornful of all, thought it his duty to leave no stone unturned; as one might say, no gravestone unturned. For, after all, that crumbling cliff was the only gravestone over the watery grave of poor Gideon Wise. Nares locked the door, being the last out of the house, and followed the rest across the moor to the cliff, when he was astonished to see young Potter, the secretary, coming back quickly towards them, his face in the moonlight looking white as a moon.

'By God, sir,' he said, speaking for the first time that night, 'there really is something there. It – it's just like him.'

'Why, you're raving,' gasped the detective. 'Everybody's raving.'

'Do you think I don't know him when I see him?' cried the secretary with singular bitterness. 'I have reason to.'

'Perhaps,' said the detective sharply, 'you are one of those who had reason to hate him, as Halket said.'

'Perhaps,' said the secretary; 'anyhow, I know him, and I tell you I can see him standing there stark and staring under this hellish moon.'

And he pointed towards the crack in the cliffs, where they could already see something that might have been a moonbeam or a streak of foam, but which was already beginning to look a little more solid. They had crept a hundred yards nearer, and it was still motionless; but it looked like a statue in silver.

Nares himself looked a little pale and seemed to stand debating what to do. Potter was frankly as much frightened as Horne himself; and even Byrne, who was a hardened reporter, was rather reluctant to go any nearer if he could help it. He could not help considering it a little quaint, therefore, that the only man who did not seem to be frightened of a ghost was the man who had said openly that he might be. For Father Brown was advancing as steadily, at his stumping pace, as if he were going to consult a notice-board.

'It don't seem to bother you much,' said Byrne to the priest; 'and yet I thought you were the only one who believed in spooks.'

'If it comes to that,' replied Father Brown, 'I thought you were one who didn't believe in them. But believing in ghosts is one thing, and believing in a ghost is quite another.'

Byrne looked rather ashamed of himself, and glanced almost covertly at the crumbling headlands in the cold moonlight which were the haunts of the vision or delusion. 'I didn't believe in it till I saw it,' he said.

'And I did believe in it till I saw it,' said Father Brown. The journalist stared after him as he went stumping across the great waste ground that rose towards the cloven headland like the sloping side of a hill cut in two. Under the discolouring moon the grass looked like long grey hair all combed one way by the wind, and seeming to point towards the place where the breaking cliff showed pale gleams of chalk in the grey-green turf, and where stood the pale figure or shining shade that none could yet understand. As yet that pale figure dominated a desolate landscape that was empty except for the black square back and businesslike figure of the priest advancing alone towards it. Then the prisoner Horne broke suddenly from his captors with a piercing cry and ran ahead of the priest, falling on his knees before the spectre.

'I have confessed,' they heard him crying. 'Why have you come to tell them I killed you?'

'I have come to tell them you did not,' said the ghost, and stretched forth a hand to him. Then the kneeling man sprang up with quite a new kind of scream; and they knew it was the hand of flesh.

It was the most remarkable escape from death in recent records, said the experienced detective and the no less experienced journalist. Yet, in a sense, it had been very simple after all. Flakes and shards of

the cliff were continually falling away, and some had caught in the gigantic crevice, so as to form what was really a ledge or pocket in what was supposed to be a sheer drop through darkness to the sea. The old man, who was a very tough and wiry old man, had fallen on this lower shoulder of rock and had passed a pretty terrible twenty-four hours in trying to climb back by crags that constantly collapsed under him, but at length formed by their very ruins a sort of stairway of escape. This might be the explanation of Horne's optical illusion about a white wave that appeared and disappeared, and finally came to stay. But anyhow there was Gideon Wise, solid in bone and sinew, with his white hair and white dusty country clothes and harsh country features, which were, however, a great deal less harsh than usual. Perhaps it is good for millionaires to spend twenty-four hours on a ledge of rock within a foot of eternity. Anyhow, he not only disclaimed all malice against the criminal, but gave an account of the matter which considerably modified the crime. He declared that Horne had not thrown him over at all; that the continually breaking ground had given way under him, and that Horne had even made some movement as of attempted rescue.

'On that providential bit of rock down there,' he said solemnly, 'I promised the Lord to forgive my enemies; and the Lord would think it mighty mean if I didn't forgive a little accident like that.'

Horne had to depart under police supervision, of course, but the detective did not disguise from himself that the prisoner's detention would probably be short, and his punishment, if any, trifling. It is not every murderer who can put the murdered man in the witness-box to give him a testimonial.

'It's a strange case,' said Byrne, as the detective and the others hastened along the cliff path towards the town.

'It is,' said Father Brown. 'It's no business of ours; but I wish you'd stop with me and talk it over.'

There was a silence and then Byrne complied by saying suddenly: 'I suppose you were thinking of Horne already, when you said somebody wasn't telling all he knew.'

'When I said that,' replied his friend, 'I was thinking of the exceedingly silent Mr Potter, the secretary of the no longer late or (shall we say) lamented Mr Gideon Wise.'

'Well, the only time Potter ever spoke to me I thought he was a lunatic,' said Byrne, staring, 'but I never thought of his being a criminal. He said something about it all having to do with an icebox.'

'Yes, I thought he knew something about it,' said Father Brown reflectively. 'I never said he had anything to do with it . . . I suppose old Wise really is strong enough to have climbed out of that chasm.'

'What do you mean?' asked the astonished reporter. 'Why, of course he got out of that chasm; for there he is.'

The priest did not answer the question but asked abruptly: 'What do you think of Horne?'

'Well, one can't call him a criminal exactly,' answered Byrne. 'He never was at all like any criminal I ever knew, and I've had some experience; and, of course, Nares has had much more. I don't think we ever quite believed him a criminal.'

'And I never believed in him in another capacity,' said the priest quietly. 'You may know more about criminals. But there's one class of people I probably do know more about than you do, or even Nares for that matter. I've known quite a lot of them, and I know their little ways.'

'Another class of people,' repeated Byrne, mystified. 'Why, what class do you know about?'

'Penitents,' said Father Brown.

'I don't quite understand,' objected Byrne. 'Do you mean you don't believe in his crime?'

'I don't believe in his confession,' said Father Brown. 'I've heard a good many confessions, and there was never a genuine one like that. It was romantic; it was all out of books. Look how he talked about having the brand of Cain. That's out of books. It's not what anyone would feel who had in his own person done a thing hitherto horrible to him. Suppose you were an honest clerk or shop-boy shocked to feel that for the first time you'd stolen money. Would you immediately reflect that your action was the same as that of Barabbas? Suppose you'd killed a child in some ghastly anger. Would you go back through history, till you could identify your action with that of an Idumean potentate named Herod? Believe me, our own crimes are far too hideously private and prosaic to make our first thoughts turn towards historical parallels, however apt. And why did he go out of his way to say he would not give his colleagues away? Even in saying so, he was giving them away. Nobody had asked him so far to give away anything or anybody. No; I don't think he was genuine, and I wouldn't give him absolution. A nice state of things, if people started getting absolved for what they hadn't done.' And Father Brown, his head turned away, looked steadily out to sea.

'But I don't understand what you're driving at,' cried Byrne. 'What's the good of buzzing round him with suspicions when he's pardoned? He's out of it anyhow. He's quite safe.'

Father Brown spun round like a teetotum and caught his friend by the coat with unexpected and inexplicable excitement.

'That's it,' he cried emphatically. 'Freeze on to that! He's quite safe. He's out of it. That's why he's the key of the whole puzzle.'

'Oh, help,' said Byrne feebly.

'I mean,' persisted the little priest, 'he's in it because he's out of it. That's the whole explanation.'

'And a very lucid explanation too,' said the journalist with feeling.

They stood looking out to sea for a time in silence, and then Father Brown said cheerfully: 'And so we come back to the icebox. Where you have all gone wrong from the first in this business is where a good many of the papers and the public men do go wrong. It's because you assumed that there is nothing whatever in the modern world to fight about except Bolshevism. This story has nothing whatever to do with Bolshevism; except perhaps as a blind.'

'I don't see how that can be,' remonstrated Byrne. 'Here you have the three millionaires in that one business murdered –'

'No!' said the priest in a sharp ringing voice. 'You do not. That is just the point. You do not have three millionaires murdered. You have two millionaires murdered; and you have the third millionaire very much alive and kicking and quite ready to kick. And you have that third millionaire freed for ever from the threat that was thrown at his head before your very face, in playfully polite terms, and in that conversation you described as taking place in the hotel. Gallup and Stein threatened the more old-fashioned and independent old huckster that if he would not come into their combine they would freeze him out. Hence the icebox, of course.'

After a pause he went on. 'There is undoubtedly a Bolshevist movement in the modern world, and it must undoubtedly be resisted, though I do not believe very much in your way of resisting it. But what nobody notices is that there is another movement equally modern and equally moving: the great movement towards monopoly or the turning of all trades into trusts. That also is a revolution. That also produces what all revolutions produce. Men will kill for that and against that, as they do for and against Bolshevism. It has its ultimatums and its invasions and its executions. These trust magnates have their courts like kings; they have their bodyguard and bravos; they have their spies in the enemy camp. Horne was one of old Gideon's spies in one of the enemy camps; but he was used here against another enemy: the rivals who were ruining him for standing out.'

'I still don't quite see how he was used,' said Byrne, 'or what was the good of it.'

'Don't you see,' cried Father Brown sharply, 'that they gave each other an alibi?'

Byrne still looked at him a little doubtfully, though understanding was dawning on his face.

'That's what I mean,' continued the other, 'when I say they were in it because they were out of it. Most people would say they must be out of the other two crimes, because they were in this one. As a fact, they were in the other two because they were out of this one; because this one never happened at all. A very queer, improbable sort of alibi, of course; improbable and therefore impenetrable. Most people would say a man who confesses a murder must be sincere; a man who forgives his murderer must be sincere. Nobody would think of the notion that the thing never happened, so that one man had nothing to forgive and the other nothing to fear. They were fixed here for that night by a story against themselves. But they were not here that night; for Horne was murdering old Gallup in the Wood, while Wise was strangling that little Jew in his Roman bath. That's why I ask whether Wise was really strong enough for the climbing adventure.'

'It was quite a good adventure,' said Byrne regretfully. 'It fitted into the landscape, and was really very convincing.'

'Too convincing to convince,' said Father Brown, shaking his head. 'How very vivid was that moonlit foam flung up and turning to a ghost. And how very literary! Horne is a sneak and a skunk, but do not forget that, like many other sneaks and skunks in history, he is also a poet.'

The Secret of Father Brown

To father John O'Connor, of St Cuthbert's Bradford,
whose truth is stranger than fiction, with a
gratitude greater than the world

The Secret of Father Brown

To Father John O'Connor of S. Cuthbert's, Bradford,
whose truth is stranger than fiction, with a
gratitude greater than the world

The Secret of Father Brown

Flambeau, once the most famous criminal in France and later a very private detective in England, had long retired from both professions. Some say a career of crime had left him with too many scruples for a career of detection. Anyhow, after a life of romantic escapes and tricks of evasion, he had ended at what some might consider an appropriate address: in a castle in Spain. The castle, however, was solid though relatively small; and the black vineyard and green stripes of kitchen garden covered a respectable square on the brown hillside. For Flambeau, after all his violent adventures, still possessed what is possessed by so many Latins, what is absent (for instance) in so many Americans, the energy to retire. It can be seen in many a large hotel-proprietor whose one ambition is to be a small peasant. It can be seen in many a French provincial shopkeeper, who pauses at the moment when he might develop into a detestable millionaire and buy a street of shops, to fall back quietly and comfortably on domesticity and dominoes. Flambeau had casually and almost abruptly fallen in love with a Spanish Lady, married and brought up a large family on a Spanish estate, without displaying any apparent desire to stray again beyond its borders. But on one particular morning he was observed by his family to be unusually restless and excited; and he outran the little boys and descended the greater part of the long mountain slope to meet the visitor who was coming across the valley; even when the visitor was still a black dot in the distance.

The black dot gradually increased in size without very much altering in the shape; for it continued, roughly speaking, to be both round and black. The black clothes of clerics were not unknown upon those hills; but these clothes, however clerical, had about them something at once commonplace and yet almost jaunty in comparison with the cassock or soutane, and marked the wearer as a man from the northwestern islands, as clearly as if he had been labelled Clapham Junction. He carried a short thick umbrella with a knob like a club, at the sight of which his Latin friend almost shed tears of sentiment; for it had figured in many adventures that they shared long ago. For this was the Frenchman's English friend, Father Brown, paying a long-desired but long-delayed visit. They had corresponded constantly, but they had not met for years.

Father Brown was soon established in the family circle, which was quite large enough to give the general sense of company or a

community. He was introduced to the big wooden images of the Three Kings, of painted and gilded wood, who bring the gifts to the children at Christmas; for Spain is a country where the affairs of the children bulk large in the life of the home. He was introduced to the dog and the cat and the livestock on the farm. But he was also, as it happened, introduced to one neighbour who, like himself, had brought into that valley the garb and manners of distant lands.

It was on the third night of the priest's stay at the little chateau that he beheld a stately stranger who paid his respects to the Spanish household with bows that no Spanish grandee could emulate. He was a tall, thin grey-haired and very handsome gentleman, and his hands, cuffs and cuff-links had something overpowering in their polish. But his long face had nothing of that languor which is associated with long cuffs and manicuring in the caricatures of our own country. It was rather arrestingly alert and keen; and the eyes had an innocent intensity of inquiry that does not go often with grey hairs. That alone might have marked the man's nationality, as well the nasal note in his refined voice and his rather too ready assumption of the vast antiquity of all the European things around him. This was, indeed, no less a person than Mr Grandison Chace, of Boston, an American traveller who had halted for a time in his American travels by taking a lease of the adjoining estate; a somewhat similar castle on a somewhat similar hill. He delighted in his old castle, and he regarded his friendly neighbour as a local antiquity of the same type. For Flambeau managed, as we have said, really to look retired in the sense of rooted. He might have grown there with his own vine and fig-tree for ages. He had resumed his real family name of Duroc; for the other title of 'The Torch' had only been a *nom de guerre*, like that under which such a man will often wage war on society. He was fond of his wife and family; he never went farther afield than was needed for a little shooting; and he seemed, to the American globe-trotter, the embodiment of that cult of a sunny respectability and a temperate luxury, which the American was wise enough to see and admire in the Mediterranean peoples. The rolling stone from the West was glad to rest for a moment on this rock in the South that had gathered so very much moss. But Mr Chace had heard of Father Brown, and his tone faintly changed, as towards a celebrity. The interviewing instinct awoke, tactful but tense. If he did try to draw Father Brown, as if he were a tooth, it was done with the most dexterous and painless American dentistry.

They were sitting in a sort of partly unroofed outer court of the house, such as often forms the entrance to Spanish houses. It was dusk turning to dark; and as all that mountain air sharpens suddenly after

sunset, a small stove stood on the flagstones, glowing with red eyes like a goblin, and painting a red pattern on the pavement; but scarcely a ray of it reached the lower bricks of the great bare, brown brick wall that went soaring up above them into the deep blue night. Flambeau's big broad-shouldered figure and great moustaches, like sabres, could be traced dimly in the twilight, as he moved about, drawing dark wine from a great cask and handing it round. In his shadow, the priest looked very shrunken and small, as if huddled over the stove; but the American visitor leaned forward elegantly with his elbow on his knee and his fine pointed features in the full light; his eyes shone with inquisitive intelligence.

'I can assure you, sir,' he was saying, 'we consider your achievement in the matter of the Moonshine Murder the most remarkable triumph in the history of detective science.'

Father Brown murmured something; some might have imagined that the murmur was a little like a moan.

'We are well acquainted,' went on the stranger firmly, 'with the alleged achievements of Dupin and others; and with those of Lecoq, Sherlock Holmes, Nicholas Carter, and other imaginative incarnations of the craft. But we observe there is in many ways, a marked difference between your own method of approach and that of these other thinkers, whether fictitious or actual. Some have spec'lated, sir, as to whether the difference of method may perhaps involve rather the absence of method.'

Father Brown was silent; then he started a little, almost as if he had been nodding over the stove, and said: 'I beg your pardon. Yes . . . Absence of method . . . Absence of mind, too, I'm afraid.'

'I should say of strictly tabulated scientific method,' went on the enquirer. 'Edgar Poe throws off several little essays in a conversational form, explaining Dupin's method, with its fine links of logic. Dr Watson had to listen to some pretty exact expositions of Holmes's method with its observation of material details. But nobody seems to have got on to any full account of your method, Father Brown, and I was informed you declined the offer to give a series of lectures in the States on the matter.'

'Yes,' said the priest, frowning at the stove; 'I declined.'

'Your refusal gave rise to a remarkable lot of interesting talk,' remarked Chace. 'I may say that some of our people are saying your science can't be expounded, because it's something more than just natural science. They say your secret's not to be divulged, as being occult in its character.'

'Being what?' asked Father Brown, rather sharply.

'Why, kind of esoteric,' replied the other. 'I can tell you, people got

considerably worked up about Gallup's murder, and Stein's murder, and then old man Merton's murder, and now Judge Gwynne's murder, and a double murder by Dalmon, who was well known in the States. And there were you, on the spot every time, slap in the middle of it; telling everybody how it was done and never telling anybody how you knew. So some people got to think you knew without looking, so to speak. And Carlotta Brownson gave a lecture on Thought-Forms with illustrations from these cases of yours. The Second Sight Sisterhood of Indianapolis – '

Father Brown, was still staring at the stove; then he said quite loud yet as if hardly aware that anyone heard him: 'Oh, I say. This will never do.'

'I don't exactly know how it's to be helped,' said Mr Chace humorously. 'The Second Sight Sisterhood want a lot of holding down. The only way I can think of stopping it is for you to tell us the secret after all.'

Father Brown groaned. He put his head on his hands and remained a moment, as if full of a silent convulsion of thought. Then he lifted his head and said in a dull voice: 'Very well. I must tell the secret.'

His eyes rolled darkly over the whole darkling scene, from the red eyes of the little stove to the stark expanse of the ancient wall, over which were standing out, more and more brightly, the strong stars of the south.

'The secret is,' he said; and then stopped as if unable to go on. Then he began again and said: 'You see, it was I who killed all those people.'

'What?' repeated the other, in a small voice out of a vast silence.

'You see, I had murdered them all myself,' explained Father Brown patiently. 'So, of course, I knew how it was done.'

Grandison Chace had risen to his great height like a man lifted to the ceiling by a sort of slow explosion. Staring down at the other he repeated his incredulous question.

'I had planned out each of the crimes very carefully,' went on Father Brown, 'I had thought out exactly how a thing like that could be done, and in what style or state of mind a man could really do it. And when I was quite sure that I felt exactly like the murderer myself, of course I knew who he was.'

Chace gradually released a sort of broken sigh.

'You frightened me all right,' he said. 'For the minute I really did think you meant you were the murderer. Just for the minute I kind of saw it splashed over all the papers in the States: "Saintly Sleuth Exposed as Killer: Hundred Crimes of Father Brown". Why, of course, if it's just a figure of speech and means you tried to reconstruct the psychogy –'

Father Brown rapped sharply on the stove with the short pipe he was about to fill; one of his very rare spasms of annoyance contracted his face.

'No, no, no,' he said, almost angrily; 'I don't mean just a figure of speech. This is what comes of trying to talk about deep things . . . What's the good of words . . .? If you try to talk about a truth that's merely moral, people always think it's merely metaphorical. A real live man with two legs once said to me: "I only believe in the Holy Ghost in a spiritual sense." Naturally, I said: "In what other sense could you believe it?" And *then* he thought I meant he needn't believe in anything except evolution, or ethical fellowship, or some bilge . . . I mean that I really did see myself, and my real self, committing the murders. I didn't actually kill the men by material means; but that's not the point. Any brick or bit of machinery might have killed them by material means. I mean that I thought and thought about how a man might come to be like that, until I realised that I really *was* like that, in everything except actual final consent to the action. It was once suggested to me by a friend of mine, as a sort of religious exercise. I believe he got it from Pope Leo XIII, who was always rather a hero of mine.'

'I'm afraid,' said the American, in tones that were still doubtful, and keeping his eye on the priest rather as if he were a wild animal, 'that you'd have to explain a lot to me before I knew what you were talking about. The science of detection –'

Father Brown snapped his fingers with the same animated annoyance. 'That's it,' he cried; 'that's just where we part company. Science is a grand thing when you can get it; in its real sense one of the grandest words in the world. But what do these men mean, nine times out of ten, when they use it nowadays? When they say detection is a science? When they say criminology is a science? They mean getting *outside* a man and studying him as if he were a gigantic insect: in what they would call a dry impartial light, in what I should call a dead and dehumanised light. They mean getting a long way off him, as if he were a distant prehistoric monster; staring at the shape of his "criminal skull" as if it were a sort of eerie growth, like the horn on a rhinoceros's nose. When the scientist talks about a type, he never means himself, but always his neighbour; probably his poorer neighbour. I don't deny the dry light may sometimes do good; though in one sense it's the very reverse of science. So far from being knowledge, it's actually suppression of what we know. It's treating a friend as a stranger, and pretending that something familiar is really remote and mysterious. It's like saying that a man has a proboscis between the eyes, or that he falls down in a fit of insensibility once every twenty-four hours. Well, what you call "the

secret" is exactly the opposite. I don't try to get outside the man. I try to get inside the murderer . . . Indeed it's much more than that, don't you see? I am inside a man. I am always inside a man, moving his arms and legs; but I wait till I know I am inside a murderer, thinking his thoughts, wrestling with his passions; till I have bent myself into the posture of his hunched and peering hatred; till I see the world with his bloodshot and squinting eyes, looking between the blinkers of his half-witted concentration; looking up the short and sharp perspective of a straight road to a pool of blood. Till I am really a murderer.'

'Oh,' said Mr Chace, regarding him with a long, grim face, and added: 'And that is what you call a religious exercise.'

'Yes,' said Father Brown; 'that is what I call a religious exercise.'

After an instant's silence he resumed: 'It's so real a religious exercise that I'd rather not have said anything about it. But I simply couldn't have you going off and telling all your countrymen that I had a secret magic connected with Thought-Forms, could I? I've put it badly, but it's true. No man's really any good till he knows how bad he is, or might be; till he's realised exactly how much right he has to all this snobbery, and sneering, and talking about "criminals", as if they were apes in a forest ten thousand miles away; till he's got rid of all the dirty self-deception of talking about low types and deficient skulls; till he's squeezed out of his soul the last drop of the oil of the Pharisees; till his only hope is somehow or other to have captured one criminal, and kept him safe and sane under his own hat.'

Flambeau came forward and filled a great goblet with Spanish wine and set it before his friend, as he had already set one before his fellow guest. Then he himself spoke for the first time:

'I believe Father Brown has had a new batch of mysteries. We were talking about them the other day, I fancy. He has been dealing with some queer people since we last met.'

'Yes; I know the stories more or less – but not the application,' said Chace, lifting his glass thoughtfully. 'Can you give me any examples, I wonder . . . I mean, did you deal with this last batch in that introspective style?'

Father Brown also lifted his glass, and the glow of the fire turned the red wine transparent, like the glorious blood-red glass of a martyr's window. The red flame seemed to hold his eyes and absorb his gaze that sank deeper and deeper into it, as if that single cup held a red sea of the blood of all men, and his soul were a diver, ever plunging in dark humility and inverted imagination, lower than its lowest monsters and its most ancient slime. In that cup, as in a red mirror, he saw many things; the doings of his last days moved in crimson shadows; the

examples that his companions demanded danced in symbolic shapes; and there passed before him all the stories that are told here. Now, the luminous wine was like a vast red sunset upon dark red sands, where stood dark figures of men; one was fallen and another running towards him. Then the sunset seemed to break up into patches: red lanterns swinging from garden trees and a pond gleaming red with reflection; and then all the colour seemed to cluster again into a great rose of red crystal, a jewel that irradiated the world like a red sun, save for the shadow of a tall figure with a high headdress as of some prehistoric priest; and then faded again till nothing was left but a flame of wild red beard blowing in the wind upon a wild grey moor. All these things, which may be seen later from other angles and in other moods than his own, rose up in his memory at the challenge and began to form themselves into anecdotes and arguments.

'Yes,' he said, as he raised the wine cup slowly to his lips, 'I can remember pretty well –'

The Mirror of the Magistrate

James Bagshaw and Wilfred Underhill were old friends, and were fond of rambling through the streets at night, talking interminably as they turned corner after corner in the silent and seemingly lifeless labyrinth of the large suburb in which they lived. The former, a big, dark, good-humoured man with a strip of black moustache, was a professional police detective; the latter, a sharp-faced, sensitive-looking gentleman with light hair, was an amateur interested in detection. It will come as a shock to the readers of the best scientific romance to learn that it was the policeman who was talking and the amateur who was listening, even with a certain respect.

'Ours is the only trade,' said Bagshaw, 'in which the professional is always supposed to be wrong. After all, people don't write stories in which hairdressers can't cut hair and have to be helped by a customer; or in which a cabman can't drive a cab until his fare explains to him the philosophy of cab-driving. For all that, I'd never deny that we often tend to get into a rut: or, in other words, have the disadvantages of going by a rule. Where the romancers are wrong is, that they don't allow us even the advantages of going by a rule.'

'Surely,' said Underhill, 'Sherlock Holmes would say that he went by a logical rule.'

'He may be right,' answered the other; 'but I mean a collective rule. It's like the staff work of an army. We pool our information.'

'And you don't think detective stories allow for that?' asked his friend.

'Well, let's take any imaginary case of Sherlock Holmes, and Lestrade, the official detective. Sherlock Holmes, let us say, can guess that a total stranger crossing the street is a foreigner, merely because he seems to look for the traffic to go to the right instead of the left. I'm quite ready to admit Holmes might guess that. I'm quite sure Lestrade wouldn't guess anything of the kind. But what they leave out is the fact that the policeman, who couldn't guess, might very probably know. Lestrade might know the man was a foreigner merely because his department has to keep an eye on all foreigners; some would say on all natives, too. As a policeman I'm glad the police know so much; for every man wants to do his own job well. But as a citizen, I sometimes wonder whether they don't know too much.'

'You don't seriously mean to say,' cried Underhill incredulously, 'that you know anything about strange people in a strange street. That if a

man walked out of that house over there, you would know anything about him?'

'I should if he was the householder,' answered Bagshaw. 'That house is rented by a literary man of Anglo-Roumanian extraction, who generally lives in Paris, but is over here in connexion with some poetical play of his. His name's Osric Orm, one of the new poets, and pretty steep to read, I believe.'

'But I mean all the people down the road,' said his companion. 'I was thinking how strange and new and nameless everything looks, with these high blank walls and these houses lost in large gardens. You can't know all of them.'

'I know a few,' answered Bagshaw. 'This garden wall we're walking under is at the end of the grounds of Sir Humphrey Gwynne, better known as Mr Justice Gwynne, the old judge who made such a row about spying during the war. The house next door to it belongs to a wealthy cigar merchant. He comes from Spanish-America and looks very swarthy and Spanish himself; but he bears the very English name of Buller. The house beyond that – did you hear that noise?'

'I heard something,' said Underhill, 'but I really don't know what it was.'

'I know what it was,' replied the detective, 'it was a rather heavy revolver, fired twice, followed by a cry for help. And it came straight out of the back garden of Mr Justice Gwynne, that paradise of peace and legality.'

He looked up and down the street sharply and then added: 'And the only gate of the back garden is half a mile round on the other side. I wish this wall were a little lower, or I were a little lighter; but it's got to be tried.'

'It is lower a little farther on,' said Underhill, 'and there seems to be a tree that looks helpful.'

They moved hastily along and found a place where the wall seemed to stoop abruptly, almost as if it had half-sunk into the earth; and a garden tree, flamboyant with the gayest garden blossom, straggled out of the dark enclosure and was gilded by the gleam of a solitary street-lamp. Bagshaw caught the crooked branch and threw one leg over the low wall; and the next moment they stood knee-deep amid the snapping plants of a garden border.

The garden of Mr Justice Gwynne by night was rather a singular spectacle. It was large and lay on the empty edge of the suburb, in the shadow of a tall, dark house that was the last in its line of houses. The house was literally dark, being shuttered and unlighted, at least on the side overlooking the garden. But the garden itself, which lay in

its shadow, and should have been a tract of absolute darkness, showed a random glitter, like that of fading fireworks; as if a giant rocket had fallen in fire among the trees. As they advanced they were able to locate it as the light of several coloured lamps, entangled in the trees like the jewel fruits of Aladdin, and especially as the light from a small, round lake or pond, which gleamed, with pale colours as if a lamp were kindled under it.

'Is he having a party?' asked Underhill. 'The garden seems to be illuminated.'

'No,' answered Bagshaw. 'It's a hobby of his, and I believe he prefers to do it when he's alone. He likes playing with a little plant of electricity that he works from that bungalow or hut over there, where he does his work and keeps his papers. Buller, who knows him very well, says the coloured lamps are rather more often a sign he's not to be disturbed.'

'Sort of red danger signals,' suggested the other.

'Good Lord! I'm afraid they are danger signals!' and he began suddenly to run.

A moment after Underhill saw what he had seen. The opalescent ring of light, like the halo of the moon, round the sloping sides of the pond, was broken by two black stripes or streaks which soon proved themselves to be the long, black legs of a figure fallen head downwards into the hollow, with the head in the pond.

'Come on,' cried the detective sharply, 'that looks to me like –'

His voice was lost, as he ran on across the wide lawn, faintly luminous in the artificial light, making a bee-line across the big garden for the pool and the fallen figure. Underhill was trotting steadily in that straight track, when something happened that startled him for the moment. Bagshaw, who was travelling as steadily as a bullet towards the black figure by the luminous pool, suddenly turned at a sharp angle and began to run even more rapidly towards the shadow of the house. Underhill could not imagine what he meant by the altered direction. The next moment, when the detective had vanished into the shadow of the house, there came out of that obscurity the sound of a scuffle and a curse; and Bagshaw returned lugging with him a little struggling man with red hair. The captive had evidently been escaping under the shelter of the building, when the quicker ears of the detective had heard him rustling like a bird among the bushes.

'Underhill,' said the detective, 'I wish you'd run on and see what's up by the pool. And now, who are you?' he asked, coming to a halt. 'What's your name?'

'Michael Flood,' said the stranger in a snappy fashion. He was an unnaturally lean little man, with a hooked nose too large for his face,

which was colourless, like parchment, in contrast with the ginger colour of his hair. 'I've got nothing to do with this. I found him lying dead and I was scared; but I only came to interview him for a paper.'

'When you interview celebrities for the Press,' said Bagshaw, 'do you generally climb over the garden wall?'

And he pointed grimly to a trail of footprints coming and going along the path towards the flower bed.

The man calling himself Flood wore an expression equally grim.

'An interviewer might very well get over the wall,' he said, 'for I couldn't make anybody hear at the front door. The servant had gone out.'

'How do you know he'd gone out?' asked the detective suspiciously.

'Because,' said Flood, with an almost unnatural calm, 'I'm not the only person who gets over garden walls. It seems just possible that you did it yourself. But, anyhow, the servant did; for I've just this moment seen him drop over the wall, away on the other side of the garden, just by the garden door.'

'Then why didn't he use the garden door?' demanded the cross-examiner.

'How should I know?' retorted Flood. 'Because it was shut, I suppose. But you'd better ask him, not me; he's coming towards the house at this minute.'

There was, indeed, another shadowy figure beginning to be visible through the fire-shot gloaming, a squat, square-headed figure, wearing a red waistcoat as the most conspicuous part of a rather shabby livery. He appeared to be making with unobtrusive haste towards a side-door in the house, until Bagshaw hallooed to him to halt. He drew nearer to them very reluctantly, revealing a heavy, yellow face, with a touch of something Asiatic which was consonant with his flat, blue-black hair.

Bagshaw turned abruptly to the man called Flood. 'Is there anybody in this place,' he said, 'who can testify to your identity?'

'Not many, even in this country,' growled Flood. 'I've only just come from Ireland; the only man I know round here is the priest at St Dominic's Church – Father Brown.'

'Neither of you must leave this place,' said Bagshaw, and then added to the servant: 'But you can go into the house and ring up St Dominic's Presbytery and ask Father Brown if he would mind coming round here at once. No tricks, mind.'

While the energetic detective was securing the potential fugitives, his companion, at his direction, had hastened on to the actual scene of the tragedy. It was a strange enough scene; and, indeed, if the tragedy had not been tragic it would have been highly fantastic. The dead man

(for the briefest examination proved him to be dead) lay with his head in the pond, where the glow of the artificial illumination encircled the head with something of the appearance of an unholy halo. The face was gaunt and rather sinister, the brow bald, and the scanty curls dark grey, like iron rings; and, despite the damage done by the bullet wound in the temple, Underhill had no difficulty in recognising the features he had seen in the many portraits of Sir Humphrey Gwynne. The dead man was in evening dress, and his long, black legs, so thin as to be almost spidery, were sprawling at different angles up the steep bank from which he had fallen. As by some weird whim of diabolical arabesque, blood was eddying out, very slowly, into the luminous water in snaky rings, like the transparent crimson of sunset clouds.

Underhill did not know how long he stood staring down at this macabre figure, when he looked up and saw a group of four figures standing above him on the bank. He was prepared for Bagshaw and his Irish captive, and he had no difficulty in guessing the status of the servant in the red waistcoat. But the fourth figure had a sort of grotesque solemnity that seemed strangely congruous to that incongruity. It was a stumpy figure with a round face and a hat like a black halo. He realised that it was, in fact, a priest; but there was something about it that reminded him of some quaint old black woodcut at the end of a Dance of Death.

Then he heard Bagshaw saying to the priest: 'I'm glad you can identify this man; but you must realise that he's to some extent under suspicion. Of course, he may be innocent; but he did enter the garden in an irregular fashion.'

'Well, I think he's innocent myself,' said the little priest in a colourless voice. 'But, of course, I may be wrong.'

'Why do you think he is innocent?'

'Because he entered the garden in an irregular fashion,' answered the cleric. 'You see, I entered it in a regular fashion myself. But I seem to be almost the only person who did. All the best people seem to get over garden walls nowadays.'

'What do you mean by a regular fashion?' asked the detective.

'Well,' said Father Brown, looking at him with limpid gravity, 'I came in by the front door. I often come into houses that way.'

'Excuse me,' said Bagshaw, 'but does it matter very much how you came in, unless you propose to confess to the murder?'

'Yes, I think it does,' said the priest mildly. 'The truth is, that when I came in at the front door I saw something I don't think any of the rest of you have seen. It seems to me it might have something to do with it.'

'What did you see?'

'I saw a sort of general smash-up,' said Father Brown in his mild voice. 'A big looking-glass broken, and a small palm tree knocked over, and the pot smashed all over the floor. Somehow, it looked to me as if something had happened.'

'You are right,' said Bagshaw after a pause. 'If you saw that, it certainly looks as if it had something to do with it.'

'And if it had anything to do with it,' said the priest very gently, 'it looks as if there was one person who had nothing to do with it; and that is Mr Michael Flood, who entered the garden over the wall in an irregular fashion, and then tried to leave it in the same irregular fashion. It is his irregularity that makes me believe in his innocence.'

'Let us go into the house,' said Bagshaw abruptly.

As they passed in at the side-door, the servant leading the way, Bagshaw fell back a pace or two and spoke to his friend.

'Something odd about that servant,' he said. 'Says his name is Green, though he doesn't look it; but there seems no doubt he's really Gwynne's servant, apparently the only regular servant he had. But the queer thing is, that he flatly denied that his master was in the garden at all, dead or alive. Said the old judge had gone out to a grand legal dinner and couldn't be home for hours, and gave that as his excuse for slipping out.'

'Did he,' asked Underhill, 'give any excuse for his curious way of slipping in?'

'No, none that I can make sense of,' answered the detective. 'I can't make him out. He seems to be scared of something.'

Entering by the side-door, they found themselves at the inner end of the entrance hall, which ran along the side of the house and ended with the front door, surmounted by a dreary fanlight of the old-fashioned pattern. A faint, grey light was beginning to outline its radiation upon the darkness, like some dismal and discoloured sunrise; but what light there was in the hall came from a single, shaded lamp, also of an antiquated sort, that stood on a bracket in a corner. By the light of this Bagshaw could distinguish the debris of which Brown had spoken. A tall palm, with long sweeping leaves, had fallen full length, and its dark red pot was shattered into shards. They lay littered on the carpet, along with pale and gleaming fragments of a broken mirror, of which the almost empty frame hung behind them on the wall at the end of the vestibule. At right angles to this entrance, and directly opposite the side-door as they entered, was another and similar passage leading into the rest of the house. At the other end of it could be seen the telephone which the servant had used to summon the priest; and a half-open door, showing, even through the crack, the serried ranks of great leather-bound books, marked the entrance to the judge's study.

Bagshaw stood looking down at the fallen pot and the mingled fragments at his feet.

'You're quite right,' he said to the priest; 'there's been a struggle here. And it must have been a struggle between Gwynne and his murderer.'

'It seemed to me,' said Father Brown modestly, 'that something had happened here.'

'Yes; it's pretty clear what happened,' assented the detective. 'The murderer entered by the front door and found Gwynne; probably Gwynne let him in. There was a death grapple, possibly a chance shot, that hit the glass, though they might have broken it with a stray kick or anything. Gwynne managed to free himself and fled into the garden, where he was pursued and shot finally by the pond. I fancy that's the whole story of the crime itself; but, of course, I must look round the other rooms.'

The other rooms, however, revealed very little, though Bagshaw pointed significantly to the loaded automatic pistol that he found in a drawer of the library desk.

'Looks as if he was expecting this,' he said; 'yet it seems queer he didn't take it with him when he went out into the hall.'

Eventually they returned to the hall, making their way towards the front door. Father Brown letting his eye rove around in a rather absentminded fashion. The two corridors, monotonously papered in the same grey and faded pattern, seemed to emphasise the dust and dingy floridity of the few early Victorian ornaments, the green rust that devoured the bronze of the lamp, the dull gold that glimmered in the frame of the broken mirror.

'They say it's bad luck to break a looking-glass,' he said. 'This looks like the very house of ill-luck. There's something about the very furniture –'

'That's rather odd,' said Bagshaw sharply. 'I thought the front door would be shut, but it's left on the latch.'

There was no reply; and they passed out of the front door into the front garden, a narrower and more formal plot of flowers, having at one end a curiously clipped hedge with a hole in it, like a green cave, under the shadow of which some broken steps peeped out.

Father Brown strolled up to the hole and ducked his head under it. A few moments after he had disappeared they were astonished to hear his quiet voice in conversation above their heads, as if he were talking to somebody at the top of a tree. The detective followed, and found that the curious covered stairway led to what looked like a broken bridge, overhanging the darker and emptier spaces of the garden. It just curled round the corner of the house, bringing in sight the field of coloured

lights beyond and beneath. Probably it was the relic of some abandoned architectural fancy of building a sort of terrace on arches across the lawn. Bagshaw thought it a curious cul-de-sac in which to find anybody in the small hours between night and morning; but he was not looking at the details of it just then. He was looking at the man who was found.

As the man stood with his back turned – a small man in light grey clothes – the one outstanding feature about him was a wonderful head of hair, as yellow and radiant as the head of a huge dandelion. It was literally outstanding like a halo, and something in that association made the face, when it was slowly and sulkily turned on them, rather a shock of contrast. That halo should have enclosed an oval face of the mildly angelic sort; but the face was crabbed and elderly with a powerful jowl and a short nose that somehow suggested the broken nose of a pugilist.

'This is Mr Orm, the celebrated poet, I understand,' said Father Brown, as calmly as if he were introducing two people in a drawing-room.

'Whoever he is,' said Bagshaw, 'I must trouble him to come with me and answer a few questions.'

Mr Osric Orm, the poet, was not a model of self-expression when it came to the answering of questions. There, in that corner of the old garden, as the grey twilight before dawn began to creep over the heavy hedges and the broken bridge, and afterwards in a succession of circumstances and stages of legal inquiry that grew more and more ominous, he refused to say anything except that he had intended to call on Sir Humphrey Gwynne, but had not done so because he could not get anyone to answer the bell. When it was pointed out that the door was practically open, he snorted. When it was hinted that the hour was somewhat late, he snarled. The little that he said was obscure, either because he really knew hardly any English, or because he knew better than to know any. His opinions seemed to be of a nihilistic and destructive sort, as was indeed the tendency of his poetry for those who could follow it; and it seemed possible that his business with the judge, and perhaps his quarrel with the judge, had been something in the anarchist line. Gwynne was known to have had something of a mania about Bolshevist spies, as he had about German spies. Anyhow, one coincidence, only a few moments after his capture, confirmed Bagshaw in the impression that the case must be taken seriously. As they went out of the front gate into the street, they so happened to encounter yet another neighbour, Buller, the cigar merchant from next door, conspicuous by his brown, shrewd face and the unique orchid in his buttonhole; for he had a name in that branch of horticulture. Rather to the surprise of the rest, he hailed his neighbour, the poet, in a matter-of-fact manner, almost as if he had expected to see him.

'Hallo, here we are again,' he said. 'Had a long talk with old Gwynne, I suppose?'

'Sir Humphrey Gwynne is dead,' said Bagshaw. 'I am investigating the case and I must ask you to explain.'

Buller stood as still as the lamp-post beside him, possibly stiffened with surprise. The red end of his cigar brightened and darkened rhythmically, but his brown face was in shadow; when he spoke it was with quite a new voice.

'I only mean,' he said, 'that when I passed two hours ago Mr Orm was going in at this gate to see Sir Humphrey.'

'He says he hasn't seen him yet,' observed Bagshaw, 'or even been into the house.'

'It's a long time to stand on the doorstep,' observed Buller.

'Yes,' said Father Brown; 'it's rather a long time to stand in the street.'

'I've been home since then,' said the cigar merchant. 'Been writing letters and came out again to post them.'

'You'll have to tell all that later,' said Bagshaw. 'Good night – or good morning.'

The trial of Osric Orm for the murder of Sir Humphrey Gwynne, which filled the newspapers for so many weeks, really turned entirely on the same crux as that little talk under the lamp-post, when the grey-green dawn was breaking about the dark streets and gardens. Everything came back to the enigma of those two empty hours between the time when Buller saw Orm going in at the garden gate, and the time when Father Brown found him apparently still lingering in the garden. He had certainly had the time to commit six murders, and might almost have committed them for want of something to do; for he could give no coherent account of what he was doing. It was argued by the prosecution that he had also the opportunity, as the front door was unlatched, and the side-door into the larger garden left standing open. The court followed, with considerable interest, Bagshaw's clear reconstruction of the struggle in the passage, of which the traces were so evident; indeed, the police had since found the shot that had shattered the glass. Finally, the hole in the hedge to which he had been tracked, had very much the appearance of a hiding-place. On the other hand, Sir Matthew Blake, the very able counsel for the defence, turned this last argument the other way: asking why any man should entrap himself in a place without possible exit, when it would obviously be much more sensible to slip out into the street. Sir Matthew Blake also made effective use of the mystery that still rested upon the motive for the murder. Indeed, upon this point, the passages between Sir Matthew Blake and Sir Arthur Travers, the equally brilliant advocate for the prosecution, turned rather to the

advantage of the prisoner. Sir Arthur could only throw out suggestions about a Bolshevist conspiracy which sounded a little thin. But when it came to investigating the facts of Orm's mysterious behaviour that night he was considerably more effective.

The prisoner went into the witness-box, chiefly because his astute counsel calculated that it would create a bad impression if he did not. But he was almost as uncommunicative to his own counsel as to the prosecuting counsel. Sir Arthur Travers made all possible capital out of his stubborn silence, but did not succeed in breaking it. Sir Arthur was a long, gaunt man, with a long, cadaverous face, in striking contrast to the sturdy figure and bright, bird-like eye of Sir Matthew Blake. But if Sir Matthew suggested a very cocksure sort of cock-sparrow, Sir Arthur might more truly have been compared to a crane or stork; as he leaned forward, prodding the poet with questions, his long nose might have been a long beak.

'Do you mean to tell the jury,' he asked, in tones of grating incredulity, 'that you never went in to see the deceased gentleman at all?'

'No!' replied Orm shortly.

'You wanted to see him, I suppose. You must have been very anxious to see him. Didn't you wait two whole hours in front of his front door?'

'Yes,' replied the other.

'And yet you never even noticed the door was open?'

'No,' said Orm.

'What in the world were you doing for two hours in somebody's else's front garden?' insisted the barrister. 'You were doing something, I suppose?'

'Yes.'

'Is it a secret?' asked Sir Arthur, with adamantine jocularity.

'It's a secret from you,' answered the poet.

It was upon this suggestion of a secret that Sir Arthur seized in developing his line of accusation. With a boldness which some thought unscrupulous, he turned the very mystery of the motive, which was the strongest part of his opponent's case, into an argument for his own. He gave it as the first fragmentary hint of some far-flung and elaborate conspiracy, in which a patriot had perished like one caught in the coils of an octopus.

'Yes,' he cried in a vibrating voice, 'my learned friend is perfectly right! We do not know the exact reason why this honourable public servant was murdered. We shall not know the reason why the next public servant is murdered. If my learned friend himself falls a victim to his eminence, and the hatred which the hellish powers of destruction feel for the guardians of law, he will be murdered, and he will not know

the reason. Half the decent people in this court will be butchered in their beds, and we shall not know the reason. And we shall never know the reason and never arrest the massacre, until it has depopulated our country, so long as the defence is permitted to stop all proceedings with this stale tag about "motive", when every other fact in the case, every glaring incongruity, every gaping silence, tells us that we stand in the presence of Cain.'

'I never knew Sir Arthur so excited,' said Bagshaw to his group of companions afterwards. 'Some people are saying he went beyond the usual limit and that the prosecutor in a murder case oughtn't to be so vindictive. But I must say there was something downright creepy about that little goblin with the yellow hair, that seemed to play up to the impression. I was vaguely recalling, all the time, something that De Quincey says about Mr Williams, that ghastly criminal who slaughtered two whole families almost in silence. I think he says that Williams had hair of a vivid unnatural yellow; and that he thought it had been dyed by a trick learned in India, where they dye horses green or blue. Then there was his queer, stony silence, like a troglodyte's; I'll never deny that it all worked me up until I felt there was a sort of monster in the dock. If that was only Sir Arthur's eloquence, then he certainly took a heavy responsibility in putting so much passion into it.'

'He was a friend of poor Gwynne's, as a matter of fact,' said Underhill, more gently; 'a man I know saw them hobnobbing together after a great legal dinner lately. I dare say that's why he feels so strongly in this case. I suppose it's doubtful whether a man ought to act in such a case on mere personal feeling.'

'He wouldn't,' said Bagshaw. 'I bet Sir Arthur Travers wouldn't act only on feeling, however strongly he felt. He's got a very stiff sense of his own professional position. He's one of those men who are ambitious even when they've satisfied their ambition. I know nobody who'd take more trouble to keep his position in the world. No; you've got hold of the wrong moral to his rather thundering sermon. If he lets himself go like that, it's because he thinks he can get a conviction, anyhow, and wants to put himself at the head of some political movement against the conspiracy he talks about. He must have some very good reason for wanting to convict Orm and some very good reason for thinking he can do it. That means that the facts will support him. His confidence doesn't look well for the prisoner.' He became conscious of an insignificant figure in the group.

'Well, Father Brown,' he said with a smile; 'what do you think of our judicial procedure?'

'Well,' replied the priest rather absently, 'I think the thing that struck

me most was how different men look in their wigs. You talk about the prosecuting barrister being so tremendous. But I happened to see him take his wig off for a minute, and he really looks quite a different man. He's quite bald, for one thing.'

'I'm afraid that won't prevent his being tremendous,' answered Bagshaw. 'You don't propose to found the defence on the fact that the prosecuting counsel is bald, do you?'

'Not exactly,' said Father Brown good-humouredly. 'To tell the truth, I was thinking how little some kinds of people know about other kinds of people. Suppose I went among some remote people who had never even heard of England. Suppose I told them that there is a man in my country who won't ask a question of life and death, until he has put an erection made of horse-hair on the top of his head, with little tails behind, and grey corkscrew curls at the side, like an Early Victorian old woman. They would think he must be rather eccentric; but he isn't at all eccentric, he's only conventional. They would think so, because they don't know anything about English barristers; because they don't know what a barrister is. Well, that barrister doesn't know what a poet is. He doesn't understand that a poet's eccentricities wouldn't seem eccentric to other poets. He thinks it odd that Orm should walk about in a beautiful garden for two hours, with nothing to do. God bless my soul! a poet would think nothing of walking about in the same backyard for ten hours if he had a poem to do. Orm's own counsel was quite as stupid. It never occurred to him to ask Orm the obvious question.'

'What question do you mean?' asked the other.

'Why, what poem he was making up, of course,' said Father Brown rather impatiently. 'What line he was stuck at, what epithet he was looking for, what climax he was trying to work up to. If there were any educated people in court, who know what literature is, they would have known well enough whether he had had anything genuine to do. You'd have asked a manufacturer about the conditions of his factory; but nobody seems to consider the conditions under which poetry is manufactured. It's done by doing nothing.'

'That's all very well,' replied the detective; 'but why did he hide? Why did he climb up that crooked little stairway and stop there; it led nowhere.'

'Why, because it led nowhere, of course,' cried Father Brown explosively. 'Anybody who clapped eyes on that blind alley ending in mid-air might have known an artist would want to go there, just as a child would.'

He stood blinking for a moment, and then said apologetically: 'I beg your pardon; but it seems odd that none of them understand these things.

And then there was another thing. Don't you know that everything has, for an artist, one aspect or angle that is exactly *right*? A tree, a cow, and a cloud, in a certain relation only, mean something; as three letters, in one order only, mean a word. Well, the view of that illuminated garden from that unfinished bridge was the right view of it. It was as unique as the fourth dimension. It was a sort of fairy foreshortening; it was like looking *down* at heaven and seeing all the stars growing on trees and that luminous pond like a moon fallen flat on the fields in some happy nursery tale. He could have looked at it for ever. If you told him the path led nowhere, he would tell you it had led him to the country at the end of the world. But do you expect him to tell you that in the witness-box? What would you say to him if he did? You talk about a man having a jury of his peers. Why don't you have a jury of poets?'

'You talk as if you were a poet yourself,' said Bagshaw.

'Thank your stars I'm not,' said Father Brown. 'Thank your lucky stars a priest has to be more charitable than a poet. Lord have mercy on us, if you knew what a crushing, what a cruel contempt he feels for the lot of you, you'd feel as if you were under Niagara.'

'You may know more about the artistic temperament than I do,' said Bagshaw after a pause; 'but, after all, the answer is simple. You can only show that he might have done what he did, without committing the crime. But it's equally true that he might have committed the crime. And who else could have committed it?'

'Have you thought about the servant, Green?' asked Father Brown, reflectively. 'He told a rather queer story.'

'Ah,' cried Bagshaw quickly, 'you think Green did it, after all.'

'I'm quite sure he didn't,' replied the other. 'I only asked if you'd thought about his queer story. He only went out for some trifle, a drink or an assignation or what not. But he went out by the garden door and came back over the garden wall. In other words, he left the door open, but he came back to find it shut. Why? Because Somebody Else had already passed out that way.'

'The murderer,' muttered the detective doubtfully. 'Do you know who he was?'

'I know what he looked like,' answered Father Brown quietly. 'That's the only thing I do know. I can almost see him as he came in at the front door, in the gleam of the hall lamp; his figure, his clothes, even his face!'

'What's all this?'

'He looked like Sir Humphrey Gwynne,' said the priest.

'What the devil do you mean?' demanded Bagshaw. 'Gwynne was lying dead with his head in the pond.'

'Oh, yes,' said Father Brown.

After a moment he went on: 'Let's go back to that theory of yours, which was a very good one, though I don't quite agree with it. You suppose the murderer came in at the front door, met the Judge in the front hall, struggling with him and breaking the mirror; that the judge then retreated into the garden, where he was finally shot. Somehow, it doesn't sound natural to me. Granted he retreated down the hall, there are two exits at the end, one into the garden and one into the house. Surely, he would be more likely to retreat into the house? His gun was there; his telephone was there; his servant, so far as he knew, was there. Even the nearest neighbours were in that direction. Why should he stop to open the garden door and go out alone on the deserted side of the house?'

'But we know he did go out of the house,' replied his companion, puzzled. 'We know he went out of the house, because he was found in the garden.'

'He never went out of the house, because he never was in the house,' said Father Brown. 'Not that evening, I mean. He was sitting in that bungalow. I read *that* lesson in the dark, at the beginning, in red and golden stars across the garden. They were worked from the hut; they wouldn't have been burning at all if he hadn't been in the hut. He was trying to run across to the house and the telephone, when the murderer shot him beside the pond.'

'But what about the pot and the palm and the broken mirror?' cried Bagshaw. 'Why, it was you who found them! It was you yourself who said there must have been a struggle in the hall.'

The priest blinked rather painfully. 'Did I?' he muttered. 'Surely, I didn't say that. I never thought that. What I think I said, was that something had happened in the hall. And something did happen; but it wasn't a struggle.'

'Then what broke the mirror?' asked Bagshaw shortly.

'A bullet broke the mirror,' answered Father Brown gravely; 'a bullet fired by the criminal. The big fragments of falling glass were quite enough to knock over the pot and the palm.'

'Well, what else could he have been firing at except Gwynne?' asked the detective.

'It's rather a fine metaphysical point,' answered his clerical companion almost dreamily. 'In one sense, of course, he was firing at Gwynne. But Gwynne wasn't there to be fired at. The criminal was alone in the hall.'

He was silent for a moment, and then went on quietly. 'Imagine the looking-glass at the end of the passage, before it was broken, and the tall palm arching over it. In the half-light, reflecting these monochrome

walls, it would look like the end of the passage. A man reflected in it would look like a man coming from inside the house. It would look like the master of the house – if only the reflection were a little like him.'

'Stop a minute,' cried Bagshaw. 'I believe I begin –'

'You begin to see,' said Father Brown. 'You begin to see why all the suspects in this case must be innocent. Not one of them could possibly have mistaken his own reflection for old Gwynne. Orm would have known at once that his bush of yellow hair was not a bald head. Flood would have seen his own red head, and Green his own red waistcoat. Besides, they're all short and shabby; none of them could have thought his own image was a tall, thin, old gentleman in evening dress. We want another, equally tall and thin, to match him. That's what I meant by saying that I knew what the murderer looked like.'

'And what do you argue from that?' asked Bagshaw, looking at him steadily.

The priest uttered a sort of sharp, crisp laugh, oddly different from his ordinary mild manner of speech.

'I am going to argue,' he said, 'the very thing that you said was so ludicrous and impossible.'

'What do you mean?'

'I'm going to base the defence,' said Father Brown, 'on the fact that the prosecuting counsel has a bald head.'

'Oh, my God!' said the detective quietly, and got to his feet, staring.

Father Brown had resumed his monologue in an unruffled manner.

'You've been following the movements of a good many people in this business; you policemen were prodigiously interested in the movements of the poet, and the servant, and the Irishman. The man whose movements seem to have been rather forgotten is the dead man himself. His servant was quite honestly astonished at finding his master had returned. His master had gone to a great dinner of all the leaders of the legal profession, but had left it abruptly and come home. He was not ill, for he summoned no assistance; he had almost certainly quarrelled with some leader of the legal profession. It's among the leaders of that profession that we should have looked first for his enemy. He returned, and shut himself up in the bungalow, where he kept all his private documents about treasonable practices. But the leader of the legal profession, who knew there was something against him in those documents, was thoughtful enough to follow his accuser home; he also being in evening dress, but with a pistol in his pocket. That is all; and nobody could ever have guessed it except for the mirror.'

He seemed to be gazing into vacancy for a moment, and then added: 'A queer thing is a mirror; a picture frame that holds hundreds

of different pictures, all vivid and all vanished for ever. Yet, there was something specially strange about the glass that hung at the end of that grey corridor under that green palm. It is as if it was a magic glass and had a different fate from others, as if its picture could somehow survive it, hanging in the air of that twilight house like a spectre; or at least like an abstract diagram, the skeleton of an argument. We could, at least, conjure out of the void the thing that Sir Arthur Travers saw. And by the way, there was one very true thing that you said about him.'

'I'm glad to hear it,' said Bagshaw with grim good-nature. 'And what was it?'

'You said,' observed the priest, 'that Sir Arthur must have some good reason for wanting to get Orm hanged.'

A week later the priest met the police detective once more, and learned that the authorities had already been moving on the new lines of inquiry when they were interrupted by a sensational event.

'Sir Arthur Travers,' began Father Brown.

'Sir Arthur Travers is dead,' said Bagshaw, briefly.

'Ah!' said the other, with a little catch in his voice; 'you mean that he –'

'Yes,' said Bagshaw, 'he shot at the same man again, but not in a mirror.'

The Man With Two Beards

This tale was told by Father Brown to Professor Crake, the celebrated criminologist, after dinner at a club, where the two were introduced to each other as sharing a harmless hobby of murder and robbery. But, as Father Brown's version rather minimised his own part in the matter, it is here re-told in a more impartial style. It arose out of a playful passage of arms, in which the professor was very scientific and the priest rather sceptical.

'My good sir,' said the professor in remonstrance, 'don't you believe that criminology is a science?'

'I'm not sure,' replied Father Brown. 'Do you believe that hagiology is a science?'

'What's that?' asked the specialist sharply.

'No; it's not the study of hags, and has nothing to do with burning witches,' said the priest, smiling. 'It's the study of holy things, saints and so on. You see, the Dark Ages tried to make a science about good people. But our own humane and enlightened age is only interested in a science about bad ones. Yet I think our general experience is that every conceivable sort of man has been a saint. And I suspect you will find, too, that every conceivable sort of man has been a murderer.'

'Well, we believe murderers can be pretty well classified,' observed Crake. 'The list sounds rather long and dull; but I think it's exhaustive. First, all killing can be divided into rational and irrational, and we'll take the last first, because they are much fewer. There is such a thing as homicidal mania, or love of butchery in the abstract. There is such a thing as irrational antipathy, though it's very seldom homicidal. Then we come to the true motives: of these, some are less rational in the sense of being merely romantic and retrospective. Acts of pure revenge are acts of hopeless revenge. Thus a lover will sometimes kill a rival he could never supplant, or a rebel assassinate a tyrant after the conquest is complete. But, more often, even these acts have a rational explanation. They are hopeful murders. They fall into the larger section of the second division, of what we may call prudential crimes. These, again, fall chiefly under two descriptions. A man kills either in order to obtain what the other man possesses, either by theft or inheritance, or to stop the other man from acting in some way: as in the case of killing a blackmailer or a political opponent; or, in the case of a rather more passive obstacle, a husband or wife whose continued functioning, as

such, interferes with other things. We believe that classification is pretty thoroughly thought out and, properly applied, covers the whole ground – But I'm afraid that it perhaps sounds rather dull; I hope I'm not boring you.'

'Not at all,' said Father Brown. 'If I seemed a little absent-minded I must apologise; the truth is, I was thinking of a man I once knew. He was a murderer; but I can't see where he fits into your museum of murderers. He was not mad, nor did he like killing. He did not hate the man he killed; he hardly knew him, and certainly had nothing to avenge on him. The other man did not possess anything that he could possibly want. The other man was not behaving in any way which the murderer wanted to stop. The murdered man was not in a position to hurt, or hinder, or even affect the murderer in any way. There was no woman in the case. There were no politics in the case. This man killed a fellow-creature who was practically a stranger, and that for a very strange reason; which is possibly unique in human history.'

And so, in his own more conversational fashion, he told the story. The story may well begin in a sufficiently respectable setting, at the breakfast table of a worthy though wealthy suburban family named Bankes, where the normal discussion of the newspaper had, for once, been silenced by the discussion about a mystery nearer home. Such people are sometimes accused of gossip about their neighbours, but they are in that matter almost inhumanly innocent. Rustic villagers tell tales about their neighbours, true and false; but the curious culture of the modern suburb will believe anything it is told in the papers about the wickedness of the Pope, or the martyrdom of the King of the Cannibal Islands, and, in the excitement of these topics, never knows what is happening next door. In this case, however, the two forms of interest actually coincided in a coincidence of thrilling intensity. Their own suburb had actually been mentioned in their favourite newspaper. It seemed to them like a new proof of their own existence when they saw the name in print. It was almost as if they had been unconscious and invisible before; and now they were as real as the King of the Cannibal Islands.

It was stated in the paper that a once famous criminal, known as Michael Moonshine, and many other names that were presumably not his own, had recently been released after a long term of imprisonment for his numerous burglaries; that his whereabouts was being kept quiet, but that he was believed to have settled down in the suburb in question, which we will call for convenience Chisham. A résumé of some of his famous and daring exploits and escapes was given in the same issue. For it is a character of that kind of press, intended for

that kind of public, that it assumes that its reader have no memories. While the peasant will remember an outlaw like Robin Hood or Rob Roy for centuries, the clerk will hardly remember the name of the criminal about whom he argued in trams and tubes two years before. Yet, Michael Moonshine had really shown some of the heroic rascality of Rob Roy or Robin Hood. He was worthy to be turned into legend and not merely into news. He was far too capable a burglar to be a murderer. But his terrific strength and the ease with which he knocked policemen over like ninepins, stunned people, and bound and gagged them, gave something almost like a final touch of fear or mystery to the fact that he never killed them. People almost felt that he would have been more human if he had.

Mr Simon Bankes, the father of the family, was at once better read and more old-fashioned than the rest. He was a sturdy man, with a short grey beard and a brow barred with wrinkles. He had a turn for anecdotes and reminiscence, and he distinctly remembered the days when Londoners had lain awake listening for Mike Moonshine as they did for Spring-heeled Jack. Then there was his wife, a thin, dark lady. There was a sort of acid elegance about her, for her family had much more money than her husband's, if rather less education; and she even possessed a very valuable emerald necklace upstairs, that gave her a right to prominence in a discussion about thieves. There was his daughter, Opal, who was also thin and dark and supposed to be psychic – at any rate, by herself; for she had little domestic encouragement. Spirits of an ardently astral turn will be well advised not to materialise as members of a large family. There was her brother John, a burly youth, particularly boisterous in his indifference to her spiritual development; and otherwise distinguishable only by his interest in motor-cars. He seemed to be always in the act of selling one car and buying another; and by some process, hard for the economic theorist to follow, it was always possible to buy a much better article by selling the one that was damaged or discredited. There was his brother Philip, a young man with dark curly hair, distinguished by his attention to dress; which is doubtless part of the duty of a stockbroker's clerk, but, as the stockbroker was prone to hint, hardly the whole of it. Finally, there was present at this family scene his friend, Daniel Devine, who was also dark and exquisitely dressed, but bearded in a fashion that was somewhat foreign, and therefore, for many, slightly menacing.

It was Devine who had introduced the topic of the newspaper paragraph, tactfully insinuating so effective an instrument of distraction at what looked like the beginning of a small family quarrel; for the psychic lady had begun the description of a vision she had had of pale

faces floating in empty night outside her window, and John Bankes was trying to roar down this revelation of a higher state with more than his usual heartiness.

But the newspaper reference to their new and possibly alarming neighbour soon put both controversialists out of court.

'How frightful,' cried Mrs Bankes. 'He must be quite a newcomer; but who can he possibly be?'

'I don't know any particularly newcomers,' said her husband, 'except Sir Leopold Pulman, at Beechwood House.'

'My dear,' said the lady, 'how absurd you are – Sir Leopold!' Then, after a pause, she added: 'If anybody suggested his secretary now – that man with the whiskers; I've always said, ever since he got the place Philip ought to have had –'

'Nothing doing,' said Philip languidly, making his sole contribution to the conversation. 'Not good enough.'

'The only one I know,' observed Devine, 'is that man called Carver, who is stopping at Smith's Farm. He lives a very quiet life, but he's quite interesting to talk to. I think John has had some business with him.'

'Knows a bit about cars,' conceded the monomaniac John. 'He'll know a bit more when he's been in my new car.'

Devine smiled slightly; everybody had been threatened with the hospitality of John's new car. Then he added reflectively: 'That's a little what I feel about him. He knows a lot about motoring and travelling, and the active ways of the world, and yet he always stays at home pottering about round old Smith's beehives. Says he's only interested in bee culture, and that's why he's staying with Smith. It seems a very quiet hobby for a man of his sort. However, I've no doubt John's car will shake him up a bit.'

As Devine walked away from the house that evening his dark face wore an expression of concentrated thought. His thoughts would, perhaps, have been worthy of our attention, even at this stage; but it is enough to say that their practical upshot was a resolution to pay an immediate visit to Mr Carver at the house of Mr Smith. As he was making his way thither he encountered Barnard, the secretary at Beechwood House, conspicuous by his lanky figure and the large side whiskers which Mrs Bankes counted among her private wrongs. Their acquaintance was slight, and their conversation brief and casual; but Devine seemed to find in it food for further cogitation.

'Look here,' he said abruptly, 'excuse my asking, but is it true that Lady Pulman has some very famous jewellery up at the House? I'm not a professional thief, but I've just heard there's one hanging about.'

'I'll get her to give an eye to them,' answered the secretary. 'To tell the truth, I've ventured to warn her about them already myself. I hope she has attended to it.'

As they spoke, there came the hideous cry of a motor-horn just behind, and John Bankes came to a stop beside them, radiant at his own steering-wheel. When he heard of Devine's destination he claimed it as his own, though his tone suggested rather an abstract relish for offering people a ride. The ride was consumed in continuous praises of the car, now mostly in the matter of its adaptability to weather.

'Shuts up as tight as a box,' he said, 'and opens as easy – as easy as opening your mouth.'

Devine's mouth, at the moment, did not seem so easy to open, and they arrived at Smith's farm to the sound of a soliloquy. Passing the outer gate, Devine found the man he was looking for without going into the house. The man was walking about in the garden, with his hands in his pockets, wearing a large, limp straw hat; a man with a long face and a large chin. The wide brim cut off the upper part of his face with a shadow that looked a little like a mask. In the background was a row of sunny beehives, along which an elderly man, presumably Mr Smith, was moving accompanied by a short, commonplace-looking companion in black clerical costume.

'I say,' burst in the irrepressible John, before Devine could offer any polite greeting, 'I've brought her round to give you a little run. You see if she isn't better than a "Thunderbolt".'

Mr Carver's mouth set into a smile that may have been meant to be gracious, but looked rather grim. 'I'm afraid I shall be too busy for pleasure this evening,' he said.

'How doth the little busy bee,' observed Devine, equally enigmatically. 'Your bees must be very busy if they keep you at it all night. I was wondering if –'

'Well,' demanded Carver, with a certain cool defiance.

'Well, they say we should make hay while the sun shines,' said Devine. 'Perhaps you make honey while the moon shines.'

There came a flash from the shadow of the broad-brimmed hat, as the whites of the man's eyes shifted and shone.

'Perhaps there is a good deal of moonshine in the business,' he said: 'but I warn you my bees do not only make honey. They sting.'

'Are you coming along in the car?' insisted the staring John. But Carver, though he threw off the momentary air of sinister significance with which he had been answering Devine, was still positive in his polite refusal.

'I can't possibly go,' he said. 'Got a lot of writing to do. Perhaps

you'd be kind enough to give some of my friends a run, if you want a companion. This is my friend, Mr Smith, Father Brown –'

'Of course,' cried Bankes; 'let 'em all come.'

'Thank you very much,' said Father Brown. 'I'm afraid I shall have to decline; I've got to go on to Benediction in a few minutes.'

'Mr Smith is your man, then,' said Carver, with something almost like impatience. 'I'm sure Smith is longing for a motor ride.'

Smith, who wore a broad grin, bore no appearance of longing for anything. He was an active little old man with a very honest wig; one of those wigs that look no more natural than a hat. Its tinge of yellow was out of keeping with his colourless complexion. He shook his head and answered with amiable obstinacy:

'I remember I went over this road ten years ago – in one of those contraptions. Came over in it from my sister's place at Holmgate, and never been over that road in a car since. It was rough going I can tell you.'

'Ten years ago!' scoffed John Bankes. 'Two thousand years ago you went in an ox wagon. Do you think cars haven't changed in ten years – and roads, too, for that matter? In my little bus you don't know the wheels are going round. You think you're just flying.'

'I'm sure Smith wants to go flying,' urged Carver. 'It's the dream of his life. Come, Smith, go over to Holmgate and see your sister. You know you ought to go and see your sister. Go over and stay the night if you like.'

'Well, I generally walk over, so I generally do stay the night,' said old Smith. 'No need to trouble the gentleman today, particularly.'

'But think what fun it will be for your sister to see you arrive in a car!' cried Carver. 'You really ought to go. Don't be so selfish.'

'That's it,' assented Bankes, with buoyant benevolence. 'Don't you be selfish. It won't hurt you. You aren't afraid of it, are you?'

'Well,' said Mr Smith, blinking thoughtfully, 'I don't want to be selfish, and I don't think I'm afraid – I'll come with you if you put it that way.'

The pair drove off, amid waving salutations that seemed somehow to give the little group the appearance of a cheering crowd. Yet Devine and the priest only joined in out of courtesy, and they both felt it was the dominating gesture of their host that gave it its final air of farewell. The detail gave them a curious sense of the pervasive force of his personality.

The moment the car was out of sight he turned to them with a sort of boisterous apology and said: 'Well!'

He said it with that curious heartiness which is the reverse of hospitality. That extreme geniality is the same as a dismissal.

'I must be going,' said Devine. 'We must not interrupt the busy bee. I'm afraid I know very little about bees; sometimes I can hardly tell a bee from a wasp.'

'I've kept wasps, too,' answered the mysterious Mr Carver. When his guests were a few yards down the street, Devine said rather impulsively to his companion: 'Rather an odd scene that, don't you think?'

'Yes,' replied Father Brown. 'And what do you think about it?'

Devine looked at the little man in black, and something in the gaze of his great, grey eyes seemed to renew his impulse.

'I think,' he said, 'that Carver was very anxious to have the house to himself tonight. I don't know whether you had any such suspicions?'

'I may have my suspicions,' replied the priest, 'but I'm not sure whether they're the same as yours.'

That evening, when the last dusk was turning into dark in the gardens round the family mansion, Opal Bankes was moving through some of the dim and empty rooms with even more than her usual abstraction; and anyone who had looked at her closely would have noted that her pale face had more than its usual pallor. Despite its bourgeois luxury, the house as a whole had a rather unique shade of melancholy. It was the sort of immediate sadness that belongs to things that are old rather than ancient. It was full of faded fashions, rather than historic customs; of the order and ornament that is just recent enough to be recognised as dead. Here and there, Early Victorian coloured glass tinted the twilight; the high ceilings made the long rooms look narrow; and at the end of the long room down which she was walking was one of those round windows, to be found in the buildings of its period. As she came to about the middle of the room, she stopped, and then suddenly swayed a little, as if some invisible hand had struck her on the face.

An instant after there was the noise or knocking on the front door, dulled by the closed doors between. She knew that the rest of the household were in the upper parts of the house, but she could not have analysed the motive that made her go to the front door herself. On the doorstep stood a dumpy and dingy figure in black, which she recognised as the Roman Catholic priest, whose name was Brown. She knew him only slightly; but she liked him. He did not encourage her psychic views; quite the contrary; but he discouraged them as if they mattered and not as if they did not matter. It was not so much that he did not sympathise with her opinions, as that he did sympathise but did not agree. All this was in some sort of chaos in her mind as she found herself saying, without greeting, or waiting to hear his business: 'I'm so glad you've come. I've seen a ghost.'

'There's no need to be distressed about that,' he said. 'It often

happens. Most of the ghosts aren't ghosts, and the few that may be won't do you any harm. Was it any ghost in particular?'

'No,' she admitted, with a vague feeling of relief, 'it wasn't so much the thing itself as an atmosphere of awful decay, a sort of luminous ruin. It was a face. A face at the window. But it was pale and goggling, and looked like the picture of Judas.'

'Well, some people do look like that,' reflected the priest, 'and I dare say they look in at windows, sometimes. May I come in and see where it happened?'

When she returned to the room with the visitor, however, other members of the family had assembled, and those of a less psychic habit had thought it convenient to light the lamps. In the presence of Mrs Bankes, Father Brown assumed a more conventional civility, and apologised for his intrusion.

'I'm afraid it is taking a liberty with your house, Mrs Bankes,' he said. 'But I think I can explain how the business happens to concern you. I was up at the Pulmans' place just now, when I was rung up and asked to come round here to meet a man who is coming to communicate something that may be of some moment to you. I should not have added myself to the party, only I am wanted, apparently, because I am a witness to what has happened up at Beechwood. In fact, it was I who had to give the alarm.'

'What has happened?' repeated the lady.

'There has been a robbery up, at Beechwood House,' said Father Brown, gravely; 'a robbery, and what I fear is worse, Lady Pulman's jewels have gone; and her unfortunate secretary, Mr Barnard, was picked up in the garden, having evidently been shot by the escaping burglar.'

'That man,' ejaculated the lady of the house. 'I believe he was –'

She encountered the grave gaze of the priest, and her words suddenly went from her; she never knew why.

'I communicated with the police,' he went on, 'and with another authority interested in this case; and they say that even a superficial examination has revealed footprints and finger-prints and other indications of a well-known criminal.'

At this point, the conference was for a moment disturbed, by the return of John Bankes, from what appeared to be an abortive expedition in the car. Old Smith seemed to have been a disappointing passenger, after all.

'Funked it, after all, at the last minute,' he announced with noisy disgust. 'Bolted off while I was looking at what I thought was a puncture. Last time I'll take one of these yokels –'

But his complaints received small attention in the general excitement that gathered round Father Brown and his news.

'Somebody will arrive in a moment,' went on the priest, with the same air of weighty reserve, 'who will relieve me of this responsibility. When I have confronted you with him I shall have done my duty as a witness in a serious business. It only remains for me to say that a servant up at Beechwood House told me that she had seen a face at one of the windows –'

'I saw a face,' said Opal, 'at one of our windows.'

'Oh, you are always seeing faces,' said her brother John roughly.

'It is as well to see facts even if they are faces,' said Father Brown equally, 'and I think the face you saw –'

Another knock at the front door sounded through the house, and a minute afterwards the door of the room opened and another figure appeared. Devine half-rose from his chair at the sight of it.

It was a tall, erect figure, with a long, rather cadaverous face, ending in a formidable chin. The brow was rather bald, and the eyes bright and blue, which Devine had last seen obscured with a broad straw hat.

'Pray don't let anybody move,' said the man called Carver, in clear and courteous tones. But to Devine's disturbed mind the courtesy had an ominous resemblance to that of a brigand who holds a company motionless with a pistol.

'Please sit down, Mr Devine,' said Carver; 'and, with Mrs Bankes's permission, I will follow your example. My presence here necessitates an explanation. I rather fancy you suspected me of being an eminent and distinguished burglar.'

'I did,' said Devine grimly.

'As you remarked,' said Carver, 'it is not always easy to know a wasp from a bee.'

After a pause, he continued: 'I can claim to be one of the more useful, though equally annoying, insects. I am a detective, and I have come down to investigate an alleged renewal of the activities of the criminal calling himself Michael Moonshine. Jewel robberies were his speciality; and there has just been one of them at Beechwood House, which, by all the technical tests, is obviously his work. Not only do the prints correspond, but you may possibly know that when he was last arrested, and it is believed on other occasions also, he wore a simple but effective disguise of a red beard and a pair of large horn-rimmed spectacles.'

Opal Bankes leaned forward fiercely.

'That was it,' she cried in excitement, 'that was the face I saw, with great goggles and a red, ragged beard like Judas. I thought it was a ghost.'

'That was also the ghost the servant at Beechwood saw,' said Carver dryly.

He laid some papers and packages on the table, and began carefully to unfold them. 'As I say,' he continued, 'I was sent down here to make inquiries about the criminal plans of this man, Moonshine. That is why I interested myself in bee-keeping and went to stay with Mr Smith.'

There was a silence, and then Devine started and spoke: 'You don't seriously mean to say that nice old man –'

'Come, Mr Devine,' said Carver, with a smile, 'you believed a beehive was only a hiding-place for me. Why shouldn't it be a hiding-place for him?'

Devine nodded gloomily, and the detective turned back to his papers. 'Suspecting Smith, I wanted to get him out of the way and go through his belongings; so I took advantage of Mr Bankes's kindness in giving him a joy ride. Searching his house, I found some curious things to be owned by an innocent old rustic interested only in bees. This is one of them.'

From the unfolded paper he lifted a long, hairy object almost scarlet in colour – the sort of sham beard that is worn in theatricals.

Beside it lay an old pair of heavy horn-rimmed spectacles.

'But I also found something,' continued Carver, 'that more directly concerns this house, and must be my excuse for intruding tonight. I found a memorandum, with notes of the names and conjectural value of various pieces of jewellery in the neighbourhood. Immediately after the note of Lady Pulman's tiara was the mention of an emerald necklace belonging to Mrs Bankes.'

Mrs Bankes, who had hitherto regarded the invasion of her house with an air of supercilious bewilderment, suddenly grew attentive. Her face suddenly looked ten years older and much more intelligent. But before she could speak the impetuous John had risen to his full height like a trumpeting elephant.

'And the tiara's gone already,' he roared; 'and the necklace – I'm going to see about that necklace!'

'Not a bad idea,' said Carver, as the young man rushed from the room; 'though, of course, we've been keeping our eyes open since we've been here. Well, it took me a little time to make out the memorandum, which was in cipher, and Father Brown's telephone message from the House came as I was near the end. I asked him to run round here first with the news, and I would follow; and so –'

His speech was sundered by a scream. Opal was standing up and pointing rigidly at the round window.

'There it is again!' she cried.

For a moment they all saw something – something that cleared the lady of the charges of lying and hysteria not uncommonly brought against her. Thrust out of the slate-blue darkness without, the face was pale, or, perhaps, blanched by pressure against the glass; and the great, glaring eyes, encircled as with rings, gave it rather the look of a great fish out of the dark-blue sea nosing at the port-hole of a ship. But the gills or fins of the fish were a coppery red; they were, in truth, fierce red whiskers and the upper part of a red beard. The next moment it had vanished.

Devine had taken a single stride towards the window when a shout resounded through the house, a shout that seemed to shake it. It seemed almost too deafening to be distinguishable as words; yet it was enough to stop Devine in his stride, and he knew what had happened.

'Necklace gone!' shouted John Bankes, appearing huge and heaving in the doorway, and almost instantly vanishing again with the plunge of a pursuing hound.

'Thief was at the window just now!' cried the detective, who had already darted to the door, following the headlong John, who was already in the garden.

'Be careful,' wailed the lady, 'they have pistols and things.'

'So have I,' boomed the distant voice of the dauntless John out of the dark garden.

Devine had, indeed, noticed as the young man plunged past him that he was defiantly brandishing a revolver, and hoped there would be no need for him to so defend himself. But even as he had the thought, came the shock of two shots, as if one answered the other, and awakened a wild flock of echoes in that still suburban garden. They flapped into silence.

'Is John dead?' asked Opal in a low, shuddering voice.

Father Brown had already advanced deeper into the darkness, and stood with his back to them, looking down at something. It was he who answered her.

'No,' he said; 'it is the other.'

Carver had joined him, and for a moment the two figures, the tall and the short, blocked out what view the fitful and stormy moonlight would allow. Then they moved to one side and, the others saw the small, wiry figure lying slightly twisted, as if with its last struggle. The false red beard was thrust upwards, as if scornfully at the sky, and the moon shone on the great sham spectacles of the man who had been called Moonshine.

'What an end,' muttered the detective, Carver. 'After all his adventures, to be shot almost by accident by a stockbroker in a suburban garden.'

The stockbroker himself naturally regarded his own triumph with more solemnity, though not without nervousness.

'I had to do it,' he gasped, still panting with exertion. 'I'm sorry, he fired at me.'

'There will have to be an inquest, of course,' said Carver, gravely. 'But I think there will be nothing for you to worry about. There's a revolver fallen from his hand with one shot discharged; and he certainly didn't fire after he'd got yours.'

By this time they had assembled again in the room, and the detective was getting his papers together for departure. Father Brown was standing opposite to him, looking down at the table, as if in a brown study. Then he spoke abruptly: 'Mr Carver, you have certainly worked out a very complete case in a very masterly way. I rather suspected your professional business; but I never guessed you would link everything up together so quickly – the bees and the beard and the spectacles and the cipher and the necklace and everything.'

'Always satisfactory to get a case really rounded off.' said Carver.

'Yes,' said Father Brown, still looking at the table. 'I admire it very much.' Then he added with a modesty verging on nervousness: 'It's only fair to you to say that I don't believe a word of it.'

Devine leaned forward with sudden interest. 'Do you mean you don't believe he is Moonshine, the burglar?'

'I know he is the burglar, but he didn't burgle,' answered Father Brown. 'I know he didn't come here, or to the great house, to steal jewels, or get shot getting away with them. Where are the jewels?'

'Where they generally are in such cases,' said Carver. 'He's either hidden them or passed them on to a confederate. This was not a one-man job. Of course, my people are searching the garden and warning the district.'

'Perhaps,' suggested Mrs Bankes, 'the confederate stole the necklace while Moonshine was looking in at the window.'

'Why was Moonshine looking in at the window?' asked Father Brown quietly. 'Why should he want to look in at the window?'

'Well, what do you think?' cried the cheery John.

'I think,' said Father Brown, 'that he never did want to look in at the window.'

'Then why did he do it?' demanded Carver. 'What's the good of talking in the air like that? We've seen the whole thing acted before our very eyes.'

'I've seen a good many things acted before my eyes that I didn't believe in,' replied the priest. 'So have you, on the stage and off.'

'Father Brown,' said Devine, with a certain respect in his tones, 'will you tell us why you can't believe your eyes?'

'Yes, I will try to tell you,' answered the priest. Then he said gently: 'You know what I am and what we are. We don't bother you much. We try to be friends with all our neighbours. But you can't think we do nothing. You can't think we know nothing. We mind our own business; but we know our own people. I knew this dead man very well indeed; I was his confessor, and his friend. So far as a man can, I knew his mind when he left that garden today; and his mind was like a glass hive full of golden bees. It's an understatement to say his reformation was sincere. He was one of those great penitents who manage to make more out of penitence than others can make out of virtue. I say I was his confessor; but, indeed, it was I who went to him for comfort. It did me good to be near so good a man. And when I saw him lying there dead in the garden, it seemed to me as if certain strange words that were said of old were spoken over him aloud in my ear. They might well be; for if ever a man went straight to heaven, it might be he.'

'Hang it all,' said John Bankes restlessly, 'after all, he was a convicted thief.'

'Yes,' said Father Brown; 'and only a convicted thief has ever in this world heard that assurance: "This night shalt thou be with Me in Paradise."'

Nobody seemed to know what to do with the silence that followed, until Devine said, abruptly, at last: 'Then how in the world would you explain it all?'

The priest shook his head. 'I can't explain it at all, just yet,' he said, simply. 'I can see one or two odd things, but I don't understand them. As yet I've nothing to go on to prove the man's innocence, except the man. But I'm quite sure I'm right.'

He sighed, and put out his hand for his big, black hat. As he removed it he remained gazing at the table with rather a new expression, his round, straight-haired head cocked at a new angle. It was rather as if some curious animal had come out of his hat, as out of the hat of a conjurer. But the others, looking at the table, could see nothing there but the detective's documents and the tawdry old property beard and spectacles.

'Lord bless us,' muttered Father Brown, 'and he's lying outside dead, in a beard and spectacles.' He swung round suddenly upon Devine. 'Here's something to follow up, if you want to know. *Why did he have two beards?*'

With that he bustled in his undignified way out of the room; but Devine was now devoured with curiosity, and pursued him into the front garden.

'I can't tell you now,' said Father Brown. 'I'm not sure, and I'm bothered about what to do. Come round and see me tomorrow, and I may be able to tell you the whole thing. It may already be settled for me, and – did you hear that noise?'

'A motor-car starting,' remarked Devine.

'Mr John Bankes's motor-car,' said the priest. 'I believe it goes very fast.'

'He certainly is of that opinion.' said Devine, with a smile.

'It will go far, as well as fast, tonight,' said Father Brown.

'And what do you mean by that?' demanded the other.

'I mean it will not return,' replied the priest. 'John Bankes suspected something of what I knew from what I said. John Bankes has gone and the emeralds and all the other jewels with him.'

Next day, Devine found Father Brown moving to and fro in front of the row of beehives, sadly, but with a certain serenity.

'I've been telling the bees,' he said. 'You know one has to tell the bees! "Those singing masons building roofs of gold." What a line!' Then more abruptly, 'He would like the bees looked after.'

'I hope he doesn't want the human beings neglected, when the whole swarm is buzzing with curiosity,' observed the young man. 'You were quite right when you said that Bankes was gone with the jewels; but I don't know how you knew, or even what there was to be known.'

Father Brown blinked benevolently at the beehives and said: 'One sort of stumbles on things, and there was one stumbling-block at the start. I was puzzled by poor Barnard being shot up at Beechwood House. Now, even when Michael was a master criminal, he made it a point of honour, even a point of vanity, to succeed without any killing. It seemed extraordinary that when he had become a sort of saint he should go out of his way to commit the sin he had despised when he was a sinner. The rest of the business puzzled me to the last; I could make nothing out of it, except that it wasn't true. Then I had a belated gleam of sense when I saw the beard and goggles and remembered the thief had come in another beard with other goggles. Now, of course, it was just possible that he had duplicates; but it was at least a coincidence that he used neither the old glasses nor the old beard, both in good repair. Again, it was just possible that he went out without them and had to procure new ones; but it was unlikely. There was nothing to make him go motoring with Bankes at all; if he was really going burgling, he could have taken his outfit easily in his pocket.

Besides, beards don't grow on bushes. He would have found it hard to get such things anywhere in the time.

'No, the more I thought of it the more I felt there was something funny about his having a completely new outfit. And then the truth began to dawn on me by reason, which I knew already by instinct. He never did go out with Bankes with any intention of putting on the disguise. He never did put on the disguise. Somebody else manufactured the disguise at leisure, and then put it on him.'

'Put it on him!' repeated Devine. 'How the devil could they?'

'Let us go back,' said Father Brown, 'and look at the thing through another window – the window through which the young lady saw the ghost.'

'The ghost!' repeated the other, with a slight start.

'She called it the ghost,' said the little man, with composure, 'and perhaps she was not so far wrong. It's quite true that she is what they call psychic. Her only mistake is in thinking that being psychic is being spiritual. Some animals are psychic; anyhow, she is a sensitive, and she was right when she felt that the face at the window had a sort of horrible halo of deathly things.'

'You mean –' began Devine.

'I mean it was a dead man who looked in at the window,' said Father Brown. 'It was a dead man who crawled round more than one house, looking in at more than one window. Creepy, wasn't it? But in one way it was the reverse of a ghost; for it was not the antic of the soul freed from the body. It was the antic of the body freed from the soul.'

He blinked again at the beehive and continued: 'But, I suppose, the shortest explanation is to take it from the standpoint of the man who did it. You know the man who did it. John Bankes.'

'The very last man I should have thought of,' said Devine.

'The very first man I thought of,' said Father Brown; 'in so far as I had any right to think of anybody. My friend, there are no good or bad social types or trades. Any man can be a murderer like poor John; any man, even the same man, can be a saint like poor Michael. But if there is one type that tends at times to be more utterly godless than another, it is that rather brutal sort of business man. He has no social ideal, let alone religion; he has neither the gentleman's traditions nor the trade unionist's class loyalty. All his boasts about getting good bargains were practically boasts of having cheated people. His snubbing of his sister's poor little attempts at mysticism was detestable. Her mysticism was all nonsense; but he only hated spiritualism because it was spirituality. Anyhow, there's no doubt he was the villain of the piece; the only interest is in a rather original piece of villainy. It was really a new and

unique motive for murder. It was the motive of using the corpse as a stage property – a sort of hideous doll or dummy. At the start he conceived a plan of killing Michael in the motor, merely to take him home and pretend to have killed him in the garden. But all sorts of fantastic finishing touches followed quite naturally from the primary fact; that he had at his disposal in a closed car at night the dead body of a recognised and recognisable burglar. He could leave his finger-prints and footprints; he could lean the familiar face against windows and take it away. You will notice that Moonshine ostensibly appeared and vanished while Bankes was ostensibly out of the room looking for the emerald necklace.

'Finally, he had only to tumble the corpse on to the lawn, fire a shot from each pistol, and there she was. It might never have been found out but for a guess about the two beards.'

'Why had your friend Michael kept the old beard?' Devine said thoughtfully. 'That seems to me questionable.'

'To me, who knew him, it seems quite inevitable,' replied Father Brown. 'His whole attitude was like that wig that he wore. There was no disguise about his disguises. He didn't want the old disguise any more, but he wasn't frightened of it; he would have felt it false to destroy the false beard. It would have been like hiding; and he was not hiding. He was not hiding from God; he was not hiding from himself. He was in the broad daylight. If they'd taken him back to prison, he'd still have been quite happy. He was not whitewashed, but washed white. There was something very strange about him; almost as strange as the grotesque dance of death through which he was dragged after he was dead. When he moved to and fro smiling among these beehives, even then, in a most radiant and shining sense, he was dead. He was out of the judgment of this world.'

There was a short pause, and then Devine shrugged his shoulders and said: 'It all comes back to bees and wasps looking very much alike in this world, doesn't it?'

The Song of the Flying Fish

The soul of Mr Peregrine Smart hovered like a fly round one possession and one joke. It might be considered a mild joke, for it consisted merely of asking people if they had seen his goldfish. It might also be considered an expensive joke; but it is doubtful whether he was not secretly more attached to the joke than to the evidence of expenditure. In talking to his neighbours in the little group of new houses that had grown up round the old village green, he lost no time in turning the conversation in the direction of his hobby. To Dr Burdock, a rising biologist with a resolute chin and hair brushed back like a German's, Mr Smart made the easy transition. 'You are interested in natural history; have you seen my goldfish?' To so orthodox an evolutionist as Dr Burdock doubtless all nature was one; but at first sight the link was not close, as he was a specialist who had concentrated entirely upon the primitive ancestry of the giraffe. To Father Brown, from a church in the neighbouring provincial town, he traced a rapid train of thought which touched on the topics of 'Rome – St Peter – fisherman – fish – goldfish.' In talking to Mr Imlack Smith, the bank manager, a slim and sallow gentleman of dressy appearance but quiet demeanour, he violently wrenched the conversation to the subject of the gold standard, from which it was merely a step to goldfish. In talking to that brilliant Oriental traveller and scholar, Count Yvon de Lara (whose title was French and his face rather Russian, not to say Tartar), the versatile conversationalist showed an intense and intelligent interest in the Ganges and the Indian Ocean, leading naturally to the possible presence of goldfish in those waters. From Mr Harry Hartopp, the very rich but very shy and silent young gentleman who had recently come down from London, he had at last extorted the information that the embarrassed youth in question was not interested in fishing, and had then added: 'Talking about fishing, have you seen my goldfish?'

The peculiar thing about the goldfish was that they were made of gold. They were part of an eccentric but expensive toy, said to have been made by the freak of some rich Eastern prince, and Mr Smart had picked it up at some sale or in some curiosity shop, such as he frequented for the purpose of lumbering up his house with unique and useless things. From the other end of the room it looked like a rather unusually large bowl containing rather unusually large living fish; a closer inspection showed it to be a huge bubble of beautifully blown

Venetian glass, very thin and delicately clouded with faintly iridescent colour, in the tinted twilight of which hung grotesque golden fishes with great rubies for eyes. The whole thing was undoubtedly worth a great deal in solid material; how much more would depend upon the waves of lunacy passing over the world of collectors. Mr Smart's new secretary, a young man named Francis Boyle, though an Irishman and not credited with caution, was mildly surprised at his talking so freely of the gems of his collection to the group of comparative strangers who happened to have alighted in a rather nomadic fashion in the neighbourhood; for collectors are commonly vigilant and sometimes secretive. In the course of settling down to his new duties, Mr Boyle found he was not alone in this sentiment, and that in others, it passed from a mild wonder to a grave disapproval.

'It's a wonder his throat isn't cut,' said Mr Smart's valet, Harris, not without a hypothetical relish, almost as if he had said, in a purely artistic sense: 'It's a pity.'

'It's extraordinary how he leaves things about,' said Mr Smart's head clerk, Jameson, who had come up from the office to assist the new secretary, 'and he won't even put up those ramshackle old bars across his ramshackle old door.'

'It's all very well with Father Brown and the doctor,' said Mr Smart's housekeeper, with a certain vigorous vagueness that marked her opinions, 'but when it comes to foreigners, I call it tempting providence. It isn't only the Count, either; that man at the bank looks to me much too yellow to be English.'

'Well, that young Hartopp is English enough,' said Boyle good-humouredly, 'to the extent of not having a word to say for himself.'

'He thinks the more,' said the housekeeper. 'He may not be exactly a foreigner, but he is not such a fool as he looks. Foreign is as foreign does, I say,' she added darkly.

Her disapproval would probably have deepened if she had heard the conversation, in her master's drawing-room that afternoon, a conversation of which the goldfish were the text, though the offensive foreigner tended more and more to be the central figure. It was not that he spoke so very much; but even his silences had something positive about them. He looked the more massive for sitting in a sort of heap on a heap of cushions, and in the deepening twilight his wide Mongolian face seemed faintly luminous, like a moon. Perhaps his background brought out something atmospherically Asiatic about his face and figure, for the room was a chaos of more or less costly curiosities, amid which could be seen the crooked curves and burning colours of countless Eastern weapons, Eastern pipes and vessels, Eastern musical instruments and

illuminated manuscripts. Anyhow, as the conversation proceeded, Boyle felt more and more that the figure seated on the cushions and dark against the twilight had the exact outline of a huge image of Buddha.

The conversation was general enough, for all the little local group were present. They were, indeed, often in the habit of dropping in at each other's houses, and by this time constituted a sort of club, of people coming from the four or five houses standing round the green. Of these houses Peregrine Smart's was the oldest, largest, and most picturesque; it straggled down almost the whole of one side of the square, leaving only room for a small villa, inhabited by a retired colonel named Varney, who was reported to be an invalid, and certainly was never seen to go abroad. At right angles to these stood two or three shops that served the simpler needs of the hamlet, and at the corner the inn of the Blue Dragon, at which Mr Hartopp, the stranger from London, was staying. On the opposite side were three houses, one rented by the Count de Lara, one by Dr Burdock, and the third still standing empty. On the fourth side was the bank, with an adjoining house for the bank manager, and a line of fence enclosing some land that was let for building. It was thus a very self-contained group, and the comparative emptiness of the open ground for miles round it threw the members more and more on each other's society. That afternoon, one stranger had indeed broken into the magic circle: a hatchet-faced fellow with fierce tufts of eyebrows and moustache, and so shabbily dressed that he must have been a millionaire or a duke if he had really (as was alleged) come down to do business with the old collector. But he was known, at the Blue Dragon at least, as Mr Harmer.

To him had been recounted anew the glories of the gilded fish and the criticisms regarding their custody.

'People are always telling me I ought to lock them up more carefully,' observed Mr Smart, cocking an eyebrow over his shoulder at the dependant who stood there holding some papers from the office. Smart was a round-faced, round-bodied little old man rather like a bald parrot. 'Jameson and Harris and the rest are always at me to bar the doors as if it were a mediaeval fortress, though really these rotten old rusty bars are too mediaeval to keep anybody out, I should think. I prefer to trust to luck and the local police.'

'It is not always the best bars that keep people out,' said the Count. 'It all depends on who's trying to get in. There was an ancient Hindu hermit who lived naked in a cave and passed through the three armies that encircled the Mogul and took the great ruby out of the tyrant's turban, and went back unscathed like a shadow. For he wished to teach the great how small are the laws of space and time.'

'When we really study the small laws of space and time,' said Dr Burdock dryly, 'we generally find out how those tricks are done. Western science has let in daylight on a good deal of Eastern magic. Doubtless a great deal can be done with hypnotism and suggestion, to say nothing of sleight-of-hand.'

'The ruby was not in the royal tent,' observed the Count in his dream fashion; 'but he found it among a hundred tents.'

'Can't all that be explained by telepathy?' asked the doctor sharply. The question sounded the sharper because it was followed by a heavy silence, almost as if the distinguished Oriental traveller had, with imperfect politeness, gone to sleep.

'I beg your pardon,' he said rousing himself with a sudden smile. 'I had forgotten we were talking with words. In the east we talk with thoughts, and so we never misunderstand each other. It is strange how you people worship words and are satisfied with words. What difference does it make to a thing that you now call it telepathy, as you once called it tomfoolery? If a man climbs into the sky on a mango-tree, how is it altered by saying it is only levitation, instead of saying it is only lies. If a medieval witch waved a wand and turned me into a blue baboon, you would say it was only atavism.'

The doctor looked for a moment as if he might say that it would not be so great a change after all. But before his irritation could find that or any other vent, the man called Harmer interrupted gruffly: 'It's true enough those Indian conjurers can do queer things, but I notice they generally do them in India. Confederates, perhaps, or merely mass psychology. I don't think those tricks have ever been played in an English village, and I should say our friend's goldfish were quite safe.'

'I will tell you a story,' said de Lara, in his motionless way, 'which happened not in India, but outside an English barrack in the most modernised part of Cairo. A sentinel was standing inside the grating of an iron gateway looking out between the bars on to the street. There appeared outside the gate a beggar, barefoot and in native rags, who asked him, in English that was startlingly distinct and refined, for a certain official document kept in the building for safety. The soldier told the man, of course, that he could not come inside; and the man answered, smiling: "What is inside and what is outside?" The soldier was still staring scornfully through the iron grating when he gradually realised that, though neither he nor the gate had moved, he was actually standing in the street and looking in at the barrack yard, where the beggar stood still and smiling and equally motionless. Then, when the beggar turned towards the building, the sentry awoke to such sense as he had left, and shouted a warning to all the soldiers within the gated

enclosure to hold the prisoner fast. "You won't get out of there anyhow," he said vindictively. Then the beggar said in his silvery voice: "What is outside and what is inside?" And the soldier, still glaring through the same bars, saw that they were once more between him and the street, where the beggar stood free and smiling with a paper in his hand.'

Mr Imlack Smith, the bank manager, was looking at the carpet with his dark sleek head bowed, and he spoke for the first time.

'Did anything happen about the paper?' he asked.

'Your professional instincts are correct, sir,' said the Count with grim affability. 'It was a paper of considerable financial importance. Its consequences were international.'

'I hope they don't occur often,' said young Hartopp gloomily.

'I do not touch the political side,' said the Count serenely, 'but only the philosophical. It illustrates how the wise man can get behind time and space and turn the levers of them, so to speak, so that the whole world turns round before our eyes. But is it so hard for you people to believe that spiritual powers are really more powerful than material ones.'

'Well,' said old Smart cheerfully, 'I don't profess to be an authority on spiritual powers. What do you say, Father Brown?'

'The only thing that strikes me,' answered the little priest, 'is that all the supernatural acts we have yet heard of seem to be thefts. And stealing by spiritual methods seem to me much the same as stealing by material ones.'

'Father Brown is a Philistine,' said the smiling Smith.

'I have a sympathy with the tribe,' said Father Brown. 'A Philistine is only a man who is right without knowing why.'

'All this is too clever for me,' said Hartopp heartily.

'Perhaps,' said Father Brown with a smile, 'you would like to speak without words, as the Count suggests. He would begin by saying nothing in a pointed fashion, and you would retort with a burst of taciturnity.'

'Something might be done with music,' murmured the Count dreamily. 'It would be better than all these words.'

'Yes, I might understand that better,' said the young man in a low voice.

Boyle had followed the conversation with curious attention, for there was something in the demeanour of more than one of the talkers that seemed to him significant or even odd. As the talk drifted to music, with an appeal to the dapper bank manager (who was an amateur musician of some merit), the young secretary awoke with a start to his secretarial duties, and reminded his employer that the head clerk was still standing patiently with the papers in his hand.

'Oh, never mind about those just now, Jameson,' said Smart rather hurriedly. 'Only something about my account; I'll see Mr Smith about it later. You were saying that the 'cello, Mr Smith –'

But the cold breath of business had sufficed to disperse the fumes of transcendental talk, and the guests began one after another to say farewell. Only Mr Imlack Smith, bank manager and musician, remained to the last; and when the rest were gone he and his host went into the inner room, where the goldfish were kept, and closed the door.

The house was long and narrow, with a covered balcony running along the first floor, which consisted mostly of a sort of suite of rooms used by the householder himself, his bedroom and dressing-room, and an inner room in which his very valuable treasures were sometimes stored for the night instead of being left in the rooms below. This balcony, like the insufficiently barred door below it, was a matter of concern to the housekeeper and the head clerk and the others who lamented the carelessness of the collector; but, in truth, that cunning old gentleman was more careful than he seemed. He professed no great belief in the antiquated fastenings of the old house, which the housekeeper lamented to see rusting in idleness, but he had an eye to the more important point of strategy. He always put his favourite goldfish in the room at the back of his bedroom for the night, and slept in front of it, as it were, with a pistol under his pillow. And when Boyle and Jameson, awaiting his return from the tête-à-tête, at length saw the door open and their employer reappear, he was carrying the great glass bowl as reverently as if it had been the relic of a saint.

Outside, the last edges of the sunset still clung to the corners of the green square; but inside, a lamp had already been kindled; and in the mingling of the two lights the coloured globe glowed like some monstrous jewel, and the fantastic outlines of the fiery fishes seemed to give it, indeed, something of the mystery of a talisman, like strange shapes seen by a seer in the crystal of doom. Over the old man's shoulder the olive face of Imlack Smith stared like a sphinx.

'I am going up to London tonight, Mr Boyle,' said old Smart, with more gravity than he commonly showed. 'Mr Smith and I are catching the six-forty-five. I should prefer you, Jameson, to sleep upstairs in my room tonight; if you put the bowl in the back room as usual, it will be quite safe then. Not that I suppose anything could possibly happen.'

'Anything may happen anywhere,' said the smiling Mr Smith. 'I think you generally take a gun to bed with you. Perhaps you had better leave it behind in this case.'

Peregrine Smart did not reply, and they passed out of the house on to the road round the village green.

The secretary and the head clerk slept that night as directed in their employer's bedroom. To speak more strictly, Jameson, the head clerk, slept in a bed in the dressing-room, but the door stood open between, and the two rooms running along the front were practically one. Only the bedroom had a long french window giving on the balcony, and an entrance at the back into the inner apartment where the goldfish bowl had been placed for safety. Boyle dragged his bed right across so as to bar this entrance, put the revolver under his pillow, and then undressed and went to bed, feeling that he had taken all possible precautions against an impossible or improbable event. He did not see why there should be any particular danger of normal burglary; and as for the spiritual burglary that figured in the traveller's tales of the Count de Lara, if his thoughts ran on them so near to sleep it was because they were such stuff as dreams are made of. They soon turned into dreams with intervals of dreamless slumber. The old clerk was a little more restless as usual; but after fussing about a little longer and repeating some of his favourite regrets and warnings, he also retired to his bed in the same manner and slept. The moon brightened and grew dim again above the green square and the grey blocks of houses in a solitude and silence that seemed to have no human witness; and it was when the white cracks of daybreak had already appeared in the corners of the grey sky that the thing happened.

Boyle, being young, was naturally both the healthier and the heavier sleeper of the two. Though active enough when he was once awake, he always had a load to lift in waking. Moreover, he had dreams of the sort that cling to the emerging minds like the dim tentacles of an octopus. They were a medley of many things, including his last look from the balcony across the four grey roads and the green square. But the pattern of them changed and shifted and turned dizzily, to the accompaniment of a low grinding noise, which sounded somehow like a subterranean river, and may have been no more than old Mr Jameson snoring in the dressing-room. But in the dreamer's mind all that murmur and motion was vaguely connected with the words of the Count de Lara, about a wisdom that could hold the levers of time and space and turn the world. In the dream it seemed as if a vast murmuring machinery under the world were really moving whole landscapes hither and thither, so that the ends of the earth might appear in a man's front-garden, or his own front-garden be exiled beyond the sea.

The first complete impressions he had were the words of a song, with a rather thin metallic accompaniment; they were sung in a foreign accent and a voice that was still strange and yet faintly familiar. And yet he could hardly feel sure that he was not making up poetry in his sleep.

> Over the land and over the sea
> My flying fishes will come to me,
> For the note is not of the world that wakes them,
> But in –

He struggled to his feet and saw that his fellow-guardian was already out of bed; Jameson was peering out of the long window on to the balcony and calling out sharply to someone in the street below.

'Who's that?' he called out sharply. 'What do you want?'

He turned to Boyle in agitation, saying: 'There's somebody prowling about just outside. I knew it wasn't safe. I'm going down to bar that front door, whatever they say.'

He ran downstairs in a flutter and Boyle could hear the clattering of the bars upon the front door; but Boyle himself stepped out upon the balcony and looked out on the long grey road that led up to the house, and he thought he was still dreaming.

Upon that grey road leading across that empty moor and through that little English hamlet, there had appeared a figure that might have stepped straight out of the jungle or the bazaar – a figure out of one of the Count's fantastic stories; a figure out of the *Arabian Nights*. The rather ghostly grey twilight which begins to define and yet to discolour everything when the light in the east has ceased to be localised, lifted slowly like a veil of grey gauze and showed him a figure wrapped in outlandish raiment. A scarf of a strange sea-blue, vast and voluminous, went round the head like a turban, and then again round the chin, giving rather the general character of a hood; so far as the face was concerned it had all the effects of a mask. For the raiment round the head was drawn close as a veil; and the head itself was bowed over a queer-looking musical instrument made of silver or steel, and shaped like a deformed or crooked violin. It was played with something like a silver comb, and the notes were curiously thin and keen. Before Boyle could open his mouth, the same haunting alien accent came from under the shadow of the burnous, singing-words of the same sort:

> As the golden birds go back to the tree
> My golden fishes return to me.
> Return –

'You've no right here,' called out Boyle in exasperation, hardly knowing what he said.

'I have a right to the goldfish,' said the stranger, speaking more like

King Solomon than an unsandalled Bedouin in a ragged blue cloak. 'And they will come to me. Come!'

He struck his strange fiddle as his voice rose sharply on the word. There was a pang of sound that seemed to pierce the mind, and then there came a fainter sound, like an answer: a vibrant whisper. It came from the dark room behind where the bowl of goldfish was standing.

Boyle turned towards it; and even as he turned the echo in the inner room changed to a long tingling sound like an electric bell, and then to a faint crash. It was still a matter of seconds since he had challenged the man from the balcony; but the old clerk had already regained the top of the stairs, panting a little, for he was an elderly gentleman.

'I've locked up the door, anyhow,' he said.

'The stable door,' said Boyle out of the darkness of the inner room.

Jameson followed him into that apartment and found him staring down at the floor, which was covered with a litter of coloured glass like the curved bits of a broken rainbow.

'What do you mean by the stable door?' began Jameson.

'I mean that the steed is stolen,' answered Boyle. 'The flying steeds. The flying fishes our Arab friend outside has just whistled to like so many performing puppies.'

'But how could he?' exploded the old clerk, as if such events were hardly respectable.

'Well, they're gone,' said Boyle shortly. 'The broken bowl is here, which would have taken a long time to open properly, but only a second to smash. But the fish are gone, God knows how, though I think our friend ought to be asked.'

'We are wasting time,' said the distracted Jameson. 'We ought to be after him at once.'

'Much better be telephoning the police at once,' answered Boyle. 'They ought to outstrip him in a flash with motors and telephones that go a good deal farther than we should ever get, running through the village in our nightgowns. But it may be there are things even the police cars and wires won't outstrip.'

While Jameson was talking to the police-station through the telephone in an agitated voice, Boyle went out again on to the balcony and hastily scanned that grey landscape of daybreak. There was no trace of the man in the turban, and no other sign of life, except some faint stirrings an expert might have recognised in the hotel of the Blue Dragon. Only Boyle, for the first time, noted consciously something that he had all along been noting unconsciously. It was like a fact struggling in the submerged mind and demanding its own meaning. It was simply the fact that the grey landscape had never been entirely

grey; there was one gold spot amid its stripes of colourless colour, a lamp lighted in one of the houses on the other side of the green. Something, perhaps irrational, told him that it had been burning through all the hours of the darkness and was only fading with the dawn. He counted the houses, and his calculation brought out a result which seemed to fit in with something, he knew not what. Anyhow, it was apparently the house of the Count Yvon de Lara.

Inspector Pinner had arrived with several policemen, and done several things of a rapid and resolute sort, being conscious that the very absurdity of the costly trinkets might give the case considerable prominence in the newspapers. He had examined everything, measured everything, taken down everybody's deposition, taken everybody's finger-prints, put everybody's back up, and found himself at the end left facing a fact which he could not believe. An Arab from the desert had walked up the public road and stopped in front of the house of Mr Peregrine Smart, where a bowl of artificial goldfish was kept in an inner room; he had then sung or recited a little poem, and the bowl had exploded like a bomb and the fishes vanished into thin air. Nor did it soothe the inspector to be told by a foreign Count – in a soft, purring voice – that the bounds of experience were being enlarged.

Indeed, the attitude of each member of the little group was characteristic enough. Peregrine Smart himself had come back from London the next morning to hear the news of his loss. Naturally he admitted a shock; but it was typical of something sporting and spirited in the little old gentleman, something that always made his small strutting figure look like a cock-sparrow's, that he showed more vivacity in the search than depression at the loss. The man named Harmer, who had come to the village on purpose to buy the goldfish, might be excused for being a little testy on learning they were not there to be bought. But, in truth, his rather aggressive moustache and eyebrows seemed to bristle with something more definite than disappointment, and the eyes that darted over the company were bright with a vigilance that might well be suspicion. The sallow face of the bank manager, who had also returned from London though by a later train, seemed again and again to attract those shining and shifting eyes like a magnet. Of the two remaining figures of the original circle, Father Brown was generally silent when he was not spoken to, and the dazed Hartopp was often silent even when he was.

But the Count was not a man to let anything pass that gave an apparent advantage to his views. He smiled at his rationalistic rival, the doctor, in the manner of one who knows how it is possible to be irritating by being ingratiating.

'You will admit, doctor,' he said, 'that at least some of the stories you thought so improbable look a little more realistic today than they did yesterday. When a man as ragged as those I described is able, by speaking a word, to dissolve a solid vessel inside the four walls of the house he stands outside, it might perhaps be called an example of what I said about spiritual powers and material barriers.'

'And it might be called an example of what I said,' said the doctor sharply, 'about a little scientific knowledge being enough to show how the tricks are done.'

'Do you really mean, doctor,' asked Smart in some excitement, 'that you can throw any scientific light on this mystery?'

'I can throw light on what the Count calls a mystery,' said the doctor, 'because it is not a mystery at all. That part of it is plain enough. A sound is only a wave of vibration, and certain vibrations can break glass, if the sound is of a certain kind and the glass of a certain kind. The man did not stand in the road and think, which the Count tells us is the ideal method when Orientals want a little chat. He sang out what he wanted, quite loud, and struck a shrill note on an instrument. It is similar to many experiments by which glass of special composition has been cracked.'

'Such as the experiment,' said the Count lightly, 'by which several lumps of solid gold have suddenly ceased to exist.'

'Here comes Inspector Pinner,' said Boyle. 'Between ourselves, I think he would regard the doctor's natural explanation as quite as much of a fairy tale as the Count's preternatural one. A very sceptical intellect, Mr Pinner's, especially about me. I rather think I am under suspicion.'

'I think we are all under suspicion,' said the Count.

It was the presence of this suspicion in his own case that led Boyle to seek the personal advice of Father Brown. They were walking round the village green together, some hours later in the day, when the priest, who was frowning thoughtfully at the ground as he listened, suddenly stopped.

'Do you see that?' he asked. 'Somebody's been washing the pavement here – just this little strip of pavement outside Colonel Varney's house. I wonder whether that was done yesterday.'

Father Brown looked rather earnestly at the house, which was high and narrow, and carried rows of striped sun-blinds of gay but already faded colours. The chinks or crannies that gave glimpses of the interior looked all the darker; indeed, they looked almost black in contrast with the facade thus golden in the morning light.

'That is Colonel Varney's house, isn't it?' he asked. 'He comes from the East, too, I fancy. What sort of man is he?'

'I've never even seen him,' answered Boyle. 'I don't think anybody's seen him, except Dr Burdock, and I rather fancy the doctor doesn't see him more than he need.'

'Well, I'm going to see him for a minute,' said Father Brown.

The big front door opened and swallowed the small priest, and his friend stood staring at it in a dazed and irrational manner, as if wondering whether it would ever open again. It opened in a few minutes, and Father Brown emerged, still smiling, and continued his slow and pottering progress round the square of roads. Sometimes he seemed to have forgotten the matter in hand altogether, for he would make passing remarks on historical and social questions, or on the prospects of development in the district. He remarked on the soil used for the beginning of a new road by the bank; he looked across the old village green with a vague expression.

'Common land. I suppose people ought to feed their pigs and geese on it, if they had any pigs or geese; as it is, it seems to feed nothing but nettles and thistles. What a pity that what was supposed to be a sort of large meadow has been turned into a small and petty wilderness. That's Dr Burdock's house opposite, isn't it?'

'Yes,' answered Boyle, almost jumping at this abrupt postscript.

'Very well,' answered Father Brown, 'then I think we'll go indoors again.'

As they opened the front door of Smart's house and mounted the stairs, Boyle repeated to his companion many details of the drama enacted there at daybreak.

'I suppose you didn't doze off again?' asked Father Brown, 'giving time for somebody to scale the balcony while Jameson ran down to secure the door.'

'No,' answered Boyle; 'I am sure of that. I woke up to hear Jameson challenging the stranger from the balcony; then I heard him running downstairs and putting up the bars, and then in two strides I was on the balcony myself.'

'Or could he have slipped in between you from another angle? Are there any other entrances besides the front entrance?'

'Apparently there are not,' said Boyle gravely.

'I had better make sure, don't you think?' asked Father Brown apologetically, and scuttled softly downstairs again. Boyle remained in the front bedroom gazing rather doubtfully after him. After a comparatively brief interval the round and rather rustic visage appeared again at the head of the stairs, looking rather like a turnip ghost with a broad grin.

'No; I think that settles the matter of entrances,' said the turnip ghost,

cheerfully. 'And now, I think, having got everything in a tight box, so to speak, we can take stock of what we've got. It's rather a curious business.'

'Do you think,' asked Boyle, 'that the Count or the colonel, or any of these Eastern travellers have anything to do with it? Do you think it is – preternatural?'

'I will grant you this,' said the priest gravely, 'if the Count, or the colonel, or any of your neighbours did dress up in Arab masquerade and creep up to this house in the dark – then it was preternatural.'

'What do you mean? Why?'

'Because the Arab left no footprints,' answered Father Brown. 'The colonel on the one side and the banker on the other are the nearest of your neighbours. That loose red soil is between you and the bank, it would print off bare feet like a plaster cast and probably leave red marks everywhere. I braved the colonel's curry-seasoned temper to verify the fact that the front pavement was washed yesterday and not today; it was wet enough to make wet footprints all along the road. Now, if the visitor were the Count or the doctor in the houses opposite, he might possibly, of course, have come across the common. But he must have found it exceedingly uncomfortable with bare feet, for it is, as I remarked, one mass of thorns and thistles and stinging nettles. He would surely have pricked himself and probably left traces of it. Unless, as you say, he was a preternatural being.'

Boyle looked steadily at the grave and indecipherable face of his clerical friend.

'Do you mean that he was?' he asked, at length.

'There is one general truth to remember,' said Father Brown, after a pause. 'A thing can sometimes be too close to be seen, as, for instance, a man cannot see himself. There was a man who had a fly in his eye when he looked through the telescope, and he discovered that there was a most incredible dragon in the moon. And I am told that if a man hears the exact reproduction of his own voice it sounds like the voice of a stranger. In the same way, if anything is right in the foreground of our life we hardly see it, and if we did we might think it quite odd. If the thing in the foreground got into the middle distance, we should probably think it had come from the remote distance. Just come outside the house again for a moment. I want to show you how it looks from another standpoint.'

He had already risen, and as they descended the stairs he continued his remarks in a rather groping fashion as if he were thinking aloud.

'The Count and the Asiatic atmosphere all come in, because, in a case like this, everything depends on the preparation of the mind. A man can reach a condition in which a brick, falling on his head, will

seem to be a Babylonian brick carved with cuneiform, and dropped from the Hanging Gardens of Babylon, so that he will never even look at the brick and see it is of one pattern with the bricks of his own house. So in your case –'

'What does this mean?' interrupted Boyle, staring and pointing at the entrance. 'What in the name of wonder does it mean? The door is barred again.'

He was staring at the front door by which they had entered but a little while before, and across which stood, once more, the great dark bands of rusty iron which had once, as he had said, locked the stable door too late. There was something darkly and dumbly ironic in those old fastenings closing behind them and imprisoning them as if of their own motion.

'Oh those!' said Father Brown casually. 'I put up those bars myself, just now. Didn't you hear me?'

'No,' answered Boyle, staring. 'I heard nothing.'

'Well, I rather thought you wouldn't,' said the other equably. 'There's really no reason why anybody upstairs should hear those bars being put up. A sort of hook fits easily into a sort of hole. When you're quite close you hear a dull click; but that's all. The only thing that makes any noise a man could hear upstairs, is this.'

And he lifted the bar out of its socket and let it fall with a clang at the side of the door,

'It does make a noise if you *unbar* the door,' said Father Brown gravely, 'even if you do it pretty carefully.'

'You mean –'

'I mean,' said Father Brown, 'that what you heard upstairs was Jameson opening the door and not shutting it. And now let's open the door ourselves and go outside.'

When they stood outside in the street, under the balcony, the little priest resumed his previous explanation as coolly as if it had been a chemical lecture.

'I was saying that a man may be in the mood to look for something very distant, and not realise that it is something very close, something very close to himself, perhaps something very like himself. It was a strange and outlandish thing that you saw when you looked down at this road. I suppose it never occurred to you to consider what he saw when he looked up at that balcony?'

Boyle was staring at the balcony and did not answer, and the other added: 'You thought it very wild and wonderful that an Arab should come through civilised England with bare feet. You did not remember that at the same moment you had bare feet yourself.'

Boyle at last found words, and it was to repeat words already spoken. 'Jameson opened the door,' he said mechanically.

'Yes,' assented, his friend. 'Jameson opened the door and came out into the road in his nightclothes, just as you came out on the balcony. He caught up two things that you had seen a hundred times: the length of old blue curtain that he wrapped round his head, and the Oriental musical instrument you must have often seen in that heap of Oriental curiosities. The rest was atmosphere and acting, very fine acting, for he is a very fine artist in crime.'

'Jameson!' exclaimed Boyle incredulously. 'He was such a dull old stick that I never even noticed him.'

'Precisely,' said the priest, 'he was an artist. If he could act a wizard or a troubadour for six minutes, do you think he could not act a clerk for six weeks?'

'I am still not quite sure of his object,' said Boyle.

'His object has been achieved,' replied Father Brown, 'or very nearly achieved. He had taken the goldfish already, of course, as he had twenty chances of doing. But if he had simply taken them, everybody would have realised that he had twenty chances of doing it. By creating a mysterious magician from the end of the earth, he set everybody's thoughts wandering far afield to Arabia and India, so that you yourself can hardly believe that the whole thing was so near home. It was too close to you to be seen.'

'If this is true,' said Boyle, 'it was an extraordinary risk to run, and he had to cut it very fine. It's true I never heard the man in the street say anything while Jameson was talking from the balcony, so I suppose that was all a fake. And I suppose it's true that there was time for him to get outside before I had fully woken up and got out on to the balcony.'

'Every crime depends on somebody not waking up too soon,' replied Father Brown; 'and in every sense most of us wake up too late. I, for one, have woken up much too late. For I imagine he's bolted long ago, just before or just after they took his finger-prints.'

'You woke up before anybody else, anyhow,' said Boyle, 'and I should never have woken up in that sense. Jameson was so correct and colourless that I forgot all about him.'

'Beware of the man you forget,' replied his friend; 'he is the one man who has you entirely at a disadvantage. But I did not suspect him, either, until you told me how you had heard him barring the door.'

'Anyhow, we owe it all to you,' said Boyle warmly.

'You owe it all to Mrs Robinson,' said Father Brown with a smile.

'Mrs Robinson?' questioned the wondering secretary. 'You don't mean the housekeeper?'

'Beware of the woman you forget, and even more,' answered the other. 'This man was a very high-class criminal; he had been an excellent actor, and therefore he was a good psychologist. A man like the Count never hears any voice but his own; but this man could listen, when you had all forgotten he was there, and gather exactly the right materials for his romance and know exactly the right note to strike to lead you all astray. But he made one bad mistake in the psychology of Mrs Robinson, the housekeeper.'

'I don't understand,' answered Boyle, 'what she can have to do with it.'

'Jameson did not expect the doors to be barred,' said Father Brown. 'He knew that a lot of men, especially careless men like you and your employer, could go on saying for days that something ought to be done, or might as well be done. But if you convey to a woman that something ought to be done, there is always a dreadful danger that she will suddenly do it.'

The Actor and the Alibi

Mr Mundon Mandeville, the theatrical manager, walked briskly through the passages behind the scenes, or rather below the scenes. His attire was smart and festive, perhaps a little too festive; the flower in his buttonhole was festive; the very varnish on his boots was festive; but his face was not at all festive. He was a big, bull-necked, black-browed man, and at the moment his brow was blacker than usual. He had in any case, of course, the hundred botherations that besiege a man in such a position; and they ranged from large to small and from new to old. It annoyed him to pass through the passages where the old pantomime scenery was stacked; because he had successfully begun his career at that theatre with very popular pantomimes, and had since been induced to gamble in more serious and classical drama over which he had dropped a good deal of money. Hence, to see the sapphire Gates of Bluebeard's Blue Palace, or portions of the Enchanted Grove of Golden Orange Trees, leaning up against the wall to be festooned with cobwebs or nibbled by mice, did not give him that soothing sense of a return to simplicity which we all ought to have when given a glimpse of that wonderland of our childhood. Nor had he any time to drop a tear where he had dropped the money, or to dream of this Paradise of Peter Pan; for he had been summoned hurriedly to settle a practical problem, not of the past but of the moment. It was the sort of thing that does sometimes happen in that strange world behind the scenes; but it was big enough to be serious. Miss Maroni, the talented young actress of Italian parentage, who had undertaken to act an important part in the play that was to be rehearsed that afternoon and performed that evening, had abruptly and even violently refused at the last moment to do anything of the kind. He had not even seen the exasperating lady yet; and as she had locked herself up in her dressing-room and defied the world through the door, it seemed unlikely, for the present, that he would. Mr Mundon Mandeville was sufficiently British to explain it by murmuring that all foreigners were mad; but the thought of his good fortune in inhabiting the only sane island of the planet did not suffice to soothe him any more than the memory of the Enchanted Grove. All these things, and many more, were annoying; and yet a very intimate observer might have suspected that something was wrong with Mr Mandeville that went beyond annoyance.

If it be possible for a heavy and healthy man to look haggard, he looked haggard. His face was full, but his eye-sockets were hollow; his mouth twitched as if it were always trying to bite the black strip of moustache that was just too short to be bitten. He might have been a man who had begun to take drugs; but even on that assumption there was something that suggested that he had a reason for doing it; that the drug was not the cause of the tragedy, but the tragedy the cause of the drug. Whatever was his deeper secret, it seemed to inhabit that dark end of the long passage where was the entrance to his own little study; and as he went along the empty corridor, he threw back a nervous glance now and then.

However, business is business; and he made his way to the opposite end of the passage where the blank green door of Miss Maroni defied the world. A group of actors and other people involved were already standing in front of it, conferring and considering, one might almost fancy, the advisability of a battering-ram. The group contained one figure, at least, who was already well enough known; whose photograph was on many mantelpieces and his autograph in many albums. For though Norman Knight was playing the hero in a theatre that was still a little provincial and old-fashioned and capable of calling him the first walking gentleman, he, at least, was certainly on the way to wider triumphs. He was a good-looking man with a long cleft chin and fair hair low on his forehead, giving him a rather Neronian look that did not altogether correspond to his impulsive and plunging movements. The group also contained Ralph Randall, who generally acted elderly character parts, and had a humorous hatchet face, blue with shaving, and discoloured with grease paint. It contained Mandeville's second walking gentleman, carrying on the not yet wholly vanished tradition of Charles's Friend, a dark, curly-haired youth of somewhat Semitic profile bearing the name of Aubrey Vernon.

It included Mr Mundon Mandeville's wife's maid or dresser, a very powerful-looking person with tight red hair and a hard wooden face. It also, incidentally, included Mandeville's wife, a quiet woman in the background, with a pale, patient face, the lines of which had not lost a classical symmetry and severity, but which looked all the paler because her very eyes were pale, and her pale yellow hair lay in two plain bands like some very archaic Madonna. Not everybody knew that she had once been a serious and successful actress in Ibsen and the intellectual drama. But her husband did not think much of problem plays; and certainly at the moment was more interested in the problem of getting a foreign actress out of a locked room; a new version of the conjuring trick of the Vanishing Lady.

'Hasn't she come out yet?' he demanded, speaking to his wife's businesslike attendant rather than to his wife.

'No, sir,' answered the woman – who was known as Mrs Sands – in a sombre manner.

'We are beginning to get a little alarmed,' said old Randall. 'She seemed quite unbalanced, and we're afraid she might even do herself some mischief.'

'Hell!' said Mandeville in his simple and artless way. 'Advertisement's very good, but we don't want that sort of advertisement. Hasn't she any friends here? Has nobody any influence with her?'

'Jarvis thinks the only man who might manage her is her own priest round the corner,' said Randall; 'and in case she does start hanging herself on a hat peg, I really thought perhaps he'd better be here. Jarvis has gone to fetch him – and, as a matter of fact, here he comes.'

Two more figures appeared in that subterranean passage under the stage: the first was Ashton Jarvis, a jolly fellow who generally acted villains, but who had surrendered that high vocation for the moment to the curly-headed youth with the nose. The other figure was short and square and clad all in black; it was Father Brown from the church round the corner.

Father Brown seemed to take it quite naturally and even casually, that he should be called in to consider the queer conduct of one of his flock, whether she was to be regarded as a black sheep or only as a lost lamb. But he did not seem to think much of the suggestion of suicide.

'I suppose there was some reason for her flying off the handle like that,' he said. 'Does anybody know what it was?'

'Dissatisfied with her part, I believe,' said the older actor.

'They always are,' growled Mr Mundon Mandeville. 'And I thought my wife would look after those arrangements.'

'I can only say,' said Mrs Mundon Mandeville rather wearily, 'that I gave her what ought to be the best part. It's supposed to be what stage-struck young women want, isn't it – to act the beautiful young heroine and marry the beautiful young hero in a shower of bouquets and cheers from the gallery? Women of my age naturally have to fall back on acting respectable matrons, and I was careful to confine myself to that.'

'It would be devilish awkward to alter the parts now, anyhow,' said Randall.

'It's not to be thought of,' declared Norman Knight firmly. 'Why, I could hardly act – but anyhow it's much too late.'

Father Brown had slipped forward and was standing outside the locked door listening.

'Is there no sound?' asked the manager anxiously; and then added in a lower voice: 'Do you think she can have done herself in?'

'There is a certain sound,' replied Father Brown calmly. 'I should be inclined to deduce from the sound that she is engaged in breaking windows or looking-glasses, probably with her feet. No; I do not think there is much danger of her going on to destroy herself. Breaking looking-glasses with your feet is a very unusual prelude to suicide. If she had been a German, gone away to think quietly about metaphysics and *weltschmerz*, I should be all for breaking the door down. These Italians don't really die so easily; and are not liable to kill themselves in a rage. Somebody else, perhaps – yes, possibly – it might be well to take ordinary precautions if she comes out with a leap.'

'So you're not in favour of forcing the door?' asked Mandeville.

'Not if you want her to act in your play,' replied Father Brown. 'If you do that, she'll raise the roof and refuse to stay in the place; if you leave her alone – she'll probably come out from mere curiosity. If I were you, I should just leave somebody to guard the door, more or less, and trust to time for an hour or two.'

'In that case,' said Mandeville, 'we can only get on with rehearsing the scenes where she doesn't appear. My wife will arrange all that is necessary for scenery just now. After all, the fourth act is the main business. You had better get on with that.'

'Not a dress rehearsal,' said Mandeville's wife to the others.

'Very well,' said Knight, 'not a dress rehearsal, of course. I wish the dresses of the infernal period weren't so elaborate.'

'What is the play?' asked the priest with a touch of curiosity.

'*The School for Scandal*,' said Mandeville. 'It may be literature, but I want plays. My wife likes what she calls classical comedies. A long sight more classic than comic.'

At this moment, the old doorkeeper known as Sam, and the solitary inhabitant of the theatre during off-hours, came waddling up to the manager with a card, to say that Lady Miriam Marden wished to see him. He turned away, but Father Brown continued to blink steadily for a few seconds in the direction of the manager's wife, and saw that her wan face wore a faint smile; not altogether a cheerful smile.

Father Brown moved off in company with the man who had brought him in, who happened, indeed, to be a friend and person of a similar persuasion, which is not uncommon among actors. As he moved off, however, he heard Mrs Mandeville give quiet directions to Mrs Sands that she should take up the post of watcher beside the closed door.

'Mrs Mandeville seems to be an intelligent woman,' said the priest to his companion, 'though she keeps so much in the background.'

'She was once a highly intellectual woman,' said Jarvis sadly; 'rather washed-out and wasted, some would say, by marrying a bounder like Mandeville. She has the very highest ideals of the drama, you know; but, of course, it isn't often she can get her lord and master to look at anything in that light. Do you know, he actually wanted a woman like that to act as a pantomime boy? Admitted that she was a fine actress, but said pantomimes paid better. That will give you about a measure of his psychological insight and sensibility. But she never complained. As she said to me once: "Complaint always comes back in an echo from the ends of the world; but silence strengthens us." If only she were married to somebody who understood her ideas she might have been one of the great actresses of the age; indeed, the highbrow critics still think a lot of her. As it is, she is married to that.'

And he pointed to where the big black bulk of Mandeville stood with his back to them, talking to the ladies who had summoned him forth into the vestibule. Lady Miriam was a very long and languid and elegant lady, handsome in a recent fashion largely modelled on Egyptian mummies; her dark hair cut low and square, like a sort of helmet, and her lips very painted and prominent and giving her a permanent expression of contempt. Her companion was a very vivacious lady with an ugly attractive face and hair powdered with grey. She was a Miss Theresa Talbot and she talked a great deal, while her companion seemed too tired to talk at all. Only, just as the two men passed. Lady Miriam summoned up the energy to say: 'Plays are a bore; but I've never seen a rehearsal in ordinary clothes. Might be a bit funny. Somehow, nowadays, one can never find a thing one's never seen.'

'Now, Mr Mandeville,' said Miss Talbot, tapping him on the arm with animated persistence, 'you simply must let us see that rehearsal. We can't come tonight, and we don't want to. We want to see all the funny people in the wrong clothes.'

'Of course I can give you a box if you wish it,' said Mandeville hastily. 'Perhaps your ladyship would come this way.' And he led them off down another corridor.

'I wonder,' said Jarvis in a meditative manner, 'whether even Mandeville prefers that sort of woman.'

'Well,' asked his clerical companion, 'have you any reason to suppose that Mandeville does prefer her?'

Jarvis looked at him steadily for an instant before answering.

'Mandeville is a mystery,' he said gravely. 'Oh, yes, I know that he looks about as commonplace a cad as ever walked down Piccadilly. But he really is a mystery for all that. There's something on his conscience. There's a shadow in his life. And I doubt whether it has anything

more to do with a few fashionable flirtations than it has with his poor neglected wife. If it has, there's something more in them than meets the eye. As a matter of fact, I happen to know rather more about it than anyone else does, merely by accident. But even I can't make anything of what I know, except a mystery.'

He looked around him in the vestibule to see that they were alone and then added, lowering his voice: 'I don't mind telling you, because I know you are a tower of silence where secrets are concerned. But I had a curious shock the other day; and it has been repeated several times since. You know that Mandeville always works in that little room at the end of the passage, just under the stage. Well, twice over I happened to pass by there when everyone thought he was alone; and what's more, when I myself happened to be able to account for all the women in the company, and all the women likely to have to do with him, being absent or at their usual posts.'

'All the women?' remarked Father Brown inquiringly.

'There was a woman with him,' said Jarvis almost in a whisper. 'There is some woman who is always visiting him; somebody that none of us knows. I don't even know how she comes there, since it isn't down the passage to the door; but I think I once saw a veiled or cloaked figure passing out into the twilight at the back of the theatre, like a ghost. But she can't be a ghost. And I don't believe she's even an ordinary "affair". I don't think it's love-making. I think it's blackmail.'

'What makes you think that?' asked the other.

'Because,' said Jarvis, his face turning from grave to grim, 'I once heard sounds like a quarrel; and then the strange woman said in a metallic, menacing voice, four words: "I am your wife."'

'You think he's a bigamist,' said Father Brown reflectively. 'Well, bigamy and blackmail often go together, of course. But she may be bluffing as well as blackmailing. She may be mad. These theatrical people often have monomaniacs running after them. You may be right, but I shouldn't jump to conclusions . . . And talking about theatrical people, isn't the rehearsal going to begin, and aren't you a theatrical person?'

'I'm not on in this scene,' said Jarvis with a smile. 'They're only doing one act, you know, until your Italian friend comes to her senses.'

'Talking about my Italian friend,' observed the priest, 'I should rather like to know whether she has come to her senses.'

'We can go back and see, if you like,' said Jarvis; and they descended again to the basement and the long passage, at one end of which was Mandeville's study and at the other the closed door of Signora Maroni. The door seemed to be still closed; and Mrs Sands sat grimly outside it, as motionless as a wooden idol.

Near the other end of the passage they caught a glimpse of some of the other actors in the scene mounting the stairs to the stage just above. Vernon and old Randall went ahead, running rapidly up the stairs; but Mrs Mandeville went more slowly, in her quietly dignified fashion, and Norman Knight seemed to linger a little to speak to her. A few words fell on the ears of the unintentional eavesdroppers as they passed.

'I tell you a woman visits him,' Knight was saying violently.

'Hush!' said the lady in her voice of silver that still had in it something of steel. 'You must not talk like this. Remember, he is my husband.'

'I wish to God I could forget it,' said Knight, and rushed up the stairs to the stage.

The lady followed him, still pale and calm, to take up her own position there.

'Somebody else knows it,' said the priest quietly; 'but I doubt whether it is any business of ours.'

'Yes,' muttered Jarvis; 'it seems as if everybody knows it and nobody knows anything about it.'

They proceeded along the passage to the other end, where the rigid attendant sat outside the Italian's door.

'No; she ain't come out yet,' said the woman in her sullen way; 'and she ain't dead, for I heard her moving about now and then. I dunno what tricks she's up to.'

'Do you happen to know, ma'am,' said Father Brown with abrupt politeness, 'where Mr Mandeville is just now?'

'Yes,' she replied promptly. 'Saw him go into his little room at the end of the passage a minute or two ago; just before the prompter called and the curtain went up. Must be there still, for I ain't seen him come out.'

'There's no other door to his office, you mean,' said Father Brown in an off-hand way. 'Well, I suppose the rehearsal's going in full swing now, for all the Signora's sulking.'

'Yes,' said Jarvis after a moment's silence; 'I can just hear the voices on the stage from here. Old Randall has a splendid carrying voice.'

They both remained for an instant in a listening attitude, so that the booming voice of the actor on the stage could indeed be heard rolling faintly down the stairs and along the passage. Before they had spoken again or resumed their normal poise, their ears were filled with another sound. It was a dull but heavy crash and it came from behind the closed door of Mundon Mandeville's private room.

Father Brown went racing along the passage like an arrow from the bow and was struggling with the door-handle before Jarvis had wakened with a start and begun to follow him.

'The door is locked,' said the priest, turning a face that was a little pale. 'And I am all in favour of breaking down *this* door.'

'Do you mean,' asked Jarvis with a rather ghastly look, 'that the unknown visitor has got in here again? Do you think it's anything serious?' After a moment he added: 'I may be able to push back the bolt; I know the fastening on these doors.'

He knelt down and pulled out a pocket-knife with a long steel implement, manipulated it for a moment, and the door swung open on the manager's study. Almost the first thing they noticed was that there was no other door and even no window, but a great electric lamp stood on the table. But it was not quite the first thing that they noticed; for even before that they had seen that Mandeville was lying flat on his face in the middle of the room and the blood was crawling out from under his fallen face like a pattern of scarlet snakes that glittered evilly in that unnatural subterranean light.

They did not know how long they had been staring at each other when Jarvis said, like one letting loose something that he had held back with his breath: 'If the stranger got in somehow, she has gone somehow.'

'Perhaps we think too much about the stranger,' said Father Brown. 'There are so many strange things in this strange theatre that you rather tend to forget some of them.'

'Why, which things do you mean?' asked his friend quickly.

'There are many,' said the priest. 'There is the other locked door, for instance.'

'But the other door *is* locked,' cried Jarvis staring.

'But you forgot it all the same,' said Father Brown. A few moments afterwards he said thoughtfully: 'That Mrs Sands is a grumpy and gloomy sort of card.'

'Do you mean,' asked the other in a lowered voice, 'that she's lying and the Italian did come out?'

'No,' said the priest calmly; 'I think I meant it more or less as a detached study of character.'

'You can't mean,' cried the actor, 'that Mrs Sands did it herself?'

'I didn't mean a study of *her* character,' said Father Brown.

While they had been exchanging these abrupt reflections, Father Brown had knelt down by the body and ascertained that it was beyond any hope or question a dead body. Lying beside it, though not immediately visible from the doorway, was a dagger of the theatrical sort; lying as if it had fallen from the wound or from the hand of the assassin. According to Jarvis, who recognised the instrument, there was not very much to be learned from it, unless the experts could find some finger-prints. It was a property dagger; that is, it was nobody's property;

it had been kicking about the theatre for a long time, and anybody might have picked it up. Then the priest rose and looked gravely round the room.

'We must send for the police,' he said; 'and for a doctor, though the doctor comes too late. Looking at this room, by the way, I don't see how our Italian friend could manage it.'

'The Italian!' cried his friend; 'I should think not. I should have thought she had an alibi, if anybody had. Two separate rooms, both locked, at opposite ends of a long passage, with a fixed witness watching it.'

'No,' said Father Brown. 'Not quite. The difficulty is how she could have got in this end. I think she might have got out the other end.'

'And why?' asked the other.

'I told you,' said Father Brown, 'that it sounded as if she was breaking glass – mirrors or windows. Stupidly enough I forgot something I knew quite well; that she is pretty superstitious. She wouldn't be likely to break a mirror; so I suspect she broke a window. It's true that all this is under the ground floor; but it might be a skylight or a window opening on an area. But there don't seem to be any skylights or areas here.' And he stared at the ceiling very intently for a considerable time.

Suddenly he came back to conscious life again with a start. 'We must go upstairs and telephone and tell everybody. It is pretty painful . . . My God, can you hear those actors still shouting and ranting upstairs? The play is still going on. I suppose that's what they mean by tragic irony.'

When it was fated that the theatre should be turned into a house of mourning, an opportunity was given to the actors to show many of the real virtues of their type and trade. They did, as the phrase goes, behave like gentlemen; and not only like first walking gentlemen. They had not all of them liked or trusted Mandeville, but they knew exactly the right things to say about him; they showed not only sympathy but delicacy in their attitude to his widow. She had become, in a new and very different sense, a tragedy queen – her lightest word was law and while she moved about slowly and sadly, they ran her many errands.

'She was always a strong character,' said old Randall rather huskily; 'and had the best brains of any of us. Of course poor Mandeville was never on her level in education and so on; but she always did her duty splendidly. It was quite pathetic the way she would sometimes say she wished she had more intellectual life; but Mandeville – well, *nil nisi bonum*, as they say.' And the old gentleman went away wagging his head sadly.

'*Nil nisi bonum* indeed,' said Jarvis grimly. 'I don't think Randall at

any rate has heard of the story of the strange lady visitor. By the way, don't you think it probably was the strange woman?'

'It depends,' said the priest, 'whom you mean by the strange woman.'

'Oh! I don't mean the Italian woman,' said Jarvis hastily. 'Though, as a matter of fact, you were quite right about her, too. When they went in the skylight was smashed and the room was empty; but so far as the police can discover, she simply went home in the most harmless fashion. No, I mean the woman who was heard threatening him at that secret meeting; the woman who said she was his wife. Do you think she really was his wife?'

'It is possible,' said Father Brown, staring blankly into the void, 'that she really was his wife.'

'That would give us the motive of jealousy over his bigamous remarriage,' reflected Jarvis, 'for the body was not robbed in any way. No need to poke about for thieving servants or even impecunious actors. But as for that, of course, you've noticed the outstanding and peculiar thing about the case?'

'I have noticed several peculiar things,' said Father Brown. 'Which one do you mean?'

'I mean the corporate alibi,' said Jarvis gravely. 'It's not often that practically a whole company has a public alibi like that; an alibi on a lighted stage and all witnessing to each other. As it turns out it is jolly lucky for our friends here that poor Mandeville did put those two silly society women in the box to watch the rehearsal. They can bear witness that the whole act was performed without a hitch, with the characters on the stage all the time. They began long before Mandeville was last seen going into his room. They went on at least five or ten minutes after you and I found his dead body. And, by a lucky coincidence, the moment we actually heard him fall was during the time when all the characters were on the stage together.'

'Yes, that is certainly very important and simplifies everything,' agreed Father Brown. 'Let us count the people covered by the alibi. There was Randall: I rather fancy Randall practically hated the manager, though he is very properly covering his feelings just now. But he is ruled out; it was his voice we heard thundering over our heads from the stage. There is our *jeune premier*, Mr Knight: I have rather good reason to suppose he was in love with Mandeville's wife and not concealing that sentiment so much as he might; but he is out of it, for he was on the stage at the same time, being thundered at. There was that amiable Jew who calls himself Aubrey Vernon, he's out of it; and there's Mrs Mandeville, she's out of it. Their corporate alibi, as you say, depends chiefly on Lady Miriam

and her friend in the box; though there is the general common-sense corroboration that the act had to be gone through and the routine of the theatre seems to have suffered no interruption. The legal witnesses, however, are Lady Miriam and her friend, Miss Talbot. I suppose you feel sure *they* are all right?'

'Lady Miriam?' said Jarvis in surprise. 'Oh, yes . . . I suppose you mean that she looks a queer sort of vamp. But you've no notion what even the ladies of the best families are looking like nowadays. Besides, is there any particular reason for doubting their evidence?'

'Only that it brings us up against a blank wall,' said Father Brown. 'Don't you see that this collective alibi practically covers everybody? Those four were the only performers in the theatre at the time; and there were scarcely any servants in the theatre; none indeed, except old Sam, who guards the only regular entrance, and the woman who guarded Miss Maroni's door. There is nobody else left available but you and me. We certainly might be accused of the crime, especially as we found the body. There seems nobody else who can be accused. You didn't happen to kill him when I wasn't looking, I suppose?'

Jarvis looked up with a slight start and stared a moment, then the broad grin returned to his swarthy face. He shook his head.

'You didn't do it,' said Father Brown; 'and we will assume for the moment, merely for the sake of argument, that I didn't do it. The people on the stage being out of it, it really leaves the Signora behind her locked door, the sentinel in front of her door, and old Sam. Or are you thinking of the two ladies in the box? Of course they might have slipped out of the box.'

'No,' said Jarvis; 'I am thinking of the unknown woman who came and told Mandeville she was his wife.'

'Perhaps she was,' said the priest; and this time there was a note in his steady voice that made his companion start to his feet once more and lean across the table.

'We said,' he observed in a low, eager voice, 'that this first wife might have been jealous of the other wife.'

'No,' said Father Brown; 'she might have been jealous of the Italian girl, perhaps, or of Lady Miriam Marden. But she was not jealous of the other wife.'

'And why not?'

'Because there was no other wife,' said Father Brown. 'So far from being a bigamist, Mr Mandeville seems to me to have been a highly monogamous person. His wife was almost too much with him; so much with him that you all charitably suppose that she must be somebody else. But I don't see how she could have been with him

when he was killed, for we agree that she was acting all the time in front of the footlights. Acting an important part, too . . .'

'Do you really mean,' cried Jarvis, 'that the strange woman who haunted him like a ghost was only the Mrs Mandeville we know?' But he received no answer; for Father Brown was staring into vacancy with a blank expression almost like an idiot's. He always did look most idiotic at the instant when he was most intelligent.

The next moment he scrambled to his feet, looking very harassed and distressed. 'This is awful,' he said. 'I'm not sure it isn't the worst business I ever had; but I've got to go through with it. Would you go and ask Mrs Mandeville if I may speak to her in private?'

'Oh, certainly,' said Jarvis, as he turned towards the door. 'But what's the matter with you?'

'Only being a born fool,' said Father Brown; 'a very common complaint in this vale of tears. I was fool enough to forget altogether that the play was *The School For Scandal*.'

He walked restlessly up and down the room until Jarvis reappeared at the door with an altered and even alarmed face.

'I can't find her anywhere,' he said. 'Nobody seems to have seen her.'

'They haven't seen Norman Knight either, have they?' asked Father Brown dryly. 'Well, it saves me the most painful interview of my life. Saving the grace of God, I was very nearly frightened of that woman. But she was frightened of me, too; frightened of something I'd seen or said. Knight was always begging her to bolt with him. Now she's done it; and I'm devilish sorry for him.'

'For him?' enquired Jarvis.

'Well, it can't be very nice to elope with a murderess,' said the other dispassionately. 'But as a matter of fact she was something very much worse than a murderess.'

'And what is that?'

'An egoist,' said Father Brown. 'She was the sort of person who had looked in the mirror before looking out of the window, and it is the worst calamity of mortal life. The looking-glass was unlucky for her, all right; but rather because it wasn't broken.'

'I can't understand what all this means,' said Jarvis. 'Everybody regarded her as a person of the most exalted ideals, almost moving on a higher spiritual plane than the rest of us . . .'

'She regarded herself in that light,' said the other; 'and she knew how to hypnotise everybody else into it. Perhaps I hadn't known her long enough to be wrong about her. But I knew the sort of person she was five minutes after I clapped eyes on her.'

'Oh, come!' cried Jarvis; 'I'm sure her behaviour about the Italian was beautiful.'

'Her behaviour always was beautiful,' said the other. 'I've heard from everybody here all about her refinements and subtleties and spiritual soarings above poor Mandeville's head. But all these spiritualities and subtleties seem to me to boil themselves down to the simple fact that she certainly was a lady and he most certainly was not a gentleman. But, do you know, I have never felt quite sure that St Peter will make that the only test at the gate of heaven.

'As for the rest,' he went on with increasing animation, 'I knew from the very first words she said that she was not really being fair to the poor Italian, with all her fine airs of frigid magnanimity. And again, I realised it when I knew that the play was *The School for Scandal.*'

'You are going rather too fast for me,' said Jarvis in some bewilderment. 'What does it matter what the play was?'

'Well,' said the priest, 'she said she had given the girl the part of the beautiful heroine and had retired into the background herself with the older part of a matron. Now that might have applied to almost any play; but it falsifies the facts about that particular play. She can only have meant that she gave the other actress the part of Maria, which is hardly a part at all. And the part of the obscure and self-effacing married woman, if you please, must have been the part of Lady Teazle, which is the only part any actress wants to act. If the Italian was a first-rate actress who had been promised a first-rate part, there was really some excuse, or at least some cause, for her mad Italian rage. There generally is for mad Italian rages: Latins are logical and have a reason for going mad. But that one little thing let in daylight for me on the meaning of her magnanimity. And there was another thing, even then. You laughed when I said that the sulky look of Mrs Sands was a study in character; but not in the character of Mrs Sands. But it was true. If you want to know what a lady is really like, don't look at her; for she may be too clever for you. Don't look at the men round her, for they may be too silly about her. But look at some other woman who is always near to her, and especially one who is under her. You will see in that mirror her real face, and the face mirrored in Mrs Sands was very ugly.

'And as for all the other impressions, what were they? I heard a lot about the unworthiness of poor old Mandeville; but it was all about his being unworthy other, and I am pretty certain it came indirectly from her. And, even so, it betrayed itself. Obviously, from what every man said, she had confided in every man about her confounded intellectual loneliness. You yourself said she never complained; and then quoted her about how her uncomplaining silence strengthened her soul. And

that is just the note; that's the unmistakable style. People who complain are just jolly, human Christian nuisances; I don't mind them. But people who complain that they never complain are the devil. They are really the devil; isn't that swagger of stoicism the whole point of the Byronic cult of Satan? I heard all this; but for the life of me I couldn't hear of anything tangible she had to complain of. Nobody pretended that her husband drank, or beat her, or left her without money, or even was unfaithful, until the rumour about the secret meetings, which were simply her own melodramatic habit of pestering him with curtain-lectures in his own business office. And when one looked at the facts, apart from the atmospheric impression of martyrdom she contrived to spread, the facts were really quite the other way. Mandeville left off making money on pantomimes to please her; he started losing money on classical drama to please her. She arranged the scenery and furniture as she liked. She wanted Sheridan's play and she had it; she wanted the part of Lady Teazle and she had it; she wanted a rehearsal without costume at that particular hour and she had it. It may be worth remarking on the curious fact that she wanted that.'

'But what is the use of all this tirade?' asked the actor, who had hardly ever heard his clerical friend, make so long a speech before. 'We seem to have got a long way from the murder in all this psychological business. She may have eloped with Knight; she may have bamboozled Randall; she may have bamboozled me. But she can't have murdered her husband – for everyone agrees she was on the stage through the whole scene. She may be wicked; but she isn't a witch.'

'Well, I wouldn't be so sure,' said Father Brown, with a smile. 'But she didn't need to use any witchcraft in this case. I know now that she did it, and very simply indeed.'

'Why are you so sure of that?' asked Jarvis, looking at him in a puzzled way.

'Because the play was *The School for Scandal*,' replied Father Brown, 'and that particular act of *The School for Scandal*. I should like to remind you, as I said just now, that she always arranged the furniture how she liked. I should also like to remind you that this stage was built and used for pantomimes; it would naturally have trap-doors and trick exits of that sort. And when you say that witnesses could attest to having seen all the performers on the stage, I should like to remind you that in the principal scene of *The School for Scandal* one of the principal performers remains for a considerable time on the stage, but is not seen. She is technically "on", but she might practically be very much "off". That is the Screen of Lady Teazle and the Alibi of Mrs Mandeville.'

There was a silence and then the actor said: 'You think she slipped

through a trap-door behind a screen down to the floor below, where the manager's room was?'

'She certainly slipped away in some fashion; and that is the most probable fashion,' said the other. 'I think it all the more probable because she took the opportunity of an undress rehearsal, and even indeed arranged for one. It is a guess; but I fancy if it had been a dress rehearsal it might have been more difficult to get through a trap-door in the hoops of the eighteenth century. There are many little difficulties, of course, but I think they could all be met in time and in turn.'

'What I can't meet is the big difficulty,' said Jarvis, putting his head on his hand with a sort of groan. 'I simply can't bring myself to believe that a radiant and serene creature like that could so lose, so to speak, her bodily balance, to say nothing of her moral balance. Was any motive strong enough? Was she very much in love with Knight?'

'I hope so,' replied his companion; 'for really it would be the most human excuse. But I'm sorry to say that I have my doubts. She wanted to get rid of her husband, who was an old-fashioned, provincial hack, not even making much money. She wanted to have a career as the brilliant wife of a brilliant and rapidly rising actor. But she didn't want in that sense to act in *The School for Scandal*. She wouldn't have run away with a man except in the last resort. It wasn't a human passion with her, but a sort of hellish respectability. She was always dogging her husband in secret and badgering him to divorce himself or otherwise get out of the way; and as he refused he paid at last for his refusal. There's another thing you've got to remember. You talk about these highbrows having a higher art and a more philosophical drama. But remember what a lot of the philosophy is! Remember what sort of conduct those highbrows often present to the highest! All about the Will to Power and the Right to Live and the Right to Experience – damned nonsense and more than damned nonsense – nonsense that can damn.'

Father Brown frowned, which he did very rarely; and there was still a cloud on his brow as he put on his hat and went out into the night.

The Vanishing of Vaudrey

S ir Arthur Vaudrey, in his light-grey summer suit, and wearing on his grey head the white hat which he so boldly affected, went walking briskly up the road by the river from his own house to the little group of houses that were almost like outhouses to his own, entered that little hamlet, and then vanished completely as if he had been carried away by the fairies.

The disappearance seemed the more absolute and abrupt because of the familiarity of the scene and the extreme simplicity of the conditions of the problem. The hamlet could not be called a village; indeed, it was little more than a small and strangely isolated street. It stood in the middle of wide and open fields and plains, a mere string of the four or five shops absolutely needed by the neighbours; that is, by a few farmers and the family at the great house. There was a butcher's at the corner, at which, it appeared, Sir Arthur had last been seen. He was seen by two young men staying at his house – Evan Smith, who was acting as his secretary, and John Dalmon, who was generally supposed to be engaged to his ward. There was next to the butcher's a small shop combining a large number of functions, such as is found in villages, in which a little old woman sold sweets, walking-sticks, golf-balls, gum, balls of string and a very faded sort of stationery. Beyond this was the tobacconist, to which the two young men were betaking themselves when they last caught a glimpse of their host standing in front of the butcher's shop; and beyond that was a dingy little dressmaker's, kept by two ladies. A pale and shiny shop, offering to the passer-by great goblets of very wan, green lemonade, completed the block of buildings; for the only real and Christian inn in the neighbourhood stood by itself some way, down the main road. Between the inn and the hamlet was a cross-roads, at which stood a policeman and a uniformed official of a motoring club; and both agreed that Sir Arthur had never passed that point on the road.

It had been at an early hour of a very brilliant summer day that the old gentleman had gone gaily striding up the road, swinging his walking-stick and flapping his yellow gloves. He was a good deal of a dandy, but one of a vigorous and virile sort, especially for his age. His bodily strength and activity were still very remarkable, and his curly hair might have been a yellow so pale as to look white instead of a white that was a faded yellow. His clean-shaven face was handsome, with a high-bridged

nose like the Duke of Wellington's; but the most outstanding features were his eyes. They were not merely metaphorically outstanding; something prominent and almost bulging about them was perhaps the only disproportion in his features; but his lips were sensitive and set a little tightly, as if by an act of will. He was the squire of all that country and the owner of the little hamlet. In that sort of place everybody not only knows everybody else, but generally knows where anybody is at any given moment. The normal course would have been for Sir Arthur to walk to the village, to say whatever he wanted to say to the butcher or anybody else, and then walk back to his house again, all in the course of about half an hour: as the two young men did when they had bought their cigarettes. But they saw nobody on the road returning; indeed, there was nobody in sight except the one other guest at the house, a certain Dr Abbott, who was sitting with his broad back to them on the river bank, very patiently fishing.

When all the three guests returned to breakfast, they seemed to think little or nothing of the continued absence of the squire; but when the day wore on and he missed one meal after another, they naturally began to be puzzled, and Sybil Rye, the lady of the household, began to be seriously alarmed. Expeditions of discovery were dispatched to the village again and again without finding any trace; and eventually, when darkness fell, the house was full of a definite fear. Sybil had sent for Father Brown, who was a friend of hers and had helped her out of a difficulty in the past; and under the pressure of the apparent peril he had consented to remain at the house and see it through.

Thus it happened that when the new day's dawn broke without news, Father Brown was early afoot and on the look-out for anything; his black, stumpy figure could be seen pacing the garden path where the garden was embanked along the river, as he scanned the landscape up and down with his short-sighted and rather misty gaze.

He realised that another figure was moving even more restlessly along the embankment, and saluted Evan Smith, the secretary, by name.

Evan Smith was a tall, fair-haired young man, looking rather harassed, as was perhaps natural in that hour of distraction. But something of the sort hung about him at all times. Perhaps it was more marked because he had the sort of athletic reach and poise and the sort of leonine yellow hair and moustache which accompany (always in fiction and sometimes in fact) a frank and cheerful demeanour of 'English youth'. As in his case they accompanied deep and cavernous eyes and a rather haggard look, the contrast with the conventional tall figure and fair hair of romance may have had a touch of something

sinister. But Father Brown smiled at him amiably enough and then said more seriously: 'This is a trying business.'

'It's a very trying business for Miss Rye,' answered the young man gloomily; 'and I don't see why I should disguise what's the worst part of it for me, even if she is engaged to Dalmon. Shocked, I suppose?'

Father Brown did not look very much shocked, but his face was often rather expressionless; he merely said, mildly: 'Naturally, we all sympathise with her anxiety. I suppose you haven't any news or views in the matter?'

'I haven't any news exactly,' answered Smith; 'no news from outside at least. As for views . . .' And he relapsed into moody silence.

'I should be very glad to hear your views,' said the little priest pleasantly. 'I hope you don't mind my saying that you seem to have something on your mind.'

The young man stirred rather than started and looked at the priest steadily, with a frown that threw his hollow eyes into dense shadow.

'Well, you're right enough,' he said at last. 'I suppose I shall have to tell somebody. And you seem a safe sort of person to tell.'

'Do you know what has happened to Sir Arthur?' asked Father Brown calmly, as if it were the most casual matter in the world.

'Yes,' said the secretary harshly, 'I think I know what has happened to Sir Arthur.'

'A beautiful morning,' said a bland voice in his ear; 'a beautiful morning for a rather melancholy meeting.'

This time the secretary jumped as if he had been shot, as the large shadow of Dr Abbott fell across his path in the already strong sunshine. Dr Abbott was still in his dressing-gown – a sumptuous oriental dressing-gown covered with coloured flowers and dragons, looking rather like one of the most brilliant flowerbeds that were growing under the glowing sun. He also wore large, flat slippers, which was doubtless why he had come so close to the others without being heard. He would normally have seemed the last person for such a light and airy approach, for he was a very big, broad and heavy man, with a powerful benevolent face very much sunburnt, in a frame of old-fashioned grey whiskers and chin beard, which hung about him luxuriantly, like the long, grey curls of his venerable head. His long slits of eyes were rather sleepy and, indeed, he was an elderly gentleman to be up so early; but he had a look at once robust and weatherbeaten, as of an old farmer or sea captain who had once been out in all weathers. He was the only old comrade and contemporary of the squire in the company that met at the house.

'It seems truly extraordinary,' he said, shaking his head. 'Those little

houses are like dolls' houses, always open front and back, and there's hardly room to hide anybody, even if they wanted to hide him. And I'm sure they don't. Dalmon and I cross-examined them all yesterday; they're mostly little old women that couldn't hurt a fly. The men are nearly all away harvesting, except the butcher; and Arthur was seen coming out of the butcher's. And nothing could have happened along that stretch by the river, for I was fishing there all day.'

Then he looked at Smith and the look in his long eyes seemed for the moment not only sleepy, but a little sly.

'I think you and Dalmon can testify,' he said, 'that you saw me sitting there through your whole journey there and back.'

'Yes,' said Evan Smith shortly, and seemed rather impatient at the long interruption.

'The only thing I can think of,' went on Dr Abbott slowly; and then the interruption was itself interrupted. A figure at once light and sturdy strode very rapidly across the green lawn between the gay flowerbeds, and John Dalmon appeared among them, holding a paper in his hand. He was neatly dressed and rather swarthy, with a very fine square Napoleonic face and very sad eyes – eyes so sad that they looked almost dead. He seemed to be still young, but his black hair had gone prematurely grey about the temples.

'I've just had this telegram from the police,' he said 'I wired to them last night and they say they're sending down a man at once. Do you know, Dr Abbott, of anybody else we ought to send for? Relations, I mean, and that sort of thing.'

'There is his nephew, Vernon Vaudrey, of course,' said the old man. 'If you will come with me, I think I can give you his address and – and tell you something rather special about him.'

Dr Abbott and Dalmon moved away in the direction of the house and, when they had gone a certain distance, Father Brown said simply, as if there had been no interruption: 'You were saying?'

'You're a cool hand,' said the secretary. 'I suppose it comes of hearing confessions. I feel rather as if I were going to make a confession. Some people would feel a bit jolted out of the mood of confidence by that queer old elephant creeping up like a snake. But I suppose I'd better stick to it, though it really isn't my confession, but somebody else's.' He stopped a moment, frowning and pulling his moustache; then he said, abruptly: 'I believe Sir Arthur has bolted, and I believe I know why.'

There was a silence and then he exploded again.

'I'm in a damnable position, and most people would say I was doing a damnable thing. I am now going to appear in the character of a sneak and a skunk and I believe I am doing my duty.'

'You must be the judge,' said Father Brown gravely. 'What is the matter with your duty?'

'I'm in the perfectly foul position of telling tales against a rival, and a successful rival, too,' said the young man bitterly; 'and I don't know what else in the world I can do. You were asking what was the explanation of Vaudrey's disappearance. I am absolutely convinced that Dalmon is the explanation.'

'You mean,' said the priest, with composure, 'that Dalmon has killed Sir Arthur?'

'No!' exploded Smith, with startling violence. 'No, a hundred times! He hasn't done that, whatever else he's done. He isn't a murderer, whatever else he is. He has the best of all alibis; the evidence of a man who hates him. I'm not likely to perjure myself for love of Dalmon; and I could swear in any court he did nothing to the old man yesterday. Dalmon and I were together all day, or all that part of the day, and he did nothing in the village except buy cigarettes, and nothing here except smoke them and read in the library. No; I believe he is a criminal, but he did not kill Vaudrey. I might even say more; because he is a criminal he did not kill Vaudrey.'

'Yes,' said the other patiently, 'and what does that mean?'

'It means,' replied the secretary, 'that he is a criminal committing another crime: and his crime depends on keeping Vaudrey alive.'

'Oh, I see,' said Father Brown.

'I know Sybil Rye pretty well, and her character is a great part of this story. It is a very fine character in both senses: that is, it is of a noble quality and only too delicate a texture. She is one of those people who are terribly conscientious, without any of that armour of habit and hard common sense that many conscientious people get. She is almost insanely sensitive and at the same time quite unselfish. Her history is curious: she was left literally penniless like a foundling and Sir Arthur took her into his house and treated her with consideration, which puzzled many; for, without being hard on the old man, it was not much in his line. But, when she was about seventeen, the explanation came to her with a shock; for her guardian asked her to marry him. Now I come to the curious part of the story. Somehow or other, Sybil had heard from somebody (I rather suspect from old Abbott) that Sir Arthur Vaudrey, in his wilder youth, had committed some crime or, at least, done some great wrong to somebody, which had got him into serious trouble. I don't know what it was. But it was a sort of nightmare to the girl at her crude sentimental age, and made him seem like a monster, at least too much so for the close relation of marriage. What she did was incredibly typical of her. With helpless terror and with heroic courage she told

him the truth with her own trembling lips. She admitted that her repulsion might be morbid; she confessed it like a secret madness. To her relief and surprise he took it quietly and courteously, and apparently said no more on the subject; and her sense of his generosity was greatly increased by the next stage of the story. There came into her lonely life the influence of an equally lonely man. He was camping-out like a sort of hermit on one of the islands in the river; and I suppose the mystery made him attractive, though I admit he is attractive enough; a gentleman, and quite witty, though very melancholy – which, I suppose, increased the romance. It was this man, Dalmon, of course; and to this day I'm not sure how far she really accepted him; but it got as far as his getting permission to see her guardian. I can fancy her awaiting that interview in an agony of terror and wondering how the old beau would take the appearance of a rival. But here, again, she found she had apparently done him an injustice. He received the younger man with hearty hospitality and seemed to be delighted with the prospects of the young couple. He and Dalmon went shooting and fishing together and were the best of friends, when one day she had another shock. Dalmon let slip in conversation some chance phrase that the old man "had not changed much in thirty years", and the truth about the odd intimacy burst upon her. All that introduction and hospitality had been a masquerade; the men had obviously known each other before. That was why the younger man had come down rather covertly to that district. That was why the elder man was lending himself so readily to promote the match. I wonder what you are thinking?'

'I know what you are thinking,' said Father Brown, with a smile, 'and it seems entirely logical. Here we have Vaudrey, with some ugly story in his past – a mysterious stranger come to haunt him, and getting whatever he wants out of him. In plain words, you think Dalmon is a blackmailer.'

'I do,' said the other; 'and a rotten thing to think, too.'

Father Brown reflected for a moment and then said: 'I think I should like to go up to the house now and have a talk to Dr Abbott.'

When he came out of the house again an hour or two afterwards, he may have been talking to Dr Abbott, but he emerged in company with Sybil Rye, a pale girl with reddish hair and a profile delicate and almost tremulous; at the sight of her, one could instantly understand all the secretary's story of her shuddering candour. It recalled Godiva and certain tales of virgin martyrs; only the shy can be so shameless for conscience's sake. Smith came forward to meet them, and for a moment they stood talking on the lawn. The day which had been brilliant from daybreak was now glowing and even glaring; but Father Brown carried

his black bundle of an umbrella as well as wearing his black umbrella of a hat; and seemed, in a general way, buttoned up to breast the storm. But perhaps it was only an unconscious effect of attitude; and perhaps the storm was not a material storm.

'What I hate about it all,' Sybil was saying in a low voice, 'is the talk that's beginning already; suspicions against everybody. John and Evan can answer for each other, I suppose; but Dr Abbott has had an awful scene with the butcher, who thinks he is accused and is throwing accusations about in consequence.'

Evan Smith looked very uncomfortable; then blurted out: 'Look here, Sybil, I can't say much, but we don't believe there's any need for all that. It's all very beastly, but we don't think there's been – any violence.'

'Have you got a theory, then?' said the girl, looking instantly at the priest.

'I have heard a theory,' he replied, 'which seems to me very convincing.'

He stood looking rather dreamily towards the river; and Smith and Sybil began to talk to each other swiftly, in lowered tones. The priest drifted along the river bank, ruminating, and plunged into a plantation of thin trees on an almost overhanging bank. The strong sun beat on the thin veil of little dancing leaves like small green flames, and all the birds were singing as if the tree had a hundred tongues. A minute or two later, Evan Smith heard his own name called cautiously and yet clearly from the green depths of the thicket. He stepped rapidly in that direction and met Father Brown returning. The priest said to him, in a very low voice: 'Don't let the lady come down here. Can't you get rid of her? Ask her to telephone or something; and then come back here again.'

Evan Smith turned with a rather desperate appearance of carelessness and approached the girl; but she was not the sort of person whom it is hard to make busy with small jobs for others. In a very short time she had vanished into the house and Smith turned to find that Father Brown had once more vanished into the thicket. Just beyond the clump of trees was a sort of small chasm where the turf had subsided to the level of the sand by the river. Father Brown was standing on the brink of this cleft, looking down; but, either by accident or design, he was holding his hat in his hand, in spite of the strong sun pouring on his head.

'You had better see this yourself,' he said, heavily, 'as a matter of evidence. But I warn you to be prepared.'

'Prepared for what?' asked the other.

'Only for the most horrible thing I ever saw in my life,' said Father Brown.

Even Smith stepped to the brink of the bank of turf and with difficulty repressed a cry rather like a scream.

Sir Arthur Vaudrey was glaring and grinning up at him; the face was turned up so that he could have put his foot on it; the head was thrown back, with its wig of whitish yellow hair towards him, so that he saw the face upside down. This made it seem all the more like a part of a nightmare; as if a man were walking about with his head stuck on the wrong way. What was he doing? Was it possible that Vaudrey was really creeping about, hiding in the cracks of field and bank, and peering out at them in this unnatural posture? The rest of the figure seemed hunched and almost crooked, as if it had been crippled or deformed but on looking more closely, this seemed only the foreshortening of limbs fallen in a heap. Was he mad? Was he? The more Smith looked at him the stiffer the posture seemed.

'You can't see it from here properly,' said Father Brown, 'but his throat is cut.'

Smith shuddered suddenly. 'I can well believe it's the most horrible thing you've seen,' he said. 'I think it's seeing the face upside down. I've seen that face at breakfast, or dinner, every day for ten years; and it always looked quite pleasant and polite. You turn it upside down and it looks like the face of a fiend.'

'The face really is smiling,' said Father Brown, soberly; 'which is perhaps not the least part of the riddle. Not many men smile while their throats are being cut, even if they do it themselves. That smile, combined with those gooseberry eyes of his that always seemed standing out of his head, is enough, no doubt, to explain the expression. But it's true, things look different upside down. Artists often turn their drawings upside down to test their correctness. Sometimes, when it's difficult to turn the object itself upside down (as in the case of the Matterhorn, let us say), they have been known to stand on their heads, or at least look between their legs.'

The priest, who was talking thus flippantly to steady the other man's nerves, concluded by saying, in a more serious tone: 'I quite understand how it must have upset you. Unfortunately, it also upset something else.'

'What do you mean?'

'It has upset the whole of our very complete theory,' replied the other; and he began clambering down the bank on to the little strip of sand by the river.

'Perhaps he did it himself,' said Smith abruptly. 'After all, that's the

most obvious sort of escape, and fits in with our theory very well. He wanted a quiet place and he came here and cut his throat.'

'He didn't come here at all,' said Father Brown. 'At least, not alive, and not by land. He wasn't killed here; there's not enough blood. This sun has dried his hair and clothes pretty well by now; but there are the traces of two trickles of water in the sand. Just about here the tide comes up from the sea and makes an eddy that washed the body into the creek and left it when the tide retired. But the body must first have been washed down the river, presumably from the village, for the river runs just behind the row of little houses and shops. Poor Vaudrey died up in the hamlet, somehow; after all, I don't think he committed suicide; but the trouble is who would, or could, have killed him up in that potty little place?'

He began to draw rough designs with the point of his stumpy umbrella on the strip of sand.

'Let's see; how does the row of shops run? First, the butcher's; well, of course, a butcher would be an ideal performer with a large carving-knife. But you saw Vaudrey come out, and it isn't very probable that he stood in the outer shop while the butcher said: "Good morning. Allow me to cut your throat! Thank you. And the next article, please?" Sir Arthur doesn't strike me as the sort of man who'd have stood there with a pleasant smile while this happened. He was a very strong and vigorous man, with rather a violent temper. And who else, except the butcher, could have stood up to him? The next shop is kept by an old woman. Then comes the tobacconist, who is certainly a man, but I am told quite a small and timid one. Then there is the dressmaker's, run by two maiden ladies, and then a refreshment shop run by a man who happens to be in hospital and who has left his wife in charge. There are two or three village lads, assistants and errand boys, but they were away on a special job. The refreshment shop ends the street; there is nothing beyond that but the inn, with the policeman between.'

He made a punch with the ferrule of his umbrella to represent the policeman, and remained moodily staring up the river. Then he made a slight movement with his hand and, stepping quickly across, stooped over the corpse.

'Ah,' he said, straightening himself and letting out a great breath. 'The tobacconist! Why in the world didn't I remember that about the tobacconist?'

'What is the matter with you?' demanded Smith in some exasperation; for Father Brown was rolling his eyes and muttering, and he had uttered the word 'tobacconist' as if it were a terrible word of doom.

'Did you notice,' said the priest, after a pause, 'something rather curious about his face?'

'Curious, my God!' said Evan, with a retrospective shudder. 'Anyhow, his throat was cut . . .'

'I said his face,' said the cleric quietly. 'Besides, don't you notice he has hurt his hand and there's a small bandage round it?'

'Oh, that has nothing to do with it,' said Evan hastily. 'That happened before and was quite an accident. He cut his hand with a broken ink-bottle while we were working together.'

'It has something to do with it, for all that,' replied Father Brown.

There was a long silence, and the priest walked moodily along the sand, trailing his umbrella and sometimes muttering the word 'tobacconist', till the very word chilled his friend with fear. Then he suddenly lifted the umbrella and pointed to a boat-house among the rushes.

'Is that the family boat?' he asked. 'I wish you'd just scull me up the river; I want to look at those houses from the back. There's no time to lose. They may find the body; but we must risk that.'

Smith was already pulling the little boat upstream towards the hamlet before Father Brown spoke again. Then he said: 'By the way, I found out from old Abbott what was the real story about poor Vaudrey's misdemeanour. It was a rather curious story about an Egyptian official who had insulted him by saying that a good Moslem would avoid swine and Englishmen, but preferred swine; or some such tactful remark. Whatever happened at the time, the quarrel was apparently renewed some years after, when the official visited England; and Vaudrey, in his violent passion, dragged the man to a pig-sty on the farm attached to the country house and threw him in, breaking his arm and leg and leaving him there till next morning. There was rather a row about it, of course, but many people thought Vaudrey had acted in a pardonable passion of patriotism. Anyhow, it seems not quite the thing that would have kept a man silent under deadly blackmail for decades.'

'Then you don't think it had anything to do with the story we are considering?' asked the secretary, thoughtfully.

'I think it had a thundering lot to do with the story I am considering now,' said Father Brown.

They were now floating past the low wall and the steep strips of back garden running down from the back doors to the river. Father Brown counted them carefully, pointing with his umbrella, and when he came to the third he said again: 'Tobacconist! Is the tobacconist by any chance . . . ? But I think I'll act on my guess till I know. Only, I'll tell you what it was I thought odd about Sir Arthur's face.'

'And what was that?' asked his companion, pausing and resting on his oars for an instant.

'He was a great dandy,' said Father Brown, 'and the face was only half-shaved . . . Could you stop here a moment? We could tie up the boat to that post.'

A minute or two afterwards they had clambered over the little wall and were mounting the steep cobbled paths of the little garden, with its rectangular beds of vegetables and flowers.

'You see, the tobacconist does grow potatoes,' said Father Brown. 'Associations with Sir Walter Raleigh, no doubt. Plenty of potatoes and plenty of potato sacks. These little country people have not lost all the habits of peasants; they still run two or three jobs at once. But country tobacconists very often do one odd job extra, that I never thought of till I saw Vaudrey's chin. Nine times out of ten you call the shop the tobacconist's, but it is also the barber's. He'd cut his hand and couldn't shave himself; so he came up here. Does that suggest anything else to you?'

'It suggests a good deal,' replied Smith; 'but I expect it will suggest a good deal more to you.'

'Does it suggest, for instance,' observed Father Brown, 'the only conditions in which a vigorous and rather violent gentleman might be smiling pleasantly when his throat was cut?'

The next moment they had passed through a dark passage or two at the back of the house, and came into the back room of the shop, dimly lit by filtered light from beyond and a dingy and cracked looking-glass. It seemed, somehow, like the green twilight of a tank; but there was light enough to see the rough apparatus of a barber's shop and the pale and even panic-sticken face of a barber.

Father Brown's eye roamed round the room, which seemed to have been just recently cleaned and tidied, till his gaze found something in a dusty corner just behind the door. It was a hat hanging on a hat-peg. It was a white hat, and one very well known to all that village. And yet, conspicuous as it had always seemed in the street, it seemed only an example of the sort of little thing a certain sort of man often entirely forgets, when he has most carefully washed floors or destroyed stained rags.

'Sir Arthur Vaudrey was shaved here yesterday morning, I think,' said Father Brown in a level voice.

To the barber, a small, bald-headed, spectacled man whose name was Wicks, the sudden appearance of these two figures out of his own back premises was like the appearance of two ghosts risen out of a grave under the floor. But it was at once apparent that he had more to frighten him than any fancy of superstition. He shrank, we might almost say that he shrivelled, into a corner of the dark room;

and everything about him seemed to dwindle, except his great goblin spectacles.

'Tell me one thing,' continued the priest, quietly. 'You had a reason for hating the squire?'

The man in the corner babbled something that Smith could not hear; but the priest nodded.

'I know you had,' he said. 'You hated him; and that's how I know you didn't kill him. Will you tell us what happened, or shall I?'

There was a silence filled with the faint ticking of a clock in the back kitchen; and then Father Brown went on.

'What happened was this. When Mr Dalmon stepped inside your outer shop, he asked for some cigarettes that were in the window. You stepped outside for a moment, as shopmen often do, to make sure of what he meant; and in that moment of time he perceived in the inner room the razor you had just laid down, and the yellow-white head of Sir Arthur in the barber's chair; probably both glimmering in the light of that little window beyond. It took but an instant for him to pick up the razor and cut the throat and come back to the counter. The victim would not even be alarmed at the razor and the hand. He died smiling at his own thoughts. And what thoughts! Nor, I think, was Dalmon alarmed. He had done it so quickly and quietly that Mr Smith here could have sworn in court that the two were together all the time. But there was somebody who was alarmed, very legitimately, and that was you. You had quarrelled with your landlord about arrears of rent and so on; you came back into your own shop and found your enemy murdered in your own chair, with your own razor. It was not altogether unnatural that you despaired of clearing yourself, and preferred to clear up the mess; to clean the floor and throw the corpse into the river at night, in a potato sack rather loosely tied. It was rather lucky that there were fixed hours after which your barber's shop was shut; so you had plenty of time. You seem to have remembered everything but the hat . . . Oh, don't be frightened; I shall forget everything, including the hat.'

And he passed placidly through the outer shop into the street beyond, followed by the wondering Smith, and leaving behind the barber stunned and staring.

'You see,' said Father Brown to his companion, 'it was one of those cases where a motive really is too weak to convict a man and yet strong enough to acquit him. A little nervous fellow like that would be the last man really to kill a big strong man for a tiff about money. But he would be the first man to fear that he would be accused of having done it . . . Ah, there was a thundering difference in the motive of the man who

did do it.' And he relapsed into reflection, staring and almost glaring at vacancy.

'It is simply awful,' groaned Evan Smith. 'I was abusing Dalmon as a blackmailer and a blackguard an hour or two ago, and yet it breaks me all up to hear he really did this, after all.'

The priest still seemed to be in a sort of trance, like a man staring down into an abyss. At last his lips moved and he murmured, more as if it were a prayer than an oath: 'Merciful God, what a horrible revenge!'

His friend questioned him, but he continued as if talking to himself.

'What a horrible tale of hatred! What a vengeance for one mortal worm to take on another! Shall we ever get to the bottom of this bottomless human heart, where such abominable imaginations can abide? God save us all from pride; but I cannot yet make any picture in my mind of hate and vengeance like that.'

'Yes,' said Smith; 'and I can't quite picture why he should kill Vaudrey at all. If Dalmon was a blackmailer, it would seem more natural for Vaudrey to kill him. As you say, the throat-cutting was a horrid business, but –'

Father Brown started, and blinked like a man awakened from sleep.

'Oh, that!' he corrected hastily. 'I wasn't thinking about that. I didn't mean the murder in the barber's shop, when – when I said a horrible tale of vengeance. I was thinking of a much more horrible tale than that; though, of course, that was horrible enough, in its way. But that was much more comprehensible; almost anybody might have done it. In fact, it was very nearly an act of self-defence.'

'What?' exclaimed the secretary incredulously. 'A man creeps up behind another man and cuts his throat, while he is smiling pleasantly at the ceiling in a barber's chair, and you say it was self-defence!'

'I do not say it was justifiable self-defence,' replied the other. 'I only say that many a man would have been driven to it, to defend himself against an appalling calamity – which was also an appalling crime. It was that other crime that I was thinking about. To begin with, about that question you asked just now – why should the blackmailer be the murderer? Well, there are a good many conventional confusions and errors on a point like that.' He paused, as if collecting his thoughts after his recent trance of horror, and went on in ordinary tones.

'You observe that two men, an older and a younger, go about together and agree on a matrimonial project; but the origin of their intimacy is old and concealed. One is rich and the other poor; and you guess at blackmail. You are quite right, at least to that extent. Where you are quite wrong is in guessing which is which. You assume that the poor

man was blackmailing the rich man. As a matter of fact, the rich man
was blackmailing the poor man.'

'But that seems nonsense,' objected the secretary.

'It is much worse than nonsense; but it is not at all uncommon,' replied
the other. 'Half modern politics consists of rich men blackmailing
people. Your notion that it's nonsense rests on two illusions which are
both nonsensical. One is, that rich men never want to be richer; the
other is, that a man can only be blackmailed for money. It's the last
that is in question here. Sir Arthur Vaudrey was acting not for avarice,
but for vengeance. And he planned the most hideous vengeance I ever
heard of.'

'But why should he plan vengeance on John Dalmon?' enquired
Smith.

'It wasn't on John Dalmon that he planned vengeance,' replied the
priest, gravely.

There was a silence; and he resumed, almost as if changing the
subject. 'When we found the body, you remember, we saw the face
upside down; and you said it looked like the face of a fiend. Has it
occurred to you that the murderer also saw the face upside down,
coming behind the barber's chair?'

'But that's all morbid extravagance,' remonstrated his companion. 'I
was quite used to the face when it was the right way up.'

'Perhaps you have never seen it the right way up,' said Father Brown.
'I told you that artists turn a picture the wrong way up when they want
to see it the right way up. Perhaps, over all those breakfasts and tea-
tables, you had got used to the face of a fiend.'

'What on earth are you driving at?' demanded Smith, impatiently.

'I speak in parables,' replied the other in a rather sombre tone.
'Of course, Sir Arthur was not actually a fiend; he was a man with a
character which he had made out of a temperament that might also
have been turned to good. But those goggling, suspicious eyes; that
tight, yet quivering mouth, might have told you something if you had
not been so used to them. You know, there are physical bodies on which
a wound will not heal. Sir Arthur had a mind of that sort. It was as if
it lacked a skin; he had a feverish vigilance of vanity; those strained
eyes were open with an insomnia of egoism. Sensibility need not be
selfishness. Sybil Rye, for instance, has the same thin skin and manages
to be a sort of saint. But Vaudrey had turned it all to poisonous pride;
a pride that was not even secure and self-satisfied. Every scratch on the
surface of his soul festered. And that is the meaning of that old story
about throwing the man into the pig-sty. If he'd thrown him then and
there, after being called a pig, it might have been a pardonable burst

of passion. But there was no pig-sty; and that is just the point. Vaudrey remembered the silly insult for years and years, till he could get the Oriental into the improbable neighbourhood of a pig-sty; and then he took, what he considered the only appropriate and artistic revenge . . . Oh, my God! he liked his revenges to be appropriate and artistic.'

Smith looked at him curiously. 'You are not thinking of the pig-sty story,' he said.

'No,' said Father Brown; 'of the other story.' He controlled the shudder in his voice, and went on: 'Remembering that story of a fantastic and yet patient plot to make the vengeance fit the crime, consider the other story before us. Had anybody else, to your knowledge, ever insulted Vaudrey, or offered him what he thought a mortal insult? Yes; a woman insulted him.'

A sort of vague horror began to dawn in Evan's eyes; he was listening intently.

'A girl, little more than a child, refused to marry him, because he had once been a sort of criminal; had, indeed, been in prison for a short time for the outrage on the Egyptian. And that madman said, in the hell of his heart: "She shall marry a murderer."'

They took the road towards the great house and went along by the river for some time in silence, before he resumed: 'Vaudrey was in a position to blackmail Dalmon, who had committed a murder long ago; probably he knew of several crimes among the wild comrades of his youth. Probably it was a wild crime with some redeeming features; for the wildest murders are never the worst. And Dalmon looks to me like a man who knows remorse, even for killing Vaudrey. But he was in Vaudrey's power and, between them, they entrapped the girl very cleverly into an engagement; letting the lover try his luck first, for instance, and the other only encouraging magnificently. But Dalmon himself did not know, nobody but the Devil himself did know, what was really in that old man's mind.

'Then, a few days ago, Dalmon made a dreadful discovery. He had obeyed, not altogether unwillingly; he had been a tool; and he suddenly found how the tool was to be broken and thrown away. He came upon certain notes of Vaudrey's in the library which, disguised as they were, told of preparations for giving information to the police. He understood the whole plot and stood stunned as I did when I first understood it. The moment the bride and bridegroom were married, the bridegroom would be arrested and hanged. The fastidious lady, who objected to a husband who had been in prison, should have no husband except a husband on the gallows. That is what Sir Arthur Vaudrey considered an artistic rounding off of the story.'

Evan Smith, deadly pale, was silent; and, far away, down the perspective of the road, they saw the large figure and wide hat of Dr Abbott advancing towards them; even in the outline there was a certain agitation. But they were still shaken with their own private apocalypse.

'As you say, hate is a hateful thing,' said Evan at last; 'and, do you know, one thing gives me a sort of relief. All my hatred of poor Dalmon is gone out of me – now I know how he was twice a murderer.'

It was in silence that they covered the rest of the distance and met the big doctor coming towards them, with his large gloved hands thrown out in a sort of despairing gesture and his grey beard tossing in the wind.

'There is dreadful news,' he said. 'Arthur's body has been found. He seems to have died in his garden.'

'Dear me,' said Father Brown, rather mechanically. 'How dreadful!'

'And there is more,' cried the doctor breathlessly. 'John Dalmon went off to see Vernon Vaudrey, the nephew; but Vernon Vaudrey hasn't heard of him and Dalmon seems to have disappeared entirely.'

'Dear me,' said Father Brown. 'How strange!'

The Worst Crime in the World

Father Brown was wandering through a picture gallery with an expression that suggested that he had not come there to look at the pictures. Indeed, he did not want to look at the pictures, though he liked pictures well enough. Not that there was anything immoral or improper about those highly modern pictorial designs. He would indeed be of an inflammable temperament who was stirred to any of the more pagan passions by the display of interrupted spirals, inverted cones and broken cylinders with which the art of the future inspired or menaced mankind. The truth is that Father Brown was looking for a young friend who had appointed that somewhat incongruous meeting-place, being herself of a more futuristic turn. The young friend was also a young relative; one of the few relatives that he had. Her name was Elizabeth Fane, simplified into Betty, and she was the child of a sister who had married into a race of refined but impoverished squires. As the squire was dead as well as impoverished, Father Brown stood in the relation of a protector as well as a priest, and in some sense a guardian as well as an uncle. At the moment, however, he was blinking about at the groups in the gallery without catching sight of the familiar brown hair and bright face of his niece. Nevertheless, he saw some people he knew and a number of people he did not know, including some that, as a mere matter of taste, he did not much want to know.

Among the people the priest did not know and who yet aroused his interest was a lithe and alert young man, very beautifully dressed and looking rather like a foreigner, because, while his beard was cut in a spade shape like an old Spaniard's, his dark hair was cropped so close as to look like a tight black skull-cap. Among the people the priest did not particularly want to know was a very dominant-looking lady, sensationally clad in scarlet, with a mane of yellow hair too long to be called bobbed, but too loose to be called anything else. She had a powerful and rather heavy face of a pale and rather unwholesome complexion, and when she looked at anybody she cultivated the fascinations of a basilisk. She towed in attendance behind her a short man with a big beard and a very broad face, with long sleepy slits of eyes. The expression of his face was beaming and benevolent, if only partially awake; but his bull neck, when seen from behind, looked a little brutal.

Father Brown gazed at the lady, feeling that the appearance and

approach of his niece would be an agreeable contrast. Yet he continued to gaze, for some reason, until he reached the point of feeling that the appearance of anybody would be an agreeable contrast. It was therefore with a certain relief, though with a slight start as of awakening, that he turned at the sound of his name and saw another face that he knew.

It was the sharp but not unfriendly face of a lawyer named Granby, whose patches of grey hair might almost have been the powder from a wig, so incongruous were they with his youthful energy of movement. He was one of those men in the City who run about like schoolboys in and out of their offices. He could not run round the fashionable picture gallery quite in that fashion; but he looked as if he wanted to, and fretted as he glanced to left and right, seeking somebody he knew.

'I didn't know,' said Father Brown, smiling, 'that you were a patron of the New Art.'

'I didn't know that you were,' retorted the other. 'I came here to catch a man.'

'I hope you will have good sport,' answered the priest. 'I'm doing much the same.'

'Said he was passing through to the Continent,' snorted the solicitor, 'and could I meet him in this cranky place.' He ruminated a moment, and said abruptly: 'Look here, I know you can keep a secret. Do you know Sir John Musgrave?'

'No,' answered the priest; 'but I should hardly have thought he was a secret, though they say he does hide himself in a castle. Isn't he the old man they tell all those tales about – how he lives in a tower with a real portcullis and drawbridge, and generally refuses to emerge from the Dark Ages? Is he one of your clients?'

'No,' replied Granby shortly: 'it's his son, Captain Musgrave, who has come to us. But the old man counts for a good deal in the affair, and I don't know him; that's the point. Look here, this is confidential, as I say, but I can confide in you.' He dropped his voice and drew his friend apart into a side gallery containing representations of various real objects, which was comparatively empty.

'This young Musgrave,' he said, 'wants to raise a big sum from us on a *post obit* on his old father in Northumberland. The old man's long past seventy and presumably will *obit* some time or other; but what about the *post*, so to speak? What will happen afterwards to his cash and castles and portcullises and all the rest? It's a very fine old estate, and still worth a lot, but strangely enough it isn't entailed. So you see how we stand. The question is, as the man said in Dickens, is the old man friendly?'

'If he's friendly to his son you'll feel all the friendlier,' observed Father

Brown. 'No, I'm afraid I can't help you. I never met Sir John Musgrave, and I understand very few people do meet him nowadays. But it seems obvious you have a right to an answer on that point before you lend the young gentleman your firm's money. Is he the sort that people cut off with a shilling?'

'Well, I'm doubtful,' answered the other. 'He's very popular and brilliant and a great figure in society; but he's a great deal abroad, and he's been a journalist.'

'Well,' said Father Brown, 'that's not a crime. At least not always.'

'Nonsense!' said Granby curtly. 'You know what I mean – he's rather a rolling stone, who's been a journalist and a lecturer and an actor, and all sorts of things. I've got to know where I stand . . . Why, there he is.'

And the solicitor, who had been stamping impatiently about the emptier gallery, turned suddenly and darted into the more crowded room at a run. He was running towards the tall and well-dressed young man with the short hair and the foreign-looking beard.

The two walked away together talking, and for some moments afterwards Father Brown followed them with his screwed, short-sighted eyes. His gaze was shifted and recalled, however, by the breathless and even boisterous arrival of his niece, Betty. Rather to the surprise of her uncle, she led him back into the emptier room and planted him on a seat that was like an island in that sea of floor.

'I've got something I must tell you,' she said. 'It's so silly that nobody else will understand it.'

'You overwhelm me,' said Father Brown. 'Is it about this business your mother started telling me about? Engagements and all that; not what the military historians call a general engagement.'

'You know,' she said, 'that she wants me to be engaged to Captain Musgrave.'

'I didn't,' said Father Brown with resignation; 'but Captain Musgrave seems to be quite a fashionable topic.'

'Of course we're very poor,' she said, 'and it's no good saying it makes no difference.'

'Do you want to marry him?' asked Father Brown, looking at her through his half-closed eyes.

She frowned at the floor, and answered in a lower tone: 'I thought I did. At least I think I thought I did. But I've just had rather a shock.'

'Then tell us all about it.'

'I heard him laugh,' she said.

'It is an excellent social accomplishment,' he replied.

'You don't understand,' said the girl. 'It wasn't social at all. That was just the point of it – that it wasn't social.'

She paused a moment, and then went on firmly: 'I came here quite early, and saw him sitting quite alone in the middle of that gallery with the new pictures, that was quite empty then. He had no idea I or anybody was near; he was sitting quite alone, and he laughed.'

'Well, no wonder,' said Father Brown. 'I'm not an art critic myself, but as a general view of the pictures taken as a whole –'

'Oh, you won't understand,' she said almost angrily. 'It wasn't a bit like that. He wasn't looking at the pictures. He was staring right up at the ceiling; but his eyes seemed to be turned inwards, and he laughed so that my blood ran cold.'

The priest had risen and was pacing the room with his hands behind him. 'You mustn't be hasty in a case of this sort,' he began. 'There are two kinds of men – but we can hardly discuss him just now, for here he is.'

Captain Musgrave entered the room swiftly and swept it with a smile. Granby, the lawyer, was just behind him, and his legal face bore a new expression of relief and satisfaction.

'I must apologise for everything I said about the Captain,' he said to the priest as they drifted together towards the door. 'He's a thoroughly sensible fellow and quite sees my point. He asked me himself why I didn't go north and see his old father; I could hear from the old man's own lips how it stood about the inheritance. Well, he couldn't say fairer than that, could he? But he's so anxious to get the thing settled that he offered to take me up in his own car to Musgrave Moss. That's the name of the estate. I suggested that, if he was so kind, we might go together; and we're starting tomorrow morning.'

As they spoke Betty and the Captain came through the doorway together, making in that framework at least a sort of picture that some would be sentimental enough to prefer to cones and cylinders. Whatever their other affinities, they were both very good-looking; and the lawyer was moved to a remark on the fact, when the picture abruptly altered.

Captain James Musgrave looked out into the main gallery, and his laughing and triumphant eyes were riveted on something that seemed to change him from head to foot. Father Brown looked round as under an advancing shadow of premonition; and he saw the lowering, almost livid face of the large woman in scarlet under its leonine yellow hair. She always stood with a slight stoop, like a bull lowering its horns, and the expression of her pale pasty face was so oppressive and hypnotic that they hardly saw the little man with the large beard standing beside her.

Musgrave advanced into the centre of the room towards her, almost like a beautifully dressed waxwork wound up to walk. He said a few words to her that could not be heard. She did not answer; but they

turned away together, walking down the long gallery as if in debate, the short, bull-necked man with the beard bringing up the rear like some grotesque goblin page.

'Heaven help us!' muttered Father Brown, frowning after them. 'Who in the world is that woman?'

'No pal of mine, I'm happy to say,' replied Granby with grim flippancy. 'Looks as if a little flirtation with her might end fatally, doesn't it?'

'I don't think he's flirting with her,' said Father Brown.

Even as he spoke the group in question turned at the end of the gallery and broke up, and Captain Musgrave came back to them in hasty strides.

'Look here,' he cried, speaking naturally enough, though they fancied his colour was changed. 'I'm awfully sorry, Mr Granby, but I find I can't come north with you tomorrow. Of course, you will take the car all the same. Please do; I shan't want it. I – I have to be in London for some days. Take a friend with you if you like.'

'My friend, Father Brown –' began the lawyer.

'If Captain Musgrave is really so kind,' said Father Brown gravely. 'I may explain that I have some status in Mr Granby's inquiry, and it would be a great relief to my mind if I could go.'

Which was how it came about that a very elegant car, with an equally elegant chauffeur, shot north the next day over the Yorkshire moors, bearing the incongruous burden of a priest who looked rather like a black bundle, and a lawyer who had the habit of running about on his feet instead of racing on somebody else's wheels.

They broke their journey very agreeably in one of the great dales of the West Riding, dining and sleeping at a comfortable inn, and starting early next day, began to run along the Northumbrian coast till they reached a country that was a maze of sand dunes and rank sea meadows, somewhere in the heart of which lay the old Border castle which had remained so unique and yet so secretive a monument of the old Border wars. They found it at last, by following a path running beside a long arm of the sea that ran inland, and turned eventually into a sort of rude canal ending in the moat of the castle. The castle really was a castle, of the square, embattled plan that the Normans built everywhere from Galilee to the Grampians. It did really and truly have a portcullis and a drawbridge, and they were very realistically reminded of the fact by an accident that delayed their entrance.

They waded amid long coarse grass and thistle to the bank of the moat which ran in a ribbon of black with dead leaves and scum upon it, like ebony inlaid with a pattern of gold. Barely a yard or two beyond the black ribbon was the other green bank and the big stone pillars of

the gateway. But so little, it would seem, had this lonely fastness been approached from outside that when the impatient Granby hallooed across to the dim figures behind the portcullis, they seemed, to have considerable difficulty even in lowering the great rusty drawbridge. It started on its way, turning over like a great falling tower above them, and then stuck, sticking out in mid-air at a threatening angle.

The impatient Granby, dancing upon the bank, called out to his companion: 'Oh, I can't stand these stickin-the-mud ways! Why, it'd be less trouble to jump.'

And with characteristic impetuosity he did jump, landing with a slight stagger in safety on the inner shore. Father Brown's short legs were not adapted to jumping. But his temper was more adapted than most people's to falling with a splash into very muddy water. By the promptitude of his companion he escaped falling in very far. But as he was being hauled up the green, slimy bank, he stopped with bent head, peering at a particular point upon the grassy slope.

'Are you botanising?' asked Granby irritably. 'We've got no time for you to collect rare plants after your last attempt as a diver among the wonders of the deep. Come on, muddy or no, we've got to present ourselves before the baronet.'

When they had penetrated into the castle, they were received courteously enough by an old servant, the only one in sight, and after indicating their business were shown into a long oak-panelled room with latticed windows of antiquated pattern. Weapons of many different centuries hung in balanced patterns on the dark walls, and a complete suit of fourteenth-century armour stood like a sentinel beside the large fireplace. In another long room beyond could be seen, through the half-open door, the dark colours of the rows of family portraits.

'I feel as if I'd got into a novel instead of a house,' said the lawyer. 'I'd no idea anybody did really keep up the "Mysteries of Udolpho" in this fashion.'

'Yes; the old gentleman certainly carries out his historical craze consistently,' answered the priest; 'and these things are not fakes, either. It's not done by somebody who thinks all mediaeval people lived at the same time. Sometimes they make up suits of armour out of different bits; but that suit all covered one man, and covered him very completely. You, see it's the late sort of tilting-armour.'

'I think he's a late sort of host, if it comes to that,' grumbled Granby. 'He's keeping us waiting the devil of a time.'

'You must expect everything to go slowly in a place like this,' said Father Brown. 'I think it's very decent of him to see us at all: two total strangers come to ask him highly personal questions.'

And, indeed, when the master of the house appeared they had no reason to complain of their reception; but rather became conscious of something genuine in the traditions of breeding and behaviour that could retain their native dignity without difficulty in that barbarous solitude, and after those long years of rustication and moping. The baronet did not seem either surprised or embarrassed at the rare visitation; though they suspected that he had not had a stranger in his house for a quarter of a life-time, he behaved as if he had been bowing out duchesses a moment before. He showed neither shyness nor impatience when they touched on the very private matter of their errand; after a little leisurely reflection he seemed to recognise their curiosity as justified under the circumstances. He was a thin, keen-looking old gentleman, with black eyebrows and a long chin, and though the carefully curled hair he wore was undoubtedly a wig, he had the wisdom to wear the grey wig of an elderly man.

'As regards the question that immediately concerns you,' he said, 'the answer is very simple indeed. I do most certainly propose to hand on the whole of my property to my son, as my father handed it on to me; and nothing – I say advisedly, nothing – would induce me to take any other course.'

'I am most profoundly grateful for the information,' answered the lawyer. 'But your kindness encourages me to say that you are putting it very strongly. I would not suggest that it is in the least likely that your son would do anything to make you doubt his fitness for the charge. Still, he might –'

'Exactly,' said Sir John Musgrave dryly, 'he might. It is rather an understatement to say that he might. Will you be good enough to step into the next room with me for a moment.'

He led them into the further gallery, of which they had already caught a glimpse, and gravely paused before a row of the blackened and lowering portraits.

'This is Sir Roger Musgrave,' he said, pointing to a long-faced person in a black periwig. 'He was one of the lowest liars and rascals in the rascally time of William of Orange, a traitor to two kings and something like the murderer of two wives. That is his father, Sir Robert, a perfectly honest old cavalier. That is his son, Sir James, one of the noblest of the Jacobite martyrs and one of the first men to attempt some reparation to the Church and the poor. Does it matter that the House of Musgrave, the power, the honour, the authority, descended from one good man to another good man through the interval of a bad one? Edward I governed England well. Edward III covered England with glory. And yet the second glory came from the first glory through the

infamy and imbecility of Edward II, who fawned upon Gaveston and ran away from Bruce. Believe me, Mr Granby, the greatness of a great house and history is something more than these accidental individuals who carry it on, even though they do not grace it. From father to son our heritage has come down, and from father to son it shall continue. You may assure yourselves, gentlemen, and you may assure my son, that I shall not leave my money to a home for lost cats. Musgrave shall leave it to Musgrave till the heavens fall.'

'Yes,' said Father Brown thoughtfully; 'I see what you mean.'

'And we shall be only too glad,' said the solicitor, 'to convey such a happy assurance to your son.'

'You may convey the assurance,' said their host gravely, 'He is secure in any event of having the castle, the title, the land and the money. There is only a small and merely private addition to that arrangement. Under no circumstances whatever will I ever speak to him as long as I live.'

The lawyer remained in the same respectful attitude, but he was now respectfully staring.

'Why, what on earth has he –'

'I am a private gentleman,' said Musgrave, 'as well as the custodian of a great inheritance. And my son did something so horrible that he has ceased to be – I will not say a gentleman – but even a human being. It is the worst crime in the world. Do you remember what Douglas said when Marmion, his guest, offered to shake hands with him?'

'Yes,' said Father Brown.

'"My castles are my king's alone, from turret to foundation stone,"' said Musgrave. '"The hand of Douglas is his own."'

He turned towards the other room and showed his rather dazed visitors back into it.

'I hope you will take some refreshment,' he said, in the same equable fashion. 'If you have any doubt about your movements, I should be delighted to offer you the hospitality of the castle for the night.'

'Thank you, Sir John,' said the priest in a dull voice, 'but I think we had better go.'

'I will have the bridge lowered at once,' said their host; and in a few moments the creaking of that huge and absurdly antiquated apparatus filled the castle like the grinding of a mill. Rusty as it was, however, it worked successfully this time, and they found themselves standing once more on the grassy bank beyond the moat.

Granby was suddenly shaken by a shudder.

'What in hell was it that his son did?' he cried.

Father Brown made no answer. But when they had driven off again

in their car and pursued their journey to a village not far off, called Graystones, where they alighted at the inn of the Seven Stars, the lawyer learned with a little mild surprise that the priest did not propose to travel much farther; in other words, that he had apparently every intention of remaining in the neighbourhood.

'I cannot bring myself to leave it like this,' he said gravely. 'I will send back the car, and you, of course, may very naturally want to go with it. Your question is answered; it is simply whether your firm can afford to lend money on young Musgrave's prospects. But my question isn't answered; it is whether he is a fit husband for Betty. I must try to discover whether he's really done something dreadful, or whether it's the delusion of an old lunatic.'

'But,' objected the lawyer, 'if you want to find out about him, why don't you go after him? Why should you hang about in this desolate hole where he hardly ever comes?'

'What would be the use of my going after him?' asked the other. 'There's no sense in going up to a fashionable young man in Bond Street and saying: "Excuse me, but have you committed a crime too horrible for a human being?" If he's bad enough to do it, he's certainly bad enough to deny it. And we don't even know what it is. No, there's only one man that knows, and *may* tell, in some further outburst of dignified eccentricity. I'm going to keep near him for the present.'

And in truth Father Brown did keep near the eccentric baronet, and did actually meet him on more than one occasion, with the utmost politeness on both sides. For the baronet, in spite of his years, was very vigorous and a great walker, and could often be seen stumping through the village, and along the country lanes. Only the day after their arrival, Father Brown, coming out of the inn on to the cobbled market-place, saw the dark and distinguished figure stride past in the direction of the post office. He was very quietly dressed in black, but his strong face was even more arresting in the strong sunlight; with his silvery hair, swarthy eyebrows and long chin, he had something of a reminiscence of Henry Irving, or some other famous actor. In spite of his hoary hair, his figure as well as his face suggested strength, and he carried his stick more like a cudgel than a crutch. He saluted the priest, and spoke with the same air of coming fearlessly to the point which had marked his revelations of yesterday.

'If you are still interested in my son,' he said, using the term with an icy indifference, 'you will not see very much of him. He has just left the country. Between ourselves, I might say fled the country.'

'Indeed,' said Father Brown with a grave stare.

'Some people I never heard of, called Grunov, have been pestering

me, of all people, about his whereabouts,' said Sir John; 'and I've just come in to send off a wire to tell them that, so far as I know, he's living in the Poste Restante, Riga. Even that has been a nuisance. I came in yesterday to do it, but was five minutes too late for the post office. Are you staying long? I hope you will pay me another visit.'

When the priest recounted to the lawyer his little interview with old Musgrave in the village, the lawyer was both puzzled and interested. 'Why has the Captain bolted?' he asked. 'Who are the other people who want him? Who on earth are the Grunovs?'

'For the first, I don't know,' replied Father Brown. 'Possibly his mysterious sin has come to light. I should rather guess that the other people are blackmailing him about it. For the third, I think I do know. That horrible fat woman with yellow hair is called Madame Grunov, and that little man passes as her husband.'

The next day Father Brown came in rather wearily, and threw down his black bundle of an umbrella with the air of a pilgrim laying down his staff. He had an air of some depression. But it was as it was so often in his criminal investigations. It was not the depression of failure, but the depression of success.

'It's rather a shock,' he said in a dull voice; 'but I ought to have guessed it. I ought to have guessed it when I first went in and saw the thing standing there.'

'When you saw what?' asked Granby impatiently.

'When I saw there was only one suit of armour,' answered Father Brown. There was a silence during which the lawyer only stared at his friend, and then the friend resumed.

'Only the other day I was just going to tell my niece that there are two types of men who can laugh when they are alone. One might almost say the man who does it is either very good or very bad. You see, he is either confiding the joke to God or confiding it to the Devil. But anyhow he has an inner life. Well, there really is a kind of man who confides the joke to the Devil. He does not mind if nobody sees the joke; if nobody can safely be allowed even to know the joke. The joke is enough in itself, if it is sufficiently sinister and malignant.'

'But what are you talking about?' demanded Granby. '*Whom* are you talking about? Which of them, I mean? *Who* is this person who is having a sinister joke with his Satanic Majesty?'

Father Brown looked across at him with a ghastly smile.

'Ah,' he said, 'that's the joke.'

There was another silence, but this time the silence seemed to be rather full and oppressive than merely empty; it seemed to settle down on them like the twilight that was gradually turning from dusk to dark.

Father Brown went on speaking in a level voice, sitting stolidly with his elbows on the table.

'I've been looking up the Musgrave family,' he said. 'They are vigorous and long-lived stock, and even in the ordinary way I should think you would wait a good time for your money.'

'We're quite prepared for that,' answered the solicitor; 'but anyhow it can't last indefinitely. The old man is nearly eighty, though he still walks about, and the people at the inn here laugh and say they don't believe he will ever die.'

Father Brown jumped up with one of his rare but rapid movements, but remained with his hands on the table, leaning forward and looking his friend in the face.

'That's it,' he cried in a low but excited voice. 'That's the only problem. That's the only real difficulty. How will he die? How on earth is he to die?'

'What on earth do you mean?' asked Granby.

'I mean,' came the voice of the priest out of the darkening room, 'that I know the crime that James Musgrave committed.'

His tones had such a chill in them that Granby could hardly repress a shiver; he murmured a further question.

'It was really the worst crime in the world,' said Father Brown. 'At least, many communities and civilisations have accounted it so. It was always from the earliest times marked out in tribe and village for tremendous punishment. But anyhow, I know now what young Musgrave really did and why he did it.'

'And what did he do?' asked the lawyer.

'He killed his father,' answered the priest.

The lawyer in his turn rose from his seat and gazed across the table with wrinkled brows.

'But his father is at the castle,' he cried in sharp tones.

'His father is in the moat,' said the priest, 'and I was a fool not to have known it from the first when something bothered me about that suit of armour. Don't you remember the look of that room? How very carefully it was arranged and decorated? There were two crossed battle-axes hung on one side of the fireplace, two crossed battle-axes on the other. There was a round Scottish shield on one wall, a round Scottish shield on the other. And there was a stand of armour guarding one side of the hearth, and an empty space on the other. Nothing will make me believe that a man who arranged all the rest of that room with that exaggerated symmetry left that one feature of it lopsided. There was almost certainly another man in armour. And what has become of him?'

He paused a moment, and then went on in a more matter-of-fact

tone: 'When you come to think of it, it's a very good plan for a murder, and meets the permanent problem of the disposal of the body. The body could stand inside that complete tilting-armour for hours, or even days, while servants came and went, until the murderer could simply drag it out in the dead of night and lower it into the moat, without even crossing the bridge. And then what a good chance he ran! As soon as the body was at all decayed in the stagnant water there would sooner or later be nothing but a skeleton in fourteenth-century armour, a thing very likely to be found in the moat of an old Border castle. It was unlikely that anybody would look for anything there, but if they did, that would soon be all they would find. And I got some confirmation of that. That was when you said I was looking for a rare plant; it was a plant in a good many senses, if you'll excuse the jest. I saw the marks of two feet sunk so deep into the solid bank I was sure that the man was either very heavy or was carrying something very heavy. Also, by the way, there's another moral from that little incident when I made my celebrated graceful and cat-like leap.'

'My brain is rather reeling,' said Granby, 'but I begin to have some notion of what all this nightmare is about. What about you and your cat-like leap?'

'At the post office today,' said Father Brown, 'I casually confirmed the statement the baronet made to me yesterday, that he had been there just after closing-time on the day previous – that is, not only on the very day we arrived, but at the very time we arrived. Don't you see what that means? It means that he was actually out when we called, and came back while we were waiting; and that was why we had to wait so long. And when I saw that, I suddenly saw a picture that told the whole story.'

'Well,' asked the other impatiently, 'and what about it?'

'An old man of eighty can walk,' said Father Brown. 'An old man can even walk a good deal, pottering about in country lanes. But an old man can't *jump*. He would be an even less graceful jumper than I was. Yet, if the baronet came back while we were waiting, he must have come in as we came in – by jumping the moat – for the bridge wasn't lowered till later. I rather guess he had hampered it himself to delay inconvenient visitors, to judge by the rapidity with which it was repaired. But that doesn't matter. When I saw that fancy picture of the black figure with the grey hair taking a flying leap across the moat I knew instantly that it was a young man dressed up as an old man. And there you have the whole story.'

'You mean,' said Granby slowly, 'that this pleasing youth killed his father, hid the corpse first in the armour and then in the moat, disguised himself and so on?'

'They happened to be almost exactly alike,' said the priest. 'You could see from the family portraits how strong the likeness ran. And then you talk of his disguising himself. But in a sense everybody's dress is a disguise. The old man disguised himself in a wig, and the young man in a foreign beard. When he shaved and put the wig on his cropped head he was exactly like his father, with a little make-up. Of course, you understand now why he was so very polite about getting you to come up next day here by car. It was because he himself was coming up that night by train. He got in front of you, committed his crime, assumed his disguise, and was ready for the legal negotiations.'

'Ah,' said Granby thoughtfully, 'the legal negotiations! You mean, of course, that the real old baronet would have negotiated very differently.

'He would have told you plainly that the Captain would never get a penny,' said Father Brown. 'The plot, queer as it sounds, was really the only way of preventing his telling you so. But I want you to appreciate the cunning of what the fellow did tell you. His plan answered several purposes at once. He was being blackmailed by these Russians for some villainy; I suspect for treason during the war. He escaped from them at a stroke, and probably sent them chasing off to Riga after him. But the most beautiful refinement of all was that theory he enunciated about recognising his son as an heir, but not as a human being. Don't you see that while it secured the *post obit*, it also provided some sort of answer to what would soon be the greatest difficulty of all?'

'I see several difficulties,' said Granby; 'which one do you mean?'

'I mean that if the son was not even disinherited, it would look rather odd that the father and son never met. The theory of a private repudiation answered that. So there only remained one difficulty, as I say, which is probably perplexing the gentleman now. How on earth is the old man to die?'

'I know how he ought to die,' said Granby.

Father Brown seemed to be a little bemused, and went on in a more abstracted fashion.

'And yet there is something more in it than that,' he said. 'There was something about that theory that he liked in a way that is more – well, more theoretical. It gave him an insane intellectual pleasure to tell you in one character that he had committed a crime in another character – when he really had. That is what I mean by the infernal irony; by the joke shared with the Devil. Shall I tell you something that sounds like what they call a paradox? Sometimes it is a joy in the very heart of hell to tell the truth. And above all, to tell it so that everybody misunderstands it. That is why he liked that antic of pretending to be somebody else, and then painting himself as black – as he was. And

that was why my niece heard him laughing to himself all alone in the picture gallery.'

Granby gave a slight start, like a person brought back to common things with a bump.

'Your niece,' he cried. 'Didn't her mother want her to marry Musgrave? A question of wealth and position, I suppose.'

'Yes,' said Father Brown dryly; 'her mother was all in favour of a prudent marriage.'

The Red Moon of Meru

Everyone agreed that the bazaar at Mallowood Abbey (by kind permission of Lady Mounteagle) was a great success; there were roundabouts and swings and side-shows, which the people greatly enjoyed; I would also mention the Charity, which was the excellent object of the proceedings, if any of them could tell me what it was. However, it is only with a few of them that we are here concerned; and especially with three of them, a lady and two gentlemen, who passed between two of the principal tents or pavilions, their voices high in argument. On their right was the tent of the Master of the Mountain, that world-famous fortune-teller by crystals and chiromancy; a rich purple tent, all over which were traced, in black and gold, the sprawling outlines of Asiatic gods waving any number of arms like octopods. Perhaps they symbolised the readiness of divine help to be had within; perhaps they merely implied that the ideal being of a pious palmist would have as many hands as possible. On the other side stood the plainer tent of Phroso the Phrenologist; more austerely decorated with diagrams of the heads of Socrates and Shakespeare, which were apparently of a lumpy sort. But these were presented merely in black and white, with numbers and notes, as became the rigid dignity of a purely rationalistic science. The purple tent had an opening like a black cavern, and all was fittingly silent within. But Phroso the Phrenologist, a lean, shabby, sunburnt person, with an almost improbably fierce black moustache and whiskers, was standing outside his own temple, and talking, at the top of his voice, to nobody in particular, explaining that the head of any passer-by would doubtless prove, on examination, to be every bit as knobbly as Shakespeare's. Indeed, the moment the lady appeared between the tents, the vigilant Phroso leapt on her and offered, with a pantomime of old-world courtesy, to feel her bumps.

She refused with civility that was rather like rudeness; but she must be excused, because she was in the middle of an argument. She also had to be excused, or at any rate was excused, because she was Lady Mounteagle. She was not a nonentity, however, in any sense; she was at once handsome and haggard, with a hungry look in her deep, dark eyes and something eager and almost fierce about her smile. Her dress was bizarre for the period; for it was before the Great War had left us in our present mood of gravity and recollection. Indeed, the dress was rather like the purple tent; being of a semi-oriental sort, covered with exotic

and esoteric emblems. But everyone knew that the Mounteagles were mad; which was the popular way of saying that she and her husband were interested in the creeds and culture of the East.

The eccentricity of the lady was a great contrast to the conventionality of the two gentlemen, who were braced and buttoned up in all the stiffer fashion of that far-off day, from the tips of their gloves to their bright top hats. Yet even here there was a difference; for James Hardcastle managed at once to look correct and distinguished, while Tommy Hunter only looked correct and commonplace. Hardcastle was a promising politician; who seemed in society to be interested in everything except politics. It may be answered gloomily that every politician is emphatically a promising politician. But to do him justice, he had often exhibited himself as a performing politician. No purple tent in the bazaar, however, had been provided for him to perform in.

'For my part,' he said, screwing in the monocle that was the only gleam in his hard, legal face, 'I think we must exhaust the possibilities of mesmerism before we talk about magic. Remarkable psychological powers undoubtedly exist, even in apparently backward peoples. Marvellous things have been done by fakirs.'

'Did you say done by fakers?' asked the other young man, with doubtful innocence.

'Tommy, you are simply silly,' said the lady. 'Why will you keep barging in on things you don't understand? You're like a schoolboy screaming out that he knows how a conjuring trick is done. It's all so Early Victorian – that schoolboy scepticism. As for mesmerism, I doubt whether you can stretch it to –'

At this point Lady Mounteagle seemed to catch sight of somebody she wanted; a black stumpy figure standing at a booth where children were throwing hoops at hideous table ornaments. She darted across and cried: 'Father Brown, I've been looking for you. I want to ask you something: Do you believe in fortune-telling?'

The person addressed looked rather helplessly at the little hoop in his hand and said at last: 'I wonder in which sense you're using the word "believe". Of course, if it's all a fraud –'

'Oh, but the Master of the Mountain isn't a bit of a fraud,' she cried. 'He isn't a common conjurer or a fortune-teller at all. It's really a great honour for him to condescend to tell fortunes at my parties; he's a great religious leader in his own country; a Prophet and a Seer. And even his fortune-telling isn't vulgar stuff about coming into a fortune. He tells you great spiritual truths about yourself, about your ideals.'

'Quite so,' said Father Brown. 'That's what I object to. I was just going to say that if it's all a fraud, I don't mind it so much. It can't be

much more of a fraud than most things at fancy bazaars; and there, in a way, it's a sort of practical joke. But if it's a religion and reveals spiritual truths – then it's all as false as hell and I wouldn't touch it with a bargepole.'

'That is something of a paradox,' said Hardcastle, with a smile.

'I wonder what a paradox is,' remarked the priest in a ruminant manner. 'It seems to me obvious enough. I suppose it wouldn't do very much harm if somebody dressed up as a German spy and pretended to have told all sorts of lies to the Germans. But if a man is trading in the truth with the Germans – well! So I think if a fortune-teller is trading in truth like that –'

'You really think,' began Hardcastle grimly.

'Yes,' said the other; 'I think he is trading with the enemy.'

Tommy Hunter broke into a chuckle. 'Well,' he said, 'if Father Brown thinks they're good so long as they're frauds, I should think he'd consider this copper-coloured prophet a sort of saint.'

'My cousin Tom is incorrigible,' said Lady Mounteagle. 'He's always going about showing up adepts, as he calls it. He only came down here in a hurry when he heard the Master was to be here, I believe. He'd have tried to show up Buddha or Moses.'

'Thought you wanted looking after a bit,' said the young man, with a grin on his round face. 'So I toddled down. Don't like this brown monkey crawling about.'

'There you go again!' said Lady Mounteagle. 'Years ago, when I was in India, I suppose we all had that sort of prejudice against brown people. But now I know something about their wonderful spiritual powers, I'm glad to say I know better.'

'Our prejudices seem to cut opposite ways,' said Father Brown. 'You excuse his being brown because he is brahminical; and I excuse his being brahminical because he is brown. Frankly, I don't care for spiritual powers much myself. I've got much more sympathy with spiritual weaknesses. But I can't see why anybody should dislike him merely because he is the same beautiful colour as copper, or coffee, or nut-brown ale, or those jolly peat-streams in the North. But then,' he added, looking across at the lady and screwing up his eyes, 'I suppose I'm prejudiced in favour of anything that's called brown.'

'There now!' cried Lady Mounteagle with a sort of triumph. 'I knew you were only talking nonsense!'

'Well,' grumbled the aggrieved youth with the round face. 'When anybody talks sense you call it schoolboy scepticism. When's the crystal-gazing going to begin?'

'Any time you like, I believe,' replied the lady. 'It isn't crystal-gazing,

as a matter of fact, but palmistry; I suppose you would say it was all the same sort of nonsense.'

'I think there is a *via media* between sense and nonsense,' said Hardcastle, smiling. 'There are explanations that are natural and not at all nonsensical; and yet the results are very amazing. Are you coming in to be operated on? I confess I am full of curiosity.'

'Oh, I've no patience with such nonsense,' spluttered the sceptic, whose round face had become rather a red face with the heat of his contempt and incredulity. 'I'll let you waste your time on your mahogany mountebank; I'd rather go and throw at coco-nuts.'

The Phrenologist, still hovering near, darted at the opening.

'Heads, my dear sir,' he said, 'human skulls are of a contour far more subtle than that of coco-nuts. No coco-nut can compare with your own most –'

Hardcastle had already dived into the dark entry of the purple tent; and they heard a low murmur of voices within. As Tom Hunter turned on the Phrenologist with an impatient answer, in which he showed a regrettable indifference to the line between natural and preternatural sciences, the lady was just about to continue her little argument with the little priest, when she stopped in some surprise. James Hardcastle had come out of the tent again, and in his grim face and glaring monocle, surprise was even more vividly depicted. 'He's not there,' remarked the politician abruptly. 'He's gone. Some aged nigger, who seems to constitute his suite, jabbered something to me to the effect that the Master had gone forth rather than sell sacred secrets for gold.'

Lady Mounteagle turned radiantly to the rest. 'There now,' she cried. 'I told you he was a cut above anything you fancied! He hates being here in a crowd; he's gone back to his solitude.'

'I am sorry,' said Father Brown gravely. 'I may have done him an injustice. Do you know where he has gone?'

'I think so,' said his hostess equally gravely. 'When he wants to be alone, he always goes to the cloisters, just at the end of the left wing, beyond my husband's study and private museum, you know. Perhaps you know this house was once an abbey.'

'I have heard something about it,' answered the priest, with a faint smile.

'We'll go there, if you like,' said the lady, briskly. 'You really ought to see my husband's collection; or the Red Moon at any rate. Haven't you ever heard of the Red Moon of Meru? Yes, it's a ruby.'

'I should be delighted to see the collection,' said Hardcastle quietly, 'including the Master of the Mountain, if that prophet is one exhibit in the museum.' And they all turned towards the path leading to the house.

'All the same,' muttered the sceptical Thomas, as he brought up the rear, 'I should very much like to know what the brown beast did come here for, if he didn't come to tell fortunes.'

As he disappeared, the indomitable Phroso made one more dart after him, almost snatching at his coat-tails. 'The bump –' he began.

'No bump,' said the youth, 'only a hump. Hump I always have when I come down to see Mounteagle.' And he took to his heels to escape the embrace of the man of science.

On their way to the cloisters the visitors had to pass through the long room that was devoted by Lord Mounteagle to his remarkable private museum of Asiatic charms and mascots. Through one open door, in the length of the wall opposite, they could see the Gothic arches and the glimmer of daylight between them, marking the square open space, round the roofed border of which the monks had walked in older days. But they had to pass something that seemed at first sight rather more extraordinary than the ghost of a monk.

It was an elderly gentleman, robed from head to foot in white, with a pale green turban, but a very pink and white English complexion and the smooth white moustaches of some amiable Anglo-Indian colonel. This was Lord Mounteagle, who had taken his Oriental pleasures more sadly, or at least more seriously than his wife. He could talk of nothing whatever, except Oriental religion and philosophy; and had thought it necessary even to dress in the manner of an Oriental hermit. While he was delighted to show his treasures, he seemed to treasure them much more for the truths supposed to be symbolised in them than for their value in collections, let alone cash. Even when he brought out the great ruby, perhaps the only thing of great value in the museum, in a merely monetary sense, he seemed to be much more interested in its name than in its size, let alone its price.

The others were all staring at what seemed a stupendously large red stone, burning like a bonfire seen through a rain of blood. But Lord Mounteagle rolled it loosely in his palm without looking at it; and staring at the ceiling, told them a long tale about the legendary character of Mount Meru, and how, in the Gnostic mythology, it had been the place of the wrestling of nameless primeval powers.

Towards the end of the lecture on the Demiurge of the Gnostics (not forgetting its connection with the parallel concept of Manichaeus), even the tactful Mr Hardcastle thought it time to create a diversion. He asked to be allowed to look at the stone; and as evening was closing in, and the long room with its single door was steadily darkening, he stepped out in the cloister beyond, to examine the jewel by a better light. It was then that they first became conscious, slowly and

almost creepily conscious, of the living presence of the Master of the Mountain.

The cloister was on the usual plan, as regards its original structure; but the line of Gothic pillars and pointed arches that formed the inner square was linked together all along by a low wall, about waist high, turning the Gothic doors into Gothic windows and giving each a sort of flat windowsill of stone. This alteration was probably of ancient date; but there were other alterations of a quainter sort, which witnessed to the rather unusual individual ideas of Lord and Lady Mounteagle. Between the pillars hung thin curtains, or rather veils, made of beads or light canes, in a continental or southern manner; and on these again could be traced the lines and colours of Asiatic dragons or idols, that contrasted with the grey Gothic framework in which they were suspended. But this, while it further troubled the dying light of the place, was the least of the incongruities of which the company, with very varying feelings, became aware.

In the open space surrounded by the cloisters, there ran, like a circle in a square, a circular path paved with pale stones and edged with some sort of green enamel like an imitation lawn. Inside that, in the very centre, rose the basin of a dark-green fountain, or raised pond, in which water-lilies floated and goldfish flashed to and fro; and high above these, its outline dark against the dying light, was a great green image. Its back was turned to them and its face so completely invisible in the hunched posture that the statue might almost have been headless. But in that mere dark outline, in the dim twilight, some of them could see instantly that it was the shape of no Christian thing.

A few yards away, on the circular path, and looking towards the great green god, stood the man called the Master of the Mountain. His pointed and finely finished features seemed moulded by some skilful craftsman as a mask of copper. In contrast with this, his dark-grey beard looked almost blue like indigo; it began in a narrow tuft on his chin, and then spread outwards like a great fan or the tail of a bird. He was robed in peacock green and wore on his bald head a high cap of uncommon outline: a headdress none of them had ever seen before; but it looked rather Egyptian than Indian. The man was standing with staring eyes; wide open, fish-shaped eyes, so motionless that they looked like the eyes painted on a mummy-case. But though the figure of the Master of the Mountain was singular enough, some of the company, including Father Brown, did not look at him; they still looked at the dark-green idol at which he himself was looking.

'This seems a queer thing,' said Hardcastle, frowning a little, 'to set up in the middle of an old abbey cloister.'

'Now, don't tell me you're going to be silly,' said Lady Mounteagle. 'That's just what we meant; to link up the great religions of East and West; Buddha and Christ. Surely you must understand that all religions are really the same.'

'If they are,' said Father Brown mildly, 'it seems rather unnecessary to go into the middle of Asia to get one.'

'Lady Mounteagle means that they are different aspects or facets, as there are of this stone,' began Hardcastle; and becoming interested in the new topic, laid the great ruby down on the stone sill or ledge under the Gothic arch. 'But it does not follow that we can mix the aspects in one artistic style. You may mix Christianity and Islam, but you can't mix Gothic and Saracenic, let alone real Indian.'

As he spoke, the Master of the Mountain seemed to come to life like a cataleptic, and moved gravely round another quarter segment of the circle, and took up his position outside their own row of arches, standing with his back to them and looking now towards the idol's back. It was obvious that he was moving by stages round the whole circle, like a hand round a clock; but pausing for prayer or contemplation.

'What is his religion?' asked Hardcastle, with a faint touch of impatience.

'He says,' replied Lord Mounteagle, reverently, 'that it is older than Brahminism and purer than Buddhism.'

'Oh,' said Hardcastle, and continued to stare through his single eyeglass, standing with both his hands in his pockets.

'They say,' observed the nobleman in his gentle but didactic voice, 'that the deity called the God of Gods is carved in a colossal form in the cavern of Mount Meru –'

Even his lordship's lecturing serenity was broken abruptly by the voice that came over his shoulder. It came out of the darkness of the museum they had just left, when they stepped out into the cloister. At the sound of it the two younger men looked first incredulous, then furious, and then almost collapsed into laughter.

'I hope I do not intrude,' said the urbane and seductive voice of Professor Phroso, that unconquerable wrestler of the truth, 'but it occurred to me that some of you might spare a little time for that much despised science of Bumps, which –'

'Look here,' cried the impetuous Tommy Hunter, 'I haven't got any bumps; but you'll jolly well have some soon, you –'

Hardcastle mildly restrained him as he plunged back through the door; and for the moment all the group had turned again and were looking back into the inner room.

It was at that moment that the thing happened. It was the impetuous

Tommy, once more, who was the first to move, and this time to better effect. Before anyone else had seen anything, when Hardcastle had barely remembered with a jump that he had left the gem on the stone sill, Tommy was across the cloister with the leap of a cat and, leaning with his head and shoulders out of the aperture between two columns, had cried out in a voice that rang down all the arches: 'I've got him!'

In that instant of time, just after they turned, and just before they heard his triumphant cry, they had all seen it happen. Round the corner of one of the two columns, there had darted in and out again a brown or rather bronze-coloured hand, the colour of dead gold; such as they had seen elsewhere. The hand had struck as straight as a striking snake; as instantaneous as the flick of the long tongue of an ant-eater. But it had licked up the jewel. The stone slab of the windowsill shone bare in the pale and fading light.

'I've got him,' gasped Tommy Hunter; 'but he's wriggling pretty hard. You fellows run round him in front – he can't have got rid of it, anyhow.'

The others obeyed, some racing down the corridor and some leaping over the low wall, with the result that a little crowd, consisting of Hardcastle, Lord Mounteagle, Father Brown, and even the undetachable Mr Phroso of the bumps, had soon surrounded the captive Master of the Mountain, whom Hunter was hanging on to desperately by the collar with one hand, and shaking every now and then in a manner highly insensible to the dignity of Prophets as a class.

'Now we've got him, anyhow,' said Hunter, letting go with a sigh. 'We've only got to search him. The thing must be here.'

Three-quarters of an hour later. Hunter and Hardcastle, their top-hats, ties, gloves, slips and spats somewhat the worse for their recent activities, came face to face in the cloister and gazed at each other.

'Well,' asked Hardcastle with restraint, 'have you any views on the mystery?'

'Hang it all,' replied Hunter; 'you can't call it a mystery. Why, we all saw him take it ourselves.'

'Yes,' replied the other, 'but we didn't all see him lose it ourselves. And the mystery is, where has he lost it so that we can't find it?'

'It must be somewhere,' said Hunter. 'Have you searched the fountain and all round that rotten old god there?'

'I haven't dissected the little fishes,' said Hardcastle, lifting his eyeglass and surveying the other. 'Are you thinking of the ring of Polycrates?'

Apparently the survey, through the eyeglass, of the round face before him, convinced him that it covered no such meditation on Greek legend.

'It's not on him, I admit,' repeated Hunter, suddenly, 'unless he's swallowed it.'

'Are we to dissect the Prophet, too?' asked the other smiling. 'But here comes our host.'

'This is a most distressing matter,' said Lord Mounteagle, twisting his white moustache with a nervous and even tremulous hand. 'Horrible thing to have a theft in one's house, let alone connecting it with a man like the Master. But, I confess, I can't quite make head or tail of the way in which he is talking about it. I wish you'd come inside and see what you think.'

They went in together, Hunter falling behind and dropping into conversation with Father Brown, who was kicking his heels round the cloister.

'You must be very strong,' said the priest pleasantly. 'You held him with one hand; and he seemed pretty vigorous, even when we had eight hands to hold him, like one of those Indian gods.'

They took a turn or two round the cloister, talking; and then they also went into the inner room, where the Master of the Mountain was seated on a bench, in the capacity of a captive, but with more of the air of a king.

It was true, as Lord Mounteagle said, that his air and tone were not very easy to understand. He spoke with a serene, and yet secretive sense of power. He seemed rather amused at their suggestions about trivial hiding-places for the gem; and certainly he showed no resentment whatever. He seemed to be laughing, in a still unfathomable fashion at their efforts to trace what they had all seen him take.

'You are learning a little,' he said, with insolent benevolence, 'of the laws of time and space; about which your latest science is a thousand years behind our oldest religion. You do not even know what is really meant by hiding a thing. Nay, my poor little friends, you do not even know what is meant by seeing a thing; or perhaps you would see this as plainly as I do.'

'Do you mean it is here?' demanded Hardcastle harshly.

'Here is a word of many meanings, also,' replied the mystic. 'But I did not say it was here. I only said I could see it.'

There was an irritated silence, and he went on sleepily.

'If you were to be utterly, unfathomably, silent, do you think you might hear a cry from the other end of the world? The cry of a worshipper alone in those mountains, where the original image sits, itself like a mountain. Some say that even Jews and Moslems might worship that image; because it was never made by man. Hark! Do you hear the cry with which he lifts his head and sees in that socket of stone,

that has been hollow for ages, the one red and angry moon that is the eye of the mountain?'

'Do you really mean,' cried Lord Mounteagle, a little shaken, 'that you could make it pass from here to Mount Meru? I used to believe you had great spiritual powers, but –'

'Perhaps,' said the Master, 'I have more than you will ever believe.'

Hardcastle rose impatiently and began to pace the room with his hands in his pockets.

'I never believed so much as you did; but I admit that powers of a – certain type may . . . Good God!'

His high, hard voice had been cut off in mid-air, and he stopped staring; the eyeglass fell out of his eye. They all turned their faces in the same direction; and on every face there seemed to be the same suspended animation.

The Red Moon of Meru lay on the stone windowsill, exactly as they had last seen it. It might have been a red spark blown there from a bonfire, or a red rose-petal tossed from a broken rose; but it had fallen in precisely the same spot where Hardcastle had thoughtlessly laid it down.

This time Hardcastle did not attempt to pick it up again; but his demeanour was somewhat notable. He turned slowly and began to stride about the room again; but there was in his movements something masterful, where before it had been only restless. Finally, he brought himself to a standstill in front of the seated Master, and bowed with a somewhat sardonic smile.

'Master,' he said, 'we all owe you an apology and, what is more important, you have taught us all a lesson. Believe me, it will serve as a lesson as well as a joke. I shall always remember the very remarkable powers you really possess, and how harmlessly you use them. Lady Mounteagle,' he went on, turning towards her, 'you will forgive me for having addressed the Master first; but it was to you I had the honour of offering this explanation some time ago. I may say that I explained it before it had happened. I told you that most of these things could be interpreted by some kind of hypnotism. Many believe that this is the explanation of all those Indian stories about the mango plant and the boy who climbs a rope thrown into the air. It does not really happen; but the spectators are mesmerised into imagining that it happened. So we were all mesmerised into imagining this theft had happened. That brown hand coming in at the window, and whisking away the gem, was a momentary delusion; a hand in a dream. Only, having seen the stone vanish, we never looked for it where it was before. We plunged into the pond and turned every leaf of the water lilies; we were almost giving emetics to the goldfish. But the ruby has been here all the time.'

And he glanced across at the opalescent eyes and smiling bearded mouth of the Master, and saw that the smile was just a shade broader. There was something in it that made the others jump to their feet with an air of sudden relaxation and general, gasping relief.

'This is a very fortunate escape for us all,' said Lord Mounteagle, smiling rather nervously. 'There cannot be the least doubt it is as you say. It has been a most painful episode and I really don't know what apologies –'

'I have no complaints,' said the Master or the Mountain, still smiling. 'You have never touched Me at all.'

While the rest went off rejoicing, with Hardcastle for the hero of the hour, the little Phrenologist with the whiskers sauntered back towards his preposterous tent. Looking over his shoulder he was surprised to find Father Brown following him.

'Can I feel your bumps?' asked the expert, in his mildly sarcastic tone.

'I don't think you want to feel any more, do you?' said the priest good-humouredly. 'You're a detective, aren't you?'

'Yep,' replied the other. 'Lady Mounteagle asked me to keep an eye on the Master, being no fool, for all her mysticism; and when he left his tent, I could only follow by behaving like a nuisance and a monomaniac. If anybody had come into my tent, I'd have had to look up Bumps in an encyclopaedia.'

'Bumps, What Ho She; see Folk-Lore,' observed Father Brown, dreamily. 'Well, you were quite in the part in pestering people – at a bazaar.'

'Rum case, wasn't it?' remarked the fallacious Phrenologist. 'Queer to think the thing was there all the time.'

'Very queer,' said the priest.

Something in his voice made the other man stop and stare.

'Look here!' he cried; 'what's the matter with you? What are you looking like that for! Don't you *believe* that it was there all the time?'

Father Brown blinked rather as if he had received a buffet; then he said slowly and with hesitation: 'No, the fact is . . . I can't – I can't quite bring myself to believe it.'

'You're not the sort of chap,' said the other shrewdly, 'who'd say that without reason. Why don't you think the ruby had been there all the time?'

'Only because I put it back myself,' said Father Brown.

The other man stood rooted to the spot, like one whose hair was standing on end. He opened his mouth without speech.

'Or rather,' went on the priest, 'I persuaded the thief to let me put it

back. I told him what I'd guessed and showed him there was still time for repentance. I don't mind telling you in professional confidence; besides, I don't think the Mounteagles would prosecute, now they've got the thing back, especially considering who stole it.'

'Do you mean the Master?' asked the late Phroso.

'No,' said Father Brown, 'the Master didn't steal it.'

'But I don't understand,' objected the other. 'Nobody was outside the window except the Master; and a hand certainly came from outside.'

'The hand came from outside, but the thief came from the inside,' said Father Brown.

'We seem to be back among the mystics again. Look here, I'm a practical man; I only wanted to know if it is all right with the ruby –'

'I knew it was all wrong,' said Father Brown, 'before I even knew there was a ruby.'

After a pause he went on thoughtfully. 'Right away back in that argument of theirs, by the tents, I knew things were going wrong. People will tell you that theories don't matter and that logic and philosophy aren't practical. Don't you believe them. Reason is from God, and when things are unreasonable there is something the matter. Now, that quite abstract argument ended with something funny. Consider what the theories were. Hardcastle was a trifle superior and said that all things were perfectly possible; but they were mostly done merely by mesmerism, or clairvoyance; scientific names for philosophical puzzles, in the usual style. But Hunter thought it all sheer fraud and wanted to show it up. By Lady Mounteagle's testimony, he not only went about showing up fortune-tellers and such like, but he had actually come down specially to confront this one. He didn't often come; he didn't get on with Mounteagle, from whom, being a spendthrift, he always tried to borrow; but when he heard the Master was coming, he came hurrying down. Very well. In spite of that, it was Hardcastle who went to consult the wizard and Hunter who refused. He said he'd waste no time on such nonsense; having apparently wasted a lot of his life on proving it to be nonsense. That seems inconsistent. He thought in this case it was crystal-gazing; but he found it was palmistry.'

'Do you mean he made that an excuse?' asked his companion, puzzled.

'I thought so at first,' replied the priest; 'but I know now it was not an excuse, but a reason. He really was put off by finding it was a palmist, because –'

'Well,' demanded the other impatiently.

'Because he didn't want to take his glove off,' said Father Brown.

'Take his glove off?' repeated the enquirer.

'If he had,' said Father Brown mildly, 'we should all have seen that his hand was painted pale brown already . . . Oh, yes, he did come down specially because the Master was here. He came down very fully prepared.'

'You mean,' cried Phroso, 'that it was Hunter's hand, painted brown, that came in at the window? Why, he was with us all the time!'

'Go and try it on the spot and you'll find it's quite possible,' said the priest. 'Hunter leapt forward and leaned out of the window; in a flash he could tear off his glove, tuck up his sleeve, and thrust his hand back round the other side of the pillar, while he gripped the Indian with the other hand and hallooed out that he'd caught the thief. I remarked at the time that he held the thief with one hand, where any sane man would have used two. But the other hand was slipping the jewel into his trouser pocket.'

There was a long pause and then the ex-Phrenologist said slowly. 'Well, that's a staggerer. But the thing stumps me still. For one thing, it doesn't explain the queer behaviour of the old magician himself. If he was entirely innocent, why the devil didn't he say so? Why wasn't he indignant at being accused and searched? Why did he only sit smiling and hinting in a sly way what wild and wonderful things he could do?'

'Ah!' cried Father Brown, with a sharp note in his voice: 'there you come up against it! Against everything these people don't and won't understand. All religions are the same, says Lady Mounteagle. Are they, by George! I tell you some of them are so different that the best man of one creed will be callous, where the worst man of another will be sensitive. I told you I didn't like spiritual power, because the accent is on the word power. I don't say the Master would steal a ruby, very likely he wouldn't; very likely he wouldn't think it worth stealing. It wouldn't be specially his temptation to take jewels; but it would be his temptation to take credit for miracles that didn't belong to him any more than the jewels. It was to *that* sort of temptation, to that sort of stealing that he yielded today. He liked us to think that he had marvellous mental powers that could make a material object fly through space; and even when he hadn't done it, he allowed us to think he had. The point about private property wouldn't occur primarily to him at all. The question wouldn't present itself in the form: "Shall I *steal* this pebble?" but only in the form: "Could I make a pebble vanish and reappear on a distant mountain?" The question of *whose* pebble would strike him as irrelevant. That is what I mean by religious being different. He is very proud of having what he calls spiritual powers. But what he calls spiritual doesn't mean what we call moral. It means rather mental; the power of the mind over matter; the magician controlling the elements.

Now we are not like that, even when we are no better; even when we are worse. We, whose fathers at least were Christians, who have grown up under those mediaeval arches even if we bedizen them with all the demons in Asia – we have the very opposite ambition and the very opposite shame. We should all be anxious that nobody should think we had done it. He was actually anxious that everybody should think he had – even when he hadn't. He actually stole the credit of stealing. While we were all casting the crime from us like a snake, he was actually luring it to him like a snake-charmer. But snakes are not pets in this country! Here the traditions of Christendom tell at once under a test like this. Look at old Mounteagle himself, for instance! Ah, you may be as Eastern and esoteric as you like, and wear a turban and a long robe and live on messages from Mahatmas; but if a bit of stone is stolen in your house, and your friends are suspected, you will jolly soon find out that you're an ordinary English gentleman in a fuss. The man who really did it would never want us to think he did it, for he also was an English gentleman. He was also something very much better; he was a Christian thief. I hope and believe he was a penitent thief.'

'By your account,' said his companion laughing, 'the Christian thief and the heathen fraud went by contraries. One was sorry he'd done it and the other was sorry he hadn't.'

'We mustn't be too hard on either of them,' said Father Brown. 'Other English gentlemen have stolen before now, and been covered by legal and political protection; and the West also has its own way of covering theft with sophistry. After all, the ruby is not the only kind of valuable stone in the world that has changed owners; it is true of other precious stones; often carved like cameos and coloured like flowers.'

The other looked at him inquiringly; and the priest's finger was pointed to the Gothic outline of the great Abbey. 'A great graven stone,' he said, 'and that was also stolen.'

The Chief Mourner of Marne

A blaze of lightning blanched the grey woods tracing all the wrinkled foliage down to the last curled leaf, as if every detail were drawn in silverpoint or graven in silver. The same strange trick of lightning by which it seems to record millions of minute things in an instant of time, picked out everything, from the elegant litter of the picnic spread under the spreading tree to the pale lengths of winding road, at the end of which a white car was waiting. In the distance a melancholy mansion with four towers like a castle, which in the grey evening had been but a dim and distant huddle of walls like a crumbling cloud, seemed to spring into the foreground, and stood up with all its embattled, roofs and blank and staring windows. And in this, at least, the light had something in it of revelation. For to some of those grouped under the tree that castle was, indeed, a thing faded and almost forgotten, which was to prove its power to spring up again in the foreground of their lives.

The light also clothed for an instant, in the same silver splendour, at least one human figure that stood up as motionless as one of the towers. It was that of a tall man standing on a rise of ground above the rest, who were mostly sitting on the grass or stooping to gather up the hamper and crockery. He wore a picturesque short cloak or cape clasped with a silver clasp and chain, which blazed like a star when the flash touched it; and something metallic in his motionless figure was emphasised by the fact that his closely curled hair was of the burnished yellow that can be really called gold; and had the look of being younger than his face, which was handsome in a hard aquiline fashion, but looked, under the strong light, a little wrinkled and withered. Possibly it had suffered from wearing a mask of make-up, for Hugo Romaine was the greatest actor of his day. For that instant of illumination the golden curls and ivory mask and silver ornament made his figure gleam like that of a man in armour; the next instant his figure was a dark and even black silhouette against the sickly grey of the rainy evening sky.

But there was something about its stillness, like that of a statue, that distinguished it from the group at his feet. All the other figures around him had made the ordinary involuntary movement at the unexpected shock of light; for though the skies were rainy it was the first flash of the storm. The only lady present, whose air of carrying grey hair gracefully, as if she were really proud of it, marked her a matron of the United

States, unaffectedly shut her eyes and uttered a sharp cry. Her English husband, General Outram, a very stolid Anglo-Indian, with a bald head and black moustache and whiskers of antiquated pattern, looked up with one stiff movement and then resumed his occupation of tidying up. A young man of the name of Mallow, very big and shy, with brown eyes like a dog's, dropped a cup and apologised awkwardly. A third man, much more dressy, with a resolute head, like an inquisitive terrier's, and grey hair brushed stiffly back, was no other than the great newspaper proprietor, Sir John Cockspur; he cursed freely, but not in an English idiom or accent, for he came from Toronto. But the tall man in the short cloak stood up literally like a statue in the twilight; his eagle face under the full glare had been like the bust of a Roman Emperor, and the carved eyelids had not moved.

A moment after, the dark dome cracked across with thunder, and the statue seemed to come to life. He turned his head over his shoulder and said casually, 'About a minute and half between the flash and the bang, but I think the storm's coming nearer. A tree is not supposed to be a good umbrella for the lightning, but we shall want it soon for the rain. I think it will be a deluge.'

The young man glanced at the lady a little anxiously and said: 'Can't we get shelter anywhere? There seems to be a house over there.'

'There is a house over there,' remarked the general, rather grimly; 'but not quite what you'd call a hospitable hotel.'

'It's curious,' said his wife sadly, 'that we should be caught in a storm with no house near but that one, of all others.'

Something in her tone seemed to check the younger man, who was both sensitive and comprehending; but nothing of that sort daunted the man from Toronto.

'What's the matter with it?' he asked. 'Looks rather like a ruin.'

'That place,' said the general dryly, 'belongs to the Marquis of Marne.'

'Gee!' said Sir John Cockspur. 'I've heard all about that bird, anyhow; and a queer bird, too. Ran him as a front-page mystery in the *Comet* last year. "The Nobleman Nobody Knows".'

'Yes, I've heard of him, too,' said young Mallow in a low voice. 'There seem to be all sorts of weird stories about why he hides himself like that. I've heard that he wears a mask because he's a leper. But somebody else told me quite seriously that there's a curse on the family; a child born with some frightful deformity that's kept in a dark room.'

'The Marquis of Marne has three heads,' remarked Romaine quite gravely. 'Once in every three hundred years a three-headed nobleman adorns the family tree. No human being dares approach the accursed

house except a silent procession of hatters, sent to provide an abnormal number of hats. But' – and his voice took one of those deep and terrible turns, that could cause such a thrill in the theatre – 'my friends, *those hats are of no human shape.*'

The American lady looked at him with a frown and a slight air of distrust, as if that trick of voice had moved her in spite of herself.

'I don't like your ghoulish jokes,' she said; 'and I'd rather you didn't joke about this, anyhow.'

'I hear and obey,' replied the actor; 'but am I, like the Light Brigade, forbidden even to reason why?'

'The reason,' she replied, 'is that he isn't the Nobleman Nobody Knows. I know him myself, or, at least, I knew him very well when he was an attache at Washington thirty years ago, when we were all young. And he didn't wear a mask, at least, he didn't wear it with me. He wasn't a leper, though he may be almost as lonely. And he had only one head and only one heart, and that was broken.'

'Unfortunate love affair, of course,' said Cockspur. 'I should like that for the *Comet.*'

'I suppose it's a compliment to us,' she replied thoughtfully, 'that you always assume a man's heart is broken by a woman. But there are other kinds of love and bereavement. Have you never read "In Memoriam"? Have you never heard of David and Jonathan? What broke poor Marne up was the death of his brother; at least, he was really a first cousin, but had been brought up with him like a brother, and was much nearer than most brothers. James Mair, as the marquis was called when I knew him, was the elder of the two, but he always played the part of worshipper, with Maurice Mair as a god. And, by his account, Maurice Mair was certainly a wonder. James was no fool, and very good at his own political job; but it seems that Maurice could do that and everything else; that he was a brilliant artist and amateur actor and musician, and all the rest of it. James was very good-looking himself, long and strong and strenuous, with a high-bridged nose; though I suppose the young people would think he looked very quaint with his beard divided into two bushy whiskers in the fashion of those Victorian times. But Maurice was clean-shaven, and, by the portraits shown to me, certainly quite beautiful; though he looked a little more like a tenor than a gentleman ought to look. James was always asking me again and again whether his friend was not a marvel, whether any woman wouldn't fall in love with him, and so on, until it became rather a bore, except that it turned so suddenly into a tragedy. His whole life seemed to be in that idolatry, and one day the idol tumbled down, and was broken like any china doll. A chill caught at the seaside, and it was all over.'

'And after that,' asked the young man, 'did he shut himself up like this?'

'He went abroad at first,' she answered; 'away to Asia and the Cannibal Islands and Lord knows where. These deadly strokes take different people in different ways. It took him in the way of an utter sundering or severance from everything, even from tradition and as far as possible from memory. He could not bear a reference to the old tie; a portrait or an anecdote or even an association. He couldn't bear the business of a great public funeral. He longed to get away. He stayed away for ten years. I heard some rumour that he had begun to revive a little at the end of the exile; but when he came back to his own home he relapsed completely. He settled down into religious melancholia, and that's practically madness.'

'The priests got hold of him, they say,' grumbled the old general. 'I know he gave thousands to found a monastery, and lives himself rather like a monk – or, at any rate, a hermit. Can't understand what good they think that will do.'

'Goddarned superstition,' snorted Cockspur; 'that sort of thing ought to be shown up. Here's a man that might have been useful to the Empire and the world, and these vampires get hold of him and suck him dry. I bet with their unnatural notions they haven't even let him marry.'

'No, he has never married,' said the lady. 'He was engaged when I knew him, as a matter of fact, but I don't think it ever came first with him, and I think it went with the rest when everything else went. Like Hamlet and Ophelia – he lost hold of love because he lost hold of life. But I knew the girl; indeed, I know her still. Between ourselves, it was Viola Grayson, daughter of the old admiral. She's never married either.'

'It's infamous! It's infernal!' cried Sir John, bounding up. 'It's not only a tragedy, but a crime. I've got a duty to the public, and I mean to see all this nonsensical nightmare. In the twentieth century –'

He was almost choked with his own protest, and then, after a silence, the old soldier said: 'Well, I don't profess to know much about those things, but I think these religious people need to study a text which says: "Let the dead bury their dead."'

'Only, unfortunately, that's just what it looks like,' said his wife with a sigh. 'It's just like some creepy story of a dead man burying another dead man, over and over again for ever.'

'The storm has passed over us,' said Romaine, with a rather inscrutable smile. 'You will not have to visit the inhospitable house after all.'

She suddenly shuddered.

'Oh, I'll never do that again!' she exclaimed.

Mallow was staring at her.

'Again! Have you tried it before?' he cried.

'Well, I did once,' she said, with a lightness not without a touch of pride; 'but we needn't go back on all that. It's not raining now, but I think we'd better be moving back to the car.'

As they moved off in procession, Mallow and the general brought up the rear; and the latter said abruptly, lowering his voice: 'I don't want that little cad Cockspur to hear but as you've asked you'd better know. It's the one thing I can't forgive Marne; but I suppose these monks have drilled him that way. My wife, who had been the best friend he ever had in America, actually came to that house when he was walking in the garden. He was looking at the ground like a monk, and hidden in a black hood that was really as ridiculous as any mask. She had sent her card in, and stood there in his very path. And he walked past her without a word or a glance, as if she had been a stone. He wasn't human; he was like some horrible automaton. She may well call him a dead man.'

'It's all very strange,' said the young man rather vaguely. 'It isn't like – like what I should have expected.'

Young Mr Mallow, when he left that rather dismal picnic, took himself thoughtfully in search of a friend. He did not know any monks, but he knew one priest, whom he was very much concerned to confront with the curious revelations he had heard that afternoon. He felt he would very much like to know the truth about the cruel superstition that hung over the house of Marne, like the black thundercloud he had seen hovering over it.

After being referred from one place to another, he finally ran his friend Father Brown to earth in the house of another friend, a Roman Catholic friend, with a large family. He entered somewhat abruptly to find Father Brown sitting on the floor with a serious expression, and attempting to pin the somewhat florid hat belonging to a wax doll on to the head of a teddy bear.

Mallow felt a faint sense of incongruity; but he was far too full of his problem to put off the conversation if he could help it. He was staggering from a sort of set-back in a subconscious process that had been going on for some time. He poured out the whole tragedy of the house of Marne as he had heard it from the general's wife, along with most of the comments of the general and the newspaper proprietor. A new atmosphere of attention seemed to be created with the mention of the newspaper proprietor.

Father Brown neither knew nor cared that his attitudes were comic or commonplace. He continued to sit on the floor, where his large head and short legs made him look very like a baby playing with toys. But

there came into his great grey eyes a certain expression that has been seen in the eyes of many men in many centuries through the story of nineteen hundred years; only the men were not generally sitting on floors, but at council tables, or on the seats of chapters, or the thrones of bishops and cardinals; a far-off, watchful look, heavy with the humility of a charge too great for men. Something of that anxious and far-reaching look is found in the eyes of sailors and of those who have steered through so many storms the ship of St Peter.

'It's very good of you to tell me this,' he said. 'I'm really awfully grateful, for we may have to do something about it. If it were only people like you and the general, it might be only a private matter; but if Sir John Cockspur is going to spread some sort of scare in his papers – well, he's a Toronto Orangeman, and we can hardly keep out of it.'

'But what will you say about it?' asked Mallow anxiously.

'The first thing I should say about it,' said Father Brown, 'is that, as you tell it, it doesn't sound like life. Suppose, for the sake of argument, that we are all pessimistic vampires blighting all human happiness. Suppose I'm a pessimistic vampire.' He scratched his nose with the teddy bear, became faintly conscious of the incongruity, and put it down. 'Suppose we do destroy all human and family ties. Why should we entangle a man again in an old family tie just when he showed signs of getting loose from it? Surely it's a little unfair to charge us both with crushing such affection and encouraging such infatuation. I don't see why even a religious maniac should be that particular sort of monomaniac, or how religion could increase that mania, except by brightening it with a little hope.'

Then he said, after a pause: 'I should like to talk to that general of yours.'

'It was his wife who told me,' said Mallow.

'Yes,' replied the other; 'but I'm more interested in what he didn't tell you than in what she did.'

'You think he knows more than she does?'

'I think he knows more than she says,' answered Father Brown. 'You tell me he used a phrase about forgiving everything except the rudeness to his wife. After all, what else was there to forgive?'

Father Brown had risen and shaken his shapeless clothes, and stood looking at the young man with screwed up eyes and slightly quizzical expression. The next moment he had turned, and picking up his equally shapeless umbrella and large shabby hat, went stumping down the street.

He plodded through a variety of wide streets and squares till he came to a handsome old-fashioned house in the West End, where he asked

the servant if he could see General Outram. After some little palaver he was shown into a study, fitted out less with books than with maps and globes, where the bald-headed, black-whiskered Anglo-Indian sat smoking a long, thin, black cigar and playing with pins on a chart.

'I am sorry to intrude,' said the priest, 'and all the more because I can't help the intrusion looking like interference. I want to speak to you about a private matter, but only in the hope of keeping it private. Unfortunately, some people are likely to make it public. I think, general, that you know Sir John Cockspur.'

The mass of black moustache and whisker served as a sort of mask for the lower half of the old general's face; it was always hard to see whether he smiled, but his brown eyes often had a certain twinkle.

'Everybody knows him, I suppose,' he said. 'I don't know him very well.'

'Well, you know everybody knows whatever he knows,' said Father Brown, smiling, 'when he thinks it convenient to print it. And I understand from my friend Mr Mallow, whom, I think, you know, that Sir John is going to print some scorching anti-clerical articles founded on what he would call the Marne Mystery. "Monks Drive Marquis Mad", etc.'

'If he is,' replied the general, 'I don't see why you should come to me about it. I ought to tell you I'm a strong Protestant.'

'I'm very fond of strong Protestants,' said Father Brown. 'I came to you because I was sure you would tell the truth. I hope it is not uncharitable to feel less sure of Sir John Cockspur.'

The brown eyes twinkled again, but the general said nothing.

'General,' said Father Brown, 'suppose Cockspur or his sort were going to make the world ring with tales against your country and your flag. Suppose he said your regiment ran away in battle, or your staff were in the pay of the enemy. Would you let anything stand between you and the facts that would refute him? Wouldn't you get on the track of the truth at all costs to anybody? Well, I have a regiment, and I belong to an army. It is being discredited by what I am certain is a fictitious story; but I don't know the true story. Can you blame me for trying to find it out?'

The soldier was silent, and the priest continued: 'I have heard the story Mallow was told yesterday, about Marne retiring with a broken heart through the death of his more than brother. I am sure there was more in it than that. I came to ask you if you know any more.'

'No,' said the general shortly; 'I cannot tell you any more.'

'General,' said Father Brown with a broad grin, 'you would have called me a Jesuit if I had used that equivocation.'

The soldier laughed gruffly, and then growled with much greater hostility.

'Well, I won't tell you, then,' he said. 'What do you say to that?'

'I only say,' said the priest mildly, 'that in that case I shall have to tell you.'

The brown eyes stared at him; but there was no twinkle in them now. He went on: 'You compel me to state, less sympathetically perhaps than you could, why it is obvious that there is more behind. I am quite sure the marquis has better cause for his brooding and secretiveness than merely having lost an old friend. I doubt whether priests have anything to do with it; I don't even know if he's a convert or merely a man comforting his conscience with charities; but I'm sure he's something more than a chief mourner. Since you insist, I will tell you one or two of the things that made me think so.

'First, it was stated that James Mair was engaged to be married, but somehow became unattached again after the death of Maurice Mair. Why should an honourable man break off his engagement merely because he was depressed by the death of a third party? He's much more likely to have turned for consolation to it; but, anyhow, he was bound in decency to go through with it.'

The general was biting his black moustache, and his brown eyes had become very watchful and even anxious, but he did not answer.

'A second point,' said Father Brown, frowning at the table. 'James Mair was always asking his lady friend whether his cousin Maurice was not very fascinating, and whether women would not admire him. I don't know if it occurred to the lady that there might be another meaning to that inquiry.'

The general got to his feet and began to walk or stamp about the room.

'Oh, damn it all,' he said, but without any air of animosity.

'The third point,' went on Father Brown, 'is James Mair's curious manner of mourning – destroying all relics, veiling all portraits, and so on. It does sometimes happen, I admit; it might mean mere affectionate bereavement. But it might mean something else.'

'Confound you,' said the other. 'How long are you going on piling this up?'

'The fourth and fifth points are pretty conclusive,' said the priest calmly, 'especially if you take them together. The first is that Maurice Mair seems to have had no funeral in particular, considering he was a cadet of a great family. He must have been buried hurriedly; perhaps secretly. And the last point is, that James Mair instantly disappeared to foreign parts; fled, in fact, to the ends of the earth.

'And so,' he went on, still in the same soft voice, 'when you would blacken my religion to brighten the story of the pure and perfect affection of two brothers, it seems –'

'Stop!' cried Outram in a tone like a pistol shot. 'I must tell you more, or you will fancy worse. Let me tell you one thing to start with. It was a fair fight.'

'Ah,' said Father Brown, and seemed to exhale a huge breath.

'It was a duel,' said the other. 'It was probably the last duel fought in England, and it is long ago now.'

'That's better,' said Father Brown. 'Thank God; that's a great deal better.'

'Better than the ugly things you thought of, I suppose?' said the general gruffly. 'Well, it's all very well for you to sneer at the pure and perfect affection; but it was true for all that. James Mair really was devoted to his cousin, who'd grown up with him like a younger brother. Elder brothers and sisters do sometimes devote themselves to a child like that, especially when he's a sort of infant phenomenon. But James Mair was the sort of simple character in whom even hate is in a sense unselfish. I mean that even when his tenderness turns to rage it is still objective, directed outwards to its object; he isn't conscious of himself. Now poor Maurice Mair was just the opposite. He was far more friendly and popular; but his success had made him live in a house of mirrors. He was first in every sort of sport and art and accomplishment; he nearly always won and took his winning amiably. But if ever, by any chance, he lost, there was just a glimpse of something not so amiable; he was a little jealous. I needn't tell you the whole miserable story of how he was a little jealous of his cousin's engagement; how he couldn't keep his restless vanity from interfering. It's enough to say that one of the few things in which James Mair was admittedly ahead of him was marksmanship with a pistol; and with that the tragedy ended.'

'You mean the tragedy began,' replied the priest. 'The tragedy of the survivor. I thought he did not need any monkish vampires to make him miserable.'

'To my mind he's more miserable than he need be,' said the general. 'After all, as I say, it was a ghastly tragedy, but it was a fair fight. And Jim had great provocation.'

'How do you know all this?' asked the priest.

'I know it because I saw it,' answered Outram stolidly. 'I was James Mair's second, and I saw Maurice Mair shot dead on the sands before my very eyes.'

'I wish you would tell me more about it,' said Father Brown reflectively. 'Who was Maurice Mair's second?'

'He had a more distinguished backing,' replied the general grimly. 'Hugo Romaine was his second; the great actor, you know. Maurice was mad on acting and had taken up Romaine (who was then a rising but still a struggling man), and financed the fellow and his ventures in return for taking lessons from the professional in his own hobby of amateur acting. But Romaine was then, I suppose, practically dependent on his rich friend; though he's richer now than any aristocrat. So his serving as second proves very little about what he thought of the quarrel. They fought in the English fashion, with only one second apiece; I wanted at least to have a surgeon, but Maurice boisterously refused it, saying the fewer people who knew, the better; and at the worst we could immediately get help. "There's a doctor in the village not half a mile away," he said; "I know him and he's got the fastest horse in the country. He could be brought here in no time; but there's no need to bring him here till we know." Well, we all knew that Maurice ran most risk, as the pistol was not his weapon; so when he refused aid nobody liked to ask for it. The duel was fought on a flat stretch of sand on the east coast of Scotland; and both the sight and sound of it were masked from the hamlets inland by a long rampart of sandhills patched with rank grass; probably part of the links, though in those days no Englishman had heard of golf. There was one deep, crooked cranny in the sandhills through which we came out on the sands. I can see them now; first a wide strip of dead yellow, and beyond, a narrower strip of dark red; a dark red that seemed already like the long shadow of a deed of blood.

'The thing itself seemed to happen with horrible speed; as if a whirlwind had struck the sand. With the very crack of sound Maurice Mair seemed to spin like a teetotum and pitch upon his face like a ninepin. And queerly enough, while I'd been worrying about him up to that moment, the instant he was dead all my pity was for the man who killed him; as it is to this day and hour. I knew that with that, the whole huge terrible pendulum of my friend's lifelong love would swing back; and that whatever cause others might find to pardon him, he would never pardon himself for ever and ever. And so, somehow, the really vivid thing, the picture that burns in my memory so that I can't forget it, is not that of the catastrophe, the smoke and the flash and the falling figure. That seemed to be all over, like the noise that wakes a man up. What I saw, what I shall always see, is poor Jim hurrying across towards his fallen friend and foe; his brown beard looking black against the ghastly pallor of his face, with its high features cut out against the sea; and the frantic gestures with which he waved me to run for the surgeon in the hamlet behind the sandhills. He had dropped his pistol as he

ran; he had a glove in one hand and the loose and fluttering fingers of it seemed to elongate and emphasise his wild pantomime of pointing or hailing for help. That is the picture that really remains with me; and there is nothing else in that picture, except the striped background of sands and sea and the dark, dead body lying still as a stone, and the dark figure of the dead man's second standing grim and motionless against the horizon.'

'Did Romaine stand motionless?' asked the priest. 'I should have thought he would have run even quicker towards the corpse.'

'Perhaps he did when I had left,' replied the general. 'I took in that undying picture in an instant and the next instant I had dived among the sandhills, and was far out of sight of the others. Well, poor Maurice had made a good choice in the matter of doctors; though the doctor came too late, he came quicker than I should have thought possible. This village surgeon was a very remarkable man, redhaired, irascible, but extraordinarily strong in promptitude and presence of mind. I saw him but for a flash as he leapt on his horse and went thundering away to the scene of death, leaving me far behind. But in that flash I had so strong a sense of his personality that I wished to God he had really been called in before the duel began; for I believe on my soul he would have prevented it somehow. As it was, he cleaned up the mess with marvellous swiftness; long before I could trail back to the seashore on my two feet his impetuous practicality had managed everything; the corpse was temporarily buried in the sandhills and the unhappy homicide had been persuaded to do the only thing he could do – to flee for his life. He slipped along the coast till he came to a port and managed to get out of the country. You know the rest; poor Jim remained abroad for many years; later, when the whole thing had been hushed up or forgotten, he returned to his dismal castle and automatically inherited the title. I have never seen him from that day to this, and yet I know what is written in red letters in the inmost darkness of his brain.'

'I understand,' said Father Brown, 'that some of you have made efforts to see him?'

'My wife never relaxed her efforts,' said the general. 'She refuses to admit that such a crime ought to cut a man off for ever; and I confess I am inclined to agree with her. Eighty years before it would have been thought quite normal; and really it was manslaughter rather than murder. My wife is a great friend of the unfortunate lady who was the occasion of the quarrel and she has an idea that if Jim would consent to see Viola Grayson once again, and receive her assurance that old quarrels are buried, it might restore his sanity. My wife is calling a sort of council of old friends tomorrow, I believe. She is very energetic.'

Father Brown was playing with the pins that lay beside the general's map; he seemed to listen rather absentmindedly. He had the sort of mind that sees things in pictures; and the picture which had coloured even the prosaic mind of the practical soldier took on tints yet more significant and sinister in the more mystical mind of the priest. He saw the dark-red desolation of sand, the very hue of Aceldama, and the dead man lying in a dark heap, and the slayer, stooping as he ran, gesticulating with a glove in demented remorse, and always his imagination came back to the third thing that he could not yet fit into any human picture: the second of the slain man standing motionless and mysterious, like a dark statue on the edge of the sea. It might seem to some a detail; but for him it was that stiff figure that stood up like a standing note of interrogation.

Why had not Romaine moved instantly? It was the natural thing for a second to do, in common humanity, let alone friendship. Even if there were some double-dealing or darker motive not yet understood, one would think it would be done for the sake of appearances. Anyhow, when the thing was all over, it would be natural for the second to stir long before the other second had vanished beyond the sandhills.

'Does this man Romaine move very slowly?' he asked.

'It's queer you should ask that,' answered Outram, with a sharp glance. 'No, as a matter of fact he moves very quickly when he moves at all. But, curiously enough, I was just thinking that only this afternoon I saw him stand exactly like that, during the thunderstorm. He stood in that silver-clasped cape of his, and with one hand on his hip, exactly and in every line as he stood on those bloody sands long ago. The lightning blinded us all, but he did not blink. When it was dark again he was standing there still.'

'I suppose he isn't standing there now?' enquired Father Brown. 'I mean, I suppose he moved sometime?'

'No, he moved quite sharply when the thunder came,' replied the other. 'He seemed to have been waiting for it, for he told us the exact time of the interval. Is anything the matter?'

'I've pricked myself with one of your pins,' said Father Brown. 'I hope I haven't damaged it.' But his eyes had snapped and his mouth abruptly shut.

'Are you ill?' enquired the general, staring at him.

'No,' answered the priest; 'I'm only not quite so stoical as your friend Romaine. I can't help blinking when I see light.'

He turned to gather up his hat and umbrella; but when he had got to the door he seemed to remember something and turned back. Coming up close to Outram, he gazed up into his face with a rather helpless

expression, as of a dying fish, and made a motion as if to hold him by the waistcoat.

'General,' he almost whispered, 'for God's sake don't let your wife and that other woman insist on seeing Marne again. Let sleeping dogs lie, or you'll unleash all the hounds of hell.'

The general was left alone with a look of bewilderment in his brown eyes, as he sat down again to play with his pins.

Even greater, however, was the bewilderment which attended the successive stages of the benevolent conspiracy of the general's wife, who had assembled her little group of sympathisers to storm the castle of the misanthrope. The first surprise she encountered was the unexplained absence of one of the actors in the ancient tragedy. When they assembled by agreement at a quiet hotel quite near the castle, there was no sign of Hugo Romaine, until a belated telegram from a lawyer told them that the great actor had suddenly left the country. The second surprise, when they began the bombardment by sending up word to the castle with an urgent request for an interview, was the figure which came forth from those gloomy gates to receive the deputation in the name of the noble owner. It was no such figure as they would have conceived suitable to those sombre avenues or those almost feudal formalities. It was not some stately steward or major-domo, nor even a dignified butler or tall and ornamental footman. The only figure that came out of the cavernous castle doorway was the short and shabby figure of Father Brown.

'Look here,' he said, in his simple, bothered fashion. 'I told you you'd much better leave him alone. He knows what he's doing and it'll only make everybody unhappy.'

Lady Outram, who was accompanied by a tall and quietly dressed lady, still very handsome, presumably the original Miss Grayson, looked at the little priest with cold contempt.

'Really, sir,' she said; 'this is a very private occasion, and I don't understand what you have to do with it.'

'Trust a priest to have to do with a private occasion,' snarled Sir John Cockspur. 'Don't you know they live behind the scenes like rats behind a wainscot burrowing their way into everybody's private rooms. See how he's already in possession of poor Marne.' Sir John was slightly sulky, as his aristocratic friends had persuaded him to give up the great scoop of publicity in return for the privilege of being really inside a Society secret. It never occurred to him to ask himself whether he was at all like a rat in a wainscot.

'Oh, that's all right,' said Father Brown, with the impatience of anxiety. 'I've talked it over with the marquis and the only priest he's

ever had anything to do with; his clerical tastes have been much exaggerated. I tell you he knows what he's about; and I do implore you all to leave him alone.'

'You mean to leave him to this living death of moping and going mad in a ruin!' cried Lady Outram, in a voice that shook a little. 'And all because he had the bad luck to shoot a man in a duel more than a quarter of a century ago. Is that what you call Christian charity?'

'Yes,' answered the priest stolidly; 'that is what I call Christian charity.'

'It's about all the Christian charity you'll ever get out of these priests,' cried Cockspur bitterly. 'That's their only idea of pardoning a poor fellow for a piece of folly; to wall him up alive and starve him to death with fasts and penances and pictures of hell-fire. And all because a bullet went wrong.'

'Really, Father Brown,' said General Outram, 'do you honestly think he deserves this? Is that your Christianity?'

'Surely the true Christianity,' pleaded his wife more gently, 'is that which knows all and pardons all; the love that can remember – and forget.'

'Father Brown,' said young Mallow, very earnestly, 'I generally agree with what you say; but I'm hanged if I can follow you here. A shot in a duel, followed instantly by remorse, is not such an awful offence.'

'I admit,' said Father Brown dully, 'that I take a more serious view of his offence.'

'God soften your hard heart,' said the strange lady speaking for the first time. 'I am going to speak to my old friend.'

Almost as if her voice had raised a ghost in that great grey house, something stirred within and a figure stood in the dark doorway at the top of the great stone flight of steps. It was clad in dead black, but there was something wild about the blanched hair and something in the pale features that was like the wreck of a marble statue.

Viola Grayson began calmly to move up the great flight of steps; and Outram muttered in his thick black moustache: 'He won't cut her dead as he did my wife, I fancy.'

Father Brown, who seemed in a collapse of resignation, looked up at him for a moment.

'Poor Marne has enough on his conscience,' he said. 'Let us acquit him of what we can. At least he never cut your wife.'

'What do you mean by that?'

'He never knew her,' said Father Brown.

As they spoke, the tall lady proudly mounted the last step and came face to face with the Marquis of Marne. His lips moved, but something happened before he could speak.

A scream rang across the open space and went wailing away in echoes along those hollow walls. By the abruptness and agony with which it broke from the woman's lips it might have been a mere inarticulate cry. But it was an articulated word; and they all heard it with a horrible distinctness.

'Maurice!'

'What is it, dear?' cried Lady Outram, and began to run up the steps; for the other woman was swaying as if she might fall down the whole stone flight. Then she faced about and began to descend, all bowed and shrunken and shuddering. 'Oh, my God,' she was saying. 'Oh, my God, it isn't Jim at all. it's Maurice!'

'I think, Lady Outram,' said the priest gravely, 'you had better go with your friend.'

As they turned, a voice fell on them like a stone from the top of the stone stair, a voice that might have come out of an open grave. It was hoarse and unnatural, like the voices of men who are left alone with wild birds on desert islands. It was the voice of the Marquis of Marne, and it said: 'Stop!'

'Father Brown,' he said, 'before your friends disperse I authorise you to tell them all I have told you. Whatever follows, I will hide from it no longer.'

'You are right,' said the priest, 'and it shall be counted to you.'

'Yes,' said Father Brown quietly to the questioning company afterwards. 'He has given me the right to speak; but I will not tell it as he told me, but as I found it out for myself. Well, I knew from the first that the blighting monkish influence was all nonsense out of novels. Our people might possibly, in certain cases, encourage a man to go regularly into a monastery, but certainly not to hang about in a mediaeval castle. In the same way, they certainly wouldn't want him to dress up as a monk when he wasn't a monk. But it struck me that he might himself want to wear a monk's hood or even a mask. I had heard of him as a mourner, and then as a murderer; but already I had hazy suspicions that his reason for hiding might not only be concerned with what he was, but with who he was.

'Then came the general's vivid description of the duel; and the most vivid thing in it to me was the figure of Mr Romaine in the background; it was vivid because it was in the background. Why did the general leave behind him on the sand a dead man, whose friend stood yards away from him like a stock or a stone? Then I heard something, a mere trifle, about a trick habit that Romaine has of standing quite still when he is waiting for something to happen; as he waited for the thunder to follow the lightning. Well, that automatic trick in this case betrayed

everything. Hugo Romaine on that old occasion, also, was waiting for something.'

'But it was all over,' said the general. 'What could he have been waiting for?'

'He was waiting for the duel,' said Father Brown.

'But I tell you I saw the duel!' cried the general.

'And I tell you you didn't see the duel,' said the priest.

'Are you mad?' demanded the other. 'Or why should you think I am blind?'

'Because you were blinded – that you might not see,' said the priest. 'Because you are a good man and God had mercy on your innocence, and he turned your face away from that unnatural strife. He set a wall of sand and silence between you and what really happened on that horrible red shore, abandoned to the raging spirits of Judas and of Cain.'

'Tell us what happened!' gasped the lady impatiently.

'I will tell it as I found it,' proceeded the priest. 'The next thing I found was that Romaine the actor had been training Maurice Mair in all the tricks of the trade of acting. I once had a friend who went in for acting. He gave me a very amusing account of how his first week's training consisted entirely of falling down; of learning how to fall flat without a stagger, as if he were stone dead.'

'God have mercy on us!' cried the general, and gripped the arms of his chair as if to rise.

'Amen,' said Father Brown. 'You told me how quickly it seemed to come; in fact, Maurice fell before the bullet flew, and lay perfectly still, waiting. And his wicked friend and teacher stood also in the background, waiting.'

'We are waiting,' said Cockspur, 'and I feel as if I couldn't wait.'

'James Mair, already broken with remorse, rushed across to the fallen man and bent over to lift him up. He had thrown away his pistol like an unclean thing; but Maurice's pistol still lay under his hand and it was undischarged. Then as the elder man bent over the younger, the younger lifted himself on his left arm and shot the elder through the body. He knew he was not so good a shot, but there was no question of missing the heart at that distance.'

The rest of the company had risen and stood staring down at the narrator with pale faces. 'Are you sure of this?' asked Sir John at last, in a thick voice.

'I am sure of it,' said Father Brown, 'and now I leave Maurice Mair, the present Marquis of Marne, to your Christian charity. You have told me something today about Christian charity. You seemed to me to give it almost too large a place; but how fortunate it is for poor sinners like

this man that you err so much on the side of mercy, and are ready to be reconciled to all mankind.'

'Hang it all,' exploded the general; 'if you think I'm going to be reconciled to a filthy viper like that, I tell you I wouldn't say a word to save him from hell. I said I could pardon a regular decent duel, but of all the treacherous assassins –'

'He ought to be lynched,' cried Cockspur excitedly. 'He ought to burn alive like a nigger in the States. And if there is such a thing as burning for ever, he jolly well –'

'I wouldn't touch him with a bargepole myself,' said Mallow.

'There is a limit to human charity,' said Lady Outram, trembling all over.

'There is,' said Father Brown dryly; 'and that is the real difference between human charity and Christian charity. You must forgive me if I was not altogether crushed by your contempt for my uncharitableness today; or by the lectures you read me about pardon for every sinner. For it seems to me that you only pardon the sins that you don't really think sinful. You only forgive criminals when they commit what you don't regard as crimes, but rather as conventions. So you tolerate a conventional duel, just as you tolerate a conventional divorce. You forgive because there isn't anything to be forgiven.'

'But, hang it all,' cried Mallow, 'you don't expect us to be able to pardon a vile thing like this?'

'No,' said the priest; 'but we have to be able to pardon it.'

He stood up abruptly and looked round at them.

'We have to touch such men, not with a bargepole, but with a benediction,' he said. 'We have to say the word that will save them from hell. We alone are left to deliver them from despair when your human charity deserts them. Go on your own primrose path pardoning all your favourite vices and being generous to your fashionable crimes; and leave us in the darkness, vampires of the night, to console those who really need consolation; who do things really indefensible, things that neither the world nor they themselves can defend; and none but a priest will pardon. Leave us with the men who commit the mean and revolting and real crimes; mean as St Peter when the cock crew, and yet the dawn came.'

'The dawn,' repeated Mallow doubtfully. 'You mean hope – for him?'

'Yes,' replied the other. 'Let me ask you one question. You are great ladies and men of honour and secure of yourselves; you would never, you can tell yourselves, stoop to such squalid reason as that. But tell me this. If any of you had so stooped, which of you, years afterwards, when you were old and rich and safe, would have been driven by conscience

or confessor to tell such a story of yourself? You say you could not commit so base a crime. Could you confess so base a crime?'

The others gathered their possessions together and drifted by twos and threes out of the room in silence. And Father Brown, also in silence, went back to the melancholy castle of Marne.

The Secret of Flambeau

'– The sort of murders in which I played the part of the murderer,' said Father Brown, putting down the wineglass. The row of red pictures of crime had passed before him in that moment.

'It is true,' he resumed, after a momentary pause, 'that somebody else had played the part of the murderer before me and done me out of the actual experience. I was a sort of understudy; always in a state of being ready to act the assassin. I always made it my business, at least, to know the part thoroughly. What I mean is that, when I tried to imagine the state of mind in which such a thing would be done, I always realised that I might have done it myself under certain mental conditions, but not under others; and not generally under the obvious ones. And then, of course, I knew who really had done it; and he was not generally the obvious person.

'For instance, it seemed obvious to say that the revolutionary poet had killed the old judge who saw red about red revolutionaries. But that isn't really a reason for the revolutionary poet *killing* him. It isn't, if you think what it would really be like to be a revolutionary poet. Now I set myself conscientiously down to *be* a revolutionary poet. I mean that particular sort of pessimistic anarchial lover of revolt, not as reform, but rather as destruction. I tried to clear my mind of such elements of sanity and constructive common sense as I have had the luck to learn or inherit. I shut down and darkened all the skylights through which comes the good daylight out of heaven; I imagined a mind lit only by a red light from below; a fire rending rocks and cleaving abysses *upwards*. And even with the vision at its wildest and worst, I could not see why such a visionary should cut short his own career by colliding with a common policeman, for killing one out of a million conventional old fools, as he would have called them. He wouldn't do it; however much he wrote songs of violence. He wouldn't do it, *because* he wrote songs of violence. A man who can express himself in song need not express himself in suicide. A poem was an event to him; and he would want to have more of them. Then I thought of another sort of heathen; the sort that is not destroying the world but entirely depending on the world. I thought that, save for the grace of God, I might have been a man for whom the world was a blaze of electric lights, with nothing but utter darkness beyond and around it. The worldly man, who really lives only for this world and believes in no other, whose worldly success

and pleasure are all he can ever snatch out of nothingness – *that* is the man who will really do anything, when he is in danger of losing the whole world and saving nothing. It is not the revolutionary man but the respectable man who would commit any crime – to save his respectability. Think what exposure would mean to a man like that fashionable barrister; and exposure of the one crime still really hated by his fashionable world – treason against patriotism. If I had been in his position, and had nothing better than his philosophy, heaven alone knows what I might have done. That is just where this little religious exercise is so wholesome.'

'Some people would think it was rather morbid,' said Grandison Chace dubiously.

'Some people,' said Father Brown gravely, 'undoubtedly *do* think that charity and humility are morbid. Our friend the poet probably would. But I'm not arguing those questions; I'm only trying to answer your question about how I generally go to work. Some of your countrymen have apparently done me the honour to ask how I managed to frustrate a few miscarriages of justice. Well, you can go back and tell them that I do it by morbidity. But I most certainly don't want them to think I do it by magic.'

Chace continued to look at him with a reflective frown; he was too intelligent not to understand the idea; he would also have said that he was too healthy-minded to like it. He felt as if he were talking to one man and yet to a hundred murderers. There was something uncanny about that very small figure, perched like a goblin beside the goblin stove; and the sense that its round head had held such a universe of wild unreason and imaginative injustice. It was as if the vast void of dark behind it were a throng of dark gigantic figures, the ghosts of great criminals held at bay by the magic circle of the red stove, but ready to tear their master in pieces.

'Well, I'm afraid I do think it's morbid,' he said frankly. 'And I'm not sure it isn't almost as morbid as magic. But morbidity or no, there's one thing to be said; it must be an interesting experience.' Then he added, after reflection: 'I don't know whether you would make a really good criminal. But you ought to make a rattling good novelist.'

'I only have to deal with real events,' said Father Brown. 'But it's sometimes harder to imagine real things than unreal ones.'

'Especially,' said the other, 'when they are the great crimes of the world.'

'It's not the great crimes but the small crimes that are really hard to imagine,' replied the priest.

'I don't quite know what you mean by that,' said Chace.

'I mean commonplace crimes like stealing jewels,' said Father Brown; 'like that affair of the emerald necklace or the Ruby of Meru or the artificial goldfish. The difficulty in those cases is that you've got to make your mind small. High and mighty humbugs, who deal in big ideas, don't do those obvious things. I was sure the Prophet hadn't taken the ruby; or the Count the goldfish; though a man like Bankes might easily take the emeralds. For them, a jewel is a piece of glass: and they can see through the glass. But the little, literal people take it at its market value.

'For that you've got to have a small mind. It's awfully hard to get; like focusing smaller and sharper in a wobbling camera. But some things helped; and they threw a lot of light on the mystery, too. For instance, the sort of man who brags about having "shown up" sham magicians or poor quacks of any sort – he's *always* got a small mind. He is the sort of man who "sees through" tramps and trips them up in telling lies. I dare say it might sometimes be a painful duty. It's an uncommonly base pleasure. The moment I realised what a small mind meant, I knew where to look for it – in the man who wanted to expose the Prophet – and it was he that sneaked the ruby; in the man who jeered at his sister's psychic fancies – and it was he who nabbed the emeralds. Men like that always have their eye on jewels; they never could rise, with the higher humbugs, to *despising* jewels. Those criminals with small minds are always quite conventional. They become criminals out of sheer conventionality.

'It takes you quite a long time to feel so crudely as that, though. It's quite a wild effort of imagination to be so conventional. To want one potty little object as seriously as all that. But you can do it . . . You can get nearer to it. Begin by thinking of being a greedy child; of how you might have stolen a sweet in a shop; of how there was one particular sweet you wanted . . . then you must subtract the childish poetry; shut off the fairy light that shone on the sweetstuff shop; imagine you really think you know the world and the market value of sweets . . . you contract your mind like the camera focus . . . the thing shapes and then sharpens . . . and then, suddenly, it comes!'

He spoke like a man who had once captured a divine vision. Grandison Chace was still looking at him with a frown of mingled mystification and interest. It must be confessed that there did flash once beneath his heavy frown a look of something almost like alarm. It was as if the shock of the first strange confession of the priest still thrilled faintly through him like the last vibration of a thunderclap in the room. Under the surface he was saying to himself that the mistake had only been a temporary madness; that, of course, Father Brown could not

really be the monster and murderer he had beheld for that blinding and bewildering instant. But was there not *something* wrong with the man who talked in that calm way about being a murderer? Was it possible that the priest was a little mad?

'Don't you think,' he said, abruptly; 'that this notion of yours, of a man trying to feel like a criminal, might make him a little too tolerant of crime?'

Father Brown sat up and spoke in a more staccato style.

'I know it does just the opposite. It solves the whole problem of time and sin. It gives a man his remorse beforehand.'

There was a silence; the American looked at the high and steep roof that stretched half across the enclosure; his host gazed into the fire without moving; and then the priest's voice came on a different note, as if from lower down.

'There are two ways of renouncing the devil,' he said; 'and the difference is perhaps the deepest chasm in modern religion. One is to have a horror of him because he is so far off; and the other to have it because he is so near. And no virtue and vice are so much divided as those two virtues.'

They did not answer and he went on in the same heavy tone, as if he were dropping words like molten lead.

'You may think a crime horrible because you could never commit it. I think it horrible because I could commit it. You think of it as something like an eruption of Vesuvius; but that would not really be so terrible as this house catching fire. If a criminal suddenly appeared in this room –'

'If a criminal appeared in this room,' said Chace, smiling, 'I think you would be a good deal too favourable to him. Apparently you would start by telling him that you were a criminal yourself and explaining how perfectly natural it was that he should have picked his father's pocket or cut his mother's throat. Frankly, I don't think it's practical. I think that the practical effect would be that no criminal would ever reform. It's easy enough to theorise and take hypothetical cases; but we all know we're only talking in the air. Sitting here in M. Duroc's nice, comfortable house, conscious of our respectability and all the rest of it, it just gives us a theatrical thrill to talk about thieves and murderers and the mysteries of their souls. But the people who really have to deal with thieves and murderers have to deal with them differently. We are safe by the fireside; and we know the house is not on fire. We know there is not a criminal in the room.'

The M. Duroc to whom allusion had been made rose slowly from what had been called his fireside, and his huge shadow flung from the fire seemed to cover everything and darken even the very night above him.

'There is a criminal in this room,' he said. 'I am one. I am Flambeau, and the police of two hemispheres are still hunting for me.'

The American remained gazing at him with eyes of a stony brightness; he seemed unable to speak or move.

'There is nothing mystical, or metaphorical, or vicarious about my confession,' said Flambeau. 'I stole for twenty years with these two hands; I fled from the police on these two feet. I hope you will admit that my activities were practical. I hope you will admit that my judges and pursuers really had to deal with crime. Do you think I do not know all about their way of reprehending it? Have I not heard the sermons of the righteous and seen the cold stare of the respectable; have I not been lectured in the lofty and distant style, asked how it was possible for anyone to fall so low, told that no decent person could ever have dreamed of such depravity? Do you think all that ever did anything but make me laugh? Only my friend told me that he knew exactly why I stole; and I have never stolen since.'

Father Brown made a gesture as of deprecation; and Grandison Chace at last let out a long breath like a whistle.

'I have told you the exact truth,' said Flambeau; 'and it is open to you to hand me over to the police.'

There was an instant of profound stillness, in which could be faintly heard the belated laughter of Flambeau's children in the high, dark house above them, and the crunching and snorting of the great, grey pigs in the twilight. And then it was cloven by a high voice, vibrant and with a touch of offence, almost surprising for those who do not understand the sensitive American spirit, and how near, in spite of commonplace contrasts, it can sometimes come to the chivalry of Spain.

'Monsieur Duroc,' he said rather stiffly. 'We have been friends, I hope, for some considerable period; and I should be pretty much pained to suppose you thought me capable of playing you such a trick while I was enjoying your hospitality and the society of your family, merely because you chose to tell me a little of your own autobiography of your own free will. And when you spoke merely in defence of your friend – no, sir, I can't imagine any gentleman double-crossing another under such circumstances; it would be a damned sight better to be a dirty informer and sell men's blood for money. But in a case like this – ! Could you conceive any man being such a Judas?'

'I could try,' said Father Brown.

The Scandal of Father Brown

The Scandal of Father Brown

The Scandal of Father Brown

It would not be fair to record the adventures of Father Brown, without admitting that he was once involved in a grave scandal. There still are persons, perhaps even of his own community, who would say that there was a sort of blot upon his name. It happened in a picturesque Mexican roadhouse of rather loose repute, as appeared later; and to some it seemed that for once the priest had allowed a romantic streak in him, and his sympathy for human weakness, to lead him into loose and unorthodox action. The story in itself was a simple one; and perhaps the whole surprise of it consisted in its simplicity.

Burning Troy began with Helen; this disgraceful story began with the beauty of Hypatia Potter. Americans have a great power, which Europeans do not always appreciate, of creating institutions from below; that is by popular initiative. Like every other good thing, it has its lighter aspects; one of which, as has been remarked by Mr Wells and others, is that a person may become a public institution without becoming an official institution. A girl of great beauty or brilliancy will be a sort of uncrowned queen, even if she is not a Film Star or the original of a Gibson Girl. Among those who had the fortune, or misfortune, to exist beautifully in public in this manner, was a certain Hypatia Hard, who had passed through the preliminary stage of receiving florid compliments in society paragraphs of the local press, to the position of one who is actually interviewed by real pressmen. On War and Peace and Patriotism and Prohibition and Evolution and the Bible she had made her pronouncements with a charming smile; and if none of them seemed very near to the real grounds of her own reputation, it was almost equally hard to say what the grounds of her reputation really were. Beauty, and being the daughter of a rich man, are things not rare in her country; but to these she added whatever it is that attracts the wandering eye of journalism. Next to none of her admirers had even seen her, or even hoped to do so; and none of them could possibly derive any sordid benefit from her father's wealth. It was simply a sort of popular romance, the modern substitute for mythology; and it laid the first foundations of the more turgid and tempestuous sort of romance in which she was to figure later on; and in which many held that the reputation of Father Brown, as well as of others, had been blown to rags.

It was accepted, sometimes romantically, sometimes resignedly, by

those whom American satire has named the Sob Sisters, that she had already married a very worthy and respectable business man of the name of Potter. It was even possible to regard her for a moment as Mrs Potter, on the universal understanding that her husband was only the husband of Mrs Potter.

Then came the Great Scandal, by which her friends and enemies were horrified beyond their wildest hopes. Her name was coupled (as the queer phrase goes) with a literary man living in Mexico; in status an American, but in spirit a very Spanish American. Unfortunately his vices resembled her virtues, in being good copy. He was no less a person than the famous or infamous Rudel Romanes; the poet whose works had been so universally popularised by being vetoed by libraries or prosecuted by the police. Anyhow, her pure and placid star was seen in conjunction with this comet. He was of the sort to be compared to a comet, being hairy and hot; the first in his portraits, the second in his poetry. He was also destructive; the comet's tail was a trail of divorces, which some called his success as a lover and some his prolonged failure as a husband. It was hard on Hypatia; there are disadvantages in conducting the perfect private life in public; like a domestic interior in a shop-window. Interviewers reported doubtful utterances about Love's Larger Law of Supreme Self-Realisation. The Pagans applauded. The Sob Sisterhood permitted themselves a note of romantic regret; some having even the hardened audacity to quote from the poem of Maud Mueller, to the effect that of all the words of tongue or pen, the saddest are 'It might have been.' And Mr Agar P. Rock, who hated the Sob Sisterhood with a holy and righteous hatred, said that in this case he thoroughly agreed with Bret Harte's emendation of the poem: 'More sad are those we daily see; it is, but it hadn't ought to be.'

For Mr Rock was very firmly and rightly convinced that a very large number of things hadn't ought to be. He was a slashing and savage critic of national degeneration, on the *Minneapolis Meteor,* and a bold and honest man. He had perhaps come to specialise too much in the spirit of indignation, but it had had a healthy enough origin in his reaction against sloppy attempts to confuse right and wrong in modern journalism and gossip. He expressed it first in the form of a protest against an unholy halo of romance being thrown round the gunman and the gangster. Perhaps he was rather too much inclined to assume, in robust impatience, that all gangsters were Dagos and that all Dagos were gangsters. But his prejudices, even when they were a little provincial, were rather refreshing after a certain sort of maudlin and unmanly hero-worship, which was ready to regard a professional murderer as a leader of fashion, so long as the pressmen reported that his

smile was irresistible or his tuxedo was all right. Anyhow, the prejudices did not boil the less in the bosom of Mr Rock, because he was actually in the land of the Dagos when this story opens; striding furiously up a hill beyond the Mexican border, to the white hotel, fringed with ornamental palms, in which it was supposed that the Potters were staying and that the mysterious Hypatia now held her court. Agar Rock was a good specimen of a Puritan, even to look at; he might even have been a virile Puritan of the seventeenth century, rather than the softer and more sophisticated Puritan of the twentieth. If you had told him that his antiquated black hat and habitual black frown, and fine flinty features, cast a gloom over the sunny land of palms and vines, he would have been very much gratified. He looked to right and left with eyes bright with universal suspicions. And, as he did so, he saw two figures on the ridge above him, outlined against the clear sub-tropical sunset; figures in a momentary posture which might have made even a less suspicious man suspect something.

One of the figures was rather remarkable in itself. It was poised at the exact angle of the turning road above the valley, as if by an instinct for the site as well as the attitude of statuary. It was wrapt in a great black cloak, in the Byronic manner, and the head that rose above it in swarthy beauty was remarkably like Byron's. This man had the same curling hair and curling nostrils; and he seemed to be snorting something of the same scorn and indignation against the world. He grasped in his hand a rather long cane or walking-stick, which having a spike of the sort used for mountaineering, carried at the moment a fanciful suggestion of a spear. It was rendered all the more fanciful by something comically contradictory in the figure of the other man, who carried an umbrella. It was indeed a new and neatly rolled umbrella, very different, for instance, from Father Brown's umbrella: and he was neatly clad like a clerk in light holiday clothes; a stumpy stoutish bearded man; but the prosaic umbrella was raised and even brandished at an acute angle of attack. The taller man thrust back at him, but in a hasty defensive manner; and then the scene rather collapsed into comedy; for the umbrella opened of itself and its owner almost seemed to sink behind it, while the other man had the air of pushing his spear through a great grotesque shield. But the other man did not push it, or the quarrel, very far; he plucked out the point, turned away impatiently and strode down the road; while the other, rising and carefully refolding his umbrella, turned in the opposite direction towards the hotel. Rock had not heard any of the words of the quarrel, which must have immediately preceded this brief and rather absurd bodily conflict; but as he went up the road in the track of the short man with the beard, he revolved many things.

And the romantic cloak and rather operatic good looks of the one man, combined with the sturdy self-assertion of the other, fitted in with the whole story which he had come to seek; and he knew that he could have fixed those two strange figures with their names: Romanes and Potter.

His view was in every way confirmed when he entered the pillared porch; and heard the voice of the bearded man raised high in altercation or command. He was evidently speaking to the manager or staff of the hotel, and Rock heard enough to know that he was warning them of a wild and dangerous character in the neighbourhood.

'If he's really been to the hotel already,' the little man was saying, in answer to some murmur, 'all I can say is that you'd better not let him in again. Your police ought to be looking after a fellow of that sort, but anyhow, I won't have the lady pestered with him.'

Rock listened in grim silence and growing conviction; then he slid across the vestibule to an alcove where he saw the hotel register and turning to the last page, saw 'the fellow' had indeed been to the hotel already. There appeared the name of 'Rudel Romanes', that romantic public character, in very large and florid foreign lettering; and after a space under it, rather close together, the names of Hypatia Potter and Ellis T. Potter, in a correct and quite American handwriting.

Agar Rock looked moodily about him, and saw in the surroundings and even the small decorations of the hotel everything that he hated most. It is perhaps unreasonable to complain of oranges growing on orange-trees, even in small tubs; still more of their only growing on threadbare curtains or faded wallpapers as a formal scheme of ornament. But to him those red and golden moons, decoratively alternated with silver moons, were in a queer way the quintessence of all moonshine. He saw in them all that sentimental deterioration which his principles deplored in modern manners, and which his prejudices vaguely connected with the warmth and softness of the South. It annoyed him even to catch sight of a patch of dark canvas, half-showing a Watteau shepherd with a guitar, or a blue tile with a commonplace design of a Cupid on a dolphin. His common sense would have told him that he might have seen these things in a shop-window on Fifth Avenue; but where they were, they seemed like a taunting siren voice of the Paganism of the Mediterranean. And then suddenly, the look of all these things seemed to alter, as a still mirror will flicker when a figure has flashed past it for a moment; and he knew the whole room was full of a challenging presence. He turned almost stiffly, and with a sort of resistance, and knew that he was facing the famous Hypatia, of whom he had read and heard for so many years.

Hypatia Potter, *née* Hard, was one of those people to whom the

word 'radiant' really does apply definitely and derivatively. That is, she allowed what the papers called her Personality to go out from her in rays. She would have been equally beautiful, and to some tastes more attractive, if she had been self-contained; but she had always been taught to believe that self-containment was only selfishness. She would have said that she had lost Self in Service; it would perhaps be truer to say that she had asserted Self in Service; but she was quite in good faith about the service. Therefore her outstanding starry blue eyes really struck outwards, as in the old metaphor that made eyes like Cupid's darts, killing at a distance; but with an abstract conception of conquest beyond any mere coquetry. Her pale fair hair, though arranged in a saintly halo, had a look of almost electric radiation. And when she understood that the stranger before her was Mr Agar Rock, of the *Minneapolis Meteor*, her eyes took on themselves the range of long searchlights, sweeping the horizon of the States.

But in this the lady was mistaken; as she sometimes was. For Agar Rock was not Agar Rock of the *Minneapolis Meteor*. He was at that moment merely Agar Rock; there had surged up in him a great and sincere moral impulsion, beyond the coarse courage of the interviewer. A feeling profoundly mixed of a chivalrous and national sensibility to beauty, with an instant itch for moral action of some definite sort, which was also national, nerved him to face a great scene; and to deliver a noble insult. He remembered the original Hypatia, the beautiful Neo-Platonist, and how he had been thrilled as a boy by Kingsley's romance in which the young monk denounces her for harlotries and idolatries. He confronted her with an iron gravity and said: 'If you'll pardon me, Madam, I should like to have a word with you in private.'

'Well,' she said, sweeping the room with her splendid gaze, 'I don't know whether you consider this place private.'

Rock also gazed round the room and could see no sign of life less vegetable than the orange trees, except what looked like a large black mushroom, which he recognised as the hat of some native priest or other, stolidly smoking a black local cigar, and otherwise as stagnant as any vegetable. He looked for a moment at the heavy, expressionless features, noting the rudeness of that peasant type from which priests so often come, in Latin and especially Latin-American countries; and lowered his voice a little as he laughed.

'I don't imagine that Mexican padre knows our language,' he said. 'Catch those lumps of laziness learning any language but their own. Oh, I can't swear he's a Mexican; he might be anything; mongrel Indian or nigger, I suppose. But I'll answer for it he's not an American. Our ministries don't produce that debased type.'

'As a matter of fact,' said the debased type, removing his black cigar, 'I'm English and my name is Brown. But pray let me leave you if you wish to be private.'

'If you're English,' said Rock warmly, 'you ought to have some normal Nordic instinct for protesting against all this nonsense. Well, it's enough to say now that I'm in a position to testify that there's a pretty dangerous fellow hanging round this place; a tall fellow in a cloak, like those pictures of crazy poets.'

'Well, you can't go much by that,' said the priest mildly; 'a lot of people round here use those cloaks, because the chill strikes very suddenly after sunset.'

Rock darted a dark and doubtful glance at him; as if suspecting some evasion in the interests of all that was symbolised to him by mushroom hats and moonshine. 'It wasn't only the cloak,' he growled, 'though it was partly the way he wore it. The whole look of the fellow was theatrical, down to his damned theatrical good looks. And if you'll forgive me, Madam, I strongly advise you to have nothing to do with him, if he comes bothering here. Your husband has already told the hotel people to keep him out –'

Hypatia sprang to her feet and, with a very unusual gesture, covered her face, thrusting her fingers into her hair. She seemed to be shaken, possibly with sobs, but by the time she had recovered they had turned into a sort of wild laughter.

'Oh, you are all too funny,' she said, and, in a way very unusual with her, ducked and darted to the door and disappeared.

'Bit hysterical when they laugh like that,' said Rock uncomfortably; then, rather at a loss, and turning to the little priest: 'as I say, if you're English, you ought really to be on my side against these Dagos, anyhow. Oh, I'm not one of those who talk tosh about Anglo-Saxons; but there is such a thing as history. You can always claim that America got her civilisation from England.'

'Also, to temper our pride,' said Father Brown, 'we must always admit that England got her civilisation from Dagos.'

Again there glowed in the other's mind the exasperated sense that his interlocutor was fencing with him, and fencing on the wrong side, in some secret and evasive way; and he curtly professed a failure to comprehend.

'Well, there was a Dago, or possibly a Wop, called Julius Caesar,' said Father Brown; 'he was afterwards killed in a stabbing match; you know these Dagos always use knives. And there was another one called Augustine, who brought Christianity to our little island; and really, I don't think we should have had much civilisation without those two.'

'Anyhow, that's all ancient history,' said the somewhat irritated journalist, 'and I'm very much interested in modern history. What I see is that these scoundrels are bringing Paganism to our country, and destroying all the Christianity there is. Also destroying all the common sense there is. All settled habits, all solid social order, all the way in which the farmers who were our fathers and grandfathers did manage to live in the world, melted into a hot mush by sensations and sensualities about film stars who divorced every month or so, and make every silly girl think that marriage is only a way of getting divorced.'

'You are quite right,' said Father Brown. 'Of course I quite agree with you there. But you must make some allowances. Perhaps these Southern people are a little prone to that sort of fault. You must remember that Northern people have other kinds of faults. Perhaps these surroundings do encourage people to give too rich an importance to mere romance . . .'

The whole integral indignation of Agar Rock's life rose up within him at the word.

'I hate Romance,' he said, hitting the little table before him. 'I've fought the papers I worked for for forty years about the infernal trash. Every blackguard bolting with a barmaid is called a romantic elopement or something; and now our own Hypatia Hard, a daughter of a decent people, may get dragged into some rotten romantic divorce case, that will be trumpeted to the whole world as happily as a royal wedding. This mad poet Romanes is hanging round her; and you bet the spotlight will follow him, as if he were any rotten little Dago who is called the Great Lover on the films. I saw him outside; and he's got the regular spotlight face. Now my sympathies are with decency and common sense. My sympathies are with poor Potter, a plain straightforward broker from Pittsburgh, who thinks he has a right to his own home. And he's making a fight for it, too. I heard him hollering at the management, telling them to keep that rascal out; and quite right too. The people here seem a sly and slinky lot; but I rather fancy he's put the fear of God into them already.'

'As a matter of fact,' said Father Brown, 'I rather agree with you about the manager and the men in this hotel; but you mustn't judge all Mexicans by them. Also I fancy the gentleman you speak of has not only hollered, but handed round dollars enough to get the whole staff on his side. I saw them locking doors and whispering most excitedly. By the way, your plain straightforward friend seems to have a lot of money.'

'I've no doubt his business does well,' said Rock. 'He's quite the best type of sound business man. What do you mean?'

'I fancied it might suggest another thought to you,' said Father Brown; and, rising with rather heavy civility, he left the room.

Rock watched the Potters very carefully that evening at dinner; and gained some new impressions, though none that disturbed his deep sense of the wrong that probably threatened the peace of the Potter home. Potter himself proved worthy of somewhat closer study; though the journalist had at first accepted him as prosaic and unpretentious, there was a pleasure in recognising finer lines in what he considered the hero or victim of a tragedy. Potter had really rather a thoughtful and distinguished face, though worried and occasionally petulant. Rock got an impression that the man was recovering from an illness; his faded hair was thin but rather long, as if it had been lately neglected, and his rather unusual beard gave the onlooker the same notion. Certainly he spoke once or twice to his wife in a rather sharp and acid manner, fussing about tablets or some detail of digestive science; but his real worry was doubtless concerned with the danger from without. His wife played up to him in the splendid if somewhat condescending manner of a Patient Griselda; but her eyes also roamed continually to the doors and shutters, as if in half-hearted fear of an invasion. Rock had only too good reason to dread, after her curious outbreak, the fact that her fear might turn out to be only half-hearted.

It was in the middle of the night that the extraordinary event occurred. Rock, imagining himself to be the last to go up to bed, was surprised to find Father Brown still tucked obscurely under an orange-tree in the hall, and placidly reading a book. He returned the other's farewell without further words, and the journalist had his foot on the lowest step of the stair, when suddenly the outer door sprang on its hinges and shook and rattled under the shock of blows planted from without; and a great voice louder than the blows was heard violently demanding admission. Somehow the journalist was certain that the blows had been struck with a pointed stick like an alpenstock. He looked back at the darkened lower floor, and saw the servants of the hotel sliding here and there to see that the doors were locked; and not unlocking them. Then he slowly mounted to his room, and sat down furiously to write his report.

He described the siege of the hotel; the evil atmosphere; the shabby luxury of the place; the shifty evasions of the priest; above all, that terrible voice crying without, like a wolf prowling round the house. Then, as he wrote, he heard a new sound and sat up suddenly. It was a long repeated whistle, and in his mood he hated it doubly, because it was like the signal of a conspirator and like the love-call of a bird. There followed an utter silence, in which he sat rigid; then he rose abruptly;

for he had heard yet another noise. It was a faint swish followed by a sharp rap or rattle; and he was almost certain that somebody was throwing something at the window. He walked stiffly downstairs, to the floor which was now dark and deserted; or nearly deserted. For the little priest was still sitting under the orange shrub, lit by a low lamp; and still reading his book.

'You seem to be sitting up late,' he said harshly.

'Quite a dissipated character,' said Father Brown, looking up with a broad smile, 'reading *Economics of Usury* at all wild hours of the night.'

'The place is locked up,' said Rock.

'Very thoroughly locked up,' replied the other. 'Your friend with the beard seems to have taken every precaution. By the way, your friend with the beard is a little rattled; I thought he was rather cross at dinner.'

'Natural enough,' growled the other, 'if he thinks savages in this savage place are out to wreck his home life.'

'Wouldn't it be better,' said Father Brown, 'if a man tried to make his home life nice inside, while he was protecting it from the things outside.'

'Oh, I know you will work up all the casuistical excuses,' said the other; 'perhaps he was rather snappy with his wife; but he's got the right on his side. Look here, you seem to me to be rather a deep dog. I believe you know more about this than you say. What the devil is going on in this infernal place? Why are you sitting up all night to see it through?'

'Well,' said Father Brown patiently, 'I rather thought my bedroom might be wanted.'

'Wanted by whom?'

'As a matter of fact, Mrs Potter wanted another room,' explained Father Brown with limpid clearness. 'I gave her mine, because I could open the window. Go and see, if you like.'

'I'll see to something else first,' said Rock grinding his teeth. 'You can play your monkey tricks in this Spanish monkey-house, but I'm still in touch with civilisation.' He strode into the telephone-booth and rang up his paper; pouring out the whole tale of the wicked priest who helped the wicked poet. Then he ran upstairs into the priest's room, in which the priest had just lit a short candle, showing the windows beyond wide open.

He was just in time to see a sort of rude ladder unhooked from the windowsill and rolled up by a laughing gentleman on the lawn below. The laughing gentleman was a tall and swarthy gentleman, and was accompanied by a blonde but equally laughing lady. This time, Mr Rock could not even comfort himself by calling her laughter hysterical.

It was too horribly genuine; and rang down the rambling garden-paths as she and her troubadour disappeared into the dark thickets.

Agar Rock turned on his companion a face of final and awful justice; like the Day of Judgement.

'Well, all America is going to hear of this,' he said. 'In plain words, you helped her to bolt with that curly-haired lover.'

'Yes,' said Father Brown, 'I helped her to bolt with that curly-haired lover.'

'You call yourself a minister of Jesus Christ,' cried Rock, 'and you boast of a crime.'

'I have been mixed up with several crimes,' said the priest gently. 'Happily for once this is a story without a crime. This is a simple fireside idyll; that ends with a glow of domesticity.'

'And ends with a rope-ladder instead of a rope,' said Rock. 'Isn't she a married woman?'

'Oh, yes,' said Father Brown.

'Well, oughtn't she to be with her husband?' demanded Rock.

'She is with her husband,' said Father Brown.

The other was startled into anger. 'You lie,' he said. 'The poor little man is still snoring in bed.'

'You seem to know a lot about his private affairs,' said Father Brown plaintively. 'You could almost write a life of the Man with a Beard. The only thing you don't seem ever to have found out about him is his name.'

'Nonsense,' said Rock. 'His name is in the hotel book.'

'I know it is,' answered the priest, nodding gravely, 'in very large letters; the name of Rudel Romanes. Hypatia Potter, who met him here, put her name boldly under his, when she meant to elope with him; and her husband put his name under that, when he pursued them to this place. He put it very close under hers, by way of protest. The Romanes (who has pots of money, as a popular misanthrope despising men) bribed the brutes in this hotel to bar and bolt it and keep the lawful husband out. And I, as you truly say, helped him to get in.'

When a man is told something that turns things upside-down; that the tail wags the dog; that the fish has caught the fisherman; that the earth goes round the moon; he takes some little time before he even asks seriously if it is true. He is still content with the consciousness that it is the opposite of the obvious truth. Rock said at last: 'You don't mean that little fellow is the romantic Rudel we're always reading about; and that curly haired fellow is Mr Potter of Pittsburgh.'

'Yes,' said Father Brown. 'I knew it the moment I clapped eyes on both of them. But I verified it afterwards.'

Rock ruminated for a time and said at last: 'I suppose it's barely possible you're right. But how did you come to have such a notion, in the face of the facts?'

Father Brown looked rather abashed; subsided into a chair, and stared into vacancy, until a faint smile began to dawn on his round and rather foolish face.

'Well,' he said, 'you see – the truth is, I'm not romantic.'

'I don't know what the devil you are,' said Rock roughly.

'Now *you* are romantic,' said Father Brown helpfully. 'For instance, you see somebody looking poetical, and you assume he is a poet. Do you know what the majority of poets look like? What a wild confusion was created by that coincidence of three good-looking aristocrats at the beginning of the nineteenth century: Byron and Goethe and Shelley! Believe me, in the common way, a man may write: "Beauty has laid her flaming lips on mine," or whatever that chap wrote, without being himself particularly beautiful. Besides, do you realise how old a man generally is by the time his fame has filled the world? Watts painted Swinburne with a halo of hair; but Swinburne was bald before most of his last American or Australian admirers had heard of his hyacinthine locks. So was D'Annunzio. As a fact, Romanes still has rather a fine head, as you will see if you look at it closely; he looks like an intellectual man; and he is. Unfortunately, like a good many other intellectual men, he's a fool. He's let himself go to seed with selfishness and fussing about his digestion. So that the ambitious American lady, who thought it would be like soaring to Olympus with the Nine Muses to elope with a poet, found that a day or so of it was about enough for her. So that when her husband came after her, and stormed the place, she was delighted to go back to him.'

'But her husband?' queried Rock. 'I am still rather puzzled about her husband.'

'Ah, you've been reading too many of your erotic modern novels,' said Father Brown; and partly closed his eyes in answer to the protesting glare of the other. 'I know a lot of stories start with a wildly beautiful woman wedded to some elderly swine in the stock market. But why? In that, as in most things, modern novels are the very reverse of modern. I don't say it never happens; but it hardly ever happens now except by her own fault. Girls nowadays marry whom they like; especially spoilt girls like Hypatia. And whom do they marry? A beautiful wealthy girl like that would have a ring of admirers; and whom would she choose? The chances are a hundred to one that she'd marry very young and choose the handsomest man she met at a dance or a tennis-party. Well, ordinary business men are sometimes handsome. A young god

appeared (called Potter) and she wouldn't care if he was a broker or a burglar. But, given the environment, you will admit it's more likely he would be a broker; also, it's quite likely that he'd be called Potter. You see, you are so incurably romantic that your whole case was founded on the idea that a man looking like a young god couldn't be called Potter. Believe me, names are not so appropriately distributed.'

'Well,' said the other, after a short pause, 'and what do you suppose happened after that?'

Father Brown got up rather abruptly from the seat in which he had collapsed; the candlelight threw the shadow of his short figure across the wall and ceiling, giving an odd impression that the balance of the room had been altered.

'Ah,' he muttered, 'that's the devil of it. That's the real devil. Much worse than the old Indian demons in this jungle. You thought I was only making out a case for the loose ways of these Latin Americans – well, the queer thing about you' – and he blinked owlishly at the other through his spectacles – 'the queerest thing about you is that in a way you're right.

'You say down with romance. I say I'd take my chance in fighting the genuine romances – all the more because they are precious few, outside the first fiery days of youth. I say – take away the Intellectual Friendships; take away the Platonic Unions; take away the Higher Laws of Self-Fulfilment and the rest, and I'll risk the normal dangers of the job. Take away the love that isn't love, but only pride and vainglory and publicity and making a splash; and we'll take our chance of fighting the love that is love, when it has to be fought, as well as the love that is lust and lechery. Priests know young people will have passions, as doctors know they will have measles. But Hypatia Potter is forty if she is a day, and she cares no more for that little poet than if he were her publisher or her publicity man. That's just the point – he was her publicity man. It's your newspapers that have ruined her; it's living in the limelight; it's wanting to see herself in the headlines, even in a scandal if it were only sufficiently psychic and superior. It's wanting to be George Sand, her name immortally linked with Alfred de Musset. When her real romance of youth was over, it was the sin of middle age that got hold of her; the sin of intellectual ambition. She hasn't got any intellect to speak of; but you don't need any intellect to be an intellectual.'

'I should say she was pretty brainy in one sense,' observed Rock reflectively.

'Yes, in one sense,' said Father Brown. 'In only one sense. In a business sense. Not in any sense that has anything to do with these poor lounging Dagos down here. You curse the Film Stars and tell me you

hate romance. Do you suppose the Film Star, who is married for the fifth time, is misled by any romance? Such people are very practical; more practical than you are. You say you admire the simple solid Business Man. Do you suppose that Rudel Romanes isn't a Business Man? Can't you see he knew, quite as well as she did, the advertising advantages of this grand affair with a famous beauty. He also knew very well that his hold on it was pretty insecure; hence his fussing about and bribing servants to lock doors. But what I mean to say, first and last, is that there'd be a lot less scandal if people didn't idealise sin and pose as sinners. These poor Mexicans may seem sometimes to live like beasts, or rather sin like men; but they don't go in for Ideals. You must at least give them credit for that.'

He sat down again, as abruptly as he had risen, and laughed apologetically. 'Well, Mr Rock,' he said, 'that is my complete confession; the whole horrible story of how I helped a romantic elopement. You can do what you like with it.'

'In that case,' said Rock, rising, 'I will go to my room and make a few alterations in my report. But, first of all, I must ring up my paper and tell them I've been telling them a pack of lies.'

Not much more than half an hour had passed, between the time when Rock had telephoned to say the priest was helping the poet to run away with the lady, and the time when he telephoned to say that the priest had prevented the poet from doing precisely the same thing. But in that short interval of time was born and enlarged and scattered upon the winds the Scandal of Father Brown. The truth is still half an hour behind the slander; and nobody can be certain when or where it will catch up with it. The garrulity of pressmen and the eagerness of enemies had spread the first story through the city, even before it appeared in the first printed version. It was instantly corrected and contradicted by Rock himself, in a second message stating how the story had really ended; but it was by no means certain that the first story was killed. A positively incredible number of people seemed to have read the first issue of the paper and not the second. Again and again, in every corner of the world, like a flame bursting from blackened ashes, there would appear the old tale of the Brown Scandal, or Priest Ruins Potter Home. Tireless apologists of the priest's party watched for it, and patiently tagged after it with contradictions and exposures and letters of protest. Sometimes the letters were published in the papers; and sometimes they were not. But still nobody knew how many people had heard the story without hearing the contradiction. It was possible to find whole blocks of blameless and innocent people who thought the Mexican Scandal

was an ordinary recorded historical incident like the Gunpowder Plot. Then somebody would enlighten these simple people, only to discover that the old story had started afresh among a few quite educated people, who would seem the last people on earth to be duped by it. And so the two Father Browns chase each other round the world for ever; the first a shameless criminal fleeing from justice; the second a martyr broken by slander, in a halo of rehabilitation. But neither of them is very like the real Father Brown, who is not broken at all; but goes stumping with his stout umbrella through life, liking most of the people in it; accepting the world as his companion, but never as his judge.

The Quick One

The strange story of the incongruous strangers is still remembered along that strip of the Sussex coast, where the large and quiet hotel called the Maypole and Garland looks across its own gardens to the sea. Two quaintly assorted figures did, indeed, enter that quiet hotel on that sunny afternoon; one being conspicuous in the sunlight, and visible over the whole shore, by the fact of wearing a lustrous green turban, surrounding a brown face and a black beard; the other would have seemed to some even more wild and weird, by reason of his wearing a soft black clergyman's hat with a yellow moustache and yellow hair of leonine length. He at least had often been seen preaching on the sands or conducting Band of Hope services with a little wooden spade; only he had certainly never been seen going into the bar of an hotel. The arrival of these quaint companions was the climax of the story, but not the beginning of it; and, in order to make a rather mysterious story as clear as possible, it is better to begin at the beginning.

Half an hour before those two conspicuous figures entered the hotel, and were noticed by everybody, two other very inconspicuous figures had also entered it, and been noticed by nobody. One was a large man, and handsome in a heavy style, but he had a knack of taking up very little room, like a background; only an almost morbidly suspicious examination of his boots would have told anybody that he was an Inspector of Police in plain clothes; in very plain clothes. The other was a drab and insignificant little man, also in plain clothes, only that they happened to be clerical clothes; but nobody had ever seen him preaching on the sands.

These travellers also found themselves in a sort of large smoking-room with a bar, for a reason which determined all the events of that tragic afternoon. The truth is that the respectable hotel called the Maypole and Garland was being 'done-up'. Those who had liked it in the past were moved to say that it was being done down; or possibly done in. This was the opinion of the local grumbler, Mr Raggley, the eccentric old gentleman who drank cherry brandy in a corner and cursed. Anyhow, it was being carefully stripped of all the stray indications that it had once been an English inn; and being busily turned, yard by yard and room by room, into something resembling the sham palace of a Levantine usurer in an American film. It was, in short, being 'decorated'; but the only part where the decoration was

complete, and where customers could yet be made comfortable, was this large room leading out of the hall. It had once been honourably known as a Bar Parlour and was now mysteriously known as a Saloon Lounge, and was newly 'decorated', in the manner of an Asiatic Divan. For Oriental ornament pervaded the new scheme; and where there had once been a gun hung on hooks, and sporting prints and a stuffed fish in a glass case, there were now festoons of Eastern drapery and trophies of scimitars, tulwards and yataghans, as if in unconscious preparation for the coming of the gentleman with the turban. The practical point was, however, that the few guests who did arrive had to be shepherded into this lounge, now swept and garnished, because all the more regular and refined parts of the hotel were still in a state of transition. Perhaps that was also the reason why even those few guests were somewhat neglected, the manager and others being occupied with explanations or exhortations elsewhere. Anyhow, the first two travellers who arrived had to kick their heels for some time unattended. The bar was at the moment entirely empty, and the Inspector rang and rapped impatiently on the counter; but the little clergyman had already dropped into a lounge seat and seemed in no hurry for anything. Indeed his friend the policeman, turning his head, saw that the round face of the little cleric had gone quite blank, as it had a way of doing sometimes; he seemed to be staring through his moonlike spectacles at the newly decorated wall.

'I may as well offer you a penny for your thoughts,' said Inspector Greenwood, turning from the counter with a sigh, 'as nobody seems to want my pennies for anything else. This seems to be the only room in the house that isn't full of ladders and whitewash; and this is so empty that there isn't even a potboy to give me a pot of beer.'

'Oh . . . my thoughts are not worth a penny, let alone a pot of beer,' answered the cleric, wiping his spectacles, 'I don't know why . . . but I was thinking how easy it would be to commit a murder here.'

'It's all very well for you, Father Brown,' said the Inspector good-humouredly. 'You've had a lot more murders than your fair share; and we poor policemen sit starving all our lives, even for a little one. But why should you say . . . Oh I see, you're looking at all those Turkish daggers on the wall. There are plenty of things to commit a murder *with*, if that's what you mean. But not more than there are in any ordinary kitchen: carving knives or pokers or what not. That isn't where the snag of a murder comes in.'

Father Brown seemed to recall his rambling thoughts in some bewilderment; and said that he supposed so.

'Murder is always easy,' said Inspector Greenwood. 'There can't possibly be anything more easy than murder. I could murder you at this

minute – more easily than I can get a drink in this damned bar. The only difficulty is committing a murder without committing oneself as a murderer. It's this shyness about owning up to a murder; it's this silly modesty of murderers about their own masterpieces, that makes the trouble. They will stick to this extraordinary fixed idea of killing people without being found out; and that's what restrains them, even in a room full of daggers. Otherwise every cutler's shop would be piled with corpses. And that, by the way, explains the one kind of murder that really *can't* be prevented. Which is why, of course, we poor bobbies are always blamed for not preventing it. When a madman murders a King or a President, it can't be prevented. You can't make a King live in a coal-cellar, or carry about a President in a steel box. Anybody can murder him who does not mind being a murderer. That is where the madman is like the martyr – sort of beyond this world. A real fanatic can always kill anybody he likes.'

Before the priest could reply, a joyous band of bagmen rolled into the room like a shoal of porpoises; and the magnificent bellow of a big, beaming man, with an equally big and beaming tie-pin, brought the eager and obsequious manager running like a dog to the whistle, with a rapidity which the police in plain clothes had failed to inspire.

'I'm sure I'm very sorry, Mr Jukes,' said the manager, who wore a rather agitated smile and a wave or curl of very varnished hair across his forehead. 'We're rather understaffed at present; and I had to attend to something in the hotel, Mr Jukes.'

Mr Jukes was magnanimous, but in a noisy way; and ordered drinks all round, conceding one even to the almost cringing manager. Mr Jukes was a traveller for a very famous and fashionable wine and spirits firm; and may have conceived himself as lawfully the leader in such a place. Anyhow, he began a boisterous monologue, rather tending to tell the manager how to manage his hotel; and the others seemed to accept him as an authority. The policeman and the priest had retired to a low bench and small table in the background, from which they watched events, up to that rather remarkable moment when the policeman had very decisively to intervene.

For the next thing that happened, as already narrated, was the astonishing apparition of a brown Asiatic in a green turban, accompanied by the (if possible) more astonishing apparition of a Noncomformist minister; omens such as appear before a doom. In this case there was no doubt about evidence for the portent. A taciturn but observant boy cleaning the steps for the last hour (being a leisurely worker), the dark, fat, bulky bar-attendant, even the diplomatic but distracted manager, all bore witness to the miracle.

The apparitions, as the sceptics say, were due to perfectly natural causes. The man with the mane of yellow hair and the semi-clerical clothes was not only familiar as a preacher on the sands, but as a propagandist throughout the modern world. He was no less a person than the Revd David Pryce-Jones, whose far-resounding slogan was Prohibition and Purification for Our Land and the Britains Overseas. He as an excellent public speaker and organiser; and an idea had occurred to him that ought to have occurred to Prohibitionists long ago. It was the simple idea that, if Prohibition is right, some honour is due to the Prophet who was perhaps the first Prohibitionist. He had corresponded with the leaders of Mahommedan religious thought, and had finally induced a distinguished Moslem (one of whose names was Akbar and the rest an untranslatable ululation of Allah with attributes) to come and lecture in England on the ancient Moslem veto on wine. Neither of them certainly had been in a public-house bar before; but they had come there by the process already described; driven from the genteel tea-rooms, shepherded into the newly decorated saloon. Probably all would have been well, if the great Prohibitionist, in his innocence, had not advanced to the counter and asked for a glass of milk.

The commercial travellers, though a kindly race, emitted involuntary noises of pain; a murmur of suppressed jests was heard, as 'Shun the bowl', or 'Better bring out the cow'. But the magnificent Mr Jukes, feeling it due to his wealth and tie-pin to produce more refined humour, fanned himself as one about to faint, and said pathetically: 'They know they can knock me down with a feather. They know a breath will blow me away. They know my doctor says I'm not to have these shocks. And they come and drink cold milk in cold blood, before my very eyes.'

The Revd David Pryce-Jones, accustomed to deal with hecklers at public meetings, was so unwise as to venture on remonstrance and recrimination, in this very different and much more popular atmosphere. The Oriental total abstainer abstained from speech as well as spirits; and certainly gained in dignity by doing so. In fact, so far as he was concerned, the Moslem culture certainly scored a silent victory; he was obviously so much more of a gentleman than the commercial gentlemen, that a faint irritation began to arise against his aristocratic aloofness; and when Mr Pryce-Jones began to refer in argument to something of the kind, the tension became very acute indeed.

'I ask you, friends,' said Mr Pryce-Jones, with expansive platform gestures, 'why does our friend here set an example to us Christians in truly Christian self-control and brotherhood? Why does he stand here as a model of true Christianity, of real refinement, of genuine gentlemanly behaviour, amid all the quarrels and riots of such places as

these? Because, whatever the doctrinal differences between us, at least in his soil the evil plant, the accursed hop or vine, has never –'

At this crucial moment of the controversy it was that John Raggley, the stormy petrel of a hundred storms of controversy, red-faced, white-haired, his antiquated top-hat on the back of his head, his stick swinging like a club, entered the house like an invading army.

John Raggley was generally regarded as a crank. He was the sort of man who writes letters to the newspaper, which generally do not appear in the newspaper; but which do appear afterwards as pamphlets, printed (or misprinted) at his own expense; and circulated to a hundred waste-paper baskets. He had quarrelled alike with the Tory squires and the Radical County Councils; he hated Jews; and he distrusted nearly everything that is sold in shops, or even in hotels. But there was a backing of facts behind his fads; he knew the county in every corner and curious detail; and he was a sharp observer. Even the manager, a Mr Wills, had a shadowy respect for Mr Raggley, having a nose for the sort of lunacy allowed in the gentry; not indeed the prostrate reverence which he had for the jovial magnificence of Mr Jukes, who was really good for trade, but a least a disposition to avoid quarrelling with the old grumbler, partly perhaps out of fear of the old grumbler's tongue.

'And you will have your usual, Sir,' said Mr Wills, leaning and leering across the counter.

'It's the only decent stuff you've still got,' snorted Mr Raggley, slapping down his queer and antiquated hat. 'Damn it, I sometimes think the only English thing left in England is cherry brandy. Cherry brandy does taste of cherries. Can you find me any beer that tastes of hops, or any cider that tastes of apples, or any wine that has the remotest indication of being made out of grapes? There's an infernal swindle going on now in every inn in the country, that would have raised a revolution in any other country. I've found out a thing or two about it, I can tell you. You wait till I can get it printed, and people will sit up. If I could stop our people being poisoned with all this bad drink –'

Here again the Revd David Pryce-Jones showed a certain failure in tact; though it was a virtue he almost worshipped. He was so unwise as to attempt to establish an alliance with Mr Raggley, by a fine confusion between the idea of bad drink and the idea that drink is bad. Once more he endeavoured to drag his stiff and stately Eastern friend into the argument, as a refined foreigner superior to our rough English ways. He was even so foolish as to talk of a broad theological outlook; and ultimately to mention the name of Mahomet, which was echoed in a sort of explosion.

'God damn your soul!' roared Mr Raggley, with a less broad

theological outlook. 'Do you mean that Englishmen mustn't drink English beer, because wine was forbidden in a damned desert by that dirty old humbug Mahomet?'

In an instant the Inspector of Police had reached the middle of the room with a stride. For, the instant before that, a remarkable change had taken place in the demeanour of the Oriental gentleman, who had hitherto stood perfectly still, with steady and shining eyes. He now proceeded, as his friend had said, to set an example in truly Christian self-control and brotherhood by reaching the wall with the bound of a tiger, tearing down one of the heavy knives hanging there and sending it smack like a stone from a sling, so that it stuck quivering in the wall exactly half an inch above Mr Raggley's ear. It would undoubtedly have stuck quivering in Mr Raggley, if Inspector Greenwood had not been just in time to jerk the arm and deflect the aim. Father Brown continued in his seat, watching the scene with screwed-up eyes and a screw of something almost like a smile at the corners of his mouth, as if he saw something beyond the mere momentary violence of the quarrel.

And then the quarrel took a curious turn; which may not be understood by everybody, until men like Mr John Raggley are better understood than they are. For the red-faced old fanatic was standing up and laughing uproariously as if it were the best joke he had ever heard. All his snapping vituperation and bitterness seemed to have gone out of him; and he regarded the other fanatic, who had just tried to murder him, with a sort of boisterous benevolence.

'Blast your eyes,' he said, 'you're the first man I've met in twenty years!'

'Do you charge this man, Sir?' said the Inspector, looking doubtful.

'Charge him, of course not,' said Raggley. 'I'd stand him a drink if he were allowed any drinks. I hadn't any business to insult his religion; and I wish to God all you skunks had the guts to kill a man, I won't say for insulting your religion, because you haven't got any, but for insulting anything – even your beer.'

'Now he's called us all skunks,' said Father Brown to Greenwood, 'peace and harmony seem to be restored. I wish that teetotal lecturer could get himself impaled on his friend's knife; it was he who made all the mischief.'

As he spoke, the odd groups in the room were already beginning to break up; it had been found possible to clear the commercial room for the commercial travellers, and they adjourned to it, the potboy carrying a new round of drinks after them on a tray. Father Brown stood for a moment gazing at the glasses left on the counter; recognising at once the ill-omened glass of milk, and another which smelt of whisky; and

then turned just in time to see the parting between those two quaint figures, fanatics of the East and West. Raggley was still ferociously genial; there was still something a little darkling and sinister about the Moslem, which was perhaps natural; but he bowed himself out with grave gestures of dignified reconciliation; and there was every indication that the trouble was really over.

Some importance, however, continued attached, in the mind of Father Brown at least, to the memory and interpretation of those last courteous salutes between the combatants. Because curiously enough, when Father Brown came down very early next morning, to perform his religious duties in the neighbourhood, he found the long saloon bar, with its fantastic Asiatic decoration, filled with a dead white light of daybreak in which every detail was distinct; and one of the details was the dead body of John Raggley bent and crushed into a corner of the room, with the heavy-hilted crooked dagger rammed through his heart.

Father Brown went very softly upstairs again and summoned his friend the Inspector; and the two stood beside the corpse, in a house in which no one else was as yet stirring. 'We mustn't either assume or avoid the obvious,' said Greenwood after a silence, 'but it is well to remember, I think, what I was saying to you yesterday afternoon. It's rather odd, by the way, that I should have said it – yesterday afternoon.'

'I know,' said the priest, nodding with an owlish stare.

'I said,' observed Greenwood, 'that the one sort of murder we can't stop is murder by somebody like a religious fanatic. That brown fellow probably thinks that if he's hanged, he'll go straight to Paradise for defending the honour of the Prophet.'

'There is that, of course,' said Father Brown. 'It would be very reasonable, so to speak, of our Moslem friend to have stabbed him. And you may say we don't know of anybody else yet, who could at all reasonably have stabbed him. But . . . but I was thinking . . .' And his round face suddenly went blank again and all speech died on his lips.

'What's the matter now?' asked the other.

'Well, I know it sounds funny,' said Father Brown in a forlorn voice. 'But I was thinking . . . I was thinking, in a way, it doesn't much matter who stabbed him.'

'Is this the New Morality?' asked his friend. 'Or the old Casuistry, perhaps. Are the Jesuits really going in for murder?'

'I didn't say it didn't matter who murdered him,' said Father Brown. 'Of course the man who stabbed him might possibly be the man who murdered him. But it might be quite a different man. Anyhow, it was done at quite a different time. I suppose you'll want to work on the hilt for finger-prints; but don't take too much notice of them. I can imagine

other reasons for other people sticking this knife in the poor old boy. Not very edifying reasons, of course, but quite distinct from the murder. You'll have to put some more knives into him, before you find out about that.'

'You mean –' began the other, watching him keenly.

'I mean the autopsy,' said the priest, 'to find the real cause of death.'

'You're quite right, I believe,' said the Inspector, 'about the stabbing, anyhow. We must wait for the doctor; but I'm pretty sure he'll say you're right. There isn't blood enough. This knife was stuck in the corpse when it had been cold for hours. But why?'

'Possibly to put the blame on the Mahommedan,' answered Father Brown. 'Pretty mean, I admit, but not necessarily murder. I fancy there are people in this place trying to keep secrets, who are not necessarily murderers.'

'I haven't speculated on that line yet,' said Greenwood. 'What makes you think so?'

'What I said yesterday, when we first came into this horrible room. I said it would be easy to commit a murder here. But I wasn't thinking about all those stupid weapons, though you thought I was. About something quite different.'

For the next few hours the Inspector and his friend conducted a close and thorough investigation into the goings and comings of everybody for the last twenty-four hours, the way the drinks had been distributed, the glasses that were washed or unwashed, and every detail about every individual involved, or apparently not involved. One might have supposed they thought that thirty people had been poisoned, as well as one.

It seemed certain that nobody had entered the building except by the big entrance that adjoined the bar; all the others were blocked in one way or another by the repairs. A boy had been cleaning the steps outside this entrance; but he had nothing very clear to report. Until the amazing entry of the Turk in the Turban, with his teetotal lecturer, there did not seem to have been much custom of any kind, except for the commercial travellers who came in to take what they called 'quick ones'; and they seemed to have moved together, like Wordsworth's Cloud; there was a slight difference of opinion between the boy outside and the men inside about whether one of them had not been abnormally quick in obtaining a quick one, and come out on the doorstep by himself; but the manager and the barman had no memory of any such independent individual. The manager and the barman knew all the travellers quite well, and there was no doubt about their movements as a whole. They had stood at the bar chaffing and drinking; they had been involved,

through their lordly leader, Mr Jukes, in a not very serious altercation with Mr Pryce-Jones; and they had witnessed the sudden and very serious altercation between Mr Akbar and Mr Raggley. Then they were told they could adjourn to the Commercial Room and did so, their drinks being borne after them like a trophy.

'There's precious little to go on,' said Inspector Greenwood. 'Of course a lot of officious servants must do their duty as usual, and wash out all the glasses; including old Raggley's glass. If it weren't for everybody else's efficiency, we detectives might be quite efficient.'

'I know,' said Father Brown, and his mouth took on again the twisted smile. 'I sometimes think criminals invented hygiene. Or perhaps hygienic reformers invented crime; they look like it, some of them. Everybody talks about foul dens and filthy slums in which crime can run riot; but it's just the other way. They are called foul, not because crimes are committed, but because crimes are discovered. It's in the neat, spotless, clean and tidy places that crime can run riot; no mud to make footprints; no dregs to contain poison; kind servants washing out all traces of the murder; and the murderer killing and cremating six wives and all for want of a little Christian dirt. Perhaps I express myself with too much warmth – but look here. As it happens, I do remember one glass, which has doubtless been cleaned since, but I should like to know more about it.'

'Do you mean Raggley's glass?' asked Greenwood.

'No; I mean Nobody's glass,' replied the priest. 'It stood near that glass of milk and it still held an inch or two of whisky. Well, you and I had no whisky. I happen to remember that the manager, when treated by the jovial Jukes, had "a drop of gin". I hope you don't suggest that our Moslem was a whisky-drinker disguised in a green turban; or that the Revd David Pryce-Jones managed to drink whisky and milk together, without noticing it.'

'Most of the commercial travellers took whisky,' said the Inspector. 'They generally do.'

'Yes; and they generally see they get it too,' answered Father Brown. 'In this case, they had it all carefully carted after them to their own room. But this glass was left behind.'

'An accident, I suppose,' said Greenwood doubtfully. 'The man could easily get another in the Commercial Room afterwards.'

Father Brown shook his head. 'You've got to see people as they are. Now these sort of men – well, some call them vulgar and some common; but that's all likes and dislikes. I'd be content to say that they are mostly simple men. Lots of them very good men, very glad to go back to the missus and the kids; some of them might be blackguards;

might have had several missuses; or even murdered several missuses. But most of them are simple men; and, mark you, just the least tiny bit drunk. Not much; there's many a duke or don at Oxford drunker; but when that sort of man is at that stage of conviviality, he simply can't help noticing things, and noticing them very loud. Don't you observe that the least little incident jerks them into speech; if the beer froths over, they froth over with it, and have to say, "Whoa, Emma," or "Doing me proud, aren't you?" Now I should say it's flatly impossible for five of these festive beings to sit round a table in the Commercial Room, and have only four glasses set before them, the fifth man being left out, without making a shout about it. Probably they would make a shout about it. Certainly *he* would make a shout about it. He wouldn't wait, like an Englishman of another class, till he could get a drink quietly later. The air would resound with things like, "And what about little me?" or, "Here, George, have I joined the Band of Hope?" or, "Do you see any green in my turban, George?" But the barman heard no such complaints. I take it as certain that the glass of whisky left behind had been nearly emptied by somebody else; somebody we haven't thought about yet.'

'But can you think of any such person?' asked the other.

'It's because the manager and the barman won't hear of any such person, that you dismiss the one really independent piece of evidence; the evidence of that boy outside cleaning the steps. He says that a man, who well may have been a bagman, but who did not, in fact, stick to the other bagmen, went in and came out again almost immediately. The manager and the barman never saw him; or say they never saw him. But he got a glass of whisky from the bar somehow. Let us call him, for the sake of argument, The Quick One. Now you know I don't often interfere with your business, which I know you do better than I should do it, or should want to do it. I've never had anything to do with setting police machinery at work, or running down criminals, or anything like that. But, for the first time in my life, I want to do it now. I want you to find The Quick One; to follow The Quick One to the ends of the earth; to set the whole infernal official machinery at work like a drag-net across the nations, and jolly well recapture The Quick One. Because he is the man we want.'

Greenwood made a despairing gesture. 'Has he face or form or any visible quality except quickness?' he enquired.

'He was wearing a sort of Inverness cape,' said Father Brown, 'and he told the boy outside he must reach Edinburgh by next morning. That's all the boy outside remembers. But I know your organisation has got on to people with less clue than that.'

'You seem very keen on this,' said the Inspector, a little puzzled.

The priest looked puzzled also, as if at his own thoughts; he sat with knotted brow and then said abruptly: 'You see, it's so easy to be misunderstood. All men matter. You matter. I matter. It's the hardest thing in theology to believe.'

The Inspector stared at him without comprehension; but he proceeded.

'We matter to God – God only knows why. But that's the only possible justification of the existence of policemen.' The policeman did not seem enlightened as to his own cosmic justification. 'Don't you see, the law really is right in a way, after all. If all men matter, all murders matter. That which He has so mysteriously created, we must not suffer to be mysteriously destroyed. But –'

He said the last word sharply, like one taking a new step in decision.

'*But*, when once I step off that mystical level of equality, I don't see that most of your important murders are particularly important. You are always telling me that this case and that is important. As a plain, practical man of the world, I must realise that it is the Prime Minister who has been murdered. As a plain, practical man of the world, I don't think that the Prime Minister matters at all. As a mere matter of human importance, I should say he hardly exists at all. Do you suppose if he and the other public men were shot dead tomorrow, there wouldn't be other people to stand up and say that every avenue was being explored, or that the Government had the matter under the gravest consideration? The masters of the modern world don't matter. Even the real masters don't matter much. Hardly anybody you ever read about in a newspaper matters at all.'

He stood up, giving the table a small rap: one of his rare gestures; and his voice changed again. 'But Raggley did matter. He was one of a great line of some half a dozen men who might have saved England. They stand up stark and dark like disregarded sign-posts, down all that smooth descending road which has ended in this swamp of merely commercial collapse. Dean Swift and Dr Johnson and old William Cobbett; they had all without exception the name of being surly or savage, and they were all loved by their friends, and they all deserved to be. Didn't you see how that old man, with the heart of a lion, stood up and forgave his enemy as only fighters can forgive? He jolly well *did* do what that temperance lecturer talked about; he set an example to us Christians and was a model of Christianity. And when there is foul and secret murder of a man like that – then I do think it matters, matters so much that even the modern machinery of police will be a thing that any respectable person may make use of . . . Oh, don't

mention it. And so, for once in a way, I really do want to make use of you.'

And so, for some stretch of those strange days and nights, we might almost say that the little figure of Father Brown drove before him into action all the armies and engines of the police forces of the Crown, as the little figure of Napoleon drove the batteries and the battle-lines of the vast strategy that covered Europe. Police stations and post offices worked all night; traffic was stopped, correspondence was intercepted, inquiries were made in a hundred places, in order to track the flying trail of that ghostly figure, without face or name, with an Inverness cape and an Edinburgh ticket.

Meanwhile, of course, the other lines of investigation were not neglected. The full report of the post-mortem had not yet come in; but everybody seemed certain that it was a case of poisoning. This naturally threw the primary suspicion upon the cherry brandy; and this again naturally threw the primary suspicion on the hotel.

'Most probably on the manager of the hotel,' said Greenwood gruffly. 'He looks a nasty little worm to me. Of course it might be something to do with some servant, like the barman; he seems rather a sulky specimen, and Raggley might have cursed him a bit, having a flaming temper, though he was generally generous enough afterwards. But, after all, as I say, the primary responsibility, and therefore the primary suspicion, rests on the manager.'

'Oh, I knew the primary suspicion would rest on the manager,' said Father Brown. 'That was why I didn't suspect him. You see, I rather fancied somebody else must have known that the primary suspicion would rest on the manager; or the servants of the hotel. That is why I said it would be easy to kill anybody in the hotel . . . But you'd better go and have it out with him, I suppose.'

The Inspector went; but came back again after a surprisingly short interview, and found his clerical friend turning over some papers that seemed to be a sort of dossier of the stormy career of John Raggley.

'This is a rum go,' said the Inspector. 'I thought I should spend hours cross-examining that slippery little toad there, for we haven't legally got a thing against him. And instead of that, he went to pieces all at once, and I really think he's told me all he knows in sheer funk.'

'I know,' said Father Brown. 'That's the way he went to pieces when he found Raggley's corpse apparently poisoned in his hotel. That's why he lost his head enough to do such a clumsy thing as decorate the corpse with a Turkish knife, to put the blame on the nigger, as he would say. There never is anything the matter with him but funk; he's the very last man that ever would really stick a knife into a live person. I bet he

had to nerve himself to stick it into a dead one. But he's the very first person to be frightened of being charged with what he didn't do; and to make a fool of himself, as he did.'

'I suppose I must see the barman too,' observed Greenwood.

'I suppose so,' answered the other. 'I don't believe myself it was any of the hotel people – well, because it was made to look as if it must be the hotel people . . . But look here, have you seen any of this stuff they've got together about Raggley? He had a jolly interesting life; I wonder whether anyone will write his biography.'

'I took a note of everything likely to affect an affair like this,' answered the official. 'He was a widower; but he did once have a row with a man about his wife; a Scotch land-agent then in these parts; and Raggley seems to have been pretty violent. They say he hated Scotchmen; perhaps that's the reason . . . Oh, I know what you are smiling grimly about. A Scotchman . . . Perhaps an Edinburgh man.'

'Perhaps,' said Father Brown. 'It's quite likely, though, that he did dislike Scotchmen, apart from private reasons. It's an odd thing, but all that tribe of Tory Radicals, or whatever you call them, who resisted the Whig mercantile movement, all of them did dislike Scotchmen. Cobbett did; Dr Johnson did; Swift described their accent in one of his deadliest passages; even Shakespeare has been accused of the prejudice. But the prejudices of great men generally have something to do with principles. And there was a reason, I fancy. The Scot came from a poor agricultural land, that became a rich industrial land. He was able and active; he thought he was bringing industrial civilisation from the north; he simply didn't know that there had been for centuries a rural civilisation in the south. His own grandfather's land was highly rural but not civilised . . . Well, well, I suppose we can only wait for more news.'

'I hardly think you'll get the latest news out of Shakespeare and Dr Johnson,' grinned the police officer. 'What Shakespeare thought of Scotchmen isn't exactly evidence.'

Father Brown cocked an eyebrow, as if a new thought had surprised him. 'Why, now I come to think of it,' he said, 'there might be better evidence, even out of Shakespeare. He doesn't often mention Scotchmen. But he was rather fond of making fun of Welshmen.'

The Inspector was searching his friend's face; for he fancied he recognised an alertness behind its demure expression. 'By Jove,' he said. 'Nobody thought of turning the suspicions *that* way, anyhow.'

'Well,' said Father Brown, with broad-minded calm, 'you started by talking about fanatics; and how a fanatic could do anything. Well, I suppose we had the honour of entertaining in this bar-parlour yesterday,

about the biggest and loudest and most fat-headed fanatic in the modern world. If being a pig-headed idiot with one idea is the way to murder, I put in a claim for my reverend brother Pryce-Jones, the Prohibitionist, in preference to all the fakirs in Asia, and it's perfectly true, as I told you, that his horrible glass of milk was standing side by side on the counter with the mysterious glass of whisky.'

'Which you think was mixed up with the murder,' said Greenwood, staring. 'Look here, I don't know whether you're really serious or not.'

Even as he was looking steadily in his friend's face, finding something still inscrutable in its expression, the telephone rang stridently behind the bar. Lifting the flap in the counter Inspector Greenwood passed rapidly inside, unhooked the receiver, listened for an instant, and then uttered a shout; not addressed to his interlocutor, but to the universe in general. Then he listened still more attentively and said explosively at intervals, 'Yes, yes . . . Come round at once; bring him round if possible . . . Good piece of work . . . Congratulate you.'

Then Inspector Greenwood came back into the outer lounge, like a man who has renewed his youth, sat down squarely on his seat, with his hands planted on his knees, stared at his friend, and said: 'Father Brown, I don't know how you do it. You seem to have known he was a murderer before anybody else knew he was a man. He was nobody; he was nothing; he was a slight confusion in the evidence; nobody in the hotel saw him; the boy on the steps could hardly swear to him; he was just a fine shade of doubt founded on an extra dirty glass. But we've got him, and he's the man we want.'

Father Brown had risen with the sense of the crisis, mechanically clutching the papers destined to be so valuable to the biographer of Mr Raggley; and stood staring at his friend. Perhaps this gesture jerked his friend's mind to fresh confirmations.

'Yes, we've got The Quick One. And very quick he was, like quicksilver, in making his get-away; we only just stopped him – off on a fishing trip to Orkney, he said. But he's the man, all right; he's the Scotch land-agent who made love to Raggley's wife; he's the man who drank Scotch whisky in this bar and then took a train to Edinburgh. And nobody would have known it but for you.'

'Well, what I meant,' began Father Brown, in a rather dazed tone; and at that instant there was a rattle and rumble of heavy vehicles outside the hotel; and two or three other and subordinate policemen blocked the bar with their presence. One of them, invited by his superior to sit down, did so in an expansive manner, like one at once happy and fatigued; and he also regarded Father Brown with admiring eyes.

'Got the murderer. Sir, oh yes,' he said; 'I know he's a murderer, 'cause

he bally nearly murdered me. I've captured some tough characters before now; but never one like this – hit me in the stomach like the kick of a horse and nearly got away from five men. Oh, you've got a real killer this time, Inspector.'

'Where is he?' asked Father Brown, staring.

'Outside in the van, in handcuffs,' replied the policeman, 'and, if you're wise, you'll leave him there – for the present.'

Father Brown sank into a chair in a sort of soft collapse; and the papers he had been nervously clutching were shed around him, shooting and sliding about the floor like sheets of breaking snow. Not only his face, but his whole body, conveyed the impression of a punctured balloon.

'Oh . . . Oh,' he repeated, as if any further oath would be inadequate. 'Oh . . . I've done it again.'

'If you mean you've caught the criminal again,' began Greenwood. But his friend stopped him with a feeble explosion, like that of expiring soda-water.

'I mean,' said Father Brown, 'that it's always happening; and really, I don't know why. I always try to say what I mean. But everybody else means such a lot by what I say.'

'What in the world is the matter now?' cried Greenwood, suddenly exasperated.

'Well, I say things,' said Father Brown in a weak voice, which could alone convey the weakness of the words. 'I say things, but everybody seems to know they mean more than they say. Once I saw a broken mirror and said "Something has happened" and they all answered, "Yes, yes, as you truly say, two men wrestled and one ran into the garden," and so on. I don't understand it, "Something happened," and "Two men wrestled," don't seem to me at all the same; but I dare say I read old books of logic. Well, it's like that here. You seem to be all certain this man is a murderer. But I never said he was a murderer. I said he was the man we wanted. He is. I want him very much. I want him frightfully. I want him as the one thing we haven't got in the whole of this horrible case – a witness!'

They all stared at him, but in a frowning fashion, like men trying to follow a sharp new turn of the argument; and it was he who resumed the argument.

'From the first minute I entered that big empty bar or saloon, I knew what was the matter with all this business was emptiness; solitude; too many chances for anybody to be alone. In a word, the absence of witnesses. All we knew was that when we came in, the manager and the barman were not in the bar. But when were they in the bar? What chance was there of making any sort of timetable of when anybody was

anywhere? The whole thing was blank for want of witnesses. I rather fancy the barman or somebody was in the bar just before we came; and that's how the Scotchman got his Scotch whisky. He certainly didn't get it after we came. But we can't begin to enquire whether anybody in the hotel poisoned poor Raggley's cherry brandy, till we really know who was in the bar and when. Now I want you to do me another favour, in spite of this stupid muddle, which is probably all my fault. I want you to collect all the people involved in this room – I think they're all still available, unless the Asiatic has gone back to Asia – and then take the poor Scotchman out of his handcuffs, and bring him in here, and let him tell us who did serve him with whisky, and who was in the bar, and who else was in the room, and all the rest. He's the only man whose evidence can cover just that period when the crime was done. I don't see the slightest reason for doubting his word.'

'But look here,' said Greenwood. 'This brings it all back to the hotel authorities; and I thought you agreed that the manager isn't the murderer. Is it the barman, or what?'

'I don't know,' said the priest blankly. 'I don't know for certain even about the manager. I don't know anything about the barman. I fancy the manager might be a bit of a conspirator, even if he wasn't a murderer. But I do know there's one solitary witness on earth who may have seen something; and that's why I set all your police dogs on his trail to the ends of the earth.'

The mysterious Scotchman, when he finally appeared before the company thus assembled, was certainly a formidable figure; tall, with a hulking stride and a long sardonic hatchet face, with tufts of red hair; and wearing not only an Inverness cape but a Glengarry bonnet, he might well be excused for a somewhat acrid attitude; but anybody could see he was of the sort to resist arrest, even with violence. It was not surprising that he had come to blows with a fighting fellow like Raggley. It was not even surprising that the police had been convinced, by the mere details of capture, that he was a tough and a typical killer. But he claimed to be a perfectly respectable farmer, in Aberdeenshire, his name being James Grant; and somehow not only Father Brown, but Inspector Greenwood, a shrewd man with a great deal of experience, was pretty soon convinced that the Scot's ferocity was the fury of innocence rather than guilt.

'Now what we want from you, Mr Grant,' said the Inspector gravely, dropping without further parley into tones of courtesy, 'is simply your evidence on one very important fact. I am greatly grieved at the misunderstanding by which you have suffered, but I am sure you wish to serve the ends of justice. I believe you came into this bar just after

it opened, at half-past five, and were served with a glass of whisky. We are not certain what servant of the hotel, whether the barman or the manager or some subordinate, was in the bar at the time. Will you look round the room, and tell me whether the bar-attendant who served you is present here.'

'Aye, he's present,' said Mr Grant, grimly smiling, having swept the group with a shrewd glance. 'I'd know him anywhere; and ye'll agree he's big enough to be seen. Do ye have all your inn-servants as grand as yon?'

The Inspector's eye remained hard and steady, and his voice colourless and continuous; the face of Father Brown was a blank; but on many other faces there was a cloud; the barman was not particularly big and not at all grand; and the manager was decidedly small.

'We only want the barman identified,' said the Inspector calmly. 'Of course we know him; but we should like you to verify it independently. You mean . . .?' And he stopped suddenly.

'Weel, there he is plain enough,' said the Scotchman wearily; and made a gesture, and with that gesture the gigantic Jukes, the prince of commercial travellers, rose like a trumpeting elephant; and in a flash had three policemen fastened on him like hounds on a wild beast.

'Well, all that was simple enough,' said Father Brown to his friend afterwards. 'As I told you, the instant I entered the empty bar-room, my first thought was that, if the barman left the bar unguarded like that, there was nothing in the world to stop you or me or anybody else lifting the flap and walking in, and putting poison in any of the bottles standing waiting for customers. Of course, a practical poisoner would probably do it as Jukes did, by substituting a poisoned bottle for the ordinary bottle; that could be done in a flash. It was easy enough for him, as he travelled in bottles, to carry a flask of cherry brandy prepared and of the same pattern. Of course, it requires one condition; but it's a fairly common condition. It would hardly do to start poisoning the beer or whisky that scores of people drink; it would cause a massacre. But when a man is well known as drinking only one special thing, like cherry brandy, that isn't very widely drunk, it's just like poisoning him in his own home. Only it's a jolly sight safer. For practically the whole suspicion instantly falls on the hotel, or somebody to do with the hotel; and there's no earthly argument to show that it was done by anyone out of a hundred customers that might come into the bar: even if people realised that a customer could do it. It was about as absolutely anonymous and irresponsible a murder as a man could commit.'

'And why exactly did the murderer commit it?' asked his friend.

Father Brown rose and gravely gathered the papers which he had previously scattered in a moment of distraction.

'May I recall your attention,' he said smiling, 'to the materials of the forthcoming Life and Letters of the Late John Raggley? Or, for that matter, his own spoken words? He said in this very bar that he was going to expose a scandal about the management of hotels; and the scandal was the pretty common one of a corrupt agreement between hotel proprietors and a salesman who took and gave secret commissions, so that his business had a monopoly of all the drink sold in the place. It wasn't even an open slavery like an ordinary tied house; it was a swindle at the expense of everybody the manager was supposed to serve. It was a legal offence. So the ingenious Jukes, taking the first moment when the bar was empty, as it often was, stepped inside and made the exchange of bottles; unfortunately at that very moment a Scotchman in an Inverness cape came in harshly demanding whisky. Jukes saw his only chance was to pretend to be the barman and serve the customer. He was very much relieved that the customer was a Quick One.'

'I think you're rather a Quick One yourself,' observed Greenwood; 'if you say you smelt something at the start, in the mere air of an empty room. Did you suspect Jukes at all at the start?'

'Well, he sounded rather rich somehow,' answered Father Brown vaguely. 'You know when a man has a rich voice. And I did sort of ask myself why he should have such a disgustingly rich voice, when all those honest fellows were fairly poor. But I think I knew he was a sham when I saw that big shining breast-pin.'

'You mean because it was sham?' asked Greenwood doubtfully.

'Oh, no; because it was genuine,' said Father Brown.

The Blast of the Book

Professor Openshaw always lost his temper, with a loud bang, if anybody called him a Spiritualist; or a believer in Spiritualism. This, however, did not exhaust his explosive elements; for he also lost his temper if anybody called him a disbeliever in Spiritualism. It was his pride to have given his whole life to investigating Psychic Phenomena; it was also his pride never to have given a hint of whether he thought they were really psychic or merely phenomenal. He enjoyed nothing so much as to sit in a circle of devout Spiritualists and give devastating descriptions of how he had exposed medium after medium and detected fraud after fraud; for indeed he was a man of much detective talent and insight, when once he had fixed his eye on an object, and he always fixed his eye on a medium, as a highly suspicious object. There was a story of his having spotted the same Spiritualist mountebank under three different disguises: dressed as a woman, a white-bearded old man, and a Brahmin of a rich chocolate brown. These recitals made the true believers rather restless, as indeed they were intended to do; but they could hardly complain, for no Spiritualist denies the existence of fraudulent mediums; only the Professor's flowing narrative might well seem to indicate that all mediums were fraudulent.

But woe to the simple-minded and innocent Materialist (and Materialists as a race are rather innocent and simple-minded) who, presuming on this narrative tendency, should advance the thesis that ghosts were against the laws of nature, or that such things were only old superstitions; or that it was all tosh, or, alternatively, bunk. Him would the Professor, suddenly reversing all his scientific batteries, sweep from the field with a cannonade of unquestionable cases and unexplained phenomena, of which the wretched rationalist had never heard in his life, giving all the dates and details, stating all the attempted and abandoned natural explanations; stating everything, indeed, except whether he, John Oliver Openshaw, did or did not believe in Spirits, and that neither Spiritualist nor Materialist could ever boast of finding out.

Professor Openshaw, a lean figure with pale leonine hair and hypnotic blue eyes, stood exchanging a few words with Father Brown, who was a friend of his, on the steps outside the hotel where both had been breakfasting that morning and sleeping the night before. The Professor had come back rather late from one of this grand experiments,

in general exasperation, and was still tingling with the fight that he always waged alone and against both sides.

'Oh, I don't mind you,' he said laughing. 'You don't believe in it even if it's true. But all these people are perpetually asking me what I'm trying to prove. They don't seem to understand that I'm a man of science. A man of science isn't trying to prove anything. He's trying to find out what will prove itself.'

'But he hasn't found out yet,' said Father Brown.

'Well, I have some little notions of my own, that are not quite so negative as most people think,' answered the Professor, after an instant of frowning silence; 'anyhow, I've begun to fancy that if there is something to be found, they're looking for it along the wrong line. It's all too theatrical; it's showing off, all their shiny ectoplasm and trumpets and voices and the rest; all on the model of old melodramas and mouldy historical novels about the Family Ghost. If they'd go to history instead of historical novels, I'm beginning to think they'd really find something. But not Apparitions.'

'After all,' said Father Brown, 'Apparitions are only Appearances. I suppose you'd say the Family Ghost is only keeping up appearances.'

The Professor's gaze, which had commonly a fine abstracted character, suddenly fixed and focused itself as it did on a dubious medium. It had rather the air of a man screwing a strong magnifying-glass into his eye. Not that he thought the priest was in the least like a dubious medium; but he was startled into attention by his friend's thought following so closely on his own.

'Appearances!' he muttered, 'crikey, but it's odd you should say that just now. The more I learn, the more I fancy they lose by merely looking for appearances. Now if they'd look a little into Disappearances –'

'Yes,' said Father Brown, 'after all, the real fairy legends weren't so very much about the appearance of famous fairies; calling up Titania or exhibiting Oberon by moonlight. But there were no end of legends about people *disappearing*, because they were stolen by the fairies. Are you on the track of Kilmeny or Thomas the Rhymer?'

'I'm on the track of ordinary modern people you've read of in the newspapers,' answered Openshaw. 'You may well stare; but that's my game just now; and I've been on it for a long time. Frankly, I think a lot of psychic appearances could be explained away. It's the disappearances I can't explain, unless they're psychic. These people in the newspaper who vanish and are never found – if you knew the details as I do . . . and now only this morning I got confirmation; an extraordinary letter from an old missionary, quite a respectable old boy. He's coming to see me at my office this morning. Perhaps

you'd lunch with me or something; and I'd tell the results – in confidence.'

'Thanks; I will – unless,' said Father Brown modestly, 'the fairies have stolen me by then.'

With that they parted and Openshaw walked round the corner to a small office he rented in the neighbourhood; chiefly for the publication of a small periodical, of psychical and psychological notes of the driest and most agnostic sort. He had only one clerk, who sat at a desk in the outer office, totting up figures and facts for the purposes of the printed report; and the Professor paused to ask if Mr Pringle had called. The clerk answered mechanically in the negative and went on mechanically adding up figures; and the Professor turned towards the inner room that was his study. 'Oh, by the way, Berridge,' he added, without turning round, 'if Mr Pringle comes, send him straight in to me. You needn't interrupt your work; I rather want those notes finished tonight if possible. You might leave them on my desk tomorrow, if I am late.'

And he went into his private office, still brooding on the problem which the name of Pringle had raised; or rather, perhaps, had ratified and confirmed in his mind. Even the most perfectly balanced of agnostics is partially human; and it is possible that the missionary's letter seemed to have greater weight as promising to support his private and still tentative hypothesis. He sat down in his large and comfortable chair, opposite the engraving of Montaigne; and read once more the short letter from the Revd Luke Pringle, making the appointment for that morning. No man knew better than Professor Openshaw the marks of the letter of the crank; the crowded details; the spidery handwriting; the unnecessary length and repetition. There were none of these things in this case; but a brief and businesslike typewritten statement that the writer had encountered some curious cases of Disappearance, which seemed to fall within the province of the Professor as a student of psychic problems. The Professor was favourably impressed; nor had he any unfavourable impression, in spite of a slight movement of surprise, when he looked up and saw that the Revd Luke Pringle was already in the room.

'Your clerk told me to come straight in,' said Mr Pringle apologetically, but with a broad and rather agreeable grin. The grin was partly masked by masses of reddish-grey beard and whiskers; a perfect jungle of a beard, such as is sometimes grown by white men living in the jungles; but the eyes above the snub nose had nothing about them in the least wild or outlandish. Openshaw had instantly turned on them that concentrated spotlight or burning-glass of sceptical scrutiny which he turned on many men to see if they were mountebanks or maniacs; and, in this case, he

had a rather unusual sense of reassurance. The wild beard might have belonged to a crank, but the eyes completely contradicted the beard; they were full of that quite frank and friendly laughter which is never found in the faces of those who are serious frauds or serious lunatics. He would have expected a man with those eyes to be a Philistine, a jolly sceptic, a man who shouted out shallow but hearty contempt of ghosts and spirits; but anyhow, no professional humbug could afford to look as frivolous as that. The man was buttoned up to the throat in a shabby old cape, and only his broad limp hat suggested the cleric; but missionaries from wild places do not always bother to dress like clerics.

'You probably think all this another hoax, Professor,' said Mr Pringle, with a sort of abstract enjoyment, 'and I hope you will forgive my laughing at your very natural air of disapproval. All the same, I've got to tell my story to somebody who knows, because it's true. And, all joking apart, it's tragic as well as true. Well, to cut it short, I was missionary in Nya-Nya, a station in West Africa, in the thick of the forests, where almost the only other white man was the officer in command of the district, Captain Wales; and he and I grew rather thick. Not that he liked missions; he was, if I may say so, thick in many ways; one of those square-headed, square-shouldered men of action who hardly need to think, let alone believe. That's what makes it all the queerer. One day he came back to his tent in the forest, after a short leave, and said he had gone through a jolly rum experience, and didn't know what to do about it. He was holding a rusty old book in a leather binding, and he put it down on a table beside his revolver and an old Arab sword he kept, probably as a curiosity. He said this book had belonged to a man on the boat he had just come off; and the man swore that nobody must open the book, or look inside it; or else they would be carried off by the devil, or disappear, or something. Wales said this was all nonsense, of course; and they had a quarrel; and the upshot seems to have been that this man, taunted with cowardice or superstition, actually did look into the book; and instantly dropped it; walked to the side of the boat –'

'One moment,' said the Professor, who had made one or two notes. 'Before you tell me anything else. Did this man tell Wales where he had got the book, or who it originally belonged to?'

'Yes,' replied Pringle, now entirely grave. 'It seems he said he was bringing it back to Dr Hankey, the Oriental traveller now in England, to whom it originally belonged, and who had warned him of its strange properties. Well, Hankey is an able man and a rather crabbed and sneering sort of man; which makes it queerer still. But the point of Wales's story is much simpler. It is that the man who had looked into the book walked straight over the side of the ship, and was never seen again.'

'Do you believe it yourself?' asked Openshaw after a pause.

'Well, I do,' replied Pringle. 'I believe it for two reasons. First, that Wales was an entirely unimaginative man; and he added one touch that only an imaginative man could have added. He said that the man walked straight over the side on a still and calm day; but there was no splash.'

The Professor looked at his notes for some seconds in silence; and then said: 'And your other reason for believing it?'

'My other reason,' answered the Revd Luke Pringle, 'is what I saw myself.'

There was another silence; until he continued in the same matter-of-fact way. Whatever he had, he had nothing of the eagerness with which the crank, or even the believer, tried to convince others.

'I told you that Wales put down the book on the table beside the sword. There was only one entrance to the tent; and it happened that I was standing in it, looking out into the forest, with my back to my companion. He was standing by the table grumbling and growling about the whole business; saying it was tomfoolery in the twentieth century to be frightened of opening a book; asking why the devil he shouldn't open it himself. Then some instinct stirred in me and I said he had better not do that, it had better be returned to Dr Hankey. "What harm could it do?" he said restlessly. "What harm did it do?" I answered obstinately. "What happened to your friend on the boat?" He didn't answer, indeed I didn't know what he could answer; but I pressed my logical advantage in mere vanity. "If it comes to that," I said, "what is your version of what really happened on the boat?" Still he didn't answer; and I looked round and saw that he wasn't there.

'The tent was empty. The book was lying on the table; open, but on its face, as if he had turned it downwards. But the sword was lying on the ground near the other side of the tent; and the canvas of the tent showed a great slash, as if somebody had hacked his way out with the sword. The gash in the tent gaped at me; but showed only the dark glimmer of the forest outside. And when I went across and looked through the rent I could not be certain whether the tangle of the tall plants and the undergrowth had been bent or broken; at least not farther than a few feet. I have never seen or heard of Captain Wales from that day.

'I wrapped the book up in brown paper, taking good care not to look at it; and I brought it back to England, intending at first to return it to Dr Hankey. Then I saw some notes in your paper suggesting a hypothesis about such things; and I decided to stop on the way and put the matter before you; as you have a name for being balanced and having an open mind.'

Professor Openshaw laid down his pen and looked steadily at the man on the other side of the table; concentrating in that single stare all his long experience of many entirely different types of humbug, and even some eccentric and extraordinary types of honest men. In the ordinary way, he would have begun with the healthy hypothesis that the story was a pack of lies. On the whole he did incline to assume that it was a pack of lies. And yet he could not fit the man into his story; if it were only that he could not see that sort of liar telling that sort of lie. The man was not trying to look honest on the surface, as most quacks and impostors do; somehow, it seemed all the other way; as if the man was honest, in spite of something else that was merely on the surface. He thought of a good man with one innocent delusion; but again the symptoms were not the same; there was even a sort of virile indifference; as if the man did not care much about his delusion, if it was a delusion.

'Mr Pringle,' he said sharply, like a barrister making a witness jump, 'where is this book of yours now?'

The grin reappeared on the bearded face which had grown grave during the recital. 'I left it outside,' said Mr Pringle. 'I mean in the outer office. It was a risk, perhaps; but the less risk of the two.'

'What do you mean?' demanded the Professor. 'Why didn't you bring it straight in here?'

'Because,' answered the missionary, 'I knew that as soon as you saw it, you'd open it – before you had heard the story. I thought it possible you might think twice about opening it – after you'd heard the story.'

Then after a silence he added: 'There was nobody out there but your clerk; and he looked a stolid steady-going specimen, immersed in business calculations.'

Openshaw laughed unaffectedly. 'Oh, Babbage,' he cried, 'your magic tomes are safe enough with him, I assure you. His name's Berridge – but I often call him Babbage; because he's so exactly like a Calculating Machine. No human being, if you can call him a human being, would be less likely to open other people's brown paper parcels. Well, we may as well go and bring it in now; though I assure you I will consider seriously the course to be taken with it. Indeed, I tell you frankly,' and he stared at the man again, 'that I'm not quite sure whether we ought to open it here and now, or send it to this Dr Hankey.'

The two had passed together out of the inner into the outer office; and even as they did so, Mr Pringle gave a cry and ran forward towards the clerk's desk. For the clerk's desk was there; but not the clerk. On the clerk's desk lay a faded old leather book, torn out of its brown-paper wrappings, and lying closed, but as if it had just been opened. The clerk's desk stood against the wide window that looked out into

the street; and the window was shattered with a huge ragged hole in the glass; as if a human body had been shot through it into the world without. There was no other trace of Mr Berridge.

Both the two men left in the office stood as still as statues; and then it was the Professor who slowly came to life. He looked even more judicial than he had ever looked in his life, as he slowly turned and held out his hand to the missionary.

'Mr Pringle,' he said, 'I beg your pardon. I beg your pardon only for thoughts that I have had; and half-thoughts at that. But nobody could call himself a scientific man and not face a fact like this.'

'I suppose,' said Pringle doubtfully, 'that we ought to make some inquiries. Can you ring up his house and find out if he has gone home?'

'I don't know that he's on the telephone,' answered Openshaw, rather absently; 'he lives somewhere up Hampstead way, I think. But I suppose somebody will enquire here, if his friends or family miss him.'

'Could we furnish a description,' asked the other, 'if the police want it?'

'The police!' said the Professor, starting from his reverie. 'A description . . . Well, he looked awfully like everybody else, I'm afraid, except for goggles. One of those clean-shaven chaps. But the police . . . look here, what *are* we to do about this mad business?'

'I know what I ought to do,' said the Revd Mr Pringle firmly, 'I am going to take this book straight to the only original Dr Hankey, and ask him what the devil it's all about. He lives not very far from here, and I'll come straight back and tell you what he says.'

'Oh, very well,' said the Professor at last, as he sat down rather wearily; perhaps relieved for the moment to be rid of the responsibility. But long after the brisk and ringing footsteps of the little missionary had died away down the street, the Professor sat in the same posture, staring into vacancy like a man in a trance.

He was still in the same seat and almost in the same attitude, when the same brisk footsteps were heard on the pavement without and the missionary entered, this time, as a glance assured him, with empty hands.

'Dr Hankey,' said Pringle gravely, 'wants to keep the book for an hour and consider the point. Then he asks us both to call, and he will give us his decision. He specially desired, Professor, that you should accompany me on the second visit.'

Openshaw continued to stare in silence; then he said, suddenly: 'Who the devil is Dr Hankey?'

'You sound rather as if you meant he was the devil,' said Pringle smiling, 'and I fancy some people have thought so. He had quite a

reputation in your own line; but he gained it mostly in India, studying local magic and so on, so perhaps he's not so well known here. He is a yellow skinny little devil with a lame leg, and a doubtful temper; but he seems to have set up in an ordinary respectable practice in these parts, and I don't know anything definitely wrong about him – unless it's wrong to be the only person who can possibly know anything about all this crazy affair.'

Professor Openshaw rose heavily and went to the telephone; he rang up Father Brown, changing the luncheon engagement to a dinner, that he might hold himself free for the expedition to the house of the Anglo-Indian doctor; after that he sat down again, lit a cigar and sank once more into his own unfathomable thoughts.

Father Brown went round to the restaurant appointed for dinner, and kicked his heels for some time in a vestibule full of mirrors and palms in pots; he had been informed of Openshaw's afternoon engagement, and, as the evening closed-in dark and stormy round the glass and the green plants, guessed that it had produced something unexpected and unduly prolonged. He even wondered for a moment whether the Professor would turn up at all; but when the Professor eventually did, it was clear that his own more general guesses had been justified. For it was a very wild-eyed and even wild-haired Professor who eventually drove back with Mr Pringle from the expedition to the North of London, where suburbs are still fringed with heathy wastes and scraps of common, looking more sombre under the rather thunderstorm sunset. Nevertheless, they had apparently found the house, standing a little apart though within hail of other houses; they had verified the brass-plate duly engraved: 'J. I. Hankey, MD, MRCS.' Only they did not find J. I. Hankey, MD, MRCS. They found only what a nightmare whisper had already subconsciously prepared them to find: a commonplace parlour with the accursed volume lying on the table, as if it had just been read; and beyond, a back door burst open and a faint trail of footsteps that ran a little way up so steep a garden-path that it seemed that no lame man could have run up so lightly. But it was a lame man who had run; for in those few steps there was the misshapen unequal mark of some sort of surgical boot; then two marks of that boot alone (as if the creature had hopped) and then nothing. There was nothing further to be learnt from Dr J. I. Hankey, except that he had made his decision. He had read the oracle and received the doom.

When the two came into the entrance under the palms, Pringle put the book down suddenly on a small table, as if it burned his fingers. The

priest glanced at it curiously; there was only some rude lettering on the front with a couplet:

> They that looked into this book
> Them the Flying Terror took;

and underneath, as he afterwards discovered, similar warnings in Greek, Latin and French. The other two had turned away with a natural impulsion towards drinks, after their exhaustion and bewilderment; and Openshaw had called to the waiter, who brought cocktails on a tray.

'You will dine with us, I hope,' said the Professor to the missionary; but Mr Pringle amiably shook his head.

'If you'll forgive me,' he said, 'I'm going off to wrestle with this book and this business by myself somewhere. I suppose I couldn't use your office for an hour or so?'

'I suppose – I'm afraid it's locked,' said Openshaw in some surprise.

'You forget there's a hole in the window.' The Revd Luke Pringle gave the very broadest of all broad grins and vanished into the darkness without.

'A rather odd fellow, that, after all,' said the Professor, frowning.

He was rather surprised to find Father Brown talking to the waiter who had brought the cocktails, apparently about the waiter's most private affairs; for there was some mention of a baby who was now out of danger. He commented on the fact with some surprise, wondering how the priest came to know the man; but the former only said, 'Oh, I dine here every two or three months, and I've talked to him now and then.'

The Professor, who himself dined there about five times a week, was conscious that he had never thought of talking to the man; but his thoughts were interrupted by a strident ringing and a summons to the telephone. The voice on the telephone said it was Pringle, it was rather a muffled voice, but it might well be muffled in all those bushes of beard and whisker. Its message was enough to establish identity.

'Professor,' said the voice, 'I can't stand it any longer. I'm going to look for myself. I'm speaking from your office and the book is in front of me. If anything happens to me, this is to say good-bye. No – it's no good trying to stop me. You wouldn't be in time anyhow. I'm opening the book now. I . . .'

Openshaw thought he heard something like a sort of thrilling or shivering yet almost soundless crash; then he shouted the name of Pringle again and again; but he heard no more. He hung up the receiver, and, restored to a superb academic calm, rather like the calm of despair, went back and quietly took his seat at the dinner-table. Then,

as coolly as if he were describing the failure of some small silly trick at a seance, he told the priest every detail of this monstrous mystery.

'Five men have now vanished in this impossible way,' he said. 'Every one is extraordinary; and yet the one case I simply can't get over is my clerk, Berridge. It's just because he was the quietest creature that he's the queerest case.'

'Yes,' replied Father Brown, 'it was a queer thing for Berridge to do, anyway. He was awfully conscientious. He was also so jolly careful to keep all the office business separate from any fun of his own. Why, hardly anybody knew he was quite a humorist at home and –'

'Berridge!' cried the Professor. 'What on earth are you talking about? Did you know him?'

'Oh no,' said Father Brown carelessly, 'only as you say I know the waiter. I've often had to wait in your office, till you turned up; and of course I passed the time of day with poor Berridge. He was rather a card. I remember he once said he would like to collect valueless things, as collectors did the silly things they thought valuable. You know the old story about the woman who collected valueless things.'

'I'm not sure I know what you're talking about,' said Openshaw. 'But even if my clerk was eccentric (and I never knew a man I should have thought less so), it wouldn't explain what happened to him; and it certainly wouldn't explain the others.'

'What others?' asked the priest.

The Professor stared at him and spoke distinctly, as if to a child: 'My dear Father Brown, Five Men have disappeared.'

'My dear Professor Openshaw, no men have disappeared.'

Father Brown gazed back at his host with equal steadiness and spoke with equal distinctness. Nevertheless, the Professor required the words repeated, and they were repeated as distinctly. 'I say that no men have disappeared.'

After a moment's silence, he added, 'I suppose the hardest thing is to convince anybody that $0 + 0 + 0 = 0$. Men believe the oddest things if they are in a series; that is why Macbeth believed the three words of the three witches; though the first was something he knew himself; and the last something he could only bring about himself. But in your case the middle term is the weakest of all.'

'What do you mean?'

'You saw nobody vanish. You did not see the man vanish from the boat. You did not see the man vanish from the tent. All that rests on the word of Mr Pringle, which I will not discuss just now. But you'll admit this; you would never have taken his word yourself, *unless* you had seen it confirmed by your clerk's disappearance; just as Macbeth would

never have believed he would be king, if he had not been confirmed in believing he would be Cawdor.'

'That may be true,' said the Professor, nodding slowly. 'But *when* it was confirmed, I knew it was the truth. You say I saw nothing myself. But I did; I saw my own clerk disappear. Berridge did disappear.'

'Berridge did not disappear,' said Father Brown. 'On the contrary.'

'What the devil do you mean by "on the contrary"?'

'I mean,' said Father Brown, 'that he never disappeared. He appeared.'

Openshaw stared across at his friend, but the eyes had already altered in his head, as they did when they concentrated on a new presentation of a problem. The priest went on: 'He appeared in your study, disguised in a bushy red beard and buttoned up in a clumsy cape, and announced himself as the Revd Luke Pringle. And you had never noticed your own clerk enough to know him again, when he was in so rough-and-ready a disguise.'

'But surely,' began the Professor.

'Could you describe him for the police?' asked Father Brown. 'Not you. You probably knew he was clean-shaven and wore tinted glasses; and merely taking off those glasses was a better disguise than putting on anything else. You had never seen his eyes any more than his soul; jolly laughing eyes. He had planted his absurd book and all the properties; then he calmly smashed the window, put on the beard and cape and walked into your study; knowing that you had never looked at him in your life.'

'But why should he play me such an insane trick?' demanded Openshaw.

'Why, *because* you had never looked at him in your life,' said Father Brown; and his hand slightly curled and clinched, as if he might have struck the table, if he had been given to gesture. 'You called him the Calculating Machine, because that was all you ever used him for. You never found out even what a stranger strolling into your office could find out, in five minutes' chat: that he was a character; that he was full of antics; that he had all sorts of views on you and your theories and your reputation for "spotting" people. Can't you understand his itching to prove that you couldn't spot your own clerk? He has nonsense notions of all sorts. About collecting useless things, for instance. Don't you know the story of the woman who bought the two most useless things: an old doctor's brass-plate and a wooden leg? With those your ingenious clerk created the character of the remarkable Dr Hankey; as easily as the visionary Captain Wales. Planting them in his own house –'

'Do you mean that place we visited beyond Hampstead was Berridge's own house?' asked Openshaw.

'Did *you* know his house – or even his address?' retorted the priest. 'Look here, don't think I'm speaking disrespectfully of you or your work. You are a great servant of truth and you know I could never be disrespectful to that. You've seen through a lot of liars, when you put your mind to it. But don't *only* look at liars. Do, just occasionally, look at honest men – like the waiter.'

'Where is Berridge now?' asked the Professor, after a long silence.

'I haven't the least doubt,' said Father Brown, 'that he is back in your office. In fact, he came back into your office at the exact moment when the Revd Luke Pringle read the awful volume and faded into the void.'

There was another long silence and then Professor Openshaw laughed; with the laugh of a great man who is great enough to look small. Then he said abruptly: 'I suppose I do deserve it; for not noticing the nearest helpers I have. But you must admit the accumulation of incidents was rather formidable. Did you *never* feel just a momentary awe of the awful volume?'

'Oh, that,' said Father Brown. 'I opened it as soon as I saw it lying there. It's all blank pages. You see, I am not superstitious.'

The Green Man

A young man in knickerbockers, with an eager sanguine profile, was playing golf against himself on the links that lay parallel to the sand and sea, which were all growing grey with twilight. He was not carelessly knocking a ball about, but rather practising particular strokes with a sort of microscopic fury; like a neat and tidy whirlwind. He had learned many games quickly, but he had a disposition to learn them a little more quickly than they can be learnt. He was rather prone to be a victim of those remarkable invitations by which a man may learn the Violin in Six Lessons – or acquire a perfect French accent by a Correspondence Course. He lived in the breezy atmosphere of such hopeful advertisement and adventure. He was at present the private secretary of Admiral Sir Michael Craven, who owned the big house behind the park abutting on the links. He was ambitious, and had no intention of continuing indefinitely to be private secretary to anybody. But he was also reasonable; and he knew that the best way of ceasing to be a secretary was to be a good secretary. Consequently he was a very good secretary; dealing with the ever-accumulating arrears of the Admiral's correspondence with the same swift centripetal concentration with which he addressed the golf-ball. He had to struggle with the correspondence alone and at his own discretion at present; for the Admiral had been with his ship for the last six months, and, though now returning, was not expected for hours, or possibly days.

With an athletic stride, the young man, whose name was Harold Harker, crested the rise of turf that was the rampart of the links and, looking out across the sands to the sea, saw a strange sight. He did not see it very clearly; for the dusk was darkening every minute under stormy clouds; but it seemed to him, by a sort of momentary illusion, like a dream of days long past or a drama played by ghosts, out of another age in history.

The last of the sunset lay in long bars of copper and gold above the last dark strip of sea that seemed rather black than blue. But blacker still against this gleam in the west, there passed in sharp outline, like figures in a shadow pantomime, two men with three-cornered cocked hats and swords; as if they had just landed from one of the wooden ships of Nelson. It was not at all the sort of hallucination that would have come natural to Mr Harker, had he been prone to hallucinations. He was of the type that is at once sanguine and scientific; and would be

more likely to fancy the flying-ships of the future than the fighting ships of the past. He therefore very sensibly came to the conclusion that even a futurist can believe his eyes.

His illusion did not last more than a moment. On the second glance, what he saw was unusual but not incredible. The two men who were striding in single file across the sands, one some fifteen yards behind the other, were ordinary modern naval officers; but naval officers wearing that almost extravagant full-dress uniform which naval officers never do wear if they can possibly help it; only on great ceremonial occasions such as the visits of Royalty. In the man walking in front, who seemed more or less unconscious of the man walking behind, Harker recognised at once the high-bridged nose and spike-shaped beard of his own employer the Admiral. The other man following in his tracks he did not know. But he did know something about the circumstances connected with the ceremonial occasion. He knew that when the Admiral's ship put in at the adjacent port, it was to be formally visited by a Great Personage; which was enough, in that sense, to explain the officers being in full dress. But he did also know the officers; or at any rate the Admiral. And what could have possessed the Admiral to come on shore in that rig-out, when one could swear he would seize five minutes to change into mufti or at least into undress uniform, was more than his secretary could conceive. It seemed somehow to be the very last thing he would do. It was indeed to remain for many weeks one of the chief mysteries of this mysterious business. As it was, the outline of these fantastic court uniforms against the empty scenery, striped with dark sea and sand, had something suggestive of comic opera; and reminded the spectator of *Pinafore*.

The second figure was much more singular; somewhat singular in appearance, despite his correct lieutenant's uniform, and still more extraordinary in behaviour. He walked in a strangely irregular and uneasy manner; sometimes quickly and sometimes slowly; as if he could not make up his mind whether to overtake the Admiral or not. The Admiral was rather deaf and certainly heard no footsteps behind him on the yielding sand; but the footsteps behind him, if traced in the detective manner, would have given rise to twenty conjectures from a limp to a dance. The man's face was swarthy as well as darkened with shadow, and every now and then the eyes in it shifted and shone, as if to accent his agitation. Once he began to run and then abruptly relapsed into a swaggering slowness and carelessness. Then he did something which Mr Harker could never have conceived any normal naval officer in His Britannic Majesty's Service doing, even in a lunatic asylum. He drew his sword.

It was at this bursting-point of the prodigy that the two passing figures disappeared behind a headland on the shore. The staring secretary had just time to notice the swarthy stranger, with a resumption of carelessness, knock off a head of sea-holly with his glittering blade. He seemed then to have abandoned all idea of catching the other man up. But Mr Harold Harker's face became very thoughtful indeed; and he stood there ruminating for some time before he gravely took himself inland, towards the road that ran past the gates of the great house and so by a long curve down to the sea.

It was up this curving road from the coast that the Admiral might be expected to come, considering the direction in which he had been walking, and making the natural assumption that he was bound for his own door. The path along the sands, under the links, turned inland just beyond the headland and solidifying itself into a road, returned towards Craven House. It was down this road, therefore, that the secretary darted, with characteristic impetuosity, to meet his patron returning home. But the patron was apparently not returning home. What was still more peculiar, the secretary was not returning home either; at least until many hours later; a delay quite long enough to arouse alarm and mystification at Craven House.

Behind the pillars and palms of that rather too palatial country house, indeed, there was expectancy gradually changing to uneasiness. Gryce the butler, a big bilious man abnormally silent below as well as above stairs, showed a certain restlessness as he moved about the main front-hall and occasionally looked out of the side windows of the porch, on the white road that swept towards the sea. The Admiral's sister Marion, who kept house for him, had her brother's high nose with a more sniffy expression; she was voluble, rather rambling, not without humour, and capable of sudden emphasis as shrill as a cockatoo. The Admiral's daughter Olive was dark, dreamy, and as a rule abstractedly silent, perhaps melancholy; so that her aunt generally conducted most of the conversation, and that without reluctance. But the girl also had a gift of sudden laughter that was very engaging.

'I can't think why they're not here already,' said the elder lady. 'The postman distinctly told me he'd seen the Admiral coming along the beach; along with that dreadful creature Rook. Why in the world they call him Lieutenant Rook –'

'Perhaps,' suggested the melancholy young lady, with a momentary brightness, 'perhaps they call him Lieutenant because he is a Lieutenant.'

'I can't think why the Admiral keeps him,' snorted her aunt, as if she were talking of a housemaid. She was very proud of her brother and

always called him the Admiral; but her notions of a commission in the
Senior Service were inexact.

'Well, Roger Rook is sulky and unsociable and all that,' replied Olive,
'but of course that wouldn't prevent him being a capable sailor.'

'Sailor!' cried her aunt with one of her rather startling cockatoo
notes, 'he isn't my notion of a sailor. The Lass that Loved a Sailor, as
they used to sing when I was young . . . Just think of it! He's not gay and
free and whats-its-name. He doesn't sing chanties or dance a hornpipe.'

'Well,' observed her niece with gravity. 'The Admiral doesn't very
often dance a hornpipe.'

'Oh, you know what I mean – he isn't bright or breezy or anything,'
replied the old lady. 'Why, that secretary fellow could do better than
that.'

Olive's rather tragic face was transfigured by one of her good and
rejuvenating waves of laughter.

'I'm sure Mr Harker would dance a hornpipe for you,' she said, 'and
say he had learnt it in half an hour from the book of instructions. He's
always learning things of that sort.'

She stopped laughing suddenly and looked at her aunt's rather
strained face.

'I can't think why Mr Harker doesn't come,' she added.

'I don't care about Mr Harker,' replied the aunt, and rose and looked
out of the window.

The evening light had long turned from yellow to grey and was now
turning almost to white under the widening moonlight, over the large
flat landscape by the coast; unbroken by any features save a clump
of sea-twisted trees round a pool and beyond, rather gaunt and dark
against the horizon, the shabby fishermen's tavern on the shore that
bore the name of the Green Man. And all that road and landscape was
empty of any living thing. Nobody had seen the figure in the cocked
hat that had been observed, earlier in the evening, walking by the sea;
or the other and stranger figure that had been seen trailing after him.
Nobody had even seen the secretary who saw them.

It was after midnight when the secretary at last burst in and aroused
the household; and his face, white as a ghost, looked all the paler against
the background of the stolid face and figure of a big Inspector of Police.
Somehow that red, heavy, indifferent face looked, even more than the
white and harassed one, like a mask of doom. The news was broken
to the two women with such consideration or concealments as were
possible. But the news was that the body of Admiral Craven had been
eventually fished out of the foul weeds and scum of the pool under the
trees; and that he was drowned and dead.

*

Anybody acquainted with Mr Harold Harker, secretary, will realise that, whatever his agitation, he was by morning in a mood to be tremendously on the spot. He hustled the Inspector, whom he had met the night before on the road down by the Green Man, into another room for private and practical consultation. He questioned the Inspector rather as the Inspector might have questioned a yokel. But Inspector Burns was a stolid character; and was either too stupid or too clever to resent such trifles. It soon began to look as if he were by no means so stupid as he looked; for he disposed of Harker's eager questions in a manner that was slow but methodical and rational.

'Well,' said Harker (his head full of many manuals with titles like 'Be a Detective in Ten Days'). 'Well, it's the old triangle, I suppose. Accident, Suicide or Murder.'

'I don't see how it could be accident,' answered the policeman. 'It wasn't even dark yet and the pool's fifty yards from the straight road that he knew like his own doorstep. He'd no more have got into that pond than he'd go and carefully lie down in a puddle in the street. As for suicide, it's rather a responsibility to suggest it, and rather improbable too. The Admiral was a pretty spry and successful man and frightfully rich, nearly a millionaire in fact; though of course that doesn't prove anything. He seemed to be pretty normal and comfortable in his private life too; he's the last man I should suspect of drowning himself.'

'So that we come,' said the secretary, lowering his voice with the thrill, 'I suppose we come to the third possibility.'

'We won't be in too much of a hurry about that,' said the Inspector to the annoyance of Harker, who was in a hurry about everything. 'But naturally there are one or two things one would like to know. One would like to know – about his property, for instance. Do you know who's likely to come in for it? You're his private secretary; do you know anything about his will?'

'I'm not so private a secretary as all that,' answered the young man. 'His solicitors are Messrs Willis, Hardman and Dyke, over in Suttford High Street; and I believe the will is in their custody.'

'Well, I'd better get round and see them pretty soon,' said the Inspector.

'Let's get round and see them at once,' said the impatient secretary.

He took a turn or two restlessly up and down the room and then exploded in a fresh place.

'What have you done about the body, Inspector?' he asked.

'Dr Straker is examining it now at the Police Station. His report ought to be ready in an hour or so.'

'It can't be ready too soon,' said Harker. 'It would save time if we could meet him at the lawyer's.' Then he stopped and his impetuous tone changed abruptly to one of some embarrassment.

'Look here,' he said, 'I want . . . we want to consider the young lady, the poor Admiral's daughter, as much as possible just now. She's got a notion that may be all nonsense; but I wouldn't like to disappoint her. There's some friend of hers she wants to consult, staying in the town at present. Man of the name of Brown; priest or parson of some sort – she's given me his address. I don't take much stock in priests or parsons, but –'

The Inspector nodded. 'I don't take any stock in priests or parsons; but I take a lot of stock in Father Brown,' he said. 'I happened to have to do with him in a queer sort of society jewel case. He ought to have been a policeman instead of parson.'

'Oh, all right,' said the breathless secretary as he vanished from the room. 'Let him come to the lawyer's too.'

Thus it happened that, when they hurried across to the neighbouring town to meet Dr Straker at the solicitor's office, they found Father Brown already seated there, with his hands folded on his heavy umbrella, chatting pleasantly to the only available member of the firm. Dr Straker also had arrived, but apparently only at that moment, as he was carefully placing his gloves in his top-hat and his top-hat on a side-table. And the mild and beaming expression of the priest's moonlike face and spectacles, together with the silent chuckles of the jolly old grizzled lawyer, to whom he was talking, were enough to show that the doctor had not yet opened his mouth to bring the news of death.

'A beautiful morning after all,' Father Brown was saying. 'That storm seems to have passed over us. There were some big black clouds, but I notice that not a drop of rain fell.'

'Not a drop,' agreed the solicitor toying with a pen; he was the third partner, Mr Dyke; 'there's not a cloud in the sky now. It's the sort of day for a holiday.' Then he realised the newcomers and looked up, laying down the pen and rising. 'Ah, Mr Harker, how are you? I hear the Admiral is expected home soon.' Then Harker spoke, and his voice rang hollow in the room.

'I am sorry to say we are the bearers of bad news. Admiral Craven was drowned before reaching home.'

There was a change in the very air of the still office, though not in the attitudes of the motionless figures; both were staring at the speaker as if a joke had been frozen on their lips. Both repeated the word 'drowned' and looked at each other, and then again at their informant. Then there was a small hubbub of questions.

'When did this happen?' asked the priest.

'Where was he found?' asked the lawyer.

'He was found,' said the Inspector, 'in that pool by the coast, not far from the Green Man, and dragged out all covered with green scum and weeds so as to be almost unrecognisable. But Dr Straker here has – What is the matter. Father Brown? Are you ill?'

'The Green Man,' said Father Brown with a shudder. 'I'm so sorry . . . I beg your pardon for being upset.'

'Upset by what?' asked the staring officer.

'By his being covered with green scum, I suppose,' said the priest, with a rather shaky laugh. Then he added rather more firmly, 'I thought it might have been seaweed.'

By this time everybody was looking at the priest, with a not unnatural suspicion that he was mad; and yet the next crucial surprise was not to come from him. After a dead silence, it was the doctor who spoke.

Dr Straker was a remarkable man, even to look at. He was very tall and angular, formal and professional in his dress; yet retaining a fashion that has hardly been known since Mid-Victorian times. Though comparatively young, he wore his brown beard, very long and spreading over his waistcoat; in contrast with it, his features, which were both harsh and handsome, looked singularly pale. His good looks were also diminished by something in his deep eyes that was not squinting, but like the shadow of a squint. Everybody noticed these things about him, because the moment he spoke, he gave forth an indescribable air of authority. But all he said was: 'There is one more thing to be said, if you come to details, about Admiral Craven being drowned.' Then he added reflectively, 'Admiral Craven was not drowned.'

The Inspector turned with quite a new promptitude and shot a question at him.

'I have just examined the body,' said Dr Straker, 'the cause of death was a stab through the heart with some pointed blade like a stiletto. It was after death, and even some little time after, that the body was hidden in the pool.'

Father Brown was regarding Dr Straker with a very lively eye, such as he seldom turned upon anybody; and when the group in the office began to break up, he managed to attach himself to the medical man for a little further conversation, as they went back down the street. There had not been very much else to detain them except the rather formal question of the will. The impatience of the young secretary had been somewhat tried by the professional etiquette of the old lawyer. But the latter was ultimately induced, rather by the tact of the priest than the authority of the policeman, to refrain from making a mystery

where there was no mystery at all. Mr Dyke admitted, with a smile, that the Admiral's will was a very normal and ordinary document, leaving everything to his only child Olive; and that there really was no particular reason for concealing the fact.

The doctor and the priest walked slowly down the street that struck out of the town in the direction of Craven House. Harker had plunged on ahead of him with all his native eagerness to get somewhere; but the two behind seemed more interested in their discussion than their direction. It was in rather an enigmatic tone that the tall doctor said to the short cleric beside him: 'Well, Father Brown, what do you think of a thing like this?'

Father Brown looked at him rather intently for an instant, and then said: 'Well, I've begun to think of one or two things; but my chief difficulty is that I only knew the Admiral slightly; though I've seen something of his daughter.'

'The Admiral,' said the doctor with a grim immobility of feature, 'was the sort of man of whom it is said that he had not an enemy in the world.'

'I suppose you mean,' answered the priest, 'that there's something else that will not be said.'

'Oh, it's no affair of mine,' said Straker hastily but rather harshly. 'He had his moods, I suppose. He once threatened me with a legal action about an operation; but I think he thought better of it. I can imagine his being rather rough with a subordinate.'

Father Brown's eyes were fixed on the figure of the secretary striding far ahead; and as he gazed he realised the special cause of his hurry. Some fifty yards farther ahead the Admiral's daughter was dawdling along the road towards the Admiral's house. The secretary soon came abreast of her; and for the remainder of the time Father Brown watched the silent drama of two human backs as they diminished into the distance. The secretary was evidently very much excited about something; but if the priest guessed what it was, he kept it to himself. When he came to the corner leading to the doctor's house, he only said briefly: 'I don't know if you have anything more to tell us.'

'Why should I?' answered the doctor very abruptly; and striding off, left it uncertain whether he was asking why he should have anything to tell, or why he should tell it.

Father Brown went stumping on alone, in the track of the two young people; but when he came to the entrance and avenues of the Admiral's park, he was arrested by the action of the girl, who turned suddenly and came straight towards him; her face unusually pale and her eyes bright with some new and as yet nameless emotion.

'Father Brown,' she said in a low voice, 'I must talk to you as soon as possible. You must listen to me, I can't see any other way out.'

'Why certainly,' he replied, as coolly as if a gutter-boy had asked him the time. 'Where shall we go and talk?'

The girl led him at random to one of the rather tumbledown arbours in the grounds; and they sat down behind a screen of large ragged leaves. She began instantly, as if she must relieve her feelings or faint.

'Harold Harker,' she said, 'has been talking to me about things. Terrible things.'

The priest nodded and the girl went on hastily. 'About Roger Rook. Do you know about Roger?'

'I've been told,' he answered, 'that his fellow-seamen call him The Jolly Roger, because he is never jolly; and looks like the pirate's skull and crossbones.'

'He was not always like that,' said Olive in a low voice. 'Something very queer must have happened to him. I knew him well when we were children; we used to play over there on the sands. He was harum-scarum and always talking about being a pirate; I dare say he was the sort they say might take to crime through reading shockers; but there was something poetical in his way of being piratical. He really was a Jolly Roger then. I suppose he was the last boy who kept up the old legend of really running away to sea; and at last his family had to agree to his joining the Navy. Well . . .'

'Yes,' said Father Brown patiently.

'Well,' she admitted, caught in one of her rare moments of mirth, 'I suppose poor Roger found it disappointing. Naval officers so seldom carry knives in their teeth or wave bloody cutlasses and black flags. But that doesn't explain the change in him. He just stiffened; grew dull and dumb, like a dead man walking about. He always avoids me; but that doesn't matter. I supposed some great grief that's no business of mine had broken him up. And now – well, if what Harold says is true, the grief is neither more nor less than going mad; or being possessed of a devil.'

'And what does Harold say?' asked the priest.

'It's so awful I can hardly say it,' she answered. 'He swears he saw Roger creeping behind my father that night; hesitating and then drawing his sword . . . and the doctor says father was stabbed with a steel point . . . I can't believe Roger Rook had anything to do with it. His sulks and my father's temper sometimes led to quarrels; but what are quarrels? I can't exactly say I'm standing up for an old friend; because he isn't even friendly. But you can't help feeling sure of some things, even about an old acquaintance. And yet Harold swears that he –'

'Harold seems to swear a great deal,' said Father Brown.

There was a sudden silence; after which she said in a different tone: 'Well, he does swear other things too. Harold Harker proposed to me just now.'

'Am I to congratulate you, or rather him?' enquired her companion.

'I told him he must wait. He isn't good at waiting.' She was caught again in a ripple of her incongruous sense of the comic: 'He said I was his ideal and his ambition and so on. He has lived in the States; but somehow I never remember it when he is talking about dollars; only when he is talking about ideals.'

'And I suppose,' said Father Brown very softy, 'that it is because you have to decide about Harold that you want to know the truth about Roger.'

She stiffened and frowned, and then equally abruptly smiled, saying: 'Oh, you know too much.'

'I know very little, especially in this affair,' said the priest gravely. 'I only know who murdered your father.' She started up and stood staring down at him stricken white. Father Brown made a wry face as he went on: 'I made a fool of myself when I first realised it; when they'd just been asking where he was found, and went on talking about green scum and the Green Man.'

Then he also rose; clutching his clumsy umbrella with a new resolution, he addressed the girl with a new gravity.

'There is something else that I know, which is the key to all these riddles of yours; but I won't tell you yet. I suppose it's bad news; but it's nothing like so bad as the things you have been fancying.' He buttoned up his coat and turned towards the gate. 'I'm going to see this Mr Rook of yours. In a shed by the shore, near where Mr Harker saw him walking. I rather think he lives there.' And he went bustling off in the direction of the beach.

Olive was an imaginative person; perhaps too imaginative to be safely left to brood over such hints as her friend had thrown out; but he was in rather a hurry to find the best relief for her broodings. The mysterious connection between Father Brown's first shock of enlightenment and the chance language about the pool and the inn, hag-rode her fancy in a hundred forms of ugly symbolism. The Green Man became a ghost trailing loathsome weeds and walking the countryside under the moon; the sign of the Green Man became a human figure hanging as from a gibbet; and the tarn itself became a tavern, a dark subaqueous tavern for the dead sailors. And yet he had taken the most rapid method to overthrow all such nightmares, with a burst of blinding daylight which seemed more mysterious than the night.

For before the sun had set, something had come back into her life that turned her whole world topsy-turvy once more; something she had hardly known that she desired until it was abruptly granted; something that was, like a dream, old and familiar, and yet remained incomprehensible and incredible. For Roger Rook had come striding across the sands, and even when he was a dot in the distance, she knew he was transfigured; and as he came nearer and nearer, she saw that his dark face was alive with laughter and exultation. He came straight toward her, as if they had never parted, and seized her shoulders saying: 'Now I can look after you, thank God.'

She hardly knew what she answered; but she heard herself questioning rather wildly why he seemed so changed and so happy.

'Because I am happy,' he answered. 'I have heard the bad news.'

All parties concerned, including some who seemed rather unconcerned, found themselves assembled on the garden-path leading to Craven House, to hear the formality, now truly formal, of the lawyer's reading of the will; and the probable, and more practical sequel of the lawyer's advice upon the crisis. Besides the grey-haired solicitor himself, armed with the testamentary document, there was the Inspector armed with more direct authority touching the crime, and Lieutenant Rook in undisguised attendance on the lady; some were rather mystified on seeing the tall figure of the doctor, some smiled a little on seeing the dumpy figure of the priest. Mr Harker, that Flying Mercury, had shot down to the lodge-gates to meet them, led them back on to the lawn, and then dashed ahead of them again to prepare their reception. He said he would be back in a jiffy; and anyone observing his piston-rod of energy could well believe it; but, for the moment, they were left rather stranded on the lawn outside the house.

'Reminds me of somebody making runs at cricket,' said the Lieutenant.

'That young man,' said the lawyer, 'is rather annoyed that the law cannot move quite so quickly as he does. Fortunately Miss Craven understands our professional difficulties and delays. She has kindly assured me that she still has confidence in my slowness.'

'I wish,' said the doctor, suddenly, 'that I had as much confidence in his quickness.'

'Why, what do you mean?' asked Rook, knitting his brows; 'do you mean that Harker is too quick?'

'Too quick and too slow,' said Dr Straker, in his rather cryptic fashion. 'I know one occasion at least when he was not so very quick. Why was he hanging about half the night by the pond and the Green

Man, before the Inspector came down and found the body? Why did he meet the Inspector? Why should he expect to meet the Inspector outside the Green Man?'

'I don't understand you,' said Rook. 'Do you mean that Harker wasn't telling the truth?'

Dr Straker was silent. The grizzled lawyer laughed with grim good humour. 'I have nothing more serious to say against the young man,' he said, 'than that he made a prompt and praiseworthy attempt to teach me my own business.'

'For that matter, he made an attempt to teach me mine,' said the Inspector, who had just joined the group in front. 'But that doesn't matter. If Dr Straker means anything by his hints, they do matter. I must ask you to speak plainly, doctor. It may be my duty to question him at once.'

'Well, here he comes,' said Rook, as the alert figure of the secretary appeared once more in the doorway.

At this point Father Brown, who had remained silent and inconspicuous at the tail of the procession, astonished everybody very much; perhaps especially those who knew him. He not only walked rapidly to the front, but turned facing the whole group with an arresting and almost threatening expression, like a sergeant bringing soldiers to the halt.

'Stop!' he said almost sternly. 'I apologise to everybody; but it's absolutely necessary that I should see Mr Harker first. I've got to tell him something I know; and I don't think anybody else knows; something he's got to hear. It may save a very tragic misunderstanding with somebody later on.'

'What on earth do you mean?' asked old Dyke the lawyer.

'I mean the bad news,' said Father Brown.

'Here, I say,' began the Inspector indignantly; and then suddenly caught the priest's eye and remembered strange things he had seen in other days. 'Well, if it were anyone in the world but you I should say of all the infernal cheek —'

But Father Brown was already out of hearing, and a moment afterwards was plunged in talk with Harker in the porch. They walked to and fro together for a few paces and then disappeared into the dark interior. It was about twelve minutes afterwards that Father Brown came out alone.

To their surprise he showed no dispostion to re-enter the house, now that the whole company were at last about to enter it. He threw himself down on the rather rickety seat in the leafy arbour, and as the procession disappeared through the doorway, lit a pipe and proceeded

to stare vacantly at the long ragged leaves about his head and to listen to the birds. There was no man who had a more hearty and enduring appetite for doing nothing.

He was, apparently, in a cloud of smoke and a dream of abstraction, when the front doors were once more flung open and two or three figures came out helter-skelter, running towards him, the daughter of the house and her young admirer Mr Rook being easily winners in the race. Their faces were alight with astonishment; and the face of Inspector Burns, who advanced more heavily behind them, like an elephant shaking the garden, was inflamed with some indignation as well.

'What *can* all this mean?' cried Olive, as she came panting to a halt. 'He's gone!'

'Bolted!' said the Lieutenant explosively. 'Harker's just managed to pack a suitcase and bolted! Gone clean out of the back door and over the garden-wall to God knows where. What *did* you say to him?'

'Don't be silly!' said Olive, with a more worried expression. 'Of course you told him you'd found him out, and now he's gone. I never could have believed he was wicked like that!'

'Well!' gasped the Inspector, bursting into their midst. 'What have you done now? What have you let me down like this for?'

'Well,' repeated Father Brown, 'what have I done?'

'You have let a murderer escape,' cried Burns, with a decision that was like a thunderclap in the quiet garden; 'you have *helped* a murderer to escape. Like a fool I let you warn him; and now he is miles away.'

'I have helped a few murderers in my time, it is true,' said Father Brown; then he added, in careful distinction, 'not, you will understand, helped them to commit the murder.'

'But you knew all the time,' insisted Olive. 'You guessed from the first that it must be he. That's what you meant about being upset by the business of finding the body. That's what the doctor meant by saying my father might be disliked by a subordinate.'

'That's what I complain of,' said the official indignantly. 'You knew even then that he was the –'

'You knew even then,' insisted Olive, 'that the murderer was –'

Father Brown nodded gravely. 'Yes,' he said. 'I knew even then that the murderer was old Dyke.'

'Was *who*?' repeated the Inspector and stopped amid, a dead silence; punctuated only by the occasional pipe of birds.

'I mean Mr Dyke, the solicitor,' explained Father Brown, like one explaining something elementary to an infant class. 'That gentleman with grey hair who's supposed to be going to read the will.'

They all stood like statues staring at him, as he carefully filled his pipe again and struck a match. At last Burns rallied his vocal powers to break the strangling silence with an effort resembling violence.

'But, in the name of heaven, *why*?'

'Ah, why?' said the priest and rose thoughtfully, puffing at his pipe. 'As to why he did it . . . Well, I suppose the time has come to tell you, or those of you who don't know, the fact that is the key of all this business. It's a great calamity; and it's a great crime; but it's not the murder of Admiral Craven.'

He looked Olive full in the face and said very seriously: 'I tell you the bad news bluntly and in few words; because I think you are brave enough, and perhaps happy enough, to take it well. You have the chance, and I think the power, to be something like a great woman. You are not a great heiress.'

Amid the silence that followed it was he who resumed his explanation.

'Most of your father's money, I am sorry to say, has gone. It went by the financial dexterity of the grey-haired gentleman named Dyke, who is (I grieve to say) a swindler. Admiral Craven was murdered to silence him about the way in which he was swindled. The fact that he was ruined and you were disinherited is the single simple clue, not only to the murder, but to all the other mysteries in this business.' He took a puff or two and then continued.

'I told Mr Rook you were disinherited and he rushed back to help you. Mr Rook is a rather remarkable person.'

'Oh, chuck it,' said Mr Rook with a hostile air.

'Mr Rook is a monster,' said Father Brown with scientific calm. 'He is an anachronism, an atavism, a brute survival of the Stone Age. If there was one barbarous superstition we all supposed to be utterly extinct and dead in these days, it was that notion about honour and independence. But then I get mixed up with so many dead superstitions. Mr Rook is an extinct animal. He is a plesiosaurus. He did not want to live on his wife or have a wife who could call him a fortune-hunter. Therefore he sulked in a grotesque manner and only came to life again when I brought him the good news that you were ruined. He wanted to work for his wife and not be kept by her. Disgusting, isn't it? Let us turn to the brighter topic of Mr Harker.

'I told Mr Harker you were disinherited and he rushed away in a sort of panic. Do not be too hard on Mr Harker. He really had better as well as worse enthusiasms; but he had them all mixed up. There is no harm in having ambitions; but he had ambitions and called them ideals. The old sense of honour taught men to suspect success; to say, "This is a benefit; it may be a bribe." The new nine-times-accursed nonsense

about Making Good teaches men to identify being good with making money. That was all that was the matter with him; in every other way he was a thoroughly good fellow, and there are thousands like him. Gazing at the stars and rising in the world were all Uplift. Marrying a good wife and marrying a rich wife were all Making Good. But he was not a cynical scoundrel; or he would simply have come back and jilted or cut you as the case might be. He could not face you; while you were there, half of his broken ideal was left.

'I did not tell the Admiral; but somebody did. Word came to him somehow, during the last grand parade on board, that his friend the family lawyer had betrayed him. He was in such a towering passion that he did what he could never have done in his sense; came straight on shore in his cocked hat and gold lace to catch the criminal; he wired to the police station, and that was why the Inspector was wandering round the Green Man. Lieutenant Rook followed him on shore because he suspected some family trouble and had half a hope he might help and put himself right. Hence his hesitating behaviour. As for his drawing his sword when he dropped behind and thought he was alone, well that's a matter of imagination. He was a romantic person who had dreamed of swords and run away to sea; and found himself in a service where he wasn't even allowed to wear a sword except about once in three years. He thought he was quite alone on the sands where he played as a boy. If you don't understand what he did, I can only say, like Stevenson, "you will never be a pirate." Also you will never be a poet; and you have never been a boy.'

'I never have,' answered Olive gravely, 'and yet I think I understand.'

'Almost every man,' continued the priest musing, 'will play with anything shaped like a sword or dagger, even if it is a paper knife. That is why I thought it so odd when the lawyer didn't.'

'What do you mean?' asked Burns, 'didn't what?'

'Why, didn't you notice,' answered Brown, 'at that first meeting in the office, the lawyer played with a pen and not with a paper-knife; though he had a beautiful bright steel paper-knife in the pattern of a stiletto? The pens were dusty and splashed with ink; but the knife had just been cleaned. But he did not play with it. There are limits to the irony of assassins.'

After a silence the Inspector said, like one waking from a dream: 'Look here . . . I don't know whether I'm on my head or my heels; I don't know whether you think you've got to the end; but I haven't got to the beginning. Where do you get all this lawyer stuff from? What started you out on that trail?'

Father Brown laughed curtly and without mirth.

'The murderer made a slip at the start,' he said, 'and I can't think why nobody else noticed it. When you brought the first news of the death to the solicitor's office, nobody was supposed to know anything there, except that the Admiral was expected home. When you said he was drowned, I asked when it happened and Mr Dyke asked where the corpse was found.'

He paused a moment to knock out his pipe and resumed reflectively: 'Now when you are simply told of a seaman, returning from the sea, that he had drowned, it is natural to assume that he had been drowned at sea. At any rate, to allow that he may have been drowned at sea. If he had been washed overboard, or gone down with his ship, or had his body "committed to the deep", there would be no reason to expect his body to be found at all. The moment that man asked where it was found, I was sure he knew where it was found. Because he had put it there. Nobody but the murderer need have thought of anything so unlikely as a seaman being drowned in a landlocked pool a few hundred yards from the sea. That is why I suddenly felt sick and turned green, I dare say; as green as the Green Man. I never *can* get used to finding myself suddenly sitting beside a murderer. So I had to turn it off by talking in parables; but the parable meant something, after all. I said that the body was covered with green scum, but it might just as well have been seaweed.'

It is fortunate that tragedy can never kill comedy and that the two can run side by side; and that while the only acting partner of the business of Messrs Willis, Hardman and Dyke blew his brains out when the Inspector entered the house to arrest him, Olive and Roger were calling to each other across the sands at evening, as they did when they were children together.

The Pursuit of Mr Blue

Along a seaside parade on a sunny afternoon, a person with the
depressing name of Muggleton was moving with suitable gloom.
There was a horseshoe of worry in his forehead, and the numerous groups
and strings of entertainers stretched along the beach below looked up to
him in vain for applause. Pierrots turned up their pale moon faces, like
the white bellies of dead fish, without improving his spirits; niggers with
faces entirely grey with a sort of grimy soot were equally unsuccessful
in filling his fancy with brighter things. He was a sad and disappointed
man. His other features, besides the bald brow with its furrow, were
retiring and almost sunken; and a certain dingy refinement about them
made more incongruous the one aggressive ornament of his face. It
was an outstanding and bristling military moustache; and it looked
suspiciously like a false moustache. It is possible, indeed, that it was a
false moustache. It is possible, on the other hand, that even if it was not
false it was forced. He might almost have grown it in a hurry, by a mere
act of will; so much was it a part of his job rather than his personality.

For the truth is that Mr Muggleton was a private detective in a
small way, and the cloud on his brow was due to a big blunder in his
professional career; anyhow it was connected with something darker
than the mere possession of such a surname. He might almost, in an
obscure sort of way, have been proud of his surname; for he came of
poor but decent Nonconformist people who claimed some connection
with the founder of the Muggletonians; the only man who had hitherto
had the courage to appear with that name in human history.

The more legitimate cause of his annoyance (at least as he himself
explained it) was that he had just been present at the bloody murder of
a world-famous millionaire, and had failed to prevent it, though he had
been engaged at a salary of five pounds a week to do so. Thus we may
explain the fact that even the languorous singing of the song entitled,
'Won't You Be My Loodah Doodah Day?' failed to fill him with the
joy of life.

For that matter, there were others on the beach, who might have
had more sympathy with his murderous theme and Muggletonian
tradition. Seaside resorts are the chosen pitches, not only of pierrots
appealing to the amorous emotions, but also of preachers who often
seem to specialise in a correspondingly sombre and sulphurous style
of preaching. There was one aged ranter whom he could hardly help

noticing, so piercing were the cries, not to say shrieks of religious prophecy that rang above all the banjos and castanets. This was a long, loose, shambling old man, dressed in something like a fisherman's jersey; but inappropriately equipped with a pair of those very long and drooping whiskers which have never been seen since the disappearance of certain sportive Mid-Victorian dandies. As it was the custom for all mountebanks on the beach to display something, as if they were selling it, the old man displayed a rather rotten-looking fisherman's net, which he generally spread out invitingly on the sands, as if it were a carpet for queens; but occasionally whirled wildly round his head with a gesture almost as terrific as that of the Roman Retiarius, ready to impale people on a trident. Indeed, he might really have impaled people, if he had had a trident. His words were always pointed towards punishment; his hearers heard nothing except threats to the body or the soul; he was so far in the same mood as Mr Muggleton, that he might almost have been a mad hangman addressing a crowd of murderers. The boys called him Old Brimstone; but he had other eccentricities besides the purely theological. One of his eccentricities was to climb up into the nest of iron girders under the pier and trail his net in the water, declaring that he got his living by fishing; though it is doubtful whether anybody had ever seen him catching fish. Worldly trippers, however, would sometimes start at a voice in their ear, threatening judgement as from a thundercloud, but really coming from the perch under the iron roof where the old monomaniac sat glaring, his fantastic whiskers hanging like grey seaweed.

The detective, however, could have put up with Old Brimstone much better than with the other parson he was destined to meet. To explain this second and more momentous meeting, it must be pointed out that Muggleton, after his remarkable experience in the matter of the murder, had very properly put all his cards on the table. He told his story to the police and to the only available representative of Braham Bruce, the dead millionaire; that is, to his very dapper secretary, a Mr Anthony Taylor. The Inspector was more sympathetic than the secretary; but the sequel of his sympathy was the last thing Muggleton would normally have associated with police advice. The Inspector, after some reflection, very much surprised Mr Muggleton by advising him to consult an able amateur whom he knew to be staying in the town. Mr Muggleton had read reports and romances about the Great Criminologist, who sits in his library like an intellectual spider, and throws out theoretical filaments of a web as large as the world. He was prepared to be led to the lonely chateau where the expert wore a purple dressing-gown, to the attic where he lived on opium and acrostics, to the vast laboratory

or the lonely tower. To his astonishment he was led to the very edge of the crowded beach by the pier to meet a dumpy little clergyman, with a broad hat and a broad grin, who was at that moment hopping about on the sands with a crowd of poor children; and excitedly waving a very little wooden spade.

When the criminologist clergyman, whose name appeared to be Brown, had at last been detached from the children, though not from the spade, he seemed to Muggleton to grow more and more unsatisfactory. He hung about helplessly among the idiotic side-shows of the seashore, talking about random topics and particularly attaching himself to those rows of automatic machines which are set up in such places; solemnly spending penny after penny in order to play vicarious games of golf, football, cricket, conducted by clockwork figures; and finally contenting himself with the miniature exhibition of a race, in which one metal doll appeared merely to run and jump after the other. And yet all the time he was listening very carefully to the story which the defeated detective poured out to him. Only his way of not letting his right hand know what his left hand was doing, with pennies, got very much on the detective's nerves.

'Can't we go and sit down somewhere,' said Muggleton impatiently. 'I've got a letter you ought to see, if you're to know anything at all of this business.'

Father Brown turned away with a sigh from the jumping dolls, and went and sat down with his companion on an iron seat on the shore; his companion had already unfolded the letter and handed it silently to him.

It was an abrupt and queer sort of letter, Father Brown thought. He knew that millionaires did not always specialise in manners, especially in dealing with dependants like detectives; but there seemed to be something more in the letter than mere brusquerie.

DEAR MUGGLETON – I never thought I should come down to wanting help of this sort; but I'm about through with things. It's been getting more and more intolerable for the last two years. I guess all you need to know about the story is this. There is a dirty rascal who is a cousin of mine, I'm ashamed to say. He's been a tout, a tramp, a quack doctor, an actor, and all that; even has the brass to act under our name and call himself Bertrand Bruce. I believe he's either got some potty job at the theatre here, or is looking for one. But you may take it from me that the job isn't his real job. His real job is running me down and knocking me out for good, if he can. It's an old story and no business of anybody's;

there was a time when we started neck and neck and ran a race of ambition – and what they call love as well. Was it my fault that he was a rotter and I was a man who succeeds in things? But the dirty devil swears he'll succeed yet; shoot me and run off with my – never mind. I suppose he's a sort of madman, but he'll jolly soon try to be some sort of murderer. I'll give you £5 a week if you'll meet me at the lodge at the end of the pier, just after the pier closes tonight – and take on my job. It's the only safe place to meet – if anything is safe by this time.

J. Braham Bruce

'Dear me,' said Father Brown mildly. 'Dear me. A rather hurried letter.'

Muggleton nodded; and after a pause began his own story; in an oddly refined voice contrasting with his clumsy appearance. The priest knew well the hobbies of concealed culture hidden in many dingy lower and middle-class men; but even he was startled by the excellent choice of words only a shade too pedantic; the man talked like a book.

'I arrived at the little round-house at the end of the pier before there was any sign of my distinguished client. I opened the door and went inside, feeling that he might prefer me, as well as himself, to be as inconspicuous as possible. Not that it mattered very much; for the pier was too long for anybody to have seen us from the beach or the parade, and, on glancing at my watch, I saw by the time that the pier entrance must have already closed. It was flattering, after a fashion, that he should thus ensure that we should be alone together at the rendezvous, as showing that he did really rely on my assistance or protection. Anyhow, it was his idea that we should meet on the pier after closing time, so I fell in with it readily enough. There were two chairs inside the little round pavilion, or whatever you call it; so I simply took one of them and waited. I did not have to wait long. He was famous for his punctuality, and sure enough, as I looked up at the one little round window opposite me I saw him pass slowly, as if making a preliminary circuit of the place.

'I had only seen portraits of him, and that was a long time ago; and naturally he was rather older than the portraits, but there was no mistaking the likeness. The profile that passed the window was of the sort called aquiline, after the beak of the eagle; but he rather suggested a grey and venerable eagle; an eagle in repose; an eagle that has long folded its wings. There was no mistaking, however, that look of authority, or silent pride in the habit of command, that has always marked men who, like him, have organised great systems and been obeyed. He was quietly dressed, what I could see of him; especially as

compared with the crowd of seaside trippers which had filled so much of my day; but I fancied his overcoat was of that extra elegant sort that is cut to follow the line of the figure, and it had a strip of astrakhan lining showing on the lapels. All this, of course, I took in at a glance, for I had already got to my feet and gone to the door. I put out my hand and received the first shock of that terrible evening. The door was locked. Somebody had locked me in.

'For a moment I stood stunned, and still staring at the round window, from which, of course, the moving profile had already passed; and then I suddenly saw the explanation. Another profile, pointed like that of a pursuing hound, flashed into the circle of vision, as into a round mirror. The moment I saw it, I knew who it was. It was the Avenger; the murderer or would-be murderer, who had trailed the old millionaire for so long across land and sea, and had now tracked him to this blind-alley of an iron pier that hung between sea and land. And I knew, of course, that it was the murderer who had locked the door.

'The man I saw first had been tall, but his pursuer was even taller; an effect that was only lessened by his carrying his shoulders hunched very high and his neck and head thrust forward like a true beast of the chase. The effect of the combination gave him rather the look of a gigantic hunchback. But something of the blood relationship that connected this ruffian with his famous kinsman showed in the two profiles as they passed across the circle of glass. The pursuer also had a nose rather like the beak of a bird; though his general air of ragged degradation suggested the vulture rather than the eagle. He was unshaven to the point of being bearded, and the humped look of his shoulders was increased by the coils of a coarse woollen scarf. All these are trivialities, and can give no impression of the ugly energy of that outline, or the sense of avenging doom in that stooping and striding figure. Have you ever seen William Blake's design, sometimes called with some levity, "The Ghost of a Flea", but also called, with somewhat greater lucidity, "A Vision of Blood Guilt", or something of that kind? That is just such a nightmare of a stealthy giant, with high shoulders, carrying a knife and bowl. This man carried neither, but as he passed the window the second time, I saw with my own eyes that he loosened a revolver from the folds of the scarf and held it gripped and poised in his hand. The eyes in his head shifted and shone in the moonlight, and that in a very creepy way; they shot forward and back with lightning leaps; almost as if he could shoot them out like luminous horns, as do certain reptiles.

'Three times the pursued and the pursuer passed in succession outside the window, treading their narrow circle, before I fully awoke to the need of some action, however desperate. I shook the door with

rattling violence; when next I saw the face of the unconscious victim I beat furiously on the window; then I tried to break the window. But it was a double window of exceptionally thick glass, and so deep was the embrasure that I doubted if I could properly reach the outer window at all. Anyhow, my dignified client took no notice of my noise or signals; and the revolving shadow-pantomime of those two masks of doom continued to turn round and round me, till I felt almost dizzy as well as sick. Then they suddenly ceased to reappear. I waited; and I knew that they would not come again. I knew that the crisis had come.

'I need not tell you more. You can almost imagine the rest, even as I sat there helpless, trying to imagine it; or trying not to imagine it. It is enough to say that in that awful silence, in which all sounds of footsteps had died away, there were only two other noises besides the rumbling undertones of the sea. The first was the loud noise of a shot and the second the duller noise of a splash.

'My client had been murdered within a few yards of me, and I could make no sign. I will not trouble you with what I felt about that. But even if I could recover from the murder, I am still confronted with the mystery.'

'Yes,' said Father Brown very gently, 'which mystery?'

'The mystery of how the murderer got away,' answered the other. 'The instant people were admitted to the pier next morning, I was released from my prison and went racing back to the entrance gates, to enquire who had left the pier since they were opened. Without bothering you with details, I may explain that they were, by a rather unusual arrangement, real full-size iron doors that would keep anybody out (or in) until they were opened. The officials there had seen nobody in the least resembling the assassin returning that way. And he was a rather unmistakable person. Even if he had disguised himself somehow, he could hardly have disguised his extraordinary height or got rid of the family nose. It is extraordinarily unlikely that he tried to swim ashore, for the sea was very rough; and there are certainly no traces of any landing. And, somehow, having seen the face of that fiend even once, let alone about six times, something gives me an overwhelming conviction that he did not simply drown himself in the hour of triumph.'

'I quite understand what you mean by that,' replied Father Brown. 'Besides, it would be very inconsistent with the tone of his original threatening letter, in which he promised himself all sorts of benefits after the crime . . . there's another point it might be well to verify. What about the structure of the pier underneath? Piers are very often made with a whole network of iron supports, which a man might climb through as a monkey climbs through a forest.'

'Yes, I thought of that,' replied the private investigator; 'but unfortunately this pier is oddly constructed in more ways than one. It's quite unusually long, and there are iron columns with all that tangle of iron girders; only they're very far apart and I can't see any way a man could climb from one to the other.'

'I only mentioned it,' said Father Brown thoughtfully, 'because that queer fish with the long whiskers, the old man who preaches on the sand, often climbs up on to the nearest girder. I believe he sits there fishing when the tide comes up. And he's a very queer fish to go fishing.'

'Why, what do you mean?'

'Well,' said Father Brown very slowly, twiddling with a button and gazing abstractedly out to the great green waters glittering in the last evening light after the sunset. 'Well ... I tried to talk to him in a friendly sort of way – friendly and not too funny, if you understand, about his combining the ancient trades of fishing and preaching; I think I made the obvious reference; the text that refers to fishing for living souls. And he said quite queerly and harshly, as he jumped back on to his iron perch, "Well, at least I fish for dead bodies."'

'Good God!' exclaimed the detective, staring at him.

'Yes,' said the priest. 'It seemed to me an odd remark to make in a chatty way, to a stranger playing with children on the sands.'

After another staring silence his companion eventually ejaculated: 'You don't mean you think he had anything to do with the death.'

'I think,' answered Father Brown, 'that he might throw some light on it.'

'Well, it's beyond me now,' said the detective. 'It's beyond me to believe that anybody can throw any light on it. It's like a welter of wild waters in the pitch dark; the sort of waters that he . . . that he fell into. It's simply stark staring unreason; a big man vanishing like a bubble; nobody could possibly . . . Look here!' He stopped suddenly, staring at the priest, who had not moved, but was still twiddling with the button and staring at the breakers. 'What do you mean? What are you looking like that for? You don't mean to say that you . . . that you can make any sense of it?'

'It would be much better if it remained nonsense,' said Father Brown in a low voice. 'Well, if you ask me right out – yes, I think I can make some sense of it.'

There was a long silence, and then the inquiry agent said with a rather singular abruptness: 'Oh, here comes the old man's secretary from the hotel. I must be off. I think I'll go and talk to that mad fisherman of yours.'

'Post hoc propter hoc?' asked the priest with a smile.

'Well,' said the other, with jerky candour, 'the secretary don't like me and I don't think I like him. He's been poking around with a lot of questions that didn't seem to me to get us any further, except towards a quarrel. Perhaps he's jealous because the old man called in somebody else, and wasn't content with his elegant secretary's advice. See you later.'

And he turned away, ploughing through the sand to the place where the eccentric preacher had already mounted his marine nest; and looked in the green gloaming rather like some huge polyp or stinging jelly-fish trailing his poisonous filaments in the phosphorescent sea.

Meanwhile the priest was serenely watching the serene approach of the secretary; conspicuous even from afar, in that popular crowd, by the clerical neatness and sobriety of his top-hat and tail-coat. Without feeling disposed to take part in any feuds between the secretary and the inquiry agent, Father Brown had a faint feeling of irrational sympathy with the prejudices of the latter. Mr Anthony Taylor, the secretary, was an extremely presentable young man, in countenance, as well as costume; and the countenance was firm and intellectual as well as merely good-looking. He was pale, with dark hair coming down on the sides of his head, as if pointing towards possible whiskers; he kept his lips compressed more tightly than most people. The only thing that Father Brown's fancy could tell itself in justification sounded queerer than it really looked. He had a notion that the man talked with his nostrils. Anyhow, the strong compression of his mouth brought out something abnormally sensitive and flexible in these movements at the sides of his nose, so that he seemed to be communicating and conducting life by snuffling and smelling, with his head up, as does a dog. It somehow fitted in with the other features that, when he did speak, it was with a sudden rattling rapidity like a gatling-gun, which sounded almost ugly from so smooth and polished a figure.

For once he opened the conversation, by saying: 'No bodies washed ashore, I imagine.'

'None have been announced, certainly,' said Father Brown.

'No gigantic body of the murderer with the woollen scarf,' said Mr Taylor.

'No,' said Father Brown.

Mr Taylor's mouth did not move any more for the moment; but his nostrils spoke for him with such quick and quivering scorn, that they might almost have been called talkative.

When he did speak again, after some polite commonplaces from the priest, it was to say curtly: 'Here comes the Inspector; I suppose they've been scouring England for the scarf.'

Inspector Grinstead, a brown-faced man with a grey pointed beard, addressed Father Brown rather more respectfully than the secretary had done.

'I thought you would like to know, sir,' he said, 'that there is absolutely no trace of the man described as having escaped from the pier.'

'Or rather not described as having escaped from the pier,' said Taylor. 'The pier officials, the only people who could have described him, have never seen anybody to describe.'

'Well,' said the Inspector, 'we've telephoned all the stations and watched all the roads, and it will be almost impossible for him to escape from England. It really seems to me as if he couldn't have got out that way. He doesn't seem to be anywhere.'

'He never was anywhere,' said the secretary, with an abrupt grating voice, that sounded like a gun going off on that lonely shore.

The Inspector looked blank; but a light dawned gradually on the face of the priest, who said at last with almost ostentatious unconcern: 'Do you mean that the man was a myth? Or possibly a lie?'

'Ah,' said the secretary, inhaling through his haughty nostrils, 'you've thought of that at last.'

'I thought of that at first,' said Father Brown. 'It's the first thing anybody would think of, isn't it, hearing an unsupported story from a stranger about a strange murderer on a lonely pier. In plain words, you mean that little Muggleton never heard anybody murdering the millionaire. Possibly you mean that little Muggleton murdered him himself.'

'Well,' said the secretary, 'Muggleton looks a dingy down-and-out sort of cove to me. There's no story but his about what happened on the pier, and his story consists of a giant who vanished; quite a fairy tale. It isn't a very creditable tale, even as he tells it. By his own account, he bungled his case and let his patron be killed a few yards away. He's a pretty rotten fool and failure, on his own confession.'

'Yes,' said Father Brown. 'I'm rather fond of people who are fools and failures on their own confession.'

'I don't know what you mean,' snapped the other.

'Perhaps,' said Father Brown, wistfully, 'it's because so many people are fools and failures without any confession.'

Then, after a pause, he went on: 'But even if he is a fool and a failure, that doesn't prove he is a liar and a murderer. And you've forgotten that there is one piece of external evidence that does really support history. I mean the letter from the millionaire, telling the whole tale of his cousin and his vendetta. Unless you can prove that the document itself is actually a forgery, you have to admit there was some probability of

Bruce being pursued by somebody who had a real motive. Or rather, I should say, the one actually admitted and recorded motive.'

'I'm not quite sure that I understand you,' said the Inspector, 'about the motive.'

'My dear fellow,' said Father Brown, for the first time stung by impatience into familiarity, 'everybody's got a motive in a way. Considering the way that Bruce made his money, considering the way that most millionaires make their money, almost anybody in the world might have done such a perfectly natural thing as throw him into the sea. In many, one might almost fancy, it would be almost automatic. To almost all it must have occurred at some time or other. Mr Taylor might have done it.'

'What's that?' snapped Mr Taylor, and his nostrils swelled visibly.

'I might have done it,' went on Father Brown, '*nisi me constringeret ecclesiae auctoritas*. Anybody, but for the one true morality, might be tempted to accept so obvious, so simple a social solution. I might have done it; you might have done it; the Mayor or the muffin-man might have done it. The only person on this earth I can think of, who probably would not have done it, is the private inquiry agent whom Bruce had just engaged at five pounds a week, and who hadn't yet had any of his money.'

The secretary was silent for a moment; then he snorted and said: 'If that's the offer in the letter, we'd certainly better see whether it's a forgery. For really, we don't know that the whole tale isn't as false as a forgery. The fellow admits himself that the disappearance of his hunchbacked giant is utterly incredible and inexplicable.'

'Yes,' said Father Brown; 'that's what I like about Muggleton. He admits things.'

'All the same,' insisted Taylor, his nostrils vibrant with excitement. 'All the same, the long and the short of it is that he can't prove that his tall man in the scarf ever existed or does exist; and every single fact found by the police and the witnesses proves that he does not exist. No, Father Brown. There is only one way in which you can justify this little scallywag you seem to be so fond of. And that is by producing his Imaginary Man. And that is exactly what you can't do.'

'By the way,' said the priest, absentmindedly, 'I suppose you come from the hotel where Bruce has rooms, Mr Taylor?'

Taylor looked a little taken aback, and seemed almost to stammer. 'Well, he always did have those rooms; and they're practically his. I haven't actually seen him there this time.'

'I suppose you motored down with him,' observed Brown; 'or did you both come by train?'

'I came by train and brought the luggage,' said the secretary impatiently. 'Something kept him, I suppose. I haven't actually seen him since he left Yorkshire on his own a week or two ago.'

'So it seems,' said the priest very softly, 'that if Muggleton wasn't the last to see Bruce by the wild sea-waves, you were the last to see him, on the equally wild Yorkshire moors.'

Taylor had turned quite white, but he forced his grating voice to composure: 'I never said Muggleton didn't see *Bruce* on the pier.'

'No; and why didn't you?' asked Father Brown. 'If he made up one man on the pier, why shouldn't he make up two men on the pier? Of course we do know that Bruce did exist; but we don't seem to know what has happened to him for several weeks. Perhaps he was left behind in Yorkshire.'

The rather strident voice of the secretary rose almost to a scream. All his veneer of society suavity seemed to have vanished.

'You're simply shuffling! You're simply shirking! You're trying to drag in mad insinuations about me, simply because you can't answer my question.'

'Let me see,' said Father Brown reminiscently. 'What was your question?'

'You know well enough what it was; and you know you're damned well stumped by it. Where is the man with the scarf? Who has seen him? Whoever heard of him or spoke of him, except that little liar of yours? If you want to convince us, you must produce him. If he ever existed, he may be hiding in the Hebrides or off to Callao. But you've got to produce him, though I know he doesn't exist. Well then! Where is he?'

'I rather think he is over there,' said Father Brown, peering and blinking towards the nearer waves that washed round the iron pillars of the pier; where the two figures of the agent and the old fisher and preacher were still dark against the green glow of the water. 'I mean in that sort of net thing that's tossing about in the sea.'

With whatever bewilderment, Inspector Grinstead took the upper hand again with a flash, and strode down the beach.

'Do you mean to say,' he cried, 'that the murderer's body is in the old boy's net?'

Father Brown nodded as he followed down the shingly slope; and, even as they moved, little Muggleton the agent turned and began to climb the same shore, his mere dark outline a pantomime of amazement and discovery.

'It's true, for all we said,' he gasped. 'The murderer did try to swim ashore and was drowned, of course, in that weather. Or else he did

really commit suicide. Anyhow, he drifted dead into Old Brimstone's fishing-net, and that's what the old maniac meant when he said he fished for dead men.'

The Inspector ran down the shore with an agility that outstripped them all, and was heard shouting out orders. In a few moments the fishermen and a few bystanders, assisted by the policemen, had hauled the net into shore, and rolled it with its burden on to the wet sands that still reflected the sunset. The secretary looked at what lay on the sands and the words died on his lips. For what lay on the sands was indeed the body of a gigantic man in rags, with the huge shoulders somewhat humped and bony eagle face; and a great red ragged woollen scarf or comforter, sprawled along the sunset sands like a great stain of blood. But Taylor was staring not at the gory scarf or the fabulous stature, but at the face; and his own face was a conflict of incredulity and suspicion.

The Inspector instantly turned to Muggleton with a new air of civility.

'This certainly confirms your story,' he said. And until he heard the tone of those words, Muggleton had never guessed how almost universally his story had been disbelieved. Nobody had believed him. Nobody but Father Brown.

Therefore, seeing Father Brown edging away from the group, he made a movement to depart in his company; but even then he was brought up rather short by the discovery that the priest was once more being drawn away by the deadly attractions of the funny little automatic machines. He even saw the reverend gentleman fumbling for a penny. He stopped, however, with the penny poised in his finger and thumb, as the secretary spoke for the last time in his loud discordant voice.

'And I suppose we may add,' he said, 'that the monstrous and imbecile charges against me are also at an end.'

'My dear sir,' said the priest, 'I never made any charges against you. I'm not such a fool as to suppose you were likely to murder your master in Yorkshire and then come down here to fool about with his luggage. All I said was that I could make out a better case against you than you were making out so vigorously against poor Mr Muggleton. All the same, if you really want to learn the truth about his business (and I assure you the truth isn't generally grasped yet), I can give you a hint even from your own affairs. It *is* rather a rum and significant thing that Mr Bruce the millionaire had been unknown to all his usual haunts and habits for weeks before he was really killed. As you seem to be a promising amateur detective, I advise you to work on that line.'

'What do you mean?' asked Taylor sharply.

But he got no answer out of Father Brown, who was once more

completely concentrated on jiggling the little handle of the machine, that made one doll jump out and then another doll jump after it.

'Father Brown,' said Muggleton, his old annoyance faintly reviving: 'Will you tell me why you like that fool thing so much?'

'For one reason,' replied the priest, peering closely into the glass puppet-show. 'Because it contains the secret of this tragedy.'

Then he suddenly straightened himself; and looked quite seriously at his companion.

'I knew all along,' he said, 'that you were telling the truth and the opposite of the truth.'

Muggleton could only stare at a return of all the riddles.

'It's quite simple,' added the priest, lowering his voice. 'That corpse with the scarlet scarf over there is the corpse of Braham Bruce the millionaire. There won't be any other.'

'But the two men –' began Muggleton, and his mouth fell open.

'Your description of the two men was quite admirably vivid,' said Father Brown. 'I assure you I'm not at all likely to forget it. If I may say so, you have a literary talent; perhaps journalism would give you more scope than detection. I believe I remember practically each point about each person. Only, you see, queerly enough, each point affected you in one way and me in exactly the opposite way. Let's begin with the first you mentioned. You said that the first man you saw had an indescribable air of authority and dignity. And you said to yourself, "That's the Trust Magnate, the great merchant prince, the ruler of markets." But when I heard about the air of dignity and authority, I said to myself, "That's the actor; everything about this is the actor." You don't get that look by being President of the Chain Store Amalgamation Company. You get that look by being Hamlet's Father's Ghost, or Julius Caesar, or King Lear, and you never altogether lose it. You couldn't see enough of his clothes to tell whether they were really seedy, but you saw a strip of fur and a sort of faintly fashionable cut; and I said to myself again, "The actor."

'Next, before we go into details about the other man, notice one thing about him evidently absent from the first man. You said the second man was not only ragged but unshaven to the point of being bearded. Now we have all seen shabby actors, dirty actors, drunken actors, utterly disreputable actors. But such a thing as a scrub-bearded actor, in a job or even looking round for a job, has scarcely been seen in this world. On the other hand, shaving is often almost the first thing to go, with a gentleman or a wealthy eccentric who is really letting himself go to pieces. Now we have every reason to believe that your friend the millionaire was letting himself go to pieces. His letter was

the letter of a man who had already gone to pieces. But it wasn't only negligence that made him look poor and shabby. Don't you understand that the man was practically in hiding? That was why he didn't go to his hotel; and his own secretary hadn't seen him for weeks. He was a millionaire; but his whole object was to be a completely disguised millionaire. Have you ever read "The Woman in White"? Don't you remember that the fashionable and luxurious Count Fosco, fleeing for his life before a secret society, was found stabbed in the blue blouse of a common French workman? Then let us go back for a moment to the demeanour of these men. You saw the first man calm and collected and you said to yourself, "That's the innocent victim"; though the innocent victim's own letter wasn't at all calm and collected. I heard he was calm and collected; and I said to myself, "That's the murderer." Why should he be anything else but calm and collected? He knew what he was going to do. He had made up his mind to do it for a long time; if he had ever had any hesitation or remorse he had hardened himself against them before he came on the scene – in his case, we might say, on the stage. He wasn't likely to have any particular stage-fright. He didn't pull out his pistol and wave it about; why should he? He kept it in his pocket till he wanted it; very likely he fired from his pocket. The other man fidgeted with his pistol because he was nervous as a cat, and very probably had never had a pistol before. He did it for the same reason that he rolled his eyes; and I remember that, even in your own unconscious evidence, it is particularly stated that he rolled them *backwards*. In fact, he was looking behind him. In fact, he was not the pursuer but the pursued. But because you happened to see the first man first, you couldn't help thinking of the other man as coming up behind him. In mere mathematics and mechanics, each of them was running after the other – just like the others.'

'What others?' enquired the dazed detective.

'Why, these,' cried Father Brown, striking the automatic machine with the little wooden spade, which had incongruously remained in his hand throughout these murderous mysteries. 'These little clockwork dolls that chase each other round and round for ever. Let us call them Mr Blue and Mr Red, after the colour of their coats. I happened to start off with Mr Blue, and so the children said that Mr Red was running after him; but it would have looked exactly the contrary if I had started with Mr Red.'

'Yes, I begin to see,' said Muggleton; 'and I suppose all the rest fits in. The family likeness, of course, cuts both ways, and they never saw the murderer leaving the pier –'

'They never looked for the murderer leaving the pier,' said the

other. 'Nobody told them to look for a quiet clean-shaven gentleman in an astrakhan coat. All the mystery of his vanishing revolved on your description of a hulking fellow in a red neckcloth. But the simple truth was that the actor in the astrakhan coat murdered the millionaire with the red rag, and there is the poor fellow's body. It's just like the red and blue dolls; only, because you saw one first, you guessed wrong about which was red with vengeance and which was blue with funk.'

At this point two or three children began to straggle across the sands, and the priest waved them to him with the wooden spade, theatrically tapping the automatic machine. Muggleton guessed that it was mainly to prevent their straying towards the horrible heap on the shore.

'One more penny left in the world,' said Father Brown, 'and then we must go home to tea. Do you know, Doris, I rather like those revolving games, that just go round and round like the Mulberry-Bush. After all, God made all the suns and stars to play Mulberry-Bush. But those other games, where one must catch up with another, where runners are rivals and run neck and neck and outstrip each other; well – much nastier things seem to happen. I like to think of Mr Red and Mr Blue always jumping with undiminished spirits; all free and equal; and never hurting each other. "Fond lover, never, never, wilt thou kiss – or kill." Happy, happy Mr Red!

> 'He cannot change; though thou hast not thy bliss,
> For ever will thou jump; and he be Blue.'

Reciting this remarkable quotation from Keats, with some emotion, Father Brown tucked the little spade under one arm, and giving a hand to two of the children, stumped solemnly up the beach to tea.

The Crime of the Communist

Three men came out from under the lowbrowed Tudor arch in the mellow facade of Mandeville College, into the strong evening sunlight of a summer day which seemed as if it would never end; and in that sunlight they saw something that blasted like lightning; well-fitted to be the shock of their lives.

Even before they had realised anything in the way of a catastrophe, they were conscious of a contrast. They themselves, in a curious quiet way, were quite harmonious with their surroundings. Though the Tudor arches that ran like a cloister round the College gardens had been built four hundred years ago, at that moment when the Gothic fell from heaven and bowed, or almost crouched, over the cosier chambers of Humanism and the Revival of Learning – though they themselves were in modern clothes (that is in clothes whose ugliness would have amazed any of the four centuries) yet something in the spirit of the place made them all at one. The gardens had been tended so carefully as to achieve the final triumph of looking careless; the very flowers seemed beautiful by accident, like elegant weeds; and the modern costumes had at least any picturesqueness that can be produced by being untidy. The first of the three, a tall, bald, bearded maypole of a man, was a familiar figure in the Quad in cap and gown; the gown slipped off one of his sloping shoulders. The second was very square-shouldered, short and compact, with a rather jolly grin, commonly clad in a jacket, with his gown over his arm. The third was even shorter and much shabbier, in black clerical clothes. But they all seemed suitable to Mandeville College; and the indescribable atmosphere of the two ancient and unique Universities of England. They fitted into it and they faded into it; which is there regarded as most fitting.

The two men seated on garden chairs by a little table were a sort of brilliant blot on this grey-green landscape. They were clad mostly in black and yet they glittered from head to heel, from their burnished top-hats to their perfectly polished boots. It was dimly felt as an outrage that anybody should be so well-dressed in the well-bred freedom of Mandeville College. The only excuse was that they were foreigners. One was an American, a millionaire named Hake, dressed in the spotlessly and sparklingly gentlemanly manner known only to the rich of New York. The other, who added to all these things the outrage of an astrakhan overcoat (to say nothing of a pair of florid whiskers), was

a German Count of great wealth, the shortest part of whose name was Von Zimmern. The mystery of this story, however, is not the mystery of why they were there. They were there for the reason that commonly explains the meeting of incongruous things; they proposed to give the College some money. They had come in support of a plan supported by several financiers and magnates of many countries, for founding a new Chair of Economics at Mandeville College. They had inspected the College with that tireless conscientious sightseeing of which no sons of Eve are capable except the American and the German. And now they were resting from their labours and looking solemnly at the College gardens. So far so good.

The three other men, who had already met them, passed with a vague salutation; but one of them stopped; the smallest of the three, in the black clerical clothes.

'I say,' he said, with rather the air of a frightened rabbit, 'I don't like the look of those men.'

'Good God! Who could?' ejaculated the tall man, who happened to be the Master of Mandeville. 'At least we have some rich men who don't go about dressed up like tailors' dummies.'

'Yes,' hissed the little cleric, 'that's what I mean. Like tailors' dummies.'

'Why, what do you mean?' asked the shorter of the other men, sharply.

'I mean they're like horrible waxworks,' said the cleric in a faint voice. 'I mean they don't move. Why don't they move?'

Suddenly starting out of his dim retirement, he darted across the garden and touched the German Baron on the elbow. The German Baron fell over, chair and all, and the trousered legs that stuck up in the air were as stiff as the legs of the chair.

Mr Gideon P. Hake continued to gaze at the College gardens with glassy eyes; but the parallel of a waxwork confirmed the impression that they were like eyes made of glass. Somehow the rich sunlight and the coloured garden increased the creepy impression of a stiffly dressed doll; a marionette on an Italian stage. The small man in black, who was a priest named Brown, tentatively touched the millionaire on the shoulder, and the millionaire fell sideways, but horribly all of a piece, like something carved in wood.

'Rigor mortis,' said Father Brown, 'and so soon. But it does vary a good deal.'

The reason the first three men had joined the other two men so late (not to say too late) will best be understood by noting what had happened just inside the building, behind the Tudor archway, but a

short time before they came out. They had all dined together in Hall, at the High Table; but the two foreign philanthropists, slaves of duty in the matter of seeing everything, had solemnly gone back to the chapel, of which one cloister and a staircase remained unexamined; promising to rejoin the rest in the garden, to examine as earnestly the College cigars. The rest, in a more reverent and right-minded spirit, had adjourned as usual to the long narrow oak table, round which the after-dinner wine had circulated, for all anybody knew, ever since the College had been founded in the Middle Ages by Sir John Mandeville, for the encouragement of telling stories. The Master, with the big fair beard and bald brow, took the head of the table, and the squat man in the square jacket sat on his left; for he was the Bursar or business man of the College. Next to him, on that side of the table, sat a queer-looking man with what could only be called a crooked face; for its dark tufts of moustache and eyebrow, slanting at contrary angles, made a sort of zig-zag, as if half his face were puckered or paralysed. His name was Byles; he was the lecturer in Roman History, and his political opinions were founded on those of Coriolanus, not to mention Tarquinius Superbus. This tart Toryism, and rabidly reactionary view of all current problems, was not altogether unknown among the more old-fashioned sort of dons; but in the case of Byles there was a suggestion that it was a result rather than a cause of his acerbity. More than one sharp observer had received the impression that there was something really wrong with Byles; that some secret or some great misfortune had embittered him; as if that half-withered face had really been blasted like a storm-stricken tree. Beyond him again sat Father Brown and at the end of the table a Professor of Chemistry, large and blond and bland, with eyes that were sleepy and perhaps a little sly. It was well known that this natural philosopher regarded the other philosophers, of a more classical tradition, very much as old logics. On the other side of the table, opposite Father Brown, was a very swarthy and silent young man, with a black pointed beard, introduced because somebody had insisted on having a Chair of Persian; opposite the sinister Byles was a very mild-looking little Chaplain, with a head like an egg. Opposite the Bursar and at the right hand of the Master, was an empty chair; and there were many there who were glad to see it empty.

'I don't know whether Craken is coming,' said the Master, not without a nervous glance at the chair, which contrasted with the usual languid freedom of his demeanour. 'I believe in giving people a lot of rope myself; but I confess I've reached the point of being glad when he is here, merely because he isn't anywhere else.'

'Never know what he'll be up to next,' said the Bursar, cheerfully, 'especially when he's instructing the young.'

'A brilliant fellow, but fiery of course,' said the Master, with a rather abrupt relapse into reserve.

'Fireworks are fiery, and also brilliant,' growled old Byles, 'but I don't want to be burned in my bed so that Craken can figure as a real Guy Fawkes.'

'Do you really *think* he would join a physical force revolution, if there were one,' asked the Bursar smiling.

'Well, *he* thinks he would,' said Byles sharply. 'Told a whole hall full of undergraduates the other day that nothing now could avert the Class War turning into a real war, with killing in the streets of the town; and it didn't matter, so long as it ended in Communism and the victory of the working-class.'

'The Class War,' mused the Master, with a sort of distaste mellowed by distance; for he had known William Morris long ago and been familiar enough with the more artistic and leisurely Socialists. 'I never can understand all this about the Class War. When I was young, Socialism was supposed to mean saying that there are no classes.'

''Nother way of saying that Socialists are no class,' said Byles with sour relish.

'Of course, you'd be more against them than I should,' said the Master thoughtfully, 'but I suppose my Socialism is almost as old-fashioned as your Toryism. Wonder what our young friends really think. What do you think, Baker?' he said abruptly to the Bursar on his left.

'Oh, I don't think, as the vulgar saying is,' said the Bursar laughing. 'You must remember I'm a very vulgar person. I'm not a thinker. I'm only a business man; and as a business man I think it's all bosh. You can't make men equal and it's damned bad business to pay them equal; especially a lot of them not worth paying for at all. Whatever it is, you've got to take the practical way out, because it's the only way out. It's not our fault if nature made everything a scramble.'

'I agree with you there,' said the Professor of Chemistry, speaking with a lisp that seemed childish in so large a man. 'Communism pretends to be oh so modern; but it is not. Throwback to the superstitions of monks and primitive tribes. A scientific government, with a really ethical responsibility to posterity, would be always looking for the line of promise and progress; not levelling and flattening it all back into the mud again. Socialism is sentimentalism; and more dangerous than a pestilence, for in that at least the fittest would survive.'

The Master smiled a little sadly. 'You know you and I will never feel quite the same about differences of opinion. Didn't somebody

say up here, about walking with a friend by the river, "Not differing much, except in opinion." Isn't that the motto of a university? To have hundreds of opinions and not be opinionated. If people fall here, it's by what they are, not what they think. Perhaps I'm a relic of the eighteenth century; but I incline to the old sentimental heresy, "For forms of faith let graceless zealots fight; he can't be wrong whose life is in the right." What do you think about that, Father Brown?'

He glanced a little mischievously across at the priest and was mildly startled. For he had always found the priest very cheerful and amiable and easy to get on with; and his round face was mostly solid with good humour. But for some reason the priest's face at this moment was knotted with a frown much more sombre than any the company had ever seen on it; so that for an instant that commonplace countenance actually looked darker and more ominous than the haggard face of Byles. An instant later the cloud seemed to have passed; but Father Brown still spoke with a certain sobriety and firmness.

'I don't believe in that, anyhow,' he said shortly. 'How can his life be in the right, if his whole view of life is wrong? That's a modern muddle that arose because people didn't know how much views of life can differ. Baptists and Methodists knew they didn't differ very much in morality; but then they didn't differ very much in religion or philosophy. It's quite different when you pass from the Baptists to the Anabaptists; or from the Theosophists to the Thugs. Heresy always does affect morality, if it's heretical enough. I suppose a man may honestly believe that thieving isn't wrong. But what's the good of saying that he honestly believes in dishonesty?'

'Damned good,' said Byles with a ferocious contortion of feature, believed by many to be meant for a friendly smile. 'And that's why I object to having a Chair of Theoretical Thieving in this College.'

'Well, you're all very down on Communism, of course,' said the Master, with a sigh. 'But do you really think there's so much of it to be down on? Are any of your heresies really big enough to be dangerous?'

'I think they have grown so big,' said Father Brown gravely, 'that in some circles they are already taken for granted. They are actually unconscious. That is, without conscience.'

'And the end of it,' said Byles, 'will be the ruin of this country.'

'The end will be something worse,' said Father Brown.

A shadow shot or slid rapidly along the panelled wall opposite, as swiftly followed by the figure that had flung it; a tall but stooping figure with a vague outline like a bird of prey; accentuated by the fact that its sudden appearance and swift passage were like those of a bird startled and flying from a bush. It was only the figure of a long-limbed,

high-shouldered man with long drooping moustaches, in fact, familiar enough to them all; but something in the twilight and candlelight and the flying and streaking shadow connected it strangely with the priest's unconscious words of omen; for all the world, as if those words had indeed been an augury, in the old Roman sense; and the sign of it the flight of a bird. Perhaps Mr Byles might have given a lecture on such Roman augury; and especially on that bird of ill-omen.

The tall man shot along the wall like his own shadow until he sank into the empty chair on the Master's right, and looked across at the Bursar and the rest with hollow and cavernous eyes. His hanging hair and moustache were quite fair, but his eyes were so deep-set that they might have been black. Everyone knew, or could guess, who the newcomer was; but an incident instantly followed that sufficiently illuminated the situation. The Professor of Roman History rose stiffly to his feet and stalked out of the room, indicating with little finesse his feelings about sitting at the same table with the Professor of Theoretical Thieving, otherwise the Communist, Mr Craken.

The Master of Mandeville covered the awkward situation with nervous grace. 'I was defending you, or some aspects of you, my dear Craken,' he said smiling, 'though I am sure you would find me quite indefensible. After all, I can't forget that the old Socialist friends of my youth had a very fine ideal of fraternity and comradeship. William Morris put it all in a sentence, "Fellowship is heaven; and lack of fellowship is hell."'

'Dons as Democrats; see headline,' said Mr Craken rather disagreeably. 'And is Hard-Case Hake going to dedicate the new Commercial Chair to the memory of William Morris?'

'Well,' said the Master, still maintaining a desperate geniality, 'I hope we may say, in a sense, that all our Chairs are Chairs of good-fellowship.'

'Yes; that's the academic version of the Morris maxim,' growled Craken. '"A Fellowship is heaven; and lack of a Fellowship is hell."'

'Don't be so cross, Craken,' interposed the Bursar briskly. 'Take some port. Tenby, pass the port to Mr Craken.'

'Oh well, I'll have a glass,' said the Communist Professor a little less ungraciously. 'I really came down here to have a smoke in the garden. Then I looked out of the window and saw your two precious millionaires were actually blooming in the garden; fresh, innocent buds. After all, it might be worth while to give them a bit of my mind.'

The Master had risen under cover of his last conventional cordiality, and was only too glad to leave the Bursar to do his best with the Wild Man. Others had risen, and the groups at the table had begun to break up; and the Bursar and Mr Craken were left more or less alone at the

end of the long table. Only Father Brown continued to sit staring into vacancy with a rather cloudy expression.

'Oh, as to that,' said the Bursar. 'I'm pretty tired of them myself, to tell the truth; I've been with them the best part of a day going into facts and figures and all the business of this new Professorship. But look here, Craken,' and he leaned across the table and spoke with a sort of soft emphasis, 'you really needn't cut up so rough about this new Professorship. It doesn't really interfere with your subject. You're the only Professor of Political Economy at Mandeville and, though I don't pretend to agree with your notions, everybody knows you've got a European reputation. This is a special subject they call Applied Economics. Well, even today, as I told you, I've had a hell of a lot of Applied Economics. In other words, I've had to talk business with two business men. Would you particularly want to do that? Would you envy it? Would you stand it? Isn't that evidence enough that there is a separate subject and may well be a separate Chair?'

'Good God,' cried Craken with the intense invocation of the atheist. 'Do you think I don't want to apply Economics? Only, when we apply it, you call it red ruin and anarchy; and when you apply it, I take the liberty of calling it exploitation. If only you fellows would apply Economics, it's just possible that people might get something to eat. We are the practical people; and that's why you're afraid of us. That's why you have to get two greasy Capitalists to start another Lectureship; just because I've let the cat out of the bag.'

'Rather a wild cat, wasn't it?' said the Bursar smiling, 'that you let out of the bag?'

'And rather a gold-bag, wasn't it,' said Craken, 'that you are tying the cat up in again?'

'Well, I don't suppose we shall ever agree about all that,' said the other. 'But those fellows have come out of their chapel into the garden; and if you want to have your smoke there, you'd better come.' He watched with some amusement his companion fumbling in all his pockets till he produced a pipe, and then, gazing at it with an abstracted air, Craken rose to his feet, but even in doing so, seemed to be feeling all over himself again. Mr Baker the Bursar ended the controversy with a happy laugh of reconciliation. 'You are the practical people, and you will blow up the town with dynamite. Only you'll probably forget the dynamite, as I bet you've forgotten the tobacco. Never mind, take a fill of mine. Matches?' He threw a tobacco-pouch and its accessories across the table; to be caught by Mr Craken with that dexterity never forgotten by a cricketer, even when he adopts opinions generally regarded as not cricket. The two men rose together; but Baker could

not forbear remarking, 'Are you really the only practical people? Isn't there anything to be said for the Applied Economics, that remembers to carry a tobacco-pouch as well as a pipe?'

Craken looked at him with smouldering eyes; and said at last, after slowly draining the last of his wine: 'Let's say there's another sort of practicality. I dare say I do forget details and so on. What I want you to understand is this' – he automatically returned the pouch; but his eyes were far away and jet-burning, almost terrible – 'because the inside of our intellect has changed, because we really have a new idea of right, we shall do things you think really wrong. And they will be very practical.'

'Yes,' said Father Brown, suddenly coming out of his trance. 'That's exactly what I said.'

He looked across at Craken with a glassy and rather ghastly smile, saying: 'Mr Craken and I are in complete agreement.'

'Well,' said Baker, 'Craken is going out to smoke a pipe with the plutocrats; but I doubt whether it will be a pipe of peace.'

He turned rather abruptly and called to an aged attendant in the background. Mandeville was one of the last of the very old-fashioned Colleges; and even Craken was one of the first of the Communists; before the Bolshevism of today. 'That reminds me,' the Bursar was saying, 'as you won't hand round your peace pipe, we must send out the cigars to our distinguished guests. If they're smokers they must be longing for a smoke; for they've been nosing about in the chapel since feeding-time.'

Craken exploded with a savage and jarring laugh. 'Oh, I'll take them their cigars,' he said. 'I'm only a proletarian.'

Baker and Brown and the attendant were all witnesses to the fact that the Communist strode furiously into the garden to confront the millionaires; but nothing more was seen or heard of them until, as is already recorded, Father Brown found them dead in their chairs.

It was agreed that the Master and the priest should remain to guard the scene of tragedy, while the Bursar, younger and more rapid in his movements, ran off to fetch doctors and policemen. Father Brown approached the table on which one of the cigars had burned itself away all but an inch or two; the other had dropped from the hand and been dashed out into dying sparks on the crazy-pavement. The Master of Mandeville sat down rather shakily on a sufficiently distant seat and buried his bald brow in his hands. Then he looked up at first rather wearily; and then he looked very startled indeed and broke the stillness of the garden with a word like a small explosion of horror.

There was a certain quality about Father Brown which might sometimes be called blood-curdling. He always thought about what

he was doing and never about whether it was done; he would do the most ugly or horrible or undignified or dirty things as calmly as a surgeon. There was a certain blank, in his simple mind, of all those things commonly associated with being superstitious or sentimental. He sat down on the chair from which the corpse had fallen, picked up the cigar the corpse had partially smoked, carefully detached the ash, examined the butt-end and then stuck it in his mouth and lit it. It looked like some obscene and grotesque antic in derision of the dead; and it seemed to him to be the most ordinary common sense. A cloud floated upwards like the smoke of some savage sacrifice and idolatry; but to Father Brown it appeared a perfectly self-evident fact that the only way to find out what a cigar is like is to smoke it. Nor did it lessen the horror for his old friend, the Master of Mandeville, to have a dim but shrewd guess that Father Brown was, upon the possibilities of the case, risking his own life.

'No; I think that's all right,' said the priest, putting the stump down again. 'Jolly good cigars. Your cigars. Not American or German. I don't think there's anything odd about the cigar itself; but they'd better take care of the ashes. These men were poisoned somehow with the sort of stuff that stiffens the body quickly . . . By the way, there goes somebody who knows more about it than we do.'

The Master sat up with a curiously uncomfortable jolt; for indeed the large shadow which had fallen across the pathway preceded a figure which, however heavy, was almost as soft-footed as a shadow. Professor Wadham, eminent occupant of the Chair of Chemistry, always moved very quietly in spite of his size, and there was nothing odd about his strolling in the garden; yet there seemed something unnaturally neat in his appearing at the exact moment when chemistry was mentioned.

Professor Wadham prided himself on his quietude; some would say his insensibility. He did not turn a hair on his flattened flaxen head, but stood looking down at the dead men with a shade of something like indifference on his large froglike face. Only when he looked at the cigar-ash, which the priest had preserved, he touched it with one finger; then he seemed to stand even stiller than before; but in the shadow of his face his eyes for an instant seemed to shoot out telescopically like one of his own microscopes. He had certainly realised or recognised something; but he said nothing.

'I don't know where anyone is to begin in this business,' said the Master.

'I should begin,' said Father Brown, 'by asking where these unfortunate men had been most of the time today.'

'They were messing about in my laboratory for a good time,' said

Wadham, speaking for the first time. 'Baker often comes up to have a chat, and this time he brought his two patrons to inspect my department. But I think they went everywhere; real tourists. I know they went to the chapel and even into the tunnel under the crypt, where you have to light candles; instead of digesting their food like sane men. Baker seems to have taken them everywhere.'

'Were they interested in anything particular in your department?' asked the priest. 'What were you doing there just then?'

The Professor of Chemistry murmured a chemical formula beginning with 'sulphate', and ending with something that sounded like 'silenium'; unintelligible to both his hearers. He then wandered wearily away and sat on a remote bench in the sun, closing his eyes, but turning up his large face with heavy forbearance.

At his point, by a sharp contrast, the lawns were crossed by a brisk figure travelling as rapidly and as straight as a bullet; and Father Brown recognised the neat black clothes and shrewd doglike face of a police-surgeon whom he had met in the poorer parts of town. He was the first to arrive of the official contingent.

'Look here,' said the Master to the priest, before the doctor was within earshot. 'I must know something. Did you mean what you said about Communism being a real danger and leading to crime?'

'Yes,' said Father Brown smiling rather grimly, 'I have really noticed the spread of some Communist ways and influences; and, in one sense, this is a Communist crime.'

'Thank you,' said the Master. 'Then I must go off and see to something at once. Tell the authorities I'll be back in ten minutes.'

The Master had vanished into one of the Tudor archways at just about the moment when the police-doctor had reached the table and cheerfully recognised Father Brown. On the latter's suggestion that they should sit down at the tragic table, Dr Blake threw one sharp and doubtful glance at the big, bland and seemingly somnolent chemist, who occupied a more remote seat. He was duly informed of the Professor's identity, and what had so far been gathered of the Professor's evidence; and listened to it silently while conducting a preliminary examination of the dead bodies. Naturally, he seemed more concentrated on the actual corpses than on the hearsay evidence, until one detail suddenly distracted him entirely from the science of anatomy.

'What did the Professor say he was working at?' he enquired.

Father Brown patiently repeated the chemical formula he did not understand.

'*What?*' snapped Dr Blake, like a pistol-shot. 'Gosh! This is pretty frightful!'

'Because it's poison?' enquired Father Brown.

'Because it's piffle,' replied Dr Blake. 'It's simply nonsense. The Professor is quite a famous chemist. Why is a famous chemist deliberately talking nonsense?'

'Well, I think I know that one,' answered Father Brown mildly. 'He is talking nonsense, because he is telling lies. He is concealing something; and he wanted specially to conceal it from these two men and their representatives.'

The doctor lifted his eyes from the two men and looked across at the almost unnaturally immobile figure of the great chemist. He might almost have been asleep; a garden butterfly had settled upon him and seemed to turn his stillness into that of a stone idol. The large folds of his froglike face reminded the doctor of the hanging skins of a rhinoceros.

'Yes,' said Father Brown, in a very low voice. 'He is a wicked man.'

'God damn it all!' cried the doctor, suddenly moved to his very depths. 'Do you mean that a great scientific man like that deals in murder?'

'Fastidious critics would have complained of his dealing in murder,' said the priest dispassionately. 'I don't say I'm very fond of people dealing in murder in that way myself. But what's much more to the point – I'm sure that *these* poor fellows were among his fastidious critics.'

'You mean they found his secret and he silenced them?' said Blake frowning. 'But what in hell was his secret? How could a man murder on a large scale in a place like this?'

'I have told you his secret,' said the priest. 'It is a secret of the soul. He is a bad man. For heaven's sake don't fancy I say that because he and I are of opposite schools or traditions. I have a crowd of scientific friends; and most of them are heroically disinterested. Even of the most sceptical, I would only say they are rather irrationally disinterested. But now and then you do get a man who is a materialist, in the sense of a beast. I repeat he's a bad man. Much worse than –' And Father Brown seemed to hesitate for a word.

'You mean much worse than the Communist?' suggested the other.

'No; I mean much worse than the murderer,' said Father Brown.

He got to his feet in an abstracted manner; and hardly realised that his companion was staring at him.

'But didn't you mean,' asked Blake at last, 'that this Wadham is the murderer?'

'Oh, no,' said Father Brown more cheerfully. 'The murderer is a much more sympathetic and understandable person. He at least was desperate; and had the excuses of sudden rage and despair.'

'Why,' cried the doctor, 'do you mean it was the Communist after all?'

It was at this very moment, appropriately enough, that the police officials appeared with an announcement that seemed to conclude the case in a most decisive and satisfactory manner. They had been somewhat delayed in reaching the scene of the crime, by the simple fact that they had already captured the criminal. Indeed, they had captured him almost at the gates of their own official residence. They had already had reason to suspect the activities of Craken the Communist during various disorders in the town; when they heard of the outrage they felt it safe to arrest him; and found the arrest thoroughly justified. For, as Inspector Cook radiantly explained to dons and doctors on the lawn of Mandeville garden, no sooner was the notorious Communist searched, than it was found that he was actually carrying a box of poisoned matches.

The moment Father Brown heard the word 'matches', he jumped from his seat as if a match had been lighted under him.

'Ah,' he cried, with a sort of universal radiance, 'and now it's all clear.'

'What do you mean by all clear?' demanded the Master of Mandeville, who had returned in all the pomp of his own officialism to match the pomp of the police officials now occupying the College like a victorious army. 'Do you mean you are convinced now that the case against Craken is clear?'

'I mean that Craken is cleared,' said Father Brown firmly, 'and the case against Craken is cleared away. Do you really believe Craken is the kind of man who would go about poisoning people with matches?'

'That's all very well,' replied the Master, with the troubled expression he had never lost since the first sensation occurred. 'But it was you yourself who said that fanatics with false principles may do wicked things. For that matter, it was you yourself who said that Communism is creeping up everywhere and Communistic habits spreading.'

Father Brown laughed in a rather shamefaced manner.

'As to the last point,' he said, 'I suppose I owe you all an apology. I seem to be always making a mess of things with my silly little jokes.'

'Jokes!' repeated the Master, staring rather indignantly.

'Well,' explained the priest, rubbing his head. 'When I talked about a Communist habit spreading, I only meant a habit I happen to have noticed about two or three times even today. It is a Communist habit by no means confined to Communists. It is the extraordinary habit of so many men, especially Englishmen, of putting other people's matchboxes in their pockets without remembering to return them. Of course, it seems an awfully silly little trifle to talk about. But it does happen to be the way the crime was committed.'

'It sounds to me quite crazy,' said the doctor.

'Well, if almost any man may forget to return matches, you can bet your boots that Craken would forget to return them. So the poisoner who had prepared the matches got rid of them on to Craken, by the simple process of lending them and not getting them back. A really admirable way of shedding responsibility; because Craken himself would be perfectly unable to imagine where he had got them from. But when he used them quite innocently to light the cigars he offered to our two visitors, he was caught in an obvious trap; one of those too obvious traps. He was the bold bad Revolutionist murdering two millionaires.'

'Well, who else would want to murder them?' growled the doctor.

'Ah, who indeed?' replied the priest; and his voice changed to much greater gravity. 'There we come to the other thing I told you; and that, let me tell you, was not a joke. I told you that heresies and false doctrines had become common and conversational; that everybody was used to them; that nobody really noticed them. Did you think I meant *Communism* when I said that? Why, it was just the other way. You were all as nervous as cats about Communism; and you watched Craken like a wolf. Of course. Communism is a heresy; but it isn't a heresy that you people take for granted. It is Capitalism you take for granted; or rather the vices of Capitalism disguised as a dead Darwinism. Do you recall what you were all saying in the Common Room, about life being only a scramble, and nature demanding the survival of the fittest, and how it doesn't matter whether the poor are paid justly or not? Why, that is the heresy that you have grown accustomed to, my friends; and it's every bit as much a heresy as Communism. That's the anti-Christian morality or immorality that you take quite naturally. And that's the immorality that has made a man a murderer today.'

'What man?' cried the Master, and his voice cracked with a sudden weakness.

'Let me approach it another way,' said the priest placidly. 'You all talk as if Craken ran away; but he didn't. When the two men toppled over, he ran down the street, summoned the doctor merely by shouting through the window, and shortly afterwards was trying to summon the police. That was how he was arrested. But doesn't it strike you, now one comes to think of it, that Mr Baker the Bursar is rather a long time looking for the police?'

'What is he doing then?' asked the Master sharply.

'I fancy he's destroying papers; or perhaps ransacking these men's rooms to see they haven't left us a letter. Or it may have something to do with our friend Wadham. Where does he come in? That is really very simple and a sort of joke too. Mr Wadham is experimenting in poisons for the next war; and has something of which a whiff of flame will stiffen

a man dead. Of course, he had nothing to do with killing these men; but he did conceal his chemical secret for a very simple reason. One of them was a Puritan Yankee and the other a cosmopolitan Jew; and those two types are often fanatical Pacifists. They would have called it planning murder and probably refused to help the College. But Baker was a friend of Wadham and it was easy for him to dip matches in the new material.'

Another peculiarity of the little priest was that his mind was all of a piece, and he was unconscious of many incongruities; he would change the note of his talk from something quite public to something quite private, without any particular embarrassment. On this occasion, he made most of the company stare with mystification, by beginning to talk to one person when he had just been talking to ten; quite indifferent to the fact that only the one could have any notion of what he was talking about.

'I'm sorry if I misled you, doctor, by that maundering metaphysical digression on the man of sin,' he said apologetically. 'Of course it had nothing to do with the murder; but the truth is I'd forgotten all about the murder for the moment. I'd forgotten everything, you see, but a sort of vision of that fellow, with his vast unhuman face, squatting among the flowers like some blind monster of the Stone Age. And I was thinking that some men are pretty monstrous, like men of stone; but it was all irrelevant. Being bad inside has very little to do with committing crimes outside. The worst criminals have committed no crimes. The practical point is why did the practical criminal commit this crime. Why did Baker the Bursar want to kill these men? That's all that concerns us now. The answer is the answer to the question I've asked twice. Where were these men most of the time, apart from nosing in chapels or laboratories? By the Bursar's own account, they were talking business with the Bursar.

'Now, with all respect to the dead, I do not exactly grovel before the intellect of these two financiers. Their views on economics and ethics were heathen and heartless. Their views on Peace were tosh. Their views on Port were even more deplorable. But one thing they did understand; and that was business. And it took them a remarkably short time to discover that the business man in charge of the funds of this College was a swindler. Or shall I say, a true follower of the doctrine of the unlimited struggle for life and the survival of the fittest.'

'You mean they were going to expose him and he killed them before they could speak,' said the doctor frowning. 'There are a lot of details I don't understand.'

'There are some details I'm not sure of myself,' said the priest frankly.

'I suspect all that business of candles underground had something to do with abstracting the millionaires' own matches, or perhaps making sure they had no matches. But I'm sure of the main gesture, the gay and careless gesture of Baker tossing his matches to the careless Craken. That gesture was the murderous blow.'

'There's one thing I don't understand,' said the Inspector. 'How did Baker know that Craken wouldn't light up himself then and there at the table and become an unwanted corpse?'

The face of Father Brown became almost heavy with reproach; and his voice had a sort of mournful yet generous warmth in it.

'Well, hang it all,' he said, 'he was only an atheist.'

'I'm afraid I don't know what you mean,' said the Inspector, politely.

'He only wanted to abolish God,' explained Father Brown in a temperate and reasonable tone. 'He only wanted to destroy the Ten Commandments and root up all the religion and civilisation that had made him, and wash out all the common sense of ownership and honesty; and let his culture and his country be flattened out by savages from the ends of the earth. That's all he wanted. You have no right to accuse him of anything beyond that. Hang it all, everybody draws the line somewhere! And you come here and calmly suggest that a Mandeville Man of the old generation (for Craken was of the old generation, whatever his views) would have begun to smoke, or even strike a match, while he was still drinking the College Port, of the vintage of '08 – no, no; men are not so utterly without laws and limits as all that! I was there; I saw him; he had not finished his wine, and you ask me why he did not *smoke*! No such anarchic question has ever shaken the arches of Mandeville College Funny place, Mandeville College. Funny place, Oxford. Funny place, England.'

'But you haven't anything particular to do with Oxford?' asked the doctor curiously.

'I have to do with England,' said Father Brown. 'I come from there. And the funniest thing of all is that even if you love it and belong to it, you still can't make head or tail of it.'

The Point of a Pin

Father Brown always declared that he solved this problem in his sleep. And this was true, though in rather an odd fashion; because it occurred at a time when his sleep was rather disturbed. It was disturbed very early in the morning by the hammering that began in the huge building, or half-building, that was in process of erection opposite to his rooms; a colossal pile of flats still mostly covered with scaffolding and with boards announcing Messrs Swindon & Sand as the builders and owners. The hammering was renewed at regular intervals and was easily recognisable: because Messrs Swindon & Sand specialised in some new American system of cement flooring which, in spite of its subsequent smoothness, solidity, impenetrability and permanent comfort (as described in the advertisements), had to be clamped down at certain points with heavy tools. Father Brown endeavoured, however, to extract exiguous comfort from it; saying that it always woke him up in time for the very earliest Mass, and was therefore something almost in the nature of a carillon. After all, he said, it was almost as poetic that Christians should be awakened by hammers as by bells. As a fact, however, the building operations were a little on his nerves, for another reason. For there was hanging like a cloud over the half-built skyscraper the possibility of a Labour crisis, which the newspapers doggedly insisted on describing as a Strike. As a matter of fact, if it ever happened, it would be a Lock-out. But he worried a good deal about whether it would happen. And it might be questioned whether hammering is more of a strain on the attention because it may go on for ever, or because it may stop at any minute.

'As a mere matter of taste and fancy,' said Father Brown, staring up at the edifice with his owlish spectacles, 'I rather wish it would stop. I wish all houses would stop while they still have the scaffolding up. It seems almost a pity that houses are ever finished. They look so fresh and hopeful with all that fairy filigree of white wood, all light and bright in the sun; and a man so often only finishes a house by turning it into a tomb.'

As he turned away from the object of his scrutiny, he nearly ran into a man who had just darted across the road towards him. It was a man whom he knew slightly, but sufficiently to regard him (in the circumstances) as something of a bird of ill-omen. Mr Mastyk was a squat man with a square head that looked hardly European, dressed with a

heavy dandyism that seemed rather too consciously Europeanised. But Brown had seen him lately talking to young Sand of the building firm; and he did not like it. This man Mastyk was the head of an organisation rather new in English industrial politics; produced by extremes at both ends; a definite army of non-Union and largely alien labour hired out in gangs to various firms; and he was obviously hovering about in the hope of hiring it out to this one. In short, he might negotiate some way of out-manoeuvring the Trade Union and flooding the works with blacklegs. Father Brown had been drawn into some of the debates, being in some sense called in on both sides. And as the Capitalists all reported that, to their positive knowledge, he was a Bolshevist; and as the Bolshevists all testified that he was a reactionary rigidly attached to bourgeois ideologies, it may be inferred that he talked a certain amount of sense without any appreciable effect on anybody. The news brought by Mr Mastyk, however, was calculated to jerk everybody out of the ordinary rut of the dispute.

'They want you to go over there at once,' said Mr Mastyk, in awkwardly accented English. 'There is a threat to murder.'

Father Brown followed his guide in silence up several stairways and ladders to a platform of the unfinished building, on which were grouped the more or less familiar figures of the heads of the building business. They included even what had once been the head of it; though the head had been for some time rather a head in the clouds. It was at least a head in a coronet, that hid it from human sight like a cloud. Lord Stanes, in other words, had not only retired from the business but been caught up into the House of Lords and disappeared. His rare reappearances were languid and somewhat dreary; but this one, in conjunction with that of Mastyk, seemed none the less menacing. Lord Stanes was a lean, long-headed, hollow-eyed man with very faint fair hair fading into baldness; and he was the most evasive person the priest had ever met. He was unrivalled in the true Oxford talent of saying, 'No doubt you're right,' so as to sound like, 'No doubt you think you're right,' or of merely remarking, 'You think so?' so as to imply the acid addition, 'You would.' But Father Brown fancied that the man was not merely bored but faintly embittered, though whether at being called down from Olympus to control such trade squabbles, or merely at not being really any longer in control of them, it was difficult to guess.

On the whole, Father Brown rather preferred the more bourgeois group of partners. Sir Hubert Sand and his nephew Henry; though he doubted privately whether they really had very many ideologies. True, Sir Hubert Sand had obtained considerable celebrity in the newspapers; both as a patron of sport and as a patriot in many crises during and after

the Great War. He had won notable distinction in France, for a man of his years, and had afterwards been featured as a triumphant captain of industry overcoming difficulties among the munition-workers. He had been called a Strong Man; but that was not his fault. He was in fact a heavy, hearty Englishman; a great swimmer; a good squire; an admirable amateur colonel. Indeed, something that can only be called a military makeup pervaded his appearance. He was growing stout, but he kept his shoulders set back; his curly hair and moustache were still brown while the colours of his face were already somewhat withered and faded. His nephew was a burly youth of the pushing, or rather shouldering, sort with a relatively small head thrust out on a thick neck, as if he went at things with his head down; a gesture somehow rendered rather quaint and boyish by the pince-nez that were balanced on his pugnacious pug-nose.

Father Brown had looked at all these things before; and at that moment everybody was looking at something entirely new. In the centre of the wood-work there was nailed up a large loose flapping piece of paper on which something was scrawled in crude and almost crazy capital letters, as if the writer were either almost illiterate or were affecting or parodying illiteracy. The words actually ran: 'The Council of the Workers warns Hubert Sand that he will lower wages and lock out workmen at his peril. If the notices go out tomorrow, he will be dead by the justice of the people.'

Lord Stanes was just stepping back from his examination of the paper, and, looking across at his partner, he said with rather a curious intonation: 'Well, it's you they want to murder. Evidently I'm not considered worth murdering.'

One of those still electric shocks of fancy that sometimes thrilled Father Brown's mind in an almost meaningless way shot through him at that particular instant. He had a queer notion that the man who was speaking could not now be murdered, because he was already dead. It was, he cheerfully admitted, a perfectly senseless idea. But there was something that always gave him the creeps about the cold disenchanted detachment of the noble senior partner; about his cadaverous colour and inhospitable eyes. 'The fellow,' he thought in the same perverse mood, 'has green eyes and looks as if he had green blood.'

Anyhow, it was certain that Sir Hubert Sand had not got green blood. His blood, which was red enough in every sense, was creeping up into his withered or weatherbeaten cheeks with all the warm fullness of life that belongs to the natural and innocent indignation of the good-natured.

'In all my life,' he said, in a strong voice and yet shakily, 'I have never had such a thing said or done about me. I may have differed –'

'We can none of us differ about this,' struck in his nephew impetuously. 'I've tried to get on with them, but this is a bit too thick.'

'You don't really think,' began Father Brown, 'that your workmen –'

'I say we may have differed,' said old Sand, still a little tremulously, 'God knows I never like the idea of threatening English workmen with cheaper labour –'

'We none of us liked it,' said the young man, 'but if I know you, uncle, this has about settled it.'

Then after a pause he added, 'I suppose, as you say, we did disagree about details; but as to real policy –'

'My dear fellow,' said his uncle, comfortably. 'I hoped there would never be any real disagreement.' From which anybody who understands the English nation may rightly infer that there had been very considerable disagreement. Indeed the uncle and nephew differed almost as much as an Englishman and an American. The uncle had the English ideal of getting outside the business, and setting up a sort of an alibi as a country gentleman. The nephew had the American ideal of getting inside the business; of getting inside the very mechanism like a mechanic. And, indeed, he had worked with most of the mechanics and was familiar with most of the processes and tricks of the trade. And he was American again, in the fact that he did this partly as an employer to keep his men up to the mark, but in some vague way also as an equal, or at least with a pride in showing himself also as a worker. For this reason he had often appeared almost as a representative of the workers, on technical points which were a hundred miles away from his uncle's popular eminence in politics or sport. The memory of those many occasions, when young Henry had practically come out of the workshop in his shirt-sleeves, to demand some concession about the conditions of the work, lent a peculiar force and even violence to his present reaction the other way.

'Well, they've damned-well locked themselves out this time,' he cried. 'After a threat like that there's simply nothing left but to defy them. There's nothing left but to sack them all now; instanter; on the spot. Otherwise we'll be the laughing-stock of the world.'

Old Sand frowned with equal indignation, but began slowly: 'I shall be very much criticised –'

'Criticised!' cried the young man shrilly. 'Criticised if you defy a threat of murder! Have you any notion how you'll be criticised if you don't defy it? Won't you enjoy the headlines? "Great Capitalist Terrorised" – "Employer Yields to Murder Threat."'

'Particularly,' said Lord Stanes, with something faintly unpleasant in

his tone. 'Particularly when he has been in so many headlines already as "The Strong Man of Steel-Building."'

Sand had gone very red again and his voice came thickly from under his thick moustache. 'Of course you're right there. If these brutes think I'm afraid –'

At this point there was an interruption in the conversation of the group; and a slim young man came towards them swiftly. The first notable thing about him was that he was one of those whom men, and women too, think are just a little too nice-looking to look nice. He had beautiful dark curly hair and a silken moustache and he spoke like a gentleman, but with almost too refined and exactly modulated an accent. Father Brown knew him at once as Rupert Rae, the secretary of Sir Hubert, whom he had often seen pottering about in Sir Hubert's house; but never with such impatience in his movements or such a wrinkle on his brow.

'I'm sorry, sir,' he said to his employer, 'but there's a man been hanging about over there. I've done my best to get rid of him. He's only got a letter, but he swears he must give it to you personally.'

'You mean he went first to my house?' said Sand, glancing swiftly at his secretary. 'I suppose you've been there all the morning.'

'Yes, sir,' said Mr Rupert Rae.

There was a short silence; and then Sir Hubert Sand curtly intimated that the man had better be brought along; and the man duly appeared.

Nobody, not even the least fastidious lady, would have said that the newcomer was too nice-looking. He had very large ears and a face like a frog, and he stared before him with an almost ghastly fixity, which Father Brown attributed to his having a glass eye. In fact, his fancy was tempted to equip the man with two glass eyes; with so glassy a stare did he contemplate the company. But the priest's experience, as distinct from his fancy, was able to suggest several natural causes for that unnatural waxwork glare; one of them being an abuse of the divine gift of fermented liquor. The man was short and shabby and carried a large bowler hat in one hand and a large sealed letter in the other.

Sir Hubert Sand looked at him; and then said quietly enough, but in a voice that somehow seemed curiously small, coming out of the fullness of his bodily presence: 'Oh – it's you.'

He held out his hand for the letter; and then looked around apologetically, with poised finger, before ripping it open and reading it. When he had read it, he stuffed it into his inside pocket and said hastily and a little harshly: 'Well, I suppose all this business is over, as you say. No more negotiations possible now; we couldn't pay the wages they

want anyhow. But I shall want to see you again, Henry, about – about winding things up generally.'

'All right,' said Henry, a little sulkily perhaps, as if he would have preferred to wind them up by himself. 'I shall be up in number 188 after lunch; got to know how far they've got up there.'

The man with the glass eye, if it was a glass eye, stumped stiffly away; and the eye of Father Brown (which was by no means a glass eye) followed him thoughtfully as he threaded his way through the ladders and disappeared into the street.

It was on the following morning that Father Brown had the unusual experience of over-sleeping himself; or at least of starting from sleep with a subjective conviction that he must be late. This was partly due to his remembering, as a man may remember a dream, the fact of having been half-awakened at a more regular hour and fallen asleep again; a common enough occurrence with most of us, but a very uncommon occurrence with Father Brown. And he was afterwards oddly convinced, with that mystic side of him which was normally turned away from the world, that in that detached dark islet of dreamland, between the two wakings, there lay like buried treasure the truth of this tale.

As it was, he jumped up with great promptitude, plunged into his clothes, seized his big knobby umbrella and bustled out into the street, where the bleak white morning was breaking like splintered ice about the huge black building facing him. He was surprised to find that the streets shone almost empty in the cold crystalline light; the very look of it told him it could hardly be so late as he had feared. Then suddenly the stillness was cloven by the arrowlike swiftness of a long grey car which halted before the big deserted flats. Lord Stanes unfolded himself from within and approached the door, carrying (rather languidly) two large suitcases. At the same moment the door opened, and somebody seemed to step back instead of stepping out into the street. Stanes called twice to the man within, before that person seemed to complete his original gesture by coming out on to the doorstep; then the two held a brief colloquy, ending in the nobleman carrying his suitcases upstairs, and the other coming out into full daylight and revealing the heavy shoulders and peering head of young Henry Sand.

Father Brown made no more of this rather odd meeting, until two days later the young man drove up in his own car, and implored the priest to enter it. 'Something awful has happened,' he said, 'and I'd rather talk to you than Stanes. You know Stanes arrived the other day with some mad idea of camping in one of the flats that's just finished.

That's why I had to go there early and open the door to him. But all that will keep. I want you to come up to my uncle's place at once.'

'Is he ill?' enquired the priest quickly.

'I think he's dead,' answered the nephew.

'What do you mean by saying you think he's dead?' asked Father Brown a little briskly. 'Have you got a doctor?'

'No,' answered the other. 'I haven't got a doctor or a patient either . . . It's no good calling in doctors to examine the body; because the body has run away. But I'm afraid I know where it has run to . . . the truth is – we kept it dark for two days; but he's disappeared.'

'Wouldn't it be better,' said Father Brown mildly, 'if you told me what has really happened from the beginning?'

'I know,' answered Henry Sand; 'it's an infernal shame to talk flippantly like this about the poor old boy; but people get like that when they're rattled. I'm not much good at hiding things; the long and the short of it is – well, I won't tell you the long of it now. It's what some people would call rather a long shot; shooting suspicions at random and so on. But the short of it is that my unfortunate uncle has committed suicide.'

They were by this time skimming along in the car through the last fringes of the town and the first fringes of the forest and park beyond it; the lodge gates of Sir Hubert Sand's small estate were about a half mile farther on amid the thickening throng of the beeches. The estate consisted chiefly of a small park and a large ornamental garden, which descended in terraces of a certain classical pomp to the very edge of the chief river of the district. As soon as they arrived at the house, Henry took the priest somewhat hastily through the old Georgian rooms and out upon the other side; where they silently descended the slope, a rather steep slope embanked with flowers, from which they could see the pale river spread out before them almost as flat as in a bird's-eye view. They were just turning the corner of the path under an enormous classical urn crowned with a somewhat incongruous garland of geraniums, when Father Brown saw a movement in the bushes and thin trees just below him, that seemed as swift as a movement of startled birds.

In the tangle of thin trees by the river two figures seemed to divide or scatter; one of them glided swiftly into the shadows and the other came forward to face them; bringing them to a halt and an abrupt and rather unaccountable silence. Then Henry Sand said in his heavy way: 'I think you know Father Brown . . . Lady Sand.'

Father Brown did know her; but at that moment he might almost have said that he did not know her. The pallor and constriction of her face was like a mask of tragedy; she was much younger than her husband,

but at that moment she looked somehow older than everything in that old house and garden. And the priest remembered, with a subconscious thrill, that she was indeed older in type and lineage and was the true possessor of the place. For her own family had owned it as impoverished aristocrats, before she had restored its fortunes by marrying a successful business man. As she stood there, she might have been a family picture, or even a family ghost. Her pale face was of that pointed yet oval type seen in some old pictures of Mary Queen of Scots; and its expression seemed almost to go beyond the natural unnaturalness of a situation, in which her husband had vanished under suspicion of suicide. Father Brown, with the same subconscious movement of the mind, wondered who it was with whom she had been talking among the trees.

'I suppose you know all this dreadful news,' she said, with a comfortless composure. 'Poor Hubert must have broken down under all this revolutionary persecution, and been just maddened into taking his own life. I don't know whether you can do anything; or whether these horrible Bolsheviks can be made responsible for hounding him to death.'

'I am terribly distressed, Lady Sand,' said Father Brown. 'And still, I must own, a little bewildered. You speak of persecution; do you think that anybody could hound him to death merely by pinning up that paper on the wall?'

'I fancy,' answered the lady, with a darkening brow, 'that there were other persecutions besides the paper.'

'It shows what mistakes one may make,' said the priest sadly. 'I never should have thought he would be so illogical as to die in order to avoid death.'

'I know,' she answered, gazing at him gravely. 'I should never have believed it, if it hadn't been written with his own hand.'

'What?' cried Father Brown, with a little jump like a rabbit that has been shot at.

'Yes,' said Lady Sand calmly. 'He left a confession of suicide; so I fear there is no doubt about it.' And she passed on up the slope alone, with all the inviolable isolation of the family ghost.

The spectacles of Father Brown were turned in mute inquiry to the eyeglasses of Mr Henry Sand. And the latter gentleman, after an instant's hesitation, spoke again in his rather blind and plunging fashion: 'Yes, you see, it seems pretty clear now what he did. He was always a great swimmer and used to come down in his dressing-gown every morning for a dip in the river. Well, he came down as usual, and left his dressing-gown on the bank; it's lying there still. But he also left a message saying he was going for his last swim and then death, or something like that.'

'Where did he leave the message?' asked Father Brown.

'He scrawled it on that tree there, overhanging the water, I suppose the last thing he took hold of; just below where the dressing-gown's lying. Come and see for yourself.'

Father Brown ran down the last short slope to the shore and peered under the hanging tree, whose plumes were almost dipping in the stream. Sure enough, he saw on the smooth bark the words scratched conspicuously and unmistakably: 'One more swim and then drowning. Good-bye. Hubert Sand.' Father Brown's gaze travelled slowly up the bank till it rested on a gorgeous rag of raiment, all red and yellow with gilded tassels. It was the dressing-gown and the priest picked it up and began to turn it over. Almost as he did so he was conscious that a figure had flashed across his field of vision; a tall dark figure that slipped from one clump of trees to another, as if following the trail of the vanishing lady. He had little doubt that it was the companion from whom she had lately parted. He had still less doubt that it was the dead man's secretary, Mr Rupert Rae.

'Of course, it might be a final afterthought to leave the message,' said Father Brown, without looking up, his eye riveted on the red and gold garment. 'We've all heard of love-messages written on trees; and I suppose there might be death-messages written on trees too.'

'Well, he wouldn't have anything in the pockets of his dressing-gown, I suppose,' said young Sand. 'And a man might naturally scratch his message on a tree if he had no pens, ink or paper.'

'Sounds like French exercises,' said the priest dismally. 'But I wasn't thinking of that.' Then, after a silence, he said in a rather altered voice: 'To tell the truth, I was thinking whether a man might not naturally scratch his message on a tree, even if he had stacks of pens, and quarts of ink, and reams of paper.'

Henry was looking at him with a rather startled air, his eyeglasses crooked on his pug-nose. 'And what do you mean by that?' he asked sharply.

'Well,' said Father Brown slowly, 'I don't exactly mean that postmen will carry letters in the form of logs, or that you will ever drop a line to a friend by putting a postage stamp on a pinetree. It would have to be a particular sort of position – in fact, it would have to be a particular sort of person, who really preferred this sort of arboreal correspondence. But, given the position and the person, I repeat what I said. He would still write on a tree, as the song says, if all the world were paper and all the sea were ink; if that river flowed with everlasting ink or all these woods were a forest of quills and fountain-pens.'

It was evident that Sand felt something creepy about the priest's

fanciful imagery; whether because he found it incomprehensible or because he was beginning to comprehend.

'You see,' said Father Brown, turning the dressing-gown over slowly as he spoke, 'a man isn't expected to write his very best handwriting when he chips it on a tree. And if the man were not the man, if I make myself clear – Hullo!'

He was looking down at the red dressing-gown, and it seemed for the moment as if some of the red had come off on his finger; but both the faces turned towards it were already a shade paler.

'Blood!' said Father Brown; and for the instant there was a deadly stillness save for the melodious noises of the river.

Henry Sand cleared his throat and nose with noises that were by no means melodious. Then he said rather hoarsely: 'Whose blood?'

'Oh, mine,' said Father Brown; but he did not smile.

A moment after he said: 'There was a pin in this thing and I pricked myself. But I don't think you quite appreciate the point . . . the point of the pin. I do'; and he sucked his finger like a child.

'You see,' he said after another silence, 'the gown was folded up and pinned together; nobody could have unfolded it – at least without scratching himself. In plain words, Hubert Sand never wore this dressing-gown. Any more than Hubert Sand ever wrote on that tree. Or drowned himself in that river.'

The pince-nez tilted on Henry's inquiring nose fell off with a click; but he was otherwise motionless, as if rigid with surprise.

'Which brings us back,' went on Father Brown cheerfully, 'to somebody's taste for writing his private correspondence on trees, like Hiawatha and his picture-writing. Sand had all the time there was, before drowning himself. Why didn't he leave a note for his wife like a sane man? Or, shall we say . . . Why didn't the Other Man leave a note for the wife like a sane man? Because he would have had to forge the husband's handwriting; always a tricky thing now that experts are so nosey about it. But nobody can be expected to imitate even his own handwriting, let alone somebody else's when he carves capital letters in the bark of a tree. This is not a suicide, Mr Sand. If it's anything at all, it's a murder.'

The bracken and bushes of the undergrowth snapped and crackled as the big young man rose out of them like a leviathan, and stood lowering, with his thick neck thrust forward.

'I'm no good at hiding things,' he said, 'and I half-suspected something like this – expected it, you might say, for a long time. To tell the truth, I could hardly be civil to the fellow – to either of them, for that matter.'

'What exactly do you mean?' asked the priest, looking him gravely full in the face.

'I mean,' said Henry Sand, 'that you have shown me the murder and I think I could show you the murderers.'

Father Brown was silent and the other went on rather jerkily.

'You said people sometimes wrote love-messages on trees. Well, as a fact, there are some of them on that tree; there are two sort of monograms twisted together up there under the leaves – I suppose you know that Lady Sand was the heiress of this place long before she married; and she knew that damned dandy of a secretary even in those days. I guess they used to meet here and write their vows upon the trysting-tree. They seem to have used the trysting-tree for another purpose later on. Sentiment, no doubt, or economy.'

'They must be very horrible people,' said Father Brown.

'Haven't there been any horrible people in history or the police-news?' demanded Sand with some excitement. 'Haven't there been lovers who made love seem more horrible than hate? Don't you know about Bothwell and all the bloody legends of such lovers?'

'I know the legend of Bothwell,' answered the priest. 'I also know it to be quite legendary. But of course it's true that husbands have been sometimes put away like that. By the way, where was he put away? I mean, where did they hide the body?'

'I suppose they drowned him, or threw him in the water when he was dead,' snorted the young man impatiently.

Father Brown blinked thoughtfully and then said: 'A river is a good place to hide an imaginary body. It's a rotten bad place to hide a real one. I mean, it's easy to say you've thrown it in, because it might be washed away to sea. But if you really did throw it in, it's about a hundred to one it wouldn't; the chances of it going ashore somewhere are enormous. I think they must have had a better scheme for hiding the body than that – or the body would have been found by now. And if there were any marks of violence –'

'Oh, bother hiding the body,' said Henry, with some irritation; 'haven't we witness enough in the writing on their own devilish tree?'

'The body is the chief witness in every murder,' answered the other. 'The hiding of the body, nine times out of ten, is the practical problem to be solved.'

There was a silence; and Father Brown continued to turn over the red dressing-gown and spread it out on the shining grass of the sunny shore; he did not look up. But, for some time past he had been conscious that the whole landscape had been changed for him by the presence of a third party; standing as still as a statue in the garden.

'By the way,' he said, lowering his voice, 'how do you explain that little guy with the glass eye, who brought your poor uncle a letter yesterday? It seemed to me he was entirely altered by reading it; that's why I wasn't surprised at the suicide, when I thought it was a suicide. That chap was a rather low-down private detective, or I'm much mistaken.'

'Why,' said Henry in a hesitating manner, 'why, he might have been – husbands do sometimes put on detectives in domestic tragedies like this, don't they? I suppose he'd got the proofs of their intrigue; and so they –'

'I shouldn't talk too loud,' said Father Brown, 'because your detective is detecting us at this moment, from about a yard beyond those bushes.'

They looked up, and sure enough the goblin with the glass eye was fixing them with that disagreeable optic, looking all the more grotesque for standing among the white and waxen blooms of the classical garden.

Henry Sand scrambled to his feet again with a rapidity that seemed breathless for one of his bulk, and asked the man very angrily and abruptly what he was doing, at the same time telling him to clear out at once.

'Lord Stanes,' said the goblin of the garden, 'would be much obliged if Father Brown would come up to the house and speak to him.'

Henry Sand turned away furiously; but the priest put down his fury to the dislike that was known to exist between him and the nobleman in question. As they mounted the slope, Father Brown paused a moment as if tracing patterns on the smooth tree-trunk, glanced upwards once at the darker and more hidden hieroglyph said to be a record of romance; and then stared at the wider and more sprawling letters of the confession, or supposed confession of suicide.

'Do those letters remind you of anything?' he asked. And when his sulky companion shook his head, he added: 'They remind me of the writing on that placard that threatened him with the vengeance of the strikers.'

'This is the hardest riddle and the queerest tale I have ever tackled,' said Father Brown, a month later, as he sat opposite Lord Stanes in the recently furnished apartment of No. 188, the end flat which was the last to be finished before the interregnum of the industrial dispute and the transfer of work from the Trade Union. It was comfortably furnished; and Lord Stanes was presiding over grog and cigars, when the priest made his confession with a grimace. Lord Stanes had become rather surprisingly friendly, in a cool and casual way.

'I know that is saying a good deal, with your record,' said Stanes, 'but

certainly the detectives, including our seductive friend with the glass eye, don't seem at all able to see the solution.'

Father Brown laid down his cigar and said carefully: 'It isn't that they can't see the solution. It is that they can't see the problem.'

'Indeed,' said the other, 'perhaps I can't see the problem either.'

'The problem is unlike all other problems, for this reason,' said Father Brown. 'It seems as if the criminal deliberately did two different things, either of which might have been successful; but which, when done together, could only defeat each other. I am assuming, what I firmly believe, that the same murderer pinned up the proclamation threatening a sort of Bolshevik murder, and also wrote on the tree confessing to an ordinary suicide. Now you may say it is after all possible that the proclamation was a proletarian proclamation; that some extremist workmen wanted to kill their employer, and killed him. Even if that were true, it would still stick at the mystery of why they left, or why anybody left, a contrary trail of private self-destruction. But it certainly isn't true. None of these workmen, however, bitter, would have done a thing like that. I know them pretty well; I know their leaders quite well. To suppose that people like Tom Bruce or Hogan would assassinate somebody they could go for in the newspapers, and damage in all sorts of different ways, is the sort of psychology that sensible people call lunacy. No; there was somebody, who was not an indignant workman, who first played the part of an indignant workman, and then played the part of a suicidal employer. But, in the name of wonder, why? If he thought he could pass it off smoothly as a suicide, why did he first spoil it all by publishing a threat of murder? You might say it was an afterthought to fix up the suicide story, as less provocative than the murder story. But it wasn't less provocative *after* the murder story. He must have known he had already turned our thoughts towards murder, when it should have been his whole object to keep our thoughts away from it. If it was an afterthought, it was the afterthought of a very thoughtless person. And I have a notion that this assassin is a very thoughtful person. Can you make anything of it?'

'No; but I see what you mean,' said Stanes, 'by saying that I didn't even see the problem. It isn't merely who killed Sand; it's why anybody should accuse somebody else of killing Sand and then accuse Sand of killing himself.'

Father Brown's face was knotted and the cigar was clenched in his teeth; the end of it glowed and darkened rhythmically like the signal of some burning pulse of the brain. Then he spoke as if to himself: 'We've got to follow very closely and very clearly. It's like separating threads of thought from each other; something like this. Because the murder

charge really rather spoilt the suicide charge, he wouldn't normally have made the murder charge. But he did make it; so he had some other reason for making it. It was so strong a reason that perhaps it reconciled him even to weakening his other line of defence; that it was a suicide. In other words, the murder charge wasn't really a murder charge. I mean he wasn't using it as a murder charge; he wasn't doing it so as to shift to somebody else the guilt of murder; he was doing it for some other extraordinary reason of his own. His plan had to contain a proclamation that Sand would be murdered; whether it threw suspicion on other people or not. Somehow or other the mere proclamation itself was necessary. But why?'

He smoked and smouldered away with the same volcanic concentration for five minutes before he spoke again. 'What could a murderous proclamation do, besides suggesting that the strikers were the murderers? What *did* it do? One thing is obvious; it inevitably did the opposite of what it said. It told Sand not to lock out his men; and it was perhaps the only thing in the world that would really have made him do it. You've got to think of the sort of man and the sort of reputation. When a man has been called a Strong Man in our silly sensational newspapers, when he is fondly regarded as a Sportsman by all the most distinguished asses in England, he simply can't back down because he is threatened with a pistol. It would be like walking about at Ascot with a white feather stuck in his absurd white hat. It would break that inner idol or ideal of oneself, which every man not a downright dastard does really prefer to life. And Sand wasn't a dastard; he was courageous; he was also impulsive. It acted instantly like a charm: his nephew, who had been more or less mixed up with the workmen, cried out instantly that the threat must be absolutely and instantly defied.'

'Yes,' said Lord Stanes, 'I noticed that.' They looked at each other for an instant, and then Stanes added carelessly: 'So you think the thing the criminal wanted was . . .'

'The Lock-out!' cried the priest energetically. 'The Strike or whatever you call it; the cessation of work, anyhow. He wanted the work to stop at once; perhaps the blacklegs to come in at once; certainly the Trade Unionists to go out at once. That is what he really wanted; God knows why. And he brought that off, I think, really without bothering much about its other implication of the existence of Bolshevist assassins. But then . . . then I think something went wrong. I'm only guessing and groping very slowly here; but the only explanation I can think of is that something began to draw attention to the real seat of the trouble; to the reason, whatever it was, of his wanting to bring the building to a halt. And then belatedly, desperately, and rather inconsistently, he tried to

lay the other trail that led to the river, simply and solely because it led away from the flats.'

He looked up through his moonlike spectacles, absorbing all the quality of the background and furniture; the restrained luxury of a quiet man of the world; and contrasting it with the two suitcases with which its occupant had arrived so recently in a newly finished and unfurnished flat. Then he said rather abruptly: 'In short, the murderer was frightened of something or somebody in the flats. By the way, why did you come to live in the flats? . . . . Also by the way, young Henry told me you made an early appointment with him when you moved in. Is that true?'

'Not in the least,' said Stanes. 'I got the key from his uncle the night before. I've no notion why Henry came here that morning.'

'Ah,' said Father Brown, 'then I think I have some notion of why he came . . . I *thought* you startled him by coming in just when he was coming out.'

'And yet,' said Stanes, looking across with a glitter in his grey-green eyes, 'you do rather think that I also am a mystery.'

'I think you are two mysteries,' said Father Brown. 'The first is why you originally retired from Sand's business. The second is why you have since come back to live in Sand's buildings.'

Stanes smoked reflectively, knocked out his ash, and rang a bell on the table before him. 'If you'll excuse me,' he said, 'I will summon two more to the council. Jackson, the little detective you know of, will answer the bell; and I've asked Henry Sand to come in a little later.'

Father Brown rose from his seat, walked across the room and looked down frowning into the fireplace.

'Meanwhile,' continued Stanes, 'I don't mind answering both your questions. I left the Sand business because I was sure there was some hanky-panky in it and somebody was pinching all the money. I came back to it, and took this flat, because I wanted to watch for the real truth about old Sand's death – on the spot.'

Father Brown faced round as the detective entered the room; he stood staring at the hearthrug and repeated: 'On the spot.'

'Mr Jackson will tell you,' said Stanes, 'that Sir Hubert commissioned him to find out who was the thief robbing the firm; and he brought a note of his discoveries the day before old Hubert disappeared.'

'Yes,' said Father Brown, 'and I know now where he disappeared to. I know where the body is.'

'Do you mean – ?' began his host hastily.

'It is here,' said Father Brown, and stamped on the hearthrug. 'Here, under the elegant Persian rug in this cosy and comfortable room.'

'Where in the world did you find that?'

'I've just remembered,' said Father Brown, 'that I found it in my sleep.'

He closed his eyes as if trying to picture a dream, and went on dreamily: 'This is a murder story turning on the problem of How to Hide the Body; and I found it in my sleep. I was always woken up every morning by hammering from this building. On that morning I half-woke up, went to sleep again and woke once more, expecting to find it late; but it wasn't. Why? Because there *had* been hammering that morning, though all the usual work had stopped; short, hurried hammering in the small hours before dawn. Automatically a man sleeping stirs at such a familiar sound. But he goes to sleep again, because the usual sound is not at the usual hour. Now why did a certain secret criminal want all the work to cease suddenly; and only new workers come in? Because, if the old workers had come in next day, they would have found a new piece of work done in the night. The old workers would have known where they left off; and they would have found the whole flooring of this room already nailed down. Nailed down by a man who knew how to do it; having mixed a good deal with the workmen and learned their ways.'

As he spoke, the door was pushed open and a head poked in with a thrusting motion; a small head at the end of a thick neck and a face that blinked at them through glasses.

'Henry Sand said,' observed Father Brown, staring at the ceiling, 'that he was no good at hiding things. But I think he did himself an injustice.'

Henry Sand turned and moved swiftly away down the corridor.

'He not only hid his thefts from the firm quite successfully for years,' went on the priest with an air of abstraction, 'but when his uncle discovered them, he hid his uncle's corpse in an entirely new and original manner.'

At the same instant Stanes again rang a bell, with a long strident steady ringing; and the little man with the glass eye was propelled or shot along the corridor after the fugitive, with something of the rotatory motion of a mechanical figure in a zoetrope. At the same moment, Father Brown looked out of the window, leaning over a small balcony, and saw five or six men start from behind bushes and railings in the street below and spread out equally mechanically like a fan or net; opening out after the fugitive who had shot like a bullet out of the front door. Father Brown saw only the pattern of the story; which had never strayed from that room; where Henry had strangled Hubert and hid his body under impenetrable flooring, stopping the whole work on the

building to do it. A pin-prick had started his own suspicions; but only to tell him he had been led down the long loop of a lie. The point of the pin was that it was pointless.

He fancied he understood Stanes at last, and he liked to collect queer people who were difficult to understand. He realised that this tired gentleman, whom he had once accused of having green blood, had indeed a sort of cold green flame of conscientiousness or conventional honour, that had made him first shift out of a shady business, and then feel ashamed of having shifted it on to others; and come back as a bored laborious detective; pitching his camp on the very spot where the corpse had been buried; so that the murderer, finding him sniffing so near the corpse, had wildly staged the alternative drama of the dressing-gown and the drowned man. All that was plain enough, but, before he withdrew his head from the night air and the stars, Father Brown threw one glance upwards at the vast black bulk of the cyclopean building heaved far up into the night, and remembered Egypt and Babylon, and all that is at once eternal and ephemeral in the work of man.

'I was right in what I said first of all,' he said. 'It reminds one of Coppée's poem about the Pharaoh and the Pyramid. This house is supposed to be a hundred houses; and yet the whole mountain of building is only one man's tomb.'

The Insoluble Problem

This queer incident, in some ways perhaps the queerest of the many that came his way, happened to Father Brown at the time when his French friend Flambeau had retired from the profession of crime and had entered with great energy and success on the profession of crime investigator. It happened that both as a thief and a thief-taker, Flambeau had rather specialised in the matter of jewel thefts, on which he was admitted to be an expert, both in the matter of identifying jewels and the equally practical matter of identifying jewel-thieves. And it was in connection with his special knowledge of this subject, and a special commission which it had won for him, that he rang up his friend the priest on the particular morning on which this story begins.

Father Brown was delighted to hear the voice of his old friend, even on the telephone; but in a general way, and especially at that particular moment, Father Brown was not very fond of the telephone. He was one who preferred to watch people's faces and feel social atmospheres, and he knew well that without these things, verbal messages are apt to be very misleading, especially from total strangers. And it seemed as if, on that particular morning, a swarm of total strangers had been buzzing in his ear with more or less unenlightening verbal messages; the telephone seemed to be possessed of a demon of triviality. Perhaps the most distinctive voice was one which asked him whether he did not issue regular permits for murder and theft upon the payment of a regular tariff hung up in his church; and as the stranger, on being informed that this was not the case, concluded the colloquy with a hollow laugh, it may be presumed that he remained unconvinced. Then an agitated, rather inconsequent female voice rang up requesting him to come round at once to a certain hotel he had heard of some forty-five miles on the road to a neighbouring cathedral town; the request being immediately followed by a contradiction in the same voice, more agitated and yet more inconsequent, telling him that it did not matter and that he was not wanted after all. Then came an interlude of a Press agency asking him if he had anything to say on what a Film Actress had said about Moustaches for Men; and finally yet a third return of the agitated and inconsequent lady at the hotel, saying that he was wanted, after all. He vaguely supposed that this marked some of the hesitations and panics not unknown among those who are vaguely veering in the direction of Instruction, but he confessed to a considerable relief when the voice

of Flambeau wound up the series with a hearty threat of immediately turning up for breakfast.

Father Brown very much preferred to talk to a friend sitting comfortably over a pipe, but it soon appeared that his visitor was on the warpath and full of energy, having every intention of carrying off the little priest captive on some important expedition of his own. It was true that there was a special circumstance involved which might be supposed to claim the priest's attention. Flambeau had figured several times of late as successfully thwarting a theft of famous precious stones; he had torn the tiara of the Duchess of Dulwich out of the very hand of the bandit as he bolted through the garden. He laid so ingenious a trap for the criminal who planned to carry off the celebrated Sapphire Necklace that the artist in question actually carried off the copy which he had himself planned to leave as a substitute.

Such were doubtless the reasons that had led to his being specially summoned to guard the delivery of a rather different sort of treasure; perhaps even more valuable in its mere materials, but possessing also another sort of value. A world-famous reliquary, supposed to contain a relic of St Dorothy the martyr, was to be delivered at the Catholic monastery in a cathedral town; and one of the most famous of international jewel-thieves was supposed to have an eye on it; or rather presumably on the gold and rubies of its setting, rather than its purely hagiological importance. Perhaps there was something in this association of ideas which made Flambeau feel that the priest would be a particularly appropriate companion in his adventure; but anyhow, he descended on him, breathing fire and ambition and very voluble about his plans for preventing the theft.

Flambeau indeed bestrode the priest's hearth gigantically and in the old swaggering musketeer attitude, twirling his great moustaches.

'You can't,' he cried, referring to the sixty-mile road to Casterbury. 'You can't allow a profane robbery like that to happen under your very nose.'

The relic was not to reach the monastery till the evening; and there was no need for its defenders to arrive earlier; for indeed a motor-journey would take them the greater part of the day. Moreover, Father Brown casually remarked that there was an inn on the road, at which he would prefer to lunch, as he had been already asked to look in there as soon as was convenient.

As they drove along through a densely wooded but sparsely inhabited landscape, in which inns and all other buildings seemed to grow rarer and rarer, the daylight began to take on the character of a stormy twilight even in the heat of noon; and dark purple clouds gathered over

dark grey forests. As is common under the lurid quietude of that kind of light, what colour there was in the landscape gained a sort of secretive glow which is not found in objects under the full sunlight; and ragged red leaves or golden or orange fungi seemed to burn with a dark fire of their own. Under such a half-light they came to a break in the woods like a great rent in a grey wall, and saw beyond, standing above the gap, the tall and rather outlandish-looking inn that bore the name of the Green Dragon.

The two old companions had often arrived together at inns and other human habitations, and found a somewhat singular state of things there; but the signs of singularity had seldom manifested themselves so early. For while their car was still some hundreds of yards from the dark green door, which matched the dark green shutters of the high and narrow building, the door was thrown open with violence and a woman with a wild mop of red hair rushed to meet them, as if she were ready to board the car in full career. Flambeau brought the car to a standstill but almost before he had done so, she thrust her white and tragic face into the window, crying: 'Are you Father Brown?' and then almost in the same breath; 'who is this man?'

'This gentleman's name is Flambeau,' said Father Brown in a tranquil manner, 'and what can I do for you?'

'Come into the inn,' she said, with extraordinary abruptness even under the circumstances. 'There's been a murder done.'

They got out of the car in silence and followed her to the dark green door which opened inwards on a sort of dark green alley, formed of stakes and wooden pillars, wreathed with vine and ivy, showing square leaves of black and red and many sombre colours. This again led through an inner door into a sort of large parlour hung with rusty trophies of Cavalier arms, of which the furniture seemed to be antiquated and also in great confusion, like the inside of a lumber-room. They were quite startled for the moment; for it seemed as if one large piece of lumber rose and moved towards them; so dusty and shabby and ungainly was the man who thus abandoned what seemed like a state of permanent immobility.

Strangely enough, the man seemed to have a certain agility of politeness, when once he did move; even if it suggested the wooden joints of a courtly step-ladder or an obsequious towel-horse. Both Flambeau and Father Brown felt that they had hardly ever clapped eyes on a man who was so difficult to place. He was not what is called a gentleman; yet he had something of the dusty refinement of a scholar; there was something faintly disreputable or *déclassé* about him; and yet the smell of him was rather bookish than Bohemian. He was thin and pale, with a pointed nose and a dark pointed beard; his brow was bald,

but his hair behind long and lank and stringy; and the expression of his eyes was almost entirely masked by a pair of blue spectacles. Father Brown felt that he had met something of the sort somewhere, and a long time ago; but he could no longer put a name to it. The lumber he sat among was largely literary lumber; especially bundles of seventeenth-century pamphlets.

'Do I understand the lady to say,' asked Flambeau gravely, 'that there is a murder here?'

The lady nodded her red ragged head rather impatiently; except for those flaming elf-locks she had lost some of her look of wildness; her dark dress was of a certain dignity and neatness; her features were strong and handsome; and there was something about her suggesting that double strength of body and mind which makes women powerful, particularly in contrast with men like the man in blue spectacles. Nevertheless, it was he who gave the only articulate answer, intervening with a certain antic gallantry.

'It is true that my unfortunate sister-in-law,' he explained, 'has almost this moment suffered a most appalling shock which we should all have desired to spare her. I only wish that I myself had made the discovery and suffered only the further distress of bringing the terrible news. Unfortunately it was Mrs Flood herself who found her aged grandfather, long sick and bedridden in this hotel, actually dead in the garden; in circumstances which point only too plainly to violence and assault. Curious circumstances, I may say, very curious circumstances indeed.' And he coughed slightly, as if apologising for them.

Flambeau bowed to the lady and expressed his sincere sympathies; then he said to the man: 'I think you said, sir, that you are Mrs Flood's brother-in-law.'

'I am Dr Oscar Flood,' replied the other. 'My brother, this lady's husband, is at present away on the Continent on business, and she is running the hotel. Her grandfather was partially paralysed and very far advanced in years. He was never known to leave his bedroom; so that really these extraordinary circumstances . . .'

'Have you sent for a doctor or the police?' asked Flambeau.

'Yes,' replied Dr Flood, 'we rang up after making the dreadful discovery; but they can hardly be here for some hours. This roadhouse stands so very remote. It is only used by people going to Casterbury or even beyond. So we thought we might ask for your valuable assistance until –'

'If we are to be of any assistance,' said Father Brown, interrupting in too abstracted a manner to seem uncivil, 'I should say we had better go and look at the circumstances at once.'

He stepped almost mechanically towards the door; and almost ran into a man who was shouldering his way in; a big, heavy young man with dark hair unbrushed and untidy, who would nevertheless have been rather handsome save for a slight disfigurement of one eye, which gave him rather a sinister appearance.

'What the devil are you doing?' he blurted out, 'telling every Tom, Dick and Harry – at least you ought to wait for the police.'

'I will be answerable to the police,' said Flambeau with a certain magnificence, and a sudden air of having taken command of everything. He advanced to the doorway, and as he was much bigger than the big young man, and his moustaches were as formidable as the horns of a Spanish bull, the big young man backed before him and had an inconsequent air of being thrown out and left behind, as the group swept out into the garden and up the flagged path towards the mulberry plantation. Only Flambeau heard the little priest say to the doctor: 'He doesn't seem to love us really, does he? By the way, who is he?'

'His name is Dunn,' said the doctor, with a certain restraint of manner. 'My sister-in-law gave him the job of managing the garden, because he lost an eye in the War.'

As they went through the mulberry bushes, the landscape of the garden presented that rich yet ominous effect which is found when the land is actually brighter than the sky. In the broken sunlight from behind, the tree-tops in front of them stood up like pale green flames against a sky steadily blackening with storm, through every shade of purple and violet. The same light struck strips of the lawn and garden beds; and whatever it illuminated seemed more mysteriously sombre and secret for the light. The garden bed was dotted with tulips that looked like drops of dark blood, and some of which one might have sworn were truly black; and the line ended appropriately with a tulip tree; which Father Brown was disposed, if partly by some confused memory, to identify with what is commonly called the Judas tree. What assisted the association was the fact that there was hanging from one of the branches, like a dried fruit, the dry, thin body of an old man, with a long beard that wagged grotesquely in the wind.

There lay on it something more than the horror of darkness, the horror of sunlight; for the fitful sun painted tree and man in gay colours like a stage property; the tree was in flower and the corpse was hung with a faded peacock-green dressing-gown, and wore on its wagging head a scarlet smoking-cap. Also it had red bedroom-slippers, one of which had fallen off and lay on the grass like a blot of blood.

But neither Flambeau or Father Brown was looking at these things as yet. They were both staring at a strange object that seemed

to stick out of the middle of the dead man's shrunken figure; and which they gradually perceived to be the black but rather rusty iron hilt of a seventeenth-century sword, which had completely transfixed the body. They both remained almost motionless as they gazed at it; until the restless Dr Flood seemed to grow quite impatient with their stolidity.

'What puzzles me most,' he said, nervously snapping his fingers, 'is the actual state of the body. And yet it has given me an idea already.'

Flambeau had stepped up to the tree and was studying the sword-hilt through an eyeglass. But for some odd reason, it was at that very instant that the priest in sheer perversity spun round like a teetotum, turned his back on the corpse, and looked peeringly in the very opposite direction. He was just in time to see the red head of Mrs Flood at the remote end of the garden, turned towards a dark young man, too dim with distance to be identified, who was at that moment mounting a motor-bicycle; who vanished, leaving behind him only the dying din of that vehicle. Then the woman turned and began to walk towards them across the garden, just as Father Brown turned also and began a careful inspection of the sword-hilt and the hanging corpse.

'I understand you only found him about half an hour ago,' said Flambeau. 'Was there anybody about here just before that? I mean anybody in his bedroom, or that part of the house, or this part of the garden – say for an hour beforehand?'

'No,' said the doctor with precision. 'That is the very tragic accident. My sister-in-law was in the pantry, which is a sort of outhouse on the other side; this man Dunn was in the kitchen garden, which is also in that direction; and I myself was poking about among the books, in a room just behind the one you found me in. There are two female servants, but one had gone to the post and the other was in the attic.'

'And were any of these people,' asked Flambeau, very quietly, 'I say any of these people, at all on bad terms with the poor old gentleman?'

'He was the object of almost universal affection,' replied the doctor solemnly. 'If there were any misunderstandings, they were mild and of a sort common in modern times. The old man was attached to the old religious habits; and perhaps his daughter and son-in-law had rather wider views. All that can have had nothing to do with a ghastly and fantastic assassination like this.'

'It depends on how wide the modern views were,' said Father Brown, 'or how narrow.'

At this moment they heard Mrs Flood hallooing across the garden as she came, and calling her brother-in-law to her with a certain impatience. He hurried towards her and was soon out of earshot; but as

he went he waved his hand apologetically and then pointed with a long finger to the ground.

'You will find the footprints very intriguing,' he said; with the same strange air, as of a funereal showman.

The two amateur detectives looked across at each other. 'I find several other things intriguing,' said Flambeau.

'Oh, yes,' said the priest, staring rather foolishly at the grass.

'I was wondering,' said Flambeau, 'why they should hang a man by the neck till he was dead, and then take the trouble to stick him with a sword.'

'And I was wondering,' said Father Brown, 'why they should kill a man with a sword thrust through his heart, and then take the trouble to hang him by the neck.'

'Oh, you are simply being contrary,' protested his friend. 'I can see at a glance that they didn't stab him alive. The body would have bled more and the wound wouldn't have closed like that.'

'And I could see at a glance,' said Father Brown, peering up very awkwardly, with his short stature and short sight, 'that they didn't hang him alive. If you'll look at the knot in the noose, you will see it's tied so clumsily that a twist of rope holds it away from the neck, so that it couldn't throttle a man at all. He was dead before they put the rope on him; and he was dead before they put the sword in him. And how was he really killed?'

'I think,' remarked the other, 'that we'd better go back to the house and have a look at his bedroom – and other things.'

'So we will,' said Father Brown. 'But among other things perhaps we had better have a look at these footprints. Better begin at the other end, I think, by his window. Well, there are no footprints on the paved path, as there might be; but then again there mightn't be. Well, here is the lawn just under his bedroom window. And here are his footprints plain enough.'

He blinked ominously at the footprints; and then began carefully retracing his path towards the tree, every now and then ducking in an undignified manner to look at something on the ground. Eventually he returned to Flambeau and said in a chatty manner: 'Well, do you know the story that is written there very plainly? Though it's not exactly a plain story.'

'I wouldn't be content to call it plain,' said Flambeau. 'I should call it quite ugly –'

'Well,' said Father Brown, 'the story that is stamped quite plainly on the earth, with exact moulds of the old man's slippers, is this. The aged paralytic leapt from the window and ran down the beds parallel to

the path, quite eager for all the fun of being strangled and stabbed; so eager that he hopped on one leg out of sheer lightheartedness; and even occasionally turned cartwheels –'

'Stop!' cried Flambeau, angrily. 'What the hell is all this hellish pantomime?'

Father Brown merely raised his eyebrows and gestured mildly towards the hieroglyphs in the dust. 'About half the way there's only the mark of one slipper; and in some places the mark of a hand planted all by itself.'

'Couldn't he have limped and then fallen?' asked Flambeau.

Father Brown shook his head. 'At least he'd have tried to use his hands and feet, or knees and elbows, in getting up. There are no other marks there of any kind. Of course the flagged path is quite near, and there are no marks on that; though there might be on the soil between the cracks; it's a crazy pavement.'

'By God, it's a crazy pavement; and a crazy garden; and a crazy story!' And Flambeau looked gloomily across the gloomy and storm-stricken garden, across which the crooked patchwork paths did indeed give a queer aptness to the quaint old English adjective.

'And now,' said Father Brown, 'let us go up and look at his room.' They went in by a door not far from the bedroom window; and the priest paused a moment to look at an ordinary garden broomstick, for sweeping up leaves, that was leaning against the wall. 'Do you see that?'

'It's a broomstick,' said Flambeau, with solid irony.

'It's a blunder,' said Father Brown; 'the first blunder that I've seen in this curious plot.'

They mounted the stairs and entered the old man's bedroom; and a glance at it made fairly clear the main facts, both about the foundation and disunion of the family. Father Brown had felt from the first that he was in what was, or had been, a Catholic household; but was, at least partly, inhabited by lapsed or very loose Catholics. The pictures and images in the grandfather's room made it clear that what positive piety remained had been practically confined to him; and that his kindred had, for some reason or other, gone Pagan. But he agreed that this was a hopelessly inadequate explanation even of an ordinary murder; let alone such a very extraordinary murder as this. 'Hang it all,' he muttered, 'the murder is really the least extraordinary part of it.' And even as he used the chance phrase, a slow light began to dawn upon his face.

Flambeau had seated himself on a chair by the little table which stood beside the dead man's bed. He was frowning thoughtfully at three or four white pills or pellets that lay in a small tray beside a bottle of water.

'The murderer or murderess,' said Flambeau, 'had some incomprehensible reason or other for wanting us to think the dead man was strangled or stabbed or both. He was not strangled or stabbed or anything of the kind. Why did they want to suggest it? The most logical explanation is that he died in some particular way which would, in itself, suggest a connection with some particular person. Suppose, for instance, he was poisoned. And suppose somebody is involved who would naturally look more like a poisoner than anybody else.'

'After all,' said Father Brown softly, 'our friend in the blue spectacles is a doctor.'

'I'm going to examine these pills pretty carefully,' went on Flambeau. 'I don't want to lose them, though. They look as if they were soluble in water.'

'It may take you some time to do anything scientific with them,' said the priest, 'and the police doctor may be here before that. So I should certainly advise you not to lose them. That is, if you are going to wait for the police doctor.'

'I am going to stay here till I have solved this problem,' said Flambeau.

'Then you will stay here for ever,' said Father Brown, looking calmly out of the window. 'I don't think I shall stay in this room, anyhow.'

'Do you mean that I shan't solve the problem?' asked his friend. 'Why shouldn't I solve the problem?'

'Because it isn't soluble in water. No, nor in blood,' said the priest; and he went down the dark stairs into the darkening garden. There he saw again what he had already seen from the window.

The heat and weight and obscurity of the thunderous sky seemed to be pressing yet more closely on the landscape; the clouds had conquered the sun which, above, in a narrowing clearance, stood up paler than the moon. There was a thrill of thunder in the air, but now no more stirring of wind or breeze; and even the colours of the garden seemed only like richer shades of darkness. But one colour still glowed with a certain dusky vividness; and that was the red hair of the woman of that house, who was standing with a sort of rigidity, staring, with her hands thrust up into her hair. That scene of eclipse, with something deeper in his own doubts about its significance, brought to the surface the memory of haunting and mystical lines; and he found himself murmuring: 'A secret spot, as savage and enchanted as e'er beneath a waning moon was haunted by woman wailing for her demon lover.' His muttering became more agitated. 'Holy Mary, Mother of God, pray for us sinners . . . that's what it is; that's terribly like what it is; *woman wailing for her demon lover.*'

He was hesitant and almost shaky as he approached the woman;

but he spoke with his common composure. He was gazing at her very steadily, as he told her earnestly that she must not be morbid because of the mere accidental accessories of the tragedy, with all their mad ugliness. 'The pictures in your grandfather's room were truer to him than that ugly picture that we saw,' he said gravely. 'Something tells me he was a good man; and it does not matter what his murderers did with his body.'

'Oh, I am sick of his holy pictures and statues!' she said, turning her head away. 'Why don't they defend themselves, if they are what you say they are? But rioters can knock off the Blessed Virgin's head and nothing happens to them. Oh, what's the good? You can't blame us, you daren't blame us, if we've found out that Man is stronger than God.'

'Surely,' said Father Brown very gently, 'it is not generous to make even God's patience with us a point against Him.'

'God may be patient and Man impatient,' she answered, 'and suppose we like the impatience better. You call it sacrilege; but you can't stop it.'

Father Brown gave a curious little jump. 'Sacrilege!' he said; and suddenly turned back to the doorway with a new brisk air of decision. At the same moment Flambeau appeared in the doorway, pale with excitement, with a screw of paper in his hands. Father Brown had already opened his mouth to speak, but his impetuous friend spoke before him.

'I'm on the track at last!' cried Flambeau. 'These pills look the same, but they're really different. And do you know that, at the very moment I spotted them, that one-eyed brute of a gardener thrust his white face into the room; and he was carrying a horse-pistol. I knocked it out of his hand and threw him down the stairs, but I begin to understand everything. If I stay here another hour or two, I shall finish my job.'

'Then you will not finish it,' said the priest, with a ring in his voice very rare in him indeed. 'We shall not stay here another hour. We shall not stay here another minute. We must leave this place at once!'

'What!' cried the astounded Flambeau. 'Just when we are getting near the truth! Why, you can tell that we're getting near the truth because they are afraid of us.'

Father Brown looked at him with a stony and inscrutable face, and said: 'They are not afraid of us when we are here. They will only be afraid of us when we are not here.'

They had both become conscious that the rather fidgety figure of Dr Flood was hovering in the lurid haze; now it precipitated itself forward with the wildest gestures.

'Stop! Listen!' cried the agitated doctor. 'I have discovered the truth!'

'Then you can explain it to your own police,' said Father Brown, briefly. 'They ought to be coming soon. But we must be going.'

The doctor seemed thrown into a whirlpool of emotions, eventually rising to the surface again with a despairing cry. He spread out his arms like a cross, barring their way.

'Be it so!' he cried. 'I will not deceive you now, by saying I have discovered the truth. I will only confess the truth.'

'Then you can confess it to your own priest,' said Father Brown, and strode towards the garden gate, followed by his staring friend. Before he reached the gate, another figure had rushed athwart him like the wind; and Dunn the gardener was shouting at him some unintelligible derision at detectives who were running away from their job. Then the priest ducked just in time to dodge a blow from the horse-pistol, wielded like a club. But Dunn was just not in time to dodge a blow from the fist of Flambeau, which was like the club of Hercules. The two left Mr Dunn spread flat behind them on the path, and, passing out of the gate, went out and got into their car in silence. Flambeau only asked one brief question and Father Brown only answered: 'Casterbury.'

At last, after a long silence, the priest observed: 'I could almost believe the storm belonged only to that garden, and came out of a storm in the soul.'

'My friend,' said Flambeau. 'I have known you a long time, and when you show certain signs of certainty, I follow your lead. But I hope you are not going to tell me that you took me away from that fascinating job, because you did not like the atmosphere.'

'Well, it was certainly a terrible atmosphere,' replied Father Brown, calmly. 'Dreadful and passionate and oppressive. And the most dreadful thing about it was this – that there was no hate in it at all.'

'Somebody,' suggested Flambeau, 'seems to have had a slight dislike of grandpapa.'

'Nobody had any dislike of anybody,' said Father Brown with a groan. 'That was the dreadful thing in that darkness. It was love.'

'Curious way of expressing love – to strangle somebody and stick him with a sword,' observed the other.

'It was love,' repeated the priest, 'and it filled the house with terror.'

'Don't tell me,' protested Flambeau, 'that that beautiful woman is in love with that spider in spectacles.'

'No,' said Father Brown and groaned again. 'She is in love with her husband. It is ghastly.'

'It is a state of things that I have often heard you recommend,' replied Flambeau. 'You cannot call that lawless love.'

'Not lawless in that sense,' answered Father Brown; then he turned

sharply on his elbow and spoke with a new warmth: 'Do you think I don't know that the love of a man and a woman was the first command of God and is glorious for ever? Are you one of those idiots who think we don't admire love and marriage? Do I need to be told of the Garden of Eden or the wine of Cana? It is just because the strength in the thing was the strength of God, that it rages with that awful energy even when it breaks loose from God. When the Garden becomes a jungle, but still a glorious jungle; when the second fermentation turns the wine of Cana into the vinegar of Calvary. Do you think I don't know all that?'

'I'm sure you do,' said Flambeau, 'but I don't yet know much about my problem of the murder.'

'The murder cannot be solved,' said Father Brown.

'And why not?' demanded his friend.

'Because there is no murder to solve,' said Father Brown.

Flambeau was silent with sheer surprise; and it was his friend who resumed in a quiet tone: 'I'll tell you a curious thing. I talked with that woman when she was wild with grief; but she never said anything about the murder. She never mentioned murder, or even alluded to murder. What she did mention repeatedly was sacrilege.' Then, with another jerk of verbal disconnection, he added: 'Have you ever heard of Tiger Tyrone?'

'Haven't I!' cried Flambeau. 'Why, that's the very man who's supposed to be after the reliquary, and whom I've been commissioned specially to circumvent. He's the most violent and daring gangster who ever visited this country; Irish, of course, but the sort that goes quite crazily anti-clerical. Perhaps he's dabbled in a little diabolism in these secret societies; anyhow, he has a macabre taste for playing all sorts of wild tricks that look wickeder than they are. Otherwise he's not the wickedest; he seldom kills, and never for cruelty; but he loves doing anything to shock people, especially his own people; robbing churches or digging up skeletons or what not.'

'Yes,' said Father Brown, 'it all fits in. I ought to have seen it all long before.'

'I don't see how we could have seen anything, after only an hour's investigation,' said the detective defensively.

'I ought to have seen it before there was anything to investigate,' said the priest. 'I ought to have known it before you arrived this morning.'

'What on earth do you mean?'

'It only shows how wrong voices sound on the telephone,' said Father Brown reflectively. 'I heard all three stages of the thing this morning; and I thought they were trifles. First, a woman rang me up and asked me to go to that inn as soon as possible. What did that mean? Of course

it meant that the old grandfather was dying. Then she rang up to say that I needn't go, after all. What did that mean? Of course it meant that the old grandfather was dead. He had died quite peaceably in his bed; probably heart failure from sheer old age. And then she rang up a third time and said I was to go, after all. What did that mean? Ah, that is rather more interesting!'

He went on after a moment's pause: 'Tiger Tyrone, whose wife worships him, took hold of one of his mad ideas, and yet it was a crafty idea, too. He had just heard that you were tracking him down, that you knew him and his methods and were coming to save the reliquary; he may have heard that I have sometimes been of some assistance. He wanted to stop us on the road; and his trick for doing it was to stage a murder. It was a pretty horrible thing to do; but it wasn't a murder. Probably he bullied his wife with an air of brutal common sense, saying he could only escape penal servitude by using a dead body that couldn't suffer anything from such use. Anyhow, his wife would do anything for him; but she felt all the unnatural hideousness of that hanging masquerade; and that's why she talked about sacrilege. She was thinking of the desecration of the relic; but also of the desecration of the deathbed. The brother's one of those shoddy 'scientific' rebels who tinker with dud bombs; an idealist run to seed. But he's devoted to Tiger; and so is the gardener. Perhaps it's a point in his favour that so many people seem devoted to him.

'There was one little point that set me guessing very early. Among the old books the doctor was turning over, was a bundle of seventeeth-century pamphlets; and I caught one title: *True Declaration of the Trial and Execution of My Lord Stafford*. Now Stafford was executed in the Popish Plot business, which began with one of history's detective stories; the death of Sir Edmund Berry Godfrey. Godfrey was found dead in a ditch, and part of the mystery was that he had marks of strangulation, but was also transfixed with his own sword. I thought at once that somebody in the house might have got the idea from here. But he couldn't have wanted it as a way of committing a murder. He can only have wanted it as a way of creating a mystery. Then I saw that this applied to all the other outrageous details. They were devilish enough; but it wasn't mere devilry; there was a rag of excuse; because they had to make the mystery as contradictory and complicated as possible, to make sure that we should be a long time solving it – or rather seeing through it. So they dragged the poor old man off his deathbed and made the corpse hop and turn cartwheels and do everything that it *couldn't* have done. They had to give us an Insoluble Problem. They swept their own tracks off the path, leaving the broom. Fortunately we did see through it in time.'

'You saw through it in time,' said Flambeau. 'I might have lingered a little longer over the second trail they left, sprinkled with assorted pills.'

'Well, anyhow, we got away,' said Father Brown, comfortably.

'And that, I presume,' said Flambeau, 'is the reason I am driving at this rate along the road to Casterbury.'

That night in the monastery and church at Casterbury there were events calculated to stagger monastic seclusion. The reliquary of St Dorothy, in a casket gorgeous with gold and rubies, was temporarily placed in a side room near the chapel of the monastery, to be brought in with a procession for a special service at the end of Benediction. It was guarded for the moment by one monk, who watched it in a tense and vigilant manner; for he and his brethren knew all about the shadow of peril from the prowling of Tiger Tyrone. Thus it was that the monk was on his feet in a flash, when he saw one of the low-latticed windows beginning to open and a dark object crawling like a black serpent through the crack. Rushing across, he gripped it and found it was the arm and sleeve of a man, terminating with a handsome cuff and a smart dark-grey glove. Laying hold of it, he shouted for help, and even as he did so, a man darted into the room through the door behind his back and snatched the casket he had left behind him on the table. Almost at the same instant, the arm wedged in the window came away in his hand, and he stood holding the stuffed limb of a dummy.

Tiger Tyrone had played that trick before, but to the monk it was a novelty. Fortunately, there was at least one person to whom the Tiger's tricks were not a novelty; and that person appeared with militant moustaches, gigantically framed in the doorway, at the very moment when the Tiger turned to escape by it. Flambeau and Tiger Tyrone looked at each other with steady eyes and exchanged something that was almost like a military salute.

Meanwhile Father Brown had slipped into the chapel, to say a prayer for several persons involved in these unseemly events. But he was rather smiling than otherwise, and, to tell the truth, he was not by any means hopeless about Mr Tyrone and his deplorable family; but rather more hopeful than he was for many more respectable people. Then his thoughts widened with the grander perspectives of the place and the occasion. Against black and green marbles at the end of the rather rococo chapel, the dark-red vestments of the festival of a martyr were in their turn a background for a fierier red; a red like red-hot coals; the rubies of the reliquary; the roses of St Dorothy. And he had again a thought to throw back to the strange events of that day, and the woman

who had shuddered at the sacrilege she had helped. After all, he thought, St Dorothy also had a Pagan lover; but he had not dominated her or destroyed her faith. She had died free and for the truth; and then had sent him roses from Paradise.

He raised his eyes and saw through the veil of incense smoke and of twinkling lights that Benediction was drawing to its end while the procession waited. The sense of accumulated riches of time and tradition pressed past him like a crowd moving in rank after rank, through unending centuries; and high above them all, like a garland of unfading flames, like the sun of our mortal midnight, the great monstrance blazed against the darkness of the vaulted shadows, as it blazed against the black enigma of the universe. For some are convinced that this enigma also is an Insoluble Problem. And others have equal certitude that it has but one solution.

The Vampire of the Village

At the twist of a path in the hills, where two poplars stood up like pyramids dwarfing the tiny village of Potter's Pond, a mere huddle of houses, there once walked a man in a costume of a very conspicuous cut and colour, wearing a vivid magenta coat and a white hat tilted upon black ambrosial curls, which ended with a sort of Byronic flourish of whisker.

The riddle of why he was wearing clothes of such fantastic antiquity, yet wearing them with an air of fashion and even swagger, was but one of the many riddles that were eventually solved in solving the mystery of his fate. The point here is that when he had passed the poplars he seemed to have vanished; as if he had faded into the wan and widening dawn or been blown away upon the wind of morning.

It was only about a week afterwards that his body was found a quarter of a mile away, broken upon the steep rockeries of a terraced garden leading up to a gaunt and shuttered house called The Grange. Just before he had vanished, he had been accidentally overheard apparently quarrelling with some bystanders, and especially abusing their village as 'a wretched little hamlet'; and it was supposed that he had aroused some extreme passions of local patriotism and eventually been their victim. At least the local doctor testified that the skull had suffered a crushing blow that might have caused death, though probably only inflicted with some sort of club or cudgel. This fitted in well enough with the notion of an attack by rather savage yokels. But nobody ever found any means of tracing any particular yokel; and the inquest returned a verdict of murder by some persons unknown.

A year or two afterwards the question was re-opened in a curious way; a series of events which led a certain Dr Mulborough, called by his intimates Mulberry in apt allusion to something rich and fruity about his dark rotundity and rather empurpled visage, travelling by train down to Potter's Pond, with a friend whom he had often consulted upon problems of the kind. In spite of the somewhat port-winy and ponderous exterior of the doctor, he had a shrewd eye and was really a man of very remarkable sense; which he considered that he showed in consulting a little priest named Brown, whose acquaintance he had made over a poisoning case long ago. The little priest was sitting opposite to him, with the air of a patient baby absorbing instruction; and the doctor was explaining at length the real reasons for the journey.

'I cannot agree with the gentleman in the magenta coat that Potter's Pond is only a wretched little hamlet. But it is certainly a very remote and secluded village; so that it seems quite outlandish, like a village of a hundred years ago. The spinsters are really spinsters – damn it, you could almost imagine you saw them spin. The ladies are not just ladies. They are gentlewomen; and their chemist is not a chemist, but an apothecary; pronounced potecary. They do just admit the existence of an ordinary doctor like myself to assist the apothecary. But I am considered rather a juvenile innovation, because I am only fifty-seven years old and have only been in the county for twenty-eight years. The solicitor looks as if he had known it for twenty-eight thousand years. Then there is the old Admiral, who is just like a Dickens illustration; with a house full of cutlasses and cuttlefish and equipped with a telescope.'

'I suppose,' said Father Brown, 'there are always a certain number of Admirals washed up on the shore. But I never understood why they get stranded so far inland.'

'Certainly no dead-alive place in the depths of the country is complete without one of these little creatures,' said the doctor. 'And then, of course, there is the proper sort of clergyman; Tory and High Church in a dusty fashion dating from Archbishop Laud; more of an old woman than any of the old women. He's a white-haired studious old bird, more easily shocked than the spinsters. Indeed, the gentlewomen, though Puritan in their principles, are sometimes pretty plain in their speech; as the real Puritans were. Once or twice I have known old Miss Carstairs-Carew use expressions as lively as anything in the Bible. The dear old clergyman is assiduous in reading the Bible; but I almost fancy he shuts his eyes when he comes to those words. Well, you know I'm not particularly modern. I don't enjoy this jazzing and joy-riding of the Bright Young Things –'

'The Bright Young Things don't enjoy it,' said Father Brown. 'That is the real tragedy.'

'But I am naturally rather more in touch with the world than the people in this prehistoric village,' pursued the doctor. 'And I had reached a point when I almost welcomed the Great Scandal.'

'Don't say the Bright Young Things have found Potter's Pond after all,' observed the priest, smiling.

'Oh, even our scandal is on old-established melodramatic lines. Need I say that the clergyman's son promises to be our problem? It would be almost irregular, if the clergyman's son were quite regular. So far as I can see, he is very mildly and almost feebly irregular. He was first seen drinking ale outside the Blue Lion. Only it seems he is a poet, which in those parts is next door to being a poacher.'

'Surely,' said Father Brown, 'even in Potter's Pond that cannot be the Great Scandal.'

'No,' replied the doctor gravely. 'The Great Scandal began thus. In the house called The Grange, situated at the extreme end of The Grove, there lives a lady. A Lonely Lady. She calls herself Mrs Maltravers (that is how we put it); but she only came a year or two ago and nobody knows anything about her. "I can't think why she wants to live here," said Miss Carstairs-Carew; "we do not visit her."'

'Perhaps that's why she wants to live there,' said Father Brown.

'Well, her seclusion is considered suspicious. She annoys them by being good-looking and even what is called good style. And all the young men are warned against her as a vamp.'

'People who lose all their charity generally lose all their logic,' remarked Father Brown. 'It's rather ridiculous to complain that she keeps to herself; and then accuse her of vamping the whole male population.'

'That is true,' said the doctor. 'And yet she is really rather a puzzling person. I saw her and found her intriguing; one of those brown women, long and elegant and beautifully ugly, if you know what I mean. She is rather witty, and though young enough certainly gives me an impression of what they call – well, experience. What the old ladies call a Past.'

'All the old ladies having been born this very minute,' observed Father Brown. 'I think I can assume she is supposed to have vamped the parson's son.'

'Yes, and it seems to be a very awful problem to the poor old parson. She is supposed to be a widow.'

Father Brown's face had a flash and spasm of his rare irritation. 'She is supposed to be a widow, as the parson's son is supposed to be the parson's son, and the solicitor is supposed to be a solicitor and you are supposed to be a doctor. Why in thunder shouldn't she be a widow? Have they one speck of *prima facie* evidence for doubting that she is what she says she is?'

Dr Mulborough abruptly squared his broad shoulders and sat up. 'Of course you're right again,' he said. 'But we haven't come to the scandal yet. Well, the scandal is that she is a widow.'

'Oh,' said Father Brown; and his face altered and he said something soft and faint, that might almost have been 'My God!'

'First of all,' said the doctor, 'they have made one discovery about Mrs Maltravers. She is an actress.'

'I fancied so,' said Father Brown. 'Never mind why. I had another fancy about her, that would seem even more irrelevant.'

'Well, at that instant it was scandal enough that she was an actress.

The dear old clergyman of course is heartbroken, to think that his white hairs should be brought in sorrow to the grave by an actress and adventuress. The spinsters shriek in chorus. The Admiral admits he has sometimes been to a theatre in town; but objects to such things in what he calls "our midst". Well, of course I've no particular objections of that kind. This actress is certainly a lady, if a bit of a Dark Lady, in the manner of the Sonnets; the young man is very much in love with her; and I am no doubt a sentimental old fool in having a sneaking sympathy with the misguided youth who is sneaking round the Moated Grange; and I was getting into quite a pastoral frame of mind about this idyll, when suddenly the thunderbolt fell. And I, who am the only person who ever had any sympathy with these people, am sent down to be the messenger of doom.'

'Yes,' said Father Brown, 'and why *were* you sent down?'

The doctor answered with a sort of groan: 'Mrs Maltravers is not only a widow, but she is the widow of Mr Maltravers.'

'It sounds like a shocking revelation, as you state it,' acknowledged the priest seriously.

'And Mr Maltravers,' continued his medical friend, 'was the man who was apparently murdered in this very village a year or two ago; supposed to have been bashed on the head by one of the simple villagers.'

'I remember you told me,' said Father Brown. 'The doctor, or some doctor, said he had probably died of being clubbed on the head with a cudgel.'

Dr Mulborough was silent for a moment in frowning embarrassment, and then said curtly: 'Dog doesn't eat dog, and doctors don't bite doctors, not even when they are mad doctors. I shouldn't care to cast any reflection on my eminent predecessor in Potter's Pond, if I could avoid it; but I know you are really safe for secrets. And, speaking in confidence, my eminent predecessor at Potter's Pond was a blasted fool; a drunken old humbug and absolutely incompetent. I was asked, originally by the Chief Constable of the County (for I've lived a long time in the county, though only recently in the village), to look into the whole business; the depositions and reports of the inquest and so on. And there simply isn't any question about it. Maltravers may have been hit on the head; he was a strolling actor passing through the place; and Potter's Pond probably thinks it is all in the natural order that such people should be hit on the head. But whoever hit him on the head did not kill him; it is simply impossible for the injury, as described, to do more than knock him out for a few hours. But lately I have managed to turn up some other facts bearing on the matter; and the result of it is pretty grim.'

He sat louring at the landscape as it slid past the window, and then said more curtly: 'I am coming down here, and asking your help, because there's going to be an exhumation. There is very strong suspicion of poison.'

'And here we are at the station,' said Father Brown cheerfully. 'I suppose your idea is that poisoning the poor man would naturally fall among the household duties of his wife.'

'Well, there never seems to have been anyone else here who had any particular connection with him,' replied Mulborough, as they alighted from the train. 'At least there is one queer old crony of his, a broken-down actor, hanging around; but the police and the local solicitor seem convinced he is an unbalanced busybody; with some *idée fixe* about a quarrel with an actor who was his enemy; but who certainly wasn't Maltravers. A wandering accident, I should say, and certainly nothing to do with the problem of the poison.'

Father Brown had heard the story. But he knew that he never knew a story until he knew the characters in the story. He spent the next two or three days in going the rounds, on one polite excuse or another, to visit the chief actors of the drama. His first interview with the mysterious widow was brief but bright. He brought away from it at least two facts; one that Mrs Maltravers sometimes talked in a way which the Victorian village would call cynical; and, second, that like not a few actresses, she happened to belong to his own religious communion.

He was not so illogical (nor so unorthodox) as to infer from this alone that she was innocent of the alleged crime. He was well aware that his old religious communion could boast of several distinguished poisoners. But he had no difficulty in understanding its connection, in this sort of case, with a certain intellectual liberty which these Puritans would call laxity; and which would certainly seem to this parochial patch of an older England to be almost cosmopolitan. Anyhow, he was sure she could count for a great deal, whether for good or evil. Her brown eyes were brave to the point of battle, and her enigmatic mouth, humorous and rather large, suggested that her purposes touching the parson's poetical son, whatever they might be, were planted pretty deep.

The parson's poetical son himself, interviewed amid vast village scandal on a bench outside the Blue Lion, gave an impression of pure sulks. Hurrel Horner, a son of the Revd Samuel Horner, was a square-built young man in a pale grey suit with a touch of something arty in a pale green tie, otherwise mainly notable for a mane of auburn hair and a permanent scowl. But Father Brown had a way with him in getting people to explain at considerable length why they refused to say a single word. About the general scandalmongering in the village, the young

man began to curse freely. He even added a little scandalmongering of his own. He referred bitterly to alleged past flirtations between the Puritan Miss Carstairs-Carew and Mr Carver the solicitor. He even accused that legal character of having attempted to force himself upon the acquaintance of Mrs Maltravers. But when he came to speak of his own father, whether out of an acid decency or piety, or because his anger was too deep for speech, he snapped out only a few words.

'Well, there it is. He denounces her day and night as a painted adventuress; a sort of barmaid with gilt hair. I tell him she's not; you've met her yourself, and you know she's not. But he won't even meet her. He won't even see her in the street or look at her out of a window. An actress would pollute his house and even his holy presence. If he is called a Puritan he says he's proud to be a Puritan.'

'Your father,' said Father Brown, 'is entitled to have his views respected, whatever they are; they are not views I understand very well myself. But I agree he is not entitled to lay down the law about a lady he has never seen and then refuse even to look at her, to see if he is right. That is illogical.'

'That's his very stiffest point,' replied the youth. 'Not even one momentary meeting. Of course, he thunders against my other theatrical tastes as well.'

Father Brown swiftly followed up the new opening, and learnt much that he wanted to know. The alleged poetry, which was such a blot on the young man's character, was almost entirely dramatic poetry. He had written tragedies in verse which had been admired by good judges. He was no mere stage-struck fool; indeed he was no fool of any kind. He had some really original ideas about acting Shakespeare; it was easy to understand his having been dazzled and delighted by finding the brilliant lady at the Grange. And even the priest's intellectual sympathy so far mellowed the rebel of Potter's Pond that at their parting he actually smiled.

It was that smile which suddenly revealed to Father Brown that the young man was really miserable. So long as he frowned, it might well have been only sulks; but when he smiled it was somehow a more real revelation of sorrow.

Something continued to haunt the priest about that interview with the poet. An inner instinct certified that the sturdy young man was eaten from within, by some grief greater even than the conventional story of conventional parents being obstacles to the course of true love. It was all the more so, because there were not any obvious alternative causes. The boy was already rather a literary and dramatic success; his books might be said to be booming. Nor did he drink or dissipate

his well-earned wealth. His notorious revels at the Blue Lion reduced themselves to one glass of light ale; and he seemed to be rather careful with his money. Father Brown thought of another possible complication in connection with Hurrel's large resources and small expenditure; and his brow darkened.

The conversation of Miss Carstairs-Carew, on whom he called next, was certainly calculated to paint the parson's son in the darkest colours. But as it was devoted to blasting him with all the special vices which Father Brown was quite certain the young man did not exhibit, he put it down to a common combination of Puritanism and gossip. The lady, though lofty, was quite gracious, however, and offered the visitor a small glass of port-wine and a slice of seedcake, in the manner of everybody's most ancient great-aunts, before he managed to escape from a sermon on the general decay of morals and manners.

His next port of call was very much of a contrast; for he disappeared down a dark and dirty alley, where Miss Carstairs-Carew would have refused to follow him even in thought; and then into a narrow tenement made noisier by a high and declamatory voice in an attic . . . From this he re-emerged, with a rather dazed expression, pursued on to the pavement by a very excited man with a blue chin and a black frock-coat faded to bottle-green, who was shouting argumentatively: 'He did not disappear! Maltravers never disappeared! He appeared: he appeared dead and I've appeared alive. But where's all the rest of the company? Where's that man, that monster, who deliberately stole my lines, crabbed my best scenes and ruined my career? I was the finest Tubal that ever trod the boards. He acted Shylock – he didn't need to act much for that! And so with the greatest opportunity of my whole career. I could show you press-cuttings on my renderings of Fortinbras –'

'I'm quite sure they were splendid and very well-deserved,' gasped the little priest. 'I understood the company had left the village before Maltravers died. But it's all right. It's quite all right.' And he began to hurry down the street again.

'He was to act Polonius,' continued the unquenchable orator behind him. Father Brown suddenly stopped dead.

'Oh,' he said very slowly, 'he was to act Polonius.'

'That villain Hankin!' shrieked the actor. 'Follow his trail. Follow him to the ends of the earth! Of course he'd left the village; trust him for that. Follow him – find him; and may the curses –' But the priest was again hurrying away down the street.

Two much more prosaic and perhaps more practical interviews followed this melodramatic scene. First the priest went into the bank, where he was closeted for ten minutes with the manager; and then

paid a very proper call on the aged and amiable clergyman. Here again all seemed very much as described, unaltered and seemingly unalterable; a touch or two of devotion from more austere traditions, in the narrow crucifix on the wall, the big Bible on the bookstand and the old gentleman's opening lament over the increasing disregard of Sunday; but all with a flavour of gentility that was not without its little refinements and faded luxuries.

The clergyman also gave his guest a glass of port; but accompanied by an ancient British biscuit instead of seedcake. The priest had again the weird feeling that everything was almost too perfect, and that he was living a century before his time. Only on one point the amiable old parson refused to melt into any further amiability; he meekly but firmly maintained that his conscience would not allow him to meet a stage player. However, Father Brown put down his glass of port with expressions of appreciation and thanks; and went off to meet his friend the doctor by appointment at the corner of the street; whence they were to go together to the offices of Mr Carver, the solicitor.

'I suppose you've gone the dreary round,' began the doctor, 'and found it a very dull village.'

Father Brown's reply was sharp and almost shrill. 'Don't call your village dull. I assure you it's a very extraordinary village indeed.'

'I've been dealing with the only extraordinary thing that ever happened here, I should think,' observed Dr Mulborough. 'And even that happened to somebody from outside. I may tell you they managed the exhumation quietly last night; and I did the autopsy this morning. In plain words we've been digging up a corpse that's simply stuffed with poison.'

'A corpse stuffed with poison,' repeated Father Brown rather absently. 'Believe me, your village contains something much more extraordinary than that.'

There was abrupt silence, followed by the equally abrupt pulling of the antiquated bell-pull in the porch of the solicitor's house; and they were soon brought into the presence of that legal gentleman, who presented them in turn to a white-haired, yellow-faced gentleman with a scar, who appeared to be the Admiral.

By this time the atmosphere of the village had sunk almost into the subconsciousness of the little priest; but he was conscious that the lawyer was indeed the sort of lawyer to be the adviser of people like Miss Carstairs-Carew. But though he was an archaic old bird, he seemed something more than a fossil. Perhaps it was the uniformity of the background; but the priest had again the curious feeling that he himself was transplanted back into the early nineteenth century, rather

than that the solicitor had survived into the early twentieth. His collar and cravat contrived to look almost like a stock as he settled his long chin into them; but they were clean as well as clean-cut; and there was even something about him of a very dry old dandy. In short, he was what is called well preserved, even if partly by being petrified.

The lawyer and the Admiral, and even the doctor, showed some surprise on finding that Father Brown was rather disposed to defend the parson's son against the local lamentations on behalf of the parson.

'I thought our young friend rather attractive, myself,' he said. 'He's a good talker and I should guess a good poet; and Mrs Maltravers, who is serious about that at least, says he's quite a good actor.'

'Indeed,' said the lawyer. 'Potter's Pond, outside Mrs Maltravers, is rather more inclined to ask if he is a good son.'

'He is a good son,' said Father Brown. 'That's the extraordinary thing.'

'Damn it all,' said the Admiral. 'Do you mean he's really fond of his father?'

The priest hesitated. Then he said, 'I'm not quite so sure about that. That's the other extraordinary thing.'

'What the devil do you mean?' demanded the sailor with nautical profanity.

'I mean,' said Father Brown, 'that the son still speaks of his father in a hard unforgiving way; but he seems after all to have done more than his duty by him. I had a talk with the bank manager, and as we were inquiring in confidence into a serious crime, under authority from the police, he told me the facts. The old clergyman has retired from parish work; indeed, this was never actually his parish. Such of the populace, which is pretty pagan, as goes to church at all, goes to Dutton-Abbot, not a mile away. The old man has no private means, but his son is earning good money; and the old man is well looked after. He gave me some port of absolutely first-class vintage; I saw rows of dusty old bottles of it; and I left him sitting down to a little lunch quite *recherché* in an old-fashioned style. It must be done on the young man's money.'

'Quite a model son,' said Carver with a slight sneer.

Father Brown nodded, frowning, as if revolving a riddle of his own; and then said: 'A model son. But rather a mechanical model.'

At this moment a clerk brought in an unstamped letter for the lawyer; a letter which the lawyer tore impatiently across after a single glance. As it fell apart, the priest saw a spidery, crazy crowded sort of handwriting and the signature of 'Phoenix Fitzgerald'; and made a guess which the other curtly confirmed.

'It's that melodramatic actor that's always pestering us,' he said.

'He's got some fixed feud with some dead and gone fellow mummer of his, which can't have anything to do with the case. We all refuse to see him, except the doctor, who did see him; and the doctor says he's mad.'

'Yes,' said Father Brown, pursing his lips thoughtfully. 'I should say he's mad. But of course there can't be any doubt that he's right.'

'Right?' cried Carver sharply. 'Right about what?'

'About this being connected with the old theatrical company,' said Father Brown. 'Do you know the first thing that stumped me about this story? It was that notion that Maltravers was killed by villagers because he insulted their village. It's extraordinary what coroners can get jurymen to believe; and journalists, of course, are quite incredibly credulous. They can't know much about English rustics. I'm an English rustic myself; at least I was grown, with other turnips, in Essex. Can you imagine an English agricultural labourer idealising and personifying his village, like the citizen of an old Greek city state; drawing the sword for its sacred banner, like a man in the tiny medieval republic of an Italian town? Can you hear a jolly old gaffer saying, "Blood alone can wipe out one spot on the escutcheon of Potter's Pond"? By St George and the Dragon, I only wish they would! But, as a matter of fact, I have a more practical argument for the other notion.'

He paused for a moment, as if collecting his thoughts, and then went on: 'They misunderstood the meaning of those few last words poor Maltravers was heard to say. He wasn't telling the villagers that the village was only a hamlet. He was talking to an actor; they were going to put on a performance in which Fitzgerald was to be Fortinbras, the unknown Hankin to be Polonius, and Maltravers, no doubt, the Prince of Denmark. Perhaps somebody else wanted the part or had views on the part; and Maltravers said angrily, "You'd be a miserable little Hamlet"; that's all.'

Dr Mulborough was staring; he seemed to be digesting the suggestion slowly but without difficulty. At last he said, before the others could speak: 'And what do you suggest that we should do now?'

Father Brown arose rather abruptly; but he spoke civilly enough. 'If these gentlemen will excuse us for a moment, I propose that you and I, doctor, should go round at once to the Horners. I know the parson and his son will both be there just now. And what I want to do, doctor, is this. Nobody in the village knows yet, I think, about your autopsy and its result. I want you simply to tell both the clergyman and his son, while they are there together, the exact fact of the case; that Maltravers died by poison and not by a blow.'

Dr Mulborough had reason to reconsider his incredulity when told

that it was an extraordinary village. The scene which ensued, when he actually carried out the priest's programme, was certainly of the sort in which a man, as the saying is, can hardly believe his eyes.

The Revd Samuel Horner was standing in his black cassock, which threw up the silver of his venerable head; his hand rested at the moment on the lectern at which he often stood to study the Scripture, now possibly by accident only; but it gave him a greater look of authority. And opposite to him his mutinous son was sitting asprawl in a chair, smoking a cheap cigarette with an exceptionally heavy scowl; a lively picture of youthful impiety.

The old man courteously waved Father Brown to a seat, which he took and sat there silent, staring blandly at the ceiling. But something made Mulborough feel that he could deliver his important news more impressively standing up.

'I feel,' he said, 'that you ought to be informed, as in some sense the spiritual father of this community, that one terrible tragedy in its record has taken on a new significance; possibly even more terrible. You will recall the sad business of the death of Maltravers; who was adjudged to have been killed with the blow of a stick, probably wielded by some rustic enemy.'

The clergyman made a gesture with a wavering hand. 'God forbid,' he said, 'that I should say anything that might seem to palliate murderous violence in any case. But when an actor brings his wickedness into this innocent village, he is challenging the judgement of God.'

'Perhaps,' said the doctor gravely. 'But anyhow it was not so that the judgement fell. I have just been commissioned to conduct a post-mortem on the body; and I can assure you, first, that the blow on the head could not conceivably have caused the death; and, second, that the body was full of poison, which undoubtedly caused death.'

Young Hurrel Horner sent his cigarette flying and was on his feet with the lightness and swiftness of a cat. His leap landed him within a yard of the reading-desk.

'Are you certain of this?' he gasped. 'Are you absolutely certain that that blow could not cause death?'

'Absolutely certain,' said the doctor.

'Well,' said Hurrel, 'I almost wish this one could.'

In a flash, before anyone could move a finger, he had struck the parson a stunning crack on the mouth, dashing him backwards like a disjointed black doll against the door.

'What are you doing?' cried Mulborough, shaken from head to foot with the shock and mere sound of the blow. 'Father Brown, what is this madman doing?'

But Father Brown had not stirred; he was still staring serenely at the ceiling.

'I was waiting for him to do that,' said the priest placidly. 'I rather wonder he hasn't done it before.'

'Good God,' cried the doctor. 'I know we thought he was wronged in some ways; but to strike his father; to strike a clergyman and a non-combatant –'

'He has not struck his father; and he has not struck a clergyman,' said Father Brown. 'He has struck a blackmailing blackguard of an actor dressed up as a clergyman, who has lived on him like a leech for years. Now he knows he is free of the blackmail, he lets fly; and I can't say I blame him much. More especially as I have very strong suspicions that the blackmailer is a poisoner as well. I think, Mulborough, you had better ring up the police.'

They passed out of the room uninterrupted by the two others, the one dazed and staggered, the other still blind and snorting and panting with passions of relief and rage. But as they passed, Father Brown once turned his face to the young man; and the young man was one of the very few human beings who have seen that face implacable.

'He was right there,' said Father Brown. 'When an actor brings his wickedness into this innocent village, he challenges the judgement of God.'

'Well,' said Father Brown, as he and the doctor again settled themselves in a railway carriage standing in the station of Potter's Pond. 'As you say, it's a strange story; but I don't think it's any longer a mystery story. Anyhow, the story seems to me to have been roughly this. Maltravers came here, with part of his touring company; some of them went straight to Dutton-Abbot, where they were all presenting some melodrama about the early nineteenth century; he himself happened to be hanging about in his stage dress, the very distinctive dress of a dandy of that time. Another character was an old-fashioned parson, whose dark dress was less distinctive and might pass as being merely old-fashioned. This part was taken by a man who mostly acted old men; had acted Shylock and was afterwards going to act Polonius.

'A third figure in the drama was our dramatic poet, who was also a dramatic performer, and quarrelled with Maltravers about how to present *Hamlet*, but more about personal things, too. I think it likely that he was in love with Mrs Maltravers even then; I don't believe there was anything wrong with them; and I hope it may now be all right with them. But he may very well have resented Maltravers in his

conjugal capacity; for Maltravers was a bully and likely to raise rows. In some such row they fought with sticks, and the poet hit Maltravers very hard on the head, and, in the light of the inquest, had every reason to suppose he had killed him.

'A third person was present or privy to the incident, the man acting the old parson; and he proceeded to blackmail the alleged murderer, forcing from him the cost of his upkeep in some luxury as a retired clergyman. It was the obvious masquerade for such a man in such a place, simply to go on wearing his stage clothes as a retired clergyman. But he had his own reason for being a very retired clergyman. For the true story of Maltravers' death was that he rolled into a deep undergrowth of bracken, gradually recovered, tried to walk towards a house, and was eventually overcome, not by the blow, but by the fact that the benevolent clergyman had given him poison an hour before, probably in a glass of port. I was beginning to think so, when I drank a glass of the parson's port. It made me a little nervous. The police are working on that theory now; but whether they will be able to prove that part of the story, I don't know. They will have to find the exact motive; but it's obvious that this bunch of actors was buzzing with quarrels and Maltravers was very much hated.'

'The police may prove something now they have got the suspicion,' said Dr Mulborough. 'What I don't understand is why you ever began to suspect. Why in the world should you suspect that very blameless black-coated gentleman?'

Father Brown smiled faintly. 'I suppose in one sense,' he said, 'it was a matter of special knowledge; almost a professional matter, but in a peculiar sense. You know our controversialists often complain that there is a great deal of ignorance about what our religion is really like. But it is really more curious than that. It is true, and it is not at all unnatural, that England does not know much about the Church of Rome. But England does not know much about the Church of England. Not even as much as I do. You would be astonished at how little the average public grasps about the Anglican controversies; lots of them don't really know what is meant by a High Churchman or a Low Churchman, even on the particular points of practice, let alone the two theories of history and philosophy behind them. You can see this ignorance in any newspaper; in any merely popular novel or play.

'Now the first thing that struck me was that this venerable cleric had got the whole thing incredibly mixed up. No Anglican parson could be so wrong about every Anglican problem. He was supposed to be an old Tory High Churchman; and then he boasted of being a Puritan. A man like that might personally be rather Puritanical; but he would never call

it being a Puritan. He professed a horror of the stage; he didn't know that High Churchmen generally don't have that special horror, though Low Churchmen do. He talked like a Puritan about the Sabbath; and then he had a crucifix in his room. He evidently had no notion of what a very pious parson ought to be, except that he ought to be very solemn and venerable and frown upon the pleasures of the world.

'All this time there was a subconscious notion running in my head; something I couldn't fix in my memory; and then it came to me suddenly. This is a Stage Parson. That is exactly the vague venerable old fool who would be the nearest notion a popular playwright or play-actor of the old school had of anything so odd as a religious man.'

'To say nothing of a physician of the old school,' said Mulborough good-humouredly, 'who does not set up to know much about being a religious man.'

'As a matter of fact,' went on Father Brown, 'there was a plainer and more glaring cause for suspicion. It concerned the Dark Lady of the Grange, who was supposed to be the Vampire of the Village. I very early formed the impression that this black blot was rather the bright spot of the village. She was treated as a mystery; but there was really nothing mysterious about her. She had come down here quite recently, quite openly, under her own name, to help the new inquiries to be made about her own husband. He hadn't treated her too well; but she had principles, suggesting that something was due to her married name and to common justice. For the same reason, she went to live in the house outside which her husband had been found dead. The other innocent and straightforward case, besides the Vampire of the Village, was the Scandal of the Village, the parson's profligate son. He also made no disguise of his profession or past connection with the acting world. That's why I didn't suspect him as I did the parson. But you'll already have guessed a real and relevant reason for suspecting the parson.'

'Yes, I think I see,' said the doctor, 'that's why you bring in the name of the actress.'

'Yes, I mean his fanatical fixity about not seeing the actress,' remarked the priest. 'But he didn't really object to seeing her. He objected to her seeing him.'

'Yes, I see that,' assented the other. 'If she had seen the Revd Samuel Horner, she would instantly have recognised the very unreverend actor Hankin, disguised as a sham parson with a pretty bad character behind the disguise. Well, that is the whole of this simple village idyll, I think. But you will admit I kept my promise; I have shown you something in the village considerably more creepy than a corpse; even a corpse stuffed with poison. The black coat of a parson stuffed with a blackmailer is at

least worth noticing and my live man is much deadlier than your dead one.'

'Yes,' said the doctor, settling himself back comfortably in the cushions. 'If it comes to a little cosy company on a railway journey, I should prefer the corpse.'

least worth nothing and my live man is much deadlier than your dead one.'

'Yes,' said the doctor, settling himself back comfortably in the cushions. 'If it comes to a little cosy company on a railway journey I should prefer the corpse.'

THE DONNINGTON AFFAIR

Part 1

By Max Pemberton

The following statement of the Donnington affair has been written from the original notes by the priest-in-charge of the Parish of Borrow-in-the-Vale.

John Barrington Cope came to Sussex from King's College, Cambridge, at a time when the aged vicar could no longer undertake single-handed even the pleasant duties of that rural charge.

He had been nearly two years at Borrow when the tragedy occurred. A man of considerable scholastic attainment, he appears immediately to have realised the magnitude of the mystery and to have set down, without loss of time, an orderly statement of the facts as they presented themselves to him.

The accepted lover of Evelyn Donnington's sister Harriet, he enjoyed the liberties of Borrow Close, and was almost daily at the house. It was at his suggestion that 'another' was summoned from London to investigate a case which promised at an early moment to baffle alike the vigilance of the police and the curiosity of the public.

Mr Cope's notes were written primarily for Father Brown's perusal. An amplification of them seems to be the swiftest method of putting the reading public in possession of the salient features of this amazing occurrence.

1

My name is John Barrington Cope, and I had been priest-in-charge of the parish of Borrow-in-the-Vale for twenty-one months.

I last saw Evelyn Donnington alive on Sunday evening at a quarter past ten o'clock. I had supped at Borrow Close as it has been my privilege to do almost every Sunday evening since I came to the parish. The fact that my fiancée, Harriet Donnington, was and is at Bath made no difference.

Sir Borrow Donnington has few friends. He is not a man who loves the society of other men, nor, for that matter, of women. It may be that I understand him a little better than his fellows. I am welcome at Borrow Close, and there is no other house which has a prior claim upon me.

I saw Evelyn Donnington alive and well at a quarter past ten on the

evening of Sunday last, the 24th day of July. She came to the porch with me to tell me of a letter she had received from Harriet on the previous day, and there I said 'good-night' to her.

The rectory stands perhaps a third part of a mile across the park, and is best reached by a bridle-path through what is known as Adam's Thicket. The way is dark and shut in by the magnificent beeches for which Borrow is famous. I saw no living thing as I returned to the rectory, nor heard any sound that was ominous.

Two hours later a footman from the Close awakened me to say that Evelyn was dead. 'Murdered, sir!' he gasped, and without another word he ran on headlong towards the doctor's house.

I had fallen into a light sleep when this man's ring awakened me. There had been much trouble at Borrow Close since I came to the parish. The world is well acquainted with the nature of this, and knows much of the shame which has overtaken the Donnington family. Whatever sympathy it may have withheld from Sir Borrow Donnington himself, it has lavished freely upon his daughters.

To me Evelyn was already as a sister. I was to have married Harriet in September, though God knows what may be in store for us now.

Men deride omens, though often they are but the mind's logic waging a war upon our optimism. Though the affair of Southby Donnington would appear to have been settled by his conviction and imprisonment, I dreaded from the first that such could not be the end of it; and it was of Southby Donnington, Sir Borrow's only son, that I had been dreaming in my sleep when the footman awakened me.

What a sardonic chapter in the history of human nature! An only son – a wealthy father! Upon the one side a profligacy almost without parallel, upon the other side a parsimony stupendous in its ironic selfishness.

Southby Donnington was sent to Eton and to Trinity (Cambridge) as an Army candidate. A disgraceful affair at a gambling den in London, with a subsequent appearance at a police-court, finished his university career in his first term. He could not even pass the trivial examination now demanded for Sandhurst. He would suggest no other vocation. The man became a derelict in the dangerous seas of London's underworld. In vain his sisters pleaded with Sir Borrow. The baronet had finished with his son. A man of iron resolution which nothing could bend, he swore that Southby should never enter his house again. There followed the cataclysm.

We heard of the boy's arrest in London upon a charge of forgery. He was committed for trial, defended with what money his sisters could supply him, sent to the Old Bailey, convicted. The sentence was one

of three years' penal servitude. We learned that he had been taken to Wormwood Scrubs, and nine months later that he was at Parkhurst.

It is no place here to dwell upon the secrets of the stricken house or of the aftermath of this terrible downfall.

Borrow Close is an old mansion lying between Ashdown Forest and Crowborough. It has always been remote from men and affairs, and there is no domain in the south of England so wonderful in its solitudes.

All about it is the forest. The very park is primeval woodland; here abounding in undergrowth so thick that the foot of man might never have been set therein; there characterised by marshy pools and groves where noonday is but a shimmer of reluctant light. Few were admitted to the house even in the days when Lady Donnington was its mistress. Since her death it has become medieval in its isolation. The old baronet had nothing in common with his neighbours; his daughters were always afraid of him, and they go through life as it were on tiptoe, fearing that if they speak above a whisper they will awake the curiosity of the world beyond their gates.

It is true that Southby flouted the sanctities of this retreat, despite the baronet's displeasure. Parties of wild undergraduates made the 'welkin ring' during the vacations; the story of Evelyn and Harriet's beauty was not unknown in the courts at Cambridge. Few of the boys, however, had the courage to persist, and I think that even Southby himself was astonished when Captain Willy Kennington appeared suddenly upon the scene as a suitor for Evelyn's hand, and was not to be repulsed even by Sir Borrow's savage discouragement.

Captain Kennington had met Evelyn at her aunt's house in Kensington some three months before the downfall. Her womanly gifts should have made an appeal to any man who became well acquainted with them, and I do not wonder that the young soldier surrendered to the spell.

Very simple in all her ideas, not a little afraid of the world, yet gifted with an imagination which years of solitary reading had stimulated, she seemed to be at once the woman and the child; wise above her years, yet afflicted by those ideals for which woman often pays so dearly. Fear of her father forbade that immediate acceptance of the soldier's advances which her heart dictated. She returned to Borrow Close, and was followed there shortly by the captain himself.

What was my astonishment to hear a few days later that Sir Borrow had refused all discussion of the matter, and in one of those violent paroxysms of temper, with which neither God nor man could reason, had ordered the captain from his house.

To give him his due, Southby played a man's part in this affair. He

interceded warmly for his sister, returning from South Africa for that purpose. The scene between father and son is remembered at the Close as the culminating episode of an estrangement as discreditable to one as to the other. Passion dominated it, and set finality upon it. No word was spoken between these two men until the end.

Three months later Southby was a convict, and I remained the one man who visited the baronet in the days of his shame.

2

These are the events of sixteen months ago. I have already disclaimed any intention of dwelling upon the intimate days of sorrow which followed after. 'The evil that men do lives after them,' and while for the world the tragedy was but a nine days' wonder, it lay heavy upon the house of Borrow. No longer did the old baronet receive the visits of the few friends hitherto admitted to the Close. He shut the doors alike upon the old world and the new. His daughters saw no one but the servants and myself. In their turn, his neighbours shrank from him. Men had come to say that lust of gold drove Southby to the crime, and to believe that the boy was less guilty than the father.

The one man who stood by the stricken family was Captain Kennington, who owed so little to the baronet. Now, in the darkest hour, he came forward to demand Evelyn's hand anew. It went without saying that she would not accept him. A rare type of womanhood, the very fact that she loved was the barrier between them. Nothing, she felt, could ever blot out the shame of this happening, or minimise its consequences. The harvest of sin was not gathered in Parkhurst Prison, but here in the ancient house, where women reaped with sickles of tears.

My own relations to Harriet were, God be praised, but superficially affected by Southby's downfall. We had learned to know each other so well before the trouble came that it but set a seal upon our mutual sense of help and sacrifice, and although I knew that she would not marry me immediately, I left the future to lead us as it might. Sir Donnington himself now seemed to find in my society the sole consolation of his declining years. He did not go to church, but I visited them for worship early every Sunday morning, and was always at the Close to supper when in residence at the rectory.

So the months rolled on, and time, the healer, came to our aid. The bitterness of fear and doubt had passed down and given place to a brave attempt to face the future. We made many plans for Southby upon his

release, and were determined to start him in a farm in South Africa if we could. Kennington went so far as to visit the prison and see the convict. His own father was one of the visiting inspectors, as it chanced, and so an advantage was permitted him.

He told us that he found Southby quite resigned to his fate, and he spoke of him as a man who was convinced that he had not committed a crime, but had been the victim of those who had betrayed him when they discovered that nothing was to be extorted from the baronet.

Parkhurst, it seems, is the gentleman's prison, and Southby was in aristocratic company there. I confess that the intimation was not without its saving humour, and permitted some reflection upon the permanence of those social aspirations which could afflict men even in a prison. Better, it appeared, to pick oakum with a lord than to earn an honest living among plebeians.

Kennington spoke of cheerfulness and of content, but I remembered afterwards one phrase in his letter which should have struck me as significant. Prison makes strange bedfellows, and so far as man may have a confidant in captivity, Southby had found one in a man by the name of Mester.

'This fellow,' said Kennington, 'is the cheeriest soul possible. He has been well educated in France, where he fell upon evil times. Then, he became chauffeur to an Austrian baron, entered a motor car factory at Suresnes, turned his attention to flying at Issy, and finally was accused of a savage assault and an attempt to rob an old lady at Dover who was about to establish him in a motor car business there.'

Mester declared to the end that the crime was the work of others. He protested that he was the victim of circumstances, and that the clues upon which the police convicted him were false. Nevertheless, he was found guilty and sentenced to four years' penal servitude upon the day following Southby's conviction.

Between these men a strange friendship took root. Each believed himself wrongfully convicted; each could sympathise with the other. And just as Mester declared that he would bring the old baronet to his senses when he got out, so could Southby interest himself in Mester's story, and implore certain old colleagues on the Press to investigate it.

As we know, one great novelist has already busied himself with the affair, and is convinced of the man's innocence. Admittedly a person of no stable character and unquestionably the associate of thieves, there would yet seem to be a doubt whether the graver crime were committed, and quite a reasonable supposition that the police may have been in error.

Mester himself did not hesitate to affirm that if he were free for a

month he would establish his innocence beyond all question. So convinced was he of this that he appears to have told Southby quite plainly that he would escape from Parkhurst if the opportunity presented itself.

I thought nothing of the matter at the time, and, indeed, the threat must be one often made by prisoners to whom crime has not become a habit and the cell a refuge. But I confess that astonishment was no word for it when, a few weeks later, upon opening my morning paper, I read that two men had escaped from Parkhurst, and, despite the efforts of the police, were still at large.

'Southby and Mester,' I said to myself. I was not wrong, as you shall presently hear.

3

Here was an upset if you will, and one to send me running to the Close with the tidings. Sir Borrow himself I would not tell, dreading the effect of the news upon a mind so deranged; but Evelyn and Harriet heard me eagerly, and the former I began to suspect was already in possession of the story. This fact did not in the beginning impress me as it should have done. Some letter, I thought, must have come from Southby himself, and yet had I reflected upon it I would have perceived that such a thing was hardly possible under the circumstances.

The man had escaped but yesterday, and even had a letter been posted from the Isle of Wight or the mainland on the previous evening, it would not have reached Borrow Close at nine o'clock. Later on I discovered, quite accidentally, that Captain Kennington hinted at some such possibility in a letter received on the previous day, and whatever thoughts the discovery suggested, I kept them strictly to myself. The immediate thing was the excitement the news occasioned at the Close, and the momentous events which must follow upon it.

For my own part, I was early of the opinion that the fugitive would swiftly be overtaken, and that that would be the end of the matter. Their escape, briefly narrated in the newspapers, had been admirably contrived. It appears that they scaled a high wall at a moment when a heavy mist drifted across the island from the mainland, that they then crossed an enclosure in which other prisoners were at work, climbed a second wall by the aid of a silk ladder, which they left behind them, and so made their way to the sea.

Authority believed that their flight was there cut short, and that they had not succeeded in reaching the mainland; but another account spoke of a mysterious motorboat which had been seen recently off St

Catherine's Point, and, remembering Mester's acquaintance with the motor fraternity and its less desirable characters, the writer of the report seemed to be of the opinion that this might have some connection with the matter. The latter, I must confess, occurred to me as a plausible deduction. These flying people are unusually clever. They possess a daring which is proved, and their resources are many. I detected now the meaning of Southby's friendship for this undesirable mechanic, and I saw that the men were pledged to make the attempt together. For the moment it looked as though they had succeeded.

It was a little before nine o'clock when I arrived at the Close, and not until after lunch that I left. As usual, Sir Borrow spent the morning about his gardens, and kept me some while with him speaking of this plant or that with which I was always familiar, but never naming the son who would succeed to this splendid inheritance. When he retired to his study at twelve o'clock, I took the girls aside and resumed a conversation so full of meaning for us all. Naturally, we asked each other many questions which we were unable to answer. Where would Southby go if he reached the mainland? Could he get money? Would he return to Borrow?

'If he comes here,' said I, 'he is lost! It will be the first place the police will watch!'

Harriet agreed with me in this. Yet where else could he go with any prospect of getting money, by which alone ultimate success could be assured?

We thought of many places, but of one with conviction. Sir Borrow's sister, the aged Lady Rosmar, then lived at Bath. She had been staunch to the boy as far as her means permitted, and might be still a friend to him in such an emergency as this. We decided that Harriet should go to Bath without loss of time, in case she could be of any assistance there. Evelyn and I, meanwhile, would watch and wait at Borrow. God knows what we hoped to do if the boy came there, yet I think we both prayed for his coming.

It seemed such an impossible thing that he could evade the hue and cry which must attend his flight. Yet if he did evade it, might not we take up his burden and start him in that new life wherein so much might be achieved if the lesson had been truly learned? Foolish the hope may have been, yet it came natural to those who had suffered so much, and over whom the prison gate was ever the emblem of a terrible sorrow. We believed that Southby would come, and in ten days' time our faith was justified. He was there at Borrow Close, the police upon his heels, his own father ignorant that the house harboured him. Of such dire things have I now to tell in the story that comes after.

4

I have said that we supposed the house would be watched by the police, and in this we were not mistaken.

Frequently, in the few days immediately prior to Southby's return, I had seen strange men in the park, and more than once I had been stopped upon an idle pretence and questioned concerning Sir Borrow and his affairs. Such a subterfuge would have deceived no one, and, fortunately, I was able to deal with the men quite frankly.

'You are a police officer,' I said to one of them.

And he did not deny it.

'The lad's sure to come here, sir,' was his answer, 'and, if he does, we shall take him. There isn't a road within ten miles we are not watching.'

We fell to other talk, and chiefly of the escape. Officially the police thought there had been some connivance on the part of the warders, but of this I naturally knew nothing.

'The young men had a lot of friends between them,' the detective said, 'and as for Lionel Mester, he knows half the crooks in Europe!'

I replied that in such a case the friends in question might be expected to shelter their comrades.

'And,' said I, 'it is idle to look for your men here. Surely you know of the relations between Sir Borrow and his son?'

He was much interested in this, and questioned me closely – a proceeding I did not resent under the circumstances. A few days later I was stopped in the park by an American lady and her daughter, who pretended to be much interested in the old place, and asked me if it were not possible to get permission to visit it. In these I recognised also the agents of the police, and I put them off with what excuses I could; not that it would have mattered at such a time, for Southby had not then returned. He was to come three days afterwards, at dead of night, and the two who were to know of his coming would have stopped at nothing for his sake. They were his sister Evelyn and Wellman, the butler, who had loved Southby as his own son.

It was from Wellman himself that I had the news at nine o'clock on the following morning. He came carrying a pretended letter from Sir Borrow, and not until we were alone in my study, and the door shut behind us, did he dare to speak freely.

'Mr Southby's home, sir,' he said in a whisper. 'He's in the priest's room.'

I feared to speak for a moment. Instantly I had visions of the hunted lad, fleeing from thicket to thicket of the forest he knew so well, and

finally gaining that deep glen wherein is the subterranean entrance to the Close. That he had thought of it when none of us remembered! Of course, the police would know nothing of that. The very servants, save Wellman alone, are in ignorance of the existence of the passage, and locally it is believed that it perished long ago. Sir Borrow let them think so.

It was one of his humours to have the place opened up by the engineers who came from London to sink his artesian well. He liked to go to and fro as he pleased, to catch his servants when they least expected him. And so he used the priest's room for the purpose, or did use it until the tragedy happened. Nothing afterwards interested him. The secret chamber remained unopened after Southby was convicted. The rest of us, I think, had almost forgotten its existence.

The chamber lies at the western end of the long gallery. There is an octagon tower there, with an ancient stone staircase cunningly built within its walls. To this you gain access from the gallery by opening a panel upon the right-hand side of the smaller chimney. The room lies at the foot of one flight of stairs, and is lighted from two narrow windows giving upon the battlements. These are filled by stained glass of the fourteenth century, and show former abbots of Borrow in alb and chasuble. The room itself is large and commodious, and has a fireplace and an alcove for the bed. Those who desire to go from it to the forest descend the staircase until they find themselves in the old crypt which dates from Saxon times. The subterranean passage leads from that to Adam's Thicket, where it enters an ancient well, long dried up, and now but a pit of grass and bramble. I did not doubt that Southby had gained the forest by a devious route and had made his way by one of those paths which no stranger would discover. And so he had gone straight to the priest's chamber, and thence to Evelyn's bedroom.

'He waked her about one this morning,' said Wellman, who still appeared to be trembling with the excitement of the news. 'They wouldn't let you know sooner, sir, for fear of the police. Miss Evelyn is dreadfully afraid that the squire will find out, and so I came to you at once. Lucky for us, it was only yesterday afternoon that Superintendent Matthews searched the Close from garret to cellar. He must have had wind that Mr Southby was on the road.'

I was astonished to hear this.

'Superintendent Matthews – yesterday!' I exclaimed. 'Is it really possible, and Miss Evelyn told me nothing of it? But, of course, it may have been difficult to send. Does he know anything of the priest's hole, Wellman? Surely you don't fear that?'

He shook his head, being a man of uncommon caution.

'They know a great deal too much nowadays, sir – more's the pity. The question is, what are we to do with the young master, since Miss Evelyn is at her wits' end? She would be pleased to see you at the Close, indeed and she would. It's a hard task for a young lady, as you can well imagine, sir.'

I agreed, and, putting on my hat, went over with him immediately. Our way lay through Adam's Thicket, and I confess that I suffered some alarm when a stranger appeared upon our path not a hundred paces from the ancient basin by which the passage is reached. He was a short, thick-set man, wearing a serge suit with black leather leggings and a peaked cap, and when he saw us he stopped abruptly for a moment, then turned his back upon us and pretended to light a cigarette while we passed.

'He is no policeman,' I said to Wellman, when the stranger was out of hearing. The old servant agreed with me.

'But he might be an inquiry agent, sir. I've heard tell in London of the tricks they play with their clothes. Don't trust him too far.'

'I am not going to trust him at all,' said I. 'The fellow looked to me as though he were a chauffeur.'

'A bad lot, believe me, sir. There's been few honest men upon wheels since they robbed us of our horses. A man wants the nose of a setter to keep track of such as him. I wouldn't trust one of them with a silver-plated soup-ladle, upon my word I wouldn't.'

I told him he was a *laudator temporis acti*, but as that conveyed nothing to him we pushed on, and found Evelyn in the boudoir.

She was dreadfully agitated, but Sir Borrow being there, no word of the affair might pass between us. The baronet plainly thought that his daughter had become hysterical, and when I was alone with him he hinted that she must have had some news from that d—d scoundrel.

'Whatever it is,' he added, 'I don't want to hear of it or of him. It would be a great day for me if the fellow were six feet under ground, and I hope to God he soon will be. That's the truth, Cope, and none of your philosophy can change it. I no longer have a son; I am trying to forget that I ever had one.'

I shrank from his anger, knowing well how little such a man would suffer a rebuke. Happily, he set out to drive into the town almost immediately, and Evelyn and I went at once to the priest's hole and interviewed Southby. He was in a sorry plight, I must say, his face and hands torn by the brambles of the thickets, his clothes splashed with mud, his beard unshaved, and his eyes bloodshot. I thought also a little delirious from want of food and exposure, and he talked incoherently of ships and the sea, of men who had betrayed him, and of others who

were his friends. By-and-by, when he became calmer, he told me that the ignominy of prison affected him to such an extent that he would have gone mad if he had remained at Parkhurst.

'I couldn't have done it, Cope, by God I couldn't,' he said. 'You don't know what it means to a man who has lived as I have. I had to go or it would have been all up with me. If they take me I will shoot myself. That's an oath and I'll keep it.'

'But,' cried I, 'whatever will you do, Southby? You must know that we cannot long protect you here.'

He laughed defiantly, pushing the black hair from his forehead quite in the old way.

'Lionel will do it,' he said. 'I trust Lionel. He got me out; he'll see I don't get in again. You must know Lionel. He's a white man all through, and the prison that can hold him has yet to be made. Why, it was his idea about the motorboat – who else would have thought of it? – his and his friend at Hendon. They picked us up in the cover at high tide, and we were landed at Hayling Island before morning. I knew we should get through when Lionel undertook it.'

'Then,' exclaimed I, quite at hazard, 'Captain Kennington knew nothing of it?'

His brow darkened at this. He looked at Evelyn curiously, and appeared afraid to speak out.

'No, I don't trust Kennington – not much. Mind what you're doing in that quarter, Evelyn. Kennington isn't thirty cents – you remember it.'

She flashed out at this, a girl of spirit and a good heart.

'Do not say a word against Captain Kennington!' she cried. 'He is the only friend you ever had who remained staunch to you. You should be grateful to him.'

He still persisted, though with a weakening resolution.

'That may or may not be. It's my opinion he tried to give us away, and I shall stick to it. Now, get me a drink for heaven's sake. I am as dry as a camel.'

She fetched him a brandy-and-soda, and he drank it eagerly. It was already a danger to pass to and from the long gallery, and I began to perceive the peril of the situation. Let the servants know and sooner or later the news would go to the village, and thence to the police. When we discussed it frankly between ourselves there seemed but one solution. Evelyn must be ill, and Harriet must be recalled from Bath to wait upon her. Meanwhile, Wellman must have a confidante, and none seemed better suited to the purpose than Turner, the head housemaid. Sooner or later this woman would discover us. We determined that it should be sooner, and, calling her to the conference, we put our

fortunes into her hands. Good woman, she had a brother of her own, and Evelyn was beloved by them all. We made our plans, and for the moment they were successful. Harriet, unfortunately, could not return from Bath, her aunt being taken seriously ill and really requiring her assistance. Evelyn, however, feigned an indisposition very cleverly, and although it put me to some conscientious difficulty, I suffered myself to think of the greater good of that unhappy family and to acquiesce. Nevertheless, I understood that it was but a brief respite. The perils of the situation were manifest. Any day, any hour might discover us, and we began to go as those who feared their own shadows.

Perhaps my fears may have been responsible for a delusion, but there were moments when I thought that Sir Borrow suspected us. His manner became suddenly aggressive, and he questioned me more closely than he had done for a long time. Had I heard from that 'd—d' son of his? Was Evelyn worrying about 'the worthless scoundrel'? To all of which I responded with what wit I could, though God knows my position was difficult. Later on I discovered him in Evelyn's bedroom, and that very night, after dinner, he spoke of Kennington. Oddly enough, his opinion of that gallant soldier was exactly that of his son. He did not trust him, doubted his record, and stigmatised him most unjustly as a penniless adventurer. As to my knowledge the captain is in possession of an income of eight hundred pounds a year, I resented the slander, and did not fear to speak my mind. The result was a sharp quarrel, and the expression upon his part of a shabby apology, with which in any other circumstances I would have been far from satisfied. As it was, I had to bear with him, and to listen while he told me that, whatever happened, he would not have Kennington in the house again. Then he went off to his study, I to the priest's room to tell them of my suspicions.

Southby had always been afraid of his father. My news alarmed him, and he did not hesitate to affirm that the old man would deliver him up to the police should he be discovered at the Close. Evelyn herself appeared to be of the same opinion, and when we were alone she confessed the terror of her situation.

'Captain Kennington is coming here at the weekend,' she said.

I told her what Sir Borrow had said, and it did but alarm her the more.

'Sometimes I wish I were dead,' she declared.

And I, who knew how much that gentle soul had suffered, prayed to God that strength might be granted her.

The following night I was to meet Lionel Mester in the thicket, and to experience an apprehension more acute than any I had yet suffered in this woeful affair.

It was the Sabbath eve, and I was returning from the Close to the choir practice in our beautiful old parish church. A hundred yards from the well's head, where the secret entrance lies, I met again the short, thick-set man whom Wellman had declared to be a detective. This time he stopped, and begging me to step aside into the thicket, he introduced himself immediately.

'You'll have heard of me, sir – Lionel Mester, Mr Southby's pal.'

'Yes,' I said, 'I have heard of you. Why do you come to this dangerous place?'

'Because there's something Southby must know, and it can't come any other way. You see him every day, and can take this letter to him. I've been hanging about nearly a week trying to get it delivered. Usually I don't trust devil dodgers – not much. But you've got a decent mug on you, and I'm going to trust you. Take him this letter, and tell him, if he acts on it, it's all right and the wheels go round. Otherwise I do a double watch, and be d—d to it! Lord, I've been sleeping on stinging nettles for a week, and that's about enough of it! Tell Southby so, and you'll see no more of me.'

He thrust a bulky letter into my hand, and was about to say more when we heard a sound of footsteps, and instantly he plunged into the undergrowth with the agility of a wildcat. He was shod, I saw, in rubber-soled shoes, and carried a formidable stick; but the quickness of his movements was the surprising thing, and uttering but one word, 'police', he disappeared from my view. For my part, I thrust the letter into the inner pocket of my coat and at once regained the path. Fifty paces further on I passed Superintendent Matthews, and exchanged a goodnight with him. He appeared to be in a hurry, and was going towards the Hall. But he did not stop to gossip with me, as he usually does, and for that I was grateful.

It will be understood that this unexpected turn perplexed me very much. I had expected that Lionel Mester would come to Borrow sooner or later, but now that he had come I perceived how considerable a danger he must be to us all. It was not to be hidden from me that I myself might be the victim of this unhappy family, and must answer to the law for the part that I had played. So much I was willing to do for a woman's sake, but now that discovery trod upon our heels, and all the shame and suffering of exposure hovered in the shadows about that ancient house, I confess that my courage almost failed me. The letter seemed a damning document which would convict me in any court. Yet I determined to deliver it, and that very night, about ten o'clock, I went up to the Hall and put it into Evelyn's hands. Upon my return an unknown man followed me through the thicket, and watched me enter

the rectory. I believe that he was a police officer, though whether he were so or not mattered little since the letter was delivered.

That night I slept but ill, fearing so many things, dreading the peril of a situation which had become almost intolerable. The next day was the Sabbath, given almost entirely to the schools and the church, and it was not until we sat down to supper at the Close that I got the news of Evelyn. She had given out that she was a little better, and would sit down with us. The few words we exchanged in the porch when I said 'good-night' to her were of some moment, though not unexpected.

'Southby is going tonight,' she said.

I answered, 'Thank God,' for I knew that none of us could stand the strain of it much longer.

And so we parted, and I was never to see her alive again. So brave, so gentle she was, blessed among women truly, an offering to man's sin, a martyr for whom men's tears should fall. They heard a loud cry in the house a little before midnight. Sir Borrow was awake, and first upon the scene. They found her lying at the foot of the circular staircase which leads down from the long gallery to the secret room.

Evidently there had been a struggle. A jagged bar of iron lay upon the stairs at her feet. The lamp she had carried was shattered; the very window in the angle of the octagon was broken, and the glass littered about. What was not a little remarkable was the discovery of nine pounds in gold wrapped in a yellow kid glove, the very shape and colour of the gloves always worn by Captain Kennington.

She was dressed in a long bedgown, I should tell you, and wore a dressing-gown over it. The door of the secret chamber stood open, but no one was to be discerned within. Southby had fled the house. Sir Borrow and Wellman alone stooped to the assistance of the stricken woman.

She was quite dead, a terrible wound in the throat having deprived her of life almost instantaneously. Naturally the police were called upon the instant, and not a moment was lost by them. Beaters began to search every thicket of the forest round about; there were motors abroad upon every road. Yet nothing was discovered, not a shadow of a clue to be found. Even Captain Kennington could offer no suggestion. I discovered to my surprise that he had come to Borrow on Saturday evening as he promised, but hearing Evelyn's story had gone to the town to sleep. The hue and cry waked him – to such a morn as few men are called upon to live.

And so here is this terrible crime committed, and no man to be brought to justice for it. God send us enlightenment that the guilty may be punished!

Proofs of the above mystery story have been sent to
Mr G. K. CHESTERTON,
the creator of that famous detective of fiction,
'FATHER BROWN'.

This is quite a new idea of story-telling, and Mr Chesterton has entered
into the spirit of the scheme with characteristic enthusiasm. His, or,
rather, 'Father Brown's', solution of 'The Donnington Affair' will
be embodied in a complete story which will appear in next month's
Premier. I am now in negotiation with other famous fiction detectives,
and for the present I will merely mention that the next pair of stories in
this series are in the capable hands of

SIR ARTHUR QUILLER-COUCH
and
BARONESS ORCZY.

Part 2
By G. K. Chesterton

It was natural, of course, that we should think of calling in expert opinion on the tragedy; or, at least, something subtler than the passing policeman. But I could think of few people or none whom it would be useful to consult thus privately. I remembered an investigator who had taken some interest in Southby's original trouble; merely because I remembered the curious surname of Shrike; but report told me that he had since grown rich and retired, and was now yachting inaccessibly among the Pacific Islands.

My old friend Brown, the Roman priest at Cobhole, who had often given me good advice in small problems, had wired that he feared he could not come down, even for an hour. He merely added – what, I confess, I thought inconsequent – that the key might be found in the sentence, that 'Mester was the cheeriest soul possible.'

Superintendent Matthews still carries weight with any considering person who has actually talked to him; but he is naturally in most cases officially reticent, and in some cases officially slow.

Sir Borrow seemed stricken rigid by this final tragedy; a thing pardonable enough in a very old man who, whatever his faults, had never had anything but tragedy upon tragedy out of his own blood and name.

Wellman can be trusted with anything up to the Crown jewels; but not with an idea. Harriet is far too good a woman to be a good detective. So I was left with my unsatisfied appetite for expert advice. I think the others shared it to some extent; I think we wished a man different from all of us would walk into the room, a man of the world outside us, a man of wider experience, a man of experience so wide – if it were possible – that he should know even one case that was like our own. Certainly none of us had the wildest suspicion of who the man would be.

I have explained that when poor Evelyn's body was found it was clad in a dressing-gown, as if she had been suddenly summoned from her room, and the door of the Priest's Room stood open. Acting on I know not what impulse, I had closed it to; and, so far as I know, it was not opened again till it was opened from within. I confess that for me that opening was terrible.

Sir Borrow, Wellman, and I were alone in the chamber of slaughter. At least we were alone till a total stranger strolled into the room,

without even pulling the peaked cap off his head. He was a sturdy man, stained with travel, especially as regards his leggings, which were loaded with clay and slime of innumerable ditches. But he was entirely unconcerned, which is more than I was. For, despite his extra dirt and his extra impudence, I recognised him as the fugitive convict, Mester, whose letter I had so foolishly passed on to his fellow convict. He entered the room with his hands in his pockets, and whistling. Then the whistling ceased, and he said: 'You seem to have shut the door again. I suppose you know it's not easy to open again on this side.'

Through the broken window which gave upon the garden I could see Superintendent Matthews standing passively among the shrubs, with his broad back to the house. I walked to the window, and also whistled, but in a far more practical spirit. And yet, I know not why I should call it practical, for the superintendent, who must have heard me, did not turn his head, nor so much as shift a shoulder.

'I shouldn't worry poor old Matthews,' said the man in the peaked cap in a friendly tone, 'he is one of the best men in the service, and he must be awfully tired. I expect I can answer nearly all the questions that he could.' And he relighted a cigarette.

'Mr Mester,' I replied with some heat, 'I was sending for the superintendent to arrest you!'

'Quite so,' he answered, throwing his wax match out of the window. 'Well, he won't!'

He was gazing at me with a grave stolidity. And yet I fancy that the gravity of his full face had less effect on me man the large, indifferent back of the policeman.

The man called Mester resumed.

'I mean that my position here may not be quite what you suppose. It's true enough I assisted the young fellow to escape; but I don't imagine you know why I did it. It is an old rule in our profession –'

Before he could finish I had uttered a cry.

'Stop!' I cried out. 'Who is that behind the door?'

I could see, by the very movement of Mester's mouth, that he was just about to answer, 'What door?' But before the lips could move he also was answered. And from behind the sealed door of the secret chamber came the noise of something that was alive, if it were not human, or was moving, if it were not alive.

'What is in the Priest's Room?' I cried, and looked round for something with which to break down the door. I had half lifted the piece of jagged iron bar for the purpose. And then the horrid part it had played in that night overwhelmed me, and I fell against the door and beat on it with feeble hands, only repeating, 'What is in the Priest's

Room?' It was the awful fact that a voice, obscure but human, answered from behind the closed door, 'The Priest!'

The heavy door was opened very slowly, apparently pushed by a hand no stronger than my own. The same voice which had said 'The Priest,' said in rather simpler tones, 'Whom else did you expect?' The door swung out slowly to the fall compass of its hinges, and revealed the black silhouette of a stumpy, apologetic person, with a big hat and a bad umbrella. He was in every way a very unromantic and inappropriate person to be in the Priest's Room, save in the accidental detail of being a priest.

He walked straight up to me before I could cry: 'You have come, after all!'

He shook my hand, and, before he dropped it, looked at me with a steady and singular expression, sad, and yet rather serious than sad. I can only say it was the face we wear at the funeral of one dear as a friend, not that we wear by the deathbed of any directly dear to us.

'I can at least congratulate *you*,' said Father Brown.

I think I put my hand wildly through my hair. I am sure I answered: 'And what is there in this nightmare on which I can be congratulated?'

He answered me with the same solid face: 'On the innocence of the woman who will be your wife.'

'No one,' I cried indignantly, 'has attempted to connect her with the matter.'

He nodded gravely, as if in assent.

'That was the danger, doubtless,' he said with a slight sigh, 'but she's all right now, thank God. Isn't she?' And as if to give the last touch to the topsy-turvydom, he turned to ask his question of the man in the peaked cap.

'Oh, she's safe enough!' said the man called Mester.

I cannot deny that there was suddenly lifted off my heart a load of doubt, which I had never known was there. But I was bound to pursue the problem.

'Do you mean, Father Brown,' I asked, 'that you know who was the guilty person?'

'In a sense, yes,' he answered. 'But you must remember that in a murder case the guiltiest person is not always the murderer.'

'Well, the guiltiest person, then,' I cried impatiently. 'How are we to bring the guiltiest person to punishment?'

'The guiltiest person is punished,' said Father Brown.

There was a long silence in the twilight turret, and my mind laboured with doubts that were too large for it. At last Mester said gruffly, but not without a kind of good-nature: 'I think you two reverend gentlemen

had better go and have a talk somewhere. About Hades, say, or hassocks, or whatever you do talk about. I shall have to look into this by myself. My name is Stephen Shrike; you may have heard of me.'

Even before such fancies had been swallowed up in my sudden fear at the movements in the secret room, I had faced the startling possibility that this escaped convict was really a detective. But I had not dreamed of his being so famous a one. The man who had been concerned for Southby, and since gained colossal prestige, had some claim in the case; and I followed Brown, who had already strolled down towards the entrance of the garden.

'The distinction between Hades and hassocks –' began Father Brown.

'Don't play the fool!' I said, roughly enough.

'Was not without some philosophical value,' continued the little priest, with unruffled good temper, 'Human troubles are mostly of two kinds. There is an accidental kind, that you can't see because they are so close you fall over as you do over a hassock. And there is the other kind of evil, the real kind. And that a man will go to seek however far off it is – down, down, into the lost abyss.' And he unconsciously pointed his stumpy finger downward towards the grass, which was sprinkled with daisies.

'It was good of you to come, after all,' I said; 'but I wish I could make more sense of the things you say.'

'Well,' he replied patiently, 'have you made sense of the one thing I did say before I came down?'

'Why, you made some wild statement,' I replied, 'that the key of the story was in Mester's being cheerful, but – why, bless my soul, and so it is the key, in a way!'

'Only the key, so far,' said my companion, 'but my first guess seems to have been right. It is not very common to find such sparkling gaiety in people undergoing penal servitude, especially when ruined on a false charge. And it seemed to me that Mester's optimism was a little overdone. I also suspected that his aviation, and all the rest of it, true or false, were simply meant to make Southby think the escape feasible. But if Mester was such a demon for escaping, why didn't he escape by himself? Why was he so anxious to lug along a young gentleman who does not seem to have been much use to him? As I was wondering, my eye fell on another sentence in your manuscript.'

'What was that?' I asked.

He took out a scrap of paper on which there were some scribbles in pencil, and read out: '"They then crossed an enclosure in which other prisoners were at work."'

After another pause, he resumed: 'That, of course, was plain enough. What kind of convict prison is it where prisoners work without any

warders overseeing or walking about? What sort of warders are they to allow two convicts to climb two walls and go off as if for a picnic? All that is plain. And the conclusion is plainer from many other sentences. "It seemed such an impossible thing that he could evade the hue and cry that must attend his flight." It would have been impossible if there *had* been any hue and cry. "Evelyn and Harriet heard me eagerly, and the former, I began to suspect, was already in possession of the story." How could she be in possession of it so early as that, unless the police cars and telephones helped to send word from Southby? Could the convicts catch a camel or an ostrich? And look at the motorboat. Do motorboats grow on trees? No, that's all simple. Not only was the companion in the escape a police detective, but the whole scheme of the escape was a police scheme, engineered by the highest authorities of the prison.'

'But why?' I asked, staring. 'And what has Southby to do with it?'

'Southby had nothing to do with it,' he answered. 'I believe he is now hiding in some ditch or wood in the sincere belief that he is a hunted fugitive. But they won't trouble him any more. He has done their work for them. He is innocent. It was essential that he should be innocent.'

'Oh, I don't understand all this!' I cried impatiently.

'I don't understand half of this,' said Father Brown. 'There are all sorts of difficulties I will ask you about later. You knew the family. I only say that the sentence about cheerfulness *did* turn out to be a key-sentence, after all. Now, I want you to concentrate your attention on another key-sentence. "We decided that Harriet should go to Bath without loss of time, in case she should be of any assistance there." Note that this comes soon after your expression of surprise that someone should have communicated with Evelyn so early. Well, I suppose we none of us think the governor of the prison wired to her: "Have connived at escape of your brother, Convict 99." The message must have come in Southby's name, at any rate.'

I ruminated, looking at the roll of the downs as it rose and repeated itself through every gap in the garden trees; then I said, 'Kennington?'

My old friend looked at me for a moment with a look which, this time, I could not analyse.

'Captain Kennington's part in the business is unique in my experience,' he said, 'and I think we had better return to him later. It is enough that, by your own account, Southby did not give him his confidence.'

I looked again at the glimpses of the downs, and they looked grander but greyer, as my companion went on, like one who can only put things in their proper order.

'I mean the argument here is close, but clear. If she had any secret message from her brother about his escaping, why shouldn't she have a message about where he was escaping to? Why should she send off

her sister to Bath, when she might just as well have been told that her brother wasn't going there? Surely a young gentleman might more safely say, in a private letter, that he was going to Bath than that he was escaping from prison? Somebody or something must have influenced Southby to leave his destination uncertain. And who could influence Southby except the companion of his flight?'

'Who was acting for the police, on your theory.'

'No. On his confession.' After a sort of snorting silence, Brown said, with an emphasis I have never seen in him, throwing himself on a garden-seat: 'I tell you this whole business of the two cities of refuge – this whole business of Harriet Donnington going to Bath – was a suggestion that came through Southby, but from Mester, or Shrike, or whatever his name is, and is the key of the police plot.'

He had settled himself on a seat facing me, clasping his hands over the huge head of his umbrella in a more truculent manner than was typical of him. But an evening moon was brightening above the little plantation under which he sat, and when I saw his plain face again, I saw it was as mild as the moon.

'But why,' I asked, 'should they want such a plot?'

'To separate the sisters,' he said. 'That is the key.'

I answered quickly: 'The sisters could not really be separated.'

'Yes, they could,' said Father Brown, 'quite simply, and that is why –' Here his simplicity failed, and he hesitated.

'That is why?' I insisted.

'That is why I can congratulate you,' he said at last.

Silence sank again for a little, and I could not define the irritation with which I answered: 'Oh, I suppose you know all about it?'

'No, no really!' he said, leaning forward as if to deny an accusation of injustice. 'I am puzzled about the whole business. Why didn't the warders find it sooner? Why did they find it at all? Was it slipped in the lining? Or is the handwriting so bad as that? I know about the thing being gentlemanly; but surely they took his clothes! How could the message come? It *must* be the lining.'

His face was turned up as honestly as a flat and floating fish, and I could say with corresponding mildness: 'I really do not know what you are talking about, you and your linings. But if you mean how could Southby get his message safely to his sister without the risks of interception, I should say there were no people more likely to do it successfully. The boy and girl were always great friends from childhood, and had, to my knowledge, one of those secret languages that children often have, which may easily have been turned afterwards into some sort of cypher. And now I come to think of it –'

The heavy-knobbed umbrella slipped from the seat and slammed on the gravel, and the priest stood upright.

'What an idiot I am!' he said. 'Why, anybody might have thought of a cypher! That was a score for you, my friend. I suppose you know all about it now?'

I am certain he did not realise that he was repeating in sincerity what I had said in irony.

'No,' I answered, with real seriousness; 'I do not know all about it, but I think it quite possible that you do. Tell me the story.'

'It is not a good story,' he said, in a rather stony way – 'at least, the good thing about it is that it is over. But first let me say what I least like saying – that you knew well. I have thought a good deal about a certain kind of intellectual English lady, especially when she is at once aristocratic and provincial. I think she is judged much too easily. Or, perhaps, I should say, judged much too hardly; since she is supposed to be incapable of mortal passions and temptations. Let her decline champagne at dinner, let her be beautiful and know what is meant by dignity in dress, let her read a great many books and talk about high ideals, and you all assume that she alone of her kind cannot covet or lie; that her ideas are always simple, and her ideals always fulfilled. But, really and truly, my friend, by your account of it, the character was more mixed than that. Evelyn feigned an indisposition very cleverly. Assuming her to be blameless, I cannot see why she needed to feign anything. But, anyhow, it is scarcely one of the powers given to the saints. You "began to suspect" that Evelyn already knew about the escape. Why didn't she *tell* you she already knew about it? You were astonished that Superintendent Matthews had called, and she had been silent about it; but you supposed it was difficult to send. Why should it be difficult to send? You seem to have been sent for whenever you were really wanted. No; I will try to speak of this woman as of one for whose soul I will pray, and whose true defence I shall never hear. But while there are living people whose honour is in cruel danger undeservedly, I simply refuse to start with the assumption that Evelyn Donnington could do no wrong.'

The noble hills of Sussex looked as dreary as Yorkshire moors as he went on heavily, prodding the earth with his umbrella.

'The first facts in her defence, if she needed one, are that her father is a miser, that he has a violent temper combined with a rather Puritanic sort of family pride; and, above all, that she was afraid of him. Now, suppose she really wanted money, perhaps for a good purpose; or, again, perhaps not. She and her brother, you told me, had always had secret languages and plots; they are common among cowed and terrorised children. I

firmly believe myself that she went a step further in some desperate strait, and that she was really and criminally responsible for the false document with which her brother seemed to be seeking financial help. We know there is often a family resemblance in handwritings almost amounting to facsimile. I cannot see, therefore, why there should not be a similar family resemblance in the flaws by which experts detect a forgery. Anyhow, the brother had a bad record, which goes for a great deal more than it ought with the police; and he was sent to gaol. I think you will agree that he has a very good record now.'

'You mean,' I said, curiously thrilled by the very restraint of his expression, 'that Southby suffered all that time rather than speak?'

'Rejoice not against me, Satan, mine enemy,' said Father Brown, 'for when I fall I shall arise. This part of the story really is good.'

After a silence he continued: 'When he was arrested, I am now almost certain, he had on him some letter or message from his sister. I hope and believe that it was some sort of penitent message. But whatever it was, it must have contained two things – some admission or allusion that made her own guilt clear, and some urgent request that her brother should come straight to her as soon as he was free to do so. Most important of all, it was not signed with a Christian name, but only "Your unhappy sister".'

'But, my good man,' I cried, 'you talk as if you had seen the letter!'

'I see it in its consequences,' he answered. 'The friendship with Mester, the quarrel with Kennington, the sister in Bath and the brother in the Priest's Room, came from that letter, and no other letter.

'The letter, however, was in cypher; and one very hard to follow, having been invented by children. Does that strike you as paradoxical? Don't you know that the hardest signs to read are arbitrary ones? And if two children agree that "grunk" means bedtime and "splosh" means Uncle William, it would take an expert much longer to learn this than to expose any system of substituted letters or numbers. Consequently, though the police found the paper, of course, it took them halfway through Southby's term to make head or tail of it. Then they knew that one of Southby's sisters was guilty, that he was innocent; and by this time they had the sense to see that he would never betray the truth. The rest, as I said, was simple and logical. The only other thing they could do was to take advantage of Southby being asked to go straight to his guilty correspondent. He was given every facility for escaping and communicating as quickly as possible, so long as the police could secure the separation of the sisters, by Mester getting the other one to Bath. Given that, the sister Southby went for must be the guilty one. And when, through those awful nights, the police gathered round you

thick as wolves and still as ghosts – it was not for Southby they were waiting.'

'But why did they wait for anyone?' I asked suddenly, after a silence. 'If they were sure, why didn't they arrest?'

He nodded and sighed: 'Perhaps you're right. Perhaps it's best to take the Kennington case here. Well, of course, he knew all about it from the inside. You yourself noticed that he had privileges in that prison. It will grieve you, as a law-abiding person, to learn that he used his power to intercept what had been decided. A good deal can be done by missing appointments. A good deal more can be done by not missing people – vulgarly known as hitting them. He used every chance, right or wrong, to delay the arrest. One of the thousand small, desperate delays was "feigning illness".'

'Why did Southby call him a traitor?' I said suspiciously.

'On exceedingly good grounds,' said my friend. 'Suppose you had broken prison in all innocence, and your friend sent his car for you and it took you back there? Suppose your friend offered to get you away in his yacht, and it took the wrong course, till overtaken by a motorboat? Suppose Southby was trying to get to Sussex, and Kennington always headed him off towards Cornwall or Ireland or Normandy, what would you expect Southby to call him?'

'Well,' I said, 'what would you call him?'

'Oh,' said Father Brown, 'I call him a hero.'

I peered at his rather featureless face through the moony twilight; and then he suddenly rose and paced the path with the impatience of a schoolboy.

'If I could put pen to paper, I would write the best adventure story ever written about this. Was there ever such a situation? Southby was kicked backwards and forwards, as unconscious as a football, between two very able and vigorous men, one of whom wanted to make the footprints point towards the guilty sister, while the other wanted to twist the feet away at every turn. And Southby thought the friend of his house was his enemy, and the destroyer of his house his friend. The two that knew must fight in silence, for Mester could not speak without warning Southby, and Kennington could not speak without denouncing Evelyn. It is clear from Southby's words, about false friends and the sea, that Kennington eventually kidnapped Southby in a yacht, but lord knows in how many tangled woods, or river islands, or lanes leading nowhere, the same fight was fought; the fugitive and detective trying to keep the trail, the traitor and true lover trying to confuse it. When Mester won, and his men gathered round this house, the captain could do no more than come here and offer his help, but Evelyn would not open the door to him.'

'But why not?'

'Because she had the fine side of fear as well as the bad side,' said Father Brown. 'Not a little afraid of life,' you said, with great penetration. She was afraid to go to prison; but, to her honour, she was afraid to get married, too. It is a type produced by all this refinement. My friend, I want to tell you and all your modern world a secret. You will never get to the good in people till you have been through the bad in them.'

After a moment he added that we ought to be returning to the house, and walked yet more briskly in that direction.

'Of course,' he remarked, as he did so, 'the packet of banknotes you took through to Southby was only to help him away and spare him Evelyn's arrest. Mester's not a bad fellow for a 'tec. But she realised her danger, and was trying to get into the Priest's Room.'

I was still brooding on the queer case of Kennington.

'Was not the glove found?' I asked.

'Was not the window broken?' he asked in return. 'A man's glove twisted properly and loaded with nine pounds in gold, and probably a letter as well, will break most windows if it is slung by a man who has been a bowler. Of course, there was a note. And, of course, the note was imprudent. It left money for escape, and left the proofs of what she was escaping from.'

'And then what happened to her?' I asked dully.

'Something of what happened to you,' he said. 'You also found the secret door difficult to open from outside. You also caught up that crooked curtain-rod or window-bar to beat on it. You also saw the door opening slowly from within. But you did not see what she saw.'

'And what did she see?' I said at last.

'She saw the man she had wronged most,' said Father Brown.

'Do you mean Southby?'

'No,' he said, 'Southby has shown heroic virtue, and he is happy. The man she wronged most was a man who had never had, or tried to have, more than one virtue – a kind of acrid justice. And she had made him unjust all his life – made him pamper the wicked woman and ruin the righteous man. You told me in your notes that he often hid in the Priest's Room, to discover who was faithful or unfaithful. This time he came out holding a sword left in that room in the days when men hunted my religion. He found the letter, but, of course, he destroyed it after he had done – what he did. Yes, old friend, I can feel the horror on your face without seeing it. But, indeed, you modern people do not know how many kinds of men there are in the world. I am not talking of approval, but of sympathy – the sort of sympathy I give to Evelyn Donnington. Have you no sympathy with cold, barbaric justice,

or with the awful appeasements of such an intellectual appetite? Have you *no* sympathy with the Brutus who killed his friend? Have you *no* sympathy with the monarch who killed his son? Have you *no* sympathy with Virginius, who killed —. But I think we must go in now.'

We mounted the stairs in silence, but my surging soul expected some scene surpassing all the scenes of that tower. And in a sense I had it. The room was empty, save for Wellman, who stood behind an empty chair as impassively as if there had been a thousand guests.

'They have sent for Dr Browning, sir,' he said in colourless tones.

'What do you mean?' I cried. 'There was no question about the death?'

'No, sir,' he said, with a slight cough; 'Dr Browning required another doctor to be sent from Chichester, and they took Sir Borrow away.'